Arbeiten unter Hitler

LUXEMBURG-STUDIEN
ÉTUDES LUXEMBURGEOISES
Herausgegeben von
Peter Gilles, Markus Hesse,
Michel Pauly und Christian Schulz

Band 16

Zu Qualitätssicherung und Peer Review der vorliegenden Publikation

Die Qualität der in dieser Reihe erscheinenden Arbeiten wird vor der Publikation durch einen Herausgeber der Reihe sowie durch einen externen, von der Herausgeberschaft benannten Gutachter im Blind-Verfahren geprüft. Dabei ist der Autor der Arbeit dem Gutachter während der Prüfung namentlich nicht bekannt.

Notes on the quality assurance and peer review of this publication

Prior to publication, the quality of the work published in this series is reviewed by one of the editors of the series and blind reviewed by an external referee appointed by the editorship. The referee is not aware of the author's name when performing the review.

Marc Schoentgen

Arbeiten unter Hitler

NS-Sozialpolitik, Deutsche Arbeitsfront und Herrschaftspraxis im besetzten Luxemburg am Beispiel der Schwerindustrie 1940-1944

PETER LANG

Bibliografische Information der Deutschen Nationalbibliothek
Die Deutsche Nationalbibliothek verzeichnet diese Publikation in der Deutschen Nationalbibliografie; detaillierte bibliografische Daten sind im Internet über http://dnb.d-nb.de abrufbar.

Umschlagabbildung:

Hakenkreuzflagge auf dem Werksgelände von ARBED-Belval (1940)
Bildnachweis: © Archives Nationales Luxembourg
ANLux, Collection de photographies en relation
avec la Seconde Guerre mondiale

ISSN 2193-0104
ISBN 978-3-631-78045-9 (Print)
E-ISBN 978-3-631-82804-5 (E-PDF)
E-ISBN 978-3-631-82805-2 (EPUB)
E-ISBN 978-3-631-82806-9 (MOBI)
DOI 10.3726/b17216

Peter Lang – Berlin · Bern · Bruxelles ·
New York · Oxford · Warszawa · Wien

Diese Publikation wurde begutachtet.

www.peterlang.com

Danksagung

Mein Dank gilt allen Personen und Institutionen, die mich in irgendeiner Form auf dem langen Weg bis zum Abschluss meiner Dissertation unterstützt haben.

Ich widme diese Arbeit meinen Eltern, meiner Partnerin Simone Kayser sowie Tonie und Clara, die mich mit viel Verständnis und Geduld begleitet haben.

Marc Schoentgen
im Dezember 2019

Inhaltsverzeichnis

Abkürzungsverzeichnis 15

Einleitung 19

1. Vorwort und Fragestellung 19
   1.1. Chronologischer Rahmen und NS-Begriffe 24
   1.2. Gliederung 25
2. Thematische Schwerpunkte 25
3. Forschungsarbeiten zur Okkupations-, Wirtschafts- und Sozialgeschichte 31
4. Interpretationsansätze 37
5. Quellenlage in Luxemburg 43
6. Anmerkung zur Schreibweise von Orts- und Personennamen 46
7. Anmerkungen zum Apparat 47

Kapitel I. Die NS-Sozialpolitik als Teil der Annexions- und Neuordnungspolitik 49

1. NS-Sozialpolitik und Machtsicherung 51
2. Die Ausgangslage: Deutsche Besetzung und nationalsozialistische „Zivilverwaltung“ 1940/41 54
3. Die sozialpolitische Lage in Luxemburg vor 1940 59
4. „Nie wieder Klassenkampf“: NS-Sozialpolitik als Instrument von Propaganda und „Volkstumspolitik“ 66
   4.1. Propaganda für den Chef der Zivilverwaltung 66
   4.2. Sammeln für die „Volksgemeinschaft“: Das Winterhilfswerk 74
   4.3. „Gesunderhaltung des ganzen Volkes“: Die Nationalsozialistische Volkswohlfahrt 77

5. Der „Arbeitseinsatz“ in der Schwerindustrie als Herausforderung für die Gauleitung (1940–1944) 85
5.1. Die Beschäftigungsfrage im Jahre 1940 85
5.2. „Arbeitseinsatz“: Vollbeschäftigung, Arbeitskräftemangel und Zwangsarbeit 91
6. Die nationalsozialistische Lohn- und Tarifpolitik in Luxemburg 99
6.1. Die Lohnverordnungen von Oktober 1940 102
6.2. Die Auswirkungen der Lohnverordnungen 110
6.3. Die Entwicklung der Arbeiterlöhne am Beispiel der ARBED-Werke 115
6.4. Der politische Charakter der deutschen Lohntarife 120
6.5. Die Folgen der Lohnpolitik für das Regime 128
7. Die Umgestaltung der Sozialversicherungen 133
8. Das Ende der Luxemburger Sozialordnung 139
9. Zusammenfassung 145
10. Anhang 150
10.1. Verbraucherpreise in Luxemburg (1939–1940) 150
10.2. Lohn- und Arbeitsbedingungen in Luxemburg (1937–1944) 151

Kapitel II. Die Zerschlagung der Luxemburger Gewerkschaftsbewegung

Kapitel II.1. Die Luxemburger Arbeiterbewegung von der Vorkriegszeit bis zu ihrer Entmachtung (1940/1941) 161

1. Das Gewerkschaftsleben in Luxemburg vor 1940 und die Perzeption faschistischer und nationalsozialistischer Modelle 161
2. Die schrittweise Entmachtung der Luxemburger Gewerkschaften (1940/41) 168
3. Anhang: Mitgliederzahlen der Luxemburger Gewerkschaften 178

Kapitel II.2. Das Ende der Luxemburger Gewerkschaften (1941) 181

1. Der Zerfallsprozess der Luxemburger Gewerkschaften 181
   1.1. Die Machtübernahme der Deutschen Arbeitsfront 181
   1.2. Der LBMIAV zwischen Anpassung, Kollaboration und Widerstand 184
   1.3. Die Gleichschaltung der Gewerkschaften am Beispiel des Buchdruckervereins 190
   1.4. Die Liquidierung der Gewerkschaften und Verbände am Beispiel des LCGB 197
2. Robert Ley in Luxemburg 205
3. Zusammenfassung 212

Kapitel III. Das „Land der Roten Erde“ 1940–1944 217

1. Das Industriegebiet im Kalkül des Gauleiter-Regimes 217
2. Der Kreis Esch im Mittelpunkt der Eindeutschungspolitik 221
3. „Kämpfer des Industriegebietes“: Arbeiter an der westlichen Reichsgrenze 225
4. Die Kreisstadt Esch-Alzig als NS-Musterstadt für die „Schaffenden“ 227
5. Zusammenfassung 234

Kapitel IV. Die DAF in Luxemburg

Kapitel IV.1. Die Schaffung einer Massenorganisation 239

1. Omnipräsenz und Expansion 239
2. Die DAF – die zweitgrößte Massenorganisation in Luxemburg 242
3. Der Aufbau der DAF-Organisation in Luxemburg (1941) 252
   3.1. Die Aufbauphase 253
   3.2. Das Beispiel der Stadtverwaltung Luxemburg 264
   3.3. Die Probleme der DAF in der Aufbau- und Konsolidierungsphase 269

4. Die Zerschlagung des Luxemburger Verbandswesens durch den Stillhaltekommissar für das Organisationswesen 281
4.1. Die Jagd auf das Gewerkschafts- und Verbandsvermögen 283
4.2. Die „Überführung in geordnete Verhältnisse“: Die Zerschlagung der Hilfskassen 284
4.3. Franz Schmidt: Parteifunktionär und Manager 287
5. Die Gliederung der DAF in Luxemburg 290
5.1. Die Kreiswaltungen 290
5.2. Die Ortswaltungen und ihr Personal 292
5.3. Die betriebliche Organisation der DAF 301

Kapitel IV.2. Die Wirtschaftsunternehmen der DAF 309
1. Die DAF als Wirtschaftsunternehmen in Luxemburg 309
1.1. Die Versicherungsunternehmen der Arbeitsfront 310
1.2. Die DAF-Bank der Deutschen Arbeit 316
1.3. Die Übernahme der Konsumgenossenschaften durch das DAF-Gemeinschaftswerk 319
2. Bilanz 322

Kapitel IV.3. Führung und Funktionäre 323
1. Die Spitze der DAF: Gauobmann Hugo Dörner und seine Kreisobmänner 323
2. Der Escher Kreisobmann Ludwig Grohé 326
2.1. Ludwig Grohé als Propagandist 327
2.2. Das Gesicht der Arbeitsfront 330
2.3. Betriebsbesuche 338
2.4. Grohés Verhältnis zu den Escher Betriebsführern 341
2.5. Der Fall der Eisenwerke Kayl 345
2.6. Der Typus des DAF-Funktionärs 349
3. Willige Kollaborateure? Die Obmänner: Motive und Verhaltensmuster 352
4. Die Rolle von Vertrauensrat und Unternehmensbeirat 366

Kapitel IV.4. Die DAF als „Dienstleister“ am Volk 373

1. Die DAF als „Dienstleister“ 373
2. „Kraft durch Freude“? 375
   2.1. Feierabendgestaltung 379
   2.2. „Schönheit der Arbeit“ 391
3. Die sozialen Angebote der Arbeitsfront zwischen Anspruch und Wirklichkeit 394
   3.1. Das Reichserholungswerk 394
   3.2. Betreuung der Frauen 400
   3.3. Betreuung der Jugendlichen 406
4. Lenkung und Erziehung 409
   4.1. Das Volksbildungswerk der KdF 409
   4.2. Das Berufserziehungswerk 415

Kapitel IV.5. Verfallsprozess und Zusammenbruch 419

1. Autoritäts- und Glaubwürdigkeitsverlust der DAF 419
2. Die DAF und der Streik von 1942 420
3. Der Niedergang der DAF am Beispiel des Bergbaus 433
4. Der Zusammenbruch: Die Escher DAF in der Endphase der Besatzungszeit 442

Kapitel IV.6. Das Erbe der Deutschen Arbeitsfront 449

1. Strafverfolgung der Obmänner 449
2. Vergangenheitsbewältigung und Rückkehr zum Gewerkschaftspluralismus 452
3. Nachwirkung: Das luxemburgische Sozialstaatsmodell 460
4. Zusammenfassung: Die DAF als Faktor der NS-Herrschaft 463

Kapitel V. Arbeiten im Krieg

Kapitel V.1. Herrschaftspraxis in Luxemburger Industriebetrieben ... 471

1. Die ARBED-Generaldirektion und ihre Beziehungen zur Volksdeutschen Bewegung ... 471
   1.1. Das Verhältnis zwischen ARBED-Werken und den Parteidienststellen ... 474
   1.2. Die Rolle der Betriebe in der Rekrutierungsphase der Deutschen Arbeitsfront ... 475
   1.3. Spendenpraxis der Betriebsführer ... 481
2. Die Verhaltensmuster der Betriebsführer am Beispiel von ARBED-Belval ... 489
   2.1. Der Luxemburger Direktor Nicolas Schock ... 490
   2.2. Der deutsche Betriebsführer Nino Broglio ... 501
3. Gelebte „Volksgemeinschaft“ ... 504
   3.1. Spendenaktionen ... 505
   3.2. Betriebsappelle – Inszenierungen der NS-Politik ... 507
   3.3. Kameradschaftsabende ... 513
4. Die soziale Betriebsarbeit der Deutschen Arbeitsfront ... 515
   4.1. Kraft durch Freude: „Stimmung, Fröhlichkeit und gute Laune“ 515
   4.2. Betriebssport: „Kräftigung und Stärkung an Leib und Seele“ ... 521
   4.3. Materielle Vergünstigungen: „Rassische Wertsteigerung der Volkskraft“ ... 528
5. Propaganda im Arbeitsalltag ... 530

Kapitel V.2. „Arbeitseinsatz“ und „Bummelei“ ... 539

1. Der organisierte „Arbeitseinsatz“ in der Schwerindustrie ... 539
   1.1. Die Bedeutung des „Arbeitseinsatzes“ in der Schwerindustrie . 543
   1.2. Fraueneinsatz in der Schwerindustrie ... 554
2. Formen der Zwangsarbeit am Beispiel des ARBED-Werkes Belval . 558
   2.1. Die Ostarbeiter und Ostarbeiterinnen ... 562

2.2. Sowjetische Kriegsgefangene ... 571
2.3. Belgische Dienstverpflichtete ... 579
2.4. Bilanz des Zwangsarbeitereinsatzes ... 585
3. Formen des Widerstandes in den Betrieben ... 589
3.1. Haltung der Luxemburger Arbeiter von Belval gegenüber Zwangsarbeitern ... 592
3.2. „Bummelei" und Absentismus ... 598
4. Der Werkschutz als Herrschafts- und Unterdrückungsinstrument . 606
5. Zusammenfassung ... 610
6. Anhang ... 614

Zusammenfassung, Schlussfolgerungen und Perspektiven ... 619
1. Thematischer und chronologischer Überblick ... 619
2. Zusammenfassung der einzelnen Kapitel ... 621
3. Perspektiven für die weitere Forschung ... 633
4. Allgemeine Schlussfolgerungen ... 636

Quellenverzeichnis ... 645
1. Archive ... 645
2. Zeitungen und Periodika ... 651
3. Quellensammlungen und gedruckte Quellen ... 652
4. Zeitgenössische Publikationen ... 653
5. Unveröffentlichte Quellen ... 656

Literaturverzeichnis ... 657
1. Vereinspublikationen, Festschriften ... 657
2. Erinnerungsliteratur und Oral History ... 658
3. Lexika, Nachschlagewerke, Forschungsberichte und andere Hilfsmittel ... 659

4. Forschungsliteratur ... 661

5. Online-Publikationen ... 676

Anhang ... 679

1. Die wichtigsten Unternehmen der Luxemburger Eisenindustrie ... 679

2. Der exemplarische Aufbau der DAF mit Amtsbezeichnungen ... 681

Abbildungsverzeichnis ... 683

Tabellenverzeichnis ... 685

Abkürzungsverzeichnis

Abt.	Abteilung
AMnR	Archives du Musée national de la Résistance
ANLux	Archives nationales Luxembourg
ANLux AE	Bestand Affaires Étrangères
ANLux AP	Bestand Affaires politiques
ANLux ARBED	Bestand ARBED
ANLux CdG	Bestand Criminels de Guerre
ANLUX CdZ	Bestand Chef der Zivilverwaltung
ANLux IP	Bestand Instruction publique
ANLux Jt	Bestand Justice
ANLux SD	Bestand SD-Berichte
AOK	Allgemeine Ortskrankenkassen
ARBED, Arbed	Aciéries Réunies Burbach-Eich-Dudelange
AVL	Archives de la Ville de Luxembourg
BA	Bundesarchiv
BDA	Bank der Deutschen Arbeit, Bankinstitut der DAF
BEW	Berufserziehungswerk der DAF
BIT	Bureau International du Travail (Organisation des Völkerbundes)
BMIAV	siehe LBMIAV
BSG	Betriebssportgemeinschaft
CdZ	Chef der Zivilverwaltung in Luxemburg
CNT	Conférence nationale du travail
COLUMETA	Comptoir luxembourgeois de métallurgie, Verkaufsorganisation der ARBED
DAF	Deutsche Arbeitsfront
DIFFAG	Differdinger Stahlwerke A.G. →HADIR
DRK	Deutsches Rotes Kreuz
ETB	Escher Tageblatt →TB
FLA	Fräie Lëtzebuerger Aarbechterverband
GAK	Gauarbeitskammer

GEMUSO	Genossenschaft für Mußearbeit und soziale Fürsorge, auch: Genossenschaft für Arbeiterbildung und Sozialpolitik
GBA	Generalbevollmächtigter für den Arbeitseinsatz (= Fritz Sauckel)
HADIR	Hauts-Fourneaux et Aciéries de Differdange, St. Ingbert, Rumelange, 1940–1944: DIFFAG
Hg., Hgg.	Herausgeber
HJ	Hitlerjugend
ILO	International Labour Organization, frz. OIT, Organisation des Völkerbundes
ITM	Inspection du Travail et des Mines, Luxemburger Arbeitsinspektion
KdF	Kraft durch Freude
KSV	CdZ-Kommissar für das Sozialversicherungswesen
KWHW	Kriegswinterhilfswerk
LAV	Lëtzebuerger Aarbechter-Verband, Nachfolgegewerkschaft des LBMIAV
LBMIAV	Luxemburger Berg-, Metall- und Industriearbeiter-Verband
LCGB	Lëtzebuerger Chrëschtleche Gewerkschaftsbond
LRK	Luxemburger Rotes Kreuz
LVA	Landesversicherungsanstalt der Rheinprovinz
LVJ	Luxemburger Volksjugend (1941 in die Hitlerjugend übernommen)
LW	Luxemburger Wort
LZ	Luxemburger Zeitung
MMR	S.A. Minière et Métallurgique de Rodange, 1940–1944: RODAG
NBL	Nationalblatt – Ausgabe Luxemburg
NS-, ns-	nationalsozialistisch
NSDAP	Nationalsozialistische Deutsche Arbeiterpartei
NSF	Nationalsozialistisches Frauenwerk
NSG	Nationalsozialistische Gemeinschaft
NSKK	Nationalsozialistisches Kraftfahrkorps
NSRL	Nationalsozialistischer Reichsbund für Leibesübungen
NSV	Nationalsozialistische Volkswohlfahrt
o.D.	ohne Datum

o.J.	ohne Jahresangabe
o.O.	ohne Ortsangabe
o.S.	ohne Signatur/ ohne Seiten
OGL	Ortsgruppenleiter
OMZ	Obermosel-Zeitung
OND	Opera Nazionale Dopolavoro
Pg.	Parteigenosse, Anrede bzw. Bezeichnung für Mitglied der NSDAP
RGBL	Reichsgesetzblatt
RODAG	Rodinger Hochofen- und Stahlwerks-Gesellschaft A.G., vormals MMR
RVE	Reichsvereinigung Eisen
SD	Sicherheitsdienst des Reichsführers SS
Stalag	Stammlager, Bezeichnung für Kriegsgefangenen-Stammlager der Wehrmacht
Stiko	Stillhaltekommissar für das Organisationswesen in Luxemburg
TB	Tageblatt (= Escher Tageblatt)
uk, UK-Stellung	Abkürzung für „unabkömmlich“, gleichbedeutend mit Freistellung vom Wehrdienst
VDA	Volksbund für das Deutschtum im Ausland
VdB	Volksdeutsche Bewegung in Luxemburg
Vg.	Volksgenosse
VOBL	Verordnungsblatt für Luxemburg, herausgegeben vom Chef der Zivilverwaltung in Luxemburg (1940–1944)
VS	Volksstimme
WESI	Wirtschaftsgruppe Eisenschaffende Industrie
WHW	Winterhilfswerk des Deutschen Volkes

Einleitung

1. Vorwort und Fragestellung

Die Idee für die vorliegende Promotionsarbeit geht zurück auf das Forschungsprojekt „Terres Rouges“ in Zusammenarbeit mit Herrn Dr. Charles Barthel. Meine Untersuchungen setzten zunächst bei der Staatsexamensarbeit „Die Wirtschaft Luxemburgs unter der deutschen Besatzung 1940–1944“ (1994) an, die ich seinerzeit an der Universität Tübingen bei Herrn Prof. Dr. Hans-Peter Ullmann vorgelegt hatte. Die Vorarbeiten zu meiner Promotion befassten sich in einer ersten Phase mit dem Themenspektrum, das sich – zugespitzt formuliert – auf der Bandbreite zwischen „Kollaboration“ und „Widerstand“ in Luxemburgs Wirtschaft bewegte, wobei Schwerpunkte auf der Rolle der Schwerindustrie im Allgemeinen und der Bedeutung der „Aciéries Réunies Burbach-Eich-Dudelange“ (ARBED, heute ARCELOR-Mittal) im Besonderen lagen. Im Fokus meiner Fragestellungen stand zunächst die Unternehmensführung des ARBED-Konzerns um Generaldirektor Aloyse Meyer. Der Zugang zu den Firmenarchiven dieses weltumspannenden Konzerns – sie wurden in den 2000er Jahren den Luxemburger Nationalarchiven übergeben – stellte die Arbeit der Wirtschaftshistoriker auf die Basis neuer Quellen, welche noch längst nicht ausgeschöpft sind. Auch wenn diese Firmenarchive noch zum Teil unerschlossen sind, stellen sie in Bezug auf die Konzerngeschichte der Jahrzehnte zwischen 1930 und 1950 eine unschätzbare Dokumentationsbasis für die Forscher und Forscherinnen dar.[1] Diese können nun auf Dokumente und Akten zurückgreifen, die in den Direktionsetagen der ARBED-Zentralverwaltung beziehungsweise in den einzelnen ARBED-Werken entstanden sind. In Teilen dokumentieren sie, was sich während der 1930er und 1940er Jahre hinter den Fassaden des ARBED-Verwaltungsgebäudes in Luxemburgs Hauptstadt und an den einzelnen Produktionsstandorten abspielte.[2] Leider gilt dies nur sehr eingeschränkt für

---

1 Siehe Forschungsarbeiten, die in diesem Kontext entstanden: Paul Feltes, L’industrie lourde luxembourgeoise dans les années trente (1929-1939): radioscopie d’une crise économique, in: Terres rouges – histoire de la sidérurgie luxembourgeoise, Bd. 3, Luxemburg 2012, S. 8–103; Marc Birchen, Die Firmenbeteiligungen der ARBED im Osteuropa der Nachkriegszeit: Luxemburger Wirtschaftsdiplomatie im Kalten Krieg, Frankfurt 2015 (= Luxemburg-Studien 7); Stéphanie Kovacs, Les relations entre maîtres de forges, autorités communales et instances gouvernementales luxembourgeoises à l’époque de l’industrialisation: une étude de cas – Dudelange et Differdange (1880-1914), in: Terres rouges – histoire de la sidérurgie luxembourgeoise, Bd. 4, Luxemburg 2014, S. 76–177.

2 Vgl. Marc Schoentgen, Die Wirtschaft Luxemburgs unter der deutschen Besatzung, Tübingen 1994 (unveröffentlichte Staatsexamensarbeit) und ders., „Heim ins Reich?“. Die ARBED-Konzernleitung während der deutschen Besetzung 1940-1944: zwischen

die anderen beiden Stahlunternehmen aus Differdingen und Rodingen, die in der zweiten Hälfte des 20. Jahrhunderts mit dem Konkurrenzkonzern fusionierten. Bei dieser Gelegenheit wurde offensichtlich nur ein Teil der Firmenarchive ins Archiv der ARBED transferiert, sodass für die dreißiger und vierziger Jahre nur wenig erhalten ist.

Bei der Recherche im Archiv stellte sich heraus, dass Teile der ARBED-Unterlagen aus den Besatzungsjahren über das Betriebswirtschaftliche hinaus einen Blick in den Arbeitsalltag unter nationalsozialistischer Herrschaft freigaben. Hierbei wurde ich auf eine nationalsozialistische Massenorganisation aufmerksam, deren Bedeutung für die Besatzungsgeschichte der Luxemburger Historiografie lange entgangen war, bis Vincent Artuso 2013 auf ihre Bedeutung als Kontroll- und Gleichschaltungsorgan hinwies.[3] Die „Deutsche Arbeitsfront" übte in den Jahren 1940/1941 bis 1944 einen wesentlichen Einfluss in Luxemburg aus, dies im politischen, sozialen, kulturellen und wirtschaftlichen Bereich. Es fiel auf, dass sich die Nationalsozialisten sowohl im Bereich der Propaganda als auch in ihrer Sozialpolitik der DAF bedienten, um die Menschen in Luxemburg auf ihre Seite zu bekommen und den Anschluss des Landes an Deutschland durchzusetzen.

Die vorliegende Monografie „Arbeiten unter Hitler" verfolgt mehrere Ansätze, da man an die Besatzungsgeschichte nicht eindimensional herangehen kann. So findet man über die Darstellung einer politischen Geschichte Luxemburgs hinaus die Perspektive einer Wirtschafts- und Sozialgeschichte. Damit verknüpft sind die Entwicklungsabläufe von Firmen und Verbänden genauso wie die Geschichte von Verwaltungen und Organisationen. Um die Okkupationsgeschichte in möglichst vielen Facetten zu erfassen, enthält „Arbeiten unter Hitler" auch Elemente einer Alltagsgeschichte. Die Geschichte einer Kriegsgesellschaft kann außerdem nur geschrieben werden, wenn man Biografien aus unterschiedlichsten Personenkreisen mitberücksichtigt.

Verschiedene thematische Schwerpunkte haben sich im Laufe der Forschungsarbeit zum Komplex Arbeit-Sozialpolitik-Herrschaft 1940 bis 1944 ergeben. Interpretatorisch führt die Auswertung der Quellen an folgenden grundsätzlichen Fragestellungen entlang:

1. Wie erlebten die Menschen in Luxemburg die Okkupationsjahre 1940 bis 1944 in politischer, sozialer und kultureller Hinsicht?
2. Was bedeutete für die Menschen in Luxemburg „Arbeiten" unter dem NS-Regime?

Kollaboration und Widerstand, in: Forum für Politik, Gesellschaft und Kultur Nr. 304 (2011), S. 29–35.

3 Vincent Artuso, La collaboration au Luxembourg durant la Seconde Guerre mondiale (1940-1945). Accommodation, Adaptation, Assimiliation, Frankfurt/Main u.a. 2013 (= Luxemburg-Studien 4), S. 281–286.

3. Auf welche Weise schaffte es eine nationalsozialistische Zivilverwaltung, das Land mit verhältnismäßig wenig Personal während vier Jahren zu beherrschen?
4. Inwiefern und in welchen Lebensbereichen fand die NS-Politik Zustimmung? Wo und in welchem Ausmaß stießen die Nationalsozialisten auf Ablehnung und Widerstand?
5. Warum konnte sich das Regime des Gauleiters über vier Jahre lang halten, obwohl es von einer großen Mehrheit der Menschen mehr oder weniger offen abgelehnt wurde?

Die Jahre der Diktatur lassen sich nicht mithilfe von Begriffspaaren wie „Widerstand vs. Kollaboration", „Luxemburger vs. Nichtluxemburger", „Herrscher vs. Beherrschte" oder „Opfer vs. Täter" ausreichend beschreiben oder erklären. Deshalb muss die Fragestellung multiperspektivisch sein. In ihrer Breite erlaubt es die Thematik um Arbeit, Sozialpolitik sowie Herrschaftsausübung, Entwicklungslinien der relativ kurzen Geschichte der nationalsozialistischen „Zivilverwaltung" und der von ihr importierten NS-Organisationen aufzuzeigen. Sie bettet sich aber auch ein in die Geschichte der Luxemburger Arbeiterbewegung, die sich in den Jahren vor dem Zweiten Weltkrieg ihren Platz in Politik und Gesellschaft erkämpft hatte und deren Existenz vom NS-Regime nun in Frage gestellt wurde. In diesem Zusammenhang spielt der „Stillhaltekommissar für das Organisationswesen in Luxemburg" (Stiko) eine entscheidende Rolle. Es handelte sich um eine Art Sonderbehörde, die eine Zwitterstellung im nationalsozialistischen Machtgefüge einnahm. Dieser Stillhaltekommissar spielte ab 1940 eine bislang unbeachtet gebliebene, aber umso wichtigere Rolle bei der Liquidierung der Vereine und Verbände und damit im Prozess von Gleichschaltung und Eindeutschung. Da die Akten des Stiko nahezu vollständig in ihrem Überlieferungszusammenhang erhalten sind, findet sich hier Material, das es erlaubt, die Kriegsgeschichte der Gewerkschaften und anderer Berufsverbände sowie der ihnen nahestehenden Vereine zu rekonstruieren. Hinter einer nach außen anonym wirkenden NSDAP-Parteidienststelle standen hochmotivierte und effizient arbeitende Funktionäre, wie der Stillhaltekommissar Franz Schmidt und dessen engagierte Mitarbeiter. Schmidt gehörte zu jenen jungen, aufstrebenden Männern, die in Partei, Staat und Wirtschaft erstaunliche Karrieren machen und in die NS-Elite aufsteigen konnten. Polykratische Herrschaftsstrukturen und Netzwerke von Parteigenossen, aber auch persönliche Beziehungen zwischen unterschiedlichsten Akteuren rücken demnach ins Blickfeld.

Die Analyse bleibt aber nicht bei den Eliten stehen, sondern wendet sich auch der „Durchschnittsbevölkerung" zu. Allerdings ist der historiografische Zugang zu der schwer zu quantifizierenden „schweigenden" Mehrheit der Luxemburger, die sich ab 1940 mit der Lage arrangierte und zu überleben versuchte, schwierig. Sie äußerten sich relativ selten in schriftlicher Form oder nur zu einer begrenzten Thematik, dies in der Regel mit einem gewissen zeitlichen Abstand zu den Kriegsereignissen selbst. Im Krieg gab es keine Meinungsumfragen, sodass man nur schwer herausfinden kann, wie die Menschen die politischen, wirtschaftlichen und sozialen Veränderungen wirklich sahen. In der NS-Diktatur waren ohnedies die Ausdrucksmöglichkeiten der Bevölkerung sehr begrenzt. Um diese Blindstellen zu überwinden, muss man den Blick vom Kollektiv auf die Einzelpersonen wenden, die in unterschiedlichsten Kontexten agierten.

Einer dieser Kontexte ist die „Kollaboration", und zwar in der Industrie. Exemplarische Fälle zeigen, wie sich sogenannte „Eliten", aber auch die „kleinen Leute" in den Ausnahmesituationen verhielten, die Krieg und Besatzungsherrschaft implizierten. Abwarten und Annehmen, Eigensinn und Ablehnung, Dissens und Widerstand waren unterschiedliche Verhaltensweisen, die im Alltag der Menschen zum Ausdruck kamen, gleich welcher sozialen Schicht sie angehörten oder welche ihre Staatsangehörigkeit war. Deshalb bietet sich die Suche an nach Personen, die zwischen 1940 und 1944 mehr oder weniger verantwortliche Posten in Wirtschaft, Verwaltung und Verbänden übernommen hatten, in der Hoffnung diejenigen klarer fassen zu können, die man abwertend als Mitläufer oder Attentisten bezeichnete. Bewusst wurde vermieden, den Fokus allein auf die Luxemburger und Luxemburgerinnen zu legen, die man nach dem Krieg häufig rasch zu „Kollaborateuren" und „Verrätern" abstempelte. Auch Reichsdeutsche – ob sie vor 1940 oder nach der Besetzung ins Großherzogtum gekommen waren – mussten als handelnde Personen berücksichtigt werden.

„Arbeiten unter Hitler" will aber nicht primär die Geschichte der politischen und wirtschaftlichen Kollaboration beleuchten, sondern zeigen, wie eine kleine Gesellschaft die Diktatur erlebte und zwar hauptsächlich in zwei Kontexten, nämlich im beruflichen Umfeld und im Bereich der kulturellen Praxis. Wie im Untertitel „NS-Sozialpolitik und Herrschaftspraxis am Beispiel der Schwerindustrie" angedeutet, setzten deutsche Zivilverwaltung und NS-Gauleitung in Luxemburg die Sozialpolitik als ein Instrument zur Machtdurchsetzung und zur Machtsicherung ein. Die „volksdeutschen" Menschen sollten nicht nur mit dem Regime kollaborieren, sondern sich über Arbeit und Freizeit in eine nationalsozialistische, rassistische „Volksgemeinschaft" integrieren. Anhand der konkreten Herrschaftspraxis verschiedener NS-Organisationen im Luxemburger Industriegebiet soll dargestellt werden, wo das Regime Erfolge hatte, wen es zu mobilisieren verstand und wo es an seine Grenzen stieß.[4]

Die Untersuchung bezieht sich geografisch gesehen weitgehend auf die Besatzungs- und Arbeitserfahrungen im Luxemburger Industriegebiet der Minette. Soziologisch betrachtet liegt der Fokus auf den Beschäftigten aus der Schwerindustrie, die einen beträchtlichen Anteil an der Industriearbeiterschaft ausmachten. Es sei indes vorausgeschickt, dass die Begriffe „Industriearbeiter" beziehungsweise „Arbeiter" undifferenziert gebraucht werden, während die Benutzung des Ausdrucks „Arbeiterklasse" generell vermieden wird. Man kann die grobe, aber

4 Zum Begriff der „Volksgemeinschaft" und einem praxeologischen Verständnis, vgl. Michael Wildt, Die Volksgemeinschaft nach Detlev Peukert, in: Rüdiger Hachtmann/Sven Reichardt (Hgg.), Detlev Peukert und die NS-Forschung, Göttingen 2015 (= Beiträge zur Geschichte des Nationalsozialismus Bd. 31), S. 61f.

zweckmäßige Einteilung in Arbeiter nach Branchen zurückbehalten (Arbeiter in Industrie und im Dienstleistungsgewerbe sowie Landarbeiter), aber gerade in der Industrie wurde stark zwischen unqualifizierten Hilfsarbeitern und Facharbeitern unterschieden, was nicht nur bei den gezahlten Löhnen zum Ausdruck kam, sondern auch im gesellschaftlichen Ansehen. Außerdem gab es die Unterscheidung nach Wichtigkeit der Aufgaben, so bei den ARBED-Werken, wo es beispielsweise Arbeiter gab, die in den Angestelltenstatus aufsteigen konnten. In großen Betrieben gab es traditionell eine starke hierarchische Differenzierung, etwa zwischen einfachen Arbeitern, Vorarbeitern und Meistern.

Die Fokussierung auf die Luxemburger Schwerindustrie und damit auf das Beispiel des ARBED-Konzerns hat mehrere Gründe. Zum einen konzentrierte sich das Regime des NSDAP-Gauleiters und Chefs der Zivilverwaltung ab 1940 auf das Industriegebiet im Süden des Landes, wo sich der demografische und wirtschaftliche Schwerpunkt des Großherzogtums befand. Zum anderen war die Luxemburger Vorkriegsgesellschaft in Teilen stark durch die Eisenindustrie geprägt worden. Der wirtschaftliche Boom hatte zum Wohlstand des Landes beigetragen, interne Wanderungsbewegungen ausgelöst, demografische Veränderungen gebracht und somit die Arbeits- und Lebensweisen der Menschen verändert.[5] Ein weiterer Grund ist der ARBED-Konzern selbst. Schon der Größe und der ökonomischen Bedeutung wegen kommt man nicht um die Aciéries réunies Burbach-Eich-Dudelange (ARBED) herum. Dieses multinationale Unternehmen mit Sitz in Luxemburg-Stadt beschäftigte 1941 in Europa (Luxemburg, Lothringen, Saar, Flandern) 22.000 Menschen. In Luxemburg selbst war die 1911 gegründete Aktiengesellschaft der größte Arbeitgeber, der über beträchtlichen politischen und gesellschaftlichen Einfluss verfügte. Vor dem Zweiten Weltkrieg verdienten immer noch rund 12.000 Arbeiter ihr Brot beim Konzern, der für seine guten Löhne und zahlreiche, freiwillig geleistete Sozialmaßnahmen bekannt war. Dies erklärt die Attraktivität des Unternehmens als Arbeitgeber. Die prominente Rolle als wichtigster Arbeitgeber behielt die ARBED auch während der deutschen Besatzungszeit.[6]

5 Vgl. Gérard Trausch, Les mutations économiques et sociales de la société luxembourgeoise depuis la révolution française, Luxembourg 2012 (= Cahiers économiques 113), S. 89–143.

6 Beschäftigtenzahlen, vgl. ANLux ARBED AC-CI-253 (Mappe „Effectif ouvrier"). Bemerkenswert ist die Zusammensetzung der ARBED-Gesamtbelegschaft nach Nationalitäten. Kurz vor dem deutschen Einmarsch waren neun von zehn Arbeitern Luxemburger, bei den Angestellten sah es ganz ähnlich aus (1.373 von 1.483 Angestellten hatten die luxemburgische Staatsangehörigkeit) sodass die ARBED-Werke in dieser Hinsicht seit Ende der 1930er Jahre eine homogene Mitarbeiterstruktur hatten.

1.1. Chronologischer Rahmen und NS-Begriffe

Vielfach beschränkt sich die luxemburgische Historiografie auf die rund 48 Monate währende Okkupationszeit. Bei den Recherchen wurde schnell deutlich, dass diese Periodisierung nicht gerechtfertigt ist und dass man den zeitlichen Rahmen nicht auf die Jahre 1940 bis 1944 einengen kann. Gerade bei den Kapiteln, die sich mit sozialgeschichtlichen Themen befassen oder mit dem Schicksal der Luxemburger Arbeiterbewegung und ihrer Organisationen zusammenhängen, war es notwendig, mit einem Rückblick auf die dreißiger Jahre zu beginnen. Ebenso schien es bei der Geschichte der Deutschen Arbeitsfront unumgänglich, sich auch kurz mit deren Nachwirkung auf die Rekonstruktionsphase der Gewerkschaften nach 1944 zu befassen.[7]

Das nationalsozialistische Vokabular enthält zahlreiche Begriffe, die zwar 1933 bis 1945 im öffentlichen Sprachgebrauch waren, aber häufig ideologisch und rassistisch konnotiert sind. Soweit diese Ausdrücke und Wörter im Darstellungsteil benutzt werden, sind sie grundsätzlich zwischen Anführungszeichen gestellt (z.B. „Drittes Reich", „Machtergreifung", „Volksgemeinschaft", „Volksdeutscher", „Tag der deutschen Arbeit" usw.). Bei bestimmten Schlagworten der NS-Propaganda („totaler Krieg", „Westraum", „Land der roten Erde") wurde in der Regel genauso verfahren. Nicht verwendet werden die Anführungszeichen – außer zur besonderen Hervorhebung – im Falle von NS-Amtsbezeichnungen (Gauobmann, Kreisobmann, Zellenobmann usw.), eingedeutschten Ortsnamen (z.B. Esch-Alzig, Klerf usw.) oder einigen Wortschöpfungen (Gau Moselland) bzw. geläufigen Ausdrücken wie Reich, Gau, Altreich oder Altgau.

Es sei noch angemerkt, dass das Großherzogtum Luxemburg mit der Machtübernahme des Gauleiters Gustav Simon im August 1940, spätestens aber mit dem zweiten Erlass Hitlers über die „vorläufige Verwaltung" in Luxemburg vom 18. Oktober 1940, bei den meisten Reichsbehörden nicht mehr als besetztes Territorium galt, sondern als CdZ-Gebiet quasi in das Altreich beziehungsweise in den Altgau inkorporiert war, auch wenn dies völkerrechtlich nicht so war. Dies bedeutete grundsätzlich, dass die Nationalsozialisten eine Politik der Assimilation betrieben, derzufolge die nichtjüdischen Luxemburger und Luxemburgerinnen fortan als „Volksdeutsche" und als zugehörig zur deutschen „Volksgemeinschaft" betrachtet wurden. Damit blieben den meisten Bewohnern des ehemaligen Großherzogtums die Unrechtsmaßnahmen im Bereich der Wirtschafts- und Arbeitspolitik erspart, die die Menschen in anderen militärisch besetzten Gebieten Westeuropas, wie Belgien, Nordfrankreich oder die Niederlande erfahren mussten. Im Umkehrschluss

---

7 Vgl. Tagung der Universität Luxemburg „1940-1950: Continuités et ruptures" (2015), bei der es um einen perspektivischen und vor allem chronologischen Neuansatz ging, der nicht mehr von den Kriegsjahren 1940 bis 1944, sondern von einer Art Kriegsjahrzehnt von 1940 bis 1950 ausgeht: http://wwwde.uni.lu/universite/actualites/a_la_une/1940_1950_continuites_et_ruptures (Abruf: 24.5.2018).

bedeutet dies, dass die Menschen in Luxemburg die NS-Diktatur in Teilen qualitativ so erlebten wie die Deutschen seit 1933 im Reich.[8]

1.2. Gliederung

Die Arbeit teilt sich in mehrere große Kapitel auf. Zuerst werden die Intentionen und Auswirkungen der Sozialpolitik in Kapitel I ausgeleuchtet. Sie war neben der Volkstumspolitik eines der Haupthandlungsfelder der Zivilverwaltung. Wie die Luxemburger Gewerkschaften zuerst instrumentalisiert, dann zerschlagen wurden, bevor ihre Mitglieder schließlich massiv in eine neue Bewegung (zwangs) integriert wurden, zeigt das zweite Kapitel. In Kapitel III werden am Beispiel des Luxemburger Industriegebiets die Zusammenhänge zwischen der Raum-, Volkstums-, Sozial- und Kulturpolitik des Gauleiters und Chefs der Zivilverwaltung Gustav Simon thematisiert. Die Deutsche Arbeitsfront steht im Mittelpunkt des größeren Kapitels IV. Der vertikale und horizontale Aufbau der Arbeitsfront zur zweitgrößten Massenorganisation war ein wichtiges Instrument zur Durchsetzung nationalsozialistischer Herrschaft in allen Teilen des Landes und auf allen Ebenen des Lebens. Dass die DAF auch ein Akteur war, zeigen die wirtschaftlichen, freizeit- und kulturpolitischen Aktivitäten, die sie während der Besatzungszeit in Luxemburg entwickelte. Die Geschichte einer bislang weitgehend unbekannt gebliebenen Sonderbehörde ist ebenfalls Gegenstand von Kapitel IV: Die Dienststelle des „Stillhaltekommissars für das Organisationswesen in Luxemburg“ war in der Aufbauphase der DAF ein wichtiger Akteur der Anschlusspolitik, bei der es nicht nur um politische, sondern auch um wirtschaftliche Interessen ging. Kapitel V befasst sich mit den direkten Auswirkungen der NS-Herrschaft auf die Arbeitswelt, wobei sichtbar wird, wie sich Besatzung, NS-Herrschaft und Krieg auf die Verhaltensmuster von Managern, Angestellten und Arbeitern auswirkten.

2. Thematische Schwerpunkte

Bislang sind von der Luxemburger Historiografie die Grundlagen, Konzeptionen und Auswirkungen der nationalsozialistischen Besatzungsherrschaft in den Bereichen der Wirtschafts-, Arbeits- und Sozialpolitik nur in Teilaspekten mehr oder weniger gründlich untersucht worden. Häufig überwiegt die Perspektive auf die Jahre 1940 bis 1944 als eine Zeit der Besetzung durch einen fremden Eindringling, während man die Kriegsjahre in Luxemburg kaum als die eines Regimes sieht, das in seinem Anspruch nicht nur das Territorium, sondern vor allem die Menschen

---

8 Vgl. Elizabeth Harvey, Arbeitsverwaltung und Arbeitskräfterekrutierung im besetzten Europa. Belgien und das Generalgouvernement, in: Alexander Nützenadel (Hg.), Das Reichsarbeitsministerium im Nationalsozialismus. Verwaltung – Politik – Verbrechen, Göttingen 2017, S. 348–386.

beherrschen und in eine imaginierte „Volksgemeinschaft“ integrieren wollte. Die Handlungsfelder und Akteure der deutschen Okkupationspolitik sind:

1. **Die NS-Sozialpolitik in Luxemburg.** Sie war vor allem ab Ende 1940 bis ins Jahr 1941 hinein ein wesentlicher Bestandteil der deutschen Anschlusspolitik und ein Faktor der Annexions- und Nazifizierungspolitik. Mit welchen Mitteln und regimetypischen Sofortmaßnahmen versuchte die Zivilverwaltung ab Sommer-Herbst 1940 unter der aktiven Führung von Gauleiter Gustav Simon die Luxemburger auf breiter Ebene anzusprechen? Auf wen fokussierten sich die sozialpolitischen Maßnahmen des Regimes und gab es hierbei soziale und geografische Schwerpunkte? Wie nutzte die Gauleitung den gestalterischen Spielraum und wo waren die Grenzen der NS-Sozialpolitik? Schafften es Zivilverwaltung und Gauleitung – beide personifiziert in der Gestalt eines Gustav Simon – angesichts massiver politischer, wirtschaftlicher und sozialer Probleme in Luxemburg eine Art Krisenmanagement und Problemlösekompetenz zu entwickeln? Von Bedeutung ist die Frage nach den Reaktionen der Menschen, insbesondere der Arbeiterschaft. Wie aufnahmebereit war die Arbeitnehmerschaft für sozialpolitische Propaganda? Inwiefern fanden nationalsozialistische Lohnpolitik und andere begleitende Maßnahmen, etwa im Bereich der Familienpolitik, Zustimmung? Hatten Propaganda und materielle Geschenke eine Auswirkung auf die Belegschaften im Minetterevier, in dem Sinne, dass die Menschen sich leichter für die Mitgliedschaft in der Volksdeutschen Bewegung (VdB), für die aktive Kollaboration oder die Mitgliedschaft in der Deutschen Arbeitsfront (DAF), der größten Massenorganisation des Dritten Reiches, entschieden? Oder war es vielleicht doch so, dass sich die Arbeiter 1940 weder durch antibürgerliche Propaganda noch durch soziale Lockangebote verführen ließen, wie Gilbert Trausch es noch 1992 ausdrückte?[9]
2. **Die Zerschlagung der Luxemburger Gewerkschaftsbewegung.** Im Süden Luxemburgs begegneten die Deutschen einer Arbeiterschaft, die sich teilweise in den großen Richtungsgewerkschaften organisiert hatte. Der Gefahren, die die Diktaturen für die Gewerkschaftsbewegung darstellten, schienen sich vorausschauende Zeitgenossen bereits in den frühen dreißiger Jahren bewusst gewesen zu sein. Die Luxemburger Gewerkschaften reagierten bereits lange vor der Besetzung auf die vermeintliche Attraktivität einer nationalsozialistischen „Arbeiter“-Ideologie und eines Staates, der angeblich die Klassenkämpfe beendet und die Proletarier aufgewertet hatte. Was bedeuteten die militärische Besetzung und die Machtübernahme des Gauleiters im Jahre 1940 konkret für die Gewerkschaftsarbeit? Relativ schnell wurde den Menschen klar, dass alle Institutionen und Organisationen nicht mehr so weiterfunktionieren würden wie vor dem Krieg. Wie schafften es die deutschen Behörden und Parteiorganisationen, die Entmachtung und die Zerschlagung der Luxemburger Arbeiterbewegung

9 Gilbert Trausch, Histoire du Luxembourg, Paris 1992 (= Nations d’Europe), S. 152.

innerhalb weniger Monate zu bewerkstelligen? Welcher Methoden und Strategien bediente sich das Regime, um die beiden großen Gewerkschaftsverbände und die kleineren Berufsverbände unter ihre Kontrolle zu bringen? Wie reagierten die Gewerkschaftsfunktionäre, wie die einfachen Gewerkschaftsmitglieder darauf? Gab es personelle Kontinuitäten zwischen freien beziehungsweise christlichen Gewerkschaften und neuen Organisationen, wie der Deutschen Arbeitsfront?

3. **Das Luxemburger Industriegebiet.** Die Minetteregion im Süden Luxemburgs war vor 1940 wirtschaftlicher und demografischer Schwerpunkt des Landes. Sie hatte eine starke Anziehungskraft auf die Menschen aus dem In- und Ausland. Zentraler Ort war die dicht an der französisch-luxemburgischen Grenze gelegene Industriestadt Esch-sur-Alzette, in deren direkter Umgebung zahlreiche Produktionsstätten der Eisen- und Stahlindustrie zu finden waren, unter anderem Großbetriebe, wie die ARBED-Werke von Belval mit rund 3.800 Arbeitern und Schifflingen mit rund 2.500 Arbeitern (jeweils Stand November 1941). Nach dem Anschluss des Landes erhielt die Region als neugeschaffener administrativer und politischer Kreis Esch-Alzig im Gefüge des neuen Gaues „Moselland" eine besondere Stellung. Der Nationalsozialist Gustav Simon bemühte sich um eine Aufwertung des neuen Kreises, weil er sich gerade unter der dort lebenden Arbeiterbevölkerung im „Land der Roten Erde" den meisten Zuspruch erwartete. Gab es besondere Akzente in der Politik des Gauleiters, die sich eventuell von der in anderen Regionen des CdZ-Gebiets unterschieden? Welche Rolle spielten die Kreisstadt Esch-Alzig und die übrigen Industriestädte für Propaganda und Volkstumspolitik? Gab es so etwas wie eine Standortpolitik des Gauleiters? Welche Maßnahmen wurden von Gau- und Kreisleitung der NSDAP im äußersten Südwesten des Gaues Moselland geplant? Was wurde für die arbeitende Bevölkerung konkret umgesetzt, was blieb Zukunftsplanung?
4. **Die Deutsche Arbeitsfront.** Die bedeutendste der NS-Massenorganisationen war die Deutsche Arbeitsfront, die man neben NSDAP, VdB und Polizei als eine Säule nationalsozialistischer Herrschaft in Luxemburg sehen kann. Dies erklärt, dass sich in allen Kapiteln Bezüge zur Geschichte und Bedeutung dieses Verbandes wiederfinden. Ein zentrales Kapitel beschäftigt sich folglich mit dem Aufbau und den vielfältigen Funktionen der Deutschen Arbeitsfront. Gerade im „Land der Roten Erde" fand die Massenorganisation eine wichtige Basis. In den Betrieben der Schwerindustrie war sie ab 1940 stark präsent und beeinflusste den Arbeitsalltag auf wesentliche Weise. Im Süden verfügte die DAF über die besten Strukturen und hatte hier die größte Durchsetzungskraft. Wie verlief die „Machtergreifung" der Arbeitsfront, die 1940/41 an die Stelle der ehemals unabhängigen Gewerkschaften und Verbände trat?

   Die Liquidierung der Vereinigungen der Arbeiter und Angestellten sowie der Handwerker übernahmen interessanterweise weder die Zivilverwaltung noch die DAF selbst, auch die Führung des Gaues Moselland kam hier nicht zum Zuge. Für die Erfassung und Abwicklung der Luxemburger Arbeiterbewegung wurde eine besondere Parteidienststelle geschaffen, der „Stillhaltekommissar für das

Organisationswesen". Wie ging diese Institution, die sich funktionell zwischen Behörde und Parteidienststelle ansiedelte, bei der Erfassung und Liquidierung der Luxemburger Vereine vor? Auf diese Unrechtsmaßnahmen reagierten die Mitglieder der Assoziationen unterschiedlich. Interessant ist folglich die Frage, in welchen Milieus es eine offene Ablehnung gab und wo man sich mehr oder weniger bereitwillig in neue, nationalsozialistische Strukturen überführen ließ. Die DAF verfügte über Tausende von Mitgliedern und Hunderte von aktiven Mitarbeitern: Wie wurde man Mitglied? Was motivierte zu einem freiwilligen Beitritt? Wer waren die aktiven Kollaborateure in den Orts- und Betriebsgruppen? Welche Rolle spielten reichsdeutsche Funktionäre und welche Positionen nahmen die Luxemburger ein, die sich verpflichten ließen? Boten sich den Mitgliedern in der DAF Möglichkeiten des gesellschaftlichen Aufstiegs? Die Arbeitsfront war mehr als eine nationalsozialistische Ersatzorganisation für die liquidierten Gewerkschaften, sie verkörperte wie alle anderen Gliederungen der NSDAP den totalen Machtanspruch des Regimes. Gelang es der DAF als eine Art „Dienstleister" in die Luxemburger Wirtschaft und Gesellschaft einzudringen? Welche Wirkung hatte die DAF mit ihren Angeboten in den unterschiedlichsten Lebensbereichen? Wie modern und wie verlockend waren die Angebote der DAF und ihrer Unter- und Nebenorganisationen in Kultur, Freizeitgestaltung und Bildung? Konnte die Arbeitsfront ihre Zielsetzungen erreichen oder waren ihr Aufstieg und Niedergang in Luxemburg nichts anderes als ein Gradmesser für die Akzeptanz des NS-Regimes? Auch wird der Frage nachgegangen, wie nachhaltig die DAF auf die Menschen gewirkt hatte: Verschwand sie sang- und klanglos oder hatte sie eine Nachwirkung über das Jahr 1944 hinaus?

5. **Arbeiten im Krieg**. Arbeit war in der NS-Zeit nicht mehr nur einfach Broterwerb, Ausübung eines Berufes beziehungsweise eine mehr oder weniger selbstbestimmte Erwerbstätigkeit, sondern mutierte in der Vorstellungswelt der Nationalsozialisten zum sogenannten „Arbeitseinsatz" im Dienste des Staates und der „Volksgemeinschaft". Deshalb kommt man abschließend nicht umhin, sich mit verschiedenen Aspekten dieses „Arbeitseinsatzes" zu befassen, wobei die Lage der Luxemburger Arbeiter grundsätzlich von denen anderer besetzter Länder zu unterscheiden ist. Während etwa 600.000 Franzosen ihre Heimat verlassen mussten, um im Rahmen des Service de travail obligatoire (STO) beispielsweise in deutschen Rüstungsbetrieben für die Kriegswirtschaft zu arbeiten, blieb den Einwohnern Luxemburgs diese Erfahrung weitgehend erspart.[10] Sie galten als „volksdeutsche" oder „deutsche" Arbeiter und waren damit im Vergleich zu Zwangsarbeitern und Dienstverpflichteten, die aus ganz Europa ins Reichsgebiet verschleppt wurden, bessergestellt, was Arbeits- und Lebensbedingungen anbelangt. Als „Deutsche" waren die Arbeiter und Angestellten in Luxemburg hingegen anderen Zwängen im Alltag ausgesetzt als ihre Kollegen aus Belgien.

---

10 Éric Alary/ Bénédicte Vergez-Chaignon, Dictionnaire de la France sous l'Occupation, Paris 2011, S. 397f.

Der Arbeitsalltag lässt sich gut anhand der schwerindustriellen Betriebe darstellen, da dort der Produktionsdruck und die kriegs- und besatzungsbedingten Veränderungen am deutlichsten spürbar waren. Besonders sticht das Werk ARBED-Belval hervor, das vor dem Ersten Weltkrieg unter dem Namen „Adolf Emil-Hütte" von der Gelsenkirchener Bergwerks-A.G. errichtet worden war. Dieses integrierte Hütten-, Stahl- und Walzwerk galt schon vor dem Zweiten Weltkrieg als ein Vorzeigebetrieb. Aus ihm wollten die Machthaber ab 1940 einen deutschen „Musterbetrieb" machen, der nach nationalsozialistischen Grundsätzen funktionieren sollte. Welche Rolle spielten die Manager bei der Nazifizierung eines solchen Großbetriebes? Entwickelten sie besondere Strategien für den Umgang mit VdB und anderen NS-Organisationen? Gab es Unterschiede in einem Unternehmen, das von einem Luxemburger Direktor geleitet wurde, der ab 1940 mit den deutschen Behörden und der Deutschen Arbeitsfront kollaborierte, und einem nationalsozialistisch denkenden und handelnden deutschen „Betriebsführer", der zur neuen Elite gehörte? Die politischen Veränderungen, die es ab Sommer-Herbst 1940 im ganzen Land gab, blieben prinzipiell nicht vor den Werkstoren stehen. In welchem Ausmaß änderte sich durch „Gleichschaltung" und Krieg das Arbeitsleben? Gab es Auswirkungen auf die Perzeption der Arbeit und die Perzeption der Arbeitenden? Wie gingen die Arbeiter mit Erfahrungen von Diktatur und Unrecht um? Was setzten die Männer und Frauen dem NS-Regime entgegen, um ihren Eigensinn zum Ausdruck zu bringen? Schließlich gilt es, sich mit den Arbeitern und Arbeiterinnen zu befassen, die im Laufe des Zweiten Weltkrieges nach Luxemburg kamen, vor allem um in der Landwirtschaft und in der Industrie dem sogenannten „Arbeitseinsatz" zugeführt zu werden. In diesem Zusammenhang wird die Frage nach den Auswirkungen dieses Einsatzes auf die Luxemburger Stammbelegschaften zu stellen sein. Hatte der Einsatz der vor allem aus Osteuropa stammenden Zwangsarbeiter auch Einfluss auf das Selbstverständnis und das Handeln der nationalsozialistischen Organisationen beziehungsweise auf die Betriebsführungen? Und: Wie gingen im Alltag die „volksdeutschen Arbeiter" mit den „fremden" Arbeitern um?

Trotz einer großen Bandbreite müssen einzelne Fragestellungen ausgeklammert werden, die zwar zu den Dimensionen der Arbeit und Arbeitserfahrungen im „Dritten Reich" zählen, aber hier den geografischen und thematischen Kontext sprengen würden. So wird auf die vielen Sonderformen der Zwangsarbeit im Nationalsozialismus nicht eingegangen: Hierzu gehören die Erlebnisse jüdischer wie nichtjüdischer Häftlinge aus Luxemburg in den deutschen Konzentrationslagern.[11] Auch

---

11 Vgl. den Sammelband, der regionale Aspekte der Zwangsarbeit untersucht: Hedwig Brüchert/ Michael Matheus (Hgg.), Zwangsarbeit in Rheinland-Pfalz während des Zweiten Weltkriegs. Mainzer Kolloquium 2002, Stuttgart 2004 (= Geschichtliche Landeskunde 57), darin Beate Welter, Das SS-Sonderlager/KZ Hinzert und die Zwangsarbeit, S. 21–30, online unter: http://www.regionalgeschichte.net/bibliothek/

Formen der Zwangsrekrutierung, wie der deutsche „Reichsarbeitsdienst“[12], Dienstverpflichtungen von Luxemburger Hitlerjungen als Luftwaffenhelfer[13] oder Strafabordnungen in Sonderarbeitslager[14] werden hier nicht behandelt. Keinen Platz findet die nicht minder interessante Frage nach der Inszenierung der Arbeit und des Arbeiters durch NS-Propaganda und NS-Kunst. Andere Themen können allenfalls gestreift werden. Dazu gehören Fragen nach Rationalisierungstendenzen und dem sogenannten Kriegs-Fordismus. Zweifellos wurden durch den Krieg Arbeitsabläufe in der Luxemburger Industrie beeinflusst und Rationalisierungsprozesse beschleunigt.[15] Abschließend sei noch vorbemerkt, dass bestimmte Berufsgruppen, wie die Landarbeiter oder die Handwerker, in diesem Rahmen quasi nicht behandelt werden oder, wie die Angestellten und Beamten, nur punktuell Erwähnung finden. Welchem Wandel die Frauenarbeit in Luxemburg unterworfen war, kann nur an wenigen Beispielen – u.a. den Zwangsarbeiterinnen – illustriert werden. 3.600 junge Luxemburgerinnen erlebten gleichfalls Zwang und Arbeitseinsatz, wenn auch anders als ihre Geschlechtsgenossinnen aus der Ukraine, die in der sozialen Hierarchie der „Volksgemeinschaft“ deutlich unter den „volksdeutschen“ Frauen rangierten.[16] Die wenigsten Frauen gingen aber freiwillig zum Frauen-RAD und zum anschließenden Kriegshilfsdienst.

Die historische Analyse wichtige Teile der Bevölkerung betreffend fällt somit kurz oder summarisch aus, weil es an wissenschaftlichen Vorarbeiten und an auswertbaren Quellen fehlt. Bestimmte Konflikte, die es innerhalb der Luxemburger Gesellschaft vor 1940 gab, aber möglicherweise während der Besatzungszeit nicht ohne Bedeutung waren, bleiben ausgeklammert. Zum Beispiel bestanden in der Berufsgruppe der Angestellten in den 1930er Jahren schwelende soziale Konflikte,

---

texte/aufsaetze/welter-sonderlager.html (Abruf: 24.5.2018); siehe auch Uwe Bader/ Beate Welter: Das SS-Sonderlager/ KZ Hinzert; in: Wolfgang Benz/ Barbara Distel (Hgg.): Der Ort des Terrors. Geschichte der nationalsozialistischen Konzentrationslager, Band 5, München 2007, S. 17–42.

12 Paul Dostert, Reichsarbeitsdienstlager in Luxemburg: Bettemburg, Hesperingen, Schüttringen, Mutfort, Rosport und Hollenfels, in: Von Chorsängern, Eisenbahnen und Kirchenglocken: Festschrift zum 150jährigen Bestehen der Chorale Schuttrange - Schëtter Gesank, o.O., 2013, S. 77–81. Siehe auch: Kiran Klaus Patel, Arbeit als Ehre. Der Arbeitsdienst im „Dritten Reich“, in: Einsicht. Bulletin des Fritz Bauer Instituts 12 (2014), S. 34–41S. 34-41.

13 Dieses Thema wurde hauptsächlich aus der Sicht von Zeitzeugen behandelt, vgl. André Heiderscheid, Zwangsrekrutiert. Das deutsche Verbrechen an der Luxemburger Jugend. Ein Buch wider das Vergessen, Luxemburg 2000, und Marcel Staar, Waffenträger wider Willen, Luxemburg 1987, S. 13–86.

14 Wolfgang Schmitt-Kölzer, Bau der „Reichsautobahn“ in der Eifel (1939-1941/42): Eine Regionalstudie zur Zwangsarbeit, Berlin 2016.

15 Vgl. Karsten Uhl, Humane Rationalisierung? Die Raumordnung der Fabrik im fordistischen Jahrhundert, Bielefeld 2014.

16 Georges Even, Frauen erleben den Krieg, Luxemburg 2007.

die bei Kriegsbeginn ungelöst waren. Dazu kamen Konkurrenzdruck und Zersplitterungstendenzen.[17] Die Landarbeiterfrage ihrerseits offenbart soziale Gefälle, die es vor dem Zweiten Weltkrieg zwischen ländlichen Gebieten und Industriezentren gab und erheblichen politischen Zündstoff barg.[18] Es ist kaum vorstellbar, dass diese sozialen Fragen nach dem 10. Mai 1940 ohne Wirkung auf die Besatzungsgesellschaft blieben. Alle diese Aspekte zu berücksichtigen, hätte den Rahmen der Untersuchung gesprengt. So bleiben vorerst diese Forschungslücken noch bestehen.

3. Forschungsarbeiten zur Okkupations-, Wirtschafts- und Sozialgeschichte

Zu Beginn der Einzelkapitel werden die wichtigsten Vorarbeiten und Studien aus dem Ausland und gegebenenfalls aus dem Inland erwähnt. In den neuesten in- und ausländischen Publikationen, die für die vorliegende Arbeit benutzt wurden, finden sich ausführliche Forschungsberichte. Deshalb beschränke ich mich auf einige allgemeine Bemerkungen zum aktuellen Forschungsstand sowie Hinweise auf Autoren und Sammelbände, die bei Recherche und Schreibprozess wertvolle Impulse lieferten. Was Gesamtdarstellungen zur Geschichte des Zweiten Weltkrieges anbelangt, sollen zunächst die Publikationen der britischen Historiker Mark Mazower, Richard J. Evans und Adam Tooze genannt werden.[19] Da sich die Arbeit vor allem im abschließenden Kapitel auch mit der Geschichte des ARBED-Konzerns während der deutschen Besetzung befasst, bislang aber keine aktuelle Firmengeschichte existiert, sei ersatzweise auf die Unternehmensgeschichte des

17 Vgl. z.B. Kritik des Angestelltenverbandes Fédération des Employés Privés (FEP) an den Staatsbeamten oder an den gegensätzlichen Positionen, die von ARBED-Angestellten und anderen Privatbeamten vertreten wurden; siehe Leserbriefe „Stimmen aus der Leserwelt", in: LW Nr. 335 (1.12.1937) und „A quelque chose malheur est bon", in: LW Nr. 48/49 (17./18.2.1940).

18 Vgl. z.B. die Auseinandersetzungen, die in dieser Frage zwischen der katholischen, konservativen Tageszeitung Luxemburger Wort (LW) und der liberalen, industrienahen Luxemburger Zeitung (LZ) geführt wurden; siehe „Ein halbes Geständnis. Zur Frage der Landarbeiter", in: LW Nr. 57/58 (26./27.2.1938) und „Feststellungen und Bemerkungen", in: LW Nr. 11 (11.1.1939).

19 Mark Mazower, Hitlers Imperium. Europa unter der Herrschaft des Nationalsozialismus, München 2009 (engl. Originalausgabe unter dem Titel: Hitler's Empire. Nazi Rule in Occupied Europe, 2008); Richard J. Evans, Das Dritte Reich. Band 3: Krieg, Frankfurt 2009 (engl. Originalausgabe: The Third Reich at War. How the Nazis Led Germany from Conquest to Disaster, London 2008); Adam Tooze, Ökonomie der Zerstörung. Die Geschichte der Wirtschaft im Nationalsozialismus, München 2008 (engl. Originalausgabe: The Wages of Destruction. The Making and Breaking of the Nazi Economy, 2006).

Krupp-Konzerns hingewiesen.[20] Einen erzählerischen Zugang zum Leben der Menschen in Deutschland schafft Nicholas Stargardt in „The German War" (dt. 2015). Das Buch legt das Augenmerk auf die Alltagsgeschichte der Menschen in Deutschland und versucht Sozial- und Mentalitätsgeschichte durch einen „Perspektiven-Mix von oben und unten" darzustellen, also aus dem Blickwinkel der NS-Elite sowie aus der Sicht normaler Personen.[21]

Wie facettenreich die Beschäftigung mit der Luxemburger Geschichte der dreißiger und vierziger Jahre des 20. Jahrhunderts ist, zeigen Forschungsarbeiten, die in den 2000er Jahren entstanden sind. Von den neueren Publikationen sind vor allem die Arbeiten von Hans-Erich Volkmann zur Wirtschaftsgeschichte, von Catherine Lorent zur Kulturpolitik und von Vincent Artuso sowie von Denis Scuto zur Kollaborationsthematik zu erwähnen.[22] Selbst die Themen „Widerstand" und „Zwangsrekrutierung" scheinen eine gewisse Renaissance zu erleben, auch wenn hier die Wirkungsgeschichte nach dem Zweiten Weltkrieg im Fokus steht.[23]

---

20 Lothar Gall (Hg.): Krupp im 20. Jahrhundert. Die Geschichte des Unternehmens vom Ersten Weltkrieg bis zur Gründung der Stiftung, Berlin 2002.

21 Nicholas Stargardt, Der deutsche Krieg. Zwischen Angst, Zweifel und Durchhaltewillen – wie die Menschen den Zweiten Weltkrieg erlebten, Frankfurt/Main 2015. Vgl. auch die Rezension von Norman Domeier: Rezension zu: Stargardt, Nicholas: The German War. A Nation Under Arms, 1939–45. London 2015, in: H-Soz-Kult, 14.06.2016, www.hsozkult.de/publicationreview/id/rezbuecher-26339 (Abruf: 1.7.2018).

22 Hans-Erich Volkmann, Luxemburg im Zeichen des Hakenkreuzes. Eine politische Wirtschaftsgeschichte 1933-1944, Paderborn 2010; Catherine Lorent, Die nationalsozialistische Kunst- und Kulturpolitik im Großherzogtum Luxemburg 1934-1944, Trier 2012. Forschungsüberblick zur Geschichte der Luxemburger Gewerkschaften und der Beziehungen zwischen den Sozialpartnern bei Adrien Thomas, Une mosaïque incomplète. La littérature sur le syndicalisme et les relations professionnelles au Luxembourg, in: Laure Caregari u.a. (Hgg.), Histoire industrielle – Bilan & Perspectives. Actes des 4e Assises de l'historiographie luxembourgeoise, Sonderheft Hémecht 64 (2012), S. 133–153. Zum Forschungsstand der Historiografie zum Zweiten Weltkrieg siehe: Artuso, La collaboration (2013), S. 17–37 und Denis Scuto, Chroniques sur l'an 40: Les autorités luxembourgeoises et le sort des juifs persécutés, Luxemburg 2016. Zur Kollaborationsthematik, vgl. Henri Wehenkel, La collaboration impossible, in: Collaboration, nazification?, S. 250–271. Vgl. Besprechung des 2008 erschienenen Tagungsbandes „Collaboration, nazification? Le cas du Luxembourg à la lumière des situations française, belge et néerlandaise": Vincent Artuso, La collaboration au Luxembourg: un cas unique en son genre, in: Forum für Politik, Gesellschaft und Kultur Nr. 278 (2008), S. 52–54. Artuso unterstreicht ebenfalls das Versagen der Luxemburger Eliten, in: Vincent Artuso, Dépasser le tabou de la Résistance, in: Forum für Politik, Gesellschaft und Kultur Nr. 373 (2017), S. 50ff. Einen biografischen Ansatz verfolgt Wehenkel in einem 2017 erschienenen Band, in dem er 16 einzelne Kollaborationsfälle untersucht, vgl. Henri Wehenkel, Entre chien et loup, Luxemburg 2017.

23 Vgl. Elisabeth Hoffmann, La médiation de l'histoire de la „Résistance" au Luxembourg: une lente émancipation (de 1945 à nos jours), in: Hémecht 69 (2017), S. 347–358

Die bereits zitierte Untersuchung zum Kollaborationsverhalten der Luxemburger Arbeiter war eine wichtige Ausgangsbasis für meine eigenen Forschungen.[24] In seiner Promotionsarbeit kam Artuso zur Schlussfolgerung, dass Teile der Arbeiterschaft im Süden des Landes – durch die Ereignisse des Jahres 1940 enttäuscht – eine deutliche Anfälligkeit für die Anwerbungsversuche der Volksdeutschen Bewegung aufwiesen, die dann mit Erfolg in diesem Milieu rekrutierte. Aber es gab auch das gegenteilige Phänomen, denn viele Arbeiter behielten eine abwartende Haltung oder lehnten letztendlich ein Regime ab, das ihre lohnpolitischen Erwartungen nicht erfüllen konnte. Der Streik von 1942 war ein einschneidendes Erlebnis für die Arbeiterschaft und die tiefe Spaltung zwischen Anhängern und Gegnern der Volksdeutschen Bewegung kennzeichnete das Industrierevier schließlich bis zum Ende des Krieges.[25]

Auf dem Gebiet der Luxemburger Wirtschaftsgeschichte der Besatzungszeit sind die in den späten siebziger und in den achtziger Jahren erschienenen Publikationen von Emile Krier[26] Pionierarbeiten gewesen, die von Hans-Erich Volkmann weitergeführt und in die vielbeachtete „politische Wirtschaftsgeschichte 1933 bis 1944" mündeten.[27] Während die nationalsozialistische Sozialpolitik des „Dritten Reiches" international bereits in den 1970er Jahren zu einem wichtigen Thema wurde, scheint dies weitgehend ohne Wirkung auf die Luxemburger Zeithistoriker geblieben zu sein.[28] Die Spezifika der NS-Sozial- und Wirtschaftspolitik sind abgesehen von einigen Ansätzen ein Desiderat der Forschung geblieben, die sich anderen Aspekten der Besatzungsgeschichte des Großherzogtums zuwandte. Die

---

und Eva Maria Klos, Die Zwangsrekrutierung in Westeuropa: Deutungskämpfe in der Geschichtsschreibung von 1944 bis heute, ebenda, S. 359–371.

24 Artuso, La collaboration (2013), S. 267–286. In einem weiteren Kapitel untersuchte Artuso das Kollaborationsverhalten in der Luxemburger Landwirtschaft, vgl. Artuso, La collaboration (2013), S. 287–307.

25 Artuso, La collaboration (2013), S. 271–276.

26 Vgl. Publikationen von Emile Krier, z.B. Die luxemburgische Schwerindustrie unter der deutschen Besatzung 1940-1944, in: Studia historiae oeconomicae 14 (1979), S. 77–85; ders., Die Luxemburger Wirtschaft im Zweiten Weltkrieg, in: Hémecht 39 (1987), S. 393–409 und ders., La sidérurgie au Luxembourg pendant la seconde guerre mondiale, in: Les cahiers lorrains 1 (1989), S. 59–68.

27 Volkmann, Luxemburg im Zeichen des Hakenkreuzes; siehe die Rezensionen von Charles Barthel, in: Hémecht 63 (2011), S. 137–141 und Vincent Artuso, Double jeu, in: Forum für Politik, Gesellschaft und Kultur Nr. 304 (2011), S. 26–28. Vgl. auch Jacques Maas, Le groupe sidérurgique ARBED face à l'hégémonie nazie – collaboration ou résistance? Essai d'interprétation, in: Collaboration, nazification? Le cas du Luxembourg à la lumière des situations française, belge et néerlandaise: Actes du colloque international, Luxemburg 2008, S. 340–373.

28 Vgl. Timothy W. Mason, Sozialpolitik im Dritten Reich: Arbeiterklasse und Volksgemeinschaft, Opladen, 2. Auflage, 1978 und Marie-Luise Recker, Nationalsozialistische Sozialpolitik im Zweiten Weltkrieg, München 1985 (= Studien zur Zeitgeschichte 29).

Geschichte des Widerstandes gegen den NS-Okkupanten und die Bedeutung der dreißiger und vierziger Jahre für die Entwicklung des luxemburgischen Nationalbewusstseins standen deutlich im Vordergrund.[29] Nichtluxemburgische Historiker zeigten ihrerseits nur ausnahmsweise Interesse an der Kriegsgeschichte des Landes. Vor Hans-Erich Volkmann ist eigentlich nur Gerhard T. Mollin zu nennen, der sich kritisch mit der Rolle der Montanindustrie befasste; allerdings standen bei ihm die Versuche der reichsdeutschen Industrie, im besetzten Luxemburg Einfluss zu gewinnen, sowie die Verflechtungen innerhalb der europäischen Groß- und Schwerindustrie im Mittelpunkt seiner Betrachtungen.[30] Wissenschaftliche Oral History-Projekte zur Kriegszeit kann man als spärlich bezeichnen. Die in den 1990er Jahren erschienene Studie von Mathias Wallerang befasste sich nur am Rande mit dem Arbeitsleben und der Frage, wie Menschen die NS-Zeit in einem beruflichen Umfeld erlebten. Außerdem interviewte er mehr Zeitzeugen aus dem Beamten- als aus dem Arbeitermilieu.[31]

Blindstellen gibt es, was die Erforschung von Unternehmen und öffentlichen Institutionen betrifft. Wissenschaftliche Untersuchungen zu den Sozialversicherungen oder den Arbeits- und Gesundheitsbehörden (z.B. der Inspection du Travail et des Mines) gibt es nicht oder stecken noch in ihren Anfängen.[32] Eine kritische Firmengeschichtsschreibung ist in Luxemburg ein Desideratum geblieben, sieht man von Einzelpublikationen ab, die eher Festschriftcharakter tragen.[33] Außerdem fehlen Darstellungen zur Geschichte der Arbeiterschaft im Krieg genauso wie zur Entwicklung der Arbeiterbewegung von den dreißiger bis zu den vierziger Jahren des 20. Jahrhunderts. Interessant ist hier die Frage nach dem Spannungsfeld gesellschaftliche Inklusion-politische Partizipation im Kontext des luxemburgischen Nationsbildungsprozesses.[34] Die gleiche Bemerkung gilt im Übrigen für andere

29 Vgl. Gilbert Trausch, La grève du 31 août 1942, une grande date dans l'histoire de notre peuple, in: Gilbert Trausch, Un passé resté vivant: mélanges d'histoire luxembourgeoise, Luxemburg 1995, S. 267–287.

30 Gerhard Mollin, Montankonzerne und „Drittes Reich“. Der Gegensatz zwischen Monopolindustrie und Befehlswirtschaft in der deutschen Rüstung und Expansion 1936-1944, Göttingen 1988 (= Kritische Studien zur Geschichtswissenschaft 78) und Harold James, Die Deutsche Bank und die Diktatur 1933-1945, in: Lothar Gall u.a., Die Deutsche Bank 1870-1995, München 1995, S. 378–380.

31 Mathias Wallerang, Luxemburg unter nationalsozialistischer Besatzung. Luxemburger berichten, Mainz 1997 (= Studien zur Volkskultur in Rheinland-Pfalz 22), S. 176–181.

32 Siehe Forschungsprojekt zum Luxemburger Sozialstaat: Nicole Kerschen, Des Assurances sociales à la Sécurité sociale. Influences des modèles étrangers et européanisation, in: Hémecht 69 (2017), S. 411–417.

33 Vgl. z.B. Paul Spang, Un siècle de hauts-fourneaux à Rodange 1872-1972, Rodingen 1972.

34 Vgl. Vorwort im Sammelband zum Thema „Nationenbildung und Demokratie“, in: Norbert Franz/ Jean-Paul Lehners (Hgg.), Nationenbildung und Demokratie. Europäische Entwicklungen gesellschaftlicher Partizipation, Frankfurt 2013 (=

gesellschaftliche Gruppen, deren politische Einstellungen und Verhaltensmuster für die Zeit der Besatzungsjahre 1940 bis 1944 kaum bis gar nicht untersucht sind. Diese Feststellung muss man auch bezüglich der politischen und wirtschaftlichen Eliten des Landes und bezüglich der unterschiedlichsten Berufsgruppen, etwa aus den Bereichen Landwirtschaft oder Handwerk, machen. Nach der 2015 kontrovers geführten Debatte über die Rolle der luxemburgischen Verwaltungskommission im Jahre 1940 und mit der Gründung des Instituts für Zeitgeschichte an der Universität Luxemburg sind nunmehr wichtige Impulse für die Forschungsarbeit zur Geschichte von Ministerien, Verwaltungen und anderen öffentlich-rechtlichen Körperschaften zu erwarten. Ansätze aus den 1980er Jahren sind in den letzten Jahrzehnten nicht weitergeführt worden und so haben sich Historiker mit dem Apparat der deutschen Amtsstellen, Kommissare und Sonderbehörden, aber vor allem mit der berüchtigten „Zivilverwaltung" eigentlich nur wenig befasst. Überdies fehlen überblickende Untersuchungen zu den NS-Organisationen, die in Luxemburg gegründet wurden, zu ihrem Personal, ihren Strukturen, ihren Handlungsfeldern und Strategien, aber vor allem zu ihrer Wirkungskraft auf die Luxemburger Gesellschaft. Dazu zählt in erster Linie die Volksdeutsche Bewegung mit ihren vor allem luxemburgischen Akteuren[35] sowie die zahlreichen Ableger der NSDAP, die zum Teil schon in den dreißiger Jahren des 20. Jahrhunderts in Luxemburg aktiv geworden waren. In diesem Zusammenhang sind die Nationalsozialistische Volkswohlfahrt und die Deutsche Arbeitsfront zu nennen. Die Geschichte der Deutschen Arbeitsfront in Luxemburg wurde noch nicht geschrieben, obwohl Paul Dostert bereits in den 1980er Jahren die DAF nach der Volksdeutschen Bewegung als die zweitgrößte NS-Organisation identifizierte.[36] Auf der anderen Seite bleibt aber die Kriegsgeschichte der luxemburgischen Gewerkschaftsbewegung und ihrer Akteure ziemlich im Dunkeln, sodass bei einer oberflächlichen Betrachtungsweise der Eindruck entstehen könnte, die großen Richtungsgewerkschaften, aber auch die zahlreichen kleinen Berufsverbände, die vor 1940 den politischen und sozialen Alltag vieler Menschen prägten, seien 1940 sang- und klanglos mit dem Amtsantritt des deutschen Gauleiters und Chefs der Zivilverwaltung ausradiert worden, um dann umso glorreicher nach der Befreiung wieder aufzutauchen. Zum Schluss muss noch darauf hingewiesen werden, dass es zur Geschichte des Gaues

---

Luxemburg Studien 2), S. 18ff. Zum Arbeiterwiderstand, vgl. Marc Limpach/ Marc Kayser, Wir glauben an die Demokratie. Albert Wingert, Resistenzler, Luxemburg 2004. Die Widerstandsorganisation ALWERAJE rekrutierte ihre Mitglieder beispielsweise mehrheitlich aus Arbeitern der Hüttenwerke von Esch-Schifflingen, vgl. ebenda, S. 122. Vgl. auch Romain Hilgert, Streiks in Luxemburg. Hans Adam, online unter http://www.land.lu/2012/08/24/hans-adam (Abruf: 24.5.2018).

35 Vgl. die Studie von Benoît Majerus, Les Ortsgruppenleiter au Luxembourg. Essai d'une analyse socio-économique, in: Hémecht 52 (2000), S. 101–122.

36 Paul Dostert, Zwischen Selbstbehauptung und nationaler Selbstaufgabe. Die deutsche Besatzungspolitik und die Volksdeutsche Bewegung, Luxemburg 1985, S. 235, 243.

Koblenz-Trier beziehungsweise Moselland keine Studie gibt, die sich mit Aspekten wie Regionalität oder territorialer und politischer Integration befasst hätte. Neuere Arbeiten unterstreichen, dass sich im Krieg die Gaue als „regionale Mittelinstanzen" durchsetzen konnten, wobei die Gauleiter durch personelle Eingriffe und strukturelle Entscheidungen die Entwicklung maßgeblich beeinflussen konnten.[37]

Es fällt auf, dass es nur wenige Publikationen gibt, die versuchen, die Luxemburger Kriegs- und Nachkriegsgeschichte in einer transnationalen Perspektive zu schreiben; hervorzuheben wären hier beispielsweise die Sammelbände, die in den 2000er Jahren zu unterschiedlichen Tagungsthemen erschienen sind und sich in einer internationalen Perspektive mit den Themenkomplexen „Annexion et nazification", „Kollaboration" und „Zwangsrekrutierung" befassten. Die Geschichte der Besatzungsinstitutionen oder Dimensionen der nationalsozialistischen Herrschaftspraxis in den beherrschten Gebieten, die Rolle und Wirksamkeit der Arbeits- und Sozialpolitik werden kaum oder gar nicht gestreift.[38] Dementsprechend fehlen für die Geschichte der Okkupationszeit Luxemburgs generell biografische und lexikalische Hilfsmittel, die in anderen Ländern inzwischen zum Standard gehören.[39]

Auch wenn die nun vorgelegte Studie „Arbeiten unter Hitler" bislang unerforschte Aspekte aus der Besatzungszeit aufgreift, ist sie dennoch wichtigen Vorarbeiten verpflichtet. Dazu zählt zunächst die 1985 erschienene Dissertation von Paul Dostert, die in ihrer thematischen Breite und fundierten Analyse dreißig Jahre nach ihrem Erscheinen immer noch eine wichtige Grundlage aller Recherchen zur Besatzungszeit in Luxemburg darstellt und im In- und Ausland den Rang eines Nachschlagewerkes hat. Ein detaillierter und kritischer Forschungsbericht findet

37 Jürgen John/ Horst Möller/ Thomas Schaarschmidt, Die NS-Gaue. Regionale Mittelinstanzen im zentralistischen „Führerstaat", München 2007. Siehe die regionalgeschichtliche Studie zu Thüringen: Markus Fleischhauer, Der NS-Gau Thüringen 1939-1945. Eine Struktur- und Funktionsgeschichte, Köln/ Weimar/ Wien 2010 (= Veröffentlichungen der Historischen Kommission für Thüringen, Kleine Reihe 28).

38 Vgl. Sammelband, hg. von den Archives Nationales de Luxembourg, Collaboration, nazification? Le cas du Luxembourg à la lumière des situations française, belge et néerlandaise: Actes du colloque international, Luxemburg 2008; zur Annexions- und Gleichschaltungspolitik, vgl. Sylvain Schirmann, Annexion et nazification en Europe. Actes du colloque du CRHCEO de l'Université de Metz et de l'AMAM du 7 et 8 octobre 2003; zur Zwangsrekrutierung: Internationaler Studientag „Zwangsrekrutierung in den annektierten Gebieten des III. Reichs"; online unter: https://www.stsg.de/cms/sites/default/files/Studientag%20Zwangsrekrutierung_Programm.pdf (Abruf: 22.7.2018).

39 Herausragende Ausnahme im Bereich der Personenlexika: Alex Bodry/ Ben Fayot, 120 Jor sozialistesch Deputéiert an der Lëtzebuerger Chamber (1896-2016). Dictionnaire biographique des députés socialistes à la Chambre des Députés, Luxemburg 2016.

sich in der bereits erwähnten Studie von Vincent Artuso zur Kollaboration in Luxemburg.[40]

4. Interpretationsansätze

Blickt man ins Ausland, so sind in den letzten anderthalb Jahrzehnten zahlreiche Forschungsthemen erschlossen worden, die in Luxemburg noch teilweise einer wissenschaftlichen Bearbeitung harren. Hier ist nicht der Platz, um den gesamten Stand der internationalen NS-Forschung zu resümieren, deshalb seien nur die Publikationen erwähnt, die bei der vorliegenden Arbeit gewissermaßen Pate standen, dies sowohl in inhaltlicher und methodischer als auch in interpretatorischer Hinsicht. Eine unumgängliche Lektüre stellt die Wirtschaftsgeschichte des „Dritten Reiches" von Adam Tooze dar. Tooze unterstreicht u.a. das Primat von Ideologie und Politik in der deutschen Kriegswirtschaft. Letztere erwies sich trotz aller systemimmanenten Probleme als äußerst effektiv und lief bis zum Jahre 1944 auf Hochtouren, bevor sie zur Jahreswende 1944/45 völlig zusammenbrach.[41] Die Luxemburger Wirtschaft überstand das Kriegsende weitestgehend intakt; damit blieb den Luxemburger Arbeitern und Angestellten die Erfahrung vieler deutscher Kollegen erspart, deren Arbeitsplätze den Bombern und der Artillerie der Alliierten zum Opfer fielen. Aber die wichtigsten Industrien des Landes – Eisen- und Stahlproduktion sowie die Erzförderung – liefen noch in den letzten Wochen der Besetzung relativ reibungslos. Diese Erkenntnis erstaunt angesichts einer allgemeinen Ablehnung des deutschen Regimes. Auch Verwaltung und politische Führung konnten sich bis kurz vor der Befreiung des Landes Anfang September 1944 halten.

Der wirtschaftsgeschichtlich orientierten Darstellung von Adam Tooze wurde vorgeworfen, dass sie sich zu sehr auf die militärisch-politische Führung und deren Mobilisierungsversuche während des Krieges fokussiert habe, während es keinen Perspektivwechsel von oben nach unten gegeben habe.[42] Seit mehreren Jahrzehnten befassen sich zahlreiche Forschungsarbeiten zum Nationalsozialismus mit sozialgeschichtlichen Fragestellungen, wobei die Zwangsarbeiterfrage in den 1990er Jahren einen „beispiellosen Boom" (Lemmes) auslöste, der bis heute

---

40 Vgl. Dostert, Zwischen Selbstbehauptung und nationaler Selbstaufgabe; Artuso, La collaboration au Luxembourg sowie Volkmann, Luxemburg im Zeichen des Hakenkreuzes und Vincent Artuso, La Collaboration dans l'historiographie luxembourgeoise, in: Hémecht 69 (2017), S. 335–346.

41 Tooze, Ökonomie der Zerstörung, vgl. Kapitel „Arbeit, Brot und Völkermord" (S. 591–633) und „Der Zerfall" (S. 716–750).

42 Vgl. Rezension von Tim Schanetzky, Rezension zu: Adam Tooze: Ökonomie der Zerstörung. Die Geschichte der Wirtschaft im Nationalsozialismus. Aus dem Englischen von Yvonne Badal, München: Siedler 2007, in: sehepunkte 7 (2007), Nr. 10 [15.10.2007], http://www.sehepunkte.de/2007/10/12876.html (Abruf: 1.7.2018).

anhält. In jüngster Zeit schälen sich aber Forschungstendenzen heraus, welche u.a. zu einer geografischen Ausweitung auf die von Deutschland besetzten Gebiete führten. Zunehmend geht es auch um komparative Perspektiven.[43] Fabian Lemmes plädiert dafür, die Zwangsarbeiterforschung nicht von der allgemeinen Sozial- und Gesellschaftsgeschichte abzukoppeln. Interesse besteht bei Historikern und Historikerinnen an der Sozialpolitik des „Dritten Reiches" als Instrument nationalsozialistischer Herrschaft. Einzelne Studien zu den von Deutschland annektierten und besetzten Ländern und Gebieten liegen bereits vor und erlauben inzwischen eine vergleichende Betrachtungsweise.[44] Die Zwangsarbeiterforschung leistet so inzwischen einen wichtigen Beitrag zur Okkupationsforschung. Leider fehlen zur Sozial- und Arbeitspolitik noch Studien zur Situation im besetzten Luxemburg; in den angrenzenden Regionen des Großherzogtums ist in dieser Hinsicht das Interesse an der Besatzungsgeschichte bislang recht gering. Mit den Formen von Kollaboration und Zwangsarbeit in den militärisch besetzten und verwalteten Gebieten Belgien und Nordfrankreich beschäftigt sich Nathalie Piquet in ihrer 2008 erschienenen Dissertation. Sie kam zu dem Ergebnis, dass im Kohlebergbau die Arbeitgeber durchaus über gewisse Handlungsspielräume gegenüber den Belegschaften verfügten. Piquet stellt auch fest, dass die Zwangsarbeiter, die gegen den Willen der Unternehmer von der Militärverwaltung in diese Betriebe geschickt wurden, bessere Lebensbedingungen und mehr Überlebenschancen hatten als in reichsdeutschen Industriegebieten.[45] Luxemburg lässt sich aber nur bedingt mit Gebieten vergleichen, die unter einer Militärverwaltung standen. Im CdZ-Gebiet wurden die meisten nichtjüdischen luxemburgischen Einwohner nämlich als „Volksdeutsche" betrachtet. Damit machten sie andere Diktatur- und Kriegserfahrungen, die sich zum Teil mit denen reichsdeutscher Arbeiter und Angestellten überschneiden.

Auf eine Tagung aus dem Jahre 2012 geht der Band „Arbeit im Nationalsozialismus" zurück. Die einzelnen Beiträge befassen sich mit dem Thema „Arbeit" als Praxisfeld von Inklusion in die „Volksgemeinschaft", Arbeit als Erziehungsmittel sowie als Faktor rassistischer Exklusion. Arbeit hatte im Nationalsozialismus „einen zentralen Stellenwert", so das Fazit von Marc Buggeln und Michael Wildt.[46] Das Thema „Arbeit" ist aber auch mentalitätsgeschichtlich interessant, da

43 Vgl. Forschungsbericht von Fabian Lemmes, „Ausländereinsatz" und Zwangsarbeit im Ersten und Zweiten Weltkrieg: Neuere Forschungen und Ansätze, in: Archiv für Sozialgeschichte 50 (2010), S. 395–444.

44 Vgl. Tagung, die 2015 zum Thema „Sozialpolitik in den besetzten Ländern Europas, 1939-1945" in Prag stattfand; siehe Ankündigung unter https://www.hsozkult.de/event/id/termine-27656 (Abruf: 24.7.2018).

45 Nathalie Piquet, Charbon – Travail forcé – Collaboration. Der nordfranzösische und belgische Bergbau unter deutscher Besatzung, 1940-1944, Essen 2008 (= Veröffentlichungen des Instituts für soziale Bewegungen 6).

46 Marc Buggeln/ Michael Wildt, Arbeit im Nationalsozialismus (Einleitung), in: Marc Buggeln/ Michael Wildt (Hgg.), Arbeit im Nationalsozialismus, München 2014, S. XXXV.

es Rückschlüsse auf den Fabrikalltag, transnationale Arbeitererfahrungen sowie „Eigen-Sinn" der Arbeiter zulässt.[47] In den letzten Jahren hat sich die Forschung verstärkt mit der Frage befasst, welche Rolle die „Arbeit" in der nationalsozialistischen Ideologie und in der Herrschaftspraxis spielte. Johanna Bach etwa weist beispielsweise nach, wie Arbeit in Deutschland „zum zentralen Element des normativen Selbstverständnisses" avancierte.[48]

Viele neuere Publikationen, die sich mit dem Thema „Arbeit" im Nationalsozialismus befassen, tendieren dazu, nicht nur den räumlichen, sondern den zeitlichen Rahmen mit Blick auf Ereignisse und Entwicklungen vor 1933 beziehungsweise nach 1945 bis in die 1950er Jahre auszuweiten.[49] Dies tut auch der 2017 veröffentlichte Sammelband über die Geschichte des Reichsarbeitsministeriums, der erst nach Abschluss der vorliegenden Forschungsarbeit erschienen ist.[50] Der Forschungsansatz der unabhängigen Historikerkommission zur Aufarbeitung der Geschichte des Reichsarbeitsministeriums im Nationalsozialismus geht über die klassische Institutionengeschichte hinaus und will eine „moderne Verwaltungsgeschichte" darstellen. Zu den zentralen politischen Handlungsfeldern des Ministeriums zählte die Arbeits- und Sozialpolitik, die im Selbstverständnis der NSDAP und des Regimes „eine herausragende Rolle" (Nützenadel) spielte. Das Ministerium erlebte nach 1933 eine erhebliche Ausdehnung seiner Kompetenzen (Wohnungswesen, Gewerbeaufsicht, Familienpolitik und Gesundheitsvorsorge) und prägte die Arbeitsmarkt- und Tarifpolitik des Regimes, aber auch die Entwicklung des Arbeitsrechts, der Sozialversicherungs- und Gesundheitspolitik mit. Darüber hinaus fielen die Arbeits- und Sozialgerichtsbarkeit sowie die öffentlich-rechtlichen Sozialversicherungen in den Zuständigkeitsbereich der Behörde. Das Ministerium zählte somit zu den zentralen staatlichen Behörden des „Dritten Reiches", die trotz Kompetenzgerangel mit Parteiverbänden, wie der Deutschen Arbeitsfront, oder mit neugeschaffenen NS-Behörden reibungsloser funktionierten als lange angenommen. Die Arbeits- und Sozialpolitik des Ministeriums war auch „Teil imperialer Herrschaftsvisionen", die sich im Zuge der Neuordnung in Europa manifestierten

---

47 Alf Lüdtke, Eigen-Sinn. Fabrikalltag, Arbeitererfahrungen und Politik vom Kaiserreich bis in den Faschismus, Münster 2015 (Neuauflage der Ausgabe von 1993).

48 Werner Konitzer/ David Palme (Hgg.), „Arbeit", „Volk", „Gemeinschaft". Ethik und Ethiken im Nationalsozialismus, Frankfurt/ New York 2016 (= Jahrbuch 2016 zur Geschichte und Wirkung des Holocaust). Darin enthalten der Beitrag von Johanna Bach, Das Narrativ „sittlicher Arbeit" im moralischen Selbstverständnis der Deutschen, S. 49–65.

49 Dies war auch der Ansatz einer Tagung, die 2015 in Luxemburg unter dem Thema „1940-1950: continuités et ruptures" stattfand, auch wenn es hier weniger um sozialgeschichtliche Fragestellungen ging. Vgl. Programm der Tagung online unter https://wwwfr.uni.lu/flshase/actualites/1940_1950_continuites_et_ruptures (Abruf: 1.7.2018).

50 Nützenadel, Alexander (Hg.), Das Reichsarbeitsministerium im Nationalsozialismus. Verwaltung – Politik – Verbrechen, Göttingen 2017.

und sich in der Zwangsarbeiterpolitik des Regimes konkretisierten.[51] Eine transnationale Perspektive hebt neben dem rassistischen „Ost-West-Gefälle“ die Parallelen in Bezug auf die Arbeitseinsatzpolitik des Regimes in den verschiedenen Besatzungsgebieten hervor. Die deutsche Arbeitsverwaltung, ob in Belgien oder im Generalgouvernement, wandte ein „vergleichbares Instrumentarium“ (Harvey) an, um den „Arbeitseinsatz“ zu steuern und Arbeitskräfte zu beschaffen.[52] Im Rahmen des Forschungsprojekts dieser Historikerkommission sind bislang mehrere Working Papers erschienen, die sich mit Fragen des „Arbeitseinsatzes“ und der Zwangsarbeit in den besetzten Gebieten befassen. Die ersten Ergebnisse betreffend die Nachbarregionen Luxemburgs (Lothringen) sowie andere CdZ-Gebiete im deutschen Machtbereich bestätigen, dass die verschiedenen Akteure im Bereich der Arbeits- und Sozialpolitik in gewissem Maße ähnlich handelten und vergleichbare Motive hatten wie Gauleitung und Zivilverwaltung in Luxemburg.[53]

Verstärkt suchen Forscher in den letzten Jahren nach Modellen, die das Wesen und Funktionieren des nationalsozialistischen Staates erklären. Die Herrschaftsstrukturen der NS-Diktatur wurden als monokratische Führerherrschaft gesehen, neben der sich polykratische Strukturen herausbildeten. Polykratie wurde in der Geschichtsforschung zur NS-Zeit zur „Chiffre für die Unübersichtlichkeit und Verworrenheit der NS-Staatsorganisation“, so Bernard Gotto, der den Blick auf die „Polykratie von unten“ lenkte. Das NS-Herrschaftssystem sei wohl durch die Polykratie auf allen Verwaltungsebenen destabilisiert worden, habe aber auch eigene Regelmechanismen hervorgebracht, zu denen Personalunionen, Ämterkombinationen und persönliche Loyalitäten zählten. Polykratie habe den Prozess des Untergangs des „Dritten Reichs“ nicht beschleunigt, sondern habe die „Spannung

51 Vgl. Einleitung von Nützenadel (Hg.), Das Reichsarbeitsministerium im Nationalsozialismus, S. 25.

52 Harvey, Arbeitsverwaltung und Arbeitskräfterekrutierung im besetzten Europa, S. 383.

53 Sabine Rutar, Lokale Dimensionen des Arbeitseinsatzes. Bergbau in den CdZ-Gebieten Untersteiermark, Kärnten und Krain (Slowenien), in: Elizabeth Harvey/ Kim Christian Priemel (Hgg.), Working Papers of the Independent Commission of Historians Investigating the History of the Reich Ministry of Labour (Reichsarbeitsministerium) in the National Socialist Period, Working Paper Series A, Nr. 8. Siehe auch: Sabine Rutar, „Unsere abgebrochene Südostecke...“ Bergbau im nördlichen Jugoslawien (Slowenien) unter deutscher Besatzung, in: Buggeln/ Wildt (Hgg.), Arbeit im Nationalsozialismus, S. 273–292. Elizabeth Vlossak, Regimenting Unfree Labor: Alsace and Moselle, in: Harvey/ Priemel (Hgg.), Working Papers of the Independent Commission of Historians, Series A, Nr. 9. Zu den besetzten Niederlanden, vgl. Ralf Futselaar, From Mild Pressure to Brute Force. Forced, Coerced, and Voluntary Labour of Dutch Citizens for the Third Reich, 1937-1945, in: Harvey/ Priemel (Hgg.), Working Papers of the Independent Commission of Historians, Series A, Nr. 15. Die Working Papers sind abrufbar unter: https://www.historikerkommission-reichsarbeitsministerium.de/Publikationen/Working-Papers (Abruf: 22.7.2018).

zwischen ideologischem Voluntarismus und organisatorischem Realismus" überhaupt erst möglich gemacht.[54] Die Auffassungen eines polykratischen Staates beziehungsweise eines Dualismus zwischen Staat und Partei erwiesen sich als unzureichende Deutungsansätze, die nicht erklären, wieso das Regime quasi bis zum Schluss stabil bleiben und eine unglaubliche Effizienz aufweisen konnte.[55] Mit dem Konzept der „neuen Staatlichkeit" wurde ausgehend von Max Webers Konzept über die „charismatische Herrschaft" versucht, eine neue Theorie des NS-Herrschaftssystems aufzustellen. „Charismatische Herrscher", Personalisierung der Politik, Sonderkommissare und Informalisierung der Politik sind Hauptmerkmale dieser „neuen Staatlichkeit".[56] Polykratische Herrschaftsstrukturen, Aufsplitterung von Kompetenzen, andauernde Konflikte und Ämterchaos machten das NS-Regime nicht handlungsunfähig und die Verwaltungen waren „nicht per se ineffizient", so die Feststellung von Reichardt und Seibel.[57] Das Zusammenspiel konventioneller Bürokratie mit nichtstaatlichen Institutionen und Parteiverbänden sowie das Herausbilden von Netzwerken, die auf persönlichen Beziehungen und Loyalitäten gründeten, charakterisierten Herrschaft und Verwaltung im Nationalsozialismus. Hinzu traten Hybridformen der Governance, die sich zwischen klassischen Behörden und NSDAP-Verbänden ansiedelten. Ein Beispiel ist die Deutsche Arbeitsfront, die zwischen 1940 und 1944 im politischen, wirtschaftlichen, kulturellen und sozialen Leben eine wichtige Rolle im de facto annektierten Luxemburg spielte. Symptomatisch sind außerdem die für das „Dritte Reich" typischen Sondergewalten (Kommissare, Sonderbeauftragte und Bevollmächtigte), die sich im Laufe des Krieges immer mehr Kompetenzen aneigneten. Mit den Sonderinstanzen entstanden personelle Vernetzungen, die sich durch Ämtervielfalt und Personalunionen charakterisieren. Nationalsozialistische Verwaltung zeichnet sich durch eine „Hybridisierung" aus: Grenzen zwischen Partei, Bürokratie, traditioneller Verwaltung und Wirtschaft verschwammen im Laufe des Krieges zunehmend.[58] Diese Sondergewalten gab es nicht nur auf Reichsebene, sondern sie sind auch auf regionalem

---

54 Bernard Gotto, Polykratische Selbststabilisierung. Mittel- und Unterinstanzen in der NS-Diktatur, in: Rüdiger Hachtmann/ Winfried Süß (Hgg.), Hitlers Kommissare. Sondergewalten in der nationalsozialistischen Diktatur, Göttingen 2006 (= Beiträge zur Geschichte des Nationalsozialismus 22), S. 28–50, hier S. 28f., 47-50.

55 Vgl. Rüdiger Hachtmann, Polykratie – Ein Schlüssel zur Analyse der NS-Herrschaftsstruktur?, Version: 1.0, in: Docupedia-Zeitgeschichte, 1.6.2018, URL: http://docupedia.de/zg/Hachtmann_polykratie_v1_de_2018?oldid=130017 (Abruf: 25.7.2018).

56 Vgl. Rüdiger Hachtmann, „Neue Staatlichkeit" – Überlegungen zu einer systematischen Theorie des NS-Herrschaftssystems und ihrer Anwendung auf die mittlere Ebene der Gaue, in: Jürgen John/ Horst Möller/ Thomas Schaarschmidt (Hgg.), Die NS-Gaue. Regionale Mittelinstanzen im zentralistischen „Führerstaat", München 2007, S. 56–79.

57 Sven Reichardt/ Wolfgang Seibel (Hgg.), Radikalität und Stabilität: Herrschen und Verwaltung im Nationalsozialismus, in: Dies., Der prekäre Staat. Herrschen und Verwalten im Nationalsozialismus, Frankfurt/ New York 2011, S. 7–27, hier S. 8f.

58 Reichardt/ Seibel (Hgg.), Radikalität und Stabilität, S. 9–20.

Niveau anzutreffen. Dort hatten die Gauleiter durch die Kumulation von Ämtern und Funktionen eine starke Stellung innerhalb des nationalsozialistischen Staates.

Zur Geschichte der Deutschen Arbeitsfront, der größten Massenorganisation des „Dritten Reichs" gibt es bislang noch keine Gesamtdarstellung. Die Forschungslücke in Deutschland erklärt sich durch die fehlende Überlieferung, aber auch aus dem „schier unüberschaubaren Institutionengeflecht dieses Molochs" (Linne). Der Berliner Historiker Rüdiger Hachtmann hat allerdings mehrere Studien zur DAF veröffentlicht, die sich mit dem „Schwergewicht auf den politischen Bühnen des 'Dritten Reiches'" auseinandersetzen. Trotz aller inneren Probleme, die der „Koloss auf tönernen Füßen" in den dreißiger Jahren hatte, und trotz eines organisatorischen „Wildwuchses", erlebte die von Robert Ley geführte Massenorganisation einen Aufstieg, der bis Ende des Jahres 1942 andauerte. Die DAF mit ihren Freizeit- und Konsumangeboten avancierte zum „volkswirtschaftlichen Dienstleister". 2012 publizierte Hachtmann sein umfangreiches Werk zur Geschichte der DAF als Parteiunternehmen. Es entwickelte sich ab 1933 zu einem gigantischen Konglomerat von Unternehmen und Beteiligungen, die zum Teil aus dem Besitz der ehemaligen Gewerkschaften stammten. Die Arbeitsfront war durch Zwangsmitgliedschaften nicht nur die mitgliederstärkste Organisation des „Dritten Reiches", sondern bescherte der Partei auch beeindruckende Einnahmen.[59] Mit der Freizeit- und Sozialpolitik des nationalsozialistischen Deutschen Reiches und des faschistischen Italiens befasst sich die 2009 erschienene Tübinger Dissertation von Daniela Liebscher.[60] Die Geschichte der Arbeiter und der Arbeiterbewegung in den Kriegsjahren 1939 bis 1945 ist Gegenstand der voluminösen Studie, die 2014 von Michael Schneider vorgelegt wurde.[61] Schneider befasst sich mit einem breiten Spektrum von Fragen, denen auch in der vorliegenden Arbeit nachgegangen wurde. Wertvoll waren in erster Linie die Kapitel zum „Arbeitseinsatz", d.h. der Mobilisierung der personellen Ressourcen für den Krieg, und die Schlussfolgerung, dass sich Hitler-Deutschland im Laufe seiner Geschichte zu einer „völkischen Wohlfahrtsdiktatur" entwickelte.

---

59 Rüdiger Hachtmann (Hg.), Ein Koloß auf tönernen Füßen. Das Gutachten des Wirtschaftsprüfers Karl Eicke über die Deutsche Arbeitsfront vom 31. Juli 1936, München 2006; siehe dazu Karsten Linne, Rezension zu: Hachtmann, Rüdiger (Hrsg.): Ein Koloß auf tönernen Füßen. Das Gutachten des Wirtschaftsprüfers Karl Eicke über die Deutsche Arbeitsfront vom 31. Juli 1936. München 2006, in: H-Soz-Kult, 20.06.2007, www.hsozkult.de/publicationreview/id/rezbuecher-9543 (Abruf: 1.7.2018). Rüdiger Hachtmann, Das Wirtschaftsimperium der Deutschen Arbeitsfront 1933-1945, Göttingen 2012.

60 Daniela Liebscher, Freude und Arbeit. Zur internationalen Freizeit- und Sozialpolitik des faschistischen Italien und des NS-Regimes, Köln 2009 (= Italien in der Moderne 16).

61 Michael Schneider, In der Kriegsgesellschaft. Arbeiter und Arbeiterbewegung 1939 bis 1945, Bonn 2014 (= Geschichte der Arbeiter und der Arbeiterbewegung in Deutschland seit dem Ende des 18. Jahrhunderts 13).

Die Gauleiterherrschaft im annektierten Luxemburg war ebenfalls polykratisch angelegt. Es gab rivalisierende Partikulargewalten, organisatorischen Wildwuchs, Machtkämpfe und Rivalitäten auf lokaler und regionaler Ebene. Arbeits- und Sozialpolitik sowie Herrschaftspraxis sind die Themen der Studie „Arbeiten unter Hitler" zu den Kriegs- und Okkupationsjahren Luxemburgs. Die ab Herbst 1940 entstandenen Herrschafts- und Verwaltungsstrukturen sowie die zur Machtsicherung und Durchherrschung gegründeten Organisationen, Verbände und Sonderbehörden müssen deshalb beschrieben und untersucht werden. Beziehungen und Netzwerke, die sich bildeten, aber auch die Konflikte, die dadurch ausgelöst wurden, sind aufzudecken. Ebenso sind die Dynamiken, die im Laufe der Besatzungsjahre entstanden, und die Effektivität nationalsozialistischer Herrschaftsstrukturen aufzuzeigen und zu bewerten. Das Erklärungsmodell der „neuen Staatlichkeit" liefert hierfür den entsprechenden interpretatorischen Rahmen.

5. Quellenlage in Luxemburg

Die vorliegende Arbeit zum Thema „Arbeiten unter Hitler" basiert quellenmäßig vor allem auf Material, das sich in Luxemburger Archiven befindet. Dies hat damit zu tun, dass es in erster Linie darum ging, die nationalsozialistische Besatzungspolitik aus einer regionalgeschichtlichen Perspektive zu untersuchen. Dokumente, die sich im Bundesarchiv befinden, wurden demzufolge nur am Rande berücksichtigt. Dort sind einige wenige Akten der DAF-Vermögensverwaltung über Grundstücks- und Mietangelegenheiten in Luxemburg sowie Akten aus dem DAF-Zentralbüro aus den zwanziger, dreißiger und frühen vierziger Jahren erhalten. Diese befassen sich in erster Linie mit der sozialen Lage in Luxemburg, der Lohnpolitik, dem Lebensstandard, aber auch mit Gewerkschaften, Berufsverbänden sowie wirtschaftlichen Fragen.[62] Diese Akten belegen, dass sich die Arbeitsfront für die Sozialpolitik des kleinen Nachbarlandes interessierte.

Als die wichtigsten Quellensammlungen standen folglich die in den Archives Nationales Luxembourg (ANLux) aufbewahrten Bestände der deutschen Zivilverwaltung (1940–1944), Justizakten aus der Nachkriegszeit und nicht zuletzt das bedeutende Firmenarchiv der ARBED zur Verfügung. Daneben wurden kleinere, in Luxemburg befindliche Archivbestände benutzt. Hier sind vor allem die Archive der Gewerkschaft OGBL (Onofhängege Gewerkschaftsbond Lëtzebuerg) sowie der Stadt Luxemburg zu nennen. Das Musée national de la Résistance in Esch und das ehemalige Centre de Documentation et de Recherche sur la Résistance in Luxemburg stellten Bildmaterial und Einzeldokumente zur Verfügung, deren Provenienz zumeist ungeklärt ist. Wissenschaftliche Quellensammlungen in gedruckter Form

62 Vgl. Bestand BA NS 5-II/1720-1735 (Vermögensverwaltung der DAF G.m.b.H.) und Bestand BA NS 5-VI (DAF-Zentralbüro).

aus Luxemburg standen keine zur Verfügung, abgesehen von einer Publikation über NS-Plakate aus der Besatzungszeit.[63]

Wichtigste Quellenbasis für die vorliegende Arbeit ist der im Nationalarchiv aufbewahrte Bestand „Chef der Zivilverwaltung“ (CdZ), in dem sich Vorgänge der einzelnen Abteilungen der deutschen Besatzungsverwaltung aus den Jahren 1940 bis 1944 befinden. Sie geben einen Einblick in die innere Verwaltungstätigkeit und die ordnungspolitischen Maßnahmen der NS-Verwaltung in Luxemburg. Die CdZ-Akten sind zum allergrößten Teil erschlossen, allerdings wurde zum Zeitpunkt der Archivarbeit das Inventar neu erstellt, ein online-Findbuch befand sich erst im Aufbau. Häufig zitierte Quellen sind die Stimmungs- und Lageberichte des Einsatzkommandos der Sipo und des SD, die vor allem die ersten Monate der deutschen Besetzung und der Zivilverwaltung abdecken. Die Berichterstattung deutscher SD-Beamter war natürlich selektiv und ideologisiert, aber bei aller gebotenen Vorsicht stellen sie wichtige Zeugnisse dar, die zeitnah zum Geschehen das Stimmungsbild vervollständigen, vor allem was die Reaktionen der Bevölkerung auf die NS-Politik im besetzten Luxemburg anbelangt.

Zum CdZ-Bestand zählen auch einige wenige Akten der DAF, was angesichts der räumlichen Ausdehnung, der Mitgliederzahl und der Größe der Organisation erstaunt. Über den Verbleib weiterer Akten der DAF ist nichts bekannt, vermutlich wurden sie 1944 zerstört oder nach Deutschland abtransportiert, wo sie dann verloren gingen. Einzeldokumente finden sich in den Anklageschriften der Luxemburger Justizverwaltung wieder. Einen äußerst umfangreichen Bestand stellen die Aktenordner der Dienststelle des „Stillhaltekommissars für das Organisationswesen in Luxemburg“ (Stiko) dar. Hierin sind Erfassung, Gleichschaltung und Liquidierung von mehr als tausend Vereinen und Organisationen dokumentiert, darunter auch Gewerkschaften und Berufsverbände sowie zahllose Arbeiter-, Angestellten- und Beamtenvereine. Die Stiko-Akten waren zum Zeitpunkt der Recherchen noch nicht inventarisiert und ein Aktenplan fehlte, sodass eine systematische Auswertung schwer möglich war. Punktuell wurden zudem die Bestände Luxemburger Ministerien und Dienststellen herangezogen, die sich nach der Befreiung mit der Erbmasse der NS-Herrschaft befassen mussten (z.B. Finanzministerium).

Im Luxemburger Nationalarchiv stehen ebenfalls die umfangreichen Firmenarchive des ARBED-Konzerns zur Verfügung; allerdings sind diese weder systematisch geordnet, noch vollständig inventarisiert.[64] Seit dem Umzug vom Firmensitz in die Archivräume der Archives Nationales lagert ein Teil in Kartons, was den Zugang erschwerte. Es scheint so, als ob die Akten der ARBED-Generaldirektion (“Administration centrale“ bzw. „Zentralverwaltung“) nur mehr lückenhaft existieren. Die Tatsache, dass im Laufe des Krieges Verwaltung, Buch- und

---

63 Paul Spang, Von der Zauberflöte zum Standgericht. Naziplakate in Luxemburg 1940-1944, Luxemburg 2. Auflage, 1992.

64 Vgl. Bestandsbeschreibung von Gilles Regener, Le fonds ARBED déposé aux Archives nationales, in: Hémecht 64 (2012), S. 57–62.

Geschäftsführung nach den im Altreich üblichen Maßgaben umgestellt werden mussten, bedingte, dass viele Vorgänge aus der Vorkriegszeit nur bis 1941 fortgeführt wurden, andere erst 1941 begannen, dann aber häufig 1943 endeten, da ab September 1944 wieder auf das Vorkriegssystem zurückgestellt wurde. Dies gilt ebenso für die Akten der ARBED-Zentralverwaltung, wie für die erhaltenen Archivbestände der einzelnen ARBED-Werke. Dennoch erlauben die Werksarchive (z.B. von Esch-Belval oder Schifflingen) den Blick in den Betriebsalltag unter der NS-Besatzung. Was mit den Firmenarchiven anderer Unternehmen der Luxemburger Schwerindustrie geschehen ist, die nach 1945 vom ARBED-Konzern übernommen wurden, ist bislang nicht geklärt. Man muss momentan davon ausgehen, dass die Dokumente der HADIR und der MMR zum Teil verloren gegangen sind, zumindest was die Besatzungsjahre angeht.

Befasst man sich mit dem Verhalten von Luxemburger Managern, Werksdirektoren oder den Reaktionen der Angestellten und Arbeiter, so ist man unweigerlich auf die Justizakten angewiesen, die im Zuge der Nachkriegsprozesse gegen Luxemburger Kollaborateure angelegt wurden (Bestand „Affaires politiques", AP). Die Justizakten enthalten, je nach Schwere des Falls oder Bedeutung der Person aufschlussreiche Zeugen- und Beschuldigtenaussagen sowie mehr oder weniger umfangreiche schriftliche Beweisstücke. Der Bestand der AP-Akten ist nur mit Genehmigung der Generalstaatsanwaltschaft einsehbar. Die Akten der politischen Nachkriegsprozesse sowie die Kriegsverbrecherakten mit Verhörprotokollen, Originaldokumenten aus der Kriegszeit, Zeugenaussagen und Verteidigungsmemoranden der Beschuldigten erwiesen sich als eine der interessantesten Informationsquellen. Häufig dokumentieren sie die Ereignisse aus der doppelten Perspektive der Täter wie der Opfer. Genehmigungspflichtig ist auch die Einsicht in die Akten des Bestandes „Criminels de Guerre" (CdG). Hier ist das gesammelte Belastungsmaterial gegen die eher prominenten deutschen Persönlichkeiten, die für die Zivilverwaltung und die NSDAP tätig waren, von Bedeutung. Alle diese Justizakten sind umso wichtiger, als Aktenmaterial aus den Ortsgruppen von Volksdeutscher Bewegung (VdB) beziehungsweise NSDAP sowie den vier Kreisleitungen im September 1944 von deutschen beziehungsweise luxemburgischen Amtsträgern vernichtet wurde oder bei Plünderungen verloren ging. Weiteres Material wurde von Widerstandsorganisationen im Rahmen der Säuberungsaktionen als Beweismittel sichergestellt, selbst gesichtet und gezielt den Behörden übergeben.

Dort, wo dokumentarische Lücken klaffen, wie etwa für die Geschichte von DAF und KdF in Luxemburg, ist der Historiker auf gedruckte Quellen, wie NS-Publikationen aus den dreißiger und vierziger Jahren oder Zeitungsartikel angewiesen. Zu den wichtigsten Periodika zählen die Tageszeitungen „Escher Tageblatt", „Luxemburger Wort" und „Obermosel-Zeitung". Nach der deutschen Besetzung gerieten diese unter deutsche Kontrolle und waren neben dem gaueigenen „Nationalblatt" ausgewiesene Propagandaorgane der NS-Gauleitung. An amtlichen beziehungsweise halbamtlichen Organen stehen in erster Linie das „Verordnungsblatt für Luxemburg" (herausgegeben vom Chef der Zivilverwaltung) sowie das „Mitteilungsblatt" des Stillhaltekommissars zur Verfügung.

Erstaunlich wenig Informationen über den Alltag oder das Arbeitsleben sind in den zahlreichen Nachkriegsberichten und -erzählungen zu finden. Vielfach beziehen sich diese stark auf Einzelereignisse, wie den Streik von 1942 oder geben direkte Kriegserlebnisse an der Front wieder. Andere stellen Widerstandsaktivitäten oder Leidenserfahrungen in Gefängnissen und Lagern in den Mittelpunkt. Direkte Zeugnisse sind die Ausnahme.[65]

6. Anmerkung zur Schreibweise von Orts- und Personennamen

Zu den ersten Amtshandlungen des Chefs der Zivilverwaltung in Luxemburg gehörte im Jahre 1940 das Verbot der französischen Sprache. Dies bedingte die Eindeutschung der Straßen- und Ortsnamen des Landes sowie der Firmennamen und Geschäftsbezeichnungen. Deutsch war demnach ab August 1940 die einzige offizielle Sprache, die von sämtlichen Behörden, Verwaltungen und Unternehmen im Briefverkehr und für sämtliche inneren Vorgänge benutzt werden durfte. Das Gleiche galt für die luxemburgischen Presseorgane und alle anderen gedruckten Publikationen. Später forcierte die Zivilverwaltung die Änderung der französisch klingenden Vor- und Familiennamen.[66] Die Sprachenpolitik des Gauleiters spiegelt sich folglich in den benutzten Quellen wider. Die Akten der Zivilverwaltung, Briefwechsel der NS-Organisationen, Unternehmenskorrespondenzen und interne Schriftwechsel, aber auch private Notizen und Briefe, Memoranden und Mitteilungen wurden in der Regel ab Herbst 1940 in deutscher Sprache verfasst, vervielfältigt oder gedruckt.

Die Zitate aus den Akten und anderen Schriftstücken wurden hinsichtlich Rechtschreibung oder Interpunktion nur dann stillschweigend angepasst, wenn es zum besseren Verständnis unbedingt notwendig schien, ansonsten wurde in der Regel die damals gebräuchliche Schreibweise beibehalten. Bei den Ortsnamen wird in der Regel die während der Besatzungszeit übliche deutsche Namensgebung benutzt (z.B. *Differdingen* oder *Rodingen*) statt der französischen (z.B. *Differdange, Rodange)*. Die Zivilverwaltung ersann in einigen Fällen Neuschreibungen bestimmter Ortsnamen, die zu französisch schienen (z.B. *Klerf* statt *Clervaux*). In der folgenden Darstellung wurde nur eine germanisierte Ortsbezeichnung beibehalten, nämlich die von *Esch-sur-Alzette*, die als Kreisgebiet und Kreisstadt in *Esch-Alzig* umbenannt wurde. Firmennamen werden in der von 1940 bis 1944

65 Eine dieser Ausnahmen stellen die Memoiren von Marie Bastian dar, die als Direktionssekretärin in Schifflingen tätig war und aus dem Hintergrund die politischen Veränderungen und Ereignisse aus nächster Nähe miterlebte, vgl. Marie Bastian, L'usine Arbed-Esch et son personnel sous l'occupation allemande. Mémoire dédié à nos martyrs et héros, o.O., o.J. [1947].

66 Dostert, Luxemburg zwischen Selbstbehauptung und nationaler Selbstaufgabe, S. 110–115.

vorgeschriebenen deutschen Fassung benutzt. Der größte Stahlproduzent des Landes durfte allerdings das Akronym ARBED (frz. *Aciéries réunies de Burbach-Eich-Dudelange*) unter Verwendung des Zusatzes *Vereinigte Hüttenwerke Burbach-Eich-Düdelingen A.G.* weiterbenutzen. Anders die Differdinger und Rodinger Hüttengesellschaften HADIR und MMR, die von den deutschen Verwaltern umbenannt wurden.

Komplizierter ist das Zitieren der Vor- und Familiennamen. Während der NS-Zeit kam es zu freiwilligen wie auch erzwungenen Änderungen, so wurde z.B. der frz. Familienname *Parmentier* mit *Palmer* oder der frz. Vorname *Pierre* mit *Peter* ins Deutsche übersetzt. Außerdem kamen vor und nach dem Krieg bei den Luxemburger Behörden häufig die deutsche wie die französische Schreibweise gleichwertig nebeneinander zur Anwendung. Im Folgenden werden normalerweise die vor 1940 in Luxemburg gebräuchlichen beziehungsweise die von Personen selbst gebrauchten Personennamen benutzt (z.B. *Aloyse Meyer* statt dt. *Aloys Meyer*). Je nach Herkunft der Personen werden bei Bedarf beide Schreibweisen genannt (z.B. *Wilhelm* und *Guillaume*).

7. Anmerkungen zum Apparat

In den Fußnoten erwähnte Primärquellen und Beiträge aus der Forschungsliteratur werden nach der ersten vollständigen Nennung grundsätzlich mit Kurztitel zitiert. Sie lassen sich im Quellen- und Literaturverzeichnis wiederfinden. Bei Artikeln aus der Presse werden Nummer der Ausgabe und Erscheinungsdatum aufgeführt, auf die Angabe von Seitenzahlen wurde in diesem Fall verzichtet. Luxemburger Tageszeitungen und viele andere Publikationen stehen in digitaler Form zur Verfügung und können leicht online unter www.a-z.lu recherchiert werden. Im Quellenverzeichnis werden die benutzten Archivalien noch einmal nach Einzelbeständen aufgelistet. Die Signaturen entsprechen denen, die zur Zeit der Recherchen gültig waren. Mithilfe von Online-Findbüchern (z.B. www.anlux.public.lu) lassen sich die Akten in den Archivbeständen lokalisieren, die schon in Inventare aufgenommen sind beziehungsweise öffentlich einsehbar sind. Die Namen von Personen, Kriegsverbrechern, Beschuldigten und rechtskräftig Verurteilten wurden nicht anonymisiert, schon allein deshalb, da sich unter ihnen viele Personen des damaligen öffentlichen Lebens befinden. In der direkten Nachkriegszeit war es außerdem üblich, der Kollaboration angeklagte Männer und Frauen namentlich in der Presse zu nennen. Manche, auch heute weniger bekannte und längst verstorbene Personen, sind in anderen Publikationen mit Klarnamen aufgeführt, sodass mehr als 70 Jahre nach Kriegsende auf eine systematische Anonymisierung verzichtet werden konnte.

Eine grundsätzliche Anmerkung ist notwendig zu den in den einzelnen Kapiteln genannten Zahlen aus der Besatzungszeit, etwa zu den Zuschauer- und Mitgliederzahlen. Häufig stammen sie entweder aus der NS-Presse, aus Funktionärsmeldungen oder aus ähnlichen Berichten. Diese offiziösen Mitteilungen wurden häufig geschönt und müssen grundsätzlich in Zweifel gezogen werden. An anderen, verlässlicheren Statistiken fehlt es allerdings meist. Vertrauenswürdiger sind Statistiken, die von einzelnen Wirtschaftsbehörden oder von den Unternehmen aufgestellt wurden, z.B. zu den Arbeitszeiten und der Beschäftigungslage. Andere statistische Angaben wurden aus den zur Verfügung stehenden Quellen gesammelt und in Tabellenform kompiliert.

Um die Strukturen der häufig genannten Firmen beziehungsweise der Deutschen Arbeitsfront besser überblicken zu können, gibt es im Anhang eine Aufstellung über die wichtigsten Stahlkonzerne der Luxemburger Schwerindustrie (Stand 1940) und Grafiken, die den Aufbau der DAF in Luxemburg und im Reich verdeutlichen. Hier lassen sich u.a. die Bezeichnungen für die zahllosen Amtsbezeichnungen der NS-Funktionäre auf Orts- und Betriebsebene besser in der Hierarchie verorten. Da sich die Verwendung von Abkürzungen – darunter vor allem die von nationalsozialistischen Organisationen – nur beschränkt vermeiden lässt, sei auf das Abkürzungsverzeichnis hingewiesen.

Kapitel I. Die NS-Sozialpolitik als Teil der Annexions- und Neuordnungspolitik

1. NS-Sozialpolitik und Machtsicherung

Die nationalsozialistische Sozialpolitik war ein Instrument der Besatzungs- und Anschlusspolitik im besetzten Luxemburg. Tatsächlich führten staatliche Maßnahmen im Zweiten Weltkrieg dazu, dass während einer relativ langen Phase die Auswirkungen des Krieges auf das Alltags- und Arbeitsleben wenig spürbar waren. Damit trug die Sozialpolitik zu einer politischen und psychologischen Stabilisierung des Regimes bei. Allerdings darf man nicht verkennen, dass die sozialpolitischen Leistungen des „Dritten Reiches" nicht als fortschrittlich zu qualifizieren sind, sondern eher den Charakter einer „völkischen Wohlfahrtsdiktatur" (Schneider) haben.[1] Der Schwerpunkt der folgenden Untersuchung liegt auf der Arbeitsmarkt- und Lohnpolitik des Gauleiterregimes im besetzten Luxemburg, denn Simons sozialpolitische Maßnahmen prägten neben dem politischen Anschlussprogramm sehr stark die ersten Besatzungsmonate und zielten auf Machtdurchsetzung und Machtsicherung ab.[2]

Die politische Führung setzte bei der Realisierung dieses Programms auf bereits in den 1930er Jahren erprobte Techniken des „social engineering". Sozialexperten im Dienste von NS-Massenorganisationen (Deutsche Arbeitsfront, NS-Volkswohlfahrt) planten eine ethnisch homogene, perfekte Gesellschaft. Die Sozialplanung umfasste demnach nicht nur das Familienleben, sondern alle Räume, in denen das Zusammenleben stattfand. Insbesondere erstreckte sich das „social engineering" auf das Arbeitsleben in den Werkstätten und Büros. Bevölkerungs- und familienpolitische Anreize (z.B. Einführen von Kindergeld und Ehestandsdarlehen), Raum- und Siedlungsplanung (z.B. Schaffung von Wohn- und Lebensräumen), betriebspolitische Maßnahmen (z.B. soziale Neuordnung der Industriebetriebe), Tarifpolitik (z.B. Einführung neuer Lohntabellen) und Freizeitangebote (z.B. Kampagnen der „Kraft durch Freude"-Organisation) waren Instrumentarien, mit denen die Nationalsozialisten die Gesellschaft neu designen wollten. Übergeordnetes Ziel war die Schaffung einer homogenen,

---

1 Vgl. Recker, Nationalsozialistische Sozialpolitik, S. 291f. und Schneider, In der Kriegsgesellschaft, S. 454–457. Siehe: Christoph Sachße/ Florian Tennstedt, Der Wohlfahrtsstaat im Nationalsozialismus, in: Zeitschrift für Sozialreform 38 (1992), S. 129–148.

2 „Sozialpolitik" im NS-Verständnis umfasste die „Gesamtheit der Maßnahmen", „die darauf gerichtet sind, den Arbeitswillen und die Arbeitskraft der Volksgenossen zu erhalten und zu steigern und andererseits für sie und ihre Familien, nach bewiesenem Einsatz für die Volksgemeinschaft, zu sorgen." Die Sozialpolitik habe ihre Grundlagen in der „Volksgemeinschaft" sowie der „Betriebsgemeinschaft", in: Der Volks-Brockhaus, [9] 1941, S. 650. Definition des Begriffes „Sozialpolitik": http://www.bpb.de/nachschlagen/lexika/politiklexikon/18242/sozialpolitik (Abruf: 24.5.2018).

standardisierten „Volksgemeinschaft“. Diese war eng verbunden mit „eradication, extermination and violence“ (Patel).[3]

Im Gau Koblenz-Trier handelte Gauleiter Gustav Simon in der Sozialpolitik nach nationalsozialistischen Grundsätzen. Das bedeutete etwa, dass die gesamte Wohlfahrtspflege auf die NS-Volkswohlfahrt übertragen worden war, die rassistisch-biologistischen Motiven folgte. Hilfsansprüche sollten sich nach dem Wert des einzelnen „Volksgenossen“ in der „Volksgemeinschaft“ bemessen. Die Arbeitslosigkeit in seinem Gau – die über dem Reichsdurchschnitt lag – war noch in der Mitte der 1930er Jahre ein wunder Punkt für den Gauleiter, der damit die vor der Machtergreifung geweckten Hoffnungen nicht erfüllen konnte.[4] Als Gauleiter Simon 1940 nach Luxemburg kam, musste er feststellen, dass die Aufgabe, Luxemburg „Heim ins Reich“ zu führen, letztendlich schwieriger war als angenommen. Dies lag in erster Linie daran, dass der überwiegende Teil der Luxemburger Bevölkerung an seiner staatlichen und kulturellen Eigenständigkeit festhalten wollte. Anfänglichen Erfolgen – bis September 1940 waren immerhin 8.600 Menschen (bei einer Gesamtbevölkerung von 300.000 Personen) der VdB beigetreten – machte einer wachsenden Ernüchterung Platz, da die Mitgliederzahlen zu stagnieren begannen.[5] Um einer politischen Niederlage aus dem Weg zu gehen, versuchte das Regime seine Position durch eine Reihe von Maßnahmen zu stabilisieren und seine Macht auszubauen. Dazu gehörte, dass die neue Führung umgehend die Initiative in der Sozialpolitik übernahm und potenzielle Gegner und Konkurrenten ausschaltete. Zu letzteren zählten kleinere Gruppierungen, die bereits in den 1930er Jahren im Fahrwasser des Nationalsozialismus entstanden waren und sich nun nach dem deutschen Einmarsch neu aufzustellen versuchten. Eine „Luxemburger Nationale Volkspartei“ (LNVP) wollte die Gesellschaft nach ständestaatlichen Prinzipien reorganisieren und trat für den wirtschaftlichen Anschluss an Deutschland ein. Im Juli 1940 verlangte die Partei soziale „Sofortmaßnahmen“ zur Bekämpfung der Not und der Arbeitslosigkeit. Nur wenige Wochen später wurden die Anführer kaltgestellt und die LNVP, die im Vergleich zur VdB über keinerlei Mitgliederbasis verfügte, verschwand wieder in der Versenkung. Weder die Volksdeutsche Bewegung noch der Gauleiter hatten das geringste Interesse an einer Allianz mit der LNVP.[6]

Gauleiter Simon setzte konsequent auf eine Strategie von „Zuckerbrot und Peitsche“. Dies bedeutete, dass man einerseits unbedingt die Reihen der VdB füllen wollte, andererseits aber um eine Verbesserung der Stimmungslage bemüht

---

3 Kiran Klaus Patel/ Sven Reichardt, The Dark Side of Transnationalism, Social Engineering and Nazism, 1930s-40s, in: Journal of Contemporary History 51 (2016), S. 11.

4 Petra Weiss, Die Stadtverwaltung Koblenz im Nationalsozialismus, Hagen 2011 (Diss. FU Hagen), S. 183, 307-341.

5 Vgl. Artuso, La collaboration, S. 157–162.

6 Lucien Blau, Histoire de l’extrême-droite au Grand-Duché de Luxembourg au XXe siècle, Esch-sur-Alzette 1998, S. 427–442.

war.[7] Dazu gehörten mehr oder weniger offen formulierte Kollaborationsangebote des Regimes.

Grundsätzlich war ein Teil der Luxemburger Eliten im Sommer 1940 durchaus bereit, mit dem Deutschen Reich zusammenzuarbeiten, dies vor allem im außenwirtschaftlichen Bereich.[8] Die Kollaborationsangebote beschränkten sich allerdings nicht nur auf die bürgerlichen Eliten. Das Regime des Gauleiters Gustav Simon versuchte die Masse der Bevölkerung über sozialpolitische Reformen für sich zu gewinnen. In diesem Zusammenhang fällt auf, dass ein regelrechter Kult um die Person des Koblenzer Führers betrieben wurde. Simon sah sich gerne als „Freund der Arbeiter" und als vorausschauenden, gütigen Landesvater, der die Sozialpolitik gezielt einsetzte, um die Menschen des neugewonnenen Gebietes Luxemburg von sich und dem Nationalsozialismus zu überzeugen. Wo es sinnvoll war, zeigte sich der Chef der Zivilverwaltung (CdZ) als Gönner der Arbeiter, der Geschenke in Form von Hilfsmaßnahmen für die arbeitende Bevölkerung verteilte. Diese konnten lokale Maßnahmen beinhalten, wie etwa die Einrichtung eines NSV-Kindergartens auf den persönlichen Vorschlag des Gauleiters.[9] Es konnte sich aber auch um strukturelle Reformen handeln, wie im Bereich der Lohngestaltung oder dem Sozialversicherungswesen, die den Gauleiter und seine Getreuen als resolute Ordnungspolitiker etwa im Bereich der Lohngestaltung und des Sozialversicherungswesens zeigten. Bei anderen Gelegenheiten ließ Simon sich als kompetenten Sozialpolitiker darstellen.[10] In dem einzigen Interview, das Gustav Simon Vertretern der deutschen Presse in Luxemburg gab, sprach der Gauleiter im Herbst 1940 von „immer wieder aufflackernden wirtschaftlichen Krisen", die es in der Vorkriegszeit gegeben, und von 25.000 Erwerbslosen, die man nach der Besetzung gezählt habe. Die Eingliederung Luxemburgs in den deutschen Wirtschaftsraum und die Sofortmaßnahmen der Zivilverwaltung hätten diese akuten Probleme „mit dem im Reich üblichen Elan" im Prinzip gelöst. Durch die Einführung deutscher

---

7 Vgl. Dostert, Zwischen Selbstbehauptung und nationaler Selbstaufgabe, S. 230–237. Bis zum 1. September 1940 soll es 6.000 Beitritte gegeben haben, vgl. Eduard Gerlach, Werden und Wirken der Volksdeutschen Bewegung, in: Paul Hermann Ruth (Hg.), Luxemburg, Breslau 1942, S. 60.

8 Vgl. Artuso, La collaboration (2013), S. 69–104 und Rezension des Autors in: Hémecht 66 (2014), S. 249–261. Vgl. Artikel wie „Die zukünftige Wirtschaftsgestaltung Europas", in: LW Nr. 212 (30.7.1940), vermutlich von Marcel Fischbach verfasst, und Marcel Fischbach, Das ökonomische Prinzip, in: LW Nr. 215 (2.8.1940), die quasi zeitgleich mit Simons Amtsübernahme erschienen.

9 Das Geld stammte aus einem 1939 gegründeten Spendenfonds für die Errichtung eines Unabhängigkeitsdenkmals vgl. „NSV-Kindergarten in Esch-Alzette", in: LW Nr. 299 (25.10.1940).

10 1942 kam auf Einladung des Gauleiters Staatssekretär Hans Engel aus dem Reichsarbeitsministerium zu einem Vortrag nach Luxemburg, an dem Gustav Simon persönlich teilnahm, vgl. „Gegenwartsfragen deutscher Sozialpolitik", in: LW Nr. 142 (22.5.1942).

Preise, Löhne, Gehälter und Steuern würden, so das Versprechen Simons in dem Presseinterview, die Arbeiter „in den Genuss des entsprechenden deutschen Lohntarifs" kommen, sodass sie wieder mit einem festen Einkommen rechnen dürften.[11]

2. Die Ausgangslage: Deutsche Besetzung und nationalsozialistische „Zivilverwaltung" 1940/41

Nur wenige Wochen nach der militärischen Besetzung des Landes kam Luxemburg unter eine deutsche Zivilverwaltung, an deren Spitze der Gauleiter des benachbarten Gaus Koblenz-Trier, Gustav Simon stand. Im Mittelpunkt seiner Politik stand der Anschluss an das Deutsche Reich sowie die rasche Eindeutschung des Landes nach nationalsozialistischen Prinzipien. Er hatte im Juli den Auftrag erhalten, dort eine deutsche Verwaltung aufzubauen. Als Chef der Zivilverwaltung (CdZ) unterstand Simon wie seine Gauleiterkollegen Wagner und Bürckel für das Elsass und Lothringen unmittelbar dem Führer, was ihm eine weitgehende Handlungsfreiheit erlaubte, ohne allzu große Rücksichten auf die Berliner Ministerialbürokratie nehmen zu müssen. Der Gauleiter hatte seinen ersten öffentlichen Auftritt am 6. August und begann umgehend mit der Eindeutschung und Nazifizierung des Landes. Denn er sollte Luxemburg „in kürzester Zeit dem deutschen Volkstum" wiedergewinnen, wie ein Führererlass vom 18. Oktober 1940 präzisierte. Dem Chef der Zivilverwaltung gestand Hitler „grundsätzlich die Initiative für alle Maßnahmen der Verwaltung in Luxemburg" zu.[12] Ob Gustav Simon bereits im Sommer klare Vorstellungen über eine geeignete Anschlusspolitik oder fertige Pläne für die Neuordnung des Landes mitbrachte, kann angezweifelt werden. Man kann aber davon ausgehen, dass sich innerhalb weniger Wochen eine Strategie herausbildete, die spätestens im Herbst 1940 konsequent umgesetzt und durch den zweiten Hitler-Erlass abgesichert wurde. Die Vorgehensweise des Gauleiters wurde von der Forschung lange als „primitiv" und inkonsequent beschrieben.[13] Tatsächlich handelte Simon äußerst zielsicher und bediente sich geschickt der Möglichkeiten, die die NS-Propaganda bot. Dies zeigte sich bereits an seinem berüchtigten Aufruf vom 23. August 1940 zum Parteienverbot, in dem die Luxemburger gemeinschaftlich als „Schaffende aller Stände" angesprochen wurden. Der Aufruf kann gewissermaßen als ein politisches Programm gelesen werden, das die Integration

11 Interview mit Gauleiter Simon, abgedr. in: Spang, Zauberflöte, o.S.

12 Erlass des Führers über die vorläufige Verwaltung in Luxemburg vom 2.8.1940 und 2. Erlass des Führers über die vorläufige Verwaltung in Luxemburg vom 18.10.1940, in: Martin Moll, „Führer-Erlasse" 1939-1945. Edition sämtlicher überlieferter, nicht im Reichsgesetzblatt abgedruckter, von Hitler während des Zweiten Weltkrieges schriftlich erteilter Direktiven aus den Bereichen Staat, Partei, Wirtschaft, Besatzungspolitik und Militärverwaltung, Stuttgart 1997, S. 132f., 147f.

13 Vgl. Dostert, Luxemburg zwischen Selbstbehauptung und nationaler Selbstaufgabe, S. 74f.

aller luxemburgischen Männer und Frauen in die „Volksgemeinschaft" als Ziel formulierte. Radikal antidemokratisch war das angekündigte Verbot aller Parteien und Interessenverbände (gemeint waren die Gewerkschaften und Berufsverbände), aber es ging einher mit dem Versprechen von Fortschritt, Wohlstand und Gleichheit „aller Stände", was in Kriegs- und Notzeiten sicherlich Hoffnungen zu wecken verstand.[14]

Die Besetzung im Mai und die Germanisierungspolitik der Nationalsozialisten im Spätsommer des Jahres 1940 trafen die breite Masse der Bevölkerung völlig unvorbereitet. Selbst die politischen, wirtschaftlichen, gewerkschaftlichen und intellektuellen Eliten des Landes reagierten in ihrer Mehrheit hilf- und orientierungslos auf das militärische Debakel im Westen. Als besonders stellte sich die Lage im Süden des Landes dar. Im Industrierevier waren im Mai 1940 die Folgen des deutschen Westfeldzuges besonders spürbar gewesen. So war die Industriestadt Düdelingen durch französischen Artilleriebeschuss teilweise zerstört worden. Zehntausende Menschen waren ins Landesinnere und nach Frankreich evakuiert worden.[15]

Die ersten großen nationalsozialistischen Kundgebungen im besetzten Luxemburg begannen Ende September 1940, was ein von der neuen Führung gut gewählter Zeitpunkt war, da in der Zwischenzeit die meisten nach Frankreich evakuierten Personen in das Land zurückgekehrt waren und nun die Gesamtheit der Bevölkerung angesprochen werden konnte. Eine wahre Propagandaoffensive der Nationalsozialisten unter der Parole „Heim ins Reich" sollte den Anschluss an das Reich und die Gleichschaltung des Landes begleiten. In den zahllosen Kundgebungen, die ab 1940 als bislang nie gesehene Massenveranstaltungen in der Hauptstadt sowie den wichtigen Industriezentren des Landes organisiert wurden, aber auch in den wichtigsten Presseorganen wurde massiv für den Nationalsozialismus und den Anschluss geworben. Im politischen Diskurs kamen lautstark völkische und rassistische Argumente für die Annexion zur Sprache. Dabei ist die Wirkung wirtschafts- und sozialpolitischer Parolen, mit denen die Bevölkerung berieselt wurde, nicht zu unterschätzen. Vergleicht man die NS-Anschlusspolitik in den verschiedenen westlichen CdZ-Gebieten, so fallen deutliche Parallelen in der Vorgehensweise auf. In Elsass-Lothringen traten die Deutschen als Besatzungsmacht auf, die zunächst „Ordnung" schaffen und die „Zukunft" neugestalten wollte. Neben

---

14 Vgl. Aufruf „Das Zeitalter der Demokratie ist zu Ende!", in: LW Nr. 237/238 (24./25.8.1940).

15 Vgl. Artuso, La collaboration au Luxembourg (2013), S. 53–97. Siehe Paul Dostert, L'évacuation des populations luxembourgeoises en mai 1940 en France, in: Stefan Martens/ Steffen Prauser (Hgg.), La guerre de 1940. Se battre, subir, se souvenir, Villeneuve d'Ascq 2014 (= Histoire et civilisations), S. 111–118. Vgl. die regionalgeschichtlichen Studien von Fernand Lorang, Im Vorfeld der Maginot-Linie 1939-1940, Esch-Alzette 1994 und Ernest J. Mersch, Die Wehrmacht kommt zur Frühschicht. Düdelingen, 10. Mai 1940, Esch-Alzette 1983.

Volkstumspropaganda und der Schaffung kollaborationistischer Bewegungen (Deutsche Volksgemeinschaft in Lothringen oder Volksdeutsche Bewegung in Luxemburg) gehörten werbeträchtige sozialpolitische Maßnahmen zu den Instrumentarien der Chefs der Zivilverwaltung. Im Elsass, das nun dem Gauleiter Robert Wagner unterstand, wurden per Verordnung bereits am 8. August 1940 die Löhne, Gehälter und Sozialrenten deutlich erhöht, während gleichzeitig preisstabilisierende Anordnungen erlassen wurden. Flankiert wurde diese populistische Politik durch soziale Programme, wie die Rapatriierung der Evakuierten, die Arbeitslosenhilfe oder durch Einführung der nationalsozialistischen Wohlfahrtseinrichtungen, wie der NS-Volkswohlfahrt oder des Winterhilfswerks WHW. Nach einem ganz ähnlichen Muster verfuhr der Gauleiter von Koblenz-Trier in seinem CdZ-Gebiet Luxemburg.[16] Parallelen fallen auf zwischen Luxemburg und Belgien. Letzteres stand zwar formell gesehen unter einer deutschen Militärverwaltung, aber auch hier versuchten die Machthaber durch Propagandamaßnahmen die Menschen von der neuen Ordnung Europas unter deutscher Führung zu überzeugen. Das nationalsozialistische Deutschland wurde als wirtschafts- und sozialpolitisches Modell für ganz Europa gepriesen, auch vor dem Hintergrund, dass man Arbeitskräfte für die deutsche Industrie anzuwerben versuchte.[17]

Die Propaganda für den Anschluss überwog bei weitem. So ziehen sich wirtschafts- und sozialpolitische Themen wie ein roter Faden durch die vielen Beiträge nationalsozialistischer Redner und die NS-Propagandaliteratur, die zwischen 1940 und 1944 verbreitet wurde. Im Laufe des Krieges erschienene NS-Schriften bemühten sich, die „Neuordnung“ in Luxemburg, dem Elsass und Lothringen ex post mit wirtschaftlichen und politischen Argumenten zu untermauern und damit zu legitimieren. Rückblickend auf die Jahre 1940–1941 wurden die Maßnahmen von Gauleiter Gustav Simon im besetzten Luxemburg als planvolle und vorausschauende Politik im Interesse der Zivilbevölkerung dargestellt. Neben pseudo-staatsrechtlichen (die „Flucht der Regentin und der Regierung“ habe die Verfassung außer Kraft gesetzt) und rassistischen Argumenten wurden die Erfolge in der Wirtschafts- und

16 Vgl. Länderberichte des Deutschen Auslands-Instituts über Elsass-Lothringen, Lothringen und Luxemburg, die im Herbst 1940 von der VDA publiziert wurden, in: Deutschtum im Ausland. Zeitschrift des Deutschen Auslands-Instituts 23 (1940), S. 245–253.

17 Vgl. Johannes Schmid, Comment gérer l'occupation de la Belgique? La propagande allemande en 1940, in: Stefan Martens/ Steffen Prauser (Hgg.), La guerre de 1940, S. 165–177. Ähnlich wie in Luxemburg war 1940 auch die belgische Bevölkerung nach dem deutschen Sieg im Westen enttäuscht und desorientiert. Man sah in der Demokratie ein schwaches politisches System, während das nationalsozialistische Deutschland in mancher Hinsicht als Vorbild galt, vor allem in sozialpolitischen Fragen. Die deutsche Propaganda unterstrich, dass es keinen Klassenkampf mehr gab und dass die Arbeits- und Lebensbedingungen der deutschen Arbeiter deutlich besser seien als in demokratischen Staaten, vgl. Schmid, Comment gérer l'occupation de la Belgique?, S. 176.

Sozialpolitik als die großen Leistungen des Regimes hervorgehoben.[18] Diese Argumentation setzte der Gauleiter bereits bei seiner ersten großen Kundgebung am 28. September 1940 ein, die knapp zwei Monate nach seinem Amtsantritt in der Hauptstadt stattfand. In der mit Spannung erwarteten Rede ging es in der Hauptsache um die Neuordnung in Luxemburg, das als „deutsches Land" nunmehr zurück zu Deutschland kommen sollte. In wirtschaftlicher Hinsicht versprach der Gauleiter den Luxemburgern eine Phase des Aufschwungs, stabile Verhältnisse sowie einen erhöhten Lebensstandard. Durch die Einbeziehung Luxemburgs in das deutsche Währungs- und Zollsystem habe das Land nun ein „Hinterland von weit über 100 Millionen" und nach dem Krieg werde die „wirtschaftliche Entwicklung Luxemburgs eine geradezu großartige und gigantische" sein.[19] In welchem Umfang in der ersten Phase des Gauleiter-Regimes solche Parolen auf begeisterte Zustimmung, ungläubiges Staunen oder aber innerliche Ablehnung stießen, lässt sich nur schwer abschätzen. Die Mehrheit der Bevölkerung hatte wenig Verständnis für die völkische Propaganda und verhielt sich auf jeden Fall abwartend, weil der Ausgang des Krieges trotz deutscher Siege immer noch ungewiss war. Andere erhofften sich aber vom Regime ein besseres Leben und ergriffen die Möglichkeiten eines gesellschaftlichen Aufstiegs.

Während Gustav Simon und andere Agitatoren aus dem Altreich sich auf die angeblich frankophilen Intellektuellen und Unabhängigkeitsbefürworter als Vertreter des alten Regimes einschossen, galt Simons besondere Aufmerksamkeit den Arbeitern und kleinen Angestellten. Hier hofften die neuen Machthaber mit sozialreformerischen Versprechungen und antikapitalistischer Hetze die massive Zustimmung zu erhalten, die ihnen andere Milieus mehrheitlich vorenthielten. In den Augen der Nationalsozialisten galt die Luxemburger Arbeiterschaft weniger entwurzelt als in anderen Industriegebieten; die NS-Propaganda hob den vermeintlich bäuerlichen Sinn und die Bodenständigkeit der Industriearbeiterschaft hervor, die in ihrer großen Mehrheit aus Luxemburgern bestand.[20]

---

18 „Segensreich war auch die sonstige Tätigkeit der deutschen Zivilverwaltung in Luxemburg, insbesondere auf dem Gebiete der Sozialpolitik", vgl. Hans Volz, Der Kampf gegen den Westen 1940. Teil 2, Berlin 1943 (= Dokumente der deutschen Politik. Reihe: Das Reich Adolf Hitlers Bd. 8.2), S. 487–494, Zitat S. 494. Über die Aufgaben des Chefs der Zivilverwaltung schrieb Volz: „Neben verwaltungstechnischen, wirtschaftlichen und sozialpolitischen Aufgaben bildete dessen Hauptaufgabe die Stärkung und Entfaltung des dortigen von der Verwelschung bedrohten Deutschtums unter gleichzeitiger Beseitigung des französischen und jüdischen Einflusses. Es galt, aus Luxemburg ein Bollwerk des Deutschtums an der äußersten Westgrenze des Reiches zu machen", S. 490.

19 „Gauleiter Simon: Luxemburg ist und bleibt deutsch. Die erste imposante nationalsozialistische Großkundgebung in Luxemburg", in: LW Nr. 274 (30.9.1940).

20 1939 waren von über 32.000 Industriearbeitern etwas mehr als 27.500 Luxemburger und etwa 1.500 Reichsdeutsche; vgl. Ruth, Luxemburg, S. 50. Zur Gliederung der

Die Nationalsozialisten krempelten innerhalb weniger Wochen alles um. CdZ-Verordnungen wurden in rascher Folge eingeführt. Diese richteten sich in der Regel nach reichsdeutschen Regelungen und schufen de facto die Luxemburger Gesetzgebung ab, nicht zuletzt in allen sozial- und arbeitspolitischen Bereichen. Die Veränderungen wurden für Arbeitnehmer und Arbeitgeber gleichermaßen sichtbar. Dies fing mit den Namen der Geschäfte und Unternehmen an, die germanisiert werden mussten. Die Berufsbezeichnungen wurden umbenannt und aus dem Direktor eines Unternehmens wurde nun ein „Betriebsführer", aus dem Arbeitnehmer ein „Gefolgsmann". Die Neuordnung hatte auch Auswirkungen auf die sozialen Gefüge innerhalb der Gesellschaft und vor allem in den Betrieben, wo nunmehr Funktionsträger der Partei wesentliche Einflussmöglichkeiten bekamen. Die Zivilverwaltung nahm tiefgreifende Strukturreformen vor, hiervon waren beispielsweise Lohn- und Tarifordnungen und vor allem das Verhältnis zwischen Arbeitgebern und Gewerkschaften betroffen. Die bisher frei gewählten Arbeitervertreter wurden später durch linientreue „Obmänner" der Deutschen Arbeitsfront ersetzt. Die Eingriffe gingen aber weit über strukturelle Eingriffe oder ein aufgepfropftes NS-Vokabular hinaus; die meisten Verantwortlichen aus Partei und Zivilverwaltung wollten vor allem die Menschen von der Ideologie einer nationalsozialistischen „Volksgemeinschaft" überzeugen. Der Arbeitsplatz war der ideale Ort, um diese Gemeinschaftsidee bei Gelegenheit von Kundgebungen und Appellen zu zelebrieren. In den Betrieben herrschte fortan wie im nationalsozialistischen Staat das streng hierarchische Führerprinzip sowie ein ab der zweiten Kriegshälfte zunehmend spürbarer Leistungsdruck. Hugo Dörner, Gauobmann der Deutschen Arbeitsfront (DAF), brachte zum Ausdruck, was ein NS-Funktionär unter Führerprinzip und unter diesem „Sozialismus" verstand: „Arbeitgeber gibt es keine mehr. Es gibt nur noch Betriebsführer. Führer sein, heißt, [als] der Erste kommen u. der Letzte gehen u. mehr arbeiten wie diejenigen, von denen er Arbeit verlangt. So hat der Führer die Aufgabe, alles zu tun, damit die Leistung nach oben geht, denn nur durch Leistung wird das Lebensniveau gesteigert, und je höher das Lebensniveau, desto besser der Sozialismus."[21]

Was der DAF-Gauobmann mit Sozialismus verband, unterschied sich allerdings deutlich von dem, was man bislang in linken und konservativen Kreisen

---

Industriearbeiterschaft vgl. Hans Harmsen, Gliederung der Industriearbeiterschaft, in: Ruth, Luxemburg, S. 110f.

21 Dr. F. (= Marcel Fischbach): Der Aufgabenbereich des neuen Betriebsführers, in: LW Nr. 288 (14.10.1940). Der Artikel erschien nur einen Tag nach der „Betriebsführerkundgebung" im Bürgerkasino, zu der die Vertreter der Arbeiterausschüsse eingeladen worden waren, um Erklärungen über die neuen lohn- und tarifpolitischen Bestimmungen zu bekommen, die der Gauleiter Anfang des Monats eigenmächtig verordnet hatte. Gausozialwalter Hanns Schneider befasste sich mit der „gesamten zukünftigen Gestaltung von Industrie und Handel". Im September hatte die Zivilverwaltung bereits die Vertreter aus Wirtschaft und Gewerkschaften zu einer Informationsversammlung zusammengerufen,

Luxemburgs darunter verstanden hatte. Der „deutsche" Sozialismus stelle den „schaffenden Menschen innerhalb seiner art- und blutgebundenen Volksgemeinschaft in den Vordergrund", so eine Abhandlung, die 1941 im Luxemburger Wort veröffentlicht wurde. Der Volksgenosse arbeite für das „Volksganze", nicht für seine individuelle Verwirklichung. Bei einer Mehrheit der Menschen trafen die Schlagworte „Volksgemeinschaft", „Führergedanke" oder „deutscher Sozialismus" auf taube Ohren. Vermutlich war es gerade die kollektivistische und völkisch-rassistische Konnotation der DAF-Ideologie, die die Arbeiter und Angestellten in ihrer Ablehnung des Regimes bestärkte.[22] Die Deutschen hingegen vermuteten ihrerseits andere Gründe für die schlechte Stimmung und die wachsende Deutschfeindlichkeit. Bei den Arbeitern hinge dies mit der Lohnfrage, aber auch mit höheren „Leistungsforderungen" in der Schwerindustrie zusammen, die 1940 durch die Festsetzung neuer Akkordsätze und Leistungsprämien bedingt wurden. Unzufriedenheit gab es wie bei den Arbeitern unter den Angestellten, denen die deutschen Verordnungen ungewohnte Gehälterklassen bescherten, die als nachteilig empfunden wurden.[23]

3. Die sozialpolitische Lage in Luxemburg vor 1940

Die nationalsozialistische Anschlusspolitik ging 1940 in vielerlei Hinsicht von falschen Voraussetzungen aus, wobei auch die wirtschaftliche und soziale Lage im Lande grundsätzlich besser war als von den Nationalsozialisten dargestellt. So mussten nach der Machtübernahme selbst eingefleischte nationalsozialistische DAF-Funktionäre, wie der DAF-Gausozialwalter Hanns Schneider, einräumen, dass vor dem Krieg Menschen ins Escher Minetterevier gekommen waren, um dort möglichst viel zu verdienen, und dass die Arbeiter in Luxemburg mit seinen relativ niedrigen Lebenshaltungskosten ein vergleichsweise angenehmes Leben führen konnten.[24] Tatsächlich waren die wichtigsten Grundnahrungsmittel wie Brot,

22 Vgl. „Der deutsche Sozialismus", in: LW Nr. 303/304 (1./2.11.1941). So wurden gleiche Arbeitsbedingungen für „Perser, Inder, Neger, Deutsche usw." abgelehnt.

23 Vgl. Bericht des Einsatzkommandos des Sipo und des SD in Luxemburg vom 14.11.1940 an den SD-Abschnitt Koblenz betr. Meldungen aus Luxemburg, in: ANLux CdZ SD-029.

24 Hanns Schneider, Arbeit und Sozialismus, in: NBL Nr. 249 (19./20.10.1940). Schneider verspottete die Einstellung, dass „die Arbeiter Luxemburgs eine gewisse angenehme Art des ‚Lebens und Lebenlassens' – ausgedrückt in Aperitifs, billigen französischen Zigaretten und großen Fleisch- und Wurstrationen – vertraten." Zu den Einzelhandelspreisen im Deutschen Reich siehe Jürgen Sensch, (1925-2008 [2008]) histat-Datenkompilation online: Einzelhandelspreise in Deutschland: Deutsches Reich 1925 bis 1944 und Bundesrepublik Deutschland 1948 bis 2001. GESIS Köln, Deutschland ZA8291 Datenfile Version 1.0.0, online unter www.gesis.org/histat/de/table/details/BE315B28E743937B386A5046C73A1785#tabelle (Abruf: 24.5.2018). Für Luxemburg siehe STATEC, Statistiques historiques 1839-1989, S. 461 sowie in der Presse

Kartoffeln und Butter in Luxemburg deutlich billiger als im Reich (siehe Anhang 10.1). Umso schwieriger gestaltete sich das Unterfangen, die Luxemburger Arbeiter von den Vorteilen des Nationalsozialismus zu überzeugen, weil hinlänglich bekannt gewesen sein dürfte, dass die deutsche Bevölkerung im Altreich durch Autarkie- und Rüstungspolitik bereits auf vieles hatte verzichten müssen.[25]

Als die Nationalsozialisten im Jahre 1940 die Macht in Luxemburg übernahmen, fanden sie ein Land vor, das sozialpolitisch fast vorbildlich dastand. Bereits vor 1914 hatte man nach deutschem Vorbild die gesetzlichen Kranken-, Unfall-, Invaliden- und Rentenversicherungen eingeführt, die sich auf weite Teile der arbeitenden Bevölkerung erstreckten. So waren beispielsweise alle Arbeiter in Industrie und Handel krankenversichert ebenso wie die Kleinverdiener unter den Angestellten. Darüber hinaus waren die Mitsprachemöglichkeiten der Arbeiter in den größeren Industrieunternehmen nach dem Ersten Weltkrieg gestärkt worden: 1925 hatte die Regierung beschlossen, dass in allen gewerblichen Betrieben mit mindestens zwanzig Arbeitern Ausschüsse von sämtlichen Arbeitnehmern gewählt werden durften, die das Einvernehmen zwischen Arbeitgebern und Arbeitnehmern „durch die ordnungsmäßige Regelung der gemeinsamen Angelegenheiten" (Fragen des Arbeitsvertrages, der Lohn- und Arbeitsbedingungen) fördern sollten.[26] Weitere sozialpolitische Impulse kamen aus dem Ausland oder trugen die Handschrift der christlich-sozialen Rechtspartei. So hatte das Land bereits Ende der 1920er Jahre eine Reihe von Empfehlungen der International Labour Organization des Völkerbundes ratifiziert beziehungsweise in die nationale Gesetzgebung übertragen (48-Stundenwoche, Regelung der Frauen- und Kinderarbeit, Mutterschutz). Die Gründung der Berufskammern 1924 hatte zusätzliche Repräsentations- und Beteiligungsmöglichkeiten der Arbeiter und Angestellten an der Erörterung und Lösung sozialer Fragen geschaffen.[27]

---

mitgeteilte Marktpreise. Zum Lebensstandard im nationalsozialistischen Deutschland, vgl. Tooze, Ökonomie der Zerstörung, S. 174ff.

25 Tatsächlich war das Pro-Kopf-Einkommen in Deutschland in den 1930er Jahren niedriger als in anderen europäischen Staaten, z.B. Frankreich oder den Niederlanden, und nur unwesentlich höher als in Belgien. Vergleichszahlen für Luxemburg fehlen, vgl. Tooze, Ökonomie der Zerstörung, S. 168f.

26 Arrêté grand-ducal du 8.5.1925 concernant l'institution de délégations ouvrières dans les entreprises industrielles, in: Mémorial Nr. 21 (9.5.1925).

27 Überblick über die Gesetzgebung, vgl. Ferdy Adam/ Paul Zahlen, Relations sociales, droit du travail et salaires: intérêts économiques et paix sociale, in: Robert Weides (Hg.), L'économie luxembourgeoise au 20e siècle, S. 152–167. Siehe die zeitgenössischen Publikationen: Gust. van Werveke, Unsere Sozial-Politik 1930-1939, o.O. 1939 (mit einem Nachwort von Arbeitsminister Pierre Krier) sowie aus katholischer Sicht Armand Kayser, La politique sociale en Luxembourg, in: Akademiker-Verein (Hg.), Luxemburgum. Numéro spécial d'Academia. Revue de l'Association Catholique des Étudiants luxembourgeois, édité à l'occasion du XIIIe Congrès de Pax Romana à Luxembourg, Luxemburg 1933, S. 82–88. Kayser befürwortete ein korporatistisches Modell, vgl. S. 87f. Zur Sozialpolitik der katholischen Rechtspartei, vgl. Gilbert

Durch den Eintritt der sozialistischen Arbeiterpartei in eine Regierungskoalition mit der katholischen Rechtspartei war es 1937 zu einem weiteren Reformschub gekommen. Hauptnutznießer war der industrielle Sektor gewesen, der immerhin über 32.000 Arbeiter zählte. Seit die Gewerkschaften 1936 von Regierung und Arbeitgeberseite als gleichberechtigte Verhandlungspartner anerkannt worden waren, spielten die großen Gewerkschaften, wie der LBMIAV oder der LCGB, vor allem bei den Tarifverhandlungen eine immer wichtigere Rolle. In der Schwerindustrie gab es seit 1936 wegweisende Abschlüsse von Kollektivverträgen und in den Folgejahren setzten sich diese Tarifverträge als sozialpolitisches Instrument immer stärker durch. Diese Kollektivverträge wurden frei zwischen den Tarifparteien ausgehandelt, d.h. in Luxemburg kamen die Tarifabschlüsse ohne einen direkten Eingriff des Staates in die Tarifautonomie zustande. Die vor dem Zweiten Weltkrieg abgeschlossenen Tarifverträge sahen in den Hauptbranchen der Luxemburger Industrie als wichtigste Vereinbarung Mindestschicht- oder Mindeststundenlöhne vor. Diese waren ab 1936/37 indexiert, sie wurden also regelmäßig an den Teuerungsindex (Lebenshaltungsindex) angepasst. Veränderte sich dieser Index innerhalb eines festgelegten Zeitraums, so wurden die Schicht- und Stundenlöhne entsprechend nach oben (oder auch nach unten) angepasst. Viele Kollektivverträge beinhalteten außerdem besondere Zulagen wie Haushalts- oder Kinderzulagen. Ein Vergleich der in den 1930er Jahren abgeschlossenen beziehungsweise verlängerten Tarifverträge ergibt, dass sich einzelne Regelungen einander zwar mehr und mehr anglichen, etwa im Bereich der Mehrarbeit (über den Achtstundentag beziehungsweise die 48-Stundenwoche hinaus), es aber immer noch bedeutende Unterschiede gab, etwa was die Zahl der bezahlten Urlaubstage betraf. Die in den Kollektivverträgen vereinbarten Tarife waren stets Mindestlöhne, der tatsächliche Verdienst war in der Regel höher, wenn der Arbeiter Überstunden ableistete oder im Akkord arbeitete. Höher qualifizierte Arbeiter (Facharbeiter, Handwerker) oder besonders anstrengende oder gefährliche Arbeiten wurden entsprechend besser vergütet. Häufig sahen die Kollektivverträge für die Arbeiter wichtige Sonderbestimmungen vor. So wurde manchmal der Schutz der Koalitionsfreiheit extra in den Vertragstext hineingeschrieben oder es wurde präzisiert, dass man wegen der Zugehörigkeit zu einer Arbeitnehmerorganisation oder wegen gewerkschaftlicher „Werbearbeit" außerhalb des Betriebs nicht entlassen werden durfte.[28]

Trausch, Die Partei in der „longue durée", in: Gilbert Trausch (Hg.), CSV. Spiegelbild eines Landes und seiner Politik? Geschichte der Christlich-Sozialen Volkspartei Luxemburgs im 20. Jahrhundert, Luxemburg 2008, S. 47–58.

28 Arbeiterkammer Luxemburg, Die Kollektiv-Verträge im Großherzogtum Luxemburg, Remich 1938, S. 68–117. Zur Bedeutung der Tarifverträge, vgl. Roland Kerschenmeyer, L'échelle mobile des salaires: un instrument essentiel de la formation des salaires, in: Weides (Hg.), L'économie luxembourgeoise, S. 195f. Sonderregelungen zur Gewerkschaftsfreiheit gab es etwa in den Kollektivverträgen bei ARBED und HADIR; vgl. Kollektiv-Vertrag für die Hüttenindustrie, abgedr. in: Gemuso, I. Der Nationalrat der Arbeit II. Die ersten Lohnabkommen III. Kollektiv-Verträge im

1936 wurde mit dem „Nationalrat der Arbeit“ ein Gremium geschaffen, in dem unter dem Vorsitz der Regierung Arbeitgeber und Arbeitnehmer paritätisch vertreten waren, um im Falle kollektiver Arbeitskonflikte eine Schlichtung zu erreichen. Hier übten sich die Sozialpartner in der schwierigen Aufgabe, Kompromisse in Lohnfragen zu finden, was auch mit einigem Gewinn für die Lohn- und Gehaltsempfänger gelang.[29] Das Modell des sozialen Dialogs war erfolgreich, denn in den allermeisten Fällen kam es ab 1936 zu Einigungen zwischen den Gewerkschaften und den Arbeitgebern. Damit unterschied sich die Lohngestaltung in Luxemburg grundsätzlich von der im nationalsozialistischen Deutschland, wo seit 1933 mit der Auflösung der Gewerkschaften ein tarifpolitisches Vakuum entstanden war und der „Reichstreuhänder der Arbeit“ als staatliche Sonderstelle Tarifordnungen festlegte.[30] Dementsprechend verlief die Lohn- und Gehaltsentwicklung anders als im Dritten Reich, wo die Tariflöhne nach der Machtergreifung niedrig blieben und die Wochenlöhne nur dann anstiegen, wenn man mehr arbeitete. Überhaupt waren die Unterschiede zwischen der Luxemburger Sozialverfassung und den Verhältnissen im nationalsozialistischen Deutschland flagrant. Während sich im „Dritten Reich“ Sonderstellen oder Parteiorganisationen, wie die Deutsche Arbeitsfront, immer mehr Rechte auf Kosten der Gewerkschaften aneigneten, wurden in Luxemburg bis vor Kriegsausbruch die Rechte der Arbeitnehmer weiter gesichert und ausgebaut. Ende 1938 führte man zum Beispiel eine Form der paritätischen Arbeitsschiedsgerichtsbarkeit ein.[31]

Aber nicht nur die Arbeiter in der Schwerindustrie, dem Schlüsselsektor des Landes, kamen in den Genuss sozialer Mindestabsicherungen. So wurde kurz vor dem Ausbruch des Zweiten Weltkrieges ein Rahmenkollektivvertrag für das Handwerk abgeschlossen, in dem Wochenarbeitszeit und Urlaub verbindlich geregelt wurden. Für Angestellte führte man 1938 den Achtstundentag und das Recht ein, Personalausschüsse zu wählen. Damit kam es in diesen Fragen zu einer Gleichstellung zwischen Arbeitern und Angestellten. In einem wirtschaftlich schwierigen Umfeld hatte es im Jahre 1937 sogar Lohn- und Gehaltsaufbesserungen gegeben

---

Bergbau IV. Kollektiv-Vertrag für die Hüttenindustrie, Esch 1936 (= Bibliothek der Gemuso 10), S. 56. Zu den Löhnen in Deutschland, vgl. Dietrich Eichholtz, Löhne und Preise, in: Wolfgang Benz/ Hermann Graml/ Hermann Weiß, Enzyklopädie des Nationalsozialismus, München 1997, S. 572 und Hachtmann, Industriearbeit im „Dritten Reich“, 90-153.

29 Zum Nationalrat der Arbeit und zur Schlichtung der kollektiven Arbeitskonflikte, vgl. Arbeiterkammer Luxemburg, Die Kollektiv-Verträge im Großherzogtum Luxemburg, S. 68–117.

30 Vgl. Hachtmann, Industriearbeit im „Dritten Reich“, S. 32f. Die „Tarif-Ordnung“ trat im NS-Staat an die Stelle des „Tarif-Vertrags“, Der Volks-Brockhaus, [9] 1941, S. 685.

31 Arrêté grand-ducal du 31 décembre 1938, ayant pour objet la création de Conseils de Prud'-hommes, in: Mémorial Nr. 91 (31.12.1938).

und noch nach Kriegsbeginn gab es Sonderzuschüsse für die Empfänger von Sozialrenten.[32]

In der zweiten Hälfte der 1930er Jahre hatte es also eine Vielzahl von Veränderungen gegeben, durch die sich die wirtschaftliche und soziale Lage großer Teile der Bevölkerung in Ansätzen deutlich verbessert hatte. Manche Neuerungen wie etwa die Einführung von Arbeitsgerichten oder die Neuregelung der Arbeitslosenunterstützung steckten bei Kriegsbeginn noch in den Kinderschuhen. Von der Einführung der Vierzigstundenwoche war man zwar noch weit entfernt, aber es war von Seiten der freien und christlichen Gewerkschaften bereits im Jahre 1937 ein Vorstoß in diese Richtung erfolgt.[33] Die von Rechtspartei und Arbeiterpartei gebildete Koalitionsregierung war grundsätzlich bereit, die Politik sozialer Reformen fortzuführen. Arbeitsminister Krier von der Arbeiterpartei bekräftigte noch 1939 diesen Willen:

> „Jedenfalls soll aber gesagt sein, dass die Regierung entschlossen ist, nach den bereits ergriffenen Initiativen, ihre Politik sozialer Gerechtigkeit, in Achtung aller berechtigten Interessen, unentwegt fortzusetzen. Sie ist nämlich überzeugt, durch diese Politik nicht nur der Arbeiterklasse, sondern auch dem allgemeinen Interesse des Landes zu dienen. Denn in der Beunruhigung, die es angesichts der internationalen Ereignisse empfindet, erkennt unser Volk einstimmig die Notwendigkeit einer nationalen Solidarität ...“.[34]

Mit der angespannten Lage in Europa erhielt die Luxemburger Sozialpolitik eine zusätzliche Bedeutung, da sie eine soziale (und damit politische) Kohäsion der Gesellschaft garantieren sollte. Viele Politiker fürchteten, dass ohne diese Kohäsion die Anfälligkeit für extreme Tendenzen und die Sympathien für diktatorische Systeme größer werden könnten.

Vielen Arbeitern und Angestellten in Luxemburg ging es vor dem Krieg relativ gut. Ein Netz sozialer Absicherungen und das allgemeine Einkommensniveau erlaubten einen – im Vergleich zu den Nachbarländern – relativ hohen Lebensstandard. Wer in der Schwerindustrie arbeitete, kam außerdem in den Genuss zahlreicher Vorteile, zum Beispiel bot der ARBED-Konzern seinen über 12.000 Mitarbeitern ein umfassendes System von betrieblichen Sozialmaßnahmen in Form von Familienzulagen, Zusatzrenten, Werkwohnungen oder Stipendien.[35]

---

32 Carlo Hemmer, Luxemburger Wirtschaftspolitik 1937. Separatdruck aus der „Luxemburger Zeitung“ 1937/38, Luxemburg 1938, S. 19–27. Ders., Luxemburger Wirtschaftspolitik 1938. Separatdruck aus der „Luxemburger Zeitung“ 1939, S. 18–24. Ders., Luxemburger Wirtschaftspolitik 1939. Separatdruck aus der „Luxemburger Zeitung“ 1939/40, S. 16–25.

33 Memorandum zum Kollektiv-Vertrag für die Hüttenindustrie (10.4.1937), in: Arbeiterkammer Luxemburg, Die Kollektiv-Verträge, S. 153–157.

34 In: van Werveke, Unsere Sozial-Politik, S. 37.

35 Vgl. Félix Chomé, ARBED. Un demi-siècle d'histoire industrielle 1911-1964, Luxemburg 1972, S. 256–263. Siehe: „Die sozialen Zulagen“, in: ETB Nr. 40 (16.2.1939).

Genauso wichtig wie die ganzen materiellen Verbesserungen war die Tatsache, dass Luxemburgs Arbeiter vor 1940 daran gewöhnt waren, auf demokratischem Wege an sozialpolitischen Entscheidungsprozessen zu partizipieren, sei es durch die Wahlen zu den Arbeiterausschüssen, den Krankenkassen-Ausschüssen oder den Berufskammern. Hier offenbarte sich die dominante Position der freien Gewerkschaften. Die Krankenkassen-Wahlen und die darauf folgenden Ausschusswahlen des Jahres 1937 mündeten in einem überwältigenden Erfolg der freien Gewerkschaften.[36] Die 1930er Jahre hatten zudem gezeigt, dass die Gewerkschaften in vitalen Fragen zu einer Kooperation über die ideologischen Grenzen hinweg bereit waren, wie die Zusammenarbeit in der Lohnkommission und die Massendemonstration im Januar 1936 unter dem Motto „Für gerechten Lohn! Für die Anerkennung der Gewerkschaften! Für die Rechte der Arbeit!" belegt.

Die angespannte internationale Lage und der Kriegsausbruch im Sommer 1939 trübten aber das Bild. Die wirtschaftliche Zukunft der Schwerindustrie war angesichts der Abhängigkeit von Exporten nach Deutschland und Frankreich ungewiss und sozialpolitischen Sprengstoff gab es durch die Ankündigung der Arbeitgeber im Bergbau, die Kollektivverträge aufzukündigen. Die Hüttenindustrie plante die Abschaffung der ungeliebten Indexklausel.[37]

Durch den Kriegsausbruch im September stieg die Arbeitslosigkeit deutlich an, wobei bestimmte Branchen, wie das Hotelgewerbe und die Lederindustrie besonders hart betroffen waren. Von einer Massenarbeitslosigkeit war man mit etwa 1.200 Personen, die eine staatliche Arbeitslosenentschädigung erhielten, allerdings weit entfernt. Die erstaunlich geringe Zahl von Erwerbslosen war auf die Praxis zurückzuführen, dass man Ausländer, die ihre Arbeit verloren, in aller Regel in ihre Heimatländer zurückschickte.[38] Ein Jahr später war die Arbeitslosenfrage eines der zentralen Themen der Propaganda der deutschen Zivilverwaltung, zusammen mit der Gestaltung der Löhne und Gehälter.

Der ARBED-Konzern gewährte Arbeitern eine einheitliche Haushaltsprämie von 50 Franken pro Monat, eine Entbindungsprämie von 250 Franken sowie ein Kindergeld von 70 Franken (85 Franken ab dem vierten Kind). Bei den anderen Konzernen der Eisenindustrie gab es vergleichbare Prämiensysteme.

36 „Resultat der Arbeiterkammer-Wahlen", in: ETB Nr. 92 (20.4.1937) und „Großer Erfolg der freien Gewerkschaften bei den Krankenkassen-Wahlen", in: ETB Nr. 293 (16.12.1937).

37 „Um die Kollektivverträge in der Schwerindustrie", in: OMZ Nr. 43 (20.2.1939) und „Die Anpassung der Löhne der Großindustrie an den Lebenskostenindex", in: Écho de l'Industrie Nr. 23 (10.6.1939).

38 Vgl. stellvertretend für die zahlreichen Artikel in der Tagespresse, z.B. „Problem der Arbeitslosigkeit", in: ETB Nr. 172 (25.7.1939), D., Arbeitsbeschaffung, in: OMZ Nr. 249 (25.10.1939) und „Glossen vom Tage. Ohne Arbeit keinen Lohn", in: OMZ Nr. 263 (11.11.1939) und „Der Staat und die Arbeitslosigkeit", in: ETB Nr. 24 (29.1.1940). STATEC, Statistiques historiques, S. 439.

Die Frage nach gerechten Löhnen und Gehältern spielte in der zweiten Hälfte der 1930er Jahre in Luxemburg eine besonders große Rolle. Zwar verhandelten die Sozialpartner in den wichtigsten Wirtschaftsbranchen des Landes nun an einem Tisch über die Arbeiterlöhne, aber die Frage blieb stets auf der innen- und wirtschaftspolitischen Agenda. Das Misstrauen der Gewerkschaften gegenüber den Arbeitgebern wuchs 1939/40. Während letztere größere Probleme mit der Indexklausel hatten, forderten die Gewerkschaften eine Beteiligung der Arbeiterschaft an den vermeintlichen Kriegsgewinnen der Schwerindustrie.[39] Auch gab es Berufsgruppen, die militanter als andere für ihre Interessen eintraten: Dazu zählten vor allem die Bergleute, die in Zeiten wirtschaftlicher Rezession häufig die schmerzhaftesten Lohneinbußen hinnehmen mussten.[40]

In Bergbau und Schwerindustrie waren die Löhne und Gehälter vor der deutschen Besetzung durchweg am höchsten: 1937 verdiente ein Bergarbeiter durchschnittlich 57,83 Franken am Tag, in der Metallurgie waren es 51,64 Franken. Bei genauerer Betrachtungsweise fällt auf, dass jeweils ein Drittel der Berg- und Metallarbeiter sogar deutlich über diesem Durchschnitt verdiente, während die Hälfte einen Tagesverdienst hatte, der in etwa diesem Durchschnittslohn entsprach.[41] Gerade die Löhne in der Eisenindustrie hingen aber in einem beträchtlichen Maße von der Konjunktur ab. 1938 lag der durchschnittliche Nominallohn – laut offiziellen Erhebungen – in der Eisenindustrie nur noch bei 48,56 Franken am Tag, während die Nominallöhne im Bergbau immer noch recht hoch waren; so verdiente ein Hauer unter Tage einen Nominallohn von durchschnittlich 82 Franken, der Schlepper unter Tage 76 Franken, der Hauer über Tage 65 Franken und der Tagelöhner über Tage immer noch 50 Franken am Tag. Auch wenn sich eindeutige Aussagen über die allgemeine Lohnentwicklung in der Industrie nur mit einer gewissen Vorsicht formulieren lassen, so lässt sich feststellen, dass die Einkommen der Arbeiter in der Schwerindustrie (Bergbau, Eisenhütten, Walzwerke usw.) noch im ersten Kriegsjahr 1939 sehr stabil blieben, ja sogar noch leicht anstiegen, während die Arbeiter im Handwerk und in der Mittelindustrie den Kriegsausbruch deutlicher zu spüren bekamen, denn hier sanken die Löhne innerhalb eines Jahres um mehr als 3 Prozent.[42] (siehe Anhang 10.2.)

---

39 Vgl. Reihe „Die Arbeiterbewegung und die Kriegslage“, die sich ab 1939 mit der sozialpolitischen Tagesaktualität befasste: „Preis- und Lohnpolitik“, in: ETB Nr. 60 (11.3.1940), „Vom Nationalrat der Arbeit“, in: ETB Nr. 67 (19.3.1940), „Zur Lohnfrage in der Schwerindustrie“, in: ETB Nr. 93 (19.4.1940) sowie „Lohnfrage in der Schwerindustrie“ und „Lohnerhöhungen bei Paul Würth“, in: ETB Nr. 96 (23.4.1940).

40 „Bei den Bergarbeitern“, in: ETB Nr. 174 (27.7.1937). Sie konnten 1937 eine Lohnverbesserung von zehn Prozent durchsetzen.

41 Vgl. ANLux ARBED AC-CI-55 („Statistiques“).

42 Vgl. Statistique des salaires en 1937, in: Écho de l'Industrie Nr. 38 (23.9.1939) und STATEC, Statistiques historiques, S. 385ff. Über die allgemeine Lohnentwicklung berichtete im Juli 1940 das LW auf Grundlage der Geschäftsberichte der Sozialversicherungsanstalt, in: LW Nr. 195/196 (13./14.7.1940).

4. „Nie wieder Klassenkampf“: NS-Sozialpolitik als Instrument von Propaganda und „Volkstumspolitik“

4.1. Propaganda für den Chef der Zivilverwaltung

Die Politik des Gauleiters in den Monaten September und Oktober 1940 legte den Fokus auf die Unternehmensleiter und die gewerkschaftlich organisierten Arbeiter, um diese Bevölkerungsgruppen gezielt vom politischen und wirtschaftlichen Anschluss des Landes an das Deutsche Reich zu überzeugen. Zunächst setzte das Regime auf intensive Werbemaßnahmen, um dann aber mit Drohungen den Kollaborationsforderungen nachzuhelfen.[43] Vor allem die Deutsche Arbeitsfront kam nicht völlig unvorbereitet nach Luxemburg. Das Arbeitswissenschaftliche Institut (AWI) der DAF hatte Informationen über die Lohnpolitik und den Lebensstandard in Luxemburg gesammelt. Das AWI hatte sich für die Gewerkschaften sowie die Berufsverbände des Landes interessiert. Auch zur Industrie sowie zu den Trägern der Freizeitbewegung hatte man in Berlin Material, in der Hauptsache Presseausschnitte, zusammengetragen.[44] Es ist allerdings nicht bekannt, inwiefern die Koblenzer Gauleitung im Jahre 1940 auf diese Akten zurückgreifen konnte, aber man kann davon ausgehen, dass die Führung der DAF sich in den Jahren vor dem Krieg bereits selbst ein Bild über sozialpolitische und wirtschaftliche Fragen gemacht hatte, dies unter Zuhilfenahme der luxemburgischen und deutschen Presse sowie von Mittelsmännern.

Im September 1940 versuchte die Zivilverwaltung zunächst, die Luxemburger Gewerkschaftler und Unternehmensleiter mit den vermeintlichen Wohltaten und sozialen Fortschritten des neuen Regimes zu beeindrucken. Dazu lud die Deutsche Arbeitsfront zum Beispiel führende Männer der Gewerkschaften, die Präsidenten der Arbeiterausschüsse sowie Betriebsführer zu einer „wirtschaftskundlichen Fahrt“ durch den Gau Koblenz-Trier ein.

Allerdings stellte sich rasch heraus, dass es mit der Konzilianz der braunen Machthaber nicht weit her war und schnell wurde klar, dass Gewerkschaften und Arbeitgeber wichtiger Kompetenzen beraubt würden. Tatsächlich zogen in den Monaten September-Oktober 1940 Staat und Partei alle Kompetenzen an sich, was einer kalten Entmachtung der bisherigen Akteure gleichkam. Dies wurde Anfang Oktober deutlich, als der Chef der Zivilverwaltung neue Lohntarife erließ.

Gleichzeitig wurden die Menschen in Presseartikeln, Versammlungen und Kundgebungen mit den Grundzügen einer nationalsozialistischen Sozialverfassung konfrontiert. In Düdelingen hielt etwa ein alter NSDAP-Parteigenosse eine Rede, in der er die Arbeiterfrage behandelte und über die vermeintlich „richtige

43 „Arbeitgeber und Arbeitnehmer-Organisationen traten zusammen“, in: LW Nr. 254 (10.9.1940).

44 Vgl. Akten des DAF-Zentralbüros (AWI), BA NS 5-VI/ 26551 bis 26561.

Lösung der sozialen Fragen" informierte.[45] Am 13. Oktober 1940 wurden Betriebsführer und Präsidenten der Arbeiterausschüsse erneut zusammengerufen, wo sie von Gausozialwalter Hanns Schneider eine deutliche Warnung erhielten:

> „Wer sich in den Zeiten dieses Aufbaues, der gewollt und bewusst den naturgegebenen Lebensstandard des luxemburgischen Menschen im Sinne der Höherentwicklung dem deutschen Menschen angleichen will, mit moralischen, inneren oder wirtschaftlichen Vorbehalten distanziert, steht dieser Aufwärtsentwicklung feindlich gegenüber und ist somit fehl am Platze. Von luxemburgischen Betriebsführern muss man erwarten, dass sie die Neuordnung der Dinge bejahen und dass sie sich mit dem gleichen Eifer und der gleichen Befähigung zur deutschen Arbeit und zum Reich bekennen, wie der luxemburgische Arbeiter es bereits seit langem tut."[46]

An der Entschlossenheit und Radikalität gab es nun keinen Zweifel mehr. Der Entscheidungsspielraum der Luxemburger reduzierte sich im Prinzip auf zwei Möglichkeiten: entweder den eingeschlagenen sozialpolitischen Weg der Nationalsozialisten mitgehen oder nicht. Wer sich der neuen Zeit nicht anpassen wollte, musste damit rechnen, von den neuen Herren aus dem Amt entfernt zu werden. Den Reden der DAF-Funktionäre war deutlich zu entnehmen, dass Bevormundung und verordnete Maßnahmen von Staat und Partei an die Stelle von Privatinitiative und gewerkschaftlicher Selbstverantwortung treten würden. An die Betriebsführer gerichtet gab Gausozialwalter Schneider bekannt, man habe die Absicht, sich „auch um die Struktur der Betriebe zu kümmern": Rationalisierung, Verbesserung der Betriebstechnik und Ausbau der Kapazitäten sollten eine „wirklich leistungsfähige luxemburgische Industrie" schaffen. Hier ging es um nichts Geringeres als die sakrosankte Unternehmerfreiheit, die bislang keine Regierung in Luxemburg angetastet hatte. Zusätzlich definierte er die Rolle des Betriebsführers, der mehr als nur der Leiter eines Wirtschaftsunternehmens war: Vom Betriebsführer erwartete man die Übereinstimmung mit den Zielen des Regimes und damit einhergehende Loyalitätsbekundungen.[47] Auch für die Arbeiter und Angestellten kündigte das Regime Veränderungen an.[48]

---

45 „Ministerpräsident Klagges in Düdelingen", in: OMZ Nr. 233 (9.10.1940).

46 „Die lohn- und sozialpolitische Entwicklung in Luxemburg", in: OMZ Nr. 242 (19.10.1940).

47 „Die Erkenntnis muss alle durchdringen, dass alle aufeinander angewiesen sind. Betriebsführer, Führerkorps und Amtswalter müssen wissen, dass sie nicht als Vertreter der Aktionäre eingesetzt wurden, sondern Treuhänder der Nation sind, denn alle Betriebe stehen letzten Endes im Dienste des Volkes." Vgl. „Die Betriebsführer sind Treuhänder der Nation", in: ETB Nr. 8 (11.1.1943).

48 Dr. F. (= Marcel Fischbach), Der Aufgabenbereich des neuen Betriebsführers, in: LW Nr. 288 (14.10.1940). Vgl. auch „Die neuen Aufgaben des Betriebsführers", in: LZ Nr. 265 (15.10.1940). Beide Artikel weisen starke Ähnlichkeiten auf, was Inhalt und Formulierungen betrifft, ein Hinweis darauf, dass die Redakteure weitgehend ausformulierte Pressemitteilungen benutzten und dass die Tageszeitungen der Kontrolle

Die Sozialpolitik war eines der Themen bei der ersten großen Kundgebung des Gauleiters im Industrierevier am 19. Oktober 1940. Der für Luxemburger Verhältnisse spektakuläre Auftritt Gustav Simons war von der gleichgeschalteten Presse gut vorbereitet worden. Im Vorfeld hatten Schlagzeilen den Schulterschluss zwischen Arbeitern und Angestellten sowie das Ende der Diskriminierung der Armen angekündigt. Anzeigen und Plakate riefen die „Arbeiter der Stirn und der Faust" zur massiven Teilnahme auf. Auf der Titelseite der Luxemburger Zeitung wurde vom Beginn einer „neuen" Zeit gesprochen: „Die marxistischen und demokratischen Phrasen der Vergangenheit sind zerbrochen. Der Habgier des plutokratischen Kapitalismus hat der Nationalsozialismus ein jähes Ende bereitet. Der Aufbau beginnt!"[49] In Artikeln – die zum Teil unter dem Namen bekannter Luxemburger Journalisten veröffentlicht wurden – verurteilte man die „liberalkapitalistische Zeit", in der Unternehmer ihr Handeln ohne Rücksicht auf die Bedürfnisse der Arbeiter nur nach der konjunkturellen Entwicklung ausgerichtet hätten. Der nationalsozialistische Staat, so das Versprechen, werde künftig Unternehmensgewinne, Angestelltengehälter und Arbeiterlöhne so besteuern, dass die „Deckung von sozialen Kollektivbedürfnissen, von Versicherungs- und Wohlfahrtseinrichtungen" möglich sei. Unter anderem wurden den Luxemburger Arbeitern Eigenheime, eigene Gärten und der Zugang zu Kultur, Sport und Erholung in Aussicht gestellt.[50]

Die zweistündige Rede selbst, die der Gauleiter vor mehreren tausend Anwesenden hielt, wimmelte nur so von sozialreformerischen Parolen, um sich bei den Arbeitern beliebt zu machen. „Nie wieder Klassenkampf" oder „Jedem das Seine", „Die ärmsten Söhne die treuesten" oder „Stabilität der Wirtschaft" waren aber nur leere Worthülsen ohne konkrete Zusagen. Gleichzeitig warnte Simon die „Intellektuellen der Stadt Luxemburg", die „wirtschaftlicher Vorteile wegen dem wirtschaftlichen Anschluss das Wort reden". Hiermit erteilte Simon der Hoffnung mancher Luxemburger eine Abfuhr, man könne die politische Annexion eventuell durch die Aufgabe der belgisch-luxemburgischen Wirtschafts- und Währungsunion und die Gründung einer neuen Wirtschaftsunion mit Deutschland, einer Art Renaissance des Zollvereins also, umgehen.[51] Offensichtlich war Simon der Überzeugung,

---

des gleichen Zensors unterlagen. „Die lohn- und sozialpolitische Entwicklung in Luxemburg", in: LZ Nr. 267 (18.10.1940). Im NBL Nr. 247 (17.10.1940) war die Rede von 500 anwesenden Betriebsführern, was wahrscheinlich stark übertrieben war.

49 LZ Nr. 267 (18.10.1940).

50 Dr. F. (= Marcel Fischbach), Sozialpolitische Mittel und Maßnahmen, in: LW Nr. 293/294 (19./20.10.1940). Vgl. Dr. F., Auf neuen sozialpolitischen Wegen, in: LW Nr. 291 (17.10.1940). Aus der Feder von Marcel Fischbach erschienen auch noch andere Artikel, in denen die deutschen Maßnahmen verständnisvoll kommentiert wurden, vgl. Marcel Fischbach, Wirksame Sozialpolitik, in: LW 292 (18.10.1940), Sozialpolitische Mittel und Maßnahmen, in: LW Nr. 294/295 (19./20.10.1940), Über die Durchführung der neuen Lohnregelung, in: LW Nr. 311 (6.11.1940).

51 Gustav Simon: Der soziale Ausgleich wird vollzogen, in: LW Nr. 295 (21.10.1940).

dass er im Industriegebiet unter den Arbeitern den stärksten Rückhalt für seine Anschluss- und Gleichschaltungspolitik finden würde, während er eher mit Widerstand der alten Eliten rechnete. Wohl deshalb verkündete der Gauleiter einige Sofortmaßnahmen, mit denen er bei den Arbeitern zu punkten versuchte.[52]

Die sozialpolitische Demagogie, die Gustav Simon ab 1940 im besetzten Luxemburg betrieb, erinnert an die persönliche „Kampfzeit" des jungen Parteigenossen, der in den Jahren 1931 bis 1933 als Gauleiter von Koblenz-Trier in Hunderten von öffentlichen Partei- und Wahlversammlungen unermüdlich die Zuhörer vom Nationalsozialismus zu überzeugen versucht hatte. Dabei war er nie müde geworden, den Marxismus und den Klassenkampf zu geißeln, die „Verelendungspolitik" der Weimarer Republik anzuprangern und den Menschen den „deutschen Sozialismus Aller" zu versprechen, der „Ehre, Freiheit und Brot" bringen sollte. Sieben Jahre später mochte sich Gustav Simon an seine Zeit vor der Machtergreifung erinnert haben, als er die alten Argumente und Parolen aus der ideologischen Schublade zog, um damit auf die „volksdeutschen" Luxemburger einzureden.[53]

Die direkten Reaktionen der Arbeiter auf die im Jahre 1940 propagierte NS-Sozialpolitik sind nur schwer zu erfassen. Sie dürften zwischen Zustimmung, Zweifel und Ablehnung geschwankt haben. Vor allem die Ankündigung des Arbeitseinsatzes im Altreich wird unter der Arbeiterschaft wohl eher Besorgnis ausgelöst haben, da nur wenige die Lust verspürten, ihr Land zu verlassen und in deutschen Industriebetrieben zu arbeiten. Für die Betriebsführer war diese Mitteilung gleichfalls eine unangenehme Überraschung, da mit der Verschickung von Luxemburger Arbeitern nach Deutschland, etwa an die Ruhr, die Zukunft der Luxemburger Eisenindustrie mit zur Disposition hätte stehen können. Wer erwartet hatte, dass die Zivilverwaltung nach dem Durcheinander um die Lohnerhöhungen einen Schritt zurück machen würde, musste ohnehin enttäuscht werden. Preise, Löhne und Gehälter würden, so der Gauleiter, auf deutschem Niveau bleiben und Lohnsteigerungen seien nur durch Leistungssteigerungen möglich.[54]

Nur wenige Tage nach der Escher Kundgebung wurden am 22. Oktober 1940 „Aufklärungskundgebungen" in wichtigen Industriebetrieben veranstaltet, zunächst in den Paul-Würth-Werken (die zum ARBED-Konzern gehörten) und bei der Differdinger HADIR. Die Veranstaltungen wurden geschickt in Szene

52 „Gauleiter Simon: Der soziale Ausgleich wird vollzogen" und „Erste nationalsozialistische Großkundgebung in Esch a. d. Alzig", in: LW Nr. 295 (21.10.1940). Siehe den SD-Bericht in den „Meldungen aus dem Reich" (28.10.1940), in: ANLux SD 032: DR. Hier wurde festgestellt, der Gauleiter habe die Arbeiter beruhigen können.

53 Emile Krier, Gustav Simon (1900-1945), in: Franz-Josef Heyen (Hg.), Rheinische Lebensbilder, Köln 1997 (= Rheinische Lebensbilder 16), S. 255–285, hier S. 260ff. Der Erfolg im Gau Koblenz-Trier schien sich in Grenzen zu halten, da Simon es bis Mitte der 1930er Jahre nicht wirklich geschafft hatte, die Massen zu mobilisieren, so die Feststellung Kriers, vgl. S. 268f. Siehe Hermann Weiß (Hg.), Biographisches Lexikon zum Dritten Reich, Frankfurt 1999, S. 428.

54 „Gustav Simon: Der soziale Ausgleich wird vollzogen", in: LW Nr. 295 (21.10.1940).

gesetzt. Bei den Würth-Werken trat der Direktor Charles Würth höchstpersönlich ans Rednerpult, um die Arbeiter und die Gäste aus dem Altreich zu begrüßen. Für die musikalische Umrahmung sorgte der Musikzug der Luxemburger Freiwilligenkompanie, was dem Spektakel einen besonderen Anstrich verlieh. Als Hauptredner folgte ihm anschließend ein alter Kämpfer aus dem Reich. „Staatsrat“ Wilhelm Börger war ein ehemaliger Schlosser aus Düsseldorf, der eine erstaunliche nationalsozialistische Karriere gemacht hatte und nun als „Reichstreuhänder der Arbeit“ vor den Differdinger und Luxemburger Arbeitern sprach und diese auf die neue Zeit einzuschwören versuchte.[55]

Börger war nicht der einzige Prominente, der im Oktober nach Luxemburg kam, um an Propagandaveranstaltungen teilzunehmen, die sich mit sozialpolitischen Themen beschäftigten. So waren Simons Gauleiterkollegen Rudolf Jordan und Franz Schwede an Propagandaveranstaltungen zu Auftritten angereist.[56] Franz Schwede, Gauleiter von Pommern, war gelernter Schlosser, hatte im Dritten Reich eine beispiellose Karriere gemacht und war in seiner Heimat als ausgesprochener Antisemit bekannt. In seiner Rede, die er Ende Oktober in der Industriestadt Düdelingen hielt, übte Schwede Kritik an den Juden und an der „Geldgier der internationalen Plutokratien“.[57] Gaupropagandaleiter Albert Urmes wandte sich in der Hauptstadt an 500 Zuhörer, wo er behauptete, dass es seit der Machtübernahme Hitlers in Deutschland keinen Klassenkampf mehr gegeben habe, während sich bis zum Kriegsbeginn in Luxemburg Arbeitgeber- und Arbeitnehmerorganisationen bekämpft hätten. Nur das Eingreifen Deutschlands habe in Luxemburg einen

55 „Betriebsappell in den P. Würth-Werken“, in: LW Nr. 297 (23.10.1940). Wilhelm Börger (1896-1962) war außerdem Honorarprofessor für „deutschen Sozialismus“ und Ministerialdirektor im Reichsarbeitsministerium, wo er als Hardliner galt; vgl. Ernst Klee, Das Personenlexikon zum Dritten Reich. Wer war was vor und nach 1945, Frankfurt 2003, S. 60f. und: Ulrike Schulz, Das Reichsarbeitsministerium 1919-1945, in: Nützenadel (Hg.), Das Reichsarbeitsministerium im Nationalsozialismus, S. 68ff. Zum Begriff „Sozialismus“ vgl. Der Volks-Brockhaus, Leipzig [9] 1941, S. 649f. „Der Marxismus ist kein wahrer S.[ozialismus], da er nicht die Gemeinschaft betont, sondern in Klassen denkt und durch den von ihm geforderten Klassenkampf gemeinschaftszerstörend wirkt. Dagegen stellt der Nationalsozialismus die Überwindung individualistischen Denkens und den völkischen Neuaufbau aus gemeinschaftsbewusster Haltung dar.“

56 „Gauleiter Jordan spricht in Differdingen“, in: LW Nr. 284 (10.10.1940) und „Die Besten sind berufen“, in: OMZ Nr. 237 (13.10.1940). Rudolf Jordan (1902-1988) war von Beruf Volksschullehrer. Er gehörte wie alle übrigen Gauleiter zu den „alten Kämpfern“ der NSDAP, vgl. Klee, Personenlexikon, S. 290. Rudolf Jordan, Gauleiter von Magdeburg, war während des Weltkrieges Munitionsarbeiter gewesen und deshalb, so die Vorstellung der Koblenzer Gauleitung, geeignet, die richtigen Worte für Luxemburger Arbeiter zu finden.

57 „Gauleiter Schwede-Coburg sprach in Düdelingen“, in: LW Nr. 302 (28.10.1940). Franz Schwede (1888-1960) war der erste NSDAP-Bürgermeister in Deutschland, vgl. Klee, Personenlexikon, S. 573.

Aufstand der unzufriedenen Massen verhindern können. Geschickt appellierte Urmes an Ängste und Vorurteile, die es gegenüber einem unkontrollierbaren und politisierten Proletariat gab. Andererseits prangerte er die sozialen Ungerechtigkeiten an: „Schlemmen und Prassen auf der einen Seite und Hungern auf der anderen, das können wir Nationalsozialisten nicht dulden, auch hier in Luxemburg nicht!" Der deutsche „Sozialismus“ würde eine „gerechte Verteilung der Güter und gerechte Bezahlung der Leistung“ bringen.[58]

Aber nicht nur Gauleiter Gustav Simon und die aus dem Altreich eingeladenen Parteigenossen versuchten mit sozialkämpferischen Argumenten und antikapitalistischen Ideologemen die Luxemburger Bevölkerung auf ihre Seite zu ziehen. In die gleiche Kerbe schlug schließlich die Volksdeutsche Bewegung. Ging es in der Gründungsphase der VdB noch darum, die Anschlusspolitik durch historische und völkische Argumente zu untermauern, so tauchte bald die Idee der „Volksgemeinschaft“ als zusätzliches Element im politischen Diskurs der Kollaborateure auf. VdB-Propagandaleiter Dennemeyer verkündete anlässlich der ersten VdB-Großkundgebung im August 1940, dass die deutsche Volksgemeinschaft „keine Klassengegensätze“ mehr kenne. Auf Gründungsversammlungen einzelner Ortsgruppen wurde diese Argumentation aufgegriffen und eine „Volksgemeinschaft ohne Standesdünkel und Klassengegensätze“ in Aussicht gestellt sowie eine Verbesserung des Lebensstandards versprochen.[59]

Die Nationalsozialisten nutzten nicht nur die Versammlungssäle, sondern vor allem in großem Maße die gleichgeschaltete Presse. Im Luxemburger Wort begleiteten zahlreiche Artikel zu wirtschafts- und sozialpolitischen Zeitfragen die nationalsozialistische Propaganda.[60] Der Luxemburger Journalist Pierre Cariers

---

58 Die Rede von Albert Urmes „Das Gebot der Stunde“, in: LW Nr. 284 (10.10.1940) und „Unsere Pflicht, unsere Zukunft, unser Heil“, in: OMZ Nr. 236 (12.10.1940). Albert Urmes (1910-1985) war seit 1937 Leiter des Reichspropagandaamts Koblenz-Trier sowie Gaupropagandaleiter. Von 1940-1944 war der Journalist in Luxemburg beim CdZ zuständig für Volksaufklärung und Propaganda. 1946 an Luxemburg ausgeliefert, wurde Urmes dort zu drei Jahren Gefängnis verurteilt, vgl. Franz Maier, Biographisches Organisationshandbuch der NSDAP und ihrer Gliederungen im Gebiet des heutigen Landes Rheinland-Pfalz, Mainz 2009 (= Veröffentlichungen der Kommission des Landtages für die Geschichte des Landes Rheinland-Pfalz 28), S. 475f.

59 „Aus der Volksdeutschen Bewegung“, in: LW Nr. 239 (26.8.1940). Auf der Gründungsversammlung in Tetingen lösten die Worte des namentlich nicht genannten Redners angeblich einen „wahren Beifallssturm aus“: „Die wahre Freiheit liegt in der Beglückung des Volkes durch Arbeit, Leistung und Lohn. In Zukunft werden auch die weniger begüterten Volksgenossen an den Segnungen und Errungenschaften der Kultur teilhaben, was im alten Luxemburg das Vorrecht der herrschenden Oberschicht bildete.“ Siehe „Die ‚Volksdeutsche Bewegung‘ in Luxemburg“, in: LW Nr. 232 (19.8.1940).

60 Vgl. Leitartikel „Die große Zeitfrage“, in: LW Nr. 222 (9.8.1940), der sich mit der Frage des Proletariats beschäftigte. Das Proletariat sei ein „starkes Glied im Volksganzen“

beispielsweise schrieb für das neue Regime, aber unter dem Druck der Deutschen, wie er nach dem Krieg erklärte.[61] Im Oktober 1940 veröffentlichte das Luxemburger Wort einen mit Cariers' Namen unterschriebenen Artikel, der die Exilregierung sowie die Gewerkschaften mit Häme überschüttete und in dem angeblich befragte Arbeiter sich über den geflohenen Minister Krier beschwerten: „Und, wenn man dazu noch feststellen muss, wie dieselben Leute, die uns Arbeiter auf diese Weise hinters Licht geführt haben, nun selbst ausgekniffen sind und uns unserem Schicksal schnöde überlassen haben! Wieviel haben wir auch an unsere Gewerkschaften bezahlt und wo ist jetzt bloß dieses viele Geld? Was haben die Herren damit gemacht? Wir werden wohl bloß das Nachsehen haben. (...) Ich sehe unseren Herrn K.[rier] noch, wie er in einer Versammlung uns Arbeiter um unser Schicksal bedauerte und sich mit salbungsvollen Worten als unsern Heiland aufspielte. Diese Heuchlerbande!"[62] Später, im Januar 1941, als sich die Propaganda für die Deutsche Arbeitsfront intensivierte, verfasste Cariers einen Beitrag, in dem er über die „soziale Revolution", die „geistige Umstellung des Einzelnen" und die „radikale Abwendung von der kapitalistischen Denkweise" philosophierte. Er vertrat offen populistische Positionen ("wer nicht arbeitet, soll auch nicht essen") und antikapitalistische Stereotype, die aus dem Munde eines gewieften NS-Propagandisten hätten stammen können.[63] Nach dem Krieg verteidigte Cariers sich mit dem Argument, im nationalsozialistischen Programm habe es eine „Anzahl von Punkten [gegeben], denen auch ein katholischer Luxemburger vorbehaltlos zustimmen kann und zustimmen muss." Für ihn zählten programmatische Punkte der NSDAP, etwa über die ethische Bewertung der Arbeit, Antikapitalismus oder Arbeitsdienst zu einem konservativen „Gedankengut", das vor den Nationalsozialisten bereits von Päpsten und christlichen Staatsmännern verkündet worden sei.[64]

Neben dem Luxemburger Wort fiel auch die Luxemburger Zeitung als ideologische Wegbereiterin auf. Leitartikel und Kommentare äußerten sich positiv über die politischen, sozialen und wirtschaftlichen Neuerungen. Die Luxemburger Zeitung war vor dem 10. Mai 1940 die Tageszeitung des liberalen Lagers gewesen und ihr wurden gute Verbindungen zum ARBED-Konzern nachgesagt. In einer Artikelserie, die unter dem Namen des bekannten Redakteurs Jean-Pierre Robert von Ende August bis Dezember 1940 erschien, wurde mit dem alten System abgerechnet. Der 1881 geborene Redakteur veröffentlichte unter der Kontrolle der deutschen

---

und es müsse zu einer Lösung der sozialen Frage kommen, dies u.a. durch eine neue Wertschätzung der Arbeit.

61 Vgl. Pierre Cariers, Memorandum zur sachlichen Klarstellung meiner politischen Haltung während der deutschen Besatzungszeit in Luxemburg vom 10. Mai 1940 bis zum 10. September 1944, Luxemburg 1944.

62 P.C. (= Pierre Cariers), Eine Erinnerung, in: LW Nr. 279/280 (5./6.10.1940).

63 Ders., Das neue Wertmaß, in: LW Nr. 14 (14.1.1941). Cariers wurde 1948 vom Vorwurf politischer Vergehen freigesprochen; vgl. Wehenkel, Entre chien et loup, S. 237–252.

64 Zitat in Wehenkel, Entre chien et loup, S. 241.

Pressestelle – die sämtliche Nachrichten filtrierte beziehungsweise zensierte – Ende August einen Leitartikel, in dem der wirtschaftliche und politische Anschluss an das Deutsche Reich mehr oder weniger offen befürwortet wurde.[65] Im Oktober erschienen Beiträge, welche die sozialpolitischen Maßnahmen der Zivilverwaltung positiv bewerteten. So hieß es, vor diesen Maßnahmen hätten manche Arbeitgeber noch eine veraltete Auffassung gehabt, in der die Menschenwürde des Arbeiters keine Rolle gespielt habe. Auch seien die Grundlöhne in Luxemburg viel zu niedrig gewesen. Nicht weniger kritisch war man mit den „Arbeiterführern“, die in der Vorkriegszeit den Klassenkampf gepredigt hätten. Die neue nationalsozialistische Sozialpolitik, so Robert, habe nicht nur die Arbeitslosigkeit in Luxemburg quasi beseitigt, sondern nun eine „Arbeitsgemeinschaft“ geschaffen, ähnlich der NS-“Volksgemeinschaft“, in der Betriebsführer und Arbeiter gemeinsam tätig würden und in der es keinen Klassenkampf mehr gebe.[66] Im November, nur wenige Tage vor einem großen Betriebsappell im ARBED-Werk Belval, erschien ein weiterer Artikel, der Roberts Namen trug. Darin stellte Robert, der am 26. September 1940 der VdB beigetreten war, die sozialen Pläne der Nationalsozialisten vor, wie die „deutsche Altersversicherung“ oder eine „Reichslohnordnung“, die dem gesamten deutschen Volk versprochen worden waren. Allerdings müssten sich die Luxemburger noch etwas gedulden und die Luxemburger Arbeiter kämen vorerst nicht in den Genuss aller Vorteile, die reichsdeutsche Arbeiter bereits hätten. Damit wurden die Luxemburger auf die Zeit nach dem Krieg vertröstet, in der es in einem „vergrößerten deutschen Lebensraum“ jedem besser gehen würde.[67]

65 R. (= Jean-Pierre Robert), Das Gebot der Stunde, in: LZ Nr. 227 (31.8.1940). Der Leitartikel kommentierte den „Heim ins Reich“-Aufruf der VdB, der in der gleichen Nummer veröffentlicht wurde. Vgl. auch die vierteilige Artikelreihe Jean-Pierre Roberts „Der Wendepunkt“, die in der LZ erschien, vgl. LZ Nr. 230-233 (4.9.-7.9.1940).

66 R., Von unrichtiger zu richtiger Sozialpolitik, in: LZ Nr. 267-269 (17.-20.10.1940).

67 R., Eine bessere Zukunft für die Schaffenden, in: LZ Nr. 290 (13.11.1940). R.: Soziale Fürsorge ohne Lücken, in: LZ Nr. 317 (14.12.1940). Ende 1940 führte der CdZ weitere Sozialmaßnahmen ein (Ehestandsdarlehen, Kinderbeihilfen, Ausbildungbeihilfen), die Robert wohlwollend kommentierte: „Durch diese neuen Verordnungen hat der Chef der Zivilverwaltung einerseits seinem persönlichen sozialen Empfinden einen beredten Ausdruck gegeben, andererseits aber auch für Luxemburg die nationalsozialistischen Grundsätze in die Praxis umgesetzt und damit betont, dass hier besonders für die Schaffenden und Minderbemittelten eine glücklichere Ära beginnt.“, in: LZ Nr. 325-327 (24.12.-26.12.1940). ANLux AP 4846 Jean-Pierre Robert, VdB-Mitgliedsnummer 8455. Robert wechselte nach Einstellen der Luxemburger Zeitung zum Luxemburger Wort, wo er bis 1944 als Redakteur in Wirtschaftsfragen tätig war. Am 9. Oktober 1944 wurde er verhaftet und als Autor zahlreicher deutschfreundlicher Artikel angeklagt. Zwar stritt er die Publikation der Artikel in der Luxemburger Zeitung und im Luxemburger Wort grundsätzlich nicht ab, berief sich aber auf seine Vorgesetzten sowie auf Aloyse Meyer, die zumindest einem Artikel zugestimmt hätten, der sich für den Anschluss an Deutschland aussprach. Als gesichert gilt, dass seine Artikel vom deutschen Presseamt zensiert beziehungsweise gutgeheißen

4.2. Sammeln für die „Volksgemeinschaft": Das Winterhilfswerk

Zum Besatzungsalltag gehörten die ständigen Aufrufe an die Menschen in den Ortsgruppen und den Betrieben, sich an den Sammlungen des Winterhilfswerks (WHW) beziehungsweise des Kriegswinterhilfswerks (KWHW) zu beteiligen. Das WHW, 1933 vom NS-Regime ins Leben gerufen, um Bedürftige zu unterstützen, führte in den Wintermonaten sogenannte Haus- und Straßensammlungen durch. Ganz freiwillig waren die Spenden nicht, da die Sammelaktionen mit Druckausübung auf Spendenunwillige verbunden waren.[68] Die WHW-Sammlungen waren multifunktionale Veranstaltungen, die weit über rein karitative Zwecke hinausgingen. Sie sollten vor allem zur „Volksgemeinschaft" nationalsozialistischer Prägung erziehen, waren aber auch „Teil jenes Programms der umfassenden Mobilisierung, mit dem im 'Dritten Reich' der graue Alltag der 'Volksgenossen' in einen permanenten Ausnahmezustand verwandelt werden sollte" (Terhoeven).[69]

Das Regime des Gauleiters beschränkte sich nicht nur auf Parolen, sondern versuchte durch konkrete Aktionen zu beweisen, dass die „Volksgemeinschaft" eine gelebte Realität war. Sie artikulierte sich vor allem in Kampagnen nationalsozialistischer Massenorganisationen wie dem Winterhilfswerk, das von der NS-Volkswohlfahrt (NSV) organisiert wurde.[70] Die Luxemburger „Volksgenossen" sollten durch freiwillige Spenden für das WHW, die aktive Mitarbeit als Sammler, dann durch Mitgliedschaft in der NSV beweisen, dass sie sich als Teil der deutschen „Volksgemeinschaft" verstanden. In Luxemburg begann das WHW seine Tätigkeit im September 1940 allerdings unter etwas anderen Voraussetzungen

---

wurden, bevor sie in Druck gingen. Zu einem Prozess gegen den Journalisten kam es nicht, da Robert 1946 verstarb. Anfang September 1942 gehörte der Schriftleiter Robert zu den „deutschbewussten Männern", die sich zusammen mit Landesleiter Kratzenberg beim Chef der Zivilverwaltung für eine Aufhebung des Ausnahmezustandes einsetzten, vgl. ETB Nr. 210 (8.9.1942). Siehe auch Wehenkel, Entre chien et loup, S. 63–73.

68 Vgl. Cornelia Schmitz-Berning, Vokabular des Nationalsozialismus, 2. durchgesehene und überarbeitete Auflage, Berlin/ New York 2007 S. 695ff. Marie-Luise Recker, Winterhilfswerk (WHW), in: Enzyklopädie des Nationalsozialismus, S. 807.

69 Petra Terhoeven, „Nicht spenden, opfern". Spendenkampagnen im faschistischen Italien und im nationalsozialistischen Deutschland als Disziplinierungs- und Integrationsinstrument, in: Sven Reichardt und Armin Nolzen, Faschismus in Italien und Deutschland. Studien zu Transfer und Vergleich, Göttingen 2005 (= Beiträge zur Geschichte des Nationalsozialismus 21), S. 59–93, hier S. 71ff. und S. 93.

70 Zu den Kontroversen über den Begriff, vgl. Michael Wildt, „Volksgemeinschaft", in: Docupedia-Zeitgeschichte, 03.06.2014, http://docupedia.de/zg/Volksgemeinschaft (18.3.2017). In der gleichgeschalteten Luxemburger Presse vgl. „Volksgemeinschaft", in: LW Nr. 248 (4.9.1940) und „Der Gedanke der Volksgemeinschaft wird sich auch in Luxemburg durchsetzen", in: OMZ Nr. 232 (7./8.10.1940).

als 1933/34 in Deutschland, da die wirtschaftliche und sozialpolitische Lage eine andere war: Arbeitslosigkeit und materielle Not waren im Sommer 1940 größtenteils auf die Kriegsereignisse zurückzuführen und nicht auf strukturelle Probleme, auch wenn die CdZ-Propaganda den Luxemburgern das Gegenteil zu beweisen versuchte.[71] Die angekündigten Leistungen von NSV und WHW waren durchaus beeindruckend. Der NS-Presse nach stellte das WHW in Luxemburg große Summen zur Verfügung, um die im Mai 1940 Evakuierten materiell zu unterstützen; angeblich waren 4,5 Millionen Franken vorgesehen.[72]

Der Anschluss Luxemburgs an das Dritte Reich war nicht allein mit politischen Parolen und Hetze gegen das Vorkriegsregime zu bewerkstelligen. Nur mit Hilfe konkreter Maßnahmen war es möglich, die Menschen davon zu überzeugen, dass die Zukunft des Landes nicht in der Eigenstaatlichkeit, sondern im Anschluss an Deutschland liege. Bereits 1940 nahm die NSV deshalb ihre Tätigkeit in Luxemburg auf, zunächst im Rahmen der Betreuung der nach Frankreich evakuierten Luxemburger, dann bei der Neuordnung der öffentlichen und privaten Wohlfahrtspflege. Populistische Schlagwörter ("Mehrbegüterte" helfen „ärmeren Volksgenossen", „Erziehung zum Opfer", „Das ist deutsche Hilfe, deutscher Sozialismus") sollten die Luxemburger vom nationalsozialistischen Solidaritätsgedanken überzeugen. Ziel der „völkischen Wohlfahrtspflege" war, das „Volk als biologische, kulturelle, wirtschaftliche und soziale Tatsache des Lebens zu erhalten und zu fördern", so die offizielle Definition der Koblenzer Gauamtsleitung. Gerade im südlichen Industriegebiet trat die NSV mit großartigen Versprechungen auf, etwa flächendeckend Kindertagesstätten einzurichten. Mit dem Hinweis auf die vor der Machtübernahme des Chefs der Zivilverwaltung herrschenden „Missstände" versuchte die NSV, Stimmung gegen die liberale Vorkriegsordnung und Werbung für das neue Regime zu machen.[73]

Im September 1940 startete die erste Sammelaktion des Winterhilfswerks. Eine Woche lang wurde in der Presse massiv für den ersten Sammeltag geworben. Die Propaganda unterstrich, dass das Reich den Bedürftigen Luxemburgs

---

71 Vgl. Aufruf zur Kundgebung mit Gauleiter Gustav Simon im LW Nr. 267 (23.9.1940): „Eine verantwortungslose und nur an ihre eigenen Interessen denkende Regierung hat Luxemburg durch eine engstirnige Politik wirtschaftlich und finanziell dem Untergang entgegengetrieben. Durch Flucht hat sie sich der Verantwortung entzogen und die Luxemburger ihrem Schicksal überlassen."

72 Vgl. mg, Luxemburg und das Kriegswinterhilfswerk, in: LW Nr. 264 (20.9.1940). Von den Hilfen ausgeschlossen waren „Asoziale", „Trinker" und „Arbeitsscheue".

73 „Die Neuordnung auf dem Gebiete des Wohlfahrtswesens", in: LW Nr. 291 (17.10.1940), „Arbeitstagung der NSV in Esch", in: ETB Nr. 105 (7.5.1941). Der Wert der Sach- und Geldspenden wurde später von der Gauamtsleitung mit 1,6 Millionen Reichsmark beziffert, vgl. Der Aufbau der nationalsozialistischen Volkswohlfahrt, S. 107f. Zur NSV-Arbeit im Süden des Landes vgl. Pierre Cariers, Winterhilfe in Düdelingen, in: LW Nr. 265/266 (21./22.9.1940) und „Betreuung durch das WHW", in: LW Nr. 267 (23.9.1940).

mehrere Millionen Reichsmark gespendet habe, nun sei es an den Luxemburgern, ihre eigene Solidarität unter Beweis zu stellen. In der Presse pries man das WHW als „Sozialismus der Tat“ beziehungsweise als „Wunderwerk des deutschen Sozialismus“. Versprochen wurden beträchtliche Summen, die den Notleidenden zugutekommen sollten. In der Presse wurde betont, dass die ersten Hilfsmaßnahmen für die kriegsgeschädigten Gebiete gedacht waren: „Es wird den Arbeitern, in den kinderreichen Familien, den Erwerbslosen und Evakuierten jenes gutmachen, was die unsozialistische Luxemburger Regierung durch Interesselosigkeit und bewusste unsoziale Maßnahmen an ihnen gesündigt hat."[74] Tatsächlich kamen Wertgutscheine zur Verteilung, aber für das Gauleiter-Regime war es vor allem die Gelegenheit, gegen das Vorkriegssystem zu hetzen, dem man Versagen in der Sozialpolitik vorwerfen konnte. Gezielt richtete sich die Propaganda an die Einwohner des Industriegebietes, da die Gauleitung rund 1,5 Millionen Franken als Sofortmaßnahme dort unter den Evakuierten und den Kriegsgeschädigten zur Verteilung bringen wollte. In den Industriestädten Esch, Differdingen und Düdelingen wurden dementsprechend Meldestellen eingerichtet, in denen die Hilfsbedürftigen ihre Unterstützungsanträge abgeben konnten.[75] Laut Presseangaben wurden 1940/1941 angeblich insgesamt über 100.000 Hilfsbedürftige betreut (über 21.000 pro Monat, etwa 18 Prozent der Bevölkerung des Kreises Esch) beziehungsweise Wertgutscheine und Sachspenden in einem Gesamtwert von über 1,1 Millionen Reichsmark verteilt. Auch durch Kartoffelspenden sowie durch die Verteilung von Wäsche und Textilwaren an Bedürftige machte das Regime von sich reden.

Das erste Sammelwochenende startete mit einem Eröffnungskonzert der Militärkapelle der Luxemburger Freiwilligenkompanie. Das Spendenergebnis von 25.000 Reichsmark blieb aber hinter den hohen Erwartungen zurück. Im Durchschnitt war in Luxemburg jeder Spender nur zur Abgabe weniger Pfennige bereit gewesen, während im Reich nach offiziellen Angaben 1940 fast eine Reichsmark pro Haushalt gespendet wurde. Auffällig waren die regionalen Unterschiede: Der „Arbeiter-Distrikt“ Esch stand mit fast 100.000 Franken an der Spitze, während die Stadt Luxemburg „mit ihren vielen gutgestellten Einwohnern“ mit 78.000 Franken nur den zweiten Platz belegte, wie das Luxemburger Wort bemerkte.[76] Für den Sicherheitsdienst (SD) waren die Sammelergebnisse eine Art Stimmungsbarometer

74 „Drei Millionen Franken gegen Hunger und Kälte“, in: LW Nr. 260 (16.9.1940).

75 „Neue Hilfe durch das Kriegswinterhilfswerk. 1500000 Franken für die ehemals geräumten Gebiete“, in: OMZ Nr. 215 (19.9.1040). Siehe Mitteilung „Kriegswinterhilfswerk in Luxemburg“, in: OMZ Nr. 217 (23./24.9.1940), nach der die „Betreuung der hilfsbedürftigen Volksgenossen“ nach Düdelingen und Esch nun auch auf Differdingen ausgedehnt würde.

76 „100000 WHW-Abzeichen genügten nicht“, in: LW Nr. 269 (25.9.1940). In den bevölkerungsschwächeren Distrikten war das Ergebnis erwartungsgemäß noch niedriger: Im Distrikt Diekirch kamen fast 54.000 Franken, im Distrikt Grevenmacher knapp 39.000 Franken zusammen.

und aus der Spendenbereitschaft konnte man herauslesen, wie die momentane Haltung der Bevölkerung gegenüber dem Gauleiterregime aussah.[77]

Noch 1942 stellte der SD zufrieden fest, dass bei der Woll- und Wintersachensammlung für die Ostfront mehr als 250.000 Kleidungsstücke gesammelt worden waren, davon fast 120.000 Stück aus dem Kreis Esch, was der Leiter des Einsatzkommandos darauf zurückführte, dass im Jahre 1940 die „Arbeiterschaft zum größten Teil in Frankreich evakuiert war.“[78] Doch die großartigste Propaganda überzeugte längst nicht alle Luxemburger Volksgenossen und die Mehrheit blieb auf Distanz. Nur wenige Freiwillige meldeten sich als Sammler, die mit den weithin sichtbaren roten Büchsen in den Straßen standen oder von Tür zu Tür zogen. Das Vertrauen der Bevölkerung in das deutsche WHW war nicht groß, wie eine Pressemitteilung aus dem Jahre 1941 illustriert. Im Februar 1941 nämlich sahen sich die Deutschen genötigt, eine Richtigstellung bezüglich des WHW zu veröffentlichen: Es sei keineswegs so, dass bei der Unterstützung die Reichsdeutschen und die Mitglieder der VdB bevorzugt würden, das WHW sei für alle Volksgenossen gleichermaßen da.[79]

4.3. „Gesunderhaltung des ganzen Volkes“: Die Nationalsozialistische Volkswohlfahrt

Die Nationalsozialistische Volkswohlfahrt NSV bildete in Deutschland nach der DAF die zweitgrößte Massenorganisation der NSDAP. Die NSV organisierte neben dem Winterhilfswerk noch das Hilfswerk „Mutter und Kind“. Vordergründig schien die NSV unpolitisch, was erklärt, dass in Deutschland viele Menschen in sie eintraten, auch wenn sie dem Regime gegenüber zurückhaltend oder kritisch eingestellt waren. In Wahrheit diente die NSV allerdings wie andere Organisationen den politischen Zielen des Dritten Reichs, da sich ihre Arbeit auf die Betreuung

---

77 Siehe zum Beispiel den Bericht des Einsatzkommandos der SiPo und des SD in Luxemburg vom 24.10.1940 an SS-HSTF Traub, in: ANLux SD-028.

78 „Luxemburg und das Kriegswinterhilfswerk“, in: LW Nr. 264 (20.9.1940). Über das Sammelergebnis siehe „100.000 WHW-Abzeichen genügten nicht“, in: LW Nr. 269 (25.9.1940). Bericht des SD-Führers des Einsatzkommandos der Sipo und des SD in Luxemburg an das RSHA vom 13.1.1942, gedr. in: Peter Brommer (Hg.), Die Partei hört mit. Bd. 2: Lageberichte und andere Meldungen des Sicherheitsdienstes des SS, der Gestapo und sonstiger Parteidienststellen im Gau Moselland 1941-1945. Teil 1: 1941-1943, Koblenz 1992 (= Veröffentlichungen der Landesarchivverwaltung Rheinland-Pfalz 58,1), S. 146–150. „Auch in Luxemburg die Reichsstraßensammlung des Winterhilfswerks“, in: OMZ Nr. 215 (20.9.1940) und „Aufruf zum Kriegswinterhilfswerk des deutschen Volkes 1940/41 für Luxemburg“, in: OMZ Nr. 216 (21.9.1940). Laut SD waren auch prominente Luxemburger als Sammler eingesetzt worden, wie der Kammerpräsident Emile Reuter und der Vorsitzende der Verwaltungskommission Albert Wehrer, vgl. Bericht vom 23.9.1940, in: ANLux SD-026.

79 „Meckerei über das WHW“, in: ETB Nr. 36 (12.2.1941). Jüdische Händler waren nicht berechtigt, WHW-Wertgutscheine entgegenzunehmen, vgl. LW Nr. 260 (16.9.1940).

„der rassisch und charakterlich wertvollen Kräfte des Volkes“ beschränkte.[80] Im Rahmen der deutschen Expansionspolitik dehnte die NSV ihre Tätigkeit auf die angegliederten Gebiete aus, nicht zuletzt um Propaganda für das siegreiche Deutsche Reich zu betreiben. In den besetzten und annektierten Territorien wurde die NS-Volkswohlfahrt vor allem zu einem bevölkerungspolitischen Instrument, das mitbestimmte, wer als „Volksdeutscher“ in den Genuss einer Unterstützung kommen sollte und wer aus ethnischen Ursachen davon ausgeschlossen blieb.[81]

Die NS-Volkswohlfahrt übernahm ab September/Oktober 1940 in Luxemburg einen wichtigen Teil der sogenannten öffentlichen und privaten Wohlfahrtspflege und Gesundheitsvorsorge. Der CdZ setzte in allen vier Kreisen des CdZ-Gebiets NSV-Kreisamtsleiter ein und schickte „Volkspflegerinnen“ aus dem Reich nach Luxemburg, die auf lokaler Ebene tätig wurden. Am 1. November 1940 musste die Liga zur Tuberkulose-Vorsorge ihre Aufgaben der NSV übertragen, am 1. Dezember stellte das Luxemburger Rote Kreuz die Aktivitäten im Bereich der Säuglingsfürsorge zugunsten der NSV ein.[82] Die Organisation wurde quasi Rechtsnachfolgerin zahlreicher Vereine, die sich vor dem Krieg in Luxemburg mit Diensten und

---

80 Schneider, In der Kriegsgesellschaft, S. 435–445 und Recker, NS-Volkswohlfahrt, S. 619. Siehe auch: Schmitz-Berning, Vokabular des Nationalsozialismus, S. 443, 695-697 und Paul Dostert, WHW. Winterhilfswerk des Deutschen Volkes, in: Ons Stad Nr. 56 (1996), S. 20–21. Zu Funktion und Stellenwert siehe Marie-Luise Recker, „Stark machen zum Einsatz von Gut und Blut für Volk und Vaterland“ – die Nationalsozialistische Volkswohlfahrt (NSV), in: Becker/ Studt (Hgg.), „Und sie werden nicht mehr frei sein ihr ganzes Leben“, S. 269–279. Zur Einführung der NSV in Luxemburg, vgl. „Weiterer Ausbau der NSV in Luxemburg. 17 braune Schwestern haben ihre Tätigkeit aufgenommen“, in: ETB Nr. 91 (19.4.1941). Vgl. Dostert, Luxemburg zwischen Selbstbehauptung und nationaler Selbstaufgabe, S. 88–91. Im Gau Koblenz-Trier wurde die NSV von Gauamtsleiter Christian Ackermann geleitet, der regelmäßig nach Luxemburg zu Kundgebungen und anderen Propagandaveranstaltungen erschien. Vgl. die Propagandaschrift: Der Aufbau der nationalsozialistischen Volkswohlfahrt. Leistungsbericht zur Zehnjahresfeier des Gaues Moselland: zehn Jahre NSDAP. Gau Moselland, 1941. Zu Christian Hugo Ackermann (1896-1993), vgl. Maier, Biographisches Organisationshandbuch, S. 113f. Christian Ackermann ist nicht zu verwechseln mit Josef Ackermann (1905-1997), der in Luxemburg die CdZ-Abt. IV (Juden- und Emigrantenvermögen) leitete. Auf Kreisebene waren sogenannte Kreisamtsleiter für die NSV-Arbeit zuständig. Die NSV-Mitarbeiter rekrutierten sich vorwiegend aus den Reihen der VdB.

81 Dazu siehe die Rolle der NSV in Frankreich und dem angegliederten Elsass; vgl. Daniel Hadwiger, „To show the world that we are not barbarians but Germans“: The Role of the Nationalsozialistische Volkswohlfahrt in France and annexed Alsace (1940-1944), in: Prager wirtschafts- und sozialhistorische Mitteilungen 23 (2016), S. 42–53.

82 Vgl. „Die Neuordnung auf dem Gebiete des Wohlfahrtswesens“, in: OMZ Nr. 241 (18.10.1940) und „Fachvorträge über das öffentliche Gesundheitswesen“, in: LW Nr. 296 (22.10.1940).

Einrichtungen im sozialen Bereich eingesetzt hatten, und profitierte später von der Auflösung und Enteignung durch den von Gauleiter Simon eingesetzten Stillhaltekommissar. Die NSV übernahm 1941 das Vermögen der katholischen Frauen- und Mädchenvereine, aber auch des „Foyer de la Femme“ und der „Action féminine“.[83] Der Besitz der Luxemburger Caritas mit dem Ferienkolonienwerk wurde im gleichen Jahr an die NSV übertragen. 1942 teilte der Stillhaltekommissar das Vermögen (und damit die Zuständigkeiten) des Luxemburgischen Roten Kreuzes zwischen DRK, staatlichem Gesundheitsamt und NSV auf.[84] Die NSV eignete sich vergleichbar mit anderen nationalsozialistischen Organisationen und Verbänden damit umfassende Kompetenzen an. Sie war beispielsweise zuständig für die Beratung und Betreuung von schwangeren Frauen und Müttern.[85] Darüber hinaus war sie Anlaufstelle für die Kinder- und Jugendfürsorge[86], kümmerte sich um Familien, die in wirtschaftlicher Not waren. So verteilte die NSV Kleidungsstücke an Bedürftige und gab Wertgutscheine aus, die kinderreiche Familien beim Bezahlen von Miete, Strom und Lebensmitteln eintauschen konnten.[87] Geradezu fortschrittlich muteten die Mütter- und Kindererholungsurlaube an, die zwischen vier und sechs Wochen dauerten. Die Kuraufenthalte führten die Luxemburgerinnen häufig ins Gaugebiet, während deutsche Mütter mit ihren Kindern nach Luxemburg zur Erholung geschickt wurden.[88] Bekannt wurde die NS-Volkswohlfahrt, als sie 1941 die 94 kommunalen Luxemburger Spielschulen übernahm und fortan als „NSV-Kindergärten“ betrieb. In vielen Ortschaften richtete die Organisation neue Kindergärten und Kinderheime ein, die allerdings bei der Luxemburger Bevölkerung stark beworben werden mussten.[89] Idyllische Bildberichte über zufrieden blickende Vorschulkinder konnten nicht über die Intentionen des Regimes hinwegtäuschen, das bereits die kleinsten „Volksgenossen“ von in Deutschland ausgebildeten Kindergärtnerinnen „in einer festen und unverbrüchlichen Kameradschaft als die reinsten und kleinsten Glieder der Volksgemeinschaft“ erziehen wollte.[90] Die ideologische Nähe der Kindergärten, Kinderheime und Kinderhorte zur Partei war unverkennbar. So

83 Stiko-Mitteilungsblatt Nr. 3 (6.4.1941) und Nr. 4 (15.5.1941).

84 Stiko-Mitteilungsblatt Nr. 8 (29.8.1942).

85 In Luxemburg-Stadt gab es neun Hilfsstellen „Mutter und Kind“, vgl. „Erweitertes Arbeitsgebiet der NSV“, in: LW Nr. 136/137 (17./18.5.1941).

86 „NSV-Jugendhilfe im Kreise Esch“, in: LW Nr. 135 (5.6.1941).

87 „Von der Hardt zur Nuck: Gutscheine der NSV für Ettelbrück“, in: LW Nr. 161 (12.6.1941).

88 „Gesundheitsfürsorge im KWHW für Luxemburg“, in: ETB Nr. 5 (7.1.1941) und „Der Norden meldet: Reger Fremdenverkehr in Klerf“, in: LW Nr. 212/213 (2./3.8.1941).

89 „Kleinkinder in Luft und Sonne“, in: LW Nr. 154 (5.6.1941) und „NSV-Kindergärtnerin erzählt“, in: LW Nr. 161 (12.6.1941). Anfang 1943 waren 2.500 Kinder in den Kindertagesstätten der NSV eingeschrieben, vgl. „Die Selbsthilfe der Volksgenossen“, in: LW Nr. 30/31 (30./31.1.1943).

90 „NSV-Kindergarten Steinfort“, in: LW Nr. 155 (6.6.1941).

wurde bei der Einweihung des NSV-Kindergartens in Schifflingen die Hakenkreuzfahne gehisst und die Einrichtung symbolisch dem Ortsgruppenleiter übergeben.[91]

Obwohl der CdZ dem Parteiverband de facto bereits ab 1940 eine zentrale Stellung in der Kinderbetreuung und der Betreuung der Luxemburger „Volksgenossen" eingeräumt hatte, wartete er bis 1942, um die NSV offiziell als Organisation in Luxemburg zu gründen. Mit der Gründung der NSV war auch die Hoffnung der Partei verbunden, die Teile der Bevölkerung zu erreichen, die bislang den Annäherungsversuchen der VdB eher widerstanden hatten. Ab 1942 baute die NSV konsequent ihre Betreuungsangebote in den ländlichen Gegenden des Landes aus.[92] Für „Landfrauen", d.h. Bäuerinnen und Winzerinnen gab es im Winter spezielle Kurangebote[93], zeitweise funktionierten während der Sommermonate sogenannte „Erntekindergärten"[94], um die Familien während der Erntezeit zu entlasten. „Braune Schwestern" zogen durch den Norden des Landes und besuchten Wöchnerinnen in den Bauerndörfern.[95] Die Eltern versuchte man mit allen möglichen Argumenten für die NSV-Kinderbetreuung zu locken. Versprochen wurden professionelles und im Altgau geschultes Personal, moderne Gymnastikräume zur körperlichen Ertüchtigung der Kleinsten, aber auch gesundes und gutes Essen.[96]

Allein in den Jahren zwischen 1940 und 1942 wendeten WHW und NSV nach offiziellen Angaben über vier Millionen Reichsmark für die Betreuung und Unterstützung bedürftiger und kinderreicher Familien auf. Die Zahl der unterstützten Personen war erstaunlich hoch. 1940/41 verzeichnete man über 31.000 „Volksgenossen", die von NSV und WHW betreut wurden. Im Schnitt betrug der Wert der Sachleistungen rund 75 Reichsmark pro Person. Angesichts der Flüchtlings- und Beschäftigungskrise im Sommer des Jahres 1940 war die Inanspruchnahme der Hilfen vielleicht wenig erstaunlich. Allerdings blieb sie mit fast 26.000 betreuten Personen 1941/42 trotz Vollbeschäftigung recht hoch.[97] Unklar ist, was alles unter „Betreuung" zu verstehen ist, da die Bandbreite der NSV-Unterstützungen von Sachleistungen über Beratungen bis hin zu Kinderbetreuung und Haushaltshilfe reichen konnte.

Die NSV wurde in der Propaganda als das „soziale Gewissen der Partei" dargestellt und auf der Kundgebung in Esch appellierte Gauleiter Simon am 12. April 1942 an das Luxemburger Volk, der NSV freiwillig beizutreten. Da es sich

---

91 „Ein neuer NSV-Kindergarten in Schifflingen", in: LW Nr. 88 (28.3.1944).

92 Vgl. Paul Weber, Geschichte Luxemburgs im Zweiten Weltkrieg, Luxemburg 1946, S. 79.

93 „Die NSV hilft den Bauern und Winzern", in: ETB Nr. 273 (20.11.1942).

94 „Erntekindergärten im Kreise Diekirch", in: LW Nr. 127 (7.5.1942) und „35 Erntekindergärten im Kreise Esch", in: ETB Nr. 101 (3.5.1943).

95 „Die NSV im Kreise Diekirch", in: LW Nr. 153 (1.6.1944).

96 Vgl. „210 Kisten Apfelsinen für die NSV", in: ETB Nr. 90 (18.4.1941).

97 „Stolze Leistungen des WHW und der NSV in Luxemburg", in: LW Nr. 101/102 (11./12.4.1942).

bei der NSV um eine deutsche und zudem parteinahe Organisation handelte, blieben viele Luxemburger zurückhaltend, obwohl die NSV von allen NS-Organisationen noch als die akzeptabelste Formation galt.[98] Im Altreich zahlten viele ihren NSV-Mitgliedsbeitrag, um sich nicht in anderen Parteiformationen engagieren zu müssen. Der Schwerpunkt der NSV-Werbung lag im industriellen Süden, wo die NSV über 32 Ortsamtsleitungen verfügte, mehr als in allen anderen Kreisen. Hier hatte die Organisation auch eine starke Mitgliederbasis: Im Dezember 1942 vermeldete man rund 25.000 Mitglieder im Kreise Esch (etwa 25 Prozent der gesamten Kreisbevölkerung), die durch ihre Beiträge jährlich 260.000 Reichsmark in die Kassen der NSV spülten. Zu Beginn des Jahres 1943 erreichte man die Grenze von 30.000 Mitgliedern.[99] Diesem angeblichen Erfolg war eine intensive Propaganda seitens des Gauleiters vorausgegangen. Die breite Berichterstattung in der Tagespresse und lokale Werbeaktionen hatten dennoch nie die erwünschte Wirkung auf die Mitgliederstatistiken, denn viele Menschen verbanden mit der neuen Massenorganisation den erneuten Zwang, sich zum Regime zu bekennen, indem man zusätzlich spenden oder noch mehr Mitgliedsbeiträge abgeben musste. So griff die Gauleitung wie in den Jahren 1940 und 1941 bei den Werbeaktionen für die VdB und die DAF auf die alten Rezepte zurück, nämlich das Verbreiten von Falschinformationen und das Ausüben von Druck.

Zur Mitgliederwerbung setzte die Gauleitung den Hebel wieder bei der Großindustrie an. In diesem Sinne erhielt ARBED-Direktor Schock nur wenige Tage nach der Kundgebung des Gauleiters ein Rundschreiben aus der Zentralverwaltung, das von Betriebsobmann Kanis und Betriebsführer Hoffmann unterzeichnet war. Darin wurde darauf aufmerksam gemacht, dass der Beitritt zur NSV nicht an eine Mitgliedschaft in der VdB oder in der DAF gebunden sei.[100] So entstand der Eindruck, die NSV sei ein unpolitischer Verband, der sich ausschließlich mit den sozialen Belangen der „Volksgenossen“ befasste. Am 24. April 1942 berichtete der beigeordnete Generaldirektor Franz Schmidt in einem Brief an Schock über eine Besprechung beim Gauleiter. Simon sei zu Ohren gekommen, dass ein „großer Teil unserer Angestellten es abgelehnt hat, Mitglied der NSV zu werden.“ Schmidt, der selbst aus dem NSDAP-Parteiapparat stammte, wies Schock daraufhin an, dementsprechend auf die Angestellten einzuwirken. Druck kam nicht nur von Schocks Vorgesetzten, sondern auch von NSDAP-Stellen. Anfang Mai 1942 wandte sich die NSV-Kreisamtsleitung Esch an das ARBED-Werk Belval und forderte Schock auf,

98 Vgl. Zählung und Beitragslisten der NSV-Ortsgruppe Lützelburg (Oktober-Dezember 1942), in: ANLux CdZ F-6: 519. Dostert, Luxemburg zwischen Selbstbehauptung und nationaler Selbstaufgabe, S. 233.

99 „Zur öffentlichen Einführung der NSV. Stolzeste Bilanz auf der ganzen Linie“, in: ETB Nr. 84 (11.4.1942). Zu den Mitgliederzahlen, vgl. Anzeige im ETB Nr. 284 (3.12.1942) und „NSV und WHW im Kreise Esch“, in: ETB Nr. 25 (30.1.1943).

100 Rundschreiben der Betriebsgemeinschaft Zentralarbed-Columeta Nr. 674 (16.4.1942), in: ANLux ARBED Belval 14449 (Mappe „Winterhilfswerk u. D.R.K.“).

bei der Werbung und Gewinnung der Angestellten mitzuarbeiten. Offensichtlich unbeeindruckt von den Anweisungen, ließ sich der Luxemburger Direktor Zeit mit der erwünschten Mitgliederwerbung, das Schreiben der Kreisleitung blieb unbeantwortet.[101] Laxheit in solchen politischen Fragen waren den Machthabern ein Dorn im Auge und sicherlich ein weiterer Grund für die spätere Entlassung Schocks.

Mit dem Hinweis, die Organisation verfolge „rein karitative Zwecke im Rahmen der Volksverbundenheit und Volksgemeinschaft“ betrieb Schocks reichsdeutscher Nachfolger, Direktor Broglio, im Herbst 1942 eine deutlich intensivere Propaganda für die NS-Organisation. Broglio hatte nach der Streikbewegung die Stelle des Luxemburgers Schock übernommen und bemühte sich sehr darum, seinen Betrieb nach nationalsozialistischen Grundsätzen mustergültig zu organisieren. Aber der Parteigenosse und SA-Führer hatte Probleme mit der renitenten Belegschaft. In einer Bekanntmachung wurde der Belvaler Belegschaft zum Vorwurf gemacht, dass es in den meisten Betrieben kaum Bereitschaft zur NSV-Mitgliedschaft gab. Es sei aber der Wunsch des Gauleiters, dass jeder „anständige Deutsche“ seinen Beitrag zahle und dass die Betriebe zu 100 Prozent Mitglied sein sollten.[102] Broglio übte zunächst Druck auf die Angestellten seines Werks aus, die schließlich fast vollständig der NSV beitraten. Im November 1942 waren von 414 Angestellten von Belval-Rothe Erde 400 von der NSV erfasst worden, wer nun noch fehlte, war bei der Werbeaktion im Betrieb entweder krank, bei der Wehrmacht oder in Schutzhaft gewesen.[103] Eine ähnliche Werbeaktion unter der Arbeiterschaft sollte dann zum gleichen Erfolg führen. Mitte Dezember 1942 forderte Broglio die Vorarbeiter, Obermeister, Ingenieure und Betriebschefs nachdrücklich auf, sich an der Aktion zu beteiligen und durch „persönliche Einwirkung und Zusprache“ den Zellen- und Blockobmännern der DAF die Arbeit zu erleichtern. Unter der Arbeiterschaft war die Bereitschaft zum NSV-Beitritt deutlich geringer, da auf der Liste der angeworbenen NSV-Mitglieder nur knapp 300 Arbeiter (knapp 10 Prozent) verzeichnet waren.[104] Wie groß der Erfolg schlussendlich bei den Arbeitern war, lässt sich nicht mehr genau ermitteln, da auch die Ortsgruppen der VdB Mitgliederwerbung

---

101 Schreiben der NSV-Kreisamtsleitung Esch an Direktor Schock (1.5.1942); Schreiben Franz Schmidt an Direktor Schock (24.4.1942) sowie Schreiben der Kreisleitung Esch an Schock (24.7.1942), in: ANLux ARBED Belval 14449 (Mappe „Winterhilfswerk u. D.R.K.“).

102 Bekanntmachung des Betriebsobmanns Palmer und des Betriebsführers Broglio betr. Werbung für die NSV (3.11.1942), in: ANLux ARBED Belval 14449.

103 Liste der von der Zellenorganisation im Betrieb angeworbenen NSV-Mitglieder der Arbed-Werke Belval und Rothe Erde (vermutlich November 1942), in: ANLux ARBED Belval 14449.

104 Liste des Amtes für Volkswohlfahrt der NSDAP (Ortsgruppenamtsleitung Esch-Grenze) der Beamten von Hütte Rothe Erde (5.11.1942), Vertrauliche Liste der Nichtmitglieder der NSV (5.11.1942) und Bekanntmachung des Betriebsführers betr. NSV-Werbung (5.12.1942) in: ANLux ARBED Belval 14449.

betrieben. Aber das Beispiel zeigt, wie eine Art Befehlskette von der Gauleitung bis hin zu den Arbeitern in der Industrie reichte. Ein vom Gauleiter geäußerter „Wunsch“ wurde vom Parteiapparat über die Unternehmensleitungen bis hin zu den Angestellten und Arbeitern weitergeleitet. Funktionäre der Massenorganisationen, Direktoren, Abteilungsleiter und Vorarbeiter wurden für die Realisierung eines politischen Ziels mobilisiert, um zum Erfolg zu gelangen. Tatsächlich funktionierte dieses gelebte Führerprinzip scheinbar reibungslos und Teile der Belegschaften in der Industrie gaben dem unermüdlichen Druck schließlich nach. Dabei bemühten sich die politisch Verantwortlichen darum, ein perfektes System der Kontrolle aufzubauen. Dazu wurden Listen von Arbeitern und Angestellten erstellt, die von der Werbeaktion erfasst wurden, dann Aufstellungen mit Mitgliedern und Nichtmitgliedern. All dies war mit einem erheblichen bürokratischen Aufwand verbunden, der angesichts der kriegsbedingten Personal- und Ressourcenknappheit widersinnig war. Unter einer deutschen Betriebsführung wurde klar, wo die politischen Prioritäten lagen. Dabei zielten die Machthaber und ihre Vertreter in den Betrieben auf zweierlei ab. Zum einen sollte die massenhafte Eingliederung in NS-Organisationen eine geschlossene „Betriebsgemeinschaft“ sowie die „Volksverbundenheit aller Klassen und Stände“ zum Ausdruck bringen. Die Ideologie einer nationalsozialistischen, egalitären „Volksgemeinschaft“ war dabei aber nicht mehr als die Verbrämung eines Systems, das auf die vollständige Kontrolle der Beherrschten abzielte.[105]

Der vordergründige Erfolg der NSV mag mit dem Zeitpunkt zusammenhängen, an dem die NSV-Werbungsaktion verstärkt wurde, denn nach den Streikunruhen von September 1942 und der blutigen Repression waren viele Luxemburger vorsichtiger geworden. Sie wollten bei deutschfreundlichen Vorgesetzten und politischen Leitern nicht negativ auffallen, weder im Betrieb noch in der Ortsgruppe. Vielfach reichte es nicht aus, dass man seinen monatlichen Beitrag zahlte, um in Ruhe gelassen zu werden. Anfang 1943 forderte das Escher „Amt für Volkswohlfahrt“ Broglio auf, Angestellte dazu zu bringen, eine ehrenamtliche Tätigkeit für die NSV aufzunehmen, indem sie eine Einverständniserklärung unterschrieben. Der zuständige Ortsgruppenleiter hatte es gerade auf Personen abgesehen, die noch kein Amt in der Partei übernommen hatten.[106] Der lange Arm der Partei und ihrer zahllosen Unterorganisationen reichte in alle Abteilungen des Belvaler ARBED-Werkes. Den direkten Aufforderungen des Betriebsführers oder anderer Vorgesetzter zu widersprechen, war nicht jedermanns Sache und verlangte eine gewisse Portion Mut.

---

105 Mitteilung der Direktion betr. Arbeitergefolgschaft (14.12.1942), in: ANLux ARBED Belval 14449.

106 Amt für Volkswohlfahrt Kreis Esch am 20.2.1943 an Dir. Broglio betr. Heranziehung von Gefolgschaftsmitgliedern zu ehrenamtlicher Arbeit innerhalb der NSV, in: ANLux ARBED Belval 14449.

Die Nationalsozialistische Volkswohlfahrt und das mit ihr verbundene Winterhilfswerk waren janusköpfige Organisationen, die einerseits im Dienste der NSDAP standen, andererseits quasi-staatliche Aufgaben im Bereich der sozialen Fürsorge übernommen hatten. Die NSV war in Luxemburg, ähnlich wie die Volksdeutsche Bewegung und die Deutsche Arbeitsfront, eine Massenorganisation mit vielen tausend Zwangsmitgliedern. Mit rund 57.000 Mitgliedern (Januar 1943) war die NSV fast so groß wie die Deutsche Arbeitsfront und war die drittgrößte NS-Organisation im besetzten Luxemburg.[107] Die Massenverbände, die von Gauleiter Simon in den Jahren 1940, 1941 und 1942 in Luxemburg (mit)begründet, gefördert und gesteuert wurden, sollten die Luxemburger „Volksgenossen" nicht nur mobilisieren, sondern auch an das CdZ-Regime beziehungsweise an die Person des Gauleiters binden. Die Wirklichkeit überdeckte letztlich die Hoffnungen des Regimes, da die tatsächliche Wirkung der NSV auf die Luxemburger „Volksgenossen" weit unter den Erwartungen zurückblieb. Die Zahl der freiwilligen Sammler und Spender ging – vor allem in der zweiten Kriegshälfte – stark zurück, wie der SD aus Luxemburg nach Koblenz vermelden musste. Darüber hinaus sahen viele Luxemburger die Wohlfahrtsleistungen des Regimes mit kritischen Augen. Einerseits unterstellten viele den Unterstützungsempfängern, dass diese zu „faul [seien], um selbst zu arbeiten und die leichtverdienten Unterstützungsgelder für Bier oder Gebäck" ausgeben würden.[108] Andererseits lehnte die Mehrheit die Angebote der NSV offensichtlich ab. Obwohl die NSV im Kreise Esch zehntausende Mitglieder hatte, griff nur eine Minderheit auf die Möglichkeit der NSV-Kuraufenthalte und Kindererholungsverschickungen zurück.[109]

Die Wohlfahrtspolitik der NSV war stark selektiv. Nicht nur spielten politische Haltung und Engagement der Empfänger eine zentrale Rolle, auch gab es rassistische und eugenische Selektionskriterien. Die Leistungen richteten sich an gesunde, deutsche „Volksgenossen" und prinzipiell blieben jüdische und nichtdeutsche Familien sowie Kranke und „Asoziale" ausgeschlossen. Ein weiteres Kriterium bei der Vergabe war die politische Zuverlässigkeit der Empfänger von Hilfsleistungen. Schließlich übten die NSV-Sammler bei den regelmäßig in den Ortsgruppen durchgeführten Spendenaktionen zusammen mit den „NSV-Schwestern", die ihrerseits regelmäßige Hausbesuche bei Familien machten, eine gewisse soziale Kontrolle aus. Die einen stellten fest, ob man seinen Solidarbeitrag zur „Volksgemeinschaft" dem Einkommen entsprechend leistete, während die anderen überprüften, ob die Betroffenen nach nationalsozialistischen Vorstellungen „unterstützungsberechtigt" oder „asozial" waren. Wie effektiv die Tätigkeit der Organisation aber letztlich war,

---

107 „Die Selbsthilfe der Volksgenossen", in: LW Nr. 30/31 (30./31.1.1943). Dies entsprach etwa 21% der Luxemburger Gesamtbevölkerung.

108 Vgl. Lagebericht der SD-Hauptaußenstelle Luxemburg vom 10.12.1943 an den SD-Abschnitt Koblenz (?), in: Brommer (Hg.), Die Partei hört mit. Bd. 2.1, S. 410.

109 „Aus der Stadt Esch", in: ETB Nr. 23 (28.1.1944). Lediglich 155 Mütter und 1.064 Kinder wurden von der NSV in mehrwöchige Erholungen geschickt.

muss angezweifelt werden. In Luxemburg war das Netz der hauptamtlichen NSV-Mitarbeiter relativ dünn – im Kreis Esch gab es gerade acht Hilfsstellenleiterinnen. Offensichtlich blieben die materiellen Hilfs- und Unterstützungsmaßnahmen sowie die „Betreuung“ dennoch nicht ohne Folgen: Stolz verkündete die NSV im Jahre 1942, ihre Hilfsmaßnahmen hätten zu einem Rückgang der Säuglingssterblichkeit und einem „stetige[n] Steigen der Geburten“ in Esch geführt.[110]

Im Herbst des Jahres 1940 wollte Gauleiter Simon mit sozialkämpferischer Demagogie die Luxemburger vom nationalsozialistischen Regime überzeugen und die Menschen mobilisieren. Er nutzte zunächst vor allem das Mittel der Propaganda. Dazu gehörten unter anderem große Kundgebungen und eine intensive Pressearbeit. Daneben waren es aber konkrete Hilfsmaßnahmen für die von Flucht und Arbeitslosigkeit besonders hart getroffenen Bevölkerungsschichten. Das Winterhilfswerk, dann später die Organisation der NS-Volkswohlfahrt sollten 1940/41 beziehungsweise 1941/42 das Prestige des Gauleiters als Wohltäter des Volkes erhöhen. WHW und NSV hatten letztlich auch eine funktionale Bedeutung, weil sie in gewisser Weise die ideale „Volksgemeinschaft“ präfigurierten, in der die „Volksgenossen“ sich in einer rassisch homogenen Masse solidarisieren sollten.

Mit einer modernen Sozialpolitik hatten die hier skizzierten Wohlfahrtsmaßnahmen kaum etwas zu tun. Es lässt sich nur schwer nachweisen, wie nachhaltig diese Form der „Sozialpolitik“ des NS-Regimes auf die Menschen in Luxemburg wirkte. Statistisch lässt sich nur belegen, dass sich die Geburtenrate während der deutschen Besatzung von 13,5 ‰ (1940) auf 15,6 ‰ (1942) erhöhte. Einen leichten Anstieg gab es auch bei der Heiratsrate.[111] Beides war auch auf die Einführung von Ehestandsdarlehen und Familienbeihilfen zurückzuführen, aber nicht nur. Lange wirkten sie nicht: Mit der Dauer und den direkten Auswirkungen des Krieges machte sich in der zweiten Besatzungshälfte der Rückgang der Heiraten und Geburten demografisch deutlich bemerkbar.

5. Der „Arbeitseinsatz“ in der Schwerindustrie als Herausforderung für die Gauleitung (1940–1944)

5.1. Die Beschäftigungsfrage im Jahre 1940

Eines der größten Probleme, das sich nach dem Einmarsch der Wehrmacht stellte, war die hohe Arbeitslosigkeit, welche die deutsche Militäradministration zusammen mit der Landesverwaltungskommission, dann die Zivilverwaltung durch entsprechende Maßnahmen zu bewältigen suchten. Der deutliche Anstieg der Erwerbslosigkeit war in der Hauptsache die direkte Folge der deutschen

110 „Eindrucksvolle Zahlen über die NSV-Arbeit im Kreise Esch“, in: ETB Nr. 237 (9.10.1942).

111 STATEC, Statistiques historiques, S. 45, 48.

Aggressionspolitik. Nach Kriegsausbruch stieg die Zahl der Arbeitslosen, die im Herbst 1939 staatliche Unterstützung erhielten, auf etwa 1.200 an. Einen ähnlichen Höchststand hatte es zuletzt im Jahre 1934 gegeben.[112] Wie hoch die tatsächliche Zahl der beschäftigungslosen Personen war, lässt sich nur grob schätzen und Ende 1939 wurde in der Presse die Zahl von rund 4.000 Arbeitssuchenden genannt, von denen zwei Drittel keine Unterstützung erhielten. Auffällig war auch die regionale Verteilung der Arbeitslosen. Mehr als die Hälfte der unterstützten Arbeitslosen wohnte in der Hauptstadt, während das Industrierevier weitgehend verschont blieb.[113] Durch verschiedene Maßnahmen konnte die Zahl der Arbeitslosen bis Mai 1940 auf rund 600 gesenkt werden. Schwierig blieb die Lage vor allem bei den Handwerkern und Angestellten.[114]

Durch den deutschen Einmarsch verschlechterte sich die Arbeitsmarktlage dramatisch. Die Verwaltungskommission versuchte im Juli 1940, die Beschäftigungsfrage durch eine Reorganisation des Arbeitsamtes in den Griff zu bekommen, aber die beschlossenen Maßnahmen zeigten auf die Schnelle keine große Wirkung. In Wiltz, einem der wichtigsten Standorte der Luxemburger Lederindustrie, waren etwa 700 bis 800 Arbeiter akut von Erwerbslosigkeit bedroht, da die notwendigen Rohstoffe nicht mehr angeliefert werden konnten.[115] Dies konnte der Gauleiter politisch ausschlachten, indem er nun die Schuld an dieser Situation der geflohenen Regierung zuschob beziehungsweise einen Beweis für die vermeintliche Unfähigkeit der Luxemburger Verwaltungskommission erhalten hatte.[116] Gleichzeitig stellte die Lösung des Arbeitslosenproblems für den Gauleiter eine vitale Frage dar, da mit ihr die Glaubwürdigkeit des Regimes auf dem Spiel stand: Bekäme man die 14.000 Arbeitslosen, die es Anfang September 1940 immer noch gab, nicht von der Straße, würden die Menschen an der Problemlösekompetenz der Zivilverwaltung zweifeln und damit geriete die gesamte Anschlusspolitik in ein schlechtes Licht.[117] Aus diesem Grunde nahm bereits am 22. August eine deutsche Dienststelle für Arbeitseinsatz ihre Tätigkeit in der Hauptstadt auf.[118] Einen Monat später wurde die Anwerbung, Vermittlung und Beschäftigung von ausländischen Arbeitern und

112 Vgl. Volkmann, Luxemburg im Zeichen des Hakenkreuzes, S. 144–147. Die offizielle Arbeitslosenstatistik verzeichnete nur die Personen, die Arbeitslosenhilfe erhielten, vgl. STATEC, Statistiques historiques, S. 439.

113 Vgl. „Lokal-Chronik“, in: LW Nr. 317 (13.11.1939) und „Aus der Hauptstadt“, in: OMZ Nr. 289 (11.11.1939) und „Arbeit, Arbeit!“, in: OMZ Nr. 292 (14.12.1939).

114 „Zur Lage des Arbeitsmarkts“, in: ETB Nr. 109 (9.5.1940).

115 „Beschluss vom 13.7.1940 betreffend Neuregelung der Rechtsgrundlage und der Organisation der Arbeitsvermittlung“, veröffentlicht im LW Nr. 194 (15.7.1940). Zur Lage in Wiltz, vgl. „Gemeinderats-Verhandlungen“, in: LW Nr. 193 (11.7.1940).

116 Vgl. f., Luxemburg im Brennpunkt der Reichspresse, in: LW Nr. 274 (30.9.1940).

117 „Die reichsdeutsche Presse erstmals in Luxemburg“, in: OMZ Nr. 222 (30.9./1.10.1940). Hier war die Rede von 26.400 Arbeitslosen in den Monaten August bis September 1940.

118 „Lokal-Chronik“, in: LW Nr. 239 (26.8.1940).

Angestellten eingeschränkt, da die vorherige Genehmigung durch den Leiter des Arbeitsamtes notwendig war.[119] Am 12. Oktober veröffentlichte die Luxemburger Verwaltungskommission einen Beschluss, der bei Kündigungen von Arbeitern und Angestellten die Zustimmung des Arbeitsamtes voraussetzte. Durch diese Maßnahme wurde unerwünschten Entlassungen vorgebeugt.[120]

Die Bedeutung, die der Frage beigemessen wurde, zeigt sich nicht zuletzt am persönlichen Interesse, das Gauleiter Simon und seine engsten Mitarbeiter für die Beschäftigungslage in Luxemburg an den Tag legten. Sie informierten sich laufend über die Entwicklung des Arbeitsmarktes, insbesondere wurde die Lage in der Schwerindustrie ständig beobachtet. Die CdZ-Wirtschaftsabteilung erhielt ab August 1940 regelmäßig Wochenberichte vom Generalbeauftragten für die Eisen- und Stahlindustrie. So erfuhr der Gauleiter quasi aus erster Hand, dass die Eisen- und Stahlproduktion großer Industriebetriebe langsam aber sicher wieder auf Touren kam, was sich nicht zuletzt in den Beschäftigtenzahlen niederschlug. War Anfang August 1940 noch etwa die Hälfte der Mitarbeiter der ARBED, der Differdinger und der Rodinger Hüttenwerke außer Landes, so änderte sich dies innerhalb weniger Tage. Bis Mitte August kehrte der Großteil der Hüttenarbeiter aus der Evakuation wieder ins Minettegebiet zurück. Mitte September 1940 bekam Simon einen weiteren Bericht über das Werk Düdelingen, in dem die Hochöfen und Walzstraßen wieder in Betrieb genommen worden waren, sodass 1.600 Arbeiter dort wieder in Lohn und Brot standen. Ebenso kamen aus Rodingen Meldungen über die Inbetriebnahme der Hochöfen, was die Durchführung der Produktionsprogramme ermöglichte.[121] Für die Gauleitung führte diese Sachlage zu einer delikaten Situation. Einerseits war die Rückkehr der erschöpften Evakuierten eine willkommene Gelegenheit, die Propagandamaschinerie anlaufen zu lassen, um die Unfähigkeit und den angeblichen „Verrat" der Luxemburger Exilregierung an den Pranger zu stellen. Andererseits musste sich die Zivilverwaltung um die Menschen kümmern, die an ihre Arbeitsplätze zurückkehren wollten, obwohl diese nach wirtschaftlichen Gesichtspunkten eigentlich hätten abgebaut werden müssen. Im August lag die Produktion des Stahlstandorts Luxemburg weit unter Friedensniveau.

Diese Lage veranlasste den Gauleiter im August, direkt bei den Industrieunternehmen zu intervenieren. Simon fragte bei Maximilian Bernhuber, seit

119 Verordnung über ausländische Arbeiter und Angestellte in Luxemburg vom 30.9.1940, in: VOBL Nr. 43 (12.10.1940).

120 Beschluss vom 9.10.1940 betreffend die Entlassung von Arbeitern und Angestellten, in: Memorial Nr. 56 (1940). Karsten Linne, Von der Arbeitsvermittlung zum „Arbeitseinsatz". Zum Wandel der Arbeitsverwaltung 1933-1945, in: Buggeln/ Wildt, Arbeit im Nationalsozialismus, S. 53–70.

121 Wochenbericht für die Zeit vom 8.8. bis zum 14.8.1940, in: ANLux CdZ A-3-12:020. Der Bericht trägt den hs. Vermerk „Vorlage an Herrn Gauleiter Simon". Siehe auch: Aufstellung vom 16.8. und vom 22.8.1940 sowie Schreiben des Generalbeauftragten Otto Steinbrinck vom 17.9.1940 an Gauleiter Simon betr. Ingangsetzung Düdelingen, in: ANLux CdZ A-3-12:017.

Mai 1940 Reichsbeauftragter des Reichswirtschaftsministeriums bei der ARBED, ob die Luxemburger Hütten- und Grubenbetriebe die zu erwartenden Produktionsprogramme mit deutschen, luxemburgischen und italienischen Arbeitern erfüllen könnten "oder ob noch das früher in Luxemburg nicht unerheblich vertretene Völkergemisch von Polen, Tschechen, Jugoslaven [sic] usw. weiter herangezogen werden“ müsse. Bernhuber konnte den Gauleiter beruhigen, da in der ganzen Eisenindustrie nur noch 2.500 Ausländer beschäftigt seien. Davon seien 800 Italiener und rund 1.000 Belgier, die man aus volkspolitischen Überlegungen „bedenkenlos“ behalten könne, „zumal eine spätere Verbindung zwischen Provinz Luxemburg und früherem Großherzogtum durchaus im Bereich des Möglichen liegt“, so Bernhuber. Er schlug vor, Anweisung zu geben, „dass künftig, ohne triftige Gründe, Ausländer mit Ausnahme von Italienern und gegebenenfalls Belgiern nicht mehr eingestellt werden“ sollten, die übrigen Ausländer könnten „ausgeschieden werden“.[122] Damit standen etwa 500 Arbeitsplätze zur Verfügung, die man Luxemburgern beziehungsweise Reichsdeutschen anbieten könnte, um so den Arbeitsmarkt zu entlasten.

Zu Simons Glück kam die Produktion in der Schwerindustrie wieder auf Touren. Die Beschäftigung luxemburgischer Arbeitskräfte im Altreich nahm zusätzlichen Druck weg. Schon im Juli hatten deutsche Werbekolonnen luxemburgische Arbeitskräfte ins Altreich vermitteln können, sodass die Zahl der Beschäftigungslosen schnell sank. Bereits im August 1940 ließ die Zivilverwaltung über die Luxemburger Presse Entwarnung signalisieren. In der Eisenindustrie und im Bergbau, aber auch im Handwerk ginge es wieder aufwärts. Etwa 900 Luxemburger „Saargänger“ befanden sich bereits im Saargebiet, wo ihnen billiges Essen und günstige Unterkünfte in Aussicht gestellt worden waren. Das Arbeitsamt lockte außerdem mit annehmbaren Löhnen: Ein Handlanger sollte die Stunde 0,65 Reichsmark, ein ausgebildeter Handwerker zwischen 0,75 und 0,80 Reichsmark die Stunde verdienen. Allerdings mussten sich die Arbeiter für mindestens vier Monate verpflichten.[123] Insgesamt sollen 3.300 Arbeiter im Jahre 1940 nach Deutschland gegangen sein, um entstandene Lücken zu schließen, da sich dort durch den andauernden Krieg bereits ein Fachkräftemangel in wichtigen Industriezweigen bemerkbar gemacht hatte. Das Arbeitsamt seinerseits warb im August mit offenen Stellen für Ingenieure und Techniker, die man in Hoch- und Tiefbau im Saarland mit beschäftigungslosen Spezialisten aus Luxemburg besetzen wollte. Reichsdeutsche und luxemburgische Arbeiter, die zu einer „staatspolitisch wichtigen Arbeit“ ins Altreich

---

122 Bericht des Beauftragten des Reiches für die ARBED Maximilian Bernhuber „Die Ausländerfrage bei den luxemburgischen Hütten und Gruben“ vom 23.8.1940 und Schreiben Bernhubers vom 23.8.1940 an den Gauleiter Gustav Simon, in: ANLux ARBED AC-CI-253.

123 „Über das Arbeitslosenproblem“, in: LW Nr. 234 (21.8.1940). Außerdem erhielten die Familien eine finanzielle Unterstützung, bis die „Saargänger“ den ersten Lohn nach Hause schicken konnten.

vermittelt wurden, hatten außerdem Anrecht auf eine besondere Zulage in Höhe von 19 Reichsmark die Woche. Was für die Zivilverwaltung in Luxemburg ein Segen war, drohte in Deutschland zum Problem zu werden, da sich einzelne Luxemburger Arbeiter „reichsfeindlich" benahmen und die deutschen Arbeiter laut Einschätzung des SD ungünstig beeinflussten.[124] Bis September 1940 waren etwa 2.500 Arbeiter in Deutschland zum Einsatz gekommen und die staatspolizeilichen Stellen in Trier und Luxemburg hatten mit der politischen Überprüfung alle Hände voll zu tun. Problematisch war, dass viele Arbeiter keine Lust hatten, ihre Heimat zu verlassen und in deutschen Rüstungsfabriken zu arbeiten. Es kam zu Fällen von Arbeitsverweigerung und manchen gefiel das Arbeitstempo in Deutschland nicht.[125]

Ende September 1940 schien das Arbeitslosenproblem gelöst. In einer Pressekonferenz vermeldete der deutsche Leiter des Arbeitsamtes, Dr. Jacobs, dass die Arbeitslosigkeit in Luxemburg „praktisch als beseitigt" zu sehen sei, da die Zahl der Arbeitnehmer, die staatliche Unterstützung erhielten, von 12.000 auf etwa 1.000 gesunken war. Diesen Erfolg schrieb die Presse dem „Eingreifen der deutschen Behörden" zu.[126] Die Erfolgsmeldung unterschlug dabei die Tatsache, dass gerade die Industriearbeiter weiterhin um ihre Existenz bangen mussten und in Kurzarbeit waren. Mit Interesse verfolgte die Zivilverwaltung die Wochenberichte aus der Industrie über den Beschäftigungsgrad unter der Arbeiterschaft. Am 11. Oktober legte Bernhuber, vermutlich auf Anweisung der Zivilverwaltung, ein Programm „für eine verstärkte Beschäftigung der Belegschaft" vor. Als „Sofortmaßnahme" war geplant, dass es ab dem 15. Oktober 1940 bei der ARBED keine Kurzarbeit mehr geben werde. Bernhuber garantierte eine Mindestbeschäftigung von fünf Schichten in der Woche, für verheiratete Reichsdeutsche und Luxemburger sagte er sogar sechs Schichten zu und betonte, dass man, „um sozial das Beste herauszuholen, noch die Arbeiter mit mehreren Kindern bei der 6-Tage-Beschäftigung bevorzugen" und unabhängig von der Beschäftigung der Arbeiter für jedes Kind Zulagen auszahlen werde. Um dieses Programm umsetzen zu können, würde man

---

124 SD-Bericht vom 30.9.1940, in: ANLux S[illegible]27: B13. Der Bericht vermerkte, dass es bereits zu zwei Verhaftungen gekommen sei. Anwerbungsversuche für Ingenieure und Techniker in Zeitungsanzeigen, [illegible] „Arbeitsamt Luxemburg. Wichtige Mitteilung", in: LW Nr. 236 (23.8.1940); „T[illegible]nungszulage und Sonderunterstützung", in: LW Nr. 317 (12.11.1940).

125 Bericht vom 19.9.1940, in: ANLux SD [illegible]6: B9.

126 Der Leiter des Arbeitsamtes Luxemburg ist nicht zu verwechseln mit Johann Jakobs, Kreisleiter aus Bitburg, der 1942-194[illegible] die Kreisleitung in Diekirch innehatte. Oberregierungsrat Dr. Jacobs war Leiter des Arbeitsamtes Trier, bevor er mit dem Aufbau der Arbeitseinsatzverwaltung in Luxemburg beauftragt wurde. Er übernahm hier ab 1.1.1941 auch die Tätigkeit des Reichstreuhänders der Arbeit, die er bis dato kommissarisch ausgeübt hatte. Vgl. auch: „Neues von der unterstützenden Arbeitslosenhilfe", in: LW Nr. 335 (30.11.19[illegible]); Referat von Jacobs, in: ANLux CdZ A-6664 (Referate gehalten gelegentlich der [illegible]. Pressekonferenz in Luxemburg).

der Reichsautobahn für bestimmte Zeit 300 bis 500 ledige Arbeiter zur Verfügung stellen. Damit nicht genug, denn zusätzlich sollten die Arbeiter mit innerbetrieblichen Notstandsarbeiten beschäftigt werden. Dies war mit erheblichen Kosten für die ARBED verbunden, die Bernhuber auf 500.000 bis 600.000 Reichsmark im Monat schätzte.[127] Es war klar, dass Bernhuber dieses Arbeitsbeschaffungsprogramm im Sinne der Zivilverwaltung ausgearbeitet hatte und dass politische vor ökonomischen Erwägungen zugrunde lagen. Wenige Tage später, am 19. Oktober, konnte Gauleiter Simon die „Sofortmaßnahme" als seine eigene Initiative ankündigen. In einer internen Bekanntmachung forderte die ARBED-Direktion „einer Anregung der Zivilverwaltung folgend" am 23. Oktober ihre unverheirateten Mitarbeiter auf, sich unter Beibehaltung aller Rechte freiwillig nach Deutschland zu melden, mit der Garantie, „bei Wiederbedarf" wieder beim ARBED-Unternehmen eingestellt zu werden.[128]

Kurzfristig hatten die Maßnahmen des Regimes das Problem zwar beseitigt, aber die anhaltende Versorgungskrise in der Schwerindustrie, die auf ausreichende Importe von Brennstoffen wartete, stellten die Sicherheit der Arbeitsplätze kurz- und mittelfristig wieder in Frage.[129] Die Beschäftigungslage in Luxemburg blieb für die Zivilverwaltung und Gauleitung somit ein Thema, das immer wieder – weitgehend unbemerkt von der Öffentlichkeit – auf die politische Agenda kam.[130] Die Vollbeschäftigung in Luxemburg war für Gustav Simon eine Frage des politischen Überlebens: Wenn er die Arbeiter auf seiner Seite hatte, so seine Vorstellung, könnte er den Anschluss des Landes an seinen Gau politisch vollenden. Würde sich Gustav Simon auf Reichsebene gegen die Berliner Ministerialbürokratie, Gauleiter-Konkurrenten und Konzerne (wie beispielsweise die Herrmann Göring-Werke) behaupten können? Wäre Simon als Parteifürst eines eher kleinen und unbedeutenden Gaues in der Lage, sich innerhalb der NSDAP und vor seinem Führer zu profilieren? Wäre das wirtschaftliche und soziale Klima in Luxemburg so günstig, dass der Gauleiter seinen eigentlichen Führerauftrag, nämlich die Rückgewinnung der Menschen zum deutschen Volkstum erfüllen könnte? Würde er seine Macht in Luxemburg und damit sein eigenes politisches Überleben mittel- und langfristig zu sichern verstehen? In Gauleiter Simons Kalkül spielte die Schwerindustrie des Minettegebietes eine zentrale Rolle und hier war der ARBED-Konzern

127 Übersicht über die Beschäftigungshäufigkeit des Arbeiterpersonals der Werke Belval und Rothe Erde im Monat Oktober 1940 (8.10.1940) und Programm der ARBED für eine verstärkte Beschäftigung der Belegschaft (11.10.1940), in: ANLux ARBED AC-CI-253 (Mappe „Effectifs ouvriers").

128 Schreiben von Félix Chomé (Zentralverwaltung) vom 15.10.1940 an die ARBED-Abteilungen und Bekanntmachung vom 23.10.1940, in: ANLux ARBED AC-CI-253 (Mappe „Effectifs ouvriers").

129 Bericht des Einsatzkommandos der Sipo und des SD in Luxemburg vom 10.12.1940 an SD-Abschnitt Koblenz betr. Meldungen aus Luxemburg, in: ANLux SD 030: C16.

130 Vgl. Volkmann, Luxemburg im Zeichen des Hakenkreuzes, S. 301–339.

als größter Arbeitgeber des Landes ein besonders wichtiger Faktor. Der Spruch „Wer die ‚Arbed' hat, hat Luxemburg" war in diesem Kontext fast ein geflügeltes Wort. Die Gauleitung hoffte, mit der langfristigen Kontrolle über die ARBED „die erstrebte Durchsetzung des Gaues mit lohnorientierten Industriebetrieben günstig" beeinflussen zu können.[131] Eine länger dauernde Wirtschaftskrise oder gar eine kriegsbedingte Schließung der Luxemburger Industriestandorte wären für das NS-Regime in Luxemburg existenzielle Fragen gewesen.

5.2. „Arbeitseinsatz": Vollbeschäftigung, Arbeitskräftemangel und Zwangsarbeit

Die wirtschaftliche Lage im Süden Luxemburgs wurde ein Dauerthema, das ab 1940 die Luxemburger Industriellen und die verschiedensten Stellen der Wirtschaftsverwaltung ebenso in Atem hielt wie die politische Führung des CdZ-Gebietes. Im November 1940 warnte der Generalbeauftragte für die Eisenerzgewinnung und -verteilung in den Gebieten Luxemburg und Lothringen den Gauleiter vor „unerwünschte[n] Folgen", sollten die dauernden Transportprobleme nicht gelöst und eine „normale Friedensproduktion" nicht mehr erreicht werden. Hiermit meinte der Generalbeauftragte mögliche Produktionsdrosselungen und damit unweigerlich verbundene Stilllegungen.[132] Nicht nur der Bergbau stand vor größeren wirtschaftlichen Problemen, sondern auch die Hüttenwerke litten unter den Transportproblemen. Infolge des chronischen Koksmangels erreichte die Eisen- und Stahlproduktion im April 1941 nur etwas mehr als 47 Prozent der verfügbaren Kapazität. Diese Notlage brachte die Unternehmensleitungen der drei „Großen" (ARBED, DIFFAG, RODAG) dazu, einen Hilfsappell an die Zivilverwaltung zu richten, in der Hoffnung von der Gauleitung unterstützt zu werden. Um die Wirtschaftlichkeit der Luxemburger Werke zu erhalten, seien umfangreiche Kokslieferungen in einer Höhe von 215.000 Tonnen pro Monat notwendig.[133] Aber statt zu einer

---

131 „Die Arbed". Denkschrift des Leiters der CdZ-Wirtschaftsabteilung Nikolaus Simmer (Juli 1941), in: ANLux CdZ A-3-4:001 („Denkschriften zu verschiedenen Problemen"). Ähnlich argumentierte Simmer in einem Schreiben im Januar 1941, als der Verteilungskampf um die ARBED seinen abschließenden Höhepunkt erlebte, vgl. Schreiben von Nikolaus Simmer vom 31.1.1941 an Gauleiter Simon. Simmer plädierte für den Erhalt des ARBED-Konzerns. Simon und Simmer stemmten sich gegen den Versuch der Einflussnahme durch Großbanken oder durch Industriekonzerne. Sie wollten eine Beteiligung gaunaher Konzerne, auf jeden Fall aber für die Gauleitung einen Sitz im Aufsichtsrat der ARBED. Siehe auch: Mollin, Montankonzerne und „Drittes Reich", S. 243–251.

132 Schreiben des Generalbeauftragten für die Eisenerzgewinnung und -verteilung Paul Raabe vom 26.11.1940 an CdZ und Gauleiter Gustav Simon, in: ANLux CdZ A-3-12:002 („Allgemeine Erzfragen").

133 Schreiben der Vereinigung der Luxemburger Hüttenwerke vom 30.4.1941 an Gauinspekteur Ackermann (CdZ-Sonderbeauftragter für die Kohleversorgung), in: ANLux CdZ A-3-12:002 („Allgemeine Erzfragen").

Entlastung zu führen, sollte sich die Situation noch verschlimmern, da die deutschen Kohlevorräte im Winter 1940/41 dramatisch geschrumpft waren. General Hermann von Hanneken, Generalbeauftragter für die Eisen- und Stahlbewirtschaftung, musste deshalb 1941 angesichts der reichsweiten Kohlekrise eine Drosselung der Kokslieferungen ankündigen, die zu einer Senkung der monatlichen Kokslieferungen nach Luxemburg von 160.000 monatlich auf 100.000 Tonnen geführt hätte. Aufgeschreckt begab sich der Gauleiter persönlich zu General von Hanneken, um diesem die politischen Auswirkungen für Luxemburg verständlich zu machen. Nach dem schwierigen Jahr 1940 drohe in Luxemburg dadurch wieder eine massive Arbeitslosigkeit, so Simons Befürchtung.[134] Während eines langen Jahres blieb die Koksversorgung eine der größten Herausforderungen für die Zivilverwaltung und die Luxemburger Industrie. Regelmäßig warnte man das Reichswirtschaftsministerium vor den „ernstesten betrieblichen Schwierigkeiten" und bemängelte den „unerträglichen Rückgang der Kokszuteilung". Hochöfen mussten gedrosselt oder ganz stillgelegt werden, die Erzlager quollen über, während die Arbeiter in den Hütten-, Stahl- und Walzwerken unterbeschäftigt waren.[135] Vor dem Hintergrund dieser schwelenden Transport-, Brennstoff- und Produktionskrise war der Gauleiter bemüht, den Menschen in Luxemburg die vermeintlichen sozialpolitischen Erfolge des NS-Regimes zu verkaufen und sie mit Zukunftsversprechungen ruhig zu halten. Schlechte Nachrichten über die Zukunft des Industriestandortes hätten den weiteren Aufbau der NS-Herrschaft in Luxemburg in Frage gestellt. Die Einführung der Deutschen Arbeitsfront als Massenorganisation der arbeitenden Bevölkerung hätte sich möglicherweise verzögert, die NS-Feierlichkeiten zum 1. Mai 1941 hätte man womöglich absagen müssen, vom Schaden für das persönliche Image des Gauleiters als Gönner der Arbeiter ganz zu schweigen.

Im November 1941 verschlechterte sich die Transportlage dramatisch, denn früh einsetzender Frost und die Beanspruchung der Reichsbahn für den Krieg gegen die Sowjetunion führten zu einer krisenhaften Waggon- und Lokomotivverknappung, sodass Luxemburger Eisenerz nicht mehr in den geplanten Mengen an die Ruhr gebracht werden konnte und es in Luxemburg an Koks mangelte. Da das Luxemburger Erz zu allem Übel qualitative Mängel aufwies (es hatte einen relativ niedrigen Eisengehalt), dachte der zuständige Generalbeauftragte für die Eisenerzgewinnung und -verteilung in Luxemburg und Lothringen über

---

134 Schreiben von Gauleiter Simon vom 21.5.1941 an den Generalbeauftragten für die Eisen- und Stahlbewirtschaftung General von Hanneken betr. Koksversorgung der Industrien Luxemburgs, in: ANLux CdZ A-3-12:002 („Allgemeine Erzfragen"). Zur Frage der Kohleversorgung und der damit zusammenhängenden Stahlkrise mit ihren Auswirkungen auf die besetzten Gebiete, vgl. Tooze, Ökonomie der Zerstörung, S. 572ff.

135 Vgl. Schreiben der CdZ-Abteilung III-12 (Abteilung Eisenwirtschaft) an General von Hanneken (Mai 1941 bis Juli 1942), in: ANLux CdZ A-3-12:021 („Wochen- und Monatsberichte sowie Produktionsstatistiken der Luxemburger Hüttenwerke").

Rationalisierungsmaßnahmen zu Lasten der Luxemburger Schwerindustrie nach. Die freiwerdenden Luxemburger Bergarbeiter könnten dann später in das lothringisch-luxemburgische Grenzgebiet versetzt werden, wo Fachkräfte fehlten beziehungsweise Spanier und Kroaten arbeiteten. Die Tatsache, dass aus Hitlers geplantem „Blitzkrieg" gegen die Sowjetunion ein Abnutzungskrieg wurde, ließ solche Überlegungen allerdings wieder in einer Schublade verschwinden.[136] Dennoch war die Zukunft der luxemburgischen Stahlindustrie noch längst nicht gesichert, was dazu führte, dass 1942 direkt in Berlin verhandelt wurde.

Die Schwerindustrie im Minetterevier verzeichnete immer noch ein niedriges Produktionsniveau (die Auslastung stagnierte bei 45 Prozent) und die Gauleitung musste befürchten, dass es zu einer Senkung des Beschäftigungsgrades in Luxemburg kommen würde. Unter Umgehung aller Generalbeauftragten und Wirtschaftsverbände wandte sich Simon persönlich an Reichsminister Speer, was in den Kreisen der Ruhr- und Saarindustriellen für großes Aufsehen sorgte, da diese ihre eigenen wirtschaftlichen Interessen im Blick hatten. „Der gesamte Fragenkomplex" wurde schließlich Hitler persönlich zur Entscheidung vorgetragen. Ministerialbeamte und Vertreter der Industrie sahen sich gezwungen, einen Kompromiss auszuarbeiten, den der Chef der Zivilverwaltung als Erfolg verbuchen konnte. Die Stilllegung von Hüttenwerken in Luxemburg konnte abgewendet werden, indem die Ruhr sich zu regelmäßigen Mindestlieferungen von Koks ins Minettegebiet verpflichtete.[137] Im Mai 1942 schrieb der Gauleiter an Fritz Sauckel, den Generalbevollmächtigten für den Arbeitseinsatz, und sprach sich grundsätzlich gegen die massenhafte Verlegung von Luxemburger Arbeitskräften in andere Industriegebiete aus.[138]

Hing die Zukunft des schwerindustriellen Standorts in großem Maße von äußeren Faktoren ab, die der Gauleiter nur bedingt beeinflussen konnte, so hatten die Fragen von Produktion und Beschäftigung auch eine regionalpolitische Dimension. Gustav Simons Machtgelüste endeten nämlich nicht an den alten Landes- oder Gaugrenzen, sondern er schielte frühzeitig nach Lothringen, wo er sich künftig einen größeren wirtschaftlichen und politischen Einfluss ausrechnete. Sein persönlicher Wirtschaftsberater Nikolaus Simmer dachte in Planspielen die verschiedenen Möglichkeiten durch, wie man die künftigen Besitzverhältnisse am besten regeln und kurzfristig im luxemburgisch-lothringischen Minettegebiet

---

136 Schreiben des Generalbeauftragten für die Eisenerzgewinnung und -verteilung Paul Raabe vom 17.11.1941 an den Leiter der CdZ-Wirtschaftsabteilung Nikolaus Simmer, in: ANLux CdZ A-3-12:012. Zur Luxemburger Grubenwirtschaft im Kriegseinsatz, siehe Volkmann, Luxemburg im Zeichen des Hakenkreuzes, S. 379–393.

137 Aktennotiz von Nikolaus Simmer vom 14.4.1942 für Gauleiter Simon betr. Beschäftigung der luxemburgischen Eisenindustrie, in: ANLux CdZ A-3-4:001 („Denkschriften zu verschiedenen Problemen").

138 Schreiben von Gauleiter Simon vom 7.5.1942 an Fritz Sauckel, zit. bei Volkmann, Luxemburg im Zeichen des Hakenkreuzes, S. 308.

die Eisen- und Stahlproduktion für den Krieg steigern könne. Für Simmer war es freilich nicht nur eine technische Frage, sondern „ebenso sehr eine Frage der Menschenführung und Menschenbetreuung, der Lohnpolitik und Sozialpolitik und nicht zuletzt eine Frage der Personalpolitik."[139]

Der Streit um die Kontrolle über Nordlothringen schwelte schon seit 1941, als Simon erfahren hatte, dass sein Konkurrent Josef Bürckel sich für das Gebiet um Longwy und Nancy interessierte. Bürckel wollte mit dem Argument, kommunistische Umtriebe zu bekämpfen, seinen Einfluss auf die nordlothringischen Industrieunternehmen geltend machen. Simon hingegen ließ seinen ersten Mann in Luxemburg, Regierungsdirektor Friedrich Münzel diskret bei der deutschen Militärverwaltung für Belgien und Nordfrankreich intervenieren. Für den Koblenzer Gauleiter war klar, dass Nordlothringen zum Gebiet Luxemburg gehören müsse. Ohne einer Entscheidung des Führers über eine künftige territoriale Neuordnung vorgreifen zu wollen, wollte Simon auf jeden Fall eine Einflussnahme Bürckels verhindern, da diese ein „Präjudiz" dargestellt hätte.[140]

Wirtschafts- und Sozialpolitik waren aber für den Gauleiter und seine Mitarbeiter letztlich immer an die Frage geknüpft, wer sich in der Minetteregion die Macht über die Industrie und damit über die Menschen sichern würde. Hier spielten die angespannten Beziehungen zu den benachbarten Gauleitungen eine wichtige Rolle. Gerade in Josef Bürckel, dem CdZ von Lothringen, sah Simon wohl einen gefährlichen Rivalen. Simmer, der Vertrauensmann Simons in Wirtschaftsfragen, lieferte seinem Gauleiter ausreichend Argumente für den Industriestandort Luxemburg: Die Unternehmen befanden sich alle unter deutscher Kontrolle, die Arbeiterschaft war ethnisch homogen und die Menschen auf der Luxemburger Seite des Minettereviers wurden von der DAF sozial und politisch betreut. In Lothringen waren alle diese Bedingungen nicht erfüllt, was angeblich die Produktionszahlen bestätigen würden. Im Longwy-Gebiet betrug die Produktion pro Arbeiter 5,3 Tonnen Stahl im Monat, in Luxemburg aber 11,7 Tonnen.

---

139 Denkschrift „Der erhöhte Einsatz der Lothringer und Luxemburger Eisenindustrie in die deutsche Kriegsproduktion weder ein Gichtgas- noch ein Transportproblem, sondern ein Arbeitseinsatzproblem" (Mai 1942), sowie die Denkschrift „Die Möglichkeit einer zusätzlichen Stahlerzeugung von 800.000 to pro Jahr in dem Industriegebiet von Longwy" (6.3.1943) in: ANLux CdZ A-3-4:001 („Denkschriften zu verschiedenen Problemen").

140 Vgl. Schreiben von Regierungsdirektor Friedrich Münzel vom 2.8.1941 an Gauleiter Simon betr. Einflussnahme des CdZ in Lothringen, Gauleiter Bürckel, in Französisch-Nordlothringen, in: ANLux CdZ A-3-12:002 („Allgemeine Erzfragen"). Zur Rivalität Simon-Bürckel, vgl. Dieter Wolfanger, Josef Bürckel und Gustav Simon: Zwei Gauleiter der NSDAP und ihr Streit um die Westmark, in: Wolfgang Haubrichs/ Wolfgang Laufer/ Reinhard Schneider (Hgg.), Zwischen Saar und Mosel. Festschrift für Hans-Walter Hermann zum 65. Geburtstag, Saarbrücken 1995 (= Veröffentlichungen der Kommission für Saarländische Landesgeschichte 24), S. 397–409.

Im Laufe des Jahres 1942 verbesserte sich die wirtschaftliche Lage des CdZ-Gebietes Luxemburg. Die Zunahme der Kokslieferungen ab Juli hatte zunächst eine erhebliche Steigerung der Stahlerzeugung von 87.500 Tonnen im Januar auf 141.000 Tonnen im Juli 1942 möglich gemacht. Zum ersten Mal seit dem Einmarsch der Deutschen waren die Arbeiter in der Schwerindustrie voll beschäftigt und die Produktion lag bei 75 Prozent der maximalen Kapazität; bei einer weiteren Steigerung der Kokslieferungen könne man sogar zum Dreischichtbetrieb übergehen und die Stahlproduktion auf 200.000 Tonnen heben, so die Einschätzung der Deutschen. Zufrieden meldete Nikolaus Simmer seinem Gauleiter diesen Erfolg, den man der Hartnäckigkeit des Chefs der Zivilverwaltung zu verdanken habe.[141] Der Erfolg hatte freilich einen hohen Preis und den hatten die Arbeiter zu zahlen. Die verstärkte Eisenerzförderung im Luxemburger Bergbau und die Steigerung der Stahlerzeugung in den großen Hüttenwerken war nur möglich gewesen, indem man gleichzeitig die Arbeitszeiten erhöht hatte. Doch wurden mit der Einführung der Wehrpflicht im Spätsommer 1942 die Grenzen der Produktionssteigerung schon wieder erreicht.

1943 führten deutsche Industrielle und Vertreter der Zivilverwaltung aus Luxemburg diskrete Verhandlungen mit dem saarländischen Industriellen Hermann Röchling, der seit 1942 die mächtige Reichsvereinigung Eisen leitete. Röchling wollte unbedingt im französischen Industriegebiet die Erzeugung steigern und begrüßte „sehr eine Mitarbeit des Gauleiters Simon im Longwyer Gebiet". Anders als in Luxemburg standen hier die Werke noch unter französischen Betriebsleitungen. Nun gab es Überlegungen, wie man Longwy stärker an Luxemburg anbinden könnte. Die DAF aus dem Kreis Esch sollte zur sozialen und politischen Betreuung zur Verfügung gestellt werden und die technische Leitung könnte ein Vertrauter der Gauleitung übernehmen. Mit der Einsetzung „eines politischen ersten Mannes aus dem Gau [Moselland]" würde sich „eine weitere Zusammenarbeit auch unter stärkerer Einflussnahme des Gaues ergeben", so meinte Direktor Faust von der RODAG, der für die Koordinierung der Eisenerzproduktion in Luxemburg verantwortlich war und die Zivilverwaltung beriet. Die Expansionspläne kamen nicht richtig voran, was auch am Widerstand des Militärbefehlshabers in Frankreich lag, der das Gebiet Longwy „nicht aus den Fingern lassen wollte", wie Faust lakonisch vermerkte.[142]

Im Juni 1943 zog der Generalbeauftragte für die Eisenerzförderung die alten Pläne wieder hervor und verlangte vom Chef der Zivilverwaltung in Luxemburg

---

141 Bericht von Aloyse Meyer vom 1.8.1942 an den CdZ in Luxemburg betr. Stahlerzeugung in Luxemburger Hüttenwerken (Abschrift) und Schreiben von Nikolaus Simmer vom 5.8.1942 an Gauleiter Simon, in: ANLux A-3-12:002 („Allgemeine Erzfragen").

142 Aktenvermerk von Direktor Erich Faust vom 23.3.1943 betr. Gebiet Longwy, in: ANLux CdZ A-6527-04 („Arbeitseinsatz Luxemburg 1942-1943"). Eine Abschrift des Vermerks ging direkt an Gauleiter Simon.

die „Umbelegung“ von 400 Luxemburger Bergleuten in die Erzgruben im Gebiet von Longwy. Die Überlegung war, die Arbeitskräfte dort einzusetzen, wo man mit bester Leistung die besten Erze fördern könnte. Bei einer Besprechung zwischen dem Leiter der CdZ-Wirtschaftsabteilung und dem Beauftragten für die Eisenerzförderung in Luxemburg im Juni 1943 stellte sich die völlige Undurchführbarkeit dieser geplanten Maßnahme heraus. Zwar wäre es kriegswirtschaftlich sinnvoll, eher Erze mit einem Eisengehalt von 30 Prozent zu fördern (als die „armen“ Luxemburger Erze mit nur 25 Prozent Fe-Gehalt), aber die „Verpflanzung“ von 400 Bergarbeitern aus dem Escher Industriegebiet nach Longwy sei äußerst schwierig, da man die Luxemburger als Grenzgänger hin- und hertransportieren müsse. Vor allem aus politischer Perspektive war der Vorschlag, Luxemburger nach Lothringen zu verfrachten, für die Gauleitung indiskutabel. Die Verlegung von Luxemburgern, während man gleichzeitig Tausende von Ausländern (Belgier, Kriegsgefangene und Ostarbeiter) beschäftigte, würde „bei der Arbeiterschaft kein Verständnis finden und sicherlich eine große Unzufriedenheit auslösen“.[143] Die Erinnerung an den Streik von 1942 war noch stark präsent und beeinflusste die Zivilverwaltung und die politische Führung in allen sozialpolitischen Entscheidungen. In den Augen des Gauleiters war Luxemburg immer noch Aufbaugebiet, wo die Politik der Eindeutschung also noch nicht abgeschlossen sei. Die „Verpflanzung“ oder die „Umbelegung“ von Luxemburger Arbeitern in ein anderes Gebiet war letztlich keine Option, da sie dann dem direkten Einfluss der Koblenzer Gauführung entzogen worden wären. Einen Gesichtsverlust konnte und wollte sich Gauleiter Gustav Simon nach den vielen Misserfolgen nicht mehr leisten.

Der Gaupartikularismus war in Simons Denken und Handeln ein bestimmendes Movens. Dies zeigt gerade die Arbeitseinsatz-Politik des Gauleiters. Simon ging es darum, seine Macht abzusichern, wobei politische Überlegungen sich mit Volkstumspolitik und nationalsozialistischer Ideologie verquickten. Angesichts einer durch die Zwangsrekrutierung zur Wehrmacht bevorstehenden Arbeitskräfteknappheit, wandte sich Simon im August 1942 an den Generalbevollmächtigten für den Arbeitseinsatz. Er teilte mit, dass er bei einer Besprechung im Führerhauptquartier Hitler „die Einführung der allgemeinen Wehrpflicht vorgeschlagen“ habe und stellte klar, dass nun für ihn „die Abgabe von irgendwelchen luxemburgischen Arbeitskräften an Betriebe des Reiches (…) gänzlich ausgeschlossen“ sei. Simon forderte sogar die Rückkehr aller luxemburgischen Arbeiter, die sich im Reichseinsatz befanden. Den Einsatz ausländischer Arbeitskräfte und von Kriegsgefangenen lehnte er in dem persönlichen Schreiben an den Generalbevollmächtigten Gauleiter Fritz Sauckel zunächst ab, mit der Begründung, „dass es sehr schwierig sein wird, die luxemburgische Bevölkerung zu einer entsprechenden Behandlung

143 Notiz über die Besprechung zwischen Dr. Simmer und dem Beauftragten von Emerick am 9.6.1943 betr. Umbelegung von 400 luxemburgischen Bergleuten von Luxemburg nach Longwy in Frankreich, in: ANLux CdZ A-3-12:012.

ausländischer Arbeitskräfte anzuhalten".[144] Offenbar hatte die Führung Angst vor einer Durchmischung der Gesellschaft beziehungsweise einer Fraternisierung zwischen Einheimischen und Ausländern, z.B. aus Frankreich oder Belgien. Die Angst vor unkontrollierbaren Situationen und Unmutsäußerungen der Luxemburger Bevölkerung hielt den CdZ davon ab, die inländischen Menschenreserven zu mobilisieren. Mit dem Einsatz von Frauen in der Schwerindustrie tat sich Simon schwer und war damit nur einverstanden, wenn alle anderen Möglichkeiten erschöpft seien. Auch die „Bauernsöhne aus der Landwirtschaft herauszuziehen", wollte er vermeiden. Ersatzweise müssten dann doch ausländische Arbeiter in Belgien angeworben werden, so Simon. Was den Einsatz von Zwangsarbeitern anbelangte, hatte Simon eine zwiespältige Auffassung: Er war gegen den Einsatz von „zivilen Ostarbeitern", aber für den Einsatz sowjetischer Kriegsgefangener, weil diese unter militärischer Aufsicht standen und damit einfacher zu kontrollieren und von den Einheimischen abzuschirmen waren.[145] Da der Rückruf luxemburgischer Arbeiter nicht funktionierte, die „Auskämmungsaktion" in Luxemburg nicht den erwünschten Erfolg brachte und man die tägliche Arbeitszeit nicht generell auf neun Stunden erhöhen wollte, blieb als letzte Option nur noch der Einsatz von Zwangsarbeitern. Die Möglichkeit, die luxemburgischen Arbeiter der Jahrgänge 1920 bis 1924 zunächst nicht zum Wehrdienst einzuziehen, schloss Simon aus, da diese „im Interesse der politischen Entwicklung ihren Wehrdienst ableisten" sollten. Die Zuweisung der Zwangsarbeiter zögerte sich aber hinaus, sodass Simon seine Beziehungen zur obersten Reichsführung spielen ließ. Im Oktober 1942 wandte sich Simon an Reichsminister Speer und bat ihn um Unterstützung, um die notwendigen zivilen Arbeitskräfte und sowjetischen Kriegsgefangenen zu erhalten.[146] Kurze Zeit später trafen die ersten Zwangsarbeiter in Luxemburg ein. Die „Werbung in Luxemburg", mit der man „latente Arbeitskräfte" in die Industrie dirigieren wollte, konnte vorerst abgestoppt werden. Der Zwangsarbeitereinsatz hatte für die politische Führung mehrere Vorteile: Man konnte die Produktionsvorgaben erfüllen, ohne die Luxemburger Bevölkerung nach der Einführung des Wehrdienstes übermäßig zu strapazieren. Außerdem konnte auf die Beschäftigung französischer Arbeitskräfte verzichtet werden, da der Gauleiter auf keinen Fall

---

144 Schreiben von Gustav Simon vom 15.8.1942 an den GBA betr. Umsetzung luxemburgischer Bergarbeiter in das Siegerland und Schreiben von Gustav Simon vom 19.8.1942 an den GBA Gauleiter Sauckel betr. Rücküberweisung der durch das Arbeitsamt Luxemburg in das Reich vermittelten Luxemburger, in: ANLux CdZ A-6527-04 („Arbeitseinsatz Luxemburg 1942-1943").

145 Schreiben von Gustav Simon vom 21.9.1942 an Regierungsvizepräsident Dr. Münzel betr. Deckung des Kräftebedarfs in der Hüttenindustrie, in: ANLux CdZ A-6527-04 („Arbeitseinsatz Luxemburg 1942-1943").

146 Schreiben von Gustav Simon vom 23.10.1942 an Reichsminister Albert Speer betr. Zuweisung von russischen Kriegsgefangenen oder Ostarbeitern für den Erzbergbau und die Stahlindustrie in Luxemburg, in: ANLux CdZ A-6527-04 („Arbeitseinsatz Luxemburg 1942-1943").

„mehr französisch sprechende Arbeiter in der luxemburgischen Eisenindustrie zum Einsatz (…) als unbedingt notwendig“ bringen wollte.[147]

Auch in der Folge bestimmten macht- und volkstumspolitische Erwägungen das Handeln des Gauleiters. In dieser Logik überraschte es nicht, dass Gustav Simon im Frühjahr 1943 den Fraueneinsatz favorisierte, den er noch im Vorjahr vehement abgelehnt hatte. 2.000 Frauen, so Simon nun in seiner Eigenschaft als Reichsverteidigungskommissar, sollten in der Hüttenindustrie zum Einsatz kommen. Hintergrund war diesmal, dass er aus „politischen Gründen Bedenken“ hatte, weiterhin Belgier in Luxemburg zu beschäftigen.[148] Zäh verteidigte der Gauleiter die Arbeitskräfte, die in seinem CdZ-Gebiet für die Kriegsproduktion tätig waren. Selbstbewusst legte er sich mit den Größen der Partei an. Fritz Sauckel bot er die Stirn und verweigerte die Abgabe von Arbeitskräften aus dem „Wiederaufbaugebiet meines Gaues“.[149] Außerdem versuchte Simon – zusammen mit anderen Gauleitern und Chefs der Zivilverwaltung – im September 1943 den Hitler-Erlass über die Konzentration der Wirtschaft zu unterlaufen. Dieser Erlass strebte eine Zentralisierung der Rüstungsproduktion und eine Stärkung der Exekutive an. Vor allem die Gauleiter Bürckel, Wagner und Simon sahen die Bemühungen des Rüstungsministers Speer mit Misstrauen und wollten keinerlei Beschneidung der vom Führer zugebilligten Sonderstellung. Simon wandte sich mit seinen Bedenken an die Reichskanzlei, wo die Angelegenheit Hitler vorgetragen wurde, doch dieser konnte sich nicht entschließen, den Bedenken Rechnung zu tragen, wie es in der Antwort an Simon hieß.[150]

Man hat den Eindruck, dass die Arbeitsmarktpolitik der NS-Gauleitung im Jahre 1940 sehr voluntaristisch geprägt war, dass aber Kriegsfaktoren eine planvolle Entwicklung zunehmend erschwerten. Betrachtet man die Frage der kriegsbedingten

---

147 Schreiben des Leiters der CdZ-Wirtschaftsabteilung Nikolaus Simmer vom 4.11.1942 an den Leiter des Arbeitsamtes Luxemburg, in: ANLux CdZ A-6527-04 („Arbeitseinsatz Luxemburg 1942-1943“).

148 Schreiben des Leiters der CdZ-Wirtschaftsabteilung Nikolaus Simmer vom 20.4.1943 an den Leiter des Arbeitsamtes Luxemburg, in: ANLux CdZ A-6527-04 („Arbeitseinsatz Luxemburg 1942-1943“).

149 Schreiben von Gustav Simon vom 12.6.1943 an den Generalbevollmächtigen für den Arbeitseinsatz betr. Arbeitseinsatz in der Bauwirtschaft/ Sofortmaßnahmen zur Erhöhung der Eisenerzeugung, in: ANLux CdZ A-6527-04 („Arbeitseinsatz Luxemburg 1942-1943“).

150 Zum Erlass über die Konzentration der Kriegswirtschaft vom 2.9.1943 und die Reaktionen der Chefs der Zivilverwaltungen, in: Ludolf Herbst, Der Totale Krieg und die Ordnung der Wirtschaft. Die Kriegswirtschaft im Spannungsfeld von Politik, Ideologie und Propaganda 1939-1945, Stuttgart 1982, S. 255–266. Schreiben des CdZ Elsass vom 2.9.1943 an den Chef der Reichskanzlei Dr. Lammers betr. Konzentration der Kriegswirtschaft (Abschrift) und Schreiben des Chefs der Reichskanzlei vom 8.9.1943 an den CdZ in Luxemburg betr. Konzentration der Kriegswirtschaft (Abschrift), in: ANLux CdZ A-3-1:128 („Briefwechsel“).

Erwerbslosigkeit im Jahre 1940, so schien sich das Problem durch die Wiederaufnahme der Erzförderung sowie der Eisen- und Stahlproduktion schnell und quasi von allein gelöst zu haben. Wahrscheinlich wäre das früher oder später auch ohne Zutun der deutschen Zivilverwaltung geschehen. Die deutsche Propaganda hatte 1940 eine momentane wirtschaftliche Krisenlage ausgenutzt, um sich bei der Masse der Bevölkerung als eine Art Krisenmanager zu beweisen und die Überlegenheit des Nationalsozialismus unter Beweis stellen zu können. Das NS-Regime nutzte aber auch konsequent andere Instrumente, mit denen der Arbeitsmarkt gesteuert werden konnte. Der Umbau der Arbeitsvermittlung zu einer dirigistischen Behörde ist ein weiteres Beispiel. Die Arbeitsämter des Gaues Moselland erhielten durch weitreichende Kompetenzen die Möglichkeit einer fast totalen Überwachung des Luxemburger Arbeitsmarktes.[151]

Ab 1942 standen andere Überlegungen im Vordergrund. Einerseits mussten Kriegs- und Rüstungsproduktion unbedingt gesteigert werden, während andererseits die politische Agenda den Gauleiter zur Einführung der Wehrpflicht gebracht hatte. Das Spagat gelang nur, weil das Regime zusätzliche Arbeitskräfte mobilisierte. Da man die „volksdeutsche" Zivilbevölkerung des Landes vor zu harten Zwangsmaßnahmen schonen musste, wurden trotz ideologischer Bedenken immer mehr ausländische Arbeiter nach Luxemburg verpflichtet, darunter eben auch Zwangsarbeiter und Kriegsgefangene aus dem Osten.

6. Die nationalsozialistische Lohn- und Tarifpolitik in Luxemburg

Staatliche Lohnpolitik und Lohnentwicklung waren vor 1939, aber vor allem nach Kriegsbeginn äußerst sensible Bereiche. Das Regime befand sich in der misslichen Lage, den Menschen im Rahmen der Rüstungs- und Kriegsproduktion Höchstleistungen bei der Arbeit und Bescheidenheit bei der Entlohnung abzuverlangen. „Schwere Arbeit für niedrigen Lohn", so spottete 1937 das Escher Tageblatt über die wirtschaftspolitische Lage im Wirtschaftsbezirk Koblenz-Trier, der zu den strukturschwachen Regionen des Deutschen Reiches zählte.[152] Kostengünstige Freizeitangebote, die Aussicht auf bessere Wohnungen oder andere Vergünstigungen allein reichten auf Dauer nicht aus. Dies hatte sich etwa im Jahre 1939 gezeigt, als das Regime mit der Kriegswirtschaftsverordnung vom 4. September 1939 in Deutschland Arbeitszeitbeschränkungen und Urlaubsregelungen außer Kraft setzte sowie Zuschläge für Mehrarbeit verbot. Dies hatte im Altreich zu massenhaften Verweigerungen von Überstunden, Nacht- und Sonntagsarbeit und „zu

151 Vgl. Linne, Von der Arbeitsvermittlung zum „Arbeitseinsatz", S. 63.
152 „Trierer Brief", in: ETB Nr. 62 (15.3.1937).

förmlichen Sabotageerscheinungen“ geführt, sodass nach und nach bis September 1940 der Vorkriegszustand de facto wieder hergestellt werden musste.[153]

Die Lohnpolitik des Chefs der Zivilverwaltung stellte für die Luxemburger einen bedeutenden Einschnitt dar. Wurden die Löhne und Gehälter bis dahin von den Arbeitgebern mit den Arbeitnehmern individuell ausgehandelt oder im Rahmen von Kollektivverträgen von Arbeitgeberorganisationen und Gewerkschaften nach Diskussionen gemeinsam festgelegt, so riss der nationalsozialistische Staat nun die Gestaltung der Löhne und Gehälter an sich. In Luxemburg übernahm der Chef der Zivilverwaltung ab September 1940 die Kontrolle über die Lohngestaltung und hebelte damit die Autonomie der Tarifparteien aus. Dies hatte der CdZ schon Anfang September 1940 in einem Rundschreiben deutlich zum Ausdruck gebracht.[154] Mit seiner Lohnpolitik verfolgte Gustav Simon mehrere Ziele:

1. Die Einkommen der Arbeiter und Angestellten sollten sich deutlich verbessern und damit die drastische Erhöhung der Lebenshaltungskosten ausgleichen, zu der es zwischen Mai und September 1940 gekommen war. Ende August 1940 gab die Stimmung im besetzten Land Anlass zu erhöhter Besorgnis. Richard Hengst, der vom CdZ eingesetzte Kommissar für die Verwaltung der Stadt Luxemburg, schrieb in einem alarmierenden Bericht über eine „gewisse Unruhe“, häufige „Klagen“ sowie den „berechtigten Unwillen der Bevölkerung“ der Hauptstadt.[155]
2. Die Lohnpolitik war komplementär zur Preispolitik der Zivilverwaltung, die fast zeitgleich mit den Löhnen und Tarifen per Verordnung neu geregelt wurde.

---

153 Vgl. Hachtmann, Industriearbeit im „Dritten Reich“, S. 128–135 und Schneider, In der Kriegsgesellschaft, S. 524–564. Siehe auch: Recker, Nationalsozialistische Sozialpolitik, S. 82–94, 223-242.

154 Vgl. Rundschreiben des CdZ vom 9.9.1940 betr. Beteiligung des Beauftragten des Reiches für die ARBED durch alle deutschen Dienststellen in Luxemburg, gez. Siekmeier, in: ANLux CdZ A-4759 (Bl. 28). Siekmeier teilte mit, dass alle Dienststellen im CdZ-Bereich Luxemburg bei allen die ARBED unmittelbar oder mittelbar berührenden Geschäftsvorgängen, z.B. Lohn- und Produktionsfragen, den Reichsbeauftragten Bernhuber rechtzeitig beteiligen müssten. Siekmeier unterstrich gleichfalls, dass Bernhuber in „enger Fühlungnahme“ mit dem CdZ zusammenarbeite.

155 Schreiben von Richard Hengst vom 28.8.1940 an den Chef der Zivilverwaltung in Luxemburg betr. Stimmung in der Bevölkerung, in: AVL LU 11 NS 187 („Versammlungen und Veranstaltungen. 1940“). Hengst stellte fest, dass es in der Stadtverwaltung keinen „Mangel an gutem Willen“ gebe und dass ihm der deutsche Gruß von der Mehrzahl der Angestellten schon vor der Anordnung der Zivilverwaltung freiwillig erwiesen worden sei. Auch habe es keinen Widerstand gegen die Entfernung französischer Bezeichnungen gegeben. Die schlechte Stimmung unter der hauptstädtischen Bevölkerung führte Hengst hauptsächlich auf die ungewisse Versorgungslage, Preissteigerungen sowie kaufwütige Wehrmachtsangehörige zurück.

Ab 1. Oktober 1940 galten Festpreise für Grundnahrungs- und andere Lebensmittel.[156]

3. Der Chef der Zivilverwaltung wollte die Luxemburger Bevölkerung von der sozialpolitischen Stärke des neuen Regimes überzeugen. Der Nationalsozialismus sei den alternativen Gesellschafts- und Wirtschaftsmodellen des Liberalismus und Sozialismus überlegen.
4. Es ging Simon auch um eine Angleichung, sprich die Anpassung an die Lohnverhältnisse im Altreich, was die neuen Rahmenbedingungen für Löhne und Gehälter in Luxemburg zu einer Art sozialpolitischen Anschluss an das Reich beziehungsweise den Gau Koblenz-Trier machte.[157] Formell gesehen waren die luxemburgischen Gesetze, die das Arbeitsleben regelten, im Oktober 1940 zwar noch nicht außer Kraft gesetzt, aber die CdZ-Verordnungen machten die alten Vorschriften nach und nach überflüssig.[158]

In keinem anderen Bereich nutzte der Gauleiter in Luxemburg seine Gestaltungsmöglichkeiten so aus, wie bei den Lohn- und Arbeitsbedingungen. Im Oktober 1940 wurden über 60 Verordnungen zu den unterschiedlichsten Berufs- und Tätigkeitsgruppen erlassen. 1941 und 1942 folgten noch über 40 Verordnungen, die Arbeits-, Lohn- und Urlaubsbedingungen in weiteren Bereichen regelten oder in bestimmten, kriegswirtschaftlich wichtigen Branchen nachbesserten. Ab 1943 ging die Zahl dieser sozial- und strukturpolitischen Verordnungen deutlich zurück, was auf die veränderten Rahmenbedingungen im „Totalen Krieg“ zurückzuführen ist.[159] Diese Fülle von Verordnungen hatte eine doppelte Wirkung, denn sie griffen entweder in die bereits existierenden Tarifstrukturen ein (wie etwa in der Hütten- und Bergbauindustrie) oder schufen überhaupt erst Rahmenbedingungen für Branchen, in denen es vor 1940 keine ausgehandelten und verbindlichen Tarifverträge gegeben hatte. Bei den Lohnverordnungen verzichtete Gustav Simon darauf, die Löhne und Gehälter 1:1 an die im Reich üblichen Tarife anzupassen, sondern ging auch in Zusammenarbeit mit der Deutschen Arbeitsfront eigene Wege.[160]

---

156 Vgl. Verordnung vom 30.9.1940 über die Preisbildung ab 1. Oktober und „Liste zur Verordnung über die Preisbildung ab 1. Oktober 1940“, veröffentlicht in: OMZ Nr. 223 (2.10.1940).

157 Dostert, Luxemburg zwischen Selbstbehauptung und nationaler Selbstaufgabe, S. 94f. und zur allgemeinen Versorgungslage der Zivilbevölkerung des Landes, vgl. Volkmann, Luxemburg im Zeichen des Hakenkreuzes, S. 134–144.

158 Verordnung über die Durchführung der Sozialversicherung in Luxemburg vom 30. September 1940, in: VOBL Nr. 5 (12.10.1940). Sie wurde gleichzeitig mit der Verordnung betreffend die allgemeine Lohngestaltung in Luxemburg vom 1.10.1940 veröffentlicht. Eine wesentliche Neuerung stellte die Einführung der Reichsknappschaft für die Luxemburger Bergleute dar.

159 Vgl. VOBL 1940-1944.

160 Vgl. zur Lohnentwicklung Volkmann, Luxemburg im Zeichen des Hakenkreuzes, S. 505f.

6.1. Die Lohnverordnungen von Oktober 1940

Besetzung und kriegswirtschaftliche Maßnahmen hatten dazu geführt, dass sich das Leben für die Einwohner Luxemburgs erheblich verteuert hatte. Besonders zu leiden hatten die Niedriglohnempfänger, aber auch in normalerweise gut bezahlten Branchen hatte sich die Lohnsituation ab Mai 1940 dramatisch verschlechtert. Besonders die Angestellten und Arbeiter in der exportabhängigen Industrie bekamen die Folgen des Krieges deutlich zu spüren, denn wer nach Frankreich evakuiert worden war, hatte während Wochen oder Monaten praktisch kein gesichertes Einkommen. Aber auch wer in Luxemburg geblieben war, hatte häufig keine geregelte Beschäftigung mehr, da vielerorts die Produktion stillgelegt worden war. Die Arbeiter in der Schwerindustrie erhielten von den Hüttenkonzernen zwar eine Art Krisenentschädigung beziehungsweise Vorschüsse, aber diese entsprachen bei weitem nicht dem monatlichen Einkommen, mit denen die Menschen noch vor dem 10. Mai 1940 rechnen konnten.[161] Ein von der deutschen Militärverwaltung verfügter offizieller Umrechnungskurs der Reichsmark zum Luxemburger Franken von 1:10 bedeutete eine Abwertung der luxemburgischen Währung von über fünf Prozent, worauf ab Mai 1940 die Lebenshaltungskosten innerhalb weniger Wochen um fast 17 Prozent stiegen. Nach der Beendigung des Krieges im Westen und der Amtsübernahme des Chefs der Zivilverwaltung stabilisierte sich diese Entwicklung zwar, aber die Kosten – etwa von Bekleidung, Heizung und Beleuchtung – erhöhten sich weiter. Zwischen November 1940 und Februar 1942 musste man in Luxemburg für die genannten Posten über 20 Prozent mehr als zuvor ausgeben.[162] (vgl. Anhang 10)

Den Entwicklungen im Altreich und den spezifisch Luxemburger Problemen musste die Gauleitung bei der Neuordnung der Lohn- und Arbeitsbedingungen im CdZ-Gebiet Rechnung tragen. Bei der Durchsetzung seiner Sozialpolitik orientierte sich Gustav Simon sehr wahrscheinlich an den Maßnahmen, mit denen sein Gauleiterkollege in Lothringen bereits im August 1940 das Lohnproblem angepackt hatte, um eine Angleichung zwischen CdZ- und Gaugebiet herbeizuführen.[163] Am

---

161 Vgl. ANLux ARBED AC-CI 251 (Mappe „Personnel Ouvriers“/18.6.1940). Die Landesverwaltungskommission versuchte recht früh, die Lohnfrage in den Griff zu bekommen. Im Mai ließ sie per Presse mitteilen, wo die Arbeiter der großen Betriebe ihre ausstehenden Löhne erhalten könnten. Löhne wurden auch in den Evakuierungsorten im Norden des Landes ausbezahlt, da die Transportverbindungen in den Süden erschwert waren, vgl. „Mitteilungen der Landesverwaltungs-Kommission und der Amtsstellen“, in: LW Nr. 144 (23.5.1940).

162 Vgl. Volkmann, Luxemburg im Zeichen des Hakenkreuzes, S. 134–137 und S. 506. Die Kosten für Wohnung und Ernährung blieben im gleichen Zeitraum hingegen relativ konstant, sodass die Gesamtlebenshaltungskosten nur um 8,5 Prozent zunahmen.

163 In der Luxemburger Tagespresse wurde erst im Dezember über die Maßnahmen des Gauleiters und CdZ Bürckel berichtet, vgl. „Sozialer Aufbau in Lothringen: Das Lohnproblem“, in: LW Nr. 347 (12.12.1940).

1. Oktober 1940 erschienen gleichzeitig verschiedene Verordnungen, durch die die Löhne und Gehälter sowie die Arbeitsbedingungen von Arbeitern und Angestellten der verschiedenen Branchen von der deutschen Zivilverwaltung reguliert wurden. In den wichtigen Industrien und Branchen erließ der Gauleiter neue Regelungen zu den Arbeits- und Urlaubsbedingungen sowie zu den Lohntarifen, etwa für die Arbeiter in der Schieferindustrie, die im Norden und im Westen des Landes eine wichtige Rolle spielte.[164] Auch andere Industriezweige, wie die Keramikindustrie in der Hauptstadt und im Osten Luxemburgs bekamen neue Lohngruppen verordnet.[165] Auch dort, wo es eine lange Tradition von Tarifverträgen gab, wie etwa im Druckgewerbe, ergriff die Zivilverwaltung nun die Initiative und warf die alten Lohn- und Gehaltsstrukturen durcheinander, um sie nach nationalsozialistischen Vorstellungen neu zu gestalten.[166]

Die Verordnung betreffend die allgemeine Lohngestaltung in Luxemburg sollte im Jahre 1941 die Löhne der Arbeiter linear um 45 Prozent erhöhen. Die Aussicht auf eine derartige Erhöhung klang vielversprechend, aber bei genauerem Hinsehen offenbarte sich ein erhebliches Konfliktpotenzial. Ausgeschlossen blieben nämlich die im öffentlichen Dienst Beschäftigten, Hausgehilfen und -gehilfinnen sowie diejenigen Lohnempfänger, für die durch „überbetriebliche Verordnungen oder einzelbetriebliche Anordnungen des Chefs der Zivilverwaltung in Luxemburg besondere Lohnregelungen" erlassen worden waren. Dies war zum Beispiel der Fall für die Ideal-Lederfabrik in Wiltz, einen bedeutenden Arbeitgeber im Norden Luxemburgs, wo „im Einvernehmen mit dem Reichstreuhänder der Arbeit" (RdA) im Oktober die Löhne neu festgelegt wurden.[167]

---

164 Verordnung zur Regelung der Arbeitsbedingungen in der Dachschieferindustrie vom 1.10.1940, in: VOBL Nr. 7 (12.10.1940).

165 Verordnung zur Regelung der Arbeitsbedingungen in der Steinzeugfliesen- und Steingutfliesenindustrie vom 1.10.1940, in: VOBL Nr. 9 (12.10.1940) und Verordnung zur Regelung der Arbeitsbedingungen in der feinkeramischen Industrie vom 1.10.1940, in: VOBL Nr. 10 (12.10.1940).

166 Verordnung zur Regelung der Arbeitsbedingungen für die gewerblichen Gefolgschaftsmitglieder im graphischen und papierverarbeitenden Gewerbe, in: VOBL Nr. 13 (12.10.1940).

167 Vgl. „Stabile Löhne und Preise gesunden Luxemburgs Wirtschaft", in: LZ Nr. 251 (28.9.1940), „Schutz der Arbeiterschaft. Umfassende Verbesserungen auf dem Gebiete der Sozialversicherung", in: LZ Nr. 255 (3.10.1940) und „Die Neuregelung der Löhne und Gehälter in Luxemburg. Aufklärung von Missverständnissen", in: LZ Nr. 256 (4.10.1940). Der Wortlaut der Verordnungen: Verordnung betreffend die allgemeine Lohngestaltung in Luxemburg vom 1.10.1940, vgl. LW Nr. 285 (11.10.1940). Bei dem Fall der Ideal handelte es sich um eine der wenigen öffentlichen Mitteilungen über ein solches Lohnabkommen, wobei nicht klar ist, wie die Löhne in der Lederfabrik festgelegt wurden oder wer an der Ausarbeitung beteiligt war. Die Ideal war in jüdischem Besitz und der Direktor war im Mai 1940 geflohen, was möglicherweise erklärt, warum man die Löhne veröffentlichte.

Die Funktion des „Treuhänders der Arbeit“ war 1933 vom nationalsozialistischen Staat geschaffen worden. Dabei handelte es sich um einen Beamten, der dem Reichsarbeitsminister unterstand und einen Teil der Aufgaben der ehemaligen Arbeitnehmer- und Arbeitgeberorganisationen übernehmen sollte. Durch das Gesetz zur „Ordnung der nationalen Arbeit“ (1934) fielen die Festlegung der Tarife und die Regelung der Arbeitsverhältnisse definitiv in den Kompetenzbereich des RdA. In Luxemburg war eine geregelte Tätigkeit der Gewerkschaften und Arbeitgeberorganisationen mit der Amtsübernahme des Chefs der Zivilverwaltung nicht mehr möglich gewesen. Auf diese Weise hatten die Treuhänder „ein kaum zu überschätzendes Regulierungspotenzial“ (Eden).[168]

Die CdZ-Lohnverordnungen vom 1. Oktober 1940 hatten die zentrale Funktion der Tarifpartner ausgehebelt. Die Berufung eines kommissarischen Reichstreuhänders vollzog nun formaljuristisch den Übergang der Kompetenzen der Arbeitgeber- und Arbeitnehmerorganisationen auf den Reichstreuhänder. Dieser war nun formell für die Lohngestaltung und die Erhaltung des „Arbeitsfriedens“ zuständig. Am 26. Mai 1941 wurde Luxemburg dann offiziell in den Arbeitsbereich des für den Gau zuständigen Reichstreuhänders der Arbeit des Wirtschaftsgebietes Rheinland einbezogen. An der faktischen Vormachtstellung des Gauleiters in Lohnfragen änderte sich freilich nur wenig, denn Simon sorgte dafür, dass ihm genug unmittelbare Einflussmöglichkeiten blieben.[169]

Im Herbst 1940 sahen sich viele Arbeiter getäuscht, als sie nach der Einführung der neuen Tarife die ersten Lohntüten in Empfang nahmen. Durch die Propaganda war vermutlich bei vielen Menschen der Eindruck entstanden, die Nettolöhne und -gehälter würden tatsächlich um 45 Prozent steigen. Dem war natürlich nicht so, da vom Arbeitgeber wie gewohnt die Sozialabgaben für Kranken- und Altersversicherung einbehalten wurden. Außerdem verzögerte sich die Umsetzung der Verordnungen erheblich, da die Lohnbüros der großen Unternehmen mit vielen tausend Mitarbeitern mit der Umstellung und Neuberechnung in Verzug gerieten. Zudem stellte sich heraus, dass durch eine sehr harmlos klingende Verordnung „zur Angleichung der Arbeitsentgelte in Luxemburg an die Nettoarbeitsentgelte“ im Altreich, erhebliche Pauschalabzüge für Steuern und Sozialabgaben auf allen Löhnen und Gehältern fällig wurden. Diese beliefen sich einkommensgestaffelt

---

168 Vgl. Schmitz-Berning, Vokabular des Nationalsozialismus, S. 612–614; Sören Eden, Arbeitsrecht im NS-Staat, Die Treuhänder der Arbeit und die Kriminalisierung der Arbeitsvertragsbrüche, in: Nützenadel (Hg.), Das Reichsarbeitsministerium im Nationalsozialismus, S. 246–281, hier S. 255. In Luxemburg wurde Dr. Josef Zilliken berufen.

169 „Wächter des Arbeitsfriedens“, in: ETB Nr. 120 (25.5.1943). Der Gau Moselland gehörte zum Wirtschaftsgebiet Rheinland, ab 1.5.1943 erhielt der Gau ein eigenes Landesarbeitsamt mit einem nur für das Gaugebiet zuständigen Reichstreuhänder. Den Posten übernahm der „dienstälteste“ Parteigenosse des Gaus, Hermann Unger, der bis 1943 Beauftragter des CdZ für Personalfragen, d.h. politische Beurteilungen, war, vgl. Franz Maier, Biographisches Organisationshandbuch, S. 474f.

für Arbeiter und Angestellte in den untersten Einkommensbereichen auf 12–13 Prozent und stiegen mit höherem Einkommen auf bis zu 19–20 Prozent an.[170] Entsprachen die Lohnsteigerungen in der Schwerindustrie nicht den geweckten Erwartungen, stellte sich in anderen Branchen die Lage unterschiedlich dar. Textilarbeiter und Eisenbahnarbeiter gehörten zu den Gewinnern, da hier die Grundlöhne um mehr als 60 Prozent angestiegen waren. Diese „krassen Unterschiede" (Volkmann) setzten sich im öffentlichen Dienst fort, wo die Gehälter gleichfalls kräftig angehoben wurden.[171]

Die Unruhe unter den Arbeitern erreichte Ausmaße, mit denen die Zivilverwaltung nicht gerechnet hatte. Die konkrete Umsetzung der Lohnverordnung bereitete vielen Betrieben größere verwaltungstechnische Probleme, sodass sich die erwarteten Lohnerhöhungen verzögerten. Während Wochen kursierten die wildesten Gerüchte, wie der SD besorgt vermerken musste. Hier hieß es, Hütten- und Grubenarbeiter würden von der Lohnverordnung kaum profitieren, dort meinte man, die Hüttenwerke wären auf eine geheime Verordnung des Gauleiters hin vorerst von den Mehrzahlungen ausgenommen worden. Die schlechte Stimmung unter den Arbeitern wirkte sich auf die Einstellung gegenüber der VdB aus. Wirklich gegensteuern konnte das Regime aber nicht, sieht man einmal davon ab, dass reichsdeutsche Parteifunktionäre auf Versammlungen beruhigend zu wirken versuchten. Ihre Aussagen blieben im Allgemeinen aber zu vage oder unverständlich, um die Situation entschärfen zu können, wie die Erläuterungen des Gausozialwalters der DAF Hanns Schneider vor Luxemburger Arbeiterausschüssen zeigen.[172] Darüber hinaus verhielten sich manche, wie der Gauobmann Hugo Dörner, zu ungeschickt. Er versprach einerseits ein gesteigertes Lohnniveau, andererseits verband er dies mit der Forderung des Regimes nach mehr Leistung und Arbeit, so ein Vermerk des SD.[173] Inwiefern sich die Lohnverordnungen direkt positiv auf die Mitgliederzahlen der VdB auswirkten, ist schwer zu sagen. Tatsächlich traten

---

170 Verordnung zur Angleichung der Arbeitsentgelte in Luxemburg an die Nettoarbeitsentgelte im Großdeutschen Reich vom 1.10.1940. Die Prozentsätze waren vom Unternehmer einzubehalten und sanken deutlich für Verheiratete bzw. Verheiratete mit Kindern, wodurch sich in den höheren Einkommensgruppen die Steuer- und Abgabenlast deutlich reduzieren konnte.

171 Volkmann, Luxemburg im Zeichen des Hakenkreuzes, S. 505f.

172 „Der Betriebsführer, dem der allgemeine zu erwartende Produktionsanstieg zur Verbesserung und Rationalisierung seines Produktionsapparates gelegen kommt, muss ebenso wie das Gefolgschaftsmitglied durch Leistungssteigerung den neuen Kostenplan sowie die Lohnpolitik unterbauen.", zitiert in: Bericht des Einsatzkommandos der Sipo und des SD in Luxemburg am 31.10.1940 an SD-Abschnitt Koblenz, in: ANLux SD 028: C6.

173 „Der Betriebsführer habe die Aufgabe alles zu tun, um die Leistung zu heben, denn nur durch gesteigerte Leistung könne das Lebensniveau gehoben werden." Dörner wurde zitiert in: Bericht des Einsatzkommandos der Sipo und des SD in Luxemburg am 31.10.1940 an SD-Abschnitt Koblenz, in: ANLux SD 028: C6.

zwischen Ende September und Mitte Oktober 1940 noch einmal 900 Personen der Bewegung bei.[174]

So hatten sich Arbeiter und Angestellte die Sozialpolitik nicht vorgestellt: Seit der zweiten Hälfte der 1930er Jahre waren sie auf bessere Lebens- und Lohnbedingungen eingestellt und nicht auf Rationalisierungsdruck und „Leistungskampf". In den „Meldungen aus Luxemburg" musste der SD über unzufriedene Arbeiter berichten. Schlechte Nachrichten kamen immer wieder aus dem industriellen Süden, wo die Arbeiter sich erhebliche Sorgen machten, da wegen der niedrigen Produktion mit weiteren Feierschichten oder gar Entlassungen gerechnet werden musste. Besonders betroffen waren nun die Arbeiter aus Hüttenwerken und Grubenbetrieben. Konnten diese vor dem Krieg bei hohen Produktionsziffern recht gute Verdienste mit nach Hause nehmen, so gehörten sie augenscheinlich zu den Verlierern. Produktionsprämien fielen weg und Akkordlöhne wurden uninteressant. Flugblätter aus Kreisen des Widerstandes heizten die Stimmung zusätzlich an. So verspottete Anfang 1941 ein Flugblatt den „Sozialismus der Tat" der Deutschen Arbeitsfront und kritisierte die „Vielsprecherei". Die Löhne seien immer noch „ungenügend" und um die Kaufkraft der Vorkriegszeit wiederherzustellen, müssten die Löhne mindestens um 80 Prozent angehoben werden.[175] Erst im Laufe des Jahres 1941 verbesserte sich der Beschäftigungsgrad in der Schwerindustrie allmählich wieder, sodass sich die Einkommenslage unter der Arbeiterschaft etwas entspannte.[176]

Die anhaltende Unzufriedenheit unter den Luxemburger Arbeitnehmern alarmierte die Gauleitung, die hektisch gegensteuern musste. Es gab im Herbst 1940 besorgniserregende SD-Berichte über die Stimmung im Land, die sich vor allem im Süden gegen die Deutschen zu drehen begann:

> „Die Arbeiter gehören wohl in Luxemburg zu demjenigen Personenkreis, der nach Schaffung einer gesunden Lebensexistenz an erster Stelle für das Deutschtum gewonnen werden kann. Es zeigten sich in dieser Hinsicht bereits gute Ansätze. So stand das Ergebnis für das Kriegs-WHW im Escher Gebiet weit über dem anderer Gegenden. Auch bei anderen Anlässen zeigte sich, dass der Arbeiter des Escher Gebietes auf dem besten Wege war, sich zu Deutschland zu bekennen. (...) All diese günstigen Erscheinungen sind mit einem Schlag weggewischt. Die Stimmung in Esch und der näheren

---

174 Vgl. Artuso, La collaboration (2013), S. 159.

175 Vgl. Flugblatt „Sozialismus der Tat" (o.D.), in: Archives OGBL (Mappe „Occupation").

176 Bericht des Einsatzkommandos der Sipo und des SD in Luxemburg vom 10.12.1940 an SD-Abschnitt Koblenz betr. Meldungen aus Luxemburg, in: ANLux SD 030: C16. Im Mai 1941 berichtete der SD über einen Beschäftigungsanstieg und eine zunehmende Verknappung von Arbeitskräften. Ende 1940 entlassene Arbeiter sollten teilweise wieder eingestellt werden, außerdem wurde die Lehrlingsausbildung ausgebaut, vgl. Bericht des Einsatzkommandos der Sipo und des SD in Luxemburg vom 20.5.1941 an SD-Abschnitt Koblenz betr. Meldungen aus Luxemburg, in: ANLux SD 030: C18.

Umgebung ist dermaßen gespannt, dass es nach der Ansicht deutschgesinnter Kreise nur des geringsten Anlasses zu deutschfeindlichen Kundgebungen bedarf."[177]

Kritik an der ungeschickten Vorgehensweise der Zivilverwaltung kam ebenfalls aus den eigenen Reihen.[178] Bereits am 13. Oktober 1940 wurde eine Versammlung in der Hauptstadt einberufen, bei der den Betriebsführern und den Vertretern der Arbeiterausschüsse klar gemacht wurde, dass es keine Verhandlungen mehr geben würde.[179] Am 14. Oktober 1940 stellte eine CdZ-Verordnung die Zahlung einer Arbeitslosenunterstützung nach reichsdeutschem Recht in Aussicht. Versprochen wurden deutlich höhere Unterstützungsgelder. Erhielt beispielsweise ein Arbeitsloser mit drei Kindern nach Luxemburger Recht ein wöchentliches Arbeitslosengeld von 12,60 Reichsmark, so hatte er nach deutschen Vorschriften nun Anrecht auf die Zahlung von 21,60 Reichsmark.[180] Zwei Tage später rief der Gauleiter sämtliche Referenten der deutschen Dienststellen zu sich, um die angespannte Lage zu besprechen.[181] Relativ ausführlich berichtete das Luxemburger Wort über dieses Treffen und man erhielt einen der seltenen Einblicke in die Vorgänge hinter der Fassade einer scheinbar effizienten Zivilverwaltung. Es war die Rede von „Unruhe", „Schwierigkeiten" sowie „hier und da ungünstig aufgetretene[n] Entwicklungen". Die Zusammenkunft war offiziell anberaumt worden, um die Lohn- und Preisangleichung zu koordinieren. Es galt, so die Pressemitteilung, „Schwierigkeiten zu überwinden und auftretende Missstände zu beseitigen."[182] Zu den Maßnahmen,

---

177 Bericht des SD vom 18.10.1940, in: ANLux CdZ SD 032.

178 Vgl. Schreiben des deutschen Oberbürgermeisters Richard Hengst vom 27.1.1941 an Staatssekretär Wilhelm Stuckart, zitiert bei Artuso, La collaboration (2013), S. 160 (Fußnote 419).

179 Vgl. Dr. f. (= Marcel Fischbach), Der Aufgabenbereich des neuen Betriebsführers, in: LW Nr. 288 (14.10.1940).

180 Vgl. „Neues von der unterstützenden Arbeitslosenhilfe", in: LW Nr. 335 (30.11.1940). Alleinstehende allerdings wurden, so die Mitteilung, je nachdem schlechter gestellt als vorher.

181 „Die Lösung der sozialen Probleme Luxemburgs", in: LW Nr. 291 (17.10.1940) und „Die Neuordnung auf dem Gebiet des Wohlfahrtswesens", ebenda.

182 „Die Lösung der sozialen Probleme Luxemburgs", in: LW Nr. 291 (17.10.1940). Der Gauleiter attackierte aufs Heftigste die „Preissünder": gegen diese „unsozialen Elemente" werde schärfstens mit Geld- und Freiheitsstrafen vorgegangen werden. Am gleichen Tag fand in Luxemburg unter Leitung des Generalbeauftragten für die Wohlfahrts- und Gesundheitsorganisationen eine Versammlung statt, in der das nationalsozialistische Wohlfahrtswesen, d.h. die Aufgaben der NS-Volkswohlfahrt und des Winterhilfswerks, vorgestellt wurde, vgl. „Die Neuordnung auf dem Gebiete des Wohlfahrtswesens", in: LW Nr. 291 (17.10.1940). Auf die „Schwierigkeiten", die durch die Lohnpolitik des CdZ entstanden waren, ging auch Gausozialwalter Schneider in einer Rede vor Luxemburger Betriebsführern ein, die am 13. Oktober stattgefunden hatte, vgl. „Lohn- und sozialpolitische Entwicklung in Luxemburg", in: NBL Nr. 246 (16.10.1940).

die Simon anordnete, gehörten Hilfsmaßnahmen für die Luxemburger, die aus der Evakuation zurückgekehrt waren. Diese sollten bei der Verteilung von Kleidung, Lebensmitteln und Kohle bevorzugt berücksichtigt werden. Den Beziehern von Renten stellte man baldige Nachzahlungen und den Armen eine rasche „Neuorganisierung des Fürsorgewesens“ in Aussicht. Für die Masse der Bevölkerung kündigte man an, der Chef der Zivilverwaltung würde für eine effektive Preisüberwachung sorgen und versprach, die Kohleversorgung für den Winter sei trotz einiger Transportprobleme garantiert. Doch manche Ankündigungen offenbarten sich als plumpe Propaganda, etwa wenn man die Schuld den Zuständen der Exilregierung oder den „Gewerkschaftsbonzen“ in die Schuhe zu schieben versuchte.[183] In anderen Mitteilungen wurden die Menschen nur vertröstet, etwa wenn es belehrend hieß, dass es im NS-Staat nicht immer nur um Lohnsteigerungen ginge, sondern auch um „kulturelle Leistungen“ des Staates. Das Versprechen, das Regime würde sich nun für die Schaffung von Arbeitersiedlungen, billige Theaterangebote sowie Erholungsreisen für Arbeiter einsetzen, war freilich nicht die richtige Antwort auf die momentanen Nöte der Menschen.[184] Recht kurzfristig wurde Mitte Oktober eine Kundgebung im Industriegebiet angekündigt, bei der Gustav Simon persönlich auftreten wollte, wahrscheinlich davon überzeugt, dass sein Auftritt vor den Arbeitern zur Beruhigung der Lage beitragen würde.[185] Die Kundgebung stand allerdings unter keinem guten Stern, da der SD über deutschfeindliche Äußerungen berichtete und auf die Gefahr von Zusammenstößen hinwies: „Es ist jetzt schon so weit, dass auf der Straße gerufen wird: „Nicht ‘Heil Hitler’, sondern ‘Heil Moskau’ muss es heißen! (...) Man erwartet in Esch allgemein, dass es am Sonnabend (...) zu Zusammenstößen kommen wird. Verschiedene Personen haben schon erklärt, dass es am Sonnabend ‘krachen’ müsste, da die Versprechungen ja doch nicht gehalten würden.”[186]

Die Kundgebung vom 19. Oktober verlief offenbar ohne größere Zwischenfälle und bot dem Gauleiter die Gelegenheit, der Öffentlichkeit noch einmal sein sozialpolitisches Programm zu erklären. Zu den herausragenden Ankündigungen zählte die Einführung von Kinderzulagen. Auch das „Kurzarbeiter-System“ sollte kurzfristig abgeschafft werden, denn schon ab dem 21. Oktober sollten verheiratete Arbeiter wieder pro Woche ihre vollen Schichten verfahren können, den ledigen Arbeitern versprach der Gauleiter eine schnelle Lösung. Auf das Problem des Lebensstandards ging Simon ebenfalls ein. Er gab zu, dass die Preissteigerungen die Lohnzuwächse wieder aufgehoben hätten. Weiteren Lohnerhöhungen erteilte er indirekt eine Absage, als er die Schuld den Geschäftsleuten und Händlern zuschob, die sich wie „christliche Juden“ und „Preiswucherer“ benähmen.[187] Tatsächlich

183 Vgl. „Die Arbeiterwelt in Erwartung der Gauleiterrede“, in: OMZ Nr. 242 (19.10.1940).
184 Vgl. Dr. F (= Marcel Fischbach), Auf neuen sozialpolitischen Wegen, in: LW Nr. 291 (17.10.1940).
185 Ankündigung der Escher Kundgebung im LW Nr. 286/287 (12./13.10.1940).
186 Bericht des SD vom 18.10.1940, in: ANLux CdZ SD 032.
187 „Gauleiter Simon: Der soziale Ausgleich wird vollzogen“, in: LW Nr. 295 (21.10.1940).

ließen sich diese sozialpolitischen Versprechungen größtenteils umsetzen, da es zur Einführung der staatlichen Kinderbeihilfen kam und die Kurzarbeiterfrage in der Schwerindustrie tatsächlich im Oktober in Zusammenarbeit mit den Konzernen gelöst werden konnte.[188] Diese Maßnahmen trugen dazu bei, dass die Einkommen zumindest in der Industrie als gesichert gelten konnten, mit den zusätzlichen Kinderbeihilfen hatten Familien netto mehr Geld in den Haushaltskassen. Die Gewährung des Kindergeldes hatte auch einen ideologischen Hintergrund, da man kinderreiche Familien aus „bevölkerungspolitischen und volksgesundheitlichen Gründen" besonders fördern wollte.[189]

Der Gauleiter ließ sich gerne bei Massenversammlungen und anderen propagandistischen Manifestationen als Freund der Arbeiter und fürsorglicher Landesvater des Gaues Moselland in Szene setzen. Seine Politik trug in vielem paternalistische Züge. Ende 1940 führte er per Verordnung Vergünstigungen ein. Das Versprechen, dass es künftig an fünf Feiertagen volle Lohnfortzahlungen geben und dass Mitarbeiter des öffentlichen Dienstes eine besondere Weihnachtszuwendung für 1940 erhalten sollten, war nicht nur ein Propagandacoup, sondern sollte vor allem beruhigend auf Arbeiter, Angestellte und Beamte wirken, denen man in den letzten Monaten mit der VdB-Beitrittskampagne arg zugesetzt hatte. Nicht zuletzt sollten die Maßnahmen „das große soziale Verständnis des Gauleiters" bestätigen.[190]

Die Lohnpolitik hatte letztlich aber nicht die erhofften Auswirkungen auf die Aufbauarbeit der Volksdeutschen Bewegung. Eine Ortsgruppe meldete im Januar 1941, dass wegen der „gegenwärtige[n] Lohnverhältnisse" achtzig Prozent der Hütten- und Bergarbeiter der VdB fernblieben. Selbst Arbeiter, die schon beigetreten waren, machten Schwierigkeiten beim Erheben der Monatsbeiträge, da sie zehn Wochen nach den neuen Lohntarifen mit ihren Einkommen immer noch unzufrieden waren. Viele waren verärgert, dass sie nun nicht nur der VdB, sondern auch der neu eingeführten Deutschen Arbeitsfront Beiträge zahlen mussten. Wer in einer freien luxemburgischen Gewerkschaft gewesen war, musste hier noch Monatsbeiträge entrichten, was die Arbeiterschaft als unnötige Belastung empfand.[191]

---

188 Vgl. Max Bernhuber, Programm der ARBED für eine verstärkte Beschäftigung der Belegschaft (11.10.1940), in: ANLux ARBED AC-CI-253 (Mappe „Effectif ouvrier").

189 Vgl. Eintrag „kinderreiche Familien", in: Der Volks-Brockhaus, [9]1941, S. 351. In der Tagespresse wurde diese Maßnahme von Luxemburger Journalisten begrüßt, vgl. Josef Hanck, Familieneinkommen, in: LW Nr. 353 (18.12.1940) und J.[ean] P.[ierre] Robert, Bevölkerungspolitische Fragen, in: LW Nr. 91 (1.4.1943).

190 „Weihnachtsgeschenk an die Luxemburger Schaffenden" und „Die Lohnzahlung an Feiertagen", in: LW Nr. 356/357 (21./22.12.1940). Als dritte Maßnahme und großzügige Geste des CdZ wurde die Rückzahlung der ab 1. Oktober zu viel gezahlten Beiträge zu den Sozialversicherungen und Steuern in Aussicht gestellt.

191 Wochenbericht der VdB-Ortsgruppe Niederkorn vom 14.1.1941, in: Archives OGBL (Mappe „Genehmigungen von Vorstandssitzungen").

Im Juli 1941 musste ein SD-Bericht enttäuscht „die zunehmende Verschlechterung der Stimmung der Arbeiterschaft im Bezirk Esch“ feststellen, was die Beamten zum Teil auf die immer noch ungelöste Lohnfrage, aber auch auf die zunehmende „Feindpropaganda“ von Widerstandsgruppen zurückführten. Vor allem nach dem deutschen Überfall auf die Sowjetunion sei die Untergrund-KPL aktiv geworden und hätte Hitler auf Flug- und Handzetteln als „Arbeitermörder“ bezeichnet. Großen Einfluss auf die deutschfeindlichen Luxemburger schienen in manchen Ortschaften des Industriegebiets katholische Pfarrer gehabt zu haben. Glaubt man dem SD, so hing die Stimmung unter der Arbeiterschaft häufig von der materiellen Lage ab. Neben den Lohnbedingungen war es die Lebensmittelversorgung, die den Menschen Sorgen bereitete, denn funktionierte diese nicht, so wurde es schier unmöglich, die Menschen vom Regime zu überzeugen, geschweige denn neue Anhänger zu gewinnen.[192]

6.2. Die Auswirkungen der Lohnverordnungen

Sollte jemand erwartet haben, dass mit den Nationalsozialisten eine irgendwie geartete soziale Nivellierung eintreten würde, so hatte sich derjenige geirrt. Die im Verordnungsblatt veröffentlichten Lohn- und Abgabensätze ließen deutlich erkennen, dass man zumindest in Punkto Lohn- und Steuerpolitik an den Unterschieden zwischen „Arbeitern der Faust“ und „Arbeitern der Stirn“ nicht grundsätzlich rüttelte. Gleichzeitig hatte der CdZ ein Instrument der Lohn- und Gehaltsregulierung abgeschafft, das es seit 1937 in wichtigen Branchen in Form einer Indexregelung gegeben hatte. Mit der Tarifautonomie und der automatischen Anpassung der Arbeiterlöhne an die Teuerung war es nach Verlautbarungen der Nationalsozialisten nunmehr vorbei. Dies resümierte der Kommentar eines Luxemburger Journalisten, der Anfang Oktober 1940 lakonisch feststellte: „Es werden keine Verbände mehr zusammentreten können, um über Lohn- und Arbeitsverhältnisse zu entscheiden bezw. sich zu einigen.“[193]

Insgesamt betrachtet ergibt sich hinsichtlich der Auswirkungen der Lohnverordnungen ein zwiespältiges Bild zwischen Stagnation beziehungsweise Rückschritten und Verbesserungen. Die Verordnungen über die Gestaltung der Löhne und Arbeitsbedingungen waren langfristig gesehen kein gelungener Propagandacoup. Wichtige soziale Errungenschaften aus der Vorkriegszeit wurden zwar nicht grundsätzlich in Frage gestellt (der Achtstundentag galt für Lohn- und Gehaltsempfänger gleichermaßen mit Ausnahme der landwirtschaftlichen Arbeiter), wurden aber zunehmend löchriger. Die Arbeitszeitordnung vom 13. Dezember 1940

192 Bericht des SD-Führers des Einsatzkommandos der Sipo und des SD in Luxemburg an das RSHA vom 15.7.1941, gedr. in: Brommer (Hg.), Die Partei hört mit. Bd. 2, S. 76f.

193 Vgl. Artikel von Marcel Fischbach, Wie wird der Einzelne durch die neue Lohn- und Gehälterregelung erfasst?, in: LW Nr. 278 (4.10.1940).

legte für alle Tätigen über 18 Jahre in Betrieben und Verwaltungen die „regelmäßige werktägliche Arbeitszeit" auf acht Stunden fest, aber es gab zahlreiche Ausnahmeregelungen, die den Unternehmern und den deutschen Stellen einen großen interpretatorischen Spielraum erlaubten. Demnach durften Arbeitszeiten etwa per „besondere[r] Verordnung" von acht auf zehn Stunden erhöht werden. Aus „dringenden Gründen des Gemeinwohls" – wie es hieß – durfte von quasi allen Arbeitszeitregeln mit Erlaubnis des Gewerbeaufsichtsamtes Abstand genommen werden.[194] Die Sonntagsruhe wurde gleichfalls aufgeweicht: Zwar schrieb die Verordnung über die Sonntagsruhe vor, dass Gefolgschaftsmitglieder in Industrie, Handwerk, Handel und Bergbau an Sonn- und gesetzlichen Feiertagen nicht beschäftigt werden dürften, diese Bestimmung fand aber keine Anwendung auf Arbeiten, „welche in Notfällen oder im öffentlichen Interesse unverzüglich wahrgenommen" werden mussten. Für Betriebe mit durchgehendem Betrieb (wie an den Hochöfen) galt die Verordnung über die Sonntagsruhe ohnehin nicht.[195] Andere Vorschriften brachten nur wenig spürbare Verbesserungen. Die Regelungen des CdZ für Überstunden mit einem Zuschlag von 25 Prozent entsprachen im Großen und Ganzen dem, was die Luxemburger Arbeiterschaft gewohnt war. Allerdings zeigte sich der Gauleiter großzügiger, was die Sonn- und Feiertagszuschläge anging. (siehe Tabelle 11) Waren seit 1937 im Eisenerzbergbau 40 Prozent kollektivvertraglich gesichert, so wurde nun ein fünfzigprozentiger, an den wichtigsten kirchlichen Feiertagen wie Pfingsten oder Weihnachten und vor allem an dem neuen Feiertag, dem 1. Mai, sogar ein hundertprozentiger Zuschlag fällig. In den meisten Branchen waren damit die Mehrarbeitszuschläge aneinander angeglichen worden.

Vorteile für viele gab es beim bezahlten Jahresurlaub. Sah das Luxemburger Gesetz von 1926 für Arbeiter vier bis zwölf bezahlte Urlaubstage vor, so brachten die Oktober-Verordnungen mindestens sechs bezahlte freie Tage. (siehe Tabelle 12) Von den verbesserten Urlaubsbedingungen profitierten zunächst die Arbeiter in Betrieben, die sich bis dato strikt an die gesetzlichen Bestimmungen von 1926 gehalten hatten, konkret verbesserten sich also die Urlaubsbestimmungen in der Mittelindustrie, wie etwa bei der Ideal-Lederfabrik in Wiltz oder den CERABATI-Plattenwerken in Wasserbillig.[196] Auch in kleineren Betrieben wurde nun der bezahlte Jahresurlaub eingeführt. Ausnahmen, die das luxemburgische Gesetz von 1926 noch vorsah, etwa bei Betrieben bis zu zwanzig Mitarbeitern, fielen weg. Die Kollektivverträge aus den 1930er Jahren für die Hütten- und Eisenindustrie sowie den Erzbergbau hatten freilich schon mindestens sechs bis dreizehn Urlaubstage vorgesehen, hier spürten die Arbeiter demnach kaum Veränderungen. Die Dauer

194 Vgl. §§6-8 der Arbeitszeitordnung vom 13.12.1940, in: VOBL Nr. 70 (21.12.1940).

195 Verordnung über die Sonntagsruhe in Luxemburg vom 15.1.1941, in: VOBL Nr. 7 (20.1.1941).

196 Vgl. Arbeiterkammer Luxemburg, Die Kollektiv-Verträge im Großherzogtum Luxemburg.

des Jahresurlaubs hing von der Dauer der Betriebszugehörigkeit ab; nach den deutschen Verordnungen konnte ein Arbeitnehmer nun schneller mehr Urlaubstage bekommen als nach den Luxemburger Kollektivverträgen. Hatte im Jahre 1939 ein Hütten- und Metallarbeiter nach zehn Dienstjahren Anrecht auf acht Tage Urlaub, so erhöhten sich diese ab 1941 auf zwölf bezahlte Urlaubstage.[197] Unter den Lohnempfängern am besten gestellt waren die Arbeiter, die im Bergbau unter Tage beschäftigt waren (mit 18 Urlaubstagen nach zwanzig Dienstjahren).

In einigen Branchen stellten die Lohnverordnungen des Gauleiters für die Lohn- und Gehaltsempfänger einen unbestreitbaren Fortschritt dar. Die Arbeitsbedingungen für den Groß- und Einzelhandel mit allgemein verbindlichen Regelungen von Arbeitszeiten, Bezahlung und Urlaub waren eine Neuerung, da es vor 1940 in diesem Sektor keinen Kollektivvertrag gegeben hatte. Das Gleiche galt für die Landwirtschaft, in der eine Verordnung die täglichen Arbeitszeiten reglementierte, und die wie bei den Angestellten eine Lohntafel hatte, die in Ansätzen Mindestlöhne je nach Tätigkeit vorsah.[198] Die Verordnung über die Festsetzung von Mindestgehältern für Angestellte in Luxemburg schuf neue Beschäftigungsgruppen, nach denen die kaufmännischen und technischen Angestellten bezahlt werden sollten.[199] Bis dato unbekannt waren die Ortsklassen, durch die nun die Ballungszentren von den eher ländlichen Regionen unterschieden wurden. Die von der Zivilverwaltung offiziell festgesetzten Mindestgehälter galten im Stadtkreis Luxemburg sowie in den großen Gemeinden des Industriekantons Esch, während im übrigen Landesgebiet die Angestellten zehn Prozent weniger verdienten. Ungeschickterweise war vorgesehen, dass nicht der Wohnort des Arbeitnehmers, sondern die Lage des Betriebs für die Feststellung der Ortsklasse berücksichtigt wurde. Die Unzulänglichkeiten dieser Verordnung – man hatte beispielsweise vergessen, die Frage der Überstunden, Sonn- und Feiertagsarbeit zu erwähnen oder die Urlaubstage verbindlich zu regeln – führten dazu, dass ein heilloses Durcheinander herrschte. Niemand wusste, ob man sich an die formell immer noch gültigen Luxemburger Gesetze und Vorschriften halten müsse oder ob allein die neuen Verordnungen Geltung hatten. Aus diesen Gründen mussten später zusätzliche oder neue Verordnungen nachgeschoben werden, wodurch sich bei vielen Arbeitnehmern und Arbeitgebern der Eindruck einer heillos überforderten und chaotisch handelnden Zivilverwaltung erhärtete. Dies galt vor allem für die Schwerindustrie,

---

197 Vgl. Lohnabkommen vom 12.7.1937 zwischen ARBED, HADIR und S.A. Minière et Métallurgique de Rodange und Vertretern der Hütten- und Metallarbeiter sowie den Vertretern der freien und christlichen Arbeiterorganisationen, in: Die Kollektiv-Verträge, S. 163–172.

198 Verordnung zur Regelung der Arbeitsbedingungen im Groß- und Einzelhandel vom 1.10.1940.

199 Verordnung über die Festsetzung von Mindestgehältern für Angestellte in Luxemburg vom 1.10.1940. Frauen waren gegenüber ihren männlichen Kollegen schlechter gestellt, da sie nur Anspruch auf 90% der Männergehälter hatten.

wo der CdZ die Lohngestaltung konsequent als politisches Steuerungsinstrument einsetzte. Hüttenindustrie und Bergbau waren kriegswichtige Branchen, auf deren leistungsbereite Arbeiter man angewiesen war.

Wegen offensichtlicher Unzulänglichkeiten wurden mit Jahresbeginn 1941 die ersten Änderungen vorgenommen. Diese bestanden in der Anhebung der Bergarbeiterlöhne oder der Einführung einheitlicher Urlaubsrichtlinien für die gesamte Privatwirtschaft des Landes. Für den politisch wie wirtschaftlich wichtigen Sektor der Schwerindustrie erließ das CdZ-Regime über die gesamte Besatzungszeit betrachtet die meisten Verordnungen. So wurden 1942 die Arbeits- und Gehaltsbedingungen für die Angestellten der Schwerindustrie und des Bergbaus grundsätzlich neu gefasst, wodurch die Angestellten-Verordnung vom 1. Oktober 1940 für diese Gruppe nicht mehr galt. Die Verordnung über die Arbeitsbedingungen der Angestellten im Eisen-, Metall- und Elektrogewerbe vom 15. März 1942 brachte Verbesserungen mit sich, etwa mehr Urlaubstage und verbindliche Lohnfortzahlung im Falle von Arbeitsversäumnissen, wie bei Wohnungswechseln oder Sterbefällen in der Familie. Nationalsozialistischen Grundsätzen entsprachen die Lohnfortzahlungen für Lehrlinge, die am „Reichsberufswettkampf" teilnahmen oder für Mitarbeiter, die wegen Parteiveranstaltungen von VdB oder NSDAP sowie ähnlicher Versammlungen von Parteigliederungen oder angeschlossenen Verbänden (wie der Deutschen Arbeitsfront) nicht zur Arbeit erscheinen konnten. Neu waren die Sozialzulagen für Verheiratete in Höhe von 10 Reichsmark im Monat. Dem stand allerdings eine faktische Erhöhung der Wochenarbeitszeit gegenüber und der Betriebsführer hatte nun das Recht, zuschlagspflichtige Mehrarbeit von bis zu sechs Stunden in der Woche anzuordnen, was einer 54-Stundenwoche entsprach. Im August 1941 regelte der CdZ die Arbeitsbedingungen der Angestellten im Eisenerzbergbau, wodurch es hier zu einer Anhebung der Arbeitszeit kam, da bis zu 16 Mehrarbeitsstunden im Monat zwar bezahlt wurden, aber nicht als zuschlagspflichtige Überstunden galten.[200]

Die höchsten Löhne legte die Zivilverwaltung im Eisenerzbergbau fest. Hier wurde die Lohntafel im Laufe der Besatzungszeit mehrfach nach oben angepasst. Ein erstes Mal zum 1. Januar 1941, also bereits knapp drei Monate nach der ersten Lohnverordnung. Die Bergarbeiterlöhne im Industriegebiet wurden innerhalb von drei Jahren dreimal erhöht, sodass der durchschnittliche Schichtlohn für Bergarbeiter über Tage von 4,95 (Oktober 1940) auf 6,03 Reichsmark (Oktober 1943) anstieg, der für Bergarbeiter unter Tage von 5,35 auf 6,44 Reichsmark. Nun zahlte man im Luxemburger Bergbau mit die höchsten Arbeiterlöhne des Landes, die Löhne stiegen in einem relativ kurzen Zeitraum um rund zwanzig Prozent. Die Bergleute hatten zudem Anrecht auf soziale Zulagen, ein Hausstandsgeld von 10 Pfennigen pro Schicht sowie ein Kindergeld in Höhe von 20 Pfennigen pro Schicht (sofern es keine betrieblich geregelten Zuschüsse gab). Die tatsächlichen Effektivlöhne

200 Erst über die 16 Mehrarbeitsstunden hinaus war der Arbeitgeber zur Zahlung eines 25%igen Zuschlags verpflichtet.

dürften aber durch Überstunden, Zulagen und Prämien noch höher gewesen sein als es die von der Zivilverwaltung festgelegten Lohntafeln vermuten lassen. Ein Luxemburger Bergarbeiter konnte leicht zwischen 8,80 und 13,11 Reichsmark pro Schicht nach Hause bringen.[201]

In den anderen Branchen der Luxemburger Wirtschaft herrschte eine weniger günstige Situation. Die Mindestgehälter der meisten Angestellten stagnierten über die Dauer der Besatzungszeit, zumindest, wenn man die Lohntabelle vom 1. Oktober 1940 als Grundlage nimmt, die in dieser Form bis 1944 unverändert in Kraft blieb. Eine Ausnahme stellten die Angestellten im Eisen-, Metall- und Elektrogewerbe dar, die 1942 eine Aufbesserung erhielten; gleichzeitig wurden auch für ihre Kollegen im Eisenerzbergbau neue Gehaltsregelungen eingeführt. Dies zeigt, dass man die kaufmännischen und technischen Angestellten in der kriegswichtigen Luxemburger Schwerindustrie deutlich besserstellte. So verdienten Angestellte in der Eisen- und Metallindustrie im Schnitt fast 26 Prozent mehr als die übrigen Angestellten. Zu den Bestverdienern zählten ab 1942 die technischen Angestellten im Bergbau. Ihr Anfangsgehalt lag zwar „nur" fünf Prozent über dem durchschnittlichen Angestelltengehalt von 1940, aber mit den alle zwei Jahre fälligen Dienstalterszulagen hätte man theoretisch ein Endgehalt erreichen können, das 25 Prozent über dem normalen Angestelltengehalt gelegen hätte. Arbeitnehmer im Angestelltenverhältnis kamen im Eisenerzbergbau zusätzlich in den Genuss von Vergünstigungen wie einem Hausstandsgeld von 10 Reichsmark im Monat und einem Wohngeldzuschuss (in Höhe von 12 Prozent des Grundgehaltes) beziehungsweise einer freien Wohnung.[202]

---

201 Verordnung zur Regelung der Arbeitsbedingungen der im Eisenerzbergbau in Luxemburg beschäftigten gewerblichen Gefolgschaftsmitglieder vom 1.10.1940, abgeändert durch die Verordnung zur Regelung der Arbeitsbedingungen der im Eisenerzbergbau beschäftigten gewerblichen Gefolgschaftsmitglieder vom 11.3.1941 (rückwirkend zum 1.1.1941), in: VOBL Nr. 23 (21.3.1941), 2. Verordnung zur Regelung der Arbeitsbedingungen der im Eisenerzbergbau beschäftigten gewerblichen Gefolgschaftsmitglieder vom 3.12.1941 (mit kleineren Anpassungen), in: VOBL Nr. 82 (9.12.1941), 3. Verordnung zur Regelung der Arbeitsbedingungen der im Eisenerzbergbau in Luxemburg beschäftigten gewerblichen Gefolgschaftsmitglieder vom 20.6.1942 (wirksam ab 21.6.1942 und mit abgeänderter bzw. ergänzter Lohntafel), in: VOBL Nr. 39 (7.7.1942) und 4. Verordnung zur Regelung der Arbeitsbedingungen der im Eisenerzbergbau in Luxemburg beschäftigten gewerblichen Gefolgschaftsmitglieder vom 30.9.1943 (neue Lohnsätze ab 1.10.1943), in: VOBL Nr. 44 (1.10.1943). Vgl. auch Marcel Klein, Nationale Minnemuséium zou Rëmëléng, Rümelingen 1985, S. 186.

202 Verordnungen über die Festsetzung von Mindestgehältern für Angestellte in Luxemburg vom 1.10.1940, über die Arbeitsbedingungen der Angestellten im Eisen-, Metall- und Elektrogewerbe vom 15.3.1942 sowie zur Regelung der Arbeitsbedingungen der im Eisenerzbergbau in Luxemburg beschäftigten Angestellten vom 15.8.1942, in: VOBL Nr. 52 (8.9.1942).

Generell bemühte sich die Zivilverwaltung in Zusammenarbeit mit dem Reichstreuhänder der Arbeit ähnlich wie im Altreich Lohnsteigerungen einzuschränken. Als 1941 die Mindeststundenlöhne in der Eisen- und Metallindustrie um 6,8 Prozent stiegen, wurden fortan Prämien und Leistungszulagen auf diese Mindestlöhne angerechnet.[203] Im November 1942 wurde die Lohngestaltung durch eine Verordnung nochmals restriktiver ausgelegt und es wurde daran erinnert, dass die alleinige Lohngestaltungskompetenz in den Händen des Chefs der Zivilverwaltung beziehungsweise des Kommissars für die Aufgaben des Reichstreuhänders der Arbeit lag. Jegliche nicht autorisierte Erhöhung der Löhne und Gehälter war untersagt und bei Zuwiderhandlungen drohte das deutsche Sondergericht. Damit fielen Verstöße gegen Lohn- und Gehaltsverordnungen unter politische Straftatbestände. Derjenige Arbeitgeber, der versuchte, den offiziellen Lohnstopp indirekt durch Zuwendungen und Prämien zu umgehen oder die Akkorde zugunsten der Arbeiter abzuändern, musste mit empfindlichen Strafen rechnen bis hin zu Ordnungsstrafen in unbegrenzter Höhe oder gar Zuchthaus. Hintergrund war eine weitere Verknappung der Arbeitskräfte, die unter anderem dazu führte, dass sich Arbeitgeber gegenseitig Kräfte abzuwerben versuchten.[204]

6.3. Die Entwicklung der Arbeiterlöhne am Beispiel der ARBED-Werke

Am Beispiel der von den Werken des ARBED-Konzerns gezahlten Arbeiterlöhne lässt sich nachvollziehen, wie sich die Stundenlöhne zwischen 1938 und 1942 veränderten und welche Auswirkungen die deutschen Lohnverordnungen auf die Tarifstruktur hatten. Am Beispiel von Werk Düdelingen wird deutlich, dass die Geringverdiener am stärksten von den Lohnangleichungen profitierten. Sie bekamen tatsächlich annähernd die 45prozentige Steigerung, die von der NS-Propaganda versprochen worden war. Wer schon vor dem Krieg gut verdiente, blieb immer noch in der höchsten Lohnklasse, aber der Stundenlohn stieg längst nicht so stark wie in den unteren Lohnklassen. Weiter fällt auf, dass sich die Unterschiede zwischen Höchst- und Geringverdienern in der Besatzungszeit deutlich verringerten. Betrug dieser Unterschied vor dem Krieg noch im Schnitt 1,52 Franken die Stunde, so machte er 1942 nur noch 0,99 Franken aus.

---

203 2. Verordnung zur Regelung der Arbeitsbedingungen in der Eisen-, Metall- und Elektroindustrie vom 4.12.1941, in: VOBL Nr. 83 (12.12.1941).

204 Vgl. vier von insgesamt fünf Verordnungen, die am 10. November 1942 zu den Arbeits- und Lohnbedingungen erlassen wurden. Es handelt sich um die Verordnung über die Lohngestaltung in Luxemburg, die Verordnung über das Verbot der Änderung von Arbeitsentgelten, die Verordnung gegen Arbeitsvertragsbruch und Abwerben sowie das Fordern unverhältnismäßig hoher Arbeitsentgelte in der privaten Wirtschaft und die Verordnung über das Ordnungsstrafrecht auf dem Gebiete der Lohn- und Arbeitsbedingungen, alle veröffentlicht in: VOBL Nr. 68 (27.11.1942).

Tab. 1: Ausgewählte Bruttostundenlöhne bei der ARBED (1938–1942), Beispiel Düdelingen

Zur besseren Lesbarkeit wurden die Bruttostundenlöhne von 1941–43 nach dem letzten Devisenkurs (1940) im Verhältnis 1:10 in Franken umgerechnet.

Tätigkeitsgruppe	Stundenlohn 1938 in Franken	Stundenlohn 1942 in RM	Stundenlohn 1942 in Franken	*Lohnsteigerung 1938–1942 in %*
Walzwerkarbeiter	7,48	0,969	9,69	*+29,5*
Gießereiarbeiter	7,28	0,921	9,21	*+26,5*
Arbeiter Schlackenmühle	7,05	0,87	8,70	*+23,4*
Hochofenarbeiter	6,55	0,914	9,14	*+39,5*
Stahlwerksarbeiter	6,27	0,905	9,05	*+44,3*
Andere	5,96	0,87	8,70	*+46*

Quelle: ANLux ARBED AC-CI-55 ("Statistiques")

Die Angleichung der Löhne lässt sich auch beobachten, wenn man die effektiven Stundenlöhne aus drei ausgewählten ARBED-Werken vergleicht. Die Löhne setzen sich zusammen aus Grundlohn, Haushaltszulage und Kinderzulage. Während der Arbeiter vor dem Krieg auf Belval 6,50 Franken die Stunde verdiente, bekam sein Kollege auf Werk Düdelingen mit 6,97 Franken deutlich mehr. Nach der Besetzung wurden die Unterschiede zwischen den Stundenlöhnen, die 1938 auf Belval, Rothe Erde und Düdelingen gezahlt wurden, bis 1941 weitestgehend nivelliert. Dementsprechend ungleich fielen die Lohnerhöhungen innerhalb des gleichen Konzerns aus. Die Arbeiter auf Belval und Rothe Erde erhielten durch die neuen Lohntarife ab September 1940 im Schnitt eine Lohnerhöhung von rund 20 Prozent, während die Düdelinger Arbeiter nur 14 Prozent mehr erhielten. Die Lohnsteigerung machte von 1938 bis 1943 bei ersteren zwischen 43,2 und 46,1 Prozent aus, bei letzteren aber nur 37,7 Prozent.

Wie die Arbeiter die Angleichung ihrer Vorkriegslöhne beziehungsweise die abgeänderten Berechnungsmodalitäten aufnahmen, ist nicht bekannt. Es ist aber anzunehmen, dass viele Arbeiter weder mit der Lohnnivellierung noch mit den unterschiedlichen Lohnsteigerungen einverstanden waren, denn das Besatzungsregime griff in Tarifstrukturen und Lohntabellen ein, die in den Jahren vor dem Krieg in der Schwerindustrie mühevoll ausgearbeitet worden waren.

Die bei der ARBED gezahlten Grundlöhne entsprachen in der ersten Kriegshälfte mehr oder weniger den 1940 und 1941 von der Zivilverwaltung festgesetzten Lohnbedingungen für die Eisen-, Metall- und Elektroindustrie. Erst ab 1942 stiegen die Grundlöhne wieder an. Trotz eines offiziellen Lohnstopps erhöhten sich somit die Stundenlöhne bei den Luxemburger ARBED-Werken während des Krieges. Womöglich wollte die Konzernleitung auf diese Weise die Motivation der Belegschaft steigern. Dies war nötig, da seit 1941 die monatliche Arbeitszeit durch zahlreiche Überstunden beziehungsweise den Wegfall von Feierschichten deutlich zugenommen hatte. Ohne Konzessionen bei den Löhnen war es schier unmöglich, von den Arbeitern ständig höhere Leistungen zu verlangen.

Tab. 2: Durchschnittliche Effektivlöhne in ausgewählten ARBED-Werken (1938–1943)

Zur besseren Lesbarkeit wurden die Bruttostundenlöhne von 1941–43 nach dem letzten Devisenkurs (1940) im Verhältnis 1:10 in Franken umgerechnet.

Stundenlohn in Franken	**1938**	**1941**	***Lohnsteigerung 1938–1941 in %***	**1942**	**1943**	***Lohnsteigerung 1941–1943 in %***	***Lohnsteigerung 1938–1943 in %***
Belval	6,50	8,40	*+29,2*	9,10	9,50	*+13,1%*	*+46,1*
Rothe Erde	6,55	8,50	*+29,8*	9,10	9,38	*+10,4%*	*+43,2*
Düdelingen	6,97	8,40	*+20,5*	9,30	9,60	*+14,3%*	*+37,7*

Quelle: ANLux ARBED AC-CI-55 ("Statistiques")

Obwohl die Stundensätze im weiteren Verlauf des Krieges nur noch minimal angepasst wurden, um den gestiegenen Anforderungen an die Leistungsbereitschaft der Arbeiter gerecht zu werden, erhöhten sich dennoch die Monatslöhne. Dies war aber auf eine Ausdehnung der Arbeitszeiten zurückzuführen, denn durch den Wegfall von Feiertagen, die Streichung von Urlaubstagen, die Einführung von Sonderschichten oder die Verlängerung der Wochenarbeitszeiten vermehrte sich die Zahl der monatlich geleisteten Arbeitsstunden merklich. Wurden auf Belval, Rothe Erde und Düdelingen 1938 im Schnitt 183 Stunden gearbeitet, so lag die Stundenzahl 1943 bei über 222. Dies entsprach in etwa fünf Achtstundenschichten, die ein Arbeiter in der Schwerindustrie monatlich mehr leisten musste. Das durch ständige Überstunden bedingte Mehreinkommen bescherte den Arbeitnehmern in den Produktionsbetrieben insgesamt betrachtet beeindruckende Einkommenssteigerungen, aber diese führten nicht zu einer wirklich spürbaren Verbesserung des Lebensstandards. Im Gegenteil: Die Mehrarbeit ging spürbar zu Lasten der Gesundheit und der Motivation der Arbeiter.

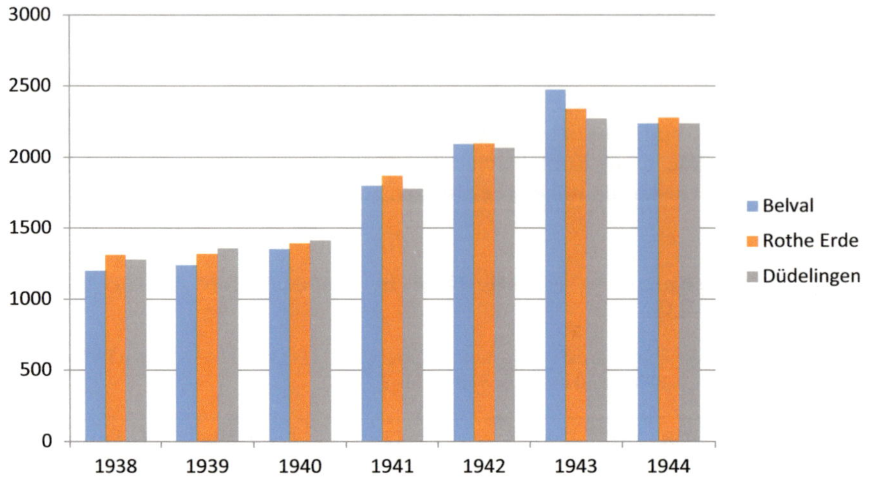

Abb. 1: Die Entwicklung der durchschnittlichen Monatslöhne in ausgewählten ARBED-Werken (1938–1944).

Zur besseren Lesbarkeit wurden die Bruttostundenlöhne von 1941–43 nach dem letzten Devisenkurs (1940) im Verhältnis 1:10 umgerechnet. (1944 nur die Monate Januar bis August).
Grafik: Marc Schoentgen.
Quelle: ANLux ARBED AC-CI-55 ("Statistiques")

Tab. 3: Effektive Arbeitszeiten und Effektivlöhne auf ARBED-Werk Rothe Erde (1938–1944)

Zur besseren Lesbarkeit wurden die Bruttostundenlöhne von 1941–44 nach dem letzten Devisenkurs (1940) im Verhältnis 1:10 in Franken umgerechnet.

*Monatlicher Effektivlohn im Jahresdurchschnitt (Kinder- und Familienzulagen eingeschlossen).

Löhne und monatliche Arbeitszeit Rothe Erde	**1938**	**1939**	**1940 Ø Jan.-März**	**1940 Ø Sept.-Dez.**	**1940 Ø Jan.-Dez.**	**1941**	**1942**	**1943**	**1944 Ø Jan.-Aug.**
Grundlohn	6,04	6,13	6,03	7,49	6,86	8,10	8,69	9,04	9,20
Haushaltszulage	0,11	0,11	0,11	0,11	0,11	0,10	0,10	0,10	0,10
Kinderzulage	0,40	0,39	0,40	0,34	0,37	0,30	0,31	0,24	0,30
Stundenlohn	**6,55**	**6,63**	**6,54**	**7,94**	**7,34**	**8,50**	**9,10**	**9,38**	**9,60**
Monatslohn*	**1310,47**	**1317,81**	**1144**	**1578**	**1392**	**1869,5**	**2097,30**	**2339,70**	**2278,20**
Gearbeitete Stunden/Monat	**193,7**	**190**	**184**	**205,3**	**196,2**	**211,7**	**217,78**	**223,5**	**210,6**

Quelle: ANLux ARBED AC-CI-55 ("Statistiques")

Tab. 4: Effektive Arbeitszeiten und Effektivlöhne auf ARBED-Werk Belval (1938–1944)

Zur besseren Lesbarkeit wurden die Bruttostundenlöhne von 1941–44 nach dem letzten Devisenkurs (1940) im Verhältnis 1:10 in Franken umgerechnet.

*Monatlicher Effektivlohn im Jahresdurchschnitt (Kinder- und Familienzulagen eingeschlossen).

Löhne und monatliche Arbeitszeit Belval	**1938**	**1939**	**1940 Ø Jan.- März**	**1940 Ø Sept.- Dez.**	**1940 Ø Jan.- Dez.**	**1941**	**1942**	**1943**	**1944 Ø Jan.- Aug.**
Grundlohn	6,00	6,23	6,02	7,33	6,77	8,00	8,70	9,20	9,20
Haushaltszulage	0,10	0,11	0,11	0,11	0,11	0,10	0,10	0,10	0,10
Kinderzulage	0,40	0,40	0,41	0,36	0,38	0,30	0,30	0,30	0,30
Stundenlohn	6,50	6,74	6,54	7,80	7,26	8,40	9,10	9,50	9,60
Monatslohn*	**1198,86**	**1238,26**	**1175**	**1482**	**1351**	**1800,90**	**2091,60**	**2473,50**	**2237,20**
Gearbeitete Stunden/Monat	**178,4**	**176,1**	**171,1**	**181,3**	**177,2**	**205,4**	**215,7**	**229,9**	**207,76**

Quelle: ANLux ARBED AC-CI-55 ("Statistiques")

Tab. 5: Effektive Arbeitszeiten und Effektivlöhne auf ARBED-Werk Düdelingen (1938–1944)

Zur besseren Lesbarkeit wurden die Bruttostundenlöhne von 1941–44 nach dem letzten Devisenkurs (1940) im Verhältnis 1:10 in Franken umgerechnet.

*Monatlicher Effektivlohn im Jahresdurchschnitt (Kinder- und Familienzulagen eingeschlossen).

Löhne und monatliche Arbeitszeit Düdelingen	**1938**	**1939**	**1940 Ø Jan.- März**	**1940 Ø Sept.- Dez.**	**1940 Ø Jan.- Dez.**	**1941**	**1942**	**1943**	**1944 Ø Jan.- Aug.**
Grundlohn	6,47	6,91	7,05	7,55	7,12	8,00	8,90	9,20	9,18
Haushaltszulage	0,10	0,11	0,11	0,11	0,11	0,10	0,10	0,10	0,10
Kinderzulage	0,40	0,40	0,40	0,39	0,39	0,30	0,30	0,30	0,30
Stundenlohn	6,97	7,42	7,05	8,05	7,62	8,40	9,30	9,60	9,58
Monatslohn*	**1278,33**	**1357,04**	**1270**	**1518**	**1412**	**1779,60**	**2065,80**	**2272**	**2236,50**
Gearbeitete Stunden/Monat	**177,55**	**174,33**	**170**	**182**	**177**	**201,25**	**212,30**	**214,82**	**209,64**

Quelle: ANLux ARBED AC-CI-55 ("Statistiques")

6.4. Der politische Charakter der deutschen Lohntarife

Die von der Zivilverwaltung in Luxemburg erlassenen Tarifordnungen waren ein wichtiges arbeitsrechtliches Gestaltungsmittel, um die Beziehungen zwischen Lohnempfängern, Arbeitgebern und nationalsozialistischem Staat neu zu ordnen. Die staatliche Reglementierung ersetzte das freie Aushandeln von Löhnen und Gehältern.[205]

Untersucht man die Bestimmungen der Lohnverordnungen, so fällt auf, dass diese tatsächlich einen nationalsozialistischen Charakter hatten. Dies zeigt sich etwa bei der Regelung der Akkordarbeit in der Eisenindustrie. Prinzipiell gab es einen Akkordrichtsatz, der 20 Prozent über dem Mindeststundenlohn lag. Sollten Akkordarbeiter aber absichtlich mit ihrer Leistung zurückhalten, konnte das Tageseinkommen quasi als Strafmaßnahme unter den Mindestlohn fallen.[206] Mit den Lohnverordnungen versuchte das Regime, das Problem des sogenannten Arbeitseinsatzes zu steuern. Die Erziehungsbeihilfen für technische oder kaufmännische Lehrlinge im Bergbau wurden im August 1942 deutlich angehoben (von durchschnittlich 26,6 auf 36,6 Reichsmark monatlich). Dies sollte die Attraktivität der Bergbauberufe erhöhen. Die Maßnahme kam nicht zufällig im Sommer des Jahres 1942, da man auf diese Weise schon auf den Fall einer allgemeinen Wehrpflicht vorbereitet war, die der Schwerindustrie wichtige Arbeitskräfte entziehen würde. Neu in der Gehaltstafel waren sogenannte „Anlernlinge“, die nur in einem engeren Fachgebiet ausgebildet wurden und dadurch im Idealfall bereits nach einer kürzeren Ausbildung in den Betrieben voll eingesetzt werden konnten.[207] Da im Jahre 1942 – bedingt durch Wehr- und Reichsarbeitsdienst – immer mehr junge Männer in den kriegswichtigen Betrieben zu fehlen begannen, bemühte sich der CdZ, den Schulabgängern eine Lehre in der Industrie schmackhaft zu machen. Die Erziehungsbeihilfen, auf die ein Berglehrling (beziehungsweise die Erziehungsberechtigten) Anrecht hatte, lagen für einen 14-Jährigen im ersten Lehrjahr bei 58 Reichsmark, im zweiten Lehrjahr bereits bei 82 Reichsmark. Ein 17-jähriger Berglehrling im dritten Lehrjahr erhielt eine Erziehungsbeihilfe von 118 Reichsmark, womit er fast das Doppelte eines erwachsenen, verheirateten Arbeiters in der Landwirtschaft verdiente. Dafür durfte der Lehrling aber auch für kriegswichtige Erzeugungsarbeiten herangezogen werden, die nicht allein seiner Ausbildung

205 Martin Becker, Die Betriebs- und die Volksgemeinschaft als Grundlage des „neuen“ NS-Arbeitsrechts. Arbeitsrechtsideologien im NS-Rechtssystem, in: Buggeln/ Wildt (Hgg.), Arbeit im Nationalsozialismus, S. 113–118.

206 Vgl. Verordnung zur Regelung der Arbeitsbedingungen in der Eisen-, Metall- und Elektroindustrie vom 1.10.1940, in: VOBL Nr. 5 (12.10.1940).

207 Vgl. Gehaltstafel der Verordnung zur Regelung der Arbeitsbedingungen der im Eisenerzbergbau in Luxemburg beschäftigten Angestellten vom 15.8.1942, in: VOBL Nr. 52 (8.9.1942).

dienten.[208] Als die Erziehungsbeihilfen im Mai 1943 vereinheitlicht werden sollten, blieben die Berglehrlinge davon ausgenommen. Für kriegswichtige Berufe in der Eisenindustrie sah man besondere Zuschläge vor, um die Arbeit in der Rüstungs- und Kriegsindustrie weiterhin attraktiv zu halten und dem zunehmenden Facharbeitermangel entgegenzusteuern.[209]

Nationalsozialistisches Gedankengut fand man prinzipiell in den „Tätigkeitsgruppen" wieder, in die ab 1940 die Arbeiter der Eisen-, Metall- und Elektroindustrie eingeteilt wurden.[210] Die Autoren der Verordnung basierten sich auf ein neuartiges Verfahren zur Arbeitsbewertung, das vom Fachamt „Eisen und Metall" der Deutschen Arbeitsfront Anfang des Jahres 1940 vorgelegt worden war. Die Einstufung in eine Lohngruppe fand nun nicht mehr auf Grundlage der fachlichen Qualifikation (gelernt, angelernt, ungelernt) statt, sondern entsprechend der ausgeübten Tätigkeit. Die Einstufung sollte mittels eines vom Arbeitswissenschaftlichen Institut der DAF ausgearbeiteten, wissenschaftlichen Punktesystems erfolgen und nicht mehr nach Einschätzung des Arbeitgebers. Der Unterschied zwischen beiden Methoden war grundlegend: Man wurde nun in erster Linie nach seiner Leistung beurteilt, was den Betrieben ein „Mittel zur totalen Durchsetzung des nationalsozialistischen Leistungsprinzips" (Hachtmann) in die Hand gab. Dementsprechend favorisierte man den Leistungslohn (Akkordlohn), mit dem der motivierte, gesunde und starke Arbeiter einen besseren Lohn erzielen konnte als die übrigen Arbeitskräfte: „Eigentlich findet der Arbeiter in der Möglichkeit der Akkordarbeit die ideale Entlohnung seiner optimalen Leistungsfähigkeit", so der Kommentar im Luxemburger Wort zur neuen Lohnregelung.[211] Auf die Luxemburger Arbeiter in der Schwerindustrie wirkte der nationalsozialistische Lohnkatalog ungewohnt und ungerecht, da man etwa im Eisenerzbergbau auf eine solche Umstellung verzichtet und die alte Einteilung nach Qualifikation beibehalten hatte. Nicht zuletzt scheint es bei der Einstufung der Arbeiter in der Eisen- und Metallindustrie nicht immer mit rechten Dingen zugegangen zu sein, da die Betriebsführer die Klassifizierung teilweise willkürlich vornahmen, etwa indem sie Arbeiter schlechter einstuften. In einzelnen Betrieben standen nun nach ihrer Tätigkeit eingestufte, aber von ihrer

---

208 Verordnung zur Regelung der Erziehungsbeihilfen für Berglehrlinge des Eisenerzbergbaus in Luxemburg vom 31.8.1942, in: VOBL Nr. 56 (19.9.1942).

209 Verordnung zur Vereinheitlichung der Erziehungsbeihilfen und sonstiger Leistungen an Lehrlinge und Anlernlinge in der privaten Wirtschaft vom 31.5.1943, in: VOBL Nr. 25 (11.6.1943). Vgl. Hachtmann, Industriearbeit im „Dritten Reich", S. 86–89.

210 Verordnung zur Regelung der Arbeitsbedingungen in der Eisen-, Metall- und Elektroindustrie vom 1.10.1940, in: VOBL Nr. 25 (12.10.1940).

211 Marcel Fischbach, Wie wird der Einzelne durch die neue Lohn- und Gehälterregelung erfasst?, in: LW Nr. 278 (4.10.1940). Vgl. auch nationalsozialistische Vokabeln, wie „Leistung", „Leistungsertüchtigung", „Leistungsgemeinschaft", „Leistungsgrundsatz", „Leistungskampf", „Leistungsmensch" und „Leistungsprinzip", in: Cornelia Schmitz-Berning, Vokabular des Nationalsozialismus, S. 384–388.

Ausbildung hoch qualifizierte Arbeiter schlechter da als minderqualifizierte.[212] Aus den Kreisen der Luxemburger Schwerindustrie kamen Beschwerden, dass eine Einstufung nach dem DAF-Katalog unmöglich umzusetzen sei.[213] Die NS-Lohnverordnungen bedeuteten für die Arbeiter des industriellen Südens somit in letzter Konsequenz einen totalen Bruch mit den Prinzipien aus der Vorkriegszeit. Das Regime wollte mit diesen „neuen" Methoden der Arbeitsbewertung und „modernen" Lohnkatalogen das Alte beseitigen und die Arbeiterschaft weiterhin fraktionieren und schwächen. Einen ähnlichen Lohnkatalog erließ übrigens im Oktober 1940 der Chef der Zivilverwaltung in Lothringen.[214] Die Mindestlöhne, die 1940 vom CdZ in Luxemburg festgelegt worden waren, waren in einer Hinsicht ganz besonders bemerkenswert. Laut Tabelle schwankten die Stundenlöhne zwischen 0,60 Reichsmark (in der untersten Tätigkeitsgruppe I) und 0,90 Reichsmark (Tätigkeitsgruppe VI) und lagen damit deutlich über den Tarifen, die bislang im Altreich üblich waren. Die Reichsgruppe Industrie verstand es in der Folge zu verhindern, dass in anderen Wirtschaftsgebieten ähnliche Tarife eingeführt wurden. Überall – außer in Luxemburg – orientierte man sich offensichtlich nach Einstufungskatalogen, die man an Rhein und Ruhr praktizierte. Das „Luxemburger Modell", das sich an den von der Deutschen Arbeitsfront propagierten Grundsätzen orientierte, wurde in der Regel woanders nicht zurückbehalten.[215]

Dass für den Gauleiter Lohnverordnungen und andere soziale Maßnahmen als eine politische Waffe gesehen wurden, zeigte sich unter anderem daran, dass Gustav Simon die wichtigsten Anordnungen persönlich unterzeichnete, wie etwa die Verordnung zur Sozialversicherung vom 30. September und die Lohnverordnungen vom 1. Oktober 1940 (mit Ausnahme der Verordnung über die landwirtschaftlichen Arbeiter, die von Simons Vertreter Münzel gezeichnet wurde). Auch die Verordnung über die Ordnung der Arbeit vom 26. Mai 1941, die einen stark normativen Charakter hatte, wurde vom Gauleiter unterschrieben, desgleichen die

212 Vgl. Hachtmann, Industriearbeit im „Dritten Reich", S. 207–223. Siehe auch den kommentarähnlichen Beitrag, der die neuen Lohnbedingungen rechtfertigen sollte: Marcel Fischbach, Über die Durchführung der neuen Lohnordnung, in: LW Nr. 311 (30.11.1940).

213 Vgl. Recker, Nationalsozialistische Sozialpolitik, S. 229–232.

214 Vgl. Hachtmann, Industriearbeit im „Dritten Reich", S. 207–223. Der „Lohnkatalog Eisen und Metall" (LKEM), der nach wissenschaftlichen Kriterien von der DAF ausgearbeitet, aber bis Kriegsende – auch wegen der Angst der Betriebsführer vor stimmungsverschlechternder Wirkung – nur in wenigen Betrieben im Reich umgesetzt wurde: „Mithilfe des LKEM sollte also die Fraktionierung der Metallarbeiterschaft nach Rasse und Geschlecht vertieft und mit Hinweis auf die ‚Wissenschaftlichkeit' des angewandten Arbeitsbewertungsverfahrens zudem objektiviert werden." (Hachtmann, Industriearbeit im „Dritten Reich", S. 215)

215 Vgl. Recker, Nationalsozialistische Sozialpolitik, S. 230f. und Schneider, In der Kriegsgesellschaft, S. 528 zur NS-Lohnpolitik und zur Lohnhöhe, vgl. ebenda, S. 524–564.

für die soziale Befriedung Luxemburgs wichtige 2. Verordnung zur Regelung der Arbeitsbedingungen in der Eisen-, Metall- und Elektroindustrie vom 4. Dezember 1941. Letztere erhöhte die Mindeststundenlöhne der Arbeiter in sämtlichen Tätigkeitsgruppen um fünf Pfennige, sodass der seit 1. Oktober 1940 geltende durchschnittliche Mindestlohn in dieser so wichtigen Branche um fast 7 Prozent von 0,73 Reichsmark (in der Ortsklasse I) auf 0,78 Reichsmark anstieg. Eine ähnliche Lohnaufbesserung hatten die Bergarbeiter bereits im März 1941 rückwirkend zum Jahresanfang erhalten. Dies unterstrich den „Geschenk"-Charakter der Lohnverordnungen. Die Arbeitnehmer sollten das Gefühl bekommen, sie hätten ihre Lage allein der Person des Gauleiters zu verdanken und nicht den Gewerkschaften, die früher für ein Recht auf besseren Verdienst gekämpft hatten. Es ging der politischen Führung nicht primär um eine reale Verbesserung der Lebensbedingungen, sondern um die Stabilisierung der eigenen Position, und die Lohnpolitik war ein Instrument, um die Stimmung der Arbeiterschaft zu steuern. Beeinflusst wurde Gauleiter Simon von den Berichten, die ihm der SD und die DAF lieferten. Der SD hatte 1940 wiederholt in seinen Lageberichten mit Besorgnis auf die Stimmungslage unter den Luxemburger Arbeitern hingewiesen, die anhaltend schlecht war. Gegensteuernde Maßnahmen waren bereits kurz nach Ankündigung der neuen Lohntarife notwendig geworden. Die Deutsche Arbeitsfront wies die Betriebsführer etwa Mitte Oktober an, den Arbeitern Vorschusszahlungen zu gewähren, damit Tausende von Lohnempfängern im Industriegebiet die Lohnbesserungen beim nächsten Lohntag am 20. Oktober – die Löhne in der Schwerindustrie wurden im Prinzip alle zehn Tage ausbezahlt – direkt spüren sollten.[216] Kurz vor den Weihnachtstagen verfügte Gustav Simon weitere „wichtige soziale Vergünstigungen", die das „große soziale Verständnis des Gauleiters" unter Beweis stellen, vor allem aber die Menschen beruhigen sollten.[217]

Die Produktionsziffern im Bergbau und in der Schwerindustrie gaben dem Chef der Zivilverwaltung teilweise recht, denn die Lohnpolitik schien in dieser Hinsicht ihre Früchte zu tragen. Tatsächlich erreichten Förderung und Exporte des Eisenerzes 1941 ihren Kriegshöhepunkt. Die Gesamtförderung belief sich auf beeindruckende 6,8 Millionen Tonnen, von denen über 1,7 Millionen nach Deutschland transportiert wurden. Die weiteren Lohnerhöhungen im Bergbau waren sicher als

216 Bericht des Einsatzkommandos der Sipo und des SD in Luxemburg vom 5.11.1940 an SD-Abschnitt Koblenz, in: ANLux SD 028: C7.

217 „Weihnachtsgeschenk an die Luxemburger Schaffenden. Gauleiter Gustav Simon verfügt wichtige soziale Vergünstigungen", in: LW Nr. 356/357 (21./22.12.1940). Bei genauerem Hinsehen musste man aber feststellen, dass die sozialen Maßnahmen nur teilweise neubestimmt waren. Die Verfügung des CdZ ordnete die volle Lohnzahlung für die zwei Weihnachtsfeiertage, Neujahr, Oster- und Pfingstmontag an, versprach den Beamten und Beschäftigten im öffentlichen Dienst besondere Weihnachtszuwendungen (8 RM je Kind) und eine Rückzahlung der noch nicht verbuchten Abzüge von Lohn oder Gehalt, die seit dem 1.10.1940 von den Arbeitgebern einbehalten worden waren.

Anreize für die Bergleute gedacht, ohne dass die Förderung aber auf dem Niveau von 1941 gehalten werden konnte.[218] Allerdings spielten neben der Tarifpolitik der Zivilverwaltung andere Faktoren bei der Produktionssteigerung mit, wie etwa die Effekte von Rationalisierungsmaßnahmen, die ebenfalls zu einem Anstieg der Produktivität führten.

Die Lohngestaltung im Luxemburger Bergbau wurde zusätzlich von externen Faktoren bestimmt. So hatte der Chef der Zivilverwaltung im benachbarten Lothringen einen Hauerlohn von 8,50 Reichsmark (bei einem Achtstundentag) festgelegt, während Simons Lohntabelle den Hauern lediglich einen Mindestlohn von dürftigen 6 Reichsmark in Aussicht stellte. Bei so großen Lohndifferenzen in einem grenzüberschreitenden Fördergebiet waren weitere Schwierigkeiten vorprogrammiert: Wie würde man den Bergleuten eine Lohndifferenz von fast 25 Prozent vermitteln können, obwohl ihre Arbeitsplätze unter und über Tage häufig nur wenige Meter auseinanderlagen? Deshalb führte der Luxemburger CdZ ab Dezember 1940 Verhandlungen über eine Erhöhung der luxemburgischen Hauerlöhne auf ebenfalls 8,50 Reichsmark. Erschwert wurden die Verhandlungen durch Beschwerden aus dem Ruhrgebiet, wo der Hauerlohn nur bei 7,71 Reichsmark lag. Dies war eine unhaltbare Position. Der Gauleiter von Westfalen-Nord Alfred Meyer schwärzte seine Gauleiterkollegen Bürckel und Simon indirekt bei der Kanzlei des Führers der NSDAP an, indem er im März 1941 für den Ruhrbergbau die gleichen Urlaubsbedingungen wie in Luxemburg einforderte (18 statt 12 Urlaubstage). Nun schaltete sich Reichsmarschall Göring ein, der bemängelte, dass in den CdZ-Gebieten „Regelungen vorgenommen sind, die aus dem Rahmen der Verhältnisse im Altreich herauszufallen scheinen." Göring wollte den sozialpolitischen Alleingängen der CdZ einen Riegel vorschieben und ordnete sybillinisch an, die westlichen Chefs der Zivilverwaltung möchten „ihre sozialpolitischen Maßnahmen in Zukunft nur im Einvernehmen mit ihm und im Einklang mit in den Nachbargebieten des Altreichs bestehenden sozialpolitischen Regelungen" vornehmen.[219] Im Juli 1941 schließlich zeichnete sich eine Einigung ab, als der für die Lohngestaltung zuständige Reichstreuhänder der Arbeit dem CdZ signalisierte, er halte einen Tarifsatz von 7,20 Reichsmark für Luxemburg für durchaus angemessen. Er ging davon aus, dass der Effektivverdienst (d.h. der wirklich gezahlte Lohn, der sich aus Tariflohn sowie zusätzlichen Leistungen zusammensetzte) nach Überwindung der ersten Schwierigkeiten innerhalb kurzer Zeit auch in Luxemburg einen Stand erreichen würde, der dann den Effektivlöhnen deutscher Bergbaubetriebe im Ruhrgebiet und im Aaachener Revier entspräche. Dem hielt der CdZ entgegen, dass steigende Preise und ein ungünstiger Umrechnungskurs bei der Umstellung vom Franken auf die

218 Produktionsziffern, vgl. Paul Weber, Histoire de l'économie luxembourgeoise, Luxemburg 1950, S. 318f.

219 Schreiben des Dienststellenleiters Niederberger aus der Kanzlei des Führers vom 5.5.1941 an den CdZ-Kommissar für das Sozialversicherungswesen in Luxemburg betr. einheitliche Lohngestaltung im Bergbau, in: ANLux CdZ A-1-30:857 (= A-4126).

Reichsmark dazu geführt hätten, dass die Effektivlöhne in Luxemburg unter den Vorkriegsstand gesunken seien. In der Realität bedeutete dies, dass die Kaufkraft spürbar eingebrochen und damit der Lebensstandard der Bergarbeiter bedroht sei. Nicht nur der Chef der Zivilverwaltung, sondern auch die Deutsche Arbeitsfront, die in Luxemburg angesichts der Unzufriedenheit der Bergleute wohl gehörig unter Druck stand, drängten folglich „stark auf eine Erhöhung der Tariflöhne" mit der Begründung, in Luxemburg sei man an Tariflöhne gewohnt. Offensichtlich wollte man die Arbeiterschaft nicht verärgern, indem man die festen Tariflöhne durch Leistungslöhne ersetzte.[220] Eine Anpassung der Tariflöhne hätte unmittelbar zu Einkommensverbesserungen bei den Bergarbeitern geführt. Der Reichstreuhänder stimmte trotz Bedenken schließlich einer Erhöhung der Lohntarife im Luxemburger Bergbau von 6 auf 6,80 Reichsmark pro Schicht zu. Diese Tarifaufbesserung trat rückwirkend zum 1. Januar 1941 in Kraft und ermöglichte ein Niveau der Effektivlöhne (Zuschläge für Überstunden und Prämien einbegriffen) in Luxemburg von 8,50 Reichsmark. So wurden schließlich doch noch in zwei angrenzenden Wirtschaftsgebieten die Bergbaulöhne mehr oder weniger angeglichen. Dass die Angelegenheit bei der Gauleitung eine hohe Priorität hatte, zeigt sich daran, dass der CdZ-Kommissar für das Sozialversicherungswesen in Luxemburg (KSV) die Sache Ende Juli 1941 bei Gustav Simon persönlich vortrug. Daraufhin entsandte Simon den Kommissar für das Sozialversicherungswesen zu Verhandlungen in die Parteikanzlei nach München, wo die Einigung letztlich zustande kam.[221]

Für Gauleiter Simon war die Beruhigung der Lage im Minettegebiet von zentraler Bedeutung, weshalb er sich regelrecht bei den Bergleuten anbiederte, nicht nur durch Anpassung in den Lohntabellen, sondern auch durch die Einführung einer neuen Form der Sozialversicherung, der Reichsknappschaft. Die NS-Propaganda stellte deshalb den Gauleiter als eine Art fürsorglichen Landesvater und Arbeiterfreund dar, „dem die Sorgen für den unter größten Gefahren schwer arbeitenden Bergmann stets besonders am Herzen" lägen.[222] Anfang 1942 führte die Zivilverwaltung ebenfalls für die Hüttenarbeiter eine knappschaftliche Versicherung ein, die mit 600.000 Reichsmark aus öffentlichen Mitteln bezuschusst und von der Presse als „Fürsorge"-Maßnahme des Regimes beschrieben wurde. Als besonderes „Geschenk" des Gauleiters winkte den Arbeitern bei der Berechnung

220 Vgl. „Großzügige Sorge für das Wohl des Bergmanns", in: ETB Nr. 188 (13.8.1941). Simon hatte einen „Reichszuschuss" zur Reichsknappschaftskasse der Bergleute in Höhe von einer Million Reichsmark erwirkt, um die Ansprüche für die Luxemburger Bergmänner abzusichern: „Damit hat der Gauleiter und Chef der Zivilverwaltung erneut gezeigt, wie sehr ihm das Wohl des Bergmanns am Herzen liegt."

221 Vgl. Schreiben des Dienststellenleiters Niederberger aus der Kanzlei des Führers vom 5.5.1941 an den CdZ-Kommissar für das Sozialversicherungswesen in Luxemburg betr. einheitliche Lohngestaltung im Bergbau, in: ANLux CdZ A-1-30:857 (= A-4126).

222 „Großzügige soziale Sicherung für den Bergmann", in: OMZ Nr. 184 (6.8.1941) und „Großzügige Sorge für das Wohl des Bergmanns", in: ETB Nr. 188 (13.8.1941).

der Renten- und Invalidenansprüche die großzügige Anerkennung von Arbeitsjahren.[223]

Von den Konflikten zwischen Zivilverwaltung und Reichsbehörden oder von den politischen Überlegungen der Gauführung bekamen die Arbeiter indes nichts mit. Sie interessierte letztlich nur, was sich am Zahltag in der Lohntüte befand und ob das Einkommen die laufenden Kosten decken würde. Vielerorts gestaltete sich die Umsetzung der von oben verordneten Lohntarife äußerst schwierig wie etwa beim ARBED-Konzern. Mit dem 1. Oktober 1940 waren in der Schwerindustrie zwar im Prinzip die Grundlöhne gestiegen, aber die Akkordlöhne gesunken, sodass die Arbeiter netto spürbar weniger verdienten als vor dem Krieg. Neu eingeführte Zulagen für Schwer-, Schwerst- und Langzeitarbeiter konnten den Löhnen aus buchungstechnischen Ursachen nicht so schnell angerechnet werden, wie von den Arbeitern erwartet.[224] Aus dem ARBED-Werk Schifflingen erhielt die Volksdeutsche Bewegung Berichte darüber, wie die Lohnanpassungen an der Basis aufgenommen worden waren. Zunächst schien alles nach den Vorstellungen der Deutschen zu laufen; diesen Eindruck hatte der reichsdeutsche Parteigenosse Dehmen, der als Vertrauensmann die Situation vor Ort aufmerksam verfolgte. So gab es nach den neuen Lohnbestimmungen zwar Reklamationen; die Leute besuchten die Sprechstunden „sehr rege", wahrscheinlich in der Erwartung, man könne noch etwas erreichen. Offensichtlich hatte ein Teil der Arbeiter Vertrauen in die Zivilverwaltung beziehungsweise die Partei, denn Dehmen beurteilte die Lage durchweg positiv, das „Zutrauen der Arbeiter zu uns ist gut!", so seine erste Einschätzung. Aber innerhalb kürzester Zeit wuchs die Unzufriedenheit. In einzelnen Abteilungen sei die „Erregung unter den Leuten" nur schwer zu beheben, wie er kaum einen Monat später, am 14. November 1940, feststellen musste. Der Ortsgruppenleiter von Schifflingen wurde laufend über die Stimmung informiert: „Die Erregung unter meinen Mitarbeitern steigt; alle Beruhigungsversuche scheitern."[225] Schon am darauffolgenden Tag waren regelrechte Lohnverhandlungen notwendig, an denen Dehmen, der noch amtierende Präsident der Arbeiterdelegation Denis Netgen sowie die einzelnen Betriebschefs beteiligt waren. Zwar konnten einzelne Fälle zufriedenstellend geregelt werden, aber viele Fragen mussten offenbleiben, wie die Akkordregelung und die Senkung der Lehrlingslöhne. Vielen Arbeiterfamilien drohten deshalb wirtschaftliche Probleme. In weiteren Besprechungen, an denen schließlich Direktor Koener teilnahm, wurde nach Lösungen gesucht. Dabei schien die Kooperation zwischen Deutschen und Luxemburgern durchaus in einer konstruktiven Atmosphäre abzulaufen: Dehmen sprach von einer „rege[n]

---

223 „Vorbildliche Fürsorge für unsere Hüttenarbeiter", in: LW Nr. 119 (29.4.1942).

224 Schreiben des Generalbeauftragten für die Arbeitgeber- und Arbeitnehmerverbände vom 15.10.1940 an das Gewerbeaufsichtsamt in Luxemburg betr. Zusatzkarten für das Werk Schifflingen der „ARBED", in: ANLux ARBED Schifflange 14827.

225 Schreiben des Vertrauensmannes Dehmen vom 13.11.1940 an Ortsgruppenleiter Anheuser, in: ANLux ARBED Schifflange 14827.

Aussprache“ in „zwangloser Form“. Als er die Mitglieder des vor dem Krieg frei gewählten Hauptarbeiterausschusses der ARBED kennenlernte, war er durchaus angetan: „Ich stelle fest, dass im ‚Ausschusse‘ wertvolle Menschen sind, die man bei unsrem Aufbau brauchen kann.”[226]

Die schlechte Stimmung und die Ablehnung bekamen sowohl die Escher Kreisleitung als auch der Gauleiter persönlich zu spüren. Als Gustav Simon im Oktober 1940 zur Kundgebung ins Industriegebiet kam, schlug ihm eine unerwartet negative Stimmung entgegen. Die Schuld wiesen die Nationalsozialisten aber nicht ihrer eigenen missglückten Lohnpolitik, sondern den Betriebsführern zu. Der Escher Kreisleiter Diehl hielt dem Direktor von ARBED-Belval Nicolas Schock vor, dass das Werk den Arbeitern vor dem Gauleiterbesuch keinen Vorschuss auf die höheren Löhne ausgezahlt habe. Daraufhin fragte Schock den Kreisleiter verwundert, was das Auszahlen eines Vorschusses mit Politik zu tun habe. Diehl antwortete, die Politik ginge immer vor und es sei darum gegangen, „die Arbeiter ‚empfänglicher‘ zu machen.”[227]

Die Frage der Löhne behielt eine große Aktualität. Ein Jahr nach den von Gauleiter Simon durchgesetzten Reformen nahm der Betriebsobmann von ARBED-Schifflingen im Auftrag von DAF-Kreisobmann Ludwig Grohé im Oktober 1941 eine Besichtigung sämtlicher Betriebe seines Werkes vor. Die Bilanz war ernüchternd: Betriebsobmann Olinger stellte fest, dass die Gefolgschaft des Schifflinger ARBED-Werkes „erheblich benachteiligt“ sei, da die Löhne immer noch nicht den Lebenshaltungskosten angepasst seien, was zu einer „großen Unzufriedenheit“ in den einzelnen Abteilungen geführt habe. Prompt schaltete sich die DAF-Kreiswaltung ein, um in Gesprächen mit der Direktion einzelne Härtefälle zu klären.[228] Zusätzlich gab es in der Frage der Sonderzulagen eine spürbare Verärgerung unter den Betroffenen. Vielerorts war die Unzufriedenheit auf die Umsetzung anderer Verordnungen zurückzuführen. Gerade die Vergabe der Zusatzkarten für Schwer- und Schwerstarbeiter war ein sensibles Thema, da man mit den Zulagekarten das Recht hatte, in den Verkaufsstellen mehr Brot und Fleisch zu erwerben als der

---

226 Bericht von Vertrauensmann Dehmen (o.D.), Schreiben an OGL Anheuser vom 13.11.1940, Lagebericht (Dehmens?) vom 14.11.1940, Arbeitsbericht von Vertrauensmann Dehmen vom 15., 16. und 19.11.1940, in: ANLux ARBED Schifflange 14827. Schreiben von Denis Netgen vom 26.12.1940 an OGL Anheuser, in: ANLux ARBED Schifflange 14827. Der LBMIAV-Gewerkschafter und Sozialist Denis Netgen war nicht zur Kollaboration bereit. Zur Person Netgens (1896-1974), vgl. Ben Fayot u.a., 100 Joër sozialistesch Deputéiert an der lëtzebuerger Châmber. Dictionnaire biographique des députés socialistes à la Chambre des députés, Luxemburg 1997, S. 100f.

227 Vgl. Aussage des ehemaligen Direktors von ARBED-Belval im Prozess gegen Ex-Kreisleiter Diehl. Siehe „Der Kreisleiter-Prozess“, in: ETB Nr. 12 (14.1.1950).

228 Bericht von Betriebsobmann Olinger vom 16.10.1940 und Schreiben von Direktor Koener vom 21.11.1941 an Sozial-Gaufachabteilungswalter Goergen betr. erhobene Beanstandungen, in: ANLux ARBED Schifflange 14827.

Durchschnittsverbraucher. Zunächst herrschte über die Vergabebedingungen „Beunruhigung“ und „Unkenntnis“, die möglichst schnell abgestellt werden sollten, so der Wunsch der DAF-Kreiswaltung.[229] Da die Obmänner der Deutschen Arbeitsfront bei der Entscheidung, wer die Zulagen bekommen sollte, mitreden durften, war hier Missbräuchen Tür und Tor geöffnet worden und nicht selten wurde nicht nach Arbeitsleistung oder Belastung, sondern nach politischen Kriterien entschieden. Später stellte sich heraus, dass der Prozentsatz der Arbeiter von Schifflingen mit Sonderzulagen viel höher war als im Ruhrgebiet, obwohl dort schwerere Arbeitsbedingungen herrschten. Aus sozialpolitischen Ursachen hatte die Gewerbeaufsicht im Escher Industrierevier alle diejenigen Arbeiter als Lang- oder Nachtarbeiter eingestuft, die nicht als Schwer- oder Schwerstarbeiter anerkannt worden waren. Damit hatte fast jeder Arbeiter im Schifflinger Werk Anrecht auf Sonderzulagen, während im Ruhrgebiet nur knapp die Hälfte der Arbeiter in den Genuss solcher Vorteile kamen. Ende 1941 bezeichnete die Gewerbeaufsicht diese Politik in seinem Schreiben an die DAF als „ein Entgegenkommen“, das auf die Dauer nicht haltbar sei, und deutete eine Anwendung der gleichen Grundsätze wie im Altreich an.[230]

Nicht nur in der Schwerindustrie, sondern auch in anderen Branchen wurden von der Zivilverwaltung Anpassungen zugunsten der Arbeiter vorgenommen. Die beispielsweise am 1. Oktober 1940 erlassene Lohnverordnung für die Brauereiarbeiter wurde ein Jahr später abgeändert, indem man Zulagen und Zuschläge für bestimmte Tätigkeitsgruppen einführte.[231]

6.5. Die Folgen der Lohnpolitik für das Regime

Die Lohnpolitik des NS-Regimes hatte während des Krieges eine vitale Funktion für die Rüstungsanstrengungen und die Stabilität der Diktatur. Um offene Arbeitskonflikte zu vermeiden und die Leistungsbereitschaft der Arbeiterschaft auf hohem Niveau zu halten, praktizierte das Regime eine „differenzierte Lohnpolitik“, wodurch die Arbeiterschichten, die produktionsrelevant waren, Einkommensverbesserungen erhielten, während die anderen von wirklichen Lohnerhöhungen

229 Bericht des Einsatzkommandos der SiPo und des SD in Luxemburg vom 21.10.1940 an SD-Abschnitt Koblenz betr. Information des Chefs der Zivilverwaltung in Luxemburg, in: ANLux SD-028.

230 Siehe auch Schreiben des CdZ-Referenten für Gewerbeaufsicht und Berghoheit vom 30.12.1941 an die DAF-Kreiswaltung Esch betr. Sonderzulagen für Schwer- und Schwerstarbeiter, in: ANLux Schifflange 14827.

231 Verordnung zur Regelung der Lohn- und Arbeitsbedingungen in den Brauereien vom 1.10.1940, in: VOBL Nr. 23 (12.10.1940) und 2. Verordnung zur Regelung der Lohn- und Arbeitsbedingungen in den Brauereien vom 1.11.1941, in: VOBL Nr. 75 (12.11.1941).

ausgeschlossen blieben. Diese Lohnpolitik charakterisiert im Wesentlichen die Tarifpolitik des Gauleiters und Chefs der Zivilverwaltung in Luxemburg.[232]

Die Schwierigkeiten, die bei der Umsetzung der Lohnverordnungen vom 1. Oktober 1940 aufgetreten waren, hatten mehrere Ursachen. Zum einen fürchteten die Lohn- und Gehaltsempfänger zu Recht, dass es durch die Neuordnung zu empfindlichen Einkommenseinbußen kommen könnte beziehungsweise dass die in Aussicht gestellten Lohnerhöhungen nicht den Kaufkraftverlust ausgleichen würden, der seit Kriegsbeginn eingetreten war. Zum anderen war das Debakel der Zivilverwaltung hausgemacht. Vor allem die Arbeiter in der Schwerindustrie, aber auch in anderen industriellen Branchen waren daran gewöhnt, dass die Löhne zwischen Arbeitgebern und Gewerkschaften beziehungsweise Berufsverbänden ausgehandelt wurden. Die Tarifstruktur in der Schwerindustrie war zudem ein komplexes, austariertes Gefüge, das alle möglichen Tätigkeiten und Berufsgruppen, vom einfachen Handlanger bis zum hochqualifizierten Facharbeiter, berücksichtigte. Durch die autoritäre Art und Weise, wie sie für den Gauleiter und die Verantwortlichen der Deutschen Arbeitsfront charakteristisch war, musste früher oder später mit Konflikten zwischen NS-Regime und Luxemburger Arbeiterschaft gerechnet werden.

Die schwer arbeitenden Bergleute hatten bereits vor dem Krieg gute Löhne mit nach Hause genommen, sie behielten nach der Besetzung mit Abstand die günstigsten Lohn-, Urlaubs- und Arbeitsbedingungen innerhalb der Luxemburger Arbeiterschaft. Trotzdem blieben sie ein gewisser Unsicherheitsfaktor, dem das Regime Rechnung tragen musste. Im Oktober 1940 war es im Industriegebiet zu Fällen von spontanen Arbeitsverweigerungen und deutschfeindlichen Kundgebungen gekommen, da die nationalsozialistischen Preis- und Lohnangleichungsverordnungen die von der Propaganda geweckten Hoffnungen nicht erfüllten. In einer Grube kam es zu einem Streik, als 120 von 160 Arbeitern in den Ausstand traten, da die versprochenen Löhne nicht ausbezahlt wurden.[233] Von der Stimmungsverschlechterung profitierten die Opposition und Widerstandsgruppen, wie der SD in einem Bericht Mitte November 1940 mitteilte: „Die bei den Arbeitern vorherrschende Unzufriedenheit über die Lohn- und Preisentwicklung habe in den letzten Wochen ein Anwachsen kommunistischer Strömungen zur Folge gehabt." Arbeitsniederlegungen fanden in mehreren Grubenbetrieben statt, da die Bergleute mit den neuen Arbeits- und Lohnbedingungen nicht einverstanden waren. In der Grube Lallingerberg, die zur ARBED-Minenabteilung gehörte, legten die Arbeiter spontan die Arbeit nieder, als die Betriebsleitung den Tonnagepreis

232 Vgl. Hachtmann, Industriearbeit im „Dritten Reich". S. 18f. und S. 25ff.

233 Bericht des Einsatzkommandos der Sipo und des SD in Luxemburg vom 21.10.1940 an SD-Abschnitt Koblenz betr. Information des Chefs der Zivilverwaltung in Luxemburg, in: ANLux SD 028: C1. Die Nachricht über die Arbeitsniederlegung in der Grube Dhoil fand immerhin Erwähnung in den „Meldungen aus dem Reich" vom 28.10.1940 (Nr. 136), in: ANLux SD 032: DR.

herabsetzen wollte. Der Streik endete mit einem Erfolg der Bergarbeiter.[234] Sichtlich aufgeschreckt bemühte sich der Gauleiter, die Arbeiterschaft zu beruhigen. Er begab sich überstürzt am 19. Oktober 1940 zu einer großen Kundgebung nach Esch, empfing im Anschluss daran Arbeiter im Rathaus der Industriemetropole. Die Regelungen vom 1. Oktober 1940 seien nur eine „Übergangsmaßnahme", so der Hinweis, mit dem die Lohnempfänger vertröstet wurden.

Die Bergarbeiter waren offensichtlich ein größerer Unruhefaktor, auf den das Regime von Anfang an Rücksicht nehmen musste, etwa indem die Löhne mehrfach nach oben angepasst wurden. Ohne die Arbeiter des Minette-Gebietes konnte das für die Rüstungsindustrie entscheidende Eisenerz nicht gefördert werden, die Lieferungen der Minette nach Deutschland würden somit ausfallen und die örtliche Produktion an Eisen und Stahl zusammenbrechen. Auch wenn ein solches Horrorszenario objektiv betrachtet eher unwahrscheinlich war, so saß wahrscheinlich bei Gauleiter Simon und anderen Führungspersönlichkeiten die Angst vor einem möglichen Aufruhr besonders tief. Unbegründet war diese Sorge nicht, denn im Mai 1941 kam es im besetzten Belgien zu Bergarbeiterstreiks, da die Löhne angesichts gestiegener Lebensmittelpreise nicht mehr ausreichten.[235] Da der CdZ nicht endlos an der Lohnspirale drehen konnte, setzte er gezielt auf Propaganda und andere soziale Maßnahmen, um die Bergarbeiter anders bei Laune zu halten. Dazu zählte die Einführung einer knappschaftlichen Pensionsversicherung im Rahmen der Neuordnung der Sozialversicherungen im Bergbau.[236]

Doch die Menschen maßen die Glaubwürdigkeit des Regimes vor allem an den Taten der Zivilverwaltung. Ein Jahr nach der Machtübernahme hatten sie erkannt, dass die politische Strategie des Gauleiters nicht Überzeugen durch Propaganda, sondern Ausüben von Zwang war.[237] Diesen Zwang hatten die Luxemburger bereits Ende 1940 zu spüren bekommen, als massiv für einen Beitritt in die Volksdeutsche Bewegung geworben worden war. Als Anfang 1941 die Deutsche Arbeitsfront ähnlich brachial bei der Rekrutierung ihrer Mitglieder vorging, wurde das Regime noch unbeliebter. Im Sommer 1941, als sich die Deutsche Arbeitsfront landesweit

---

234 Vgl. Meldungen aus dem Reich vom 28.10.1940, in: ANLux SD 031 und Meldungen vom 14.11.1940, zitiert in: Henri Wehenkel, Der antifaschistische Widerstand in Luxemburg. Dokumente und Materialien, Luxemburg 1985, S. 109. Über die Ereignisse auf der Grube Lallingerberg bei Esch berichtete der Augenzeuge A. Schroeder, zitiert in: ebenda.

235 Vgl. Piquet, Charbon – Travail forcé – Collaboration, S. 147–158.

236 Der Gauleiter habe sich persönlich für einen Reichszuschuss von 1 Million Reichsmark jährlich eingesetzt, um die Alters- und Invalidenversicherung der Luxemburger Bergleute zu finanzieren, vgl. „Die knappschaftliche Pensionsversicherung", in: LW Nr. 223-224 (13.-14.8.1941) und Josef Boenig, Der Bergmannsberuf erhält sein früheres Ansehen wieder, in: LW Nr. 189 (8.7.1942).

237 Vincent Artuso spricht von einem Wechsel der „stratégie de ‚référendum par adhésion au mouvement' [du VdB]" zu einer „coercition", vgl. Artuso, La collaboration (2013), S. 167.

in fast allen Ortsgruppen und Betrieben ausgebreitet hatte und die Luxemburger Gewerkschaften vollständig von der Bildfläche verschwunden waren, musste der SD feststellen, dass gerade unter den Arbeitern die Desillusionierung groß war. Die Spendenbereitschaft und das Interesse für die DAF hatten merklich nachgelassen: „Viele Arbeiter erscheinen nicht mehr bei den Appellen der DAF oder zeigen sich bei den Ausführungen der Redner völlig interesselos. Häufig sind Bemerkungen zu hören wie: 'Wenn wir ordentlich bezahlt werden, dann sind wir auch bei der Sache'." Der SD schob die Verantwortung zwar fast gebetsmühlenartig der kommunistischen Propaganda zu, aber die Ursachen lagen woanders. Dem Durchschnittsarbeiter hatte man viel versprochen und er hatte letztlich von einem ungeliebten Regime nur wenig bekommen.[238] Allerdings konnte die anhaltende Unzufriedenheit unter den Arbeitern in der Schwerindustrie nicht allein auf die Lohnsituation zurückgeführt werden. Diese Feststellung machte der Escher DAF-Kreisobmann Grohé 1942 in einem Lagebericht an den Kreisleiter. Auf die Kritik der Arbeiter hin, die Löhne seien nicht ausreichend, untersuchte Grohé die Durchschnittslöhne der Bergbauarbeiter und stellte fest, dass die „größte Unzufriedenheit bei den bestbezahlten Leuten" bestehe. Die Zahl der Arbeiter, die nur die vorgeschriebenen Mindestsätze erhielten, sei verschwindend gering und in Bergbau-, Eisen- und Metallindustrie sowie in Handwerk und Handel würden durchweg höhere Löhne bezahlt.[239] Dieser scheinbare Widerspruch lässt sich leicht erklären, denn die Unzufriedenheit ließ sich nicht allein auf neue, als ungerecht empfundene Lohntabellen reduzieren. Andere Faktoren beeinflussten nämlich die Stimmung unter den Industriearbeitern, dazu zählten die Ernährungslage, der Kriegsverlauf und die Haltung der Vorgesetzten wie überhaupt die allgemeine Ablehnung des NS-Regimes.

Die Lohnpolitik war nicht nur verheerend für das Ansehen der Zivilverwaltung und die persönliche Reputation des Gauleiters. Die Autorität der Deutschen Arbeitsfront, die an die Stelle der verbotenen Gewerkschaften getreten war, nahm erheblichen Schaden. Letztlich waren es die Obleute der Arbeitsfront in den Betrieben, welche die undankbare Aufgabe hatten, die unzufriedenen Arbeiter zu beruhigen und sie davon zu überzeugen, dass ihre materielle Lage sich durch die Tarifpolitik des Gauleiters verbessert habe. Dabei mussten sie selbst zugeben, dass die effektiven Lohnerhöhungen vielfach nicht dem entsprachen, was die Zivilverwaltung 1940 versprochen hatte.[240] Die DAF-Betriebsobmänner ihrerseits konnten an den Missständen oder Ungerechtigkeiten kaum etwas ändern, wie Beispiele aus der Schwerindustrie illustrieren. Im Schifflinger ARBED-Werk stellte der dortige

238 Meldung vom 11.8.1940, zitiert in: Wehenkel, Der antifaschistische Widerstand, S. 120.

239 Schreiben von Kreisobmann Ludwig Grohé vom 21.5.1942 an die Kreisleitung der NSDAP betr. Lage- und Stimmungsbericht für die Monate April und Mai, in: Archives OGBL (Mappe „Genehmigungen von Vorstandssitzungen").

240 Aufstellung „Walzendreherei. Vergleich der Stundenlöhne" (o.D.), in: ANLux ARBED Schifflange 14827 („Kreisleitung an ARBED-Schifflingen").

Betriebsobmann im Juni 1941 fest, dass die Gefolgschaft „erheblich benachteiligt“ sei, aber letztlich war er macht- und hilflos. Tatsächlich hatte die DAF in der Frage der Löhne kaum Durchsetzungskraft gegenüber den staatlichen Stellen oder den Arbeitgebern.[241]

Und die Arbeitgeber? Für sie bedeuteten die Verordnungen des Gauleiters zu den Arbeits- und Tarifbedingungen ein Eingriff in die unternehmerische Freiheit. Außerdem war es mit höheren Lohnkosten verbunden, die sie nicht an die Kunden weitergeben konnten. Kritik kam aus Kreisen der Dienstleistungsbranche, denen die neuen Arbeitszeit- und Urlaubsbedingungen für ihre Angestellten nicht gefielen. Die Geschäftsleute warfen dem Gauleiter vor, so die Feststellung des SD, „die Gewinnung der Masse des Volkes für die Idee des Führers solle zu einem gewissen Teil auf Kosten der Arbeitgeber erreicht werden.“[242] Auch die Unternehmer aus der Industrie dürften wenig begeistert gewesen sein. Das starre Korsett der CdZ-Verordnungen gestattete anderen Unternehmen kaum flexible Lösungen, die aber in den Betrieben notwendig gewesen wären. Ein Unternehmen wie die ARBED änderte zwar nichts am Prämien- und Zulagensystem, musste aber durch die Lohnverordnungen der Zivilverwaltung ihren Arbeitern und Angestellten gezwungenermaßen mehr zahlen als vor dem 10. Mai 1940. Zu freiwilligen Mehrleistungen waren die Konzernleitungen nicht bereit. Der Lohnstopp und die rigide Regulierung durch CdZ-Verordnungen brachten mit sich, dass sich die Grundlöhne zwischen 1941 und 1943 nicht so entwickeln konnten, wie es in normalen Friedenszeiten möglich gewesen wäre. Die von der Zivilverwaltung beschlossenen Lohnaufbesserungen waren in einzelnen Branchen wohl auf dem Papier deutlich zu sehen, glichen aber Teuerung und Kaufkraftverluste nicht zufriedenstellend aus. Unter normalen Verhältnissen hätten die Arbeiter und Angestellten früher oder später berechtigte Lohnforderungen gestellt. Unter dem NS-Regime wurden solche Ansprüche nun aber jahrelang unterdrückt.

Die Auswirkungen der Lohn- und Gehälterpolitik von Zivilverwaltung und Arbeitgebern illustriert das Beispiel des ARBED-Konzerns. In einer Sitzung des Unternehmensbeirats im Jahre 1942 ging es in der Hauptsache um die Gratifikationen, die vom ARBED-Konzern freiwillig gezahlt wurden und um die Mindestlöhne, die von der Zivilverwaltung festgelegt worden waren. Tatsächlich hatte das Unternehmen 1941 keine Gratifikationen ausgezahlt, weil im Geschäftsjahr 1940 kein Gewinn erzielt worden war. Da im Laufe des Jahres 1942 unter den Arbeitern der Verdacht aufgekommen war, wieder leer auszugehen, sah sich Generaldirektor Meyer gezwungen, Missverständnisse aufzuklären und eine Zusicherung zu geben, Arbeiter wie Angestellte würden 1942 wieder die Gratifikation erhalten. Als die Frage nach den Löhnen und Gehältern aufkam, war Meyer zurückhaltend: Der

241 Bericht von Betriebsobmann Olinger vom 16.10.1941, in: ANLux ARBED Schifflange 14827 („Kreisleitung an ARBED-Schifflingen“).

242 Bericht des SD-Führers des Einsatzkommandos der Sipo und des SD in Luxemburg an das RSHA vom 15.7.1941, gedr. in: Brommer (Hg.), Die Partei hört mit. Bd. 2, S. 75.

Generaldirektor wies die versammelten Betriebsobleute darauf hin, dass die Angestellten 51 Prozent mehr verdienten, die Arbeiter in den Hütten sogar 57,9 Prozent mehr als vor dem 10. Mai 1940. Auf den Hinweis, bei den Bergleuten herrsche „im allgemeinen Unzufriedenheit", da die Lohnsteigerungen nicht so hoch wie erwartet ausgefallen seien, berief sich die Generaldirektion darauf, dass die Mindestlöhne von der Zivilverwaltung festgelegt würden und Änderungen nur in Zusammenarbeit mit den anderen Behörden möglich seien.[243] Was Meyer freilich verschwieg, war die Tatsache, dass nicht nur die Bruttolöhne, sondern auch die Arbeitsbelastung in dem gleichen Zeitraum beträchtlich gestiegen waren.[244]

7. Die Umgestaltung der Sozialversicherungen

Im Zuge seiner Eindeutschungspolitik strebte Gauleiter Simon ebenfalls die Umgestaltung des Sozialversicherungswesens beziehungsweise dessen Anpassung an reichsdeutsche Verhältnisse an. Im Altreich hatte ab 1933 eine Neuorientierung des Sozialversicherungswesens stattgefunden. Die Sozialversicherungen waren im nationalsozialistischen Staat zu einem „Mittel staatlicher Gesundheitsführung" herangewachsen und dienten nunmehr „rassenpflegerischen Zielsetzungen" und „staatspolitischen Zwecken". Dies bekamen auch die jüdischen Versicherten zu spüren, deren Ansprüche bei den Sozialversicherungen spätestens mit Emigration beziehungsweise der Deportation endeten.[245]

In der Angleichung der Luxemburger Sozialversicherungen an das Versicherungssystem des Deutschen Reiches sahen die Machthaber zunächst eine vertrauensbildende Maßnahme, die vor allem die Massen der Arbeiterschaft vom Regime überzeugen und in die nationalsozialistische „Volksgemeinschaft" integrieren sollte.[246] Ab 1941 ging es den Nationalsozialisten vornehmlich um Mobilisierung und Lenkung der Arbeitskraft der Menschen, was erklärt, dass bestimmte Berufsgruppen eine Privilegierung erfuhren. In dem Sinne sind auch Leistungsverbesserungen zu sehen, die vom Regime eingeführt wurden, wie eine lineare

---

243 Niederschrift über die Sitzung des Unternehmensbeirates vom 30. Juni 1942, in: ANLux AP 6425a Nicolas Boes (Mappe „Pièces").

244 Vgl. ANLux ARBED AC-CI-55 („Statistiques").

245 Vgl. Marc von Miquel, Ortskrankenkassen im Dritten Reich, in: Mitteilungsblatt des Instituts für soziale Bewegungen 38 (2008), S. 61–76, Zitat S. 72. Zur Rentenversicherung als „Instrument des Arbeitseinsatzes", siehe: Alexander Klimo, Rentenversicherungspolitik zwischen Arbeitseinsatz und Diskriminierung, in: Nützenadel (Hg.), Das Reichsarbeitsministerium im Nationalsozialismus, S. 214–245.

246 Die Ankündigung der Einführung der reichsdeutschen Sozialversicherung, vgl. „Schutz der Arbeitskraft", in: LW Nr. 277 (3.10.1940) und Verordnung über die Durchführung der Sozialversicherung in Luxemburg vom 30. September 1940, in: VOBL Nr. 5 (12.10.1940). Volkmann, Luxemburg im Zeichen des Hakenkreuzes, S. 502f.

Rentenerhöhung um monatlich sieben Reichsmark und eine Krankenversicherung für Rentner bei den Allgemeinen Ortskrankenkassen im Jahre 1941.[247]

Bereits am 20. August 1940 berief der CdZ einen Kommissar für das Sozialversicherungswesen in Luxemburg, der zunächst mit der Aufsicht über die bestehenden Sozialversicherungsorgane beauftragt wurde. Auf den ersten Blick schien die Politik der Gauleitung planlos und wenig kohärent. Zeitnah zu den neuen Lohnverordnungen erließ der CdZ eine Durchführungsverordnung, mit der die obligatorische Invalidenversicherung auf das Dienstpersonal, landwirtschaftliche Arbeiter und Arbeiterinnen sowie auf Hausgewerbetreibende ausgeweitet wurde. Sie kamen wie die übrigen Lohnempfänger zur Landesversicherungsanstalt der Rheinprovinz. Ausgenommen hiervon waren die Eisenbahner und die Bergarbeiter. Während erstere in die Alterssicherung der Reichsbahn übernommen wurden, führte der Gauleiter für Bergarbeiter die knappschaftliche Versicherung ein. Diese „Sonderversicherung" wurde vom Reich mit einer Million Reichsmark jährlich stark bezuschusst. Offiziell wollte der Gauleiter damit beweisen, „wie das nationalsozialistische Deutschland die bergmännische Arbeit zu schätzen weiß und dem Luxemburger Bergmann, der nunmehr ebenfalls an wichtigster Stelle im Arbeitsleben kriegswichtige Aufgaben erfüllt, weitgehendste Rechte, ohne besondere Gegenleistungen, in der knappschaftlichen Versicherung einräumt."[248]

Wiederum anders geregelt wurde die Altersversicherung für die Angestellten. Die 1931 gegründete Pensionskasse wurde auf die Reichsversicherungsanstalt für Angestellte in Berlin übertragen und damit wurde dieser Versichertenkreis ebenfalls seiner Mitspracherechte beraubt.[249] Nach einer kurzen Übergangsphase passte man die Rentenversicherung der Privatbeamten den reichsdeutschen Regelungen an, wobei die Rentner, Witwen und Waisen im Endeffekt höhere Renten ausbezahlt bekamen als nach dem luxemburgischen Recht vorgesehen waren. Die Zahl der Männer und Frauen, die von diesen Rentenanpassungen profitierten, blieb überschaubar, aber über 7.000 Familien erhielten dadurch die Aussicht auf eine bessere Altersversorgung.[250]

Die Krankenversicherungen wurden ebenfalls nach den Vorstellungen des Gauleiters reorganisiert. Das mittelfristige Ziel lag aber in der Einführung der reichsgesetzlichen Krankenversicherung und der Allgemeinen Ortskrankenkassen (AOK). Die Propaganda stellte die Umgestaltung als sozial verträglich beziehungsweise

247 „Leistungsverbesserung in der Rentenversicherung", in: ETB Nr. 209 (6.9.1941).

248 „Großzügige soziale Sicherung für den Bergmann", in: OMZ Nr. 184 (6.8.1941).

249 „Bekanntmachung über die Invalidenversicherung", in: LW Nr. 297 (23.10.1940) und VO über die Durchführung der Sozialversicherung in Luxemburg vom 30.9.1940, in: VOBL Nr. 5 (1940). „Bekanntmachung über die Beitragsentrichtung zur Pensionskasse für Privatangestellte", in: LW Nr. 297 (23.10.1940).

250 „Die Angestelltenversicherung in Luxemburg", in: LW Nr. 232-233 (22.-23.8.1941). Zur Zahl der Versicherten vor 1940, vgl. „Die Pensionskasse für Privatangestellte im Jahr 1939", in: OMZ Nr. 103 (1.5.1940).

als substanzielle Verbesserung für die Arbeiter und Angestellten dar.[251] Im August 1941 begann in der NS-Presse eine Informationskampagne, die mit Nachdruck bei den Versicherten warb. Den Bergleuten versprach man einen „sorgenfreien Lebensabend", während den übrigen Versicherten mit den Allgemeinen Ortskrankenkassen bessere Leistungen als bei den alten Luxemburger Krankenkassen in Aussicht gestellt wurden, was ein „Verdienst des CdZ" sei. Dessen sozialpolitische Reformen brächten „allen Arbeitern Luxemburgs, den kleinen Handwerkern und Geschäftsleuten sowie deren Angehörigen den besten Schutz", so erklärten Escher Tageblatt und Luxemburger Wort.[252] Bestimmte Gruppen wurden gezielt von der NS-Propaganda angesprochen, denn es galt, gerade diejenigen von den Wohltaten zu überzeugen, die 1940/41 besonders verstimmt auf die nationalsozialistische Lohn- und Tarifpolitik reagiert hatten. Beworben wurde die Einführung der Pensionsversicherung für die Bergleute, die 1940 ausgesprochen unzufrieden auf die Festsetzung der Lohntarife reagiert hatten. Wohl deshalb wies die NS-Presse darauf hin, dass sich Gauleiter Simon persönlich mit den Bergmännern eng verbunden fühle.[253] Der Zeitpunkt der Propagandaaktion im August 1941 ist kein Zufall, denn zeitgleich fand nämlich die Liquidierung der Luxemburger Gewerkschaften statt. Dieser Maßnahme fielen auch die zahlreichen Unterstützungs- und Hilfsvereine zum Opfer. Diese waren nicht nur ein wichtiges Bindeglied zwischen den Versicherten gewesen, sondern hatten für viele Lohn- und Gehaltsempfänger eine zusätzliche soziale Absicherung dargestellt.

Mit der Einführung reichsrechtlicher Vorschriften hatten die Selbstverwaltungsgremien der Krankenkassen ihre Daseinsberechtigung verloren. Noch vor dem Krieg hatten die Pflichtversicherten in Luxemburg das wichtige Recht, ihre eigenen Vertreter in die Ausschüsse für die vierzehn Bezirkskrankenkassen und zehn Betriebskrankenkassen des Landes zu bestimmen. Die gewählten Ausschussmitglieder waren zusammen mit den Arbeitgebervertretern für die Verwaltung der Krankenkassen zuständig, wobei in den einzelnen Ausschüssen und Vorständen

---

251 Im Dezember 1940 wurden die 14 Bezirkskrankenkassen vom CdZ in drei Ortskrankenkassen (AOK Luxemburg und Esch, AOK Diekirch, AOK Grevenmacher) zusammengelegt, vgl. die Selbstdarstellung der AOK Luxemburg: Aufbau- und Verwaltungsbericht der Allgemeinen Ortskrankenkassen Luxemburgs, Luxemburg 1942.

252 „Sorgenfreier Lebensabend für den Bergmann", in: ETB Nr. 181 (5.8.1941), „Umfassende Krankenhilfe", in: ETB Nr. 187 (12.8.1941), „Reichsgesetzliche Krankenversicherung in Luxemburg", in: LW Nr. 222 (12.8.1941).

253 Vgl. „Großzügige Sorge für das Wohl des Bergmanns", in: ETB Nr. 188 (13.8.1941). Dem Gauleiter habe „die Sorge für den unter großen Gefahren schwer arbeitenden Bergmann stets besonders am Herzen" gelegen. Nach Volkmann habe Gauleiter Simon durch diese Maßnahme ein Mittel gefunden „zur Aufrechterhaltung der Arbeitsmoral der Luxemburger Gefolgschaft im Montanwesen bis in die letzte Phase der Besatzung hinein", vgl. Volkmann, Luxemburg im Zeichen des Hakenkreuzes, S. 502.

die Vertreter der Versicherten gegenüber den Arbeitgebervertretern in der Überzahl waren. Die Krankenkassenwahlen hatten vor 1940 eine unleugbare politische Bedeutung besessen: 1937 hatten die freien Gewerkschaften über 400.000 Stimmen erringen und damit einen überragenden Erfolg verbuchen können.[254] Mit der Beteiligung der Arbeitnehmer an der Verwaltung der öffentlichen und betrieblichen Krankenkassen war es in Luxemburg 1940 vorbei und die Zivilverwaltung favorisierte eigene Lösungen, die den Partikularinteressen des Gauleiters entgegenkamen. Nach der Anpassung an reichsdeutsche Versicherungsmodelle strebte Simon eine Krankenversicherung auf Gauebene und damit unabhängig von den großen öffentlich-rechtlichen Versicherungsträgern auf Ebene der Rheinprovinz an.

Das Beispiel der Allgemeinen Ortskrankenkassen illustriert, wie wenig Substanz hinter den Ankündigungen der Zivilverwaltung steckte. In einem 1942 verbreiteten Tätigkeitsbericht stellte der reichsdeutsche Leiter der AOK Luxemburg die in den Jahren 1940–1942 erfolgte Aufbauphase der neuen Ortskrankenkassen als ein erfolgreiches Ergebnis einer weitsichtigen Sozialpolitik des Gauleiters dar.[255] Eine kritische Lektüre des Berichts offenbart allerdings die zahlreichen Probleme und Widersprüche in der Sozialpolitik Gustav Simons. Von 70.000 Werktätigen in Luxemburg sollten nach Vorstellungen der Deutschen 45.000 bei den AOK versichert werden. Ein weiteres Ziel bestand darin, die „luxemburgischen Schaffenden den Schaffenden des Reiches gleichzustellen" und „alles daran zu setzen, dem arbeitenden Menschen bei Krankheit, Entbindung und Tod die notwendige Hilfe zu gewähren."[256] Zerschlug man die bestehenden Loyalitäten zu dem alten luxemburgischen Sozialversicherungssystem, wäre der Weg frei, über eine „deutsche" Sozialversicherung weite Teile der Bevölkerung in die nationalsozialistische „Volksgemeinschaft" einzubinden. Die Parallelen zur Lohnpolitik des Gauleiters sind offensichtlich und in der Frage der Sozialversicherungen erkennt man die Bestrebungen einer radikalen Eingliederungspolitik. Durch eine offizielle Gleichbehandlung würde man – auch ohne staatsrechtliche Annexion – den Anschluss vorwegnehmen und Tatsachen schaffen, die man praktisch nicht mehr rückgängig machen könnte. Schlussendlich wollte Gauleiter Simon die Menschen in Luxemburg durch eine Art „Volksversicherung" ködern, denn diese – so hieß es – sei umfassender und sozialer als die alten luxemburgischen Krankenkassen. Und

254 Der christliche Gewerkschaftsbund LCGB kam nur auf rund 175.000 Stimmen, während die „Gelben" Gewerkschaften – die den Arbeitgebern nahe standen – quasi bedeutungslos blieben, vgl. „Aufwärts! Vorwärts!", in: ETB Nr. 295 (18.12.1937) und „Wer vertritt die Arbeiter?", in: ETB Nr. 95 (22.4.1940). Siehe auch: Zentralausschuss der Krankenkassen, Die Sozial-Versicherung im Großherzogtum Luxemburg. Die hauptsächlichsten Bestimmungen der Krankenversicherung, Esch 1939, S. 20–24.

255 Aufbau- und Verwaltungsbericht der Allgemeinen Ortskrankenkassen Luxemburgs, Luxemburg 1942. [hekt. Exemplar in der Bibliothèque nationale Luxembourg BNL LA 521]

256 Vgl. Aufbau- und Verwaltungsbericht, S. 44.

tatsächlich brachte die Einführung der Allgemeinen Ortskrankenkassen einzelnen Bevölkerungsgruppen einen Vorteil. Während Hausgehilfen und Arbeiter in der Land- und Forstwirtschaft sowie im Weinbau vor dem Krieg noch „versicherungsfrei" gewesen waren, d.h. sich nur freiwillig versichern konnten, führte der CdZ für diese Berufe die Versicherungspflicht ein. Gleichzeitig wurden die Versicherungsgrenzen deutlich angehoben. Durfte vor der Besetzung nur derjenige der Krankenversicherung beitreten, dessen Jahreseinkommen unter 1.250 Reichsmark lag, so wurde diese Grenze von der deutschen Zivilverwaltung auf 3.600 Reichsmark angehoben, was die Zahl der Pflichtversicherten deutlich erhöhte. Per Verordnung wurden im November 1941 die Rentner in den Kreis der Versicherten der Krankenkassen aufgenommen, sodass nun über 12.000 Rentner bei den Allgemeinen Ortskrankenkassen gemeldet waren.[257]

Hinzu kamen noch einige punktuelle Verbesserungen in den Krankenkassenleistungen: So wurde die zeitliche Begrenzung bei der Krankenhilfe, d.h. der ärztlichen Behandlung sowie der Versorgung mit Arzneien (die vorher auf 26 Wochen begrenzt war), aufgehoben. Krankenhausaufenthalte wurden nun bis zur „Wiederherstellung der Arbeitseinsatzfähigkeit" finanziert. Allerdings wurden Maßnahmen ungerechtfertigterweise für sich beansprucht und als Erfolg verkauft. Zum Beispiel habe eine „Familienhilfe" laut der AOK vor der Machtübernahme des CdZ kaum existiert, was aber eine glatte Lüge war, denn tatsächlich wurde sie von der AOK lediglich aufgestockt und um eine „Familienwochenhilfe" ergänzt. Freilich handelte es sich hier um Verbesserungen, die ganz im Interesse des NS-Regimes lagen, das mit der Förderung von Familien und der Gesundheitsversorgung für die arbeitende Bevölkerung arbeits- und familienpolitische Ziele verfolgte. Im Großen und Ganzen wichen die Leistungen der AOK aber kaum von den Leistungen der vorherigen Luxemburger Krankenkassen ab. Teilweise mussten die Versicherten sogar Leistungsminderungen in Kauf nehmen. Wurde vor dem Krieg für Schwangere ein Wochengeld während sechs Wochen vor und sechs Wochen nach der Entbindung gezahlt, wurden nach Einführung der reichsgesetzlichen Vorschriften die Wochengelder vor der Geburt stillschweigend um zwei Wochen gekürzt. Das „Stillgeld", das die Kassen während zwölf Wochen an die Mütter zahlten, hatte es schon vor dem Krieg gegeben, eine Tatsache, die von den Nationalsozialisten geflissentlich verschwiegen wurde. Beim Sterbegeld fühlten sich die Luxemburger Arbeitnehmer betrogen, da es vorher zwischen 600 und 800 Franken gelegen hatte und nun nur noch einen Mindestsatz von 50 Reichsmark (umgerechnet 500 Franken) gab. Eine bittere Pille für die Versicherten war schließlich die Anhebung des Beitragssatzes von 4,5 auf 6 Prozent. Bei genauerem Hinsehen durchschauten vermutlich die meisten, dass die versprochenen Leistungsaufbesserungen gar keine waren und dass die luxemburgischen gesetzlichen Krankenkassen zum Teil mit den gleichen oder sogar besseren Leistungen aufgewartet hatten. Deshalb wurde

257 „Umfassende Krankenhilfe", in: ETB Nr. 187 (12.8.1941) und „Reichsgesetzliche Krankenversicherung in Luxemburg", in: LW Nr. 222 (12.8.1941).

nachgebessert, offiziell begründet mit der „günstigen finanziellen Entwicklung der Ortskrankenkassen im Gebiete Luxemburg", sodass man die „Mehrleistungen (...) noch bedeutend" erweitern konnte, wie es im Leistungsbericht der AOK hieß.[258] Die „Wochenhilfe" für Mütter wurde von zehn auf 13 Wochen angehoben, das „Stillgeld" auf ganze 26 Wochen, um nur die wichtigsten familienpolitischen Nachbesserungen zu erwähnen.[259] Ab 1942 bot die AOK den Versicherten zudem die Möglichkeit an, Zusatzversicherungen abzuschließen, um eine bessere Versorgung der Hinterbliebenen im Sterbefall des Versicherten zu gewährleisten.[260] Kurz vorher hatte die Gauleitung die unabhängigen luxemburgischen Hilfskassen durch den Stillhaltekommissar für das Organisationswesen liquidieren lassen.

Schließlich versuchte das Regime, den Menschen noch eine neue Invalidenversicherung schmackhaft zu machen. Hier änderte sich durch die Umstellung auf reichsrechtliche Prinzipien der Berechnungsmodus, was zur Folge hatte, dass Geringverdienende stärker davon profitierten als Besserverdienende. Dies löste mutmaßlich Unzufriedenheit unter den Versicherten aus, denn im Mai 1941 wurde mit einer neuen Durchführungsverordnung schnell nachgebessert, sodass die Invalidenrenten in Luxemburg schließlich einen höheren Stand erreichten als im Altreich. Laut offizieller Darstellung war diese Maßnahme „ein erneuter Beweis dafür (...), mit welchem großzügigen und warmherzigen Verständnis der Gauleiter Simon die Belange gerade der handarbeitenden Volksgenossen zu schützen" wisse.[261]

Ob und inwiefern die 40.000 AOK-Versicherten tatsächlich von verbesserten Krankenkassenleistungen profitieren konnten, lässt sich schwer einschätzen. In politischer Hinsicht versuchte das Regime jedenfalls, aus der Neuordnung der Krankenkassen Kapital zu schlagen. Aber die Gauleitung schaffte es nicht, die Luxemburger Krankenversicherung vollständig an reichsdeutsche Verhältnisse anzupassen. Vielmehr behielt man Leistungen bei, die es bereits vor 1940 gegeben hatte oder entschied sich zu punktuellen Verbesserungen für einzelne Versichertengruppen. Durch Nachbesserungen erreichte die Krankenversorgung im besetzten Luxemburg schließlich ein Niveau, das deutlich über dem des Altreiches lag.[262]

Die Bilanz der nationalsozialistischen Politik im Bereich der Sozialversicherungen ist zwiespältig. Für bestimmte Berufsgruppen scheint die Politik der

---

258 Aufbau- und Verwaltungsbericht, S. 8.

259 Aufbau- und Verwaltungsbericht, S. 2–12.

260 Aufruf „Rentner der Rentnerkrankenversicherung!", in: ETB Nr. 22 (27.1.1942).

261 Nach 30 Beitragsjahren hätte der Versicherte nach geltendem Reichsrecht Anrecht auf eine Invalidenrente von 462 RM gehabt. Mit der Nachbesserung verbesserte sich dieser Rentenanspruch auf 612,50 RM/ Jahr. Vgl. „Die Invalidenversicherung in Luxemburg", in: ETB Nr. 204 (1.9.1941).

262 „Die neuerrichteten Ortskrankenkassen stehen daher mit an der Spitze der die meisten Leistungen gewährenden Ortskrankenkassen des Altreichs" und „Mit ihren Leistungen stehen die Kassen an der Spitze der Allgemeinen Ortskrankenkassen im Gau Moselland", in: Aufbau- und Verwaltungsbericht, S. 11, 43.

Zivilverwaltung objektive Verbesserungen gebracht zu haben. Die Ausdehnung der Versicherungspflicht auf bislang unversicherte, niedrig qualifizierte Berufe sowie auf besserverdienende Angestellte war politisch gesehen eine geschickter Schachzug, da der Gauleiter gerade in diesen Kreisen noch Überzeugungs- und Rekrutierungspotenzial sah. Die Einführung neuer Sozialversicherungsmodelle bedeutete andererseits, dass mit der Auflösung der luxemburgischen Kranken- und Rentenkassen die Rechte der Versicherten stark eingeschränkt wurden. Die Auflösung der Selbstverwaltung reduzierte die Versicherten zu bloßen Leistungsempfängern, die vom Wohlwollen eines Gauleiters beziehungsweise einer Zivilverwaltung abhingen und selber keine Forderungen mehr zu stellen hatten. In der zweiten Hälfte der Besatzungszeit wurden die Sozialversicherungsträger immer mehr zu einem Instrument der Repression gegen Männer und Frauen, die sich durch „Bummelei", „Blaumachen" oder „Krankfeiern" dem „Arbeitseinsatz" und einem immer stärker ausgeübten Leistungsdruck zu entziehen versuchten.[263]

8. Das Ende der Luxemburger Sozialordnung

Die 1940 von der deutschen Zivilverwaltung in die Wege geleiteten Eindeutschungsmaßnahmen betrafen sämtliche luxemburgischen Einrichtungen, die in den vergangenen Jahrzehnten entstanden waren. Die politische Führung verfuhr dabei allgemein nach dem Grundsatz, luxemburgische Vorschriften, Ämter und Institutionen möglichst schnell abzuschaffen und sie durch reichsdeutsche Organe zu ersetzen, die den nationalsozialistischen Staats- und Gesellschaftsidealen entsprachen. Dabei spielten ordnungspolitische Vorstellungen des Gauleiters immer eine wichtige Rolle, wie das Beispiel der Einflussnahme auf die Sozialversicherungen gezeigt hat.

1941 wurde die deutsche Arbeitsgerichtsbarkeit eingeführt.[264] Nun unterlagen die luxemburgischen Arbeiter und Angestellten in Fällen von Streitigkeiten im Prinzip den gleichen Regelungen wie ihre Kollegen im Altreich. Tatsächlich verlor die Arbeitsgerichtsbarkeit in der NS-Zeit zunehmend an Bedeutung, da in Konfliktfällen andere Instanzen, wie die Rechtsberatungsstellen der Deutschen Arbeitsfront oder der Reichstreuhänder der Arbeit, vorgeschaltet waren.[265]

Alle gesetzlichen Regelungen aus dem Altreich betreffend den „Arbeitseinsatz", d.h. die Mobilisierung der Arbeits- und Produktionskräfte wurden in den

263 Klimo, Rentenversicherungspolitik, S. 224

264 Vgl. Verordnung über Arbeitsgerichtsbarkeit, in: VOBL Nr. 39 (17.6.1941).

265 Hachtmann, Industriearbeit im „Dritten Reich", S. 33f. Siehe auch „Das Gesetz zur Ordnung der nationalen Arbeit. Die Deutsche Arbeitsfront als Garant des sozialen Friedens", in: ETB Nr. 38 (14.2.1941). Die von der DAF kontrollierten „Vertrauensräte" fungierten theoretisch in den Betrieben als erste Instanz im Falle von Arbeitsstreitigkeiten. Erst danach war die Klage beim Arbeitsgericht möglich.

darauffolgenden Jahren in Luxemburg umgesetzt und angewandt.[266] Für die tätige Bevölkerung ging dies einher mit einer weiteren schrittweisen Zurücknahme von Arbeitnehmerrechten[267] oder unmenschlichen Ausnahmeregelungen für Ausländer, Dienstverpflichtete und Zwangsarbeiter aus Osteuropa.[268] Im Mai 1941 wurde den Arbeitern mitgeteilt, dass kirchliche Feiertage auf Sonntage verlegt würden, sodass der Himmelfahrtstag im überwiegend katholischen Luxemburg wegfiel. Die Einführung eines „nationalen Feiertages des deutschen Volkes" am 1. Mai 1941 konnte dies nicht wirklich wettmachen, zumal ab 1942 der Tag der Arbeit auf den jeweils nächsten Sonntag verschoben wurde.[269]

Das nach deutschen Maßstäben reorganisierte Arbeitsamt Luxemburg mit seinen über das ganze Land verteilten Nebenstellen übte auf den ersten Blick die normalen Funktionen der Stellenvermittlung und Berufsberatung aus. Tatsächlich wurde es aber ein Lenkungsinstrument und Organ arbeitspolitischer Kontrolle im Dienste des NS-Staates.[270] Die Berufsberatung, die von der „Berufsberatungsstelle Luxemburg" aus koordiniert wurde, hatte einen politischen Auftrag, da der Jugendliche mit seiner Berufswahl „in den wirtschaftlichen Kampf des Einzelnen und des Volkes" eintrete.[271] Die Einführung des Arbeitsbuches, das von den Arbeitsämtern ausgestellt wurde, sowie der Verordnungen über den Arbeitseinsatz erfolgten im Zuge der Angleichung der Luxemburger Verhältnisse an das Altreich. Sie wiesen dem Arbeitsamt eine wichtige Rolle im Herrschaftsgefüge

266 Vgl. das Verordnungspaket, das am 10.11.1942 für Luxemburg erlassen wurde: Verordnung über die Lohngestaltung in Luxemburg, Verordnung über das Verbot der Änderung von Arbeitsentgelten, Verordnung gegen Arbeitsvertragsbruch und Abwerbung sowie das Fordern unverhältnismäßig hoher Arbeitsentgelte in der privaten Wirtschaft sowie die Verordnung über das Ordnungsstrafrecht auf dem Gebiete der Lohn- und Arbeitsbedingungen, in: VOBL Nr. 68 (27.11.1942).

267 Vgl. die Aushöhlung von Arbeitnehmerrechten durch die Verordnung betr. Ausnahmen vom Frauen- und Jugendschutz vom 15.12.1942, die eine Erhöhung der wöchentlichen Arbeitszeit auf 56 Stunden ermöglichte, in: VOBL Nr. 1 (15.1.1943). Siehe Verordnung über kriegswichtigen Kräfteeinsatz vom 12.2.1943 und den Aufruf des Leiters des Arbeitsamtes: „Aufruf zum Kriegseinsatz von Männern und Frauen", in: ETB Nr. 43 (20.2.1943), sowie „Zweiter Aufruf zum Arbeitseinsatz der Frauen", in: LW Nr. 162 (11.6.1943). Von der Meldepflicht waren Frauen zwischen 17 und 45 Jahren sowie Männer zwischen 16 und 65 betroffen. Die Meldepflicht wurde später auf Frauen mit Kindern ausgedehnt.

268 Vgl. Verordnung über Kennzeichnung der Ostarbeiter, in: VOBL Nr. 31 (23.7.1943) sowie Bekanntmachung betreffend den Arbeitsschutz ausländischer Arbeitskräfte und Ostarbeiter, in: VOBL Nr. 11 (27.3.1944). Arbeiter über 16 Jahre konnten bis zu 60 Stunden eingesetzt werden, sogar Kinderarbeit war laut §4 zulässig.

269 Vgl. Bekanntmachung des Direktors betr. Himmelfahrtstag (20.5.1941), in: ANLux ARBED Belval 09409.

270 Vgl. Henry Marx, Arbeitsverwaltung und Organisation der Kriegswirtschaft, in: Nützenadel (Hg.), Das Reichsarbeitsministerium im Nationalsozialismus, S. 282–312.

271 „Wer hilft bei der Berufswahl", in: LW Nr. 32/33 (1./2.2.1941).

der Besatzungsverwaltung zu. Neue Arbeits- und Lehrverträge konnten nur mit Zustimmung des Arbeitsamtes geschlossen werden. Arbeitsplatzwechsel beziehungsweise Kündigungen waren nur mit Erlaubnis des Arbeitsamtes möglich. Prinzipiell galt die Regel der Arbeitsplatztreue. Arbeiter und Angestellte waren damit quasi gesetzlich gehalten, an ihrem Arbeitsplatz zu bleiben. Hatte ein Arbeitnehmer Probleme mit seinem Arbeitgeber, so sollten diese mithilfe des DAF-Betriebsobmanns oder der DAF-Rechtsberatungsstelle aus dem Weg geräumt werden. Verließ jemand willkürlich seinen Arbeitsplatz, so konnte das Arbeitsamt Strafantrag stellen, was im Extremfall Gefängnisstrafen nach sich zog. Gleiches galt für Beschäftigte, die krankfeierten. Jeder sollte als „Soldat der Arbeit" an dem ihm zugewiesenen Platz seinen Dienst an der Heimat verrichten, so die Losung.[272] Belegt ist der Fall einer Lehrerin, die aus dem Schuldienst entlassen wurde, weil sie den Beitritt zur VdB verweigerte. Das Arbeitsamt wollte die Lehrerin anschließend nach Saarburg zu einer Bürotätigkeit verpflichten, die Frau weigerte sich und wurde zu zehn Monaten Gefängnis verurteilt.[273] Als sich die zur Verfügung stehenden Arbeitskräfte zusehends verknappten, bemühte sich das Arbeitsamt, durch Lenkungsmaßnahmen bislang unbeschäftigte Personen zu mobilisieren, zum Beispiel durch den Einsatz von Hausfrauen und Müttern.[274]

Die Regulierungswut des Chefs der Zivilverwaltung erfasste alle Rechts- und Lebensbereiche. Gauleiter Simon schöpfte die Befugnisse aus, die ihm per Führererlass zugestanden worden waren und ging normierend vor. Bereits 1940 setzte die Zivilverwaltung das luxemburgische Arbeitsrecht faktisch außer Kraft. Die ordnungspolitischen Maßnahmen der Zivilverwaltung im Bereich der Sozialordnung stellten alles das in Frage, wofür die Arbeiterbewegung und andere Berufsverbände jahrzehntelang gekämpft hatten. Im August 1940 waren „Arbeitseinstellungen entgegen deutschen Interessen", d.h. Streiks verboten worden, bei Zuwiderhandlungen drohten schwere Strafen bis hin zur Todesstrafe.[275] Gleichzeitig begann die Entmachtung und Liquidierung der Gewerkschaften und sonstigen Berufsverbänden des Landes. Die Einführung des reichsdeutschen Arbeitsbuches in Luxemburg erfolgte Ende September 1940, offiziell um „die zweckentsprechende Verteilung der Arbeitskräfte in der luxemburgischen Wirtschaft zu gewährleisten."[276] Ohne Arbeitsbuch durfte niemand mehr beschäftigt werden. Dies war gleichbedeutend

272 „Der Arbeitsvertrag darf nicht gebrochen werden", in: LW Nr. 154 (3.6.1943).

273 „Scharfe Strafmaßnahmen gegen politische Demonstranten. Jeder Verstoß gegen die Verordnung über die Dienstverpflichtung ist strafbar", in: LW Nr. 100 (30.4.1942).

274 „Es kommen alle dran", in: LW Nr. 78 (19.3.1943).

275 Vgl. „Deutsche Strafrechtspflege in Luxemburg", in: LW Nr. 234 (21.8.1940). Damit wurde ein Sondergericht errichtet, das nahezu alle deutschfeindlichen Aktivitäten unter schwere Strafen stellte.

276 Vgl. Schmitz-Berning, Vokabular des Nationalsozialismus, S. 43f. Das Arbeitsbuch wurde in Luxemburg durch eine CdZ-Verordnung vom 30.9.1940 eingeführt, vgl. „Die Einführung der Arbeitsbuchpflicht", in: LW Nr. 276 (2.10.1940).

mit dem Ende der freien Arbeitsplatzwahl, da der Wechsel von einem zum anderen Arbeitgeber nunmehr vom Arbeitsamt gesteuert und kontrolliert wurde. Den Luxemburgern wurde so deutlich vor Augen geführt, dass innerhalb weniger Monate über den wirtschaftlichen und politischen Anschluss hinaus ein kompletter Systemwechsel stattgefunden hatte.

Wie bei allen Verordnungen, die in rascher Folge im ersten Besatzungsjahr 1940–1941 erlassen wurden, ging es zunächst darum, die Unterschiede zwischen dem CdZ-Gebiet und dem Reichsgebiet aufzuheben und den Eingliederungsprozess voranzutreiben. Die Propaganda des Regimes vermittelte gleichzeitig den Eindruck, dass soziale Probleme nunmehr rasch und entschieden angepackt würden. Freilich wurden die Verordnungen in der Regel von deutschen Beamten in mehr oder weniger enger Kooperation mit der Gauleitung der NSDAP ausgearbeitet, bevor sie vom CdZ in Kraft gesetzt wurden. Luxemburger Arbeitnehmer und Arbeitgeber wurden nicht konsultiert, sondern in der Regel vor vollendete Tatsachen gestellt. Dies erhärtete den Eindruck, dass alle wichtigen Entscheidungen von anonymen Behörden oder fernen Parteidienststellen in Koblenz getroffen wurden, während man auf die Befindlichkeiten der früheren Sozialpartner keinerlei Rücksicht nehmen wollte.

In dieser Logik attackierte der Chef der Zivilverwaltung auch die Besitzstände der Unternehmerschaft. Die Verordnung über Maßnahmen auf dem Gebiet des Wirtschaftslebens – sie wurde im Februar 1941 eingeführt – gab dem Chef der Zivilverwaltung eine Art politische Blankovollmacht in die Hand. Dort wo der Leiter eines wirtschaftlichen Unternehmens „nicht jederzeit rückhaltlos für das deutsche Volkstum einzutreten bereit“ war, konnte der CdZ unter Ausschluss des Rechtsweges „Maßnahmen zur Herstellung eines der deutschen Verwaltung in Luxemburg entsprechenden Zustandes treffen“. Gleiches galt für Unternehmensleiter, die „ihre Pflichten aus den allgemeinen Grundsätzen der nationalsozialistischen Betriebsgemeinschaft“ verletzten oder irgendwelchen Anordnungen des CdZ zuwiderhandelten. Im Klartext bedeutete dies, dass leitende Personen, die nicht mit der politischen und wirtschaftlichen Neuordnung einverstanden gewesen waren oder dem Gauleiter irgendwie in die Quere kamen, aus der Unternehmensdirektion entfernt werden konnten. Gegebenenfalls ließ die Verordnung die Bestellung eines „Beauftragten mit den erforderlichen Befugnissen“ zu, sodass der CdZ den Direktorenposten in einem Unternehmen mit einer ihm genehmen Person besetzen und sich damit in einem Zuge den politischen Einfluss in der betreffenden Firma sichern konnte.[277] Dass die Verordnung mehr als nur eine Drohgebärde an die Adresse der privaten Unternehmerschaft Luxemburgs war, bewiesen mehrere spektakuläre Dienstenthebungsverfahren wie etwa der Fall des kaufmännischen Direktors der ARBED-Verkaufsgesellschaft Columeta. Jean-Baptiste Henckes, der

---

277 Verordnung über Maßnahmen auf dem Gebiet des Wirtschaftslebens vom 19.2.1941, in: VOBL Nr. 17 (1.3.1941). In der Ankündigung der VO wurde der Wortlaut nicht mitgeteilt, vgl. LW Nr. 65 (6.3.1941).

über seine langjährige Tätigkeit über exzellente Verbindungen zu „führenden Persönlichkeiten des Wirtschaftslebens im Reich“ verfügte, war nach Informationen von V-Leuten einer der einflussreichsten Manager des Unternehmens. Der SD warf Henckes vor, er sei frankophil und „die Seele des Widerstandes gegen die deutsche Sache im Arbed-Konzern“ und betrieb mit Nachdruck die Ausschaltung des schwierigen Direktors. Den Ausschlag gaben schließlich Gerüchte in der Öffentlichkeit, die deutsche Verwaltung würde es nicht wagen, gegen ein so mächtiges Wirtschaftsunternehmen wie die ARBED vorzugehen. Henckes wurde schließlich im Februar 1941 wegen deutschfeindlicher Äußerungen verhaftet und später vom Sondergericht zu sieben Monaten Gefängnis verurteilt. Aufgrund der Verordnung auf dem Gebiete des Wirtschaftslebens musste er außerdem fristlos entlassen werden.[278]

Der Umbau der Sozialordnung fand 1941 ihren Abschluss mit der „Verordnung über die Ordnung der Arbeit“.[279] Die Verordnung, die das formelle Ende der Arbeiterausschüsse, des Nationalrats und der Berufskammern bedeutete, bildete die Grundlage des „nationalsozialistischen Arbeitsrechts„ und basierte auf dem „Gesetz zur Ordnung der nationalen Arbeit“ von 1934. Formaljuristisch vollzog die Zivilverwaltung 1941 nur das, was seit dem Spätsommer 1940 in Luxemburg umgesetzt worden war. In den Unternehmen galten nun der Grundsatz der nationalsozialistischen „Betriebsgemeinschaft“ und das Führerprinzip. Die vor dem Krieg nach demokratischen Grundsätzen frei bestimmten Arbeiterausschüsse wurden durch einen Vertrauensrat ersetzt, dessen Mitglieder sich verpflichteten, „jeder Zeit rückhaltlos für das deutsche Volkstum“ einzutreten. Das Individualarbeitsrecht zum Schutz der Arbeitnehmer und Arbeitnehmerinnen war ein Arbeitsverwaltungsrecht geworden, das auf staatlichem Zwang und Dienstpflicht beruhte. Die Möglichkeiten einer freien Berufs- und Arbeitsplatzwahl, das Aushandeln und Abschließen individueller Arbeitsverträge, das Recht auf Kündigung sowie die soziale Selbstbestimmung existierten im Prinzip nicht mehr. Sozialordnung und Arbeitsrecht waren zerstört worden, so wie das NS-Regime bereits in den Anfangsjahren der Diktatur die Weimarer Arbeitsverfassung auf autoritäre Weise ausgehebelt hatte.[280]

Staatliche Organe wie der Reichstreuhänder der Arbeit, die in den 1930er Jahren von den Nationalsozialisten neu geschaffen worden waren, und Organisationen wie die Deutsche Arbeitsfront traten an die Stelle der zerschlagenen Gewerkschafts- und Arbeitgeberverbände beziehungsweise übernahmen deren Funktionen. Aber sie sollten nur vordergründig einen Interessenausgleich zwischen

278 „Das Sondergericht tagte“, in: NBL (7.4.1941). Vgl. Schreiben des SD-Abschnitts Köln vom 25.3.1941 an RSHA betr. Henckes, in: ANLux Jt 211.

279 Verordnung über die Ordnung der Arbeit in Luxemburg vom 26.5.1941, in: VOBL Nr. 39 (17.6.1941).

280 Becker, Die Betriebs- und die Volksgemeinschaft als Grundlage des „neuen“ NS-Arbeitsrechts, S. 119–121.

Arbeitnehmern und Arbeitgebern herstellen: In Wirklichkeit sollten die arbeitenden Menschen inkorporiert werden. Damit waren die „Schaffenden" – so der NS-Sprachgebrauch – den Zielsetzungen eines Regimes unterworfen, das es zunächst auf eine vollständige Kontrolle der Menschen abgesehen hatte, um dann im Laufe des Krieges die restlose Mobilisierung der Arbeitskraft anzustreben.[281]

Wie die Arbeitnehmer wurden die Luxemburger Arbeitgeber am Gängelband des nationalsozialistischen Regulierungseifers geführt. Die Kriegswirtschaftsverordnung (KWVO) vom 4. September 1939 sollte für die Dauer des Krieges die „Fortführung eines geregelten Wirtschaftslebens" garantieren. Hiermit wurde „kriegsschädliches Verhalten" unter Strafe gestellt. Die Verordnung sollte außerdem das allgemeine Preis- und Lohnniveau stabilisieren, um inflationäre Tendenzen im Ansatz zu unterbinden. Für die Unternehmer hätte dies im Ernstfall bedeutet, dass Kriegsgewinne, die sie bei normaler Wirtschaftslage nicht erwirtschaftet hätten, ungerechtfertigt und unzulässig gewesen seien.[282] Anfang 1941 verschärfte sich der Ton gegen die Unternehmer, als im Reich der Preiskommissar Gauleiter Josef Wagner klargestellt hatte, dass sich die Unternehmer auf „Gewinnverzicht" einstellen und ihren Beitrag zum „Endsieg" leisten müssten; es ginge nicht, dass die „werktätige Bevölkerung" Opfer auf sich nehme, während Erzeuger und Großhändler satte Gewinne erwirtschafteten. Das Escher Tageblatt, das in erster Linie für die Industriearbeiterschaft gedacht war, griff das Thema der Kriegsgewinne mehrfach auf. Nicht zufällig erschienen unternehmerkritische und kapitalismusfeindliche

281 Vgl. Magnus Brechtken, Die nationalsozialistische Herrschaft 1933-1939, Darmstadt 2. Auflage, 2012, S. 45. Brechtken unterscheidet die beiden Institutionen folgendermaßen: „Die Treuhänder der Arbeit wirkten in staatlichem Auftrag zwischen Arbeitnehmern und Arbeitgebern, um einen möglichst reibungslosen Produktionsablauf im Dienst der politischen Ziele zu gewährleisten. Die DAF sollte Arbeitnehmer und Arbeitgeber in der alltäglichen Praxis zu möglichst effektiver und reibungsarmer Produktion vereinigen und gleichsam den Klassenkampf im Dienst des Volkes – was praktisch bedeutete: im Dienst der Rüstung – auflösen." Vgl. „Der kriegsbedingte Arbeitsplatz", in: ETB Nr. 151 (1.7.1942).

282 „Kriegsverpflichtete Preise", in: LW Nr. 334 (29.11.1940). „Preistreiberei" werde nach den „im nationalsozialistischen Volksbewusstsein verankerten Anschauungen als unanständig empfunden (...). Dieses Volksbewusstsein findet seinen Ausdruck im Wort des Führers, dass niemand am Kriege verdienen soll, wenn der Soldat an der Front kämpft." 1942 wurde die KWVO verschärft (vgl. 7. Verordnung über Maßnahmen auf dem Gebiete der Strafrechtspflege vom 9.4.1942) und wenige Monate später verhängte das Sondergericht in Luxemburg zum ersten Mal Strafen gegen zehn Angeklagte, die sich des Schwarzhandels mit Lebensmitteln und Kleidung sowie des Schwarzschlachtens strafbar gemacht hatten. Die „Schmarotzer" und „Saboteure", so urteilte die NS-Presse, wurden zu empfindlichen Geld- und Gefängnisstrafen verurteilt. 1944 kam es zu drei Todesurteilen gegen drei Kriegswirtschaftsverbrecher, die im großen Stil Vieh über die belgische Grenze geschafft hatten. Vgl. „Schwere Strafen für Kriegswirtschaftsverbrecher", in: ETB Nr. 157 (8.7.1942) und „Todesstrafe für schwere Kriegswirtschaftsverbrechen", in: ETB Nr. 149 (28.6.1944).

Artikel just zu dem Zeitpunkt, als die Deutsche Arbeitsfront in Luxemburg eingeführt wurde.[283]

9. Zusammenfassung

Vor dem deutschen Einmarsch hatte es in Luxemburg eine fortschrittliche Sozialpolitik mit komplexen Mechanismen gegeben, über die zwischen den Sozialpartnern grundsätzlicher Konsens herrschte. Dieser Grundkonsens wurde durch das Paritätsprinzip abgesichert, in dem Arbeitnehmer und Arbeitgeber als gleichberechtigte Partner (etwa in der Verwaltung der Sozialversicherungen) auftraten. Die materielle Lage der Luxemburger Arbeiter und Angestellten war vor dem deutschen Einmarsch insgesamt betrachtet nicht so schlecht wie von der NS-Propaganda dargestellt. Die akuten Probleme des Jahres 1940 gingen auf die deutsche Aggressionspolitik zurück und die Konjunkturschwankungen waren auf die unsichere internationale Lage in Europa zurückzuführen. Die Arbeitslosigkeit hing mit der kriegsbedingten Stilllegung der Groß-, Mittel- und Kleinindustrie beziehungsweise der militärischen Besetzung zusammen. Massenarbeitslosigkeit war in Luxemburg ein Phänomen, das man nur aus den Nachbarländern kannte. Erst der Ausbruch des Zweiten Weltkriegs führte zu einem signifikanten Anstieg der Arbeitslosen. Von dieser Arbeitslosigkeit waren die Arbeiter im Süden, auf die sich die NS-Propaganda 1940 konzentrierte, allerdings kaum betroffen, da hier bis zum 10. Mai 1940 die Eisen- und Stahlproduktion auf hohem Niveau blieb. Der Versuch der Nationalsozialisten, Parallelen zwischen der Lage der Arbeiter in Luxemburg und der Beschäftigungskrise der frühen 1930er Jahre in Deutschland zu ziehen, ging somit ins Leere.[284] Die Arbeitslosigkeit des Jahres 1940 verschwand so schnell wie

283 „Kriegsgewinnler' soll es in Deutschland nicht geben", in: ETB Nr. 42 (19.2.1941), während zum gleichen Thema der Artikel im LW „Gemeinschaftserfüllung im Preisausgleich" überschrieben wurde, in: Nr. 46/47 (15./16.2.1941). Im März berichtete das LW im Wirtschaftsteil noch einmal über das Thema Kriegsgewinne („Keine Kriegsgewinne in Deutschland"), das ETB brachte einen Artikel auf der Titelseite in einem deutlich kämpferischeren Ton: „Kriegsgewinn muss abgeführt werden", vgl. LW Nr. 77 (18.3.1941) und ETB Nr. 66 (19.3.1941). Gauleiter Wagner wurde wie folgt zitiert: „Wer als Wirtschafter mitten im Kriege aus kleinlicher Geldgier egoistisch handelt, während die Allgemeinheit der Wirtschaft sich willig den übergeordneten volkswirtschaftlichen Interessen fügt, hat seinen Besitz verwirkt und darf auch fürderhin nicht Betriebsführer sein.", vgl. „Kriegsgewinn muss abgeführt werden", in: ETB Nr. 66 (19.3.1941).

284 Der Luxemburger Arbeitsmarkt wies bis 1940 eine Besonderheit auf: Bei wirtschaftlichen Krisen wurden zunächst die ausländischen Arbeitskräfte entlassen und in ihre Heimatländer zurückgeschickt. Dieses „Sicherheitsventil", wie es bereits in den 1930er Jahren vom Wirtschaftswissenschaftler Carlo Hemmer treffend umschrieben wurde, verhinderte eine Massenarbeitslosigkeit. Die Arbeitslosigkeit war 1938 z.B. in Deutschland fünfmal, in den Niederlanden und Belgien sogar zehnmal höher als in Luxemburg, vgl. Hemmer, Luxemburger Wirtschaftspolitik 1939, S. 33–36. In

die Schwerindustrie ihre Produktion wieder aufnehmen konnte beziehungsweise Arbeitskräfte ins Altreich verpflichtet wurden. Tatsächlich trug die Krisenpolitik der deutschen Zivilverwaltung in nur geringem Maße direkt zur Verbesserung der Arbeitsmarktlage bei, aber der Gauleiter reklamierte den Erfolg für sich allein. Die Ausmerzung der Erwerbslosigkeit verkaufte Simon in der Öffentlichkeit nur zu gerne als eine der großen Errungenschaften der deutschen Neuordnungspolitik.[285]

Im Schnellverfahren wollte Gustav Simon im Sommer-Herbst 1940 das Land nach seinen ordnungspolitischen Vorstellungen umgestalten und „Heim ins Reich" führen. Die Sozialpolitik – so dachte der Gauleiter – sei das probate Mittel, diesen Prozess in Gang zu setzen beziehungsweise zu beschleunigen. Aufgrund von fehlerhaften politischen Einschätzungen und der überschwänglichen Begeisterung einer (überschaubaren) Anzahl von kollaborationsbereiten Luxemburgern, entstand im Kreis der Gauleitung der Eindruck, man könne die Bevölkerung mit einem Konglomerat aus wirtschaftlichen, sozialen und völkischen Argumenten überzeugen und damit den politischen Anschluss vollziehen.

Die sozialpolitische Propaganda des Gauleiters hatte sich schon Ende des Jahres 1940 totgelaufen. Die Arbeiter und Angestellten in der Industrie merkten bald, dass sich ihre rechtliche und materielle Situation in den ersten Besatzungsmonaten eher verschlechtert als verbessert hatte. Das Missfallen über die Löhne und die Lohnentwicklung hielt vor allem unter der Arbeiterschaft an. Die chaotisch wirkende Umsetzung der Lohnverordnungen von 1940 trug nicht wenig zu der Unzufriedenheit bei, die über das Jahr 1941 hinaus immer wieder ein Thema war. Verschärfend wirkte der politische Charakter der Lohn- und Gehaltspolitik des

---

den 1930er Jahren war die Zahl der offiziell gemeldeten Arbeitslosen zwar bis 1935 relativ hoch (mit einem Höchststand von knapp 2.200 Arbeitslosen, die Unterstützung erhielten), 1937, 1938 und 1939 (bis zum Kriegsausbruch) war sie sehr niedrig (mit einem Höchststand von knapp 300). 1939 stieg sie kurzzeitig auf über 1.200 an. Von einer Massenarbeitslosigkeit konnte man also keinesfalls sprechen, vgl. Gérard Trausch, La société luxembourgeoise depuis le milieu du 19e siècle dans une perspective économique et sociale, Luxemburg 2009 (= Cahiers économiques 108), S. 36.

285 Vgl. f., Luxemburg im Brennpunkt der Reichspresse, in: LW Nr. 274 (30.9.1940) oder die Rede Gustav Simons anlässlich seiner Kundgebung in Esch: „Gauleiter Simon: Der soziale Ausgleich wird vollzogen", in: LW Nr. 295 (21.10.1940) oder der Beitrag von Simons Stellvertreter zum 1. Jahrestag der Einführung der deutschen Zivilverwaltung: Heinrich Siekmeier, Aufbau der luxemburgischen Selbstverwaltung, in: ETB Nr. 178 (1./2.8.1941). Siehe die NS-Publikationen, in denen der wirtschafts- und sozialpolitische Eingliederungsprozess als Erfolg der deutschen Zivilverwaltung dargestellt wurde: Otto Simon, Luxemburgs Schicksal und Heimkehr, in: Otto H. Spatz (Hg.), Wiedergewonnenes deutsches Land in Danzig-Westpreußen/ Ostpreußen/ Wartheland/ Oberschlesien/ Elsass/ Lothringen/ Luxemburg/ Eupen-Malmedy, München/ Berlin 1941, S. 217–230, hier S. 219, sowie Ruth, Luxemburg, S. 69–73.

Regimes, denn nationalsozialistische Prinzipien und die Logik des „totalen“ Krieges bestimmten schließlich die Arbeits- und Einkommensbedingungen in vielen Branchen. So wurde ein System zerstört, das die Arbeiterbewegung vor dem Krieg unter demokratischen Bedingungen mühsam erkämpft hatte.

Die politische Führung und die Funktionäre der Deutschen Arbeitsfront übersahen dabei geflissentlich, dass die Frustration unter den Arbeitern nicht allein auf die schlechten und als ungerecht empfundenen Löhne beziehungsweise auf eine schlechtere Lebensmittelversorgung zurückzuführen war, sondern auch andere Gründe haben könnte.[286] Die Mehrheit der Luxemburger Arbeiter und Angestellten war nie vom Anschluss an das „Dritte Reich“ überzeugt und sie lehnten den Nationalsozialismus ab. Dazu kamen ein wachsender politischer Druck und Antreiberei zu mehr Leistung im Dienste der deutschen Rüstungs- und Kriegsproduktion.[287]

Als Chef der Zivilverwaltung setzte Gustav Simon die Sozialpolitik als Machtinstrument ein. Für Gauleiter Simon bot sich im Jahre 1940 die Gelegenheit, ein soziales Gesicht zu zeigen. Aber im Grunde ging es ihm nicht wirklich um die Verbesserung der materiellen Lage der Menschen. Simon hoffte vielmehr „die Gewinnung einer Bevölkerung, die von sich aus den Anschluss an das Reich nicht erstrebt“, so seine Feststellung Ende August 1940.[288] Zum einen diente die Sozialpolitik – dazu gehörten die Leistungen der NS-Volkswohlfahrt beziehungsweise des WHW – der Selbstdarstellung des ehrgeizigen Gauleiters, der sich bei den Luxemburgern als politischer Führer mit menschlichem Antlitz präsentieren wollte. Zum anderen war die Sozialpolitik nur Mittel zum Zweck. Im Rückblick waren die Reaktionen der Luxemburger auf die sozialen Angebote des Regimes, sei es in Form von Lohnverbesserungen oder anderen Vergünstigungen, ein Gradmesser für die Akzeptanz des neuen Regimes.

Wie stark die nationalsozialistische Wohlfahrtspolitik das Handeln von Gustav Simon bestimmte, zeigte sich immer wieder. Anlässlich des ersten Jahrestages der deutschen Besetzung berichteten die Luxemburger Tageszeitungen über die deutsche Aufbauarbeit und lobten abwechselnd die Maßnahmen der Zivilverwaltung als Beispiele eines „wahren Sozialismus“[289], als „Sozialismus der Tat“[290]

---

286 Betriebsführer Faust der DIFFAG kritisierte bei einem Betriebsappell die Bergleute, „die dauernd über den Lohn zu meckern hätten“; vgl. „Betriebsappell für die Belegschaft der Grube Dhoil“, in: LW Nr. 305 (31.1.1941). Kreisobmann Grohé wetterte 1942 gegen diejenigen, die Gerüchte und Falschmeldungen verbreiteten, denn Hitler habe bisher alle Versprechungen gehalten; vgl. „Kundgebung“, in: ETB Nr. 75 (30.3.1942). Bei einem Appell der Bergleute beim Escher Kreistag sprach der Redner von „Adel der Arbeit“ und „Leistung“, wiegelte Lohnfragen aber ab: „Die Zusammenschweißung der Männer der Tat und der Leistung ist keine Frage, die man nur von der Lohntüte aus betrachten und regeln kann“, in: LW Nr. 194 (13.7.1942).

287 Vgl. Artuso, La collaboration (2013), S. 286.

288 Schreiben Simons an den Reichsbeauftragten für das WHW Erich Hilgenfeldt, zitiert bei Dostert, WHW, S. 20.

289 Wz, Luxemburg unter des Reiches Obhut, in: ETB Nr. 90 (18.4.1941).

290 „Der Reichsbeitrag zum Aufbau in Luxemburg“, in: LW Nr. 107 (18.4.1941).

und als „soziale Politik“[291]. 1940 mit einem unmittelbaren „Führer“-Auftrag ausgestattet, verfügte Gustav Simon über ausreichende Kompetenzen, um mit wohlfahrtsstaatlichen Maßnahmen eine eigenständige Innenpolitik im CdZ-Gebiet umzusetzen. Mehr noch: Simon verstand es geschickt, seine Autorität als regionale Führungspersönlichkeit auszubauen und propagandistisch zu nutzen. Es war wohl kein Zufall, dass der Gauleiter den Propagandacoup quasi am Vorabend von Hitlers Geburtstag lancierte und nicht am eigentlichen Jahrestag im Mai 1941. Die Wichtigkeit wurde auch dadurch unterstrichen, dass der Rückblick auf die „soziale Politik“ des Regimes im Rahmen einer der seltenen Pressekonferenzen stattfand, die von der Gauleitung in Luxemburg einberufen wurden. Damit unterstrich man zusätzlich die Erfolge bei der „Beseitigung der sozialen Ungerechtigkeiten“ sowie der Versorgungssicherung der Bevölkerung mit Lebensmitteln und wichtigen Gebrauchsgütern. Diese Erfolge seien, so die Verlautbarung, auf die „Großzügigkeit“ und „Weitherzigkeit“ des Chefs der Zivilverwaltung zurückzuführen, „der sich die Sorgen der Luxemburger zu seinen gemacht“ habe und „unermüdlich“ bedacht sei, „diesem urdeutschen Land soziale Gerechtigkeit in jeder Hinsicht zu geben.“ Weltanschaulich blieb Simon indes wie gewohnt auf dem Boden des Nationalsozialismus, denn „Gerechtigkeit“ gab es nur nach nationalsozialistischen Maßstäben. Zur Erlangung eines Ehestandsdarlehens, das nach deutschem Vorbild in Luxemburg eingeführt wurde, musste man zwei Bedingungen erfüllen, nämlich „Volksdeutscher“ sein und sich für das „Volkstum“ einsetzen. Die Kinderbeihilfen sollten ausschließlich der „Förderung der gesunden, gemeinschaftswürdigen (…) Familien“ dienen, während die Ausbildungsbeihilfen lediglich für „erbgesunde, geistig und sportlich entwicklungsfähige“ Kinder gedacht waren.[292] In eine ähnliche Richtung ging die Gesundheitspolitik, deren Grundzüge Gauleiter Simon 1942 anlässlich der Gründung der Gauärztekammer skizzierte.[293]

Grundsätzlich schwierig ist die Frage nach der Wirkung nationalsozialistischer Sozialpolitik auf die Menschen. Es gab Reaktionen der Akzeptanz und der Ablehnung, die sich kaum in Prozentzahlen ausdrücken lassen, da die Besatzungsmacht ja bekanntlich keine Meinungsumfragen durchführen ließ. So ließe sich darüber spekulieren, ob es nach der Befreiung Luxemburger und Luxemburgerinnen gab, die den wohlfahrtsstaatlichen Errungenschaften des Regimes nachtrauerten. Billige Kredite für junge Ehepaare, materielle Unterstützung für kinderreiche Familien, flächendeckende und ganztägige Kinderbetreuungsstrukturen, staatlich festgelegte Mindestlöhne, mehr oder weniger gleiche Arbeitszeit- und Urlaubsbedingungen für alle Lohn- beziehungsweise Gehaltsempfänger waren wesentliche Elemente der nationalsozialistischen Sozialpolitik gewesen. In den allermeisten Fällen erfanden die Nazis in Luxemburg nichts neu. Manches ließen sie bestehen

291 „Deutsche Aufbauarbeit in Luxemburg“, in: OMZ Nr. 92 (18.4.1941).
292 Vgl. Wz, Luxemburg unter des Reiches Obhut, in: ETB Nr. 90 (18.4.1941).
293 „Erste Verpflichtung des Arztes ist der Dienst am Volke“, in: ETB Nr. 197 (24.8.1942).

(wie z.B. die Betriebskrankenkassen), einiges wurde übernommen (wie z.B. die Kindergärten), einzelnes war tatsächlich neu (z.B. das Kindergeld).

Einen modernen Sozialstaat haben die Nationalsozialisten nicht hinterlassen. Die Lohn- und Tarifpolitik des Gauleiters sowie die Anpassungen, die das Regime im Bereich der sozialen Absicherungsmechanismen durchsetzen konnte, verschwanden nicht einfach nach der Vertreibung der Zivilverwaltung. Die vom Gauleiter im Laufe der Besatzungszeit eingeführten Regelungen zur Kranken-, Alters- und Unfallversicherung sowie zur Invaliditätsversorgung gehörten nach 1944 zu den „Okkupationserrungenschaften" (Volkmann), d.h. sie behielten nach der Befreiung ihre Gültigkeit, weil sie im Vergleich zur Vorkriegszeit eine Verbesserung des Versicherungsschutzes darstellten. Entsprechende Sonderverordnungen erließ die Regierung im Dezember 1944.[294] Etwas anders war die Mindestlohnregelung, die ebenfalls 1944 beschlossen wurde, um in der unmittelbaren Nachkriegszeit den Lohn- und Gehaltsempfängern das Existenzminimum zu sichern. Hier gab es keine direkte Kontinuität zwischen den Lohnverordnungen des CdZ aus dem Jahre 1940 und den Beschlüssen der Nachkriegszeit, da man nun einen einheitlichen Mindestlohn für alle Arbeiter und Angestellten festlegte. 1940 hatte die Zivilverwaltung Tarife nach Branchen festgelegt, vor 1940 gab es überhaupt keine staatliche Mindestlohnregelung. Die Nichteinführung eines Mindestlohns für alle hätte klar einen sozialpolitischen Rückschritt auch in Bezug auf die Besatzungszeit bedeutet.[295]

294 Volkmann, Luxemburg im Zeichen des Hakenkreuzes, S. 502f. Vgl. Arrêté grand-ducal du 12 décembre 1944 ayant pour objet la mise en vigueur provisoire de la réglementation imposée par l'occupant en matière d'assurance-maladie und Arrêté grand-ducal du 14 décembre 1944, ayant pour objet la mise en vigueur provisoire de la réglementation imposée par l'occupant en matière d'assurance-accidents et d'assurance contre la vieillesse et l'invalidité, in: Mémorial Nr. 1 (12.1.1945).

295 Arrêté grand-ducal du 30 décembre 1944, portant fixation des salaires minima, in: Mémorial 3 (22.1.1945) Es dauerte allerdings noch bis 1951, bis die Regierung eine einheitliche Anpassung der Mindestlöhne an den Lebenshaltungskostenindex durchsetzen konnte, vgl. Arrêté grand-ducal du 18 août 1951 portant adaptation du salaire social minimum au nombre-indice du coût de la vie et uniformisation du taux de rémunération du travail féminin, in: Mémorial Nr. 50 (28.8.1951).

10. Anhang

10.1. Verbraucherpreise in Luxemburg (1939–1940)

Tab. 6: Durchschnittliche Verbraucherpreise im Deutschen Reich und in Luxemburg (Stand 1939, in Luxemburger Franken)

Ausgewählte Produkte im Einzelhandel. Zur Umrechnung von Reichsmark in Franken wurde der 1940 eingeführte Zwangskurs von 1:10 als Grundlage genommen.

	Deutsches Reich	**Luxemburg**
Brot (1 kg)	3,10	2,40
Kartoffeln (100 kg)	90	42,63
Butter (1 kg)	31,60	18,91
Milch (1 Liter)	2,30	1,75
Eier (12)	14	6–12
Rindfleisch (1 kg)	16,70	13,99
Schweinefleisch (1 kg)	16,30	14,82
Kalbfleisch (1 kg)	20,50	13,34

Quellen: Jürgen Sensch, (1925–2008 [2008]) histat-Datenkompilation online: Einzelhandelspreise in Deutschland, STATEC, Statistiques historiques, S. 461 sowie in der Presse mitgeteilte Marktpreise.

Tab. 7: Durchschnittliche Verbraucherpreise in Luxemburg 1939–1940 (in Luxemburger Franken)

Ausgewählte Produkte im Einzelhandel. Zur Umrechnung von Reichsmark in Franken wurde der 1940 eingeführte Zwangskurs von 1:10 als Grundlage genommen. Preise von 1940 nach CdZ-Preisverordnungen.

	1939	**Oktober 1940**
Brot (1 kg)	2,40	3,80
Kartoffeln (100 kg)	42,63	67
Butter (1 kg)	18,91	34
Milch (1 Liter)	1,75	2,90
Eier (12)	6–12	14,40
Rindfleisch (1 kg)	13,99	17
Schweinefleisch (1 kg)	14,82	18
Kalbfleisch (1 kg)	13,34	17,40

Quellen: OMZ Nr. 223 und 231 (2.10. und 6.10.1940)

10.2. Lohn- und Arbeitsbedingungen in Luxemburg (1937–1944)

Bemerkung zur Vergleichbarkeit von Löhnen

Befasst man sich mit den Lohnbedingungen in Luxemburg, so stößt man auf methodische Probleme. Zum einen fehlen zuverlässige statistische Informationen, die einen direkten Vergleich zwischen Arbeiter- und Angestelltenlöhnen aller Branchen von der Vorkriegszeit bis zur Besatzungszeit erlauben würden. Zum anderen ist das verfügbare Material betreffend einzelne Berufsgruppen beziehungsweise gewisse Arbeitgeber nur lückenhaft erschlossen. Die in den 1930er Jahren für bestimmte Unternehmen oder Branchen abgeschlossenen Tarifverträge und die von der deutschen Zivilverwaltung verordneten Lohn- und Gehaltssätze waren als Mindestsätze gedacht. Die in den Vorkriegskollektivverträgen beziehungsweise später in den CdZ-Verordnungen festgelegten Tarife sagen deshalb nur wenig darüber aus, wie hoch das tatsächliche Bruttoeinkommen eines Arbeitnehmers war. Dazu kommen saisonale oder konjunkturelle Einflüsse. Der Lohn eines Arbeiters im Akkord- oder Stücklohn konnte von Monat zu Monat schwanken, bei zahlreichen Arbeitern in der Schwerindustrie fielen in Zeiten wirtschaftlicher Hochkonjunktur mehr gut bezahlte Überstunden an, während es in bestimmten Abteilungen eine Kombination von Grundlohn und Produktionsprämie gab. Die großen Konzerne zahlten überdies freiwillige soziale Vergünstigungen oder Prämien an ihre Mitarbeiter aus. Umgekehrt konnten bei schwächelnder Wirtschaft unfreiwillige Feierschichten oder andere Formen der Kurzarbeit anfallen, die sich auf den Tages- oder Wochenverdienst auswirkten. Darüber hinaus muss man bedenken, dass Großunternehmen wie der ARBED-Konzern eine komplizierte Lohn- und Gehaltsstruktur hatten, bei der Qualifikationen und Art der Tätigkeiten, Dauer der Betriebszugehörigkeit usw. eine Rolle spielten, sodass es nicht denselben Arbeiterlohn beziehungsweise nicht das gleiche Angestelltengehalt für alle gab. Im Vergleich dazu die Löhne, die 1938 auf ARBED-Düdelingen gezahlt wurden: Je nach Betrieb eines Hüttenwerkes fielen die Arbeiterlöhne ganz unterschiedlich aus: Hier spielte nicht nur die Qualifikation der Arbeiter, sondern auch die Arbeitsbelastung eine wichtige Rolle. So verdiente ein Hochofenarbeiter 1938 auf Werk Düdelingen mit Haushaltszulage ("Prime de ménage") und Kindergeld („Prime enfants") einen Stundenlohn von 6,55 Franken. Die weitaus anstrengendere Arbeit in der Schlackenmühle wurde mit 7,05 Franken bezahlt. In der Gießerei und im Walzwerk waren hochqualifizierte Facharbeiter notwendig, die in der Regel auf einen noch höheren Tagesverdienst kamen (Gießereiarbeiter: 7,28 Franken/ Stunde, Walzwerker: 7,48 Franken/ Stunde). Einfache Tätigkeiten wurden mit unter sechs Franken pro Stunde bezahlt (5,96 Franken). Entsprechend variierten auch die effektiven Monatslöhne. Ein Hochofenarbeiter kam mit allen Zulagen auf einen Monatslohn von 1.412,11 Franken, während der am schlechtesten bezahlte Arbeiter immer noch 1.210,94 Franken im Monat verdiente.[296]

296 Vgl. ANLux ARBED AC-CI-55 („Statistiques").

Auch die fälligen Abzüge für Alters- und Krankenversicherungen sowie Steuern sind schwer zu berechnen, sodass man kaum Aussagen über das verfügbare Nettoeinkommen der Arbeitnehmer machen kann. Außerdem führten die Deutschen in der Schwerindustrie (Bergbau, Eisen- und Metallindustrie) neue Lohntabellen und neue Beschäftigungsgruppen ein. Deshalb lassen sich Mindestlöhne und tatsächlich gezahlte Löhne der Vorkriegszeit nur bedingt mit denen der Besatzungsjahre vergleichen.

Tab. 8: Mindestlöhne für den Erzbergbau Luxemburgs (in Franken).

1937 (Index 670)	Schichtlohn	Wochenlohn
Untertagehauer	55,00	330,00
Untertageschlepper (Lohn nach Vereinbarung, aber mindestens:)	44,00	264,00
Tagebauhauer	47,30	283,80
Tagebauschlepper	42,90	257,40
Handwerker	44,00	264,00
Tagelöhner unter Tage	39,60	237,60
Tagelöhner über Tage	38,00	228,00

Quelle: Die Kollektiv-Verträge im Großherzogtum Luxemburg, S. 148–153.

Tab. 9: Mindestlöhne für die Arbeiter der Hütten- und Eisenindustrie (in Franken).

1937 (Index 670)	Schichtlohn	Wochenlohn
Mindestschichtlohn für Handlanger ARBED	37,40	224,40
Mindestschichtlohn für Handlanger HADIR	36,30	219,60
Mindestschichtlohn für Handlanger RODANGE (Verheiratete)	36,00	216,00
Mindestschichtlohn für Handlanger RODANGE (Ledige)	34,00	204,00

Quelle: Die Kollektiv-Verträge im Großherzogtum Luxemburg, S. 163–172.

Tab. 10: Mindestlöhne der Ideal-Lederfabrik, Wiltz (in Franken).

1937 (Index 660)	Stundenlohn	Wochenlohn
Mindestlohn für erwachsenen Vollarbeiter	4,00	192,00
Mindestlohn für Arbeiterinnen im Betrieb	2,75	132,00
Mindestlohn für Arbeiterinnen im Lederlager	2,40	115,20

Quelle: Die Kollektiv-Verträge im Großherzogtum Luxemburg, S. 204–215.

Tab. 11: Arbeitszeiten und Zuschläge für Mehrarbeit (1940–1944).

Branche	Arbeitszeiten	Zuschläge für Mehrarbeit	Geltung
Arbeiter im Eisenerzbergbau	8-Stundentag **ab 1.1.1941:** unter Tage: 8-Stundentag (30 Min. Pause einschl.) über Tage: „Sofern die Betriebsverhältnisse es bedingen, kann die Arbeitszeit bis auf 10 Stunden täglich ausgedehnt werden." (§2.2.) **ab 1.4.1942:** Ausdehnung auf 10 Stunden/ Tag möglich	Überstunden: +25% Sonn- und Feiertage: +50% 1. Mai, 1. Januar, Ostern, Pfingsten, Weihnachten: +100%	ab 1.10.1940 bzw. 1.1.1941
Angestellte im Groß- und Einzelhandel	8-Stundentag/ 48-Stundenwoche 10-Stundentag bzw. 60-Stundenwoche saisonal möglich	Überstunden: +25% Sonntagsarbeit: +50% Feiertagsarbeit: +100% „Mehrarbeitsstunden sind nach Möglichkeit zu vermeiden." (§3.1)	ab 1.10.1940
Arbeiter in Eisen-, Metall- und Elektroindustrie	8-Stundentag Ausdehnung auf 10 Stunden/ Tag möglich	Überstunden: +25% Nachtarbeit: +50%* Sonntagsarbeit: +50%* Feiertagsarbeit: +100%* * Anspruch auf Nacht-, Sonntags- und Feiertagszuschlag entfällt, „wenn die Arbeitsleistung ihrer Art nach die Beschäftigung auch an Sonntagen und gesetzlichen Feiertagen bedingt" (§2.5)	ab 1.10.1940
Landwirtschaftliche Arbeiter	4 Monate im Jahr 8-Stundentag 4 Monate im Jahr 10-Stundentag 4 Monate im Jahr 11-Stundentag	Überstunden: +25% Sonn- und Feiertagsarbeit: +50%	ab 1.10.1940
Angestellte im Eisen-, Metall- und Elektrogewerbe	Betriebsführer kann zuschlagspflichtige Mehrarbeit von bis zu 6 Stunden/ Woche anordnen	Überstunden: +25% Sonntags- und Nachtarbeit: +50% Feiertagsarbeit: +100%	ab 1.4.1942
Angestellte im Eisenerzbergbau	Mehrarbeit von bis zu 16 Stunden/ Monat möglich (nicht zuschlagspflichtig „es sei denn, dass es sich um besonders angeordnete produktive Überschichten handelt", (§3.1.)	Überstunden: +25%	ab 1.8.1942

Quelle: VO vom 1.10.1940, 11.3.1941, 1.6.1941, 15.3.1942, 15.8.1942

Tab. 12: Urlaubsregelungen (1940–1944).

Branche	Urlaubstage (je nach Alter bzw. Dienstalter gestaffelt)	Bezahlte Arbeitsversäumnisse	Geltung
Arbeiter im Eisenerzbergbau	unter Tage: 6–18 Tage über Tage: 6–12 Tage	Eheschließung, Entbindung der Ehefrau, Sterbefall, „Erfüllung staatsbürgerlicher Pflichten" **neu ab 1.1.1941:** erstmalige Musterung zum RAD, zur Wehrmacht oder zur Waffen-SS	ab 1.10.1940
Angestellte im Groß- und Einzelhandel	10–14 Tage		ab 1.10.1940
Arbeiter in Eisen-, Metall- und Elektroindustrie	6–12 Tage		ab 1.10.1940
Landwirtschaftliche Arbeiter	6–12 Tage		ab 1.10.1940
Arbeiter in der Privatwirtschaft	6–12 Tage		ab 1.6.1941*
Angestellte in der Privatwirtschaft	6–15 Tage Zusätzlicher Urlaub bei längerer Betriebszugehörigkeit: 3–5 Tage		ab 1.6.1941*
Angestellte im Eisen-, Metall- und Elektrogewerbe	6–18 Tage	Wohnungswechsel, Eheschließung, Sterbefälle, Arztbesuch, Teilnahme von Jugendlichen am Reichsberufswettkampf, Teilnahme an Veranstaltungen der Partei, ihrer Gliederungen und angeschlossenen Verbände	ab 1.4.1942
Angestellte im Eisenerzbergbau	9–18 Tage		ab 1.8.1942

Quelle: VO vom 1.10.1940, 11.3.1941, 1.6.1941, 15.3.1942, 15.8.1942.

* Keine Anwendung der VO vom 1.6.1941 falls Verordnungen des CdZ, Betriebsordnungen oder Einzelvereinbarungen günstigere Urlaubsbestimmungen vorsehen.

Anmerkungen: Ab 20.2.1941 wurde die Verordnung über die Lohnzahlung an Musterungstagen allgemein für alle Branchen angewandt.[a] 1943 wurde in der Privatwirtschaft die Zahl der jährlichen Urlaubstage auf 14 Tage (Arbeitnehmer unter 50 Jahren) bzw. 20 Tage (Arbeitnehmer über 50) beschränkt.[b]

[a] VO über die Lohnzahlung an Musterungstagen vom 20.2.1941, in: VOBL Nr. 15 (21.2.1941).

[b] Vgl. "Der gesetzliche Urlaub in den Privatbetrieben", in: ETB Nr. 133 (9.6.1943).

Tab. 13: Lohnbedingungen im Eisenerzbergbau ab 1.10.1940

(ausgewählte Berufe und Tätigkeiten, Schichtlohn in RM)

1. unter Tage:

Hauer 1. Klasse	6,00
Hauer 2. Klasse	5,60
Schlepper (80–90% des Hauerlohnes)	
Ankuppler und Tagelöhner	4,80
Qualifizierte Spezialarbeiter 1. Klasse	5,80
Qualifizierte Spezialarbeiter 2. Klasse	5,60
Tagelöhner unter Tage	4,80
Förderaufseher	6,00
Durchschnittslohn (ohne Jugendliche)	***5,35***

2. über Tage:

Hauer 1. Klasse	5,60
Hauer 2. Klasse	5,20
Schlepper (80–90% des Hauerlohnes)	
Lokomotivführer	5,00
Maschinisten	5,60
Tagelöhner	4,40
Durchschnittslohn (ohne Jugendliche)	***4,95***

Quelle: VO vom 1.10.1940

Tab. 14: Lohnbedingungen im Eisenerzbergbau (1941–1944)

(ausgewählte Berufe und Tätigkeiten, Schichtlohn in RM)

	ab 1.1.1941	**ab 21.6.1942**	**ab 1.10.1943**
1. unter Tage:			
Hauer	6,80	6,80	7,55
Lehrhauer (im 3. Jahr)	6,10	6,10	6,80
Schlepper	5,10–6,10	5,10–6,10	5,10–6,10
Ankuppler	5,50	5,80	6,40
Handwerker 1. Jahr n. Lehre	5,80	6,00	6,60
Handwerker 2. Jahr n. Lehre	6,30	6,40	7,00
Handwerker 3. Jahr n. Lehre	6,80	6,80	7,50
sonstige Schichtlöhner	5,20	5,20	5,70
Förderaufseher	7,00	7,00	7,70
Durchschnittslöhne (ohne Jugendliche)	***5,84***	***5,80***	***6,44***
2. über Tage:			
Hauer	6,00	6,00	6,60
Handwerker 1. Jahr n. Lehre	5,40	5,50	5,90
Handwerker 2. Jahr n. Lehre	5,60	5,80	6,25
Handwerker 3. Jahr n. Lehre	5,90	6,10	6,70
Lokomotivführer	5,30	5,80	6,30
Heizer, Ankuppler	5,00	5,40	5,90
Angelernter Arbeiter über 21	5,20	5,40	5,90
Hilfsarbeiter	4,80	4,80	5,30
Durchschnittslöhne (ohne Jugendliche)	***5,39***	***5,54***	***6,03***

Quelle: VO vom 11.3.1941, 20.6.1941 und 30.9.1943

Tab. 15: Beispiel von Monatseinkommen im Bergbau (1943)

(Schichtlohn in RM; Beispiel eines Familienvaters mit 7 Kindern)

	Schichtlöhner (Schichtlohn: 5,50)	**Hauer (Schichtlohn: 9,50)**
Einkommen:		
25 Schichten	137,50	237,50
Hausstandsgeld	2,75	2,75
Kindergeld	55	55
Bruttolohn:	**195,25**	**295,25**
Abzüge:		
Knappschaftsbeitrag (8,2%)	-16,10	-24,20
DAF-Beitrag	-1,80	-2,20
Gesamtabzüge:	**-17,90**	**-26,40**
Nettolohn:	**177,35**	**268,85**
Staatliche Kinderbeihilfe	50	50
Gesamteinkommen	**227,35**	**318,85**

Quelle: „Die soziale Stellung des Bergmanns„, in: LW Nr. 185/ 186 (4./5.7.1942)

Tab. 16: Lohnbedingungen in der Eisen-, Metall- und Elektroindustrie 1940–1944

(nach Tätigkeitsgruppen, Stundenlohn in RM)

	ab 1.10.1940		**ab 1.12.1941**	
	Ortskl. I	**Ortskl. II**	**Ortskl. I**	**Ortskl. II**
Tätigkeitsgruppe 1	0,60	0,56	0,65	0,60
Tätigkeitsgruppe 2	0,64	0,60	0,69	0,64
Tätigkeitsgruppe 3	0,68	0,64	0,73	0,68
Tätigkeitsgruppe 4	0,73	0,68	0,78	0,73
Tätigkeitsgruppe 5	0,80	0,75	0,85	0,80
Tätigkeitsgruppe 6	0,90	0,85	0,95	0,90
Durchschnittslohn	***0,73***	***0,68***	***0,78***	***0,73***

Quelle: VO vom 1.10.1940 und vom 4.12.1941.

Bemerkungen:
Es handelt sich um Mindeststundenlöhne für Arbeiter ab 21 Jahren, 20-Jährige erhielten nur 90 Prozent des Mindeststundenlohnes eines erwachsenen Arbeiters. Deutliche Unterschiede gab es auch in der Entlohnung zwischen Männern und Frauen.

Tätigkeitsgruppen:

- **Tätigkeitsgruppe 1:** Einfache Hilfsarbeiten, die nach Weisungen ausgeführt werden können
- **Tätigkeitsgruppe 2:** Einfache Hilfsarbeiten, die größere Geschicklichkeit oder besondere körperliche Anstrengung erfordern. Einfache Arbeiten der Anlernberufe und Tätigkeiten des allgemeinen Werkstättendienstes, die eine Zweckausbildung erfordern
- **Tätigkeitsgruppe 3:** Schwierige und größere Selbstständigkeit erfordernde Arbeiten der Anlernberufe und des allgemeinen Werkstättendienstes
- **Tätigkeitsgruppe 4:** Normale Facharbeiten der Fachberufe. Normale Facharbeiten in der Serienanfertigung. Arbeiten der Anlernberufe, die als Teilgebiete eines Facharbeiterberufs, Facharbeiten gleichzustellen sind
- **Tätigkeitsgruppe 5:** Hochwertige Facharbeiten in Einzelanfertigung sowie solche in Serienanfertigung, die besondere Genauigkeit und Vielseitigkeit in der Ausführung erfordern
- **Tätigkeitsgruppe 6:** Höchstqualifizierte Facharbeiten, die völlige Selbstständigkeit erfordern, insbesondere in Einzelfertigung bestehen und für die Zeichnungskunde in allen Einzelheiten erforderlich ist.

Kapitel II. Die Zerschlagung der Luxemburger Gewerkschaftsbewegung

Kapitel II.1. Die Luxemburger Arbeiterbewegung von der Vorkriegszeit bis zu ihrer Entmachtung (1940/1941)

1. Das Gewerkschaftsleben in Luxemburg vor 1940 und die Perzeption faschistischer und nationalsozialistischer Modelle

„Der 1. Mai wird der organisierten Arbeiterschaft Gelegenheit geben, diese ihre Einstellung zum Land und zum Staat in einer eigenen Manifestation noch eindringlicher zu bekunden. Aber sie trat bereits bei der Nationalfeier ebenso unzweideutig in Erscheinung als es auf den kürzlichen Gewerkschaftskongressen der Fall war: Die Arbeiterschaft bekennt sich zum Land. Sie sind zum stärksten Träger des nationalen Lebenswillens geworden, in der sicheren Erkenntnis, dass ihre eigenen Interessen, wie diejenigen aller Volksschichten unlösbar an den Weiterbestand einer unabhängigen Luxemburger Demokratie gebunden sind.“[1]

Escher Tageblatt (1939)

Wenige Monate vor Ausbruch des Zweiten Weltkrieges demonstriert das Zitat aus dem „Escher Tageblatt“ das starke Selbstbewusstsein der Luxemburger Gewerkschaftsbewegung. 1939 nahmen die Luxemburger Gewerkschaften aktiv an den offiziellen Feierlichkeiten zum 100. Jahrestag des Londoner Vertrages teil, der die Unabhängigkeit des Landes begründet hatte. Ende der 1930er Jahre waren die Gewerkschaften nicht nur anerkannt, sondern sie schienen in der Gesellschaft angekommen zu sein. Die Beteiligung der sozialistischen Arbeiterpartei an einer

---

1 „Nach dem Fest“, in: ETB Nr. 97 (25.4.1939). Siehe auch die Nummer zum 1. Mai 1939, „Fest der Arbeit, Fest der Heimat“, in: ETB Nr. 102 (1.5.1939). Zur Ausrichtung des Tageblatts als antifaschistische Zeitung, vgl. Denis Scuto, Les années 1930 du Escher Tageblatt. Entre mémoire et histoire, in: Denis Scuto/ Yves Steichen/ Paul Lesch (Hgg.), Radioscopie d’un journal. Tageblatt (1913-2013), Esch-Alzette 2013, S. 74–88.

Koalitionsregierung zusammen mit der katholischen Rechtspartei hatte gezeigt, dass die Arbeiterschaft im politischen System ihren Platz gefunden hatte und dass sich die Arbeiter nun nach langen Jahren des Kampfes repräsentiert fühlten. Das Zitat bringt aber gleichzeitig – vor dem Hintergrund einer angespannten außenpolitischen Lage – ein klares Bekenntnis zur „Luxemburger Demokratie“ zum Ausdruck. Die Feiern des Jahres 1939 waren somit aus gewerkschaftlicher Perspektive mehr als nur ein Bekenntnis zur Unabhängigkeit, sondern auch eine Absage an Faschismus und Nationalsozialismus, welche die sozialen und politischen Errungenschaften bedrohten.

Eine Vielzahl von Berufsverbänden und Einzelgewerkschaften sowie Unterstützungsvereinen, die für die Interessen der Arbeiter, Handwerker und Angestellten eintraten, machten den Luxemburger Gewerkschaftspluralismus vor 1940 aus. Zwar gab es Bestrebungen, die Zusammenarbeit der Verbände und Vereine untereinander stärker zu koordinieren, aber im Grunde blieb es – bei grober Betrachtungsweise – bei einer grundsätzlichen Konkurrenzlage zwischen den katholischen und den linken (freien) Gewerkschaften.[2]

2 Überblick über die Entstehung der Gewerkschaften, vor allem aber über die auf den ersten Blick unübersichtliche Gewerkschaftsszene der Zwischenkriegszeit, vgl. Henri Koch, Die Luxemburger Arbeiterklasse und ihre Gewerkschaften. 2. Teil, in: Hémecht 30 (1978), S. 303–342 und René Leboutte/ Jean Puissant/ Denis Scuto, Un siècle d'histoire industrielle (1873-1973). Belgique, Luxembourg, Pays-Bas. Industrialisation et sociétés, Paris 1998 (= Regards sur l'Histoire 128), S. 167–174. Siehe Monique Kieffer, Luxembourg, in: Joan Campbell (Hg.), European Labor Unions, Westport 1992, S. 271–290. Über die Bedeutung der 1930er Jahre für die Entwicklung der Luxemburger Gewerkschaften sind sich die meisten Autoren einig, z.B. John Castegnaro, Représentation des travailleurs, dialogue social et paix sociale, in: Le Conseil d'État face à l'évolution de la société luxembourgeoise, Luxemburg 2006, S. 187–193. Er bescheinigt den Gewerkschaften eine zentrale Rolle in der Entwicklung des Landes zu einem modernen Staat und zu einem Sozialstaat: “... ils ont réussi à faire comprendre au pouvoir politique et à ses institutions que le Luxembourg ‚moderne‘ se construisait avec et non pas contre les travailleurs.” (Zitat S. 187). Aus arbeitsrechtlicher Perspektive, vgl. Jean-Luc Putz, Aux origines du droit du travail. Éléments de réflexion sur la genèse et sur l'état actuel du droit du travail luxembourgeois, Bd. 1: La loi, les libertés et les acteurs, Windhof 2014, S. 268f. Zur Entwicklung der freien Gewerkschaften in der Zwischenkriegszeit, vgl. Denis Scuto, De la grande grève de mars 1921 à l'intégration dans la nation. Les syndicats libres dans l'entre-deux-guerres, in: OGBL, 100 Joer fräi Gewerkschaften 1916-2016. Contributions à l'histoire du mouvement syndical luxembourgeois, Esch-sur-Alzette 2016, S. 47–81. Zur Bedeutung des 1. Mai als Feiertag der Luxemburger Arbeiterbewegung, vgl. Henri Hoffmann, Der 1. Mai – 126 Jahre Gewerkschaftsgeschichte, in: OGBL, 100 Joer

In der zweiten Hälfte der 1930er Jahre konnten die Gewerkschaften und Arbeitnehmerverbände stolz auf wichtige sozialpolitische Erfolge blicken, wie etwa die Legalisierung der Gewerkschaftsarbeit oder die Anerkennung der Gewerkschaftsfunktionäre als gleichberechtigte Partner an den Verhandlungstischen. Die Gewerkschaften sahen folglich die Arbeiterschaft als bestimmenden Teil „in einem geschichtlichen Prozess der demokratischen Selbstbestimmung", so eine gewerkschaftliche Aufklärungsschrift aus dem Jahre 1937.[3]

Gerade weil die unabhängigen Gewerkschaften Luxemburgs ihre Ziele gewaltlos erreicht hatten, beobachteten sie mit Sorge die Entwicklungen in Europa, vor allem in Italien, Österreich und Deutschland. Mit allen ihnen zur Verfügung stehenden Mitteln wollten die Gewerkschaften des Landes die demokratischen Errungenschaften gegen extreme Tendenzen verteidigen. Der Kampf für die Demokratie war im Selbstverständnis der Gewerkschaften deshalb vor allem mit dem Kampf gegen den „Faschismus" gleichgesetzt. Die Mobilisierung gegen die Rechte erreichte ihren innenpolitischen Höhepunkt im Jahre 1937, als die politische Linke in Luxemburg gegen das sogenannte „Ordnungsgesetz" mobil machte, das der Exekutive weitreichende Befugnisse erteilt hätte.[4] Der Ton verschärfte sich aber, da die Gewerkschaftsführer aus relativer Nähe die Entwicklungen im Dritten Reich hatten verfolgen können, wo die Arbeiterbewegung vom NS-Regime bereits 1933 ausgeschaltet worden war. Die Eingriffe des Staates in die Gestaltung der Lohn- und Arbeitsbedingungen sowie die Gründung der Deutschen Arbeitsfront wurden als „faschistische Despotie" gesehen. Mit der Abschaffung der freien Gewerkschaften

---

fräi Gewerkschaften, S. 253–270. Siehe auch die ältere Darstellung von Gilbert Trausch, Histoire du Luxembourg, S. 139–152. Trausch unterstreicht die Bedeutung der 1930er Jahre für die Herausbildung einer Konsensgesellschaft („modèle de concertation sociale"). Dieser Erklärungsansatz widerspricht der Interpretation von Claude Wey, der auf die Brüche in der Luxemburger Gesellschaft zwischen Industriearbeiterschaft und ländlicher Bevölkerung hinwies; vgl. Claude Wey, La société luxembourgeoise 1930-1937, in: Forum für Politik, Gesellschaft und Kultur Nr. 97 (1987), S. 13–16. Die „nationale Integration der Arbeiterschaft" behandelt Christophe Haler, Arbeiterbewegung und Annexion 1918-1919, in: Forum für Politik, Gesellschaft und Kultur Nr. 299, S. 19–22.

3 Genossenschaft für Arbeiterbildung und Sozialpolitik (GEMUSO), I. Der gewerkschaftliche Kampf. II. Die Pflicht zur Demokratie. III. Der Faschismus vernichtet die Gewerkschaften. IV. Gewerkschaften u. Demokratie. V. Unsere Richtlinien, Esch-Alzette 1937 (= Bibliothek der GEMUSO XIII), S. 20. Ursprünglich als „Genossenschaft für Mußearbeit und soziale Fürsorge" gegründet, änderte die GEMUSO später ihren Namen in „Genossenschaft für Arbeiterbildung und Sozialpolitik" um, während die Abkürzung beibehalten wurde. Unter diesem Namen publizierte sie auch eine eigene Schriftenreihe.

4 Michel Pauly/ Marc Lentz, Die Arbeiterbewegung im Aufbruch: Der sozialpolitische Kontext des „Maulkorb"-Gesetzes, in: Forum für Politik, Gesellschaft und Kultur Nr. 97 (1987), S. 37–41.

habe „ein tragischer Abschnitt neuer schrecklicher Sklaverei für die Arbeiterklasse Deutschlands" begonnen, beklagte eine Aufklärungsbroschüre der „Genossenschaft für Mußearbeit und soziale Fürsorge" (GEMUSO), die den freien Gewerkschaften beziehungsweise der Luxemburger Arbeiterpartei nahe stand.[5]

Tatsächlich sahen in den 1930er Jahren die Arbeitnehmerverbände nicht nur die gewerkschaftlichen Freiheiten von konservativen Politikern oder wirtschaftsliberalen Unternehmern bedroht.[6] Sie mussten zusehen, wie im Milieu der italienischen und deutschen Kollegen eben die radikalen Verbände Fuß fassen konnten, die in den jeweiligen Heimatländern die unabhängige Arbeiterbewegung mit ausgeschaltet hatten. So dehnten das faschistische Freizeitwerk „Opera Nazionale Dopolavoro" (OND) und die nationalsozialistische „Deutsche Arbeitsfront" ihren Aktionsradius in der Vorkriegszeit auch auf Luxemburg aus.

Neben sozialpolitischen Fragen sahen sich die traditionellen Gewerkschaften deshalb vor weitere Herausforderungen gestellt: Wie konnte man eine Zersplitterung der Gewerkschaftsbewegung verhindern und wie sollte man mit Faschismus und Nationalsozialismus umgehen? Beide Diktaturen wiesen gerade in sozialpolitischer Hinsicht signifikante Parallelen auf; manche modern oder revolutionär scheinende Aspekte besaßen eine gewisse Anziehungskraft. Das faschistische „Nationale Freizeitwerk" (OND) und dessen Kopie, die NS-Gemeinschaft „Kraft durch Freude", waren die deutsche beziehungsweise italienische Antwort auf die Sozialpolitik der demokratischen Staaten. Beide Massenorganisationen (die KdF-Organisation gehörte zur Deutschen Arbeitsfront) waren vor dem Krieg in

---

5 GEMUSO, Der gewerkschaftliche Kampf, S. 13f. Die Delegierten der Arbeiterpartei und der freien Gewerkschaften hatten sich bereits 1933 mobilisiert, um öffentlich und konsequent gegen „Reaktion und Faschismus" Stellung zu beziehen. Selbstbewusst reklamierten sie den Sieg über den Faschismus in Luxemburg für sich: die „erste Welle des Faschismus in Luxemburg ist zweifellos durch die Freiheitsaktionen der organisierten Arbeiterschaft gebrochen worden", so die Darstellung in der GEMUSO-Aufklärungsbroschüre von 1937, in der vor der „Hochfinanz" gewarnt wurde, welche die faschistischen Tendenzen in Europa unterstütze. Selbst in Luxemburg gebe es „gewisse Bestrebungen der sozialreaktionären Politiker aus den Verwaltungs- und Aufsichtsräten unserer Banken und der Schwerindustrie", vgl. GEMUSO, Der gewerkschaftliche Kampf, S. 7f. und S. 17.

6 Vgl. Diskussionen, die in Luxemburg über eine berufsständische Staats- und Wirtschaftsordnung geführt wurden, stellvertretend siehe „Der Korporatismus in Italien", in: LW Nr. 329/330 (25./26.11.1933), „Die Antwort", in: LW Nr. 17 (17.1.1935) und „Korporatismus", in: LW Nr. 22 (22.1.1935). Das Luxemburger Wort als Sprachrohr der konservativen Rechtspartei lehnte „Staatssozialismus" und Liberalismus gleichermaßen ab und befürwortete eine „Entpolitisierung der Wirtschaft". In einer Art Tarifgemeinschaft etwa würden Arbeitgeber und Arbeitnehmer aus der Industrie paritätisch miteinander verhandeln können und somit könnten Chaos und Arbeitskämpfe künftig zum Wohle aller Beteiligten vermieden werden, so die Konzeption. Das LW distanzierte sich aber explizit von italienischen und anderen faschistischen Modellen.

Luxemburg hinreichend bekannt und stellten ideologisch eine Konkurrenz für die großen einheimischen Gewerkschaften dar.[7]

Die OND, gegründet 1925, stellte ein antisozialistisches Modell dar, das in Italien zur Entpolitisierung der Gewerkschaften und zur Disziplinierung der Arbeiterschaft beigetragen hatte.[8] In Luxemburg war das Feierabendwerk der OND bereits in der zweiten Hälfte der 1920er Jahre aktiv, zunächst in der Hauptstadt (1925), dann in den Industriestädten Esch und Düdelingen, wo es recht bedeutende italienische Gemeinschaften gab. Es bot den italienischen Arbeitern sportliche, kulturelle, touristische, folkloristische sowie künstlerische Aktivitäten an. Die OND war eng verbunden mit anderen faschistischen Organisationen und wurde vom offiziellen Italien, d.h. den italienischen Gesandten des Regimes in Luxemburg gefördert. Vor der deutschen Besetzung war die OND besonders in Esch tätig, wo sie bestrebt war, die bereits bestehenden italienischen Vereine unter ihre Kontrolle zu bringen. Die faschistischen Umtriebe wurden von italienischen Kommunisten und Anarchisten heftig bekämpft.[9] Offensichtlich gab es in den 1930er Jahren bei manchen Luxemburgern eine naive Begeisterung für die OND.[10]

Auch die Deutsche Arbeitsfront, die sich um die Betreuung der im Großherzogtum lebenden und tätigen Reichsdeutschen kümmerte, war wie die OND bereits

---

7 Zu den nichtdeutschen Perspektiven auf die NS-Sozialpolitik, vgl. Kiran Klaus Patel/ Sandrine Kott, Sozialpolitik zwischen Auslandspropaganda und imperialen Ambitionen, in: Nützenadel (Hg.), Das Reichsarbeitsministerium im Nationalsozialismus, S. 332–337.

8 Vgl. Daniela Liebscher, Faschismus als Modell. Die faschistische Opera Nazionale Dopolavoro und die NS-Gemeinschaft „Kraft durch Freude" in der Zwischenkriegszeit, in: Sven Reichardt/ Armin Nolzen, Faschismus in Italien und Deutschland. Studien zu Transfer und Vergleich, Göttingen 2005 (= Beiträge zur Geschichte des Nationalsozialismus 21), S. 94–118, hier S. 102–105.

9 Vgl. Benito Gallo, Les Italiens au Grand-Duché de Luxembourg. Un siècle d'histoire et de chroniques sur l'immigration italienne, Luxemburg 1987, S. 350–353. Gallo bezeichnet die OND als „centre propulseur de l'organisation fasciste" (S. 319). Siehe auch: Robert Krantz, Luxemburgs Kinder unter dem Nazi-Regime 1940-1944. Ein Dokumentarbericht. Bd. 3: „Auslese" für ein tausendjähriges Reich, Luxemburg 2002, S. 777–827.

10 Programmheft: Deuxième Grand Prix Opera Nazionale Dopolavoro, Esch-sur-Alzette 1935, vgl. die Einleitung von Armand Schleich, Zum Zweiten Grand Prix Dopolavoro: „Letztes Jahr hatten wir geschrieben, dass die O.N.D. eine Einrichtung ist, wie sie idealer nicht gedacht werden kann, heute können wir sagen, dass hier ein *Menschenideal* verwirklicht wird, wie es schöner nicht zu denken ist. Der Mensch ist nicht bloß eine Arbeitsmaschine, der Mensch ist auch nebenbei ein denkendes Geschöpf, dem die Geistesgüter als Entspannung gelten sollen und gelten müssen. Die O.N.D. hat dieses Ideal richtig erfasst und sie packt den Menschen dort, wo er diesem Ideal am nächsten kommt, sie lässt ihn nicht ohne Überlegung diese Güter genießen, sie gibt ihm Wege und ganz besonders die Mittel an, die ihm erlauben, diese Güter systematisch und daher auch ganz auszunutzen."

vor der Besetzung aktiv. Nach offiziellen Angaben wurde die deutsche Kolonie Luxemburg am 1. Juli 1936 in die DAF überführt. Allerdings gab es hierbei Schwierigkeiten, da nicht alle in Luxemburg ansässigen Deutschen Interesse an einer Mitgliedschaft in der Arbeitsfront hatten. Möglicherweise lehnten sie das NS-Regime ab oder waren bereits langjährige Mitglieder in einer der luxemburgischen Gewerkschaften, sodass eine Zugehörigkeit zur DAF für sie nicht in Frage kam. Die Zahl der Mitglieder der Auslandsorganisation der DAF im Großherzogtum wurde 1940 auf etwa 2.000 beziffert.[11]

Die Machtergreifung der Nationalsozialisten und die sich anschließende politische Entwicklung des Deutschen Reiches wurden von den Luxemburgern mit großem Interesse verfolgt, vor allem von führenden Persönlichkeiten der Gewerkschaftsszene. Die beiden größten Tageszeitungen des Landes, das katholische Luxemburger Wort und das sozialistische Escher Tageblatt, informierten ihre Leserschaft ab 1933 regelmäßig über die neuesten Entwicklungen in Deutschland. Das linke Tageblatt sah im Nationalsozialismus von Anfang an eine Gefahr für Frieden und Demokratie und verurteilte stets mit großem Nachdruck die Auswüchse der Hitler-Diktatur. Als am 2. Mai 1933 SA und SS die Häuser der freien Gewerkschaften besetzten und zahlreiche Verhaftungen vornahmen, war für die Redakteure des Tageblatt der letzte Schritt auf dem Weg in die totale Diktatur vollzogen.[12] Auch im katholischen Milieu erkannte man schnell, dass sich das gewaltvolle Vorgehen nicht auf die linken Gewerkschaften beschränkte und mit Sorge beobachtete man etwa das Vorgehen der Deutschen Arbeitsfront gegen die konfessionellen Arbeitervereine beziehungsweise den Druck, den die Repräsentanten des Regimes auf die katholischen Arbeiter ausübten, die sich nur zögerlich der DAF anschließen beziehungsweise ihren alten Verbänden die Treue halten wollten.[13]

Rechtsextreme Parteien, Bewegungen oder Publikationen spielten in den 1930er Jahren nur eine untergeordnete Rolle. Das 1933 gegründete Luxemburger Volksblatt präsentierte ein Programm, das unter dem Motto „Arbeit, Autorität,

11 Vgl. Wilhelm Kraft, Die Landesgruppe Luxemburg der Auslandsorganisation der NSDAP, in: Ruth, Luxemburg, S. 62. Siehe auch Rundschreiben von Landesgruppenleiter Dr. Diehl vom 19.5.1936 an sämtliche Ortsgruppen und Parteifunktionäre in Luxemburg, abgedr. in Limpach/ Kayser, Wir glauben an die Demokratie, S. 170 (Fußnote 485).

12 Zur Auseinandersetzung der Luxemburger Presse mit dem Nationalsozialismus, v.a. in sozialpolitischen Fragen, vgl. Carole Mersch, Le national-socialisme et la presse luxembourgeoise de 1930 à 1940, Luxemburg 1977, S. 63–67, 150. „Aktion gegen die Freien Gewerkschaften in Deutschland“, in: ETB Nr. 103 (3.5.1933), „Die gewaltsame ‚Gleichschaltung‘ “, in: ETB Nr. 105 (5.5.1933) und „Die letzte Maske fällt“, in: ETB Nr. 107 (8.5.1933).

13 „Görings Feldzug gegen den Katholizismus“, in: LW Nr. 204 (23.7.1935); „Für katholische Arbeiter kein Anrecht auf Brot“, in: LW Nr. 218 (6.8.1935). Siehe auch: „Der Kampf gegen die Büchereien des Borromäusvereins in Deutschland“, in: LW 46/47 (15./16.2.1936).

Heimattreue" stand. Eine „Nationalsozialistische Luxemburger Heimatbewegung" plante 1933 die luxemburgische Variante einer „Arbeitsfront", die „Luxemburger Nationale Front" (1935). Sie gab sich wie die deutsche NSDAP antisemitisch, antimarxistisch, antisozialistisch und antikapitalistisch zugleich.[14] All diese Gruppierungen, die im nationalsozialistischen Fahrwasser entstanden, sympathisierten irgendwie mit den autoritären Regimes in Deutschland und Italien. Sie waren fasziniert von korporatistischen Gesellschafts- und Wirtschaftsmodellen, wirklich eigenständige sozialpolitische Programme entwickelten sie zu keinem Moment. Die meisten rechtsextremen Parteien waren äußerst kurzlebig und blieben von ihren Mitgliederzahlen unbedeutend. Dennoch ist eine gewisse Öffentlichkeitswirkung nicht auszuschließen: Sie trugen zur Rezeption nationalsozialistischer beziehungsweise faschistischer Vorstellungen bei und bereiteten damit ideologisch das Terrain vor, das nach 1940 von der neuen politischen Führung besetzt wurde.

Dank einer relativ intensiven Presseberichterstattung waren die Luxemburger Arbeitnehmer vor 1940 über die Deutsche Arbeitsfront und ihre nationalsozialistische Gemeinschaft „Kraft durch Freude" gut informiert. Immerhin erreichte das Escher Tageblatt mit einer Auflage von 20.000 Exemplaren einen großen Teil der Arbeiterschaft.[15] Auch Gerüchte, Erzählungen von Luxemburgern, die in Deutschland arbeiteten, oder Erfahrungsberichte von Deutschen, die nach 1933 nach Luxemburg geflohen waren, und nicht zuletzt die Aktivitäten der Deutschen Arbeitsfront und der faschistischen Vereine im Großherzogtum selbst hatten einen Teil der Menschen darüber aufgeklärt, wie die NS-Diktatur mit Demokratie und gewerkschaftlicher Freiheit umging. Regelmäßig erschienen auch Karikaturen des bekannten Zeichners Albert Simon, der die vermeintlichen sozialen Errungenschaften des Dritten Reiches aufs Korn nahm.[16] Die Voraussicht prominenter Gewerkschaftsführer und Politiker wie Pierre Krier oder Nicolas Biever trug ein Übriges dazu bei. Sie hatten bereits in den 1920er und frühen 1930er Jahren klar erkannt, dass es in autoritären Staatsordnungen keinen Platz für freie Gewerkschaften gab. Krier zum Beispiel verwies mit Blick auf Deutschland und Italien darauf, dass „die Vernichtung der gewerkschaftlichen Arbeiterbewegung Hauptzweck aller faschistischen Aktionen" sei und warnte vor einer Zersplitterung der Luxemburger Arbeiterbewegung, die ihren Einfluss im Staat erhalten und weiter festigen müsse. Krier, der 1937 als Arbeitsminister ins Kabinett Dupong eintrat, unterstrich bereits zeitig, dass die Luxemburger Gewerkschaften unbedingt ihre Unabhängigkeit wahren müssten: „Sie müssen Partner sein. Der autoritäre Staat vernichtet die Interessenvertretung der Arbeiterklasse, indem er sie sich formell zu

---

14 Blau, Histoire de l'extrême-droite au Grand-Duché de Luxembourg, S. 278ff., 303f., 374ff. und 390ff.

15 Scuto, Les années 1930 du Escher Tageblatt, S. 74f.

16 Paul Lesch, Albert Simon, caricaturiste du Escher Tageblatt. Un regard humoristique, insolent et politique sur les années 1930, Esch-Alzette 2013, S. 145–155.

eigen macht und dadurch den Einfluss der Arbeiterklasse auf Staat und Wirtschaft ausschaltet."[17]

2. Die schrittweise Entmachtung der Luxemburger Gewerkschaften (1940/41)

Die Deutsche Arbeitsfront war die erste große Organisation der NSDAP, die 1940 ihre Tätigkeit in Luxemburg aufnahm, bevor sie 1941 offiziell gegründet wurde. Erst danach wurden ab April 1941 die übrigen Gliederungen der NSDAP aufgebaut (SA, SS, NSKK, NSFK). Im Juni fand die Überführung der Luxemburger Volksjugend in die HJ statt, während sich die Gründung der NSDAP bis September 1941 hinzog, obwohl sie bereits zu Jahresbeginn von Gauleiter Simon angekündigt worden war.[18] Innerhalb der polykratischen Strukturen der NS-Besatzungsherrschaft in Luxemburg stellte die DAF neben der VdB den zweiten wichtigen Machtpfeiler des Besatzungsregimes dar.

Die Gründung der DAF steht in direktem Zusammenhang mit der Anschlusspolitik des nationalsozialistischen Gauleiters. Gustav Simon hatte nach seinem Amtsantritt zunächst auf die Volksdeutsche Bewegung, eine Art Sammlungsbewegung der annexionswilligen Luxemburger, gesetzt. Bis Oktober 1940 war die Zahl ihrer Mitglieder auf etwa 10.000 angewachsen, wobei sie relativ erfolgreich bei den Arbeitern, Händlern, Handwerkern und Angestellten war, während Beamte und Landwirte unterrepräsentiert waren. Nach ersten Erfolgen stagnierte dann aber der Zulauf, da man den Großteil deutschfreundlicher Kollaborateure und Mitläufer von einem Beitritt überzeugt hatte, während sich die überwiegende Mehrheit abwartend bis ablehnend verhielt. Die ungeschickte Nazi-Propaganda sowie Terroraktionen von VdB-Stoßtrupps und Gestapo, aber mehr noch die radikalen Maßnahmen der Zivilverwaltung und unpopuläre sozialpolitische Verordnungen (wie die Lohnverordnungen) wirkten zusehends abschreckend. Daraufhin setzte

17 „Der Faschismus vernichtet die Gewerkschaften", in: ETB Nr. 50 (1.3.1937).

18 Dostert, Luxemburg zwischen Selbstbehauptung und nationaler Selbstaufgabe, S. 241–245. Vgl. „Die Partei hilft Luxemburg", in: ETB Nr. 121 (26.5.1941). Nach dem „Aufbauprogramm" der Zivilverwaltung sollte der Luxemburger Bevölkerung nun die „Aufbauarbeit der Partei vor Augen" geführt werden. Die DAF und die anderen Gliederungen der Partei seien nur „äußere Organisationsformen einer weltanschaulichen Einheit, die Nationalsozialistische Arbeiterpartei heißt." Alle Gliederungen hätten ein gemeinsames Ziel, nämlich die „Schaffung der nationalsozialistischen Volksgemeinschaft". Vor der Besetzung gab es schon DAF-Ortsgruppen, u.a. in Ettelbrück, wo wohl rund 40-50 Reichsdeutsche Mitglied waren. Nach der Besetzung stieg die Zahl der Mitglieder nochmal an, so traten am 1.11.1940 zwölf Deutsche geschlossen bei, vgl. Mitgliederliste der DAF-Ortsgruppe Ettelbrück (31.12.1940), in: ANLux CdZ D-4:012 DAF-Kreiswaltung Diekirch.

das Regime auf Zwang, um die Reihen der VdB zu füllen. Aus Angst vor Konsequenzen traten Ende Oktober 1940 die Menschen massiv der Organisation bei, sodass die VdB bis Ende des Jahres beeindruckende 50.000 Mitglieder vermelden konnte. Allerdings waren sich die Machthaber im Klaren darüber, dass Menschen, die aus materiellen und opportunistischen Gründen ihren Antrag ausgefüllt hatten, nicht unbedingt politisch zuverlässig waren. Außerdem scheint es manche Luxemburger gegeben zu haben, die sich zur Mitarbeit in der VdB bereit erklärten, um den Einfluss von radikalen Kräften zu begrenzen. So fiel schon im Dezember 1940 die Entscheidung, die NSDAP in Luxemburg einzuführen, in die nur politisch zuverlässige Personen (meist mit politischen Leitungsfunktionen) aufgenommen werden sollten. Damit stand fest, dass die der NSDAP angeschlossenen Verbände und andere Parteiorganisationen im Laufe des Jahres 1941 gegründet würden.[19]

Die Entscheidung, dass die Deutsche Arbeitsfront des Gaues Koblenz-Trier das Netz von Betriebsorganisationen und Ortswaltungen auch über Luxemburg ausbreiten würde, besiegelte das Schicksal der Luxemburger Arbeiterbewegung. Auf den ersten Blick mag es erstaunen, dass die Gauleitung wieder auf eine Massenorganisation setzte, obwohl das Experiment mit der VdB eigentlich gescheitert war. Dennoch ist die Einführung der DAF gewissermaßen eine logische Konsequenz der Politik des Gauleiters: Es galt zum einen, der Arbeitnehmerschaft die sozialen Wohltaten des Regimes vor Augen zu führen und sie damit vom Nationalsozialismus zu überzeugen. Zum anderen würde es die vertikale und horizontale Organisationsstruktur der Arbeitsfront erlauben, sämtliche arbeitenden Bevölkerungsschichten zu erreichen beziehungsweise tief in die Betriebe einzudringen, wobei die Hauptstoßrichtung auf die Arbeiterschaft in den Großbetrieben zielte. Die Deutsche Arbeitsfront mit ihren Nebenorganisationen könnte damit einen entscheidenden Beitrag zur Integration der Luxemburger Volksgenossen in die deutsche „Volksgemeinschaft“ leisten. Deshalb entwickelte sich die Deutsche Arbeitsfront von Anfang an zu einem Propagandawerkzeug, mit dem sich für den Anschluss an das Deutsche Reich werben ließ. Über die prodeutsche Propaganda hinaus hatte die Arbeitsfront aber tatsächlich auch einiges zu bieten. Manche der von der Arbeitsfront angebotenen Leistungen wirkten auf den ersten Blick fortschrittlich und modern. Immerhin hatte sie die Reputation, dass sie sich im nationalsozialistischen Deutschland der 1930er Jahr für die Belange der Arbeiter eingesetzt habe.[20]

---

19 Im Januar 1941 kam die Zustimmung aus München, dass nun auch Luxemburger in die NSDAP aufgenommen werden könnten. Da im Prinzip nur ein Deutscher Mitglied der NSDAP werden konnte, bedeutete diese Entscheidung des Reichsschatzmeisters die Quasi-Anerkennung der Luxemburger als Deutsche, wenn auch nicht im staatsrechtlichen Sinne, vgl. Dostert, Luxemburg zwischen Selbstbehauptung und nationaler Selbstaufgabe, S. 242. Über das „Scheitern“ der VdB, die 1940/41 ein Herrschaftsinstrument des Gauleiters darstellte, vgl. Artuso, La collaboration (2013), S. 150–182.

20 Vgl. „Neue Maßnahmen der Arbeitsfront“, in: LW Nr. 182 (1.7.1937).

Die DAF war aber in Luxemburg mehr als eine schillernde Freizeit- und Ferienorganisation. Sie wollte die Funktionen der Berufsverbände übernehmen, deshalb gehörte die „Gleichschaltung“ der Luxemburger Gewerkschaften und Berufsverbände zu den politischen Prioritäten. Die Existenz freier, unabhängiger Vereinigungen war unvereinbar mit den allumfassenden Herrschaftsansprüchen des NS-Regimes. Auf der anderen Seite ließen sich die Gewerkschaften nicht so ohne Weiteres abschaffen, genauso wie man gewerkschaftliche Traditionen und Loyalitäten der Mitglieder nicht mit einem Federstrich auslöschen konnte. Und tatsächlich waren die freien, wie die christlichen Gewerkschaften noch einige Zeit handlungsfähig. Darüber hinaus gab es auch personelle Kontinuitäten zwischen Vorkriegszeit und Besatzungszeit.

Der deutsche Einmarsch 1940 traf die Luxemburger Gewerkschaften im Grunde weitgehend unvorbereitet. Anfang Mai hatten andere Sorgen Vorrang, wie etwa neuer Machtkampf mit den Arbeitgebern der Schwerindustrie, die den Kollektivvertragsgedanken in Frage stellten, oder auch der bevorstehende Wahlkampf für die Kammerwahlen im Süden, die für den 1. Juni 1940 anberaumt worden waren. Noch am 1. Mai hatten die Gewerkschaften den Tag der Arbeit begangen, der wegen des Krieges bescheiden ausgefallen war.[21] Allgemein bestand die Sorge vor einer ungewissen politischen und sozialen Zukunft, wie die pessimistische Mai-Rede des Vorsitzenden des Eisenbahnerverbandes Michel Hack zeigt. Hack hatte wohl geahnt, dass im Falle einer Besetzung die Errungenschaften der Arbeiterbewegung auf den Prüfstein gelangen würden: „Seine Betrachtungen zum Maigedanken klangen dahin aus, dass nach diesem Krieg entweder die demokratische gleichberechtigte Welt erstehen werde oder aber die wildeste Barbarei des Mittelalters. Es erübrige sich zu sagen, dass alle guten Demokraten auch in unserem Land an den Sieg der Demokratien glauben.“[22]

Nach der militärischen Besetzung dauerte es einige Wochen bis die Gewerkschaften wieder mehr schlecht als recht funktionierten. Schon Ende Mai war die Differdinger LCGB-Sektion in Wiltz tätig, wohin sich viele Differdinger Familien in Sicherheit gebracht hatten. Im Juni begann in dem kleinen Industriestädtchen die Auszahlung der Arbeitslosenunterstützung an die Differdinger Gewerkschaftsmitglieder.[23] Zu gleicher Zeit begann der Petinger LCGB-Kassierer in seinem Privathaus mit den Unterstützungszahlungen. In Esch nahm der christliche Gewerkschaftsbund seine Tätigkeit erst im Juli wieder auf, während die Zentrale hier schon im Juni mit der Auszahlung von Arbeitslosenunterstützung an ihre

21 Vgl. „Zu Lohnfragen in der Schwerindustrie“, in: ETB Nr. 103 (1.5.1940) und „Kammerwahlen im Südbezirk. Die Arbeiterpartei stellt sich vor“, in: ETB Nr. 106 (6.5.1940). Auf der Kandidatenliste standen führende Gewerkschaftsleute wie Nic. Biever, Antoine Krier oder Jean Fohrmann und Mandatsträger, die aus dem Gewerkschaftsmilieu stammten, wie der Minister Pierre Krier.

22 „Maifeiern in Luxemburg“, in: ETB Nr. 106 (6.5.1940).

23 „Lokal-Chronik Wiltz“, in: LW Nr. 151 (30.5.1940) und Nr. 164 (12.6.1940).

Mitglieder begonnen hatte. Darüber hinaus hatte der LCGB die Möglichkeit, die Verbandszeitschrift „Sozialer Fortschritt“ wieder erscheinen zu lassen, sodass man die Mitglieder über die wichtigsten Entwicklungen zu informieren vermochte.[24] Die freien Gewerkschaften zahlten ebenfalls im Rahmen der zur Verfügung stehenden Liquiditäten Unterstützungsgelder aus und versuchten die Kommunikation unter den einzelnen Ortsverbänden beziehungsweise zwischen den Vorständen und den Mitgliedern aufrechtzuerhalten, was angesichts deutscher Zensur und eingeschränktem Postverkehr nur schwer möglich war. Verbandszeitungen erschienen überhaupt nicht mehr oder unter Kontrolle der deutschen Behörden. „Der Proletarier“, das offizielle Organ der freien Gewerkschaften Luxemburgs wurde eingestellt, die Zeitschriften des LCGB und des Buchdruckerverbandes im Sommer gleichgeschaltet und dienten nur noch der NS-Anschlusspropaganda.

Seit sich die „Revolutionäre Gewerkschaftsopposition“ im Jahre 1934 aufgelöst hatte, gab es keine kommunistische Gewerkschaft mehr. 1940 plante die KPL den Wiederaufbau einer Gewerkschaft und es fanden Versammlungen im Süden des Landes statt, an denen Kommunisten und Sozialisten gleichermaßen teilnahmen. Im Juli brachte die KP eine Broschüre „Über die Gewerkschaftsarbeit“ illegal in Umlauf. Da die Kommunisten mit Verhaftungen rechneten, tauchten die Parteiführer bald unter oder setzten sich ins Ausland ab, um vom Untergrund aus den Kampf gegen die Nationalsozialisten propagandistisch fortzusetzen. Auf Flugzetteln und in Zeitschriften griff die illegale KPL immer wieder die DAF an, wies aber auch auf die Tatsache hin, dass „manche reformistischen Gewerkschafter“ der NS-Organisation beigetreten waren. Einzelne Funktionäre der Gewerkschaften hatten sich 1940/41 vor den Karren der Deutschen spannen lassen und wechselten in die Büros der Arbeitsfront. Dies lieferte der KP dann bis in die Nachkriegszeit Argumente, die das Versagen der sozialistischen Politiker im Jahre 1940 belegen sollten.[25] Die

24 „Lokal-Chronik Petingen“, in: LW Nr. 160/161 (8./9.6.1940). LCGB, 1920-1970. Christliche Gewerkschaften Sektion Esch, Esch 1970, S. 43. LCGB, 50 Joer LCGB. Brochure du cinquentenaire, Luxemburg 1971, S. 80f. Die Zeitschrift erschien noch bis Oktober 1940 unter deutscher Kontrolle.

25 Vgl. Ali Ruckert, Geschichte der Kommunistischen Partei Luxemburgs. Bd. 1: 1921-1946, Luxemburg 2006, S. 110. Ruckert sieht fälschlicherweise einen zeitlichen Zusammenhang zwischen der Wiederaufnahme der kommunistischen Gewerkschaftsarbeit und der sozialen Demagogie der DAF, die zu dem Augenblick in Luxemburg aber noch überhaupt nicht präsent war. Damit übernimmt Ruckert teilweise die Interpretation älterer Publikationen. Janine Wehenkel-Frisch, 1940-1944. Für die soziale und nationale Befreiung des Luxemburger Landes, in: Centre Jean Kill, 1921-1981. Beiträge zur Geschichte der Kommunistischen Partei Luxemburgs, Luxemburg 1981, S. 125–156. Wehenkel-Frisch avancierte die These vom „Versagen der sozialdemokratischen Gewerkschaftsführer, die der DAF (...) beitreten“ (S. 131). Henri Wehenkel ging davon aus, dass die Arbeiterklasse im Gegensatz zu den Sozialisten und den bürgerlichen Parteien im Jahre 1940 nicht vor den Faschisten eingeknickt sei. Er schob der Arbeiterpartei die Schuld am Versagen zu, da diese die Zusammenarbeit mit den Kommunisten abgelehnt und es vorgezogen habe, „sich im Rahmen der

wichtigsten Repräsentanten der Arbeiterpartei und führende Persönlichkeiten der Gewerkschaftsbewegung hielten sich seit dem 10. Mai 1940 in Frankreich auf. Damit waren sie zumindest bis weit in den Monat Juli hinein von der Basis abgeschnitten und diese ihrerseits führungslos. Wohl versuchte die Gewerkschaftsspitze eine Art Exilgewerkschaft auf die Beine zu stellen, aber dies alles wirkte eher hilflos. Die Hauptleute des LBMIAV Nicolas Biever (Vorsitzender), Antoine Krier (Generalsekretär) und Jean Gallion (Gewerkschaftskassierer) beschlossen in weiser Voraussicht, nicht nach Luxemburg zurückzukehren. Nur der Sekretär des Verbandes Jean Fohrmann reiste am 21. Juli 1940 zurück in sein Heimatland, um die Gewerkschaftsarbeit zu reorganisieren. Andere Verbandsvorsitzende kehrten ebenfalls zurück, um die Arbeit wiederaufzunehmen. Dazu zählten der Vorsitzende des Buchdruckerverbandes Barthélemy Barbel (gleichzeitig Vorsitzender der Arbeiterkammer) oder sein Kollege vom Eisenbahnerverband Michel Hack.[26]

Bereits im Spätsommer des Jahres 1940 war die Deutsche Arbeitsfront im Zuständigkeitsbereich des Chefs der Zivilverwaltung in Luxemburg mit dem Zweck aktiv geworden, die Gleichschaltung der Arbeitnehmer- und Arbeitgeberverbände vorzubereiten und innerhalb kürzester Zeit durchzuführen. Die DAF verstärkte ihre sichtbare Präsenz im besetzten Großherzogtum. Bei sämtlichen großen öffentlichen Kundgebungen der NSDAP-Parteibonzen traten DAF-Mitglieder in Uniform auf und in den Betrieben tauchten Fahnen mit dem Emblem der Arbeitsfront auf, das sich aus einem Zahnrad mit einem Hakenkreuz in der Mitte zusammensetzte. In den Monaten August und September sicherten sich Funktionäre der DAF in enger Zusammenarbeit mit der Gestapo-Stelle Luxemburg die Kontrolle über die Verbandsbüros und nahmen die Luxemburger Funktionäre an die Kandare. Versammlungen, Betriebsbesichtigungen im Altgau sowie politische Schulungen sollten anschließend die Gewerkschaftler auf Linie bringen, ohne dass zunächst die genaue Vorgehensweise der Arbeitsfront klar zu sein schien. Würden die Luxemburger Gewerkschaften und Berufsverbände noch bestehen bleiben, aufgelöst oder in den Zwangsverband der DAF eingegliedert werden? Was würde mit den Betriebsausschüssen und den Vertrauensmännern passieren,

---

Abgeordnetenkammer an den Initiativen der bürgerlichen Parteien zur Rückkehr der Großherzogin zu beteiligen." Vgl. Wehenkel, Der antifaschistische Widerstand, S. 63f. Die Hauptschuldigen am „Unvermögen der luxemburgischen Führungsschicht, ihre wirtschaftlichen und politischen Interessen in Einklang zu bringen", sah Wehenkel u.a. in den Politikern der katholischen Rechtspartei (Emil Reuter) und führenden Managern des ARBED-Konzerns (Alphonse Nickels und Aloyse Meyer), vgl. S. 60f. Vgl. auch Kritik an dem Vorwurf der Kommunisten, vgl. Fayot, Sozialismus in Luxemburg, Bd. 2: Von 1940 bis zu Beginn der achtziger Jahre, Esch-Alzette 1989, S. 20.

26 Vgl. Fayot, Sozialismus in Luxemburg, Bd. 2, S. 13–24 und Wehenkel, Jean Fohrmann. Lebensweg eines Zeitungsdirektors (1904-1973), in: Scuto/ Steichen/ Lesch (Hgg.), Radioscopie d'un journal, S. 204–212. Michel Hack kam 1944 bei einem Bombenangriff auf seine Heimatstadt Bettemburg mit der ganzen Familie ums Leben, vgl. „Onsem onvergiésleche Michel Hack", in: ETB Nr. 12 (26.9.1944).

die durch Wahlen demokratisch legitimiert waren? Welche Haltung würden die Gewerkschaftsführer – soweit sie im Lande waren – gegenüber dem Regime und der Arbeitsfront einnehmen? Es gab Hinweise, dass die Machthaber angeblich auf erfahrene Männer zurückgreifen wollten. Warum sonst würde man diese zu DAF-Schulungen in den Altgau schicken, wenn nicht, um sie auf ihren Posten zu belassen?[27] Über die Luxemburger Ausgabe des Nationalblatts, der Zeitung des Gauleiters, verbreitete man die verwirrende Information, der Chef der Zivilverwaltung sei sich „gemeinsam mit berufenen Betriebsführern und Arbeiterausschussmitgliedern in zahlreichen Besprechungen" über die sozial- und lohnpolitischen Verhältnisse klar geworden. Das hörte sich so an, als hätte man gewissermaßen die zukünftigen Maßnahmen zusammen abstimmen können. Auf der anderen Seite war der Ton, den die DAF-Funktionäre anschlugen, drohend und einschüchternd, denn wer sich „mit moralischen, inneren oder wirtschaftlichen Vorbehalten distanziert", so hieß es, sei der künftigen Entwicklung „feindlich" gegenüber eingestellt und „somit fehl am Platze."[28] Die Luxemburger Vorkriegspolitiker wurden von der deutschen Propaganda auf heftigste Weise verunglimpft. Die Sozialpolitik der Gewerkschaften sei grotesk gewesen, außerdem hätte man den Arbeiterstand betrogen, so die Vorwürfe.[29] In vielen Reden und Presseveröffentlichungen stellte sich heraus, dass die NS-Funktionäre aus dem Gau Koblenz-Trier geradezu lächerlich wenig über die sozialpolitischen Verhältnisse in Luxemburg wussten. Einer der Hauptpropagandisten, DAF-Gausozialwalter Schneider, prangerte im Nationalblatt die Kämpfe der „verflossenen gewerkschaftlichen Periode" zwischen Arbeitgebern und Arbeitnehmern an und erinnerte an die erbitterten Lohnkämpfe der Zwischenkriegszeit: „Man zankte sich um die Höhe des Lohnes, um Zulagen oder um Abzüge. Man griff zu Mitteln des Streiks, wenn die Betriebsführer nicht zugänglich waren für Forderungen, und die Betriebsführer sperrten aus, wenn die erhobenen Forderungen ihre Gewinnberechnungen zu verändern oder gar zu vereiteln drohten."[30] Schneider hatte offensichtlich übersehen, dass es seit 1936 keine Streiks mehr gegeben hatte und man in Luxemburg – vor allem nach dem Eintritt der Arbeiterpartei in die Regierung – auf den sozialen Dialog gesetzt hatte statt auf Klassenkampf.

Im August 1940 stellte das Gauleiterregime die Weichen für die Entmachtung der Gewerkschaften. Arbeitseinstellungen beziehungsweise Aufrufe zu Streikaktionen wurden ab dem 20. August als deutschfeindliche Maßnahmen unter schwere Strafen gestellt. Dann verkündete der CdZ drei Tage später die Auflösung der politischen Parteien und aller Nebenorganisationen, womit implizit auch

27 „Vertreter Luxemburger Betriebe werden geschult", in: LW Nr. 331 (26.11.1940).

28 Vgl. „Lohn- und sozialpolitische Entwicklung in Luxemburg", in: NBL Nr. 246 (16.10.1940). Auch Gauobmann Dörner nahm an der Veranstaltung teil.

29 dr. F (= Marcel Fischbach), Auf neuen sozialpolitischen Wegen, in: LW Nr. 291 (17.10.1940).

30 Hanns Schneider, Arbeit und Sozialismus, in: NBL Nr. 249 (19./20.10.1940).

auf die Gewerkschaften als den Parteien nahestehende Organisationen abgezielt wurde. Schließlich schuf der Chef der Zivilverwaltung am 28. August eine Art Sonderbehörde, die für die Gleichschaltung beziehungsweise die Liquidierung der Luxemburger Vereine und Verbände zuständig sein sollte. Der „Stillhaltekommissar für das Organisationswesen" (Stiko) wurde mit weitreichenden Kompetenzen ausgestattet. Für die Gewerkschaften sowie gewerkschaftseigenen Vereine hieß dies, dass sie ihre Arbeit nur noch mit Genehmigung des Stillhaltekommissars beziehungsweise unter dessen Aufsicht fortsetzen konnten. Nur eine Woche hatte die Gauleitung gebraucht, um einen pseudo-legalen Rahmen zu schaffen, der das Ende der Luxemburger Gewerkschaften und Verbände besiegelte.[31] Die Verordnungen wurden vom CdZ eigentlich nur erlassen, um dem Zerstörungsprozess einen geordneten, rechtsstaatlichen Anstrich zu verleihen. Die Verordnungen verhinderten nicht, dass teilweise mit willkürlichen Maßnahmen gegen die Gewerkschaften vorgegangen wurde. Gestapo, Volksdeutsche Bewegung, Zivilverwaltung, Stillhaltekommissar und Deutsche Arbeitsfront hatten ein Interesse an der Unterdrückung der Gewerkschaftsbewegung beziehungsweise beteiligten sich an Aktionen gegen sie. So besetzten reichsdeutsche DAF-Funktionäre zusammen mit Gestapo-Beamten im August die Gewerkschaftsbüros.[32] Die VdB ging auf lokaler Ebene gegen die Ortsgruppen der einzelnen Gewerkschaften und Parteien vor, wobei es vor allem darum ging, Informationen über die Gewerkschaftsführer und Mitglieder zu sammeln. Besonders interessierte sich die VdB für die Kassenlage der einzelnen Sektionen.[33]

Ein Kompetenzwirrwarr trug zur Verunsicherung der Verbände bei. Der Koblenzer DAF-Gauobmann Hugo Dörner wurde vom Stiko mit dem Titel eines „Generalbeauftragten des Stillhaltekommissars für die Arbeitgeber- und Arbeitnehmerorganisationen" bedacht und in den einzelnen Landesteilen, vor allem im Distrikt Esch, ernannte Dörner dann DAF-Kreisobmänner zu seinen Beauftragten.[34]

---

31 Vgl. Verordnung vom 20.8.1940 über deutsche Strafrechtspflege in Luxemburg, veröffentlicht in LW Nr. 224 (21.8.1940), Verordnung vom 23.8.1940 über die Auflösung der politischen Parteien, veröffentlicht in LW Nr. 237/238 (24./25.8.1940) und Verordnung über die Einsetzung des Stillhaltekommissars für das Organisationswesen in Luxemburg, veröffentlicht in: LW Nr. 242 (29.8.1940).

32 Zur Tätigkeit der Gestapo, unter anderem das Verhaften von Gewerkschaftsführern im besetzten Europa, vgl. Carsten Dams/ Michael Stolle, Die Gestapo. Herrschaft und Terror im Dritten Reich, München 2008, S. 133f.

33 Verordnung über die Einsetzung des Stillhaltekommissars für das Organisationswesen in Luxemburg, veröffentlicht in: LW Nr. 242 (29.8.1940). Nicht signierter Bericht vom 25.8.1940 über die am 23.8.1940 durchgeführte Aktion betr. Auflösung der Parteien und Gewerkschaften sowie Beschlagnahme des Vermögens, in: Archives OGBL (Mappe „Occupation"). Der Bericht stammt wahrscheinlich aus der Feder eines lokalen Parteifunktionärs bzw. Kollaborateurs.

34 „Dienststellen des Generalbeauftragten des Stillhaltekommissars", in: LW Nr. 355 (20.12.1940). Es gab insgesamt vier Dienststellen, denen DAF-Funktionäre vorstanden (Dörner, Schneider, Balzer, Hurt) sowie eine Rechtsberatungsstelle.

Sie wurden vom Stiko mit weitreichenden Befugnissen ausgestattet. So durfte Dörner im September 1940 die Präsidenten, Schriftführer und Kassierer aller Arbeitgeber- und Arbeitnehmerverbände zusammenrufen, um ihnen die großen Linien der deutschen Neuordnung zu präsentieren. Vor allem sorgten Dörner und seine Kreisobmänner dafür, dass die zahllosen Ortsgruppen der Gewerkschaftsverbände ihre Tätigkeit fortsetzten.[35] Mit der Ernennung des NS-Gauobmanns hatte man natürlich den Bock zum Gärtner gemacht, denn weder die DAF noch der Stillhaltekommissar waren daran interessiert, die Luxemburger Verbände weiter am Leben zu halten.

In den letzten Wochen des Jahres wurde die Demontage der Gewerkschaften und Berufsverbände konsequent fortgeführt. Sie gerieten immer stärker unter die Kontrolle der DAF-Funktionäre. Diese wurden bei ihrer Tour durch die Betriebe nicht müde, die früheren Gewerkschaften schlecht zu machen, sodass mit einem baldigen „Neuaufbau grundsätzlich wie im Reich" gerechnet werden musste.[36] Allen gewerkschaftsfeindlichen Parolen zum Trotz, waren die Deutschen in einer ersten Phase auf die Mitarbeit der Luxemburger Gewerkschaftler angewiesen. Nur mit deren Hilfe würde sich die nationalsozialistische Ausrichtung oder eine Überleitung in die DAF mehr oder weniger problemlos bewerkstelligen lassen. Eine wirkliche Kooperation zwischen Deutschen und Luxemburgern gab es natürlich nicht, denn die DAF-Funktionäre sahen die Gewerkschaftler als Befehlsempfänger, nicht als Partner.

Der Gleichschaltungsprozess lief bei allen Verbänden nach dem gleichen Muster ab: Vorstandssitzungen mussten im Vorfeld beim „Generalbeauftragten", d.h. bei dem zuständigen DAF-Kreisobmann angemeldet beziehungsweise beantragt werden. Dieser entschied, was auf der Tagesordnung stehen durfte und was politisch unerwünscht war. „Politische Tendenzen müssen auch in Zukunft in unsern Besprechungen unterbleiben", vermerkte der Bericht der Escher LCGB-Sektion vom 20. September 1940, der „zur gefälligen Kenntnisnahme" an die Deutschen übermittelt werden musste. Als sich der Vorstand der Bettemburger LCGB-Gruppe treffen wollte, strich Kreisobmann Pütz fünf von sieben Tagesordnungspunkten. Diese betrafen Freizeit- und Fortbildungsaktivitäten der Gewerkschaftsmitglieder. Den christlichen Gewerkschaftlern war nicht klar, dass kulturelle Aktivitäten und Fortbildungen zukünftig in den Arbeitsbereich der NS-Gemeinschaft „Kraft durch Freude" beziehungsweise der DAF fallen würden. Politisch unerwünscht war auch die geplante Weihnachtsfeier mit Kinderbescherung. Weitere Vorstandssitzungen waren fortan nicht mehr möglich.[37] Wollten Gewerkschaften Rundschreiben an

35 Rundschreiben des Zentralvorstandes des LCGB vom 11.9.1940, abgedr. in: 75 Joër chrëschtlech Gewerkschaftsbewegung, S. 71.

36 Ankündigung von Hanns Schneider beim „Betriebsappell der Eisenbahner", in: LW Nr. 321/322 (16./17.11.1940) und VdB-Versammlung in Niederkerschen, in: LW Nr. 316 (11.11.1940).

37 Schreiben des Vorstands des LCGB Bettemburg vom 30.9.1940 an den Generalbeauftragten für die Arbeitgeber- und Arbeitnehmerverbände und Antwortschreiben des

ihre Mitglieder verschicken, so mussten diese dem Generalbeauftragten vor der Herausgabe vorgelegt werden.[38] Für die Verbände war diese Form der Zensur ein Problem, davon abgesehen, dass die Deutschen in den allermeisten Fällen die Kommunikation der Vorstände mit der Basis nach Möglichkeit behinderten. Für den LBMIAV war die Lage besonders schwierig, da das gewerkschaftseigene Escher Tageblatt im Mai 1940 sein Erscheinen hatte einstellen müssen. Damit war der wichtigste Arbeiterverband des Landes praktisch mundtot gemacht worden. Ab Oktober wurde die Erörterung von Lohn- und Gehaltsfragen weitestgehend untersagt, dies hing mit den neuen Lohntabellen zusammen, die von der Zivilverwaltung zum 1. Oktober für alle Branchen erlassen worden waren. Viele Arbeiter und Angestellte hatten die Tarife mit Enttäuschung zur Kenntnis genommen, durften ihre Unzufriedenheit nun aber nicht mehr über ihre Gewerkschaftsvertreter artikulieren.[39] Die Kreisobmänner saßen zudem häufig mit an den Vorstandstischen oder erhielten zumindest die Sitzungsberichte, sodass von einer freien Gewerkschaftsarbeit keine Rede mehr sein konnte. Auf diese Weise kontrollierten sie die Vorstandsmitglieder der einzelnen Gewerkschafts- und Berufsverbände, unterdrückten unerwünschte Diskussionen und verschafften sich einen vollständigen Einblick in die Organisationsstrukturen sowie die finanzielle Lage der Verbände.[40]

Die DAF hielt Ausschau nach brauchbaren Mitarbeitern, da man mit den wenigen aus dem Gau nach Luxemburg beorderten Funktionären nicht den ganzen Aufbau einer Massenorganisation vorbereiten konnte. Man fand Kollaborateure unter den ortsansässigen Reichsdeutschen, aber auch unter Luxemburgern, die sich für das neue Regime begeisterten. Entscheidend war, dass man in den Augen der Arbeitsfront „rednerisch begabt, politisch und weltanschaulich zuverlässig“ war.[41] Da es vor Januar 1941 offiziell noch keinen Luxemburger Ableger der DAF gab, man sich aber dennoch schon die Kontrolle über die Betriebe sichern wollte, wurden „Vertrauensmänner“ ernannt. Hierbei konnte es sich um gestandene Gewerkschaftler handeln, die vor dem Krieg in die Arbeiterausschüsse gewählt worden waren oder

---

Vertreters des Generalbeauftragten Grohé vom 3.10.1940, in: Archives OGBL (Mappe „Genehmigungen von Vorstandssitzungen“).

38 Schreiben des Vertreters des Generalbeauftragten für die Arbeitgeber- und Arbeitnehmerverbände vom 4.10.1940 an Christlichen Eisenbahner-Verband Esch betr. Vorstandssitzung, in: Archives OGBL (Mappe „Genehmigungen von Vorstandssitzungen“).

39 Vorlage der Tagesordnung der Sitzung des Hauptvorstandes der Friseur-Innung Differdingen vom 20.10.1940 (mit von Kreisobmann Pütz vorgenommenen Streichungen), in: Archives OGBL (Mappe „Genehmigungen von Vorstandssitzungen“).

40 Vgl. Schriftwechsel des LCGB, des LBMIAV und einzelner Berufsverbände aus dem Kreis Esch mit dem Generalbeauftragten für die Arbeitgeber- und Arbeitnehmerverbände vom 18.9. bis zum 28.12.1940, in: Archives OGBL (Mappe "Genehmigungen von Vorstandssitzungen“).

41 Schreiben von Kreisobmann Grohé vom 30.1.1941 an Kreisleiter Diehl, in: Archives OGBL (Mappe „Düdelingen“).

aber um Personen, die das Vertrauen der VdB oder der DAF-Funktionäre genossen. Die „Vertrauensmänner“ wurden vom Generalbeauftragten für die Arbeitgeber- und Arbeitnehmerverbände vorgeschlagen und von den Ortsgruppenleitern der Volksdeutschen Bewegung bestätigt. Diese Vertrauensleute stellten die Keimzelle der späteren nationalsozialistischen Betriebsorganisationen dar. Beim Differdinger Grubenbetrieb Halberg wurde mit Zustimmung der VdB Jean Achilles zum Vertrauensmann ernannt, später wurde er KdF-Wart seiner Betriebsorganisation sowie Mitglied des Vertrauensrates. Auch der Bergmann Jean Baustert, der zu den Mitbegründern der VdB-Ortsgruppe zählte, war zunächst „Vertrauensmann des politischen Kommissars“, bevor er zum ersten Betriebsobmann der Grube ernannt wurde.[42]

In einer ersten Phase lieferten die Vertrauensmänner Informationen über betriebsinterne Vorgänge sowie die politische Stimmung und hielten gleichzeitig Ausschau nach weiteren möglichen Mitarbeitern. In den Ortsgruppen stellten willige Mitarbeiter für die DAF „Betriebslisten“ zusammen, mit Angaben über die Unternehmensleitungen, die Zahl der Mitarbeiter, aber auch mit den Namen von Vertrauensmännern. Auf diese Informationen konnte die Arbeitsfront dann Anfang 1941 zurückgreifen, um Mitglieder zu rekrutieren beziehungsweise die künftigen Mitarbeiter in den Betriebsorganisationen auszuwählen.[43] Im Gegenzug wurden Personen, die politisch als unzuverlässig galten, kaltgestellt oder schlichtweg abberufen. Dies brachte die Funktionäre der DAF häufig in eine zwiespältige Lage, wie das Beispiel des Ausschussmitglieds des ARBED-Werks Düdelingen illustriert. Nikolaus Conrady war Mitglied der freien Gewerkschaften und seit 1927 Vorsitzender des Arbeiterausschusses. 1940 war Conrady von seinem Direktor als Vertreter der Düdelinger Hütte bestimmt worden, um an den Sammelaktionen des Winterhilfswerks teilzunehmen. Conrady verweigerte mehrfach die Teilnahme, mit der Begründung, er sei „doch Vertreter der sozialistischen Arbeiter“ und hätte gar nichts von der Sammlung. Der lokale WHW-Beauftragte beschwerte sich nun beim Generalbeauftragten für die Arbeitnehmerverbände, die Haltung der „früheren roten Gewerkschaftsbonzen“ würde die politische Aufbauarbeit der VdB in Düdelingen erheblich stören. DAF-Kreisobmann Pütz, der in Esch im Auftrage

42 Zur Berufung eines Vertrauensmannes „des politischen Kommissars für die Grube Halberg“, siehe Schreiben des VdB-Ortsgruppenleiters von Oberkorn vom 22.11.1940 an den Generalbeauftragten für die Arbeitgeber- und Arbeitnehmerverbände in Esch betr. Ernennung von Vertrauensmännern des politischen Kommissars und Schreiben des VdB-Ortsgruppenleiters von Differdingen vom 4.12.1940 an den Generalbeauftragten für die Arbeitgeber- und Arbeitnehmerverbände in Esch-Alzig, Formblatt mit der Aufstellung der Betriebsorganisation und Schreiben des Betriebsobmanns der Grube Halberg A.G. an den Kreisobmann in Esch, in: Archives OGBL (Mappe „Occupation“). Vgl. auch „Vorkämpfer der VdB gestorben“, in: LW Nr. 62 (3.3.1941).

43 Beispiel einer „Betriebsliste“, erstellt von Heinrich Haubrich („mit der Führung der D.A.F. beauftragt“) für die Ortsgruppe Rodingen, vgl. Archives OGBL (Mappe „Genehmigungen von Vorstandssitzungen“).

des Generalbeauftragten tätig war, schlug vor, Conrady aus dem Ausschuss von ARBED-Düdelingen abzuberufen, sollte er sich nicht eines Besseren besinnen. Nun übte die DAF Druck auf Conrady aus, der sich nach eingehenden Belehrungen bereit erklärte, sich „freiwillig" als WHW-Sammler zur Verfügung zu stellen und ebenso der VdB beizutreten. Auch wenn Conrady von der DAF bescheinigt wurde, er habe sich „unter marxistischen Vorzeichen bisher uneigennützig für die Interessen seiner Arbeitskameraden eingesetzt" und nähere sich nur zögernd dem Nationalsozialismus, verzichteten die Deutschen vorerst darauf, den Ausschussvorsitzenden seines Postens zu entheben. Der zuständige DAF-Funktionär begründete dies mit dem „Ansehen, das er [= Conrady] bei der Arbeiterschaft" genieße und mit der Hoffnung, ihn doch noch „restlos" für die deutsche Sache gewinnen zu können. Dennoch waren Conradys Tage gezählt und er wurde Anfang 1941 schließlich abgesetzt.[44] Ähnliche Fälle belegen, dass die Deutsche Arbeitsfront zu Beginn ihrer Tätigkeit in Luxemburg durchaus offen war für Männer, die wegen ihrer Vorkriegsbiografie eher zu den ideologischen und politischen Feinden zählten. Kreisobmann Grohé vermittelte einem Arbeitslosen aus Rümelingen beim Escher Arbeitsamt eine neue Stelle, obwohl der Mann weder in der VdB, noch in der DAF war. Vor dem Krieg war dieser Mitglied einer freien Gewerkschaft gewesen und sogar in den dreißiger Jahren als antifaschistischer Freiwilliger in den Spanienkrieg gezogen. Grohé urteilte: „Er ist aber an sich ein wertvoller Mensch, der, wenn man ihn einsetzt, sehr wertvolle Arbeit verrichtet."[45] Die Vorgehensweise des Kreisobmanns war fadenscheinig, denn es ging ihm nur darum, ideologische Gegner aus taktischen Gründen in die DAF zu integrieren.

3. Anhang: Mitgliederzahlen der Luxemburger Gewerkschaften

Da präzise Informationen über die Mitgliederstärken der einzelnen Gewerkschaften weitgehend fehlen, ist man auf Schätzungen oder zeitgenössische Publikationen angewiesen; man kann aber wohl davon ausgehen, dass ein beträchtlicher Anteil der Luxemburger Arbeiterschaft in Gewerkschaften organisiert war. In einem Land, das konfessionell von der katholischen Kirche und politisch von einer starken katholischen Rechtspartei geprägt war, nahmen erstaunlicherweise die sogenannten „freien" Gewerkschaften vor 1940 eine führende Stellung ein: 60 Prozent der

---

44 Schreiben des Ortsbeauftragten für das WHW Düdelingen vom 23.10.1940 an DAF-Kreisobmann Pütz betr. Bericht von der 2. WHW-Straßensammlung sowie Antwortschreiben des Generalbeauftragten für die Arbeitgeber- und Arbeitnehmerverbände vom 8.11.1940 an DAF-Kreisobmann Jeiter betr. Ausschussmitglied Nikolaus Konradi (= Conrady), ARBED-Werk Düdelingen sowie Antwortschreiben von Jeiter vom 15.11.1940, in: Archives OGBL (Mappe „Genehmigungen von Vorstandssitzungen").

45 Schreiben des Kreisobmanns Grohé vom 22.7.1941 an das Arbeitsamt (Nebenstelle Esch-Alzig), in: Archives OGBL (Mappe „Genehmigungen von Vorstandssitzungen").

Arbeiter vertrauten eher den unabhängigen linken Verbänden, während sich etwa 15 Prozent der katholischen Gewerkschaftsbewegung angeschlossen hatten. Die „gelben" Gewerkschaften, bei denen es sich eher um arbeitgeberfreundliche Werkvereine handelte, spielten hingegen keine Rolle.[46] In bestimmten Branchen hatten die Gewerkschaften eine traditionell starke Stellung. Bei den Transportarbeitern – die Mehrzahl von ihnen war bei den privatrechtlichen Eisenbahngesellschaften tätig – lag der Organisationsgrad bei nahezu 100 Prozent. Auch bei den Bergleuten und den Metallern war der Anteil der in freien und katholischen Gewerkschaften organisierten Arbeiter mit über 70 Prozent überdurchschnittlich hoch.

Tab. 17: Die Mitgliederzahlen der Luxemburger Gewerkschaftsverbände (1940, nach Schätzungen aus dem Jahr 1944)

Branchen	**Arbeiter**	**davon in freien Gewerkschaften**	**davon in christlichen Gewerkschaften**	**davon in „Gelben Gewerkschaften"**	**davon nicht gewerkschaftlich organisiert**
Transportwesen	8.200	6.800	1.400	-	
Bergbau	3.500	2.500	500	-	500
Eisenindustrie	17.500	10.500	2.500	800	3.700
Baubranche	4.800	2.500	700	-	1.600
Holzverarbeitende Industrie	2.200	1.100	400	-	700
Textilindustrie	350	200	100	-	50
Keramikindustrie	1.200	650	250	-	300
Lederindustrie	1.500	800	300	-	400
Brauwesen	600	300	100	-	200
Öffentlicher Dienst	2.000	keine Angaben	keine Angaben	-	keine Angaben
Total:	**41.850**	**25.350**	**6.250**	**800**	**7.450**

Quelle: Naval Intelligence Division, Luxembourg, S. 55.

46 Naval Intelligence Division, Luxembourg, o.O. 1944 (= Geographical Handbook Series), S. 55. Vgl. auch: J. Lukas, Le mouvement syndical luxembourgeois, in: Revue syndicale suisse: organe de l'Union syndicale suisse 26 (1934), S. 21–25.

Kapitel II.2. Das Ende der Luxemburger Gewerkschaften (1941)

1. Der Zerfallsprozess der Luxemburger Gewerkschaften

1.1. Die Machtübernahme der Deutschen Arbeitsfront

Die DAF verfügte in Luxemburg über keine eigene Zeitung oder Zeitschrift, aber die 1941 noch erscheinenden Tageszeitungen, wie das Luxemburger Wort oder die Obermosel-Zeitung, berichteten regelmäßig über die Deutsche Arbeitsfront, ihre politische Ausrichtung sowie die von ihr betreuten sozialen Einrichtungen. Das Escher Tageblatt, das nach der deutschen Besetzung zunächst sein Erscheinen einstellen musste, wurde vom Gauverlag übernommen und kam Anfang 1941 wieder als Tageszeitung für das luxemburgische Industriegebiet heraus, ab Februar als amtliches Blatt der VdB und damit aller anderen NS-Organisationen. Der Zeitpunkt war geschickt gewählt, das Tageblatt in einem neuen Look erscheinen zu lassen. Als amtliche Tageszeitung der Partei veröffentlichte das Tageblatt fortan den Veranstaltungskalender von VdB und Arbeitsfront.[1]

Die eigentliche Tätigkeit der DAF begann schließlich mit der „organisatorischen Erfassung sämtlicher luxemburgischer Schaffenden“ Anfang des Jahres 1941. Begleitet wurde die Aktion von einer wahren Propagandaoffensive: Flugblätter sollten die Arbeiter und Angestellten über die Ziele der Arbeitsfront informieren, wobei von Anfang an klar war, dass die Mitgliedschaft in der Arbeitsfront ein prodeutsches Bekenntnis bedeutete und der Gedanke der „Gemeinschaft“ im Mittelpunkt stand. Besonders hervorgehoben wurde, dass die DAF „die Gesamtheit aller Werktätigen ohne Ausnahme“ umfasse, dies im Gegensatz zu den „Organisationen der Gewerkschaften“. Um den Arbeitnehmern, Selbstständigen, Freiberuflern und „Betriebsführern“ eine Mitgliedschaft schmackhaft zu machen, verwies man nachdrücklich auf die „Leistungen ideeller, materieller und finanzieller Art“, zu denen auch die Einrichtungen der NS-Gemeinschaft „Kraft durch Freude“ zählten.[2] In der Tagespresse erschienen zahllose Beiträge, in denen man auf die sozialen Errungenschaften und Leistungen der DAF hinwies. Damit versuchten die Verantwortlichen

---

1 Vincent Artuso, Un journal antifasciste au service du nazisme, in: Scuto/ Steichen/ Lesch (Hgg.), Radioscopie d'un journal, S. 163–172.

2 Vgl. Flugblatt „Was will die Deutsche Arbeitsfront!“, in: AMnR D-naz-af-0010 DAF. Siehe auch Marc Schoentgen, Die Deutsche Arbeitsfront und Liquidierung der Luxemburger Gewerkschaften (1940-1941). Die Deutsche Arbeitsfront als Faktor der NS-Neuordnungspolitik in Luxemburg, in: OGBL, 100 Joer fräi Gewerkschaften, S. 99–115.

in erster Linie die kleinen Arbeiter und Angestellten anzusprechen, die in den 1930er Jahren die Folgen der Weltwirtschaftskrise zu spüren bekommen hatten. Die Propaganda wandte sich an diejenigen, die an der demokratischen Staats- und Regierungsform zweifelten, vom Parteienstreit der Vorkriegszeit und den ideologischen Grabenkämpfen zwischen Konservativen und Linken ermüdet oder schlicht enttäuscht und unzufrieden waren.

Nachdem die Gauleitung mit der Schaffung der Funktion des Stillhaltekommissars für das Organisationswesen und der Einführung von Verordnungen einen pseudolegalen Rahmen für die Neuordnung und die Gleichschaltung geschaffen hatte, steuerte die Deutsche Arbeitsfront ab Januar 1941 zielstrebig die Übernahme der Luxemburger Gewerkschaften an. Nun wurden nicht nur die Gewerkschaften angegriffen, sondern auch die Arbeitgeberorganisationen und die Handwerksverbände. Sie hätten nebeneinander funktioniert, ohne sich wirklich für das „Schicksal der Arbeiter, der Angestellten, der Männer und der Frauen der Wirtschaft Luxemburgs" zu interessieren. Um NSDAP und DAF glaubhaft als Vertretungsorgane der Arbeitnehmerinteressen zu verkaufen, attackierte die Propaganda auch die Arbeitgeber.[3] Es waren die Funktionäre aus der DAF-Gauwaltung, darunter Gauobmann Hugo Dörner, die den Arbeitern den deutschen „Sozialismus" erklärten. Für sie zählten „Kameradschaft" und „Gemeinschaftsgeist", der Gegensatz zwischen Arbeitnehmer und Arbeitgeber bestehe mit der neuen Zeit nicht mehr, Gefolgschaft und Betriebsführer seien nun „wahre Kameraden" und damit „wahre Sozialisten". Die Lohnfrage werde sich zukünftig „von selbst regeln, und zwar nicht auf materialistischer, sondern auf ideeller Grundlage".[4] Inwiefern diese klassenkämpferischen Reden bei den anwesenden Arbeitern auf fruchtbaren Boden fielen, lässt sich nur schwer ermitteln. Aber bei einem Teil der Luxemburger fand er Zustimmung, während der sozialrevolutionäre Diskurs bei Direktoren und Unternehmern Skepsis und Sorge ausgelöst haben dürfte. Zu Beginn des Jahres 1941 flammte die Propaganda erneut auf. So wurde in der Luxemburger Ausgabe des Nationalblatts Kritik an Betriebsführern laut, denen man mangelndes soziales Bewusstsein vorwarf und unmissverständlich mit Konsequenzen drohte.[5] Im Escher Tageblatt

---

3 Vgl. Artikel von Dr. Hanns Schneider, Die deutsche Arbeitsfront greift ein, in: LW Nr. 29 (29.1.1941) und Ders., Der Arbeiter und die Deutsche Arbeitsfront, in: ETB Nr. 27 (1./2.2.1941). Siehe auch „Ein bedeutsames Ereignis" und „Die Deutsche Arbeitsfront in Luxemburg errichtet", in: LW Nr. 21 (21.1.1941). Über die Luxemburger Gewerkschaften und ihre ideologische Zersplitterung, vgl. Denis Scuto, 75 ans au service du monde ouvrier et du progrès social: La Chambre de travail (1924-1999), in: Chambre de Travail. 75e anniversaire, Luxemburg 1999, S. 28–41.

4 Zitate aus Dörners Rede, die im LW veröffentlicht wurden, vgl. „Der Mensch im Vordergrund allen Lebens", in: LW Nr. 321/322 (16./17.11.1940).

5 Hanns Schneider, Eine neue Aufgabe für Betriebsführer, in: NBL Nr. 3 (4./5.1.1941). Schneider war Gausozialwalter der DAF und vertrat Gauobmann Hugo Dörner in Luxemburg. Er wurde im Juni 1941 auf eigenen Wunsch hin von seinen Ämtern entbunden, vgl. ETB Nr. 129 (5.6.1941).

wurden Auszüge aus einer VdB-Schrift veröffentlicht, in der antikapitalistische Töne angeschlagen und die Idee einer egalitären „Volksgemeinschaft" vorgegaukelt wurden: „Warum sollte der Generaldirektor zu fein sein, um Seite an Seite mit dem Straßenkehrer Gefolgsmann des Führers und Mitglied der NSDAP zu sein?"[6] In die gleiche Kerbe schlug die VdB und man warnte die sogenannten Plutokraten: „Nebst den Juden sind die Plutokraten unsere größten Gegner, da sie, ähnlich wie die ersteren, auf Kosten der Gesamtheit ihre egoistischen Privatinteressen verteidigen und auch durchsetzen wollen. Ihnen sei also der schärfste Kampf angesagt."[7] Selbst wenn in den Propagandaartikeln nicht die Namen von Direktoren oder Unternehmen genannt wurden, so war doch klar, auf wen die Kritik abzielte. Die Arbeitgeberverbände hätten in der Zeit vor der Besetzung nur egoistische Motive, die Gewerkschaften nur politische Ziele gehabt. Die staatliche Sozialpolitik der letzten 25 Jahre sei ein Misserfolg gewesen, der Luxemburger „Patron" habe sich über Kollektivverträge hinweggesetzt und in Zeiten der Wirtschaftskrise, die noch jedem in Erinnerung war, Lohnsenkungen und Entlassungen durchgesetzt.

Während die „Machtübernahme" der Deutschen Arbeitsfront seit dem Herbst 1940 minutiös vorbereitet worden war und die Luxemburger Gewerkschaften von den politischen Ereignissen regelrecht überrollt wurden, wollte die NS-Propaganda die Luxemburger glauben machen, dass die Auflösung der freien Gewerkschaften und die Zwangseinführung der Deutschen Arbeitsfront durch eine Art Konsens zustande gekommen sei: „Maßgebende Luxemburger Gewerkschaftsführer sind heute zur Einsicht gelangt, dass ihre Arbeit durch die Vielzahl der Verbände und durch die scheinbar unüberbrückbaren Gegensätze zwischen Arbeitgeber und Arbeitnehmer nur zu Teilergebnissen führen musste, da die einheitliche Ausrichtung fehlte und nicht das Gesamtwohl aller Schaffenden ihnen vor Augen stand", meinte das Escher Tageblatt.[8] Die Gewerkschaftsführer, die dadurch quasi das Vorgehen der Zivilverwaltung legitimiert haben sollten, wurden freilich nicht namentlich genannt. Die NS-Tageszeitung Nationalblatt hob ebenfalls lobend die Kooperationsbereitschaft der Luxemburger hervor: „... es besteht wirklich Ursache allen luxemburgischen Arbeitern und Betriebsführern zu danken, die dem Versuch, einen gerechten Lohn zu finden, ihre Kräfte bereitwilligst einsetzten. Es erübrigt, Namen zu nennen, aber es sei doch vermerkt, dass gerade die leitenden Herren der 'ARBED' mit größtem Verständnis den Bedürfnissen und Wünschen der DAF

---

6 ETB Nr. 10 (13.1.1941). Es handelt sich um einen Auszug aus einer VdB-Broschüre (Heim ins Reich Nr. 2/3).

7 „VdB-Stimmen: Die Plutokraten", in: LZ Nr. 17 (20.1.1941). Vgl. auch: „Vor der Gemeinschaft und der Gemeinschaftsleistung, also vor seinem Volk, ist auch der größte Direktor nichts anderes als ein Arbeiter", so Hanns Schneider, Der Arbeiter und die Deutsche Arbeitsfront, in: ETB Nr. 27 (1./2.2.1941).

8 Wz: Errichtung der Deutschen Arbeitsfront auch für Luxemburg, in: ETB Nr. 17 (21.1.1941). Vgl. Artikel im Luxemburger Wort: „Ein bedeutsames Ereignis" und „Die Deutsche Arbeitsfront in Luxemburg errichtet", in: LW Nr. 21 (21.1.1941).

entgegengekommen sind. Dieses Beispiel hat selbstverständlich gute Wirkungen gezeigt.“[9]

Drei Fallbeispiele sollen zeigen, mit welchen Strategien die Deutsche Arbeitsfront tatsächlich gegen die Gewerkschaften vorging, um sie für die Anschluss- und Nazifizierungspolitik zu instrumentalisieren. In den letzten Monaten ihrer Existenz befanden sich die Funktionäre der freien Gewerkschaften und der katholischen Verbände in einer prekären Lage: Sollte man wie die Landesverwaltung und die Wirtschaft mit den Deutschen kollaborieren oder jegliche Kooperation ablehnen?

1.2. Der LBMIAV zwischen Anpassung, Kollaboration und Widerstand

Von der Verbandsspitze des LBMIAV kehrte allein Jean Fohrmann im Sommer 1940 aus Frankreich nach Hause zurück, weil er in Luxemburg kursierende Gerüchte widerlegen wollte: „En tous cas, je crois qu'il vaudrait mieux pour nous tous de retourner, parce qu'on raconte des choses incroyables. On a raconté même que Biever et moi se seraient sauvés pour le Brésil avec la caisse communale de Dudelange.“ Vor allem lag ihm die Zukunft seines Verbandes am Herzen und er ahnte wohl, in welcher Gefahr sich die Gewerkschaft befand:

> „D'ailleurs il y a certaines affaires à règler là-bas qui exigent notre présence. Je pense aux Syndicats et surtout à nos coopératives et nos maisons syndicales. De prime d'abord il faudra démontrer que tout était géré minutieusement et que nous n'avons à craindre aucun contrôle. Si on n'était pas là, ils pourraient raconter ce qu'ils veulent. Donc je retourne!“[10]

Der LBMIAV als größte Gewerkschaft des Landes sah seine Daseinsberechtigung durch die Maßnahmen des Gauleiterregimes in Frage gestellt. Man befürchtete, dass nach dem politischen Umsturz immer weniger Menschen einen Sinn darin sehen würden, einer sozialistischen Gewerkschaft die Treue zu halten. Darüber hinaus galt es, sozialpolitische Errungenschaften der dreißiger Jahre (Arbeitszeitregelungen, Kollektivverträge) zu verteidigen, die nun zur Disposition standen. Auch war die Stellung der Gewerkschaften als Partner im Tarifdialog in Frage gestellt, da bereits manche Arbeitgeber in dieser wirtschaftlichen wie politischen Krisenzeit nicht mehr mit den Ausschüssen verhandeln wollten. Um zu retten, was zu retten war, entschieden sich Arbeitnehmer- und Arbeitgeberverbände im Interesse ihrer Mitglieder zur Zusammenarbeit mit den deutschen Dienststellen und den DAF-Kreisobmännern. So brachte der LBMIAV am 13. September 1940

9 Hanns Schneider, Die Deutsche Arbeitsfront und die gewerkschaftlichen Organisationen. Die Struktur der Sozialpolitik in Luxemburg, in: NBL Nr. 8 (10.1.1941).

10 Vgl. Antoine Krier, Vor und nach dem 10. Mai 1940. Ein Syndikalist berichtet, Esch-Alzette 1975., S. 25–52. Abdruck des Briefes vom 21.7.1940 an Antoine Krier, S. 49–52.

ein Rundschreiben in Umlauf, in dem die Mitglieder über die Anweisungen des Generalbeauftragten des Stillhaltekommissars informiert wurden. Der Vorstand des LBMIAV sei sich einig, dass in „dieser schweren Zeit" die gewerkschaftliche Organisation „notwendiger denn je" sei und deshalb die Beiträge wieder erhoben würden. Die Kassen der allermeisten Ortssektionen waren leer, da die Vorstände Unterstützungsgelder an die Evakuierten und die Arbeitslosen ausgezahlt hatten. Durch die Kriegswirren waren im Mai vielerorts die Kassenbücher verloren gegangen, sodass die Gewerkschaft vor einem finanziellen Debakel stand. Gleichzeitig appellierte der Vorstand an die Mitglieder, „ihrem Verband die Treue zu halten". Ein anderes, nicht weniger dramatisches Rundschreiben schickte der LBMIAV an die Ausschussvorsitzenden, mit der Aufforderung „in dieser Notzeit„ ihre Posten nicht zu verlassen.[11] Vermutlich war dies eine Reaktion auf Erosionserscheinungen, von der die meisten Gewerkschaften aller politischen Milieus betroffen waren. Zwischen Selbstauflösung oder Anpassung beziehungsweise Kollaboration schien es im Herbst 1940 keine anderen Optionen zu geben. Die Krise der Gewerkschaftsbewegung war ein Phänomen, das in allen besetzten europäischen Ländern zu beobachten war. In Belgien entstand unter deutscher Kontrolle eine Einheitsgewerkschaft, die nach den Prinzipien der DAF aufgebaut war, während in Frankreich die einstmals mächtigen Verbände von der Vichy-Regierung kurzerhand verboten wurden.[12] Spekulationen über eine neue europäische „Sozial- und Wirtschaftsordnung" trugen zu der allgemeinen Verunsicherung bei.[13]

Vor diesem Hintergrund muss man die unterschiedlichen Handlungsweisen der Gewerkschaftsfunktionäre betrachten. Nimmt man zum Beispiel den Fall des Gewerkschaftssekretärs Jean Comes, so zeigt sich, dass es 1940/41 zentrifugale Kräfte gab, die zum Zusammenbruch der Verbände beitrugen. Der 24jährige Comes war nach der Rückkehr aus der Evakuation zur Gestapo bestellt worden, die ihn über Interna der Gewerkschaftsbewegung befragte. Auf Anordnung der Gestapo nahm er seine Tätigkeit beim LBMIAV wieder auf. In den Monaten von September bis Oktober beteiligte sich Comes aktiv an der Demontage seiner Gewerkschaft,

11 Vgl. Rundschreiben des LBMIAV vom 13.9.1940 an alle Verbandsmitglieder und Rundschreiben des LBMIAV vom 12.9.1940 an die Ausschusspräsidenten und Sekretäre, in: ANLux AP 6425a Nicolas Boes (Mappe „Pièces").

12 „Leon Jouhaux", in: LW Nr. 230/231 (17./18.8.1940). Es handelte sich um einen Artikel aus der Frankfurter Zeitung, in dem über den Rücktritt von Léon Jouhaux (1879-1954) berichtet wurde. Die französische CGT sei dabei, sich „umzustellen" und habe beschlossen, die „Ideologie des Klassenkampfes" fallen zu lassen. Die politischen Vorstellungen von Jouhaux seien „überlebt", sodass er sich habe zurückziehen müssen. Zur Haltung der französischen CGT im Sommer und Herbst 1940: Robert O. Paxton, La France de Vichy 1940-1944, Paris 1997, S. 265f. und Piquet, Charbon-Travail forcé-Collaboration, S. 99–104.

13 „Die zukünftige Form der Wirtschaft", in: LW Nr. 206 (24.7.1940) und „Das Ende des Internationalen Arbeitsamtes", in: LW Nr. 209/210 (27./28.7.1940); bei dem Autor der beiden Artikel handelte es sich möglicherweise um Marcel Fischbach.

die immer stärker unter die Kontrolle der DAF-Funktionäre geriet.[14] Mit der Begründung, dass es „auf jeden Fall besser wäre, wenn ein Bekannter dort amtieren würde“ statt ein Nazi, redeten die Vorstandskollegen Comes zu, die Tätigkeit „im Interesse der Gewerkschaft“ weiter auszuüben. Während sich Jean Fohrmann aus politischen Gründen zurückzog, entschied sich Comes dafür, als Sekretär zu fungieren und weiter mit den Deutschen zu kollaborieren, auch als sich das Ende des LBMIAV abzeichnete. Vor allem mit dem späteren Escher Kreisobmann Ludwig Grohé schien sich Comes gut zu verstehen. Die Auflagen des Generalbeauftragten für die Arbeitgeber- und Arbeitnehmerverbände erfüllte Comes mit großer Sorgfalt, ob es nun um die Kassenkontrolle bei den einzelnen Ortsgruppen ging, die Zukunft der Arbeiterkooperativen oder ausstehende Sitzungen mit den Vorständen.[15] Im Dezember 1940 legten DAF-Funktionäre ihm nahe, als „Berater“ für die Kreiswaltung tätig zu werden und im Juli 1941 wurde Jean Comes zusammen mit dem Gewerkschaftskassierer Albert Peters sowie der Sekretariatskraft als hauptamtliches Personal in die Escher DAF-Organisation übernommen. Wie viele andere Luxemburger war Comes aus Opportunismus der VdB beigetreten, aber die Angst vor der Gestapo, der Druck, den der Kreisobmann der DAF ausübte und letztlich wohl die Möglichkeit in der Arbeitsfront eine sichere Stellung zu bekommen, dürften weitere Faktoren gewesen sein, die Comes zu seinem Handeln bewegt haben.[16]

Das Verhalten einzelner Gewerkschaftler darf aber nicht darüber hinwegtäuschen, dass prominente Arbeitervertreter die Zusammenarbeit mit den Deutschen zurückwiesen. Der ehemalige Vorsitzende des LBMIAV, Leo Weirich, der bis 1928 Vorsitzender der Arbeiterkammer gewesen war und die Sozialisten in der Abgeordnetenkammer vertrat, weigerte sich hartnäckig mit den Nationalsozialisten zusammenzuarbeiten, die wiederholt an ihn herangetreten waren. Am 24. Juli 1941 wurde er wegen Widerstandsaktivitäten verhaftet und kam später im Konzentrationslager Dachau ums Leben.[17] Der bekannte Vorsitzende des Landesverbandes der Eisenbahner, Michel Hack, dachte nicht daran, sich vor den DAF-Wagen spannen zu lassen. Er wurde im August 1941 dienstenthoben, kam mit anderen Prominenten zur Reichsautobahnbaustelle nach Wittlich und wurde nach Deutschland dienstverpflichtet.[18] Der bereits erwähnte Jean Fohrmann, Gewerkschaftssekretär und Abgeordneter der Arbeiterpartei, kooperierte nach seiner Rückkehr aus

14 Vgl. Schriftwechsel des LBMIAV mit dem Generalbeauftragten für die Arbeitnehmer- und Arbeitgeberverbände vom 19.10. bis zum 12.11.1940, in: Archives OGBL (Mappe „Genehmigungen von Vorstandssitzungen“).

15 Schreiben von Jean Comes vom 12.11.1940 an Kreisobmann Thomas Pütz sowie Schreiben vom 16.11.1940 an Kreisobmann Ludwig Grohé, in: Archives OGBL (Mappe „Genehmigungen von Vorstandssitzungen“).

16 ANLux AP 1784 Jean Comes. Vgl. Wehenkel, Entre chien et loup, S. 219–232.

17 „Fir d'Arbechtersâch an den Do'd gângen“, in: ETB Nr. 22 (7.10.1944) und Fayot u.a., 100 Joër sozialistesch Deputéiert, S. 141f.

18 „Vom Dienst enthoben!“, in: ETB Nr. 184 (8.8.1941). Hack (1884-1944) war seit 1926 Vorsitzender des linksgerichteten Eisenbahnerverbandes.

Frankreich mit dem Generalbeauftragten, um die Besitzstände seines Verbandes zu verteidigen. Er plante noch eine Reorganisation der Verbandsarbeiten, die eine Einteilung des LBMIAV in drei Bezirke und eine zentrale Gewerkschaftskasse vorsah. Womöglich wollte man mit einer Reform den Zerfall des Verbandes verhindern, der seit der Einstellung der Wochenzeitung „Der Proletarier“ und der Tageszeitung „Escher Tageblatt“ nur noch eingeschränkt mit der Basis in Kontakt treten konnte. Auch drohten die Mitglieder wegzulaufen.

Im Oktober 1940 zog sich Fohrmann aus dem Hauptvorstand zurück und legte sein Amt als Verbandssekretär nieder. Die letzte Vorstandssitzung mit Fohrmann als Schriftführer hatte die katastrophale Lage offenbart, in der sich der LBMIAV befand. Die Tagesordnung war vom Kreisobmann zusammengestrichen worden, eine geplante Verbandskonferenz wurde quasi untersagt und über Personalfragen durfte nicht mehr diskutiert werden. Machtlos war man ebenfalls angesichts der Entrechtung und Enteignung der Gewerkschaft. Die Genossenschaftsdruckerei des Escher Tageblatts, an der der LBMIAV beteiligt war, hatten die Deutschen inzwischen für ihre Zwecke in Betrieb genommen, ohne dass der Verwaltungsrat gefragt oder eine Entschädigung gezahlt worden wäre.[19] Anders als Comes wollte Fohrmann nach der Auflösung der Gewerkschaft auf keinen Fall zur DAF wechseln. Er, der schon vor 1940 ein erklärter Gegner des nationalsozialistischen Regimes gewesen war, weigerte sich „entschieden“ der DAF überhaupt beizutreten, so ein Schreiben des Düdelinger Ortsgruppenleiters vom 27. September 1941. Fohrmann sei einer der „größten Deutschenhasser“ am Ort und deshalb ein negatives „Vorbild“ für die Arbeiterschaft. 1942 wurde die Familie Fohrmann umgesiedelt.[20] Nach dem Krieg musste sich Fohrmann gegen böswillige Gerüchte zur Wehr setzen, die behaupteten, er habe 1940 mit der DAF kollaboriert. Tatsächlich hatte Fohrmann nach der Besetzung unter Aufsicht der Deutschen an einigen Vorstandssitzungen seiner Gewerkschaft teilgenommen. Die aktive Kooperation mit der Arbeitsfront hatte er aber nach eigenem Bekunden von Anfang an abgelehnt und sich im Gegensatz zu Comes schon früh zurückgezogen.[21]

Der LBMIAV-Gewerkschafter und Sozialist Denis Netgen (1896–1974) war ebenfalls nicht zur Kollaboration bereit. Seit August 1940 hatte Netgen seinen Ausschusskollegen und seinem Direktor gegenüber „starke Bedenken“ geäußert, was

---

19 Vgl. Tagesordnung für die Sitzung des Hauptvorstandes vom 20.10.1940 sowie Bericht über die Sitzung des Hauptvorstandes des LBMIAV vom 20.10.1940, in: Archives OGBL (Mappe „Genehmigungen von Vorstandssitzungen“).

20 Vgl. Fayot u.a., 100 Joër sozialistesch Deputéiert, S. 49f. und „Ein Dokument zur Ehre Jängi Fohrmanns“, in: ETB Nr. 130 (11.6.1945).

21 Nach dem Krieg berichtete das Tageblatt über die erste Landestagung der freien Gewerkschaft. Bei dieser Gelegenheit zogen Gewerkschaftsleute Bilanz der Kriegsjahre. Es entstand das Bild einer organisierten „gewerkschaftlichen Resistenz“ und einer Arbeiterklasse, die sich am entschiedensten gegen die Deutschen zur Wehr gesetzt hätte; vgl. „Aus der gewerkschaftlichen Resistenz“, in: ETB Nr. 126 (6.6.1945).

die weitere Vertretung seiner Kollegen anbelangte. Vor dem Ortsgruppenleiter von Schifflingen und vor den Funktionären der Deutschen Arbeitsfront scheint Netgen keinen Hehl aus seinem Widerwillen gemacht zu haben. Wohl aus Pflichtbewusstsein und Loyalität gegenüber seinen Arbeitskameraden behielt er seine Stellung. Der Hüttenschlosser war 1919 Gründer der Schifflinger Ortsgruppe des LBMIAV gewesen und 1940 konnte er auf eine außergewöhnliche Karriere blicken. Netgen war Vorsitzender des Arbeiterausschusses des ARBED-Werks Schifflingen sowie Vorsitzender des Hauptarbeiterausschusses der ARBED. In seiner Heimatgemeinde war er als Lokalpolitiker erfolgreich gewesen. Nach seiner Bürgermeisterzeit in Schifflingen wurde der Gewerkschaftler schließlich Abgeordneter der sozialistischen Arbeiterpartei.[22] Netgen war als Redner beliebt, kämpfte für gerechte Löhne und setzte sich auch für die Vierzigstundenwoche ein.

Nach der Besetzung blieb Netgen zunächst Vorsitzender des Schifflinger Arbeiterausschusses. Ab August äußerte er große Bedenken, was seine Position im Ausschuss anbelangte. Im Herbst 1940 war die Stimmung unter den Arbeitern des ARBED-Werks aufgeheizt. Es gab zahlreiche Beschwerden wegen der deutschen Lohntarife und die „Erregung unter den Leuten" wurde immer größer, wie der Vertrauensmann der Deutschen Arbeitsfront feststellen musste. Mitte November waren regelrechte Verhandlungen notwendig, zu denen der Vertrauensmann die einzelnen Betriebschefs, aber auch den noch amtierenden Präsidenten der Arbeiterdelegation zusammenrufen musste. Einzelne Probleme konnten so einvernehmlich zwischen DAF, Betriebsleitung und dem noch amtierenden Ausschuss gelöst werden, ohne dass aber allen Arbeiterforderungen wirklich Rechnung getragen wurde. Bei den Besprechungen – die Deutschen vermieden den Ausdruck „Verhandlungen" – schien die Kooperation zwischen Deutschen und Luxemburgern durchaus in einer konstruktiven Atmosphäre zu verlaufen. Als er die Mitglieder des vor dem Krieg frei gewählten Hauptarbeiterausschusses der ARBED kennenlernte, war der DAF-Vertrauensmann durchaus angetan: „Ich stelle fest, dass im 'Ausschusse' wertvolle Menschen sind, die man bei unsrem Aufbau brauchen kann."[23] So wurde Netgen am 1. Dezember 1940 sogar zum Betriebsobmann der DAF ernannt, eine Funktion, die er jedoch nicht einmal einen Monat ausübte. Nach wenigen Wochen bat er beim Ortsgruppenleiter um seine Ablösung, denn spätestens Ende Dezember 1940 war Netgen klargeworden, dass er auf verlorenem Posten stand und nichts mehr für seine Gewerkschaft tun konnte.

---

22 Zur Person Netgens, vgl. Fayot u.a., 100 Joër sozialistesch Deputéiert, S. 100f. Netgen genoss Mitte der 1930er Jahre über seinen Heimatort hinaus das Vertrauen der Berg- und Hüttenarbeiter, vgl. „Klare Sicht", in: ETB Nr. 90 (16.4.1935).

23 Bericht von Vertrauensmann Dehmen (o.D.), Schreiben an OGL Anheuser vom 13.11.1940, Lagebericht (Dehmens?) vom 14.11.1940, Arbeitsbericht von Vertrauensmann Dehmen vom 15., 16. und 19.11.1940, in: ANLux ARBED Schifflange 14827. Schreiben von Denis Netgen vom 26.12.1940 an OGL Anheuser, in: ANLux ARBED Schifflange 14827.

Das letzte Beispiel eines Gewerkschaftsfunktionärs illustriert, dass es trotz der Entmachtung und Auflösung der Verbände eine gewisse Kontinuität zwischen Vorkriegs- und Besatzungszeit gab. Tatsächlich spielten nicht selten Gewerkschaftsleute und Ausschussmitglieder in ihren Betrieben weiterhin eine wichtige Rolle und wurden von der DAF zu Obmännern ernannt, was wiederum von deutschfreundlichen Kreisen kritisiert wurde. So meldete ein Ortsgruppenleiter, dass bei den Arbeitern der Hüttenindustrie „Verwunderung„ darüber herrsche, „dass als Obmänner der D.A.F. wieder die alten Kanonen der früheren Gewerkschaften auftauchen„.[24] Die DAF wählte gezielt Männer aus, die vor dem Krieg gewerkschaftlich tätig gewesen waren und bei den Kollegen ein gewisses Ansehen genossen.[25] Einer dieser Gewerkschaftler, die sich von der Arbeitsfront vereinnahmen ließen, war Nicolas Boes, der den Posten des Betriebsobmanns der DAF im Dommeldinger ARBED-Werk annahm. Vor dem Krieg war der Arbeiter langjähriges Mitglied der sozialistischen Partei und zwölf Jahre lang Sekretär des Arbeiterausschusses gewesen. Mit Zustimmung seiner Kollegen und mit Unterstützung seines Direktors entschied er sich zur Annahme des DAF-Postens, den er bis 1944 behielt. Nach der Befreiung erklärte er seine Entscheidung mit dem Versagen der Eliten, aber auch mit der Enttäuschung über das Einknicken der Gewerkschaften vor den Deutschen im Jahre 1940. Die christlichen Gewerkschaften hätten damals die Beiträge an ihre Mitglieder ausgezahlt, während die freien Gewerkschaften die „Annäherung an die deutsche Arbeitsfront“ gesucht hätten.[26]

In den ersten Wochen der Zivilverwaltung waren Gewerkschaftsfunktionäre bereit, mit den deutschen Behörden zu kooperieren, weil sie die Arbeit im Interesse ihrer Mitglieder unbedingt fortführen und vermutlich auch die sozialen Errungenschaften der 1930er Jahre – wie die Kollektivverträge – nicht so ohne Weiteres aufgeben wollten. Im April 1941 musste der LBMIAV seinen Mitgliedern lapidar über die Presse mitteilen, dass man „voraussichtlich“ am 1. April 1941 „mit Rechten und Pflichten“ von der DAF übernommen werde. Die Gewerkschaft stellte ihre Tätigkeit endgültig zum 1. Juli 1941 ein.[27] Dass zwei Funktionäre des LBMIAV – darunter Jean Comes – die Pressemitteilung unterschrieben hatten, verstärkte den Eindruck, der einst mächtigste Verband des Landes sei vor der DAF in die Knie gegangen. Eine quasi offizielle Aufforderung an die Mitglieder, sich

24 Wochenbericht der VdB-Ortsgruppe Niederkorn vom 14.1.1941, in: Archives OGBL (Mappe „Genehmigungen von Vorstandssitzungen“)

25 Schreiben des Generalbeauftragten für die Arbeitgeber- und Arbeitnehmerverbände vom 15.11.1940 an Kreisobmann Pütz betr. Ausschussmitglied Nikolaus Konradi und Schreiben der Kreiswaltung Esch-Alzig (Fachabteilung Bergbau), o.D., in: Archives OGBL (Mappe „Genehmigungen von Vorstandssitzungen„)

26 Bericht vom 6.9.1944 über die innerbetrieblichen Ereignisse im Werk Dommeldingen, in: ANLux AP 6425a Nicolas Boes (Mappe „Instruction“).

27 „DAF. Amtliche Bekanntmachungen“, in: ETB Nr. 69 (22./23.3.1941). Vgl. Rechenschaftsberichte der alten Vorstandsmitglieder des LBMIAV: „Gewerkschaftliches“, in: ETB Nr. 1 (2.1.1945), Nr. 3 (4.1.1945).

bei der Arbeitsfront einzuschreiben, ließ das Ganze gar wie eine einvernehmliche Übernahme aussehen. Der Eindruck eines geordneten Übergangs verstärkte sich dadurch, dass sich beispielsweise im ehemaligen Differdinger Gewerkschaftsheim das „Kameradschaftsheim der DAF“ einrichtete.[28]

1.3. Die Gleichschaltung der Gewerkschaften am Beispiel des Buchdruckervereins

Unter den vielen Arbeitnehmerverbänden, die vor dem Zweiten Weltkrieg das Gewerkschaftsleben Luxemburgs prägten, war der Luxemburger Buchdruckerverein (gegründet 1864) mit etwa 250 Mitgliedern einer der kleinsten, aber auch einer der traditionsreichsten. In den 1930er Jahren arbeitete der Buchdruckerverein mit den meisten Druckereibesitzern gut zusammen, etwa in einer gemeinsamen Tarifkommission. Geführt wurde der Verein von Barthélemy Barbel, der gleichzeitig Präsident der Luxemburger Arbeiterkammer war und deshalb ein gewisses Ansehen genoss. Wie alle anderen Organisationen kam auch dieser Verein nach der Machtübernahme der Nationalsozialisten unter die Kontrolle der Deutschen Arbeitsfront und des Stillhaltekommissars für das Organisationswesen.[29]

Der Buchdruckerverein führte nach der deutschen Besetzung seine Tätigkeit zunächst ohne größere Einschränkungen fort. Die Beiträge wurden weiterhin eingezogen, es fanden Mitgliederversammlungen statt, der Verband traf sich mit den Arbeitgebern, um über aktuelle Probleme zu diskutieren und das Verbandsorgan „Mitteilungen des Luxemburger Buchdruckervereins“ erschien trotz Papiermangels und deutscher Zensur ohne Unterbrechung.[30] Der Umstand, dass der Vorsitzende Barbel das Land im Mai 1940 nicht verlassen hatte, trug sicher dazu bei, dass das Verbandsleben bis September zunächst ungestört weiterlaufen konnte. Die folgenden Monate wurden für Barbel zu einer persönlichen Belastungsprobe. Schon nach kurzer Zeit versuchten die Funktionäre der Arbeitsfront, den Buchdruckerverein auf ihre Seite zu ziehen. Barbel wurde in das DAF-Hauptquartier in die Villa Bech vorgeladen. Hier wollten Gauobmann Dörner und Dr. Schneider ihn zur Zusammenarbeit mit der Arbeitsfront überreden, allerdings erfolglos. Barbel konnte sich den weiteren Annäherungsversuchen nicht völlig entziehen und musste an der Versammlung am 8. September 1940 teilnehmen, die von der DAF im Bürgercasino in Luxemburg inszeniert wurde. „ARBEDdirektoren,

28 „Geschäftseröffnungen in Differdingen“, in: LW Nr. 242 (1.9.1941).

29 Fédération luxembourgeoise des Travailleurs du Livre, 90 Jahre Luxemburger Bucharbeiterverband, Remich 1954. Barbel arbeitete hauptberuflich als Drucker bei der Luxemburger Zeitung.

30 Die „Mitteilungen des Luxemburger Buchdruckervereins“ (8. Jahrgang) kamen monatlich heraus. Von Juni bis Oktober 1940 einschließlich war die Redaktionsarbeit mehr oder weniger frei bzw. unterlag nur den normalen Regeln der deutschen Pressezensur.

Syndici der Industriellenverbände, Geschäftsführer der Handwerksmeisterorganisationen, Gewerkschaftsfunktionäre und Vertreter der Handwerksgesellenverbände" mussten erscheinen, die Teilnehmer wurden am Saaleingang registriert, für unentschuldigtes Fehlen waren „drakonische Strafen" angedroht worden, so Barbel. Gauobmann Dörner und dessen Vertreter in Luxemburg, Hanns Schneider, sprachen zu den Luxemburgern. Der Wortlaut der Ansprachen ist zwar nicht überliefert, aber laut Barbel betrieb Dörner während seiner einstündigen Rede in der Hauptsache Propaganda für den Anschluss an das Deutsche Reich, während Schneider eher sozialpolitische Themen ansprach, die zwar ein gewisses Interesse fanden, ohne aber wirklich zu überzeugen: „An manchen Stellen hätte man gar mit dem Vortragenden einiggehen können, aber, man merkt die Absicht und wird verstimmt", erinnerte sich Barbel nach dem Krieg. Dementsprechend herrschte „eisige Kälte" unter den Zuhörern im Saal. Nach dem Ende der Veranstaltung verließen die Luxemburger Teilnehmer fluchtartig den Festsaal, da keiner in der Stimmung war, den obligaten Hitler-Gruß zu machen.[31]

Trotz dieses Fiaskos betrieben die DAF-Funktionäre weiterhin eine mühsame Überzeugungsarbeit. Am 14. September 1940 erhielten die Vertreter von Gewerkschaften und Arbeitgeberverbänden eine schriftliche „Anordnung des Generalbeauftragten". Ebenso wurde Barbel zur Teilnahme an den zweitägigen Betriebsbesichtigungen im Gau Koblenz-Trier bestimmt: „Der Generalbevollmächtigte will Ihnen persönlich mit dieser Fahrt Gelegenheit geben, die wirtschaftlichen und sozialen Verhältnisse unserer Betriebe kennen zu lernen, um Ihnen somit für Ihre spätere Arbeit wertvolle Richtlinien und Erkenntnisse zu vermitteln."[32] Die Gewerkschaftsvertreter kamen überein, der Einladung Folge zu leisten, „um eventuellen Schikanen zu entgehen." Es scheint also, dass zumindest die Gewerkschaftskollegen untereinander Kontakt hielten, um sich auf eine gemeinsame Handlungsweise zu einigen. Da Propaganda, Überwachung sowie Repression in den kommenden Wochen zunahmen, wurde der Aktionsradius der Gewerkschaften bis zur völligen Entmachtung im Jahre 1941 immer enger.

Etwa dreißig Gewerkschaftler sowie Arbeitgebervertreter aus allen wichtigen Branchen wurden mit einem Autobus ins Gaugebiet gebracht, um dort nationalsozialistische Musterbetriebe zu besichtigen. Wiederum drängten die teilnehmenden DAF-Funktionäre Barbel zur Mitarbeit, der sich jedoch weiterhin hartnäckig weigerte. Am letzten Abend trat der Vorsitzende des Buchdruckervereins in einer kurzen Ansprache couragiert für die Unabhängigkeit seines Landes ein und kritisierte die bisherigen Maßnahmen der deutschen Zivilverwaltung.[33] Wie andere seiner Zeitgenossen hätte Barbel sich offensichtlich eine loyale Zusammenarbeit mit dem deutschen Besatzer vorstellen können, falls diese sich auf das rein Wirtschaftliche

31 90 Jahre Luxemburger Bucharbeiterverband, S. 102f.

32 Schreiben vom 14.9.1940, abgedr. in: 90 Jahre Luxemburger Bucharbeiterverband, S. 103f.

33 Vgl. 90 Jahre Luxemburger Bucharbeiterverband, S. 104ff. Die Namen der Teilnehmer an der Besichtigungsfahrt sind nur teilweise überliefert. Von Arbeitgeberseite nahm

beschränkt hätte, so wie es im Ersten Weltkrieg der Fall gewesen war. Da die neuen Machthaber in ihren völkischen Vorstellungen aber im Wesentlichen einen politischen Anschluss vor Augen hatten, schlugen Barbel und viele andere das Angebot zur Kollaboration aus. Unter dem brausenden Beifall der Luxemburger Delegation attackierte Barbel „landesverräterische Elemente", womit er eindeutig auf die kollaborationistische Volksdeutsche Bewegung abzielte.[34]

Das persönliche Engagement, die Zurückweisung aller Anbiederungsversuche des Gauobmanns Dörner und das mutige Auftreten Barbels im September 1940 konnten aber nicht verhindern, dass sein Verband immer stärker unter die Fuchtel der deutschen Verwaltung geriet. Typisch für deren Vorgehensweise waren eine gezielte Überrumpelungstaktik und berechnende Beruhigungsmanöver. So erfuhr man nur über die Presse, dass der Gauleiter einen Stillhaltekommissar eingesetzt hatte, der als erste Maßnahme eine Sperrung sämtlicher Konten verfügte. Das hatte für die Mitglieder des Buchdruckervereins fatale Folgen, da nun weder die arbeitslosen noch die pensionierten Vereinsmitglieder die ihnen zustehenden Zuwendungen erhielten. Als der Vorstand besorgt beim CdZ-Beauftragten nachfragte, beruhigte dieser die Luxemburger: Man wolle das Verbandsvermögen nicht beschlagnahmen und sich der sozialen Mission des Verbandes nicht in den Weg stellen. Anlässlich einer Anfang Oktober stattfindenden Mitgliederversammlung gab der Vorstand „orientierende Anweisungen" heraus, um die Beitragszahlungen weiter zu gewährleisten. In den darauffolgenden Wochen bis November 1940 wurde der Verbandsvorstand dann faktisch entmachtet. Zwar erschienen weiterhin monatlich die „Mitteilungen", aber eine freie Berichterstattung war nahezu unmöglich. Der Vorstand wollte die Publikation einstellen, musste das Blatt aber unter Zwang weiter herausbringen, da man auf Seiten der DAF hoffte, den Vorsitzenden Barbel und die Verbandsmitglieder auf Dauer doch noch überzeugen zu können. Mehr und mehr beschränkte sich das Vereinsorgan aber auf die Publikation von deutschen Verordnungen oder propagandaträchtigen Artikeln wie etwa den extrem deutschfreundlichen Beitrag „Wirtschaftskundliche Fahrt durch den Gau Koblenz-Trier".[35] Seinerseits behielt der Verband, weiterhin unter Barbels Leitung, eine gewisse Autonomie. Noch am 10. November konnte die vierteljährliche Mitgliederversammlung planmäßig unter dem Vorsitz Barbels stattfinden: Barbel

der Industrielle und Vorsitzende der Industriellenvereinigung FEDIL Max Duchscher an der Fahrt teil.

34 Barbel zitierte in diesem Zusammenhang einen deutschen Ausdruck aus den nach 1918 französisch besetzten Gebieten: „Ein Lump, wer sich wegwirft!", in: 90 Jahre Luxemburger Bucharbeiterverband, S. 105.

35 Mitteilungen des Luxemburger Buchdruckervereins (November 1940). Über die Probleme mit der deutschen Pressezensur, die Kontrolle durch die „DAF-Bonzen" sowie die Einstellung der Zeitschrift, vgl. 90 Jahre Luxemburger Bucharbeiterverband, S. 96, 128-129. Im Rückblick wurde in der Festschrift Verständnis für diejenigen geäußert, die dem Druck der DAF nachgegeben hatten.

berichtete vor 200 Vereinsmitgliedern über die finanziellen Probleme, die durch die vom Stillhaltekommissar am 1. Oktober verhängte Kontensperrung entstanden waren. Dieser hatte verfügt, dass der Verein nur so viel Gelder auszahlen dürfe, wie auch laufend als Mitgliederbeiträge hereinkämen. Zwar fand man hier eine Lösung, damit die Vereinsmitglieder die ihnen zustehenden Unterstützungszahlungen erhalten konnten, aber offenbar fragten sich viele Mitglieder, ob es noch einen Zweck habe, überhaupt weiterhin Beiträge an die Verbandskasse zu zahlen, „da man nicht wisse, wie sich die Zukunft des Verbandes gestalte." Barbel warnte davor, die Zahlungen einzustellen und hoffte so, die Eingliederung des Buchdruckervereins vermeiden zu können. Offensichtlich befürchtete der Vorsitzende, dass dies den Deutschen einen guten Vorwand zur Auflösung des Vereins liefern würde. Dass niemand ein Interesse am Ende des Buchdruckervereins hatte, bewiesen die anwesenden Kollegen, die Barbels kämpferische Aussage: „Wir werden jedenfalls nicht das Werk eines halben Jahrhunderts durch unsere Schuld untergehen lassen", mit Beifall quittierten.[36] Noch durfte man sich Illusionen hingeben. Gleichfalls im November 1940 kam es noch zu einer Aussprache mit dem Vertreter des Reichstreuhänders der Arbeit über die Löhne im Druckereigewerbe, nachdem die Lohnverordnungen des CdZ die existierenden Tarifverträge mit einem Federstrich außer Kraft gesetzt hatten. Die neuen Regelungen sorgten darüber hinaus in bestimmten Lohngruppen des grafischen und papierverwertenden Gewerbes für Einkommenseinbußen. Tatsächlich erreichte der Buchdruckerverband, dass noch am 22. November im Amtszimmer des Reichstreuhänders eine Aussprache mit den Arbeitgebervertretern zustande kam, in der eine zufriedenstellende Einigung gefunden wurde.[37] Dieser kleine Erfolg des Buchdruckvereins konnte aber nicht darüber hinwegtäuschen, dass es für die deutsche Zivilverwaltung in Luxemburg keine Tarifautonomie und keine Verhandlungen auf einer Augenhöhe zwischen Arbeitnehmern und Arbeitgebern mehr geben würde.

Als zu Beginn des Jahres 1941 die DAF nunmehr offiziell in Luxemburg ihre Tätigkeit aufnahm, herrschte unter den Mitgliedern des Buchdruckervereins Verwirrung und Unsicherheit. Zum Teil lag dies an unklaren Bestimmungen von Zivilverwaltung und Arbeitsfront, zum Teil war dies so gewollt, wie aus einer Mitteilung des verantwortlichen Kommissars Hanns Schneider betreffend die Mitgliedschaft in der DAF hervorgeht: „Eine Aufnahme in die Arbeitsfront bedeutet zur Zeit noch nicht, dass damit die bisherigen Organisationen der Gewerkschaften aufgelöst sind. Jedes Mitglied irgendeiner Organisation bleibt vorläufig seinem

---

36 „Quartalsversammlung vom 10. November 1940", in: Mitteilungen des Luxemburger Buchdruckervereins (Dezember 1940). Barbel: „Wir haben nie eine Unterbrechung unsers Beitrags- resp. Unterstützungswesens eintreten lassen. Wir müssen uns davor hüten, dies jetzt zu tun, da andere Verbände, die zeitweilig infolge der Verhältnisse lahmgelegt waren, eingeladen wurden, die Verbandstätigkeit und Beitragszahlung wieder aufzunehmen..."

37 Mitteilungen des Luxemburger Buchdruckervereins (Dezember 1940).

Verband zugehörig und zahlt dort weiterhin seine Beiträge."[38] Um jeden Preis wollte man die Mitglieder der ehemals freien Gewerkschaften bei der Stange halten, denn nur so war es möglich, früher oder später die organisierten Arbeiter und Angestellten ohne großen Aufwand in die DAF zu überführen. Auch hatte die DAF ein Interesse daran, im gleichen Zuge die Kassen der Luxemburger Verbände und Arbeitervereine mit zu übernehmen. Trotz der Einnahme astronomischer Summen an Mitgliederbeiträgen (1939: 539 Millionen Reichsmark) zeichnete sich die Organisation durch Korruption, Geldverschwendung und eine schier grenzenlose Geldgier aus.[39] Es war absehbar, dass der Aufbau der DAF und die den Arbeitnehmern in Aussicht gestellten sozialpolitischen Maßnahmen Unsummen verschlingen würden. So gesehen, zählte jeder noch so kleine Mitgliederbeitrag. Das Vermögen des Buchdruckervereins, das sich mit Immobilien, Guthaben und Wertpapieren auf rund 500.000 Franken (etwa 50.000 Reichsmark) belief, wurde schließlich erfasst und vom Stillhaltekommissar abgewickelt.[40]

Verwirrend für die Mitglieder des Buchdruckervereins musste auch die Haltung der „Mitteilungen" gewesen sein. Einerseits erschienen zunehmend beschwichtigende beziehungsweise prodeutsche Artikel, die namentlich nicht gekennzeichnet waren, sodass nicht klar ersichtlich war, wer eigentlich für die Redaktion des Blattes verantwortlich war. Mal war die Rede von Zusicherungen, die angeblich „von den leitenden deutschen Männern" gemacht worden seien, „dass in punkto Sozialpolitik nicht von einem Stillstand, viel weniger von einem Rückschritt die Rede sein kann, dass vielmehr der Aufbau einer gerechten und vorsorgenden Staatsführung, in der soziales Denken und Handeln oberstes Gesetz sein werde, in sicherer Aussicht stehe." Andererseits gab es etwas ungeschminktere Berichte über die Lage auf dem Arbeitsmarkt: Viele Druckereibetriebe litten an Auftragsmangel, bei den Zeitungen war die Zahl der Abonnenten stark zurückgegangen, der Anzeigenmarkt gar massiv geschrumpft, während viele Drucksachen direkt aus dem Altreich eingeführt wurden, was die Lage der Luxemburger Druckereien zusätzlich verschlimmerte. Diese Art von Berichterstattung war freilich nicht nach dem Geschmack der DAF-Funktionäre, da hier auf indirekte Weise die Wirtschaftspolitik des Chefs der Zivilverwaltung kritisiert wurde, während die Propaganda genau das Gegenteil vermitteln wollte.[41]

In der letzten Verbandsversammlung, die Mitte Februar 1941 stattfand, zeichnete sich der Untergang des Buchdruckervereins ab. Nur noch 126 Mitglieder waren

---

38 Schreiben Schneiders an den Buchdruckerverein, zitiert in: 90 Jahre Luxemburger Bucharbeiterverband, S. 99.

39 Vgl. Smelser, Hitlers Mann an der „Arbeitsfront„, S. 162–167.

40 90 Jahre Luxemburger Bucharbeiterverband, S. 120–123. Nach eigenen Aussagen hatte Barbel Wertpapiere aus dem Depot der Banque Internationale du Luxembourg (BIL) nach Brüssel transferieren lassen, um sie im Falle einer deutschen Besetzung in Sicherheit zu haben. Später wurden die Wertpapiere nach Luxemburg zurückgeschafft und zugunsten der DAF veräußert.

41 „An der Jahreswende", in: Mitteilungen des Luxemburger Buchdruckervereins (Januar 1941) und „Berufssorgen", in: Mitteilungen des Luxemburger Buchdruckervereins

erschienen, denen Barbel mitteilen musste, dass in Lohnfragen dem Verband eine Betätigung augenblicklich nicht mehr möglich sei, „die Weiterbehandlung in den einzelnen Betrieben falle unter die Obliegenheiten des Betriebs-Obmanns". Damit drohte dem Verein die tarifpolitische Bedeutungslosigkeit, die sich im Übrigen durch das Ausscheren von zwei wichtigen Druckereibetrieben aus der Tarifgemeinschaft angekündigt hatte. Die Druckerei des Escher Tageblatts beispielsweise, das wie die anderen Tageszeitungen unter deutsche Kontrolle geraten war, verweigerte die Zahlung der Beiträge zur Invaliden-Zuschusskasse. Die ausstehenden Beiträge musste der Buchdruckerverein übernehmen. Dies und das Ausbleiben von Mitgliedsbeiträgen hätten längerfristig das finanzielle Aus bedeutet. Noch delikater war die Frage nach der Mitgliedschaft in der VdB und DAF. Ziemlich ungehalten reagierte der Vorsitzende Barbel, als in der Versammlung vom 16. Februar 1941 über die Zukunft des Vereins spekuliert wurde. Barbel appellierte eindringlich an „Disziplin und Opfergeist" der Mitglieder und verbat sich theoretische Betrachtungen über die künftige Stellung des Verbandes. In der Frage der Mitgliedschaft in den deutschen Organisationen bezog Barbel deutlich Stellung: Jeder könne in der Frage der Mitgliedschaft zur DAF und VdB so handeln, „wie er es als zweckmäßig erachte", er selbst würde als Nichtmitglied der VdB auf keinen Fall in die DAF eintreten.[42] Möglicherweise hoffte Barbel, dass sein Verband neben der Arbeitsfront noch Bestand haben könnte und schloss Doppelmitgliedschaften wohl nicht völlig aus. Damit unterschätzte Barbel aber die Radikalität und vor allem den Allmachtsanspruch der DAF. Die Tage des Buchdruckervereins waren gezählt, was nicht zuletzt daran lag, dass für Barbel die Kollaboration mit dem Besatzer keine Option war.

Diese Stellungnahme Barbels wurde freilich nicht in den „Mitteilungen" des Buchdruckervereins veröffentlicht, die sich zunehmend in ein Propagandainstrument der DAF wandelten, die Neuordnung verteidigten und den wirtschaftlichen Anschluss an das Reich schönredeten. Die ablehnende Haltung Barbels in der Frage der Mitgliedschaft in VdB und DAF hatte unterdes wohl die Runde gemacht, sodass sich die Zivilverwaltung zum Einschreiten genötigt sah. Hanns Schneider, der 1940/41 als Vertreter des Gauobmanns in Luxemburg tätig war, verlangte von den Druckern „mehr Einsicht, mehr Verständnis und mehr Urteilskraft" sowie mehr „Idealismus" beim Eintritt in die Arbeitsfront. Schneider stellte unmissverständlich klar, dass es seiner Auffassung nach keine Alternative gab: „Wir aber wollen in der Deutschen Arbeitsfront niemand, der sich nicht zum Deutschtum bekennt." Wer sich aber einer Mitgliedschaft widersetze, der würde all seine Rechte

---

(Februar 1941). Barbel stellte nach dem Krieg klar, dass die „gewundenen, zweideutigen Sätze der Leitartikel„ so beabsichtigt waren, vgl. 90 Jahre Luxemburger Bucharbeiterverband, S. 117.

42 90 Jahre Luxemburger Bucharbeiterverband, S. 99, 117ff.

verlieren, die er bisher bei der Gewerkschaft erworben habe. Schneider ging so weit, allen Widerspenstigen mit Konsequenzen zu drohen: „Wer nicht für uns ist, ist wider uns! Wer aber wider uns ist, für den ist in der deutschen Volksgemeinschaft kein Platz!“[43]

Barthélemy Barbels Haltung kam nicht von ungefähr. Als Präsident der Luxemburger Arbeiterkammer und als Vorsitzender des Buchdruckervereins hatte er bei internationalen Kongressen in den 1930er Jahren genug über das „Schicksal der deutschen Arbeiterorganisationen“ und die „Zertrümmerung der Gewerkschaften“ erfahren, um sich 1940 letztlich keinerlei Illusionen hinzugeben. Als sich die DAF und der Stillhaltekommissar anschickten, die Luxemburger Gewerkschaften und die Arbeitgeberorganisationen zu übernehmen, war einem Mann wie Barbel klar, dass man nur noch auf Zeit spielen konnte. Der Versuch, mit einer „Taktik des Aufschiebens und Abwartens“[44] den eigenen Buchdruckerverband vor der Auflösung zu bewahren und die völlige Ausplünderung zu verhindern, war erfolglos. Nach dem Krieg berichtete Barbel nüchtern über die letzten Monate des Gewerkschaftslebens unter der Kontrolle der DAF: „Diese Kontrolle erstreckte sich nicht nur auf finanzielle Belange, sie erfasste die gesamte Verbandsführung, einschließlich der Zensur über das Verbandsorgan. Jedwede gewerkschaftliche Tätigkeit war lahmgelegt, Lohnfragen kamen nicht mehr in Betracht, weil der Lohnstop eingeführt worden war; für innerbetriebliche Unstimmigkeiten war das Obmann- bzw. Betriebsführersystem maßgebend; darüber hinausgehende Fragen unterlagen der Kompetenz des Kreisobmanns usw. Von einer gewerkschaftlichen Tätigkeit konnte also nicht mehr die Rede sein...“ Im Gegensatz zu den anderen Verbänden ließen die neuen Machthaber die Druckergewerkschaft noch eine Zeit lang zum Schein bestehen, in der Hoffnung, „die leitenden Männer unseres Verbandes ihren Zwecken dienstbar zu machen, um damit bei der anderen Arbeiterschaft Staat zu machen und den Anschein zu erwecken, die ganze Operation mit der Gewerkschaftsauflösung sei im Einverständnis mit ihren Vorständen oder wenigstens mit deren stillschweigender Duldung erfolgt.“[45]

---

43 „Unter dem wechselnden Mond“, in: Mitteilungen des Luxemburger Buchdruckervereins (März 1941) und Dr. Hanns Schneider, Etwas mehr Einsicht!, in: Mitteilungen des Luxemburger Buchdruckervereins (April 1941). Vgl. auch Hanns Schneider, Mitgliedschaft zur DAF Bekenntnis zum Deutschtum, in: LW Nr. 88/89 (29./30.3.1941).

44 Vgl. Nachkriegsbericht Barbels, in: 90 Jahre Luxemburger Bucharbeiterverband, S. 117.

45 Nachkriegsbericht Barbels, in: Arbeiterkammer Luxemburg. Tätigkeitsbericht für die Periode von 1939 bis 1948, Remich 1949, S. 14–23, auch in: 90 Jahre Luxemburger Bucharbeiterverband, S. 119. Der Bericht ist ebenfalls abgedr. in: Denis Scuto, Chambre de travail Luxembourg 75e anniversaire. 1924-1999, Luxemburg 1999, S. 80–90. Barbel berichtete auch ausführlich über die Liquidierung der Arbeiterkammer.

Die Mehrzahl der im Buchdruckerverein organisierten Typografen ist wahrscheinlich früher oder später der Deutschen Arbeitsfront beigetreten, sei es, um sich den neuen Verhältnissen anzupassen und damit möglichen Schwierigkeiten aus dem Wege zu gehen oder sei es, um keinen materiellen Verlust zu erleiden, wenn man den Übertritt von der Gewerkschaft in die DAF nicht mitmachte. Barbel selbst blieb bis zum Ende der Besatzungszeit seinen Prinzipien treu. Er, der 1940 die Unterzeichnung des Heim ins Reich-Manifestes verweigert hatte, trat später weder der VdB noch der DAF bei, obwohl ihm klar gemacht wurde, dass er damit seine Ansprüche auf die Zusatzrente verliere.[46] Im Juni 1941 wurde – gewissermaßen als letzter Akt der Zerstörung – die Verbandszeitschrift auf Anordnung des Pressereferenten beim CdZ Friedrich Muth verboten, da sie „nicht den von uns vertretenen Interessen der Luxemburger Buchdruckereien nachkommt".[47]

Den letzten Akt musste der Vorsitzende selbst vollziehen und am 28. August 1941 unterschrieb Barbel ein Stiko-Formular, mit dem er bestätigte, dass sämtliche Fahnen, Stempel und Abzeichen des Buchdruckervereins abgeliefert worden waren.[48]

1.4. Die Liquidierung der Gewerkschaften und Verbände am Beispiel des LCGB

Ende 1941 leitete man die endgültige Überführung der ehemaligen Gewerkschafts- und Verbandsmitglieder in die Deutsche Arbeitsfront ein: Bis zum 1. Dezember war noch Zeit, die Papiere in Ordnung zu bringen und die alten Mitgliedsunterlagen bei den Betriebsobmännern beziehungsweise den Ortswaltungen abzugeben.[49] Mit bürokratischer Gründlichkeit gingen die Machthaber daran, sämtliche Vereine und Organisationen des Landes zu erfassen, um sie aufzulösen oder in nationalsozialistische Verbände überzuleiten. Wie alle „vereinsähnlichen Gebilde" mussten die Ortsgruppen des Luxemburger LBMIAV auf Anordnung von Stillhaltekommissar Franz Schmidt auf Fragebögen Mitgliederzahlen, Namen der Funktionäre sowie Vermögen mitteilen. Im Oktober 1941 hatte man alles erfasst und der LBMIAV wurde mit sämtlichen Ortsgruppen in einer Sammelverfügung liquidiert.[50]

46 Vgl. 90 Jahre Luxemburger Bucharbeiterverband, S. 121.
47 Schreiben Muths vom 20.6.1941 an den Verlag des Luxemburger Buchdruckervereins, in: 90 Jahre Luxemburger Bucharbeiterverband, S. 130.
48 Vgl. Akte „Luxemburger Buchdruckerverein", in: ANLux CdZ Stiko B-11:521 („Verschiedene Verbände„).
49 „Wichtige Mitteilung der DAF", in: ETB Nr. 274 (21.11.1941).
50 ANLux CdZ Stiko B-11:531 („Verschiedene Verbände"). Zur Tätigkeit des Stiko in Luxemburg fehlt bislang eine gründliche Untersuchung. Vgl. Dostert, Luxemburg zwischen Selbstbehauptung und nationaler Selbstaufgabe, S. 88–91.

Ebenso erging es dem 1922 gegründeten Luxemburger Christlichen Gewerkschaftsbund (LCGB), in dem die Christlichen Arbeitsvereine, die Christlichen Gewerkschaften und der Christliche Eisenbahnerverband zusammengeschlossen waren. Der LCGB hatte 1938 etwa 8.500 Mitglieder und war damit der zweitgrößte Arbeitnehmerverband des Landes mit Jean-Baptiste Rock als Präsident.[51] Ähnlich wie die anderen Verbände und Gewerkschaften schienen die Funktionäre der christlichen Gewerkschaften auf eine mögliche deutsche Besetzung nicht wirklich vorbereitet gewesen zu sein. Allerdings wurde nach dem Überfall der Wehrmacht die Arbeit des LCGB weitergeführt, so gut es unter den gegebenen Umständen ging. In der Hauptsache kümmerte sich die Gewerkschaft um die arbeitslosen und evakuierten Mitglieder, unter anderem durch Auszahlung der statutarisch fälligen Arbeitslosenunterstützung. Innerhalb weniger Wochen verschlang dies einen Großteil der Liquiditäten.

Anhand der erhaltenen Akten des Stiko lässt sich nachvollziehen, mit welchen Methoden dieser Luxemburger Gewerkschaftsverband ausgeschaltet wurde. Auch wenn der genaue Ablauf nur mehr schwer zu rekonstruieren ist, wurden die Luxemburger Vorstandsmitglieder durch die brachialen Methoden der braunen Machthaber überrumpelt. Am 23. August erschien ein „Bevollmächtigter der DAF“ im LCGB-Büro und „erklärte, jetzt sei Schluss hier. Die DAF übernehme die ganze Sache und alles sei beschlagnahmt“, so erinnerte sich der damalige Generalkassierer Léon Wagner.[52] Am 24. August 1940 drangen Beamte des Einsatzkommandos der Sicherheitspolizei und des SD in die Geschäftsräume des LCGB. Die anwesenden Gewerkschaftsfunktionäre wurden vor die Tür gesetzt und dürften in der Regel die Büroräume bis zur Befreiung nicht mehr betreten haben. Noch am selben Tag begann die regelrechte Ausplünderung der Gewerkschaft sowie

---

51 Zur Geschichte des LCGB, vgl. Jean-Marie Majerus, Die Partei und die christlichen Gewerkschaften, in: Trausch (Hg.), CSV. Spiegelbild eines Landes und seiner Politik?, S. 675–714. Der Beitrag klammert die Jahre 1937-1944 (nach dem Referendum bis zur Befreiung) aus. Léon Wagner, Die Gründung der christlichen Gewerkschaften, in: 75 Joër chrëschtlech Gewerkschaftsbewegung, S. 59–79. Jean-Baptiste Rock (1886-1971) war von Beruf Modellschreiner. Er war Mitbegründer des LCGB und dessen erster Generalsekretär. 1938 übernahm er den Vorsitz. 1940 wurde Rock formell als Gewerkschaftsfunktionär entlassen, musste aber auf Anordnung der Deutschen bis zur endgültigen Auflösung des LCGB seine Arbeit fortführen. Als Abgeordneter der katholischen Rechtspartei war Rock den Besatzungsbehörden ein Dorn im Auge und im März 1943 wurde er mit seiner Familie nach Schlesien umgesiedelt. Erst nach seiner Befreiung durch die Rote Armee am 8.5.1945 konnte er nach Luxemburg zurückkehren. Léon Wagner (1902-1997) trat als 21-Jähriger dem LCGB bei und wurde 1927 dessen Generalkassierer. Von 1941 bis 1944 musste Wagner als Buchhalter bei der DAF arbeiten. 1951 übernahm der gelernte Modellschreiner von J.B. Rock den Gewerkschaftsvorsitz.

52 Wagner, Die Gründung der christlichen Gewerkschaften, S. 70.

der angeschlossenen katholischen Verbände.[53] Die Sicherheitspolizei beschlagnahmte sämtliche Wertpapiere, Sparbücher sowie sonstige Unterlagen, derer sie habhaft werden konnte. Um die eigene Dienststelle einzurichten, bediente sich das Einsatzkommando beim Mobiliar und ließ etliche Möbel und Büromaschinen „ohne Empfangsbescheinigung" abtransportieren. Nur wenige Tage später, am 27. August 1940, erschienen Funktionäre der Deutschen Arbeitsfront und nahmen eine genaue Revision der Kontobücher sowie eine Vermögensfeststellung vor. Mit Genehmigung des Generalbeauftragten für die Arbeitgeber- und Arbeitnehmerverbände durfte die Verbandsarbeit aber vorerst weitergeführt werden. Schon im September musste der LCGB dem Stiko das gesamte Vermögen darlegen. Immerhin besaß der christliche Gewerkschaftsbund noch über 154.000 Franken, über die er nun aber nicht mehr frei verfügen durfte. In einem nächsten Schritt erfassten die Deutschen die angeschlossenen katholischen Arbeitervereine und im November musste dem Stiko eine Liste sämtlicher Kassierer übermittelt werden. Somit lieferte man den Deutschen die Namen der eigenen Gewerkschaftsfunktionäre, auch wenn diese später unbehelligt blieben. Die gewerkschaftseigene Zeitung „Sozialer Fortschritt" geriet ebenfalls unter die Kontrolle der Nationalsozialisten. Am 7. Oktober 1940 berichtete das „Organ des allgemeinen Luxemburger christlichen Arbeitsbundes" über die „erste fühlungnehmende Versammlung der Vertreter, d.h. der Präsidenten, Schriftführer und Kassierer aller Arbeitgeber- und Arbeiterverbände", die einen Monat vorher unter dem Vorsitz des Generalbeauftragten des Stillhaltekommissars für das Organisationswesen, Hugo Dörner, stattgefunden hatte. Dörner sowie dessen Vertreter in den einzelnen Regionen des Landes riefen die Einzelgewerkschaften des LCGB dazu auf, ihre Tätigkeit auf jeden Fall fortzuführen. Außerdem sollten die Mitglieder unbedingt weiter ihre Beiträge an die Gewerkschaft sowie die Vita-Lebensversicherung zahlen, ausstehende Zahlungen könnten laut Mitteilung im „Sozialen Fortschritt" bis zum 15. November nachgeholt werden. Der Nachdruck, mit dem beim LCGB und anderen Verbänden an die Zahlung der Mitgliedsbeiträge erinnert wurde, hat eine banale Ursache: Wie in den Statuten der Gewerkschaften vorgesehen, wurde ab Mai 1940 eine Arbeitslosenunterstützung an arbeitslose beziehungsweise evakuierte Mitglieder ausgezahlt. Insgesamt waren 400.000 Franken ausbezahlt worden, ohne dass auf der anderen Seite Beiträge eingezogen werden konnten.[54] Dem Stillhaltekommissar, der die politischen Interessen der Zivilverwaltung vertrat, lag natürlich wenig daran, dass die Verbände auf diese Weise allmählich in die Zahlungsunfähigkeit rutschten. Noch viel weniger konnte der Generalbeauftragte Dörner tatenlos zusehen, wie

53 Es handelt sich um die Katholische Aktion der Arbeit, den Verband der katholischen Arbeitervereine sowie um den Christlichen Arbeitsbund, insgesamt 67 Organisationen (mit 66 Lokalsektionen). Abgewickelt wurde auch die Lebensversicherungsgesellschaft „Vita" des LCGB und der angeschlossene christliche Eisenbahnerverband.

54 „Rechenschaftsbericht des Luxembg. Christlichen Gewerkschaftsbundes", in: Sozialer Fortschritt Nr. 1 (28.3.1945).

sich die alten Luxemburger Gewerkschaften infolge solcher finanzieller Probleme wie von selbst auflösten.

Dörner und seine Vertreter Balzer (in Luxemburg-Stadt), Pütz (in Esch) und Teusch (in Diekirch) waren eifrige, skrupellose Funktionäre der Deutschen Arbeitsfront; sie standen bereit, um das Erbe der Luxemburger Verbände zu übernehmen, dies sowohl in materieller als auch organisatorischer Hinsicht. Zumindest für die Übergangszeit (bis Mitte 1941) waren sie auf die Hilfe der Luxemburger Vorstandsmitglieder und lokalen Vorsitzenden angewiesen, weshalb man die Funktionäre zur Weiterführung ihrer Tätigkeiten verpflichtete. „Laut Anweisungen des Vertreters des Stillhaltekommissars hat jeder auf seinem Posten zu bleiben", so der Aufruf im Verbandsorgan „Sozialer Fortschritt". Die Vorstände der einzelnen LCGB-Ortsgruppen ihrerseits wurden an die „Pflicht zur Weiterführung der Gewerkschaftsortsgruppen" erinnert. An eine unabhängige Arbeit war allerdings nicht mehr zu denken, denn schon im September hatte der Generalbeauftragte Dörner festgelegt, dass Vorstands- und Mitgliederversammlungen nur mehr nach „der vorherigen Anmeldung und Genehmigung" stattfinden durften. De facto gab es aber quasi keine ordentlichen Versammlungen mehr. Die letzte ordentliche Sitzung des Zentralvorstandes des christlichen Eisenbahnerverbandes beispielsweise gab es am 30. September 1940; wie der LCGB rief auch der Zentralvorstand der Eisenbahner „zur Weiterführung der Geschäfte" auf. Das LCGB-Sekretariat blieb dementsprechend geöffnet und die Rechtsauskunftsstelle des LCGB setzte ihre Tätigkeit fort. Offensichtlich gab es noch Kontakte zwischen Gewerkschaftsfunktionären. Der Schriftführer des Eisenbahnerverbandes traf etwa am 2. Oktober mit der Zentraldelegation der Prinz-Heinrich-Eisenbahngesellschaft zusammen, um über dringende Lohn- und Urlaubsfragen zu diskutieren. Freilich fand das Treffen unter dem Vorsitz des Reichsdeutschen Balzer statt, der als Vertreter Dörners fungierte. Zu einer Entscheidung kam es aber nicht mehr, da die Lohn- und Arbeitsbedingungen der Eisenbahner „den Verhältnissen entsprechend" grundlegend neu geregelt werden sollten. Vage Versprechungen und eine kaum kaschierte Lobhudelei für das neue Regime ließen keinen Zweifel daran, dass die Verbandszeitung des LCGB nun unter der Kontrolle der DAF und der deutschen Pressezensur stand. Die letzte Nummer des Verbandsorgans kam am 7. Oktober 1940 heraus.[55]

Ab Januar 1941 wurde ein Teil des hauptamtlichen Personals von der DAF übernommen oder musste zur KdF wechseln, wenn es seine Arbeit behalten wollte. Der Buchhalter des LCGB arbeitete schon ab September 1940 offiziell für die DAF, auch wenn die Gewerkschaft weiter sein Gehalt bezahlen musste. Ab Januar 1941 trat ein weiterer Angestellter formell in die Dienste der DAF über: Der hauptamtliche Gewerkschaftssekretär Pierre Schockmel musste als Sachbearbeiter zur DAF. Die übrigen drei Angestellten waren vorerst mit den laufenden Geschäften ausreichend beschäftigt. Am 1. April 1941 endete die hauptamtliche Tätigkeit des

55 Sozialer Fortschritt. Organ des allgemeinen Luxemburger christlichen Arbeitsbundes, Nr. 25 (7.10.1940).

Generalkassierers Wagner, der als Buchhalter zur DAF gehen musste, während der entmachtete LCGB-Präsident Rock als Sachbearbeiter zur „Volksfürsorge", einer DAF-Versicherung, abgeschoben wurde.[56]

Blieben Gewerkschaftsfunktionäre wie Rock und Wagner auf Distanz zur Arbeitsfront und damit zum nationalsozialistischen Regime, ließen sich andere zeitweilig von der DAF instrumentalisieren. Dies war der Fall des LCGB-Sekretärs Pierre Schockmel. Er war bereits am 5. September 1940 in die VdB (Nr. 5056) eingetreten, was an seinem Heimatort Sassenheim für Befremden sorgte, da er in der Öffentlichkeit als Politiker und christlicher Gewerkschafter einen gewissen Bekanntheitsgrad besaß. Zwar nahmen Schockmel und seine Ehefrau bereits Mitte 1941 eine offen antideutsche Haltung ein, aber nach der Befreiung stieß seine anfängliche Einstellung vielerorts auf Unverständnis und Kritik. Ein Teilnehmer an der DAF-Versammlung, die von Schockmel eröffnet und geschlossen wurde, erinnerte sich, dass er ihn nach der Zusammenkunft zur Rede gestellt hatte:

> „'Du musst eine gute Stelle haben, denn du hast das ja fein gemacht.' Er antwortete mir nichts, denn ich habe an ihm erkannt, dass er sich geschämt hat. Seine politische Einstellung als Sekretär der christlichen Gewerkschaften war doch gerade das Gegenteil des Nationalsozialismusses [sic]. Ein anderer Sekretär namens Wagner aus Zolver war ebenfalls in der selben Eigenschaft wie Schockmel im Luxemburger Wort. Er hat sich beim Einmarsch der Deutschen von der christlichen Gewerkschaft zurückgezogen. Schockmel hätte dies ebenfalls tun sollen. Aber er ist ein Streber."[57]

Tatsächlich befand sich Schockmel in einer misslichen Lage. Nach der Rückkehr aus der Evakuation Mitte Juli 1940 hatte er seine Tätigkeit beim LCGB umgehend wiederaufgenommen. Nach nur sechs Wochen – so erinnerte er sich 1945 – wurden am 24. August die christlichen Gewerkschaften aufgelöst. Vormittags erschien die Gestapo in der Gewerkschaftszentrale und erklärte die Büros für geschlossen. An dem Tag hatte die Presse die Verordnung vom 23. August 1940 über die Auflösung der politischen Parteien veröffentlicht. Viele Politiker der beiden großen Parteien (Rechtspartei und Arbeiterpartei) waren gleichzeitig gewerkschaftlich engagiert, sodass man mit einem Schlag die gesamte Opposition mundtot machen konnte. Die Schließung der LCGB-Büros dauerte nur kurz, denn Mitte September wurde Pierre Schockmel von seinem Vorsitzenden Rock darüber informiert,

56 Wagner, Die Gründung der christlichen Gewerkschaften, S. 73. Léon Wagner schloss sich später der Widerstandsorganisation LVL (Lëtzebuerger Vollekslegioun) an. Jean-Baptiste Rock wurde im März 1943 mit seiner Familie umgesiedelt. Schockmel blieb nur wenige Monate bei der DAF, bereits im August 1941 wurde er fristlos entlassen, da er „nicht die Gewähr" bot. Vgl. Biographische Skizzen in: 75 Joër chrëschtlech Gewerkschaftsbewegung, S. 149–154.

57 Bericht des öffentlichen Sicherheitsdienstes vom 23.4.1945 an den Minister des Innern und der Epuration (Aussage Viktor Schreiner), in: ANLux AP 468 Pierre Schockmel.

dass die Deutschen die Wiederaufnahme der Gewerkschaftstätigkeit angeordnet hätten. Bereits Ende November verlangte die DAF, dass der LCGB Mitarbeiter abstellen sollte. Mitte Januar 1941 fiel das Los auf den jüngsten Mitarbeiter: „im Einverständnis mit meinen Kollegen", so die Aussage Schockmels im Jahre 1945, nahm er dann am 23. Januar die Tätigkeit bei der DAF-Kreiswaltung auf. Die DAF verband mit diesem Schachzug mehrere Hoffnungen. Für die bevorstehende Übernahme der Gewerkschaftsmitglieder in die Arbeitsfront und die sehr arbeitsaufwändige Bearbeitung der anstehenden Bewerbungen brauchte man dringend erfahrenes Personal, da die DAF in Luxemburg dafür personell unterbesetzt war und man wohl nicht damit rechnen konnte, dass noch mehr reichsdeutsche Funktionäre nach Luxemburg abgestellt würden. In dieser Hinsicht war Schockmel als Angestellter mit Verwaltungserfahrung die optimale Besetzung. Als 36-Jähriger hatte der Gewerkschaftsmann zudem das ideale Alter und war vor 1940 bereits in seiner Gemeinde politisch aktiv gewesen. 1937 war er nach den Gemeinderatswahlen 2. Schöffe in Sassenheim geworden, einem 4.500-Seelen-Städtchen, das zwischen den bedeutenden Industriestädten Esch und Differdingen lag und damit einen hohen Arbeiteranteil aufwies. Damit hatte Pierre Schockmel, der von Beruf Hüttenarbeiter auf ARBED-Belval gewesen war, eine gewisse Vorbildfunktion.[58] Aus Angst, die Arbeit zu verlieren und nach Deutschland geschickt zu werden, trat er am 5. September 1940 der VdB bei und ließ sich dann zur DAF versetzen. Schnell musste Schockmel erkennen, dass die Deutschen ein „schändliches Spiel" mit ihm trieben: „Sie versuchten alles Mögliche, um mich für ihre Sache zu gewinnen." Da er stets ablehnend blieb und sich von der DAF nicht weiter ins Fenster stellen lassen wollte, verfügte der Gauobmann Grohé am 14. Juli 1941 seine Entlassung. 1942 wurde gegen Schockmel ein Verfahren wegen des Verdachts deutschfeindlichen Verhaltens am Obersten Ehren- und Disziplinarhof der DAF eingeleitet und 1943 wurde er offiziell sämtlicher Ämter enthoben, nachdem er zusammen mit seiner Ehefrau bereits aus der VdB ausgeschlossen worden war. Bis zum Ende der NS-Besatzung kam Schockmel als Büroangestellter bei ARBED-Terres Rouges unter.[59]

Als christlicher Politiker und Gewerkschaftsfunktionär ließ sich Pierre Schockmel zu keinem Augenblick von der nationalsozialistischen Ideologie oder der sozialpolitischen Propaganda der DAF beeindrucken, sein VdB-Beitritt und der

58 Schockmel wurde vom Ortsgruppenleiter der übrigen Bevölkerung als Muster dargestellt. Der Ortsgruppenleiter zwang ihn auch, den Posten eines DAF-Kassenwarts zu übernehmen und schlug Schockmel bei der Kreisleitung als NSDAP-Parteianwärter vor.

59 ANLux AP 468 Pierre Schockmel. Nach seiner Entlassung bei der DAF entzog sich Schockmel so gut es ging dem NS-Regime, z.B. weigerte er sich im September 1941 zusammen mit seiner Ehefrau, eine Erklärung zu unterschreiben, dass sie „deutschblütiger Abstammung" seien. Als Schöffe seiner Gemeinde wurde er abgesetzt, da er es ablehnte, die „Gesetze und sonstigen Anordnungen des nationalsozialistischen Staates zu befolgen". Auf Antrag des Ortsgruppenleiters wurde 1942 das Lebensmittelgeschäft der Ehefrau geschlossen. Da Schockmel nach Auffassung der öffentlichen

kurzzeitige Wechsel zur Kreiswaltung der Arbeitsfront waren durch private Existenzängste und die allgemeine Stimmung im Lande bedingt. Anders lag der Fall bei Félix Lecuit, der als Buchhalter beim LCGB tätig war und dann ebenfalls zur DAF wechselte, als die Gewerkschaft endgültig abgewickelt wurde. Er war bis Oktober 1942 als „Kreisabteilungsleiter" mit einem Grundgehalt von 350 Reichsmark beschäftigt. Dann meldete er sich freiwillig zur Wehrmacht und diente bis zur deutschen Kapitulation in Russland und den Niederlanden. Lecuit, der seinen Namen in Theodor Hengen umändern ließ, war bereits 1940 in der sogenannten „Kampfuniform" (weißes Hemd mit Hakenkreuzarmbinde, schwarze Hose) aufgetreten, nahm in VdB-Uniform an Versammlungen und Schulungen teil. Die Meldung zur Wehrmacht sei auf Druck seiner DAF-Vorgesetzten zustande gekommen, erklärte Lecuit bei seiner ersten Vernehmung nach der Rückkehr aus US-Kriegsgefangenschaft. Dieser Version widersprachen Briefe, die er 1942/43 an seine Famile geschrieben hatte, in denen er zugab, nicht aus Abenteuerlust gehandelt zu haben, sondern „allein weil meine Überzeugung und mein Gewissen mich dazu veranlasst haben." Außerdem drückte er sich abfällig über Luxemburger Deserteure aus ("Das macht uns Luxemburgern hier keine Ehre..."). Als reiner Verwaltungsangestellter des LCGB hatte Lecuit möglicherweise nicht die konfessionelle und politische Bindung an ein katholisches Milieu wie der Gewerkschaftssekretär Schockmel. Lecuit wurde 1947 zu fünf Jahren Zuchthaus und zum Entzug der Staatsangehörigkeit verurteilt.[60]

Anfang 1941 begann das formelle Verfahren der Vermögenseinziehung des LCGB. Das gesamte Vermögen sei einzuziehen und die Gelder würden vor der Abführung an eine Übernahmeorganisation (sprich die DAF) treuhänderisch vom Stillhaltekommissar verwaltet, so die Anordnung. Dann wurde durch den Stiko verfügt, dass die Katholische Aktion der Arbeit, der Verband der katholischen Arbeitervereine sowie der Christliche Arbeitsbund mit sämtlichen Untergliederungen mit sofortiger Wirkung aufgelöst würden. Die Enteignung ging nun innerhalb kürzester Zeit über die Bühne. Bis Mitte März wurde das restliche Barvermögen an den Stillhaltekommissar überwiesen, wie LCGB-Präsident Rock in einem Schreiben mitgeteilt wurde. Ende März löste der Stiko das Guthaben des LCGB auf und ließ es auf ein Konto bei der DAF-eigenen Bank der Deutschen

---

Meinung der VdB verfrüht beigetreten war, wurde eine Untersuchung eingeleitet, vor allem da er eine „personnalité en vue" war. Sein Fall wurde aber bereits im September 1945 mit der Begründung ad acta gelegt, Schockmel habe ab 1941 ausreichend Widerstand gegen den Besatzer geleistet. Inwieweit ein Schreiben Schockmels an den damaligen Regierungschef Pierre Dupong diese Entscheidung beeinflusst hatte, ist nicht klar. Schockmel übernahm bereits 1944 sein Schöffenamt wieder und kehrte als Gewerkschaftssekretär zum LCGB zurück. Seine frühe Mitgliedschaft in der VdB und seine Zeit bei der DAF gerieten in Vergessenheit. 1967 wurde Pierre Schockmel sogar kurzzeitig Vorsitzender des LCGB; außerdem wurde er in die Abgeordnetenkammer gewählt.

60 ANLux AP 820 Félix Henri Lecuit.

Arbeit transferieren. Mit großer Gründlichkeit wurde sämtliches Mobiliar erfasst und wie Beutegut unter den NS-Organisationen und CdZ-Dienststellen aufgeteilt. Schränke, aber auch Schreibmaschinen und andere wertvolle Büromaschinen wurden dem Einsatzkommando der Sipo und des SD kostenlos überlassen, während die übrigen Gerätschaften, darunter eine Vervielfältigungsmaschine, an die DAF weitergereicht wurden. Einer der Stiko-Mitarbeiter, Dr. Curt Röding, der später in die Dienste der ARBED eintrat, legte fest, das Inventar der aufgelösten LCGB-Ortsvereine sei grundsätzlich den VdB-Ortsgruppen zu übermachen. Was man auf diese Weise nicht los wurde, konnte der Stiko versilbern, indem man einen Auktionator das restliche Mobiliar versteigern ließ. Im September 1941 stellte der Stiko in einer „Sammelschlussverfügung" fest, dass der LCGB am Stichtag ein Restvermögen von genau 18.563,02 Reichsmark hatte, das abzüglich einer Verwaltungsgebühr von 3.718,08 Reichsmark integral als sogenannte „Aufbauumlage" an die NSDAP überging.[61] Die gewerkschaftseigene Sterbekasse wurde auf die DAF-eigene „Volksfürsorge" übertragen.[62]

So wie dem LCGB, dem Buchdruckerverein und dem LBMIAV erging es den anderen Gewerkschafts- und Berufsverbänden. Bis 1942 wickelte die Dienststelle des Stillhaltekommissars Franz Schmidt die Gewerkschaften ab, die Vermögen wurden zum größten Teil auf Konten der Deutschen Arbeitsfront überwiesen oder zugunsten des Chefs der Zivilverwaltung in Luxemburg eingezogen. Gründlicher hätte man die Gewerkschaftslandschaft des Landes nicht zerstören können.[63] Die Deutschen waren sich aber durchaus bewusst, dass die Auflösung der Luxemburger Gewerkschaften und die Machtübernahme der Deutschen Arbeitsfront politisch gesehen eine relativ heikle Angelegenheit waren. Der Beauftragte des Gauleiters bei der Volksdeutschen Bewegung lehnte es deshalb im März 1941 ab, die Ortsgruppenleiter der VdB an der „Einziehung von Symbolen der aufgelösten Organisationen" zu beteiligen, da sich die Bewegung „in Ausführung dieser Aufgabe bei

---

61 ANLux CdZ Stiko B-11: 629/1 („Rein religiöse katholische Vereinigungen") und ANLux CdZ Stiko B-11: 671 („Katholische Vereine"). In einem Rechenschaftsbericht bezifferte der LCGB nach der Befreiung den Vermögensverlust auf insgesamt 347.229 Franken (einbegriffen Wertpapiere im Wert von 203.729 Franken, die bei einer Brüsseler Bank deponiert worden waren), vgl. „Rechenschaftsbericht des Luxembg. Christlichen Gewerkschaftsbundes", in: Sozialer Fortschritt, Nr. 1 (28.3.1945). Über die Arbeitsweise des Stiko, vgl. Verena Pawlowsky, Edith Leisch-Prost, Christian Klösch, Vereine im Nationalsozialismus: Vermögensentzug durch den Stillhaltekommissar für Vereine, Organisationen und Verbände. Aspekte der Restitution in Österreich nach 1945, Wien/ München 2004 (= Veröffentlichungen der Österreichischen Historikerkommission Bd. 21), S. 152–159.

62 75 Joër chrëschtlech Gewerkschaftsbewegung, S. 124f.

63 Siehe das Beispiel der Eisenbahnergewerkschaft FNCTTFEL: Romain Meyer, Die Luxemburger Eisenbahner im II. Weltkrieg, in: Fédération nationale des cheminots, travailleurs du transport, fonctionnaires et employés luxembourgeois (FNCTTFEL), 1909-1984. 75 Joer Landesverband, Luxemburg 1984, S. 59–83, hier S. 66–68.

der Bevölkerung in nicht gewünschten Misskredit bringen würde." Man empfahl „vielmehr die Einziehung durch die staatliche Verwaltung bezw. Sicherheitspolizei vornehmen zu lassen."[64]

Der letzte Akt erfolgte im Dezember 1941. In Anzeigen wurden die Angehörigen der „früheren Luxemburger Verbände und Gewerkschaften, die zum 30.6.41 aufgelöst und von der Deutschen Arbeitsfront übernommen wurden", aufgefordert, ihre neuen DAF-Mitgliedskarten abzuholen. Gleichzeitig sollten die alten Mitgliedskarten und Mitgliedsbücher der aufgelösten Organisationen bis spätestens 31. Dezember abgegeben werden. Wer diese Anordnung nicht befolgte, sollte alle bisher erworbenen Ansprüche verlieren.[65] In den großen Betrieben wie den ARBED-Werken trugen Propaganda, aber vor allem die Einschüchterungspolitik der DAF-Funktionäre und die Überredungskünste der Vorgesetzten eindeutig ihre Früchte. Auf Belval beispielsweise waren in den Jahren 1941–1943 fast alle Arbeiter in der DAF (im Schnitt 99,6 Prozent), unter den Angestellten lag die Mitgliederquote bei 100 Prozent. In den Betrieben, in denen es DAF-Betriebsobmänner gab, die auf die Unterstützung ihrer Block- und Zellenobmänner bauen konnten, war es naturgemäß recht schwer, sich dem Druck zu entziehen. Auf dem Land und in den Kleinstbetrieben, die keine Betriebsobmänner hatten, die die Zwangsrekrutierung der Arbeiter und Angestellten in die DAF hätten übernehmen können, tauchten Ende 1941 DAF-Sammler auf, welche die Mitgliedskarten einzogen.[66] Der Erfolg der DAF war angesichts solcher Methoden nicht verwunderlich, sagt aber nichts aus über die innere Überzeugung oder die Bereitschaft zur politischen Kollaboration.

2. Robert Ley in Luxemburg

„Gestern noch versprach 'nem jeden
Seine Villa Doktor Ley –
Für wenn Churchill mal 'ne Leiche wäre
Und der Saukrieg dann vorbei.
(...)
Es war Doktor Ley's Devise,
Die da hieß: ‚Kraft durch Weinbrand!'"
aus: Eugène Forman, Die Geheimwaffe[67]

---

64 Aktennotiz des Stiko-Mitarbeiters Blencke vom 18.3.1941, in: ANLux CdZ Stillhaltekommissar B-11: 629.

65 Anzeige der Gauwaltung Moselland im ETB Nr. 302 (24.12.1941).

66 „Der Norden meldet: Ausstellung des DAF-Mitgliedbuches", in: LW Nr. 344 (12.12.1941).

67 Der Luxemburger Satiriker Forman (Ps. Pucki, 1878-1955) über den Reichsorganisationsleiter Robert Ley, vgl. Eugène Forman, D'Ro't Schnappech. Krichs- a Friddens-Geschichtercher, Luxemburg 1946, S. 48f.

Die Deutsche Arbeitsfront wurde von Robert Ley geleitet, der seine Karriere in der NSDAP in den 1920er Jahren als Gauleiter von Rheinland-Süd begonnen hatte. 1932 wurde er „Reichsorganisationsleiter der NSDAP“ und übernahm 1933/34 die Führung der Deutschen Arbeitsfront, die sich zur größten Massenorganisation des Dritten Reiches entwickelte. Ley gehörte zur alten Garde der Partei. Der fanatische Antisemit war für seine rücksichtslose Haltung und seine absolute Loyalität gegenüber Hitler bekannt.[68] Zu seinen Mitarbeitern hatte in den 1920er Jahren der Handelslehrer Gustav Simon gehört, der spätere Gauleiter von Koblenz-Trier. Simon, seit 1925 Mitglied der NSDAP, wurde 1928 von Gauleiter Ley mit der Leitung des Bezirks Trier-Birkenfeld beauftragt. Doch schon bald verschlechterte sich das Verhältnis zwischen dem Gauleiter und seinem ehrgeizigen Bezirksleiter. Simon bemühte sich mit Erfolg hinter dem Rücken Leys bei der Parteizentrale um eine Teilung des Gaues Rheinland, was denn auch im Mai 1931 geschah. Gustav Simon, der sich von Ley den Vorwurf mangelnder Loyalität gefallen lassen musste, übernahm die Führung des Gaues Koblenz-Trier, Ley ging nach München, wo er mit einem prestigeträchtigen, aber wenig machtvollen Amt abgespeist wurde. Nach 1933 konnte Ley politisch gesehen wieder Fuß fassen und wurde nach der Zerschlagung der Gewerkschaften und deren Überleitung in die Deutsche Arbeitsfront einer der wichtigsten Männer des Regimes.[69] Wie sich das Verhältnis zwischen Ley und Simon nach der Machtergreifung entwickelte, ist nicht bekannt. Nach außen traten sie aber als alte Kameraden auf. Der Gauleiter von Koblenz-Trier wollte es sich sicherlich nicht mit Reichsorganisationsleiter Ley verderben, der in den 1930er Jahren zum unumstrittenen Führer der größten NS-Organisation geworden war.

Da die DAF nach Auffassung der Partei in sozialpolitischen Fragen die entscheidende Rolle spielen sollte, kam der Chef der Zivilverwaltung nicht umhin, den Führer der DAF nach Luxemburg einzuladen. Gustav Simon wünschte sich wahrscheinlich weitere Unterstützung durch die Arbeitsfront. Womöglich hoffte er, mit einem glanzvollen Auftritt Leys würde sich die Zustimmung zu seinen ordnungs- und sozialpolitischen Maßnahmen deutlich verbessern. Zu Ehren des Reichsleiters hatte man bereits im Februar 1941 in der Luxemburger Industriestadt Düdelingen eine Straße in Robert-Ley-Straße umbenannt.[70] Im Juni 1941 war Ley bei Gelegenheit des zehnjährigen Bestehens des Gaues Koblenz-Trier

68 Vgl. Ronald Smelser, Robert Ley – Der braune Kollektivist, in: Ronald Smelser/ Rainer Zitelmann, Die braune Elite. 22 biographische Skizzen, Darmstadt 1989, S. 173–187 und Klee, Personenlexikon, S. 370.

69 Smelser, Hitlers Mann an der „Arbeitsfront“, S. 90–96, 98f. Zum Konflikt Ley-Simon, siehe auch Krier, Gustav Simon, S. 258ff.

70 Vgl. LW Nr. 307 (3.11.1942). Die Straße trug vorher den Namen des sozialistischen Abgeordneten Dr. Welter, der sich zu Beginn des 20. Jahrhunderts stark in sozialen Fragen engagiert hatte.

zu einer Jubiläumsfeier in die Gauhauptstadt gekommen, wo er bei einer Großkundgebung mit Gustav Simon dabei war, gefolgt von einem „geselligen Beisammensein“ alter Parteigenossen.[71] Am 1. August 1941 begab sich Ley nach Luxemburg, wo er an einer Kundgebung teilnahm, die unter dem Motto „Führer befiehl, wir folgen!“ in der Ausstellungshalle Luxemburg stattfand. Anlass war der 1. Jahrestag des Amtsantritts Gustav Simons als Chef der Zivilverwaltung, ein Ereignis, das der Gauleiter gebührend feiern wollte. Höchstwahrscheinlich war der Besuch des Reichsorganisationsleiters als eine Art symbolischer Abschluss der „Gleichschaltung“ der Luxemburger Gewerkschaften und Berufsverbände zu verstehen. Auch hatte die DAF im Herrschaftsgebiet des CdZ in den wichtigsten Unternehmen Betriebsorganisationen aufgebaut und in den wichtigsten Ortsgruppen gab es zumindest auf dem Papier vollständige DAF-Ortswaltungen.

Im Luxemburger Wort und im Escher Tageblatt wurde das nationalsozialistische Spektakel groß angekündigt, und man würdigte die Leistungen des DAF-Führers, der bis dahin wegen seiner Alkoholexzesse eine eher peinliche Berühmtheit erlangt hatte: Ley sei ein „Freund“ und ein „Kamerad“ der Arbeiter, der „Schöpfer“ von DAF und KdF, die zum Wohle der Werktätigen ersonnen worden seien. Ganz besonders hob die Propaganda die „alte Kameradschaft“ der ehemals verfeindeten Konkurrenten Ley und Simon hervor.[72] Das Ereignis wurde den Luxemburgern als eine „Volkskundgebung“ mit dem „engsten Mitarbeiter des Führers“ angekündigt. Der propagandistische Aufwand war selbst für damalige Verhältnisse beachtlich. Fahnen säumten die Straßen vom Hotel Brasseur bis zu den Ausstellungshallen auf Limpertsberg, die Halle selbst wurde neu dekoriert, unter anderem mit einem riesigen Reichsadler. Da man mit einem großen Zulauf rechnete, war eine Lautsprecherübertragung vorgesehen. Alle Betriebe, Geschäfte und Lokale der Hauptstadt mussten auf Anordnung des CdZ um 17 Uhr schließen, damit möglichst viele Volksgenossen Gelegenheit hätten, an der Veranstaltung teilzunehmen. Luxemburger Betriebe schalteten im Escher Tageblatt Werbeanzeigen unter der Parole „Wir marschieren geschlossen in der Deutschen Arbeitsfront“ und es wurde in Text und Bild über die Erfolge des DAF-Amtes „Schönheit der Arbeit“ berichtet.[73] Nach offiziellen Angaben nahmen angeblich 10.000 „Volksgenossen“ an der Kundgebung mit Ley teil. Es dürfte sich um eines der größten Propagandaereignisse der Besatzungszeit gehandelt haben. Der Auftritt des Reichsleiters

71 „Alte Kameradschaft erneuert“, in: LW Nr. 152 (3.6.1941).

72 „Dr. Ley und Moselland“, in: LW Nr. 211 (1.8.1941).

73 „Die große Volkskundgebung mit Dr. Ley“, in: ETB Nr. 176 (30.7.1941), „Morgen spricht Dr. Ley“, in: ETB Nr. 177 (31.7.1941).„Heute Ley-Kundgebung“, „Schaffende Heimat“ und Werbeanzeigen der Ekabe, der Teigwarenfabrik Crescentini, der Kreissparkasse Esch, der Modewerkstätte Otto Suck und des Kaufhauses Scholer in: ETB Nr. 178 (1.8.1941).

selbst hinterließ keinen tiefen Eindruck. Leys Rede war sehr allgemein gehalten und zeichnete sich vor allem durch antisemitische Beleidigungen und Kritik an den angelsächsischen Ländern aus; auf sozialpolitische Fragestellungen, die leidige Lohnfrage oder andere soziale Verbesserungen ging Ley überhaupt nicht ein.[74] Das Spektakel hatte man mit einem Treuebekenntnis der VdB zum Gauleiter verknüpft, der am Tag des Ley-Besuchs seinen 41. Geburtstag feierte. Simon, der ebenfalls das Wort ergriff, nutzte die Gelegenheit, mit den ideologischen Gegnern in Luxemburg abzurechnen.[75]

Der Auftritt Robert Leys im Sommer 1941 brachte nicht den von Gustav Simon erhofften Propagandaerfolg, denn weite Teile der Luxemburger Bevölkerung verhielten sich weiterhin abwartend, während sich hier und da die ersten organisierten Widerstandsgruppen regten.[76] Ein Jahr später kam es zu einer weiteren Begegnung zwischen dem Reichsleiter und dem Gauleiter in Luxemburg. Diesmal kam Ley zum Abschluss des Kreistages in den Industriekreis nach Esch, wo er am 19. Juli 1942 in der neuen Stadthalle zu den „Volksgenossen" sprechen sollte. Die Vorbereitungen auf das Großereignis übertrafen sogar die des Vorjahres. Im Escher Tageblatt stimmte man die Leser auf den Besuch des DAF-Führers ein. Wichtige Unternehmen des Industriegebietes, darunter die Vereinigten Hüttenwerke Burbach-Eich-Düdelingen A.G., wie die ARBED nun offiziell firmierte, inserierten im Tageblatt, von Generaldirektor Aloyse Meyer veröffentlichte man einen Beitrag über die historische Entwicklung der luxemburgischen Eisenindustrie. Die Person Leys wurde ausführlich vorgestellt, Fotos zeigten ihn volksnah inmitten zufriedener Arbeiter.[77] Am Tag vor Leys Auftritt fanden bereits zahlreiche Kundgebungen statt, unter anderem eine Tagung der DAF-Amtswalter und der Betriebsführer. Hier sprach Gauobmann Dörner „in seiner kernigen und urwüchsigen Art" zu den versammelten DAF-Funktionären und beschwor „Kampfgeist" und „Opferwilligkeit". Diese Appelle waren offensichtlich dringend notwendig, da inzwischen jedem klargeworden war, dass die Zeit der deutschen Blitzsiege vorbei war und man sich auf einen längeren

---

74 „Die deutsche Gemeinschaft geht über alles", in: ETB Nr. 179 (2./3.8.1941). Die Zahl von 10.000 Teilnehmern ist höchstwahrscheinlich stark nach oben aufgerundet worden. Ein Jahr später meldete das Escher Tageblatt 9.000 Teilnehmer bei einer Kundgebung und unterstrich, dass eine solche Zahl bis dato in Luxemburg noch nicht erreicht worden sei, vgl. „Eine stolze Bilanz nationalsozialistischer Aufbauarbeit", in: ETB Nr. 179 (3.8.1942).

75 Damian Kratzenberg, Treue um Treue. Bekenntnis zu unserem Gauleiter, in: OMZ Nr. 181 (2./3.8.1941).

76 Siehe die Aktivitäten der Widerstandsgruppe ALWERAJE, die vor allem im Süden des Landes eine aktive Gegenpropaganda gegen die VdB und die Besatzungsmacht führte: Limpach/ Kayser, Wir glauben an die Demokratie, S. 107–206.

77 „Esch erwartet Dr. Ley", Aufruf zur Kundgebung, Geschäftsanzeigen, Beitrag Aloyse Meyers („Die Entwicklung der luxemburgischen Eisenindustrie") sowie „Eindrücke bei Fahrten mit Dr. Ley", in: ETB Nr. 166 (18./19.7.1942).

Abnutzungskrieg einstellen musste. Dörner hatte – wie andere DAF-Führer – das Problem, den Arbeitern ständig höhere Opfer, sprich mehr Arbeitseinsatz, abverlangen zu müssen, aber außer Parolen und Versprechungen im Gegenzug nichts anbieten zu können. Hugo Dörner gab den DAF-Amtswaltern deshalb Erklärungen mit auf den Weg, die sie mit in die Betriebe und Ortsgruppen nehmen sollten: „Deshalb soll nicht die Frage des Lohnes im Vordergrund stehen, sondern der Gedanke an die Gemeinschaft... Zuerst die Freiheit, dann die Sozialpolitik, durch die sich dann auch die Lohnpolitik von selbst regelt."[78]

Für Gustav Simon sollte die Escher Kundgebung dem Gast aus Berlin den Erfolg der zweijährigen „Aufbauarbeit" vor Augen führen und den Eindruck vermitteln, „dass im Lützelburger Industriegebiet die Zeit verstanden worden ist und dass hinter der politischen Führung die Mehrzahl der Volksgenossen in treuer Einsatzbereitschaft steht", so die Meinung des Escher Tageblatts.[79] Wie wichtig der Besuch für den Chef der Zivilverwaltung war, bewies die Anwesenheit der gesamten Parteielite des Gaues Moselland. Der stellvertretende Gauleiter Reckmann, Regierungspräsident Siekmeier (Simons ständiger Vertreter in Luxemburg), VdB-Landesleiter Kratzenberg, Gaupropagandaleiter Urmes und der DAF-Gauobmann waren angetreten, angeblich 7.000 „Schaffende" hatten sich eingefunden, um sich die Lobreden der Parteibonzen anzuhören. Ley ging nur kurz auf die besondere Situation Luxemburgs ein, das bis 1940 „im großen Weltgeschehen" lediglich eine „kleine Insel" gewesen sei. Anschließend gab er Versatzstücke zur deutschen Geschichte und zum Sozialismus zum Besten. Der Hauptakzent lag aber, wie schon 1941, auf Durchhalteparolen und – in einer erschreckenden Deutlichkeit und Offenheit – brutalen Attacken gegen das Judentum und den Bolschewismus.[80] Gauleiter Simon wandte sich im Gegensatz zum Gastredner direkt an die Luxemburger „Arbeiterbevölkerung", lobte deren „sozialistische Haltung" sowie ihren Einsatz für die deutsche Sache und sprach vom „Heroismus der Arbeit". Um Zustimmung heischend, ließ er geschickt antibürgerliche und antikapitalistische Vorurteile in

78 „Kampfgeist und Opferwilligkeit aller Schaffenden", in: ETB Nr. 167 (20.7.1942).

79 „Dr. Robert Ley und Gauleiter Simon sprachen in Esch", in: ETB Nr. 167 (20.7.1942). Bericht über den anschließenden Propagandamarsch mit angeblich 4.500 Teilnehmern: „Esch im Banne des Dr. Ley-Besuches", ebenda. Das „Luxemburger Wort" berichtete ebenfalls ausführlich über den Auftritt des Reichsorganisationsleiters bei der „Großkundgebung der Schaffenden aller Stände" und ermahnte seine Leserschaft, sich die „Männer in den Erzbergwerken, an den Hochöfen und Konvertern" als Beispiel zu nehmen, da diese den „grundlegenden Wandel" verstanden hätten, vgl. „Dr. Ley und der Gauleiter vor 7.000 Schaffenden in Esch", in: LW Nr. 201 (20.7.1942).

80 Ley: „Juda muss fallen und wird fallen. Der Jude wird in unserem Erdteil ausgerottet werden."

seine Rede einfließen.[81] Der Versuch, sich im Industriebezirk bei der Arbeiterschaft als einfacher Mann des Volkes und Verteidiger der Arbeiterinteressen darzustellen, vermochte auch diesmal nicht zu überzeugen. Simon, dem Sohn eines Reichsbahnbeamten und als Lehrer selbst eher dem kleinen Mittelstand zugehörig, blieb trotz aller Lippenbekenntnisse das Arbeitermilieu wohl eher fremd.[82]

Das Propagandaspektakel von 1942 und der Versuch des Gauleiters, sich bei den Arbeitern einzuschmeicheln, verfolgten offenkundig den Zweck, von den eigentlichen Problemen abzulenken und die Luxemburger Bevölkerung auf das vorzubereiten, was der CdZ insgeheim plante, nämlich die Einführung der Wehrpflicht. Diese war seit dem 1. Juli 1942 eine beschlossene Sache.[83] Allerdings fand die Kundgebung mit Ley statt, als die Unzufriedenheit unter der Arbeiterschaft, vor allem in der Schwerindustrie, einen neuen Höhepunkt erreicht hatte. Der Arbeitskräftemangel (bedingt durch Einziehungen zum Reichsarbeitsdienst und freiwillige Meldungen zur Wehrmacht) war überall spürbar. Der Produktionsanstieg brachte mit sich, dass schon im Mai/Juni 1942 die Arbeitszeit in vielen Betrieben von acht auf neun Stunden angehoben werden musste. Die Arbeiter hatten nur wenig Verständnis für diese als ungerecht empfundene Zusatzbelastung.[84]

81 Simon (zu Ley gewandt): „Sie haben erkannt, dass es nicht nur notwendig ist, dass der Direktor eines Betriebes in einem schönen mit Klubsesseln ausgestatteten Raum sitzt, sondern dass ebenso der einzelne Arbeiter einen Anspruch darauf hat, dass seine Werkbank und sein Arbeitsraum nach dem Gesichtspunkt ‚Schönheit und Gesundheit' gestaltet sind." Simon wandte sich dann an die Arbeiter: „Sie dürfen versichert sein, dass wir nach dem Sieg die gleiche Aktivität, die wir heute für die Kriegführung aufwenden, auch für die Lösung der sozialen Frage ansetzen. Sie dürfen uns das glauben, denn an der Spitze des Reiches steht kein Plutokrat, kein Aktionär, kein Dividenden-Interessent, sondern der Arbeiter und Soldat Adolf Hitler!"

82 In Gegenwart von Ley fand Simon schöne Worte für die „stolzen werktätigen Menschen", gleichzeitig gab er viel über sein wahres Verhältnis zur Arbeiterschaft preis, indem er ungewollt zugab, bislang nicht in den Luxemburger Werken der Schwerindustrie gewesen zu sein: „Ich habe in der letzten Zeit diese Werke erstmals zu besichtigen begonnen und habe mir vorgenommen, Betrieb für Betrieb zu besuchen und dabei auch die persönliche Bekanntschaft von möglichst vielen deutschen Werktätigen zu machen. In jedem Betrieb, ob es nun an den Hochöfen, den Konvertern oder an den Walzstraßen ist, immer wieder habe ich den gleichen Eindruck, dass hier ein wahrer Heroismus der Arbeit zu Hause ist. Diese Männer sind infolgedessen auch in erster Linie berufen, als Kriegsfreiwillige für des Deutschen Reiches Freiheit und damit für den deutschen Sozialismus der Zukunft einzutreten." Vgl. die Rede des Gauleiters, in: ETB Nr. 167 (20.7.1942). Vgl. auch das Charakterbild bei Dostert, Luxemburg zwischen Selbstbehauptung und nationaler Selbstaufgabe, S. 70f., sowie bei Volkmann, Luxemburg im Zeichen des Hakenkreuzes, S. 180–187.

83 Dostert, Luxemburg zwischen Selbstbehauptung und nationaler Selbstaufgabe, S. 172–178.

84 Mitteilung der Direktion betr. Löhne. Urlaub und Mitteilung der Direktion betr. Sonntagsarbeit (21.5.1942), in: ANLux ARBED Belval 09410.

1942 stellte aus propagandistischer Sicht im CdZ-Gebiet einen letzten Höhepunkt dar. Im April hatte Simon den Führer der NSV Erich Hilgenfeldt nach Esch verpflichten können. Öffentliche Massenveranstaltungen mit NS-Prominenten aus dem Reich fanden nach dem zweiten Ley-Besuch in Luxemburg nicht mehr statt und nur noch zweitrangige Vertreter aus Partei und Deutscher Arbeitsfront fanden den Weg nach Luxemburg.[85]

Die Einladung des Reichsorganisationsleiters nach Luxemburg erwies sich jedoch als Fehlgriff. Das Renommee Leys war denkbar schlecht und Flüsterwitze über Ley waren auch in Luxemburg verbreitet. Bereits in den 1930er Jahren hatte das Escher Tageblatt den Reichsorganisationsleiter despektierlich als „Alkohol-Ley" bezeichnet. Während des Krieges wurde er nicht sonderlich ernst genommen. Für Gelächter sorgte 1941 oder 1942 der Aushang einer hauptstädtischen Volksbücherei: „Leihfrist 3 Wochen" wurde von vielen Zeitgenossen als unfreiwillige Anspielung auf das Körpervolumen Leys interpretiert.[86] Durch die beiden Auftritte in Luxemburg und Esch änderte sich kaum etwas an dem negativen Bild Leys.

Für den Führer der Deutschen Arbeitsfront war Luxemburg sicherlich nur ein kleiner Nebenkriegsschauplatz. Aber für die Gauleitung blieb Ley eine wichtige Figur. Im Jahre 1943 verlieh der Führer der DAF dem ARBED-Generaldirektor Aloyse Meyer anlässlich dessen 40. Dienstjubiläums eine Jubiläumsurkunde und berief ihn als Ehrenmitglied in die Gauarbeitskammer.[87] Eine letzte Begegnung zwischen Ley und Simon gab es 1944 anlässlich eines Treffens mit Industriellen von der Saar, aus Lothringen, Luxemburg und dem Siegerland in der Gauhauptstadt Koblenz.[88] Robert Ley, der im Laufe des Krieges einen zunehmenden Machtverlust

85 1943 kam zum Kreistag in Luxemburg der Geschäftsführer der Reichsarbeitskammer und Leiter der Hauptstelle DAF-Schulung Theodor Hupfauer zum „Tag der Arbeit", vgl. „Bekenntnis zum Schaffenden – die Tat", in: LW Nr. 214 (2.8.1943). Hupfauer (1906-1993) war auch Beauftragter für den „Leistungskampf" der Betriebe, vgl. Hachtmann, Reichsarbeitsministerium und Deutsche Arbeitsfront, S. 169ff.

86 Robert Krantz, Die politische Satire gegen das Naziregime. Witz, Spott, Humor und Karikatur in Luxemburg, Esch-sur-Alzette 2010, S. 87 und Léon N. Nilles (1922-2006), Unser Gruß ist Heil Hitler!, in: Léon N. Nilles, Die von Seite 3, Luxemburg 1985, S. 210–211.

87 „Ein verdienter Hüttenmann", in: LW Nr. 305 (1.11.1943). Bei den Gauarbeitskammern handelt es sich um 1935 ins Leben gerufene Vertretungsorgane der DAF. Die Reichsarbeitskammer war als oberste Vertretung den Gauarbeitskammern übergeordnet. Wirkliche Befugnisse hatten die Arbeitskammern nicht. Vgl. Stefan Hoff, Reichsarbeitskammer, in: Enzyklopädie des Nationalsozialismus, S. 664 und „Gauarbeitskammer", in: Der Volksbrockhaus, Leipzig [9] 1941, S. 27.

88 Einer der Teilnehmer an der Zusammenkunft vom 27.3.1944, Heinrich Emmendörfer, der in Luxemburg für die Wirtschaftsgruppe der Eisen schaffenden Industrie tätig war, schilderte in seinen Aufzeichnungen die denkwürdige Begegnung mit Robert Ley, der u.a. schärfere Maßnahmen gegen englische und französische Kriegsgefangene forderte und an „Einfachheit und Enthaltsamkeit" appellierte, vgl. Heinrich Emmendörfer, Das Buch Trotzdem. Bilanz aus „1000" Jahren, Regensburg 1971, S. 67f.

zu beklagen hatte, blieb seinem Führer bis zum bitteren Ende treu. Er sollte noch ein letztes Mal nach Luxemburg zurückkehren: Nach dem Zusammenbruch des „Dritten Reiches“ wurde er von den Alliierten verhaftet und mit anderen Kriegsverbrechern ins luxemburgische Bad Mondorf verbracht, wo er von US-Offizieren verhört wurde. Im August 1945 brachte man Ley nach Nürnberg, hier beging er vor Beginn des Internationalen Kriegsverbrechertribunals in seiner Zelle Selbstmord.[89]

3. Zusammenfassung

Für die Mitglieder und Funktionäre der ehemals freien Arbeiter- und Angestelltenverbände stellte die Deutsche Arbeitsfront in vielerlei Hinsicht ein Bruch mit den gewerkschaftlichen Traditionen dar. Bis zur Machtübernahme galt das Prinzip der freiwilligen Mitgliedschaft; damit war es nach der Einführung der DAF und der damit verbundenen faktischen Zwangsmitgliedschaft vorbei. Neu war, dass sämtliche Berufe in der Arbeitsfront organisiert wurden. Neben den Arbeitern gehörten ihr auch die Luxemburger Angestellten an, die bislang in weltanschaulich eher neutralen Verbänden zusammengeschlossen waren. Sogar Selbstständige, Unternehmer, Fabrikanten und Betriebsführer mussten sich der DAF anschließen. Von der Mitgliedschaft ausgeschlossen blieben lediglich die Staatsbeamten.

Die Vorgehensweise gegen die Luxemburger Gewerkschaften und Arbeitnehmerverbände erinnerte an die brutale Zerschlagung der freien deutschen Verbände im Jahre 1933.[90] In der Vorkriegszeit hatten Politiker und Gewerkschaftsvertreter vor genau einem solchen Szenario gewarnt. Seit den zwanziger Jahren war klar, mit welchen Mitteln Diktaturen gegen die Arbeiterbewegung vorgehen würden. Vielen in Luxemburg war bewusst geworden, dass mit Faschismus und Nationalsozialismus eine gefährliche ideologische Konkurrenz zur Sozial- und Christdemokratie entstanden waren. Hinzu kamen die vordergründigen sozialpolitischen Erfolge und die Freizeitpolitik Deutschlands und Italiens, die schon in den dreißiger Jahren eine gewisse Faszination ausübten.[91]

Der Prozess der Gleichschaltung begann 1940 mit der Besetzung der Gewerkschaftsbüros, worauf die Gewerkschaftsfunktionäre hilflos reagierten. Diese wurden von den Ereignissen regelrecht überrumpelt. Sie waren führungslos

89 Smelser, Hitlers Mann an der „Arbeitsfront“, S. 286–291. Der damalige Vernehmungsoffizier Dolibois über die Begegnung mit Ley in Mondorf: John E. Dolibois, Patterns of Circles. An Ambassador’s Story, Kent 1989, S. 118ff.

90 Vgl. Tilla Siegel, Rationalisierung statt Klassenkampf: zur Rolle der Deutschen Arbeitsfront in der nationalsozialistischen Ordnung der Arbeit, in: Hans Mommsen/Susanne Willems (Hgg.), Herrschaftsalltag im Dritten Reich. Studien und Texte, Düsseldorf 1988, S. 98–102.

91 1936 lobte der Luxemburger Schriftsteller Nikolaus Hein die KdF-Bewegung und das WHW als „gewaltige Leistungen“ des neuen Deutschland, vgl. Nikolaus Hein, Erinnerungen an eine deutsche Reise, in: LW Nr. 314 (9.11.1936).

und angesichts der Flucht der Luxemburger Regierung und der radikalen Besatzungspolitik des Gauleiters zum Teil demoralisiert und entmutigt. Sie ließen sich aber von der Taktik der DAF täuschen, einen Teil der Luxemburger Verbandsfunktionäre in ihren Stellungen zu belassen, um so einen Zusammenbruch der alten Gewerkschaftsorganisationen zu verhindern. Zur planvollen Vorgehensweise zählte der Versuch, sich bekannter Gewerkschaftler, wie des Präsidenten der Arbeiterkammer Barbel, zu bedienen, auch wenn dies letztlich erfolglos blieb. Die Gewerkschaften kamen unter die Kontrolle des Chefs der Zivilverwaltung, wodurch sie de facto entmachtet waren. Die Organisationsstrukturen hielten die Deutschen noch eine Zeit lang am Leben, dies aber nur, um die geplante Überführung in die Arbeitsfront einfacher bewerkstelligen zu können. Mit offenem Widerstand der Gewerkschaften brauchte der CdZ nicht zu rechnen, dafür funktionierte der Terrorapparat bereits zu gut. Die Gestapo verhaftete zahlreiche Regimegegner oder setzte sie unter Druck. Das Verbot von Arbeitsniederlegungen erfolgte bereits am 21. August, damit war die Luxemburger Arbeiterbewegung ihres wichtigsten Kampfmittels beraubt worden. Die Deutsche Arbeitsfront hatte nun freie Bahn, um ab Januar 1941 das ganze Land wirtschafts- und sozialpolitisch zu „besetzen" und gleichzuschalten. Von außen betrachtet wirkte die Entmachtung der Gewerkschaften und die Machtübernahme der DAF wie ein planvoller, geordneter Prozess, an dem die Luxemburger Gewerkschaftsfunktionäre beteiligt waren. Mitgliederschwund und finanzielle Notlage trugen zur Erosion der gewerkschaftlichen Macht bei. Gewerkschaftsführer, die im Exil blieben oder sich wohlweislich aus den Vorständen zurückzogen, beschleunigten zusätzlich diesen Prozess. Ab- oder Anwesenheit eines Verbandspräsidenten waren aber nicht die entscheidenden Faktoren. Wäre Nicolas Biever in Luxemburg geblieben, so hätte auch er den Lauf der Dinge kaum aufhalten können. Die Deutsche Arbeitsfront verfügte über die notwendigen Erfahrungen und Mittel, um die Arbeiterbewegung des Großherzogtums zu zerstören.

Dank erhaltener Justizakten sind die Handlungsstrategien der Gewerkschaftsfunktionäre relativ gut nachvollziehbar, während die Reaktionen der einfachen Mitglieder auf den Zusammenbruch der Verbände eher schlecht dokumentiert sind. Auch wenn die Gewerkschaften ab 1941 von der Bildfläche verschwunden waren, so hielt die Mehrheit der Mitglieder auf unterschiedlichste Weise ihren Verbänden die Treue.[92] Zwar gab es Gewerkschaftsleute, die freiwillig in die DAF eintraten und dort aus politischer Überzeugung einen Obmannsposten übernahmen, aber in der Regel war das Misstrauen der Arbeiter und Angestellten gegenüber der Arbeitsfront sehr groß. Im Jahre 1942 zog der Escher Kreisobmann Grohé eine ernüchternde Bilanz: In den Ortswaltungen und Betriebsorganisationen herrsche ein „allgemeiner Stillstand" und „teilweise ein fühlbarer Rückgang". Überall fehlten zuverlässige DAF-Obleute und „neue brauchbare Amtswalter zu bekommen

92 Vgl. Ben Fayot, Die Resistenz der Arbeiterbewegung, in: ETB Nr. 108 (10.5.1990).

[sei] fast unmöglich."[93] Viele verweigerten 1941 die Herausgabe ihrer alten Mitgliedsbücher oder boykottierten die Veranstaltungen und andere soziale Angebote der DAF. Vielerorts behielten auch die vor dem Krieg frei gewählten Ausschussmitglieder oder respektierte Gewerkschaftler innerhalb ihrer Betriebe eine gewisse Vorbildfunktion und Autorität. 1943 beklagte sich ein Escher DAF-Funktionär, dass auf der Grube Thillenberg „die Gefolgschaft hinter den ehemaligen Gewerkschaftsanhängern stehe" und erst die „Entfernung der früheren Gewerkschaftler aus dem Betrieb" etwas an der deutschfeindlichen Stimmung ändern würde.[94]

Interessanterweise gehörten die Einrichtungen der Luxemburger Sozialverfassung zu den letzten nationalen Institutionen, die vom Chef der Zivilverwaltung zerstört wurden. Die demokratischen Organe des Staates (Abgeordnetenkammer und Staatsrat) waren bereits im Oktober 1940 für aufgelöst erklärt und bis Ende des Jahres fast überall durch deutsche Verwaltungsstrukturen ersetzt worden. Im April 1941 wurde der arbeitsrechtliche Anschluss vollzogen. Größere Symbolkraft hatte allerdings die Einführung der Verordnung zur Ordnung der Arbeit in Luxemburg. Damit wurden zum 1. Juni 1941 die Arbeiterausschüsse, der Nationalrat für Arbeit sowie die gewählten Berufskammern formell abgeschafft.[95] Fast gleichzeitig kam der Liquidierungsprozess der Luxemburger Gewerkschaft zu seinem Abschluss. In den Betrieben und Ortsgruppen des ganzen Landes konnte nun die Deutsche Arbeitsfront den Alleinvertretungsanspruch der Arbeitnehmerinteressen für sich reklamieren.

Die Narrative der Luxemburger Gewerkschaftler stellten nach dem Krieg die Ereignisse des Jahres 1940 in einem etwas anderen Licht dar. Der Rechenschaftsbericht des LCGB, der im März 1945 im Gewerkschaftsblatt „Sozialer Fortschritt" veröffentlicht wurde, schuf die Legende, dass bereits Ende August 1940, als die Gestapo die Büros „besetzte und beschlagnahmte", die Tätigkeit der Gewerkschaften ganz aufgehört habe.[96] Denis Netgen vom LBMIAV schilderte nach 1945 das Bild einer stolzen Arbeiterklasse, die sich seinerzeit nicht unterkriegen ließ: „Der Druck der Gewaltherrscher machte sich mehr und mehr bemerkbar. Für die Delegationen galt es, in Erkenntnis der kommenden Gefahren, jedoch aufrecht und

93 Bericht von Kreisobmann Grohé vom 21.5.1942 an die Escher NSDAP-Kreisleitung betr. Lage- und Stimmungsbericht für die Monate April und Mai, in: Archives OBGL (Mappe „Genehmigungen von Vorstandssitzungen").

94 Vgl. Bericht vom 22.3.1943 über die durch Kreisobmann Pg. Grohé durchgeführte Besprechung mit den Amtswaltern der Grube Thillenberg, in: Archives OGBL (Mappe „Occupation").

95 Verordnung über den Betriebsschutz in Luxemburg vom 5.4.1941, in: ETB Nr. 84 (9.4.1941), Verordnung über die Ordnung der Arbeit in Luxemburg vom 26.5.1941, Verordnung über die Arbeitsgerichtsbarkeit vom 26.5.1941, in: VOBL Nr. 39 (17.6.1941) und Verordnung über die Einführung von Urlaubsrichtlinien in der privaten Wirtschaft in Luxemburg vom 1.6.1941, in: VOBL Nr. 44 (11.7.1941).

96 Vgl. „Rechenschaftsbericht des Luxembg. Christlichen Gewerkschaftsbundes", in: Sozialer Fortschritt Nr. 1 (28.3.1945).

ohne Konzession, das Brot durch Organisierung von Notstands-und Unterhaltungsarbeiten in den Betrieben den Kameraden zu erhalten, die Lebensmittel-Zahlkarten zu reglementieren und die neue Lohngestaltung vom 10. Oktober 1940 zu einem Fiasko für den Gauleiter werden zu lassen." Keiner wollte sich den Vorwurf gefallen lassen, er habe die nationalsozialistische Gefahr unterschätzt oder sei vor der Deutschen Arbeitsfront eingeknickt.[97] Auch die Tatsache, dass Funktionäre der Gewerkschaften bis 1941 zur Kollaboration mit den deutschen Behörden und der allmächtigen Deutschen Arbeitsfront gezwungen waren oder kooperierten, weil sie retten wollten, was zu retten war, passt nicht in das Bild, das sich nach der Befreiung verfestigte.

97 Vgl. Aussage Netgens 1946 im Rückblick auf die Zeit zwischen 1940 und 1941: Zitiert in: Fayot, Sozialismus in Luxemburg, Bd. 2, S. 20f.

Kapitel III. Das „Land der Roten Erde" 1940–1944

1. Das Industriegebiet im Kalkül des Gauleiter-Regimes

Das Land Luxemburg war vor dem Zweiten Weltkrieg ein begehrtes „Objekt deutscher raumwirtschaftlicher Vorstellungen" (Volkmann) gewesen und dies aus gutem Grund.[1] Das Deutsche Reich war in der Zwischenkriegszeit der zweitwichtigste Handelspartner des Großherzogtums, das Außenhandelsvolumen zwischen beiden Ländern summierte sich auf 91,7 Millionen Reichsmark. Verglichen mit dem Gesamtaußenhandelsvolumen des Deutschen Reichs von über 10 Milliarden Reichsmark mochte diese Summe eher unbedeutend wirken. Luxemburg besaß aber strategisch wichtige Ressourcen. Den Löwenanteil bei den Einfuhren und Ausfuhren machten Metalle beziehungsweise Metallwaren und Erze aus. Luxemburg benötigte für die Eisen- und Stahlproduktion Koks, das zu über 80 Prozent aus dem rheinisch-westfälischen Kohlerevier importiert wurde, während mehr als 47 Prozent der im Lande geförderten Erzmengen direkt nach Deutschland verfrachtet wurden.[2] In den Augen der deutschen Kriegswirtschaftsplaner war Luxemburg somit eine wichtige Größe, wie unzählige zeitgenössische Publikationen und Berichte zu verstehen gaben. Die Eisenindustrie war von „weltweiter Bedeutung", das Gebiet brachte eine „gewaltige Eisenerzförderung" hervor, welche die von Deutschland bei weitem überstieg.[3]

Die Förder- und Produktionsstätten der wichtigsten Luxemburger Konzerne lagen konzentriert im Süden des Landes an der französisch-belgischen Grenze, verteilt auf ein relativ überschaubares Gebiet von weniger als 250 km², das vor dem Zweiten Weltkrieg verkehrs- und transporttechnisch sehr gut erschlossen war. Neben den großen Unternehmen befanden sich zahllose Klein- und Mittelbetriebe in der Nähe der Hüttenwerke. Es gab wichtige metallverarbeitende Unternehmen, ein großes Zementwerk, viele kleine Eisenerzgruben, die den Menschen Arbeit und Brot gaben, sodass der spätere Kreis Esch der Wirtschaftsstandort Nummer 1 für das Land und die Region war. Im Kreisgebiet hatten die größten Arbeitgeber des

---

1 Volkmann, Luxemburg im Zeichen des Hakenkreuzes, S. 98.

2 Zu den deutsch-luxemburgischen Außenwirtschaftsbeziehungen, vgl. Volkmann, Luxemburg im Zeichen des Hakenkreuzes, S. 59–78.

3 Siehe beispielsweise: Oberkommando der Wehrmacht (Hg.), Der Westen. Sonderlehrgang. 1. Teil. Soldatenbriefe zur Berufsförderung, Breslau 1941, S. 84f. Vgl. Jakob-Wilhelm Reichert, Die Bedeutung der lothringisch-luxemburgischen Erzbecken. Vertraulicher Bericht der Wirtschaftsgruppe Eisen schaffende Industrie, Berlin 1940. Reichert (1885-1948) war zwischen 1935 und 1945 der Hauptgeschäftsführer der Wirtschaftsgruppe Eisenschaffende Industrie.

Landes ihre Produktionsanlagen. Der ARBED-Konzern mit Werken in Esch und Schifflingen sowie das Differdinger und das Rodinger Unternehmen waren exportorientierte Stahlproduzenten und international bekannt. Mit ihnen war während Jahrzehnten der Wohlstand des Luxemburger Staates eng verbunden, nicht zuletzt, weil Abertausende von Existenzen direkt oder indirekt von der Gruben-, Eisen- und Stahlindustrie abhingen (1938 über 20.000 Arbeitsplätze).

Das Minetterevier war aber nicht allein wirtschaftlich gesehen von großer Bedeutung, aus demografischer Sicht war das luxemburgische Erzbecken ebenso ein wichtiger Schwerpunkt. Esch-Alzette (eingedeutscht: Esch-Alzig) war mit knapp 30.000 Einwohnern die zweitgrößte Stadt des Landes und wurde wegen ihrer Bedeutung als „Eisenmetropole“ bezeichnet.[4] Der Kanton gleichen Namens zählte 1939 an die 100.000 Einwohner, d.h. ein Drittel der Luxemburger Gesamtbevölkerung lebte bei Kriegsbeginn in den Industriestädten Esch, Differdingen, Düdelingen, Petingen-Rodange, Rümelingen und Schifflingen beziehungsweise in deren direkter Nähe. Die Bevölkerung des Kantons war in der Zeit nach dem Ersten Weltkrieg überdurchschnittlich schnell gewachsen, teils durch Einwanderung, teils durch Binnenmigration. Die Geburtenrate lag deutlich höher als in den meisten übrigen Kantonen.[5] Im Kreis Esch – zu dem während der Besatzungszeit der nördlich der Hauptstadt gelegene alte Kanton Mersch gehörte – wurden 1940 von 100 Einwohnern fast 57 Prozent sozial als zu „Industrie und Handwerk“ gehörig gezählt (im ehemaligen Kanton Esch waren es sogar fast 66 Prozent), während der Landesdurchschnitt bei knapp 43 Prozent lag. Damit war die Region stark von Arbeitern und kleinen Handwerkern geprägt.[6] Der ehemalige Kanton Esch hatte

4 Siehe Christophe Knebeler/ Denis Scuto (Hgg.), Belval. Passé, présent et avenir d’un site luxembourgeois exceptionnel (1911-2011), Esch-Alzette 2010, S. 76–93.

5 Naval Intelligence Division, Luxembourg, S. 141, 145; vgl. auch die Darstellung von Carlo Hemmer, L’économie du Grand-Duché de Luxembourg. 1re partie: Les conditions naturelles et sociales. La production primaire, Luxemburg 1948, S. 47–52.

6 In den Statistiken wird die „Berufszugehörigkeit“ von der „Erwerbstätigkeit“ unterschieden; so galten 127.132 Personen (= 42,8%) der Luxemburger Bevölkerung als der Sozialgruppe „Industrie und Handwerk“ zugehörig. Von diesen waren insgesamt 51.739 (= 33,9%) erwerbstätig, gingen also einer bezahlten Tätigkeit nach. Paul Hermann Ruth, Berufliche und soziale Gliederung der Bevölkerung, in: Paul Hermann Ruth (Hg.), Luxemburg, S. 98, 105, 107. Die Zahlen beruhen auf der Volkszählung von 1935 sowie unveröffentlichtem Material des Statistischen Reichsamtes. Vgl. Armin Nolzen, Gau Koblenz-Trier, seit 24.1.1941 Gau Moselland, abrufbar unter http://www.rheinische-geschichte.lvr.de/orte/ab1815/Nationalsozialistische%20Gaue/Seiten/GauKoblenz-Trier.aspx (Abruf: 24.5.2018). Zur Erwerbstätigkeit in den Regierungsbezirken Koblenz und Trier: Frank, Harald, (1994 [2010]) Regionale Entwicklungsdisparitäten im deutschen Industrialisierungsprozess 1849-1939. GESIS Köln, Deutschland ZA8417 Datenfile Version 1.0.0, online unter: http://www.gesis.org/histat/table/details/40D066A78D482E6B0EEC19D817C2E024/03_000000000000000000000000000 (Abruf: 24.5.2018).

vor dem Krieg eine weitere Besonderheit aufzuweisen, da hier im Vergleich zum Landesdurchschnitt mit fast 15 Prozent der höchste Ausländeranteil verzeichnet wurde. Dies stellte aus Sicht der Gauleitung volkstumspolitisch gesehen ein Problem dar.[7]

Die Ortschaften des Südens mit dem Mittelpunkt Esch spielten 1940 bis 1944 eine wichtige Rolle im Rahmen der Eindeutschungspolitik. Um ihre politischen, sozialen und kulturellen Zielsetzungen verwirklichen zu können, setzten die Deutschen nicht nur auf strukturelle Maßnahmen, sondern appellierten für ihre Zwecke gezielt an die Emotionen und die regionalen Mentalitäten der Menschen, die im „Land der Roten Erde" lebten. Der Ausdruck „Land der Roten Erde" wurde seit dem frühen 20. Jahrhundert als Bezeichnung für das Luxemburger Eisenerzrevier benutzt. Der Begriff drückte einen gewissen Stolz der Bewohner des Industriegebietes aus, in dem seit dem 19. Jahrhundert eine rasante wirtschaftliche, technische und demografische Entwicklung stattgefunden hatte.[8] Während der deutschen Besatzung wurde der Begriff der „Roten Erde" von der Propaganda aufgegriffen. Gauleitung, NS-Politiker, Journalisten und Volkstumsforscher vermuteten in der Bevölkerung der Industriestädte um Esch-Alzette herum einen Menschenschlag, der bestimmte charakterliche Eigenschaften bewahrt habe und sich durch eine besondere Mischung von bäuerlicher Herkunft und industrieller Tätigkeit hervortue. Diese Menschen im Grenzgebiet zu Frankreich würden sich im Vergleich zur übrigen Bevölkerung des Landes durch eine besondere Heimatverbundenheit auszeichnen. Und ein weiteres Merkmal machte die Stadt und den Kreis Esch-Alzig in den Augen der Deutschen aus: Hier war der Anteil der Enttäuschten und Unzufriedenen höher als in anderen Regionen Luxemburgs.

Die Ereignisse des Jahres waren 1940 ein Thema in der NS-Propaganda. Nach der Flucht der Regierung und mit den „Blitzsiegen" der Wehrmacht hatte sich das ganze Land in einer Art Schockzustand befunden. Von den Kriegsereignissen war besonders der Süden des Landes betroffen, denn als der Kanton Esch im Mai 1940 kurzzeitig zum Schauplatz militärischer Auseinandersetzungen zwischen deutschen und französischen Truppen wurde, mussten rund 50.000 Luxemburger ihre Wohnorte verlassen und wurden von den Luxemburger Behörden nach Frankreich und ins Landesinnere evakuiert, dies unter zum Teil chaotischen Umständen. Die Evakuierten befanden sich – nur mit dem Notdürftigsten versorgt – oft tagelang zusammen mit französischen Kriegsflüchtlingen in langen Trecks Richtung Süden auf der Flucht vor den heranrückenden Wehrmachtstruppen. Der

7 Zur Volkstumspolitik, die auf ein „sauberes Grenzland" abzielte, vgl. Dostert, Luxemburg zwischen Selbstbehauptung und nationaler Selbstaufgabe, S. 152–158.

8 Myriam Sunnen, De Minett, in: Sonja Kmec e.a. (Hgg.), Lieux de mémoire au Luxembourg/ Erinnerungsorte in Luxemburg, Sonja Kmec, e.a., Lieux de mémoire au Luxembourg/ Erinnerungsorte in Luxemburg. Usages du passé et construction nationale/ Umgang mit der Vergangenheit und Konstruktion der Nation, Luxemburg 2007, S. 247–252.

französische Zusammenbruch im Juni 1940 und die damit notwendig gewordene Flucht der Luxemburger Exilregierung nach Spanien überraschte die Evakuierten in den südlichen Départements, wo die Stimmung umschlug. Angst, Verunsicherung und Enttäuschung entluden sich in spontanem Unmut: „Alle sind verwaist und niemand versteht, kann sie auch damals nicht verstehen, die wahren Gründe des plötzlichen Regierungsentschlusses ...[nach Spanien zu fliehen]. Man glaubt an eine feige Desertion, glaubt elendiglich im Stiche gelassen, verraten zu sein“, so die Schilderung eines Augenzeugen.[9] Nach der Kapitulation Frankreichs verzögerte sich die Heimkehr der Luxemburger Flüchtlinge. Viele standen vor zerstörten oder geplünderten Häusern, als sie im Sommer 1940 wieder ins Industriegebiet zurückkehrten. Da die Industriebetriebe noch weitgehend stillgelegt waren und eine schnelle Produktionsaufnahme bei den großen Hüttenwerken noch nicht absehbar war, machten sich die Menschen berechtigte Sorgen um ihre Zukunft. Zwar zahlten die Großbetriebe ihren Arbeitern und Angestellten eine Art Krisenunterstützung oder bemühten sich, mit Notstandsarbeiten Teile des Personals zu beschäftigen, aber faktisch waren Tausende ohne regelmäßige Arbeit. Materielle Sorgen und Unzufriedenheit unter den Arbeitern und in einem gewissen Maß auch die „erboste Stimmung“ unter den Evakuierten wurden ein fruchtbarer Nährboden für die Politik von Zivilverwaltung und VdB. Der angebliche „Kreuzweg“ der Luxemburger nach Frankreich und der vermeintliche Verrat der Exilregierung wurden von der prodeutschen Propaganda ausgeschlachtet.[10] Glaubt man der gleichgeschalteten Presse, so fand die Eindeutschungspolitik gerade hier viele Anhänger und die Metropole Esch galt 1940 als Hochburg der Volksdeutschen Bewegung. Die ersten Ortsgruppen der VdB waren in Esch und Rodingen entstanden, noch vor dem offiziellen Gründungsdatum der Kollaborationsbewegung in der Hauptstadt. Der deutsche Sicherheitsdienst SD wies in einem Lagebericht im Oktober 1940 auf die anfänglichen politischen Erfolge hin, die man gerade unter der Arbeiterschaft des Industriegebiets erkannt haben wollte.[11]

---

9 Paul Müller, Die 200 Tage. Geschichte einer Evakuierung. Illustration von Albert Kaiser, Esch 1945, S. 42.

10 Beispiel für die antifranzösische Propaganda: Lilo Muth (Hg.), Kreuzweg nach Frankreich. Luxemburger berichten über ihre Erlebnisse auf Landstraßen und in Gefängnissen, Luxemburg 1941. Die Broschüre erschien als Sonderdruck in der von Damian Kratzenberg herausgegebenen VdB-Schriftenreihe „Heim ins Reich“, Auszüge wurden in der Presse veröffentlicht. Der von Tageblatt-Redakteur Paul Müller 1945 veröffentlichte Gegenbericht sollte die antifranzösische Propaganda widerlegen, vgl. Müller, Die 200 Tage, S. 42. Vgl. Jacques Dollar, L'exode des Luxembourgeois sur les routes de France en mai 40, Luxemburg 1990, S. 149f. Dollar (1926-2017) wurde selbst 1940 evakuiert und geht in seinem Buch kurz auf die Spaltung zwischen Flüchtlingen und Politikern sowie Gewerkschaftsführern ein.

11 „Volksdeutsche Bewegung“, in: OMZ Nr. 209 (12.9.1940). Siehe SD-Bericht vom 25.7.1940 betr. Volksdeutsche Bewegung in Luxemburg, in: ANLux SD 024. In Rodingen sprach einer der Mitbegründer der VdB am 12. Juli 1940. Dennemeyer prangerte die Vorkriegsverhältnisse an und hetzte in einer „Darstellung des unsozialen

Strategisch blieb der Kreis Esch-Alzig für die NS-Politik während der Besatzungsjahre ein wichtiges Terrain, wie sich am Beispiel der wichtigsten Massenorganisation belegen lässt: Die Deutsche Arbeitsfront zählte nach offiziellen Mitteilungen im Kreisgebiet über 30.000 Mitglieder und stellte rund 50 Prozent aller Mitglieder im besetzten Luxemburg. Etwa 1.500 politische Leiter und DAF-Warte standen der Mammutorganisation zur Verfügung, um die Arbeiter und Angestellten zu „betreuen".[12]

2. Der Kreis Esch im Mittelpunkt der Eindeutschungspolitik

Für den Gauleiter und Chef der Zivilverwaltung hatte das Kreisgebiet eine besondere Funktion. Zweifellos wollte Gustav Simon seinen Rivalen in den angrenzenden Gauen beweisen, dass er dazu in der Lage war, eine Art „inneren Anschluss" der Arbeiter an das Regime zu bewerkstelligen. Macht- und territorialpolitische Bestrebungen bestimmten fortan das Handeln Simons. Er eiferte damit seinem ewigen Rivalen Bürckel nach, der in den 1930er Jahren nach der Saarabstimmung seinen Gau „Rheinpfalz" mit dem Saargebiet zum Gau „Saarpfalz" erweitert hatte und wegen seiner antikapitalistischen und sozialrevolutionären Ideen als eine Art „roter Gauleiter" gesehen wurde.[13]

Bereits im Dezember 1940 kündigte der Chef der Zivilverwaltung eine grundlegende Territorialreform an. Die alten luxemburgischen Kantone und Distrikte wurden abgeschafft und durch Landkreise ersetzt, sodass aus Zusammenlegung der Landkreis Esch entstand, der u.a. durch die Abschaffung des Distriktes Luxemburg

verjudeten Luxemburger Staates als Versorgungsanstalt für Juden, Freimaurer, bessere Beamte und deren Klüngel" gegen die Regierung. Über die anfänglichen Erfolge vgl. Bericht des Einsatzkommandos der SiPo und des SD in Luxemburg vom 21.10.1940 an SD-Abschnitt Koblenz betr. Information des Chefs der Zivilverwaltung in Luxemburg, in: ANLux SD 028. Zum Fall Dennemeyer, vgl. Wehenkel, Entre chien et loup, S. 91–105.

12 Vgl. „Die Aufbauarbeit der Deutschen Arbeitsfront im Kreise Esch", in: ETB Nr. 102 (4.5.1942).

13 Anordnung des Führers vom 7.12.1940 und Erlass des Führers vom 11.3.1941, vgl. Moll (Hg.), „Führer-Erlasse", S. 152, 160. Zu den Interessenkonflikten und dem „Westmark-Streit" zwischen den beiden Gauleitern und Chefs der Zivilverwaltung Bürckel und Simon, siehe: Wolfanger, Josef Bürckel und Gustav Simon, S. 397–409 und Wolfgang Freund, Volk, Reich und Westgrenze. Deutschtumswissenschaften und Politik in der Pfalz, im Saarland und im annektierten Lothringen 1925-1945 (= Veröffentlichungen der Kommission für Saarländische Landesgeschichte und Volksforschung 39), S. 40f. Freund befasst sich mit der Westgrenzziehung im Jahre 1940, ebenda, S. 294–298. Zu Bürckel: Gerhard Paul, Josef Bürckel – Der rote Gauleiter, in: Ronald Smelser u.a. (Hg.), Die Braune Elite II. 21 weitere biographische Skizzen, Darmstadt 1993, S. 51–65.

nach Norden vergrößert wurde. Es ging dabei offiziell darum, „eine möglichst volksnahe Verwaltung dieses industriereichen und besonders wichtigen Verwaltungsgebietes zu gewährleisten“, in Wahrheit wollte der Gauleiter ein politisches Gegengewicht zur Hauptstadt schaffen.[14] Wegen der recht hohen Lebensqualität und den guten Verdienstmöglichkeiten in der Industrie behielt der Landkreis während des Krieges seine Attraktivität. Bis 1943 wuchs die Zahl der Einwohner des politischen Kreises Esch auf etwa 113.000 an, die Stadt Esch ihrerseits gewann an demografischer Bedeutung, weil Schifflingen 1941 eingemeindet wurde.[15]

Die Eindeutschungspolitik der Gauleitung konzentrierte sich – neben der Hauptstadt – seit dem Herbst 1940 auf das Industriegebiet. Hier versuchten die Nationalsozialisten mit großen Betriebsappellen und Kundgebungen die Bevölkerung des Escher Bezirkes gezielt anzusprechen, wobei die Arbeiterschaft im Mittelpunkt der Bemühungen stand. Es kristallisierte sich schnell heraus, dass sich hier der politische Kampf um die wichtigste und zahlenmäßig stärkste Bevölkerungsgruppe entscheiden würde. Damit lag im Grunde der Gradmesser dafür, ob die Propaganda ihre Früchte tragen und die Heim-ins-Reich-Bewegung im Süden des Landes gelingen würde. Es waren jedoch nicht allein propagandistische Motive, sondern in erster Linie strategische Überlegungen, die das Regime gerade für die Menschen des Industriegebiets besondere sozialpolitische Maßnahmen ankündigen ließen. Hierzu zählten die Ausgabe von Wertgutscheinen oder eine Sonderbetreuung durch das Kriegs-Winterhilfswerk für Bedürftige des Kreises Esch. Diese Politik für die Menschen des Südens setzte sich in den folgenden Jahren fort. Als beispielsweise 1942 auf Wunsch des Gauleiters die Nationalsozialistische Volkswohlfahrt (NSV) in Luxemburg eingeführt wurde, machte man gerade den Menschen des Industriereviers vielversprechende Ankündigungen, etwa im Bereich der Kinderbetreuung.[16]

---

14 „Ab 1. Dezember Neuordnung des kommunalen Verwaltungswesens in Luxemburg“, in: OMZ Nr. 275 (28.11.1940).

15 W.F., Interessante Statistik aus dem Kreis Esch vor hundert Jahren, in: ETB Nr. 75 (30.3.1943). 1941 wurde Schifflingen in die Stadt Esch eingemeindet, die damit über 33.000 Einwohner hatte. Die zehn größten Ortschaften des Industriekreises waren: Esch (28.000 Einwohner), Düdelingen (13.000), Differdingen (8.200), Petingen (5.500), Schifflingen (5.300), Bettemburg (4.500), Rümelingen (4.200), Rodingen (4.000), Niederkorn (3.600) und Kayl (3.000).

16 „100.000 RM für Hilfsbedürftige des Kreises Esch“, in: ETB Nr. 21 (25.1.1941). Das Geld – so die Ankündigung – sollte anlässlich des 30. Januars, dem Jahrestag der „Machtergreifung“, durch die Kreisführung des Winterhilfswerks zur Verteilung kommen. Auch wurde die Ausgabe von Wertgutscheinen im Kreis Esch im Gesamtwert von 1 Million Reichsmark in Aussicht gestellt, vgl. „Die erste Millionengrenze erreicht“, in: ETB Nr. 66 (19.3.1941). Unterstrichen wurde, dass die Hilfsmaßnahmen bei weitem höher lägen als die im alten Luxemburger Staatshaushalt für das ganze Land vorgesehene Gesamtsumme. Siehe auch „Zur öffentlichen Einführung der NSV: Stolzeste Bilanz auf der ganzen Linie“, in: ETB Nr. 84 (11./12.4.1942).

Neben der materiellen Versorgung war dem Regime die politische Betreuung offensichtlich sehr wichtig. Dies äußerte sich in Form von pompösen nationalsozialistischen Aufmärschen und Kundgebungen sowie in Gestalt einer intensiven Propaganda, wobei dem regionalen Charakter des Industriebezirks und der besonderen Mentalität der Menschen des Südens stets Rechnung getragen wurde. Die Bedeutung, die dem Kreis Esch in dieser Hinsicht beigemessen wurde, zeigte sich darüber hinaus an der NS-Prominenz, die neben Gauleiter Simon in den ersten Jahren der Besatzung in Esch und Umgebung defilierte. Eine Besichtigungstour führte Reichsführer Heinrich Himmler 1940 durch das Escher Industriegebiet.[17] 1942 war es SA-Obergruppenführer Prinz August Wilhelm von Preußen, der die Escher Grubenbetriebe besichtigte. Im gleichen Jahr lud das Reichspropagandaamt Journalisten aus dem Gau Moselland und dem Altreich zu einer Pressefahrt in den Industriebezirk ein, um die Erfolge nationalsozialistischer Wirtschafts- und Volkstumspolitik zu dokumentieren.[18]

Gustav Simon selbst war in den Besatzungsjahren zu mehreren Veranstaltungen im Kreis Esch. Außer der Kreisstadt Esch, in der Simon fünf Mal anwesend war, suchte der Gauleiter noch die Industriestandorte Rodingen und Düdelingen auf. Von der Propaganda ließ sich der Chef der Zivilverwaltung gerne als volksnaher Arbeiterfreund darstellen, dem die Massen im Süden Luxemburgs angeblich begeistert zujubelten.[19] Eine erste Großkundgebung hielt der Gauleiter bereits im Oktober 1940 in Esch ab, nicht nur um beruhigend auf die unzufriedenen Arbeiter einzuwirken, die von den hochtrabenden Versprechungen und den Lohnverordnungen enttäuscht worden waren, sondern um nach seinen Auftritten in der Hauptstadt gewissermaßen eine Art Antrittsbesuch im bevölkerungsreichsten Kreis zu absolvieren. In den darauffolgenden Monaten ließ er den stellvertretenden Gauleiter Fritz Reckmann und Gaupropagandaleiter Urmes in Erscheinung treten.[20] Anlässlich der nationalsozialistischen 1.-Mai-Feiern des Jahres 1941 begab sich Simon persönlich nach Düdelingen, der zweitgrößten Ortschaft des Kreises. Es war die einzige „Großkundgebung", die Gustav Simon unter freiem Himmel abhielt. Die erhofften Arbeitermassen blieben aus, nur bestellte Funktionäre und Aktivisten versammelten sich auf dem Stadthausplatz, während die wenigen freiwillig erschienenen Düdelinger Bürger das Spektakel stumm verfolgten. Die von der Presse vermeldete Zahl von 15.000 Teilnehmern war höchstwahrscheinlich

17 Vgl. SD-Bericht vom 9.9.1940, in: ANLux SD-026.

18 wr., Zwei Kilometer im Schoß der Erde, in: ETB Nr. 99 (29.4.1942) und ETB Nr. 114 (18.5.1942).

19 Fotos von Simons Auftritt in der Arbeiterstadt Düdelingen (1941) sowie von Volksmassen, die zur ersten Großkundgebung in Esch (1940) zusammengeströmt sein sollen, wurden gerne als Illustrationen benutzt, z.B. in einem Artikel von Damian Kratzenberg, Ein Jahr Volksdeutsche Bewegung, in: ETB Nr. 161 (12./13.7.1941).

20 „Heimatnachrichten", in: ETB Nr. 17 (21.1.1941) und „Der Gaupropagandaleiter sprach in Rodingen", in: ETB Nr. 19 (23.1.1941).

übertrieben. In der Folge fanden die Kundgebungen nur mehr in extra errichteten Kundgebungszelten statt, wo die Anhänger unter sich blieben und nicht mit Störungen zu rechnen war.[21]

1942 hielt sich der Gauleiter gleich mehrfach im Süden des Landes auf, im April bei der Einführung der NS-Volkswohlfahrt, dann am 1. Mai in Rodingen – wo Simon ein Freiluftbad besichtigte – und schließlich im Juli, als er zum Abschluss des ersten VdB-Kreistages den Reichsorganisationsleiter Robert Ley zu dessen zweitem Luxemburg-Besuch empfangen konnte. Vermutlich war die sich abzeichnende Einführung der Wehrpflicht der Hintergrund für drei Auftritte innerhalb von nur vier Monaten. Das Aufgebot von prominenten Nazis wie Robert Ley von der DAF und Erich Hilgenfeldt von der NSV sowie der Auftritt von Luxemburger Kriegsfreiwilligen sollte nicht nur politisch überzeugen, sondern die zurückhaltenden Luxemburger mobilisieren beziehungsweise das Terrain für die allgemeine Militärdienstpflicht vorbereiten.[22]

Neben Simon war es der DAF-Gauobmann aus Koblenz, Hugo Dörner, der immer wieder ins Industriegebiet reiste, um auf Propagandaversammlungen Reden zu halten. Im Gegensatz zu seinem Gauleiter traute sich Dörner auch in die Betriebe des Kreises. Der Gauobmann trat vornehmlich bei großen Betriebsappellen in Aktion, erschien bei VdB-Versammlungen, Schulungstagungen oder ähnlichen Veranstaltungen, die in einem kleineren Kreis stattfanden. Er bevorzugte jedoch Massenspektakel in den Großbetrieben des Minettereviers, war mindestens zweimal im ARBED-Werk Belval und bei der Differdinger Stahlwerke A.G. im Einsatz, mindestens einmal bei Arbeitern der Rodinger Hochofen- und Stahlwerks-Gesellschaft sowie bei den Werktätigen der ARBED-Werke in Düdelingen und Schifflingen.[23]

Die Frequenz der Versammlungen, die Gauleiter Gustav Simon, nationalsozialistische Prominente, Parteivertreter sowie der höchste DAF-Funktionär aus dem Gau im Industriekreis Esch abhielten, illustriert das Bemühen des Regimes um die Gunst der Arbeiterschaft. Zwar handelte es sich bei den Kundgebungen um politische Propagandaversammlungen, zu denen einerseits die überzeugten Anhänger freiwillig, andererseits die Arbeiter zwangsweise und bestellt erschienen, aber es sind die Zwischentöne, die eine Art Stimmungsbarometer abgeben. Die

21 Henri Hoffmann, Maibaum statt Roter Fahne. Die 1.-Mai-Feier während der Besatzungszeit, in: Tageblatt Nr. 102 (30.4./1.5.2016). 1941 durfte nur der Kreis Esch eine „allgemeine Beflaggung und Ausschmückung der Gebäude“ vornehmen, während die Beflaggung in anderen Kreisen untersagt wurde, vgl. „Keine Beflaggung am 1. Mai“, in: OMZ Nr. 102 (30.4.1941).

22 Erich Hilgenfeldt (1897-1945) war der Führer der NS-Volkswohlfahrt NSV, die 1943 über 13 Millionen Mitglieder hatte, vgl. Klee, Personenlexikon, S. 255.

23 Der Betriebsappell auf Belval im November 1940 war einer der ersten öffentlichen Auftritte Dörners gewesen. Im Januar 1943 traf er sich mit Block- und Zellenobmännern sowie DAF-Amtswaltern des Belvaler Werkes, wo nach dem Streik der Luxemburger Direktor durch den Reichsdeutschen Broglio ersetzt worden war, vgl. „Die Betriebsführer sind Treuhänder der Nation“, in: ETB Nr. 8 (11.1.1943).

Arbeiterschaft ruhig zu halten und gleichzeitig zu den kriegswichtigen Höchstleistungen anzuspornen, waren nach 1940 die Hauptzielsetzungen, nachdem die politische Überzeugungsarbeit schon nach wenigen Monaten gescheitert war.

3. „Kämpfer des Industriegebietes“: Arbeiter an der westlichen Reichsgrenze

Die Randlage an der Westgrenze machte die Region um Esch-sur-Alzette für die Koblenzer Gauleitung zu einer Art Bollwerk gegen den vermeintlichen französischen Einfluss auf die Luxemburger. Die Grenzlage des Kreises bringe „besondere Aufgaben“ mit sich, wie der stellvertretende Landrat 1941 anlässlich der Vereidigung des neugeschaffenen Kreisrats von Esch-Alzig meinte.[24] NS-Historiografen verwiesen auf die „gefährliche Grenzlage“ des Luxemburger Gebietes, das seit dem Mittelalter „von Westen her (...) ständig bedroht“ gewesen sei. Die „Südwestecke“ des Kreises Esch sei bis 1940 ein „gefährdeter Grenzraum“ gewesen. Hier habe sich während Jahrhunderten das „Einfallstor“ befunden, durch das sich der französische Einfluss als „Fremdherrschaft“ beziehungsweise als gefährlicher „Übergriff“ auf die ganze altluxemburgische Landschaft ausgewirkt habe.[25]

Aus anderer Perspektive heraus konnte die Randlage des Industriegebiets als eine eher zentrale Lage interpretiert werden. Die „Minettemetropole“ Esch und die Kleinstädte von Düdelingen über Differdingen bis nach Rodingen gehörten zu einem riesigen Industriegebiet, das sich über vier Staatsgrenzen zog. Im Osten lag die deutsche Saar, die wie Luxemburg an das französische Lothringen grenzte. Im Westen stieß das Gebiet an Belgien. Auch wenn sich nach dem Ersten Weltkrieg die politischen Rahmenbedingungen durch die Rückgliederung Elsass-Lothringens an Frankreich und die Auflösung des Zollvereins völlig geändert hatten, so blieben die deutschen, luxemburgischen, belgischen und französischen Industriereviere wirtschaftlich und produktionstechnisch eng miteinander verbunden. Die erwähnten Regionen waren in den raumplanerischen Konzeptionen deutscher Forscher eine Art Kerngebiet, das einen wichtigen Teil des sogenannten „Westraums“ darstellte. Zu diesem Konstrukt zählten Städte wie Straßburg, Luxemburg oder Brüssel, die von Raumplanern und NS-Ideologen als „Symbolorte frankophoner ‘Überfremdung’“ (Iler) gedeutet wurden und die nach einem deutschen Sieg in einem „Neuen Europa“ ihre ursprüngliche Bedeutung als „Städte des deutschen Westens“ wiedererlangen sollten.[26] Die Stadt Esch und die Minetteregion spielten

24 „Die Kreisräte des Kreises Esch“, in: ETB Nr. 263 (8./9.11.1941).

25 Vgl. Artikelreihe im ETB: T, Die Südwestecke des Kreises Esch I-IV, in: ETB Nr. 7 (9.1.1942), Nr. 8 (10./11.1.1942), Nr. 11 (14.1.1942) und Nr. 15 (19.1.1942).

26 Thomas Iler, Imaginierter Westen: das Konzept des „deutschen Westraums“ im völkischen Diskurs zwischen Politischer Romantik und Nationalsozialismus, Bielefeld 2009, S. 34. Vgl. den von Friedrich Muth benutzten Ausdruck des „neuen Westens“; Frid Muth, Neuer Westen, in: Moselland. Kulturpolitische Blätter 2 (1941), S. 8–16.

in dieser Optik natürlich nur eine kleine Rolle, aber die raumplanerischen Fantasien lieferten dem Gauleiter von Koblenz-Trier das Argumentationspotenzial, das er benötigte, um gerade dieses Gebiet machtpolitisch und volkstumspolitisch zu erobern beziehungsweise für das Deutschtum „zurück“zugewinnen.

Gustav Simon wollte seine Macht gerade hier in dieser wirtschaftlich wichtigen Region etablieren und stabilisieren. Bis zu einem gewissen Grad erklärt wahrscheinlich auch die persönliche Lebensgeschichte von Gustav Simon sein besonderes Interesse für das Industriegebiet Luxemburgs. Simon war 1900 in der Nähe von Saarbrücken geboren worden und stammte damit gewissermaßen aus der Industrieregion. Dies könnte eine gewisse Affinität des Gauleiters zu den industriellen Zentren mit einer zahlenmäßig starken Arbeiterschaft erklären. In einer NS-Vita wurde nicht zufällig darauf hingewiesen, dass der ehemalige Volksschullehrer wie der Führer des Deutschen Reiches „nicht aus der Schicht der oberen Zehntausend“ sondern aus der „Mitte des Volkes“ stammte.[27] Sein angeblich gutes Verhältnis zur Arbeiterklasse ließ Gustav Simon gerne durchblicken, etwa wenn er bei Kundgebungen die Menschen des Kreises Esch-Alzig als Vorbild für die übrigen Landesteile darstellte. 1942 beispielsweise lobte er ganz besonders die Bewohner des Südens, die sich bei der Woll- und Wintersachenspendenaktion vor allen anderen Bevölkerungsgruppen ausgezeichnet hätten.[28]

Mit einer gewissen Faszination wies die deutsche Kultur- und Volkstumspropaganda darauf hin, dass die Industrialisierung die Region eigentlich nur wenig verändert hätte. Gerade der „Charakter seiner Bevölkerung“ sei unangetastet geblieben: „Kleinstädtische Behäbigkeit und bäuerliche Erdverbundenheit herrschen heute noch vor, und der Bauer ist Herr seiner Scholle geblieben.“[29] Reporter, Bildberichterstatter, Fotografen und Künstler stellten Esch und Umgebung holzschnittartig als Gegensatz zwischen pulsierenden Industrieanlagen und beschaulichen Gehöften dar: Hier die Arbeiter, dort ein „zähes, urwüchsiges Bauerntum“, das im Laufe der Jahrhunderte die Erde urbar gemacht habe.[30] Die Nazi-Propaganda beschränkte sich nicht nur auf eine verklärende Darstellung des Landes der Roten Erde, sondern versuchte, die eigene Mentalität und das Klassenbewusstsein der Arbeiterschaft des Südens für ihre eigenen Zwecke zu nutzen. Das „unverdorbene Herz des Escher Arbeiters“ habe diesen den Weg zum Führer finden lassen,

---

27 Vgl. Krier, Gustav Simon, S. 256f.

28 Luxemburg habe „wieder einmal sein deutsches Herz gezeigt“, so Gustav Simon. „Dass sich dabei besonders der Kreis Esch in besonderer Weise hervorgetan hat, verdient um so mehr Anerkennung, als ein großer Teil gerade seiner Bevölkerung evakuiert war und in dieser Zeit manches von seinem Hab und Gut eingebüßt hat.“ Vgl. „Der Gauleiter gab die Kampf-Parole“, in: LW Nr. 5 (5.1.1942).

29 Vgl. Frid Muth/ Herbert Ahrens, Moselland. Ein Bildbericht. Mit einem Geleitwort von Gauleiter Gustav Simon, München 1942, S. 11f. Die Publikation erschien beim Verlag Heinrich Hoffmann in einer Auflage von 22.000 Exemplaren.

30 „Im Weichbild der Kreisstadt. Urwüchsiges Bauerntum im Bering des Amtes Esch-Land“, in: ETB Nr. 166 (18./19.7.1942).

die „Lützelburger des Industriekreises" und „Kämpfer des Industriegebietes" hätten eine aufgeschlossene Haltung gegenüber den politischen Veränderungen an den Tag gelegt. Es seien in der Hauptsache Bergleute und Hüttenarbeiter, die das „braune Ehrenkleid" angelegt und die „Arbeiter der Roten Erde", die sich freiwillig zur Wehrmacht gemeldet hätten.[31]

In Gustav Simons politischer Vorstellungswelt vermischten sich volkstums- und raumpolitische Konzeptionen. Er war unerschütterlich im Glauben, eine mehrheitlich deutsche Bevölkerung in Luxemburg vorzufinden, die sich nicht nur sprachlich, sondern auch kulturell, technisch und rassisch von den Franzosen unterscheide. Die Luxemburger seien den Franzosen überlegen, so Simons Behauptung anlässlich einer Kundgebung im Jahre 1941: „Warum ist beispielsweise in Longwy jedes Haus eine Höhle und hier ein Schmuckkästchen? Weil Sie deutsche Lützelburger und keine Franzosen sind!"[32] Die Überlegenheit zeige sich, wiederholte Simon im Juli 1942, vor allem im südlichen Grenzgebiet. Der Kreis Esch sei „ein Kreis fleißiger Arbeiter, die etwas auf sich halten, ein Kreis mit sauberen Städten und Dörfern, mit hochentwickelten und modernen Betrieben, auf die wir alle stolz sind." Dies liege aber daran, dass der „deutsche Kreis Esch" von volksdeutschen Arbeitern bewohnt sei, während in Longwy „die deutsche Siedlung" ende. Jenseits der Volkstumsgrenze würden sich nur noch „Schmutz und (...) Unordnung" befinden. Die alten Staatsgrenzen seien laut Simon „willkürliche Einrichtungen aus der Zeit der alten Fürstenherrlichkeit" gewesen, die nun aber neu gezogen werden müssten. Deshalb zählte der Gauleiter Teile Südbelgiens um Athus (dt. Athem) und Arlon am westlichsten Rand des Kreisgebietes zu seinem natürlichen Einflussgebiet.[33]

4. Die Kreisstadt Esch-Alzig als NS-Musterstadt für die „Schaffenden"

NSDAP und deutsche Behörden wollten im Zuge der Neuordnung das Gesicht der Luxemburger Industriestädte verändern. Mit der Einführung der deutschen Gemeindeordnung und der Ernennung von deutschen Bürgermeistern begann eine Phase „großer Planungen", die zu einer Verbesserung der Lebensqualität und damit zu einer politischen Durchdringung der typischen Arbeiterstädte beitragen sollte.[34] In Düdelingen, das von der Propaganda zur „Stadt emsigen Fleißes" stilisiert wurde, wurden unter deutscher Verwaltung nicht nur die Kriegsschäden beseitigt, sondern auch Grünanlagen und Kinderspielplätze zur Aufwertung

31 Wz, Zum Kreistag der VdB, in: ETB Nr. 160 (11./12.7.1942).

32 „Der Sozialismus kommt", in: LW Nr. 298 (27.10.1941).

33 Vgl.„Die Rede des Gauleiters", in: ETB Nr. 167 (20.7.1942).

34 „Ratsherrensitzung in Düdelingen", in: ETB Nr. 250 (24.10.1941).

des Stadtbildes neu angelegt.[35] In Rodingen weihte Gauleiter Gustav Simon persönlich ein Freiluftbad „als vorbildliches Gemeinschaftswerk für die Schaffenden“ ein, als er am 1. Mai 1942 zu einer Kundgebung in der Industriestadt weilte.[36] Mittelpunkt nationalsozialistischer Stadtentwicklungspolitik war die Stadt Esch. Sie wurde nicht nur zur Kreisstadt erhoben, sondern wuchs mit der Eingemeindung des benachbarten Industriestädtchens Schifflingen bevölkerungs- wie flächenmäßig an. Die neue Gemeinde zählte nun 32.000 Einwohner, die sich auf etwas mehr als 20 km² verteilten. Die Arrondierung der Stadtgrenzen erlaubte die Erschließung neuer Bauflächen, so die Planungen des deutschen Bürgermeisters, der hier Eigenheime mit Gartenflächen für die „Schaffenden“ des Industriekreises bauen wollte. Diese „Heimstättenplanung“ war vor dem Zweiten Weltkrieg eines der Vorzeigeprojekte des NS-Staates gewesen. Hier mischte auch die mächtige Deutsche Arbeitsfront mit, die federführend im „Reichsheimstättenamt“ war. Die Bedeutung, die das Regime der Schaffung günstiger Wohnungen für die Volksgenossen beimaß, zeigte sich in der Ernennung Robert Leys zum „Reichskommissar für den sozialen Wohnungsbau“ im Jahre 1940. Zu seinen Stellvertretern ernannte Ley die Gauleiter, sodass Gustav Simon den Titel eines „Gauwohnungskommissars“ erhielt.[37]

Der Chef der Zivilverwaltung in Luxemburg wollte das Problem des chronischen Wohnungsmangels anpacken, der nach dem Ersten Weltkrieg durch den Aufschwung der Eisenindustrie im industriellen Süden besonders spürbar geworden war. Gauleiter Simon ließ ein ehrgeiziges Neubauprogramm für 500 Wohnungen verkünden, von denen im Rahmen eines Sofortprogramms 200 direkt verwirklicht werden sollten. Allerdings vermochte die Zivilverwaltung kaum eigene Akzente zu setzen, denn kriegsbedingt konnten nur sehr wenige Projekte verwirklicht werden. Darüber hinaus zogen die Deutschen größtenteils Pläne aus der Schublade, die aus der Vorkriegszeit stammten oder warben mit Bauvorhaben, die bereits vor dem Krieg realisiert worden waren. Eine bereits bestehende öffentliche gemeinnützige Wohnungsbaugesellschaft wurde in „Gemeinnützige Gesellschaft für Wohnungsbau 'Moselfranken'“ umbenannt und sollte in einer ersten Phase die Vorstellungen von Gustav Simon im Bereich des „Siedlungs- und Wohnungswesens“ umsetzen. In Esch und Differdingen sollten demnach 44 von 200 geplanten Wohnungen für Arbeiterfamilien errichtet werden, die nationalsozialistischen Standards entsprechen sollten. In einem „Führer-Erlass“ hatte Hitler im Jahre 1940 persönlich Grundsätze für den Wohnungsbau festgelegt und die Zivilverwaltung orientierte sich an diesen Vorgaben, die unter anderem Wohneinheiten mit einem

35 J.R., Düdelingen. Die Stadt emsigen Fleißes“, in: ETB Nr. 90 (18./19.4.1942. Der Artikel erschien anlässlich des Gaumeister-Endspiels zwischen den Fußballvereinen „Stadt Düdelingen“ und Eintracht Kreuznach.

36 „Das Freiluftbad in Nieder-Rodingen“, in: ETB Nr. 102 (1.5.1942).

37 Vgl. Fleischhauer, Der NS-Gau Thüringen, S. 46.

bis drei Kinderschlafzimmern vorsahen. Nur so seien die „Voraussetzungen für ein gesundes Leben kinderreicher Familien“ gegeben.[38]

Was die Gestaltung der Arbeiterwohnungen anbetraf, so hatten Architekten der Deutschen Arbeitsfront klare Vorstellungen über eine „Normierung“ und „Typisierung“ der Häuser. Große Wohnblöcke oder Mietskasernen waren im Prinzip verpönt, man dachte eher an kleine Eigenheime mit Gartenflächen, die in neu zu erschließenden Siedlungen entstehen würden.[39] Tatsächlich hatte der NS-Wohnungsbau seit den 1930er Jahren dieses Modell bevorzugt, da die Siedlungen die „Zellen der Volksgemeinschaft“ darstellten. Die industrielle Arbeiterschaft war die Hauptadressatin einer solchen Siedlungsbaupolitik, nicht zuletzt um sich auf diese Weise die „Loyalität zum neuen System“ (Haerendel) zu sichern.[40] In Esch plante man den Bau von „Volkswohnungen im Reihenhaustyp“, aber vor allem „Kleinsiedlungen“. Die Vergabe solcher Wohnungen war an Bedingungen geknüpft, da die Menschen eigene Gärten bewirtschaften und daneben Kleinviehhaltung betreiben müssten. Hinter einer vermeintlich sozialen Wohnungspolitik verbarg sich aber die primitive „Blut und Boden“-Ideologie des NS-Regimes. Die Siedlungshäuser waren nur für „erbgesunde, politisch zuverlässige Familien“ und „wertvolle Menschen“ gedacht, die durch ein „eigenes Heim auf eigener Scholle“ stärker an die „Heimat“ gebunden werden sollten. Arbeiterhaushalte, die in Geschosswohnungen und Mietskasernen im Stadtzentrum lebten, würden auf extra ausgewiesenen Flächen Gartenland zur eigenen Bewirtschaftung bekommen.[41] Dieses Gerede illustriert, wie realitätsfern die Planspiele der Nationalsozialisten waren, da es in der Stadt Esch eigentlich keine Mietskasernen gab und die vielgepriesene deutsche „Kleingartenlandbewegung“ in Gestalt von Kleingärtnervereinen schon vor dem Krieg existiert hatte. Eisenkontingentierung, Baustoffmangel und vor allem ab 1942 fehlende Arbeitskräfte verhinderten, dass die ehrgeizigen Bauprogramme der

38 Für Hitler handelte es sich in seinem Erlass vom 15.9.1940 um eine bevölkerungspolitische Maßnahme zur „Steigerung“ der Bevölkerungszahl. Nur so seien „die Lücken zu schließen, die der Krieg dem Volkskörper als Opfer auferlegte.“ Vgl. Moll, Führer-Erlasse, S. 137f. Zur Wohnungsbaupolitik im Krieg, vgl. Schneider, In der Kriegsgesellschaft, S. 637–642, 660f. und Recker, Nationalsozialistische Sozialpolitik im Zweiten Weltkrieg, S. 128–154; zu den Konflikten zwischen DAF und Reichsarbeitsministerium im Bereich des Wohnungsbaus, vgl. Karl Christian Führer, Wohnungsbaupolitische Konzepte des Reichsarbeitsministerium, in: Nützenadel (Hg.), Das Reichsarbeitsministerium im Nationalsozialismus, S. 206–211.

39 „Förderung des Wohnungs- und Siedlungswesens in Luxemburg“, in: OMZ Nr. 261 (4.11.1941), „Gemeinnütziges Wohnungsbauen“, in: ETB Nr. 258 (3.11.1941) und „Positive Wohnungspolitik in Luxemburg“, in: LW Nr. 305 (3.11.1941). Vgl. auch „Esch und Schifflingen eine Gemeinde“, in: ETB Nr. 151 (1.7.1941).

40 Ulrike Haerendel, Wohnungspolitik im Nationalsozialismus, in: Zeitschrift für Sozialreform 45 (1999), S. 843–879, Zitat S. 855.

41 Vgl. Interview mit Bürgermeister Komp: „Das kommunale Programm für Esch-Alzig“, in: LW Nr. 147 (28.5.1941).

Nationalsozialisten im Industriegebiet verwirklicht werden konnten. Unter dem deutschen Bürgermeister der neuerkorenen Kreisstadt hatte die Schaffung von Wohnungen für die zahlreichen Beamten der deutschen Behörden und der Ausbau von Versammlungsräumen zudem eine höhere Priorität als der soziale Wohnungsbau für Arbeiterfamilien.[42]

Die Deutschen hatten nicht nur hochtrabende Pläne im Bereich des Wohnungsbaus. Die neue „Kreisstadt“ sollte ein “nicht nur wirtschaftlicher Mittelpunkt, sondern jetzt auch das politische und verwaltungsmäßige Zentrum eines großen Gebietsteiles des Landes Luxemburg“ sein, „zum repräsentativen Mittelpunkt dieses aufgeschlossenen Industriereviers“ werden, so die Äußerung des neuernannten deutschen Bürgermeisters von Esch im Jahre 1941. Die Stadt sei „das Herz des kostbaren Luxemburger Industriegebietes“ und solle „nicht mehr stiefmütterlich behandelt werden (…), wie es leider in den früheren Jahren der Fall war“, so Bürgermeister Komp. Deshalb gingen seine Bestrebungen dahin, der Stadt Esch ein besonderes „Eigenleben“ zu geben, das der Kommune „als Wohnplatz einer zahlreichen werktätigen Bevölkerung“ gerecht würde. Leider gingen die ersten Bemühungen eher in eine andere Richtung, denn Kreisbehörden und Landratsamt, vor allem aber die Kreisleitung müssten zuallererst so untergebracht werden, wie es der „deutschen Baukultur“ entspräche. Danach müsse die Kreisstadt Esch nach einem neuen „Generalbebauungsplan“ vor allem als regionales Zentrum der NSDAP ausgebaut werden. Neue Behörden- und Parteibauten, HJ-Heime, Sportplätze zur „Jugendertüchtigung“ und vor allem eine große Versammlungshalle, die „für die politische Führung und Lenkung der Einwohnerschaft“ unerlässlich sei, wurden in die Bebauungspläne aufgenommen.[43]

Gezielt appellierten die Deutschen in diesem Zusammenhang an den Lokal- und Regionalpatriotismus der Stadtbewohner, die in der Vorkriegszeit gegenüber anderen Gegenden des Landes stets benachteiligt gewesen seien, so suggerierte zumindest das Escher Tageblatt: „Die jahrzehntelange stiefmütterliche Behandlung der Industriestadt [Esch] hat unter der Verwaltung des C.d.Z. aufgehört. Esch wird nach dem Krieg ein anderes Gesicht bekommen.“[44] Indem die anderen Regionen Luxemburgs (vor allem die Hauptstadt und der agrarisch geprägte Norden) gegen das Minetterevier ausgespielt wurden, erhoffte man sich eine stärkere Zustimmung unter der Arbeiterbevölkerung des Kreises Esch. Erste städtebauliche Sofortmaßnahmen wurden deshalb ab 1941 in die Wege geleitet. Bis zum Escher Kreistag des Jahres 1942 konnten Stadtverwaltung und NSDAP-Kreisleitung tatsächlich einige Projekte realisieren, die der Öffentlichkeit als Erfolge präsentiert wurden. Rechtzeitig zum ersten Kreistag hatte man die Umbauten eines ehemaligen Autohauses zur neuen Stadthalle vollenden können, wo fortan alle größeren politischen

42 Ebenda.

43 Vgl. „Das kommunale Programm für Esch-Alzig“, in: LW Nr. 147 (28.5.1941) und Wz, Einführung des neuen Bürgermeisters von Esch, in: ETB Nr. 94 (23.4.1941).

44 „Esch und Schifflingen eine Gemeinde“, in: ETB Nr. 151 (1.7.1941).

Kundgebungen stattfanden.[45] Im gleichen Jahr eröffnete das sogenannte „Kleine Theater" in einem umgebauten Kino – bis dahin hatte das Land Luxemburg nur einen richtigen Theatersaal in der Hauptstadt gehabt. Das Escher „Volkstheater" wertete die Grenzstadt kulturell erheblich auf.[46]

Ein Schwerpunkt der Um- und Neugestaltung der Kreisstadt lag somit im Bereich von Kultur und Bildung, auch weil in diesen Bereichen zur Umsetzung der Politik keine größeren Investitionen notwendig waren. Die Escher Musikschule wurde zur „Volksmusikschule" umgestaltet, in der Kreisberufsschule richtete sich die „Volksbildungsstätte" der Deutschen Arbeitsfront ein, während das Deutsche Frauenwerk eine „Mütterschule" ins Leben rief. 1942 öffnete die „Volksbücherei", die sich bei genauerem Hinsehen allerdings als die Wiedereröffnung der alten Stadtbibliothek unter neuer Bezeichnung entpuppte. Dort hatte man unerwünschte Literatur aussortiert und die Bestände um Propagandaschriften und NS-Literatur aufgestockt.[47] Zu den wenigen wirklich sozialen Projekten gehörte die Eröffnung eines Jugend- und Kindergruppenheimes, eines Schullandheimes in Schönfels sowie eines NSV-Kindergartens.[48]

Wegen der weiteren militärischen Entwicklung ab 1942 blieben die meisten Bauvorhaben wie etwa das „Kreisforum" in der Planungsphase stecken oder konnten nicht in dem gewünschten Maße fortgeführt werden. Aus der Industriestadt Esch mit ihren riesigen schwerindustriellen Anlagen, die Tag und Nacht Lärm und Staub verursachten, wollten die NS-Stadtplaner eine neue Metropole mit einer höheren Lebensqualität schaffen. Zu den sichtbarsten Aktionen gehörte deshalb eine Bepflanzungs- und Begrünungsaktion. Zusammen mit Sportgelände, Schwimmbad, Kinderspielplätzen und großzügigen Parkanlagen wollte man hier ein ansprechendes Stadtbild mit schönen öffentlichen Plätzen und sauberen Häuserfronten schaffen, wo sich die volksdeutschen Arbeiter mit ihren Familien vom anstrengenden Arbeitsalltag erholen könnten.[49]

Esch sollte schließlich in politischer Hinsicht an Bedeutung gewinnen. Alle wichtigen Entscheidungen wurden zwar weiterhin von der Zivilverwaltung in Luxemburg oder von der Gauleitung in Koblenz getroffen, aber die Partei hatte als ihre Repräsentanten erfahrene Parteileute in die Industriegegend entsandt. NSDAP-Kreisleiter Wilhelm Diehl und der DAF-Kreisobmann Ludwig Grohé hatten hier während vier Jahren die Zügel fest in der Hand, womit im Kreis Esch

45 „Die neue Stadthalle in Esch-Alzig", in: LW Nr. 191 (10.7.1942).

46 „Ein Theater für die Grenzstadt Esch", in: ETB Nr. 164 (16.7.1942) und „Das ‚Kleine Theater' in Esch", in: LW Nr. 197 (16.7.1942).

47 „Ausbau der Escher Musikschule", in: ETB Nr. 162 (14.7.1941); „Eröffnung der Escher Volksbücherei", in: LW Nr. 197 (16.7.1942).

48 „Kulturstätte und Schullandheim für die Stadt Esch", in: ETB Nr. 19 (23.1.1942) und „Stätte des Frohsinns und der Arbeit", in: ETB Nr. 165 (17.7.1942).

49 „Deutschlands westlichste Kreisstadt", in: ETB Nr. 160 (11.7.1942) und Theo Kerg, Volkstum und Heimat, in: ETB Nr. 102 (3.5.1941).

im Vergleich zu anderen Gegenden eine außergewöhnliche personelle personelle Kontinuität herrschte.

Das Leben in der Kreisstadt Esch und den umliegenden Industrieortschaften war in einem bis dato ungewohnten Ausmaß von Parteiveranstaltungen geprägt. Zentraler Veranstaltungsort war die Stadt Esch. Kundgebungen, Heldengedenkfeiern und Soldatenbesuche bestimmten zeitweise den Alltag, genauso wie Aufmärsche mit Fahnen und Umzüge uniformierter Parteianhänger zu besonderen Anlässen das Straßenbild dominierten.[50] In den Hüttenwerken trommelte die Deutsche Arbeitsfront die Arbeiter und Angestellten immer wieder zu Massenveranstaltungen zusammen. Unzählige öffentliche Kundgebungen in den Straßen, aber auch geschlossene Veranstaltungen von Volksdeutscher Bewegung und NSDAP in Versammlungssälen fanden regelmäßig statt. Vorträge und Schulungen ergänzten das Propagandaangebot. Höhepunkte des politischen Lebens waren die drei Kreistage, die 1942 bis 1944 in Esch stattfanden. Hierbei handelte es sich um aufwändige mehrtägige Propagandaspektakel, bei denen sich die Nationalsozialisten selbst feierten.[51]

Die Partei übernahm auch die Federführung in der Kulturpolitik. Die Nationalsozialisten wollten den kleinen Leuten des Industriegebietes flächendeckend einen günstigen Zugang zu kulturellen Veranstaltungen und Bildungsangeboten ermöglichen. Großen Erfolg hatte die NS-Gemeinschaft „Kraft durch Freude“, die mit Varieté und anderen Formen der leichten Unterhaltung die Massen der Escher Arbeiterschaft anzog. Was immer die nationalsozialistischen Kulturpolitiker für Stadt und Kreis ersannen, es ging darum, den Einfluss der alten Eliten zurückzudrängen. Die „Kraft durch Freude“-Bewegung sollte im Bereich von Freizeit und Kultur schließlich die Angebote der Gewerkschaften ersetzen, die vor dem Krieg von vielen Menschen genutzt worden waren. Die Erfolge der deutschen Kulturpolitik waren recht beeindruckend, wenn man den Zahlen glaubt.[52] Ähnlich wie die Kultur wurde auch das vielfältige Vereinsleben nach nationalsozialistischen Vorstellungen reorganisiert. Eine Art Kreispatriotismus förderte die Partei über die Sportpolitik. Der „Sportkreis“ Esch wurde Schauplatz von sportlichen Großereignissen, die vom Reichsbund für Leibesübungen oder den Kreissportwarten der Deutschen Arbeitsfront organisiert wurden. Vorführungen mit den besten

50 Siehe z.B. „Der 30. Januar, ein Tag stolzer Gesinnung und erneuter Verpflichtung“, in: ETB Nr. 25 (31.1.1944).

51 Kreistag der Volksdeutschen Bewegung in Esch: 11.-19. Juli 1942, Esch 1942, Kreistag der Nationalsozialistischen Deutschen Arbeiterpartei, Luxemburg 1943 und Veranstaltungsfolge zum Kreistag der NSDAP und der VdB in Esch vom 25. Juni bis zum 2. Juli 1944, Esch 1944.

52 Angeblich nutzten 1941/1942 über 50.000 Menschen im Kreis Esch die Angebote der KdF. Am KdF-Sport nahmen im gleichen Zeitraum 7.000 Personen aktiv teil, während beim Volksbildungswerk der DAF etwa 5.000 Personen eingeschrieben waren, in: „Die Aufbauarbeit der Deutschen Arbeitsfront im Kreise Esch“, in: ETB Nr. 102 (4.5.1942).

Sportlern des Kreises oder regionale Wettbewerbe, wie ein Amateurradrennen „Rund um das Hüttenwerk" (1941–1943) oder Fußballspiele wurden in den Dienst der Politik gestellt. Einer der sportlichen Höhepunkte war der Sieg eines Düdelinger Fußballvereins in der Gaumeisterschaft des Jahres 1942.[53]

Die Kreisstadt Esch entwickelte sich während der NS-Zeit zu einer Art Gegenpol zur Hauptstadt. In Luxemburg-Stadt lebten die alten Eliten, die „frankophilen Intellektuellen", wo der Gauleiter das Zentrum der Opposition gegen seine Politik verortete, während die Industriemetropole zur Heimat der Arbeiterschaft stilisiert wurde.[54] In diesem Zusammenhang wurde der „Heimat"-Begriff von den Propagandisten bewusst uminterpretiert. Den Menschen des Südens wollte man – neben der Zugehörigkeit zum Deutschtum – den Eindruck vermitteln, sie seien etwas Besseres und würden sich von den Franzosen und Belgiern jenseits der Volkstumsgrenzen durch eine stärkere Verwurzelung im Minettegebiet unterscheiden. Darüber hinaus ging es darum, sich von dem abzugrenzen, was vor 1940 die „Heimat" der Luxemburger gewesen war. Da Luxemburg als eigenständiges Staatsgebilde von der Landkarte verschwunden war, benötigte man einen neuen Heimatbezug. Der Luxemburger Patriotismus war obsolet geworden und sollte verschwinden. An dessen Stelle wollte man nunmehr neue Loyalitäten und Zugehörigkeitsgefühle treten lassen. Nicht mehr das Großherzogtum von 1939, sondern eine gelebte deutsche „Volksgemeinschaft" und das neu geschaffene Kreisgebiet waren Bezugspunkte. Der Kreis Esch sollte nicht nur parteipolitisch und administrativ ein Teil des Gaues Moselland werden, sondern auch in den Köpfen und Herzen der Menschen einen dauerhaften Platz finden.[55]

---

53 „Großer Erfolg der Vorführungsgruppe in der Gewerbeschule", in: ETB Nr. 33 (9.2.1942) und „Rund um das Hüttenwerk", in: LW Nr. 264 (23.9.1941). „Düdelingen feiert seinen Gaumeister", in: ETB Nr. 99 (29.4.1942).

54 „Stätten der Heimat: Esch-Alzig", in: ETB Nr. 9 (11./12.1941).

55 Vgl. z.B. Gebrauch des Begriffs „Heimat", in: Der Kreis Esch-Alzig schreibt seinen Soldaten. Heimatbrief für die Soldaten des Kreises Esch-Alzig, Esch 1944. Mit der „Westdeutschen Forschungsgemeinschaft" befasst sich die Arbeit von Bernard Thomas, Le Luxembourg dans la ligne de mire de la „Westforschung" 1931-1940, Luxemburg 2011 (= Collection Fondation Robert Krieps). Auch in anderen Publikationen, die nach 1940 erschienen, wurde Luxemburg als Teil des „Westraumes" gesehen, der eine gemeinsame Vergangenheit aufwies, darüber hinaus aber auch einen „westlichen deutschen Kulturraum" in Abgrenzung zu Frankreich bildete. Siehe auch: Klaus Freckmann, Luxemburg – ein Teil des deutschen Reiches? Zur Kontinuität der landes- und volkskundlichen Kulturraumforschung und ihr Verhältnis zur kulturellen Identität Luxemburgs im 20. Jahrhundert, in: Burkhard Dietz/ Helmut Gabel/ Ulrich Tiedau (Hgg.), Griff nach dem Westen. Die „Westforschung" der völkisch-nationalen Wissenschaften zum nordwesteuropäischen Raum (1919-1960), Münster/ New York/ München/ Berlin 2003 (= Studien zur Geschichte und Kultur Nordwesteuropas 6), S. 473–492.

5. Zusammenfassung

Luxemburg bildete in der Vorstellung der Gaupropagandisten eine landschaftliche, kulturelle, ethnische, historische und nicht zuletzt eine wirtschaftliche Einheit mit dem Gau Koblenz-Trier. Diesen Standpunkt vertrat auch Gustav Simon, der seinen Gau raumplanerisch nach der Besetzung Luxemburgs „um eine westöstliche Achse gelagert“ sah. Laut Verfügung Hitlers erhielt dieses künstliche Gebilde ab Januar 1941 die Bezeichnung Moselland und wurde nun zu einem „neuen Landschaftsbegriff“, so Gauleiter Gustav Simon.[56] Das Minettegebiet befand sich am südwestlichen Rand dieses neuen Gebildes, das der Gauleiter zielstrebig aus den alten Verwaltungsstrukturen des Reiches herauslösen wollte. Zu diesem Zweck strebte Simon eine möglichst enge personelle und verwaltungsmäßige Verflechtung zwischen dem CdZ-Gebiet Luxemburg und dem Altgau Koblenz-Trier an. Die Propaganda, aber vor allem die verwaltungs- und personalpolitischen Maßnahmen wurden diesem Primärziel klar untergeordnet.[57] Der moselländische Raum war durch die Hinzugewinnung Luxemburgs gewissermaßen arrondiert worden und sollte nach den Vorstellungen von Gauleiter Simon „wieder zu einem der bedeutendsten Gebiete des deutschen Lebensraumes“ heranwachsen.[58] Über die

56 Vgl. Rundschreiben Nr. 1/41 des Gauleiters Gustav Simon vom 1.2.1941 an die Hoheitsträger, gedr. in: Brommer (Hg.), Die Partei hört mit, Bd. 2.1., S. 7f. Die Verfügung vom 24.1.1941 betr. Umbennung des Gaues Koblenz-Trier der NSDAP in Gau Moselland der NSDAP, in: Moll (Hg.), „Führer-Erlasse“, S. 157. Der Begriff „Gau Moselland“ hatte keine wirkliche staatsrechtliche Bedeutung, da der Altgau Koblenz-Trier und Luxemburg zwar gleichermaßen dem NSDAP-Gauleiter Simon unterstanden, formell gesehen Luxemburg aber bis zum Zusammenbruch der deutschen Herrschaft im Jahre 1944 ein „CdZ“-Gebiet war. Simon übte somit die beiden Ämter in Personalunion aus. Ein ähnliches Konstrukt war der „Gau Westmark“, der bereits im Dezember 1940 auf Anordnung Hitlers geschaffen wurde und den Gau Saarpfalz mit dem annektierten Lothringen umfasste. Am 11.3.1941 ernannte Hitler den Gauleiter und Chef der Zivilverwaltung Josef Bürckel zum „Reichsstatthalter in der Westmark“, mit Behördensitz in Saarbrücken. Für die Nationalsozialisten war Luxemburg – am westlichsten Rand des Gaues Moselland – ein „völkischer Sperrriegel vor dem Jahrhunderte alten Einfallstor des Westens“, vgl. Otto Simon, Luxemburg, ein Teil des Gaues Moselland, in: ETB Nr. 126 (31.5./1.6.1941). Die Bezeichnung „Moselland“ setzte sich im offiziellen Sprachgebrauch schnell durch, auch Fachleute wie Schmithüsen waren zur Stelle, um die neue Konstruktion wissenschaftlich zu legitimieren, vgl. Josef Schmithüsen, Der Gau Moselland, in: Geographischer Anzeiger 42 (1941), S. 431–432. Zu Schmithüsen, vgl., Wolfgang Müller, Schmithüsen, Gerhard Franz Josef, in: Neue Deutsche Biographie 23 (2007), S. 232–233 [Onlinefassung]; online unter http://www.deutsche-biographie.de/pnd118609211.html (Abruf: 24.5.2018).

57 Vgl. Horst Romeyk, Der Gau Moselland und seine Beziehungen zu Luxemburg, in: Hémecht 39 (1987), S. 411–427.

58 Vgl. Muth/ Ahrens, Moselland, S. 11f.

Frage des Volkstums hinaus war die Beherrschung Luxemburgs für die Politiker des Gaues Teil des wirtschafts- wie machtpolitischen Kalküls.

Das Land Luxemburg, besonders aber das Industriegebiet im Süden mit seiner Arbeiterbevölkerung spielte nicht nur in der Propaganda eine Rolle, sondern war ein Bestandteil der Machtpolitik des Gauleiters Gustav Simon, der seinen Gau Moselland als eine Art „Bollwerk der Herzen und Hirne im Westen" interpretierte.[59] Dieser Gau Moselland grenzte im Südwesten an den Gau Westmark, wie der Gau Saarpfalz seit einer Anordnung Hitlers bezeichnet wurde; diesem Gau wurde 1940 das ehemals französische Lothringen zugeschlagen und der ewige Konkurrent Gustav Simons, der Gauleiter Josef Bürckel durfte sich mit dem Titel „Reichsstatthalter in der Westmark" schmücken. Seit den dreißiger Jahren schwelte ein Konflikt zwischen Simon und Bürckel, u.a. um die Gaubezeichnung „Westmark"; da Bürckel sich hier 1941 bei Hitler durchsetzen konnte, blieb Simon nichts Anderes übrig, als die „Westmark"-Ideologie durch die „Moselland"-Ideologie zu substituieren. Andererseits hatte Gauleiter Simon nun beträchtliche Einflussmöglichkeiten auf die Schwerindustrie seines CdZ-Gebietes. Mit dem Anschluss Luxemburgs war auch sein Prestige erheblich angewachsen.

Gleichzeitig waren aber die politischen Herausforderungen gestiegen, da es galt, die Arbeiterschaft eben dieses Industriegebietes für den Nationalsozialismus zu gewinnen. Damit hätte Simon das nachholen können, was ihm als geborenem Saarländer zwischen 1933–1935 verwehrt geblieben war, nämlich Macht und Prestige in einem traditionellen Industriearbeitermilieu erlangen.

Die Nationalsozialisten waren nach 1940 sichtlich bemüht, die wirtschaftliche und kulturelle Bedeutung der Minetteregion hervorzuheben. In Anzeigen, Texten, Reden und Ausstellungen wurde auf die Partikularitäten des Industriegebietes hingewiesen. Die Propagandisten griffen die bekannten Stereotypen über Menschen und Landschaft auf, die schon in den 1930er Jahren in der Luxemburger Tourismuspublizistik zu einer Art Standardrepertoire zählten. Sprachliche und bildhafte Stereotypen wurden ab 1940 von den nationalsozialistischen Propagandisten allzu gerne aufgegriffen. Der entscheidende Unterschied war aber die Zuordnung des Minettegebietes und seiner Menschen. Sie waren nicht mehr Teil eines unabhängigen Nationalstaates mit Verbindungen zu den Nachbarregionen Frankreichs, Belgiens und Deutschlands, sondern es gab nur noch die eine Zugehörigkcit zum großdeutschen Raum. In diesem Raum gab es nach den Vorstellungen der Deutschen neue, miteinander verflochtene wirtschaftliche Zentren (z.B. Saarland-Lothringen-Luxemburg) beziehungsweise neue politische Einteilungen (wie den Gau Moselland). Letztlich wollten die Nationalsozialisten die alten gesellschaftlichen Strukturen aufbrechen. Gerade in den Arbeitermilieus sollten traditionelle Loyalitäten zerstört werden und durch die Idee einer „Volksgemeinschaft" substituiert werden.

59 Muth/ Ahrens, Moselland, S. 12.

Kapitel IV. Die DAF in Luxemburg

Kapitel IV.1. Die Schaffung einer Massenorganisation

1. Omnipräsenz und Expansion

Die Omnipräsenz in allen Betrieben machte aus der Deutschen Arbeitsfront ein wichtiges Disziplinierungs- und Kontrollinstrument des Regimes. Sie trat ab 1933 im Reich an die Stelle der zerschlagenen Gewerkschaften und Arbeitnehmerverbände, war eine Art Hydra, welche viele Funktionen in sich vereinigte.[1] Am wenigsten hatte sie, darin sind sich die meisten Forscher heute einig, die Rolle einer Gewerkschaft, auch wenn sie lange als eine Art NS-Arbeiterinteressenvertretung gesehen wurde.[2] Zu den politischen Zielen der Arbeitsfront gehörte die „Bildung einer wirklichen Volks- und Leistungsgemeinschaft aller Deutschen", so die Verordnung Hitlers über „Wesen und Ziel der Deutschen Arbeitsfront" von 1934.[3] Zusammen mit NSV und NS-Frauenschaft besaß die Arbeitsfront die höchste Organisationsdichte im „Dritten Reich". Damit konnten gerade diese Verbände die Aufgaben von „Erziehung" und „Überwachung", d.h. die soziale Kontrolle der Gesellschaft übernehmen. Kaum eine Massenorganisation reichte deshalb so weit und tief in den Alltag der Menschen hinein.[4]

---

1 Hachtmann benutzt den Ausdruck „nimmersatte Riesenkrake", vgl. Rüdiger Hachtmann, Chaos und Ineffizienz in der Deutschen Arbeitsfront. Ein Evaluierungsbericht aus dem Jahr 1936, in: VfZ 53 (2005), S. 43–78, Zitat S. 45.

2 So auch in Luxemburg; z.B. spricht Ben Fayot in den 1990er Jahren davon, dass die Gewerkschaften „im nationalsozialistischen Ständestaat andere Funktionen" erhielten, vgl. Fayot, Die Resistenz der Arbeiterbewegung, in: ETB Nr. 108 (10.5.1990). Zuletzt noch Artuso, La collaboration (2013), S. 275, der die DAF als „syndicat unique" bezeichnet.

3 Erste Verordnung des Führers und Reichskanzlers über Wesen und Ziel der Deutschen Arbeitsfront vom 24.10.1934, geändert durch die Verfügung vom 11.11.1934, abgedr. in: Arno Buschmann, Nationalsozialistische Weltanschauung und Gesetzgebung 1933-1945. Bd. II: Dokumentation einer Entwicklung, Wien/ New York 2000, S. 329–331.

4 Siehe Armin Nolzen, Der „Führer" und seine Partei, in: Dietmar Süß/ Winfried Süß (Hg.), Das „Dritte Reich". Eine Einführung, München 2008, S. 55–76 und Michael Schneider, „Organisation aller schaffenden Deutschen der Stirn und der Faust". Die Deutsche Arbeitsfront (DAF), in: Stephanie Becker/ Christoph Studt (Hgg.), „Und sie werden nicht mehr frei sein ihr ganzes Leben". Funktion und Stellenwert der NSDAP, ihrer Gliederungen und angeschlossenen Verbände im „Dritten Reich", Berlin 2012 (= Schriftenreihe der Forschungsgemeinschaft 20. Juli 1944 e.V. 16), S. 159–178, hier S. 159.

Wegen ihrer schieren Größe, ihrer Organisationsform als Massenverband und ihrem „Sozialpopulismus“ unterschied sie sich von anderen Verbänden. Konflikte mit anderen Institutionen und Behörden, wie dem Reichsarbeitsministerium, waren deshalb vorprogrammiert, was aber nicht verhinderte, dass Funktionäre der DAF und Ministerialbeamte gut kooperieren konnten.[5] Auf der Ebene der NSDAP-Gaue ist die Rolle der DAF nicht zu unterschätzen und von der Forschung wird sie als „ernstzunehmender Konkurrent“ (Fleischhauer) zu den industriellen Vertretungsorganen gesehen. Diese Rivalität lag seit den dreißiger Jahren in den zahlreichen wirtschafts- und sozialpolitischen Einflussmöglichkeiten, die zu Interessenkonflikten in den Bereichen des Arbeits- und Sozialrechts, des Lohnwesens, der Wohnungspolitik, der Wohlfahrt, der Berufsausbildung oder der Sozialversicherungen führten. Nicht nur funktionell, sondern auch strukturell wuchs die Bedeutung der Arbeitsfront. So gab es eine enge, auch personelle Verzahnung zwischen DAF und den Gauarbeitskammern (GAK). Diese Entwicklung dynamisierte sich im Laufe des Krieges, eine Feststellung, die auch für den Gau Moselland gilt.[6] Im November 1943 kam es zu einem „Neuaufbau“ der Koblenzer Gauarbeitskammer, die als „sozialpolitisches Führungsinstrument der DAF“ in den Bereichen von Lohnordnung, Gesundheitsvorsorge und Altersversicherung tätig werden sollte. Die Prioritäten lagen 1943/44 freilich im Bereich der „Leistungssteigerung“, die anderen Ziele würden erst in der Nachkriegszeit realisiert, so die Ergebnisse der ersten Sitzung, die Anfang 1944 unter dem Vorsitz des DAF-Gauobmanns stattfand. Allerdings hatte der Gauleiter ein entscheidendes Mitspracherecht bei der Zusammensetzung der GAK, denn die Mitglieder des Beirates, in dem Vertreter aus Partei, Wirtschaft, Staat und Militär saßen, wurden durch Gustav Simon berufen.[7]

Im Laufe des Krieges expandierte die Deutsche Arbeitsfront in politischer und wirtschaftlicher Hinsicht in die besetzten Gebiete. Hierbei konnte sie auf die Erfahrungen zurückgreifen, die sie in den 1930er Jahren gemacht hatte, etwa nach der Angliederung und Neuordnung der Saar im Jahre 1935/36.[8] 1940 tauchten in den westlichen Gebieten wenige Wochen nach dem Einmarsch DAF-Funktionäre auf und scheinen quasi die „Machtergreifung“ der Chefs der Zivilverwaltung mit vorbereitet zu haben. Dies war der Fall in Lothringen, wo man bereits im September

5 Rüdiger Hachtmann, Reichsarbeitsministerium und Deutsche Arbeitsfront. Dauerkonflikt und informelle Kooperation, in: Nützenadel (Hg.), Das Reichsarbeitsministerium im Nationalsozialismus, S. 137–173.

6 Fleischhauer, Der NS-Gau Thüringen, S. 238–247.

7 Vgl. T. Schl., Die neugebildete Gauarbeitskammer tagte, in: ETB Nr. 28 (3.2.1944) und „Neuaufbau und Aufgaben der Gauarbeitskammer“, in: ETB Nr. 269 (16.11.1943). Im November 1943 wurde ARBED-Generaldirektor Aloyse Meyer anlässlich seines 60. Geburtstages zum Ehrenmitglied der GAK bestimmt.

8 Vgl. Dieter Muskalla, NS-Politik an der Saar unter Josef Bürckel. Gleichschaltung-Neuordnung-Verwaltung, Saarbrücken 1995 (= Veröffentlichungen der Kommission für Saarländische Landesgeschichte und Volksforschung 25), S. 381–397.

1940 mit dem Aufbau der Organisation begann.[9] Im besetzten Luxemburg war die Deutsche Arbeitsfront mit annähernd 60.000 Mitgliedern eine der größten nationalsozialistischen Organisationen. Ihre schiere Größe, die scheinbare Allgegenwart im öffentlichen wie im privaten Leben und nicht zuletzt ihre Präsenz in der Welt der Arbeitnehmer machten die DAF zu einem der wichtigsten Machtfaktoren der NS-Diktatur.[10]

1940/41 begann die vierjährige Episode der DAF in Luxemburg: Innerhalb kürzester Zeit baute sie einen beeindruckenden, bürokratischen Apparat auf. Wie verlief diese Aufbauphase auf den verschiedenen Herrschaftsebenen und welche Probleme tauchten dabei auf? Eine Massenorganisation wie die Arbeitsfront benötigte Funktionäre, die auf Gau- und Kreisebene Führungsaufgaben übernahmen, aber vor allem eine große Menge an Kollaborateuren, die auf den nachgeordneten Ebenen in den Ortswaltungen und Betriebsorganisationen den „charismatischen Verband" am Leben hielten.[11] Wer waren die Kreisobmänner und welchen Platz hatten sie in einem polykratischen Herrschaftssystem? Was motivierte Arbeiter und Angestellte, einen Amtswalterposten zu übernehmen? Wenig sichtbar, aber dennoch präsent war die DAF im Bereich der Wirtschaft, wo sie nicht nur die Erbmasse der Luxemburger Arbeitnehmerverbände an sich riss, sondern mit ihren Subunternehmen in wichtigen Bereichen einen Expansionskurs ansteuerte, ähnlich, wie sie ihn schon im Altreich geführt hatte und nun im Zuge der deutschen Gebietseroberungen weiter anstrebte. In welchen Wirtschaftsbereichen konnten die Ableger des „Wirtschaftsimperiums" der DAF Fuß fassen, wo gab es möglicherweise Entwicklungspotenzial?[12] Dies führt zur Frage, ob die Arbeitsfront in Luxemburg eine Art „Dienstleister" am Volk werden konnte. Mit welchen sozialen Angeboten wartete die Arbeitsfront in Luxemburg auf? Was ließ sich in der relativ kurzen Herrschaftszeit der DAF von Januar 1941 bis August 1944 realisieren? Welche Lockangebote nahmen die luxemburgischen „Volksgenossen" an, welche lehnten sie ab? In der Mitte der Besatzungszeit begann die Stabilität der Arbeitsfront zu bröckeln und vor allem das Jahr 1942 mit der Verschärfung des „Arbeitseinsatzes", der Einführung des Wehrdienstes und dem Beginn des Zwangsarbeitereinsatzes brachte eine Wende mit sich. Wie die Volksdeutsche Bewegung diskreditierte sich die DAF und verlor mehr und mehr an Autorität, bis sie schließlich mit der

---

9 Dieter Wolfanger, Die nationalsozialistische Politik in Lothringen (1940-1945), Saarbrücken 1977, S. 90–91.

10 Vgl. den Gebrauch der Wendung „Herrschaftssäule" bei Hachtmann, Das Wirtschaftsimperium der Deutschen Arbeitsfront, S. 9. Ders., Arbeit und Arbeitsfront: Ideologie und Praxis, in: Buggeln/ Wildt (Hgg.), Arbeit im Nationalsozialismus, S. 87–106. Vgl. zur Rolle der DAF, u.a. in der nationalsozialistischen Erziehung zum Berufsleben: Schneider, In der Kriegsgesellschaft, S. 333–364.

11 Vgl. Rüdiger Hachtmann, Elastisch, dynamisch und von katastrophaler Effizienz – zur Struktur der Neuen Staatlichkeit des Nationalsozialismus, in: Reichardt/ Seibel (Hgg.), Der prekäre Staat, S. 44f.

12 Vgl. Hachtmann, Das Wirtschaftsimperium der Deutschen Arbeitsfront, S. 9–17.

nationalsozialistischen Zivilverwaltung und ihrem Gauleiter von der Bildfläche verschwand, ohne auf den ersten Blick direkte Spuren zu hinterlassen. Dennoch hatte die DAF gewisse Nachwirkungen auf die Arbeitnehmer, die das Regime am eigenen Leib erlebt hatten, und folglich auf die Arbeitnehmerorganisationen der Nachkriegszeit.

2. Die DAF – die zweitgrößte Massenorganisation in Luxemburg

Eine Massenorganisation ist ein Verband, der in Diktaturen auf einer faktischen Zwangsmitgliedschaft beruht und der politischen Steuerung der Massen dient. Im NS-System ging es den Massenverbänden wie der DAF nicht um die Vertretung von Interessen, sondern um die „Kontrolle der Individuen". Schon 1933 identifizierte Franz L. Naumann eine wichtige Funktion mitgliederstarker Organisationen: Durch „Gleichschaltung" würden "alle Massenorganisationen zu Konsolidierungsinstrumenten der nationalsozialistischen Macht".[13]

Objektiv betrachtet konnte in Luxemburg ab 1941 von einer Mitgliederwerbung kaum die Rede sein, da es sich vielmehr um Zwangsmitgliedschaften handelte, die teilweise durch eine Kombination von geschickter Manipulation und dem Ausüben von Druck zustande kamen. Presseberichte suggerierten den Luxemburgern, dass ein regelrechter Ansturm auf die DAF stattfinde oder zumindest, dass das Interesse der Arbeitnehmer und Arbeitgeber immens groß sei. So sollte der Eindruck entstehen, dass man sich schnell entscheiden müsse, um den richtigen Moment nicht zu verpassen. In Diekirch beispielsweise hätten sich bei der Gründungsveranstaltung der DAF die Teilnehmer „sehr zahlreich" eingefunden, der „geräumige Saal" im Stadthaus hätte nicht alle Interessierten fassen können.[14] Diese Behauptung war übertrieben, aber solche und ähnliche Meldungen verunsicherten die Bevölkerung. Eingebunden in die Werbe- und Rekrutierungsaktion wurden neben den freiwilligen Mitarbeitern die Betriebsführer. Laut Anordnung des Gauobmanns waren die Unternehmer und Vorgesetzten dazu gezwungen, die Betriebsobleute bei den Anwerbeaktionen zu unterstützen beziehungsweise sich selbst nachdrücklich bei den Untergebenen für die Mitgliedschaft in der DAF einzusetzen: „Um eine wirkliche Betriebsgemeinschaft herbeizuführen, ist es Aufgabe des Betriebsführers und des Betriebsobmannes, Gefolgschaftsangehörige, welche bisher noch nicht der DAF beitraten, zu bewegen, die Mitgliedschaft zur DAF zu erwerben."[15] Über den

13 Vgl. Jürgen Best, Totalitärer Pluralismus: zu Franz L. Neumanns Analysen der politischen und rechtlichen Strukturen der NS-Herrschaft, Tübingen 1999 (= Beiträge zur Rechtsgeschichte des 20. Jahrhunderts Bd. 22), S. 109.

14 „Der Norden meldet: Die DAF im Norden gegründet", in: LW Nr. 31 (31.1.1941).

15 Gedr. Rundschreiben DAF Gauwaltung Moselland am 16. Juni 1941 an alle Betriebe in Luxemburg, gez. Dörner. (Quelle: BNL LA 6433): „Ich erwarte von allen Betriebsführern, dass sie die Bestrebungen der DAF (...) in jeder Weise unterstützen und ihren hierfür einzusetzenden Mitarbeitern entsprechende Anordnung erteilen.„

Zwangscharakter berichtete etwa der 1923 geborene Léon Beckius, der bei den Gießereiwerken Massard arbeitete. Zwar hatte er sich geschickt der Mitgliedschaft in der VdB entziehen können, bei der DAF-Mitgliedschaft war dies jedoch nicht so einfach: „Durch den Betrieb und um meinen Arbeitsplatz abzusichern, war ich Mitglied der Deutschen Arbeitsfront (DAF), der Nazigewerkschaft, geworden."[16] Die Angst um den Arbeitsplatz, der von NS-Funktionären und Luxemburger Kollaborateuren im Werk ausgeübte Druck, die Haltung der Betriebsführer beziehungsweise der direkten Vorgesetzten erklären, dass die Arbeitnehmer der DAF beitraten. Offene Verweigerungen blieben eher die Ausnahme.[17]

Trickreich ging das Regime bei der Festlegung und Einziehung der Mitgliederbeiträge vor. Offiziell sollte die Beitragserhebung erst ab 1. Juli 1941 erfolgen. Die Bestimmungen waren aber so schwammig formuliert, dass vielen nicht klar gewesen sein dürfte, wann und in welcher Höhe Beiträge zu zahlen waren. Darüber hinaus wurde selbst bei Nichtmitgliedern der Beitrag von den zuständigen Lohnbüros eingehalten, was zumindest in den industriellen Großbetrieben die Praxis gewesen zu sein scheint. Auf Anordnung von Gauleiter Simon wurden zunächst Beitragssätze festgelegt, die für die meisten Einkommensgruppen weit unter den üblichen Sätzen lagen (um bis zu 50 Prozent niedriger). Durch diese sozialpolitische Maßnahme versuchte Simon, den Luxemburgern die Aufnahme in die NS-Massenorganisation schmackhaft zu machen. Die Mitgliedschaft in den nunmehr verbotenen Luxemburger Gewerkschaften oder Verbänden wurde anerkannt, sodass man bereits erworbene Mitgliederrechte (wie die Zahlung von Unterstützungsgeldern) behalten konnte.[18] Diese Praxis stieß aber nicht überall auf Zustimmung. Bereits im Dezember 1940 hatte sich ein deutscher Ortsgruppenleiter darüber beschwert, dass die Mitglieder der freien und christlichen Gewerkschaften die Mitgliedsjahre anerkannt bekämen, während für die in Luxemburg lebenden reichsdeutschen Mitglieder der Auslandsorganisation der DAF dies nicht vorgesehen war.[19]

Verlässliche Zahlen betreffend die DAF-Mitglieder in Luxemburg sind nicht überliefert, weshalb man auf die Angaben von Arbeitsfrontfunktionären bei Kundgebungen oder aus der NS-Presse angewiesen ist. Man kann davon ausgehen, dass zumindest in den Industriebetrieben die Mehrzahl der Luxemburger Lohn- und Gehaltsempfänger der DAF beitrat beziehungsweise beitreten musste.[20] Über

16 Léon Beckius, Vergessen? Verzeihen? Schicksalswege von Refraktären und Flüchtlingen 1940-1945, Luxemburg 2011, S. 21.

17 Ein Beispiel war der Widerstandskämpfer Albert Wingert, der 1941 gegen den Zwangsbeitrag protestierte und sich mit anderen zusammen weigerte, die DAF-Mitgliedskarten zu unterschreiben, vgl. Limpach/ Kayser, Wir glauben an die Demokratie, S. 149ff.

18 DAF Gauwaltung Moselland: Merkblatt vom 16.6.1941 an alle Luxemburger DAF-Mitglieder (Quelle BNL LA 5974).

19 Vgl. Limpach/ Kayser, Wir glauben an die Demokratie, S. 170 (Fußnote 485).

20 Im Kreis Luxemburg hatte die DAF im Jahre 1942 über 20.000 Mitglieder. Zu den nur fragmentarisch überlieferten Zahlen betreffend die Mitgliedschaften in den

kleinere Betriebe, die wie im Handwerk beispielsweise häufig nur wenige Mitarbeiter zählten, gibt es kaum Informationen.

Dennoch gibt es keinen Zweifel daran, dass nach der VdB die DAF in Luxemburg zur zweitgrößten Massenorganisation wurde. Innerhalb weniger Wochen traten Anfang 1941 etwa 30.000 Personen der Arbeitsfront bei. Bis Mai 1941 stieg die Zahl auf beeindruckende 52.307 Mitglieder an, etwa die Hälfte davon sollen Arbeiter gewesen sein, während man 6.712 Betriebsführer verzeichnete.[21] Zu letzteren zählte man auch Geschäftsleute und selbstständige Handwerkermeister. Die beeindruckenden Zahlen sagen wenig darüber aus, unter welchen Umständen man der Arbeitsfront beigetreten war. Dunkel bleibt bei den von den Nazis betriebenen Zahlenspielereien die Qualität der Mitglieder und es gibt keine Statistik, die verrät, wer ab 1941 freiwillig oder sogar schon vor Januar 1941 beigetreten war. Informationen fehlen darüber, welcher Prozentsatz der Mitglieder in Luxemburg die sozialen Hilfsangebote der DAF aktiv nutzte. Insgesamt betrachtet war die Zahl von annähernd 60.000 Mitgliedern rein rechnerisch ein großer Erfolg, den man in Relation setzen kann, wenn man die Situation in den besetzten Niederlanden zum Vergleich nimmt. Die Nederlandsche Arbeidsfront (NAF) hatte bei einer Bevölkerung von rund 3,5 Millionen Menschen lediglich 200.000 Mitglieder.[22] Im CdZ-Gebiet Lothringen, das zum NSDAP-Gau Westmark gezählt wurde, traten bis Ende 1941 über 100.000 Mitglieder mehr oder weniger freiwillig der DAF bei.[23]

Nach Angaben der DAF war man besonders im Luxemburger Bergbaugebiet erfolgreich, was eigentlich nicht verwundert, da hier besonders schwere Arbeitsbedingungen herrschten und sich die Bergarbeiter möglicherweise durch die Politik der DAF soziale Verbesserungen erhofften. Tatsächlich hatten viele „Mineurs"

NS-Organisationen, vgl. Artuso, La collaboration (2013), S. 150ff., 169ff., und Emile Krier, Die deutsche Volkstumspolitik in Luxemburg und ihre sozialen Folgen, in: Wacław Długoborski (Hg.), Zweiter Weltkrieg und sozialer Wandel. Achsenmächte und sozialer Wandel, Göttingen 1981 (= Kritische Studien zur Geschichtswissenschaft 47), S. 225f.

21 Im Mai 1941 wurde die Zahl von 52.307 DAF-Mitgliedern genannt, vgl. „Die Partei hilft Luxemburg", ETB Nr. 121 (26.5.1941). Wie sorglos die NS-Machthaber wie Gustav Simon mit vermeintlichen Mitgliederzahlen umgingen, zeigt das Beispiel einer Pressekonferenz, die der Gauleiter im September 1941 in Berlin gab, hier prahlte er mit 70.000 VDB-Mitgliedern, 60.000 DAF-Mitgliedern, 17.000 Mitgliedern in der Hitlerjugend sowie 12.000 Frauen in der NSF. Vgl. „Eröffnung der Moselland-Kulturtage", in: LW Nr. 268/269 (27./28.9.1941).

22 Christoph Kreutzmüller/ Ingo Loose, Die Bank der Deutschen Arbeit 1933-1945 – eine nationalsozialistische „Superbank"?, in: Bankhistorisches Archiv. Zeitschrift zur Banken- und Finanzgeschichte 31 (2005), S. 26. Vgl. Fritz Pettrick, Die DAF und die Gewerkschaften in den von Deutschland besetzten Ländern, in: Bulletin der Gesellschaft für Faschismus und Weltkriegsforschung 4 (1995), S. 1–33.

23 Wolfanger, Die nationalsozialistische Politik in Lothringen, S. 90–91.

in den 1930er Jahren in prekären Verhältnissen gelebt.[24] Im Regelfall dürften die Angst vor Verlust des Arbeitsplatzes oder aber die von der Propaganda in Aussicht gestellten sozialen Vergünstigungen zur Unterschrift verleitet haben. Nicht zu unterschätzen ist der Druck, der durch sogenannte „amtliche Mitteilungen" einzelner Ortsgruppen ausgeübt wurde, etwa indem sehr kurzfristige Termine zur Abgabe der Aufnahmeanträge bekanntgegeben wurden oder Nachzügler die Aufforderung erhielten, sich möglichst schnell einzuschreiben.[25] Im September 1941 verkündete Gauleiter Simon stolz, dass von 300.000 Einwohnern rund 69.000 der VdB und über 57.000 der DAF angehörten.[26] Danach blieb die Mitgliederzahl wahrscheinlich mehr oder weniger stabil, auch wenn Anfang 1942 von rund 60.000 die Rede war. Offensichtlich hatte der Gauleiter die Zahl geschönt, denn im späteren Verlauf des Jahres 1942 wurde mitgeteilt, dass die DAF in Luxemburg 50.000 Mitglieder hätte.[27]

Bereits im Dezember 1941 nahm die Gauleitung von der bestehenden Praxis Abstand, die Mitgliedschaft in der DAF mit einem Beitritt zur VdB zu verbinden. Der stellvertretende Gauleiter Reckmann entschied, dass die Zugehörigkeit zur VdB „nicht mehr Voraussetzung für die Aufnahme in die DAF sein muss." Damit konnte man nun Mitglieder aufnehmen, die bislang zur Volksdeutschen Bewegung auf Distanz geblieben waren. An die Ortswaltungen erging die Anweisung, umgehend eine Aufnahme-Aktion unter den bisherigen Nichtmitgliedern zu starten, wobei offen deutschfeindliche Gegner „selbstverständlich" nicht aufgenommen werden sollten.[28] Damit rückte die Gauleitung prinzipiell von einer Praxis ab, die zuvor bereits der VdB mehr geschadet als genutzt hatte. Bei einer Befragung von mehreren Ortsgruppenleitern im Industriegebiet hatte sich herausgestellt, dass die überwältigende Mehrheit der Parteigenossen nicht aus Überzeugung der VdB beigetreten war, sondern aus dem Wunsch heraus, in Ruhe gelassen zu werden. Außerdem gaben die Ortsgruppenleiter an, dass Eisenbahnarbeiter, Brauerei- und

24 „Was bringt die NSDAP unsern Volksgenossen", in: LW Nr. 145 (26.5.1941) und „Die Deutsche Arbeitsfront", in: Mitteilungen des Luxemburger Buchdruckervereins (Juni 1941). Zu den Lebensbedingungen der einfachen Bergarbeiter, vgl. Mathias Franzen, Erënnerungen aus mengem Liewen, in: Deemols am Minett. Dräi Familljegeschichten, Itzig 2008 (= Erlieft a verzielt 4), S. 17–67.

25 „DAF. Amtliche Bekanntmachung" (Ortsgruppe Bettemburg), in: ETB Nr. 37 (13.2.1941).

26 Vgl. „Gründung der NSDAP in Luxemburg", in: ETB Nr. 222 (22.9.1941).

27 Vgl. „Front der Schaffenden", in: LW Nr. 30 (30.1.1942) und „50.000 Schaffende in der DAF", in: ETB Nr. 168 (21.7.1942).

28 Rundschreiben der Kreiswaltung Luxemburg vom 11.12.1941 an alle Ortsobmänner der DAF des Kreises Luxemburg betr. Aufnahme in die DAF, in: ANLux CdZ D-4:009 DAF-Kreiswaltung Luxemburg/ Ortswaltung Merl. Die Motive und Hintergründe dieser Entscheidung sind nicht bekannt. Möglicherweise wollte die DAF aber unbedingt noch mehr Mitglieder aufnehmen und die alte Regelung hatte sich vermutlich vielerorts als abschreckend und damit kontraproduktiv erwiesen.

Hüttenarbeiter nur deshalb in der VdB waren, weil die DAF von ihnen „den Eintritt in die VdB“ verlangt hatte.[29] Gängige Praxis war es wohl, dass Vereine im Zuge der „Gleichschaltung“ von lokalen Parteifürsten ultimativ zum Beitritt in NS-Organisationen u.a. der DAF aufgefordert wurden, ansonsten der Verein seine Tätigkeit hätte einstellen müssen. Andere wurden auf dem Arbeitsplatz gehörig unter Druck gesetzt wie das Beispiel eines Straßenarbeiters der staatlichen Bauverwaltung zeigt. Dieser hatte die Mitgliedschaft in der DAF verweigert, worauf der Obmann ihm in einem Schreiben nahelegte, „zu Gunsten [des] eigenen Fortkommens“ ein DAF-Aufnahmegesuch auszufüllen. Alle anderen „Werktätigen“ hätten sich bereit erklärt, so die Mitteilung des Obmanns, der den Verweigerer nur ungern „allein dastehend“ sehen wollte. Die Argumente des DAF-Obmanns scheinen nicht gefruchtet zu haben, da der Vorgesetzte schließlich den Druck auf seinen Untergebenen erhöhen musste, indem er einen „sofort endgültigen schriftlichen Bescheid“ einforderte.[30] Anders ausgedrückt: Wer nicht der DAF beitrat, stellte seine Karriere aufs Spiel oder musste mit Ausgrenzung aus der Betriebsgemeinschaft bis hin zur Entlassung rechnen.

Im Allgemeinen dürfte der Druck in den Betrieben am höchsten gewesen sein, in denen besonders überzeugte Kollaborateure einen politischen Posten (wie den des Betriebs- oder Zellenobmanns) innehatten oder sich in einer leitenden Position befanden. Eine reichsdeutsche Betriebsführung war zweifellos ein weiterer Faktor, der die Zahl der Mitgliedschaften in NS-Massenorganisationen wie der DAF oder auch der OND beeinflusste. Der Betriebsobmann der Uniform- und Mützenfabrik „ALMI“ in Luxemburg-Pfaffenthal – diese war 1940 von einem Koblenzer Fabrikanten gegründet worden – legte den volksdeutschen Arbeitern und Angestellten ein Bekenntnis zum „Deutschen Volkstum“ nahe. Von den italienischen Arbeitern verlangte der Betriebsobmann eine Einschreibung im „Fascio“ oder im „Dopolavoro“ und drohte, „dass genügend faschistische und dem ‚Dopolavoro‘ angehörende Arbeiter und Arbeiterinnen zur Verfügung stehen, um diejenigen zu ersetzen, welche späterhin die ‘tessera’ (Mitgliedskarte) nicht vorzeigen können.”[31]

Wie viele Mitglieder die DAF letztlich zwischen 1941 und 1944 insgesamt aufgenommen hatte, lässt sich nur schätzen, sie dürfte aber gegen Ende der Besatzungszeit bei etwa 60.000 gelegen haben.[32] Unbekannt sind bislang die Mitgliederzahlen

29 Bericht des SD-Führers des Einsatzkommandos der Sipo und des SD in Luxemburg an das RSHA vom 15.7.1941, gedr. in: Brommer (Hg.), Die Partei hört mit, Bd. 2.1, S. 77.

30 Vgl. Fall des Straßenarbeiters Josef Schmit: Schreiben des Obmanns der Bauverwaltung an Schmit (o.D.) und Schreiben des Baukonduktors der Straßenmeisterei Remich vom 5.6.1941 an Schmit, abgedr. in: Wagner, Ierpeldeng an Emgéigend am Krich, S. 29 und 48f.

31 Fernand Théato, Erinnerungen an den zweiten Weltkrieg: Die Uniform- und Mützenfabrik „ALMI“ in Pfaffenthal, in: 135 Joër Sang a Klang Pafendall, Luxemburg 1992, S. 249–252.

32 Vgl. „Die Deutsche Arbeitsfront in Luxemburg“, in: ETB Nr. 101 (3.5.1943).

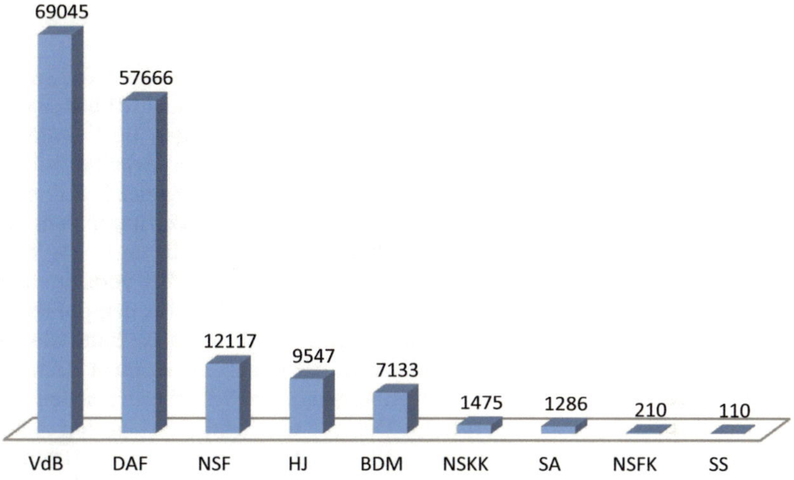

Abb. 2: Mitgliederzahlen der NS-Organisationen in Luxemburg (Stand: September 1941).

Quelle: ETB Nr. 222 (22.9.1941)

in den einzelnen Kreisen. Fest steht aber, dass die Arbeitsfront im Industriekreis Esch die meisten Arbeitnehmer hatte rekrutieren können. An zweiter Stelle stand der Kreis Luxemburg, wo es Anfang 1942 etwa 18.000 Mitglieder gab.[33] Da im Kreis Esch die wichtigsten Betriebe der Schwerindustrie (ARBED, DIFFAG, RODAG) viele tausend Arbeiter beschäftigten, befanden sich hier die größten DAF-Ortswaltungen, wie die von Differdingen, wo man allein im Werk der Differdinger Hütte über 3.800 DAF-Mitglieder rekrutierte, die vielen hundert Grubenarbeiter nicht mitgerechnet. Was die ländlichen Gegenden anbelangt, so kann man davon ausgehen, dass hier die DAF-Mitgliederzahlen deutlich niedriger waren. Dort und in den Kleinstädten waren die Ortsgruppen außerdem weniger durchorganisiert als in den urbanen Zentren, sodass Werbe- und Rekrutierungsaktionen wenig effektiv gewesen sein dürften. In den Klein- und Kleinstbetrieben gab es darüber hinaus keine DAF-Betriebsorganisation (ein Betriebsobmann musste nur in größeren Betrieben bestimmt werden), weshalb die Arbeitsfront hier größere Anlaufschwierigkeiten hatte und auch nie den Organisationsgrad erreichen konnte wie in den Betrieben der Groß- und Mittelindustrie. So hing es vielerorts von den lokalen Repräsentanten des Regimes ab, inwieweit sie die Menschen durch Druck oder Überredungskünste zu einer Mitgliedschaft in der Arbeitsfront motivieren konnten. Je nach Eifer des VdB-Ortsgruppenleiters oder des DAF-Ortsobmanns – in der

33 „Der Kreisobmann sprach zu den Tagesfragen", in: LW Nr. 41 (10.2.1942).

Praxis dürften sie eng zusammengearbeitet haben – ließen sich mehr oder weniger Menschen von einer Mitgliedschaft überzeugen.

Dies hatte gravierende Folgen für die VdB und die DAF, da die Erfolgszahlen die wahren Probleme kaschierten. Ein VdB-Flugblatt von 1941 klagte über „Papiermitglieder" und drohte mit Maßnahmen gegen „Drückeberger, Beschämte und Bummelanten" aus Volksdeutscher Bewegung und Deutscher Arbeitsfront. Der Ortsgruppenleiter kritisierte, dass viele glaubten „als Mitglieder der D.A.F. nichts mit der V.d.B. gemein zu haben" – dies könnte darauf zurückzuführen sein, dass einzelne hofften, mit einer DAF-Mitgliedschaft den Beitritt in die verhasste Volksdeutsche Bewegung umgehen zu können.[34] Anders als die VdB verzichtete die Arbeitsfront nämlich anfänglich auf eine Propaganda, welche für den politischen und ethnischen Anschluss an das Altreich eintrat. Möglicherweise hatte die DAF mit ihren sozialpolitischen Versprechungen in der ersten Phase ihres Bestehens eine höhere Akzeptanz als die von Kratzenberg geführte VdB, die sich schon Ende 1940 ins politische Aus manövriert hatte. Dementsprechend verweigerten in Bonneweg zwei Arbeiter die Annahme der VdB-Anwärter-Karte, mit dem Argument, man sei in der DAF und die Mitgliedschaft in der VdB somit „überflüssig".[35]

Schwer einzuschätzen ist die Zahl der Lohnempfänger, die sich einem DAF-Beitritt entziehen konnten beziehungsweise von den Rekrutierungsaktionen nicht erfasst wurden. Da verlässliche Zahlen über die Gesamtbeschäftigtenzahlen für den Untersuchungszeitraum fehlen, kann man den Organisationsgrad der DAF nur abschätzen. Laut Angaben des Arbeitsamtes aus dem Jahre 1943 belief sich die erwerbstätige Bevölkerung vor den Zwangsrekrutierungen in RAD und Wehrmacht auf knapp 125.000 (Stand 1942) Personen, etwas mehr als die Hälfte davon waren Arbeiter und Angestellte, die restlichen Erwerbspersonen waren Selbstständige und mithelfende Angehörige, dies vor allem im Bereich der Landwirtschaft und im Handel. Auch wenn die DAF sich grundsätzlich an alle Erwerbstätigen, eingeschlossen Freiberufler, Handwerksmeister und Inhaber von Kleinbetrieben, richtete, dürfte sich der Großteil der Mitglieder unter den Arbeitern und Angestellten befunden haben. Nimmt man die Gesamtzahl der Arbeiter und Angestellten von etwa 65.000 (Stand Februar 1942) als Basis, so hätte der Organisationsgrad der DAF mit rund 60.000 Mitgliedern bei über 92 Prozent gelegen. Geht man hingegen von einer Gesamtzahl der Erwerbstätigen von 125.000 aus, so käme man auf einen

---

34 Flugblatt, vermutlich aus der Ortsgruppe Mamer, o.D., in: AMnR D-naz-of 5008: „In Zukunft wird rücksichtslos gegen Drückeberger, Beschämte und Bummelanten vorgegangen (...) wer da glaubt als Mitglied der D.A.F. nichts mit der V.d.B. gemein zu haben. Jawohl mein Freund auch dort ist dein Platz, denn dazu hast du dich verpflichtet. Also denke daran, dass du Pflichten hast."

35 Schreiben der VdB-Ortsgruppenleitung Luxemburg-Bonneweg vom 11.9.1941 an DAF-Kreisobmann in Luxemburg betr. Eintrittsverweigerung in die VdB, in: ANLux ARBED Schifflange 14827 („Kreisleitung an ARBED-Schifflingen").

Organisationsgrad von theoretisch 48 Prozent.[36] Wie hoch der Anteil derjenigen ist, die vor dem Krieg in einer Gewerkschaft waren, lässt sich nur schätzen. Geht man aber davon aus, dass 1941 alle Gewerkschaftsmitglieder quasi automatisch in die DAF übergeleitet wurden, müssten um die 32.000 DAF-Mitglieder vor 1941 in einem Berufsverband organisiert gewesen sein.

Über die Zahl der Austritte aus der Deutschen Arbeitsfront gibt es keine Informationen; es ist aber denkbar, dass nach der Einführung der Wehrpflicht mancher aus Protest gegen diese Maßnahme nicht nur die VdB-Karte zurückgab, sondern auch der DAF die Gefolgschaft kündigte. Relativ hoch einzuschätzen dürfte gegen Ende der Besatzungszeit die Zahl der „kalten" Austritte gewesen sein. Die Klagen der DAF über das mangelnde Mitgliederinteresse und nachlassendes Engagement unter den Arbeitsfront-Funktionären häuften sich zusehends und so mancher, der noch 1940/41 begeistert mitgemacht hatte, wandte sich später enttäuscht wieder von der DAF ab.[37]

Die Massenorganisation strebte zwar letztlich die restlose Eingliederung aller Schaffenden an – was ihr nie gelingen sollte –, aber immerhin zählte sie mehr Mitglieder als die Luxemburger Vorkriegsgewerkschaften zusammen, die lediglich 32.400 Mitglieder verzeichnet hatten.[38] Dass man vor 1940 einem Verband freiwillig beitrat und nach 1940 unter Zwang der DAF eingegliedert wurde, interessierte die an Erfolgsmeldungen gewöhnte Gauleitung nur am Rande. Auf dem Papier hatten die Besatzer ihre Ziele erreicht, denn arbeits- wie sozialpolitisch war in ihren Augen der Anschluss an den Gau Moselland vollzogen. Zufrieden stellte der Reichsdeutsche Paul Hermann Ruth deshalb in einer 1942 erschienenen Propagandaschrift fest, dass durch die „intensive Betreuung der einzelnen Betriebe … eine

36 Zahlen zur Beschäftigungsstatistik, in: Entwurf des Arbeitsamtes Luxemburg für Jahresbericht 1942 über den Arbeitseinsatz und die Beschäftigungslage im Bezirk des Arbeitsamtes Luxemburg (Dezember 1942) sowie Bericht des Arbeitsamtes Luxemburg über Arbeitskräftebestand im Arbeitsamtbezirk Luxemburg am 28.2.1943, in: ANLux CdZ A-6527-04 („Arbeitseinsatz"). Vgl. STATEC, Statistiques historiques, S. 22, 37 und Paul Hermann Ruth, Berufliche und soziale Gliederung der Bevölkerung, in: Ders. (Hg.), Luxemburg, S. 105. Die von Ruth benutzten Zahlen beruhen auf der Volkszählung von 1935 sowie auf vom Statistischen Reichsamt erstellten Berechnungen. Nimmt man als Grundlage die Bevölkerung im erwerbsfähigen Alter (zwischen 15 und 64 Jahren), so ließe sich ein Organisationsgrad von annähernd 30% errechnen. Zahlen über die erwerbstätige Bevölkerung für 1939/40 liegen nicht vor, die Ergebnisse der Volkszählung von 1935 wurden erst im Mai 1940 veröffentlicht, vgl. „Eine interessante Berufsstatistik", in: ETB Nr. 107 (7.5.1940).

37 Vgl. Veränderungsanzeige der Gauwaltung an die Kreiswaltung der DAF (o.D.), in: ANLux ARBED-Schifflange 14827 („Kreisleitung an ARBED-Schifflingen"): Hinweis auf Amtsenthebung des Blockobmanns Johann Zahner (Grund: Inhaftierung).

38 1944 in Großbritannien veröffentlichten Zahlen nach waren bei Kriegsbeginn rund 32.400 Erwerbstätige in Luxemburg gewerkschaftlich organisiert, vgl. Naval Intelligence Division, Luxembourg, S. 55.

Einordnung des gesamten luxemburgischen Arbeitslebens in das nationalsozialistische Sozialsystem“ erreicht worden sei.[39]

Ebenso interessant wie die Gesamtzahl der Mitglieder sind die Zahl und die Herkunft der DAF-Funktionäre. Da nur von wenigen Ortsgruppen Mitgliederlisten vollständig erhalten sind, ist man auf Vermutungen angewiesen. In der Ortsgruppe Schifflingen gab es zwölf Funktionärsposten, die von Reichsdeutschen und Luxemburger Kollaborateuren besetzt waren. Luxemburger waren zwar unter den etwas wichtigeren Ortsobmännern oder Betriebsobmännern zu finden, aber vor allem unter den unteren Chargen. Wenig erstaunlich ist ebenso, dass viele der Amtsleiter in der örtlichen Industrie arbeiteten und dem Arbeitermilieu zugerechnet werden können. Die Ortswaltung Düdelingen-Brill war in vier Zellen aufgeteilt mit vierzehn Zellen- und Blockobmännern, die bis auf drei Selbstständige alle beim ARBED-Werk in Lohn standen. Die meisten waren einfache Hüttenarbeiter oder Facharbeiter.[40] In Schifflingen arbeiteten der DAF-Ortsobmann, sein Stellvertreter (der auch Organisationswalter war), der Presse- und Propagandawalter sowie der Kassenwalter der Arbeitsfront allesamt im ARBED-Werk Schifflingen, dem größten Arbeitgeber des Ortes. In jeder der fünf Zellen der Ortsgruppe gab es einen DAF-Zellenwalter, vier von fünf waren im Schifflinger Werk tätig.[41] Insgesamt verfügte die Arbeitsfront in Luxemburg über eine stattliche Zahl von Funktionären. Im Kreis Luxemburg zählte man allein über 500 Zellen- und Blockobmänner. Für das ganze Land könnte sich die Zahl der DAF-Amtsträger vorsichtig geschätzt somit auf 1.500 bis 2.000 summiert haben. Eine gewisse Fluktuation durch Rücktritte, Arbeitsplatzwechsel, Amtsenthebungen oder Kriegsdienst blieb nicht aus.[42]

---

39 Eduard Gerlach, Der Neuaufbau der NSDAP (VdB) und ihrer Gliederungen im Rahmen des Gaues Moselland, in: Ruth (Hg.), Luxemburg, S. 65. Gerlach behandelte das Thema im Kapitel über die politische Entwicklung unter dem Abschnitt, der sich mit dem Aufbau der NSDAP und ihrer Gliederungen befasst. Über die Bewertung der Gewerkschaften in Luxemburg, die „durch den Einbruch marxistischer Einflüsse, denen sich dann kirchlich-konfessionelle Bestrebungen gegenüberstellten, politisiert und als marxistische beziehungsweise christliche Gewerkschaften den großen politischen Parteien angegliedert wurden“, vgl. S. 50f. Vgl. Dostert, Luxemburg zwischen Selbstbehauptung und nationaler Selbstaufgabe, S. 235.

40 Liste vom 11.8.1941 der Zellen und Blockobmänner der DAF-Ortswaltung Düdelingen Brill, in: Archives OGBL (Mappe „Düdelingen“).

41 Organisationsplan der Ortsgruppe Esch-Schifflingen, Ortsgruppenstab der Ortsgruppe Esch, Stäbe der Gliederungen der Ortsgruppe Schifflingen (alle undatiert), in: ANLux FD 235-27. Der Ortsgruppenleiter Peter Anheuser war als Techniker beim ARBED-Werk Schifflingen angestellt.

42 Vgl. Veränderungsanzeige der Gauwaltung an die Kreiswaltung der DAF (o.D.), in: ANLux ARBED-Schifflange 14827 („Kreisleitung an ARBED-Schifflingen“): Hinweis auf vier Blockobmänner, die sich im Oktober 1942 freiwillig zur Wehrmacht gemeldet hatten. Siehe auch den ersten Betriebsobmann von ARBED-Belval Charles Dedden, seit 18.11.1940 gleichzeitig Ortsobmann seiner Ortsgruppe, der sich am

Die rastlose Tätigkeit der DAF brachte mit sich, dass sie mit anderen NS-Organisationen in Konkurrenz geriet. So behauptete die Arbeitsfront, dass ihr bei der Jugenderziehung „ein begründeter Anteil" zustehe. Außerhalb der Betriebe sollte die Hitlerjugend diese Aufgaben übernehmen. In den Betrieben war die Arbeitsfront für die „Betreuung" der jugendlichen Mitarbeiter zuständig. „Betreuung" bedeutete in der Realität aber nichts anderes als die Überwachung durch die verantwortlichen Betriebsjugendwalter (beziehungsweise Betriebsmädelwalterinnen), welche eine „Erziehung zur Gemeinschaft" und die „Vermittlung einer ordentlichen Arbeitsauffassung" im nationalsozialistischen Sinne gewährleisten sollten. Die DAF erfasste somit die jungen Männer bis zum Alter von 18 Jahren, die jungen Frauen bis 21 Jahre. Die Erziehung der Jugendlichen nach nationalsozialistischen Prinzipien sollte bereits am Arbeitsplatz beginnen.[43] So nimmt es nicht wunder, dass sämtliche Veranstaltungen und andere Angebote der DAF für die Jugend immer der Ideologievermittlung dienten: „Früher machten der Kommunismus und Marxismus Verneiner aus diesen Jugendlichen, die DAF hingegen erzieht sie zu bejahenden Trägern des Arbeits- und Wirtschaftslebens", so der Leiter des Jugendamtes der DAF anlässlich einer Schulung im Kreis Esch im Jahre 1941.[44] Es erstaunt nicht, dass sich im Laufe des Krieges Reibereien zwischen der Arbeitsfront und den NS-Jugendorganisationen ergaben, wie ein Rundschreiben des Escher Kreisobmanns Grohé aus dem Jahre 1944 an alle Betriebsführer und Betriebsobmänner vermuten lässt. Die HJ hatte offensichtlich zunehmend versucht, die Betriebsjugendarbeit an sich zu reißen, sodass man Betriebsbesuchen und Veranstaltungen der HJ in den Betrieben einen Riegel vorschob.[45]

Die NS-Organisationen konnten in Luxemburg zwar 1941 beeindruckende Mitgliederzahlen aufweisen, aber sie waren nur auf dem Papier Massenorganisationen. Es stellte sich schnell heraus, dass lediglich eine Minderheit aus Überzeugung beigetreten war und sich zum Deutschtum bekannt hatte. Die aktiven Mitkämpfer bildeten in den Augen der Nazis eher eine Art Elite. Neben der VdB und den anderen Parteiformationen war die Deutsche Arbeitsfront dennoch einer der wichtigen Standpfeiler, auf dem die NS-Herrschaft in Luxemburg ruhte. Wie

---

10.10.1941 freiwillig zur Wehrmacht meldete (ANLux AP 6324 Charles Dedden), ähnlich ANLux AP 3014 Alfred Metz.

43 „Lückenlose erzieherische und soziale Betreuung der Jugend", in: LW Nr. 110 (20.4.1943) und „Betriebsjugend in bester Obhut", in: LW Nr. 189 (8.7.1943).

44 Rede von Reichsamtsleiter Schroeder, vgl. „Die Jugendarbeit der DAF", in: ETB Nr. 274 (21.11.1941).

45 Rundschreiben Nr. 21/44 des Escher Kreisobmanns Grohé vom 20.7.1944 an alle Betriebsführer und Betriebsobmänner im Kreise Esch, in: AMnR D-naz-of-4333. Die Gaujugendwaltung der DAF wies auf ein Abkommen zwischen dem Reichsjugendführer und Robert Ley aus dem Jahre 1938 hin, in dem die Zusammenarbeit zwischen beiden Parteiorganisationen verbindlich geregelt wurde. Grohé beklagte, dass Veranstaltungen und Betriebsbesuche von HJ-Führern „auch in unserem Kreisgebiet stattfanden", sodass hier ein Eingreifen notwendig schien.

die Volksdeutsche Bewegung war die DAF letztlich auch auf die aktiven Mitstreiter angewiesen, auf die sich das Regime stützte. Die sogenannten „Aktivisten“ hatten zudem meist Doppelfunktionen in Partei und Massenorganisationen und stellten den Kern der NS-Bewegung dar, wie 1943 das Escher Tageblatt meinte: „Die Aktivisten, ganz gleich wo sie stehen, ob sie als Politische Leiter ihren Dienst verrichten, oder ob sie in der Deutschen Arbeitsfront oder in den Formationen und Gliederungen tätig sind, sie sind es, die den Anspruch darauf erheben können, in einer geschichtlich einmaligen Zeit, als Kämpfer diese mitgestaltet zu haben.“[46]

3. Der Aufbau der DAF-Organisation in Luxemburg (1941)

Die Deutsche Arbeitsfront trat mit ehrgeizigen Plänen in Luxemburg an und stellte sich gerne als Erneuerin dar, die alte und verkrustete Strukturen zerstören und durch etwas „Neues“ und „Großes“ ersetzen wollte.[47] Gleichzeitig präsentierte sie sich als eine Institution, die endlich den sozialen Frieden verwirklicht habe. Durch ihren Einsatz in Luxemburg seien die „ewigen Kämpfe unserer Arbeiterschaft unter sich und mit dem Patronat (...) endgültig abgeschlossen“, „Fehden und Reibereien“ beendet.[48] Für manche Luxemburger klangen die Versprechungen der Deutschen überzeugend, zumindest was die sozialreformerischen Ideen betraf, die von der Arbeitsfront von Anfang an propagiert wurden. 1951 erinnerte sich der ehemalige NSDAP-Kreisleiter Wilhelm Diehl an seine luxemburgischen Mitarbeiter, die „von Anfang an im National-Sozialismus ... in 1. Linie den Sozialismus gesehen hätten und deshalb zur politischen Kollaboration mit dem Regime bereit waren. Durch den Anschluss ihres Landes an Deutschland hätten sich viele Luxemburger eine „Besserung der sozialen Lage der Arbeiter“ erhofft. Diehl zitierte die Namen von Ortsgruppenleitern sowie KdF-Wart Comes, die vor dem 10. Mai 1940 in der sozialistischen Partei gewesen seien, wo sie zum Teil führende Ämter innegehabt hatten.[49]

46 „Der Glaube an Deutschland und den Führer schlägt immer tiefere Wurzeln“, in: ETB Nr. 158 (9.7.1943). In dem Artikel wird die VdB als „Bekenntnisorganisation“ bezeichnet, deren Mitgliedschaft eine „gewisse Grundhaltung“, nämlich ein Bekenntnis zum Deutschtum verlangte.

47 Vgl. „Weg mit veralteten Betriebsordnungen“, in: LW Nr. 158 (9.6.1941).

48 „Was bringt die NSDAP unsern Volksgenossen“, in: LW Nr. 145 (26.5.1941).

49 Denkschrift von Wilhelm Diehl: „Zur augenblicklichen Lage der politischen Prozesse in Luxemburg“ (15.7.1951). Die Denkschrift diente der Selbstverteidigung und Rechtfertigung, weshalb Diehl – der als Kriegsverbrecher zu 17 Jahren Gefängnis verurteilt worden war – mit den Luxemburger Intellektuellen sowie Wirtschaftsführern hart ins Gericht ging. Diese seien ungeschoren davongekommen, während man die unbedeutenden Ortsgruppenleiter und politischen Mitarbeiter des Kreisleiters sowie einen Betriebsobmann übermäßig hart bestraft habe. Siehe das Schreiben Diehls vom 25.5.1952 an Staatsminister Dupong, in: ANLux Jt 022 („Procès Diehl: Protestation de Wilhelm Diehl contre sa condamnation. 1950-1952“).

Die Arbeitsfront brachte im CdZ-Gebiet ihren Herrschaftsanspruch in allen arbeits- und sozialpolitischen Bereichen deutlich zum Ausdruck. Die Funktionäre, wie der Gauobmann Dörner oder Kreisobmänner wie Grohé traten ziemlich selbstbewusst auf. Dies hatte mit der Stellung der DAF in Deutschland zu tun, wo die Massenorganisation seit 1933/34 zu einem mächtigen, parteinahen Verband angewachsen war, der zwar kaum exekutive Kompetenzen hatte, aber „unermüdlich" danach strebte „der Regierung ganze Bereiche sozialer und wirtschaftlicher Befugnisse zu entreißen" (Smelser).[50] Dies tat sie dann in Luxemburg mit den ihr eigenen rabiaten Methoden, die ihr schon in der Stabilisierungsphase der NS-Diktatur zum Erfolg verholfen hatten, man denke nur an die Zerschlagung der unabhängigen Gewerkschaften. Die Gauverantwortlichen der DAF standen vor der Situation, dass ihnen im besetzten Land kaum Sympathien entgegengebracht wurden, es aber auch keinen offenen Widerstand gegen sie gab. Diesen Vorteil nutzten die deutschen Funktionäre rücksichtslos aus, genauso wie die Tatsache, dass es in Luxemburg einen quantitativ nur schwer zu erfassenden Teil der Arbeiterschaft gab, der dem politischen und gewerkschaftlichen System der Vorkriegszeit kritisch gegenüberstand. Zwar hatten die Gewerkschaften in den 1930er Jahren nicht zu leugnende Erfolge erstritten, aber vielen dürften die sozialpolitischen Reformen und die Verbesserung der materiellen Lage zu langsam vorangeschritten sein. Dass die DAF nun mit brachialen Methoden in die Domäne der Gewerkschaften einbrach und mit modern anmutender Propaganda sowie großartigen Versprechungen als Erneuerer auftrat, dürfte der Arbeitsfront gewisse Sympathien verschafft haben. Den Vertrauensvorschuss sollte sie aber auf jeden Fall wieder verlieren, weil dem Besatzungsregime des Chefs der Zivilverwaltung kein Vertrauen entgegengebracht wurde und weil Versprechungen nicht eingehalten wurden. Diese Erfahrung hatte das Regime auch im Altreich machen müssen, etwa nach der Saarabstimmung. Dort wuchs die DAF innerhalb kürzester Zeit auf 200.000 Mitglieder, wurde aber bald mit Missstimmungen unter der Arbeiterschaft konfrontiert, da zum Beispiel die von den Bergleuten erwartete Besserstellung nicht schnell genug erfolgte.[51]

3.1. Die Aufbauphase

Da hinter der DAF ein mächtiger Apparat stand, war es in Luxemburg relativ einfach, die notwendigen Strukturen aufzubauen. In der Hauptstadt öffnete bereits im Herbst 1940 eine Filiale der Bank der deutschen Arbeit, die unter Kontrolle der DAF stand.[52] An Geld und Personal schien es auf jeden Fall nicht zu fehlen.

50 Smelser, Hitlers Mann an der Arbeitsfront, S. 297.
51 Vgl. Muskalla, NS-Politik an der Saar, S. 397.
52 Die Luxemburger Filiale der Bank der deutschen Arbeit war gewissermaßen die Hausbank der deutschen Zivilverwaltung. So liefen die meisten Arisierungsgeschäfte über die Filiale des DAF-Bankhauses. Vgl. Commission spéciale pour l'étude des spoliations des biens juifs au Luxembourg pendant les années de guerre 1940-1945, La spoliation

Die notwendigen Büroräume standen ohnehin kostenlos zur Verfügung. In Esch beispielsweise hatte die DAF ihren Sitz in einer Villa, die vorher der jüdischen Familie Seligmann gehört hatte, während sich die DAF-Zentrale in Luxemburg im Haus des geflüchteten Außenministers Joseph Bech einrichtete.[53] Überall im Lande entstanden Dienststellen der DAF. Hier wurden die Annahmeanträge abgegeben, Schulungen für Amtswalter und Betriebsobleute abgehalten, die in der Regel neu rekrutiert worden waren und erst einmal entsprechend indoktriniert werden mussten. Ausgewählte Betriebsführer und Betriebsobmänner wurden zu Schulungen und Betriebsbesichtigungen ins Altreich, bevorzugt in den Gau Koblenz-Trier, geschickt. Die DAF hatte in Koblenz, Bad Neuenahr und Alf eigene Schulungszentren, in denen die Betriebsobmänner ideologisch ausgebildet wurden. Für Luxemburger fanden – nachdem erste Besichtigungen von NS-Musterbetrieben schon im Herbst 1940 organisiert worden waren – bereits Ende Januar 1941 ähnliche Lehrgänge statt.[54] Im Februar 1941 wurden Betriebsführer und Betriebsobmänner zu einer Schulung in den ARBED-Festsaal bestellt, wo ein Parteigenosse klarstellte, dass man durch Betriebsappelle das nationalsozialistische Gedankengut in die Betriebe hineingetragen habe, dass nun in einer zweiten Phase „Schulung und Formung und Erziehung" notwendig seien. Der Betriebsführer und der DAF-Betriebsobmann müssten die „besten Nationalsozialisten im Betrieb sein", so lautete die Parole.[55] Außerdem organisierten die örtlichen DAF-Stellen Informationsversammlungen, in denen Arbeitnehmer über die Ziele der Arbeitsfront „aufgeklärt" werden sollten. Die Versammlungstätigkeit anlässlich der Einführung der DAF war vom Aufwand her vergleichbar mit der Propagandaoffensive der Volksdeutschen

---

des biens juifs au Luxembourg 1940-1945. Rapport final, Luxemburg 2009, S. 59, online unter https://www.gouvernement.lu/844196/06-biens-juifs?context=971270# (Abruf: 24.5.2018).

53 „Aus der Hauptstadt„, in: ETB Nr. 11 (25.9.1944).

54 „Luxemburger Betriebsführer und -obmänner in Remagen„, in: LW Nr. 28 (28.1.1941) und „Luxemburger Betriebsführer in Andernach", in: NBL Nr. 38 (14.2.1941). Ähnliche Veranstaltungen hatte es bereits im Oktober 1940 gegeben, als auf Einladung des „Generalbeauftragten der Arbeitgeber- und Arbeitnehmerverbände„ (in Person des DAF-Gauobmanns Hugo Dörner) Luxemburger Betriebsführer, Arbeiter und Gewerkschaftssekretäre zu einer „Studienfahrt„ nach Trier fuhren, um dort einen NS-Musterbetrieb zu besichtigen, vgl. „Luxemburger Schaffende in Trier„, in: LW Nr. 279/280 (5./6.10.1940).

55 e (= Eugen Ewert), Die Entwicklung der DAF in Luxemburg: Betriebsführer und Betriebsobmänner werden geschult, in: NBL Nr. 44 (21.2.1941). „Auch in den luxemburgischen Betrieben sollen die urdeutschen Tugenden, Mut und Disziplin, zu Erfolgen führen„, so Pg. Heinrich Balzer. Eugen Ewert (1910-1984) war in den 1930er Jahren Redakteur beim Luxemburger Volksblatt und Schriftführer der GEDELIT. Während der Besatzung war er zwischen 1940-1944 Mitarbeiter beim Nationalblatt, vgl. Pierre Marson, Eugen Ewert, in: Luxemburger Autorenlexikon online, http://www.autorenlexikon.lu/page/author/531/5312/DEU/index.html (Abruf: 24.5.2018).

Bewegung und allein im ersten Halbjahr 1941 fanden 25 zehntägige Schulungen in Bad Neuenahr und Koblenz statt. Hierzu verpflichtete man Betriebsführer und Obmänner, die gemeinsam teilnehmen mussten, was nach nationalsozialistischen Vorstellungen die Idee einer Betriebsgemeinschaft verkörpern sollte, in der Vorgesetzte und Arbeiter zusammen für das Wohl des Unternehmens und des ganzen Volkes arbeiten sollten. Die Lehrgänge wurden auf Kreisebene organisiert, was den regionalen und landschaftlichen Zusammenhalt der Teilnehmer fördern sollte.[56]

Politische Seminare gab es auch in Luxemburg, wo es in den ersten sechs Monaten 27 sogenannte „Großschulungen" in den vier Kreisstädten des Landes gab sowie 406 normale Schulungen. Im gleichen Zeitraum fanden 150 Betriebsappelle sowie etwa 100 KdF-Veranstaltungen statt. Die hauptamtlichen DAF-Kreisobmänner und ihre Mitarbeiter schwärmten aus und unternahmen ab August 1940 zahllose Betriebsbesuche, um sich ein Bild von der Lage in den Luxemburger Betrieben zu machen. Stolz vermeldete die NS-Presse im Mai 1941, dass es 900 solcher Betriebsbesuche gegeben habe, davon allein 150 im Bergbau.[57] Die Betriebsbesuche dienten in dieser Phase wohl in erster Linie der Einschüchterung beziehungsweise der politischen Einflussnahme, aber auch propagandistischen Zwecken. Später waren Betriebsbesichtigungen fester Bestandteil von Kreistagen. Bei diesen Gelegenheiten besuchten NS-Funktionäre auf Einladung der DAF mustergültige Betriebe, deren Belegschaften geschlossen in Parteiverbänden waren oder deren Betriebsführungen nach DAF-Maßstäben vorbildliche Veränderungen vorgenommen hatten.[58]

In der Regel ging es bei den Schulungen und Kundgebungen darum, die angeblichen sozialen Missstände der Vorkriegsära anzuschwärzen.[59] Gauredner und wichtige DAF-Funktionäre wie der Escher Kreisobmann Ludwig Grohé durchstreiften sämtliche Gegenden des Landes und hielten selbst in den kleinsten Ortschaften Versammlungen ab, die unter dem simplen Motto standen „Schaffende aller Stände erscheint in Massen". In den bevölkerungsreichen Industriezentren war die Propaganda aufwändiger, galt es doch, die dortige Arbeiterbevölkerung zu mobilisieren beziehungsweise von der nationalsozialistischen Politik zu überzeugen. Flankiert

56 Vgl. Emil Schumacher, Aus dem Erlebnis wuchs die Erkenntnis und ders., Schulung in Bad Neuenahr, in: OMZ Nr. 44-45 (21./22.2.1941). In einem längeren Erlebnisbericht schilderte Schumacher – sichtlich beeindruckt – die achttägige Schulung mit Vorträgen, Betriebsbesichtigungen, Empfängen und Betriebsbesichtigungen. Schumacher war Druckereibesitzer in Diekirch.

57 „Was bringt die NSDAP unsern Volksgenossen", in: LW Nr. 145 (26.5.1941) und „Die Deutsche Arbeitsfront", in: Mitteilungen des Luxemburger Buchdruckervereins (Juni 1941).

58 „Neben der sozialen eine politische Verpflichtung", in: ETB Nr. 90 (16.4.1943). Betriebsbesichtigungen im Escher Tageblatt, dem Escher Zementwerk sowie ARBED-Schifflingen am Tag der Arbeit (beim Escher Kreistag), vgl. „Betriebsbesichtigungen", in: ETB Nr. 161 (13.7.1942).

59 „DAF", in: LW Nr. 27 (27.1.1941).

wurde die Propaganda von dem Einsatz der modernen Massenmedien. In die Werbekampagne schaltete sich immer wieder Gauobmann Dörner ein, der sich am 2. Februar 1941 über den Sender Luxemburg an die Bevölkerung wandte.[60] Die gleichgeschaltete Presse überschlug sich mit Erfolgsmeldungen; so fanden sich angeblich 1.000 Zuhörer in Düdelingen ein, als ein deutscher „Gauredner“ für „Gemeinschaft“ und „Kameradschaft“ in den Betrieben warb: „In der Deutschen Arbeitsfront findet die Volksgemeinschaft ihren sichtbaren Ausdruck durch den Zusammenschluss aller“, so der Redner, der „in scharfen Worten“ Gerüchte geißelte, die in Luxemburg über den Reichsarbeitsdienst kursierten. Für die Arbeiter des Düdelinger ARBED-Werkes fand ein Betriebsappell statt – offiziell war die „ganze Belegschaft angetreten“ –, der von dem Escher Kreisobmann Grohé geleitet wurde und angeblich „für seine interessanten Ausführungen den ungeteilten Applaus“ der Menge fand.[61] Die Berichte über groß angelegte Propagandaaktionen kaschierten, dass die DAF vor Ort die Gewerkschaften entmachtet hatte, was die NS-Presse wohlweislich nicht an die große Glocke hängte. Nur in der Obermosel-Zeitung erschien eine Randnotiz, die DAF habe „ihre Funktion auf der Düdelinger Hütte aufgenommen und dadurch die Tätigkeit der früheren Gewerkschaftsführer stillgelegt.“[62] Die größeren Tageszeitungen vermieden in der Regel überhaupt die Erwähnung dieser brachialen Vorgehensweise der DAF.

Die Deutsche Arbeitsfront organisierte andere werbeträchtige und publikumswirksame Aktionen. Anlässlich der WHW-Sammlung der DAF im März/April 1941 fuhren DAF-Propagandawagen durch die großen Industriestädte des Südens. Ein Fußballspiel zwischen Mannschaften der ARBED-Betriebsgemeinschaften Belval und Rothe Erde sollte die Sportbegeisterten anlocken. Einen gewissen Werbeeffekt hatten natürlich die KdF-Veranstaltungen für Kinder und Jugendliche oder Varieté-Programme für die Erwachsenen, die sich in erster Linie an die Mitglieder der VdB und der DAF richteten, aber auch anderen „Volksgenossen“ offen standen.[63] Der Schwerpunkt der Propaganda- und Schulungstätigkeit der Arbeitsfront lag in den bevölkerungsreichen Städten und Ortschaften des Landes, aber DAF-Funktionäre begaben sich gleichfalls in den Norden, wo sie das Ende der Luxemburger Gewerkschaften verkündeten und die üblichen Versprechungen machten. Ein Beispiel hierfür ist die Rede des DAF-Gausozialwalters Dr. Schneider Anfang März

60 „DAF. Amtliche Bekanntmachungen“, in: ETB Nr. 27 (1./2.2.1941). Dörner sprach zur Mittagszeit zum Thema „Die Deutsche Arbeitsfront in Luxemburg“, vgl. Programm des Senders Luxemburg, in: LW Nr. 32/33 (1./2.2.1941).

61 „Stadt Düdelingen meldet“ und „Betriebsappell auf der Hütte“, in: ETB Nr. 49 (27.2.1941).

62 OMZ Nr. 33 (8.2.1941).

63 „DAF. Amtliche Bekanntmachungen“, in: ETB Nr. 41 (18.2.1941) und „Von der Korn zur Gander: Zur WHW-Sammlung der DAF“, in: LW Nr. 90 (1.4.1941).

1941 anlässlich eines Betriebsappells in einer kleinen Möbelfabrik mit knapp 30 Mitarbeitern.[64]

Im Oktober 1941 richtete die DAF in Luxemburg-Stadt sowie in Esch sogenannte „Arbeitspolitische Seminare“ ein. Es handelte sich um „Schulungsstätten“ für Betriebsführer und Betriebsobmänner, die bereits die DAF-Lehrgänge im Altgau absolviert hatten und nun als nationalsozialistischer „Führernachwuchs“ herangebildet werden sollten. Die Veranstaltungen standen interessierten Hörern offen und bestanden in der Regel aus Vorträgen zur NS-Wirtschafts- und Sozialordnung. Auch wenn man sich bemühte, Parteiprominenz nach Luxemburg zu verpflichten wie den Großraumtheoretiker Werner Daitz oder den DAF-Organisationsleiter Claus Selzner, lag die Bedeutung dieser Einrichtung weniger in ihrem begrenzten Publikumserfolg als in dem erklärten Anspruch, die Lehren und Erkenntnisse des Nationalsozialismus „auf Grund wissenschaftlicher Arbeit und Forschung“ zu präsentieren.[65]

Nur wenige Tage nach der offiziellen Ankündigung, dass die DAF in Luxemburg tätig würde, verkündete man im Luxemburger Wort, die Organisation sei aufgebaut und man könne sich nun den dringendsten Problemen annehmen. In erster Linie, behauptete die Propaganda, stehe in Luxemburg das Facharbeiterproblem auf der Agenda: Eine bessere Ausbildung würde den Arbeitern mehr Aufstiegsmöglichkeiten eröffnen, so das Versprechen. Natürlich waren weder der Aufbau der DAF abgeschlossen noch sämtliche Arbeitende der Massenorganisation beigetreten, aber rechtzeitig zum 31. Januar 1941, dem „Tag der nationalsozialistischen

---

64 „Betriebsappell bei der Firma Heintz-Walch“, in: LW Nr. 65 (6.3.1941). Schneider war im September 1940 von Koblenz nach Luxemburg gekommen. Ein Zeitzeuge beschrieb ihn als „sympathische Figur, die im Zivil den Gentleman markieren könnte und dem die Rednerbegabung nicht abzusprechen ist.“, vgl. Aussage des Präsidenten der Arbeiterkammer Barthélemy Barbel, in: Arbeiterkammer Luxemburg, Tätigkeitsbericht, S. 14–23. Im Juni 1941 legte er sein Amt als Gausozialwalter freiwillig nieder. Gleichzeitig berief Gauleiter Simon den Luxemburger Marius Didesch nach Koblenz in die Gauleitung, wo dieser das Amt Schneiders übernahm. Didesch war bis dahin Distriktsleiter der VdB im Kreis Luxemburg, vgl. „Bekanntmachung des Gauleiters“ und „Bekanntmachung des Gauobmannes der DAF“, in: ETB Nr. 129 (5.6.1941).

65 „Arbeitspolitisches Seminar in Esch“, in: ETB Nr. 253 (28.10.1941). Die arbeitspolitischen Seminare standen unter der Leitung des DAF-Gauschulungswalters Rathmacher. Rathmacher hatte bereits im Jahre 1940 die ersten Schulungen für Luxemburger Vertrauensleute und Ortsobmänner, dann ab 1941 für die Luxemburger Betriebsführer organisiert. Er kam persönlich zu Vorträgen und Schulungen nach Luxemburg und gab im Dezember 1941 dem Sender Luxemburg ein Interview über die Tätigkeit der DAF-Schulungsstätten in Luxemburg: „Besonders im deutschen Vorland des Westens, dessen Menschen zum Reich heimgefunden haben, kommt dieser ebenso gründlichen als umfassenden Erziehungsarbeit der Deutschen Arbeitsfront die größte Bedeutung zu“, in: LW Nr. 356/357 (24./25.12.1941). Zu Daitz und Selzner, vgl. Ernst Klee, Das Personenlexikon zum Dritten Reich, S. 578 und https://de.wikipedia.org/wiki/Werner_Daitz (Abruf: 24.5.2018).

Revolution“, wollten die politischen Stellen Erfolge vermelden.[66] In den nächsten Wochen und Monaten berichtete die Presse immer wieder über die Fortschritte der Arbeitsfront, vor allem im Kreis Esch, in dem angeblich die „meisten Betriebe“ der DAF „geschlossen“ beitraten. Ähnliche Erfolgszahlen wurden aus dem Kreis Luxemburg vermeldet.[67] Es handelte sich hier aber häufig um kleinere Betriebe aus Handel und Handwerk, da die Aufnahme der neuen Mitglieder und die Aufstellung einer Betriebsorganisation hier einfacher und schneller vonstattengingen. Bemerkenswert ist, dass hauptstädtische Traditionshäuser (Hotels, Kinos, Kauf- und Warenhäuser, Lebensmittelhändler und Handwerksbetriebe), darunter landbekannte Namen wie „Monopol“, in der Presse Erwähnung fanden. Mehrere private Grubenbetriebe traten geschlossen bei; da hier die Arbeits- und Lohnbedingungen schlechter waren als etwa bei den großen Unternehmen, fand die sozialpolitische Propaganda wohl einen gewissen Nährboden, auch wenn man allgemein davon ausgehen muss, dass die Mehrzahl der Arbeiter in die DAF gezwungen wurde. Für diese Grubenarbeiter hatten die Deutschen bereits im Januar 1941 in Kayl einen besonderen Betriebsappell veranstaltet, bei dem Sinn und Zweck der DAF ausführlich erklärt worden waren.[68] In anderen Fällen wurde der Beitritt zur Arbeitsfront hinausgezögert, auch mit Unterstützung des Arbeitgebers, wie das Beispiel eines Architekten zeigt, der seine Angestellten die Anmeldeformulare zwar ausfüllen ließ, die Formulare aber nicht zurückschickte.[69] Bis Anfang März 1941 waren annähernd 300 Betriebe geschlossen der Arbeitsfront beigetreten, was in Wirklichkeit nichts anderes bedeutete, als dass besonders eifrige Betriebsführer und Betriebsobmänner die Mitarbeiter in globo eingeschrieben hatten. Die Angst vor Konsequenzen, im schlimmsten Fall dem Verlust des Arbeitsplatzes, dürfte zur Aufrechterhaltung der Dynamik bei den Anmeldungen beigetragen haben. Wer schon im Jahre 1940 der VdB beigetreten war, weil er als Arbeiter oder Angestellter des öffentlichen Dienstes quasi dazu verpflichtet worden war, dürfte sich in der Regel nicht dem Beitritt zur DAF verweigert haben; so waren im Kreis Diekirch unter den 44 Betrieben, die angeblich der Arbeitsfront „geschlossen“ beigetreten waren, sämtliche Filialen der Kreissparkassen, staatliche Behörden, Stadt- und Gemeindeverwaltungen sowie städtische Einrichtungen wie Elektrizitäts- oder

66 „Die Organisation der DAF aufgebaut“, in: LW Nr. 30 (30.1.1941).

67 „Jetzt schon 92 Betriebe geschlossen in der DAF“, in: LW Nr. 62 (3.3.1941), „92 Betriebe geschlossen in der DAF“, in: ETB Nr. 53 (4.3.1941) und „Weitere Betriebe geschlossen der DAF beigetreten“, in: ETB Nr. 57 (8.3.1941). Die Betriebe wurden namentlich aufgelistet; darunter befanden sich allein 13 Grubenbetriebe aus dem Minettegebiet.

68 „Betriebsappell“, in: LW Nr. 24 (24.1.1941).

69 In seinen Erinnerungen berichtet Pe'l Schlechter, dass man aus Angst vor dem Verlust der Arbeitsstelle der DAF und der VdB beitrat. Pe'l Schlechter, De Pol muss an de Krich. Erënnerongen an Niewesaachen, Luxemburg 2012, S. 48f.

Wasserwerke in den Erfolgsmeldungen aufgelistet.[70] Weniger erfolgreich war die Einschreibung über die DAF-Ortswaltungen. In Rodingen, wo 4.000 Menschen lebten, verweigerten nach Informationen des Ortsobmannes 46 Personen einen Beitritt in die DAF. Es handelte sich vor allem um Selbstständige, kleine Angestellte, Landwirte und Rentner, die nicht über die Betriebsorganisationen erfasst worden waren. Die meisten lehnten unter fadenscheinigen Gründen ab, weil sie die weitere Entwicklung erst einmal abwarten wollten oder aber geschlossen mit ihrem Berufsverband beitreten würden. Ein Transportunternehmer spöttelte, „wenn er mehr Benzin bekäme, würde er drin gehen". Wirklich politische Argumente waren die Ausnahme: Eine Gastwirtin gab an, sie „würde in die DAF gehen, aber nicht in die VdB", während ein Lebensmittelhändler aus Überzeugung nicht für die VdB unterschreiben wollte, „weil er noch Mitglied der Freien Gewerkschaft" sei.[71]

Standen bei der massiven Propaganda- und Aufklärungsaktion des Jahres 1941 die sozialpolitischen Errungenschaften und Leistungen der DAF im Vordergrund, so wurde aber schon nach kürzester Zeit deutlich, dass die Deutschen mit der Mitgliedschaft ein politisches Bekenntnis zum neuen Regime verbanden. Beispielsweise verkündete Hanns Schneider, dass der Eintritt in die DAF „von einem Bekenntnis zum Deutschtum abhängig" gemacht werde. Dies bedeutete, dass jeder, der in die DAF wollte, gleichzeitig in die Volksdeutsche Bewegung sollte. Das Annahme-Antragsformular für die DAF war zudem tückisch formuliert: Mit der Unterschrift bekannte man sich nicht nur zur Volksdeutschen Bewegung, sondern es wurde ein Bekenntnis zum deutschen Volkstum und zum Nationalsozialismus abverlangt. Außerdem musste der Unterzeichner seine „arische" Abstammung bestätigen sowie Angaben über eine frühere Gewerkschaftsmitgliedschaft, aber auch „Staatsangehörigkeit" und „Volkszugehörigkeit" machen. Es waren vor allem diese letzten drei Fragen, die schlecht aufgenommen wurden und offenbar für Diskussionen sorgten. Deshalb einigte man sich beispielsweise bei einer Sitzung der ARBED-Zentralverwaltung mit den Bürochefs aus Dommeldingen, Schifflingen, Düdelingen, Belval und Rothe Erde darauf, dass die Antragsformulare einheitlich mit „Luxemburger" (zur Frage nach der Staatsangehörigkeit) beziehungsweise „Volksdeutscher" (zur Frage nach der Volkszugehörigkeit) auszufüllen seien. Die Frage nach einer früheren Verbands- oder Gewerkschaftszugehörigkeit war noch delikater, sodass die Zentralverwaltung entschied, dies möge man „vorläufig offen lassen".[72] Die Rekrutierung der Luxemburger Arbeitnehmer in die Arbeitsfront war nicht nur ein gewaltiger propagandistischer Coup, sondern sie war der Versuch,

70 „Ihre Zahl wächst weiter", in: LW Nr. 66 (7.3.1941). Vgl. Aufbau der Stadtverwaltung in Luxemburg, Luxemburg 1941, S. 36f.

71 Schreiben der Ortssachwaltung Rodingen vom 19.3.1941 an die DAF in Esch-Alzig mit Liste der „Namen der Leute welche den Eintritt in die Arbeitsfront verweigert haben", in: Archives OGBL (Mappe „Genehmigungen von Vorstandssitzungen").

72 Aufnahme-Antrag sowie hs. Notizen von Boes (o.D.), wahrscheinlich aus dem Jahre 1941, in: ANLux AP 6425a Nicolas Boes (Mappe „Pièces").

den arbeitenden Menschen ein Bekenntnis zum Regime und zur deutschen „Volksgemeinschaft“ abzunehmen. Wir wissen nicht genau, wie die Antragsformulare von den Arbeitern und Angestellten ausgefüllt wurden (falls sie nicht einfach von den Arbeitgebern im Voraus vervollständigt und den Arbeiternehmern nur noch zur Unterschrift vorgelegt wurden), aber es ist wohl anzunehmen, dass die große Mehrheit Anfang 1941 auf die plumpe Frage nicht hereinfiel. Monate später wollte die politische Führung des CdZ-Gebietes mit einem ähnlichen plebiszitären Manöver der Luxemburger Bevölkerung ein zweites Mal die Zustimmung zur nationalsozialistischen Neuordnung abtrotzen. Die für den 15. Oktober 1941 abgeschlossene Personenstandserhebung, in der ähnliche Fragen zur Sprache und zu Staats- wie Volkszugehörigkeit gestellt wurden, endete mit einer Blamage für den Gauleiter.[73]

Offensichtlich blieb der erwartete Massenansturm auf die Deutsche Arbeitsfront zunächst aus und viele Luxemburger Arbeitnehmer fragten sich wohl, welche Vor- und vor allem Nachteile mit der Mitgliedschaft verbunden seien. Vermutlich hielten viele Gewerkschaftsmitglieder ihren alten Verbänden die Treue, da es die Gewerkschaften auf dem Papier immer noch gab, selbst wenn ihre Aktivitäten seit Monaten niedergehalten worden waren. Um diese Arbeiter und Angestellten zu ködern, versprach man ihnen, dass ihre erworbenen Rechte unangetastet blieben, unter der Voraussetzung, dass man der DAF beitrat. Andere Arbeitnehmer hatten womöglich die Aufnahmeanträge für die DAF ausgefüllt, in der Hoffnung, so die Mitgliedschaft in der VdB oder in einer anderen NS-Organisation zu umgehen. Zauderer waren nicht willkommen und wurden mit Ausschluss aus der „deutschen Volksgemeinschaft“ bedroht.[74] Die Einschüchterungsmethoden der DAF-Führer setzten sich in den Betrieben und Ortsgruppen fort, zum Teil mit willkürlichen Argumenten. Der Betriebsobmann im ARBED-Werk von Düdelingen beispielsweise übte massiven Druck aus, so Zeugenaussagen nach dem Krieg: „Es war zur Zeit der Gründung der DAF. DAF-Leiter Balsam legte uns nahe, wir müssten in die VdB, sonst würden wir nicht aufgenommen in die DAF. Wer nicht Mitglied der DAF wäre, würde nach Polen oder nach dem Süden von Frankreich ausgewiesen.“ Diejenigen, die sich von den Drohungen zunächst nicht einschüchtern ließen, wurden einzeln zum Betriebsobmann gerufen, wo die Deportationsdrohungen noch einmal ausgesprochen wurden. Schließlich war Balsam sogar bereit, auf

---

73 Vgl. Artuso, La collaboration (2013), S. 203–208.

74 Dr. Hanns Schneider, Mitgliedschaft zur DAF Bekenntnis zum Deutschtum, in: LW Nr. 88/89 (29./30.3.1941). Ähnlich auch in „Die DAF und die Gewerkschaften“, in: NBL Nr. 50 (28.2.1941), in dem mit der DAF-Mitgliedschaft ein Bekenntnis zu Deutschland verlangt wurde: „Was wir verlangen ist eine deutsche Gesinnung, die sich durch die Tat beweist.“ So war klar, dass der Weg in die DAF nur über die VdB möglich sei; ein Aufnahmeantrag für die DAF, der nicht den vorgesehenen Abschnitt für die VdB habe, würde „bedingungslos ausgeschieden“.

den Beitrittstarif von sechs Franken zu verzichten, „wir sollten nur die Unterschrift zur VdB geben, damit wir in die DAF aufgenommen würden."[75]

Gleichzeitig bemühte das Regime Prominente aus dem Gau und aus Luxemburg, um für die deutsche Sache zu werben und in einem Aufruf an alle „Schaffenden des Gaues Moselland" rief der DAF-Gauobmann Hugo Dörner im Rahmen der Sammlungen des Winterhilfswerks (WHW) zu freiwilligen „Opfern" auf. Aber selbst das Spenden beziehungsweise das Sammeln für wohltätige Zwecke wurde in ein Bekenntnis zum Deutschtum umgemünzt. Dörner persönlich kam nach Luxemburg-Stadt, um zusammen mit ARBED-Generaldirektor Aloyse Meyer und dem ARBED-Hauptbetriebsobmann Otto Kanis für das WHW zu sammeln.[76]

Die DAF warb mit einer Vielzahl von Dienstleistungen, die den Mitgliedern zugutekommen sollten. Das Angebot in den Betrieben reichte von kostenlosen Fortbildungen über kostengünstige Freizeitgestaltung (im Rahmen der NS-Gemeinschaft „Kraft durch Freude") bis hin zur besonderen Betreuung von Frauen, Müttern und Jugendlichen, die von der DAF in enger Zusammenarbeit mit den Betrieben organisiert wurden. Ähnliche Angebote gab es in den Ortsgruppen. Dazu zählte beispielsweise die für DAF-Mitglieder kostenlose Rechtsberatung. Vor dem 10. Mai 1940 hatte es so etwas auch schon gegeben und sowohl der LCGB wie der LBMIAV hatten Rechtsauskunftsstellen für ihre Mitglieder eingerichtet.[77] Da der Gauleiter am 1. Oktober 1940 reichsrechtliche Vorschriften über die Sozialversicherung eingeführt hatte, lag die Rechtsprechung in dementsprechenden Streitfällen nicht mehr bei den ordentlichen Gerichten oder Schiedsgerichten. Die Fälle wurden zunächst nach Trier weitergeleitet, wo sich ein Oberversicherungsamt damit befasste. Diese Praxis änderte sich, als die Deutsche Arbeitsfront ihre Rechtsberatungstätigkeit in Luxemburg aufnahm. Zunächst gab es juristische Bedenken gegen diese Tätigkeit der DAF, da sie diese laut geltenden Vorschriften nur im Deutschen Reich ausüben durfte und Luxemburg staatsrechtlich noch ein eigenes Gebilde darstellte. Sogenannte Rechtsberatungsstellen öffneten dann im Februar 1941 in Luxemburg sowie 1942 in Esch, in den übrigen Kreisen fand die DAF-Rechtsberatung lediglich stundenweise statt. Was auf den ersten Blick wie eine arbeitnehmerfreundliche Einrichtung wirkte, die in Einzelfällen DAF-Mitgliedern tatsächlich mit Rat und Tat zur Seite stehen konnte, diente in Wahrheit alles anderem als der Stärkung von Arbeitnehmerrechten. Die DAF verstand sich selbst als eine Art Schlichter in Fragen des Arbeits- und Sozialrechts, mit dem Ziel, Konflikte zwischen Arbeitgebern und Arbeitnehmern zu vermeiden beziehungsweise zu unterdrücken. Die Arbeitsfront-Funktionäre folgten dem Grundsatz

---

75 Anzeige von René Thommes vom 21.8.1945 beim Polizei-Präsidium betr. Fall Reuter-Balsam, in: ANLux AP 5425 Jean-Pierre Reuter.

76 „Aufruf: An alle Schaffenden des Gaues Moselland!", in: LW Nr. 88/89 (29./30.3.1941).

77 Siehe z.B. Ortsgruppe Differdingen des LBMIAV, die zu bestimmten Zeiten im Gewerkschaftsheim den Mitgliedern gegen Vorlage ihres Mitgliedsbuches zur Verfügung stand, ETB Nr. 109 (9.5.1940).

„Rechtsberatung statt Prozessvertretung". Dabei unterschied sie sich von den Gewerkschaften, die ihren Mitgliedern vor 1940 in Arbeitskonflikten einen Anwalt zur Verfügung gestellt hatten, um sich ihr Recht vor den Arbeitsgerichten zu erstreiten. Die Arbeitsfront hingegen war Teil des Systems und unumwunden warb sie damit, dass sie ein gutes Verhältnis zu Arbeitsämtern, Versicherungsbehörden, Stellen von Staat und Partei hatte. Die offensichtliche Nähe der DAF zum NS-Regime dürfte in den meisten Fällen eher abschreckend gewirkt haben und wer nicht mit den Deutschen paktierte oder sympathisierte, vermied es sicher, einen Fuß in die Rechtsberatungsstelle zu setzen, die sich in Esch beispielsweise im „Haus der Bewegung" befand.[78]

Bei der Rechtsberatung offenbarte sich die Zwitterstellung der Deutschen Arbeitsfront. Einerseits setzte sie sich für Mitglieder ein, die ein Problem mit der Sozialversicherung hatten. So war die DAF an 34 von 38 Berufungen gegen Entscheidungen der Unfallversicherungsgenossenschaft (Abt. Land- und Forstwirtschaft) direkt beteiligt. In der Abt. Maschinenbau und Kleineisenindustrie vertrat die Rechtsberatung der DAF zwischen 1940 und 1942 insgesamt 115 von 156 Berufungsfällen. Es gibt Hinweise, dass sich die Rechtsberater der DAF mit großem Nachdruck für die Versicherten einsetzten, sodass die Unfallversicherungsgenossenschaft sich gar beim CdZ-Kommissar für das Sozialversicherungswesen über das Verhalten der DAF-Vertreter befremdet zeigte, die beispielsweise „in sehr hartnäckiger Weise die Anerkennung von zwei Leistenbrüchen" betrieben hätten. Andererseits versuchte die DAF aber im Allgemeinen eher, strittige Versicherungsfälle möglichst schnell zu erledigen. Ob dies wirklich immer im Interesse der Versicherten geschah, ist fraglich, denn die Vertreter der AOK Luxemburg hatten nur lobende Worte für die Tätigkeit der Rechtsberatungsstelle der DAF übrig und sie bezeichneten die Zusammenarbeit 1941 in „jeder Hinsicht sowohl im Interesse der Versicherten als auch der Kasse nur als ein Gutes."[79] Die Düsseldorfer Unfallversicherungsgenossenschaft befand, „dass die Zusammenarbeit mit der DAF ersprießlich war" beziehungsweise „in durchaus erfreulichem und kameradschaftlichem

---

78 „Die Rechtsberatungsstellen der DAF", in: NBL Nr. 39 (15./16.2.1941). „Es geht auch ohne Prozess", in: LW Nr. 314 (10.11.1942). Wie häufig die Rechtsberatung der DAF von den Luxemburger Arbeitnehmern in Anspruch genommen wurde, lässt sich nur schwer schätzen; angeblich wurden im 1. Halbjahr 1943 bei der Rechtsberatungsstelle Luxemburg (die für die Kreise Luxemburg, Diekirch und Grevenmacher zuständig war) nur 59 Fälle vorgebracht, vgl. „Ist meine Sozialversicherung in Ordnung?", in: LW Nr. 233/234 (21./22.8.1943). Diese niedrige Zahl mag ein Hinweis darauf sein, dass durch das Regime individuelle Arbeitskonflikte weitgehend erfolgreich unterdrückt wurden.

79 Vgl. Schreiben des Leiters der AOK Luxemburg vom 28.7.1941 an den Kommissar für das Sozialversicherungswesen betr. Rechtsberatungsstelle der DAF, in: ANLux CdZ A-1-30:843 (= A-4109-01/02).

Geiste geführt" wurde.[80] Diese positive Einschätzung war darauf zurückzuführen, dass die DAF-Rechtsberater nicht selten die vorgebrachten Fälle wieder zurückzogen oder aber die Betroffenen zu Vergleichen überredeten, was letztlich den Vertretern der Versicherungsträger entgegenkam. Inwiefern die DAF-Beratungsstellen in Luxemburg und Esch Arbeitnehmer über sozialrechtliche Probleme hinaus in arbeitsrechtlichen Streitfragen unterstützten, lässt sich angesichts fehlender Quellenüberlieferungen nur schwer sagen. Da im Prinzip Konflikte zwischen Arbeitnehmern und Arbeitgebern bereits auf lokaler Ebene von den zuständigen DAF-Betriebsobmännern mit den Betriebsführern geregelt werden sollten, kann man davon ausgehen, dass arbeitsrechtliche Streitsachen den Betrieb in der Regel erst gar nicht verließen.

Während des weiteren Verlaufs des Krieges wurden die Rechte und Freiheiten der Arbeiter und Angestellten immer weiter eingeschränkt, aber der Leistungsdruck gleichzeitig erhöht, sodass die traditionellen Arbeitnehmerrechte immer weiter in den Hintergrund rückten und das Versprechen, die DAF verhelfe jedem deutschen Arbeiter zu seinem Recht, sich als eine hohle Phrase erwies.[81]

Die beeindruckende Entwicklung der Mitgliederzahlen im Jahre 1941 zeigt, dass sich die NS-Massenorganisation schnell und flächendeckend ausbreitete. Sie bediente sich zur Durchsetzung ihrer Macht ausgeklügelter horizontaler und vertikaler Organisationsstrukturen. Daneben waren es die hauptamtlichen Funktionäre, die aus dem Altgau nach Luxemburg gekommen waren, die den Herrschaftsanspruch der Arbeitsfront personifizierten. Von Mitgliedern und Amtswaltern verlangten sie Loyalitätsbekundungen und eine unbedingte Unterordnung.

Schon kleinste Handwerksbetriebe mussten nach den Vorstellungen der Arbeitsfront organisiert werden. In erster Linie geschah dies durch die Berufung von Betriebsobmännern. In den großen Unternehmen wie den ARBED-Werken oder anderen Betrieben der Schwerindustrie wurden umfassende Funktionärsapparate aufgebaut, die dafür sorgten, dass der Arm der DAF in jede Werkstatt und in jedes Büro hineinreichte. Trotz einer Propaganda, die den Menschen glauben machen wollte, die Arbeitsfront stehe im Dienste der arbeitenden Volksgenossen, war die DAF von Anfang an ein politisches Instrument in den Händen des Besatzers und somit Teil eines Repressions- und Überwachungsapparates, den die Zivilverwaltung benötigte, um sich Arbeiter und Angestellte gefügig zu machen. Das Beispiel der ARBED-Werke zeigt in aller Deutlichkeit, dass vom Nationalsozialismus überzeugte DAF-Amtswalter deutscher wie luxemburgischer Herkunft ihre Machtstellung unerbittlich ausnutzten, um sowohl auf Kollegen, Untergebene wie Vorgesetzte Druck auszuüben.

80 Vgl. Schreiben der Unfallversicherungsgenossenschaft (Amtsstelle der Maschinenbau- und Kleineisenindustrie-Berufsgenossenschaft Düsseldorf) vom 1.8.1941 an den Kommissar für das Sozialversicherungswesen betr. Rechtsberatungsstelle der DAF, in: ANLux CdZ A-1-30:843 (= A-4109-01/02).

81 „Tausende finden Rat und Recht", in: ETB Nr. 304 (29.12.1942).

In gleichem Maße wie Anfang 1941 die Zahl der Mitglieder in den Ortsgruppen und Betrieben wuchs, musste auch eine Organisationsstruktur geschaffen werden. Innerhalb weniger Wochen und Monate wurde in den vier Kreisen die Organisation der DAF aus dem Boden gestampft. Im Kreis Esch entstanden 32 DAF-Ortsstellen, sogenannte Ortswaltungen, denen ein Ortsobmann vorstand. Die Ortswaltungen waren entsprechend den Ortsgruppen der VdB in Zellen und Blocks eingeteilt. 1942 sollen es insgesamt 753 gewesen sein, die von 940 Waltern (Zellen-/Blockwalter) geleitet wurden. Neben den Ortsstellen gab es eine parallele Organisation in den Betrieben. Die DAF war ein Jahr nach ihrer Gründung in 252 Betrieben mit Betriebsorganisationen aufgestellt und hatte hier 498 Amtsträger.[82]

Nicht ganz einfach gestaltete sich der Aufbau der DAF-Organisation in den ländlichen Kreisen Diekirch und Grevenmacher. Hier gab es nur wenige Industriebetriebe und die Distanzen zwischen den einzelnen Orten waren in den dünner besiedelten Regionen schwieriger zu überwinden als im Zentrum und im Süden Luxemburgs. In den Großbetrieben der Schwerindustrie war es einfacher, Tausende von Arbeitern und Angestellten schnell zu erreichen. Wo es hingegen viel mehr Klein- und Kleinstbetriebe gab, blieb der Einfluss der Arbeitsfront und ihrer Funktionäre vermutlich geringer, als dies im industrialisierten Süden der Fall war. Auf dem Papier gab es dennoch ein dichtes Netz von DAF-Ortswaltungen, im Kreis Grevenmacher waren es 27 Ortswaltungen (mit 67 Zellen und 197 Blocks). Angeblich wurden hier über 300 Betriebe von der DAF erfasst.[83]

3.2. Das Beispiel der Stadtverwaltung Luxemburg

Am Beispiel des Kreises Luxemburg zeigt sich die resolute Vorgehensweise der Nationalsozialisten bereits vor 1941. Hier wurde schon ab 1. Oktober 1940 die Kreiswaltung der DAF aufgebaut. Der erste Kreisobmann dort war Heinrich Balzer[84], der von der Trierer NS-Betriebszellenorganisation NSBO nach Luxemburg gekommen war. Sein Aufgabenfeld umfasste in erster Linie die Vorbereitung der Einführung der DAF in Luxemburg. Die Erfassung der Betriebe sowie der Lohn- und Gehaltsempfänger fand mit Hilfe von Unterlagen aus den Luxemburger Krankenkassen statt. Bis Juli 1941 zählte die DAF-Kreiswaltung in der Hauptstadt 17.000 Mitglieder, bis Juli 1942 stieg diese Zahl anscheinend auf 20.000. Im Kreis Luxemburg wurden 450 Betriebe erfasst, die nun unter die direkte Kontrolle der DAF beziehungsweise der DAF-Funktionäre kamen. Mit dem Aufbau der DAF wurden zahllose Stellen für Funktionäre geschaffen, die entweder haupt- oder ehrenamtlich tätig waren. Als politische Leiter trugen sie im Dienst DAF-Uniformen, allerdings hatten bis 1942 noch längst nicht alle Funktionäre ihre Uniform erhalten. Im

82 Vgl. „50.000 Schaffende in der DAF", in: ETB Nr. 168 (21.7.1942).
83 „Zum Kreistag der VdB in Echternach", in: LW Nr. 152 (1.6.1942).
84 Heinrich Balzer (*1893). Vgl. Maier, Biographisches Organisationshandbuch, S. 127.

Kreise Luxemburg hatte die DAF im ersten Jahr ihres Bestehens rund 700 Mitarbeiter, die sich auf verschiedene Ämterpositionen verteilten.

Tab. 18: Besetzung der DAF-Planstellen in Kreis Luxemburg (1942).

Amtsbezeichnung	Planstellen	davon besetzt
Zellenwalter	104	104
Blockwalter	500	440
Mitarbeiter	?	162
Total:		706

Quelle: ETB Nr. 168 (21.7.1942)

Systematisch und zunächst erfolgreich gingen die DAF-Kreisobmänner bei den Stadtbetrieben in Luxemburg-Stadt vor. Mitte 1941 waren von 129 Angestellten und 708 Arbeitern lediglich zwei nicht in der VdB und zwei bis drei nicht in der DAF, so das Ergebnis einer Erhebung des deutschen Oberbürgermeisters.[85] 1941 erfolgte die Einsetzung eines Betriebsobmanns und von Obmännern für die einzelnen Betriebe der Stadtverwaltung Luxemburg, dies in enger Zusammenarbeit mit Oberbürgermeister Richard Hengst. Die Auswahl des Hauptbetriebsobmanns geschah eindeutig nach politischen Gesichtspunkten. Der Hauptbetriebsobmann Peter Strasser war ein Parteigenosse, während die übrigen Obmänner der Stadtbetriebe in den Stellenbesetzungsplänen lediglich als „Volksgenossen" geführt wurden. Die Auswahl der Personen nahm nicht der Oberbürgermeister vor, sondern die DAF-Kreiswaltung, aber Hengst als „Betriebsführer" der Stadtbetriebe musste den Berufungen zustimmen. Im Juni 1941 ließ sich Hengst sämtliche Obmänner der städtischen Betriebe vorstellen. Bei dem Treffen gab sich der Oberbürgermeister zugänglich und betonte, dass er „jederzeit zur Verfügung des Hauptobmannes stehe". Zur Sprache kam die Lohnfrage, eines der brennenden Themen seit der Einführung der Zivilverwaltung. Hier wiegelte der Bürgermeister schnell ab und verwies auf die seit 1940 geltenden Lohnregelungen und sprach unverbindlich von „Bestrebungen der Verbesserung des Lohnes", dies allerdings nur „innerhalb der zuständigen Bestimmungen". Ansonsten stellte sich Hengst auf die offizielle Linie und ließ sich auf keine weiteren Diskussionen ein: „Die Arbeit dürfe nicht nur nach dem Lohn bemessen werden, es sei vielmehr der ethische Wert der Arbeit zu berücksichtigen. Der Obmann habe auch in dieser Beziehung zu wirken, überhaupt dafür zu sorgen, dass eine gute Kameradschaft gepflegt wird."[86] Es stellte sich

85 Aufstellung „DAF-Veranstaltung vom 20.5.1941", in: AVL LU 11 NS 271 („DAF-Betriebsappell 20.5.1941") und Schreiben des Oberbürgermeisters vom 18.7.1941 an die DAF-Kreiswaltung, in: AVL LU 11 NS 273 („DAF. Betriebsobleute 1941-1941").

86 Aktennotiz vom 12.6.1941, in: AVL LU 11 NS 273 („Betriebsobleute 1941-1943") und Stellenbesetzungsplan für Betriebsobmänner (14.4.1942), in: ebenda.

heraus, dass die Deutsche Arbeitsfront sich für die Sorgen und Nöte der Arbeiter und Angestellten – wenn überhaupt – nur am Rande interessierte. Bei einer weiteren Besprechung des Hauptbetriebsobmanns mit dem Oberbürgermeister der Stadt Luxemburg standen zwar Themen wie die Lohnfrage und die Vornahme der Einstufungen in die neuen Lohntabellen auf der Tagesordnung, aber zu Verhandlungen kam es nicht, denn dringlicher für die Parteigenossen waren die Anschaffung von DAF-Fahnen und Uniformen für die Funktionäre, die Organisation des Betriebssports oder die Einrichtung eines Büros für den Betriebsobmann.[87] In der Folge zeigte sich, dass die Arbeitsfront bei Konflikten in den städtischen Betrieben wie ein stumpfes Schwert war und sich nur schwer gegenüber dem deutschen Betriebsführer behaupten konnte. Oberbürgermeister Richard Hengst gehörte zur NS-Prominenz im besetzten Luxemburg und ließ sich ungern von einem subalternen Betriebsobmann oder einem kleinen DAF-Funktionär in seine Amtspraxis hineinreden. Zwar erhielt Betriebsobmann Strasser von seinem Dienstherrn ein Büro mit Fernsprechanschluss und wurde an zwei Nachmittagen vom Dienst befreit, um seiner DAF-Tätigkeit nachgehen zu können, aber Hengst unterstrich, dass diese Freistellung ohne Rechtsanspruch sei. Außerdem lehnte es der Bürgermeister ab, das „unmittelbare Beschwerderecht" der Gefolgschaftsmitglieder irgendwie zu beschneiden. Dem Wunsch Strassers, dass sämtliche Beschwerden des städtischen Personals nur noch über den DAF-Obmann laufen sollten, erteilte Hengst eine deutliche Abfuhr.[88]

Die Probleme, sich in einem größeren Betrieb gegenüber einem mächtigen Polit-Bonzen durchzusetzen, dürfen aber nicht darüber hinwegtäuschen, dass die Deutsche Arbeitsfront unbestreitbar über ein tatsächliches Machtpotenzial verfügte, das nicht nur auf politischem, sondern auch auf wirtschaftlichem Einfluss begründet war. So schickte die Abteilung „Das deutsche Handwerk" der DAF-Kreiswaltung Luxemburg im Jahre 1942 eine Aufstellung von Unternehmern und Handwerkern aus dem Stadtgebiet, die „nach ihrer Einstellung zum Deutschtum und nach ihrer fachlichen Eignung zur Erteilung von Aufträgen bevorzugt in Frage kommen" an den Oberbürgermeister. Die Positivliste schloss damit natürlich alle Bauunternehmen aus, die sich politisch neutral oder sogar ablehnend verhielten.[89] In anderen Bereichen traten die Funktionäre der Arbeitsfront ebenfalls forsch auf, etwa mit der Aufforderung an alle Betriebe des Kreises Luxemburg, der DAF Statistiken über die Zahl der Betriebsunfälle zukommen zu lassen. Hiermit mischte sich

87 Aktennotiz betr. Besprechung mit dem Betriebsführer der städtischen Betriebe Hrn. OB Pg. Hengst am 12.8.1941, in: AVL LU 11 NS 269 („DAF: Volksbildungsstätte Lux. HauptBO. 1941-1944").

88 Schreiben des Oberbürgermeisters vom 13.2.1942 an Hauptbetriebsobmann Strasser betr. Bericht über die Besprechung vom 7.1.1942, in: AVL LU 11 NS 269 („DAF: Volksbildungsstätte Lux. HauptBO. 1941-1944").

89 Vertrauliches Schreiben der DAF-Kreiswaltung Luxemburg, Abt. Das deutsche Handwerk, vom 21.7.1942 (gez. Paul Kratzenberg), in: AVL LU 60.1.1.403.

die DAF ungestört dort ein, wo bislang staatliche Ämter wie die Arbeitsinspektion allein zuständig gewesen waren.[90]

Es dauerte noch mehrere Monate, bis die Arbeitsfront bei der Stadtverwaltung die neuen DAF-Mitgliedsbücher ausstellen konnte und erst am 1. Dezember begann offiziell die Umschreibung der „alten Mitgliedsunterlagen der früheren Luxemburger Verbände und Gewerkschaften“. Ein Rundschreiben an alle DAF-Mitglieder hielt fest, dass sämtliche Gewerkschaften in Frage kamen, womit unterstrichen wurde, dass die DAF in jeder Hinsicht die Rechtsnachfolgerin der ehemals freien Verbände sei.[91]

Konnten sich die Angestellten und Arbeiter der städtischen Betriebe nur schwer der Mitgliedschaft in den beiden wichtigsten NS-Massenorganisationen entziehen, so gab es andere Möglichkeiten, die Distanz zum Regime auszudrücken. Wo es ging, entzog man sich Betriebsappellen und politischen Kundgebungen, sodass der Oberbürgermeister anlässlich eines Betriebsappells in einem Rundschreiben an sämtliche Abteilungsleiter „ein möglichst vollzähliges Erscheinen der städtischen Gefolgschaft“ einfordern musste.[92] Andere wiederum hatten keine Lust auf Einmischung seitens der KdF: 1941 beklagte sich die KdF-Kreisdienststelle 1941, dass es immer noch Betriebe gebe, die ohne Genehmigung des KdF-Kreiswarts Betriebsfahrten oder Wanderungen durchführten. Laut Anordnung des Chefs der Zivilverwaltung waren solche Aktivitäten genehmigungspflichtig beziehungsweise eine Angelegenheit der KdF. Man möge doch gefälligst auf fertige Pläne für Betriebsfahrten mit Bus oder Bahn zurückgreifen, die von der KdF ausgearbeitet worden waren. 1942 beschwerte sich Hauptbetriebsobmann Strasser beim Oberbürgermeister, dass eine städtische Dienststelle in der Vorweihnachtszeit einen Kameradschaftsabend geplant hatte, ohne diesen im Vorfeld beim Obmann anzumelden.[93]

---

90 Rundschreiben der DAF-Kreiswaltung Luxemburg vom 4.6.1941 an die Betriebsführer der 20-Mann-Betriebe des Kreises Luxemburg betr. Arbeitsunfälle, in: AVL LU NS 227 („DAF: Veranstaltungen. Mitteilungen. Volksbildungsstätte. 1941-1943“).

91 Rundschreiben des Haupt-Betriebsobmanns vom 22.11.1941 an alle DAF-Mitglieder betr. Umschreibung der Mitgliedsunterlagen der alten Luxemburger Verbände und Gewerkschaften, in: AVL LU 11 NS 273 („DAF. Betriebsobleute. 1941-1943“).

92 Schreiben des Oberbürgermeisters vom 29.7.1942 an die Dienststellenleiter, in: AVL LU 11 NS 221 („Betriebsfeiern, Kundgebungen, Betriebsappelle. 1940-1944“).

93 Rundschreiben Nr. 14/1941 der KdF-Kreisdienststelle Luxemburg (August 1941), in: AVL LU 11 NS 227 („DAF: Veranstaltungen, Mitteilungen, Volksbildungsstätten. 1941-1943“). Vgl. Schreiben von Betriebsobmann Peter Strasser vom 10.12.1942 an den Oberbürgermeister betr. Feiern im Betrieb, Kameradschaftsabende usw.: „Sämtliche innerbetrieblichen Feiern sind dem politischen Hoheitsträger im Betrieb, in diesem Fall dem Hauptbetriebsobmann, zu melden, da derselbe der Kreisleitung der NSDAP gegenüber für die Durchführung verantwortlich ist und die Genehmigung für diese Veranstaltungen auch von hier aus einzuholen ist“, in: AVL LU 11 NS 269 („DAF, Volksbildungsstätte Lux., HauptBO. 1941-1944“).

Neben der politischen Arbeit war die Kulturpolitik ein weiterer Pfeiler der DAF-Herrschaft. Freikarten für KdF-Großveranstaltungen in den Ausstellungshallen wurden bevorzugt an Lohnempfänger der „niedrigsten Lohngruppe und Väter kinderreicher Familien“ vergeben. Amtswalter der DAF zogen durch die einzelnen Betriebe der Stadtwerke und verkauften Eintrittskarten für „Großvariete-Veranstaltungen“.[94] Rückblickend ist es schwer, den Erfolg der Kraft durch Freude-Organisation in der Hauptstadt zu bewerten. Die erhaltenen Dokumente ergeben ein zwiespältiges Bild. Einzelne Veranstaltungen waren so schnell ausverkauft, dass Karten nur schwer zu bekommen waren, etwa beim ersten Auftritt des Landestheaters Luxemburg. Andererseits klangen KdF-Parolen „Mittler zwischen Kunst und Volk!“ wenig überzeugend. So wiederholten sich immer wieder Appelle der KdF-Stelle Luxemburg, dass die KdF-Warte Werbung für die eigenen Veranstaltungen machen sollten.

Für die Propagandisten wurde der Kartenverkauf zu einem Gradmesser der Akzeptanz der deutschen Herrschaft. Frustrierend war die allgemeine Feststellung, dass sich Karten für KdF-Abende mitunter nur schwer unters Volk bringen ließen.[95] Auf das Einladungsschreiben der KdF-Kreisdienststelle für ein Großvarieté im Hotel Alfa musste der Betriebsobmann lapidar notieren „Es hat sich niemand gemeldet.“[96] Hinzu kam die besondere Situation in der Hauptstadt, dass KdF-Veranstaltungen, Angebote des Volksbildungswerks (einem Ableger der NS-Gemeinschaft Kraft durch Freude) und Veranstaltungen der „Kunstkreise“ in direkter Konkurrenz zueinander standen, womit der Eindruck entstand, man würde sich gegenseitig die Zuschauer abwerben. Nach einer Beschwerde des Kreisleiters von Luxemburg beim Oberbürgermeister gab es Anfang 1942 schließlich einen Kompromiss, der sowohl die DAF als auch den Kunstkreis Luxemburg zufriedenstellte. Großzügig übernahm die Stadtkasse die Kosten für mehrere KdF-Veranstaltungen und zahlte schließlich Zuschüsse an das Freibad Gantenbeinmühle, das der DAF gehörte. Die Zusammenarbeit schien gut zu funktionieren und die KdF nahm regelmäßig Eintrittskarten ab, die verbilligt an die Mitglieder weitergegeben wurden.[97] Besonders beliebt waren wie im übrigen Land Komödien, leichte Kost oder

---

94 Vgl. AVL LU 11 NS 229 („KdF-Großveranstaltung. 1942“) und LU 11 NS 228 („KdF-Veranstaltungen. 1942“).

95 Rundschreiben Nr. 16 (30.12.1941) von KdF-Kreiswart Binnius an alle Betriebsobmänner und Betriebswarte der KdF, in: AVL LU 11 NS 227 („DAF: Veranstaltungen, Mitteilungen, Volksbildungsstätte. 1941-1943“): „Der Erfolg eines Jahres NS-Gemeinschaft ‚Kraft durch Freude‘ soll mir durch eine gute Beteiligung an diesen Veranstaltungen aus Ihrem Betrieb beweisen, dass Sie die vom Führer durch die Schaffung dieses Werkes gestellte Aufgabe, Ihren Arbeitskameraden im Betrieb bestes deutsches Kulturgut zu übermitteln, voll und ganz auch hier in Luxemburg verstanden haben.“

96 Rundschreiben Nr. 2/1944 der KdF-Kreisdienststelle Luxemburg vom 4.2.1944 an den Betriebsobmann, in: AVL LU 60.1.1.403.

97 Vgl. AVL LU NS 228 („KdF-Veranstaltungen. 1942“).

bunte Abende mit den Highlights aus populären Opern und Operetten, während andere Karten wie Blei in den Schubladen liegen blieben.[98]

3.3. Die Probleme der DAF in der Aufbau- und Konsolidierungsphase

Der rasante Mitgliederanstieg der DAF im Jahre 1941, die Omnipräsenz der Massenorganisation bis in die letzten Ecken des CdZ-Gebietes und selbst die ermutigenden Zuschauerstatistiken bei vielen populären Kulturveranstaltungen sagen nur wenig über die tatsächliche Akzeptanz in der Bevölkerung aus. Die besondere Vorliebe der NS-Propaganda, die Öffentlichkeit mit Erfolgsmeldungen und vor allem mit überwältigenden Zahlen förmlich zu erschlagen, ließ den Eindruck entstehen, als seien die Luxemburger Arbeiter und Angestellten alle der Arbeitsfront und anderen NS-Organisationen beigetreten. Kritik am Vorgehen der DAF gegenüber den Luxemburger Gewerkschaften wurde wohlweislich unterdrückt und wer es dennoch offen wagte, die Arbeitsfront zu kritisieren, musste mit Konsequenzen rechnen. Im März 1941 wurde beispielsweise Johann Hochstrass vom deutschen Sondergericht angeklagt, weil er den Nationalsozialismus ablehnte und in einer Rodinger Gastwirtschaft „herabsetzende Bemerkungen über die Deutsche Arbeitsfront und sonstige Einrichtungen der Partei" geäußert hatte. Hochstrass, der wegen „seiner früheren links eingestellten politischen Vergangenheit" bekannt war, wurde zu sechs Monaten Gefängnis verurteilt.[99]

Gezielte Propaganda wie etwa die Ankündigung, dass bestimmte Betriebe geschlossen die Beitrittserklärungen abgegeben hätten, sollte Druck auf diejenigen ausüben, die kein Interesse an einer Mitgliedschaft in der DAF hatten. Schaut man sich die Erfolgsmeldungen des Jahres 1941 an, so wird deutlich, dass der Mitgliederzustrom weitaus schleppender verlief, als man erwartet hatte. Das Nationalblatt meldete bereits Ende Februar, dass die Mitarbeiter von 62 Luxemburger Unternehmen komplett der DAF beigetreten seien. Der Triumph wurde aber erheblich geschmälert, da es sich nur um kleinere Betriebe mit recht wenig Personal handelte, wie Gaststätten, Einzelhandelsgeschäfte oder Kaufhäuser. Darunter befanden sich etliche, die vorher jüdischen Bürgern gehört hatten.[100] Dabei war es den kleineren Unternehmen auf den ersten Blick zunächst leichter gefallen, sich dem politischen Druck zu entziehen, wie das Beispiel des Zementwarenfabrikanten Michel Wolmering aus Lintgen zeigt. Im Oktober 1941 wurde er von der Gestapo

98 Vgl. Aufstellung der von der DAF übernommenen Karten (Monat Juni 1942), in: AVL LU 22.1-1403. In dem Monat übernahm die DAF insgesamt 264 Eintrittskarten, die an die Mitglieder zu einem ermäßigten Preis weitergegeben wurden.

99 „Deutschfeindlichkeit wird bestraft! Tagung des Deutschen Sondergerichts in Luxemburg", in: OMZ Nr. 73 (26.3.1941).

100 „Zweiundsechzig Luxemburger Betriebe geschlossen in der Deutschen Arbeitsfront", in: NBL Nr. 49 (27.2.1941).

in die Villa Pauly bestellt und einem scharfen Verhör unterzogen. Unter anderem wurde ihm vorgehalten, er wende im Betrieb den Hitlergruß nicht an und betreibe „Hetzpropaganda“ unter seinen Arbeitern. Der vernehmende Beamte interessierte sich besonders für die politische Gesinnung Wolmerings, die sich an der Mitgliedschaft in den führenden NS-Organisationen im Lande maß. Auf die Frage, warum Wolmering nicht in der DAF sei, entgegnete der Fabrikant, er sei nicht in der DAF, weil er noch nicht in die VdB eingetreten sei: „Um Mitglied der DAF zu werden, muss ich zuerst Mitglied der V.D.B. sein. Folglich bin ich auch nicht in der DAF, bezahle jedoch stets meinen monatlichen Beitrag.“[101] Das Beispiel des Lintgener Familienunternehmens zeigt, dass es nur schwer möglich war, sich dem allgemeinen politischen Druck zu entziehen. Statt klein beizugeben, verlegte man sich wie Michel Wolmering häufig auf fadenscheinige Ausreden. Um größeren Problemen aus dem Weg zu gehen, zahlte man widerwillig den Beitrag, ohne sich aber als wirkliches Mitglied bekennen zu wollen. Dies lag nicht zuletzt daran, dass man in Luxemburg sehr wohl verstanden hatte, dass die DAF eine NS-Parteiorganisation war, vor der man sich in Acht zu nehmen hatte. Außerdem zeigt das Beispiel auch: Wer, wenn nicht die Ortswaltung der Arbeitsfront, hätte der Geheimen Staatspolizei die Betriebsinterna liefern können, die im Oktober 1941 als belastendes Material gegen Wolmering verwendet wurden?

In der Großindustrie verlief die Machtergreifung der Deutschen Arbeitsfront wesentlich einfacher. Tatsächlich gab es Betriebe, z.B. einzelne ARBED-Werke, deren Belegschaften nahezu vollständig der Arbeitsfront beigetreten waren. Das lag daran, dass hier die Propaganda besonders intensiv war und schon Ende 1940 mit Massenveranstaltungen und spektakulären Betriebsappellen eingesetzt hatte. Hinzu kam, dass die DAF innerhalb kürzester Zeit in den Großbetrieben die betriebliche Organisation nahezu mustergültig in Form von Betriebsobmännern, Block- und Zellenobmännern aus dem Boden gestampft hatte. Die Posten wurden – so scheint es zumindest für die Anfangsphase – sowohl von Reichsdeutschen und überzeugten Kollaborateuren übernommen, als auch von Luxemburgern, die das Vertrauen ihrer Kollegen besaßen oder gar vor der Besetzung irgendwie in der Gewerkschaft tätig gewesen waren oder einem der großen Arbeitnehmerverbände angehört hatten. Damit gingen viele davon aus, dass es so bald keine größeren Umwälzungen geben und eine gewisse Kontinuität mit den Vorkriegszuständen gewahrt werde. Hauptfaktor des Erfolgs der DAF war aber der Druck, der auf die Arbeiter und Angestellten ausgeübt wurde. Sowohl im Alltag als auch in den Betrieben prasselte seit Januar 1941 die Propaganda tagtäglich auf sie ein. Das Verhalten von Personen mit Vorbild- oder Leitfunktion gab bei vielen schließlich den Ausschlag, sodass den Vorgesetzten und Betriebsleitern eine entscheidende Rolle bei der Machtergreifung der DAF zukam. Der Beitritt der gesamten

---

101 Notizbuch von Michel Wolmering aus Lintgen, S. 1f. Das Dokument wurde von Michèle Kraemer zur Verfügung gestellt, das Original befindet sich im Privatbesitz der Familie.

ARBED-Direktion zur VdB im Herbst 1940 und die Beteiligung der Betriebsleiter an Betriebsappellen ließen durchblicken, dass das Führungspersonal den Weg in die politische Kollaboration eingeschlagen hatte.

Die Mitgliederrekrutierungen – trotz spektakulärer Teilerfolge wie bei ARBED-Belval, wo man tatsächlich annähernd 100 Prozent der Belegschaft in die DAF hineinpressen konnte – blieben hinter den Erwartungen zurück; deshalb wurde im Sommer 1941 eine zweite Welle von Schulungen und Betriebsappellen ausgelöst. Im Monat Juli fanden nahezu täglich solche politischen Mitarbeiterversammlungen statt. Der Escher Kreisobmann Grohé persönlich hatte es sich zum Ziel gesetzt, sämtliche Bergleute in den kleinen, mittleren und großen Grubenbetrieben zu erreichen. Dort herrschten die schwersten Arbeitsbedingungen im ganzen Industrierevier, sodass er sich dort größeren Zuspruch erwartete. Allerdings hatten viele Bergarbeiter ein ausgeprägtes Selbstbewusstsein und lehnten DAF und VdB ab.[102] In den Hüttenwerken der ARBED und der RODAG gab es ebenfalls Appelle. Hintergrund war der bevorstehende Besuch von DAF-Führer Robert Ley, der am 1. August 1941 eine große Kundgebung in Luxemburg abhalten sollte. Da waren Erfolgsmeldungen erwünscht.[103]

Größere Probleme hatte die DAF außerhalb der Schwerindustrie. In ländlichen Regionen, in den Kleinbetrieben des Handwerks und Einzelhandels sowie bei den Selbstständigen und Landwirten fiel es der NS-Organisation schwer, Fuß zu fassen und die Luxemburger für eine Mitarbeit in der Arbeitsfront zu interessieren. Im Juli 1941 gab die Luxemburger Kreiswaltung in einem Rundschreiben den Ortsobmännern die Anweisung, dass alle bislang gemeldeten Amtswalter der DAF gleichzeitig eine vorläufige Berufung als politische „Leiter-Anwärter" erhalten würden. Im Klartext bedeutete dies, dass ein auf den ersten Blick unverbindlich scheinendes Engagement in der Arbeitsfront automatisch mit einem politischen Amt in der Volksdeutschen Bewegung einherging. Durch diese rigorose Rekrutierungspolitik diskreditierte sich die DAF selbst. Eine „undisziplinierte Ablehnung oder Niederlegung eines politischen Leiter-Amtes" würde Konsequenzen mit sich bringen, so die Kreiswaltung, die solche Fälle vor das Kreis-Ehren- und Disziplinargericht zu bringen gedachte.[104] Im Übrigen hatten die Betriebsobmänner und andere Funktionäre bei Vorträgen, Schulungen, vor allem aber bei größeren

102 Aussage des Bergmanns Nicolas Kohl: „Was konnten die uns schon anhaben, man brauchte uns Bergarbeiter ja!", vgl. Erinnerungen eines alten Bergmannes: Nicolas Kohl, in: Deemols am Minett. Dräi Familljegeschichten, Itzig 2008 (= Erlieft a verzielt 4), S. 91–207, Zitat S. 198.

103 „Die ‚Deutsche Arbeitsfront' schult den Bergmann. Großaktion von Betriebsappellen in den Bergbaubetrieben des Kreises Esch", in: NBL Nr. 177 (31.7.1941).

104 Rundschreiben des Kreisorganisationswalters der Kreiswaltung Luxemburg vom 17.7.1941 an alle Ortsobmänner des Kreises Luxemburg betr. bisherige Tätigkeit der politischen Leiter der DAF im Kreise Luxemburg, in: ANLux CdZ D-4:006 (DAF-Kreiswaltung Luxemburg/Ortswaltung Merl).

Propagandaveranstaltungen wie Kreistagen und Kundgebungen des Gauleiters oder anderer NS-Bonzen die Reihen der Versammlungssäle und Festzelte zu füllen. Dies unterstreicht den Zwangscharakter der Veranstaltungen. Hatte man einmal die DAF-Uniform übergestreift, konnte man sich dem Ganzen nicht mehr so leicht entziehen, denn „Teilnahme ist Pflicht" war die Parole und die Anwesenheit wurde streng kontrolliert.

Ein Charakteristikum der DAF war die schier unüberschaubare Vielfalt von Ämtern und Funktionen, die es selbst auf lokaler Ebene geben musste. Im Übrigen umfasste das Tätigkeitsfeld der DAF-Funktionäre in den Ortswaltungen alles Mögliche. Neben den DAF-eigenen Aufgaben, wie Mitglieder werben und Beiträge einziehen, den Kollegen in allen möglichen Fragen (Recht, Gesundheit, Soziales) zur Seite stehen, galt die aktive Mitarbeit als Bekenntnis zum neuen Regime. Folglich sollte man Propaganda für die deutsche Sache betreiben, aber gleichzeitig alle anderen anfallenden Aufgaben erledigen, wie etwa Erhebungen in den Ortsgruppen über noch freie Arbeitskräfte anstellen, in den Betrieben die Mitarbeiter „zum totalen Kriegseinsatz" motivieren und gegen das „Bummelantentum" vorgehen. Die Ämtervielfalt auf lokaler Ebene hatte zweierlei Konsequenzen: Der Personalaufwand war hoch und in kleineren, ländlichen Ortsgruppen praktisch nicht umzusetzen. Gleichzeitig bedeutete die Einteilung in kleinste Arbeitsbereiche auch eine Atomisierung der Verantwortlichkeiten, was andererseits die Umsetzung des Führerprinzips erleichterte. Da kaum jemand die Zusammenhänge der komplexen Organisation überschaute, stärkte dies die zentrale Rolle des lokalen und regionalen Führungspersonals.

Als die Kreiswaltung in Luxemburg 1941 einen Ortshandwerksmeister suchte, stieß sie auf unerwartet große Probleme. Kaum einer interessierte sich für den Posten, der einen hervorragenden Fachmann voraussetzte, der „politisch und weltanschaulich in Ordnung" sei. Seine Aufgabe sollte es sein, die Handwerksbetriebe zu erfassen und zur Mitgliedschaft in der DAF zu bewegen. Daneben wäre er der ständige Berater des NSDAP-Ortsgruppenleiters und dessen politischer Beauftragter. Er hatte im Prinzip das Recht, die Betriebe seiner Ortsgruppe aufzusuchen, Appelle abzuhalten, neue Mitglieder zu rekrutieren und wurde bei Bedarf für politische Beurteilungen herangezogen. Die Aktion für die Handwerksbetriebe des Kreises Luxemburg begann Anfang 1942, ein Jahr nachdem die DAF mit der Aufnahme der Arbeitnehmer begonnen hatte. In den meisten Ortsgruppen dürfte es mit einem mehr oder weniger großen Debakel geendet haben, ähnlich wie in der Ortswaltung Merl. Hier erschienen zum „Handwerkerabend", der von Kreishandwerksmeister Paul Kratzenberg, einem Bruder des Landesleiters Damian Kratzenberg, einberufen worden war, nur acht Teilnehmer statt der erwarteten siebzig.[105]

105 Rundschreiben des Kreisobmanns vom 8.5.1941 an alle Ortsobmänner des Kreises, Rundschreiben des Kreishandwerkermeisters der DAF Paul Kratzenberg an alle Ortsobmänner und Ortshandwerksmeister der DAF (o.D.), Anwesenheitsliste des Handwerkerabends am 9.2.1942 sowie Rundschreiben des Kreissachwalters vom 9.2.1942 an alle Ortsobmänner der DAF betr. DAF-Aufnahmeaktion in den

Schon im September 1941 sah sich die Kreiswaltung Luxemburg genötigt, einen vertraulichen Fragebogen an die Ortsobmänner herauszugeben. Man wollte herausfinden, wie sich die „politischen Leiter" verhielten und wie die Zusammenarbeit zwischen Betriebsobmännern und Betriebsführern funktionierte.[106] Es stellte sich heraus, dass es in den Ortswaltungen alles andere als gut lief. So beklagte die Ortsgruppe Merl (in Luxemburg-Stadt), dass nicht einmal die Hälfte der lokalen DAF-Funktionäre zu Mitarbeiterbesprechungen erschien, was nach außen einen denkbar schlechten Eindruck abgab. Unpünktlichkeit, fehlender Eifer der Mitarbeiter, unbeantwortete Schreiben wirkten geradezu lähmend. Das lag daran, dass den neuen DAF-Mitgliedern gegen ihren Willen oder häufig ohne ihr Wissen einfach ein Amt oder eine Funktion aufgedrückt wurde. Angesichts des enormen Personalbedarfs reichte die Zahl der Freiwilligen nicht aus, so mussten allein in der Ortswaltung von Luxemburg-Merl siebzig verschiedene Posten besetzt werden. Wo es an Überzeugten fehlte, wurde von den Kreis- und Ortswaltungen einfach zwangsrekrutiert.[107] Im Düdelinger Stadtteil Brill in der Nähe des Hüttenwerkes stieß man „auf die größten Schwierigkeiten, da es fast unmöglich war, geeignete Amtswalter zu finden", beklagte sich der DAF-Ortsobmann. Außerdem wurden die meisten Bewohner bereits von der Betriebsorganisation des ARBED-Werkes erfasst.[108]

Personalknappheit charakterisierte nicht nur die DAF-Ortswaltungen, denn bei den Kreiswaltungen war die Personaldecke ähnlich dünn. Der Kreisobmann von Luxemburg verfügte 1941 über 17 hauptamtliche Mitarbeiter, im Übrigen war man auf Ehrenamtliche angewiesen.[109] Sein Kreis zählte 30 Ortsgruppen, theoretisch hätte man bei optimaler Besetzung aller Posten allein für die DAF über 2.000 Freiwillige finden müssen. Über die anderen Kreiswaltungen sind die Informationen sehr lückenhaft, bestätigen aber die für die Ortswaltungen Merl und Düdelingen-Brill gemachten Feststellungen. Auch wenn die VdB beim ersten Kreistag 1942 über

Handwerksbetrieben, in: ANLux CdZ D-4:008 (DAF-Kreiswaltung Luxemburg/ Ortswaltung Merl).

106 Fragebogen der Kreiswaltung Luxemburg vom 29.9.1941 an alle Ortsobmänner des Kreises Luxemburg (Vertraulich!), in: ANLux CdZ D-4:005 (DAF-Kreiswaltung Luxemburg/ Ortswaltung Merl).

107 Einladung der DAF-Ortswaltung Merl vom 9.10.1941 betr. 2. Mitarbeiterbesprechung und Rundschreiben des Kreisobmanns von Luxemburg vom 30.10.1941 an alle Ortsobmänner der DAF betr. Schriftwechsel mit der Kreiswaltung, in: ANLux CdZ D-4:005.

108 Schreiben der DAF-Ortsgruppe Düdelingen Brill vom 11.8.1941 mit Erläuterungen zum Organisationsplan der DAF, in: Archives OGBL (Mappe „Düdelingen").

109 Die Kreiswaltung Luxemburg umfasste neben Kreisobmann Karl Weber sieben hauptamtliche Mitarbeiter (darunter den Handwerkswalter Paul Kratzenberg und Verwaltungspersonal), fünf Kreissachwalter, eine Rechtsberatungsstelle (mit vier Mitarbeitern) sowie drei Personen, die für die KdF tätig waren. Vgl. Liste hauptamtlicher Mitarbeiter der Kreiswaltung Luxemburg, in: ANLux CdZ D-4:006 (DAF-Kreiswaltung Luxemburg/ Ortswaltung Merl).

„glänzende Erfolge“ berichtete, war die Wirklichkeit wie so oft eine andere.[110] So waren 1943 von 28 Ortswaltungen im Kreis Diekirch zwei ohne Ortsobmann, 18 ohne Ortsjugendwalter, viele ohne Ortshandwerksmeister, auch andere Posten blieben unbesetzt. Insgesamt kann man davon ausgehen, dass die ehrenamtlichen Funktionärsposten in den Ortsgruppen meist nur zu einem Drittel besetzt waren und dass sich für die übrigen keine Freiwilligen finden ließen. Angesichts der geografischen, demografischen und wirtschaftlichen Verhältnisse im Norden des Landes, wo die Ortsgruppen anders als in den Ballungszentren Luxemburg und Esch weiter auseinander lagen, ist es nicht verwunderlich, dass die DAF große Probleme hatte, überall Fuß zu fassen und unter der Landbevölkerung genug Mitläufer zu mobilisieren.[111] Verschärfend kam ab 1942 hinzu, dass immer mehr Posten faktisch unbesetzt waren, weil die Männer zum Militär eingezogen wurden und sich kein Ersatz finden ließ. Die Personalknappheit hielt die Kreisobmänner davon ab, unzuverlässige Amtswalter sofort abzulösen, wie es die Gauwaltung Moselland 1943 einforderte.[112] Hätte man dies konsequent durchgezogen, so hätte in weiten Teilen des Landes die DAF ihre Tätigkeit einstellen müssen. Damit wäre eine der zentralen Herrschaftssäulen des Regimes regelrecht zusammengebrochen.

Neben Luxemburgern wurde gerne auf Reichsdeutsche oder Deutschstämmige zurückgegriffen, wenn es galt, die Stellen zu besetzen. So wurde in Ettelbrück der Malermeister Georg Fassbender zum DAF-Blockobmann ernannt. Der 1908 in Trier geborene Fassbender war im Oktober 1940 aus Überzeugung der VdB beigetreten und übernahm Anfang des Jahres 1941 einen Posten bei der DAF. Vor dem Krieg war der selbstständige Handwerksmeister politisch nie auffällig geworden, sondern Deutschland gegenüber „neutral“ gewesen. Dass er jahrelang in der Ettelbrücker Musikgesellschaft engagiert war, zeigt, dass Fassbender in der Luxemburger Gesellschaft integriert war. Warum er nun zu einem eifrigen Nationalsozialisten wurde, ist nicht bekannt.[113]

Der Fall des Anstreichers Léon-Pierre Wagner aus Luxemburg ist in anderer Hinsicht interessant. Vor dem Krieg war Wagner Schriftführer des Anstreicher-Gesellenverbandes und arbeitete seit 1932 in einem mittelgroßen Betrieb mit 30 bis 35 Arbeitern. Nachbarn schilderten den 1897 geborenen Wagner als ruhigen

110 „Die Tatsache, dass mit wenigen Ausnahmen sämtliche Betriebe, ob groß oder klein, mitsamt ihrer Gefolgschaft in der Deutschen Arbeitsfront und zugleich in der Volksdeutschen Bewegung stehen, war für letztere eine wesentliche Stärkung.“, in: Volksdeutsche Bewegung, 1. Kreistag der Volksdeutschen Bewegung in Diekirch vom 20. bis 28. Juni 1942, Luxemburg 1942, o.S.

111 Vgl. Namenslisten der Kreiswaltung Diekirch, in: ANLux CdZ D-4:012 (Kreiswaltung Diekirch).

112 Rundschreiben der DAF-Gauwaltung Moselland (Abt. Presse/Propaganda) vom 8.2.1943 an die Kreispropagandawalter betr. Propagandistentagung in Luxemburg, in: ANLux CdZ D-4:013 (DAF-Kreiswaltung Diekirch).

113 Personalakte Georg Fassbender, Ettelbrück, in: ANLux CdZ D-4:012 (DAF-Kreiswaltung Diekirch).

und freundlichen Menschen. Bereits Anfang August 1940 trat er der VdB bei und zählte damit zur ersten Welle von Beitrittswilligen. Eine anfängliche Begeisterung für die Volksdeutsche Bewegung brachte mit sich, dass Wagner Anfang 1941 den Posten des Betriebsobmanns in seinem Unternehmen übernahm. Nach dem Krieg erinnerte sich der leichtgläubige Wagner, dass er bei Einführung der DAF zu einer Versammlung bestellt worden war, zu denen sich Leute einfanden, die früher in den Gewerkschaften aktiv gewesen waren und zeigte sich beeindruckt von den Versprechungen der DAF-Propagandisten: „Man sagte uns schöne Dinge über die DAF..." Die Ernennung zum Betriebsobmann führte Wagner selbst auf die Tatsache zurück, dass er vor dem Krieg in seinem Berufsverband aktiv gewesen war. Die Kollegen im Betrieb waren ihrerseits erstaunt über die Berufung Wagners, denn sie waren davon ausgegangen, dass eigentlich der Vorarbeiter die Stelle des Obmanns übernehmen würde. Wagner hielt nun Betriebsappelle ab, dies jedes Mal in Anwesenheit des Kreisobmanns oder eines anderen Funktionärs der Arbeitsfront. Verantwortlich war Wagner nun auch für die Mitgliederwerbung, bei der er die Leute unter Drohungen die Antragsformulare unterschreiben ließ. Mit dem DAF-Antrag verpflichteten sie sich gleichzeitig zum VdB-Beitritt. Immerhin schaffte es der Betriebsobmann, dass alle der DAF beitraten und nun konnte die DAF im Nationalblatt stolz verkünden, der Anstreicherbetrieb Regenwetter sei geschlossen beigetreten.

Das Beispiel illustriert, wie gezielt die DAF zu Beginn des Jahres 1941 ihre Luxemburger Mitarbeiter aussuchte. Ein vom Nationalsozialismus Beeindruckter, der sich zudem früh der Volksdeutschen Bewegung angeschlossen hatte und vor der Besetzung gewerkschaftlich aktiv gewesen war, hatte das ideale Profil. Die Taktik, auf Persönlichkeiten zu setzen, die bereits eine gewisse Erfahrung besaßen und unter den Kollegen ein bestimmtes Ansehen genossen, ging nur teilweise auf. Im Anstreicherbetrieb traten zwar alle der DAF bei, aber es funktionierte letztlich nur unter Druck. Der Arbeitgeber Wagners schien direkt davon zu profitieren, dass sein Betrieb „geschlossen" in die DAF gekommen war, denn er durfte größere Arbeiten für die deutschen Behörden ausführen.[114] Ein Betrieb, in dem es viele Verweigerer gegeben hätte, wäre in der Folge kaum mit öffentlichen Aufträgen bedacht worden. Wagner selbst versuchte nach dem Krieg, sich herauszureden und seine Rolle herunterzuspielen; vor allem leugnete er, dass er bei der DAF-Werbung Zwang ausgeübt habe. Mit der Übernahme des Amtes ging allerdings eine Form der sozialen Ächtung einher, als Wagner später zusammen mit seiner zweiten Ehefrau noch eine Gaststätte übernahm, in der zahlreiche Prominente verkehrten. Von den deutschfeindlichen Luxemburgern wurde die „Künstlerklause" nun boykottiert. Und auch in seinem alten Anstreicherbetrieb hatte Wagner keine Zukunft, denn er trat später eine Stelle bei der Wirtschaftsgruppe „Ambulantes Gewerbe" an, die ihm wegen eines Rückenleidens vom Arbeitsamt zugewiesen

114 Vgl. Verteidigungsschrift von Léon Wagner, Richtigstellung (o.D.), in: ANLux AP 9338 Léon-Pierre Wagner.

worden war.[115] Ab 1942/43 distanzierte sich Wagner immer mehr vom Regime, ein Phänomen, das sich oft beobachten lässt. Häufig fielen Betriebsobmänner durch mangelnden Eifer auf, ein Hinweis, dass sie häufig ohne innere Überzeugung auf diesen Posten geschoben worden waren.

Wie schlecht das System ehrenamtlicher Funktionäre lief, stellte sich im September 1942 heraus. Als es nach Verkündigung der Wehrpflicht überall in Luxemburg zu mehr oder weniger spontanen Streik- und anderen Protestaktionen in den Betrieben gekommen war, sah sich gerade die Deutsche Arbeitsfront in der Pflicht. Im Prinzip hätte die omnipräsente DAF die allgemein schlechte Stimmung der Luxemburger Arbeiter und Angestellten bereits im Vorfeld erkennen müssen. An den Streiktagen selbst versagte die Betriebsorganisation der DAF weitestgehend und schaffte es kaum, die Unzufriedenen in ihre Schranken zu weisen. In der Merler Schreinerei Siebenaler wurde der Betriebsobmann bereits am 9. September mit sofortiger Wirkung abgesetzt, da er weder politischer Leiter noch Mitglied einer Parteiorganisation war. Zudem hatte er nie die DAF-Uniform getragen. Der Kreisobmann Karl Weber, ein Reichsdeutscher, prangerte das „Versagen" der Betriebsobmänner in den Klein- und Mittelbetrieben an, das in erster Linie auf die mangelnde Unterstützung der Betriebsführer zurückzuführen sei, „die sich eben so wenig zu Deutschtum geschweige denn zu den Aufgaben der DAF" bekannt hätten. Die Betriebsobmänner selbst hätten weder „die innerliche Haltung" noch „den Willen zum kämpferischen Einsatz, in ihrem Betrieb die notwendige Voraussetzung zu dem offenen Bekenntnis zum Deutschtum zu schaffen." Weber musste aber zugeben, dass der angewandte Zwang („in dem Zwange des Muss") bei der Rekrutierung und Schulung von Betriebsobmännern nie seine Früchte getragen habe.[116] Die Einführung der Wehrpflicht, aber vor allem die brutale Unterdrückung der Streikbewegung führten dazu, dass sich viele anfängliche Mitläufer vom nationalsozialistischen Regime abwandten und den Massenorganisationen den Rücken kehrten. Fortan kamen nur noch die wirklich überzeugten VdB-Mitglieder oder diejenigen Mitläufer, die sich bereits hoffnungslos verstrickt hatten, zu den Versammlungen, während die übrigen ganz fernblieben oder nur noch unter Anwendung von Drohungen bereit waren, irgendwelche Helferaufgaben zu übernehmen.

Der Widerstand gegen die allmächtige DAF konnte trotz aller Drohungen nie gebrochen werden und es wurde im Verlauf des Krieges immer delikater, neue Mitglieder anzuwerben beziehungsweise Verweigerer noch zum Beitritt zu bewegen. So kam dem Kreisobmann von Grevenmacher 1942 zu Ohren, dass mehrere Personen aus dem kleinen Dorf Beidweiler hartnäckig den Beitritt verweigerten,

115 Vgl. Akte ANLux AP 9338 Léon-Pierre Wagner.

116 Schreiben der DAF-Kreiswaltung Luxemburg vom 9.9.1942 an den Ortsobmann von Merl Luzian Ludwig betr. Betriebsobmann der Schreinerei Siebenaler und Schreiben des Kreisobmanns von Luxemburg vom 9.10.1942 an den Ortsobmann von Merl Luzian Ludwig betr. abberufene Betriebsobmänner, in: ANLux CdZ D-4:004 (DAF-Kreiswaltung Luxemburg/ Ortswaltung Merl).

darunter ein kleiner Schreinerbetrieb und eine Schneiderei. Der Ortsgruppenleiter von Grevenmacher denunzierte sie und berichtete, dass sie „sich anderen Volksgenossen gegenüber [rühmen], sich besser zu stehen, wenn sie der DAF fern blieben." Die Verweigerer wurden schließlich vom Kreishandwerksmeister vorgeladen und mit Sperrung von zugeteilten Rohstoffen bedroht. Ein anderer Schreiner aus dem Kreis wurde mehrfach von DAF-Funktionären, unter anderem dem Ortsobmann, angesprochen. Selbst eine offizielle Vorladung, um dem renitenten Handwerksmeister „ordentlich ins Gewissen zu reden", so der Kreisobmann, blieb ergebnislos, da er der Vorladung schlicht keine Folge leistete.[117] Dieses Beispiel zeigt, dass es für Selbstständige im Prinzip einfacher war als für Lohnabhängige, sich zumindest eine Zeit lang den Anwerbungsbemühungen der DAF zu entziehen. Die Verweigerung der Handwerksmeister hat sicher mit einem ausgeprägten Standesbewusstsein zu tun, konnte aber als eine politische Stellungnahme gegen das NS-Regime interpretiert werden.

Anderenorts war es nicht so einfach, den Mitarbeitern der DAF zu entkommen. Als im Juni 1941 im Kreis Luxemburg mit dem Aufbau der Jugendarbeit begonnen wurde, berief man als Verantwortlichen einen Parteianwärter aus der Lehrlingswerkstatt von ARBED-Dommeldingen, der gleichzeitig in der werkseigenen Berufsschule des Institut Emile Metz tätig war; damit war in den Augen der Nationalsozialisten eine nationalsozialistische „Erziehung und Schulung" hier garantiert.[118]

Es dauerte nicht lange, bis die Deutsche Arbeitsfront in den Verdacht geriet, Klientelpolitik für Parteimitglieder zu betreiben. Vordergründig ging es den reichsdeutschen Funktionären darum, die DAF als eine Organisation zu präsentieren, die sich mutig bei den Arbeitgebern für Arbeiter und soziale Härtefälle einsetzte. Gleichzeitig erweckte man damit den Eindruck, man würde alles unternehmen, um die Zahl der Arbeitslosen zu senken. Im Oktober 1940 wandte sich der Generalbeauftragte für die Arbeitgeber- und Arbeitnehmerverbände an das ARBED-Werk in Schifflingen und bat um Wiedereinstellung eines am 1. Mai 1940 entlassenen Italieners. Ubaldo Venturoni war seit 1929 als Maschinist in Schifflingen tätig gewesen, hatte sieben Kinder und war nun hoch verschuldet.[119] Ein anderer Bittsteller war der arbeitslose Albert Mischo, Empfänger einer Invalidenrente. Der Generalbeauftragte ließ bei Direktor Koener nachfragen, warum Mischo nicht mehr eingestellt

117 Schreiben des Kreisobmanns von Grevenmacher vom 9.5.1942 und vom 9.2.1943 an den DAF-Kreishandwerkswalter, in: ANLux CdZ D-4:001 (DAF-Kreiswaltung Grevenmacher).

118 Schreiben des Kreisobmanns von Luxemburg vom 19.6.1941 an alle Ortsobmänner des Kreises betr. Aufbau der Jugendarbeit in der DAF, in: ANLux CdZ D-4:002 (DAF-Kreiswaltung Luxemburg).

119 Schreiben des Generalbeauftragten für die Arbeitgeber- und Arbeitnehmerverbände vom 29.10.1940 an die Betriebsführung ARBED-Schifflingen betr. Ubaldo Venturoni, in: ANLux ARBED Schifflange 14827 („Kreisleitung an ARBED-Schifflingen").

würde. Es stellte sich heraus, dass er schon mehrere Arbeitsverträge bei der ARBED gehabt hatte, aber jeweils wegen Vertragsbruchs und Krankfeierns entlassen worden war.[120] Ende 1940 wandte sich der Rohrschlosser Nikolaus Holzer, Sohn eines Reichsdeutschen, an den CdZ-Kommissar für die Arbeitnehmerorganisationen. Als Junggeselle war Holzer bei der ARBED entlassen worden und bemühte sich nun um seine Wiedereinstellung. Der Betriebsobmann von ARBED-Schifflingen setzte sich beim Direktor ein, der aber bei der Junggesellenregelung keine Ausnahme machen wollte. Prompt meldete sich die Deutsche Arbeitsfront bei Koener und forderte die Einstellung des deutschstämmigen Rohrschlossers; falls keine Arbeit vorhanden sei, „bitte ich Sie, einen der dort beschäftigten Juden zu entlassen und dafür Holzer einzustellen“, so das Schreiben der Arbeitsfront.[121] Ein anderer Fall aus dem Jahre 1941 zeigt, dass DAF-Funktionäre nach Parteikarte entschieden. Jean-Paul Charpentier, Vater von drei Kindern, war 1933 bei der ARBED entlassen worden; nun sei er wieder arbeitsfähig, meinte Kreisobmann Ludwig Grohé, außerdem habe Charpentier eine Empfehlung des Ortsgruppenleiters der VdB. Offensichtlich spielten auch politische Gesinnung und ideologische Prinzipien eine Rolle: „Nach nationalsozialistischen Grundsätzen ist die Wiedereinstellung dieses Mannes eine moralische Pflicht. Es geht durchaus nicht an, dass Leute, die in einem Betrieb ihre Gesundheit geopfert haben, auf der Straße liegen, während Juden und andere Ausländer dort beschäftigt werden“, so Grohé in seinem Schreiben an den Betriebsobmann des Schifflinger Werks.[122]

Am Beispiel der Escher Kreiswaltung lassen sich Aufbauphase sowie der schleichende Autoritäts- und Machtverlust der Deutschen Arbeitsfront gut nachvollziehen. Dabei war der Kreis Esch-Alzette relativ gut aufgestellt. Vor allem gab es hier eine bemerkenswerte Kontinuität, was die Besetzung der politischen Spitzenpositionen anbelangte. Kreisleiter Wilhelm Diehl und Kreisobmann Ludwig Grohé waren quasi die ganzen Besatzungsjahre über für den wichtigen Kreis Esch zuständig: Diehl in erster Linie in politischen Fragen, Grohé in sämtlichen Fragen, die in den Zuständigkeitsbereich der Deutschen Arbeitsfront fielen.

---

120 Schreiben des Generalbeauftragten für die Arbeitgeber- und Arbeitnehmerverbände vom 29.10.1940 an die Betriebsführung ARBED-Schifflingen betr. Albert Mischo, in: ANLux ARBED Schifflange 14827 („Kreisleitung an ARBED-Schifflingen“).

121 Schreiben der DAF vom 15.4.1941 an Direktor Koener, in: ANLux ARBED Schifflange 14827 („Kreisleitung an ARBED-Schifflingen“). Koener blieb in der Sache ablehnend: Holzer hatte bei seiner Neubewerbung falsche Angaben gemacht und hatte keinerlei Familienangehörige in Esch. Auf den Vorschlag der DAF, einen Juden zu entlassen, ging Koener mit keinem Wort ein. Die jüdischen Arbeiter – insgesamt vier – wurden 1941 auf Anordnung der deutschen Behörden entlassen, vgl. Paul Cerf, L'étoile juive au Luxembourg. Préface de Serge Klarsfeld, Luxemburg 1986, S. 80.

122 Schreiben Grohés vom 18.3.1941 an Betriebsobmann Olinger, in: ANLux ARBED Schifflange 14827 („Kreisleitung an ARBED-Schifflingen“).

Die Einführung der DAF brachte nicht nur strukturelle Veränderungen mit sich, sondern hatte auch psychologische Auswirkungen auf die in den Betrieben tätigen Arbeiter und Angestellten sowie auf die Bewohner in den Ortswaltungen. Es verbreitete sich ein allgemeines Gefühl der Angst und des Misstrauens.[123] Die dominante Stellung der Arbeitsfront im Arbeitsalltag und in der Freizeit der Menschen verstärkte die ablehnende Einstellung gegenüber dem Gauleiterregime. Aus den Tätigkeitsberichten der DAF-Werkgruppe von ARBED-Schifflingen geht hervor, wie wenig Rückhalt die Deutsche Arbeitsfront von Anfang an hatte. Am 5. Februar 1941 hatte man hier die Tätigkeit der Gewerkschaftsverbände „stillgelegt", eine wochenlange Propaganda begleitete die Aufnahmeaktion, bis schließlich nach einem Monat 98 Prozent der Schifflinger Betriebsangehörigen in der Deutschen Arbeitsfront waren. Hinter den zwei Prozent Verweigerern witterte der Betriebsmann Konrad Olinger Mitglieder der früheren freien Gewerkschaften; er führte dies darauf zurück, dass Schifflingen vor dem Krieg „geradezu die sogenannte Hochburg des Marxismus und Sozialismus" gewesen sei. Trotz der Freizeitangebote der Kraft durch Freude-Organisation, die nach Olingers Bericht ein „gewisses Interesse bei der Gefolgschaft gewannen", und intensiver Überzeugungsarbeit der Amtswalter blieb die Akzeptanz für die Arbeitsfront gering. Zwar gebe es nicht mehr die „gewisse Gegenströmung" unter der Belegschaft, die noch zu Anfang „vorherrschte", diese sei aber im Laufe des Jahres 1941 in eine „passive Resistenz" übergegangen. Als Mitte Juli 1941 die DAF zum ersten Mal Beiträge einzog, stieg erstaunlicherweise auch die Inanspruchnahme. Nun kamen die Arbeiter, die in die DAF gedrückt worden waren und verlangten geradezu, dass sich die DAF-Amtswalter dann für sie einsetzten. Überhaupt war die Einstellung der Luxemburger Arbeiter im Schifflinger ARBED-Werk schwer nachvollziehbar: Einerseits boten sie der DAF-Propaganda Trotz, andererseits wurden die Betreuungsangebote der Arbeitsfront aber gerne in Anspruch genommen, sei es um Forderungen bei der Direktion nach Arbeitskleidung und Lohnaufbesserungen durchzusetzen oder sei es beim Betriebssport, der von allen Freizeitangeboten der KdF noch am besten angenommen wurde. Was die Zusammenarbeit mit der Direktion anbetraf, so war Olinger recht zufrieden, da nach einigen Hindernissen, von dieser Seite „schließlich das Verständnis für ein Zusammenwirken" aufgebracht worden sei, so ein DAF-Tätigkeitsbericht Anfang 1942.[124] Der

123 Der 1917 geborene Bergmann Nicolas Kohl erinnerte sich an die Veränderungen, die im ARBED-Grubenbetrieb Langengrund vor sich gingen: „An der Art und Weise der Eisenerzgewinnung hatte sich zwar nichts geändert, aber die Atmosphäre unter den Arbeitskollegen wurde vorsichtiger und kühler. Der von uns gewählte Vertrauensmann im Arbeitsausschuss wurde durch Obmänner der Nazipartei ersetzt", Erinnerungen eines alten Bergmannes: Nicolas Kohl, in: Deemols am Minett, S. 91–207, Zitat S. 197f.

124 Tätigkeitsbericht der DAF-Werkgruppe ARBED Schifflingen vom 5.1.1942 für das Jahr 1941, in: ANLux ARBED Schifflange 14827 („Kreisleitung an ARBED-Schifflingen").

Tätigkeitsbericht von Betriebsobmann Olinger lässt sich freilich anders deuten. Die Belegschaft war zwar mit riesiger Mehrheit der DAF beigetreten, tat dies aber, ohne wirklich überzeugt zu sein. Auffällig ist die Mitnahmementalität der Arbeiterschaft. War man erst einmal zahlendes Mitglied der ungeliebten NS-Organisation, so erwartete man in Bezug auf Arbeits- und Lohnbedingungen und vor allem hinsichtlich materieller Vergünstigungen, dass sich die DAF-Amtswalter auch beim Unternehmer für einen einsetzten. Unternehmer und Direktoren reagierten ähnlich auf die Präsenz der DAF in ihrem Betrieb: Bauten sie anfänglich Widerstände gegen die Einmischungsversuche und sozialpolitischen Ambitionen auf, so gingen sie schnell dazu über, sich mit den neuen Gegebenheiten zu arrangieren. Um die Ruhe in den Betrieben zu wahren und um die Produktion nicht zu gefährden, war man zum Dialog mit der DAF bereit, nahm an Betriebsappellen teil und zahlte gewissenhaft seine Beiträge zu der einen oder anderen NS-Organisation. Ohne wirklich von einem Burgfrieden zwischen Deutscher Arbeitsfront, Arbeiterschaft und Luxemburger Unternehmensführung reden zu können, so schien sich doch irgendwie die Lage für die Deutsche Arbeitsfront bis 1942 mehr oder weniger stabilisiert zu haben. Diese stand jedoch auf schwachen Füßen und die weitere Entwicklung des Krieges offenbarte die Schwächen der Massenorganisation in den Betrieben. Einen richtigen Rückhalt besaß die DAF ebenso wenig wie die VdB.

Die Deutsche Arbeitsfront hatte in Luxemburg in ihrer Aufbauphase mit zahlreichen Problemen zu kämpfen, die vor allem darauf zurückzuführen waren, dass die Zwangsorganisation von weiten Teilen der Arbeitnehmerschaft nie akzeptiert, sondern als Teil des nationalsozialistischen Propaganda-, Kontroll- und Repressionsapparates verstanden wurde, den der Chef der Zivilverwaltung und NSDAP-Gauleiter Gustav Simon im Land installiert hatte. 1940–1941 hatte sich das Regime noch bemüht, sich mit sozialpolitischen Maßnahmen und großzügigen Zukunftsversprechungen bei der Bevölkerung beliebt zu machen und gerade in dieser Hinsicht erhielt die Arbeitsfront eine ihr entsprechende zentrale Rolle.

Der Aufbauphase der DAF folgte eine relativ kurze Konsolidierungsphase, die etwa ein Jahr dauerte, von Sommer 1941, als die Rekrutierung der Mitglieder und die Installierung der Betriebs- und Ortsorganisationen weitgehend abgeschlossen werden konnten, bis Sommer 1942. Die Verschlechterung der Arbeitsbedingungen, der Streik 1942 und die Fortdauer des Krieges, der ab 1943 zu einem „totalen Krieg“ erklärt wurde, zeigten, dass die allermeisten sozialpolitischen Versprechungen so bald vom Regime nicht eingelöst werden würden. Lakonisch ordnete die Propaganda-Abteilung der Koblenzer Gauwaltung im Juli 1943 sämtliche Propagandisten an, bei Betriebsappellen nicht über das Thema des verhängten Lohn- und Preisstopps zu sprechen, da dies zu Missverständnissen führen könnte. Man solle nur noch über die allgemeine politische und militärische Lage aufklären und tunlichst von den Schwierigkeiten im Ernährungssektor ablenken: „Eine andere Aufgabe besitzen wir augenblicklich nicht, es sei denn, dass ausdrücklich Betriebsappelle über die Leistungssteigerung“ abgehalten würden. Schließlich wurde die DAF in Luxemburg immer mehr zu einer Organisation, die – von Koblenz aus gesteuert – nicht viel mehr fertigbrachte, als Propaganda für das Regime zu betreiben und dies quasi bis zum letzten Tag der deutschen Besetzung.[125]

4. Die Zerschlagung des Luxemburger Verbandswesens durch den Stillhaltekommissar für das Organisationswesen

Im August 1940 betraute Gauleiter Simon den damals 30jährigen Franz Schmidt mit der Leitung der Sonderstelle für Vereine, Stiftungen und andere Verbände. Die rechtliche Stellung des Stillhaltekommissars (Stiko) war unscharf, da hier parteiamtliche Funktionen mit behördlichen Kompetenzen verschmolzen. Franz Schmidt war ein hochmotivierter Parteifunktionär, der die Machtfülle skrupellos nutzte, die ihm das Amt als Stiko in Luxemburg bot. Hier und im Gau war Schmidt weitestgehend unbekannt, denn weder stammte er aus der Gauregion, noch gehörte er zum Koblenzer Führungszirkel. Aber er konnte eine brillante Karriere als Parteifunktionär vorweisen. Seinen ursprünglichen Architektenberuf hatte der überzeugte Nationalsozialist aufgegeben, um in den 1930er Jahren als hauptamtlicher Mitarbeiter ins „Braune Haus“ nach München zu wechseln. In der Parteizentrale der NSDAP war Schmidt im Stab des „Stellvertreters des Führers“, Rudolf Hess, tätig. Schmidt wurde Mitglied des Nationalsozialistischen Flieger-Korps (NSFK), 1938 erfolgte der Eintritt in die SS.[126] Im gleichen Jahr wurde Schmidt Mitarbeiter des Stillhaltekommissars für Vereine, Organisationen und Verbände in Wien.

---

125 Vgl. Rundschreiben der Gauwaltung Koblenz, Abteilung Propaganda an den Kreisobmann in Diekirch, in: ANLux CdZ D-4:013 (DAF-Kreiswaltung Diekirch), besonders: Rundschreiben der DAF-Gauwaltung Moselland (Abt. Presse/ Propaganda) vom 24.7.1942 an alle Redner der DAF betr. Lohn- und Preisstopp und Rundschreiben von Gauobmann Dörner an alle Betriebsführer mit der Anordnung im Rahmen eines Betriebsappells am 27.11.1943, die mit antisemitischen Hasstiraden und Durchhalteparolen gespickte Botschaft von Reichsorganisationsleiter Robert Ley an die deutschen und europäischen „Arbeitskameraden“ zu verlesen. Der Anlass war der zehnte Jahrestag der Gründung der KdF.

126 Pawlowsky/ Leisch-Prost/ Klösch, Vereine im Nationalsozialismus, S. 102f. 1941 wurde Schmidt zum NSFK-Standartenführer befördert. Vgl. die Kriegsverbrecherakte ANLux CdG 99 („Franz Georg Schmidt. Stillhaltekommissar für das Organisationswesen in Luxemburg“) und 163 („Franz Georg Schmidt. Stillhaltekommissar“). Schmidt (*1910 in Emden) war vor seiner Tätigkeit in der Münchener Parteizentrale Kreisobmann der Deutschen Arbeitsfront in Oldenburg gewesen. 1943 heiratete Schmidt in Luxemburg die Reichsdeutsche Erna Kirchgässer, die in der Hauptstadt bis 1943 als Bannmädelführerin der Hitlerjugend (Bann 766) tätig war. Wenige Monate nach der Heirat mit „Reichsamtsleiter und Generaldirektor der Arbed“, so die Zeitungsnotiz von 1943, wurde Kirchgässer „Abteilungsleiterin z.b.V. in der Befehlsstelle Luxemburg“, vgl. „Familienbuch der Stadt Luxemburg“, in: LW Nr. 84 (25.3.1943) und „Der Einsatz der BDM-Gruppen im kommenden Winter“, in: LW Nr. 272 (29.9.1943).

Es stellte sich rasch heraus, dass der Stiko *das* Instrument zur Durchsetzung der nationalsozialistischen Herrschaft über das Vereins- und Verbandswesen in Luxemburg werden sollte.[127] Der Stillhaltekommissar für das Organisationswesen (Stiko) war maßgeblich zusammen mit Deutscher Arbeitsfront und Zivilverwaltung an der Erfassung, Gleichschaltung und Liquidierung der Luxemburger Gewerkschaften beteiligt, wie die Beispiele des LBMIAV, des LCGB oder des kleinen Buchdruckervereins gezeigt haben. Der Stiko griff mit zerstörerischer Energie in die gesamte Vereins- und Verbandslandschaft des Landes ein. Nicht nur die Arbeiterbewegung, sondern auch Arbeitgeberorganisationen sowie gewerkschaftsnahe Freizeit- und Hilfsvereine wurden Opfer eines systematischen Gleichschaltungsprozesses.

War das Schicksal der meisten Vereine und Verbände bereits im Spätsommer 1940 beschlossene Sache, dauerte die formelle Abwicklung der meisten Vereine bis Mitte des Jahres 1941. In der Terminologie des Stillhaltekommissars hieß dies in der Regel entweder „Löschung“ oder „vollständige Auflösung“. Bei „Einweisungen“ wurde das Vermögen eingezogen und an eine NS-Organisation überwiesen mit der Auflage einer zweckentsprechenden Verwendung, z.B. ging der Besitz der katholischen Caritas an die NSV. Bei vollständigen Auflösungen zog der Stiko das Vermögen in der Regel „zugunsten des Aufbaus im Bereich Luxemburg“ ein, d.h. es ging an die Gauleitung, die dann frei darüber verfügen konnte.[128] Die Tätigkeit des Stillhaltekommissars verlief in Teilen parallel zur Gründungs- und Aufbauphase der Deutschen Arbeitsfront. Sie war Anfang 1942 praktisch abgeschlossen.[129] Vor allem bei der Verwertung des Immobiliarvermögens und des Transferts von Versicherungsbeständen gingen Stiko und DAF eine unheilige Allianz ein.

---

127 Die VO über die Einsetzung des Stillhaltekommissars in Luxemburg wurde über die Presse mitgeteilt, vgl. LW Nr. 242 (29.8.1940). Irreführende Artikel sollten die Öffentlichkeit beruhigen: die Arbeit des Stiko diene „nur dem Wohle der Bevölkerung“, er habe eine „ordnende“ Funktion und die Aufgaben von Organisationen im öffentlichen Leben sollten nicht vernachlässigt werden; vgl. „Die Aufgaben des Stillhaltekommissars“, in: LW Nr. 286/287 (12./13.10.1940). Vgl. Pawlowsky/ Leisch-Prost/ Klösch, Vereine im Nationalsozialismus, S. 13–15. Siehe Dostert, Luxemburg zwischen Selbstbehauptung und nationaler Selbstaufgabe, S. 88–91. Zur Tätigkeit des Stillhaltekommissars im Sudetenland Albert Hoffmann, vgl. Markéta Lhotová/ Vlastimila Hamáčkovà, Die Liquidation der jüdischen Organisationen in den annektierten Grenzgebieten im Lichte der Materialien des Stiko Reichenberg, in: Judaica Boehmiae 49 (2014), S. 45–72.

128 Vgl. Stiko-Mitteilungsblatt Nr. 4 (15.5.1941).

129 „Verfügung“, in: LW Nr. 56 (25.2.1942). Entsprechend wurden ab März 1942 die Bürostunden der Stiko-Dienststelle reduziert, vgl. „Bekanntmachung“, in: ETB Nr. 69 (23.3.1942), gezeichnet von Schmidts Stellvertreter Dr. Röding.

4.1. Die Jagd auf das Gewerkschafts- und Verbandsvermögen

Einer der Profiteure der Abwicklung der gewerkschaftlichen Organisationen und der Vereine war zweifellos die Deutsche Arbeitsfront, die formell ein Verband der NSDAP war. Die DAF sah sich wie schon 1933 im Deutschen Reich auch in Luxemburg als legitime Erbin der Arbeiterbewegung und aus diesem Selbstverständnis heraus beanspruchte sie auch eine entsprechende Berücksichtigung bei der Liquidierung des Gewerkschaftsvermögens beziehungsweise der Verteilung von genossenschaftlichen Unternehmen. Zur Erbmasse der Luxemburger Arbeiterbewegung zählten nicht nur eine Lebensversicherungsgesellschaft (die „Vita"), eine Spargenossenschaft („Fortuna") aus dem Besitz der christlichen Gewerkschaften, sondern auch die Genossenschaft für Arbeiterbildung und Sozialpolitik (GEMUSO), eine Gründung der linken Gewerkschaften. Die DAF raffte alles zusammen, was hier noch verwertet werden konnte, u.a. die Buchverkaufsstelle der Genossenschaft. Da die GEMUSO den freien Gewerkschaften gehörte, hatten sich die DAF-Funktionäre wahrscheinlich schon kurz nach der Machtübernahme des CdZ bedient und die Kontenbücher rechtzeitig in Beschlag genommen. Die Genossenschaft galt als ausgesprochener Gegenentwurf zu den staatlich kontrollierten faschistischen und nationalsozialistischen Freizeitbewegungen; sie stellte damit in den Augen der Deutschen ein Hindernis dar, das mit der Löschung und Einweisung in die Deutsche Arbeitsfront im September 1941 endgültig gebannt wurde.[130]

Insgesamt betrachtet fielen der Arbeitsfront beziehungsweise ihren Subunternehmen im Prinzip nicht nur zahlreiche Kunden und Versicherungsnehmer zu, sondern auch Geschäftsideen sowie Grundstücke und Immobilien. Eine genossenschaftliche Limonadenfabrik[131] in Düdelingen gehörte zu den Erwerbungen genauso wie mehrere Gewerkschaftsheime. 1941 eignete sich die Arbeitsfront mit Hilfe des Stiko das Escher Gewerkschaftsheim an, welches sich im dortigen Volkshaus (Maison du Peuple) befand. Für einen lächerlichen Mietpreis pachtete ein reichsdeutscher Parteigenosse das Escher Gewerkschaftsheim, der Mietzins floss höchstwahrscheinlich in die Kassen der DAF-Kreiswaltung. Bald schuf die Arbeitsfront in altgewohnter Manier vollendete Tatsachen: Nicht genug, dass die Funktionäre der DAF einfach das Volkshaus vermieteten, sie nahmen die Kasse sowie die ganze Buchführung der Maison du Peuple in Beschlag, was sogar den Stiko sichtlich irritierte. Die Vorab-Enteignung wurde schließlich vom Stillhaltekommissar im Juli sanktioniert und am 14. Juli 1941 gingen die Maison du Peuple sowie zwei weitere Objekte über den Tisch. Die DAF-Vermögensverwaltung verleibte sich mit einem Federstrich drei Gewerkschaftsheime

130 Akte „Gemuso – Genossenschaft für Arbeiterbildung und soziale Fürsorge, Esch", in: ANLux CdZ Stiko B-11:531 („Verschiedene Verbände").

131 Vgl. Stiko-Mitteilungsblatt Nr. 7 (15.9.1941).

in Esch, Differdingen und Rümelingen ein – der Schätzwert lag bei insgesamt 195.000 Reichsmark.[132]

Das skrupellose Vorgehen der DAF, sich Wertobjekte anzueignen, zeigt sich am Schicksal der katholischen „Arbeiterwohl A.G." im Industrieort Esch. Im Zuge der Liquidierung des Kirchenbesitzes meldete die Deutsche Arbeitsfront kurzfristig ihr Interesse an der Immobilie an. Da die DAF ein Gebäude für die DAF-Berufsschulung benötigte, wandte sie sich in Person des Vertreters des Gauobmanns in Luxemburg an den Stillhaltekommissar und schlug vor, die Aktiengesellschaft aufzulösen und das Arbeiterheim auf die Vermögensverwaltung der DAF zu übertragen. Auch Kreisobmann Ludwig Grohé und die Gauwaltung Koblenz schalteten sich ein, da das Gebäude „dringend" benötigt werde. Als die Vermögensübertragung im Herbst 1941 vollzogen wurde, erhielt die Arbeitsfront mit Zahlung eines eher symbolischen Betrages in Höhe von 4.164 Reichsmark ein Grundstück mit Haus, das auf rund 68.500 Reichsmark geschätzt worden war.[133]

4.2. Die „Überführung in geordnete Verhältnisse": Die Zerschlagung der Hilfskassen

Ähnlich effizient wie bei den Immobilien ging der Stillhaltekommissar bei der Gleichschaltung und Ausplünderung der Luxemburger Hilfskassen vor. Diese galten in Luxemburg als die Vorläufer der gesetzlichen Kranken-, Unfall- und Altersversicherungen und waren in der Mitte des 19. Jahrhunderts als freiwillige Einrichtungen von Angehörigen eines Berufs entstanden. Es gab zahllose Unterstützungsvereine (Mutualitäten) für Arbeiter, Handwerker, Angestellte; außerdem gab es Sterbekassenvereine, die auch von Staats- und Gemeindebediensteten sowie den Eisenbahnern gegründet worden waren.[134] Viele Hilfskassen waren relativ klein, meist lokal verwurzelt und fanden sich in den wirtschaftlichen Zentren

---

132 Aktenvermerk des Stillhaltekommissars vom 27.3. und vom 18.6.1941. Akte „Gewerkschaftsheim", in: ANLux CdZ Stiko B-11:534 („Übertragungsurkunden von Liegenschaften"). Die Vermögensübertragungen wurden im Stiko-Mitteilungsblatt Nr. 6 (6.8.1941) veröffentlicht.

133 Die Löschung der Arbeiterwohl A.G. wurde am 10.9.1941 in Stiko-Mitteilungsblatt Nr. 7 (15.9.1941) bekannt gegeben. Vgl. ANLux CdZ Stiko B-11:515 (Mappe „Arbeiterwohl A.G., Esch").

134 Marc von Miquel, Ortskrankenkassen im Dritten Reich, in: Mitteilungsblatt des Instituts für soziale Bewegungen 38 (2008), S. 61–74. Gilbert Trausch, Aux origines du mouvement mutualiste. Les mutations de la société luxembourgeoise, in: Conseil supérieur de la mutualité, Livre du centenaire de la promulgation de la première loi sur la mutualité du Grand-Duché de Luxembourg, Luxemburg 1992, S. 213–220 und die ältere Darstellung der Fédération nationale de la mutualité luxembourgeoise, 1927-1974, Luxemburg 1974, S. 30–57. Zur Besatzungszeit: Jean Weber, Die Mutualität in den Kriegsjahren, ebenda, S. 48f.

wie etwa im Süden des Landes. Nicht selten waren die Mutualitäten bestimmten Berufsverbänden angeschlossen.

Bei der Liquidierung der Hilfsvereine im Jahre 1941 trat die DAF sehr selbstbewusst auf. Als potenzielle Nachfolgeorganisation reklamierte sie ein Mitspracherecht beim Prozedere des Stiko und wirkte aktiv mit. Die Auflösung der Hilfskassen sollte nicht nur den Alleinvertretungsanspruch der NSDAP verdeutlichen, sondern es ging darum, sämtliche demokratische Vertretungsorgane der Arbeiterbewegung zu beseitigen. Die Überführung der privaten Kassen der industriellen Großbetriebe in die gesetzlichen Versicherungen gestaltete sich schwierig. Die führenden Unternehmen der Schwerindustrie hatten schon angesichts ihrer Größe mehr Gewicht als die kleinen Hilfskassen, sodass sie sich erfolgreich zur Wehr setzen konnten.[135] Anders war der Fall bei anderen Mutualitäten gelagert. Vielfach wurden die Mitglieder von Sterbekassen an die Volksfürsorge-Lebensversicherungs-AG der Deutschen Arbeitsfront „übergeleitet".[136]

Um den Abwicklungsprozess der kleineren Hilfskassen zu formalisieren, richtete der Stiko im April 1941 eine „Überleitungsstelle für Vereine mit Sterbekassen und Unterstützungseinrichtungen" ein. Die Überleitungsstelle, so hieß es, werde das Vermögen zunächst treuhänderisch übernehmen und dann in einem nächsten Schritt auf reichsdeutsche Versicherungsgesellschaften übertragen. Höhere Tarife oder Einbußen bei den Leistungen würde es nicht geben, so die Zusicherung an die Versicherungsnehmer und Kassenmitglieder. Das Vermögen der aufgelösten Sterbekassen und Vereine solle im Interesse der älteren Mitglieder aufgewandt werden, um diesen ein angemessenes Sterbegeld zu garantieren. Eine ganze Zeit lang war unklar, welche Versicherung an die Stelle der Luxemburger Vereine treten würde, als bekannt wurde, dass die Volksfürsorge, ein Unternehmen der Deutschen Arbeitsfront, den Zuschlag erhalten hatte.[137] Allem Anschein nach war der Stillhaltekommissar gewillt, die kleineren Hilfskassen exklusiv der Deutschen Arbeitsfront zuzuschustern, deren Versicherungsgesellschaften bei der Neuordnung des Luxemburger Versicherungsmarktes auf Kosten der deutschen Privatversicherungen den Vorzug erhalten sollten. Die praktische Abwicklung der unzähligen kleinen

135 Vgl. Akte „Angestellten-Krankenkasse der Vereinigten Hüttenwerke Burbach-Eich-Düdelingen A.G., Luxemburg", in: ANLux CdZ Stiko B-11:552 („Verschiedene Krankenkassen-Vereine"); siehe Akte „Beamten-Pensionskasse der Luxemburger Abteilung der früheren Société Métallurgique des Terres Rouges", in: ebenda.

136 Vgl. Akte „Sterbekasse der Angestellten der Differdinger Stahlwerke", in: ANLux CdZ Stiko B-11:681 („Unterstützungsvereine").

137 „Bekanntmachung bezüglich der Vereine mit Sterbekassen und Unterstützungseinrichtungen in Luxemburg", in: ETB Nr. 102 (3./4.5.1941) und das vom Stillhaltekommissar herausgegebene „Merkblatt für die Überleitung von Vereinen mit Sterbekassen und versicherungsähnlichen Einrichtungen" (o.D., vermutlich Juli 1941?), in: ANLux CdZ Stiko B-11:681 („Unterstützungsvereine", Akte „Sterbekasse der Angestellten der Differdinger Stahlwerke").

Hilfskassen erwies sich dann allerdings wegen der widerspenstigen Haltung der Luxemburger Vereinsmitglieder als äußerst kompliziert und zeitaufwändig. Die betroffenen Mitglieder reagierten recht unterschiedlich auf die Maßnahmen des Stillhaltekommissars. Scheinbar waren die älteren Arbeitnehmer, die bereits seit Jahrzehnten ihre Beiträge an die Hilfskasse gezahlt hatten, generell eher bereit zur DAF-eigenen Volksfürsorge zu wechseln, während die jüngeren Kollegen sich eher abwartend verhielten und lieber auf eine Überleitung zur Volksfürsorge verzichteten.[138] Andererseits spielten aber lokale Verwurzelung, längere Vereinstradition und berufsständisches Selbstbewusstsein eine entscheidende Rolle bei der Frage der Überleitung oder Nichtüberleitung auf reichsdeutsche Versicherungen.[139]

Das Misstrauen gegenüber der deutschen Propaganda, die viel versprach, aber wenig realisierte, saß offenbar tief. Überdies verstanden die Menschen recht schnell, dass die Vertreter des Stillhaltekommissars und der Deutschen Arbeitsfront, sei es in Parteiuniform oder im Anzug des Volksfürsorge-Mitarbeiters, auch immer und zuerst das Bar- und Immobiliarvermögen der Vereine, Berufsvertretungen und Gewerkschaften im Blick hatten, wie das Beispiel des kleinen Handwerker-Vereins aus Vianden zeigt, wo der Stiko sich ein paar Aktien widerrechtlich aneignete.[140] Das rabiate Vorgehen der deutschen Zivilverwaltung und des Stillhaltekommissars trug ein Übriges dazu bei, dass die deutschen Neuordnungsmaßnahmen im Bereich der Hilfsvereine meist abgelehnt wurden. Das lag wohl auch daran, dass die Mitbestimmungsrechte der Mitglieder in den Vereinen mit Füßen getreten und die demokratisch gewählten Vereinsorgane von einem unerwünschten Okkupanten außer Kraft gesetzt wurden. Der Stillhaltekommissar und die Deutsche Arbeitsfront waren NS-Organe, die im Dienste des deutschen Staates standen und den Anspruch auf eine totale Kontrolle der arbeitenden Bevölkerung erhoben und zu diesem Zweck die freien Vertretungsorgane durch Zwangsorganisationen ersetzten. Mit einer Volksfürsorge-A.G., die mehr oder weniger unverschleiert ein Parteiunternehmen war, deren Sitz sich im fernen Hamburg befand, wollte nur eine Minderheit etwas zu tun haben.

Den Hilfskassen der Arbeiter und Angestellten des öffentlichen Dienstes erging es nicht anders als den übrigen Mutualitäten. Allerdings verlief hier die Überleitung

---

138 Vgl. Hinweis bei Weber, Die Mutualität in den Kriegsjahren, S. 49.

139 Vgl. Akte „Handwerker-Verein, Echternach". Schreiben der HHG (Handwerk, Handel und Gewerbe)-Versicherungsanstalt aus Dortmund vom 29.8.1941 an den Stillhaltekommissar betr. Handwerksverein Echternach und Schreiben des Stillhaltekommissars vom 2.9.1941 an den Leiter der Handwerkskammer Dr. Bentz, in: ANLux CdZ Stiko B-11:553 („Handwerkervereine-Unterstützungsvereine").

140 Aktennotiz des Stillhaltekommissars vom 16.5.1941 betr. Verein Nr. 42 sowie Schreiben des Viandener Arbeiter- und Unterstützungsvereins vom 19.5.1941 an den Stillhaltekommissar, in: Akte „Viandener Arbeiter- und Unterstützungsverein (gen. Handwerker-Verein)" und Akte „Arbeiter-Unterstützungs-Verein, Esch", in: ANLux CdZ Stiko B-11:765 („Unterstützungsvereine").

auf reichsdeutsche Versicherungsträger weitgehend problemlos.[141] Beamte, Briefträger, Gendarmen, Sparkassenmitarbeiter und andere Angestellte im Staats- und Gemeindedienst zeigten sich in der Regel kooperativer und kollaborierten mit dem Stillhaltekommissar, vermutlich aus Angst vor disziplinarischen Konsequenzen und vor einem Totalverlust des Vereinsvermögens.[142]

4.3. Franz Schmidt: Parteifunktionär und Manager

Nachdem die Gleichschaltung und Liquidation der meisten Luxemburger Vereine erledigt war, wandte sich Franz Schmidt im Herbst 1941 neuen Aufgaben zu. Er wurde Mitglied des Direktoriums der ARBED, blieb aber weiterhin „Stillhaltekommissar" in Luxemburg. Als Parteifunktionär, Mitarbeiter der Zivilverwaltung und Manager verkörperte Schmidt nunmehr eine enge Verflechtung von NSDAP, Staat und Privatwirtschaft. Wahrscheinlich hoffte der Gauleiter mit diesem Schachzug, das Großunternehmen stärker an den NS-Staat zu binden, als dies bis dato der Fall war. Dass Schmidt beim ARBED-Konzern die Zuständigkeit für Personalfragen bekam, wundert nicht: Gustav Simon wollte nicht nur das Management – das 1941 noch zum größten Teil aus Vorkriegspersonal bestand – disziplinieren, sondern auch die gesamte Arbeiter- und Angestelltenschaft der Luxemburger Werke noch stärker unter seine Kontrolle bringen.

Die Berufung Schmidts brachte Gustav Simon einen taktischen Vorteil gegenüber potenziellen Einmischungstendenzen, die von der Berliner Ministerialbürokratie oder der Vierjahresplan-Behörde ausgingen. In Schriftwechseln sprach Schmidt stets davon, dass er als „politischer Beauftragter" tätig sei beziehungsweise dass er einen „politischen Auftrag" von Gauleiter Simon erhalten habe.[143] Reichsdeutsche Kollegen aus dem ARBED-Direktorium bezeichneten ihn als „Vertrauensmann des Gauleiters" oder als engeren „Mitarbeiter" Gustav Simons, der „fest zum System" gehalten habe. Sie erwähnten auch, dass Schmidt in Luxemburg „enge Beziehungen" zu Kreisleiter Adolf Schreder und zu Gestapo-Chef Fritz Hartmann hatte; mit Hermann Unger, dem Leiter der Sonderstelle für Personalangelegenheiten beim CdZ und Fritz Reckmann, dem stellvertretenden Gauleiter, stand Schmit im Duzverhältnis.[144]

---

141 Siehe Akte „Unabhängige Trambahner-Vereinigung, Luxemburg", in: ANLux CdZ Stiko B-11:669 („Sterbekassen").

142 Stiko-Aktennotiz betr. Vorstandsbesprechung der Sterbekasse vom 23.5.1941, in: ANLux CdZ Stiko B-11:669 („Sterbekassen").

143 Vgl. Fernschreiben Franz Schmidt vom 4.10.1943 an Pg. Ott (Partei-Kanzlei) und Schreiben Franz Schmidt vom 11.10.1943 an Pg. Hermann Priem betr. Bewerbung, in: ANLux CdZ Stiko B-11:693. Chomé, Un demi-siècle d'histoire industrielle, S. 353, 360. Chomé bezeichnet Schmidt als „haut fonctionnaire nazi et espion du Gauleiter".

144 Vgl. Aussagen Rödings und Hoffmanns aus dem Jahre 1946, in: ANLux CdG 163. Reckmann hatte wie Schmidt gute Beziehungen zur Parteikanzlei in München. Reckmann stand auf einer „Vorschlagsliste für Gauleiter" und wurde 1943 zum

Franz Schmidt machte eine zweite Karriere in der Luxemburger Privatwirtschaft, obwohl er für einen Managementposten keinerlei Voraussetzungen mitbrachte. Als 31jähriger Parteifunktionär fehlte ihm im Grunde jegliche Qualifikation, um irgendeine leitende Funktion im Vorstand zu übernehmen. Als Parteigenosse, hochrangiger NSDAP-Funktionär und Vertrauensmann des Gauleiters brachte Schmidt aber den entscheidenden politischen Stallgeruch mit. Im Februar 1943 wurde Schmidt in den sechsköpfigen Konzern-Vorstand berufen, der sich aus vier reichsdeutschen und zwei Luxemburger Direktoren zusammensetzte. Bei der ARBED war Schmidt als „beigeordneter Generaldirektor" für Personalfragen und Sozialpolitik zuständig, übte somit eine der zentralen „politischen" Funktionen an der Spitze des ARBED-Unternehmens aus.

Der Stillhaltekommissar war eine Art Steigbügelhalter für die Deutsche Arbeitsfront, die den Löwenanteil an der Erbmasse der Arbeitnehmerverbände für sich beanspruchte. Alles in allem war die Auflösung der Vereine, Gewerkschaften und Glaubenskongregationen ein lukratives Geschäft für die Partei und die ihr angeschlossenen Organisationen. In erheblichem Maße profitierte die Gauleitung direkt und indirekt vom Geldsegen und in den Jahren 1941–1942 flossen erhebliche Summen an die VdB und an Parteiorganisationen. Transferts gab es aber auch direkt an die Gauleitung beziehungsweise an den Gauschatzmeister.

Konfessionelle und nichtkonfessionelle Organisationen und Vereine fielen dem Stiko zum Opfer und wurden rücksichtslos enteignet. Die Zusammenschlüsse der Arbeiter, Handwerker und Angestellten (d.h. Gewerkschaften mit ihren zahlreichen Lokalsektionen, Berufsverbände, Konsumgenossenschaften, unpolitischere Vereinsmodelle wie die Sparvereine und Hilfskassen) machten schätzungsweise 300 von weit über 1.000 Vereinen aus, die 1941 von der Bildfläche verschwanden. Die Arbeiterbewegung, aber auch alle anderen freien, selbstverwalteten, nach demokratisch geführten Prinzipien und vom Staat unabhängigen Vereinigungen wurden 1941 tief ins Mark getroffen.

Die Ernennung eines Stillhaltekommissars für das Organisationswesen war eine entscheidende Etappe im Bestreben der Nationalsozialisten, einen kompletten Systemwechsel in Luxemburg zu bewerkstelligen.[145] Dieser sollte mit der Destruktion des Vereinslebens einhergehen, die sich nicht nur auf den Alltag der Menschen auswirkte, die sich in ihrer Freizeit engagiert hatten, sondern auch auf die sozialpolitische Landschaft und die Luxemburger Zivilgesellschaft überhaupt. Ihre Auflösung stellte all die Erfolge in Frage, die von den Gewerkschaften im Laufe der 1930er Jahre erkämpft worden waren. Nicht zuletzt läutete der Stiko das Ende des Rechtsstaates ein, denn seit 1848 beziehungsweise 1868 war die

---

Obersten Parteigericht nach München abkommandiert, vgl. Maier, Biographisches Organisationshandbuch, S. 373f.

145 Vgl. auch: Volz (Bearb.), Der Kampf gegen den Westen, S. 517f. und 556f.

Vereinigungsfreiheit ein verbrieftes Grundrecht der Luxemburger gewesen, das nun durch die radikalen Maßnahmen des Stillhaltekommissars und der Gauleitung ausgehebelt wurde.[146]

Dies alles gelang dem Stillhaltekommissar so effizient, gerade weil es sich bei dieser Institution weder um eine staatliche Verwaltung, noch um eine Gliederung der Partei handelte. Die regionale Sonderstelle des Stillhaltekommissars war ein typisches Produkt des polykratischen Herrschaftssystems der Nationalsozialisten. Sie hatte mehrere Funktionen gleichzeitig, während ihr Leiter mit weitreichenden politischen, behördlichen, juristischen und wirtschaftlichen Kompetenzen ausgestattet war, die über die Grenzen des CdZ-Gebietes hinausreichten. In ihren Beziehungen zur Deutschen Arbeitsfront und anderen Parteigliederungen trat bürokratische Effizienz gepaart mit informellem Handeln als ein weiteres typisches Merkmal des NS-Systems hervor.[147]

Die NS-Organisation, die schließlich am meisten von den Maßnahmen des Stillhaltekommissars profitiert hatte, war die Deutsche Arbeitsfront. Sie zog aus den Maßnahmen des Stiko materiellen und politischen Profit. Große Teile des Vermögens, das Arbeiter und Angestellte im Laufe der Jahre in der einen oder anderen Form in den Gewerkschaften, Arbeitnehmervereinen, Sterbe- und Unterstützungskassen angespart hatten, flossen nach Berlin in die Vermögensverwaltung der Arbeitsfront oder eines der ihr angegliederten Wirtschaftsunternehmen. Politisch stellte die Vernichtung der Luxemburger Gewerkschaften einen Sieg für das Gauleiterregime dar, da in vielen Fällen die Mitglieder der gewerkschaftlichen Organisationen mit einem Federstrich in die nationalsozialistische DAF gleich mit übernommen werden konnten.

---

146 Art. 27 der Verfassung für das Großherzogtum Luxemburg von 1848: „Die Luxemburger haben das Vereinigungsrecht. Dieses Recht kann keiner verhütenden Maßregel unterworfen werden." Das Gesetz vom 11.5.1936 stärkte dieses Recht im Sinne der Gewerkschaften und sprach erstmals von einer Vereinsfreiheit (liberté d'association) und nicht mehr nur von einem Vereinsrecht (droit d'association). Siehe Art. 1 und Art. 4 des Gesetzes: Art. 1 – La liberté d'association dans tous les domaines est garantie. Nul ne peut être contraint de faire partie d'une association ou de n'en pas faire partie. Art. 4 – Sera puni (...) quiconque aura méchamment, dans le but de porter atteinte à la liberté d'association, subordonné la conclusion, l'exécution, ou, même en respectant les préavis d'usage, la continuation d'un contrat de travail ou de services, soit à l'affiliation, soit à la non-affiliation d'une ou de plusieurs personnes à une association, vgl. Loi du 11 mai 1936 garantissant la liberté d'association, in: Mémorial Nr. 39 (16.5.1936). Zu Artikel 11 und 26 der Verfassung, siehe: Le Conseil d'État, gardien de la Constitution et des Droits et Libertés fondamentaux, Luxemburg 2006, S. 56–69 und 118-122.

147 Vgl. Gotto, Polykratische Selbststabilisierung, S. 36.

5. Die Gliederung der DAF in Luxemburg

Wie alle nationalsozialistischen Organisationen war die DAF streng hierarchisch und nach dem „Führerprinzip“ aufgebaut.[148] Diese Prinzipien spiegelten sich in den Strukturen wider, die auf den verschiedenen Herrschaftsebenen bestanden. An der Spitze des Altgaus befand sich ein Gauobmann, der seine Zuständigkeit mit der Machtübernahme der Zivilverwaltung auf das besetzte Luxemburg ausdehnte. Im Land selbst gab es in der Hauptstadt eine DAF-Verbindungsstelle, die 1940 die Einführung der NS-Organisation vorbereitet hatte. Sie hatte ihren Sitz im Gebäude der Volksdeutschen Bewegung.[149] Von dort aus gingen vermutlich die Anweisungen an die drei Kreiswaltungen, die von erfahrenen Parteigenossen geleitet wurden, die den Titel Kreisobmann führten und in enger Zusammenarbeit mit den jeweiligen NSDAP-Kreisleitern operierten. Den hauptamtlichen Kreisobmännern unterstanden in den einzelnen Ortsgruppen die Ortsobmänner sowie die in den Betrieben tätigen Betriebsobmänner. (vgl. Anhang 2) Letztere übten wie die Ortsobmänner ihre Funktion lediglich nebenamtlich aus; es hing von der Größe des Betriebes und dem guten Willen des Arbeitgebers ab, inwieweit er den DAF-Betriebsobmann ganz oder stundenweise vom normalen Dienst befreite. In den wenigen Großbetrieben Luxemburgs verfügten die Betriebsobmänner über recht vorteilhafte Arbeitsbedingungen, hatten eigene Mitarbeiter oder sie bekamen Büros mit Telefon. Der hierarchische Aufbau der DAF, aber auch die enge Verzahnung mit den übrigen Parteidienststellen sowie die personelle Verflechtung mit anderen NS-Organisationen bildeten ein Netzwerk, das trotz aller Hindernisse an den zentralen Stellen recht gut funktionierte.

5.1. Die Kreiswaltungen

Die Kreiswaltungen und die ihr nachgeordneten Gliederungen spiegeln die Zwitterstellung der DAF wider, da sie einerseits als „angeschlossener Verband“ der NSDAP geführt wurde, aber andererseits auch dem NSDAP-Ortsgruppenleiter unterstand. In Koblenz befand sich die DAF-Gauwaltung, eine von 41 im ganzen Reich (Stand 1939), denen etwa 800 Kreiswaltungen und 28.000 Ortswaltungen nachgeordnet waren. Die territoriale Gliederung entsprach in der Regel jener der NSDAP. In Luxemburg gab es insgesamt drei DAF-Kreiswaltungen, die wie im Altreich strukturiert waren. Es lässt sich nur mehr schwer rekonstruieren, wie

---

148 Vgl. Schlag nach! Wissenswerte Tatsachen aus allen Gebieten, Leipzig ^{2} 1939, S. 218f.

149 Die Kreiswaltung Luxemburg hatte ihren Sitz in der Avenue Monterey 34 (dem Haus des geflohenen Premierministers Joseph Bech), zog 1944 in die Neutorstraße Nr. 19 (wo sich auch die NSDAP-Kreisleitung eingerichtet hatte). Die KdF-Kreisdienststelle befand sich an der Ecke Kohlengasse/ Paradeplatz. In Esch hatte Kreisobmann Ludwig Grohé seine Büros im Gebäude der Kreisleitung (Hitlerstraße 49). In Grevenmacher befand sich die DAF in einem Haus in der Pfarrstraße (Nr. 40), in Diekirch im gleichen Gebäude wie die VdB.

die Kreiswaltungen personell besetzt waren, da entsprechende Organisationspläne nicht überliefert sind. In Esch sind beispielsweise neben dem Kreisobmann als hauptamtliche Posten ein Kreissachwalter, ein Kreisorganisationswalter, ein Kreispropagandawalter und ein KdF-Kreiswart nachgewiesen. Andere Funktionen waren nebenamtlich (der Kreisjugendwalter von Esch war gleichzeitig HJ-Bannführer) oder ehrenamtlich (z.B. der Posten der Kreisfrauenwalterin in Esch). Nicht selten kam es vor, dass zwei Funktionen von einer Person ausgeübt wurden: DAF-Kreissachwalter Boenig in Esch kümmerte sich die meiste Zeit um Fragen des Bergbaus, er war gleichzeitig auch Kreisschulungswalter und Kreispropagandaleiter seiner Organisation. Auf die Berufung von Funktionären für ganz spezielle Aufgabenbereiche wurde verschiedentlich verzichtet, da es kriegsbedingt keinen wirklichen Bedarf dafür gab (z.B. den Walter für „Heimstätten und Siedlungen“ beziehungsweise für den KdF-Wagen) und weil es an entsprechendem deutschen Personal fehlte. Luxemburger spielten in den Kreiswaltungen nur eine untergeordnete Rolle. So gab es keinen einzigen Luxemburger Kreisobmann, was u.a. daran lag, dass es Luxemburgern an entsprechender Erfahrung in der DAF-Arbeit fehlte. Selbst auf der nachgeordneten Funktionärsebene blieben Luxemburger die Ausnahme, z.B. in Esch war der ehemalige Gewerkschaftsmitarbeiter Comes nach Auflösung der Gewerkschaft von der DAF übernommen worden und durfte als Kreiswart für die NS-Gemeinschaft Kraft durch Freude im Bereich Kultur und Freizeit weiterarbeiten. Die wichtigen hauptamtlichen Mitarbeiter der Arbeitsfront waren ausnahmslos reichsdeutsche Parteigenossen, die einen Lebenslauf vorweisen konnten, der sie für einen Posten im „Aufbaugebiet“ Luxemburg prädestinierte. Luxemburger kamen dort in Frage, wo es aus taktischen Gründen von Vorteil war, so etwa bei der Besetzung der Ehrenämter der Kreishandwerksmeister oder der Posten der Obmänner in den Betrieben.

Eine weitgehende personelle Kontinuität gab es im wichtigsten Kreis Esch-Alzette, wo spätestens ab Januar 1941 Ludwig Grohé offiziell als Kreisobmann eingesetzt war, nachdem offensichtlich der aus Koblenz von der DAF-Gauwaltung abgestellte Pg. Thomas Pütz den Kreis übergangsweise betreut hatte. In den letzten Monaten des Jahres 1940 hatten Grohé und Pütz zusammen als Vertreter des Generalbeauftragten für die Arbeitgeber- und Arbeitnehmerorganisationen im Industriekreis fungiert und die Kontrolle über die dortigen Gewerkschaftsverbände übernommen. Im Kreis Luxemburg waren mindestens drei verschiedene Kreisobmänner tätig: Heinrich Balzer, der sich dort seit 1940 aufhielt, dann 1941 durch den NSDAP-Kreisamtsleiter Karl Weber abgelöst wurde. Dieser scheint 1943/1944 durch einen gewissen Konrad Lebkücher abgelöst worden zu sein, der vorher in der Gauwaltung Moselland der DAF in Koblenz tätig gewesen war. Im drittgrößten Kreis Diekirch mit insgesamt 28 Ortswaltungen waren zwischen 1941 und 1944 mindestens fünf Kreisobmänner tätig. Hier löste ein deutscher Parteifunktionär den nächsten ab. Nach dem Pg. Teusch (1940), kam der DAF-Funktionär Ott aus Ahrweiler, gefolgt von Erich Pies (ab 1941). Pies wurde 1942 zur Wehrmacht eingezogen und durch Kreisobmann Wolf aus Trier ersetzt.[150] Letzterer wurde Anfang 1944 anscheinend durch einen gewissen Lebkücher aus dem Kreis Luxemburg abgelöst. Möglicherweise betreute Lebkücher in den letzten Besatzungsmonaten beide Kreise gleichzeitig. Unklar ist, wer alles das Amt des Kreisobmanns von Grevenmacher ausübte. Karl Weber war im Kreis Luxemburg tätig, betreute als Kreisobmann auch den östlichen Kreis Grevenmacher. Über Webers dortige Aktivitäten ist nur wenig bekannt, außer dass er 1941 für den Aufbau der DAF verantwortlich war.[151] Da der bevölkerungsschwache Kreis Grevenmacher kaum Industriebetriebe aufwies, ist es möglich, dass ein benachbarter Kreisobmann diesen eine Zeit lang mitverwaltete; aber belegt ist die Berufung eines Kreisobmanns namens Kämmer (oder Kemmer), der zusammen mit seinem Kreisleiter-Kollegen aus Luxemburg 1941 in Grevenmacher tätig war. Später wurde Kämmer durch einen gewissen Mondorf ersetzt. Die mangelnde personelle Kontinuität in drei von vier Kreisen in Luxemburg wirkte sich höchstwahrscheinlich negativ auf die Arbeit und die Durchsetzungskraft der DAF aus. In Grevenmacher scheint die Arbeitsfront ihre Propaganda- und Schulungstätigkeit später aufgenommen zu haben als in den übrigen Kreisen, hier fanden viele Betriebsappelle erst im Juli-August 1941 statt.[152]

Mutmaßlich blieb während der Besatzungsjahre die Zahl der hauptamtlichen DAF-Funktionäre relativ überschaubar. Der personelle Schwerpunkt dürfte hierbei in den bevölkerungsreichen Kreisen Esch und Luxemburg gelegen haben. Um ihre Machtansprüche in Luxemburg durchzusetzen, war die DAF im Wesentlichen auf die Mitarbeit der unzähligen Obleute in den Ortsgruppen und Betrieben angewiesen, alleine im Kreis Luxemburg müsste es einige hundert Betriebsobmänner gegeben haben.

5.2. Die Ortswaltungen und ihr Personal

Die Zahl und geografische Abgrenzung der DAF-Ortswaltungen entsprach denen der Volksdeutschen Bewegung beziehungsweise der NSDAP.[153] Was der Betriebsobmann in einem Unternehmen war, das war der Ortsobmann auf lokaler Ebene. Er gehörte zu den Funktionären in einer VdB-Ortsgruppe, galt in der Nazi-Hierarchie als politischer Leiter und war direkt dem Ortsgruppenleiter untergeordnet,

---

150 Vgl. LW Nr. 133 (13.5.1942). Vgl. Michael Rademacher, Handbuch der NSDAP-Gaue 1928-1945. Die Amtsträger der NSDAP und ihrer Organisationen auf Gau- und Kreisebene in Deutschland und Österreich sowie in den Reichsgauen Danzig-Westpreußen, Sudetenland und Wartheland, Vechta 2000, S. 92–99.

151 „Aus der Arbeit der Deutschen Arbeitsfront im Kreise Grevenmacher“, in: OMZ Nr. 45 (22.2.1941).

152 „1. Betriebsappell bei Sektkellerei Bernard Massard“, in: LW Nr. 210 (31.7.1941) und „Betriebsappell bei Duchscher in Wecker“, in: LW Nr. 211 (1.8.1941)

153 Die DAF-Ortswaltungen waren in der Theorie zweigliedrig aufgebaut: Es gab eine Einteilung in Straßenzellen und -blocks sowie eine in Betriebszellen und -blocks.

zugleich war er dem zuständigen DAF-Kreisobmann gegenüber verantwortlich. Der Ortsobmann der DAF war auch immer Mitglied in der Volksdeutschen Bewegung, wichtigste Voraussetzung für die Ernennung zum DAF-Funktionär. In der Regel dürfte der Ortsobmann an seiner Arbeitsstelle eine politische Funktion innegehabt haben.

Es hing häufig von der persönlichen Einstellung des Ortsobmannes ab, wie er seine Funktion als lokaler Vertreter der DAF auszugestalten gedachte. Gerade in den ersten Monaten des Jahres 1941 waren die Obmänner wohl nicht selten mit Begeisterung bei der Sache und das Engagement für die Menschen ihrer Ortswaltung dürfte bei vielen Zeitgenossen zunächst einen positiven Eindruck hinterlassen haben. Der Ortsobmann Dellevelle aus der kleinen Ortschaft Kopstal setzte sich beispielsweise für Bauarbeiter ein, die bei der Porzellanfabrik Villeroy&Boch arbeiteten: Delleville hatte festgestellt, dass diese noch keinen Obmann hatten und ihre Interessen von niemandem vertreten wurden.[154] Beim Kreisleiter von Esch-Alzig intervenierte er, als die Kopstaler Arbeiter ihre Schwerarbeiterkarten mit so großer Verspätung erhielten, dass sie sich mit den Zusatzmarken überhaupt nichts mehr kaufen konnten, da die Lebensmittel schon alle weg waren. Delleville mobilisierte sogar den Escher Kreisobmann Grohé, als bekannt wurde, dass einer Frau die Wohnung gekündigt werden sollte oder als es Anfang 1942 Probleme bei der Verteilung der Vollmilch gab. Ein anderes Mal ließ er die Escher Kreiswaltung bei der Direktion von ARBED-Dommeldingen intervenieren, weil ein Arbeiter seine Urlaubsansprüche geltend machen wollte. Mit seinem furchtlosen Einsatz für die kleinen Leute seines Zuständigkeitsbereichs wuchs sein Ansehen unter der Bevölkerung. Die Hoffnung, dass dies auf die allgemeine Stimmung unter der Bevölkerung und die Einstellung gegenüber dem Regime einen positiven Effekt haben könnte, wurde allerdings enttäuscht, wie ein Stimmungsbericht Dellevilles im Jahre 1942 beweist: „Die Stimmung in der Ortsgruppe lässt zu wünschen übrig, und dies durch die Englisch/Amerikanische Propaganda, denn 2/3 denkt noch an den Englischen Sieg. Zum andern wollen die Bürger mit V.D.B. nichts zu tun haben, wogegen sie gegen D.A.F. nichts einzuwenden haben, weil da Sachen sind, die gerecht für sie erscheinen, und auch nicht viel von dem Beitrag D.A.F. sprechen, aber V.D.B. das ist Gift für die meisten."[155] Delleville war aber nur zum Teil der hilfsbereite Ortsobmann von der Arbeitsfront, denn sein Übereifer kam nicht immer gut an. Im Januar 1941 hatte seine Begeisterung für die Neuordnung bereits einen kleinen Dämpfer bekommen. Der Ortsobmann verstand nicht, dass die meisten Kopstaler Bürger sein Engagement für die DAF nicht teilten. So beschwerte sich Delleville beim Escher Kreisobmann Grohé, dass er nur mit zwei Getreuen

154 Bericht des Ortsobmanns Delleville vom 10.6.1941, in: Archives OGBL (Mappe „Geschäftsführung 52/16 Kopstal"). Siehe die Berichte vom 26.5., 22.7. und vom 13.10.1941 sowie vom 16.1.1942.

155 Stimmungsbericht des Ortsobmanns Delleville vom 31.1.1942, in: Archives OGBL (Mappe „Geschäftsführung 52/16 Kopstal").

die ganze Ortswaltung am Leben halte, während die allermeisten Einwohner fernblieben. Delleville meinte, es wäre besser, „wenn es obligatorisch sei bei der D.A.F., dann wäre der ganze Hass vorbei ...“. Delleville hoffte, dass sich bei der Führung der christlichen Gewerkschaft noch motivierte Mitarbeiter rekrutieren ließen, da diese „ja auch eingereiht werden in die D.A.F.“[156] Der Ortsobmann von Kopstal war kein Einzelfall, denn woanders setzten sich die lokalen DAF-Funktionäre ebenfalls für ihre Mitbürger ein, wobei aber Kollaborateure und Reichsdeutsche oft ganz besonders begünstigt wurden. In Düdelingen etwa bemühte sich der Ortsobmann, über den Kreisobmann einem Mitarbeiter einen Pförtnerposten beim ARBED-Werk zu verschaffen.[157]

Welch unterschiedliche Motive Luxemburger dazu bewegt haben, sich als Obmann zur Verfügung zu stellen, und wie sie ihre Aufgabe erfüllt haben, lässt sich an den folgenden Beispielen nachvollziehen. Der Maschinenschlosser Chrétien Rob war bereits im Juli 1940 der VdB beigetreten (Nr. 1203), da er nicht „abseits“ stehen wollte. Sein Bruder war Ortsgruppenleiter in Beles, machte ihn dort zum DAF-Zellenleiter und überredete ihn später zum Eintritt in die NSDAP. Auf dem Werk „Terres Rouges“, wo er lange Jahre gearbeitet hatte und nie aufgefallen war, gingen die Kollegen zunehmend auf Distanz zu Rob. 1942 wechselte er zur Eisenbahn, wo er sich aus Gesundheitsgründen eine leichtere Tätigkeit erhoffte. Dies dürfte auch die tiefere Motivation für den Beitritt in VdB und DAF gewesen sein. Als Ortsobmann in Beles führte er anschließend ein regelrechtes Schreckensregime.[158]

Bei dem 34-jährigen Adolphe Klepper, der seit dem Alter von 16 Jahren beim ARBED-Unternehmen arbeitete, waren es materielle und familiäre Gründe, die ihn zur Kollaboration motivierten. Nach seiner Rückkehr aus der Evakuation im August 1940 fand er sein Haus ausgeplündert vor: Aus materieller Not meldete sich der dreifache Familienvater beim Winterhilfswerk, um dringend notwendige Kleidung und Lebensmittel zu erhalten. Der Vertreter der NSV machte weitere Hilfen von einem VdB-Beitritt abhängig. Um dem Sohn den weiteren Schulbesuch zu ermöglichen, nahm Klepper den Posten des stellvertretenden Ortsobmanns an, eine für ihn unpolitische Tätigkeit, da er 1940 nach eigenen Aussagen in der DAF eine begrüßenswerte Einrichtung gesehen hatte.[159]

---

156 Schreiben des Ortsobmanns Delleville vom 10.1.1941, in: Archives OGBL (Mappe „Geschäftsführung 52/16 Kopstal“).

157 Vgl. Schreiben des Ortsobmanns von Düdelingen Brill vom 26.9.1942 betr. Auszeichnung alter Gefolgschaftsmitglieder, in: Archives OGBL (Mappe „Düdelingen“).

158 ANLux AP 2780 Chrétien Rob. Rob wurde 1945 in Luxemburg u.a. zu zehn Jahren Zuchthaus verurteilt.

159 ANLux AP 4984 Adolphe Klepper. Klepper war in seiner Ortsgruppe Hellingen nicht besonders aufgefallen und stellte sich 1944 freiwillig den Luxemburger Behörden. Klepper, der stets nur die Anweisungen des Ortsgruppenleiters ausführte, wurde 1945 zu acht Jahren Zuchthaus verurteilt. 1946 wurde die Strafe durch Begnadigung auf vier Jahre herabgesetzt.

Der 1904 in Esch geborene Jean-Pierre Dichter war ein in der DAF-Hierarchie eher unbedeutender Funktionär, der sowohl in seiner Escher Ortsgruppe „Auf der Acht“ als auch auf dem ARBED-Werk Belval-Rothe Erde Posten übernommen hatte. Dichter, von Beruf Hochofenschmelzer, war der VdB erst Ende 1940 beigetreten, was die entsprechende Mitgliedsnummer zeigt (Anwärter Nr. 9.945 und Mitglied Nr. 30.888), und bis dato politisch nicht aufgefallen. Er gehörte damit nicht unbedingt zu den Kollaborateuren der ersten Stunde. Nach seiner Verhaftung im September 1944 gab er bei der Gendarmerie zu Protokoll, dass er „wie fast alle meine Arbeitskameraden“ der VdB beigetreten war, als die Anmeldeformulare auf der Arbeit „in allen Abteilungen zur Verteilung“ gekommen waren. Wahrscheinlich trat Dichter aus Opportunismus dann der Deutschen Arbeitsfront bei, wo er zuerst den Posten eines Blockobmanns übernahm, bevor er 1944 zum Zellenobmann avancierte. Seine Funktionen im Werk sah der Familienvater eher unpolitisch, nämlich als eine Art „Verbindung zwischen Arbeitern und der Betriebsleitung“; aber er sah sich nicht primär als Funktionär einer nationalsozialistischen Organisation, sondern in erster Linie als Fürsprecher seiner Kollegen: „Ich hatte nur die Forderungen der Arbeiter vorzubringen.“[160] Besonders engagiert war Dichter in der DAF-Organisation seiner Ortsgruppe „Auf der Acht“. Diese war seit November 1940 im Aufbau und hatte im Dezember mit den Schulungen der künftigen DAF-Amtswalter begonnen. Dichter gehörte nun zu den Männern der ersten Stunde, die ab Januar 1941 mit der Aufnahmeaktion der DAF beginnen sollten. Tatsächlich erledigte Dichter seine Tätigkeit in der Ortsgruppe mit Sorgfalt und großer Begeisterung. Die Entlassung eines französischen Arbeiters wurde nach Intervention der DAF beim Arbeitsamt rückgängig gemacht und der Mann konnte wieder auf Belval sein Brot verdienen. Wo es Probleme mit Krankenscheinen gab, war die DAF zur Stelle. Der eifrige Ortsobmann scheute sich nicht, sich mit lokalen Arbeitgebern anzulegen. Ein Schreinermeister wurde etwa dazu gebracht, die Feiertagszuschläge zu zahlen und andere Unregelmäßigkeiten einzustellen. Ein Vorgesetzter der Trambahnbetriebe wurde von der DAF gemaßregelt, weil er sich seinen Untergebenen gegenüber unkameradschaftlich verhalten habe. Uneinsichtige Betriebsführer wurden zur DAF-Dienststelle gerufen, um den Forderungen den entsprechenden Nachdruck zu verleihen. Woanders wurde vorgeschlagen, die Arbeitsbedingungen durch das Einrichten von Waschgelegenheiten, Aufstellen von Schränken und Neustreichen von Räumen zu verbessern.[161] Als Ortsobmann

160 Vgl. Bericht der Gendarmerie Esch vom 7.10.1944 und Ersterscheinungsprotokoll vom 8.11.1944, in: ANLux AP Jean-Pierre Dichter. Natürlich hatte Dichter kurz nach seiner Festnahme Interesse daran, seine Rolle herabzuspielen, aber offenbar war er in den Augen der Justiz ein kleiner Fisch, der schließlich mit einer Gefängnisstrafe von drei Jahren davonkam.

161 Tätigkeitsbericht von Ortsobmann Dichter an Kreisobmann Grohé vom 30.5.1941 über die Zeit vom 10.11.1940 bis 25.5.1941, in: ANLux AP Jean-Pierre Dichter.

sah sich Dichter eher in der Rolle des Vermittlers, Schlichters und Helfers. Er griff in Streitigkeiten zwischen Arbeitgebern und Personal ein: Als ein Schreinermeister seinen Hilfsarbeiter unter Tarif bezahlte, setzte Dichter die Zahlung des Tariflohns durch. Durch die Intervention der DAF erhielt ein Trambahn-Elektriker die ihm zustehende Bezahlung, die Lehrlinge eines Bäckermeisters die Nachzahlung der laut der deutschen Lohnverordnung geltenden Lehrlingsentschädigung. Es fällt auf, dass die örtliche Stelle der Arbeitsfront nicht nur regelmäßige Kontrollen in den Betrieben machte und sich um Arbeitsstreitigkeiten kümmerte, sondern den Menschen in Alltagsfragen zur Seite stand; hier half man einem frisch verheirateten DAF-Mitglied weiter, als es um die Beantragung der DAF-Heiratsbeihilfe ging, dort nahm man Kontakt mit Hausverwaltern auf und beanstandete schlechte Wohnverhältnisse.[162]

Das Engagement der DAF-Funktionäre für die kleinen Leute und einfachen Arbeiter erinnerte in vielem an den Einsatz, den die Gewerkschaften vor dem Krieg an den Tag gelegt hatten. Das selbstsichere Auftreten von Männern wie Dichter trug in der Ortsgruppe in einer ersten Phase zweifellos zur Akzeptanz der neuen Sozialordnung der Nationalsozialisten bei. Bis Februar 1941 – also in knapp vier Wochen – hatte die Ortsgruppe 320 Aufnahmeerklärungen eingesammelt, fast 80 Prozent der Kleinbetriebe waren in der DAF, die meisten Zellen- und Blockobmänner erschienen regelmäßig zu den Dienstbesprechungen, sodass Dichter erfreut über die „rege Tätigkeit“ und den „größte[n] Kameradschaftsgeist“ berichten konnte. Eine Propagandabroschüre aus der Feder von Robert Ley unter dem vielversprechenden Titel „Vom Proleten zum Herrn“ war weggegangen wie warme Semmeln, die Menschen spendeten fleißig für das Winterhilfswerk und kauften brav Eintrittskarten für die KdF-Veranstaltungen. Bis Mai 1941 stieg die Zahl der DAF-Mitglieder auf 380, im Juli gar auf 440.

Doch der schöne Schein trügt. Im Juli 1941 musste Dichter an Kreisobmann Grohé erste Probleme melden. Es gab einzelne Mitglieder, denen der Beitrag zur DAF zu hoch war und die nicht zahlen wollten, andere verweigerten den Beitritt ganz. Wer schließlich nicht spurte, wurde bei der Kreiswaltung denunziert und bekam es mit den lokalen DAF-Bonzen zu tun.[163] Schnell merkten die Menschen, dass die Unterstützung der DAF alles andere als selbstlos war; dies bekam ein Fuhrknecht zu spüren, der zunächst dank des Einschreitens der DAF eine Lohnerhöhung erhalten hatte, es aber nicht unterlassen konnte, „das Deutschtum und auch die DAF anzugreifen.“ Es kam schließlich sogar zu Handgreiflichkeiten und der

162 Schreiben der Kreissachwaltung vom 7.11.1941 an DAF-Ortsobmann Dichter betr. Frau Faber-Blum, Tätigkeitsberichte von Ortsobmann Dichter an Kreisobmann Grohé vom 8.7.1941 über die Zeit vom 25.5. bis 25.6.1941 und vom 30.7.1941 über die Zeit vom 25.6. bis 25.7.1941, in: ANLux AP Jean-Pierre Dichter.

163 Vgl. Schreiben von Ortsobmann Dichter vom 22.9.1941 an Kreisobmann Grohé, in: ANLux AP Jean-Pierre Dichter. Drei Mitglieder weigerten sich, den festgesetzten DAF-Beitrag zu zahlen und wurden deshalb von der Ortswaltung vorgeladen.

Mann bezahlte seine Uneinsichtigkeit mit der Entlassung. Im März 1941 erstellte die Ortswaltung eine erste Liste der Verweigerer, die an den Kreisobmann weitergeleitet wurde. Arbeitgeber und Vorgesetzte wurden zur DAF-Dienststelle zitiert und aufgefordert „unfaires Benehmen gegenüber Zellen- und Blockobmänner [sic] aufzugeben." Im August beschwerte sich Dichter über ein Escher Unternehmen, das bestimmte Kunden „systematisch" vernachlässige, weil der Betriebsführer nur „wenig Verständnis für [die] Volksgemeinschaft" habe.[164] Ab Mai begann die DAF immer mehr, ihr wahres Gesicht zu zeigen und Grohé forderte den Escher Ortsobmann vertraulich auf, seine persönliche Meinung über die Betriebsführer seiner Ortsgruppe schriftlich festzuhalten und mitzuteilen, wie sich deren soziale Einstellung, vor allem aber ihre politische Haltung in den vorangegangenen Monaten entwickelt habe.[165]

Die Deutsche Arbeitsfront verlor innerhalb weniger Wochen das Vertrauen, das manche in die Organisation gesetzt hatten. Die soziale Arbeit, mit der begeisterte DAF-Funktionäre wie Jean-Pierre Dichter die Menschen noch in den ersten Monaten beeindrucken konnten, trat immer mehr in den Hintergrund und machte politischer Propaganda und Kontrolle Platz. Statt begeisterten Erfolgsberichten lieferte Dichter nun für Grohé deprimierende Stimmungsbilder.[166] Menschen, die den Hitlergruß eines DAF-Funktionärs mit dem traditionellen „Moien" beantworteten, wurden zur Rede gestellt und mussten Verwarnungen, zum Teil von Kreisobmann Grohé persönlich, über sich ergehen lassen. Bei deutschfeindlichen Geschäften erwog die DAF-Ortswaltung harte wirtschaftliche Maßnahmen, von Zuteilungsbeschränkungen bis hin zur kompletten Schließung. Die Ortswaltung der Deutschen Arbeitsfront war nun zu einem lokalen Repressionsinstrument des Regimes

---

164 Schreiben von Ortsobmann Dichter vom 8.8.1941 an Kreisobmann Grohé betr. Beschwerde gegen die Firma Poggi, in: ANLux AP Jean-Pierre Dichter.

165 Schreiben von Kreisobmann Grohé vom 6.5.1941 an Ortsobmann Nik. Dichter, in: ANLux AP Jean-Pierre Dichter.

166 Schreiben der Ortswaltung II vom 19.1.1942 an die Kreiswaltung der DAF betr. Einstellung zum Deutschtum, in: ANLux AP Jean-Pierre Dichter. Dichter stellte fest, dass die Menschen sich äußerst zurückhaltend in politischen Dingen verhielten, gegenüber dem „Deutschtum" verhielt man sich allgemein „noch sehr vorsichtig", aber nur Einzelne bekannten sich in der Öffentlichkeit als deutschfeindlich, Kritik wurde – wenn überhaupt – sehr diskret formuliert. Das VdB-Abzeichen wurde von den Betriebsführern und Ingenieuren zwar regelmäßig im Betrieb, aber nur selten in der Öffentlichkeit getragen. Die Pelz- und Wollsammlung für die Ostfront im Winter 1941/42 hatte zwar auf den ersten Blick günstige Ergebnisse gebracht, aber – so musste Dichter einräumen – die Mehrheit habe nur „aus Furcht vor Maßnahmen" reichlich gespendet. In der Zwischenzeit war die Bevölkerung in der Ortsgruppe „Auf der Acht" tief gespalten. Auf der einen Seite befanden sich die deutschfeindlichen Luxemburger, die mit Bedacht deutschfeindliche Gaststätten und Geschäfte aufsuchten, während die deutschfreundlichen Luxemburger die Geschäfte mieden, die spärlich oder gar nicht geflaggt hatten.

geworden, dessen Methoden sich kaum noch von denen der Ortsgruppenleitungen unterschieden. Der begeisterte und hilfsbereite Kollaborateur Dichter war im Jahre 1940/41 einer der vielen kleinen Totengräber der Gewerkschaften, kurze Zeit später war er genauso einer der vielen Handlanger des Regimes.[167]

Die in einer weiteren Nachkriegsstrafakte erhaltenen Beweisstücke belegen, mit welchen Mitteln die Deutsche Arbeitsfront ihre Macht in den Ortsgruppen und den Betrieben zu etablieren und zu stabilisieren versuchte. Alfred Metz (*1900) stammte aus bürgerlichen Verhältnissen, brach nach drei Jahren das Gymnasium ab, um eine Schlosserlehre zu beginnen. Als junger Mann arbeitete Metz bei ARBED-Schifflingen, lebte dann einige Jahre in Deutschland, bevor er wegen Arbeitslosigkeit mit seiner deutschen Ehefrau nach Esch kam, wo er zuerst auf der Hütte, dann bei den interkommunalen Straßenbahnen eine Anstellung fand. Hier arbeitete er sich vom Straßenbahnfahrer zum Kontrolleur hoch. Seine Vorgesetzten beschrieben ihn als tüchtigen, dienstbeflissenen Beamten, auf den man sich verlassen konnte und der uneingeschränkt als guter Luxemburger galt.[168] Seit seinem 18. Lebensjahr war Metz gewerkschaftlich organisiert, zunächst im LBMIAV, dann im Landesverband der Eisenbahner, bezeichnete sich selbst aber als politisch uninteressiert. Bereits im August 1940 trat der Straßenbahner der VdB bei (Mitglied Nr. 2148). Im November desselben Jahres wurde er DAF-Ortsobmann in der Ortsgruppe Tetingen-Kayl. Drei Faktoren spielten hier eine Rolle: Metz kam erstens aus dem Gewerkschaftsmilieu und war beeindruckt von den sozialpolitischen Leistungen des NS-Regimes. Zweitens hatte er sich vor dem Krieg öfters in Deutschland aufgehalten; dort sah er die gehobenen Lebensverhältnisse der Arbeiter, die sich nach seiner Auffassung von den Luxemburger Verhältnissen unterschieden, wo die Gewerkschaften solche erst anstrebten. Drittens fällt die politische Desillusionierung des Trambahnmitarbeiters auf, der sich 1940 in einem Schreiben an den Kreisleiter über die Regierung Bech-Dupong beklagte, die viel versprochen, aber nur wenig gehalten habe.[169]

---

167 Im Zuge seiner Tätigkeit im Werk Belval hat sich Dichter später deutlich stärker zurückgehalten; allerdings denunzierte er 1943 einen Arbeiter in einem Schreiben, das an Kreisobmann Grohé und Betriebsobmann Palmer gerichtet war. Der Arbeiter habe sich ohne Erlaubnis vom Arbeitsplatz entfernt und Lügen aufgetischt. Der „Bummelant“ solle nun „seine gerechte Strafe“ bekommen: „3 Monate einsperren ist nicht zu stark, weil Frau und Kinder müssen sowie so [sic] Hunger leiden.“ Vgl. Schreiben Dichters vom 4.5.1943 an Kreisobmann Grohé und Betriebsobmann Palmer betr. Bummelant Vernet Franz, in: ANLux AP Jean-Pierre Dichter.

168 Vgl. Strafakte von Alfred Metz, ANLUX AP 3014. Vgl. Schreiben des Syndicat des Tramways Intercommunaux dans le canton d'Esch (TICE) vom 14.12.1949 mit eidesstattlicher Erklärung des Betriebschefs und des kaufmännischen Dienstchefs.

169 Die TICE sei „das politische Sprungbrett der Parteien im Süden des Landes gewesen“, so Metz, vgl. Schreiben des „Ortsgruppenführers Metz vom 29.8.1940 an Kreisleiter Schmitt, in: ANLux AP 3014 Alfred Metz (Mappe „Instruction“).

Die Rolle als Ortsobmann der DAF interpretierte Alfred Metz nach seiner Verhaftung im Jahre 1949 als die eines Gewerkschaftsfunktionärs, der sich für seine Arbeitskollegen einsetzen wollte: „Das mir übertragene Amt (Ortsobmann) habe ich ohne Rücksicht auf politische Motive so ausgeführt, wie ich es als geschulter Gewerkschaftler gewohnt war." Später wurde Metz auch noch Betriebsobmann beim TICE. An der Rekrutierung der Straßenbahner in die Arbeitsfront wollte Metz nicht beteiligt gewesen sein und die Übernahme der Mitglieder des Landesverbands der Luxemburger Eisenbahner in die DAF sei automatisch ohne sein Zutun erfolgt. Als Betriebsobmann habe sich Metz in erster Linie für die Kollegen eingesetzt, so habe er Entlassungen verhindern wollen.[170] Diese Aussagen sind indes mit Vorsicht zu bewerten, denn in Wahrheit beteiligte sich Metz 1940 aktiv an der Zerschlagung seiner alten Gewerkschaft; so half er tatkräftig den Deutschen beim Abtransport der LBMIAV-Gewerkschaftsbibliothek und wurde in der Folge ein überzeugter Mitarbeiter des Regimes, u.a. als Ortsgruppenleiter beziehungsweise stellvertretender Ortsgruppenleiter der VdB in Kayl und Tetingen.[171]

Vor allem fiel Metz als Orts- und Betriebsobmann der DAF auf, der zum Escher Kreisobmann in einem Duz-Verhältnis stand und diesem in zahlreichen Fällen Informationen über Kollegen aus dem Betrieb oder Mitbürger aus der Ortsgruppe lieferte. In letzterer betrieb Metz als Obmann eine Politik von Zuckerbrot und Peitsche. Einerseits empfahl er der Kreisleitung eine bessere Versorgung der Bevölkerung seiner Ortsgruppe mit Obst und Frühgemüse sowie Sonderrationen von Zucker für die werktätige Bevölkerung, andererseits ging er rücksichtslos mit politischen Gegnern um. Im Juni 1941 beispielsweise denunzierte Metz einen Arbeiter aus der Tetinger Schuhfabrik bei Grohé, der im Betrieb über das VdB-Abzeichen gespottet und den Führergruß nachgeäfft hatte. Grohé gab den Fall an die Escher Kreisleitung weiter, mit der Bitte, „das weitere zu veranlassen".[172] Seine Stellung in der Arbeitsfront nutzte Metz, um gegen einen Friseur vorzugehen, der eine „sture

170 Vgl. Bericht des Service de la Sûreté publique vom 6.4.1949 an die Staatsanwaltschaft Luxemburg, in: ANLux AP 3014 Alfred Metz.

171 Vgl. Öffentliche Sitzung vom 11.1.1950 gegen Metz Moritz-Alfred, in: ANLux AP 3014 Alfred Metz. Alfred Metz meldete sich freiwillig zur Wehrmacht, wo er als Dolmetscher in einem Kriegsgefangenenlager eingesetzt wurde. Ab 1944 wurde er außerdem als V-Mann bei der Gestapo geführt. 1945 kam Metz in US-Kriegsgefangenschaft, wurde aber bald wieder entlassen. Er ließ sich mit seiner Familie in Düsseldorf nieder und wurde auf Antrag der Luxemburger Behörden 1949 von den englischen Militärbehörden nach Luxemburg ausgeliefert. Zusammen mit anderen Aktivisten aus seiner alten VdB-Ortsgruppe wurde Metz der Prozess gemacht, vgl. „Das Urteil in der Angelegenheit der Mitglieder der Ortsgruppe Kayl-Tetingen", in: ETB Nr. 10 (12.1.1950).

172 Monatsbericht der DAF-Ortsgruppe Kayl-Tetingen vom 28.6.1941 für den Monat Juni 1941 und Meldung vom 21.6.1941 an Kreisobmann Grohé und Schreiben von Kreisobmann Grohé vom 23.6.1941 an die NSDAP-Kreisleitung, in: AP 3014 Alfred Metz (Mappe „Pièces").

deutschfeindliche Haltung" an den Tag gelegt und den Beitritt zur VdB verweigert hatte. Im Friseurgeschäft seien im Februar 1941 Gespräche geführt worden, „die sich mit ihrem Endzweck gegen die Deutsche Arbeitsfront richten", so Metz. Als sich trotz Verwarnungen die Haltung des Handwerksmeisters nicht besserte, griff Metz in die Trickkiste des Regimes. Um den Druck zu erhöhen, schlug der Ortsobmann-Ortsgruppenleiter dem Kreisleiter die Sperrung der Seifenzuteilung vor. Der Fall kam vor das Distriktsehrengericht der VdB, das den Friseur als Anwärter ablehnte und weitere wirtschaftliche Sanktionen vorschlug. Im Mai 1942 schließlich wurde das Geschäft geschlossen und die Handwerkskarte eingezogen.[173] Alfred Metz war auch an den Intrigen gegen die Kayler Industriellenfamilie Massard beteiligt. Die DAF-Ortswaltung ging ähnlich radikal gegen Arbeiter vor und denunzierte im April 1941 einen Eisenerzschlepper, der eine Auseinandersetzung mit dem VdB-Blockleiter hatte. Die Ortswaltung empfahl dem Kreisobmann, „diesen Mann unbedingt aus dem Betrieb zu entfernen."[174]

Nicht anders als in seiner Ortsgruppe handelte Metz in seinem Betrieb, wo er die DAF-Betriebsorganisation aufbaute. Kollegen zwang er zur Übernahme von Posten in der DAF. Wer sich weigerte, wurde mit Entlassung, Dienstverpflichtung oder sogar Konzentrationslager bedroht oder aber in der Folge von Ortsgruppenleiter Metz schikaniert. Andere Kollegen meldete der Betriebsobmann gegen ihren Willen zu DAF-Lehrgängen an, die 1941 im Altgau stattfanden.[175] Ebenfalls 1941, knapp einen Monat nach Einführung der Arbeitsfront, meldete er seinem Kreisobmann den TICE-Schaffner Jean Polfer aus Tetingen, der den Beitritt in die VdB wie in die DAF verweigerte. Polfer grüßte die Luxemburger in Gegenwart deutscher Polizisten mit „Bonsoir", der Sohn fertigte Anstecknadeln aus Münzen mit dem Porträt der Großherzogin. Grohé handelte umgehend und bat den Betriebsführer der interkommunalen Trambahnen um „Maßnahmen (...), die Polfer eines andern belehren." Polfer sollte aus dem Schaffnerdienst entfernt und als Rottenarbeiter eingesetzt werden. Für den weiteren Verlauf ordnete Grohé an, der Betriebsführer möge sich mit dem Betriebsobmann absprechen.[176] Im Falle des Straßenbahnfahrers Joseph Pixius erteilte der Betriebsobmann eine Bewährungsfrist von sechs Monaten. Innerhalb dieser Frist solle sich dessen politische Haltung ändern,

---

173 Abschriften aus den Akten des Distriktsehrengerichts der VdB Esch, in: ANLux AP 3014 Alfred Metz (Mappe „Pièces").

174 Schreiben von Ortsobmann Metz vom 21.4.1941 an Kreisobmann Grohé, in: ANLux AP 3014 Alfred Metz (Mappe „Pièces").

175 Aussagen von Emile Schlesser vom 24.6.1946 und von Mathias Flammang vom 3.8.1945 und Anmeldungen von Mitarbeitern aus dem Betrieb der Interkommunalen Trambahnen für Lehrgänge in Traben-Trarbach (April bis Juli 1941), in: ANLux AP 3014 Alfred Metz (Mappe „Pièces").

176 Schreiben der VdB-Ortsgruppe Kayl-Tetingen vom 6.2.1941 an den Kreisobmann der DAF und Schreiben der Kreiswaltung vom 6.2.1941 an den Betriebsführer der Interkommunalen Trambahnen in Esch betr. Polfer Johann, Schaffner, in: ANLux AP 3014 Alfred Metz (Mappe „Pièces").

ansonsten müsse mit einer Entlassung gerechnet werden. Insgesamt zwanzig Mitarbeiter des TICE erhielten solche Bewährungsfristen, einer musste seine Verweigerungshaltung mit Entlassung bezahlen.[177] Wer sich dagegen konform verhielt, sein Haus vorschriftsmäßig beflaggte und seine Kinder in die Luxemburger Volksjugend schickte, hatte entsprechende Aussichten auf kleine Vergünstigungen, die gerade in Kriegszeiten wichtig wurden. Wer beispielsweise bei der Verteilung von Arbeitsschuhen berücksichtigt werden wollte, musste sich bei Betriebsobmann Metz melden.[178]

Eine deutsche Ehefrau, die Bewunderung für die sozialpolitischen Errungenschaften Hitler-Deutschlands, wahrscheinlich eine gewisse Portion Machtbesessenheit dürften Metz' Motive gewesen sein, um sich in den Dienst von VdB und DAF in Luxemburg zu stellen. Gerade in der Aufbauphase der Deutschen Arbeitsfront häuften sich in der Ortsgruppe Kayl-Tetingen die Denunziationen und andere Zwischenfälle. Um den Machtanspruch von DAF und VdB gleichermaßen durchzusetzen, setzten die politischen Leiter schnell auf repressive Maßnahmen, wenn sich Widerstand regte. Diese Feststellung lässt sich problemlos auf andere Ortsgruppen übertragen. Die Fallbeispiele Dichter und Metz zeigen, wie gezielt die Deutsche Arbeitsfront im Luxemburger Gewerkschaftsmilieu rekrutierte und welche politische Position die DAF in den Betrieben und Ortsgruppen einzunehmen wünschte. Meistens spielte die DAF nur für kurze Zeit die Rolle eines Akteurs, der sich für die Arbeiter und Angestellten in Lohn-, Ernährungs- und anderen Lebenslagen einsetzte. Als die haupt- und ehrenamtlichen Funktionäre, ob Luxemburger oder Reichsdeutsche, merkten, dass die große Mehrheit der Bevölkerung ihnen diese Rolle nicht wirklich abnahm und in ihr nur die Repräsentanten eines unerwünschten politischen Regimes sah, begann die Phase der Angsteinflößung und des politischen Drucks. Doppelfunktionen, wie sie ein Alfred Metz im Süden des Landes innehatte, schufen lokale Machtzentren, auf denen Kreisleitung und Kreiswaltung aufbauten.

5.3. Die betriebliche Organisation der DAF

Nach einem ähnlichen Muster wie die Ortswaltungen wurden ab 1940/41 die Betriebe organisiert. Grundlage der innerbetrieblichen Organisation der DAF war das nach streng hierarchischen Gesichtspunkten gestaffelte Block- und Zellensystem. An der Spitze der Zellen und Blöcke standen Zellen- beziehungsweise Blockobmänner, die in der Regel aus den Reihen der VdB- und NSDAP-Mitglieder kamen. An ihrer Spitze stand der Betriebsobmann, der im Prinzip mit dem

177 Schreiben des Betriebsführers und des Betriebsobmanns vom 16.10.1941 an Fahrer Josef Pixius, Tetingen und Schreiben der Personalvertretung des TICE vom 24.6.1946 an die Gendarmerie Kayl, in: ANLux AP 3014 Alfred Metz (Mappe „Pièces").

178 Mitteilung des Betriebsobmanns der Interkommunalen Trambahnen im Kanton Esch vom 23.4.1941, in: ANLux AP 3014 Alfred Metz (Mappe „Pièces").

Betriebsführer einvernehmlich kooperieren sollte. Seine Befugnisse umfassten soziale, weltanschauliche und politische Fragen. In großen Betrieben, wie ARBED-Schifflingen hatte der Betriebsobmann eine Reihe von Mitarbeitern, die mehr oder weniger fantasievolle Titel und Tätigkeitsfelder hatten und wiederum ihre eigenen Helfer rekrutierten: Arbeitsschutzwalter (mit den Unfallvertrauensmännern), Frauenwalterin (als Führerin der Werkfrauengruppe), Jugendwalter und Jugendwalterin, Berufswalter, KdF-Wart (der Assistenten für die Pflege des Sports, die Feierabendgestaltung, Reiseprogramme, „Schönheit der Arbeit" im Betriebe usw. haben konnte), Gesundheitswalter, Propagandawalter (gleichzeitig auch Funkwalter und Pressewalter seines Betriebes) usw. Sämtliche Walter und Warte standen unter der Führung des Betriebsobmanns und waren für die „soziale Betreuung und die Erhaltung des Arbeitsfriedens" verantwortlich, so die offizielle Umschreibung. Konkret bedeutete Letzteres, dass sie die Arbeitnehmer überwachen und disziplinieren sollten. Daneben hatten sie im nationalsozialistischen Sinne Führungs- und Erziehungsaufgaben. Gegen Ende des Krieges sollten sie dafür Sorge tragen, dass die Rüstungsarbeiter trotz aller Widrigkeiten volle Leistung brachten. Theoretisch bildeten diese Betriebsfunktionäre die sogenannten Werkscharen beziehungsweise die Werkfrauengruppe. Die Werkschar war eine Art „politischer Stoßtrupp" der Partei in den Betrieben und bildete innerhalb eines Betriebes die Speerspitze eines ausgeklügelten Bespitzelungs- und Repressionssystems.[179]

Bei der Berufung sämtlicher DAF-Mitarbeiter gab der DAF-Ortsobmann zusammen mit dem NSDAP-Ortsgruppenleiter den Ausschlag, allerdings waren die Parteifunktionäre den Betriebsobmännern „disziplinarisch übergeordnet", so sah es der Stellenplan der DAF-Gauwaltung zumindest vor. Die Ortsgruppenleiter nahmen die formelle Ernennung der Funktionäre vor. Die Stellung der Betriebsleiter in diesem System war nur vage formuliert; auf dem Papier waren Kreisleiter und Kreisobmann im Prinzip dazu verpflichtet, mit den Betriebsführern lediglich Rücksprache zu halten.[180] Ob ein Unternehmer oder ein Werksleiter hier wirklich Einfluss nehmen beziehungsweise einen Kandidaten ganz ablehnen konnte, ist fraglich, aber dennoch nicht ganz auszuschließen. Es sind Fälle bekannt, in denen Arbeiter, die auf den Posten eines Betriebsobmanns kamen, darin von ihren Kollegen, aber auch von ihrem Vorgesetzten unterstützt wurden.

Über Besetzungspraxis und Probleme in den Werkgruppen geben vereinzelt erhaltene, interne Berichte Auskunft. So ist der Aufbau eines Amtswalter-Netzes für einzelne ARBED-Abteilungen relativ gut dokumentiert, wie zum Beispiel für Schifflingen oder die Direktion, die sich in Luxemburg befand. In Schifflingen

179 „Die fachliche Gliederung der Deutschen Arbeitsfront", in: LW Nr. 46/47 (15./16.2.1941) und P.R., Betriebliche Mannschaftsführung im totalen Kriegseinsatz, in: LW Nr. 241 (28.8.1944). Vgl. Schmitz-Berning, Vokabular des Nationalsozialismus, S. 693f.

180 „Die betriebliche Organisation der DAF. Das Block- und Zellensystem ist das Rückgrat der DAF-Organisation im Betrieb", in: ETB Nr. 41 (18.2.1941).

zählte die Betriebsorganisation knapp hundert Personen. Über die Hälfte (53) waren Block- oder Zellenobmänner, die dem Betriebsobmann beziehungsweise dessen Stellvertretern untergeordnet waren. Die 15 Funktionärinnen waren in dieser Männerwelt deutlich unterrepräsentiert. Die Wichtigkeit, die man in der DAF der Freizeit- und Sportpolitik beimaß, lässt sich an der relativ hohen Zahl der KdF-Funktionäre feststellen. Von den dreizehn KdF-Warten waren acht für die Organisation von Sportveranstaltungen zuständig.[181]

Der überlieferte Besetzungsplan der DAF-Betriebsorganisation der ARBED-Zentralverwaltung erlaubt zum Beispiel Rückschlüsse auf die Personen, die 1941 als Amtswalter eingesetzt worden waren.[182] Die wichtigen Positionen wurden erwartungsgemäß von überzeugten Nationalsozialisten und Kollaborateuren übernommen. Betriebsobmann war Otto Kanis, ein Reichsdeutscher, der gleichzeitig Haupt-Betriebsobmann aller ARBED-Werke war.[183] Dessen Stellvertreter war der Luxemburger Paul Wagner, der gleichzeitig als Zellenobmann bei der COLUMETA geführt wurde. Wagner (Jahrgang 1903) arbeitete dem SD und der Gestapo zu. Unter den Kollegen galt er als besonders gefährlich, da seine Kontakte zum Einsatzkommando ein offenes Geheimnis waren.[184] Der Luxemburger Paul Weinstein, der in der Zentralverwaltung als Pförtner arbeitete, wurde Sportwart in der Zentralverwaltung, vorher war er schon im Werk Dommeldingen bekannt geworden, weil er dort NS-Propaganda betrieben hatte.[185] Gleichzeitig hatten aber ganz unverdächtige Mitarbeiter andere Amtswalterposten übernommen: Direktor Alphonse Nickels (1881–1944), der vor dem Krieg eine Zeit lang Luxemburger Geschäftsträger

181 Vgl. Besetzungsplan der „Betriebsorganisation der DAF ARBED-Werk Schifflingen" (1943), in: ANLux AP 334-48 Konrad Olinger.

182 Die Betriebsorganisation der DAF bei der Zentral-ARBED und Columeta (1941), in: ANLux ARBED 21 („Zentralverwaltung: DAF. Allgemeines."). Zum Begriff „Amtswalter", siehe Schmitz-Berning, Vokabular des Nationalsozialismus, S. 30.

183 ANLux AP 3878 Othon Kanis. Otto Kanis (geb. 1887) stammte aus Deutschland. 1944 floh der ARBED-Hauptbetriebsobmann nach Deutschland. Über seinen weiteren Verbleib gibt es keine verlässlichen Informationen. Erstaunlicherweise enthält seine dünne AP-Akte kaum verwertbares Beweismaterial. 1953 wurde der Haftbefehl gegen Kanis aufgehoben und sein Fall ad acta gelegt.

184 ANLux AP 43 Paul Wagner. Vgl. Aussagen seiner Vorgesetzten und Kollegen. Für Generaldirektor Meyer war Wagner ein „Gestapospitzel". Um ihn kaltzustellen, wurde Wagner nach Stuttgart versetzt, vgl. Bericht des Öffentlichen Sicherheitsdienstes vom 18.5.1945 an den Innen- und Epurationsminister.

185 ANLux AP 7844 (W87) Paul Weinstein. Weinstein gab nach dem Krieg zu Protokoll, er sei der VdB beigetreten, da sich im ARBED-Gebäude die deutsche Zivilverwaltung niedergelassen hatte. Vgl. Beschuldigten-Verhör vom 13.8.1946. In der Ortsgruppe Dommeldingen wurde Weinstein Propagandaleiter. Im Juni oder Juli 1941 meldete er sich freiwillig zur Wehrmacht, um gegen den Bolschewismus zu kämpfen. In seiner Freizeit war Weinstein Leichtathlet, weshalb er den Posten des Sportwarts annahm.

in Berlin und Vorsitzender der liberalen Partei gewesen war, wurde Berufswalter. 1942 wurde Nickels entlassen und mit seiner Ehefrau umgesiedelt. Der Abteilungsleiter und Ingenieur Hippolyte Dussier war zuständig für Gesundheits- und Arbeitsschutz, während der Architekt Tony Biwer (1902–1971) die „Heimstätten" und „Schönheit der Arbeit" übernahm. Ein anderer ARBED-Architekt, Robert Grzonka (1903–1944), hatte sich bereit erklärt, den Blockobmannsposten in der Zentralverwaltung zu übernehmen, war aber alles andere als prodeutsch, da er später aktives Mitglied in einer Widerstandsorganisation wurde.[186]

Im Mai 1941 kamen die Amtswalter der Zentralverwaltung und der ARBED-Verkaufsgesellschaft COLUMETA ein erstes Mal unter dem Vorsitz von Betriebsobmann Kanis zusammen, der die Leitung übernahm und die Vorbildfunktion des ganzen ARBED-Personals unterstrich: „Wenn die ARBED schon früher tonangebend war, so ist sie jetzt noch mehr verpflichtet, vorbildlich vorzugehen." Es scheint, dass die ARBED-Zentralverwaltung bei den Nationalsozialisten „in politischer Beziehung (...) nicht den allerbesten Ruf" genoss. Kanis war zu Ohren gekommen, dass die Toilettenräume ein Ort politischer Diskussionen waren. Die Blockobmänner, so Kanis, sollten die Kollegen über die Notwendigkeit des Tragens des VdB-Abzeichens „aufklären", da es noch „einige Unentwegte und Unverbesserliche" gab, die nicht mit der Anstecknadel der Bewegung zum Dienst erschienen. Da sich im Gebäude der ARBED-Zentralverwaltung auch die wichtigsten Dienststellen der Zivilverwaltung niedergelassen hatten, stand der Betriebsobmann unter besonderem Druck, was Loyalitätsbekundungen beziehungsweise deren Gegenteil anbelangte. Deshalb, so Kanis, sollten alle mithelfen, „diesen Makel aus der Welt zu schaffen." Der Betriebsobmann musste erkennen, dass die Mehrheit der in der Zentralverwaltung tätigen Angestellten und Arbeiter der Aufforderung, NS-Insignien zu tragen, ohne innere Überzeugung nachkam; deshalb ermahnte Kanis die Amtswalter, neben dem VdB-Abzeichen noch die DAF-Nadel zu tragen und regte sich darüber auf, dass die Abzeichen nur im Dienst angesteckt und nach Feierabend gleich abgenommen wurden. Andere Themen kamen bei den Amtswaltersitzungen kaum zur Sprache, sieht man von Ermahnungen zur Pünktlichkeit und Politisierungsverboten einmal ab. Soziale Fragen, die 1941 anstanden, wurden an eine Gehälterkommission weitergegeben, sodass sich der DAF-Betriebsobmann in der Zentralverwaltung nicht profilieren konnte.[187] Dies erklärt, weshalb in der ARBED-Zentralverwaltung nach Juni 1941 keine Arbeitssitzungen der Amtswalter

186 Der Architekt Grzonka wurde 1943 verhaftet und kam nach Hinzert, wo er 1944 mit 22 weiteren Luxemburgern von der SS ermordet wurde. Camille Robert, Robert Grzonka 1903-1944, Esch-Alzette 2014 (Amis de l'Histoire de la Ville d'Esch-Alzette), online unter: https://ulhp.wordpress.com/2014/02/24/robert-gronzka/ (Abruf: 24.5.2018).

187 Sitzungsberichte der DAF-Betriebsorganisation Zentralarbed und Columeta vom 14.5.1941 und vom 23.6.1941, in: ANLux ARBED 21 („Zentralverwaltung: DAF. Allgemeines").

mehr stattfanden. Hinzu kam die Abneigung des Generaldirektors Aloyse Meyer gegen die politischen Manöver der Volksdeutschen Bewegung und der Deutschen Arbeitsfront. Meyer hatte kein Verständnis für die Vorgehensweise der DAF und war „gegen alles Hineintragen von politischen Angelegenheiten in die Betriebsgemeinschaft", meinte selbst ein deutscher Ex-Mitarbeiter nach dem Krieg. Meyer habe über die vermeintlichen sozialen Errungenschaften des Nationalsozialismus gelacht, die schon seit Jahrzehnten beim ARBED-Konzern Tradition waren. Betriebsobmann Kanis hatte in der Zentralverwaltung vom Luxemburger Direktorium keine wirkliche Unterstützung zu erwarten.[188]

Zur komplexen, hierarchisch aufgebauten DAF-Betriebsorganisation kamen in der zweiten Besatzungshälfte noch die sogenannten Werkscharen. Sie ähneln in Funktion und Zusammensetzung den politischen Leiterstaffeln, die Anfang 1944 überall im Reich aufgestellt wurden und die im Gebiet Luxemburg nach Schätzungen an die 300 Mitglieder hatten.[189] Die Werkscharen sollten Überwachungs- und Propagandafunktionen in den Betrieben ausüben und galten als nationalsozialistische Stoßtrupps der Deutschen Arbeitsfront.[190] In Deutschland bestanden sie seit den 1930er Jahren und wurden 1943 in Luxemburg aufgestellt. Man rekrutierte innerhalb der Betriebe die Männer und Frauen, die sich als „besonders aktive Nationalsozialisten" bewährt hatten und sich nach den DAF-Vorstellungen als Vorbilder eigneten. Die Werkscharmitglieder wurden deshalb im Rahmen

---

188 Zumindest lässt das Fehlen von Sitzungsberichten nach dem 23.6.1941 diesen Schluss zu. Als der Reichsbeauftragte Maximilian Bernhuber 1941 die ARBED verließ, bedankte er sich bei allen für die gute Zusammenarbeit „im Sinne des nationalsozialistischen Aufbaues", vor allem bei Kanis und der Generaldirektion, die ihm die Arbeit erleichtert hätten. („... durch die vorbildliche soziale Haltung der Betriebsführung und die verständnisvolle Mitarbeit des Betriebsobmanns"), in: Sitzungsbericht der 3. Arbeitssitzung der Amtswalter vom 23.6.1941, in: ANLux ARBED 21 („Zentralverwaltung: DAF. Allgemeines"). Zur Haltung Meyers gegenüber den Nationalsozialisten und der DAF, siehe Aussage des ehemaligen deutschen ARBED-Direktors Curt Röding: „Bericht über die Haltung des Hrn. Alois Meyer, Generaldirektor der ARBED, während der Besetzungszeit" (Neuhaus/Paderborn, Dezember 1946), in: ANLux Jt 226 („Dossiers classés"). Röding selbst war Mitarbeiter des Stillhaltekommissars für das Organisationswesen in Luxemburg gewesen und kam auf Vorschlag von Franz Schmidt 1941 zur ARBED. Röding floh im September 1944 wie alle anderen deutschen Direktionsmitglieder nach Deutschland. Die Luxemburger Justiz interessierte sich für Röding nur, weil er als Zeuge in der Untersuchung gegen Aloyse Meyer vernommen wurde.

189 Vgl. Artuso, La collaboration (2013), S. 253ff.

190 Vgl. Schmitz-Berning, Vokabular des Nationalsozialismus, S. 693f. und Schneider, In der Kriegsgesellschaft, S. 346f.

von Betriebsappellen verpflichtet und mussten die Mitgliedschaft in der Regel per Unterschrift bestätigen.[191]

Innerhalb der Betriebe hatten die Mitglieder der Werkscharen den Ruf, besonders überzeugte Anhänger des Regimes zu sein. Theoretisch gehörten ihnen der Betriebsobmann, die Zellen- und Blockobmänner sowie die übrigen betriebsinternen DAF-Amtswalter an. Auf Werk Belval appellierte der Betriebsobmann 1943 an alle politischen Leiter sowie an alle Angehörigen der Gliederungen der Partei, sich für die Werkscharen bereitzuhalten. Parteigenossen sowie Mitglieder von NS-Frauenbund, SA, SS, NSKK und HJ wären somit automatisch in die neue Formation eingereiht worden. Damit wollte das Regime sicherstellen, dass nur ideologisch gefestigte Männer und Frauen in Frage kamen.[192] Wo überall Werkscharen aufgestellt wurden, lässt sich nicht mehr rekonstruieren, allem Anschein nach gab es sie nur in den industriellen Großbetrieben im Süden des Landes. Im ARBED-Werk Schifflingen wurde der gefürchtete Betriebsobmann Konrad Olinger zum Werkscharführer einer Truppe, die auf dem Papier eine Stärke von 151 Personen hatte.[193] Bei den Paul Würth-Werken in Luxemburg umfasste die Werkschar drei Abteilungen mit je vier bis fünf Mitgliedern. Einer von ihnen war der technische Zeichner Marcel van Divoet, VdB-Mitglied (Nr. 359) und Zellenleiter in der Ortsgruppe Luxemburg-Mitte. Er hatte sich freiwillig zur Wehrmacht gemeldet, wurde aber wegen seines Alters (Jahrgang 1908) nie eingezogen. Bei der Stahlbaufirma Paul Würth betrieb er nicht nur Propaganda für das Deutschtum, sondern war ab 1943 häufig hinter den Arbeitern her, um sie zur Arbeit anzutreiben. Seine neue Aufgabe als Mitglied der Werkschar war unter der Belegschaft allgemein bekannt. Nach eigenen Aussagen tat van Divoet dies auf Befehl seines Betriebsobmanns, der ihn anwies, bei Rundgängen „im Betrieb die müßig stehenden Arbeiter zur Arbeit aufzufordern." Damit eckte der eifrige Werkscharmann beim Direktor an, der ihn zurechtwies, er habe sich nicht um Fragen des Arbeitseinsatzes zu kümmern, dies sei die Sache der jeweiligen Vorgesetzten.[194]

Im Februar 1944 ordnete die Gauwaltung an, die Kreisobmänner hätten im gesamten Gau die betrieblichen „Führungskorps" auf ihre künftigen Aufgaben für die „Soforthilfe" vorzubereiten. Im Kreis Diekirch, wo es nur wenige Industriebetriebe gab, war Kreisobmann Wolf nur mäßig über die neue Initiative der

191 Vgl. Schreiben der DAF-Kreiswaltung Esch (Abt. Schulung) vom 22.6.1943 an alle Betriebsobmänner kriegswichtiger Betriebe betr. Aktivierung der Werkscharen, in: ANLux AP 14 (S-244) Nicolas Schackmann (Mappe „Pièces").

192 Siehe Aufruf des Betriebsobmanns von ARBED-Belval Johann Palmer vom 23.4.1943 an alle politischen Leiter und an alle Angehörigen der Gliederungen der Partei betr. Werkscharen, in: ANLux AP 35 Jean Parmentier (Mappe „Pièces à charge").

193 „Die Werkschar im Soforthilfeeinsatz" (o.D.), in: ANLux AP 334-48 Konrad Olinger (Mappe „Pièces à conviction. Divers").

194 Vgl. Ersterscheinungsprotokoll vom 30.1.1945 sowie Bericht der Lokalpolizei vom 7.3.1945 an den Untersuchungsrichter in Luxemburg, in: ANLux AP Lux. V-14 Marcel van Divoet (= Vandivoet).

Gauwaltung begeistert. Gauobmann Dörner verbot ausdrücklich, die Schulungen in Form von Massenveranstaltungen abzuhalten, sondern wünschte, dass sich die Kreisobmänner in die einzelnen Betriebe bemühten, um die „Führungs- und Schulungsmaßnahmen“ jeweils vor Ort durchzuführen. Der Gauwaltung war zu Ohren gekommen, dass vielerorts die Kreisobmänner sich bei ihrer Arbeit auf politische Vorträge beschränkten, deren Wirkung bei den Zuhörern schnell verpuffte; zwecks größerer Wirksamkeit wünschte Gauobmann Dörner nun richtige Arbeitssitzungen. Der Diekircher Kreisobmann musste seinerseits zugeben, dass es in seinem Kreisgebiet überhaupt keine Werkscharen gebe, da er deren Bildung „vom politischen Standpunkt aus für verfrüht gehalten habe“. Außerdem gab er zu bedenken, dass sämtliche politischen Leiter und DAF-Amtswalter in den sieben Betrieben, die überhaupt für die Aufstellung von Werkscharen in Frage gekommen wären, bereits mit dem Werkschutz und dem Werkluftschutz mehr als ausgelastet seien. Das Potenzial der zuverlässigen Parteigenossen und regimetreuen Kollaborateure war in seinen Augen erschöpft; die Anweisung der Gauwaltung, für die neuen Aufgaben nur diesen Personenkreis zu berücksichtigen, war 1944 im Kreis Diekirch schlicht nicht mehr umzusetzen. Nach Rücksprache mit Gauobmann Dörner persönlich und der DAF-Verbindungsstelle in Luxemburg, verzichtete der Kreisobmann lieber auf die Aufstellung von Werkscharen als Leute zu rekrutieren, auf die sich das Regime im Ernstfall nicht hätte verlassen können.[195]

Eine wirkliche Rolle spielten die Werkscharen nicht. Erst zu Beginn des Jahres 1944 – wenige Monate vor dem Ende der Besatzung – wurden seitens der DAF Maßnahmen ergriffen, um die Werkscharen zu aktivieren. Die Mitglieder wurden mit einem Streifen am Ärmel gekennzeichnet und sollten im Fall von Zwischenfällen die „Soforthilfe“ organisieren. Im Katastrophenfall, so die Vorstellung der DAF-Gauwaltung, sollten die Werkscharen zum Einsatz kommen, z.B. nach Luftangriffen Brände bekämpfen, Erste Hilfe leisten, sich um die Bergung von Verletzten kümmern und Ähnliches. Sie hätten die überlebenden Arbeiter erfassen und dafür sorgen sollen, dass die Produktion nach Aufräumungsarbeiten wieder schnellstens anlaufen konnte. Höchstwahrscheinlich wären die Werkscharmänner im Ernstfall total überfordert gewesen. In Wahrheit ging es der DAF darum, die Anhänger des Regimes noch enger zusammenzuschweißen. Als „politische Mannschaft“ sollten die Werkscharen für die „Einhaltung der Gesetze der höchsten Disziplin“ sorgen.[196]

195 Schreiben der DAF-Gauwaltung Moselland (Abt. Schulung) vom 21.2.1944 an M-Kreisobmann Pg. Wolf in Diekirch betr. Betriebliche Mannschaftsführung und Soforthilfe einschl. Ausrichtung der betrieblichen Führungskorps und Schreiben des Diekircher Kreisobmanns Wolf vom 16.2.1944 an die DAF-Gauwaltung betr. Neuordnung der betrieblichen Mannschaftsführung sowie Organisation der betrieblichen Soforthilfe, in: ANLux CdZ g-1:538 („Kreisleitung Diekirch: DAF-Mannschaftsführung“).

196 Vertrauliches Rundschreiben der DAF-Gauwaltung Moselland vom 5.1.1944 betr. Einsatz der Werkscharen für Aufgaben der Mannschaftsführung besonders im Katastrophenfall, in: ANLux CdZ g-1:538 („Kreisleitung Diekirch: DAF-Mannschaftsführung“).

Im Extremfall hätten die Werkscharen wohl bei Arbeitsniederlegungen oder anderen Unruhen eingesetzt werden können. Immerhin befanden sich in den meisten industriellen Großbetrieben zahlreiche sowjetische Kriegsgefangene und italienische Militärinternierte, denen man im Krisenfall nur wenig Vertrauen entgegenbringen wollte. Noch im Februar 1944 wurden im Kreis Schießübungen für die Werkscharmitglieder veranstaltet. Wer eine Ausbildung an der Waffe erhalten hatte, wäre somit im Notfall gegen streikende Arbeiter oder revoltierende Zwangsarbeiter eingesetzt worden.[197] Die Werkscharen waren neben rücksichtslosen Betriebs-, Zellen- und Blockobmännern und allseits gefürchteten Werkschutz-Männern ein weiteres Propaganda-, Kontroll- und Terrororgan des Regimes in den Betrieben. Lediglich die weitere Kriegsentwicklung und die Befreiung Luxemburgs im Jahre 1944 verhinderten, dass aus den Werkscharen die elitären politischen Stoßtrupps wurden, als die sie eigentlich gedacht waren.

---

197 Vgl. Rundschreiben Nr. 6/44 von Kreisschulungswalter Boenig vom 24.2.1944 an alle Werkscharführer betr. Kennzeichnung der Werkscharen, in: AMnR D-naz-of-4311. Vgl. „Fünf Schuss liegend freihändig!", in: LW Nr. 115 (24.4.1944).

Kapitel IV.2. Die Wirtschaftsunternehmen der DAF

1. Die DAF als Wirtschaftsunternehmen in Luxemburg

Die Deutsche Arbeitsfront war im Altreich in den 1930er Jahren zu einem riesigen Wirtschaftsunternehmen angewachsen. Das weit verzweigte Unternehmenskonglomerat war eine Art Holdinggesellschaft und bestand aus Bank- und Versicherungsunternehmen sowie aus Unternehmen der Bau- und Wohnungswirtschaft, die aus der Erbmasse der deutschen Gewerkschaften stammten. Daneben gründeten die Manager der DAF im Laufe der Zeit neue Unternehmen, wie das Volkswagenwerk in Fallersleben. Als eine Art „volksgemeinschaftlicher Dienstleister" hatten die DAF-Unternehmen einen ideologisch-gemeinnützigen Auftrag, wie Rüdiger Hachtmann in seiner 2012 erschienenen Studie die wirtschaftliche und politische Bedeutung der DAF resümiert. In den späten dreißiger Jahren und während des Zweiten Weltkrieges griff die Arbeitsfront nach den annektierten und besetzten Gebieten in Europa, um dort an wirtschaftlichem Einfluss zu gewinnen.[1]

Da die Arbeitsfront nach Hitlers Auffassung zur Bildung der „Volks- und Leistungsgemeinschaft aller Deutschen" beitragen sollte, war es nur konsequent, dass die einzelnen Wirtschaftsunternehmen ihre Aktivitäten im Bereich der Finanzdienstleistungen, der Individualversicherungen und der Lebensmittelversorgung auch auf das besetzte Luxemburg ausdehnten. Neben politischen spielten wirtschaftliche Motive bei der Expansion der DAF in die besetzten Gebiete Europas eine Rolle. Die Arbeitsfront expandierte in mehreren ökonomischen Bereichen nach Luxemburg, wo sich die „Bank der Deutschen Arbeit" bereits Ende 1940 im Bankensektor festsetzte. Dann folgten andere Unternehmen der DAF, die nach dem Sieg im Westen hofften, in Luxemburg dauerhaft Fuß fassen zu können, wo sich im Zuge der Neuordnung ein kleiner, aber lukrativer Markt auftat. Als Parteiunternehmen spekulierte die DAF auf eine gute Zusammenarbeit mit der neuen deutschen Zivilverwaltung. Sicherlich spielte die geografische Lage eine Rolle bei allen bekannten und weniger bekannten Firmen, die sich nach 1940 in Luxemburg niederließen, da man die traditionell guten Verbindungen nach Frankreich und Belgien beziehungsweise die Nähe zu dem benachbarten CdZ-Gebiet Lothringen im Blick hatte.

Nicht nur die Subunternehmen, sondern die Hamburger DAF-Zentrale selbst wurde im CdZ-Gebiet Luxemburg aktiv. Die Vermögensverwaltung der DAF, die gut mit dem Stillhaltekommissar für das Organisationswesen zusammenarbeitete, übernahm zahlreiche Gebäude, die sich bis dato im Besitz von Gewerkschaften und anderen Verbänden befunden hatten. In der Regel machte die DAF hier lukrative

1 Vgl. Kreutzmüller/ Loose, Die Bank der Deutschen Arbeit, S. 17; Hachtmann, Das Wirtschaftsimperium der Deutschen Arbeitsfront, S. 564f., 591-596, hier S. 593.

Geschäfte, da der für die Erfassung und Liquidierung der Organisationen zuständige Stillhaltekommissar die Immobilien in der Regel weit unter Wert veräußerte. Außerdem trat die Arbeitsfront als Immobilientreuhandgesellschaft und Bauherrin auf. Die DAF-Vermögensverwaltung erwarb 1941 vom Stillhaltekommissar das ehemalige Kloster Clerf (frz. Clervaux), wo man eine „Adolf-Hitler-Schule" einzurichten gedachte. Diese Eliteschulen waren 1937 auf Betreiben des Reichsorganisationsleiters Robert Ley entstanden.[2] Für die DAF war der Erwerb dieser Immobilie ein gutes Geschäft: Der Schätzwert lag bei über 2,2 Millionen Reichsmark, aber der Kaufpreis betrug nur 350.000 Reichsmark. Als neuer Besitzer des Klostergebäudes übernahm die Arbeitsfront die Durchführung der Umbaumaßnahmen, die allerdings nur schleppend vorankamen. Da das Projekt für die Gauleitung eine besondere Priorität besaß, gab es zunächst eine Sondergenehmigung für seine Weiterführung. Das Bauamt der DAF stellte das notwendige Eisen zur Verfügung und bemühte sich im September 1942 auch um den Einsatz italienischer Bauarbeiter.[3] In einer Zeit, in der alle nicht kriegswichtigen Bauprojekte gestoppt wurden, verfügte die DAF über beste Beziehungen, um ein eigentlich unwirtschaftliches Unternehmen mit Unterstützung der lokalen Zivilverwaltung voranzutreiben. Getragen wurde es von der Gauleitung, für die es sich in erster Linie um ein politisches Vorzeigeprojekt handelte, und von der NSDAP-Zentrale (der Reichsschatzmeister schaltete sich persönlich ein), sodass ein regelrechtes Netzwerk an Beziehungen zwischen den unterschiedlichsten Parteiorganisationen entstand. Kriegsbedingt blieb es in Luxemburg bei einzelnen Bauvorhaben der Deutschen Arbeitsfront. Die Umbauten des Klosters von Clerf wurden nie abgeschlossen und die bereits für 1941 angekündigte Aufnahme des Unterrichts fand nie statt.

1.1. Die Versicherungsunternehmen der Arbeitsfront

Mit der Volksfürsorge besaß die DAF eine eigene Versicherungsgesellschaft, die über sieben Millionen Kunden hatte. Sie war ursprünglich vor dem Ersten Weltkrieg als Selbsthilfeeinrichtung der deutschen Arbeiterbewegung gegründet, dann 1933 gleichgeschaltet und von der DAF-Holding übernommen worden. Ihre Versichertenzahl stieg während der NS-Zeit kontinuierlich an und gemessen an

2 Vgl. Michael Budderus, Totale Erziehung für den totalen Krieg: Hitlerjugend und nationalsozialistische Jugendpolitik, München 2003, S. 874ff. Ankündigung in der Presse, vgl. H. St., Die Adolf-Hitler-Schule in Klerf, in: ETB Nr. 53 (4.3.1941). Der NSDAP-Reichsschatzmeister besuchte 1941 bei seinem Aufenthalt in Luxemburg das Klostergebäude.

3 Bekanntmachung vom 19.6.1941, in: Stiko-Mitteilungsblatt Nr. 5 (1.7.1941). Der Stillhaltekommissar nahm eine „Einweisung" in die DAF-Vermögensverwaltung vor mit der Auflage der „Errichtung einer Adolf-Hitler-Schule." Vgl. Dostert, Luxemburg zwischen Selbstbehauptung und nationaler Selbstaufgabe, S. 137. Siehe Robert Krantz, Luxemburgs Kinder unter dem Nazi-Regime 1940-1944. Ein Dokumentarbericht. Bd. 1: Der Versuch einer ideologischen Erziehung, Luxemburg 1997, S. 541–581.

der Versicherungssumme war die Volksfürsorge hinter dem Allianz-Konzern die zweitgrößte Versicherungsgesellschaft im Reich. Im Zuge der Expansion des Unternehmens in die besetzten Gebiete im Westen dehnte die Volksfürsorge-Lebensversicherungs A.G. ihre Tätigkeit auf das Elsass, Lothringen und Luxemburg aus. Während der Erfolg in den ehemals französischen Gebieten sehr begrenzt war, entwickelten sich die Geschäfte für die Volksfürsorge im CdZ-Gebiet Luxemburg günstiger. Ab 1941 war die größte DAF-Versicherung in Luxemburg operativ und profitierte von der Auflösung sämtlicher Vereine, die der Stillhaltekommissar für das Organisationswesen durchführte. Dabei verfolgte die Volksfürsorge das gleiche Geschäftsmodell wie im Altreich, wo sie in den 1930er Jahren unter anderem auf Kosten der kleinen Sterbekassen und Versicherungsvereine hatte expandieren können. Die Geschäftsstelle in Luxemburg übernahm die Mitglieder der über 50 Unterstützungsvereine (Sterbekassen) zum Sondertarif. Meistens gehörten die Sterbekassen einem der zahlreichen Berufsverbände an. Die Liquidierung der Arbeiter- und Angestelltenunterstützungsvereine war Teil der systematischen Zerschlagung der gewerkschaftlichen Strukturen des Landes. Um die Kassenmitglieder zum Wechsel zu bewegen, setzten die Nationalsozialisten auf Lockangebote. Die Volksfürsorge versprach etwa Sondertarife sowie Mitgliedschaften für Ehefrauen und Personen über 60 Jahre. Wer die Überleitung nicht mitmachen wollte, verlor sämtliche Beiträge und Ansprüche, die man bei der alten Hilfskasse im Laufe der Beitragsjahre angespart beziehungsweise erworben hatte. Ein Teil der Luxemburger Versicherten ging darauf ein.[4] Laut Verfügung des CdZ übernahm die Volksfürsorge auch noch treuhänderisch das Geschäft mehrerer ausländischer Versicherungen, u.a. der französischen Gesellschaften Le Phénix und La Prévoyance. Außerdem erhielt sie den Zuschlag bei der Hinterbliebenen-Versicherung des christlichen Gewerkschaftsbundes, der Vita. Im November 1941 bekam die Volksfürsorge neben der Öffentlichen Lebensversicherungsanstalt und vier privaten Lebensversicherungen die Genehmigung für den Geschäftsbetrieb in Luxemburg, während der Deutsche Ring im Bereich der Krankenversicherungen (zusammen mit drei anderen Unternehmen) tätig bleiben durfte.[5]

Offiziell nahm die Volksfürsorge in Luxemburg am 1. Mai 1941 ihre Geschäftstätigkeit auf, das Datum war wohl mit Bedacht gewählt worden. Finanziell waren die Übernahmen von drei französischen sowie eines englischen Konkurrenten äußerst lukrativ. Quasi zum Nulltarif erhielt man nicht nur die Kunden, sondern auch die Versicherungsbeiträge und die Wertpapiere, in denen das Kapital angelegt worden war. Allein im Fall der Prévoyance machte dies einen Gesamtwert von fast 130.000 Reichsmark aus, den die Volksfürsorge dank der Eigentumsübertragung durch

---

4 Kein einziger Arbeiterverein wurde von der Übernahmeaktion verschont, dabei spielte die ideologische Ausrichtung keine Rolle.

5 Vgl. 2. und 3. Verordnung über die Regelung des Individualversicherungswesens in Luxemburg vom 8. November 1941, in: VOBL Nr. 74 (11.11.1941).

den Stillhaltekommissar für sich verbuchen konnte.[6] Nicht viel weniger Gewinn erzielte die Übertragung der Vita-Lebensversicherungsgenossenschaft des christlichen Gewerkschaftsbundes; das Vermögen der Vita belief sich auf mehr als 120.000 Reichsmark. Wie die Abwicklung dieses Geschäfts ablief, lässt sich nur schwer rekonstruieren, aber es scheint, dass die DAF die Vita quasi umsonst übernehmen konnte. Der Stillhaltekommissar verzichtete vorerst auf die Erhebung der normalerweise fällig werdenden Aufbauumlage und Verwaltungsgebühr.[7]

Mit großangelegten Werbekampagnen suchte die Volksfürsorge in Luxemburg neue Kunden und nebenamtliche Mitarbeiter. Dabei setzte die DAF-Versicherung modernste Methoden ein: Im August 1941 wurde der Werbefilm „Wir meistern das Leben“ im Metropolkino gezeigt. Der „Großtonfilm“, der in der Luxemburger Presse positiv besprochen wurde, betrieb auch Propaganda für die KdF und nationalsozialistische Musterbetriebe. Der Erfolg der Volksfürsorge hielt sich allerdings trotz dieser intensiven Werbebemühungen in Grenzen. Bei der Liquidierung der Luxemburger Stelle der Volksfürsorge nach dem Krieg wurden nicht einmal 2.000 Lebensversicherungen annulliert, davon waren etwa zehn Prozent sogenannte Großlebensversicherungen, während die übrigen Verträge für billigere Kleinlebensversicherungen von einfachen Arbeitern und Angestellten abgeschlossen worden waren.[8] Bei der Auflösung der Volksfürsorge Luxemburg nach dem Zweiten Weltkrieg stellte sich heraus, dass von den 2.000 Versicherungsnehmern knapp zehn Prozent der Kollaboration verdächtigt wurden oder in Luxemburg lebende Reichsdeutsche waren.[9] 1947 wurde die Volksfürsorge

6 Vgl. ANLux OdS 321 (Mappe „Prévoyance“). 1945 summierte sich der Verlust der Prévoyance-Versicherung durch entgangene Bankzinsen, verlorene Dividenden und Auszahlung von Versicherungsleistungen auf fast 190.000 RM.

7 Vgl. ANLux CdZ Stiko B-11:523 (Mappe „Vita-Lebensversicherungsgenossenschaft auf Gegenseitigkeit des Lux.Christl. Gewerkschaftsbundes“).

8 „Volksfürsorge Lebensversicherungs-AG der DAF nun auch in Luxemburg“, in: ETB Nr. 99 (29.4.1941). Zum Reklamefilm: Joseph Hanck, Wir meistern das Leben, in: LW Nr. 235 (25.8.1941) und k., Wir meistern das Leben, in: ETB Nr. 199 (26.8.1941). Zur Auflösung der Volksfürsorge Luxemburg, vgl. „Die Sozialversicherung“, in: ETB Nr. 188 (19.8.1947). Zur Auslandstätigkeit der Volksfürsorge vgl. Hachtmann, Das Wirtschaftsimperium der Deutschen Arbeitsfront 1933-1945, S. 240–243 und Ingo Böhle, Die Volksfürsorge Lebensversicherungs AG – ein Unternehmen der Deutschen Arbeitsfront (DAF) im "Dritten Reich", in: Zeitschrift für Unternehmensgeschichte (ZUG), Nr. 1 (2000), S. 49–78. Hachtmann beziffert die Zahl der übernommenen Sterbekassen mit 80.

9 Assurances-vie contractées auprès de la Volksfürsorge sans passer par l’Überleitung, in: ANLux Office des Séquestres 321 (Volksfürsorge). Die Luxemburger Niederlassung der Volksfürsorge firmierte nach der Befreiung mit dem Zusatz „en liquidation“. Anfang 1945 legte sie Beschwerde gegen die von der Regierung verhängte Treuhandverwaltung ein, mit dem Argument, es handele sich um luxemburgisches, nicht um

Luxemburg liquidiert und das Restvermögen an die Unterstützungsvereine zurückgegeben.[10]

Der wirtschaftliche Gesamtschaden, den die Zivilverwaltung zusammen mit dem Stillhaltekommissar im Bereich der Unterstützungsvereine zu verantworten hatte, war enorm. Um die siebzig Hilfsvereine waren 1941 aufgelöst und ihres Vermögens beraubt worden, nach dem Krieg waren nicht nur ihr Kapital, sondern auch sämtliche Unterlagen verschwunden oder in alle Winde zerstreut, sodass die Vereine quasi bei Null anfangen mussten. Es stellte sich heraus, dass die Luxemburger Niederlassung der DAF-Lebensversicherung ihre Tätigkeit auf das Einziehen der Beiträge und das Auszahlen der Sterbegelder beschränkt und im Übrigen alle Gelder in die Hamburger Zentrale transferiert hatte. Das Luxemburger Versicherungsgeschäft war für die Volksfürsorge AG mehr als einträglich. Wertpapiere und Bankguthaben summierten sich auf fast 8,3 Millionen Franken (nach dem offiziellen Umrechnungskurs von 1940 entsprach dies rund 830.000 Reichsmark). Das operative Versicherungsgeschäft der Jahre 1941–1944 erbrachte für die Volksfürsorge einen Überschuss von etwa 70.000 Reichsmark.

Beeindruckend ist die Zahl der Geschädigten in Luxemburg. Rund 25.000 Luxemburger und Luxemburgerinnen, meist einfache Arbeiter und Handwerker, kleine Angestellte und niedrige Staats- und Gemeindebedienstete, waren 1940 in den Unterstützungsvereinen organisiert gewesen.[11] Die individuellen materiellen Verluste der Luxemburger Versicherungsnehmer dürften sich insgesamt gesehen in einem erträglichen Rahmen gehalten haben, da die Versicherungen und die Hilfsvereine nach der Befreiung ihre Tätigkeit wieder aufnehmen konnten. Den Versicherten, die aus „prinzipiellen Erwägungen", d.h. aus politischer Überzeugung während der Besatzungszeit ihre Zahlungen eingestellt und damit auf die Überleitung auf eine reichsdeutsche Versicherungsgesellschaft verzichtet hatten, stellte man eine „zufriedenstellende Lösung" in Aussicht.[12]

Neben der Volksfürsorge erhielt Ende 1941 die Versicherung Deutscher Ring eine Zulassung für Luxemburg. Auch dahinter verbarg sich ein Unternehmen der Arbeitsfront. Anfangs operierte der Deutsche Ring von Lothringen aus, dann wurde 1942 eine eigene Subdirektion mit Büros in der Hauptstadt gegründet.[13] Den relativen Erfolg der Versicherungen führt Rüdiger Hachtmann auf die guten

feindliches Vermögen, das gesichert werden müsse, vgl. Schreiben der Volksfürsorge vom 20.2.1945 an das Office des Séquestres, in: ANLux OdS 321.

10 Mitteilung des Sequesteramtes Luxemburg, in: ETB Nr. 125 (4.6.1947).

11 Auszug aus einem Bericht des Office des Séquestres, o.D., S. 94–102, in: ANLux OdS 321. 1945 konnten zunächst 31 Unterstützungsvereine mit 14.305 Mitgliedern wiederhergestellt werden, weitere 35 „Société de secours mutels" (mit 9.500 Mitgliedern) warteten auf ihre Sanierung.

12 „Mitteilungen der Zentrale: VITA. Lebensversicherungsgenossenschaft auf Gegenseitigkeit des Letzebg. chreschtl. Gewerkschaftsbond", in: Sozialer Fortschritt Nr. 1 (28.3.1945).

13 Vgl. Werbeanzeigen im ETB Nr. 270 (17.11.1942) und im LW Nr. 126 (6.5.1943).

Kontakte der DAF zu den Stellen der deutschen Zivilverwaltungen zurück, da hier entschieden wurde, welche deutschen Gesellschaften die ausländischen Versicherungsgesellschaften verwalten beziehungsweise übernehmen dürften. Auf diese Weise gelangte zum Beispiel die Luxemburger Krankenversicherung Terra A.G. in die Hände der DAF.[14]

Trotz der erwähnten, beeindruckenden Zahlen lässt sich nur schwer abschätzen, inwiefern die Aktivitäten der beiden Versicherungen für die DAF tatsächlich lukrativ waren. Der Luxemburger Markt war verglichen mit dem Altreich oder den besetzten Gebieten im Westen und Osten sehr überschaubar. Andere private Krankenversicherungen, wie die Deutsche Krankenversicherung (DKV), wurden für Luxemburg hingegen nicht zugelassen. Dies verschaffte den DAF-Versicherungen natürlich eine gute strategische Ausgangsposition für eine zukünftige Expansion im Westen.[15] Allerdings konnten weder Volksfürsorge noch Deutscher Ring diesen Vorteil in wirtschaftlichen Erfolg ummünzen, denn nur wenige Luxemburger waren daran interessiert, neue Verträge mit deutschen Gesellschaften abzuschließen. Geht man von rund 25.000 Luxemburgern aus, die vor dem 10. Mai 1940 in einem Unterstützungsverein waren und rund 2.000 Versicherungsverträgen, die bei der Volksfürsorge 1945 gezählt wurden, so war der Versuch, die DAF als eine Art Volksversicherer in Luxemburg zu etablieren, kläglich gescheitert. Nur knapp acht Prozent der Mitglieder von Hilfsvereinen waren letztlich bereit gewesen, Lebensversicherungen abzuschließen. Die Verbundenheit mit dem alten Verein, der nicht selten auf eine lange Geschichte zurückblicken konnte und vielfach Ausdruck eines ständebewussten Stolzes gewesen sein dürfte, spielte eine Rolle. Hauptursache war vor allem, dass die Versicherten das NS-Regime ablehnten und folglich den deutschen Versicherungen gegenüber misstrauisch blieben.[16]

Ein weiterer Faktor war für den Misserfolg der DAF-Versicherungen mitverantwortlich. Im Bereich der Versicherungen bevorzugte der um Unabhängigkeit bemühte Gauleiter Gustav Simon ein anderes Geschäftsmodell als das der deutschen Versicherungswirtschaft. Zunächst wurden die ausländischen Gesellschaften mit einem Federstrich ausgeschaltet und die Luxemburger Versicherungen Heim und Herd (Le Foyer) und Luxemburgische Anonyme Bank- und Versicherungsgesellschaft (La Luxembourgeoise) zunehmend vom Markt verdrängt. Nikolaus Simmer, Leiter der CdZ-Wirtschaftsabteilung und Intimus des Gauleiters, hatte

14 Hachtmann, Das Wirtschaftsimperium der Deutschen Arbeitsfront 1933-1945, S. 257.

15 Vgl. Ingo Böhle, Private Krankenversicherung (PKV) im Nationalsozialismus. Unternehmens- und sozialgeschichtliche Studie unter besonderer Berücksichtigung der Deutschen Krankenversicherung A.G. (DKV), Frankfurt 2003, S. 87f. Zur Expansion der privaten Krankenversicherungen nach Elsass, Lothringen und Luxemburg vgl. S. 236–238.

16 Die Volksfürsorge hatte in Luxemburg auch lediglich 14 Kassierer werben können, welche die Versicherungsbeiträge bei den Versicherungsnehmern persönlich erhoben.

im Herbst 1941 eine Denkschrift zum Versicherungswesen in Luxemburg vorgelegt. In seinen Überlegungen fanden die DAF-Versicherungsunternehmen überhaupt keine Erwähnung. Simmer war für eine luxemburgische Lösung, bei der die bestehenden Privatversicherungen zu einer großen Gesellschaft fusionieren sollten und erst nach einer längeren Übergangszeit reichsdeutsche Gesellschaften aus dem Altgau eine Zulassung für Luxemburg bekommen sollten.[17] Reichsdeutsche Assekuranzen taten sich eher schwer, Fuß zu fassen, da dem Gauleiter – abgesehen von den Sterbegeldversicherungen und den Kleinlebensversicherungen – die Übertragung der Versicherungsbestände (Lebensversicherungen, Sachversicherungen) auf Versicherungsanstalten öffentlichen Rechts vorschwebte. Scheinbar hatte Simon schon 1940 beschlossen, dass reichsdeutsche Privatversicherer bei der Bereinigung des Luxemburger Versicherungsmarktes nicht zum Zuge kommen würden, angeblich in Absprache mit dem Reichskommissar für das deutsche Versicherungswesen. Dieses Amt wurde von Simons Gauleiterkollegen Schwede-Coburg ausgeübt, der im Oktober 1940 zu einer Kundgebung nach Luxemburg gekommen war. Die deutschen Versicherungen beschwerten sich daraufhin bei Hermann Göring, der 1941 Simons Eifer einen Riegel vorschieben wollte. Aber der Gauleiter, der sich schon im Januar in der ARBED-Frage mit dem Reichsmarschall angelegt hatte, schuf mit der Veröffentlichung einer entsprechenden Verordnung im November 1941 vollendete Tatsachen zur Schaffung von Versicherungsanstalten öffentlichen Rechts.[18] Diese öffentlich-rechtlichen Versicherungen nahmen bereits im Dezember ihre Geschäftstätigkeit auf. Die Berufung des Generaldirektors der öffentlich-rechtlichen Provinzial Feuer- und Lebensversicherungsanstalten der Rheinprovinz (einem Traditionsunternehmen mit Sitz in Düsseldorf) Hans Goebbels, einem Bruder von Propagandaminister Joseph Goebbels, zum ehrenamtlichen Vorsitzenden der Luxemburger Versicherungsanstalten war überdies ein geschickter Schachzug, auch wenn sich der Einfluss der Deutschen Arbeitsfront im Versicherungssektor nicht mehr ganz zurückdrängen ließ.[19]

Ob der CdZ absichtlich der Deutschen Arbeitsfront in die Quere kommen wollte, ist nicht sicher, kann aber angenommen werden. Auf jeden Fall hatte der Gauleiter mit der Neugründung seiner Versicherungsanstalten den DAF-Unternehmen einen

---

17 k, Das private Versicherungswesen, in: ETB Nr. 298 (19.12.1941). Ziel sei es, den Volksgenossen in Luxemburg „bestmöglichsten [sic] und preiswertesten Versicherungsschutz zu gewährleisten." Per Verordnung wurden am 5.4.1941 den ausländischen Versicherungen die Zulassungen entzogen und reichsdeutsche Unternehmen zugelassen. Vgl. Dostert, Luxemburg zwischen Selbstbehauptung und nationaler Selbstaufgabe, S. 100 und Volkmann, Luxemburg unter dem Hakenkreuz, S. 294–300. Simmers Denkschrift zu den Versicherungen, vgl. ANLux CdZ A-3-4:001 („Denkschriften Dr. Simmer").

18 Zeugenaussagen von Heinrich Siekmeier und Nikolaus Simmer, vgl. Bericht des Öffentlichen Sicherheitsdienstes vom 27.5.1947, in: ANLux CdG A27 (Nikolaus Simmer).

19 „Personelles", in: ETB Nr. 284 (3.12.1941).

Strich durch die Rechnung gemacht. Außerdem sicherte sich Simon in gewohnter Weise einen direkten Einfluss oder zumindest ein Mitspracherecht, dies durch die Ernennung eines CdZ-Kommissars. Der Kommissar für das private Versicherungswesen sollte in Simons Auftrag den gesamten Versicherungsmarkt des Landes beaufsichtigen. Bei den DAF-eigenen Unternehmen der Volksfürsorge und des Deutschen Rings war dem Gauleiter eine wirkliche Einflussnahme quasi unmöglich, umso mehr da sich die Konzernzentralen weitab von Luxemburg befanden. Es ist denkbar, dass Gauleiter Simon und seinen Beratern die Politik des Stillhaltekommissars missfallen hatte. Bei der Liquidierung der Gewerkschaften und Sterbekassenvereine war das Gros der Erbmasse an die Deutsche Arbeitsfront gefallen, während für den Gau Moselland im Prinzip nur die Brosamen übrigblieben.

1.2. Die DAF-Bank der Deutschen Arbeit

Ein weiteres wichtiges DAF-Unternehmen in Luxemburg war die Filiale der Bank der Deutschen Arbeit (BDA).[20] Diese Bank war im Jahre 1933 entstanden, als die Arbeitsfront mit dem Vermögen der deutschen Gewerkschaften gleichzeitig die Bank der Arbeiter, Angestellten und Beamten übernommen hatte. Durch Ausweitung ihrer Geschäfte, aber auch mit der wirtschaftlichen Expansion während des Zweiten Weltkrieges wuchs die Bilanzsumme der Hausbank der DAF und ihres Konzerns von rund 300 Millionen im Jahre 1933/34 auf 4,5 Milliarden Reichsmark im Jahre 1944. Sie stieg damit in den Kreis der deutschen Großbanken auf und wurde nach der Deutschen Bank und der Dresdner Bank die dritte „Superbank" im Reich.[21] Die BDA finanzierte Arisierungsgeschäfte und vergab Kredite, etwa für prestigeträchtige Projekte wie den Bau des Volkswagenwerks. Im Zuge der Expansion über die Grenzen des Altreiches hinaus gründete das DAF-Geldinstitut Tochtergesellschaften, wie die Westbank N.V. in Belgien und die Bank voor Nederlandsche Arbeid N.V. in den Niederlanden. In Elsass und Lothringen erlangte sie durch die Kreditvergabe an die beschlagnahmte Schwerindustrie eine gewisse Bedeutung. Die Luxemburger Gewerkschaften hatten vor 1940 keine eigenen Bankaktivitäten entwickelt, die von der Arbeitsbank hätten übernommen werden können. Dennoch eröffnete die Bank Anfang Dezember 1940 eine Niederlassung in der Hauptstadt, wahrscheinlich in der Hoffnung, als Kapitalgeber für die dortigen Konzerne auftreten zu können. Die Filiale der BDA befand sich im ehemaligen Gebäude des französischen Geldinstituts Crédit Lyonnais, das nach der Besetzung in Luxemburg nicht mehr erwünscht war. Allerdings kam die BDA etwas spät, da die deutschen Großbanken Deutsche Bank, Dresdner Bank und Commerzbank schon Wochen vorher eingetroffen waren, um sich rechtzeitig ihren wirtschaftlichen Einfluss zu sichern. Die Deutsche Bank hatte bereits Ende September 1940

20 Vgl. Hachtmann, Das Wirtschaftsimperium der Deutschen Arbeitsfront 1933-1945, S. 178.

21 Kreutzmüller/ Loose, Die Bank der Deutschen Arbeit, S. 1–32.

eine Filiale eröffnet, die sämtliche Bankgeschäfte anbot. Die DAF-Bank hatte es als Newcomer bedeutend schwerer, sich auf dem Markt zu etablieren, denn die Traditionsbanken verfügten über bessere Verbindungen als die Nazi-Bank. So stieg die Deutsche Bank aufgrund eines Deals mit dem belgischen Hauptanteilseigner bei der Luxemburger Banque Générale (Generalbank) ein, die Dresdner Bank beim ältesten Geldinstitut am Platz, der Banque Internationale (Internationale Bank).[22]

Der Luxemburger Kundschaft stellte sich die Arbeitsbank als eine Universalbank vor, die „allen Bevölkerungsschichten dienen und tatkräftig am Neuaufbau der luxemburgischen Wirtschaft mitwirken" wolle, so die zeitgenössische Werbung in der Presse. Nicht zuletzt hoffte die BDA, Sparer anzulocken. Ab 1941 wurden Sammelkonten für das sogenannte „Eiserne Sparen" bei der BDA eingerichtet, aber ein Ansturm der Kundschaft blieb vermutlich aus.[23] Dies lag zum einen an der mächtigen Konkurrenz der Stadtsparkasse und der Kreissparkassen, die von der Gauleitung favorisiert wurden. Zum anderen bevorzugte die einheimische Kundschaft Luxemburger Unternehmen, so etwa die genossenschaftliche Raiffeisenbank, aber auch die Werksparkassen, die ihre Unabhängigkeit vom CdZ zu wahren verstanden. Die Arbeitsbank konnte sich aber problemlos im besetzten Luxemburg behaupten und der Versuch der Kreissparkassen, den Konkurrenten vom Markt zu verdrängen, verlief im Sande. Die Bank der Deutschen Arbeit war letztlich ein zu mächtiges Finanzunternehmen.

Die BDA blieb für die Zivilverwaltung und die NS-Organisationen ein vertrauenswürdiger Geschäftspartner.[24] Der Stillhaltekommissar für das

---

22 Vgl. LW Nr. 274 (30.9.1940) und „Deutsche Großbanken in Luxemburg", in: LW Nr. 238/329 (23./24.11.1940). Vgl. Marc Schoentgen, De 1940 à 1944: les banques et l'industrie du Luxembourg tiraillées entre les intérêts allemands et belges. La Banque Générale du Luxembourg et la Deutsche Bank, in: Gilbert Trausch (Hg.), Belgique-Luxembourg. Les relations belgo-luxembourgeoises et la Banque Générale du Luxembourg 1919-1994, Luxembourg 1995, S. 320–375.

23 „Die Bank der deutschen Arbeit A.G. in Luxemburg", in: LW Nr. 353 (18.12.1941). Vgl. Marcel Fischbach, Neue Verhältnisse im Bank- und Sparkassenwesen, in: LW Nr. 25/26 (25./26.1.1941) und Neuordnung des luxemburgischen Kreditwesens, in: ETB Nr. 97 (26.4.1941). Damit verfolgte die BDA in Luxemburg eine ähnliche Strategie wie im besetzten Polen, wo sie die Kunden der traditionell starken Genossenschaften und Sparkassen für sich gewinnen wollte, vgl. Kreutzmüller/ Loose, Die Bank der Deutschen Arbeit, S. 18f. Beim „Eisernen Sparen" wurden vom Arbeitgeber einbehaltene Lohnanteile auf ein „eisernes Sparkonto" eingezahlt. Die Beträge waren lohnsteuerfrei und sollten erst nach dem Krieg verfügbar sein, vgl. Dietrich Eichholtz, Eisernes Sparen, in: Enzyklopädie des Nationalsozialismus, S. 444. Vgl. Rundschreiben des CdZ vom 11.12.1941 an alle Staatsbediensteten und Versorgungsempfänger im Bereich des CdZ in Luxemburg/ Merkblatt über das Eiserne Sparen, sowie Anträge auf Härtefälle, in: ANLux Ministère des Finances FI 781).

24 Vgl. Kerschen, Die Sparkassen vor und während des zweiten Weltkrieges, und Volkmann, Luxemburg im Zeichen des Hakenkreuzes, S. 245–269.

Organisationswesen bediente sich der BDA, um zu liquidierende Verbände und Gesellschaften abzuwickeln. So mussten Eigner beispielsweise ihre Anteilsscheine bei der BDA abliefern. Die berüchtigte CdZ-Abteilung IV A, die für die Arisierung von jüdischem Vermögen und die Beschlagnahme von Emigrantenvermögen zuständig war, hatte ihre Hauptkonten bei der Arbeitsbank. Die Zivilverwaltung ließ 1941 durch die BDA Reichsanleihen beschaffen, die mit Einkünften aus Arisierungsgeschäften finanziert wurden. Über sogenannte Sonderkonten wurden jüdische Firmen liquidiert, Mietzahlungen aus jüdischen Immobilien kamen auf ein Sperrkonto. 1942 hatte die Zivilverwaltung Depositen bei der DAF-Bank, die sich auf über 3,3 Millionen Reichsmark beliefen. Hinzu kamen insgesamt Reichsschatzanweisungen im Wert von 4,5 Millionen, die von der BDA beschafft worden waren. Die Luxemburger Filiale bediente sich der Westbank, als es darum ging, beschlagnahmte Wertpapiere aus dem Besitz Luxemburger Emigranten an der Brüsseler Börse zu veräußern.[25]

Wirklich erfolgreich konnte sich die Bank der deutschen Arbeit bei der Luxemburger Kundschaft aber nicht entwickeln, was nicht zuletzt daran lag, dass Gauleiter Simon das Modell der Kreissparkassen bevorzugte und dabei auf ein bereits vorhandenes Netz von 63 Filialen der ehemaligen staatlichen Caisse d'Épargne zurückgreifen konnte. Auch die Industrie bevorzugte die etablierten Finanzinstitute. Letztere sahen sich in der letzten Phase der Besatzung mit Rationalisierungsmaßnahmen und Filialschließungen konfrontiert, während die BDA bis zum Ende der Besatzungszeit geöffnet blieb. Die Filiale der BDA schloss ihre Türen erst im September 1944, als die deutsche Zivilverwaltung kurz vor der Ankunft der amerikanischen Truppen zusammenbrach.[26]

25 Vgl. ANLux CdZ A-4-1:046 („Beschaffung von Reichsanleihen"), CdZ A-4-1:020 („Sonderkonto 2018"), CdZ A-4-1:506 („Mietzahlungen aus jüdischen Grundstücken") sowie Schreiben Josef Ackermanns vom 14.5.1942 an Münzel betr. Juden- und Emigrantenvermögen in Luxemburg, in: ANLux CdG 002 (Mappe Josef Ackermann, Bll. 366-368).

26 Die Arbeitsbank kam unter Sequester. Ehemalige Mitarbeiter versuchten, sich einen Überblick über die weitverzweigten Geschäfte der DAF-Bank zu verschaffen. Sie fanden heraus, dass für mehrere hunderttausend französische Francs Wertpapiere nach Frankreich verkauft worden waren. Bei der Westbank in Brüssel hatte die Luxemburger BDA noch ein Konto mit einem Guthaben von fast 2,5 Millionen belgischen Francs. Die besondere Funktion der Arbeitsbank, so stellten die Liquidatoren fest, würde aufwändige Recherchen notwendig machen, um genau feststellen zu können, woher das Vermögen stammte, das im Laufe des Krieges vom Chef der Zivilverwaltung überwiesen worden und zum größten Teil verschwunden war. Die Liquidation sollte erst im Jahre 1962 abgeschlossen werden. Vgl. ANLux OdS 131 (Bank der Deutschen Arbeit 1944-1972).

1.3. Die Übernahme der Konsumgenossenschaften durch das DAF-Gemeinschaftswerk

Offensichtlich strebte Robert Ley danach, mit seiner DAF-Organisation in wirtschaftlicher Hinsicht soweit wie möglich eine Art Monopolstellung im Reich zu erlangen. Dies gelang nur in Ansätzen, sei es, weil die Arbeitsfront in Staat und Partei auf Widerstände stieß, sei es, weil sich den Expansionsbestrebungen kriegsbedingt Grenzen auftaten.[27] Diese Feststellung gilt insbesondere für den Bereich des deutschen Einzelhandels. Bis 1940 bemühte sich die DAF mit mäßigem Erfolg, die „Hegemonie über die Verbrauchergenossenschaften zu erlangen" (Hachtmann). Im dritten Kriegsjahr wurde schließlich das „Gemeinschaftswerk der DAF" ins Leben gerufen, das sich sämtliche Genossenschaften einverleibte. In den Wunschvorstellungen Leys sollte die Gesellschaft zum größten Nahrungsmittelkonzern Europas werden.[28] Folglich gerieten auch die Luxemburger Verbrauchergenossenschaften ins Visier der Arbeitsfront.

Die Genossenschaftsidee war bereits um die Jahrhundertwende in Luxemburg sehr populär und das Modell fand viel Anklang im Milieu der Arbeiterbewegung. Stark propagiert wurde der Genossenschaftsgedanke hauptsächlich in sozialistischen Kreisen, er fand aber auch Anhänger in anderem politischen Umfeld. Vor dem Zweiten Weltkrieg gab es in Luxemburg mehrere Konsum- oder Verbrauchergenossenschaften, die meist über ein kleineres Filialnetz verfügten. Eine der bekanntesten Konsumgenossenschaften war La Populaire mit Niederlassungen vor allem im Süden des Landes. Sie war im Jahre 1919 auf Initiative der sozialistischen Partei ins Leben gerufen worden. Nur wenig später wurde ihr katholisches Gegenstück, die christliche Kooperative La Prévoyance gegründet, die ihre Filialen häufiger in kleineren Ortschaften auf dem Land hatte. In den Industrieorten Düdelingen und Schifflingen bestand die Kooperative Le Syndicaliste. Es waren Selbsthilfeorganisationen der Arbeiter mit dem Ziel, den Mitgliedern der Genossenschaft einen verbilligten Bezug von Lebensmitteln zu ermöglichen.[29]

In Deutschland gab es 1937 über 1.200 Verbrauchergenossenschaften; sie waren bereits 1933 im nationalsozialistischen Deutschland gleichgeschaltet und der Deutschen Arbeitsfront unterstellt worden. Die Pläne Robert Leys, die Konsumgenossenschaften in einer Art Reichsverbrauchergenossenschaft unter der Kontrolle der Arbeitsfront zusammenzufassen, scheiterten zunächst. Erst nach Kriegsbeginn wurde beschlossen, dass die DAF das Vermögen der reichsdeutschen

27 Vgl. Hachtmann, Das Wirtschaftsimperium der Deutschen Arbeitsfront, S. 425–452. Siehe auch: Jan-Frederik Korf, Von der Konsumgenossenschaftsbewegung zum Gemeinschaftswerk der Deutschen Arbeitsfront. Zwischen Gleichschaltung, Widerstand und Anpassung an die Diktatur, Norderstedt 2008.

28 Hachtmann, Das Wirtschaftsimperium der Deutschen Arbeitsfront, S. 412ff.

29 Krier, Aus dem Verbandsleben, S. 79. Siehe auch „Sozialistische Kooperativen", in: LW Nr. 263/264 (20./21.9.1919).

Verbrauchergenossenschaften sowie der österreichischen Konsumvereine übernehmen solle. 1941 gründete man das „Deutsche Gemeinschaftswerk der Deutschen Arbeitsfront m.b.H.", welches künftig die Tätigkeit der bisherigen Konsumgenossenschaften und der Einkaufsgesellschaften ausüben sollte. Es entstanden über 100 regionale Gesellschaften, die sogenannten „Gemeinschaftswerk-Versorgungsringe", welche die Verteilerstellen betrieben. Im Grunde verfügte die Arbeitsfront nun über eine gigantische Einzelhandelskette mit knapp 13.000 Verkaufsstellen.[30] Diese Verkaufsorganisation wurde 1942 auf Luxemburg ausgedehnt und eine Verwaltungsstelle der Gemeinschaftswerk Versorgungsring Moselland GmbH in der Neypergstraße eingerichtet. Die DAF gründete eine Tochtergesellschaft der Koblenzer Gemeinschaftswerk G.m.b.H. mit einem Kapital von 50.000 Reichsmark und übertrug die Leitung der Verwaltungsstelle einem Luxemburger Buchprüfer. Dieser teilte den Konsumgenossenschaften per Rundschreiben mit, dass sämtliche Genossenschaften zum 1. Juli 1942 aufgelöst und deren Vermögen an die Hamburger DAF-Holding übertragen würden. Die Geschäftsführer und Verkaufsstellenleiter wurden von ihm zu einer Versammlung bestellt, wo man ihnen die „notwendigen Anweisungen" gab.[31] 1942 begann die Umbenennung der alten Kooperativen. Der Eisenbahnerkonsum musste den Namen Gemeinschaftswerk Versorgungsring annehmen, die ehemaligen Besitzer wurden ausgeschaltet. Die Kooperative Solidarité in Düdelingen hatte im Sommer des Jahres 1940 die Filialleiter entlassen müssen, da die Trägergesellschaft kein Kapital mehr besaß, sodass die ehemaligen Mitarbeiter das Einzelhandelsgeschäft von der Gewerkschaft in Eigenregie übernahmen. 1942 tauchten dann sogenannte „Überführungsleiter" des Gemeinschaftswerks Moselland auf, um die Geschäfte zu übernehmen.[32] Die formelle Übernahme der Düdelinger Konsumgenossenschaft bewerkstelligte die DAF, indem sie die Genossen zum Abtreten der Geschäftsanteile zwang. Sie erhielten entweder Quittungen von der DAF oder wurden von der Versorgungsring GmbH ausbezahlt. Gleichzeitig verdrängte man soweit wie möglich die Geschäftsführer, die noch von den Gewerkschaften eingestellt worden waren. So erging es Jean Fohrmann aus Düdelingen, der sich seit 1940 geweigert hatte, der DAF oder der VdB beizutreten.[33] Die feindlichen Übernahmen waren für die DAF im Prinzip ein einfaches Spiel. Die Besitzer beziehungsweise die Trägergesellschaften wurden in

30 Zur Entstehung des Gemeinschaftswerks, vgl. Hachtmann, Das Wirtschaftsimperium der Deutschen Arbeitsfront, S. 369–424.

31 Mitteilung an die Geschäftsführer bzw. Verkaufsstellenleiter der Konsum-Vereinigungen und [Konsum]-Genossenschaften im Bereiche Luxemburg vom 24.6.1942, in: Archives OGBL (Mappe „Düdelingen").

32 Bericht des ehemaligen Filialleiters der Coopérative Solidarité Düdelingen (1940), in: Archives OGBL (Mappe „Düdelingen").

33 Vgl. Aussage Fohrmanns gegen den ehemaligen Ortsgruppenleiter von Düdelingen-Brill im Bericht des Polizei-Kommissariats Düdelingen vom 10.7.1947 an die Staatsanwaltschaft Luxemburg, in: AP 5425 Jean-Pierre Reuter.

der Regel schon 1940 ausgebootet und im Fall von gewerkschaftseigenen Genossenschaften war 1941/42 niemand mehr da, der irgendwelche Rechtsansprüche hätte geltend machen können.

Nach der formellen Auflösung der Kooperative übernahm dann das Gemeinschaftswerk den Betrieb, die ehemaligen Geschäftsführer der Kooperativen wurden Angestellte der neuen deutschen Gesellschaft. Insgesamt 18 Konsumgenossenschaften aus Luxemburg wurden in das DAF-Gemeinschaftswerk überführt.[34] Die Versorgungsring GmbH hatte ihr Zentralbüro im Gebäude der Eisenbahnergewerkschaft eingerichtet und verfügte über ein Warendepot in Düdelingen. Wirtschaftlich gesehen war das Unternehmen kein großer Erfolg, was aber vor allem an der schwierigen Versorgungslage im Bereich der Lebensmittel und der Konsumgüter lag. Während des Krieges war an eine Expansion oder einen Ausbau der wirtschaftlichen Aktivitäten der Versorgungsringe nicht zu denken. Es ist aber durchaus vorstellbar, dass die DAF-Einzelhandelskette später einmal den Anspruch hätte erheben können, im Lebensmittelbereich eine Art Monopolist zu werden, der dann exklusiv die Berufstätigen mit dem alltäglichen Bedarf versorgt hätte.[35] Nach der Befreiung kam das DAF-Unternehmen in Luxemburg unter Zwangsverwaltung. Bei der Liquidierung stellte sich heraus, dass die G.m.b.H. praktisch pleite war, da die Schulden bei verschiedenen Lieferanten das vorhandene Barvermögen überstiegen.[36]

Die Überführung der Luxemburger Genossenschaften in das Eigentum der Arbeitsfront hatte mehr als nur materielle Gründe. Die Umsätze waren bescheiden, die Gewinne hielten sich in Grenzen. Es ging der Arbeitsfront vielmehr darum, ähnlich wie im Reichsgebiet ihren wirtschaftlichen Einfluss über den gesamten Gau Moselland auszudehnen und damit auch über das CdZ-Gebiet Luxemburg. Nicht zuletzt wurden mit der Übernahme der Konsumvereine die letzten Überreste der Luxemburger Arbeiterbewegung liquidiert. Die proletarischen Selbsthilfeorganisationen, gleich welchem politischen Lager sie vor 1940 nahegestanden hatten, waren schon allein deshalb unerwünscht, weil sie als gemeinschaftlich, auf

---

34 „Neues aus Petingen", in: ETB Nr. 134 (4./5.7.1942), „Auszahlung", in: ETB Nr. 86 (12.4.1943) und „Von Tag zu Tag", in: ETB Nr. 52 (11.11.1944). Im Januar 1943 wurde die Gründung der Gemeinschaftswerk-Versorgungsring G.m.b.H. mit einem Kapital von 50.000 RM im Nationalblatt mitgeteilt. Zweck laut Handelsregistereintrag war der Handel mit Lebensmitteln und die gebietsmäßige Zusammenfassung der vom Bevollmächtigten der DAF aufzulösenden verbrauchergenossenschaftlichen Einrichtungen. Vgl. Hachtmann, Das Wirtschaftsimperium der Deutschen Arbeitsfront, S. 646. Im Elsass wurden 64 Konsumgenossenschaften von der DAF übernommen, im Altreich insgesamt etwas mehr als 1.500.

35 1943 führte die Versorgungsring G.m.b.H. Luxemburg Bestellscheine ein, mit denen Berufstätige, die sich zu den Hauptgeschäftszeiten nicht freimachen konnten, Lebensmittel vorbestellen durften, vgl. „Um die berufstätigen Kunden", in: LW Nr. 329 (25.11.1943).

36 Vgl. ANLux OdS 807 (Gemeinschaftswerk „Versorgungsring" GmbH, Luxembourg).

demokratischer Grundlage geführte Genossenschaften nicht dem nationalsozialistischen Führergedanken entsprachen. Die DAF duldete keine ideologischen und wirtschaftlichen Konkurrenten.

2. Bilanz

Die wirtschaftlichen Aktivitäten der Arbeitsfront sind im Zusammenhang der Expansionsbestrebungen zahlreicher deutscher Unternehmen in den besetzten und annektierten Gebieten zu sehen. Die Arbeitsbank, die Versicherungen und das Gemeinschaftswerk der DAF profitierten in Luxemburg davon, dass sie gewissermaßen Teil des NS-Staates waren und der NSDAP institutionell und personell sehr nahestanden. Dennoch hingen die Unternehmen der DAF stark vom Wohlwollen der deutschen Zivilverwaltung unter Gauleiter Gustav Simon ab. Dieser sicherte sich in den Wirtschaftsbereichen, in denen die DAF expandieren wollte, immer wieder seinen Einfluss. Zwar bediente sich der CdZ der BDA, etwa um jüdisches und feindliches Vermögen zu enteignen, aber letztlich setzte er auf das Geschäftsmodell der Kreissparkassen, das ihm als politischem Leiter seines Gaues genügend Einflussmöglichkeiten belassen würde. Im Bereich der Versicherungen überließ er der DAF im Prinzip nur den Bereich der kleinen Lebensversicherungen, ansonsten sah der ehrgeizige Simon eher in öffentlich-rechtlichen Anstalten die Zukunft. Die wirtschaftlichen Unternehmungen des DAF-Konzerns blieben letztlich ohne nachhaltigen Einfluss auf den Luxemburger Markt. Kein einziges konnte wirklich dauerhaft Fuß fassen oder sich im besetzten Land fest verwurzeln. Das lag nicht nur an der polykratischen Grundstruktur der NS-Herrschaft, sondern auch an der allgemeinen Kriegsentwicklung, in deren Lauf vieles einfach zurückgestellt werden musste. Die Monopolstellung, die in mehreren Wirtschaftsbereichen, vor allem aber im Dienstleistungsbereich angestrebt wurde, konnte die DAF nicht realisieren. Zahlreiche Unternehmen, die sich die DAF im Laufe der Jahre in Luxemburg einverleibte, hatten vorher den Gewerkschaften gehört. Dies war der Fall bei den Konsumgenossenschaften und bei den Versicherungen der kleinen Leute gewesen. Gerade bei ihnen stieß die Arbeitsfront an ihre Grenzen, da die Arbeiter, Angestellten und Handwerker in der Mehrheit die Expansionsbestrebungen einer deutschen, nationalsozialistischen Organisation ablehnten. Der wirtschaftspolitische Misserfolg hing letztlich mit der Entwicklung des Gesamtkonzerns der DAF zusammen. Dieser befand sich ab Frühjahr 1943 in einer Phase des Niedergangs, die 1945 mit der Implosion des DAF-Wirtschaftsimperiums zu Ende ging.[37]

---

37 Hachtmann, Das Wirtschaftsimperium der Deutschen Arbeitsfront, S. 564.

Kapitel IV.3. Führung und Funktionäre

1. Die Spitze der DAF: Gauobmann Hugo Dörner und seine Kreisobmänner

Die Deutsche Arbeitsfront verfügte zur Durchsetzung ihrer Ziele über ausgeklügelte Organisationsstrukturen, die sich wie ein dichtes Netz über das Land legten. Genauso wichtig waren aber die Funktionäre. Vor allem das hauptamtliche Führungspersonal stellte das Rückgrat der Arbeitsfront dar. Funktionäre wie der Gauobmann und die Kreisobmänner waren allesamt überzeugte Nationalsozialisten, nicht selten waren sie „alte Kämpfer", die auf eine mehr oder weniger lange Parteikarriere zurückblicken konnten. Männer wie Gauobmann Dörner oder Kreisobmann Grohé hielten von Koblenz beziehungsweise von ihren Zentralen in den Kreisstädten aus die Fäden straff in der Hand.

Gustav Simon nutzte seine führerunmittelbare Stellung konsequent, um „seinen Gau Moselland aus der Rheinprovinz herauszuhebeln" (Romeyk) und strebte eine enge Verbindung zwischen dem Altgau und dem CdZ-Gebiet Luxemburg an. Deshalb besetzte er nach Möglichkeit die wichtigsten Verwaltungsstellen und Parteifunktionen in Luxemburg mit persönlich Vertrauten sowie anderen überzeugten Nationalsozialisten aus dem Gaugebiet.[1] Dies gelang ihm aus unterschiedlichen Gründen nicht immer, so z.B. bei der Besetzung des Postens des Oberbürgermeisters von Luxemburg, der sich als scharfer Kritiker seiner Anschlusspolitik erweisen sollte, oder bei der Berufung des Stillhaltekommissars für das Organisationswesen, der von der Münchener Parteizentrale entsandt wurde. In Bezug auf die Arbeitsfront war die Personalunion allerdings relativ erfolgreich. Die wichtigsten DAF-Funktionäre kamen aus Koblenz oder aus anderen Regierungsbezirken nach Luxemburg, um dort die Organisation aufzubauen und zu führen.

Hugo Dörner war seit den 1930er Jahren Gauobmann der Deutschen Arbeitsfront gewesen, bevor er nach Luxemburg kam, um Organisationen der Arbeitnehmer, Handwerkerverbände und die Interessensvertretungsorgane der Arbeitgeber gleichzuschalten.[2] Dörner, der den Vorsitz in der

---

1 Zur Personalpolitik vgl. Romeyk, Der Gau Moselland, S. 426. Vgl. zu den Amtsträgern im Gau Koblenz-Trier (Moselland): Rademacher, Handbuch der NSDAP-Gaue, S. 92–99.

2 Über Hugo Dörner (*1894) ist sonst nur sehr wenig bekannt. Er gehörte seit den 1930er Jahren der Koblenzer Gauleitung an und war in der Gauhauptstadt auch eine kurze Zeit Ratsherr. Sein Verhältnis zum Koblenzer Oberbürgermeister Nikolaus Simmer, der beim CdZ in Luxemburg Leiter der Wirtschaftsabteilung war, war zumindest zeitweise nicht frei von Spannungen, vgl. Weiss, Die Stadtverwaltung Koblenz im Nationalsozialismus, S. 175, 423. Siehe zur Gauwaltung der DAF und zur NSG KdF des Gaues Koblenz-Trier: Rademacher, Handbuch der NSDAP-Gaue, S. 93f.

Arbeitskammer[3] des Gaues Koblenz-Trier führte, brachte den größten Teil des benötigten DAF-Personals gleich mit oder bestimmte geeignete Kreisfunktionäre zu seinen Helfershelfern wie den Kreisleiter Grohé aus Simmern (Hunsrück), der zum Kreisobmann in Esch ernannt wurde. Dörner wurde vom Chef der Zivilverwaltung offiziell zum Kommissar für die Arbeitnehmer- und Arbeitgeberorganisationen bestellt. Unter einem Kommissar verstand man eigentlich einen mit „Sonderauftrag“ betrauten Beamten. Im Machtgefüge des NS-Herrschaftssystems spielten Kommissare eine besondere Rolle, da sie mit Sondervollmachten ausgestattet waren und in direktem Auftrag des Gauleiters handelten. Sie wurden – ähnlich wie die Sonderbeauftragten auf Reichsebene – eingesetzt, um einen „politisch hoch priorisierten Auftrag durchzusetzen“.[4] Zu einer der ersten offiziellen Amtshandlungen Dörners gehörte die Versammlung vom 10. September 1940, zu der er die Vertreter der Gewerkschaften und der Arbeitgeberverbände zusammenrief. Ihnen legte Dörner nunmehr die Grundsätze der nationalsozialistischen Arbeits- und Sozialpolitik dar. Einer der Teilnehmer, Arbeiterkammerpräsident Barbel, erinnerte sich später an Dörner als eine „vierschrötige Gestalt“ und verglich ihn mit einem „Schlächtergesellen“, dem jede Rednerbegabung gefehlt habe.[5]

Dörner gehörte zu den NS-Funktionären, die in der Folge regelmäßig nach Luxemburg kamen, sei es um werbewirksam zusammen mit dem ARBED-Generaldirektor Aloyse Meyer an einer WHW-Straßensammlung mitzuwirken (1941) oder um Reden bei Betriebsappellen zu halten.[6] Hier ließ er keine Gelegenheit aus, um mit antisemitischen Parolen auf die Zuhörer einzureden, Kapitalismus und Bolschewismus zu geißeln und den Hitlerschen „nationalen Sozialismus“ hochzujubeln. Im Dezember 1941 beispielsweise vereidigte Dörner persönlich die Mitglieder des Vertrauensrates der Differdinger Stahlwerke und nutzte die Stunde, um seine Kampfparolen von „Freiheit und Brot“ zu verkünden, die an die Stelle von „Freiheit, Gleichheit und Brüderlichkeit“ getreten seien. Derart holzschnittartig vorgebrachte Argumente vermochten kaum zu überzeugen ebensowenig wie sein bedingungsloser Glaube an den Führer Adolf Hitler sowie an den Gauleiter Gustav Simon, dem es die Luxemburger zu verdanken hätten, dass die Wirtschaft

3 Die Gauarbeitskammer kam lediglich einmal im Jahr zusammen und hatte keine exekutiven Befugnisse, vgl. „Aus der Nachbarschaft“, in: OMZ Nr. 106 (6.5.1941). Sie verlieh jährlich ein „Gaudiplom“ an vorbildliche Musterbetriebe; 1942 wurde das Escher Zementwerk ausgezeichnet, vgl. „Das Escher Zementwerk ausgezeichnet“, in: ETB Nr. 98 (28.4.1942).

4 Der Volks-Brockhaus, [9] 1941, S. 363. Vgl. Rüdiger Hachtmann/ Winfried Süß, Editorial: Kommissare im NS-Herrschaftssystem. Probleme und Perspektiven der Forschung, in: Hachtmann/ Süß (Hgg.), Hitlers Kommissare, S. 15–18.

5 Vgl. Arbeiterkammer Luxemburg. Tätigkeitsbericht, S. 14–23, abgedr. in: Scuto, Chambre de travail, S. 85.

6 Vgl. LW Nr. 90 (31.3.1941) und Bildbericht im Nationalblatt über Versammlungstätigkeit im Industriegebiet, vgl. NBL Nr. 1 (2.1.1941).

in Luxemburg überhaupt noch funktioniere. Geradezu lächerlich wirkten seine Ausführungen über den „jüdischen Sozialismus", der dem „nationalen Sozialismus" gegenüberstehe.[7] Parteigenosse Dörner, der den Titel Oberbereichsleiter der NSDAP trug und als Gauamtsleiter in Koblenz tätig war, hielt die Amtswalterappelle der DAF ab und trat bei den jährlich stattfindenden NSDAP-Kreistagen auf. Seine Linientreue und ein geringes Verständnis für die besonderen Luxemburger Verhältnisse kamen 1942 zum Ausdruck. Dörner nahm im September 1942, nur wenige Tage nach der blutigen Niederschlagung der Streikbewegung, an der Einführung eines kommissarischen Betriebsführers und Betriebsobmanns bei der Firma Heintz van Landewyck teil. In seiner Ansprache, der auch ARBED-Generaldirektor Aloyse Meyer als Vorstandsmitglied der Tabakfirma beiwohnte, bezeichnete er die Streikenden als „Provokateure und verbrecherische Elemente", die mit Recht bestraft werden müssten. Bis zuletzt verkündete er bei öffentlichen Auftritten in Luxemburg seinen unerschütterlichen Glauben an den deutschen Endsieg, so etwa im Rahmen der Kundgebungsreihe „Luxemburgs Zukunft – Deutschlands Sieg", die Anfang 1944 mit zahlreichen anderen Parteiprominenten organisiert wurde. Gauobmann Dörner trat bevorzugt im Süden des Landes vor der Industriearbeiterschaft auf, weil die Nationalsozialisten und Funktionäre der DAF hier ein wichtiges Feld für Propaganda sahen. Am Escher Kreistag 1944 nahm Dörner zusammen mit dem reichsdeutschen Direktor Broglio von ARBED-Belval, einem überzeugten Nationalsozialisten, an einer der letzten großen politischen NS-Veranstaltungen teil; Ende Juni hielt er einen seiner Betriebsappelle bei den Rodinger Eisenhüttenwerken ab und nahm gemeinsam mit Gauleiter Simon eine „Ehrung verdienter Bergleute" vor. Seinen letzten öffentlichen Auftritt hatte Hugo Dörner beim Kreistag in Luxemburg Anfang August 1944, nur wenige Wochen vor dem Ende der Besatzung.[8]

Für die reichsdeutschen Betriebsführer, die Funktionäre der DAF, die Parteidienststellen wie die deutsche Zivilverwaltung in Luxemburg war der Industrie-Kreis Esch-Alzig bis zum Ende das Hauptfeld der politischen Arbeit. Es ist deshalb kein Zufall, dass Gauobmann Dörner am 28. Juni 1944 persönlich nach Esch reiste, um dort zusammen mit dem dortigen Kreisobmann Ludwig Grohé und dem Belval-Betriebsführer Nino Broglio eine der letzten Propagandamaßnahmen zu verkünden. Das sogenannte „Leistungsertüchtigungswerk" sah verheißungsvolle

7 Zusammenfassung von Dörners Rede in: „Ehret die Arbeit und achtet die Arbeiter", in: ETB Nr. 293 (13./14.12.1941).

8 Über seine Tätigkeit in Luxemburg, vgl. Artikel in der Luxemburger Presse: „Arbeitgeber- und Arbeitnehmer-Organisationen traten zusammen", in: LW Nr. 254 (10.9.1940), „Ernstes und Heiteres", in: LW Nr. 326 (24.11.1941), „Die Stadt Luxemburg meldet: Kommissarische Betriebsführer und Betriebsobmann bei der Firma Heintz van Landewyck", in: ETB Nr. 213 (11.9.1942), „Luxemburgs Zukunft – Deutschlands Sieg", in: LW Nr. 70 (10.3.1944) und „Ehrung verdienter Bergleute", in: LW Nr. 183/184 (1./2.7.1944). Vgl. auch Programmheft „Kreistag Esch 1944", in: ANLux EPU 090 (Akte Paul Ludwig Courrier).

betriebsinterne Ausbildungsprogramme vor und versprach den fleißigen Arbeitern angeblich bis dato unbekannte Aufstiegsmöglichkeiten. Aber auch bei dieser propagandistisch aufgeblasenen Aktion ging es letztlich nur darum, den akuten Facharbeitermangel zu bekämpfen und die Belegschaften der Rüstungsindustrie zu letzten Kraftanstrengungen anzutreiben.[9]

2. Der Escher Kreisobmann Ludwig Grohé

Der Industriebezirk im Süden stellte das Kerngebiet der Deutschen Arbeitsfront in Luxemburg dar. Hier fokussierten sich die Bemühungen der Funktionäre im Kampf um die Zustimmung der Arbeiterschaft. Für den Escher Kreis hatte Dörner den Reichsdeutschen Ludwig Grohé zum Kreisobmann ernannt. Grohé (*1900) kam aus Gemünden im Hunsrück und entstammte kleinen Verhältnissen. 1928 trat er in die NSDAP ein, war dann in den 1930er Jahren Kreisleiter und DAF-Kreisleiter in Simmern (Hunsrück). Als Vierzigjähriger kam Grohé mit Gauobmann Dörner nach Luxemburg und übernahm bald die Funktion des DAF-Kreisobmanns in Esch-Alzig. Ludwig Grohé war der ältere Bruder von Josef Grohé, der es in der NS-Hierarchie weiter nach oben gebracht hatte und seit 1931 das Amt des Gauleiters von Köln-Aachen bekleidete. Inwieweit der prominente Bruder bei der Abordnung nach Luxemburg eine Rolle spielte, ist ungeklärt. Josef Grohé hatte auf jeden Fall in den dreißiger Jahren gute Beziehungen zu Reichsleiter Robert Ley, was möglicherweise die Karriere des Bruders förderte.[10] Opfer und Kollaborateure Grohés, die nach dem Krieg als Zeugen befragt wurden, beschrieben den Kreisobmann als „eine sehr gefürchtete Person“ (so ein Polizeibericht), jemand der sich gern in alles einmischte (so die Einschätzung eines Mitarbeiters des Arbeitsamtes), aber auch als „Paragraphenreiter“, der die Anweisungen des Gauobmanns peinlich genau befolgt haben wollte (so die Meinung des Ex-Betriebsobmanns Olinger) oder ein „gemeiner Mensch ohne Bildung“ (so eine Aussage des Kayler Industriellen Henri Massard). Der ehemalige Kreisleiter Wilhelm Diehl äußerte sich nach 1945 aus einer anderen Perspektive über die Tätigkeit seines ehemaligen

---

9 „Jedem Arbeiter die Möglichkeit zum Aufstieg“, in: ETB Nr. 150 (29.6.1944). Reden wurden gehalten von Dörner, Grohé und Broglio, der von der Gestaltung einer „besseren und schöneren Zukunft des Großdeutschen Reiches“ fabulierte.

10 Josef Grohé war 1926 Hauptschriftleiter des Hetzblatts „Westdeutscher Beobachter“, das von Ley gegründet worden war. Vgl. Klee, Personenlexikon, S. 202. Zu Ludwig Grohé in Luxemburg, vgl. seine Kriegsverbrecherakte ANLux CdG 160 und den Ermittlungsbericht der Sureté publique vom 9.4.1949 an den Generalstaatsanwalt in Luxemburg betr. Ermittlungssache Grohé, Ludwig, in: ANLux CdG 003 Wilhelm Diehl, Bll. 753-755. Da es in Luxemburg nie zum Prozess gegen Grohé kam, ist seine Akte entsprechend dünn und man ist auf die Auswertung der weitaus umfangreicheren Kriegsverbrecherakte des Escher Kreisleiters Wilhelm Diehl sowie die Nachkriegsprozessakten gegen ehemalige Betriebs- und Blockobmänner der DAF angewiesen. Siehe auch Rademacher, Handbuch der NSDAP-Gaue, S. 98.

Parteigenossen: Grohé sei für die Behebung von Schwierigkeiten in den Betrieben zuständig gewesen, habe die allermeisten Fälle in Eigenverantwortung erledigt, andere Fälle mit Diehl persönlich besprochen (wie etwa die Umsiedlungsvorschläge) oder aber der Polizei beziehungsweise der Gestapo überlassen. Zu Grohés Aufgabenbereich gehörten demnach auch politische Beurteilungen. In erster Linie erinnerten sich viele an sein unnachgiebiges Vorgehen gegen „Arbeitsbummelei" sowie an seine Kontrolle der Zwangsarbeiterlager ab 1942, in denen Ostarbeiter und sowjetische Kriegsgefangene interniert waren.[11]

2.1. Ludwig Grohé als Propagandist

Grohé, der als Beruf Kraftwagenführer angab und bereits in den 1920er Jahren Mitglied einer deutschvölkischen Bewegung gewesen war, kam im Oktober 1940 nach Luxemburg, also nachdem der Gauleiter und Chef der Zivilverwaltung die neuen Lohnverordnungen eingeführt hatte.[12] Zusammen mit Kreisobmann Thomas Pütz spielte er im Winter 1940/41 in seiner Eigenschaft als Vertreter des Generalbeauftragten für die Arbeitgeber- und Arbeitnehmerorganisationen eine maßgebliche Rolle beim Aufbau der Deutschen Arbeitsfront im Kreis Esch. Ab Januar 1941 nahm Grohé dort eine intensive Propagandatätigkeit für DAF, VdB und Luxemburger Volksjugend (LVJ) auf – wie die allermeisten Parteigenossen trat er öffentlich für den Anschluss Luxemburgs an das Reich ein. Im März begleitete er eine Gruppe aus Esch, die im Altgau RAD-Lager besuchte und an der Vereidigung der ersten Luxemburger RAD-Freiwilligen teilnahm.[13] Bei allen öffentlichen Auftritten gab er sich unnachgiebig gegenüber den ideologischen Gegnern, die „mit aller Schärfe angefasst" werden müssten. Zum 1. Mai 1941 ordnete Grohé die Beflaggung aller Häuser im Kreis Esch an und erließ einen Aufruf zum „Reichsappell der schaffenden Jugend". Der Kreisobmann besuchte häufig zusammen mit dem Escher Kreisleiter Diehl Schulungsabende, Informationsversammlungen und zahllose andere Propagandakundgebungen im Kreis Esch. Anlässlich einer VdB-Kundgebung der Ortsgruppe Düdelingen im Jahre 1942 hielt er eine der typischen floskelhaften Funktionärsreden. Grohé wetterte gegen die Volksgenossen, die „auf die dümmste Weise unkontrollierbare Gerüchte und Falschmeldungen verbreiteten" und nicht an den „Endsieg" glaubten. Offensichtlich rhetorisch sehr gut geschult, vergaß Grohé nicht, den Anwesenden den baldigen Frieden und eine rosige Zukunft in

11 Vgl. Bericht der Sureté publique vom 9.4.1949 an den Generalstaatsanwalt in Luxemburg betr. Ermittlungssache Grohé, Ludwig, in: ANLux CdG 003 Wilhelm Diehl, Bll. 753-755.

12 Vgl. Maier, Biographisches Organisationshandbuch, S. 241 und Rheinland-Pfälzische Personendatenbank: http://www.rlb.de/cgi-bin/wwwalleg/goorppd.pl?s1=-pkc0112- (Abruf: 24.5.2018).

13 H.B., Luxemburger Arbeitsmänner lassen die Heimat grüßen, in: ETB Nr. 66 (19.3.1941).

Aussicht zu stellen, in der man sich der „friedlichen Arbeit" zuwenden und deren „Früchte" genießen könne.[14]

Zu seinem Aufgabenbereich gehörte aber hauptsächlich die Arbeit in den Betrieben. Hierzu zählte der Besuch von Propagandaveranstaltungen, sei es ein Appell der Rodinger Kleinbetriebe oder auch ein Betriebsappell in den Differdinger Stahlwerken am 1. Mai 1941, bei dem Grohé zu 1.000 Arbeitern sprach. Ein Schwerpunkt seiner Tätigkeit lag in der Ortsgruppe Schifflingen, wo er immer wieder als Redner für die VdB auftrat und bei Kameradschaftsabenden zugegen war. Im Juli 1941 sprach Grohé vor 2.500 Teilnehmern in der Zentralwerkstatt des ARBED-Werkes Schifflingen. In seiner einstündigen Rede ging Grohé auf „Widerstände" bei der Einführung der DAF in Luxemburg ein. Ziel sei es, alle Luxemburger „Volksgenossen" in die DAF einzugliedern. Er betonte den Unterschied zwischen der Arbeitsfront und den früheren Gewerkschaften, die letztlich immer nur die Interessen einer Klasse vertreten hätten, während die DAF als „verlängerter Arm der NSDAP" fungiere. Der Kreisobmann verteidigte vor den Arbeitern auch die Notwendigkeit, die Mitgliedschaft in der DAF von der Mitgliedschaft in der VdB abhängig zu machen. Ähnlich wie die anderen deutschen Redner stand er fest auf dem Boden der NS-Ideologie und gab sich letztlich in allen Fragen kompromisslos. Nur wer sich in den Dienst der Gemeinschaft stelle, sei ein „brauchbarer Volksgenosse", verkündete Grohé in seiner von antisemitischen Äußerungen gespickten Rede in Schifflingen. Die Presseberichterstattung über Grohés Auftritt in Schifflingen entsprach freilich nicht ganz der Realität wie eine eigenhändige Aktennotiz belegt. Der Kreisobmann beklagte sich bitterlich über die Haltung der Luxemburger Belegschaft, von der 40 Prozent überhaupt nicht erschienen waren. Er selbst beobachtete, wie „ganze Kolonnen" zum Werksportal hinausgingen statt sich in die Zentralwerkstätte zu begeben. Mitarbeiter berichteten ihm außerdem, „ganze Mengen [hätten] über Zaun und Mauern einen Ausweg aus dem Betrieb" gesucht und gefunden. ARBED-Direktor Mathias Koener hatte wohl den Pförtnern die Anweisung gegeben, niemanden aus dem Werk zu lassen, aber die Anordnung wurde nicht im Geringsten befolgt. Von Grohé zur Rede gestellt, versprach der Luxemburger Werksleiter, beim nächsten Betriebsappell „andere Maßnahmen zu ergreifen".[15] Die Schifflinger Blamage führte Grohé deutlich vor Augen, was ein Großteil der Luxemburger Arbeiter und Angestellten von politischen Propagandaveranstaltungen und Betriebsappellen des Kreisobmanns hielt. Auch über die mehr als halbherzige Kooperationsbereitschaft des Luxemburger Direktors brauchte er sich keine Illusionen zu machen und das Verhältnis zwischen Deutscher

14 „Kundgebung", in: ETB Nr. 75 (30.3.1942).

15 Wz., Betriebsappell der Schifflinger Hütte, in: ETB Nr. 160 (11.7.1941) und Aktennotiz Grohés vom 22.7.1941, in: ANLux ARBED Schifflange 14827 („Kreisleitung an ARBED-Schifflingen"). Siehe auch die Bekanntmachung von Dir. Schock vom 7.7.1941, in der es hieß: „Sämtliche Gefolgschaftsmitglieder ... sind gehalten, dem Betriebsappell beizuwohnen.", vgl. ANLux ARBED Belval 14451 (Mappe „Betriebsappelle").

Arbeitsfront und Direktor Koener dürfte von da an deutlich gestört gewesen sein. Künftig wurden Betriebsappelle und ähnliche Propagandaveranstaltungen entsprechend geplant und organisiert, um Vorfälle wie in Schifflingen zu verhindern. Anlässlich der Verpflichtung des Vertrauensrates auf Werk Belval sah man feste Plätze für die einzelnen Betriebsabteilungen vor, auf Wunsch des Betriebsobmanns wurden die Schichten aller Zellen- und Blockobmänner so gelegt, dass sie vollzählig erscheinen konnten. Die DAF-Walter sollten nicht nur die Reihen füllen, sondern wurden zusammen mit der Hüttenpolizei zur „Aufrechterhaltung der Ordnung" eingesetzt.[16]

Ein Höhepunkt in Grohés Luxemburger Karriere war zweifellos der Besuch des Gauleiters in Rodingen im Jahre 1942. Ab 1943 versuchte er zur Mobilisierung für den „Endsieg" beizutragen, nahm wie sein Vorgesetzter Dörner mit anderen NS-Prominenten an der Kundgebungsreihe „Luxemburgs Zukunft – Deutschlands Sieg" teil, wobei sich nun die antisemitischen Ausfälle in Grohés Reden häuften. Zusammen mit reichsdeutschen Direktoren und Parteifunktionären trat der Kreisobmann für eine restlose Mobilisierung aller menschlichen Reserven ein. Im Februar 1944 forderte er eine Überprüfung der Beschäftigten, ob man nicht „an irgendwelchen Arbeitsplätzen mit weniger Kräften noch mehr herauszuholen" vermöge, so Grohé vor Mitarbeitern von Belval und Rothe Erde.[17] Die letzten offiziellen Auftritte hatte er 1944 bei Besuchen in den „Kampfstätten" der Escher Schwerindustrie und anlässlich des Escher Kreistages. Im September 1944 verließ er das Land fluchtartig mit der deutschen Zivilverwaltung. 1945 wurde er von den Alliierten interniert. Grohé kehrte später in seinen Heimatort Gemünden zurück, wo er in den späten 1960er Jahren in den Gemeinderat gewählt wurde und sogar während einer Legislaturperiode Ortsbürgermeister war.[18] Die Luxemburger Behörden ermittelten nach 1945 gegen Ludwig Grohé wegen mehrerer Denunziationen sowie seiner Beteiligung an der Umsiedlung Luxemburger Bürger und beantragten 1946 bei den französischen Besatzungsbehörden seine Auslieferung. Da die gegen den ehemaligen DAF-Kreisobmann erhobenen Vorwürfe nach

16 Schreiben der DAF-Kreiswaltung Esch vom 21.1.1942 an Betriebsführer Schock und Bekanntmachung von Dircktor Schock vom 2.2.1942 betr. Betriebsappell, in: ANLux ARBED Belval 14451 (Mappe „Betriebsappelle").

17 Zusammenfassung von Grohés Rede: „Bausteine zur Schaffung einer besseren und schöneren Zukunft", in: ETB Nr. 41 (18.2.1944). Grohé: „Wir müssen alles tun, damit unsere Gegner vor uns müde werden. Das Unmögliche muss möglich gemacht werden, damit Deutschland lebe und der wahre Sozialismus marschiere."

18 Vgl. Berichte in Luxemburger Tageszeitungen: „Versammlung der Gastwirte aus Stadt und Kreis Esch", in: ETB Nr. 14 (17.1.1941), „Aufruf an die gesamte werktätige Bevölkerung des Kreises Esch!", in: ETB Nr. 98 (28.4.1941), „Stadt Differdingen berichtet: Der 1. Mai auf der Hütte", in: ETB Nr. 102 (3./4.5.1941), „Gauleiter Simon bei den Werktätigen", in: LW Nr. 124 (4.5.1942), „Für jeden heißt es heute: Stellung nehmen", in: ETB Nr. 258 (3.11.1943). Zur Nachkriegskarriere Grohés vgl. Maier, Biographisches Organisationshandbuch, S. 241.

damaligen Vorstellungen nicht ausreichten, um ihn als Kriegsverbrecher anzuklagen, wurde das Verfahren in Luxemburg 1949 eingestellt.[19] Dabei hatte Grohé den Tod eines Luxemburger Arbeiters, der im September von einem ihm unterstellten Betriebsobmann denunziert worden war, zumindest indirekt zu verantworten.[20]

2.2. Das Gesicht der Arbeitsfront

Durch seine dauerhafte Präsenz in der Kreisstadt Esch, durch regelmäßige Betriebsbesuche, die Teilnahme an unzähligen Betriebsappellen und den intensiven Kontakt mit den einzelnen Orts- und Betriebswaltungen wurde Ludwig Grohé gewissermaßen das Gesicht der Deutschen Arbeitsfront im Kreisgebiet. In der ersten Phase der Zeit der Zivilverwaltung 1940/41 hatten Gewerkschaftsmitglieder und Betriebsführer im Industrierevier Bekanntschaft mit Kreisobmann Grohé gemacht, als es darum ging, die Organisation der DAF auf die Beine zu stellen. Grohé schaltete sich vor allem ein, wenn Probleme mit der Berufung von geeignetem Personal auftraten. So war zum Beispiel beim Rodinger Hüttenunternehmen der Luxemburger Jean-Pierre Reuter von seinem Chef dazu überredet worden, die Stelle des dortigen Betriebsobmanns zu übernehmen und die DAF war auch mit dieser Berufung einverstanden. Als Reuter aber nach drei Monaten überlegte, seinen Posten wieder abzugeben, wurde er von Ortsobmann und Kreisobmann derart unter Druck gesetzt, dass der achtfache Vater nachgeben musste.[21] Jean Comes, bis 1940 hauptamtlicher Gewerkschaftssekretär, wurde anscheinend bereits Ende Dezember 1940 von den beiden Parteigenossen Ludwig Grohé und Thomas Pütz angeworben, die ihm anboten, von der Gewerkschaft zur Deutschen Arbeitsfront zu wechseln, da man ihn als Berater benötige. Auf Geheiß Grohés trat Comes auch bei einigen Propagandaveranstaltungen in gelber Uniform auf und es soll wieder

---

19 Vgl. Kriegsverbrecherakte ANLux CdG 160 Ludwig Grohé.

20 Es handelt sich um den Fall Georges Duchène aus Esch-sur-Alzette. Duchène, ein ehemaliger Fremdenlegionär, war auf Werk Schifflingen Hüttenpolizist, bis er diesen Posten aus politischen Gründen verlor. Duchène, der als ausgesprochen frankophil und als Querkopf galt, bekam Probleme mit dem Schifflinger Betriebsobmann Olinger, der ihn im September 1942 als einen Mitwisser des Streiks bei Grohé denunzierte. Duchène wurde daraufhin verhört und blieb im Visier der Gestapo. Im Februar 1943 wurde Duchène verhaftet und kam ins Konzentrationslager Sachsenhausen, wo er wenige Monate später unter ungeklärten Umständen ums Leben kam, vgl. Bericht von Betriebsobmann Olinger vom 9.9.1942 an Kreisobmann Grohé betr. Arbeitsniederlegung vom 31.8.42, in: AP 334-48 Konrad Olinger (Mappe „Pièces à conviction“). Nach dem Krieg wurde der Fall dem ehemaligen Betriebsobmann angelastet, der Grohé aber die Mitschuld zuwies, da der Kreisobmann die Angelegenheit auch hätte selber regeln können, ohne die Gestapo einzuschalten.

21 Vgl. Bericht der Gendarmerie Rodingen vom 4.8.1945 an die Staatsanwaltschaft, in: ANLux AP 668 (R45) Jean-Pierre Reuter.

der Kreisobmann gewesen sein, der ihm 1941 nahelegte, in die NSDAP einzutreten.[22]

Gegenüber den Amtswaltern der Deutschen Arbeitsfront trat der Kreisobmann forsch und autoritär auf. Im Februar 1941 rief er die Amtswalter des ARBED-Werkes von Schifflingen zusammen, um sie über ihre künftige Rolle aufzuklären. Der Betriebsobmann habe die ihm untergeordneten Menschen zu führen, den Parteiinstanzen habe er zu gehorchen. Oberste Priorität, so Grohé, habe die Leistungsfähigkeit des Arbeiters, der „für das Allgemeinwohl des gesamten großdeutschen Volkes" tätig sei. Beides sei aber nur möglich, wenn alle durch „politische Erziehung (...) zur Erkenntnis der nationalsozialistischen Idee" kämen. Nach dieser allgemeinen Einführung, die Grohé vor jeder VdB-Ortsgruppe hätte halten können, wurde er schließlich konkreter und sagte das, was in öffentlichen Versammlungen nie hätte gesagt werden können: Amtswalter müssten den Hitlergruß anwenden und „Schmähungen des Nationalsozialismus", das Hören des englischen Senders und Meinungen der Luxemburger über den „Anstreicher" Hitler würden nicht mehr geduldet werden. Unmissverständlich waren die Warnungen in Richtung unzuverlässiger Betriebsführer und anderer, die eventuell noch an der Marschrichtung zweifeln sollten. Grohé nahm Stellung zur Rekrutierung der DAF-Mitglieder, was sich ganz anders als die in der Presse verbreitete Erfolgspropaganda anhörte: „Ein jeder muss sich in die DAF aufnehmen lassen. Ich setze voraus, dass Ihr alle Mitglieder der VdB seid, denn ein jeder, der in die DAF aufgenommen wird, muss in der VdB sein. Sie können mir sagen, es sei Zwang. Jawohl, es ist Zwang. Wenn Sie morgens aufstehen und zur Arbeit gehen, ist das kein Zwang? In dem Sinne ist dies auch Zwang. Ich wiederhole, jawohl es ist Zwang und wir werden nicht nachlassen, bis wir unsere Ziele erreicht haben werden." Fanatisch redete der Kreisobmann auf seine Zuhörer ein, er drohte den Betriebsführern brutal mit Entfernung aus dem Unternehmen, wenn sie die nationalsozialistische Idee nicht vorbehaltlos unterstützten. Etwaige Abweichler warnte er: „Jedem, der aus der Reihe trete, werden die Fersen ausgetreten werden; er bleibe am Wege liegen und falle unter die Räder."[23]

Der Einsatz, den Grohé für die Arbeitsfront an den Tag legte, kam hin und wieder den Menschen in seinem Amtsbezirk zugute. So setzte er sich im Januar 1941 für einen Düdelinger ein, dessen Haus 1940 durch die Kriegshandlungen an der Grenze teilweise zerstört worden war, und vermittelte dem Beschädigten bei der Gemeindeverwaltung ein zusätzliches Darlehen.[24] Woanders nahm Grohé quasi

---

22 Vgl. Aussage von Comes, in: Ersterscheinungsprotokoll vom 16.6.1945, in: ANLux AP 1784 Jean Comes.

23 Auszug aus einem Bericht des Betriebsobmanns Konrad Olinger vom 3.2.1941 über die Tagung der Amtswalter der DAF des Werkes Schifflingen vom 2.2.1941 um 4 Uhr im Saale Casa d'Italia, in: ANLux CdG 003 Wilhelm Diehl, Bll. 756-758.

24 Schreiben von Kreisobmann Grohé vom 20.1.1941 an den DAF-Ortsobmann von Düdelingen betr. Wege Alfons, in: Archives OGBL (Mappe „Düdelingen").

ersatzweise „gewerkschaftliche" Aufgaben wahr und sorgte dafür, dass der Angestellte eines örtlichen Kolonialwarenladens seinen vollen tariflichen Lohn erhielt.[25] Im Sommer nahm er die Arbeiter des Düdelinger Blechwalzwerks in Schutz vor einem fanatischen „Sondereinsatzleiter", der aus der Reichsleitung nach Düdelingen geschickt worden war, um dort die VdB aufzubauen. Dieser Franz Land war im Betrieb erschienen und hatte die Arbeiter zusammengestaucht, die total erschöpft eine Pause machten: „Das könnte euch so passen, vier Stunden schaffen und vier Stunden faulenzen." Daraufhin beschwerte sich Grohé bei Kreisleiter Diehl und drohte mit Meldung bei der Gauleitung, sollte Land mit seinen Äußerungen nicht vorsichtiger sein. Aber es ging dem Kreisobmann im Grunde nicht um das Wohlergehen der Walzwerkarbeiter, sondern er befürchtete, dass man durch solches Auftreten die gesamte politische Aufbauarbeit und den „Arbeitsfrieden" gefährde: „Wie bereits mündlich mitgeteilt ist das Auftreten des Pg. Land in Düdelingen dazu angetan, das Gegenteil von dem zu erreichen, was wir erreichen wollen. (...) Wenn Pg. Land diese Dinge nicht kennt, muss er vor allen Dingen vorsichtiger sein, da gerade in Düdelingen jedes Wort aufgegriffen und ausgeschlachtet wird. Die Erregung unter den Arbeitern war begreiflicherweise erheblich."[26]

Meistens war Grohé aber ein überzeugter Nationalsozialist, der sich für das Regime und seine Arbeitsfront einsetzte. Hier war der Kreisobmann auf die Mitarbeit der Amtswalter angewiesen, die ihm Informationen aus den Unternehmen lieferten und somit seine wichtigsten Mitarbeiter zur Durchsetzung der politischen Ziele der DAF waren. Grohé verwendete sich folglich für getreue Betriebsobmänner. Als sich 1941 der Schifflinger Betriebsobmann beim Kreisobmann beschwerte, er habe einen Lohnausfall von 50 Reichsmark im Monat – als Obmann machte er keine gut bezahlten Sonntagsschichten mehr – wandte sich Grohé an den Direktor und unterstützte die Lohnforderungen beziehungsweise die Forderung nach Beförderung auf einen besser bezahlten Posten.[27]

Indirekt hatte Grohé in den Industriewerken einen gewissen wirtschaftlichen Einfluss, weil er gezielt auf die materielle Lage der Arbeiter einwirken konnte. Die DAF vermittelte zum Beispiel bei Fragen der Zusatzkarten oder der Versorgung mit Lebensmitteln. Grohé setzte sich bevorzugt für seine Betriebsobmänner ein, die ihrerseits die Privilegien an die zuverlässigsten Block- und Zellenobmänner weiterreichten. Aber der Arm des Kreisobmanns reichte auch außerhalb der Betriebe, denn er verfügte zum Beispiel in seinem Amtsbereich Schließungen von Gastwirtschaften. Hier standen in den allermeisten Fällen rein politische Gründe

25 Schreiben Grohés vom 6.1.1941 an den Reichstreuhänder der Arbeit, in: Archives OGBL (Mappe „Düdelingen").

26 Schreiben des Kreisobmanns Ludwig Grohé vom 21.7.1941 an Kreisleiter Diehl betr. Einsatzleiter Pg. Land, Düdelingen, in: Archives OGBL (Mappe „Düdelingen").

27 Schreiben von Kreisobmann Grohé vom 25.7.1941 an Direktor Koener betr. Entlohnung des Betriebsobmanns Olinger, in: ANLux ARBED Schifflange 14827 („Kreisleitung an ARBED-Schifflingen").

im Vordergrund, während wirtschaftliche Argumente nur vorgeschoben wurden, um die Entscheidung bei den zuständigen Stellen durchsetzen zu können.[28]

Zum Aufgabengebiet der Deutschen Arbeitsfront gehörte nicht zuletzt die „Betreuung" der arbeitenden Menschen. Dazu zählte die Realisierung von arbeiterfreundlichen Maßnahmen, wobei sich der Kreisobmann immer auf dem Boden der vom Regime definierten Sozialpolitik bewegte. Im Februar 1941 forderte Grohé beispielsweise vom Direktor des Schifflinger Hüttenwerks, dass Junggesellen und Witwer, die sich um Kinder kümmern mussten, in Punkto Arbeitszeiten den Verheirateten gleichgestellt wurden.[29] Er verschaffte den Menschen kleine Vergünstigungen, die auf Veranlassung der DAF-Funktionäre vor allem den Arbeitern zukommen sollten. Zum 1. Mai 1943 teilte der Kreisobmann mit, dass zur Unterhaltung der Menschen, die arbeitsfrei waren, KdF-Veranstaltungen geplant würden. In den Betrieben sollten die Betriebsobmänner Sonderzuteilungen von Rauchwaren, Getränken und anderen Genussmitteln ausgeben lassen. Um den Eindruck zu vermeiden, die Betriebsobleute würden dabei eventuell andere Funktionäre und Parteigenossen bevorzugen, sollte die Verteilung selbst durch den Betriebsführer vorgenommen werden, der Betriebsobmann diese aber überwachen.[30] Im Oktober 1943 besuchte Kreisleiter Diehl zusammen mit Kreisobmann Grohé die an die Ruhr dienstverpflichteten ARBED-Grubenarbeiter. Bei dieser Gelegenheit brachten die beiden „als Geschenk des Gauleiters" für jeden Arbeiter 60 Zigaretten und eine Flasche Wein mit.[31] Alle diese Maßnahmen trugen aber eher den paternalistischen Charakter von oktroyierten Geschenken oder Vergünstigungen. Sie waren nie durch Verhandlungen auf Augenhöhe oder durch legitime Arbeitskämpfe zustande gekommen. Wie sich Grohé auch im Namen der Moral in das Privatleben der Menschen einmischte, zeigt das Beispiel des Schlossers Viktor Klees. Der Schifflinger Arbeiter war seinem Ortsgruppenleiter aufgefallen, da er sich auf eine Weise verhielt, die wohl mit den Moralvorstellungen der VdB unvereinbar waren: Klees vernachlässigte seine eigene Familie, galt als Schläger und hatte Verhältnisse mit anderen Frauen, denen er Nahrungsmittel aus dem Familienhaushalt schenkte. Der Ortsgruppenleiter wandte sich an den Leiter des Escher Arbeitsamtes, der die Sache an die Deutsche Arbeitsfront weiterleitete. Hier nahm sich Kreisobmann

28 Schreiben von Kreisobmann Grohé vom 20.6.1941 an das Landratsamt in Esch betr. Schankerlaubnis der Gastwirtin Paul Schanen, Steinfort, in: ANLux CdG 003 Wilhelm Diehl (Mappe 22).

29 Schreiben von Kreisobmann Grohé vom 20.2.1941 an Direktor Koener betr. Feierschichten für Junggesellen und Witwer, in: ANLux ARBED Schifflange 14827 (Mappe „Kreisleitung an ARBED-Schifflingen").

30 Rundschreiben von Kreisobmann Grohé vom 22.4.1943 an alle Betriebe des Kreises Esch betr. 1. Mai 1943, in: ANLux ARBED Schifflange AES-U1-104 (Mappe „Fêtes 1er mai 1930-1943").

31 Vgl. Lageberichte von Martin Schmitz, in: ANLux ARBED Zentralverwaltung 23-12a (Mappe "Dienstverpflichtete ARBED-Grubenarbeiter nach der Ruhr und anderen Gauen. 1943-1944").

Grohé des delikaten Falles an und Klees, der politisch als „nicht einwandfrei“ galt, wurde zur Kreisleitung einbestellt und dort von Grohé persönlich unter die Lupe genommen.[32] Über das weitere Schicksal von Klees ist nichts bekannt.

Zum schlechten Ruf der DAF trug auch eine ausgeprägte Vetternwirtschaft bei, die von vielen Amtswaltern mehr oder weniger unverhohlen betrieben wurde. So versuchte Grohé, unbedingt einen Malermeister in einem Angestelltenverhältnis bei ARBED-Belval unterzubringen, mit dem Argument, dass die Aktion „Schönheit der Arbeit“ mehr Anstreicher benötige. Anfangs waren es nur punktuelle Versuche, Parteigenossen eine sichere und gut bezahlte Stelle zu vermitteln, ab 1942 war die Bevorzugung von verdienten VdB-Mitgliedern ein regelrechtes Programm. Das Regime hoffte, wenn man genug bewährte VdB- und NSDAP-Parteigenossen auf leitenden Posten hätte, so würde man zukünftig politische Unruheherde in den Betrieben schneller lokalisieren und Arbeitsniederlegungen verhindern beziehungsweise im Keim ersticken können. Gleichzeitig wäre die Förderung von VdB-Aktivisten eine Anerkennung ihrer politischen Verdienste. In dem Sinne ordnete Gauleiter Gustav Simon an, dass die Aktivisten der VdB und anderer Parteigliederungen entsprechend befördert werden müssten. In Esch wurde DAF-Kreisobmann Grohé mit der Durchführung dieses widersinnigen Befehls beauftragt.[33] Praktisch war der Wunsch des Gauleiters nicht durchführbar, da ein treuer Parteigänger nicht automatisch die erforderliche berufliche Qualifikation mitbrachte und sich die Unternehmensleiter auch nur ungern die Personalpolitik von Parteidienststellen diktieren lassen wollten. Umgekehrt dürften in Betrieben, die unter reichsdeutscher Leitung standen oder in denen ein DAF-Betriebsobmann eine besonders einflussreiche Position hatte, bei der Besetzung bestimmter Posten auch politische Gesichtspunkte den Ausschlag gegeben haben. Wie unrealistisch die Forderung des Gauleiters nach einer bevorzugten Beförderung von Aktivisten war, erwies die betriebsinterne Praxis. Die Direktoren – ob Luxemburger oder Reichsdeutsche – zeigten der DAF in dieser Frage einfach die kalte Schulter, schon aus praktischen Erwägungen. Qualifiziertes Personal war Mangelware und man konnte es sich nicht leisten, Leitungsfunktionen nur nach politischen Gesichtspunkten zu besetzen. Dies veranlasste Kreisobmann Grohé 1943 in einem Rundschreiben zu einer Beschwerde. Ihm war zugetragen worden, dass die meisten Betriebe im Kreis Esch Beförderungen vorgenommen hatten, ohne die Kreiswaltung oder die Betriebsobmänner zu informieren. Grohé erinnerte mit Nachdruck an die nach wie vor

---

32 Schreiben des Ortsgruppenleiters NSDAP-Ortsgruppe Esch „Auf der Acht“ vom 27.11.1942 an den Leiter des Arbeitsamtes in Esch betr. Vg. Viktor Klees, in: ANLux ARBED Schifflange 14827 („Kreisleitung an ARBED-Schifflingen“).

33 Aktennotiz von Schleimer vom 29.5.1941 für Direktor Nicolas Schock, in: ANLux ARBED Belval 14451 (Mappe „Betriebssport, Betriebsappelle, KdF...“). Schreiben von Kreisobmann Grohé vom 1.10.1942 an den stellvertretenden Betriebsführer von Schifflingen betr. Förderung von Aktivisten, in: ANLux ARBED Schifflange 14827 („Kreisleitung an ARBED-Schifflingen“).

geltende Anordnung des Kreisleiters, „wonach die Partei bei allen Beförderungen eingeschaltet werden“ müsse.[34]

Die alltägliche Praxis der Kreis- und Betriebsobmänner zeigt, dass die DAF tatsächlich nur in Einzelfällen ihre Leute auf Posten drücken konnte, umgekehrt aber Gegnern das Leben erschwerte. Dies zeigt sich vor allem im Umgang mit Arbeitsverweigern und sogenannten Bummelanten. Die „Frage der Bummelanten“ wurde ab 1943 akut wahrgenommen, als der Krankenstand in der Industrie aus Sicht der nationalsozialistischen Machthaber nicht mehr tolerierbare Ausmaße annahm. Bei einem Betriebsbesuch im Hüttenwerk Schifflingen stellte Grohés rechte Hand, Kreisfachabteilungswalter Josef Goergen, fest, dass 4,5 Prozent der Arbeiter krank waren, bei den Angestellten war der Anteil der Kranken mit 9 Prozent sogar doppelt so hoch, obwohl deren Tätigkeiten weniger körperliche Anstrengungen erforderten. Dabei war nicht einmal der Absentismus der Anlass für den Kontrollbesuch der DAF gewesen, sondern die immer wiederkehrenden Beschwerden der Arbeiter bezüglich der Prämiengestaltung und der Lebensmittelkarten, die überall zu den Dauerbrennern gehörten.[35] In einem Rundschreiben an die Betriebsobmänner des Escher Kreises kündigte Grohé radikale Maßnahmen an, „die diesem Treiben ein für allemal ein Ende bereiten“ sollten. Die Betriebsobmänner sollten die unverbesserlichen Blaumacher beim Kreisobmann melden, dieser würde dann jedem Einzelnen eine Verwarnung aussprechen. Bei Nichterfolg drohte Grohé mit polizeilichen Maßnahmen, im Extremfall mit der „Überführung in ein Konzentrationslager“.[36] Tatsächlich wurden unentschuldigt Fehlende von Grohé persönlich verwarnt, wie der Kreisleiter 1943 dem reichsdeutschen Direktor Köhler von ARBED-Schifflingen mitteilte. Köhler und sein Betriebsobmann sollten die auffälligen Arbeiter und Angestellten weiterhin besonders überwachen, Wiederholungstäter seien „unverzügl.[ich] der Polizei zu melden.“[37] Die von Grohé angekündigten Maßnahmen liefen freilich größtenteils ins Leere, da die Zahl der Arbeiter, die unentschuldigt fehlten oder erwiesenermaßen blau machten, derart anstieg, dass der Kreisobmann nie alle Fälle hätte bearbeiten können. Deshalb wurde in DAF-üblicher Manier verfahren, bei der es darum ging, die Übeltäter erst einmal zahlenmäßig und namentlich zu erfassen. Ab August 1943 oblag es den Betriebsobmännern, der Kreiswaltung monatliche Verzeichnisse der Fehlenden zuzuschicken. Sie sollten in der Hauptsache die „unverbesserlichen Blaumacher“

---

34 Rundschreiben von Kreisobmann Grohé vom 21.4.1943, abgedr. in: Bastian, L’usine Arbed-Esch et son personnel, S. 54ff.

35 DAF Betriebsbesuch vom 26.1.1943 durch Kreisfachabteilungswalter Pg. Josef Goergen, in: ANLux ARBED Schifflange 14827 („Kreisleitung an ARBED-Schifflingen“).

36 Rundschreiben Nr. 13/43 von Kreisobmann Grohé vom 22.3.1943 an alle Betriebsobmänner des Kreises Esch-Alzig betr. Ausmerzung des Bummelantentums, in: ANLux AP Marcel Schintgen (Mappe „Fehlschichtmeldungen“); im Original unterstrichen.

37 Schreiben von Kreisobmann Grohé vom 4.2.1943 an Direktor Köhler betr. Bummelanten, in: ANLux ARBED Schifflange 14827 („Kreisleitung an ARBED-Schifflingen“).

erfassen, dies in Zusammenarbeit mit den Betriebsführern.[38] In Einzelfällen denunzierte Grohé Bummelanten und Arbeitsverweigerer bei der Kreisleitung. Im Jahre 1943 etwa betrieb Grohé die Überführung eines Arbeiters in ein Arbeitslager, da dieser trotz Ermahnungen seine Einstellung nicht verbessert hatte. Der Kreisobmann informierte auf sarkastische Weise die Schwiegermutter des Betroffenen: „Ich bin überzeugt, dass diese Kur helfen wird."[39] Im Mai 1943 kam Grohé der Fall des Schifflinger Arbeiters Franz Vernet zu Ohren, der von seinem Blockobmann denunziert worden war. Grohé wollte an dem Arbeiter, der bereits mehrfach von seinem Betriebsobmann und von Grohé persönlich verwarnt worden war, nun ein Exempel statuieren. Als Vernet im Monat Juni gleich zwei Wochen ohne Entschuldigung nicht zur Arbeit erschien, war das Maß voll. Grohé wandte sich an Kreisleiter Diehl und bat um die „sofortige Überführung in das Arbeitslager Hinzert". Als Grohé einige Wochen später erfuhr, dass Vernet von der Polizei nur eine Verwarnung erhalten hatte, hakte der Kreisobmann noch einmal bei Diehl nach: Vernet als „unverbesserlicher Bummelant" hatte wieder zahlreiche Fehlschichten aufzuweisen und nun müsse etwas geschehen. Vernet kam schließlich nach Hinzert.[40]

Etwas anders gelagert war der Fall der beiden Familien von Gerhard und Ferdinand Mehling aus Kayl, mit dem sich die Deutsche Arbeitsfront von 1941 an immer wieder befasste. Beide Familienväter arbeiteten auf ARBED-Schifflingen, wo sie nach Auffassung Grohés „eine ganz gemeine Hetzerei gegen das Deutschtum" betrieben. Pikanterweise handelte es sich bei den Mehlings um Reichsdeutsche, die vom DAF-Kreisobmann zur Rede gestellt aussagten, mit dem Deutschtum nichts mehr zu tun zu haben. Keiner der Mehlings war irgendeiner NS-Organisation beigetreten. So empfahl Grohé 1942 seinem Kreisleiter, dass beide Familien ins Altreich „zurücktransportiert" werden sollten. Dies war aber leichter gesagt als getan. Nach einer Beschwerde des Betriebsobmanns nahm Grohé die Sache im Mai wieder in die Hand und intervenierte bei der Gauleitung. Ferdinand Mehling habe eine freche Bemerkung auf den Aufnahmeantrag zur DAF geschrieben, bei der Personenstandsaufnahme habe er sogar „Luxemburger" bei der Frage nach der

38 Rundschreiben Nr. 28/43 von Kreisobmann Grohé vom 18.8.1943 an alle Betriebsobmänner des Kreises Esch-Alzig betr. unentschuldigtes Fehlen im Betrieb, in: ANLux AP Marcel Schintgen (Mappe „Fehlschichtmeldungen").

39 Schreiben von Kreisobmann Grohé vom 25.6.1943 an Frau Josefine Kreuer (Saarburg), in: ANLux CdG 003 Wilhelm Diehl.

40 Vgl. Schreiben von Blockobmann Jean-Pierre Dichter vom 4.5.1943 an Kreisobmann Grohé und Betriebsobmann Palmer betr. Bummelant Vernet Franz, in: ANLux AP Jean-Pierre Dichter; Schreiben von Kreisobmann Grohé an Kreisleiter Diehl betr. Franz Vernet, geb. am 30.5.13, wohnhaft in Esch, und Schreiben Grohés vom 28.7.1943 an Kreisleiter Diehl betr. Franz Vernet aus Esch, in: ANLux CdG 003 Wilhelm Diehl. Nachweis für die Inhaftierung Vernets in Hinzert, siehe Ligue luxembourgeoise des prisonniers et déportés politiques (LPPD), Livre d'or des camps. KZ an Ëmsiidlong, Luxemburg 1990, zugleich: Rappel 45 (1990), Nr. 5/6., S. 109.

Volkszugehörigkeit angegeben. Grohé vermutete, dass Mehling irgendetwas mit deutschfeindlichen Flugblättern zu tun haben könnte, die im ARBED-Werk Schifflingen aufgetaucht waren. 1943 wurde Grohé nochmals auf Ferdinand Mehling aufmerksam, der als Büroangestellter in Schifflingen einen schlechten Einfluss auf andere hatte und zudem wegen Krankfeierns aufgefallen war. Diesmal empfahl der Kreisobmann, Mehling einfach umzusiedeln.[41]

Ging es bei Fällen wie dem Luxemburger Vernet oder bei den deutschstämmigen Mehlings immer auch um die Durchsetzung volkspolitischer Ziele, so zeigt der Umgang mit Zwangsarbeitern, dass Grohé hier hemmungslos die arbeitspolitischen Zielsetzungen des Regimes durchzusetzen versuchte. Dies zeigt sich insbesondere in der Behandlung der belgischen Staatsangehörigen, die nach Luxemburg dienstverpflichtet worden waren, um unter anderem in der Schwerindustrie die durch die Zwangsrekrutierungen zur Wehrmacht entstandenen Lücken zu füllen. Freilich hielt sich die Motivation der belgischen Arbeiter sehr in Grenzen, da sie nicht freiwillig ins Minetterevier gekommen waren und meistens keine fachlichen Qualifikationen für die Arbeiten in den Hüttenwerken mitbrachten. Dementsprechend hoch war die Zahl der Belgier, die „Vertragsbruch" begingen, d.h. nach einem freien Wochenende oder einem Urlaub einfach nicht mehr zur Arbeit erschienen. Da sich die Wohnorte jenseits der belgisch-luxemburgischen Grenze und somit außerhalb der Zuständigkeit des CdZ befanden, waren die Möglichkeiten, gegen die Belgier vorzugehen, begrenzt. Die belgischen Arbeiter, die lagermäßig in Wohnbaracken in der Nähe der ARBED-Werke untergebracht worden waren, fielen ihrerseits durch hohe Krankenstände auf. Die Zivilverwaltung schaltete deshalb die Deutsche Arbeitsfront ein, die zusammen mit den Unternehmen und den Vertrauensärzten das Problem beheben sollte. Ab Mai 1943 durften kranke Belgier nicht mehr nach Hause, sondern mussten im Lagerrevier oder in lokalen Krankenhäusern behandelt werden, sodass eine Flucht in die Heimat deutlich erschwert wurde. Der zuständige CdZ-Kommissar für das Sozialversicherungswesen hatte sich mit ARBED-Direktor Röding und Kreisobmann Grohé darauf geeinigt, dass zudem das Einsatzkommando der Sicherheitspolizei und des SD eingeschaltet werden sollte. Die gleichen Maßnahmen wurden auch in den Lagern der DIFFAG getroffen. Im „Einvernehmen mit der Staatspolizei in Esch" ordnete Grohé den Lagerführern an, allen Belgiern die Passierscheine abzunehmen. Damit war dem legalen Grenzübertritt und einer Heimkehr nach Hause ein Riegel vorgeschoben. Der eifrige Kreisobmann regte zusätzlich an, die Grenzkontrollen zu verschärfen, weil Fälle von Schmuggelei von Luxemburg nach Belgien bekannt

41 Die Brüder Mehling hatten 1935 die luxemburgische Staatsangehörigkeit angenommen. Schreiben von Kreisobmann Grohé vom 23.2.1942 an Kreisleiter Diehl betr. Familien Gerhard und Ferdinand Mehling, Kayl; Schreiben von Kreisobmann Grohé vom 7.5.1942 an Gauinspekteur Ackermann; Schreiben von Kreisobmann Grohé vom 27.11.1943 an Kreisleiter Diehl betr. Ferdinand Mehling, Esch, in: ANLux CdG 003 Wilhelm Diehl. Die Familie wurde nach Schlesien umgesiedelt.

geworden waren. Von Seiten der reichsdeutschen Direktoren erntete Grohé für seine Ideen nur großes Lob.[42]

2.3. Betriebsbesuche

Zu den Methoden der Deutschen Arbeitsfront gehörten Betriebsbesuche, die von DAF-Funktionären durchgeführt wurden. Sie unterschieden sich von den regelmäßig stattfindenden Betriebsappellen schon durch die äußere Form, aber auch in ihrer Zielsetzung. Die Betriebsbesuche gaben dem Kreisobmann und dessen Mitarbeitern die Gelegenheit, die Werkstätten und andere Räumlichkeiten zu inspizieren, wobei überprüft wurde, ob sie den Vorgaben der „Schönheit der Arbeit" oder anderen nationalsozialistischen Vorschriften entsprachen. Waren Toiletten, Aufenthaltsräume oder Kantinen nicht in Ordnung, wurden von den Verantwortlichen Verbesserungsvorschläge unterbreitet, die der Betriebsführer tunlichst umzusetzen hatte, wollte er bei der DAF-Kreiswaltung nicht anecken. Gerade in kleineren Bergbaubetrieben und Steinbrüchen trugen die Betriebsbesuche ihre Früchte, dank der strengen Kontrollen und der ungeschminkten Berichte der deutschen Funktionäre. Ein Steinbruchbesitzer aus Koerich musste sich vorwerfen lassen, „auf sozialem Gebiete in Unterkunfts- und Waschräumen [sei] noch alles zu tun." In einem Differdinger Grubenbetrieb versprach der Direktor nach einem negativen Bericht der DAF zahlreiche Verbesserungen. Ob die angekündigten Umbaumaßnahmen oder eine in Aussicht gestellte betriebsärztliche Versorgung tatsächlich durchgeführt wurde, ist nicht belegt. Durch diese Art des Entgegenkommens konnte sich das Verhältnis zwischen Unternehmer und Arbeitsfront aber deutlich entspannen.[43] Kosmetische Verbesserungen täuschten aber in der Regel darüber hinweg, dass die Arbeiter vielerorts eher Lohnerhöhungen erwarteten als schön gestrichene Gemeinschaftsräume.

Betriebsbesuche wurden aber auch von anderen politischen Leitern unternommen, vor allem dann, wenn es in Betrieben größere Probleme gab, die die

---

42 Schreiben des Kommissars für das Sozialversicherungswesen (KSV) vom 4.5.1943 an die Verbindungsstelle der DAF, an die ARBED-Zentralverwaltung, an Kreisobmann Grohé, an den Beauftragten für die AOK sowie an Obervertrauensarzt Dr. Scheller betr. Krankenstände in den Lagern für Belgier bei der ARBED und Schreiben des KSV vom 19.5.1943 an Generaldirektor Meier (DIFFAG) betr. Krankenstände in den Lagern für Belgier, in: ANLux CdZ A-1-30:561 („Kommissar für das Sozialversicherungswesen"). Vgl. auch Schreiben von Kreisobmann Grohé vom 7.5.1943 an KSV betr. Krankenstand in den Lagern für Belgier und Schreiben von ARBED-Belval vom 31.5.1943 an KSV betr. dienstverpflichtete Belgier, in: ANLux CdZ A-1-30:561.

43 Vgl. Betriebsbesuch des DAF-Amtes für „Schönheit der Arbeit" am 14.5.1941 auf Werk Schifflingen, in: ANLux ARBED Schifflange 14827 („Kreisleitung an ARBED-Schifflingen"); Betriebsbesuch in Differdinger Grubenbetrieb, in: Archives OGBL (Mappe „Grube 9. Differdingen") und Betriebsbesuch Grohés vom 2.10.1941, in: Archives OGBL (Mappe „Steinbruch Peter Flammang, Koerich").

Präsenz des Kreisleiters persönlich erforderlich machten.[44] Gelegentlich tauchten VdB-Ortsgruppenleiter auf, um sich umzusehen und mehr oder weniger eigenmächtige Kontrollen vorzunehmen. Dies geschah beispielsweise häufiger in der Ortsgruppe Dommeldingen, wo der dortige Ortsgruppenleiter Ferdinand Spierkel im ARBED-Werk für Unruhe sorgte, bis ihm quasi ein Hausverbot erteilt wurde.[45] Anfang 1941 ging es bei den Betriebsbesuchen und Appellen in erster Linie darum, bei den Arbeitnehmern für den Beitritt zur DAF zu werben, aber eigentlich mehr noch, die Gemüter zu beruhigen. Seit Oktober 1940 rumorte es allenthalben, da die Menschen mit den verordneten Löhnen und Gehältern höchst unzufrieden waren. Die DAF-Kreiswaltungen hatten also zunächst alle Hände voll zu tun, den Brand zu löschen, den die Sozialpolitik des Gauleiters gelegt hatte. Die eigentliche soziale Betreuung, die sich die Arbeitsfront auf die Fahnen geschrieben hatte, kam deswegen deutlich zu kurz. Hanns Schneider, der als Generalbeauftragter des Stillhaltekommissars für die Arbeitgeber- und Arbeitnehmerorganisationen in Luxemburg zuständig war, gab deshalb die Anweisung heraus, dass man sich bei „fortgesetzten Betriebsbesuchen und Betriebsappellen" zunächst um die „bisher noch nicht ganz geklärten Lohnverhältnisse in den Betrieben" zu kümmern habe, bevor eine „allgemeine Aufklärung über soziale Probleme" oder irgendwelche kulturellen Veranstaltungen wie Werkspausenkonzerte veranstaltet würden.[46]

Eigentlich liebten Männer wie Grohé große Auftritte und feierliche Kundgebungen in fahnengeschmückten Hallen, wo immer eine gewisse Distanz zu den anwesenden Arbeitern gewahrt blieb. Sieht man von inszenierten Presseterminen ab, fanden Werks- und Betriebsbesuche nach 1941 nur mehr ausnahmsweise statt. Die Kreisobmänner scheuten möglicherweise die Konfrontation mit unzufriedenen, rebellischen Arbeitern und Angestellten oder wollten unangenehme Zwischenfälle tunlichst vermeiden. Ihnen war klargeworden, wie desolat sich die Lage in den Betrieben für das Regime und damit für die Deutsche Arbeitsfront mittlerweile darstellte. Sie überließen folglich lieber den Betriebsobmännern die Betreuungsarbeit vor Ort und leiteten das Kreisgebiet mit Rundschreiben von ihrem Schreibtisch aus. Auch ohne sich in die Großbetriebe zu bewegen, lieferten die Berichte der Obmänner genug Informationen über die Stimmung in den Betrieben. Drohte die Stimmung zu kippen oder standen wichtige Veränderungen bevor, tauchten die Parteigenossen von der Kreiswaltung auf. Im August 1942 kam Grohé persönlich nach ARBED-Schifflingen, als es Fälle von Arbeitsverweigerungen gab, um beruhigend auf die Arbeiter zu wirken. Aber erst Drohungen und Ankündigungen von

44 Schreiben des Kreisleiters von Diekirch vom 30.4.1943 an den Kommissar für das Sozialversicherungswesen, in: ANLux CdZ A-1-30:561.

45 Vgl. Bericht des Dommeldinger Betriebsobmanns Boes vom 6.9.1944 über die innerbetrieblichen Ereignisse im Werk Dommeldingen, in: ANLux AP 6425a Nicolas Boes (Mappe „Instruction").

46 Schreiben des Generalbeauftragten für die Arbeitnehmer- und Arbeitgeberorganisationen vom 12.2.1941, in: ANLux CdZ A-1-30:291.

Folgen beeindruckten die aufgebrachten Arbeiter, die gegen unzumutbare Arbeitszeiterhöhungen protestierten.[47] Später im Jahr besuchten der Kreisobmann und der Kreiswalter für die „Schönheit der Arbeit" das Schifflinger Ostarbeiterlager – für die Betreuung der Zwangsarbeiter war die DAF zuständig –, um Unterbringung und Versorgung im Lager für gut zu befinden.[48] Im Januar 1943, als die Stimmung vielerorts wieder besonders kritisch war, kam ein Vertreter des Kreisobmanns zusammen mit Betriebsobmann und Betriebsführer in die Werkstätten, um den Beschwerden der Arbeiter über Prämien und Lebensmittelzulagen entgegenzutreten. In Wahrheit ging es aber nicht darum, den Arbeitern der Hüttenwerke zuzuhören. Die nach deutschen Vorstellungen zu hohe Zahl der „Bummelanten" und Krankfeiernden war der wahre Grund. Mit einem Betriebsbesuch markierte die Arbeitsfront ihre Präsenz, ein verzweifelter Versuch, die längst verlorene Autorität unter den Luxemburger Arbeitern des Werks zurückzuerlangen. Tauchte der Kreisobmann oder ein anderer DAF-Funktionär auf, dann hielten sich die Arbeiter zurück oder er kam nur mit handverlesenen Anhängern in Kontakt. Nicht anders lässt sich erklären, dass im Dezember 1943 Grohé im Gespräch mit Arbeitern den fälschlichen Eindruck erhielt, die Arbeiter seien zufrieden und dankbar.[49] Mit Erstaunen liest man den Bericht über diesen Betriebsbesuch, den Grohé zusammen mit dem zuständigen Betriebsobmann auf Werk Schifflingen absolviert hatte. Grohé suchte die Arbeiter auf, sprach mit ihnen und probierte die Arbeit selber aus. Zufrieden stellte er fest, dass die Arbeiter ein gutes Verhältnis zu ihrem Obmann Olinger hatten, insgesamt machten die Leute einen zufriedenen und guten Eindruck. Zwar gab es die üblichen Fragen über die Schwerstarbeiterzulagekarten, aber die Schifflinger Arbeiter waren scheinbar dankbar für die Weihnachtsgratifikationen. Die Leistungen der Arbeiter bewerteten die beiden DAF-Leute als zufriedenstellend. Wie verträgt sich diese doch eher positive Darstellung der Stimmung mit den Beschwerden über Arbeitsbummelei und mangelnde Motivation? Liest man den Bericht der DAF weiter, so begaben sich Olinger und Grohé anschließend zur Besichtigung der Ostarbeiterlager. Hier erwischten beide um drei Uhr nachts Jugendliche beim Kartenspiel, bei der Inspektion stellten sie verschmutzte Toiletten, dreckige und überheizte Baracken fest. Die missbilligende Beschreibung der Ostarbeiter steht gewissermaßen in deutlichem Kontrast zur Begegnung mit den sauberen, ordentlichen „volksdeutschen" Luxemburger Arbeitern. Die Episode illustriert, wie stark NS-Funktionäre von rassistischen Wertvorstellungen

---

47 Bericht vom 7.8.1942 über den Betriebsbesuch von Kreisobmann Grohé und Kreisfachabteilungswalter Goergen in Schifflingen am 5.8.1942, in: ANLux ARBED Schifflange 14827 („Kreisleitung an ARBED-Schifflingen").

48 Betriebsbesuch der DAF am 27.11.1942 durch Pg. Grohé und Pg. Bach, in: ANLux ARBED Schifflange 14827.

49 Betriebsbesuch der DAF am 26.1.1943 durch Kreisfachabteilungswalter Josef Goergen und Betriebsbesuch von Kreisobmann Grohé am 21.12.1943, in: ANLux ARBED Schifflange 14827.

geprägt waren.[50] Andere Gefälligkeitsberichte sind mit Vorsicht zu genießen, denn sie vermitteln ein schöngefärbtes Bild der Lage. Selbst wenn im Jahre 1943 die DAF-Werkgruppe von ARBED-Schifflingen die Stimmung als „zufriedenstellend" bezeichnete, war dies von der Realität weit entfernt.[51]

2.4. Grohés Verhältnis zu den Escher Betriebsführern

Ludwig Grohé tat alles, um die Interessen und den Machtanspruch der Deutschen Arbeitsfront durchzusetzen. Dies bekamen nicht nur Arbeiter und Angestellte zu spüren, sondern auch die Arbeitgeber und Werksdirektoren, die mit ihm zu tun hatten. Aus taktischen Gründen waren Betriebsführer bis zu einem gewissen Grade bereit, mit der Deutschen Arbeitsfront zu kollaborieren und deren Wünsche zu erfüllen. Sie hatten relativ schnell gemerkt, dass es einfacher war, sich mit den neuen Machthabern zu arrangieren und bestimmte Aktionen zu tolerieren, die im Rahmen der Neuordnung in Luxemburg verlangt wurden. Dies war seit Oktober 1940 die offizielle Linie, die von der ARBED-Generaldirektion herausgegeben worden war und die dem leitenden Personal wie auch sämtlichen Mitarbeitern vom Ingenieur über den Angestellten bis hin zum einfachen Arbeiter als Richtschnur galten. Diese Haltung gegenüber der Volksdeutschen Bewegung und anderen nationalsozialistischen Organisationen erlaubte es den leitenden Funktionären der Deutschen Arbeitsfront, sich ab 1940 in den Betrieben des Landes umzusehen und die notwendigen Weichenstellungen für die „Gleichschaltung" der Arbeitswelt vorzunehmen.

Unter solchen Bedingungen hatte der Kreisobmann eine weitreichende Handlungsfreiheit. Im Werk Belval konnte die DAF ab 1941 eine ganze Reihe von Propagandaaktionen durchführen, die im Vorfeld von der ARBED-Zentralverwaltung genehmigt worden waren oder aber von den Direktionen mitgeplant und durchgeführt wurden. Für 600 Reichsmark erwarb die Direktion so auf Vorschlag von Grohé einen Kunstdruck, der den Führer in Lebensgröße darstellte. Im Winter 1942 forderte Grohé in einem Sonderrundschreiben, dass sämtliche Betriebe im Kreis Esch auf Anordnung des Gauleiters Appelle abzuhalten hätten, um die Menschen über die Notwendigkeit von Spenden für die Ostfront aufzuklären. Daraufhin spendete die ARBED-Abteilung Belval 240 Paar Strümpfe.[52]

Vor allem im Jahre 1941 waren die Betriebsführer sehr bemüht, es der Deutschen Arbeitsfront recht zu machen. Die ersten Betriebsappelle wurden geflissentlich

---

50 Betriebsbesuch der DAF am 21.12.1943, in: ANLux ARBED Schifflange 14827 („Kreisleitung an ARBED-Schifflingen").

51 Tätigkeitsbericht der DAF-Werkgruppe ARBED-Schifflingen vom Monat Oktober 1943, in: ANLux ARBED 14827 Schifflange („Kreisleitung an ARBED-Schifflingen").

52 Sonderrundschreiben des Kreisobmanns vom 28.12.1941 an alle Betriebsführer und Betriebsobmänner des Kreises Esch betr. Betriebsappelle am 30.12.1941, in: ANLux ARBED Belval 14449 („NSDAP und Organisationen").

von den jeweiligen Direktoren angekündigt und in einem gewissen Maße unterstützt. Zum Betriebsappell mit Gauobmann Dörner gab der Schifflinger Direktor eine Bekanntmachung heraus, in der „sämtliche Beamten und Arbeiter des Werkes (…) gehalten [seien], dem Betriebsappell beizuwohnen." Ein ganz ähnliches Schreiben teilte der Kollege vom Werk Belval seiner Belegschaft mit. Weder Schock noch Koener hatten aber aus eigener Initiative gehandelt. Vielmehr scheint es so, dass sich die politischen Stellen, also damit auch die Deutsche Arbeitsfront, bei der Planung von Betriebsappellen und anderen Propagandaveranstaltungen immer zunächst an die Generaldirektion in der Hauptstadt wandten, von wo aus dann die entsprechenden Anweisungen an die Werksdirektoren ergingen.[53] Im März 1941 lud die ARBED-Generaldirektion sämtliche DAF-Amtswalter (Betriebs-, Zellen- und Blockobmänner usw.) zu einem großen „Kameradschaftsabend" ein, zu dem nachdrücklich alle ARBED-Direktoren, aber auch leitendes Personal eingeladen waren. Selbstverständlich standen neben dem Kreisleiter die lokalen Vertreter von Militär, VdB und DAF auf der 350 Namen zählenden Einladungsliste.[54]

Dennoch war die Zusammenarbeit zwischen Deutscher Arbeitsfront und Luxemburger Direktoren aus Grohés Sicht alles andere als einfach. Angespannt war das Verhältnis etwa zum Direktor der Schifflinger ARBED-Abteilung, Mathias Koener, der sich nur ungern von der DAF in seine Angelegenheiten hineinreden ließ und dem direkten Kontakt mit DAF-Funktionären gerne aus dem Weg ging.[55] Andererseits intrigierte Grohé gegen Koener und setzte ihm genehme sozialpolitische Maßnahmen im Werk Schifflingen hinter dem Rücken des Direktors durch. So führte der Kreisobmann 1941 in der ARBED-Zentralverwaltung Besprechungen, unter anderem mit dem Reichsbeauftragten Bernhuber und in Esch mit Kreisleiter Diehl. Grohé erreichte wichtige Zusagen bezüglich Arbeitszeiten und Bezahlung

53 Bekanntmachung von Direktor Koener vom 31.10.1940 betr. Betriebsappell und Bekanntmachung von Belval-Direktor Schock vom 8.11.1940, in: ANLux ARBED Belval 14451 (Mappe „Betriebsappelle"). Schreiben von Chomé vom 27.3.1941 an Direktor Schock betr. Betriebsappell, ebenda.

54 Schreiben von Belval-Direktor Nicolas Schock vom 27.2.1941, in: ANLux ARBED Belval 14451 (Mappe „Kameradschaftsabende") und Presseartikel: „Kameradschaftsabend der DAF-Walter", in: ETB Nr. 53 (4.3.1941).

55 Vgl. Schreiben der DAF-Kreiswaltung vom 28.1.1941 an Direktor Mathias Koener betr. Tagung des gesamten DAF-Stabes des Betriebes, in: ANLux ARBED Schifflange 14827 („Kreisleitung an DAF-Schifflingen"). Koener war 1940 wie seine Direktorenkollegen aufgefordert worden, das „Heim ins Reich"-Manifest zu unterschreiben, hatte seine Unterschrift aber verweigert. Auch der ARBED-Generaldirektor Aloyse Meyer hatte sich geweigert, ein offenes Bekenntnis zum Anschluss des Landes an Deutschland abzulegen. Ein Großteil der Wirtschaftseliten war bereit, auf wirtschaftlichem Gebiet zu kollaborieren, an einer politischen Stellungnahme waren sie allerdings nicht interessiert. Über die Motive kann man im Einzelnen nur spekulieren: war es die überzeugte Ablehnung des Anschlusses oder doch eher eine abwartende Haltung, die hier zum Ausdruck kam?

von Junggesellen sowie die Beseitigung von Härten in der Lohngestaltung. Außerdem sollte die Vergabe von ARBED-Werkswohnungen an kinderreiche, volksdeutsche Familien überprüft werden. Beförderungen, so stellte sich Grohé vor, sollten künftig nur noch nach Rücksprache mit dem Betriebsobmann möglich sein, was einen direkten Eingriff in die ureigensten Kompetenzbereiche eines Direktors bedeutete.[56] Lästig waren Koener auch die Betriebsbesuche von Arbeitsfront-Funktionären, welche die Werkstätten, Sanitäranlagen, Aufenthaltsräume und die Kantine unter die Lupe nahmen und Verbesserungsvorschläge machten, die in das Programm „Schönheit der Arbeit" passten.[57] Entsprechend schlecht fielen die Beurteilungen über Mathias Koener aus, vor allem nach dem für Grohé höchst peinlichen Betriebsappell, bei dem die Schifflinger Arbeiter massenweise geflohen waren. Grohé wies die Schuld dem Direktor zu, der nicht alles getan habe, um die Arbeiter am Boykott der Veranstaltung zu hindern. Anfang 1942 kam das Kreispersonalamt der VdB allerdings zu dem Schluss, dass in Koeners politischer Einstellung eine „merkliche Besserung" festzustellen sei, in sozialpolitischer Hinsicht sei seine Haltung nach der Teilnahme an einem Lehrgang in Bad Neuenahr besser geworden. Dem widersprach Grohé in einer politischen Beurteilung für Kreisleiter Diehl: Bei einem neuerlichen Betriebsappell am 3. Februar 1942 hatte Grohé feststellen müssen, dass fast keiner der Angestellten, denen er begegnet war, den deutschen Gruß erwidert hatte, das VdB-Abzeichen würde „nur von einzelnen getragen", so der Kreisobmann. Zu allem Überfluss war niemand von der Direktion anwesend, sodass der Betriebsobmann, ein DAF-Funktionär von der Kreiswaltung und Kreisobmann Grohé persönlich die Menschen in die Halle hineintreiben mussten. Koener selbst räumte ein, dass er sich nicht gebessert habe, er sei „derselbe geblieben". Das Entgegenkommen, das Koener gegenüber dem Betriebsobmann Olinger an den Tag legte, war „demnach nur einer gewissen Angst und einer bestimmten Taktik zuzuschreiben", gab sogar die VdB zu. Unter der Betriebsführung Koeners, so meinte Grohé, würde sich „der weitaus größte Teil der Gefolgschaft nie in der Haltung ändern".[58] Allerdings verstand der Kreisobmann nicht,

56 Die erhaltenen Zusagen von Bernhuber und Diehl teilte Grohé dem Schifflinger Direktor in einem lapidaren Brief mit: Schreiben von Kreisobmann Grohé vom 25.4.1941 an Direktor Mathias Koener, in: ANLux ARBED Schifflange 14827 (Mappe „Kreisleitung an ARBED-Schifflingen"). Die politische Beurteilung Grohés ist im Wortlaut auch abgedruckt in: Bastian, L'usine Arbed-Esch et son personnel, S. 13–15.

57 Schreiben des DAF-Amts für „Schönheit der Arbeit" vom 14.5.1941, in: ANLux ARBED Schifflange 14827 (Mappe „Kreisleitung an ARBED-Schifflingen").

58 Schreiben der VdB-Distriktsleitung vom 29.1.1942 an Kreisobmann Grohé betr. politische Beurteilung des Mathias Koener, Betriebsführer des Werkes Schifflingen, in: ANLux AP 334-48 Konrad Olinger (Mappe „Pièces à conviction"). Mathias Koener wurde im September 1942 aus seinem Werk entfernt, am 6. September von der Gestapo verhaftet und vor das Standgericht gestellt. Hier entging er gerade noch der Todesstrafe: Er wurde der Geheimen Staatspolizei überstellt und kam in ein Konzentrationslager. Schwer erkrankt wurde Koener Anfang März 1943 von dort nach Luxemburg

dass die Arbeiter und Angestellten das nationalsozialistische Regime unabhängig von der Haltung ihres Direktors ablehnten. Die Forderung nach personellen Konsequenzen (Grohé: „Eine grundlegende Änderung in der Betriebsführung ist unbedingt erforderlich") konnte der Kreisobmann jedoch nicht durchsetzen. Wahrscheinlich konnte ARBED-Generaldirektor Aloyse Meyer vor allem in der ersten Hälfte der Besatzungszeit seinen Werksdirektoren immer noch den Rücken freihalten. Meyers Einfluss in der Konzernzentrale wurde aber durch die Ernennung deutscher Direktoren zunehmend beschnitten.[59]

Eine zentrale Rolle im Ringen zwischen Koener und Grohé spielte der Betriebsobmann Olinger. Dieser war ein überzeugter Anhänger des Regimes, setzte die Anordnungen des Kreisobmanns durch, focht unzählige Kleinkämpfe mit dem Direktor aus und war vor allem eine wichtige Informationsquelle für den Escher Kreisobmann. Bereits im Juli 1941 wandte sich der Betriebsobmann an Kreisobmann Grohé und beschwerte sich über seinen Direktor, der ein Rundschreiben der NS-Volkswohlfahrt „tatsächlich ohne jeden Zusatz der Betriebsführung in den Aushängekästen" veröffentlicht habe. Nachforschungen Olingers bei seinem Obmannskollegen auf Belval ergaben, dass der dortige Direktor nicht für die NSV geworben hatte.[60] In regelmäßigen Berichten und Denunziationsschreiben gab Olinger die vielen kleinen Informationen preis, an die ein Kreisobmann normalerweise nicht so ohne Weiteres gekommen wäre. Als die Schifflinger Direktion 1941 die gesamte Gefolgschaft zur Teilnahme an den Begräbnisfeierlichkeiten des ermordeten Ingenieurs Victor Hames aufrief, kritisierte Olinger den Aufwand an Kränzen und Musik, den es bei einfachen Arbeitern nicht gegeben hätte. Hinter dem Begräbnis witterte der Betriebsobmann nun eine Förderung des Klassenhasses, aber mehr noch eine Sympathiekundgebung für Hames, der sich gut mit dem Gewerkschaftler Netgen verstanden hatte und als deutschfeindlich galt.[61] Einzeln betrachtet waren die Probleme, über die Olinger berichtete, zwar meist Banalitäten, aber in der Summe reichten sie aus, um widerspenstigen Vorgesetzten oder unangepassten Arbeitern das Leben schwer zu machen. Anfang 1942 lieferte Olinger dem Kreisobmann eine vollständige Liste, auf der nicht nur die Mitglieder des Vertrauensrates und der DAF-Amtswalter verzeichnet waren, sondern auch gleich die Namen der Betriebsleiter, Abteilungschefs, Meister und Vorarbeiter, sodass die

---

entlassen, wo er schon am 8.3.1943 in einem Krankenhaus an den Folgen seiner Haft verstarb, vgl. Bastian, L'usine Arbed-Esch et son personnel, S. 34–39.

59 Schreiben von DAF-Kreisobmann Grohé vom 6.2.1942 an Kreisleiter Diehl, abgedr. in: Marie Bastian, L'usine Arbed-Esch et son personnel, S. 13f.

60 Schreiben der DAF-Betriebsdienststelle ARBED-Werk Schifflingen vom 11.7.1941 an Kreisobmann Grohé, in: ANLux ARBED Schifflange 14827 (Mappe „Kreisleitung an ARBED-Schifflingen").

61 Schreiben von Betriebsobmann Konrad Olinger vom 18.4.1941 an Kreisobmann Grohé betr. Angelegenheit Betriebsingenieur Viktor Hames, in: ANLux ARBED Schifflange 14827 (Mappe „Kreisleitung an ARBED-Schifflingen").

Kreiswaltung einen genauen Überblick über das leitende Personal von Werk Schifflingen erhielt. Im April desselben Jahres schickte der Betriebsobmann statistische Informationen über das Arbeiter- und Angestelltenpersonal. Ein anderes Mal gab Olinger politische Beurteilungen über Gefolgschaftsmitglieder ab und fertigte eine Liste von Leuten an, die er als loyal, mangelhaft oder „tragbar" einschätzte. Ihm waren mehrere Luxemburger aufgefallen, die im ersten Weltkrieg auf der alliierten Seite gekämpft oder vor 1940 in der Luxemburger Freiwilligenkompanie gedient hatten.[62]

Die Korrespondenz zwischen Schifflinger Werksdirektion und Escher Kreiswaltung zeigt, wie der tägliche Machtkampf zwischen Deutscher Arbeitsfront und Privatunternehmen geführt wurde. Auf der einen Seite stand ein gut eingespieltes Team von Funktionären, auf der anderen der Direktor, der sich gegen die Einmischungsversuche zur Wehr zu setzen versuchte und gleichzeitig eine ständige Gratwanderung zwischen Kollaboration und Widerstand vollziehen musste. Mit der Absetzung der Luxemburger Direktoren Nicolas Schock und Mathias Koener wurde ab September/Oktober 1942 die Zusammenarbeit zwischen Grohé und den ARBED-Werken im Escher Bezirk deutlich einfacher. Die neuen reichsdeutschen Direktoren (Broglio auf Belval und Köhler auf Schifflingen) brachten das nötige Verständnis für die Belange der DAF mit. Bis zum Schluss waren sie eifrige Erfüllungsgehilfen der NS-Politik. Broglio wusste genau, dass ein gutes Verhältnis zu den deutschen Dienststellen, zu den Parteiorganen und zur Deutschen Arbeitsfront die wichtigsten Voraussetzungen waren, um mehr oder weniger störungsfrei produzieren zu können.

2.5. Der Fall der Eisenwerke Kayl

Im Umgang mit Arbeitern wie Betriebsführern war Ludwig Grohé in der Regel wenig konziliant. Wer es wagte, sich seinem Durchsetzungswillen oder den Ordnungsvorstellungen des Regimes zu widersetzen beziehungsweise die Machtansprüche der Deutschen Arbeitsfront in Frage zu stellen, musste mit Konsequenzen rechnen. Besonders unnachgiebig zeigte sich Grohé Betriebsführern gegenüber, denen er sich möglicherweise wegen seiner einfachen Herkunft unterlegen fühlte.

Kreisobmann Grohé hatte seit 1941 gegen den Luxemburger Industriellen Henri Massard intrigiert und zusammen mit NSDAP-Kreisleiter Wilhelm Diehl dessen Absetzung betrieben. Massard leitete ein mittelständisches Familienunternehmen in Kayl, das rund 50 Mitarbeiter hatte und sich auf die Konstruktion von Transportwagen und anderem Zubehör für Schmalspurbahnen spezialisiert hatte, die

62 Schreiben von Betriebsobmann Konrad Olinger vom 10.1.1942 an Kreisobmann Grohé und Aufstellung vom 1.4.1942 über Anzahl der Betriebsmitglieder und Anzahl der DAF-Mitglieder, Liste mit 32 Namen von Gefolgschaftsmitgliedern nebst politischer Beurteilung, in: ANLux ARBED Schifflange 14827 (Mappe „Kreisleitung an ARBED-Schifflingen"). Von 2.652 Betriebsangehörigen waren 100 Prozent in der DAF.

vor allem in der Eisenindustrie Verwendung fanden. Der Besitzer weigerte sich hartnäckig, der VdB oder einer anderen deutschen Organisation beizutreten. Seine Widerstandshaltung färbte auch auf die 48-köpfige Belegschaft ab, die zu einem erheblichen Prozentsatz weder in der VdB noch in der DAF war. Am 16. Juli 1941 rief Grohé den widerspenstigen Betriebsleiter zu sich, um ihn zur Rede zu stellen und zum Beitritt in VdB und DAF zu bewegen. Massard entgegnete Grohé, er wolle kein „Heuchler" sein: „Ich wechsle mein Vaterland nicht wie man das Hemd wechselt. 80% der Mitglieder der V.D.B. würden mit einem englischen Abzeichen herumlaufen, wenn die Engländer hier wären. (...) Vor 2 Jahren haben wir die 100jährige Unabhängigkeit des Landes gefeiert. Jetzt sollen wir erklären, dass das alles Schwindel war. Ich fühle nicht, dass Deutschland mein Vaterland ist." Grohés Antwort war eine deutliche Drohung: „Der Gauleiter verlangt, dass jeder luxbg. Betriebsführer sich zum Deutschtum bekennt, andernfalls wird er (...) abgesetzt."[63] Nach mehreren erfolglosen Versuchen des DAF-Kreisobmanns sowie des DAF-Ortsobmanns, Massard umzustimmen beziehungsweise ihn zum Nachgeben zu zwingen, forderte Grohé schließlich bei der Kreisleitung, entsprechende Maßnahmen gegen den renitenten Betriebsinhaber zu ergreifen: „Es ist durchaus erforderlich, dass M.[assard] durch den Chef der Zivilverwaltung von seinem Amt als Betriebsführer enthoben wird. Ich bitte, das erforderliche [sic] umgehend zu veranlassen, da das Verhalten nicht nur im Betrieb, sondern auch in der ganzen Ortsgruppe als große Hemmung für uns zu sehen ist." Offensichtlich zögerte der Kreisleiter seine Entscheidung hinaus, da Grohé im September 1941 noch einmal bei Diehl nachhakte und gleichzeitig einen Nachfolger für Massard vorschlug, der dem NSDAP-Ortsgruppenleiter genehm war. Der Höhepunkt des Streits war zunächst die Absetzung Massards im September 1941 auf Grund der CdZ-Verordnung über Maßnahmen auf dem Gebiet des Wirtschaftslebens.[64] Um seinen Betrieb zu retten, erklärte Massard sich schließlich bereit, der Deutschen Arbeitsfront beizutreten, blieb aber weiter auf Distanz. Grohé reagierte ungehalten und verweigerte die Annahme der Aufnahme-Erklärung.[65] Anfang November 1941 kam es dann zur Verhaftung Massards durch die Gestapo. Der Industrielle kam für drei Wochen

63 Vgl. hs. Notizen von Henri Massard „Berufung zum Kreisobmann DAF Grohé in Esch/A. am 16. Juli 1941", in: ANLux CdG 003 Wilhelm Diehl (Mappe „H.M. Privat"). Massard hatte sich bereits 1940 bei den neuen Herren in Misskredit gebracht, als er sich in Gegenwart des Landesleiters Kratzenberg und des stellvertretenden Gauleiters Siekmeier gegen die „Aufgabe des Vaterlandes" aussprach und seine Unterschrift unter einen öffentlichen Aufruf für den Anschluss Luxemburgs an das Großdeutsche Reich verweigerte, vgl. hs. Notizen von Henri Massard „Zusammenkunft Freitag 27. Sept. 1940 in der ARBED", in: ANLux CdG 003 Wilhelm Diehl (Mappe „H.M. Privat").

64 „Sie bieten nicht die Gewähr...", in: LW Nr. 267 (26.9.1941).

65 Schreiben von Kreisobmann Grohé vom 3.10.1941 an Firma Eisenwerk Massard betr. Schreiben vom 1.10.1941, in: ANLux CdG 003 Wilhelm Diehl (Mappe 22 „Diehl-Massard").

ins Konzentrationslager nach Hinzert. Durch diese Maßnahme wurde die ganze Familie in der Folge eingeschüchtert, aber wirklich unterkriegen ließ sie sich nicht. Grohé hoffte, zumindest den Sohn des abgesetzten Betriebsführers für die deutsche Sache gewinnen zu können. Charles Massard bemühte sich, nicht negativ aufzufallen, was aber nach Grohés Auffassung „aus Angst" geschah und nicht aus wirklicher Überzeugung.[66] Nun stand die ganze Familie auf der Abschussliste der Escher NS-Führungsclique. Immer wieder legte die DAF-Kreiswaltung dem Unternehmen Steine in den Weg, sei es durch schikanöse Einbestellungen auf die Dienststelle der Arbeitsfront oder ablehnende Bescheide.[67] Grohé und Diehl verhinderten später die Rückkehr des 60-jährigen Vaters, der auf Vorschlag des Landeswirtschaftsamtes Moselland „im Interesse der kriegswichtigen Produktion des Betriebes" wieder „im Betrieb tätig eingesetzt" werden sollte. Grohé verweigerte seine Zustimmung zu dieser Idee, die vermutlich auf Interventionen aus Kreisen der Eisenwirtschaft zurückzuführen war. Die Auswirkung der Wiedereinsetzung sei „vom politischen Standpunkt ein Schlag ins Gesicht der Partei. Wie ein Lauffeuer würde sich dies rundsprechen und nachteilig für die Gesamtarbeit auswirken", so Grohé, der sich im Vorfeld mit dem Luxemburger Ortsgruppenleiter Antony und dem amtierenden Betriebsobmann Wilhelm Schmitt abgesprochen hatte. Schmitt befürchtete, dass mit der Rückkehr des Seniorchefs „ein weiteres Arbeiten des Betriebsobmannes unmöglich" würde.[68]

Anfang September 1942 kam es nach der Ankündigung der Wehrpflicht für Luxemburg im Kayler Eisenwerk Massard zu spontanen Arbeitsniederlegungen. Bereits am 2. September 1942 fand ein Betriebsbesuch Grohés in der Firma statt zwecks „Feststellung der Arbeitsdisziplin". Hier musste er konstatieren, dass am 1. September der überwiegende Teil des Personals zunächst der Arbeit ferngeblieben, dann nach Bekanntwerden der Repressionsmaßnahmen des Gauleiters wieder zu den Arbeitsplätzen zurückgekehrt war. Unumwunden gab Betriebsführer Charles Massard dem Kreisobmann zu verstehen, dass „auch er der deutschen Sache zumindest abwartend gegenüber" stehe. Indessen beschwerte sich der Betriebsobmann darüber, „dass der Einfluss des Vaters des Betriebsführers, der seinerzeit wegen politischer Unzuverlässigkeit als Betriebsführer abberufen wurde, immer noch stark sei." Grohé beließ es zwar bei Ermahnungen, aber im Besuchsprotokoll wurde ein negativer Gesamteindruck festgehalten und konstatiert, „dass auch der

66 Schreiben von Kreisobmann Grohé vom 13.12.1941 an das Personalamt der Kreisleitung Esch betr. Karl Massard, in: ANLux CdG 003 Wilhelm Diehl (Mappe 22 „Affaire Diehl-Massard").

67 Vgl. Schreiben des Kreisobmanns vom 18.3.1942 an Firma Massard oder Schreiben des Kreisorganisationswalters an Betriebsführer Massard (o.D.), in: ANLux CdG 003 Wilhelm Diehl (Mappe 22 „Affaire Diehl-Massard").

68 Schreiben von Kreisobmann Grohé vom 16.4.1942 an Gauinspekteur Pg. Ackermann betr. Betriebsführer Massard in Kayl, in: ANLux CdG 003 Wilhelm Diehl (Mappe 22 „Affaire Diehl-Massard").

jetzige Betriebsführer sehr zweifelhaft ist."[69] Nach der Streikbewegung des Jahres 1942 verlangte Ludwig Grohé schließlich von der Kreisleitung mit Nachdruck die Umsiedlung mehrerer deutschfeindlicher Familien, unter anderem der Massards.

Henri und Charles Massard hielten weiter eine sichtbare Distanz zu den Nationalsozialisten. Vor allem der junge Charles Massard entsprach überhaupt nicht den Vorstellungen, welche die Deutsche Arbeitsfront von einem Betriebsführer hatte. Der Junior trug weder das VdB-Abzeichen, noch machte er den Hitlergruß. Keiner der Massards ließ sich gerne von der DAF in seine Arbeit hineinreden, sodass sich der Betriebsobmann im Dezember 1942 zu einer Beschwerde bei Grohé veranlasst sah: Die Zusammenarbeit sei „nicht als günstig zu bezeichnen", Massard zeige keinerlei Initiative und die Anregungen des Betriebsobmanns lehne er „fast immer" ab. Der Forderung des Betriebsobmanns, die Gratifikationen der Arbeiter denen der Angestellten anzupassen, kam die Firma nicht nach. Betriebsobmann Schmitt klagte, ein zur Wehrmacht einberufener Arbeiter habe überhaupt keine Bonuszahlung erhalten, während der Chef einem Lehrling, der weder in VdB, DAF oder NSV war, 50 Reichsmark in die Hand gedrückt habe.[70] Charles Massard wurde später zusammen mit seinem Vater im Mai 1943 zur Kreisleitung gerufen, wo Diehl und Grohé zusammen massiv Druck auf die Industriellen ausübten: „Wir haben kein Vertrauen in die politische Führung Ihres Betriebes", meinte Diehl, der sich eine reichsdeutsche Betriebsführung wünschte, „die die Arbeiter politisch beeinflusst." Der Kreisleiter verglich Massards Lage mit der des ehemaligen Direktors von ARBED-Schifflingen, Mathias Koener, der nach dem Streik von 1942 verhaftet und nach Hinzert gebracht worden war: „Da wo Sie jetzt sitzen, da saß oft der verstorbene Herr Koener, Direktor der Arbed. Er hat sich auch politisch nicht eingesetzt und wurde deshalb verurteilt. Er ist jetzt gestorben, es tut mir leid für ihn, aber es musste sein."[71]

Der Machtkampf zwischen dem Familienunternehmen und der Deutschen Arbeitsfront zog sich weiter hin. Kreisobmann Grohé versuchte nun, Charles Massard dazu zu bringen, einer reichsdeutschen Firma eine Teilhaberschaft zu übertragen. Im Juni 1943 kamen Vertreter der metallverarbeitenden Firma Eifelwerk nach Esch, um dort mit Kreisleiter Diehl und Kreisobmann Grohé das Geschäft zu besprechen und eine Beteiligung in Höhe von 51 Prozent der Geschäftsanteile in die Wege zu leiten.[72] Aber auch hier kam der ehrgeizige Kreisobmann nicht

---

69 Protokoll des Betriebsbesuchs der DAF vom 2.9.1942, in: ANLux CdG 003 Wilhelm Diehl (Mappe 22 „Affaire Diehl-Massard").

70 Aktennotiz von Kreisobmann Grohé vom 21.12.1942, in: ANLux CdG 003 Wilhelm Diehl (Mappe 22 „Affaire Diehl-Massard").

71 Compte-rendu de l'entrevue Kreisleiter Diehl-Henri et Charles Massard dans le bureau du Kreisleiter à Esch-Alzette, le 12 mai 1943 (verfasst 1945), in: ANLux CdG 160 Ludwig Grohé.

72 Schreiben der Firma Eisenwerk Heinrich Stein & Cie. vom 9.6.1943 an Kreisobmann Grohé betr. Eisenwerk Massard, in: ANLux CdG 003 Wilhelm Diehl (Mappe 22 „Affaire Diehl-Massard").

weiter, da Massard den Familienbesitz verteidigen konnte. Die Firma stand finanziell auf gesunden Füßen und hatte darüber hinaus kriegswichtige Aufträge. Diese Umstände sorgten dafür, dass sich der DAF-Funktionär trotz der Schützenhilfe des Gauleiter-Stellvertreters Siekmeier und der offenen Drohung des Kreisleiters mit Umsiedlung nicht durchsetzen konnte. Vielleicht gerade aus diesem Grunde geriet der darauffolgende Besuch Grohés und des Kreiswirtschaftsberaters mit Vertretern der Firma Stein & Cie. in Kayl zu einem peinlichen Fiasko. Massard Junior sei „nicht im geringsten dem deutschen Gedanken näher gekommen", so Grohé. Noch demütigender waren die bissigen Bemerkungen Charles Massards, der darauf hinwies, dass reichsdeutsche Betriebe schlechter dastünden als die Luxemburger, und eine ähnliche Bemerkung über das ARBED-Werk Schifflingen machte, wo seit September 1942 ein Reichsdeutscher die Leitung übernommen hatte. Der Kreisobmann informierte seinen Kreisleiter über die „Unmöglichkeit solcher Ausführungen". Grohé blieb nur noch der Abbruch der Verhandlungen im Juni 1943 und die Empfehlung, die ganze Familie Massard „umgehend" umzusiedeln.[73] Wären die Massards erst in einem Umsiedlerlager in Schlesien, wäre es für Kreisleitung und DAF möglicherweise ein einfaches Spiel gewesen, die herrenlose Firma an einen reichsdeutschen Konkurrenzbetrieb zu übertragen. Ausschlaggebend waren aber die Protektion durch ARBED-Generaldirektor Aloyse Meyer, der sich für Massard verwandte, und kriegswirtschaftliche Überlegungen, da es sich bei den Kayler Eisenwerken um einen sogenannten „W-Betrieb" ("Wehrwirtschafts-Betrieb") handelte, der für die Wehrmacht produzierte. Letztlich verhinderten die Besitzverhältnisse des Familienunternehmens und das mangelnde Interesse der Eifeler Firma die feindliche Übernahme.[74]

2.6. Der Typus des DAF-Funktionärs

Die wichtigsten Posten der DAF-Organisation hatten ausnahmslos reichsdeutsche Funktionäre wie Kreisobmann Grohé inne. Auch andere deutsche Parteigenossen nahmen leitende Funktionen auf Kreisebene ein, die in der Regel denen entsprachen, die sie bereits im Altreich ausgeübt hatten. Den Luxemburgern blieben nur

73 Vgl. Schlussfolgerung Grohés: „Ich halte es für unnötig, weitere Verhandlungen in dieser Angelegenheit zu führen und würde es für richtig halten, wenn die Familie Massard umgehend umgesiedelt würde", in: Schreiben von Kreisobmann Grohé vom 17.6.1943 an Kreisleiter Diehl betr. Betrieb Massard in Kayl, in: ANLux CdG 003 Wilhelm Diehl (Mappe „H.M. Privat").

74 Schreiben von Kreisobmann Grohé vom 29.7.1941 an Kreisleiter Diehl betr. Betriebsführer Heinrich Massard, Kayl. Schreiben Grohés vom 22.9.1942 an Kreisleiter Diehl betr. Umsiedlungsaktion. Schreiben Grohés vom 17.6.1943 an Kreisleiter Diehl betr. Betrieb Massard in Kayl, in: ANLux CdG 160 Ludwig Grohé. Vgl. auch die Aussagen von Henri und Charles Massard im sogenannten „Kreisleiter-Prozess" gegen Wilhelm Diehl: Aussage Henri Massard und Charles Massard (10.1.1949), in: ANLux CdG 003 Wilhelm Diehl.

Aufgaben auf Orts- und Betriebsebene, soweit nicht zuverlässige deutsche Staatsangehörige diese übernommen hatten. Einzige Ausnahme war der Luxemburger Marius Didesch. Der ehrgeizige Architekt hatte ursprünglich nach einem Kreisleiterposten gestrebt und machte schließlich 1941 eine kurze Karriere in der Deutschen Arbeitsfront, als er von Gauleiter Simon in die Gauwaltung der DAF berufen wurde. Mit dem Gefühl, nach Koblenz auf einen unwichtigen Posten abgeschoben worden zu sein, gab Didesch seine Stelle aber schon nach wenigen Monaten wieder auf und orientierte sich beruflich neu.[75]

In Ludwig Grohé kann man hingegen einen ergebenen Gefolgsmann des Gauleiters sehen, der seinem Führer bis zum bitteren Ende die Treue hielt. Im Gegensatz zu Didesch hatte der Escher Kreisleiter in seinem Amtsbezirk große Einflussmöglichkeiten und verfügte auch über reale Machtbefugnisse. Ab 1943 trat er für den totalen Kriegseinsatz in den Betrieben ein und ließ nichts unversucht, die Luxemburger Arbeiter zur Steigerung der Produktion anzutreiben. Grohé war auch an repressiven Maßnahmen beteiligt. Im Zusammenhang mit den Umsiedlungen von politisch unerwünschten Familien nach Schlesien, war die DAF im Prinzip für alle Fälle zuständig, die Arbeiter betrafen. Meldungen, die von DAF-Betriebsobmännern kamen, gingen alle über Grohés Schreibtisch und der Kreisobmann entschied über die weiteren Konsequenzen.[76] Grohé war später zusätzlich in den Stilllegungskommissionen vertreten. Diese sollten nicht kriegswichtige Geschäfte und Unternehmen schließen und die derart freiwerdenden Arbeitskräfte in die Kriegs- und Rüstungsproduktion umleiten, wo es an Personal mangelte.[77]

Noch am 14. August 1944 – die US-Truppen hatten bereits große Teile Frankreichs befreit und rückten immer weiter Richtung Osten vor – appellierte Grohé verzweifelt an den guten Willen seiner Betriebsobmänner, die Mobilisierung zusätzlicher Arbeitskräfte „mit allen Mitteln anzupacken". Der Kreisobmann versuchte Zweckoptimismus auszustrahlen: Die DAF-Obmänner würden sich schon nicht „blamieren". Wichtig schien Grohé, die Gemüter zu beruhigen, denn „Dienstverpflichtungen unserer Luxemburger nach dem Reich [sollten] möglichst vermieden werden", so die Aussage. Alle möglichen Maßnahmen wurden noch überlegt. Den Überschuss an Frauen aus dem Kreisgebiet könne man nun noch in die Betriebe einbauen, das Vorschlagswesen müsse zeigen, wie man mit weniger Arbeitskräften mehr produzieren könne oder man solle die Einführung von Akkordlöhnen erwägen.[78] Sollte sich Ludwig Grohé zu diesem Augenblick noch Illusionen gemacht haben, so zerplatzten sie nun endgültig, da vielerorts schlicht keine Arbeitskräfte

---

75 Vgl. ANLux AP 910 Marius Didesch (Mappe „Pièces").

76 Laut Aussage von Kreisleiter Diehl, vgl. Ersterscheinungsprotokoll vom 29.7.1948, in: ANLux CdG 003 Wilhelm Diehl.

77 Vgl. Volkmann, Luxemburg im Zeichen des Hakenkreuzes, S. 313–321

78 Rundschreiben Nr. 21 von Kreisobmann Grohé vom 14.8.1944 an die Betriebsobmänner des Kreises Esch betr. totaler Kriegseinsatz in den Betrieben, in: ANLux AP 1589 Marcel Schintgen (Mappe „Fehlschichtmeldungen").

mehr zur Verfügung standen und woanders kein Betriebsführer im Ernst daran dachte, Arbeiter zu melden, die eventuell doch noch in letzter Minute ins Altreich dienstverpflichtet würden.

Ludwig Grohé repräsentiert den Typus eines überzeugten, radikalen und antisemitischen Parteifunktionärs, der sich aus kleinen Verhältnissen stammend in der Hierarchie der NSDAP und der Deutschen Arbeitsfront hochgearbeitet hatte. Ehrgeiz, Linientreue, Gewissenlosigkeit und eine bürokratische Pedanterie zeichneten den Vierzigjährigen aus, als er nach Luxemburg kam. Dass er seine Aufgabe zur Zufriedenheit von Zivilverwaltung und Gauleitung erfüllte, beweist die Tatsache, dass er ohne Unterbrechung die ganze Besatzungszeit über auf seinem Posten in der Kreisstadt Esch-Alzig blieb. Andererseits fehlte Grohé wie den meisten deutschen NS-Funktionären letztlich das Verständnis für die Luxemburger Verhältnisse. Auch eine gewisse Realitätsferne zeichnete den Deutschen aus, der an die Macht der Propaganda und die Wirkung von Massenkundgebungen glaubte. Selbst der wachsende Widerstand in den Arbeiterhochburgen ließen ihn offenbar nie an der Richtigkeit seines Handelns zweifeln. Dem ehrgeizigen und energischen Kreisobmann kam letztlich das richtige politische Gespür abhanden. Er erkannte nicht oder wollte nicht erkennen, was sich in den Betrieben und den Ortsgruppen zusammenbraute.

Dies zeigte sich in aller Deutlichkeit nach zwei Jahren Zivilverwaltung und DAF-Herrschaft. Seit 1940 hatte der Gauleiter die Menschen mit mehr oder weniger leeren Versprechungen auf die Zeit nach dem Krieg vertröstet. Seit 1940 hatten die Nationalsozialisten den Luxemburger Staat und dessen Institutionen zerstört. Die DAF hatte in einem radikalen Prozess die freien und demokratischen Vertretungsorgane der Arbeitnehmer aufgelöst, die Arbeiter und Angestellten somit ihrer Artikulationsmöglichkeiten beraubt. Es brauchte schließlich nur einen Funken, um das Pulverfass zur Explosion zu bringen. Im August 1942 reagierten Arbeiter auf Werk Schifflingen auf die Ankündigung der Verlängerung der täglichen Arbeitszeit von 8 auf 9 Stunden mit spontanen Arbeitsverweigerungen. Nur mit Mühe bekam Grohé die Situation wieder in den Griff.[79] Am 1. September 1942 wurde Grohé dann regelrecht von den Ereignissen im Industriegebiet überrollt. Als sich die Nachricht verbreitete, es seien Streiks im Norden des Landes ausgebrochen, rief Grohé den Schifflinger Betriebsobmann zur Kreisleitung, wo die Lage mit Kreisleiter Diehl besprochen wurde. Inzwischen spitzte sich die Lage auf dem Werk zu. Hilflos musste Grohé erkennen, dass die Deutsche Arbeitsfront die Arbeitsniederlegungen zu verhindern nicht in der Lage war. Die Initiative übernahm nun die Geheime Staatspolizei, die mit Terrormaßnahmen die Ordnung wieder herstellen musste.[80] Die DAF hatte den Kampf um die Arbeiter und Angestellten endgültig verloren.

---

79 Vgl. Bastian, L'usine Arbed-Esch et son personnel, S. 25.

80 Vgl. Beschuldigten-Vernehmung Konrad Olinger vom 18.2.1948 durch Substitut Jean-Pierre Zeimes, in: und Bericht Nr. 1682 vom 27.3.1945, in: ANLux AP 334-48 Konrad Olinger (Mappe „Instruction").

3. Willige Kollaborateure? Die Obmänner: Motive und Verhaltensmuster

„Er hat für die nationalsozialistische Ausrichtung und Haltung der Gefolgschaft geradezustehen. Dem Betriebsführer ist er Berater und Helfer in allen Aufgaben der Menschenführung und Betreuung. Die Sicherung des sozialen Friedens, die Leistungserhaltung und -steigerung sowie die Erhaltung der Schaffensfreude sind weitgehend von seinem Einsatz, von seiner Persönlichkeit abhängig.“

aus: Die Kriegsaufgaben des Betriebsobmanns (1943)[81]

Das Amt des Betriebsobmanns ist eine typisch nationalsozialistische Schöpfung. Er war der „Führer“ der Betriebsgemeinschaft.[82] Mit den Vertrauensmännern, die vor der Besetzung von den Arbeitern selbst bestimmt wurden, hatte der DAF-Betriebsobmann nichts gemeinsam, denn de facto sollte er seine Tätigkeit im „Einvernehmen“, in Absprache also mit dem Betriebsführer ausüben. Damit waren gewerkschaftliche Aktionsmöglichkeiten wie Verhandlungen, Proteste oder Streik ausgeschlossen. Außerdem war der Betriebsobmann der direkte Repräsentant der Partei im Betrieb. In politischen, sozial- und arbeitsrechtlichen Fragen war er der Ansprechpartner für Arbeiter und Angestellte. Gerade im Krieg kam dem Betriebsobmann die Aufgabe zu, für „sozialen Frieden“ zu sorgen. Dies bedeutete in der Sprache der Nationalsozialisten, dass man die Arbeiter im Zaum halten und eventuelle Unzufriedenheiten kanalisieren müsse. Das Regime wollte Sozialkonflikte auf alle Fälle verhindern, damit es nicht wie im Ersten Weltkrieg zu Streiks in kriegswichtigen Fertigungsbetrieben komme.

In einer in Luxemburg erschienenen DAF-Broschüre zur Aufklärung und Schulung der Obleute wurde das Profil des Betriebsobmanns umrissen.[83] Er sollte im nationalsozialistischen Sinne politisch zuverlässig und „deutschblütig“ sein. Vorgeschlagen wurde der Kandidat vom DAF-Ortsobmann, die Berufung wurde formell vom Kreisleiter der NSDAP vorgenommen und dann vom DAF-Kreisobmann bestätigt, somit war der Betriebsobmann „als solcher Beauftragter der NSDAP (...) politischer Leiter und für die politische Ausrichtung des Betriebes dem Ortsgruppenleiter verantwortlich.“ Die Zuständigkeitsbereiche des DAF-Betriebsobmanns waren umfassend, denn bei allen Fragen, welche die Betriebsgemeinschaft

81 „Verantwortung für Haltung und Leistung. Die Kriegsaufgaben des Betriebsobmanns“, in: ETB Nr. 161 (13.7.1943).

82 Vgl. Der Sprach-Brockhaus ^{4}1940, S. 71.

83 DAF, Die Aufgaben des Betriebsobmanns der DAF. Nur für den Dienstgebrauch. Bearbeitet und zusammengestellt von Pg. August Christian, Luxemburg, [1941], in: ANLux AP 334/48 Konrad Olinger. Vgl. Der Reichsorganisationsleiter der NSDAP, Organisationshandbuch der NSDAP, München ^{5}1938, S. 206.

betrafen, hatte er ein Mitspracherecht, ob bei der Untersuchung von Arbeitsunfällen, der Beilegung innerbetrieblicher Streitfälle oder der Beantwortung arbeits- und sozialrechtlicher Fragen. In größeren Betrieben, wie den ARBED-Werken, hatte der Betriebsobmann außerdem eine bestimmte Anzahl fester Mitarbeiter, um die Fülle der Aufgaben überhaupt erledigen zu können. Diese sollten sich um Berufserziehung, Gesundheitsfragen, die betriebstätige Jugend- und Lehrlingsausbildung, die im Betrieb arbeitenden Frauen, Unfallverhütung und die Wohnungsfrage von Arbeitern und Angestellten kümmern. Einen wichtigen Raum in den großen Unternehmen nahm die NS-Gemeinschaft Kraft durch Freude ein. Diese Organisation war ein weiterer Versuch des NS-Staates, die „Volksgenossen" nicht nur im Betrieb, sondern auch außerhalb der Arbeitszeit in der Freizeit zu betreuen.

Der Organisationseifer der Nationalsozialisten kannte wahrlich kaum Grenzen. Allein im KdF-Bereich waren unzählige Posten vorgesehen, wie ein Volksbildungswart, der Feierabendwart, der KdF-Wagenwart, ein Wart für „Schönheit der Arbeit", für Reisen, Wandern oder Urlaub. Dies brachte freilich einen großen Personalbedarf mit sich, der nur schwer zu decken war, vor allem da sich die Suche nach Freiwilligen schwieriger gestaltete als ursprünglich gedacht. Andere Posten waren schlicht überflüssig, da es weder einen KdF-Wagen zu kaufen noch KdF-Reisen zu buchen gab. Auf dem Werk Schifflingen bestand die Betriebsorganisation aus dem Betriebsobmann, einem Hauptzellenobmann und einem stellvertretenden Betriebsobmann. Ein italienischer Verbindungsmann war für die italienischen Arbeiter zuständig, etwa zehn andere Arbeiter und Angestellte übernahmen die Leitung anderer Aufgabenbereiche wie KdF, Jugend, Presse und Propaganda oder Arbeitsschutz. Das Werk selbst war in zehn Zellen organisiert, was den einzelnen Abteilungen des Schifflinger Werks entsprach, von der Verwaltung, dem Hochofenwerk bis zum Stahl- und Walzwerk. Dem Zellenobmann unterstanden wiederum die Blockobmänner. Zählt man die zehn Sicherheitsmänner und die vierzehn Frauen der Werksfrauengruppe hinzu, kommt man insgesamt auf 94 Personen, die 1943 im ARBED-Werk Schifflingen eine Funktion innerhalb der Betriebsorganisation übernommen hatten. Bei einem Großteil dürfte es sich bei diesen DAF-Funktionären um Luxemburger Kollaborateure und Mitläufer gehandelt haben, nach Möglichkeit berief man Reichsdeutsche oder deutschstämmige Luxemburger, da man diese für zuverlässiger hielt.[84]

Die Bestimmungen über das Verhältnis zwischen DAF und Unternehmensbeziehungsweise Werksleitung waren hingegen sehr ungenau formuliert ("Der Betriebsobmann hat das engste Einvernehmen mit dem Betriebsführer herzustellen"), was dem Betriebsobmann wie dem Betriebsführer in der Praxis wohl einen gewissen Interpretationsspielraum gewährte. Keinen Zweifel gab es hingegen an der politischen Funktion des Betriebsobmanns, der aus seinem Betrieb

84 Vgl. „Betriebsorganisation der D.A.F. Arbed-Werk Schifflingen", in: ANLux AP 334-48 Konrad Olinger.

einen „nationalsozialistischen Musterbetrieb“ machen sollte. Er hatte für den „Arbeitsfrieden“ zu sorgen, musste die zuständigen Dienststellen „laufend“ über seine Tätigkeit unterrichten. Folglich waren die Parteistellen automatisch und vor allem sofort über die Vorkommnisse in den einzelnen Betrieben informiert, da die DAF zumindest in den größeren Ortschaften des Landes ihre Büros an der gleichen Adresse wie die Kreisleitung hatte. Als „Beauftragter der Partei“ musste der Betriebsobmann auch die Bekanntmachungen der Partei im Betrieb zum Aushang bringen.

Die Vorgehensweise der Deutschen bei der Auswahl und Berufung der Betriebsobmänner in Luxemburger Betrieben lässt sich in den meisten Fällen nur anhand von Nachkriegsaussagen rekonstruieren. Man kann annehmen, dass es entsprechende Anweisungen seitens der Koblenzer DAF-Zentrale gab, wie und wen man rekrutieren sollte. An der Ernennung formell beteiligt waren die jeweiligen Kreisleiter; ob sie aber dafür sorgen konnten, dass zumindest auf Kreisebene die Auswahlkriterien einheitlich waren oder ob es mehr zu ad-hoc-Ernennungen kam, ist schwer zu sagen. Aus Einzelbeispielen kann man dennoch eine gewisse Systematik herauslesen. Im ARBED-Werk Belval kamen die Direktion, der Vertreter des Arbeiterausschusses sowie der Escher Kreisobmann zusammen. Bei dieser Gelegenheit erfuhren die Luxemburger, dass die gewählten Ausschüsse durch Obmänner ersetzt würden. Im Dezember 1940 wurde eine Namensliste der künftigen Obmänner zum Aushang gebracht, ohne dass man die Betroffenen im Vorfeld informiert hatte.[85] Im ARBED-Werk Schifflingen versuchte die Kreisleitung Esch-Alzette eine Zeit lang, den ehemaligen Vorsitzenden des Arbeiterausschusses Denis Netgen[86] zur Übernahme des Postens des Betriebsobmanns zu überreden. Nach dessen Weigerung mussten die Deutschen dann aus den Reihen der deutschfreundlichen Kollaborateure rekrutieren. Der 1906 geborene Schlosser Konrad Olinger übernahm im Januar 1941 schließlich die zunächst Netgen zugedachte Funktion, noch bevor die DAF offiziell eingeführt wurde. Vor 1940 war Olinger während zehn Jahren in den Radikalliberalen Arbeitergruppen gewesen.[87] In einem Escher Grubenbetrieb bestimmten die Arbeiter selbst einen Kollegen als Betriebsobmann, damit dieser in ihrem Namen die Lohnforderungen bei der Direktion und bei den Deutschen vorbringe.[88] Hatten viele Obmann-Kandidaten eine gewisse Gewerkschaftserfahrung, so brachten andere als wichtigste Qualifikation eine besondere Begeisterung für den Nationalsozialismus und Zustimmung zum Regimewechsel mit, die sich

85 Vgl. Henri, Entre chien et loup, S. 276–287.

86 Der gelernte Schlosser Denis Netgen war vor dem Krieg Abgeordneter des Südbezirks und Bürgermeister von Schifflingen (1929-1934). Er arbeitete 1941/42 an der Untergrundzeitung der Resistenzorganisation ALWERAJE „Ons Zeidong“ mit. 1945 wurde er in die Assemblée Consultative berufen.

87 ANLux AP 334/48 Konrad Olinger. Vgl. Wehenkel, Entre chien et loup, S. 257–271.

88 Vgl. Augenzeugenbericht von A. Schroeder, in: Wehenkel, Der antifaschistische Widerstand, S. 109.

in der Regel in einer niedrigen VdB-Mitgliedsnummer ausdrückte. Auf ARBED-Belval wurde der Arbeiter Charles Dedden (Jahrgang 1911) erster Betriebsobmann: Dedden hegte schon vor 1940 Sympathien für den Nationalsozialismus und trat schließlich früh unter der Nummer 2667 der VdB bei.[89] Sein Nachfolger wurde Jean Parmentier, der 1941 bis 1943 den Posten des Betriebsobmanns auf Belval bekleidete und ebenfalls zur Kategorie der überzeugten Kollaborateure gehörte.[90]

Nicolas Boes war 40 Jahre alt, als er den Posten des Betriebsobmanns bei der DAF auf ARBED-Dommeldingen annahm. Vor dem Krieg war der Arbeiter langjähriges Mitglied der sozialistischen Partei und zwölf Jahre lang Sekretär des Arbeiterausschusses gewesen. Nach Auflösung der Arbeitnehmervertretungen beratschlagten 1940/41 die Kollegen untereinander, dass es besser sei, gute Luxemburger würden die Stellen in der Deutschen Arbeitsfront übernehmen als überzeugte Nationalsozialisten oder ausgesprochene VdB-Anhänger. Boes wollte dem Vernehmen nach eigentlich wie vor der Besetzung eine Art „Vermittler (...) zwischen der Direktion und der Arbeiterbelegschaft" sein, insbesondere in sozialen Fragen. Auch der Luxemburger Direktor Leopold Biver bestärkte ihn in dieser Haltung.[91] Am 6. September 1944 – die deutsche Zivilverwaltung war im Zusammenbruch begriffen und die amerikanischen Truppen standen praktisch vor den Toren – verfasste Boes in Erwartung der Ereignisse eine Art Tätigkeitsbericht über die innerbetrieblichen Ereignisse in Dommeldingen.[92] Hierin beschrieb er die dramatischen Wochen nach der Besetzung und den Beginn der deutschen Zivilverwaltung, die zur Lahmlegung der Arbeiter- und Angestelltenausschüsse geführt hatten. Als Sekretär der Arbeiterdelegation erlebte er den Zusammenbruch der Gewerkschaftsbewegung: Die christlichen Gewerkschaften hätten die Beiträge an ihre Mitglieder ausgezahlt, während die freien Gewerkschaften die „Annäherung an die deutsche Arbeitsfront" gesucht hätten. Der Ausschussvorsitzende war im Oktober 1940 zusammen mit dem Werksdirektor Leopold Biver nach

89 ANLux AP 6324 Charles Marie Joseph Dedden. Dedden trat am 12.8.1940 in die VdB ein (Nr. 2667) und wurde Ortsobmann der DAF. 1941 ging er in die NSDAP und wurde auf Hitler vereidigt. Im gleichen Jahr meldete er sich zur Wehrmacht und erwarb die deutsche Staatsangehörigkeit. In den knapp zwölf Monaten seiner Obmannstätigkeit zeichnete er sich nach Zeugenaussagen durch besondere Schikanen gegenüber Arbeitern und Angestellten aus. So meldete er zum Beispiel Arbeiter, die den Hitlergruß verweigerten, bei der Kreisleitung. Dedden schien auch mit der Gestapo zu kollaborieren. Deddens Vater, Cornel Dedden, war 1910 aus Deutschland nach Esch gekommen und war dort Vorsitzender des Deutschen Hilfsvereins, den er 1933 mit dem Bund der Auslandsdeutschen gleichschaltete, vgl. „Hitler in Differdingen", in: ETB Nr. 235 (9.10.1933).

90 ANLux AP 35 Jean Parmentier.

91 Ersterscheinungsprotokoll vom 21.12.1944, in: ANLux AP 6425a Nicolas Boes (Mappe „Pièces").

92 Bericht vom 6.9.1944 über die innerbetrieblichen Ereignisse im Werk Dommeldingen, in: ANLux AP 6425a Nicolas Boes (Mappe „Instruction").

Deutschland zu Betriebsbesichtigungen geschickt worden und der Gewerkschaftsmann kam von dort offensichtlich beeindruckt von der deutschen Propaganda, die den Luxemburgern eine nach nationalsozialistischen Grundsätzen gut funktionierende Betriebsorganisation vorgegaukelt hatte, zurück. Das Funktionieren der Betriebsobmänner im Altreich, so der Ausschusspräsident im Gespräch zu Boes, sei „nicht so schlecht". Nicolas Boes erlebte im Oktober 1940 aus nächster Nähe den Zusammenbruch der Luxemburger Eliten und mit welcher Leichtigkeit die Deutsche Arbeitsfront scheinbar die Machtübernahme in den Betrieben bewerkstelligen konnte. Am 25. Oktober 1940 rief die ARBED-Generaldirektion in einem Aufsehen erregenden Rundschreiben alle Mitarbeiter zu loyalem Verhalten gegenüber Deutschland, dem Chef der Zivilverwaltung sowie der Volksdeutschen Bewegung auf. Nur zwei Tage später erschien ein reichsdeutscher DAF-Beauftragter aus Trier in Dommeldingen: Sebastian Goergen wurde ein Büro zur Verfügung gestellt und er durfte sich frei im Werk bewegen. Goergens Aufgabe war nicht nur die Auflösung der alten Organisationen, sondern vor allem die Gründung der DAF. In diesem Zusammenhang warb Goergen bei Boes mit der Behauptung, die DAF sei keine politische Sache und schlug ihn zum Betriebsobmann vor.[93]

Anders als Denis Netgen vom Werk Schifflingen ließ sich Boes auf die Sache ein und blieb bis September 1944 als Betriebsobmann auf seinem Posten. Inwieweit Boes am Aufbau der DAF-Betriebsorganisation und an der Mitgliederwerbung Anfang 1941 beteiligt war, verschwieg er 1944. Vielmehr schob er die Verantwortung seiner Betriebsleitung und der ARBED-Generaldirektion zu, die sich am 7. Februar 1941 bereit erklärt hatte, über die Lohnbüros in den einzelnen Luxemburger Werken die Aufnahme der DAF-Mitglieder zu organisieren.[94] Die Rekrutierung ging ohne größere Probleme über die Bühne, da viele Arbeiter von der Haltung der Eliten, aber auch von der eigenen Direktion enttäuscht waren: „Die dicken Herren haben sich aufnehmen lassen, warum sollen wir es nicht tun", so eine Äußerung, die 1941 häufig zu hören war.[95]

---

93 Bericht vom 6.9.1944, in: ANLux AP 6425a Nicolas Boes (Mappe „Instruction").

94 Hs. Notizen von Boes weisen darauf hin, dass es eine gemeinsame Sitzung aller Bürochefs gab, in der die Richtlinien der Aufnahmeprozedur einheitlich festgelegt wurden; siehe Schreiben von Nicolas Boes an seine Anwältin betr. Aufnahme zur DAF und VdB bei ARBED-Dommeldingen (Weihnachten 1944), in: ANLux AP 6425a Nicolas Boes (Mappe „Pièces"). Gegenüber seiner Anwältin deutete Boes an, dass 1941 bei den Aufnahmen die für den Betrieb bestimmten DAF-Amtswalter oder vor dem Krieg gewählte Arbeitervertreter anwesend gewesen seien. Direktor Biver habe angeordnet, dass die Angestellten des Lohnbüros die Aufnahmeformulare ausstellen sollten und die Angelegenheit zusammen mit den Amtswaltern abschließen würden. Boes – unter dem Eindruck seiner Internierung – schob die Verantwortung seinem Vorgesetzten zu: „Also im Auftrage des verantwortlichen Direktors Biver ist die ganze Aufnahmeaktion der DAF im Betrieb vorgenommen worden." Tatsächlich handelte Biver so, wie es mit der ARBED-Zentralverwaltung abgesprochen worden war.

95 Bericht vom 6.9.1944 über die innerbetrieblichen Ereignisse im Werk Dommeldingen, in: ANLux AP 6425a Nicolas Boes (Mappe „Instruction").

Nachdem Nicolas Boes seine Bereitschaft zur Mitarbeit erklärt hatte, dürfte ihm schnell klargeworden sein, dass die Deutsche Arbeitsfront alles andere als eine Gewerkschaft, sondern vielmehr eine nationalsozialistische Organisation war, die hauptsächlich auf der Grundlage von Druck und Befehlen funktionierte. Im Oktober 1940 wurden Direktor Leopold Biver, der Präsident des Arbeiterausschusses sowie der Vorsitzende der Beamtendelegation von der NSDAP „beauftragt (...) als ehrenamtliche Sammler" an einer Straßensammlung für das Winterhilfswerk zu fungieren. In seiner Eigenschaft als Obmann musste Boes zusammen mit seinem Direktor am ersten Betriebsappell teilnehmen, zu dem Kreisobmann Balzer aus Luxemburg erschienen war, sodass die Propagandaveranstaltung quasi den Stellenwert einer öffentlichen Amtseinführung bekam. Kurz darauf erhielt Boes von der Gauwaltung einen „Einberufungsbefehl" zum Lehrgang in der DAF-Kreisschule in Koblenz mit dem Vermerk „Ihre Teilnahme ist Pflicht". Um sicherzustellen, dass auch alle ankommen, erhielten die Luxemburger Teilnehmer von ihren Arbeitgebern bezahlten Urlaub und wurden mit Sonderwagen der Reichsbahn in die Gauhauptstadt gebracht. Spätere Einberufungsschreiben waren in einem ähnlichen Befehlston gehalten.[96]

Als treues Mitglied der Arbeiterpartei und langjähriger Gewerkschaftsfunktionär war Boes wohl letztlich vom Einknicken seines Verbandes tief enttäuscht. Erst nach dem Aufruf des LBMIAV, die alten Mitgliedsbücher zum 1. April 1941 bei der DAF abzugeben, scheint Boes der Volksdeutschen Bewegung beigetreten zu sein (Nr. 54676), seine vorläufige Berufung zum Betriebsobmann erfolgte durch die Kreiswaltung Luxemburg im September 1941. Boes berichtete in seinem Memorandum über andere Zusammenkünfte, etwa zwischen Kreisobmann Balzer, dem ARBED-Hauptbetriebsobmann sowie dem stellvertretenden Generaldirektor Félix Chomé mit dem Reichsbeauftragten für die ARBED Bernhuber, bei denen Betriebsinterna besprochen wurden. Die Kooperation zwischen ARBED-Direktion und Deutscher Arbeitsfront gab Nicolas Boes wohl die Gewissheit, sich richtig entschieden zu haben. Nach Abschluss der Aufnahmeaktion schien sich 1941 im Werk Dommeldingen die Lage auch zu beruhigen, da man mit der Werksleitung Sorgen und Wünsche der Arbeiter besprechen konnte. Zahlreiche Probleme (Akkord- und Prämienzahlungen, Lebensmittelzulagekarten u.ä.) wurden bereitwillig von Direktor Biver mit den zuständigen Stellen geregelt. Bei der Bildung des Vertrauensrates funktionierte die Kooperation zwischen Boes und Biver gut. Zusammen stellten

96 Rundschreiben der NSDAP (Kreis Luxemburg) an alle Betriebsführer der Betriebe mit über 20 Mann Gefolgschaft im Bereiche des Kreises Luxemburg-Stadt betr. 2. Reichsstraßensammlung zu Gunsten des Kriegswinterhilfswerkes in Luxemburg am Samstag, dem 19. und am Sonntag, dem 20.10.1940; Schreiben der DAF-Gauwaltung Koblenz-Trier vom 21.11.1940 an den Volksgenossen Nik. Boes sowie Einberufungsschreiben zur Teilnahme an einem siebentägigen Schulungskurs der DAF zur betrieblichen Sozialpolitik (Mai 1941), in: ANLux AP 6425a Nicolas Boes (Mappe „Pièces"). Vgl. „Betriebsappell", in: LW Nr. 323 (18.11.1940).

sie eine Liste der Männer auf, die in das neue Gremium berufen werden sollten; darunter befanden sich fünf ehemalige Ausschussmitglieder, also Gewerkschaftsleute.[97] Ab 1942 verschlechterte sich die Stimmung im Dommeldinger Werk zusehends und dies gleich aus mehreren Gründen. Zunächst mussten sich Boes und Biver gegen die Einmischungsversuche des Dommeldinger Ortsgruppenleiters Ferdinand Spierkel zur Wehr setzen, der immer wieder im Werk auftauchte und den Arbeitern Versprechungen machte. Spierkel intrigierte gegen den Betriebsobmann, der ihm zu unpolitisch war. Das ging selbst dem zuständigen reichsdeutschen Direktor aus der ARBED-Zentralverwaltung zu weit, der im August 1942 schließlich die Anweisung herausgab, dass ohne Ausweis niemand mehr das Werk betreten dürfe. Damit schlug man Spierkel die Tür vor der Nase zu.

Wie in den anderen Werken der Schwerindustrie stieg die Unzufriedenheit unter den Arbeitern, unter anderem wegen der harten Arbeitsbedingungen. Ein Betriebsappell, der im August 1942 aus Anlass des Kreisparteitags im Werk organisiert wurde, verlief nicht nach den Vorstellungen der Parteibonzen. Die Stimmung war spürbar schlecht und die Rede des Gauleiter-Stellvertreters Reckmann ließ die Arbeiter ungerührt. Da Boes angeblich am Ende der Kundgebung die „Lieder der Nation" nicht mitgesungen hatte, wurde er von Reckmann persönlich abgemahnt und bedroht. Er blieb aber auch nach dem Streik Betriebsobmann. Direktor Biver, der in den Augen der Deutschen nicht entschlossen genug gegen die Streikenden gehandelt hatte, wurde hingegen abgesetzt und in Rente geschickt. Boes hatte Glück, denn mit dem neuen Betriebsführer, dem reichsdeutschen Ingenieur Wilhelm Schüll, bekam er einen Vorgesetzten, der „kein politischer Direktor" war.[98]

Über das Verhalten des Dommeldinger Gewerkschaftlers und Betriebsobmanns gab es nach der Befreiung widersprüchliche Auffassungen. Ein Teil der Arbeiter erinnerte sich an einen Betriebsobmann, der in DAF-Uniform auftrat und großen Wert auf Disziplin legte. Seine Vorgesetzten sahen in Boes einen guten Luxemburger, der sich allen Landsleuten gegenüber korrekt verhalten habe. Andere wiederum vermuteten, dass er ein politischer „Streber" gewesen sei, der bewusst eine Doppelrolle gespielt habe, um im Dommeldinger Werk seine Stellung zu verbessern. Boes war sich keiner Schuld bewusst, sondern der Auffassung, dass er korrekt und im Interesse seiner Kollegen gehandelt habe. Demnach verblieb er

97 Der Vertrauensrat wurde im März 1942 im Rahmen eines Betriebsappells eingesetzt. Anwesend war auch Gauobmann Dörner. Der Appell verlief nicht ohne Zwischenfälle und ARBED-Hauptbetriebsobmann Kanis beschwerte sich darüber, dass ein Teil der Belegschaft in Gegenwart von Dörner den Hitlergruß nicht gemacht habe. Zum Betriebsappell, vgl. „Sozialismus nur durch Leistung", in: ETB Nr. 77 (1.4.1942).

98 Schüll setzte sich u.a. für Umgesiedelte bzw. für von der Umsiedlung bedrohte Mitarbeiter ein; siehe Bescheinigung von Direktor Schüll vom 19.10.1942 für Michel Robert Chrisnach, Hüttenbriefträger, und Bericht der Gendarmerie Eich vom 26.7.1948 an die Staatsanwaltschaft, in: ANLux AP 6425a Nicolas Boes (Mappen „Instruction" und „Pièces"). Vgl. die positive Aussage von Félix Chomé über Schüll, in: Chomé, Un demi-siècle d'histoire industrielle, S. 359.

Anfang September 1944, als die Amerikaner kamen, an seinem Heimatort. Erboste Mitbürger nahmen ihm dann die Luxemburger Fahne wieder ab, die er gehisst hatte. Im November 1944 kam Boes in Untersuchungshaft, aus der er erst im Mai 1945 wieder entlassen wurde. Die Justiz kam 1949 schlussendlich zur Auffassung, dass Nicolas Boes keinerlei strafrechtliche Verfehlungen nachzuweisen wären und legte seinen Fall zu den Akten.[99] Das Beispiel des Gewerkschaftsfunktionärs Boes illustriert, dass es trotz der Entmachtung und Auflösung der Verbände eine gewisse Kontinuität zwischen Vorkriegs- und Besatzungszeit gab. Anfang 1941 scheint es vielerorts derart normal gewesen zu sein, dass diese Praxis von deutschfreundlichen Kreisen kritisiert wurde.[100]

Auch bei anderen Betrieben in der Schwerindustrie gab es vergleichbare Handlungsweisen, bei denen Direktoren erfolgreich bei der Ernennung von DAF-Amtswaltern agierten, in der Absicht, den Einfluss von Arbeitsfront und Partei zu begrenzen. Bei Kriegsbeginn war der 1895 geborene Jean-Pierre Reuter Obermeister auf der Rodinger Hütte. Mit den Vorkriegsverhältnissen war er nach eigenen Aussagen „vollauf zufrieden", da sich der achtfache Familienvater vom einfachen Arbeiter zum Fabrikationschef hatte hocharbeiten können, dem insgesamt zwölf Meister und 300 Arbeiter unterstanden. Seine leitende Funktion im Betrieb prädestinierte ihn in den Augen seiner Vorgesetzten zum Betriebsobmann. Vor allem aus politischer Hinsicht schien Reuter der passende Mann, da er bereits im August 1940 der VdB beigetreten war. Die Nominierung zum DAF-Funktionär ging aber auf den Vorschlag seines Direktors Boris Tolly zurück, der in Reuter einen geeigneten und weitsichtigen Mann sah, um den Posten übergangsweise zu übernehmen. Reuter stimmte zu, aber unter starken Bedenken: „(...) mir war bewusst, dass ich auf der einen Seite mitgehen musste und zwar gründlich, um nicht mit meiner Freiheit zu spielen und auf der andern Seite ich mich gründlich verhasst machte." Nach wenigen Monaten wollte er – wie mit Tolly besprochen – den Posten wieder zurückgeben. Von Grohé unter Druck gesetzt, blieb Reuter noch einige Zeit Betriebsobmann bei der RODAG, bevor er sich endgültig zurückzog.[101]

In größeren Industriebetrieben gab es in der streng hierarchischen DAF-Organisation noch andere Amtswalter, die Zellen- und Blockobmänner, die dem Betriebsobmann untergeordnet waren. Bei ihnen handelte es sich meist um

99 Vgl. Bescheinigung der Unio'n Hesperingen vom 12.12.1944 und Zeugenaussagen vom 22.2.1945, in: ANLux AP 6425a Nicolas Boes (Mappe „Instruction" und Mappe „Pièces").

100 So meldete ein Ortsgruppenleiter, dass bei den Arbeitern der Hüttenindustrie „Verwunderung" darüber herrsche, „dass als Obmänner der D.A.F. wieder die alten Kanonen der früheren Gewerkschaften auftauchen", vgl. Wochenbericht der VdB-Ortsgruppe Niederkorn vom 14.1.1941, in: Archives OGBL (Mappe „Genehmigungen von Vorstandssitzungen").

101 Vgl. Bericht der Gendarmerie Rodingen vom 4.8.1945 an Staatsanwaltschaft, in: ANLux AP 668 (R45) Jean-Pierre Reuter.

einfache Arbeiter oder kleine Angestellte, die den Betriebsobmännern zur Seite standen. Die Einteilung in Blöcke und Zellen entsprach mehr oder weniger den Abteilungen eines Produktionsbetriebes oder einer Verwaltung. Diese Zellen- und Blockorganisation sorgte dafür, dass die DAF ihre Vertrauensleute bis in den letzten Winkel eines Unternehmens hatte. Diese Vertrauensleute waren wie Antennen der DAF, die Propaganda verbreiten und auf der jeweiligen Ebene Aktionen durchführen sollten. Viel wichtiger war aber das Sammeln von Informationen über Mitarbeiter oder die Weitergabe von Stimmungsberichten.

Um die Amtswalter bei der Stange zu halten, waren sie dazu verpflichtet, sich regelmäßig zu Besprechungen zu treffen, was in der letzten Phase der Besetzung vielerorts nicht mehr gelang. Die Zellenbesprechungen fanden unter dem Vorsitz des Betriebsobmanns statt, der je nach Eifer und Überzeugung die Zügel mehr oder weniger straff führte. Einige wenige erhaltene Protokolle aus dem Jahre 1944 zeigen, dass soziale Fragen Randthemen blieben, dagegen aktuelle Probleme diskutiert wurden, die der DAF-Kreiswaltung und mehr noch den deutschen Werksführungen wichtig waren. So beschwerte sich Betriebsobmann Schackmann von ARBED-Belval 1944, dass die Versammlungen auf Blockebene nicht mehr stattfanden und Monatsberichte der Zellenobmänner nicht abgegeben wurden. Die Zellenobmänner erstellten Listen von „notorischen Bummelanten“ oder besprachen, wie man die Arbeitsleistung noch weiter erhöhen könnte. Dort, wo die Zellen- und Blockbesprechungen 1943–1944 noch überhaupt einberufen wurden, trafen sich diejenigen, die als überzeugte Nationalsozialisten an einen deutschen Endsieg glauben wollten.[102]

Unter den Zellen- und Blockobmännern gab es sowohl harmlose Mitläufer als auch radikalisierte Elemente. Der Luxemburger Aloyse Schumacher (geboren 1907; VdB-Nr. 3694) etwa war von der pro-deutschen Propaganda und den Erfolgen der Wehrmacht so beeindruckt, dass er sich von einem Bekannten für die VdB anwerben ließ. Ein Arbeitskollege überredete ihn später dazu, das Amt eines Block- beziehungsweise Zellenobmanns auf Belval zu übernehmen. Seine Tätigkeit beschränkte sich mehr oder weniger auf das Einkassieren von Mitgliederbeiträgen und Mitgliederwerbung für die DAF, ansonsten fiel er kaum auf.[103]

102 Protokolle der Zellenbesprechungen vom 13.1. bis zum 11.5.1944, in: ANLux ARBED Belval 14454 („Vertrauensrat. Zellenbesprechungen. Stabsbesprechungen. Krankenwesen. Invalidenversicherung. Knappschaft“).

103 ANLux AP 546 Aloyse Schumacher. Schumacher unterschrieb auf Druck des Escher VdB-Ortsgruppenleiters Jean Koetz einen Antrag auf Mitgliedschaft in der NSDAP. Schumacher wurde 1945 zu fünf Jahren Zuchthaus verurteilt, einer Geldstrafe von 30.000 Franken sowie mit dem Verlust der luxemburgischen Staatsangehörigkeit bestraft. Schumacher hatte zwar keinem etwas zuleide getan, aber war der VdB früh beigetreten (Nr. 3694), hatte in Parteiuniform an Kundgebungen und Versammlungen teilgenommen und damit den Unmut seiner Mitbürger auf sich gezogen. Nachbarn erzählten, dass Schumacher ein ruhiger Mensch gewesen sei, der sich für seine öffentlichen Auftritte regelrecht geschämt habe. So soll Schumacher die Uniform unter einem Zivilmantel getragen und sich unauffällig zur Hintertür seines

Der deutschstämmige Wilhelm Pfirrmann (Jahrgang 1896; VdB-Nr. 19.993) kann hingegen zu den überzeugten Anhängern des Regimes gezählt werden. Er war im Zentralmagazin von ARBED-Belval angestellt und wurde Anfang 1941 Zellenobmann. Pfirrmann war während des Ersten Weltkrieges nach Esch gekommen, wo er vor allem als begeisterter und erfolgreicher Fußballspieler bekannt wurde.[104] Pfirrmann, der 1924 eine Luxemburgerin geheiratet hatte, war in Luxemburg bekannt und gut integriert. Seit 1919 arbeitete er als Angestellter bei ARBED-Belval; er war außerdem Mitglied im Privatbeamtenverband. Beim Einmarsch der Wehrmacht wurde er mit Ehefrau und Sohn nach Frankreich evakuiert. Dort kam er in das französische Internierungslager von Lodève, das er nach dem Krieg als „Konzentrationslager" bezeichnete. Er erlitt einen Nervenzusammenbruch und musste nach seiner Rückkehr nach Luxemburg einen Monat in Erholung.

Auf Werk Belval hatten ihn alle Kollegen als einwandfreien und zuvorkommenden Mitarbeiter in Erinnerung. Gegenüber der VdB blieb der Angestellte zunächst zurückhaltend. Erst nach dem Rundschreiben der ARBED-Generaldirektion trat Pfirrmann Ende Oktober 1940 unter der Nummer 19.993 bei, „wie 90 % aller Angestellter besagter Hüttenwerke", so seine Entschuldigung. Schlechte Erfahrungen in der französischen Evakuation, seine deutsche Herkunft, aber wohl mehr noch die Passion für den Fußball trieben ihn in die Hände der Kreisleitung, die ihn Anfang 1941 zum Kreissportwart in Esch und zum Blockobmann auf Belval ernannte. Nun unterstanden ihm dort 280 Mann. Als Amtswalter der DAF wollte er nur die „Interessen der Arbeiter in sozialer Hinsicht" vertreten und betrachtete sich als „eine Art Arbeiterdelegierter". Die Tätigkeit auf ARBED-Belval sei für ihn eine „rein interne Betriebsangelegenheit [gewesen], die mit Politik nichts zu tun hatte", gab Pfirrmann nach dem Krieg zu Protokoll.[105] Nach 1942/43 radikalisierte sich jedoch seine Einstellung gegenüber den Kollegen und Arbeitern von Werk Belval zusehends. Pfirrmann, der bis dahin immer auf Luxemburgisch gegrüßt hatte, gebrauchte plötzlich den Hitlergruß, es kam zu Streitereien und Schikanen. Selbst mit seinen Vorgesetzten legte er sich an. Der Zellenobmann musste darauf immer mehr deutschfeindliche Bemerkungen und andere Anfeindungen einstecken,

---

Hauses hinauszuschleichen versucht haben, wenn Parteiversammlungen anstanden; vgl. Bericht der Gendarmerie Esch vom 2.3.1945.

104 Pfirrmann absolvierte etwa 400 Fußballspiele für den Escher Traditionsverein CS Fola, mit dem er vor dem Krieg viermal Landesmeister wurde. Im Jahre 1920 wurde die Forderung laut, den talentierten Pfirrmann als Nationalspieler für Luxemburg einzusetzen, „car nous avons besoin de Pfirrmann", vgl. „Avant Anvers", in: Les Sports Nr. 7 (1920), Beilage in: ETB Nr. 138 (16.6.1920). Nach seiner aktiven Zeit wurde er ein bekannter Schiedsrichter, der auch international tätig war, vgl. „Willi Pfirrmann kein Schiedsrichter mehr", in: ETB Nr. 139 (17.6.1941). Wegen seines sportlichen Engagements wurde Pfirrmann Kreissportwart (1941-1943). Nach Lehrgängen im Altreich wurde er „Reichsschiedsrichter".

105 Bericht der Gendarmerie Echternach vom 15.7.1947, in: ANLux AP 75 Guillaume Pfirrmann.

wurde als „knaschtege Preiss“ tituliert und im Büro redeten die Kollegen nicht mehr mit ihm.[106]

Der ehemalige Fußballspieler fiel dann immer wieder als Denunziant auf, der schon bei kleinsten Anlässen den Kollegen mit dem KZ drohte. Pfirrmann beschwerte sich über das gute Verhältnis zwischen Ostarbeiterinnen und Luxemburger Mitarbeitern, hinter dem er „bestimmte Gefahrenquellen für das deutsche Volkstum“ witterte. Bei seinem Betriebsobmann meldete er im Dezember 1942 mehrere Zwischenfälle, die sich auf dem Werksgelände zugetragen hatten. Luxemburger und Luxemburgerinnen hatten den völlig zerlumpten und ausgehungerten Zwangsarbeitern Schuhe, Kleidung und Lebensmittel zugesteckt. Betriebsobmann Palmer gab die Meldung an den Betriebsführer Broglio weiter, aber die Sache blieb glücklicherweise ohne Folgen für die Denunzierten.[107] Im Februar 1944 nahm Pfirrmann, der seine Schiedsrichterlaufbahn inzwischen an den Nagel gehängt hatte, zusätzlich den Posten eines „Beauftragten zur Bekämpfung des Bummelantentums“ an. Unbarmherzig meldete der Zellenobmann im Jahre 1944 mehrere Belval-Arbeiter wegen angeblicher Bummelei, darunter den Jugendlichen Schuler, der zur ARBED dienstverpflichtet worden war, aber lieber im landwirtschaftlichen Betrieb der Eltern arbeiten wollte. Schuler wurde im Juli 1944 von der Gestapo verhaftet und kam in die Jugendstrafanstalt Givenich. In zwei anderen Fällen begab sich Pfirrmann mit Gestapo-Beamten zur Wohnung von „Bummelanten“. Jean Quintus kam für sechs Wochen in das Arbeitserziehungslager nach Hinzert. Ein dritter Dienstverpflichteter konnte vor der Gestapo fliehen und tauchte bis zur Befreiung unter.[108]

Nach dem Krieg beschlagnahmte die Luxemburger Polizei ein schwarzes Notizbuch, das Pfirrmann gehörte. Darin hatte der Zellenobmann in den Jahren 1941 bis Anfang 1944 alle ihm wichtig erscheinenden Ereignisse auf der Arbeit oder Termine notiert, die mit seiner Amtswaltertätigkeit zusammenhingen. Daraus ging hervor, dass Pfirrmann sich tatsächlich in Einzelfällen für die Belange der ihm untergeordneten Arbeiter und Angestellten eingesetzt hatte. Einen guten Teil seiner Zeit verbrachte er in Schulungen, in DAF-Amtswaltersitzungen oder mit der Verteilung von dubiosen NS-Propagandaschriften (“Warum wir kämpfen und siegen“, „Das Kriegsziel der Weltplutokratie“ oder „Das Weltjudentum“). Zu seinen regelmäßigen Tätigkeiten gehörte das Verteilen von Eintrittskarten und die Werbung für KdF-Veranstaltungen. Pfirrmann hielt in seiner DAF-Kladde aber vor allem Zwischenfälle fest, die sich in seinem Machtbereich auf Belval ereigneten. Die Notizen dokumentieren also unverfälscht und zeitnah, was die Arbeiter und Angestellten

106 Bericht des Polizei-Kommissariats von Esch vom 13.6.1945 betr. politisches Verhalten und Treiben des Pfirrmann Wilhelm, in: ANLux AP 75 Guillaume Pfirrmann.

107 Meldung Pfirrmanns an Betriebsobmann Palmer betr. Überwachung von Ostarbeiterinnen, in: ANLux AP 75 Guillaume Pfirrmann (Mappe „Pièces“).

108 Bericht des Polizei-Kommissariates Luxemburg vom 17.8.1945, in: ANLux AP 75 Guillaume Pfirrmann (Mappe „Instruction“).

dem DAF-Regime an zivilem Ungehorsam entgegensetzten. Beispiele aus dem Jahr 1941, als Pfirrmann die Funktion des Obmanns der Zelle 6 auf Belval übernahm, veranschaulichen, wie der Obmann den wachsenden Widerstand, Sticheleien und Provokationen erlebte und akribisch in seinem Notizbuch festhielt: Abreißen von HJ-Abzeichen am 4. Juni, widerspenstiges Verhalten und Auftauchen „kommunistischer" Graffiti („Heim ins Reich Hitler" und „Die Freiheit naht") am 15. Juli, Nichttragen des VdB-Abzeichens in fünf Fällen am 18. August, Verweigern des Hitlergrußes am 5. November, Weigerung, sich als WHW-Sammler zu betätigen, erneute Verweigerung des deutschen Grußes, Direktor Schock, der das luxemburgische „Moien" gebraucht am 13. November, abfällige Bemerkungen von Arbeitern über die Arbeitsbedingungen ("System Schwindel"), das „Eiserne Sparen" ("Alles Schwindel – Geld z. Fenster raus"), den Betriebsobmann Parmentier ("Obmann Angeber") am 16. Dezember, dann Auftauchen Luxemburger Symbole ("roter Löwe blau weis [sic] rot auf Schleifstein gemalt") oder eine ausgesprochen feindselige Stimmung in einzelnen Abteilungen ("Schreinerei unerträglicher Zustand. Hetze") am 16. Dezember – die Aufzählung ließe sich beliebig fortführen.[109]

Am 1. September 1944 setzte sich Pfirrmann nach Deutschland ab. 1945 kehrte er nach Luxemburg zurück und wurde verhaftet; dann verbrachte der ehemalige Zellenobmann insgesamt vier Jahre in Haft beziehungsweise im Internierungslager. Ein Zeugnis bescheinigte dem Internierten 1947 eine exzellente Einstellung zu seiner Arbeit.[110] Konfrontiert mit seinem Fehlverhalten versuchte Pfirrmann sich herauszureden und die Schuld seiner Generaldirektion zuzuweisen, die 1940 im Oktober-Rundschreiben vor der VdB eingeknickt war. Auch habe er den Arbeitern nur die von seinen Vorgesetzten und der DAF herausgegebenen Bekanntmachungen mitgeteilt, aus eigenem Antrieb wollte der Angestellte nie gehandelt haben. Selbst die Bummelantenmeldungen im Jahre 1944 tat er als „betriebsinterne Angelegenheit [ab], welche von Seiten der Deutschen Arbeitsfront vorgeschlagen und von der Generaldirektion gutgeheißen worden war." Pfirrmann wurde 1948 zu sechs Jahren Zuchthaus verurteilt. Die Luxemburger Staatsangehörigkeit wurde ihm zusätzlich aberkannt.[111]

In den industriellen Großbetrieben spielten die Betriebsobmänner eine wichtige Rolle und verfügten über eine gewisse Machtfülle, schon deshalb, weil der Betriebsobmann der höchste Vertreter der Deutschen Arbeitsfront war und über den Kreisobmann einen direkten Draht zur VdB-Kreisleitung hatte. Wie bei vielen Obleuten spielten Herkunft und soziales Umfeld eine wichtige Rolle. Nicht

109 Vgl. Notizbuch Pfirrmanns (1941-1944), in: ANLux AP 75 Guillaume Pfirrmann (Mappe „Instruction").

110 Bescheinigungen des Direktors des Echternacher Gymnasiums und des Tennis-Clubs von Echternach, in: ANLux AP 75 Guillaume Pfirrmann.

111 Aussagen Pfirrmanns aus dem Jahre 1947, in: Bericht der Gendarmerie Echternach vom 15.7.1947 und Öffentliche Sitzung vom 8.1.1948 in Sache gegen Wilhelm Pfirrmann, in: ANLux AP 75 Guillaume Pfirrmann (Mappe „Instruction")

selten handelte es sich bei den DAF-Funktionären um Luxemburger, die deutsche Wurzeln hatten oder aus dem Deutschen Reich ins Großherzogtum eingewandert waren (und in den 1930er Jahren die Luxemburger Staatsangehörigkeit angenommen hatten) oder aber sie waren mit Reichsdeutschen verheiratet beziehungsweise näher verwandt. Zwar waren sie in der Regel vor 1940 in politischer Hinsicht nicht durch eine besondere Deutschfreundlichkeit aufgefallen, aber gerade dadurch waren sie in den Augen von VdB und NSDAP prädestiniert, einen Posten in einer der NS-Organisationen zu übernehmen.[112]

Aber längst nicht alle Obmänner waren überzeugte Anhänger des Regimes, eine große Zahl dürfte nur mit Widerwillen den Posten eines DAF-Funktionärs übernommen haben. Dies belegt eine Namensliste von 23 Personen, die im Mai 1942 im Kreis Diekirch als Betriebsobleute eingesetzt werden sollten. Bei keinem einzigen hatte die Kreisleitung politische Bedenken. Als nach der Befreiung dieselben 23 ehemaligen Betriebsobmänner von der Luxemburger Justiz unter die Lupe genommen wurden, musste nur gegen zwei von ihnen ein politisches Ermittlungsverfahren eingeleitet werden.[113]

Die tatsächliche Machtfülle der Betriebsobmänner ist schwer einzuschätzen. Zwar standen hinter ihnen die Kreis- und Ortsobmänner, die eng mit den Parteidienststellen aus VdB und NSDAP kooperierten, aber kaum ein Obmann hatte die gewünschten Führungsqualitäten oder konnte sich bei den Kollegen auf Dauer durchsetzen. Der Betriebsobmann Konrad Olinger musste 1943 feststellen, dass die Arbeiter praktisch kein Vertrauen mehr in die Arbeitsfront beziehungsweise deren Repräsentanten hatten. Die Arbeiter der Schifflinger Walzstraße hatten angesichts der schweren Produktionsbedingungen eine Schwerstarbeiterzulage verlangt. Olinger verweigerte die Zulage mit dem Argument, die Arbeit sei gar nicht so schwer. Daraufhin wandten sich die unzufriedenen Walzer schriftlich an den Reichstreuhänder der Arbeit, der formell für die Vergabe von Zulagen verantwortlich war, mit der Bitte, er möge eingreifen, um ihnen zu ihrem Recht zu verhelfen.[114]

Ähnliches Unverständnis für die Nöte seiner Untergebenen legte der Betriebsobmann der Grube Thillenberg an den Tag. Nikolaus Krommenacker meldete der DAF-Kreiswaltung im August 1941, dass es im Grubenbetrieb „im Allgemeinen

112 Siehe Beispiel des Ettelbrücker Malermeisters Georg Fassbender, geboren 1908 in Trier, der vor dem Krieg politisch nicht aufgefallen war, eine neutrale Haltung gegenüber Deutschland gehabt hatte und als naturalisierter Luxemburger an seinem Wohnort gut integriert war, vgl. Personalakte Georg Fassbender, Ettelbrück, in: ANLux CdZ D-4:012 („Kreiswaltung Diekirch“).

113 Anfragen der Kreisleitung Diekirch (Kreispersonalamt) vom 6.5.1942 an die DAF und Vermerke nach 1944, in: ANLux CdZ D-4:012 („Kreiswaltung Diekirch“).

114 Schreiben von Betriebsobmann Olinger vom 14.7.1943 an Kreisorganisationswalter Goergen betr. Schreiben der Sägeleute der 500er-Straße an den Treuhänder der Arbeit, in: ANLux ARBED Schifflange 14827 („Kreisleitung an ARBED-Schifflingen“).

ruhig“ sei, verschwieg aber, dass die Stimmung unter den Bergarbeitern nicht wirklich zufriedenstellend war. Er habe aber die Belegschaft „auf den N.S. Arbeitsgeist und Disziplin hingewiesen“.[115] Im November 1942 berichtete er der DAF-Kreiswaltung über die Ankunft der ersten sowjetischen Kriegsgefangenen, die als Grubenarbeiter eingesetzt werden sollten. Er fand es ganz „komisch“, dass die Gefangenen bereits beim Morgenappell ihr ganzes Brot aufaßen und die ganze Schicht über nichts mehr zu essen hatten.[116]

Wie groß der Spielraum der Obmänner war, entschied nicht zuletzt die Kreiswaltung der DAF. Obmänner, die in relativer Nähe zu den Kreisobmännern tätig waren, sahen sich einem größeren Druck und mehr Kontrolle ausgesetzt als ein Betriebsobmann, der in einer weiter entfernten Ortschaft arbeitete, wo die hauptamtlichen Funktionäre nur eher selten den Weg hinfanden. Ansehen und Autorität von Funktionären, die relative Distanz oder die räumliche Nähe einer Ortsgruppenleitung oder einer Betriebsorganisation schufen dementsprechend unterschiedliche Dynamiken in den einzelnen Betrieben.

Lassen sich Funktion und unterschiedliche, zum Teil widersprüchliche Handlungsmuster der Obmänner in der DAF-Organisation auf der Ebene der Betriebe und Ortswaltungen ganz gut beschreiben, so ist angesichts der bedeutenden Zahl der DAF-Funktionäre in Luxemburg eine sozioökonomische Zuordnung der Obmänner nur in Ansätzen möglich. Die DAF war eine Männerwelt, in der Frauen als Funktionsträgerinnen quasi nicht vorkamen, sieht man einmal von den Betriebsfrauenwalterinnen oder Jugendwalterinnen in den großen Industriebetrieben beziehungsweise den Frauenwalterinnen auf Ortsebene ab. Schon die Amtsbezeichnung der Obmänner implizierte, dass in der Regel nur Männer mit Führungsaufgaben betraut wurden. Die DAF kümmerte sich um die berufstätigen Frauen, die ja wie die arbeitenden Männer in die Massenorganisation zwangsrekrutiert wurden, gab ihnen aber kaum Mitwirkungsmöglichkeiten. Darin unterschied sich die Arbeitsfront in Luxemburg nicht von ihrem Pendant auf Gau- oder Reichsebene und in den meisten NS-Organisationen war dies nicht anders.

Vielen Männern bot sich mit der Einführung der Arbeitsfront in Luxemburg aber zweifellos die Möglichkeit eines sozialen Aufstiegs, der nicht selten mit besseren Arbeits- und Lohnbedingungen gleichzusetzen war. Ein Funktionärsposten in der DAF stellte zusätzlich eine bestimmte Position innerhalb der NS-Parteihierarchie dar, die mit Macht, Ansehen und Autorität innerhalb einer Betriebszelle, eines Betriebsblocks oder einer Ortsgruppe verbunden sein konnte. Die DAF mit ihren zahlreichen Amts- und Würdenträgern auf Gau-, Kreis- und Ortsebene war

115 Monatsbericht für die Gaufachabteilung Bergbau von Betriebsobmann Krommenacker vom 19.8.1941 für den Monat Juli 1941, in: Archives OGBL (Mappe „Occupation“).

116 Bericht von Betriebsobmann Nikolaus Krommenacker vom 25.11.1942 an Kreiswaltung der DAF (Abt. Bergbau) betr. Einstellung russischer Kriegsgefangener in unserem Betrieb, in: Archives OGBL (Mappe „Occupation“).

zweifellos mehr als die Volksdeutsche Bewegung oder die NSDAP in Luxemburg die Organisation der kleinen Leute. Auch ohne verlässliche quantitative Analysen lässt sich festhalten, dass in der Gruppe der Obmänner eindeutig Arbeiter und Handwerker überwogen, während beispielsweise auf Ortsebene die Führungspositionen in der VdB häufiger von Personen besetzt wurden, die dem bürgerlichen Milieu entstammten.[117]

4. Die Rolle von Vertrauensrat und Unternehmensbeirat

Vor der deutschen Besetzung und bis zur Machtübernahme der DAF hatten die Arbeitnehmer in Luxemburg die Möglichkeit der gewerkschaftlichen Mitbestimmung. Von der DAF wurden die gewählten Ausschüsse progressiv entmachtet und instrumentalisiert, bevor sie im Laufe des Jahres 1941 definitiv abgeschafft wurden. Nach ihrer Liquidierung wurden sie dann durch Formen einer Scheinbeteiligung ersetzt. Organe derselben waren der Vertrauensrat und der Unternehmensbeirat.[118] Der Vertrauensrat war in Deutschland 1934 durch das Gesetz zur Ordnung der nationalen Arbeit geschaffen worden. Er trat an die Stelle der Betriebsräte, ohne allerdings deren Funktionen zu übernehmen. Im Laufe der dreißiger Jahre verlor er zunehmend an Bedeutung, sodass er bei Kriegsbeginn nahezu keinerlei Kompetenzen mehr hatte.

Die Vertrauensräte, die ab 1941 in Luxemburg eingesetzt wurden, hatten nichts mit den Betriebsausschüssen zu tun, deren Mitglieder in Ausschusswahlen von der Belegschaft eines Unternehmens auf demokratische Weise gewählt worden waren. Formell wurden die Mitglieder vom Reichstreuhänder der Arbeit ernannt, bestimmt wurden sie aber tatsächlich von der Deutschen Arbeitsfront, die dafür sorgte, dass Obmänner und andere DAF-Amtswalter nominiert wurden. Personell bildete der Vertrauensrat die DAF-Betriebsorganisation ab, denn Amtswalter der Betriebsorganisation waren auch immer im Vertrauensrat. Das Gremium verfügte über kein Verhandlungsmandat, sondern hatte lediglich eine beratende Funktion. Dem Betriebsführer gegenüber hatte man in Fragen des Lohnes, der Arbeitsbedingungen oder des Unfallschutzes allerhöchstens ein Vorschlagsrecht; die Befugnisse des Unternehmensleiters wurden in keinster Weise tangiert. In Luxemburg spielten die Vertrauensräte nur eine untergeordnete Rolle, während in den Betrieben die Betriebsobmänner und andere Funktionäre der DAF deutlich mehr Gewicht hatten. Dass der Vertrauensrat nicht viel mehr als ein Marionettentheater war, zeigt das Beispiel eines Grubenbetriebs, der zur DIFFAG gehörte. In einer Ansprache im November 1941 wies der reichsdeutsche Direktor Erich Faust zunächst alle Unzufriedenen und Kritiker in ihre Schranken, bevor die acht Männer des künftigen Vertrauensrates ihre Ernennungsurkunde erhielten. Deutlicher

117 Majerus, Les Ortsgruppenleiter, S. 101–122.

118 Vgl. Matthias Frese, Nationalsozialistische Vertrauensräte. Zur Betriebspolitik im „Dritten Reich", in: Gewerkschaftliche Monatshefte 43 (1992), S. 281–297.

hätte der Betriebsführer den Handlungs- und Verhandlungsspielraum nicht eingrenzen können.[119] Wie sehr sich die Vertrauensräte von bisher üblichen Arbeiterausschüssen unterschieden, macht die Liste der Vertrauensleute bei der DIFFAG selbst deutlich: Dem zehnköpfigen Gremium stand der Betriebsobmann Nikolaus Kraus vor.[120] Welche politische und propagandistische Bedeutung die Machthaber dem Vertrauensrat beimaßen, zeigt die Präsenz hoher Würdenträger bei Betriebsappellen, bei denen die Vertrauensräte vereidigt wurden. In Differdingen war bei der erwähnten Einführung des Vertrauensrates immerhin Gauobmann Dörner höchstpersönlich angereist und ließ sich die Gelegenheit nicht entgehen, eine seiner üblichen Hetzreden vom Stapel zu lassen. In Schifflingen wurde am 15. Oktober 1941 der Betriebsobmann Olinger vom Kommissar für die Aufgaben des Reichstreuhänders der Arbeit beim Chef der Zivilverwaltung zum „Vertrauensmann der Betriebsgemeinschaft" des Werks ARBED-Schifflingen berufen. Im Ernennungsschreiben wurde Olinger verpflichtet, die sich aus der „Zugehörigkeit zum deutschen Volkstum" ergebenden Pflichten treu zu erfüllen. Durch sein Beispiel sollte er mithelfen, „die nationalsozialistische Betriebsgemeinschaft in vorbildlicher Weise bei Betriebsführung und Gefolgschaft" zu verwirklichen.[121] In anderen Abteilungen der ARBED, die noch unter der Leitung Luxemburger Direktoren standen, wurden die Vertrauensräte etwas später installiert. 1942 traten beim Betriebsappell für Belval und Rothe Erde der deutsche Generaldirektor Hoffmann sowie der Werksdirektor Schock an, um Kreisleiter Diehl zu begrüßen, der an der Investitur des Vertrauensrates teilnahm.[122] Wie viele solcher Vertrauensräte, die ab einer Betriebsgröße von 20 Mitarbeitern durch das Arbeitsordnungsgesetz vorgeschrieben waren, tatsächlich im Laufe der deutschen Besetzung berufen wurden, lässt sich mangels Quellenmaterial nicht ermitteln. Bis Juli 1942 – so eine Pressemitteilung – seien in den Betrieben des Kreises Luxemburg 97 Vertrauensräte eingesetzt worden.[123] Vielerorts schien sich die Berufung der Vertrauensräte bis in das Jahr 1943 oder 1944 verzögert zu haben.[124]

Die Mitarbeiter der Betriebe sahen im Vertrauensrat lediglich ein weiteres Kontroll- und Unterdrückungsorgan. Ein Angestellter sagte nach dem Krieg aus, der Vertrauensrat sei eine „Spitzel- und Spionagezentrale" gewesen: „Gleichzeitig war es eine Zentrale zur Überwachung der politischen Stimmung unter der Belegschaft

---

119 „Betriebsappell für die Belegschaft der Grube Doihl", in: LW Nr. 305 (3.11.1941). Faust kritisierte diejenigen, „die dauernd über den Lohn zu meckern hätten."

120 „Ehret die Arbeit und achtet die Arbeiter", in: ETB Nr. 293 (13./14.12.1941).

121 Ernennungsschreiben des CdZ in Luxemburg. Der Kommissar für die Aufgaben des Reichstreuhänders der Arbeit vom 15.10.1941 an Konrad Olinger, in: ANLux AP 334/48 Konrad Olinger.

122 „Alles im Dienste der Gemeinschaft" und „Vorbild in Kameradschaft und Leistung", in: ETB Nr. 75 (30.3.1942).

123 „Über 20.000 DAF-Mitglieder im Kreis Luxemburg", in: LW Nr. 210 (29.7.1942).

124 Bei der Stadtverwaltung Luxemburg beispielsweise erfolgte die Berufung erst 1944, vgl. „Verpflichtung der Vertrauensmänner", in: LW Nr. 175 (23.6.1944).

und sollte zudem auch noch propagandistisch wirken."[125] Auf Werk Belval trat der Vertrauensrat etwa monatlich zusammen, meist in Anwesenheit des deutschen Betriebsführers. Auf der Tagesordnung standen soziale Fragen (Werksküchen, Wohnungsfragen, Urlaub, Jubilarfeiern), aber ebenfalls kriegsbedingte Probleme (Luftschutz, Fraueneinsatz). Daneben besprach man die Beförderung von Arbeitern zu „Unterführern", wie man im NS-Vokabular die Vorarbeiter nannte. Andere Betriebsinterna hatten einen deutlichen politischen Beigeschmack. Etwa wenn Direktor Broglio die Anwesenden über „Absiedlungsfragen" informierte, d.h. wer für eine Umsiedlung in den Osten vorgesehen war, oder über Maßnahmen des „Werkschutzes" oder des „Arbeitseinsatzes" in Kenntnis setzte. Die Mitglieder des Vertrauensrates setzte er in Kenntnis über mehr oder weniger wichtige Veränderungen in der betrieblichen Sozialpolitik, aber es überwogen eindeutig die kriegsbedingten, zum Teil unpopulären Maßnahmen, die von der Betriebsführung beschlossen und von den Betriebsobmännern mit umgesetzt werden sollten. Mitunter hatte man den Eindruck, dass der Vertrauensrat zusammenkam, um sich die Beschwerden des Betriebsführers über die Disziplinlosigkeiten des Personals anzuhören anstatt sich mit sozialen Fragen zu befassen, wie es eigentlich in der Betriebsordnung vorgesehen war.[126] Der Vertrauensrat konnte und sollte nichts bewegen, denn das mit Amtswaltern der Deutschen Arbeitsfront besetzte Gremium hatte weder die Befugnisse noch das notwendige Gewicht, um etwas gegenüber der Unternehmensleitung durchzusetzen. Im Gegenteil, der Vertrauensrat wurde vom Betriebsführer zusammengerufen und dieser gab die Tagesordnung vor. Zur Diskussion oder Debatte eignete sich der Vertrauensrat nicht, der faktisch nur ein Befehlsempfänger des Betriebsführers war. Die Mitglieder waren abgesehen vom Betriebsobmann nur Staffage und ihre Rolle beschränkte sich darauf, bei offiziellen Veranstaltungen oder anderen Propagandaversammlungen die Reihen zu füllen.

Nicht viel anders verhielt es sich mit dem Unternehmensbeirat, den es in Luxemburg nur beim ARBED-Konzern gab. Dieser Beirat war gewissermaßen der Vertrauensrat der Vertrauensräte. Er setzte sich aus Vertretern der Generaldirektion

125 Aussage des ARBED-Juristen Jules Pauly, enthalten im Bericht der Lokalpolizei Luxemburg vom 13.8.1948, in: ANLux AP 1376 Willy Colbert.

126 Vgl. Protokolle der Sitzungen des Vertrauensrats von ARBED-Belval&Rothe Erde (November 1943 bis Juni 1944), in: ANLux ARBED Belval 14454 („Vertrauensrat. Zellenbesprechungen. Stabsbesprechungen. Krankenwesen. Invalidenversicherung. Knappschaft"). 1943 z.B. standen Fragen der Arbeitsdisziplin sowie des Werk- und Luftschutzes auf der Tagesordnung. Broglio beschwerte sich über das „undisziplinierte Verhalten bei Schichtwechsel". Außerdem hatte ein „Italienervorfall" seine Aufmerksamkeit erregt, sodass die kriegsgefangenen Italiener nicht mehr über die öffentliche Straße, sondern nur noch über das Hüttengelände zur Arbeit geführt werden sollten. Auch beim Luftalarm gab es Beschwerden des Betriebsführers, da Ostarbeiter, Kriegsgefangene und volksdeutsche Gefolgschaftsmitglieder die gleichen Luftschutzeinrichtungen benutzten; vgl. Protokoll der Vertrauensratssitzung vom 10.11.1943, ebenda.

und Betriebsobmännern der einzelnen Abteilungen zusammen. Eine erste Sitzung (und vermutlich einzige) fand im Juni 1942 statt. Generaldirektor Aloyse Meyer gab in seiner Ansprache „der Hoffnung Ausdruck, dass hier sowohl im Interesse der Gesellschaft als auch der Gefolgschaft nützliche und fruchtbringende Arbeit geleistet“ werde, politische Fragen sollten demnach nicht debattiert werden. Meyer war sich bewusst, dass er sich mit dieser Einstellung auf dünnes Eis begab, denn in der Runde saßen mit Betriebsobmännern wie Palmer (Belval-Rothe Erde), Olinger (Schifflingen) oder Balsam (Düdelingen) radikale und überzeugte Nationalsozialisten. Die Generaldirektion war ihrerseits nicht gewillt, sich von dem neuen Gremium irgendwie bevormunden zu lassen, vor allem in Bezug auf die Personalpolitik. Carlheinz Hoffmann, einer der deutschen Direktoren der Zentralverwaltung, stellte klar, dass sich die Betriebsobmänner in allen Personalangelegenheiten an ihn zu wenden hätten: „Wenn Schwierigkeiten im Betrieb entstehen, muss zuerst versucht werden, dieselben innerhalb des Betriebes zu regeln; erst, wenn dies nicht gelingt, soll die DAF herangezogen werden. Es muss dafür Sorge getragen werden, dass Ruhe und Frieden in den Betrieben herrschen.“[127] Gemäßigten Betriebsobmännern wie Boes (Dommeldingen) kamen solche deutlichen Worte entgegen, da sie genau mit diesen Problemen zu kämpfen hatten.[128] Die erste Beiratssitzung entpuppte sich somit aus Sicht der Deutschen Arbeitsfront als pure Alibiveranstaltung. Wie in den Vertrauensräten gab es hier nichts zu diskutieren, sondern man hatte sich die Mitteilungen der Unternehmensführung anzuhören und deren Lösungsvorschläge zur Kenntnis zu nehmen. Eine wirkliche Kompromiss- oder Kooperationsbereitschaft in dringenden Fragen konnte man nicht erkennen. Dies belegt die Ausarbeitung der Betriebsordnung für das ARBED-Unternehmen, die laut einer CdZ-Verordnung über die „Ordnung der Arbeit“ auch in Luxemburg vorgeschrieben wurde. Sie trat offiziell am 15. April 1942 in Kraft und im Vorwort wurde besonders erwähnt, dass sie mit dem Unternehmensbeirat beraten worden sei. Fraglich ist allerdings, wann und wie diese Zusammenarbeit stattgefunden haben soll, da es bis Mai offiziell gar kein solches Gremium gab und die erste ordentliche Sitzung des Beirates erst im Juni stattfand.[129] Tatsächlich hatte sich die ARBED-Zentralverwaltung bereits im Juni 1941 mit einem deutschen

127 Niederschrift über die Sitzung des Unternehmensbeirates vom 30.6.1942, in: ANLux AP 6425a Nicolas Boes (Mappe „Pièces“).

128 Vgl. Fall Nicolas Boes, in: ANLux AP 6425a Nicolas Boes.

129 Betriebsordnung der Vereinigte Hüttenwerke Burbach-Eich-Düdelingen A.G. „ARBED“ Luxemburg, in: ANLux AP 4701 Aloyse Meyer (Mappe A). Dass Meyer seine Unterschrift unter die Betriebsordnung gesetzt hatte, wurde ihm nach dem Krieg vielfach vorgehalten; siehe z.B. die Aussage des Arbeiters Viktor Bertolini. Der Kranführer Nicolas Conrady, der seit 1927 Präsident des Düdelinger Arbeiterausschusses war und 1941 seines Amtes enthoben worden war, kritisierte gleichfalls Meyers Unterschrift: „Hier hätte er [Meyer] seinen Mann stellen müssen, denn er ist kein Arbeiter, sondern ein Intellektueller.“ Andere Arbeiter gaben zu Protokoll, dass sie die Betriebsordnung nie gelesen hätten; vgl. Bericht der Sûreté vom 16.8.1945

Juristen der Gutehoffnungshütte getroffen, um Hilfe beim Abfassen einer eigenen Betriebsordnung zu erhalten, die bis Oktober 1941 bei der DAF-Gauwaltung zur Begutachtung vorliegen sollte. Der Text der ARBED-Betriebsordnung orientierte sich stark an denen der eigenen Tochterunternehmen in Eschweiler und Köln. Von der Gauwaltung kamen keine größeren Einwände. Dafür sorgte letztlich der stellvertretende Generaldirektor Franz Schmidt, der als noch amtierender „Stillhaltekommissar" gute Beziehungen zur Zivilverwaltung wie zur Partei hatte und nun bei der ARBED tätig war. Weder die DAF-Betriebsobleute, noch die DAF-Kreiswaltung in Luxemburg schienen mit der Angelegenheit befasst gewesen zu sein.[130]

Die mit Generaldirektor Aloyse Meyers Unterschrift verbreitete Betriebsordnung war die logische Fortsetzung des Rundschreibens der Generaldirektion aus dem Jahre 1940. In dem 20seitigen Dokument wurden die wichtigsten Prinzipien eines nationalsozialistischen Musterbetriebes umrissen, wie der Aufbau der Betriebsgemeinschaft, das Führerprinzip, das „Arbeitsethos der nationalsozialistischen Weltanschauung", die obligatorische Mitgliedschaft in der DAF. Anerkannt wurden die wichtigsten Veränderungen, die durch die Arbeitsfront seit 1940 im Unternehmen stattgefunden hatten. Die Betriebsordnung enthielt zusätzlich politische Aussagen, die aber sehr allgemein formuliert worden waren und sich auf die Jugendberufserziehung oder auf „staatsfeindliches" Verhalten im Betrieb bezogen. Eine offenbare Loyalitätserklärung, die im Jahre 1940 einen Kollaborationskurs klar vorgegeben hatte, fand sich nicht mehr in derselben Deutlichkeit, war aber im Schlusswort enthalten. Der Konzern werde auch „im Großdeutschen Reich und in der künftigen europäischen Wirtschaft die Aufgaben erfüllen", die ihm gestellt würden.

Warum sich also überhaupt mit offenbar nebensächlichen Aspekten der nationalsozialistischen Betriebsverfassung beschäftigen? Die Amtseinführung eines Vertrauensrats beziehungsweise eines Unternehmensbeirats wurde von der Gauleitung gefordert. Ohne Begeisterung setzten Großunternehmen wie die ARBED die Verordnungen des Gauleiters um, aber indem sie es taten, stellten die Luxemburger Direktoren ein weiteres Mal ihre Kooperationsbereitschaft unter Beweis. Ihnen wurde schnell klar, dass ihre unternehmerische Freiheit durch – häufig proletarisch bis klassenkämpferisch auftretende – kleine Arbeitsfront-Amtswalter und wohlklingende Propagandaaktionen à la „Schönheit der Arbeit" und „Kraft

---

an die Staatsanwaltschaft in der Angelegenheit Meyer Aloys, Generaldirektor der ARBED, in: ANLux AP 4701 Aloyse Meyer (Mappe A).

130 Vgl. ANLux ARBED Zentralverwaltung 35-21 („Betriebsordnung. Ordnung der Arbeit"). Meyer selbst wies die Behauptung zurück, den Auftrag zur Erstellung der Betriebsordnung erteilt zu haben oder an der Redaktion beteiligt gewesen zu sein. Er bekam lediglich eine Vorlage, die ihm zu politisch schien und deshalb von ihm nicht unterzeichnet wurde; vgl. Aussage Aloyse Meyer vom 6.12.1945/ Cahier d'informations dans l'affaire politique à charge de Aloyse Meyer, in: ANLux AP 4701 Aloyse Meyer (Mappe N).

durch Freude" kaum bis gar nicht eingeschränkt wurde. Die wirklichen Machthaber saßen in den staatlichen Dienststellen und NS-Wirtschaftsverbänden: Aloyse Meyer, Félix Chomé und später die reichsdeutschen Direktoren wie Franz Schmidt oder auch Nino Broglio hatten aus unternehmerischer Sicht mehr von einem Hermann Röchling, dem Leiter der Reichsvereinigung Eisen, zu befürchten als von einem Gauobmann Dörner oder einem Kreisobmann Grohé.[131]

Die machtlosen Betriebsgremien waren Teil der NS-Strategie zur Entmachtung der Arbeiterbewegung. Die Vertrauensräte ersetzten die vor dem Krieg frei gewählten Ausschüsse, ohne im Geringsten das Gleiche zu sein oder etwas Gleichwertiges an deren Stelle zu setzen. Die Arbeiter und Angestellten verloren zwischen 1940 und 1944 die Möglichkeit „eigenständiger organisierter Interessenwahrnehmung auf betrieblicher und überbetrieblicher Ebene sowie im Bereich der sozialen Selbstverwaltung."[132] Statt sich für die Belange der Arbeiter und Angestellten einzusetzen, waren Vertrauensrat und Unternehmensbeirat Knetmasse in den Händen der Betriebsführung. Als zum Beispiel im Herbst 1942 eine allgemeine Urlaubssperre auf Belval verhängt werden musste, gaben Betriebsobmann und Betriebsführer bekannt, dass diese unpopuläre Maßnahme nach Beratung mit dem Vertrauensrat getroffen worden sei.[133] Die Versammlungen des Unternehmensbeirates und der Vertrauensräte waren letztlich bedeutungslos und fanden statt, weil sie stattfinden mussten. Einen direkten Sinn hatten sie nicht. Die Frequenz der Zusammenkünfte, der Ablauf sowie die konkreten Ergebnisse belegen, welche Handlungsfreiheit die Unternehmen in betrieblichen Dingen behielten und wie machtlos die Deutsche Arbeitsfront letztlich in sozialpolitischen Fragen und personalpolitischen Belangen war.[134] Die Unternehmer hatten verstanden, dass es mit der Deutschen Arbeitsfront beziehungsweise mit den neugeschaffenen Einrichtungen keine wirkliche Revolution in den Betrieben gegeben hatte. Die Vertrauensräte waren stumpfe Schwerter und keine wirklichen Mitbestimmungsorgane. So blieben die Unternehmer wie vor dem Krieg in einer starken Position, immer vorausgesetzt, sie waren zur Kooperation mit der DAF bereit. In den Betrieben hing der Handlungsspielraum der Obmänner stark vom jeweiligen Betriebsführer und dessen Kooperationsbereitschaft ab, wobei mehrere Faktoren eine Rolle spielen konnten, dazu

131 Vgl. Klee, Personenlexikon, S. 502 und Volkmann, Luxemburg im Zeichen des Hakenkreuzes, S. 211–213.

132 Andreas Kranig, Lockung und Zwang. Zur Arbeitsverfassung im Dritten Reich, Stuttgart 1983 (= Schriftenreihe der Vierteljahreshefte für Zeitgeschichte 47), S. 243.

133 Bekanntmachung des Betriebsobmanns und des Betriebsführers vom 26.9.1942, in: ANLux ARBED Belval 09410 („Rundschreiben und Bekanntmachungen", Juli-Dezember 1942).

134 Vgl. Matthias Frese, Betriebspolitik im „Dritten Reich". Deutsche Arbeitsfront, Unternehmer und Staatsbürokratie in der westdeutschen Großindustrie 1933-1939, Paderborn 1991, S. 169–227. Der Unternehmensbeirat, so Frese, sei bereits 1939 „zu einer von den Beschäftigten ohnehin nicht beachteten, insgesamt überflüssigen Einrichtung geworden" (S. 227).

gehörten die politische Situation vor Ort und die Phase der deutschen Besatzung. In der Regel kann man davon ausgehen, dass die Luxemburger Direktoren nur soweit mit den Betriebsobmännern zusammenarbeiteten, wie es unbedingt notwendig war. Dies änderte sich in der Schwerindustrie ab 1942, wo Luxemburger durch Reichsdeutsche ersetzt wurden.[135] Reichsdeutsche Direktoren wie Broglio und Köhler hatten keine Probleme mit den Funktionären der Arbeitsfront, da sich ihre ideologischen Vorstellungen, aber auch die politischen, sozialen und wirtschaftlichen Ziele im totalen Krieg deckten. Freilich blieben die Direktoren immer noch „Herr im Hause", aber sie arrangierten sich schon allein deshalb mit den Repräsentanten der Deutschen Arbeitsfront, weil man sich somit Probleme mit anderen Parteiinstanzen vom Halse halten konnte. Wer die politische Oberhoheit der DAF in seinem Betrieb anerkannte, stillschweigend duldete oder sogar aktiv unterstützte, hatte gute Karten, andere Parteileute (wie die Ortsgruppenleiter der VdB) außen vor zu halten. Auch konnte man unangenehme Verpflichtungen auf die Obmänner abwälzen, man denke nur an den Kampf gegen die „Bummelanten" oder die Überwachung von Ostarbeitern und sonstigen Zwangsarbeitern.

135 Der Schifflinger Betriebsobmann unterstrich, dass es mit dem Dienstantritt des deutschen Direktors Köhler eine enge Zusammenarbeit zwischen Betriebsführer und DAF gebe; vgl. Tätigkeitsbericht der DAF-Werkgruppe Schifflingen vom Monat November 1942, in: ANLux ARBED Schifflange 14827 („Kreisleitung an ARBED-Schifflingen").

Kapitel IV.4. Die DAF als „Dienstleister“ am Volk

1. Die DAF als „Dienstleister“

Die Deutsche Arbeitsfront versprach eine umfassende Betreuung der „Volksgenossen“, die der Organisation beitraten und dies in Form von „Leistungen ideeller, materieller und finanzieller Art“, so ein Flugblatt, mit dem die DAF Anfang 1941 bei den Luxemburger Arbeitnehmern für sich warb.[1] Die Angebote umfassten Unterstützungseinrichtungen in Form von Beihilfen, die im Notfällen ausgezahlt wurden, oder einer kostenlosen Rechtsberatung. Auch bot die DAF berufsbildende Kurse und Fortbildungen an. Unterschied sich die DAF hierin auf den ersten Blick nur wenig von den Leistungen, die den Luxemburger Gewerkschaftsmitgliedern schon vor der deutschen Besetzung zustanden, so verfügte die Arbeitsfront über besondere Einrichtungen, die sie von den alten Berufsverbänden abhob. Dazu zählte die sogenannte „Soziale Betreuungsarbeit“ in den Betrieben, wo die DAF ihre Zuständigkeiten in Kompetenzbereiche ausweitete, die bis dahin staatlichen Behörden (wie etwa der Arbeitsschutz, Kinder- und Mutterschutz) oder den Unternehmern (wie Arbeitsplatzgestaltung, Arbeitslenkung) vorbehalten waren. Die verschiedensten Arbeitsbereiche, die sich die DAF im Laufe ihrer zwölfjährigen Geschichte aneignete, waren mehr oder weniger offene politische Angelegenheiten. Der „Mütterschutz“, die „Arbeitslenkung“ oder „Schulungskurse für alle Werktätigen“ dienten den staatspolitischen Zielen des „Dritten Reiches“. Dies traf besonders auf den letzten Bereich zu, in den sich die Deutsche Arbeitsfront einmischte, den der Freizeit. Für die Freizeit- und Feriengestaltung nach nationalsozialistischen Vorstellungen war die NS-Gemeinschaft „Kraft durch Freude“ zuständig.

Vor dem Zweiten Weltkrieg hatte sich die Deutsche Arbeitsfront zu einer Art „volksgemeinschaftlichem Dienstleister“ entwickelt, der nicht allein in den Betrieben und in den Ortsgruppen für die arbeitenden Menschen da war. Sie bot noch andere „Produkte und Dienstleistungen“ an: Diese wurden von den DAF-eigenen Unternehmen angeboten, zu denen mehrere Versicherungen, Banken und Verlage sowie eine Wohnungsbaugesellschaft, ganze Einzelhandelsketten und sogar ein Fahrzeugbauer gehörten. Die zahlreichen Lockangebote waren Anreize, um die arbeitende Bevölkerung einfacher in die nationalsozialistische „Volksgemeinschaft“ integrieren zu können.[2]

Im besetzten Luxemburg konnte sich die DAF kriegsbedingt nicht vollständig entfalten, denn viele Angebote im Dienstleistungsbereich der Arbeitsfront kamen nie wirklich bis nach Luxemburg (wie die KdF-Fahrten), blieben in den

---

1 Flugblatt „Was will die Deutsche Arbeitsfront!“, in: AMnR D-naz-af-0010 DAF.

2 Vgl. Begriff der DAF als „Dienstleistungsorganisation“, in: Hachtmann, Das Wirtschaftsimperium der Deutschen Arbeitsfront, S. 14–16.

Kinderschuhen stecken oder mussten im Laufe der Besatzungszeit zurückgezogen werden. So blieb es bei großartig klingenden Versprechungen wie der 1941 in der Presse veröffentlichten Mitteilung, dass sich das DAF-Amt „Gesundheit und Volksschutz“ in Luxemburg nun für die Gesundheit der arbeitenden Bevölkerung einsetzen würde. Versprochen wurden etwa Röntgen-Reihenuntersuchungen, die aber bis 1943 auf sich warten ließen und nie abgeschlossen wurden.[3] Propagandafotos zeigten zufriedene Arbeiter, die sich in den Gemeinschaftsküchen der Arbeitsfront satt aßen, aber in ganz Luxemburg gab es keine von der DAF betriebenen Küchen, die dem Durchschnittsarbeiter ein Essen serviert hätten. Der Krieg war ein Faktor, der die Arbeit der DAF erschwerte und sie somit vor neue Herausforderungen stellte. Mit „Vitaminaktionen“ wollte man in den Wintermonaten die Schwerarbeiter vor Krankheiten und Schwäche bewahren. Den Arbeitern empfahl die DAF das Essen von gesundem Vollkornbrot und Pellkartoffeln.[4] Was nach modernen Gesundheitsstandards klingt, war in Wirklichkeit aber nur die Antwort auf Mangelernährung und Überforderung der Arbeiter, die lieber Weißbrot und Fleisch auf dem Speiseplan gesehen hätten.

Wie die Luxemburger „Volksgenossen“ die Dienstleistungsofferten der Massenorganisation annahmen, ist unterschiedlich. Auf vieles reagierten die Arbeiter und Angestellten mit Misstrauen und Ablehnung. Dies äußerte sich teilweise auf erstaunliche Weise. Im März 1941 etwa wurden Arbeiter, die für „staatspolitisch“ wichtige Arbeiten außerhalb des Landes tätig und von ihren Familien getrennt waren, dazu aufgerufen, Anträge auf Trennungszuschläge abzugeben. Trotz „wiederholter Aufforderung“ durch die Arbeitsämter und die DAF-Dienststellen liefen die Anträge nur spärlich ein.[5] Die politische Distanz der Arbeiter zum NS-Staat wog also scheinbar schwerer als materielle Überlegungen.

In die Bereiche der Freizeitgestaltung und der Volksbildung schien das Regime im besetzten Luxemburg in den Jahren 1941 bis 1944 die meiste Energie einfließen zu lassen. Welchen Schwierigkeiten begegnete die NS-Gemeinschaft „Kraft durch Freude“ beziehungsweise die Deutsche Arbeitsfront bei der Umsetzung ihres Dienstleistungsangebots? Was kam gut bei den Menschen an, was wurde von den Luxemburgern abgelehnt?

---

3 „Deutsche Arbeitsfront setzt sich für die Gesunderhaltung unserer Schaffenden ein“, in: ETB Nr. 139 (17.6.1943). Reihenuntersuchungen, die in den Röntgenwagen der Reichsunfallversicherung vorgenommen wurden, begannen erst 1943 zusammen mit zahnärztlichen Vorsorgeuntersuchungen an Arbeitern der metallverarbeitenden Industrie im Süden des Landes.

4 „Gesundheitliche Betriebsbetreuung“, in: ETB Nr. 262 (7.11.1941).

5 „Stellt Antrag auf Trennungszuschlag!“, in: OMZ Nr. 56 (6.3.1941).

2. „Kraft durch Freude“?

„Kraft durch Freude“
„Frohsinn, Kraft, Freude sind köstliche Gaben:
Dürfte doch jeder sich ihrer bedienen
Und sie bei fröhlichen Menschen erlaben,
Glätten die Falten bekümmerter Mienen…!
Ihr Glücklichen alle, die fröhlich ihr seid,
Der Armut gebt Freude, verringert ihr Leid!
Ein freundliches Lächeln schon Hoffnung verschafft!
Durch Hoffnung gebt Freude…
Durch Freude gebt Kraft!“

Obermosel-Zeitung Nr. 118 (17./18.5.1941)

Die Nationalsozialistische Gemeinschaft (NSG) „Kraft durch Freude“ (KdF) war die Freizeitbewegung der DAF, die sich um die Feierabendgestaltung des deutschen Arbeiters kümmern sollte. Über die Organisation der Freizeit wollte die NSG auch eine „neue Lebensauffassung“ vermitteln. Bei Kriegsbeginn verfügte die KdF über ein Heer von 143.000 haupt- und ehrenamtlichen Mitarbeitern; finanziert wurde die Freizeitorganisation von der DAF.[6] Viele Arbeiter hatten sich von den Lockangeboten einnehmen lassen, was aber nicht mit einer allgemeinen Zustimmung zum Regime gleichzusetzen ist, da es unterschiedliche Motivationen gab, an den Veranstaltungen teilzunehmen. Dennoch leistete die KdF einen Beitrag zur NS-Arbeiterpolitik und wurde zu einem „bedeutenden Instrument der Stabilisierung nationalsozialistischer Herrschaft.“[7] Die Kultur- und Freizeitangebote der KdF sollten die Arbeiter gesellschaftlich aufwerten und damit an das NS-Regime binden. Bessere Arbeitsbedingungen wie sie vom KdF-Amt „Schönheit der Arbeit“ propagiert wurden und umfassende, kostengünstige Freizeitangebote waren außerdem wichtige Leistungsanreize: Da das Dritte Reich aus ökonomischen Gründen nicht an der Lohnspirale drehen konnte, versuchte es, den immateriellen Lebensstandard der Massen zu erhöhen.[8]

Die KdF war in den 1930er Jahren über die Grenzen NS-Deutschlands hinaus bekannt geworden und wurde bereits früh von den Luxemburger Gewerkschaftlern als Gefahr erkannt. Weil die freien und die katholischen Gewerkschaften in

---

6 Vgl. §8 der Verordnung des Führers über Wesen und Ziel der Deutschen Arbeitsfront vom 24.10.1934, in: Organisationshandbuch der NSDAP, [5]1938, S. 187; zur NSG KdF vgl. S. 210–213. Wolfhard Buchholz, Die nationalsozialistische Gemeinschaft Kraft durch Freude. Freizeitgestaltung und Arbeiterschaft im Dritten Reich, München 1976, S. 196–296. Die „Freizeit im Krieg“ behandelt Schneider, In der Kriegsgesellschaft, S. 711–758. Zur Organisation der KdF in Luxemburg siehe Gauwaltung Moselland: Organisationspläne für Ortswaltungen und Betriebsgemeinschaften, in: ANLux CdZ D-4: 005 DAF Kreiswaltung Luxemburg/ Ortswaltung Merl.

7 Vgl. Buchholz, Die nationalsozialistische Gemeinschaft „Kraft durch Freude“, S. 412. Siehe Siegel, Rationalisierung statt Klassenkampf, S. 131–134.

8 Vgl. Buchholz, Die nationalsozialistische Gemeinschaft „Kraft durch Freude“, S. 136–149.

der KdF und in der DAF eine Konkurrenz sahen, hatten sie vor 1940 intensiv über alternative Freizeitmodelle nachgedacht. Mithilfe der Kultur- und Freizeitpolitik wollte das Gauleiterregime ab 1940/41 die Luxemburger Eliten und die Arbeiterschaft gleichermaßen in die deutsche „Volksgemeinschaft“ integrieren und stärker an den nationalsozialistischen Staat binden. Gerade die Kulturpolitik diente der Sicherung der nationalsozialistischen Herrschaft innerhalb des Gaues, da sie Teil einer „moselländischen“ Kulturpropaganda war. Die Freizeit- und Kulturangebote der DAF waren deshalb nicht nur Bestandteil der Anschluss- und Eindeutschungspolitik, sondern sie waren, mit deutlichen Rückbezügen auf die regionalen Befindlichkeiten, ein Versuch, in Luxemburg eine Art Massenkultur zu schaffen.

Die deutsche Besetzung und die Tätigkeit der NS-Gemeinschaft „Kraft durch Freude“ zeigten ab 1940, dass das NS-Regime andere Vorstellungen hatte, was die Freizeitgestaltung der Luxemburger Arbeiter und Angestellten anbelangte. Wer freilich die Arbeit gewerkschaftlicher Selbsthilfeorganisationen (wie der GEMUSO) oder der zahlreichen Volksbildungsvereine schätzen gelernt hatte, konnte mit den nationalsozialistischen Freizeitvorstellungen nicht viel anfangen. Nach 1940 versuchte die KdF-Organisation an die Frage nach einer organisierten Freizeit anzuknüpfen und an das Standesbewusstsein der Arbeiter zu appellieren. 1942 meinte der Escher KdF-Kreiswart beschwörend, dass die KdF die kulturelle Bildung der Arbeiter anstrebe, die nach dem deutschen Einmarsch nicht länger „Idealsklaven des Großkapitals“ seien. Der Arbeiter nehme an kulturellen Werken teil, nicht nur die „Intellektuellen“ oder ein „Kreis Auserwählter“, und werde so zum Teil der „Volksgemeinschaft“: „Die KdF ist nicht geschaffen, um nur einer bestimmten Gruppe Menschen zu dienen, sondern ihre Aufgabenbereiche umfassen die Gesamtheit der ‚Freizeit und Erholung‘, und sie will nationalsozialistische Gemeinschaft aller sein.“[9] Freizeit und Erholung seien mehr als nur die „flache Sucht nach Unterhaltung“, so die Sicht des KdF-Funktionärs, dessen hehre Worte aber nicht verstecken konnten, dass die Veranstaltungen der KdF nicht viel mehr als „Frohsinn und Heiterkeit“, „Unkompliziertheit“ und „Unbeschwertheit“ vermittelten. Gerade in Kriegszeiten sollte es darum gehen, die Arbeiter von den Alltagssorgen abzulenken und ein völlig unpolitisches Programm anzubieten.[10] Mit der freien und selbstbestimmten Arbeiterkultur der Vorkriegszeit hatte diese Freizeitkonzeption freilich nur noch wenig zu tun.

Im besetzten Luxemburg hatte die KdF im Januar 1941 eine eigene Dienststelle eingerichtet, etwa gleichzeitig mit der Einführung der Organisation der DAF. Wie diese war auch die KdF schon vorher tätig geworden. Im Juni 1940 hatte der SD Überlegungen angestellt, die KdF im Zuge von prodeutschen Propagandamaßnahmen einzusetzen. Neben der Gründung von Vereinen, dem Ausrichten von Ausstellungen und sonstigen kulturellen Veranstaltungen sollte die KdF als eine

9 Josef Felten, Freizeit und Erholung, in: ETB Nr. 34 (10.2.1942).

10 Vgl. Artikel auf der gleichen Seite wie Feltens Abhandlung: Wr., „Aus dem Lachen in das Lachen“ und „Kameradschaftsabend der Hütte Belval“, in: ETB Nr. 34 (10.2.1942).

Art Vorzeigeorganisation für das nationalsozialistische Deutschland werben.[11] So hieß es, dass die Veranstaltungen der KdF „nicht nur von den sogenannten besseren Kreisen“ besucht werden könnten, sondern „jeder Arbeiter und jeder 'kleine' Beamte und Angestellte konnte sich für wenig Geld in Kameradschaftsabenden, KdF-Veranstaltungen und ähnlichen Feiern einige Stunden der Erholung und des Frohsinns gönnen.“[12] Von den eher spektakulären KdF-Angeboten, wie den Dampferfahrten nach Norwegen oder Madeira beziehungsweise dem Volkswagen, bekamen die Arbeiter und Angestellten in Luxemburg nur ausschweifende Erzählungen mit, denn mit dem Krieg wurden die Urlaubsfahrten eingestellt und das Wolfsburger Autowerk produzierte für die Wehrmacht. Eine einzige KdF-Urlaubsfahrt ist belegt, die nach NS-Auffassung nicht einmal ins Ausland führte: Im Sommer 1941 erhielten 20 Arbeiter aus Luxemburg die Gelegenheit an einer Kulturfahrt nach Bayreuth teilzunehmen. Es waren „Arbeitskameraden“, die sich beim Aufbau der DAF „vom ersten Augenblick an eingesetzt hatten“ und nun als Gäste des Führers zu den Wagner-Festspielen fahren durften.[13]

Der Aufbau der Freizeitorganisation ging einher mit einem aufwändigen Funktionärsapparat. So gab es im Prinzip in allen Betriebsorganisationen und Ortswaltungen der Deutschen Arbeitsfront die sogenannten KdF-Warte, die für die Arbeitsbereiche Feierabend, KdF-Wagen, Reisen-Wandern-Urlaub und Sport zuständig waren. Je nach Größe des Betriebs oder der Ortsgruppe hatte der KdF-Wart noch Mitarbeiter, die sich um die einzelnen Arbeitsbereiche kümmern sollten. Sie sollten die Freizeit ihrer Volksgenossen und Arbeitskollegen im Interesse des nationalsozialistischen Staates koordinieren und organisieren. Eigene Initiativen waren eher unerwünscht, da kulturelle Veranstaltungen von der nächsten Führungsebene, den Kreisleitungen und Kreiswaltungen oder von der politischen Zentrale gesteuert wurden. Der geografische Schwerpunkt der KdF-Arbeit lag zweifellos in den bevölkerungsreichen Zentren des Landes. In der Hauptstadt und im Kreis Esch wurde am stärksten Propaganda für die Freizeitorganisation betrieben, hier gab es die meisten Angebote, während in den übrigen Kreisen Diekirch und Grevenmacher der Aufwand deutlich bescheidener war. Vor allem war es sehr schwer, die Landbevölkerung, die in den vielen kleinen Dörfern lebte, flächendeckend zu erreichen.[14] In den Kreisstädten stellte die KdF aber Programme auf die Beine, die für die meisten Menschen neuartig oder zumindest bislang kaum zugänglich gewesen waren.[15]

---

11 Bericht aus Trier an SD-Abschnitt Koblenz vom 4.6.1940 betr. Rahmen-Programm für Propaganda in Luxemburg, in: ANLux SD 033: Suppl.10.

12 Vgl. Artikel „KdF-Veranstaltung für die städtischen Betriebe“, Zeitungsausschnitt (o.D.), vermutlich aus NBL, in: ANLux CdZ A-5-1:508.

13 „KdF-Fahrt nach Bayreuth. 20 Arbeiter aus Luxemburg waren dabei“, in: NBL Nr. 172 (25.7.1941).

14 Vgl. den kurzen Beitrag von Rolf Binnius, in: Ruth (Hg.), Luxemburg, S. 151.

15 „Die Arbeit der NSDAP im Kreise Grevenmacher. NS-Gemeinschaft ‚Kraft durch Freude‘ stellt sich vor“, in: OMZ Nr. 35 (10./11.2.1941). Künstlerische Darbietungen,

Geleitet wurde die NS-Gemeinschaft im Gau Koblenz-Trier von Gauwart Dr. Minter, dem die Kreiswarte untergeordnet waren.[16] Die Finanzierung der Veranstaltungen musste die KdF selbst sichern, öffentliche Gelder wurden keine gezahlt, auch wenn sich die DAF in Luxemburg um die Gewährung von Zuschüssen für die Kulturarbeit bemühte.[17] Finanzielle Unterstützung erhielt die KdF von großen Betrieben wie den ARBED-Werken. Hier gehörte es gewissermaßen zum guten Ton, die DAF in ihren sozialen Bemühungen zu fördern wie etwa bei der Einrichtung von Schwimmbädern. So konnte auf dem Werksgelände von Belval-Rothe Erde im Jahre 1943 ein Freibad feierlich eröffnet werden.[18] Damit lag man in guter alter ARBED-Tradition. Schon lange vor dem Zweiten Weltkrieg war das Unternehmen für seine für damalige Verhältnisse gut ausgebauten sozialen Einrichtungen bekannt, die den Arbeitern und Angestellten und deren Familienangehörigen zugutekamen. Auch andere Großbetriebe ließen es sich nicht nehmen, ihren Beitrag zu leisten. In Rodingen erklärte sich die neue deutsche Hüttenbetriebsführung bereit, das Bauprojekt für ein Schwimmbad tatkräftig zu unterstützen.[19] Dieses Entgegenkommen trug zum guten Verhältnis zwischen Unternehmen und Deutscher Arbeitsfront bei. War das Verhältnis zu der allmächtigen Arbeitsfront gut, waren die Vertreter von Partei und Zivilverwaltung zufrieden. In der Nähe von Luxemburg-Stadt mietete die KdF das private Freibad Gantenbeinmühle

so der Artikel, die „früher nur ein Vorrecht der begüterten Klassen waren", seien nun jedem Volksgenossen zugänglich „sofern er nur Mitglied der Deutschen Arbeitsfront" sei. Man pflege v.a. die „heitere Kunst, denn Lachen ist gesund".

16 Pg. Dr. Minter kam in den Jahren 1941-1942 regelmäßig nach Luxemburg, u.a. zur Einweihung der Volksbildungsstätten in Luxemburg und Esch. Außerdem hielt Minter linientreue Vorträge für die Volksbildungsstätten, u.a. in den Industriestädten im Süden, aber auch in den Kreisstädten Diekirch und Grevenmacher. Vorgänger im Amt des Gauwarts der KdF war 1934/35 Albert Urmes, der später Gaupropagandaleiter wurde.

17 Schreiben des Landrats von Esch vom 13.2.1942 an CdZ in Luxemburg betr. Zuschüsse für die Kulturarbeit der NSG Kraft durch Freude, in: ANLux CdZ A-2593-04. Im Juni 1942 entschied Münzel, dass wie bisher keine Zuschüsse von Gemeinden oder Gemeindeverbänden geleistet werden sollten.

18 „Zur Eröffnung des Escher Schwimmbades", in: ETB Nr. 112 (6.5.1943) und „Das Escher Freiluftbad in Betrieb", in: ETB Nr. 114 (18.5.1943). Gerade unter der Arbeiterschaft hatte der Betriebssport, der von der KdF im Rahmen der Betriebssportgemeinschaften angeboten wurde, einen beachtlichen Erfolg; auf jeden Fall mehr als alle anderen Veranstaltungen, die den Anschein des Politischen hatten. Der 1941 erstmalig organisierte „Sommersportappell" brachte immerhin Mannschaften aus 34 Betrieben mit 260 Teilnehmern aus dem ganzen Land zu einem Fußballturnier zusammen, darunter Fußballbegeisterte aus allen ARBED-Betrieben. Ganz frei von politischer Vereinnahmung war die Veranstaltung dann doch nicht, da sie im Tageblatt als „Wettbewerb des guten Willens" überschrieben wurde, vgl. ETB Nr. 229 (30.9.1941).

19 tz, Das neue Schwimmbad in vollem Betrieb, in: ETB Nr. 120 (26.5.1942).

an, das mit städtischen Zuschüssen betrieben wurde. Hier sollten die Hauptstädter sich vom Alltag erholen können: „Sommerfrische daheim" lautete die Parole, da Urlaubs- und Erholungsreisen ins Ausland und auch im Inland kriegsbedingt nicht erwünscht waren.[20]

2.1. Feierabendgestaltung

Das 1936 in Deutschland geschaffene KdF-Amt „Feierabend" war für die Betreuung der Volksgenossen in deren Freizeit zuständig. Es verfügte im Reich über beträchtliche Mittel und war 1939 für über 200.000 Veranstaltungen verantwortlich, die von leichter Muse (etwa Varieté-Abende) bis hin zu ernsterer Abendunterhaltung (z.B. klassischen Konzerten) reichten.[21] Der überaus große Erfolg des Unterhaltungsprogramms bei den Deutschen (über 60 Millionen Besucher) bewog die Machthaber, diese kulturpolitische Einrichtung ins besetzte Luxemburg zu bringen. Eine erste KdF-Veranstaltung fand Anfang August 1940 statt, als das Westmark-Landestheater in Luxemburg ein Volksstück auf die Bühne brachte. Vermutlich handelte es sich um eine Veranstaltung, die sich in erster Linie an Wehrmachtssoldaten richtete. Doch bald betätigte sich die NSG als ein kultureller Anbieter für alle.[22] Ab 1941 monopolisierte die KdF weitestgehend die Kultur- und Freizeitangebote in Luxemburg. Bald waren die von der KdF organisierten Veranstaltungen nicht mehr wegzudenken. Es waren weniger elitäre Freizeitangebote, sondern Vergnügungen für das ganze Volk. Auch wenn in der Hauptstadt das Stadttheater für das bürgerlich-städtische Publikum weiter funktionierte, so fand sich bald ein interessantes Angebot für die breite Masse der Luxemburger. Volks- und Parteigenossen sollten nun gemeinsam fröhliche Feierabende verbringen. Mit betroffen von den NS-Maßnahmen im Freizeitbereich war das Vereinsleben, das durch die KdF umgekrempelt wurde. Philatelisten sollten sich der „großen Sammlergemeinschaft" anschließen, statt sich wie bisher in kleinen Vereinen zu treffen. Laienschauspieltruppen wie die „Volksbühne" mussten sich der KdF anschließen, um weiter auftreten zu dürfen, das Gleiche galt für Musikvereine wie die „Luxemburger Akkordeonistenvereinigung", die nun für die KdF aufspielten. Die kulturelle Berieselung begann bereits

20 „Mit kühnem Sprung hinein ins spritzende Nass", in: LW Nr. 162 (11.6.1942).
21 Buchholz, Die nationalsozialistische Gemeinschaft „Kraft durch Freude", S. 248–274.
22 „Theater und Konzerte", in: LW Nr. 222 (9.8.1940). An dieser Veranstaltung nahmen u.a. Münzel (Vertreter des CdZ) sowie Diehl (Landesgruppenleiter) teil. Vgl. auch „Millionen Deutsche treiben Sport mit ‚Kraft durch Freude' in den Betrieben", in: LW Nr. 332 (27.11.1940) und „Der Sieg des schaffenden Menschen. Dr. Ley zum siebenjährigen Bestehen der NS-Gemeinschaft ‚Kraft durch Freude'", in: LW Nr. 333 (28.11.1940).

bei den jüngsten Volksgenossen, für die man beispielsweise Kindertheateraufführungen und Märchenspiele bereithielt.[23]

Die KdF nutzte alle zur Verfügung stehenden Mittel, um die Menschen zu erreichen. Der Radiosender Luxemburg brachte bunte Samstagnachmittage, die als Reichsprogramm ausgestrahlt wurden, und nahm Varieté in sein Programm auf, wie der SD zufrieden nach Koblenz und Berlin meldete. Die gelungene Mischung aus Witzen, ernster Musik, U-Musik sowie Militärmärschen, das alles gewürzt mit dem Auftritt eines Luxemburger Ensembles sorgten für einen entsprechenden Publikumszuspruch.[24]

Neben den Kinos, die sich in den Kriegsjahren regen Zuspruchs erfreuten, war die Arbeitsfront mit ihren KdF-Programmen einer der wichtigsten Kulturträger, vor allem da die Gesellschaft für deutsche Literatur und Kunst (GEDELIT) diese Aufgabe mehr schlecht als recht wahrzunehmen verstand. Die 1941 ins Leben gerufenen 13 Kunstkreise als Nachfolgevereine der GEDELIT konnten an dieser Situation nichts ändern; die Kunstkreise blieben immer recht elitär, da ihr Schwerpunkt auf anspruchsvoller Unterhaltung und Bildung lag.[25] Außerdem wurde sie mit der VdB in Verbindung gebracht – vor dem Krieg war Landesleiter Kratzenberg ihr Vorsitzender gewesen – und damit von vielen als deutschfreundlich abgelehnt.

Die KdF wollte die Massen ansprechen, weshalb bereits ab 1940 Veranstaltungen in den großen Industriebetrieben organisiert wurden. Der Auftritt des Kölner Männer-Gesangvereins im Dezember 1940 – der von ARBED-Generaldirektor Aloyse Meyer persönlich unterstützt wurde – bot die passende Gelegenheit für die KdF-Organisation, sich dem Luxemburger Publikum werbewirksam vorzustellen. In den Hallen des ARBED-Werks Schifflingen wurde mehreren tausend Bergleuten ein kostenloses Werkskonzert angeboten. Mit von der Partie war die Deutsche Arbeitsfront, die damit bereits indirekt für sich werben konnte. Zwar war die Arbeitsfront bereits im November im Rahmen der ersten Betriebsappelle (etwa auf Werk Belval, mit etwa 3.000 Teilnehmern) aufgefallen, aber hier war es hauptsächlich um politische Indoktrinationsversuche gegangen. Die Konzerte

---

23 Vgl. Aufruf des KdF-Kreissammlerwarts „KdF ruft die Briefmarkensammler!“, in: LW Nr. (10./11.1.1942), Anzeige im ETB Nr. 16 (20.1.1943). Vgl. „Steinfort. Konzert“, in: ETB Nr. 22 (27.1.1944).

24 Bericht des SD-Führers des Einsatzkommandos der Sipo und des SD in Luxemburg an das RSHA vom 13.1.1942, gedr. in: Peter Brommer (Hg.), Die Partei hört mit. Bd. 2.1, S. 150f., 157. Vgl. „Die Stadt Luxemburg meldet: Bunter Samstagnachmittag mit dem Sender Luxemburg“, in: ETB Nr. 9 (12.1.1942). Der Luxemburger Komponist und Musiker Emile Boeres leitete das Unterhaltungsorchester des Senders.

25 Vgl. zur Kulturpolitik: Dostert, Luxemburg zwischen Selbstbehauptung und nationaler Selbstaufgabe, S. 115–125 sowie die Dissertation von Lorent, Die nationalsozialistische Kunst- und Kulturpolitik, S. 97–130. Lorent legt den Schwerpunkt ihrer Studie auf die bildenden Künste. Zur Bedeutung des Unterhaltungskinos in der Besatzungszeit, vgl. Paul Lesch, D’Stater Kinoen. Eine Kinogeschichte der Stadt Luxemburg, Luxemburg 2013, S. 314–321.

hingegen waren auf den ersten Blick harmlos wirkende Veranstaltungen. Für die Verantwortlichen der DAF diente jede kulturelle Veranstaltung der Propaganda für den „deutschen Sozialismus“.[26]

Die Idee sogenannter Werkpausenorchester war von der DAF im Altreich schon vor dem Zweiten Weltkrieg umgesetzt und dank Live-Übertragungen über den Kölner Sender in Luxemburg empfangen worden. Sie sollten eine Art Gemeinschaftserlebnis hervorrufen und vom schweren Arbeitsalltag ablenken. Da sie in der Mittagspause stattfanden (in der Regel zwischen 12 und 13 Uhr), konnten die Konzerte zudem Gespräche zwischen den Arbeitern verhindern. Der Rundfunk verbreitete die Werkpausenkonzerte, für die namhafte Künstler wie der Dirigent Wilhelm Furtwängler verpflichtet wurden, in Livesendungen reichsweit. In den Betrieben und Fabrikhallen sorgten Lautsprecheranlagen dafür, dass alle Arbeiter und Angestellten daran teilnehmen konnten.[27] In Luxemburg sollten ab 1940 die Konzertveranstaltungen, die zusammen von Werksleitung und KdF organisiert wurden, den Arbeitern etwas Abwechslung und Entspannung bieten und gleichzeitig vermitteln, dass sich das neue Regime besonders für die arbeitende Bevölkerung einsetzte. Damit wurde deutlich, dass mit den Konzertveranstaltungen politische und propagandistische Ziele verfolgt wurden. Die Wichtigkeit der Veranstaltungen lässt sich daran messen, dass Werkkonzerte aus Luxemburg live über den Reichssender übertragen wurden. Bis in die letzten Ecken des Landes wurde auf diese Weise die Botschaft vermittelt, dass sich Deutsche Arbeitsfront und die NSG um eine Hebung des kulturellen Niveaus der einfachen Leute bemühte. Wie das bei den einfachen Arbeitern und Angestellten ankam, ist leider kaum überliefert. Man kann aber bezweifeln, dass deutsche Marschmusik von Polizei- und Militärkapellen den Geschmack des Luxemburger Publikums zu treffen vermochten. Selbst deutsche klassische Musik traf nicht unbedingt auf offene Ohren.[28]

Mit den Konzerten demonstrierte man den Menschen also die Großzügigkeit des Regimes, das gerne anlässlich von nationalsozialistischen Feiertagen den Volksgenossen kostenlose Unterhaltung spendierte wie etwa 1942, als der

---

26 „Der Kölner Männer-Gesangverein sang vor 5000 Bergleuten“, in: LW Nr. 346 (11.12.1940). Teilnehmer waren u.a. der DAF-Kreisbeauftragte Pütz sowie der Luxemburger Direktor Koener. Vgl. „Die Lehren des Nationalsozialismus. Hervorgegangen aus der Schule des Lebens“, in: LW Nr. 354 (19.12.1940): „Das was heute an bezahltem Urlaub, Schönheit der Arbeit, Reisen und Wandern durch die DAF, die NS-Gemeinschaft ‚Kraft durch Freude‘ und die NSV geleistet wird, sind die ersten Ausdrucksformen des deutschen Sozialismus Adolf Hitlers.“

27 Vgl. Hans-Jörg Koch, Das Wunschkonzert im NS-Rundfunk, Köln/ Weimar/ Wien 2003 (= Medien in Geschichte und Gegenwart 20), S. 98f.

28 „Betriebsappell bei den Paul Würth-Werken“, in: ETB Nr. 123 (28.5.1941) und „Sender Luxemburg“, in: ETB Nr. 129 (5.6.1941). Siehe beispielsweise Konzert der Militärkapelle des Ersatz-Grenadier-Regiments Großdeutschland, das im Oktober 1943 in den Schifflinger Werkshallen gegeben wurde, vgl. „Werkkonzert auf ARBED-Schifflingen“, in: LW Nr. 301 (28.10.1943).

Gauleiter den zweiten Jahrestag seiner Amtsübernahme als Chef der Zivilverwaltung in Luxemburg mit pompösen Kundgebungen politischer und kultureller Art zelebrieren ließ. Das von der DAF organisierte Konzert in den Werkshallen der Paul Würth-Werke wurde in einer Direktübertragung über den Reichssender Luxemburg gesendet und war im ganzen Reich zu empfangen. Im darauffolgenden Jahr übertrug man bei Gelegenheit des NSDAP-Kreistages in Luxemburg am „Tag der Arbeit“ ein Werkpausenkonzert aus dem ARBED-Werk Dommeldingen auf alle Reichssender.[29] Gerade in der Endphase des Krieges, als ein enormer Arbeitsdruck auf den Menschen lastete, hoffte das Regime mit kostenlosen Veranstaltungen die Luxemburger Arbeiter vom tristen Kriegsalltag ablenken und in den Fabrikhallen noch zu letzten Höchstleistungen antreiben zu können.[30]

Nach ersten mehr oder weniger spektakulären KdF-Veranstaltungen nahm die NSG Kraft durch Freude im Januar 1941 ihre regelmäßige Tätigkeit in Luxemburg auf. Im Stadt- und Kreisgebiet von Esch-Alzig startete sie mit einem aufwändigen Programm von rund 40 Veranstaltungen, die bis Februar stattfinden sollten. Im Rahmen der zahllosen Informations- und Werbeversammlungen, die über Land von DAF-Funktionären abgehalten wurden, um die Luxemburger Arbeitnehmer von der neuen NS-Organisation zu überzeugen, bewarben die Redner pausenlos die reichsdeutschen KdF-Programme und schwärmten von KdF-Reisen nach Norwegen. Mit über 60 KdF-Veranstaltungen bis Mai 1941 brachte man den „Luxemburger Volksgenossen den Sinn der Feierabendgestaltung näher“, so die Erfolgsmeldung der DAF-Propaganda.[31]

Der Erfolg war, glaubt man der Tagespresse, beeindruckend. Gerade die Abende mit wechselndem und unterhaltsamem Programm erfreuten sich größter Beliebtheit, da man allein in Esch in 17 Veranstaltungen 8.500 „KdF-Gäste“ begrüßen konnte, was einem Durchschnitt von 500 Zuschauern pro Abend entsprach. Die Publikumserfolge kamen nicht von ungefähr, sondern waren das Ergebnis einer guten Zusammenarbeit der DAF mit den Industrieunternehmen. Anfang Januar 1941 wandte sich der Generalbeauftragte für die Arbeitgeber- und Arbeitnehmerorganisationen an die Direktion des ARBED-Konzerns, um die erste Feierabendgestaltung anzukündigen. In Direktoren-Konferenzen wurden seitens des Konzerns gemeinsame Richtlinien festgelegt, um nach Möglichkeit Unstimmigkeiten mit

---

29 „Das Werkpausenkonzert bei Paul Würth“, in: LW Nr. 215 (3.8.1942). Vgl. das Programmheft des Kreistages von 1943: Kreistag der NSDAP Luxemburg, Luxemburg 1943, o.S.

30 1944 fanden Werkpausenkonzerte in den Wiltzer Ideal-Werken und auf ARBED-Werk Belval statt, vgl. „Veranstaltungen zum Kreistag Diekirch 1944“, in: ETB Nr. 133 (9.6.1944) und „Escher Schaffende im Werkskonzert“, in: ETB Nr. 187 (11.8.1944).

31 „KdF-Arbeit in Esch beginnt“, in: ETB Nr. 12 (15.1.1941), „Bereits über 8500 KdF-Gäste. Bombenerfolg der Variete-Abende“, in: ETB Nr. 30 (5.2.1941) und „Schulungsversammlung der DAF“, in: LW Nr. 22 (22.1.1941). Siehe „Die Partei hilft Luxemburg“, in: ETB Nr. 121 (26.5.1941).

DAF und KdF zu vermeiden. Mitte Januar kündigte das Unternehmen in einer Bekanntmachung an, dass ARBED-Mitarbeiter durch eine Werksbeihilfe die Eintrittskarten für die Varieté-Vorstellung „Es leuchten die Sterne“ um 20 Prozent billiger erwerben konnten. Die Escher Arbeiter und Angestellten stürzten sich regelrecht auf die Karten: Belval, Rothe Erde und die Grubenbetriebe verkauften 5.504 von 6.000 reservierten Karten. In Düdelingen war der Erfolg nicht so groß, aber immerhin gingen 3.066 von 5.200 Billets über den Tisch.[32] Den Aufführungen einer Komödie des bekannten Luxemburger Autors André Duchscher (1840–1911) war ein recht großer Zuspruch beschieden. Im April 1941 wurden in den ARBED-Betrieben des Escher Kreises insgesamt 2.351 Karten verkauft, immerhin 71,6 Prozent der vom Werk vorbestellten Karten.[33]

Die überlieferten Verkaufszahlen zeigen, dass es nach einem Jahr voller Aufregung in Teilen der Bevölkerung einen regelrechten Hunger nach Unterhaltung gab, den die KdF-Organisation nun stillen wollte. Zahlreiche Unternehmen, allen voran die industriellen Großbetriebe im Minetterevier, unterstützten die Offensive der DAF logistisch und finanziell. Ihnen ging es weniger darum, den Arbeitern und Angestellten entspannende Momente zu ermöglichen, sondern sie wollten vielmehr ein Zeichen des guten Willens setzen und mit der Deutschen Arbeitsfront möglichst gut kooperieren. Dies gab der Belvaler Werksdirektor Nicolas Schock in einem Schreiben an seine Vorgesetzten unumwunden zu verstehen, nachdem die DAF die Bezahlung bereits gelieferter Eintrittskarten angemahnt hatte: „Wir glauben darauf hinweisen zu müssen, dass Versehen dieser Art von den Stellen der DAF in einem uns ungünstigen Sinne ausgelegt werden und dass schließlich die dadurch hervorgerufene Missstimmung den durch unsern Geldbetrag beabsichtigten Effekt illusorisch macht.“[34] Durch die Übernahme und Verteilung von verbilligten Eintrittskarten setzte die ARBED-Direktion von Belval ein Zeichen des guten Willens und signalisierte, dass man in sozialen Belangen bereitwillig mit der Deutschen Arbeitsfront kooperieren wollte. Die Zusammenarbeit hatte aber

32 Schreiben des Generalbeauftragten des Stillhaltekommissars für sämtliche Arbeitgeber- und Arbeitnehmerorganisationen vom 8.1.1941 an die Direktion der ARBED betr. KdF-Veranstaltungen für Betriebsgemeinschaften in Luxemburg, Esch, Düdelingen und Schifflingen sowie Bekanntmachung vom 17.1.1941 betr. Variété-Vorstellung und Mitteilung der Direktion von Belval vom 5.2.1941 an die ARBED-Zentralverwaltung, in: ANLux ARBED Belval 14451 (Mappe „KdF-Veranstaltungen„).

33 Es gab je nach Werk große Unterschiede: auf Werk Schifflingen wurden 59,5 Prozent der vorreservierten Karten verkauft, auf Belval&Rothe Erde 57,8 Prozent und bei den Grubenarbeitern 97,5 Prozent, vgl. Abrechnung der KdF-Veranstaltung „D'Martelenger“ vom 12.4.1941, in: ANLux ARBED Belval 14451 (Mappe „KdF-Veranstaltungen“). Das Stück wurde von der „Escher Volleksbühn“ im Januar 1941 in Schifflingen und anderen Industrieorten aufgeführt; siehe „‚Kraft durch Freude‘ mit der ‚Escher Volleksbühn‘“, in: ETB Nr. 76 (3.2.1941).

34 Schreiben von Direktor Nicolas Schock vom 14.5.1941 an die Zentralverwaltung, in: ANLux ARBED Belval 14451 (Mappe „KdF-Veranstaltungen“).

ihre Grenzen; so war das Unternehmen nicht bereit, sich an der Finanzierung der Veranstaltungen durch regelmäßige Bezuschussung der Eintrittskarten zu beteiligen. In dem Sinne traf man eine Regelung mit Gauobmann Dörner, nach der eine Beitragsleistung seitens der ARBED-Werke nicht in Frage komme.[35] Bis zum Ende der deutschen Besatzungszeit unterstützten die Großbetriebe mit großer Regelmäßigkeit Feierabend- und Vortragsprogramme, aber auch politische Propagandaveranstaltungen der KdF. Den Höhepunkt erreichte die KdF-Aktivität auf Belval, nachdem der Reichsdeutsche Broglio die Werksleitung übernommen hatte. Unter der Verantwortung des Luxemburger Direktors waren 1942 rund 240 Karten im Monat abgenommen und verteilt worden, nach der Ankunft Broglios schnellte die Zahl der übernommenen Eintrittskarten auf 800 im Monat hoch (1942 insgesamt 4.581 vom Werk übernommene Eintrittskarten). Im Jahre 1943 intensivierte sich die KdF-Betreuung deutlich (insgesamt 8.265 übernommene Eintrittskarten), wobei der Auftritt der Traber-Truppe im Juni 1943 mit 1.780 tatsächlich verkauften Eintrittskarten den Publikumserfolg des Jahres darstellte.[36] Vermutlich gut weg gingen die Karten für einzelne Sportveranstaltungen, wie etwa das Fußballspiel zwischen Esch und Metz im April 1943 (500 Eintrittskarten).

Das Unterhaltungsprogramm und die Feierabendbetreuung dehnte die DAF im Laufe der Zeit auf das ganze Land aus und alle zur Verfügung stehenden Räumlichkeiten wurden genutzt. Im Kameradschaftshaus der DAF am hauptstädtischen Bahnhof sowie in den Ausstellungshallen oder in Festsälen großer Hotels fanden Konzerte statt. Auf dem Land wurden Konzerte für Erwachsene, Varietés für die ganze Familie oder Kinderprogramme in Rathaussälen, kleineren Theatersälen, den Räumlichkeiten der örtlichen Feuerwehr oder sogar in Versammlungsräumen von Gasthäusern organisiert.[37] Man bemühte sich um Gastauftritte des Landestheaters Moselland, für die Kleinen wurden in Esch Märchenspiele aufgeführt. In Luxemburg-Stadt übernahm die KdF das Freibad an der Gantenbeinmühle, das nach offizieller Verlautbarung nun kein Privatbesitz mehr sei, sondern im Dienst des Volkes stehe.[38] Ebenso versuchte man, das eher bürgerliche Publikum anzusprechen, deshalb veranstaltete die Stadt Luxemburg zusammen mit dem Kunstkreis Luxemburg und der KdF 1942/43 eine Reihe Winterkonzerte. Unter dem Deckmantel gepflegter Kulturveranstaltungen, zu denen man namhafte Künster wie die Pianistin Elly Ney oder den Kammersänger Karl Erb verpflichten konnte,

35 Schreiben von Nicolas Schock vom 18.8.1941 an die ARBED-Zentralverwaltung betr. KdF-Veranstaltungen, in: ANLux ARBED Belval 14451 (Mappe „KdF-Veranstaltungen").

36 1944 sank die Zahl der von Belval unterstützten KdF-Veranstaltungen auf durchschnittlich 295 Karten monatlich. Aufstellung der von KdF-Veranstaltungen übernommenen Eintrittskarten 1942-1944, in: ANLux ARBED Belval 14451 (Mappe „KdF-Veranstaltungen").

37 „Unterhaltungskalender", in: ETB Nr. 100 (30.4./1.5.1941).

38 hm, Frohsinn im Alzettetal, in: LW Nr. 145 (26.5.1941).

betrieben die Nationalsozialisten unverhohlen prodeutsche Propaganda. So meinte der deutsche Oberbürgermeister der Stadt Luxemburg, Richard Hengst, dass die Musik im Kampf um das Deutschtum „eine starke Waffe“ sei, „die uns von den Ahnen überkommen ist, und die wir rein halten und rein unseren Nachfahren übergeben wollen.“[39] Selbst in den provinziellen Hauptorten der ländlichen Kreise schuf die KdF ein gewisses kulturelles Angebot, auch wenn hier lediglich Künstler aus der zweiten und dritten Reihe für Veranstaltungen engagiert wurden. Oft handelte es sich um Musiker aus dem Gau Moselland wie etwa die Koblenzer Pianistin Emma Sagebiel, die 1942 einen Gastauftritt in Grevenmacher hatte. Kostengründe mögen hierbei sicherlich eine gewisse Rolle gespielt haben, aber in erster Linie entsprang diese Praxis einem ausgeprägten Gaupatriotismus der verantwortlichen Organisatoren.[40] Eine der ersten großen KdF-Veranstaltungen hatte man bereits im Dezember 1940 in den Werkshallen von ARBED-Schifflingen organisiert. 1941 wurde die Oper „Zar und Zimmermann“ im Rahmen einer Betriebsveranstaltung aufgeführt. Der beigeordnete Generaldirektor Hoffmann, der Hauptbetriebsobmann der Luxemburger ARBED-Werke (beides Reichsdeutsche) sowie der KdF-Kreiswart aus Esch (ein Luxemburger) wurden zu dieser Gelegenheit eingeladen und der Sender Luxemburg berichtete über das Ereignis, wie der SD zufrieden nach Koblenz vermeldete. Man sieht an dem Einzelbeispiel, dass selbst unpolitisch wirkende Veranstaltungen im Dienst der NS-Propaganda standen und DAF, KdF, Betriebsführung, Sicherheitsbehörden und Zivilverwaltung gleichermaßen an Erfolgen interessiert waren.[41]

Später übernahm die KdF die Betreuung der ausländischen Zivilarbeiter. Kreisobmann Grohé ordnete 1943 an, dass man sich um die dienstverpflichteten belgischen Zivilarbeiter kümmern müsse. Eine passende Freizeitgestaltung würde die Leistungsbereitschaft der Belgier erhöhen, so die Erwartung. Das Angebot für die Gastarbeiter war hier allerdings deutlich bescheidener, da sich auf Anhieb keine entsprechenden Künstler auftreiben ließen, um ein fremdsprachiges Programm auf die Beine zu stellen.[42] Im Endeffekt ließ sich die Arbeitsmotivation durch

39 Konzerte der Stadt Luxemburg in Verbindung mit der N.S.G. Kraft durch Freude und dem Kunstkreis Luxemburg. Spielzeit 1942-43, Luxemburg 1942. In seinem Vorwort wies der städtische Musikdirektor Hans Herwig darauf hin, dass in der Musik „sich immerwährend und nach ewigen Gesetzen Dissonanzen in Konsonanzen auflösen“. Möglicherweise spielte er damit auf die herrschenden politischen Verhältnisse im besetzten Luxemburg an.

40 Vgl. beispielsweise von der NSG KdF organisiertes „Konzert mit Emma Sagebiel und Johann Dörner in Grevenmacher“, in: LW Nr. 14 (14.1.1942).

41 Bericht des Einsatzkommandos der SiPo und des SD in Luxemburg vom 10.12.1941 an die SD-Hauptaußenstelle Koblenz betr. Meldungen aus Luxemburg, in: ANLux CdZ SD 032: D3. Siehe auch „Funkbericht“, in: ETB Nr. 282 (1.12.1941).

42 Schreiben der DAF-Kreisdienststelle Esch vom 18.5.1943 an Betriebsführer Broglio betr. Betreuung belgischer Zivilarbeiter durch die NSG KdF, in: ANLux ARBED Belval 14451 (Mappe „KdF-Veranstaltungen“).

Sportveranstaltungen und Akkordeonkonzerte allerdings nicht wesentlich steigern, wie die anhaltenden Disziplinprobleme zeigten, die man in der Industrie mit den belgischen Zivilarbeitern hatte.

Die Fülle der Angebote, die durch Anzeigen in der Tagespresse und durch Plakate beworben wurden, täuschte darüber hinweg, dass nicht alles überall gleich erfolgreich war. Regelmäßig wurde die fehlende Resonanz beim Luxemburger Publikum bemängelt. Der Escher DAF-Kreisobmann Ludwig Grohé stellte anlässlich einer Aufführung des Landestheaters Moselland im Jahre 1941 in Esch fest, dass „deren Besuch noch zu wünschen übrig ließ“. In einem Schreiben an den Direktor von ARBED-Werk Belval Nicolas Schock empfahl Grohé den Besuch der übrigen KdF-Veranstaltungen; deshalb sollte nach dem Vorbild anderer Escher Unternehmen das Werk Belval für die Arbeiter und Angestellten Karten kaufen, um der Gefolgschaft die Möglichkeit von Erholung und kultureller Bildung zu bieten. Da die Zentralverwaltung des Konzerns aber eine solche finanzielle Unterstützung von KdF-Veranstaltung nicht wünschte, mussten die KdF-Warte im Werk die Karten selbst unters Volk bringen. Immerhin konnten sie im Oktober 200 Karten für eine Aufführung von „Emilia Galotti“ zum verbilligten Tarif verkaufen.[43] Selbst der SD, der in seinen regelmäßigen „Meldungen aus Luxemburg“ über das kulturelle Leben berichtete, hatte keine rechte Erklärung für das Verhalten der Luxemburger. In einem Bericht, der im Januar 1942 an das Reichssicherheitshauptamt ging, wurden unverblümt die Probleme in der Kulturpolitik aufgelistet: Ein Klavierabend in Ettelbrück endete mit einer Blamage, da statt der erwarteten 600 Zuhörer nur 60 erschienen waren, was der Berichterstatter auf das Publikum im Norden des Landes zurückführte, dem es nur nach Varieté oder Blasmusik dürste. Ein KdF-Musikabend in Esch fand auf der anderen Seite mit 250 begeisterten Gästen „großen Anklang“, wobei zum „weitaus größten Teil (...) der sogenannte ‚kleine Mann‘ vertreten“ war. Als eine Wehrmachtskapelle in Differdingen auftrat, blieb der Saal fast leer, obwohl das Hüttenwerk der DIFFAG für 1.000 Reichsmark Karten erworben hatte, um sie gratis an Arbeiter und Angestellte des Unternehmens zu verteilen.[44] Bestimmte Veranstaltungen, so scheint es, kamen beim Luxemburger Publikum gut an, während andere regelrecht boykottiert wurden, vor allem wenn die Menschen sie als Teil der Kulturpropaganda ausmachten. Der SD vermutete hinter der Ablehnung die Machenschaften der Angestellten aus der Eisenindustrie und schlussfolgerte im Januarbericht: „Es hat den Anschein, als wenn die leitenden Angestellten der Werke ihren Einfluss auch in dieser Hinsicht auf

43 Schreiben der KdF-Kreisdienststelle Esch-Alzig vom 25.9.1941 an Betriebsführer von Belval und Tätigkeitsbericht der NSG KdF Werk Belval&Rothe Erde von September-Oktober 1941, in: ANLux ARBED Belval 14451 (Mappe „Betriebssport, Betriebsappelle, KdF...“).

44 Bericht des SD-Führers des Einsatzkommandos der Sipo und des SD in Luxemburg an das RSHA vom 20./21.1.1942, gedr. in: Brommer (Hg.), Die Partei hört mit, Bd. 2.1, S. 181f.

die Arbeiterschaft und sonstige Gefolgschaftsmitglieder ausüben.“ Bestimmte KdF-Veranstaltungen waren als Belohnung für treue Anhänger gedacht. Im Januar 1941 etwa lud der deutsche Bürgermeister des Industriestädtchens Düdelingen die Ehefrauen der Kriegsfreiwilligen aus den städtischen Betrieben zu einem bunten Abend der KdF ein. Hier konnten die Organisatoren mit einem höheren Zuspruch rechnen.[45]

Für das Jahr 1942 sprach die NS-Presse davon, dass von den 50.000 Schaffenden, die von der KdF allein im Kreis Esch erfasst worden seien, 7.000 Gefolgschaftsmitglieder an Sportveranstaltungen teilgenommen hätten.[46] Im Kreis Luxemburg zählte man 1941 bei Varietéveranstaltungen fast 5.000 Teilnehmer; etwa 10.000 Gäste hatte die KdF bei kulturellen Betriebsveranstaltungen und Werkskonzerten. Absoluter Renner in der Hauptstadt war das von der KdF betriebene Freibad (mit über 31.000 Besuchern in den Sommerwochen).[47] Weitere Zahlen stehen für das Jahr 1943 zur Verfügung. Am beliebtesten waren auf jeden Fall in diesem Jahr die von der KdF organisierten Sportveranstaltungen, an denen über 138.000 Sportbegeisterte teilnahmen.[48] Dies verwundert nicht, da der Sport gerade im Arbeitermilieu sehr viele Anhänger hatte und in mancher Hinsicht während der NS-Zeit als unpolitisch galt. Gleichfalls großer Beliebtheit erfreuten sich sogenannte Volkstumsabende. Bei Letzteren wurden häufig ausländische Volksgruppen etwa aus Siebenbürgen eingeladen, die Trachten und Tänze vorführten und Volkslieder zum Besten gaben. Hier wurden auch Luxemburger Volkslieder gesungen. Während der Besatzungsjahre waren diese Unterhaltungsformen recht beliebt und zählten wie die „Bunten Abende“ eher zur leichten Kost, die typischerweise von der KdF angeboten wurde. Immerhin fanden sich hier in acht Monaten zusammen über 36.000 Besucher ein, bei den „Bunten Abenden“ zählte man im Durchschnitt etwa 500 Zuschauer pro Veranstaltung. Deutlich weniger Zuschauer kamen zu den Konzert- und Theatervorstellungen; aber hier wurden offiziell immer noch mehr als 10.000 Eintrittskarten an Kulturinteressierte verkauft beziehungsweise verteilt. Die übrigen Angebote wie Kursusabende oder Vortragsabende, die auf dem Programm des Volksbildungswerks standen, wurden viel weniger genutzt. Bei den Fortbildungsabenden etwa waren im Schnitt weniger als 20 Personen anwesend. Einzelne Veranstaltungen hatten jedoch einen erstaunlichen Erfolg wie im März 1943, als zu Vorträgen des Fliegergenerals Quade fast 1.500 Eintritte verzeichnet wurden.[49] Bei Highlights wie den Auftritten der erwähnten berühmten Traber-Truppe im Juni 1943 liefen die Menschen scharenweise in die Säle (mehr als 14.000 Zuschauer). Der Star der Truppe, die in Esch gastierte, war durch spektakuläre Artistiknummern und

45 „Gäste der KDF-Veranstaltung ‚Buntes Allerlei‘“, in: LW Nr. 10/11 (10./11.1.1942).

46 „Die Aufbauarbeit der Deutschen Arbeitsfront im Kreise Esch“, in: ETB Nr. 102 (4.5.1943).

47 „Aufbauarbeit der KdF in Luxemburg“, in: ETB Nr. 13 (16.1.1942).

48 „Förderung der Spannkraft und Leistungsfähigkeit unserer Schaffenden“, in: ETB Nr. 215 (14.9.1943).

49 „General der Flieger Quade sprach in Esch“, in: ETB Nr. 64 (17.3.1943).

den Film „Menschen, Tiere, Sensationen“ bekannt geworden.[50] Zusammengenommen erreichte die KdF in den ersten acht Monaten des Jahres 1943 über 190.000 Teilnehmer (siehe Tabelle). Zwei Drittel nahmen zwar an mehr oder weniger harmlosen Sportveranstaltungen teil, aber insgesamt war dies immer noch ein großer Erfolg, den politische Kundgebungen in dieser Dimension längst nicht vorweisen konnten.[51]

Tab. 19: Teilnehmer an KdF-Veranstaltungen im Kreis Esch (Januar-August 1943)[53]

Veranstaltungsarten	**Teilnehmer/ Besucher**
Sportkurse	138.667
Varietéabende	21.469
Volkstumsabende	13.820
Konzerte	6.066
Theaterabende	5.317
"Bunte Abende"	2.502
Vortrag eines Fliegergenerals	1.485
Kursusabende	1.079
Vortragsabende Volksbildungswerk	805
Wehrmachtsbetreuungen	624
Führungen	350
Gesamt:	**192.184**

50 „Sensationen zwischen Himmel und Erde“, in: ETB Nr. 142 (21.6.1943).

51 Im Gau Moselland nahmen im gleichen Zeitraum etwa 1,25 Millionen an KdF-Veranstaltungen teil, so der „Leistungsbericht“, der im Escher Tageblatt im September 1943 veröffentlicht wurde, vgl. ETB Nr. 215 (14.9.1943).

53 Zahlen nach „Förderung der Spannkraft und Leistungsfähigkeit unserer Schaffenden“, in: ETB Nr. 215 (14.9.1943). Die in der Presse mitgeteilten Teilnehmerzahlen sind höchstwahrscheinlich stark geschönt. In der Presse wurden widersprüchliche Angaben zu den Besucherzahlen gemacht. So gab man für das ganze Jahr 1943 die Gesamtteilnehmerzahl mit 57.000 an (für 92 Theater-, Konzert- und Varieté-Veranstaltungen), während die Teilnehmerzahl an den 83 Veranstaltungen des Volksbildungswerks mit 1.400 angegeben wurde. An den KdF-Wanderungen hätten 240 „Volksgenossen“ teilgenommen; vgl. „Verwirklichung hoher Zielsetzung zum Wohl der Allgemeinheit“, ETB Nr. 24 (29./30.1.1944). Damit widersprechen diese Angaben denen vom 14.9.1943. Für andere Kreise fehlen statistische Angaben über Teilnehmer- und Besucherzahlen. Man kann aber davon ausgehen, dass in der Hauptstadt wie in den eher ländlichen Kreisen Diekirch und Grevenmacher die Veranstaltungen einen ähnlich großen Publikumszuspruch hatten wie im industriellen Süden. Erfolgreiche Varietés, wie „Es leuchten die Sterne“ gastierten auf Einladung der KdF über Land; siehe z.B. „Aus dem Kreise Grevenmacher“, in: LW Nr. 290/291 (17./18.10.1942).

Die Attraktivität der KdF-Veranstaltungen hing wohl damit zusammen, dass man bewusst auf ein „luxemburgisches“ Repertoire setzte. So fanden unter dem Banner der KdF Gastspiele der Luxemburger Volksbühne statt, die populäre Stücke aufführte. Die Bühnenpräsenz damals bekannter Schauspieler war sicher anziehender als langweilige Vortragsabende.[53] Nicht zuletzt fand das Publikum auf diese Weise während der Besatzungsjahre ein Stück Luxemburger Kultur und Eigenart, die ansonsten von den Nationalsozialisten eher unterdrückt wurden. Illustres Beispiel ist der Luxemburger Operettenkomponist und Orchesterleiter Emile Boeres, der während der deutschen Besetzung häufig zusammen mit dem Ensemble der Luxemburger Volksbühne auftrat. Die Luxemburger Volksbühne entwickelte sich zu einem Instrument der NS-Kulturpropaganda. Die Künstler der Volksbühne tingelten während des Krieges mit Produktionen in luxemburgischer Sprache nicht nur durch die größeren und kleineren Ortschaften Luxemburgs, sondern traten auch für die VdB in den französischen und belgischen Grenzgebieten auf, 1943 sogar in Paris. Bis zu seinem Tode im August 1944 sorgte Boeres mit seinen Stücken stets für volle Häuser.[54]

Viele andere Veranstaltungen klangen zwar harmlos, fanden aber in einem politischen Kontext statt; so etwa KdF-Abende, die im Rahmen der NSDAP-Kreistage im Angebot waren. 1942 fanden sich am „Tag der Soldaten“ in Esch bis zu 2.000 Zuschauer ein.[55]

Kriegsbedingt musste die NS-Gemeinschaft Kraft durch Freude ihr Angebot im Laufe der Jahre etwas zurückschrauben, obwohl sie sich in den wichtigen Zentren des Landes (Luxemburg und Esch) „steigender Beliebtheit“ erfreute, wie das Escher Tageblatt im Jahre 1943 vermerkte.[56] Wie wichtig dem Regime die Unterhaltung

---

53 Vgl. den Bericht über den Betriebsappell mit Gauobmann Dörner bei der Eisenbahn „Ernstes und Heiteres“, in: LW Nr. 326 (24.11.1941).

54 Siehe z.B. Aufführung einer Operette von Emil Boeres in einer Inszenierung von Auguste Donnen, vgl. Anzeige der DAF im ETB Nr. 86 (12.4.1943). Zur Aufführung der Operette „De bloen Hari“ im Rahmen einer KdF-Theatervorstellung, vgl. „KdF-Theater in Hollerich“, in: LW 102 (12.4.1943). Emile Boeres (1890-1944) hatte in München Malerei studiert und wurde in der Zwischenkriegszeit ein in Luxemburg bekannter Komponist und Dirigent. Er dirigierte bis zum 10. Mai 1940 das Orchester des Staatsbads in Mondorf. Boeres leitete während der Besatzungszeit (ab Juni 1940) das Unterhaltungsorchester von Radio Luxemburg und trat regelmäßig für den Reichssender Luxemburg auf. Noch im Jahre 1940 hatte die Gestapo in einem Bericht festgestellt, dass das Luxemburger Publikum in die Aufführung einer Oper von Boeres geströmt sei, begeistert Beifall geklatscht habe, um die „ablehnende Haltung“ gegenüber Deutschland und deutscher Kulturpolitik zum Ausdruck zu bringen, vgl. Simone Beck, Deutsches Gedankengut gegen Tournées Karsenty, in: Ons Stad Nr. 71 (2002), S. 37. Nichtsdestotrotz erhielt Boeres in der gleichgeschalteten Presse positive Kritiken. Vgl. Sandra Schmit, Emile Boeres, in: Luxemburger Autorenlexikon online unter http://www.autorenlexikon.lu/page/author/043/43/DEU/index.html (Abruf: 24.5.2018) und Wehenkel, Entre chien et loup, S. 187–202.

55 „Dank an die deutsche Wehrmacht und an die Lützelburger Freiwilligen“, in: LW Nr. 195 (14.7.1942) und „Jubel, Trubel, Heiterkeit und Fröhlichkeit“, in: ETB Nr. 165 (17.7.1942).

56 „Stunden der Entspannung für unsere Schaffenden“, in: ETB Nr. 88 (14.4.1943).

der Volksgenossen war, beweist die Tatsache, dass man quasi bis zum Ende der Besatzungszeit bemüht blieb, ein gewisses Programm für Jung und Alt anbieten zu können, um die Menschen bei Laune zu halten, selbst wenn nur noch diejenigen kamen, die an den deutschen Endsieg glaubten.[57] Die nackten Zahlen sagen nicht aus, wer an den Großvarietés und großen Kabarettabenden teilnahm und wer aus politischen Gründen der Kulturpropaganda den Rücken zuwandte. Sehr wahrscheinlich ging das Luxemburger Publikum mit den KdF-Unterhaltungsangeboten ähnlich um wie mit den Programmen der Kinos. Das Unterhaltungskino erlebte nach einer anfänglichen Boykotthaltung der Bevölkerung einen regelrechten Boom, während Propagandafilme weiterhin abgelehnt wurden. Große Unterhaltungsshows waren unverdächtig und brachten nicht zuletzt einen Flair von Großstadt in das eher provinzielle Kulturangebot des Landes.[58]

Möglicherweise erklärt sich der außergewöhnliche Zuspruch zu den KdF-Veranstaltungen dadurch, dass die Menschen abseits von Politik und Krieg mehr als in Friedensjahren ein starkes Bedürfnis nach Ablenkung verspürten. Sie wollten ein Stück Normalität erhalten und tatsächlich führten viele Luxemburger und Luxemburgerinnen im Privaten wie bei der Arbeit ihr ganz normales Leben, das sie schon vor 1940 gelebt hatten, weiter. Die meisten KdF-Veranstaltungen der leichten Muse ermöglichten stundenweise das Erleben einer scheinbar „heilen Welt" inmitten des Krieges.[59]

Die vordergründige Harmlosigkeit des KdF-Kulturangebots kam in den Mottos zum Ausdruck, mit denen die KdF-Walter warben: „Vom goldenen Überfluss", „Sensationen der Welt", „Ein Meisterabend froher Unterhaltung", „Es leuchten die Sterne" oder „Jubel, Trubel, Heiterkeit und Fröhlichkeit".[60] Diese fröhlichen Titel spiegelten aber in keiner Weise die tatsächliche Lage wider. Ungeachtet der Unruhe, die im Spätsommer 1942 durch die Streikbewegung bei der Ankündigung der Wehrpflicht ausgelöst worden war, fanden die Varietéveranstaltungen

---

57 Vgl. Programm der Kreisdienststelle der KdF für den letzten Kreistag in Esch in: ETB Nr. 149 (28.6.1944).

58 Vgl. Ankündigung in den Lokalneuigkeiten der OMZ Nr. 39 (9.2.1941) zum Varieté „Es leuchten die Sterne": Die KdF wartete zu günstigen Eintrittspreisen mit einem „richtigen Großstadtvariété" auf, um die Zuschauer in die Veranstaltung zu locken.

59 Vgl. den Ausdruck „apparence de ‚Heile Welt' ", den Georges Muller (1925-2010) in einer kritischen Introspektive über den Zweiten Weltkrieg gebraucht hat: „Le monde s'était dédoublé en une apparence de ‚Heile Welt' où l'on travaillait, où l'on fréquentait les écoles, où la poste fonctionnait, où les trains arrivaient à l'heure, où le ravitaillement était suffisant, où l'on fréquentait les bistrots, les cinémas ou où l'on avait même droit à des vacances. Derrière ces coulisses on était victime d'une ‚descente aux enfers' où il n'y avait plus que famine, humiliation, tortures et un épuisement progressif aboutissant souvant à la mort." Siehe: Georges Erasme Muller, Faut-il réviser l'histoire de la dernière guerre?, in: Lëtzeburger Land Nr. 12 (24.3.2006).

60 Siehe z.B. Anzeigen im Escher Tageblatt, Nr. 51 (17.3.1941), Nr. 159 (11.7.1942), Nr. 274 (21./22.11.1942), Nr. 172 (21.6.1943).

wie vorgesehen statt. Während die KdF Unterhaltungsprogramme mit klingenden Namen wie „Lachende Welle“ und „Lachen am laufenden Band“ bewarb, rechnete Gauleiter Simon in einem Appell vor fanatischen Anhängern mit den „anonymen Hetzern und Drahtziehern“ des Streiks ab und rechtfertigte die harten Maßnahmen gegen feindliche „Agenten“.[61]

2.2. „Schönheit der Arbeit“

Unter dem Schlagwort „Schönheit der Arbeit“ verstand man in der NS-Zeit die Bemühungen der Deutschen Arbeitsfront „für eine Verbesserung und Verschönerung der Arbeitsstätten“.[62] Sie waren Teil der sozialpolitischen Programme des Regimes und wurden immer wieder von der NS-Propaganda zusammen mit bezahlten Urlaubstagen, Reisen und Wandern als die Formen „des deutschen Sozialismus Adolf Hitlers“ gepriesen. Tatsächlich ging es vornehmlich darum, die Motivation („Arbeitsfreude“) zu erhöhen, wodurch man sich eine Steigerung der Produktivität erhoffte. Grundlage waren Erkenntnisse der damaligen modernen Betriebspsychologie, die davon ausging, dass man Arbeits- und Lebensbedingungen schaffen müsse, die „Arbeitsenergie und Leistungsfähigkeit“ steigern würden. Zu den Maßnahmen zählten vor allem Verbesserungen der Arbeitsbedingungen (gute Luft, viel Licht am Arbeitsplatz, Reduzierung der Lärmbelastung), entsprechende Erholungszeiten, eine angemessene Innenraumgestaltung der Arbeits- und Aufenthaltsräume u.s.w. Eine besondere Bedeutung maß die KdF der „Pflege des Gemeinschaftsgeistes“ bei, da man in der Betriebsgemeinschaft ein Abbild der nationalsozialistischen „Volksgemeinschaft“ sah. So entstanden in vielen Betrieben sogenannte Kameradschaftsräume, in denen man zusammen Mahlzeiten einnahm oder politische Veranstaltungen wie etwa angeordnete Kameradschaftsabende besuchte. Gleichzeitig erhoffte man sich durch diese Maßnahmen, die Arbeitnehmer stärker an ihren Betrieb zu binden.[63] Mit der Durchführung der Programme war das Amt Schönheit der Arbeit der NS-Gemeinschaft Kraft durch Freude beauftragt. Trotz aller Bemühungen hing dem Amt das „Stigma der Blumentopfromantik“ (Frese) an.

Anfang 1941 bewarb die DAF durch intensive Propaganda die Idee der Schönheit der Arbeit. Anlässlich des Ley-Besuches im Juli 1942 ging selbst Gauleiter Simon

---

61 „Lachende Welle“, in: ETB Nr. 213 (11.9.1942), „Lachen am laufenden Band“, in: ETB Nr. 215 (14.9.1942) und „Appell der Führerschaft der Volksdeutschen Bewegung“, ebenda.

62 Der Volks-Brockhaus, [9] 1941, S. 619. Vgl. Marie-Luise Recker, Schönheit der Arbeit, in: Enzyklopädie des Nationalsozialismus, S. 714. Vgl. Frese, Betriebspolitik im „Dritten Reich“, S. 333–351.

63 „Die Lehre des Nationalsozialismus. Hervorgegangen aus der Schule des Lebens“, in: LW Nr. 354 (19.12.1940). Vgl. Dr. H. Kohl, Entfaltung voller Leistungsfähigkeit, in: ETB Nr. 53 (4.3.1941), „Festigung, Vertiefung, Veredlung der Schaffenden“, in: LW Nr. 280 (7.10.1943) und „Erziehung zur Betriebsfreude“, in: ETB Nr. 43 (21.2.1944).

vor Arbeitern im Industrieort Rodingen auf das Thema ein, wobei er die Gelegenheit zu klassenkämpferischen Tiraden nutzte.[64] Tatsächlich nahmen Luxemburger Betriebe während der deutschen Besetzung Verbesserungen vor, die sich an den Kriterien der Schönheit der Arbeit orientierten. Wie viele Betriebe letztlich an der Aktion teilnahmen, ist nicht bekannt. Man kann davon ausgehen, dass vor allem in größeren Unternehmen oder in Betrieben mit entsprechender politischer Führung die Maßnahmen werbewirksam umgesetzt wurden. Für größere bauliche Veränderungen oder gar Neubauten standen jedoch im Krieg kaum Mittel zur Verfügung.

Die KdF-Warte der DAF-Ortswaltungen beziehungsweise der betrieblichen DAF-Organisationen kümmerten sich um die Aktionen. Allerdings waren sie dabei auf das Wohlwollen der jeweiligen Betriebsführer angewiesen, da man ohne deren Unterstützung kaum etwas an den Arbeitsstätten verändern konnte. Anders sah es bei öffentlichen Gebäuden, den städtischen Betrieben, Sparkassenfilialen oder Werkstätten der Reichsbahn aus, wo Erneuerungsarbeiten quasi automatisch unter dem Siegel von Schönheit der Arbeit stattfanden. Die Verschönerungsmaßnahmen beschränkten sich aber häufig nur auf einige kosmetische Verbesserungen. In den Eisenbahnwerkstätten schmückte man etwa das Verwaltungsgebäude mit Geranien und ein rührseliger Journalist meinte darauf, dies würde „unfreundliche Züge der Alltagsarbeit vergessen lassen“. Selbst die Neueinrichtung einer Grundschule beziehungsweise der Neuanstrich der Klassenräume wurde als Erfolg der Aktion dargestellt.[65]

Besonders taten sich regimetreue Unternehmen beziehungsweise Betriebe hervor, die unter deutschem Einfluss standen oder auf das Wohlwollen der nationalsozialistischen Machthaber angewiesen waren. Beispiele hierfür sind das „Escher Tageblatt“, das sein Verlagsgebäude mit Blumenkästen ausstattete, oder die Rodinger Hüttenwerke. Dieses bis 1940 belgische Unternehmen war nach der Besetzung unter deutsche Kontrolle gekommen und wurde von zwei Reichsdeutschen übernommen. Die RODAG war wohl das erste große Unternehmen, das Veränderungen auf seinem Werksgelände vornehmen ließ. Blumen und Ziersträucher, neuangelegte Rasenflächen boten dem Besucher ein Bild von „Sauberkeit und Ordnung“, der Neuanstrich bestehender Räumlichkeiten strahlte eine „einladende Atmosphäre“ aus und weitere moderne Aufenthaltsräume wurden in Aussicht gestellt.[66] Es ist kein Zufall, dass man gerade die RODAG hervorhob, denn als ehemalig ausländisches Unternehmen war diese Gesellschaft in den Köpfen der Deutschen besonders rückständig. Die intensive Berichterstattung über Schönheit

64 Wz, Schafft saubere Arbeitsplätze, in: ETB Nr. 46 (24.2.1941). Auszug aus Gustav Simons Rede in Rodingen, vgl. „Die Rede des Gauleiters“, in: ETB Nr. 167 (20.7.1942).

65 Vgl. „Kreissparkasse Grevenmacher“, in: LW Nr. 176 (27.6.1941), „Schönheit der Arbeit“, in: LW Nr. 280 (9.10.1941), „Führung und Gefolgschaft im besten Einvernehmen“, in: LW Nr. 4 (4.1.1943), „Stadt Düdelingen“, in: ETB Nr. 185 (9./10.8.1941).

66 „Schaffende Heimat“, in: ETB Nr. 185 (9./10.8.1941) und „Rodinger Umschau“, in: ETB Nr. 89 (17.4.1941).

der Arbeit fand fast gleichzeitig mit einer massiven Werbeaktion für die Deutsche Arbeitsfront von Frühling bis Sommer 1941 statt. Es galt, zaudernde Betriebsführer und zweifelnde Arbeitnehmer von den politischen, sozialen und materiellen Vorzügen der DAF zu überzeugen. Den Zweiflern führte man frisch gestrichene Fassaden, bunte Blumenbeete, moderne Sanitäranlagen oder helle Aufenthaltsräume vor. So sollte allen sichtbar werden, dass unter dem deutschen Regime nun Sauberkeit und Ordnung herrschten. Die für die Zivilverwaltung typischen prestigeträchtigen Sofortmaßnahmen gaukelten gleichermaßen einen Neuanfang und einen Modernisierungsschub vor, den es unter der alten, demokratisch gewählten Regierung angeblich nicht gegeben hätte.[67]

Es scheint indes, dass sich die meisten Luxemburger Betriebe zurückhaltend verhielten, was die NS-Presse immer wieder zu Appellen an die Adresse der verantwortlichen Betriebsführer veranlasste. So argumentierte sie gegen die von den Unternehmern vorgebrachten Einwände, in alten Gebäuden ließe sich ohnehin nichts machen oder dass der kriegsbedingte Materialmangel Renovierungen nicht möglich mache.[68] Die Deutsche Arbeitsfront setzte auch Propagandafilme ein. 1942 lief der 1940 vom Amt Schönheit der Arbeit in Auftrag gegebene Kurzfilm „Deutsche Arbeitsstätten“ in Rümelingen und in Esch, im darauffolgenden Jahr kündigte man den Beifilm „Gesunde Luft“ an, der sich besonders an Betriebsführer, Architekten und Ärzte wandte.[69] Wenn die meisten Unternehmens- und Betriebsleiter schon aus Kosten- und Materialgründen eher skeptisch geblieben sein dürften, so gab es aber Ausnahmen. Besonderen Eifer legte das Escher Zementwerk, ein Tochterunternehmen der ARBED, an den Tag. Bereits im Sommer 1941 tat man sich dort mit dem Anpflanzen von 5.000 Rosen hervor, was in der Luxemburger Presse für regelrechte Loblieder sorgte: Die Produktionsanlagen befänden sich nun „in reizendem natürlichem Rahmen“, man lege Wert auf „Licht, Luft, Sauberkeit“ und die Arbeiter hätten die Möglichkeit, in einem „im Altbauernstil“ gehaltenen Gemeinschaftsraum zu Mittag zu essen. Damit avancierte das Escher Zementwerk zu einem der Vorzeigebetriebe des Gaues. 1942 wurde das Zementwerk schließlich im Beisein hochrangiger Parteivertreter als einer von 17 Betrieben des Gaues Moselland mit einem Gaudiplom ausgezeichnet.[70] Neben dem Zementwerk galten u.a. das Verlagshaus des Escher Tageblatts sowie das ARBED-Werk Schifflingen

67 „Schönheit der Arbeit“, in: LW Nr. 216 (6.8.1941). Vgl. „Sauberkeit, Ordnung und Sicherheit“, in: LW Nr. 79 (20.3.1942).

68 „Schöne Arbeitsstätten auch im Krieg“, in: ETB Nr. 165 (17.7.1941) und „Schönheit der Arbeit“, in: LW Nr. 51 (20.2.1942).

69 R-t (= Robert Thill), Escher Film-Chronik. „Deutsche Arbeitsstätten“. Zu einem Film des Amtes der Schönheit der Arbeit, in: ETB Nr. 35 (11.2.1942) und Anzeige für „Gesunde Luft“, in: ETB Nr. 96 (23.4.1943).

70 R-t (= Robert Thill), Schaffende Heimat, in: ETB Nr. 179 (2./3.8.1941); Wz, Sozialer und fortschrittlicher Betrieb in Esch, in: ETB Nr. 101 (1.5.1942).

als Musterbetriebe, die man gerne den Parteigenossen aus dem Gau Moselland vorführte.[71]

Insgesamt gesehen blieben die Möglichkeiten der Schönheit der Arbeit denkbar begrenzt; spätestens ab 1943 verkam die Parole zu einer leeren Floskel und 1944 wurden die Maßnahmen zur Verschönerung und Verbesserung der Arbeitsplätze praktisch ganz eingestellt.[72] Wie viele andere Aktionen und Vorhaben blieben im besetzten Luxemburg die Initiativen der Schönheit der Arbeit weitgehend in den Kinderschuhen stecken. Die Verbesserungsmöglichkeiten beschränkten sich angesichts anderer Prioritäten im Großen und Ganzen auf kleinere kosmetische Verbesserungen in den Betrieben, während die Verantwortlichen der Deutschen Arbeitsfront aber hofften, zumindest in den ersten beiden Jahren der Zivilverwaltung in Luxemburg gewisse propagandistische Erfolge erzielen zu können.[73]

3. Die sozialen Angebote der Arbeitsfront zwischen Anspruch und Wirklichkeit

3.1. Das Reichserholungswerk

Den Rüstungsarbeitern stellte das Reichserholungswerk der DAF Erholungsurlaube in Aussicht, die unter dem Schlagwort „Vom Werkplatz ins Kurhotel“ angepriesen wurden. Das Reichserholungswerk war 1941 aufgrund einer Verordnung Görings im Altreich gegründet worden und sollte Rüstungsarbeitern und Bergleuten einen kostenlosen Erholungsurlaub ermöglichen. Man stellte den Teilnehmern gute Ernährung, ärztliche Betreuung, ein tägliches Taschengeld von einer Reichsmark sowie von der KdF organisierte Zerstreuung in Aussicht.[74] Allerdings sorgten die Auswahlkriterien dafür, dass nur zuverlässige und verdiente „Volksgenossen“ in den Genuss der zweiwöchigen Ferien kamen. Letztlich waren es die Betriebs- und Kreisobmänner der DAF, die für die Vergabe der Plätze verantwortlich zeichneten. Nach offiziellen Angaben sollen im ersten Jahr der Aktion reichsweit 100.000 Rüstungsarbeiter und 43.000 Bergarbeiter verschickt worden sein.

71 Vgl. „Schönheit der Arbeit im Kreise Esch“, in: ETB Nr. 284 (3.12.1942). Ebenfalls besucht wurden die landwirtschaftlichen Betriebe der Simmerfarm und die Modewerkstätten der Firma Otto Suck in Esch, „wo die Neugestaltung und Verschönerung der Arbeits- und Erholungsplätze zum Teil schon fertiggestellt und zum Teil in Angriff genommen sind.“

72 „Appell zu noch besserer Arbeitsleistung“, in: ETB Nr. 140 (18.6.1943) und „Erziehung zur Betriebsfreude“, in: ETB Nr. 43 (21.2.1944).

73 „Häusliche Gemütlichkeit im Kameradschaftsraum“, in: LW Nr. 145 (26.5.1941).

74 „Schaffende Heimat“, in: ETB Nr. 252 (25./26.10.1941), „Schutz der wertvollsten Volkskraft“, in: EB Nr. 115 (19.5.1942) und „Vom Werkplatz ins Kurhotel“, in: ETB Nr. 139 (17.6.1942).

Im Frühjahr 1942 lief das Programm in Luxemburg an, aber die Zielgruppen zeigten nur wenig Interesse, wie selbst die NS-Presse zugeben musste. Die geringe Nachfrage hatte möglicherweise damit zu tun, dass die DAF vorhatte, Luxemburger in den Hunsrück und ins Ahrtal zu schicken, während umgekehrt Arbeiter aus dem Altgau nach Vianden kommen sollten. In Anbetracht der Zurückhaltung unter den Luxemburger Arbeitern wurde die Werbung für diese soziale Maßnahme verstärkt. Man rief Betriebsobmänner aus dem Kreis Luxemburg zu einer Tagung im ARBED-Festsaal zusammen und betonte, dass die Urlaube kostenlos seien und für Luxemburger Arbeiter „ausschließlich" in den Kreis Diekirch mit seinen „Naturschönheiten" führten.[75] Trotz dieser Zusicherungen ließen sich weiterhin kaum Interessenten finden, sodass der Kreisobmann von Luxemburg von den Betriebsobmännern und Ortswaltungen im Juni 1942 mit Nachdruck Anmeldungen einforderte. Überschwängliche Reportagen in den einschlägigen Tageszeitungen konnten die Skepsis nicht wirklich aus dem Weg räumen.[76] Ab Juli 1942 ergriffen dann doch etliche erholungsbedürftige Arbeiter die Möglichkeit, vierzehntägige Urlaube in Vianden zu verbringen. Zu diesem Zweck hatte die DAF hier eigens ein Hotel angemietet, in dem vierzig Volksgenossen untergebracht und verpflegt werden konnten. Die verdienten Arbeiter sollten sich aber nicht nur ausruhen dürfen, sondern auch die „Kameradschaft zwischen den Kameraden aus dem Altreich und Lützelburg" pflegen.[77]

Eine der ersten Erholungsverschickungen der Deutschen Arbeitsfront in Luxemburg endete mit einem peinlichen Reinfall. Aus dem Erholungsheim der DAF in Vianden kamen Beschwerden über die Verpflegung, die vom CdZ-Kommissar für das Sozialversicherungswesen (KSV) an Gauobmann Dörner persönlich herangetragen wurden. Bei ärztlichen Untersuchungen hatte man bei den Gästen festgestellt, dass diese während des vierzehntägigen Urlaubes nur wenig an Gewicht zugenommen hatten, bei zwei Personen musste sogar eine Gewichtsabnahme diagnostiziert werden. Schon einen Tag später unternahm der Koblenzer Gaubeauftragte für das Reichserholungswerk zusammen mit dem Diekircher Kreisobmann eine Dienstreise nach Vianden, um die unangenehme Angelegenheit unter die Lupe zu nehmen. Im Hotel fanden die DAF-Funktionäre eine chaotische Situation vor: Ein Radioapparat fehlte genauso wie Bücher oder Spiele, sodass sich

75 „Luxemburger als Betreute des Reichserholungswerkes", in: ETB Nr. 98 (28.4.1942), „Die DAF-Arbeit im Kreise Luxemburg", in: ETB Nr. 116 (20.5.1942), „Das Reichserholungswerk der DAF", in: ETB Nr. 141 (19.6.1942). Nur 50 Betriebe aus dem Kreis Luxemburg hatten bis Ende April Erholungsbedürftige und „verdienstvolle Mitarbeiter" gemeldet.

76 Rundschreiben des Kreisobmanns von Luxemburg vom 9.6.1942 an alle Betriebsobmänner des DAF betr. Reichserholungswerk der DAF, in: ANLux CdZ D-4:010 (DAF-Kreiswaltung Luxemburg/ Ortswaltung Merl). Vgl. „Sie holen sich frischen Mut und neue Schaffenskraft", in: LW 127 (7.5.1943).

77 „Reichserholungswerk der DAF", in: LW Nr. 212 (31.7.1942)

die Urlauber in dem kleinen Ort zu Tode langweilten. Schlimmer noch war die Lebensmittelversorgung und weil die versprochenen Lieferungen gar nicht oder mit Verspätung eintrafen, kam es zu Engpässen bei Fleisch und frischen Lebensmitteln. Hotelbesitzer Miller machte zu allem Überfluss Schwierigkeiten und nach einem Streit legte der Koch die Arbeit nieder. Den beiden Parteigenossen erklärte Miller, er habe den Vertrag mit der DAF nicht freiwillig abgeschlossen. Um ein PR-Desaster tunlichst zu vermeiden, setzte der Kreisobmann umgehend Sonderzuteilungen von Lebensmitteln, Wein und Zigaretten für die Urlauber durch, das Reichspropagandaamt Luxemburg schickte ein Radiogerät nach Vianden und ein Großhändler aus der Hauptstadt sollte regelmäßig frisches Gemüse liefern. Die beiden Funktionäre konnten am Ende ihrer Dienstfahrt nach Vianden erleichtert feststellen, dass sich die Stimmung unter den Urlaubern schlussendlich doch noch gebessert habe. Zum Abschluss bat man die Teilnehmer inständig, in ihren Betrieben doch bitte nur positiv über die Erholungstage zu berichten.[78] Gegenüber den Luxemburger CdZ-Stellen war der Gauobmann sichtlich bemüht, die Probleme herunterzuspielen: Die Beschwerden seien „vollkommen unbegründet“ und auf einzelne Meckerer und Unzufriedene zurückzuführen gewesen. Die Arbeiter hätten schließlich der DAF „die vollste Anerkennung ausgesprochen“, so die DAF-Verbindungsstelle in Luxemburg.[79] Vollmundig angekündigt, schlecht umgesetzt – der Glaubwürdigkeit der Deutschen Arbeitsfront war mit überstürzten, schlecht geplanten Aktionen in Luxemburg kein Dienst erwiesen worden.

Zusätzlich zu den Anlaufproblemen erschwerte die Konkurrenz zwischen der Deutschen Arbeitsfront und der Landesversicherungsanstalt (LVA) der Rheinprovinz die Durchführung des Erholungswerks. Ende 1941 plante die LVA in Luxemburg die Bereitstellung von 500 Betten in Hotels, Sanatorien, Privatpensionen oder leerstehenden Klöstern, um Rüstungsarbeitern einen Urlaub zu ermöglichen. Das Ansinnen stieß freilich bei der Zivilverwaltung in Luxemburg auf grundsätzliche Bedenken. Der zuständige Kommissar für das Sozialversicherungswesen, Regierungsrat Hofmann, fühlte sich vor den Kopf gestoßen, da man ihn nicht von Anfang an in die Planung mit einbezogen hatte. Die Umsetzung scheiterte unter anderem am Fehlen passender Gebäude. Mit „besonderer persönlicher Genehmigung des Gauleiters“ wäre lediglich ein konfessionelles Altersheim in Frage gekommen, aber man rechnete im Falle einer Vertreibung der Ordensschwestern mit „einer etwaigen politischen Beunruhigung der konfessionell eingestellten

78 Bericht der Koblenzer Gaubeauftragten der DAF für das Reichserholungswerk der DAF und das Sozialerholungswerk der LVA vom 28.7.1942 über die Dienstfahrt vom 23. Juli bis 26. Juli nach Vianden und Schreiben des KdF-Gauwartes vom 5.8.1942 an die Verbindungsstelle der DAF in Luxemburg betr. Heim der DAF in Stromberg und Vianden, in: ANLux CdZ A-1-30:835 (= A-4101).

79 Schreiben der Verbindungsstelle der DAF-Moselland in Luxemburg vom 12.8.1942 an KSV betr. Heim der Deutschen Arbeitsfront in Wilz und Stromberg, in: ANLux CdZ A-1-30:835.

Bevölkerung", sodass sich diese Pläne letztlich zerschlugen. Ein Jahr später stellte sich heraus, dass Gauleiter Simon bei diesem Projekt eigentlich die DAF favorisiert hatte. Nach den Vorstellungen des CdZ hätte die LVA das Ganze finanziert, die Arbeitsfront aber offiziell die Durchführung übernommen.[80] Unterdessen hatte die DAF-Gauwaltung aber bereits vollendete Tatsachen geschaffen und führte im kleinen Luxemburger Städtchen Vianden das „Sozialerholungswerk für deutsche Arbeiter im Bereich des CdZ Luxemburg" durch. Als sich Sozialversicherungskommissar Hofmann vorsichtig bei der DAF beschwerte und auf die bisher gute Zusammenarbeit verwies, ließ Gauobmann Dörner ausrichten, der Gauleiter sei „genauestens unterrichtet". Schließlich machte die DAF bei der ganzen Aktion ein gutes Geschäft. Zum einen liefen die Erholungen für Arbeiter unter dem Namen der Arbeitsfront, was einer gelungenen Werbeaktion für den Volksdienstleister gleichkam, zum anderen sagte die LVA zu, das Sozialerholungswerk in Vianden mit einer Summe von 250.000 Reichsmark finanziell zu unterstützen.[81] Dieser exorbitant hohe Zuschuss lässt sich nur erklären, wenn man weiß, dass der Gauleiter sich persönlich immer wieder für das Sozialerholungswerk einsetzte und bis 1944 mit Nachdruck für einen stetigen Ausbau im CdZ-Bereich eintrat. 1943 etwa ließ Gauobmann Dörner in einem Rundschreiben verlautbaren, der Gauleiter habe angeordnet, dass sich die Erholungsverschickung durch die Betriebe um „mindestens 50% erhöhen" sollte. Diese Gauleiteranordnung galt im Übrigen nicht nur für das CdZ-Gebiet, sondern für den ganzen Gau Moselland, wo das Reichserholungswerk von den Unternehmen ohne große Begeisterung aufgenommen wurde. Der mangelnde Zuspruch war für Gauleiter Simon, der sich mit seiner arbeiterfreundlichen Politik profilieren wollte, natürlich eine peinliche Schlappe.[82] Auch andere Stellen wie der CdZ-Kommissar für das Sozialversicherungswesen in Luxemburg oder die Moselländische Knappschaftsversicherung verstanden den Grund für die Ablehnung nicht. Es fehle letztlich nicht an finanziellen Mitteln, so der CdZ-Kommissar für das Sozialversicherungswesen 1944, sondern immer nur

80 Schriftwechsel 1941-1944 zwischen dem Leiter der Landesversicherungsanstalt Rheinprovinz und dem Kommissar für das Sozialversicherungswesen (KSV) beim CdZ in Luxemburg, v.a. Schreiben des Kommissars vom 2.9.1942 an den Beauftragten der Amtsstelle Luxemburg der LVA Rheinprovinz betr. Unterrichtung des CdZ/ KSV, Schreiben der LVA vom 31.10.1942 an KSV betr. Unterrichtung des CdZ, in: ANLux CdZ A-1-30:861 (= A-4130).

81 Aktenvermerk des KSV vom 3.2.1943 betr. Sozialerholungswerk, in: ANLux CdZ A-1-30:861.

82 Dörner verlangte von den Kreisobmännern die Umsetzung dieses Gauleiterbefehls: „Ich erwarte, dass in Zukunft die Verschickung im Reichs- bzw. Sozialerholungswerk sich auch in Ihrem Betrieb erhöht, vor allen Dingen gilt das für die Betriebe, die bisher wenig Interesse an dieser Erholungsverschickung gezeigt haben", vgl. Rundschreiben Nr. 22/43 der DAF-Gauwaltung Moselland vom 23.8.1943 an alle Kreisobmänner betr. Verschickung von Gefolgschaftsmitgliedern durch das Reichserholungswerk der DAF bzw. Sozialerholungswerk der LVA der Rheinprovinz, in: ANLux CdZ D-4:013 („DAF-Kreiswaltung Diekirch").

an Interessenten in der Arbeiterschaft. Appelle und Aufrufe in den Luxemburger Betrieben, „im eigenen Interesse von dieser Einrichtung ausgiebigen Gebrauch zu machen“, verpufften mehr oder weniger wirkungslos.[83] Die Arbeiter und Arbeiterinnen im Gau Moselland wollten sich offenbar weder von der Gauleitung noch von der DAF vorschreiben lassen, wo, wann und wie man den Urlaub zu verbringen hatte. Selbst wenn sich Luxemburger massenweise gemeldet hätten, wäre das Reichserholungswerk ein kolossaler Reinfall geworden. 1944 planten die deutschen Stellen die Ausweitung des DAF-Erholungsprogramms für Luxemburger Rüstungsarbeiter aus der Hütten- und Bergbauindustrie, aber die Zivilverwaltung stieß bei der Umsetzung zunehmend auf praktische Probleme. In Luxemburg und im übrigen Gaugebiet standen vielleicht ausreichend Betten zur Verfügung, aber es mangelte im vorletzten Kriegsjahr an ausreichender Verpflegung und ohne eine anständige Versorgung waren Sinn und Zweck der Kuren in Frage gestellt, wie die Knappschaftsversicherung zugeben musste.[84]

Es stellte sich heraus, dass die Arbeitsfront-Funktionäre bei der Auswahl der Antragsteller sehr selektiv vorgingen. Als zum Beispiel 1944 wieder erholungsbedürftige Arbeiter verschickt werden sollten, wollte man das Programm auf nichtdeutsche Arbeiter ausdehnen. Als sich die Gauwaltung Moselland 1944 an das DAF-Zentralbüro in Berlin wandte, um Erholungsurlaube für belgische Arbeiter zu beantragen, wurde die Bitte abgewiesen. Zur Begründung hieß es, das Erholungswerk sei „ja für deutsche Arbeiter gedacht“ und eine Unterbringung ausländischer Arbeiter demnach politisch nicht zweckmäßig. Dass in den Hüttenwerken im luxemburgischen Rodingen fast zwei Drittel belgische Grenzgänger arbeiteten und die deutsche Betriebsführung diesen Wunsch unterstützte, interessierte die Verantwortlichen nicht.[85]

Es gibt zahlreiche Gründe, warum das Sozialerholungswerk nicht den gewünschten Erfolg hatte. Bei den Betriebsführern der Schwerindustrie hielt sich die Zustimmung in Grenzen. Die ARBED-Generaldirektion entschied im Februar 1941, dass die Arbeiter der Hüttenwerke nicht in den Genuss des Reichserholungswerks kommen sollten. Die Werke liefen unter ihrer Kapazität und die Arbeiter waren deshalb nicht überbeansprucht. So bat man die Gauwaltung, von der Erholungsverschickung vorerst Abstand zu nehmen, denn man wolle Reichsdeutschen im Altreich keine Plätze wegnehmen. Bei den Bergarbeitern sah die Zentralverwaltung dies anders: Diese könnten an der Verschickung teilnehmen. Im Prinzip blieb die ARBED bei der eher zögerlich-abwartenden Haltung, vor allem da ab

83 Schreiben des KSV vom 11.2.1944 an LVA betr. Sozialerholungswerk der Rüstungsarbeiter und Rundschreiben der moselländischen Erz- und Hüttenknappschaft an alle Berg- und Hüttenleute, in: ANLux CdZ A-1-30:861.

84 Schreiben der moselländischen Erz- und Hüttenknappschaft vom 9.3.1944 an den KSV, in: ANLux CdZ A-1-30:861.

85 Vgl. ANLux CdZ A-1-30:310 (= A-3574).

1942 jede verfügbare Arbeitskraft in der Produktion gebraucht wurde. Nur wenige Arbeiter der Luxemburger ARBED-Abteilungen partizipierten deshalb.[86]

Abschreckend waren letztlich die finanziellen Bedingungen, da die Betriebe zum Teil die Kosten tragen mussten: Fahrtkosten, Taschengeld und Lohnausfall der Urlauber fielen auf die Unternehmen zurück. Die Hütten- und Bergarbeiter ihrerseits waren Reisen und längere Abwesenheiten nicht gewohnt, denn die Erholungen waren nur für die Arbeiter selbst, nicht für ganze Familien gedacht. In Luxemburg nutzten traditionell viele den Urlaub, um ihren eigenen Garten zu bewirtschaften oder den Verwandten in der Landwirtschaft zu helfen, dies gerade in den Sommermonaten. Darüber hinaus waren die angekündigten Freizeitaktivitäten (Wanderungen, kulturelle Aktivitäten) nicht nach jedermanns Geschmack. Die von der DAF-Gauwaltung herausgegebenen Richtlinien ließen zudem durchblicken, dass ein Urlaub in Vianden oder einem anderen Erholungsheim keine Spaßveranstaltung war: „Wir erwarten (...) von jedem Kurberechtigten, dass er als Soldat der Heimatfront Disziplin übt und sich bemüht, die ihm gewährte Erholung zu benutzen, dass er gestärkt und voll einsatzfähig an seinen Arbeitsplatz zurückkehrt. Erholungssuchende, die die Kur zu ausschweifendem Lebenswandel benutzen wollen, können und wollen wir nicht betreuen."[87] Hinzu kam eine politische Komponente: Um die Anträge kümmerte sich der zuständige Betriebsobmann, der auf eine ärztliche Bescheinigung hin zusammen mit dem Betriebsführer entschied, ob jemand in Erholung fahren durfte oder nicht. Wer also schon Probleme mit seinem Obmann hatte, als politisch unzuverlässig galt oder im Rüstungsbetrieb nicht durch „starken" Einsatz aufgefallen war, hatte ohnehin keine Aussicht, zurückbehalten zu werden.[88]

Wie groß schlussendlich die Akzeptanz unter den Luxemburgern war, lässt sich mangels Statistiken kaum in Zahlen ausdrücken. Bis Oktober 1942 waren von ARBED-Belval schätzungsweise insgesamt 160 Arbeiter im Viandener Erholungsheim, im Herbst 1943 meldete der Betriebsobmann von ARBED-Schifflingen 45

86 Schreiben von Dr. Diehl von der ARBED-Zentralverwaltung (Gefolgschaftsabteilung) vom 14.2.1941 betr. Erholungswerk der DAF, in: ANLux ARBED Belval 14433 (Mappe „DAF-Erholungsverschickungen"). Ähnlich zurückhaltend verfuhr die ARBED mit den NSV-Erholungsurlauben für jugendliche Arbeiter; vgl. Schriftwechsel von Belval-Direktor Nicolas Schock mit der ARBED-Zentralverwaltung, Dezember 1941-Januar 1942, in: ANLux ARBED Belval 14449 (Mappe „Winterhilfswerk und DRK").

87 Richtlinien zur Teilnahme am Reichserholungswerk der DAF und Sozialerholungswerk der LVA Rheinprovinz, veröffentlicht am 15.11.1942 im Dienstblatt der DAF, in: ANLux CdZ A-1-30:861.

88 Vgl. Aktennotiz vom 8.10.1942, dass ein Arbeiter von Belval in seiner Eigenschaft als Ortsgruppenleiter in Erholung geschickt wurde. Es gab auch Urlaubserholungslager für Jugendliche, wobei die Mitgliedschaft in der Hitlerjugend eine Voraussetzung für die Teilnahme war, vgl. ANLux ARBED Belval 14433 (Mappe „DAF-Erholungsverschickungen").

Arbeiter an, aus dem Kreis Luxemburg kamen im Frühjahr 1944 immerhin noch 161 Meldungen. Auch für Frauen ließ sich das Regime etwas einfallen, die „Dr. Ley-Verschickung" gab es ab 1943 für Luxemburgerinnen, die nach Bayern in Urlaub fahren durften. Anscheinend fand dieses Angebot einen „regen Zuspruch", aber höchstwahrscheinlich kamen nur ausgesuchte Parteigenossinnen in den Genuss, einige Urlaubstage auf Kosten der DAF in den Bergen verbringen zu dürfen.[89] Es dürfte den Arbeitern aber letztlich schwer gefallen sein, das Angebot der DAF im großen Stil zu nutzen. Für die meisten war es noch sehr ungewohnt, in Urlaub zu fahren; außerdem hätte es bedeutet, den Jahresurlaub – die 14 Tage wurden auf die gesetzlichen und bezahlten Urlaubstage angerechnet – ohne die Familie zu verbringen.

3.2. Betreuung der Frauen

Wie Luxemburger Frauen Krieg und Besatzung erlebten, ist bislang nicht systematisch erforscht worden, ebenso wenig wie der Arbeitseinsatz der ausländischen Zwangsarbeiterinnen, die als sogenannte Ostarbeiterinnen nach Luxemburg kamen.[90] Neben der NS-Frauenschaft erhob die Deutsche Arbeitsfront den Anspruch, aus politischer und sozialer Sicht die Luxemburger Frauen zu betreuen. Da sich die Arbeitsfront um sämtliche Lohn- und Gehaltsempfänger kümmern wollte, zählten die werktätigen Frauen zu ihrer Zielgruppe. Wie in der DAF-Gliederung vorgesehen, sollten ab 1941 in den Ortsgruppen und den Betrieben des Landes jeweils Ortsfrauen- und Betriebsfrauenwalterinnen berufen werden, die der zuständigen Kreisfrauenwalterin unterstanden. Auf Gauebene führte die Gaufrauenschaftsleiterin Else Schrimpf als DAF-Gaufrauenwalterin bis 1943 das Regiment; sie wurde dann wegen Arbeitsüberlastung durch eine andere Parteigenossin ersetzt. Sämtliche leitenden Funktionen wurden von reichsdeutschen Parteigenossinnen ausgeübt. Mit seiner Frauenpolitik geriet das Regime im besetzten Luxemburg wie im

89 „Zur Betreuung der Bergleute des Kreises Esch", in: ETB Nr. 76 (31.3.1943) und „Urlaub in den schönsten Gegenden des Gaues", in: LW Nr. 125 (4.5.1944). Vgl. Bericht über die Vertrauensratssitzung auf Werk ARBED-Schifflingen vom 29.9.1943, in: ANLux ARBED Schifflange 14827 („Kreisleitung an ARBED-Schifflingen"). Es gab auch Erholungsheime in Redingen und in Bad Mondorf, wo man bevorzugt Escher Bergleute unterbrachte.

90 Vgl. Volkmann, Luxemburg im Zeichen des Hakenkreuzes, S. 326–333 und Marie-Paule Jungblut, Nationalsozialistische Geschlechterpolitik in Luxemburg: Anspruch und Wirklichkeit, in: Germaine Goetzinger, Antoinette Lorang, Renée Wagener (Hgg.), „Wenn nun wir Frauen auch das Wort ergreifen..." 1880-1950. Frauen in Luxemburg – Femmes au Luxembourg, Luxemburg 1997, S. 309–318, sowie: Nathalie Kremer, Die Rolle der Frau in Luxemburg während der nationalsozialistischen Besatzungszeit: Anspruch und Realität, Wiltz 2002, zum Arbeitseinsatz und zur Betreuung durch die DAF, vgl. S. 101–132. Zur Frauenarbeit im nationalsozialistischen Deutschland, vgl. Schneider, In der Kriegsgesellschaft, S. 181–186.

Altreich in einen Widerspruch zwischen konservativer, ja fast spießbürgerlicher Ideologie und Kriegswirklichkeit. Einerseits erwarteten die Nationalsozialisten, dass sich die Frauen bereitwillig mit einer Rolle als Ehefrau und Mutter begnügten. Entsprechende Maßnahmen wie die Einführung des Kindergeldes, die Ausweitung des Mutterschutzes oder die Gewährung von Ehestandsdarlehen sollten die Luxemburgerinnen motivieren, den Männern die Arbeitsplätze in den Büros und Betrieben zu überlassen. Andererseits ergab sich kriegsbedingt die „Notwendigkeit des Fraueneinsatzes“[91], da junge Männer in Reichsarbeitsdienst und Wehrmacht rekrutiert wurden.

Die Erfassung und Betreuung der etwa 39.000 berufstätigen Frauen in Luxemburg durch die Arbeitsfront war angesichts beschränkter personeller Möglichkeiten eine kaum zu bewerkstelligende Aufgabe. Es ist daher schwer abzuschätzen, wie intensiv die DAF sich überhaupt um die Frauenfrage kümmern konnte. Es gibt allerdings Hinweise, dass sich die Arbeitsfront 1943 verstärkt um die Gruppe der Hausgehilfinnen bemühte, deren Arbeits- und Lohnbedingungen vor dem Krieg teilweise prekär gewesen waren. Die DAF war offiziell bestrebt, hier Abhilfe zu schaffen. Dies war eine propagandistische Aktion der DAF, die dadurch an politischem Einfluss bei der zahlenmäßig recht großen Gruppe der häuslichen Angestellten gewinnen wollte.[92] Es lässt sich nur schwer sagen, wie die Luxemburgerinnen die sozialen Angebote der Deutschen Arbeitsfront annahmen. Verlautbarungen in der NS-Presse, die Frauensprechstunden auf den Kreiswaltungen hätten regen Zuspruch gehabt, muss man mit der üblichen Vorsicht bewerten. Die Aufmerksamkeit, die das Regime den Frauen der verschiedensten Berufsgruppen zukommen ließ, hatte natürlich den Hintergrund, dass man in der zweiten Kriegshälfte vermehrt Frauen zu mobilisieren versuchte, die nun zu Hause <u>und</u> im Betrieb ihren Mann stehen sollten.

Als im Jahre 1942 die ersten Musterungen und Einberufungen der Jahrgänge 1920 bis 1924 zum RAD und zur Wehrmacht stattfanden, machten sich in der Schwerindustrie die ersten personellen Engpässe bemerkbar. Auf Werk Belval rechnete man mit rund 350 Arbeitern, die innerhalb kürzester Zeit fehlen würden, während gleichzeitig klar war, dass die Produktion unter keinen Umständen darunter leiden durfte. Eine allgemeine Urlaubssperre sollte zumindest kurzfristig Einbußen bei der Eisen- und Stahlherstellung verhindern. Ferner prüften die einzelnen Direktionen die Möglichkeit, vermehrt Frauen einzustellen. Seitens des Militärs und des Arbeitsamtes kam der Vorschlag, auch den Einsatz von Ostarbeitern zu prüfen. Nachdem der reichsdeutsche Direktor Nino Broglio anstelle des abgesetzten Luxemburgers Nicolas Schock die Leitung von ARBED-Belval übernommen hatte, kam es zu einer deutlichen Veränderung der Arbeitseinsatzpolitik. Anfang Oktober 1942 wurden

91 Vgl. „Schulung der werktätigen Frauen“, in: ETB Nr. 285 (4.12.1941).

92 „Misstimmigkeiten im häuslichen Arbeitsverhältnis“, in: LW Nr. 154 (3.6.1943). Laut Volkszählung von 1935 waren annähernd 6.000 Frauen als Hausangestellte/Hausgehilfinnen tätig.

die ersten Anträge auf den Einsatz von dreißig Frauen gestellt. Beim Gewerbeaufsichtsamt bat man um eine Lockerung der Jugendschutzverordnung, damit die Arbeitszeit auf neun Stunden täglich beziehungsweise 54 Stunden wöchentlich angehoben werden könnte. Im Dezember 1942 stellte Broglio Überlegungen an, die tägliche Arbeitszeit für Frauen und Jugendliche unter 18 Jahren auf zwölf Stunden täglich anzuheben. Diese Maßnahme wurde aber wieder verworfen, da man keine Probleme mit der Jugendschutzgesetzgebung riskieren wollte, dies in der Hoffnung, mehr und mehr Luxemburgerinnen mobilisieren zu können, die noch nicht berufstätig waren. Anfang 1943 wurde klar, dass man selbst in den kriegswichtigen Rüstungsbetrieben kaum mehr mit der Zuweisung von männlichem Ersatz rechnen dürfe, sodass die Direktion weitere Anstrengungen unternahm, um Frauen in die Produktionsbetriebe und andere Abteilungen zu bekommen. Im Februar/März 1943 ersetzte man die Laufjungen durch 15-jährige Mädchen und hoffte durch die Einrichtung von Halbtagesstellen mehr Frauen zu motivieren.[93]

Die Beschäftigung von Frauen in der Luxemburger Schwerindustrie wurde 1943 auf Anordnung des Vorsitzenden der Reichsvereinigung Eisen weiter forciert. In einem Rundschreiben an die Betriebsführer und die Gefolgschaften der Eisenindustrie forderte Hermann Röchling die „restlose Ausschöpfung der gesamten Arbeitskraft des deutschen Volkes.“ Demzufolge sollten nun alle noch verfügbaren Arbeitskräfte aktiviert werden, auch Frauen und Mädchen. Allerdings, so die Direktive des Saarindustriellen Röchling, sollten Frauen keine allzu schweren Arbeiten erledigen. Deshalb sollten Arbeiter an andere Arbeitsplätze und männliche Angestellte in die Produktionsbetriebe versetzt werden, damit Frauen die leichteren Aufgaben übernehmen konnten. Sie könnten Botengänge übernehmen und würden sich „hervorragend als Fahrer von Kraftfahrzeugen“ eignen, meinte die Reichsvereinigung, die aber gleichzeitig zu verstehen gab, dass man den deutschen Frauen leichtere Beschäftigungen geben solle als den Ausländerinnen. Was die Reichsvereinigung zunächst nicht bedachte, war der Mangel an qualifizierten Frauen. Nun sah man sich dazu gezwungen, möglichst viele Arbeitskräfte im Schnellverfahren umzuschulen beziehungsweise anzulernen, zum Beispiel bei der „Umsetzung“ von einem Arbeitsplatz auf einen anderen. Für die Betriebe war dies mit erheblichem Aufwand verbunden und dürfte nur selten realisiert worden sein.[94]

In der Schwerindustrie waren die kriegsbedingten Veränderungen in der Frauenarbeit am deutlichsten zu bemerken. Im ARBED-Werk Schifflingen arbeitete vor dem Krieg nur knapp ein Dutzend Frauen, ab 1942/43 stieg die Zahl der im Werk beschäftigten Arbeiterinnen und Angestellten stark an und belief sich im

93 Schreiben von ARBED-Belval vom 30.9.1942 an die ARBED-Zentralverwaltung betr. Einberufungen zur Wehrmacht, Mitteilung der Direktion vom 3.2.1943, Notiz des Direktionssekretärs vom 15.12.1943 für Direktor Broglio, in: ANLux ARBED Belval 14429 (Mappe „Frauen- und Jugendeinsatz. 1942-44“).

94 Rundschreiben des Vorsitzenden der RVE Hermann Röchling vom 26.2.1943 an alle Betriebsführer und Gefolgschaften der Werke der RVE, Rundschreiben vom

Mai 1943 auf 172 Frauen, darunter 40 Ostarbeiterinnen.[95] In anderen Betrieben der Schwerindustrie erhöhte sich der Frauenanteil im Laufe des Krieges spürbar. Auf dem ARBED-Werk Belval-Rothe Erde waren im Sommer 1943 über 300 Frauen in Arbeit, Zwangsarbeiterinnen inbegriffen. Die Belvaler Werksleitung zeigte nur verhaltene Begeisterung, was die ersten Erfahrungen mit den Frauen anbelangte. Man war zwar mit den Leistungen der rund 125 Ostarbeiterinnen zufrieden, aber unter ihnen befanden sich viele jugendliche Frauen, die die Männer in punkto Leistung nicht voll ersetzen konnten. In „Lehrecken" sei man gezwungen, die Hausfrauen zu Tätigkeiten in den Produktionsbetrieben auszubilden. Zudem beklagte Belval, dass es mit der Arbeitsmoral der Luxemburger Frauen nicht zum allerbesten stand. Die Lage habe sich dort nach „Ausmerzung der Bummelantinnen erheblich gebessert", aber es erschienen im Schnitt nur 80 Prozent der Frauen zur Arbeit.[96] Die Lagebeschreibung muss man vor dem Hintergrund des totalen Krieges bewerten. Die Unternehmen hatten ein vitales Interesse daran, möglichst viel von ihrem (männlichen) Stammpersonal zu behalten, da erfahrene und qualifizierte Arbeiter einen problemlosen Produktionsgang garantieren konnten, nicht aber Zwangsarbeiter und Frauen, die erst umständlich angelernt werden mussten. Frauen mit schlechten Leistungen oder mit hohen Fehlzeiten waren ein gutes Argument für die deutschen Betriebsführer, Stammarbeiter nach Möglichkeit in „Unabkömmlich"/UK-Stellungen zu behalten. Gleichzeitig wollte ein überzeugter Nationalsozialist wie Broglio unbedingt die Produktionsvorgaben erfüllen. Um die Stammarbeiter zu schonen (denen man zeitweise in einzelnen Betrieben Zwölfstundenschichten zumutete) und die Stimmung unter den murrenden Arbeitern nicht noch mehr zu verschlechtern, musste man die kriegsbedingte Frauenarbeit akzeptieren.

Der Umgang mit der Frauenarbeit liefert aber recht anschauliche Beispiele für einen kräftig wiehernden Amtsschimmel: Da die „Betriebsdisziplin" der Frauen zu wünschen übrigließ, schlug der Leiter des Arbeitsamtes Luxemburg die Einsetzung von „betriebsregionalen weiblichen Aufsichtspersonen [vor] mit dem Zweck der Erziehung zur Betriebsdisziplin". Sein Kollege aus Esch hatte nur wenig mehr Weitsicht, da er als Ersatz für fehlende Arbeiter für das Walzwerk und den

---

26.2.1943 an die Direktionen der angeschlossenen Werke sowie Rundschreiben der Bezirksgruppe Südwest der Wirtschaftsgruppe Eisen schaffende Industrie (WESI) vom 27.4.1943 an die südwestlichen Werke betr. Arbeitseinsatz, in: ANLux ARBED Belval 14429 (Mappe „Arbeitseinsatz. Anlernung und Umschulungen"). In der Sitzung der Bezirksgruppe hatte es offensichtlich kritische Stimmen gegeben, u.a. von Hüttenbesitzer Hahl, einem der beiden reichsdeutschen Direktoren der Rodinger Hüttenwerke.

95 Tätigkeitsbericht der DAF-Werkgruppe ARBED-Schifflingen vom Monat Mai 1943, in: ANLux ARBED Schifflange 14827 („Kreisleitung an ARBED-Schifflingen").

96 „Hohlräume im Arbeitseinsatz" (Unterlage für einen Vortrag von Dr. Schroers, Arbeitsamt Luxemburg, vom 19.8.1943), in: ANLux ARBED Belval 14429 (Mappe „Arbeitseinsatz. Verschiedenes").

Eisenbahnbetrieb von Belval „die Zuweisung von 40 kräftigen Frauen“ vorschlug.[97] Bis zum Sommer 1944 unternahmen die Zwangsverbände der deutschen Schwerindustrie unentwegt Versuche, die Frauen stärker auf den Arbeitsmarkt zu bewegen. Im August 1944 gab die Abteilung Belval der ARBED-Zentralverwaltung die schriftliche Antwort auf immer dringlicher werdende Anforderungen aus dem Reich: Es sei nicht möglich, mehr Männer durch Frauen zu ersetzen, da man praktisch am Limit des Möglichen angekommen sei.[98]

Die DAF reagierte recht spät auf die neue Situation an der Arbeitsfront und begann erst im Laufe des Jahres 1944 mit einer intensiveren Beratungs- und Propagandatätigkeit und dies hauptsächlich im südlichen Kreisgebiet.[99] Eine wirklich politische Beeinflussung der berufstätigen Frauen war realistischerweise nur in den größeren Unternehmen denkbar. Deshalb schuf die DAF in einzelnen Großbetrieben Luxemburgs die Funktion einer Betriebsfrauenwalterin. Die Betriebsfrauenwalterin war, so die offizielle Linie, die „Beauftragte der nationalsozialistischen Bewegung“. In sozialer Hinsicht sollte sie in den Betrieben Vorschläge zur Gesunderhaltung machen, sich um die Mütter kümmern, aber auch Ideen „zur Leistungssteigerung“ entwickeln und für eine volkswirtschaftlich-hauswirtschaftliche „Erziehung“ sorgen. Tatsächlich ging es um mehr, denn durch entsprechende praktische Schulungskurse sollten Soldatenfrauen und Mütter dazu befähigt werden, Familien- und Arbeitsleben möglichst zu vereinbaren, damit ihre Arbeitskraft für die Kriegsproduktion zur Verfügung stünde. Zusätzlich wollte sich die Arbeitsfront um Privat- und Familienleben kümmern, sei es bei der Beratung für die Kinderbetreuung oder das tägliche Kochen.[100] Deshalb organisierte die Betriebsfrauenwalterin für die Arbeiterinnen und Angestellten des ARBED-Werks Dommeldingen „Kochkurzkurse“ für berufstätige Frauen, „Hausfrauennachmittage“ (mit Anleitungen zum Abdichten von Wasserhähnen oder zum Kochen fleischloser Gerichte) und ähnliche Kurse, nebst den obligaten politischen Schulungen.[101] Die Zahl der Betriebsfrauenwalterinnen blieb unbedeutend, weil der Anteil der arbeitenden Frauen und die Zahl der von der DAF ins Leben gerufenen Werkfrauengruppen klein blieb. Im Kreis Esch hatten beispielsweise im letzten Kriegsjahr wohl nur zehn Unternehmen Werkfrauengruppen, die sich zum Teil aber politischen

---

97 Vgl.„Hohlräume im Arbeitseinsatz“ und Schreiben von ARBED-Belval vom 19.6.1943 an die Arbeitsamt-Nebenstelle Esch betr. Arbeitszeiten, in: ANLux ARBED Belval 14429 (Mappe „Arbeitseinsatz. Verschiedenes“).

98 Rundschreiben der Bezirksgruppe Moselland der WESI vom 10.8.1944 an die Luxemburger und Westerwälder Mitgliedswerke betr. Fraueneinsatz und Schreiben von ARBED-Belval an die Zentralverwaltung vom 23.8.1944, in: ANLux ARBED Belval 14429 (Mappe „Frauen- und Jugendeinsatz. 1942-44“).

99 Vgl. „Sprechstunden der Frauenwalterinnen der DAF“, in: ETB Nr. 79 (3.4.1944).

100 „Aufgaben der Betriebsfrauenwalterin“, in: ETB Nr. 173 (26.7.1944) und „Schutz der Frau im Arbeitseinsatz“, in: LW Nr. 75 (16.3.1943).

101 Vgl. ANLux CdZ D-4:003 (DAF-Kreiswaltung Luxemburg).

Aufgaben zu widmen hatten, im Kreis Luxemburg gab es nur eine einzige, deren Mitglieder erst 1944 verpflichtet wurden.[102] Im Bereich der Ortswaltungen lief hingegen fast gar nichts, was schlicht und einfach am Mangel an Funktionären und Amtswaltern lag. Für den ganzen Kreis Diekirch waren 1943 nur zehn Ortsfrauenwalterinnen namentlich bekannt.[103] In anderen Kreisen dürfte die personelle Lage nicht viel besser gewesen sein. In der Regel waren es Männer, die sich Gedanken über die Betreuung der arbeitenden Frauen machten. Im Prinzip blieb der Betriebsobmann für alle Mitglieder der Gefolgschaft zuständig, die Betriebsfrauenwalterin war ihm untergeordnet.

Als sich die Zahl der Frauen in den Produktionsbetrieben des ARBED-Werks Schifflingen ab 1942/43 deutlich erhöhte, hielten die DAF-Amtswalter Besprechungen ab, in denen diese Frage besprochen wurde, da nun eine besondere moralische Disziplin in einer von Männern dominierten Welt vonnöten schien. Mit einer gewissen Erleichterung wurde deshalb vom Betriebsobmann die Berufung einer Betriebsfrauenwalterin zur Kenntnis genommen. Im ARBED-Werk Schifflingen belief sich schließlich gegen Ende der Besatzungszeit der Frauenanteil unter der Belegschaft auf 220 Personen (darunter 150 Arbeiterinnen, 59 Angestellte sowie 11 Bürolehrlinge), dies bei einer Gesamtbelegschaft von etwa 3.600 Personen, etwa 200 Ostarbeiter und Dienstverpflichtete einbegriffen.[104] Auf Belval und Rothe Erde waren etwa 450 Frauen im Einsatz, darunter 130 Ostarbeiterinnen, die Mehrzahl war als Arbeiterinnen eingestellt (nur 33 weibliche Angestellte). Wirklich gleichberechtigt waren die Frauen nur in Punkto Arbeitsbelastung, denn fast alle Frauen hatten Arbeitstage, die deutlich über acht Stunden lagen, während lediglich ein kleiner Prozentsatz halbtags oder Teilzeit arbeitete.[105] Der ARBED-Konzern stellte im August 1943 eine „Haupt-Soziale Betriebsarbeiterin" ein, die für die „Lenkung der gesamten sozialen Betriebsarbeit" innerhalb des Konzerns verantwortlich sein sollte. Ihr Aufgabengebiet wurde nach den Vorgaben des DAF-Frauenamtes festgelegt; sie sollte u.a. Hausbesuche bei kranken Frauen übernehmen, die Aufenthalts- und Waschräume der Frauen überwachen, Spannungen zwischen Arbeiterschaft und Arbeiterinnen beseitigen helfen, aber auch

---

102 Es handelte sich um die Werkfrauengruppe der ARBED-Zentralverwaltung, vgl. „Ein Vortrupp voll Glaube und Tatkraft", in: ETB Nr. 42 (19.2.1944).

103 Vgl. ANLux CdZ D-4:012 (Kreiswaltung Diekirch).

104 Zum Fraueneinsatz und zur Betreuung der Frauen im Schifflinger ARBED-Werk, vgl. Marie Bastian, L'usine ARBED-Esch et son personnel, S. 50–52. Siehe: DAF-Werkgruppe ARBED-Schifflingen: Tätigkeitsberichte der Monate Februar, Mai und Oktober 1943, in: ANLux ARBED Schifflange 14827 („Kreisleitung an ARBED-Schifflingen").

105 ARBED-Belval: Statistik Frauen zum 1.7.1943, in: ANLux ARBED Belval 14429 (Mappe „Frauen- und Jugendeinsatz. 1942-44").

das „Verständnis für die Notwendigkeit der nationalsozialistischen Menschenführung im Betriebe" schaffen.[106]

Während ab 1942/43 Frauen stärker umworben beziehungsweise gedrängt wurden, Tätigkeiten in der Industrie zu übernehmen, wo der Arbeitskräftemangel besonders spürbar war, blieb bei der von Männern geprägten Arbeitsfront das Frauenbild weitgehend unverändert. DAF-Kreisobmann Grohé hob 1944 „die Pflichten hervor, die die Frau als Mutter und trotz ihres Arbeitseinsatzes als Trägerin der Nation heute zu erfüllen hat."[107] In Luxemburg traf das NS-Regime eine besondere Situation an, da der Anteil der berufstätigen Frauen im Vergleich zu Deutschland relativ niedrig war. Die Haltung der „berufsungewohnten" Luxemburgerinnen wurde in Parteiverlautbarungen mehr oder weniger offen kritisiert, die Schuld dem „liberalistisch-kapitalistischen Geist" der Vorkriegszeit zugeschrieben, als man in Luxemburg bevorzugt ausländische Arbeitskräfte zu rekrutieren pflegte.[108] Das Interesse der Luxemburger „Volkgenossinnen" war im Allgemeinen begrenzt, was am eindeutig politischen Charakter der sozialen Angebote lag. Das Angebot an erholungsbedürftige Frauen richtete sich vor allem an Frauen, die ohnehin als politisch einwandfrei galten und schon Mitglieder in anderen NS-Massenorganisationen waren, und – so der Kreisobmann – darüber hinaus „erbgesunde, gesunde und wertvolle Mütter" sein mussten.[109]

3.3. Betreuung der Jugendlichen

Die DAF erfasste neben den erwachsenen Frauen auch die Jugendlichen, die sich noch in der Berufsausbildung befanden oder in einem Betrieb tätig waren.[110] In

---

106 Mitteilung des Betriebsführers von ARBED-Belval vom 18.8.1943 betr. soziale Betriebsarbeit, in: ANLux ARBED Belval 09410 („Rundschreiben und Bekanntmachungen 1942-1943"). Lt. Mitteilung des beigeordneten Generaldirektors Franz Schmidt: „Für die Lenkung der gesamten sozialen Betriebsarbeit innerhalb unseres Konzerns habe ich im Einvernehmen mit dem Herrn Generaldirektor Meyer mit sofortiger Wirkung als Haupt-Soziale Betriebsarbeiterin (Haupt SB) Frau von Kielmannsegg eingesetzt."

107 Vgl. „Um Einsatz und Betreuung der schaffenden Frauen", in: ETB Nr. 51 (1.3.1944).

108 Laut Volkszählung von 1935 lag bei sämtlichen Erwerbstätigen der Anteil der Frauen unter 30 Prozent (Männer: 71,4 Prozent). Fast ein Drittel der erwerbstätigen Frauen waren in der Landwirtschaft beschäftigt, weniger als 10.000 Frauen galten als Arbeiterinnen, vgl. STATEC, Statistiques historiques, S. 37. Vgl. „Schutz der Frau im Arbeitseinsatz", in: LW 75 (16.3.1943): „Ein Betrieb ist kein Sanatorium, das ist klar und das gilt sowohl für Esch wie auch für Luxemburg."

109 Rundschreiben Nr. 57/42 des Kreisobmanns von Luxemburg vom 18.3.1942 an Ortsobmänner betr. Müttererholungspflege, in: ANLux CdZ D-4:002 (DAF-Kreiswaltung Luxemburg).

110 Eine fundierte Studie, wie Kinder und Jugendliche in Luxemburg die Besatzungszeit erlebten, fehlt. So lässt sich nur mutmaßen, wie sich ihr Alltag veränderte und wie nachhaltig NS-Bildungspolitik und Propaganda auf diese Bevölkerungsgruppe wirkten. Vgl. Mathias Wallerang, Luxemburg unter nationalsozialistischer

Luxemburg nahm sich die Arbeitsfront demzufolge der jungen Männer und Frauen an, die noch nicht volljährig waren. In größeren Betrieben war ein sogenannter Betriebsjugendwalter für deren Betreuung zuständig. Im November 1941 kam der Leiter des DAF-Jugendamtes zu Propagandaveranstaltungen nach Luxemburg und Esch, um die Prinzipien der Jugendarbeit der DAF vorzustellen: „Wer an der Heranbildung einer leistungsfähigen Generation mitarbeite“, so der Parteigenosse aus Berlin vor Betriebsobmännern und Betriebsjugendwaltern, „diene dem Führer und stelle ihm ein Menschenmaterial zur Verfügung, das für die großen Aufgaben der Zukunft voll einsatzfähig sei.“[111] Die Mädchen sollten eine „hauswirtschaftliche Vorbereitung“ bekommen und auf ihren „Mütterberuf“ vorbereitet werden, während die Jungen an zwei Sportstunden in der Woche teilnehmen mussten, um körperlich leistungsfähig zu bleiben. Zur Jugendarbeit im Verständnis der DAF zählten regelmäßige Betriebsappelle, darüber hinaus berufserzieherische und berufslenkende Maßnahmen, die in erster Linie dem Interesse des nationalsozialistischen Staates dienten und weniger der persönlichen Entfaltung eines jungen Menschen. Ziel der Erziehungsarbeit der Deutschen Arbeitsfront in den Betrieben war es, dem Staat gesunde und leistungswillige Arbeitskräfte zur Verfügung zu stellen. Der deutsche Arbeiter, so die Vorstellung der Nationalsozialisten, sollte ein gut ausgebildeter Arbeitnehmer sein, dessen Kräfte möglichst rationell in der Produktion eingesetzt werden, damit er den Leistungskampf im totalen Krieg siegreich bestehen könnte.[112]

In den Reichsberufswettkämpfen, die alljährlich veranstaltet wurden, verbanden sich die Gedanken von nationalsozialistischer Erziehung und Wettkampf. Diese Wettkämpfe zur Förderung der Leistungen im Beruf wurden

---

Besatzung, S. 78–82, 171-176. Robert Krantz, Luxemburgs Kinder unter dem Nazi-Regime 1940-1944. Ein Dokumentarbericht. Bd. II: Erziehung zum Krieg, Luxemburg 2001, S. 105f., 345f., 427-434.

111 „Die Jugendarbeit der DAF„, in: ETB Nr. 274 (21.11.1941) und in: LW Nr. 323 (21.11.1941).

112 Schmitz-Berning, Vokabular des Nationalsozialismus, S. 387. Vgl. „Reichsbetriebswettkampf“, „NS-Musterbetrieb“, in: Der Volks-Brockhaus, 9. Auflage, 1941, S. 563, 487. Bereits 1941 propagierte das Regime den „Leistungskampf“ deutscher Betriebe. Seit 1937 konnten reichsdeutsche Betriebe am „Leistungskampf“ teilnehmen und als besondere Auszeichnung den Titel „NS-Musterbetrieb“ führen. Die Verleihung des Titels für „Betriebe mit vorbildlicher nationalsozialistischer Haltung und Gestaltung“ fand jeweils am 1. Mai statt. Die Teilnahme der Luxemburger Betriebe am „Leistungskampf“ wurde 1941 angekündigt, aber augenscheinlich verliefen die Pläne wieder im Sande. Kein einziger Betrieb wurde als „NS-Musterbetrieb“ ausgezeichnet. Nur die Luxemburger Zementwerke A.G. erhielt im Jahre 1941 als eines von 17 moselländischen Unternehmen ein Gaudiplom, das von Gauobmann Dörner überreicht wurde, vgl. „Die Moselländischen Betriebe im Leistungskampf“, in: LW Nr. 118 (28.4.1941); e, Luxemburger Betriebe im Leistungskampf, in: ETB Nr. 263 (9.11.1942).

seit 1934 zusammen von DAF und HJ ausgetragen. Die Verbindung zwischen-Arbeitsfront und HJ war personeller Art, denn Reichsjugendführer Axmann bekleidete gleichzeitig in der DAF-Zentrale das Amt des Reichsjugendwalters. Im Berufswettkampf ging es um die Überprüfung praktischer und theoretischer Berufskenntnisse, aber häufiger um weltanschauliche Fragen und sportliche Leistungen.[113] Die Wettkämpfe waren zudem stark rassistisch konnotiert, da man sich durch die Berufswettkämpfe eine „Auslese der Besten" erhoffte. Es gehe um „Begabtenauslese und -förderung", die „Förderung des Gesunden und Leistungsfähigen", nicht des Kranken und Asozialen, so das Luxemburger Wort im Jahre 1941.[114] Kriegsbedingt fielen die Reichsberufswettkämpfe ab 1939 aus, bis Adolf Hitler im Oktober 1943 in einem Appell an die deutsche Jugend zum Kriegsberufswettkampf aufrief, an dem sich Lehrlinge aus den Luxemburger Kreisen beteiligten. In den Berufsgruppen „Eisen und Metall" nahmen beispielsweise alle Luxemburger Hüttenwerke teil, in den Grubenbetrieben maßen junge Bergmänner im Jahre 1944 ihre Bestleistungen. Im Kreis Esch waren allein 2.200 Mädchen und Jungen aufgerufen, an der „Auslese der Besten" teilzunehmen. Schließlich wurden 98 Gausieger, davon 11 aus Luxemburg, vom Gau Moselland nach Berlin geschickt. Der Propagandaeffekt auf die Luxemburger Arbeiterschaft blieb im letzten Besatzungsjahr eher gering, selbst dann, wenn sich lokale NS-Persönlichkeiten für den Kriegsberufswettkampf stark machten.[115]

Im Februar 1944 besuchten Kreisleiter Diehl, Kreisobmann Grohé und Betriebsobmann Olinger das Werk ARBED-Schifflingen und die Werkstätten der Lehrlinge. Die NS-Presse berichtete über das Ereignis und überall sah die Propaganda den „Arbeitseifer" und die „Arbeitsbegeisterung" der Jugendlichen, die sich in einem regelrechten „Wettkampf" befänden. Sie wären „mit Lust und Liebe, Eifer und Schwung" an ihren Werkbänken und Maschinen tätig und hätten sich in eine „Front" mit ihren „Kameraden" im Altreich eingereiht. Die soldatische Ausdrucksweise, die der Artikel gebrauchte, zeigt, dass der totale Krieg in den Betrieben Luxemburgs angekommen war.[116]

---

113 Schmitz-Berning, Vokabular des Nationalsozialismus, S. 535f. Vgl. „Reichsberufswettkampf", in: Der Volks-Brockhaus, [9]1941, S. 563.

114 „Begabtenauslese durch Reichsberufswettkampf", in: LW Nr. 86 (27.3.1941).

115 „Jugendappell für den Kriegsberufswettkampf 1943/44 im Kreise Esch", in: ETB Nr. 279 (27./28.11.1943); „Unsere Jugend nicht nur fähig, sondern auch gewillt, Bestes zu leisten", in: ETB Nr. 31 (7.2.1944); „Die Leistungen entsprachen allen Erwartungen", in: ETB Nr. 73 (27.3.1944); „Die Gausieger beim Gauleiter", in: ETB Nr. 86 (13.4.1944). Aus Luxemburg wurde eine 17-jährige Handschuhfabrikarbeiterin Reichssiegerin in der Wettkampfgruppe Kleidung und Leder, vgl. „Luxemburg stellt auch eine Reichssiegerin", in: LW Nr. 138 (17.5.1944).

116 „Escher Jugend im Berufswettkampf", in: ETB Nr. 30 (5.2.1944).

4. Lenkung und Erziehung

4.1. Das Volksbildungswerk der KdF

Das kulturelle Angebot der KdF beschränkte sich nicht auf preisgünstige Varieté- und Theatervorstellungen; die Organisation wurde wie im Altreich in Luxemburg im Bereich der Erwachsenenbildung tätig. Das 1936 gegründete Volksbildungswerk sollte bestehende Volksbildungsstätten betreuen beziehungsweise neu errichten. Damit brach die NS-Gemeinschaft KdF in einen Bereich ein, den bis dahin kommunalen Volkshochschulen und Volksbildungsvereine abgedeckt hatten. Der KdF ging es weniger darum, den erwachsenen Deutschen kostengünstige Bildungsangebote zu sichern, als um die „Durchführung der weltanschaulich-politischen Breitenschulung im Auftrage des Hauptschulungsleiters der NSDAP", so das Organisationshandbuch der NSDAP. Das Volksbildungswerk entwickelte sich zu einem „Amt mit massenkultureller Wirksamkeit" (Dahm), vor allem als es 1939 die Trägerschaft sämtlicher Volkshochschulen und Volksbildungsvereine übernahm.[117]

Als in Luxemburg die Überführung der Gewerkschaften in die Arbeitsfront weitgehend abgeschlossen war und die KdF eine zentrale Stellung in der Abend- und Freizeitgestaltung der Luxemburger Arbeiter eingenommen hatte, wurde eine weitere Unterorganisation in Luxemburg aktiv. Das „Deutsche Volksbildungswerk" der DAF wurde im Herbst 1941 gegründet, die Leitung dem VdB-Landesleiter Kratzenberg übertragen.[118] Die Ausdehnung dieses Amtes auf das Gebiet Luxemburg ist ein weiteres Element im Zuge der Eindeutschungspolitik des Gauleiters. Darüber hinaus sollte es neben dem Feierabendwerk der KdF ein weiteres kulturelles Standbein der Arbeitsfront im besetzten Luxemburg werden. In den Augen der Besatzer lag bis zum 10. Mai 1940 die Bildung für die schulentlassene Jugend sowie die erwachsene Bevölkerung „fast ganz in klerikaler katholischer Hand oder diente(n) rein parteipolitischen Zwecken der verschiedenen marxistischen und liberalen

---

117 Organisationshandbuch der NSDAP, [5] 1938, S. 213. Zum Begriff „Volksbildungswesen", vgl. Der Volks-Brockhaus, [9] 1941, S. 734. Volker Dahm, Kulturpolitischer Zentralismus und landschaftlich-lokale Kulturpflege im Dritten Reich, in: Horst Möller/ Andreas Wirsching/ Walter Ziegler (Hgg.), Nationalsozialismus in der Region. Beiträge zur regionalen und lokalen Forschung und zum internationalen Vergleich, München 1996 (= Sondernummer der Schriftenreihe der Vierteljahreshefte für Zeitgeschichte), S. 123–138, Zitat S. 126. Volksbildungsstätten wurden in Städten über 10.000 Einwohner gegründet. 1938 fanden fast 42.000 Veranstaltungen mit über 6,3 Millionen Teilnehmern statt, vgl. Buchholz, Die nationalsozialistische Gemeinschaft „Kraft durch Freude", S. 235–247. Sehr knapp berichtet über Luxemburg Lorent, Die nationalsozialistische Kunst- und Kulturpolitik, S. 129f.

118 „Volksbildungsstätte Luxemburg", in: LW Nr. 294 (23.10.1941) und „Aus Luxemburg", in: OMZ Nr. 281 (27.11.1941).

Gruppen.“ Dies war in den Augen der Nationalsozialisten eine Erklärung für die weit verbreitete Deutschfeindlichkeit.[119]

Tatsächlich hatte es in Luxemburg eine sehr dynamische Volksbildungsbewegung gegeben, die sich schon vor dem Ersten Weltkrieg im liberalen und sozialdemokratischen Fahrwasser entwickelt hatte. Immerhin gab es 1939 noch 15 Vereine mit etwa 4.000 Mitgliedern. Allein der Escher Volksbildungsverein zählte 1937 rund 1.000 Anhänger. In den 1930er Jahren organisierten diese Volksbildungsvereine politische Abende und luden in Deutschland unerwünschte Künstler wie Erika und Klaus Mann ein.[120] Außenpolitisch orientierte sich die Volksbildungsbewegung stark an Frankreich und Belgien, wie die Liste der eingeladenen Vortragsredner und die materielle Unterstützung durch die Französische Republik in den späten 1930er Jahren belegen. Daneben hatten die Luxemburger Gewerkschaften 1938 beschlossen, ihre Bildungsarbeit intensiver zu gestalten. Politische Bildung sollte in Verbindung zur Arbeiterbewegung stehen und den Arbeiter über das passive Betrachten des politischen Geschehens hinaus „zum eigenen persönlichen Einsatz“ bringen. Er sollte sich am „Ringen um die Gestaltung des öffentlichen Lebens“ beteiligen.[121] Diese Tatsachen allein dürften den Besatzern ausreichend Gründe geliefert haben, um die Volksbildungsbewegung aufzulösen und den Bildungsauftrag an die Deutsche Arbeitsfront zu übertragen.[122]

---

119 Vgl. Arno Kupferschmidt, Erwachsenenbildung und Kulturarbeit, in: Ruth (Hg.), Luxemburg, S. 149–151.

120 Zur Entwicklung der Luxemburger Volksbildungsvereine, siehe Ben Fayot, Fragmente zur Geschichte der Volksbildungsvereine in Luxemburg, in: Galerie. Revue culturelle 1 (1982), S. 146–159, S. 660–666. Ders., Die Volksbildungsvereine, in: Martin Gerges (Hg.), Mémorial 1989. La société luxembourgeoise de 1839-1989, Luxemburg 1989 (= Les publications mosellanes 28), S. 451–453. Ben Fayot, Toute la vie pour apprendre. Histoire de l'éducation des adultes au Luxembourg, Luxembourg 2016, S. 170–172. Fayot klammert – vermutlich aus Mangel an Quellen – die Kriegszeit weitgehend aus. Zur Arbeiterausbildungszentrale, die in den 1920er Jahren auf Betreiben der Arbeiterpartei gegründet wurde, vgl. Fayot, Sozialismus in Luxemburg, Bd. 1, S. 333f. Siehe: Volksbildungsverein Esch/ Association d'Éducation Populaire Esch-Alzette, Jahrbuch 1937. Annuaire 1937, Esch-Alzette 1937, S. 3.

121 „Kongress der Volksbildungsvereine in Esch a.d. Alzette“, in: ETB Nr. 149 und 150 (29. und 30.6.1938). Der Verband der Volksbildungsvereine hatte eine Spende von 1.000 französischen Büchern erhalten. Siehe „Arbeiterbildung“, in: La Vie sociale Nr. 40 (24.10.1938), Beilage ETB Nr. 247 (24.10.1938). Der Artikel kritisierte auch die „neutralen Bildungsbestrebungen“ der Volksbildungsvereine, die „den strittigen Zeitfragen ängstlich aus dem Wege gehen“: „Es ist denn auch ein Irrtum zu meinen, nur eine ‚neutrale‘, unpolitische Bildung diene dem Volke. Vielmehr kann dem Volk als Ganzem nur eine Bildung helfen, die die realen Gegensätze nicht zu vertuschen, sondern zu überwinden sucht.“

122 Die einzelnen Volksbildungsvereine wurden 1941 durch den Stillhaltekommissar für das Organisationswesen aufgelöst. Zuvor hatte die Gestapo die Bücherschränke versiegelt beziehungsweise das vorhandene Schrifttum abtransportiert, sodass eine

Im Gau gab es bereits drei Volksbildungsstätten, nun sollten mit Luxemburg und Esch zwei weitere Fortbildungszentren im Monat November 1941 ihre Tätigkeit aufnehmen. In Esch richtete man sich in erster Linie an das dortige Arbeiterpublikum, die Veranstaltungen fanden hauptsächlich in der Kreisberufsschule statt. In Luxemburg befand sich die Volksbildungsstätte im ehemaligen Bürgerkasino; die dortigen Programme waren eher für ein hauptstädtisches Publikum gedacht. Darüber hinaus war geplant, die Volksbildungsarbeit flächendeckend auszudehnen, etwa mit Vortragsveranstaltungen auf dem Land sowie in den gewerblichen Betrieben.[123] Tatsächlich fanden schon bald von der KdF ausgerichtete Volksbildungsabende statt, zu denen man NS-Funktionäre einlud.[124]

Die DAF bemühte sich, Hemmschwellen bei den Arbeitern und Angestellten abzubauen und hob hervor, dass es beim Volksbildungswerk keinen Unterschied zwischen Akademikern und Nichtakademikern gebe. Das eher gebildete und intellektuelle Publikum suchte man hingegen davon zu überzeugen, dass der Ruf der NS-Bewegung, sie sei bildungsfeindlich, nicht der Wirklichkeit entspreche. Trotz aller Bildungsrhetorik schälte sich schnell heraus, dass die Volksbildungsstätten im Dienst der NS-Propaganda standen. Der Lehrplan dieser Institution unterschied sich deutlich von den Bildungsangeboten der früheren Volksbildungsvereine, denen man marxistische Tendenzen unterstellte. Das NS-Volksbildungswerk hatte hingegen ein klares politisches Ziel: „Sein Endzweck ist, die nationalsozialistische Weltanschauung kennen zu lernen und sich in sie zu vertiefen."[125] Das erklärt, dass man zunächst Einführungsveranstaltungen zu Hitlers „Mein Kampf", zum Aufbau

---

Weiterführung undenkbar war. In Diekirch zog die Gestapo 95 Bücher ein, die „unter schädliches und unerwünschtes Schrifttum" fielen sowie alle 500 französischen Bücher. Das Inventar ging in der Regel an die GEDELIT über. Der größte Volksbildungsverein befand sich in Esch; er löste sich am 12.8.1940 selber auf; vgl. Schreiben des Vorsitzenden Robert Stümper vom 12.9.1940 an den Stillhaltekommissar, in: ANLux CdZ Stiko B-11:579 („Kulturelle Vereinigungen"). Das Vermögen von 21.000 RM wurde als „Aufbauumlage für den Bereich Luxemburg" eingezogen (siehe Akten „Volksbildungsverein, Esch-Alzig" und „Volksbildungs-Verein, Diekirch"). Auch die „Université Populaire Catholique" unter dem Vorsitz von Emile Reuter wurde gelöscht; vgl. Akte „Luxemburger Katholische Volkshochschule", in: ANLux CdZ Stiko B-11:581 („Kulturelle Vereine").

123 „Was bringt die Volksbildungsstätte?", in: ETB Nr. 250 (24.10.1941) und „Das Deutsche Volksbildungswerk", in: LW Nr. 295 (24.10.1941). „Eröffnung der Volksbildungsstätte in Esch", in: ETB Nr. 284 (3.12.1941). Zum „Führungsanspruch" des Volksbildungswerks, vgl. den Artikel, in dem das Winterprogramm 1942/43 vorgestellt wurde. Die Volksbildungsstätte sei „die Führerin (...) im großen Strom der Zeit", sie betreibe keinen „richtungslosen Intellektualismus", sondern habe einen unmittelbaren „Bezug zur Gegenwart"; vgl. „Aus der vielfältigen Tätigkeit der Volksbildungsstätte", in: LW Nr. 287 (14.10.1942).

124 „Erster Volksbildungs-Abend in Diekirch. Ausweitung des politischen und völkischen Blickfeldes der Luxemburger", in: LW Nr. 91 (1.4.1942).

125 „Was bringt die Volksbildungsstätte?", in: ETB Nr. 250 (24.10.1941).

der NSDAP und zum „weltanschaulichen Kampf der Gegenwart“ vorsah. Die Propaganda für die NS-Ideologie schien kaum Begeisterung ausgelöst zu haben und so musste das Programm später angepasst werden.

Unter der Parole „Allgemeinwissen für jedermann“ lud das Bildungswerk der Arbeitsfront regelmäßig zu Vortragsabenden und Arbeitsgemeinschaften ein. Die Palette reichte von eher harmlos klingenden kulturellen und historischen Themen (z.B. Vorträge über Richard Wagner) bis hin zu Fortbildungen zum deutschen Recht. Beim Volksbildungswerk traten lokale Bekanntheiten auf wie etwa Musikdirektor Herwig mit einem Beitrag über das „Wesen der deutschen Musik“ oder Studiendirektor Foos mit einem Vortrag zur „Deutschen Dichtung an der Grenze“. Meist lud man aber Wissenschaftler aus dem Altreich beziehungsweise aus dem Mosellandgau ein. Unter den bekannteren Persönlichkeiten, die von der Volksbildungsstätte nach Luxemburg gebeten wurden, befand sich der Schriftsteller Hans Carossa. Man wolle, so die Einladung, „nur Dichter und Schriftsteller zu Wort kommen lassen, die unserm Kunstempfinden genügen und [um] – was wahr ist – unser volks- und deutschbewusstes Empfinden zu stärken und zu mehren.“[126] Das Angebot wurde durch Kurse abgerundet, die den lokalen Bedürfnissen angepasst wurden (wie etwa „Wie spreche und schreibe ich gutes Deutsch?“) oder gar die Welteroberungspläne der Achsenmächte widerspiegelten (z.B. durch Sprachkurse in Englisch und Italienisch).[127] Wer sich nicht für politische Fragestellungen oder kulturell-geschichtliche Themen interessierte, konnte sich in einen der zahlreichen Arbeitskreise (Basteln, Modellieren, Musizieren, Fotografieren) einschreiben, an Wanderungen oder Betriebsführungen teilnehmen.

Aber häufig waren die Veranstaltungen viel politischer als es die Ankündigungen auf den ersten Blick vermuten lassen konnten. Bei naturwissenschaftlichen Lichtbildvorträgen mussten sich Technikinteressierte in Gegenwart des Kreisleiters die unvermeidlichen Durchhalteparolen anhören oder die Glanzleistungen deutscher Naturwissenschaftler bewundern. Was in der Presseankündigung wie ein Bericht über Abenteuerreisen klang, stellte sich als ein antibritischer Vortrag über Indien heraus.[128] Andere Vortragstitel hielten, was sie versprachen, wie der Vortrag des Historikers Martin Spahn über den „Schicksalskampf“ Deutschlands.[129] Besondere Bedeutung wurde dem nationalsozialistischen Rassismus beigemessen,

---

126 „Hans Carossa in Volksbildungsstätte Luxemburg“, in: LW Nr. 107 (17.4.1942). Hans Carossa (1878-1956) gehört zu den umstrittenen Vertretern der sogenannten „inneren Emigration“. Er publizierte nach 1933 weiter, erhielt wichtige Preise und war einer der bekanntesten Schriftsteller NS-Deutschlands, vgl. Katja Klee, Hans Carossa, in: Weiß (Hg.), Biographisches Lexikon zum Dritten Reich, S. 72f.

127 „Bildungsmöglichkeiten in reicher Vielfalt“, in: LW Nr. 317 (16.11.1943).

128 „Werk- und Rohstoffe aus deutscher Arbeit“, in: ETB Nr. 276 (24.11.1943); „Der Beitrag der deutschen Chemie zum Endsieg“, in: ETB Nr. 268 (14.11.1942); „Prof. Dr. Mensching in Luxemburg“, in: LW Nr. 57/58 (26./27.2.1944).

129 „Vom deutschen Schicksalskampf im Westen“, in: ETB Nr. 247 (16.10.1942). Zu Martin Spahn (1875-1945) vgl. Klee, Personenlexikon, S. 588f.

etwa in Vorträgen über die Vererbungslehre, das „Judentum in seiner internationalen Wirksamkeit“ oder den „Bolchewismus [sic] als Ausdrucksform des Untermenschentums“. Anlässlich der Ausstellung „Das Sowjetparadies“ veranstaltete die Volksbildungsstätte Luxemburg einen Vortrag über „Die deutsche Aufgabe im Osten“. Die Veranstaltungen wurden in der Luxemburger Tagespresse angekündigt beziehungsweise in der Regel dort ausführlich besprochen.[130]

Die Wichtigkeit, die der Volksbildung beigemessen wurde, lässt sich an der Tatsache ermessen, dass gewisse Persönlichkeiten des öffentlichen Lebens für deren Zwecke eingespannt wurden. Bei der Einweihung der Volksbildungsstätte in Esch beispielsweise war der VdB-Leiter Damian Kratzenberg persönlich anwesend. Dies lag sicherlich an den Interessen des Landesleiters, der vor dem Krieg selbst im Bereich der Volksbildung tätig gewesen war. In den 1930er Jahren war Kratzenberg Vorsitzender der Luxemburger Gesellschaft für Literatur und Kunst (GEDELIT) gewesen. Die GEDELIT hatte damals schnell den Ruf erlangt, prodeutsche Kulturpropaganda zu betreiben und war später ein Sammelbecken von Anhängern des Nationalsozialismus geworden.[131] Die KdF-Volksbildungsstätte in Luxemburg wurde von Kratzenberg persönlich präsidiert. Im Vorwort zum Programmheft, das anlässlich der ersten Saison der Volksbildungsstätte erschien, kritisierte der Landesleiter der VdB, dass vor dem Krieg „zahllose Parteien, Vereine, Zirkel, Gruppen und Grüppchen nebeneinander und oft genug gegeneinander arbeiteten“. Damit war es nun, so der Landesleiter ironisch, vorbei: „In Zukunft wird es keine liberalen und marxistischen Wander- und Radfahr- und katholischen Briefmarkenvereine mehr geben.“[132] Deutlicher konnte man kaum zusammenfassen, dass nunmehr die freien, demokratisch organisierten Organisationen sowie Vereine der Arbeiterbewegung und der Luxemburger Katholiken durch einen NS-Verband ersetzt worden waren, der diktatorisch nach dem Führerprinzip funktionierte.

In den Beirat der Volksbildungsstätte Luxemburg berief man DAF-Funktionäre wie den Kreisobmann und den zuständigen KdF-Kreiswart, aber auch den Hauptbetriebsobmann der ARBED-Betriebe, Otto Kanis. Um dem Ganzen etwas mehr nationalsozialistischen Glanz zu verleihen, waren etliche Parteigrößen eingeladen worden wie der ständige Vertreter des CdZ, Heinrich Siekmeier, der Kreisleiter Adolf Schreder sowie der Oberbürgermeister der Stadt Luxemburg, Richard

---

130 „Glück und Tragik der Vererbungslehre“, in: ETB Nr. 25 (30.1.1942). Vgl. Volksbildungsstätte Luxemburg, Arbeitsplan Winterhalbjahr 1942/1943, Luxemburg 1942. Besprechung des Vortrags „Die deutsche Aufgabe im Osten“ unter dem Titel „Kulturträger gegen Untermenschentum“, vgl. LW Nr. 352 (18.12.1942).

131 Vgl. Dostert, Luxemburg zwischen Selbstbehauptung und nationaler Selbstaufgabe, S. 35ff. Lorent, Die nationalsozialistische Kunst- und Kulturpolitik, S. 76–81. Zur Mitarbeit Kratzenbergs in der Volksbildungsbewegung, vgl. Fayot, Die Volksbildungsvereine, S. 452 und Ders., Fragmente zur Geschichte der Volksbildungsvereine, S. 146, 153.

132 Vorwort zu: Volksbildungsstätte Luxemburg, Arbeitsplan Winter 1941-42, Luxemburg 1941, S. 4.

Hengst. Neben Damian Kratzenberg saßen zwei weitere Luxemburger in diesem beratenden Gremium: BIL-Generaldirektor Max Lambert und ARBED-Generaldirektor Aloyse Meyer. Meyer war bereits vor dem Ersten Weltkrieg im Allgemeinen Volksbildungsverein für das Großherzogtum Luxemburg tätig gewesen. Außerdem war er mit Damian Kratzenberg persönlich bekannt und hatte die GEDELIT finanziell unterstützt. Der Volksbildungsstätte Luxemburg wurde zumindest eine Zeit lang indirekt von Meyer unter die Arme gegriffen, indem der ARBED-Konzern eine Reklameseite im Programmheft für das Jahr 1941/42 erwarb. Über die Tätigkeit des Beirats der Volksbildungsstätte Luxemburg ist weiter nichts bekannt. Es kann aber sehr gut sein, dass die DAF die Prominenten nur ehrenhalber berief, um dadurch die Akzeptanz unter dem hauptstädtischen Publikum zu erhöhen.[133] Ähnlich war der Beirat der Volksbildungsstätte in Esch zusammengesetzt; hier fanden sich neben dem Bürgermeister der mächtige Kreisleiter Diehl, DAF-Kreisobmann Grohé sowie je zwei Betriebsführer und Betriebsobmänner, unter anderem der Direktor der Escher Zementwerke, der Betriebsobmann von ARBED-Schifflingen und der KdF-Kreiswart Comes. Wie in Luxemburg-Stadt achtete man in Esch darauf, einige Luxemburger zu berufen, damit es nicht nur nach einer Organisation von reichsdeutschen Parteigenossen aussah.[134]

Der Erfolg des „Deutschen Volksbildungswerks“ war bescheiden. Rundschreiben der DAF an sämtliche Behörden und Betriebe, um etwa für deutsche Sprachkurse zu werben, belegen, dass sich das Publikum in Esch und Luxemburg nur schwer mobilisieren ließ. Nur wenige interessierten sich für die angebotenen Veranstaltungen, was mit der Auswahl der Themen zusammenhing, aber auch mit der Ablehnung von allem, was den Ruch der Propaganda hatte. Dies erklärt, dass im Veranstaltungsprogramm für das Halbjahr 1943/44 offenkundig rassistische oder ausgesprochen politische Themen fehlen und kulturgeschichtliche beziehungsweise praxisnahe Fortbildungsangebote deutlich überwiegen.[135] Der Zuspruch dürfte sich dennoch vermutlich noch in Grenzen gehalten haben. Die Zahlen für das Jahr 1943 aus dem wichtigen Kreis Esch verdeutlichen den offensichtlichen Misserfolg der meisten Angebote. Sehr schlecht liefen die Kursabende, für die sich knapp 20 Personen eingeschrieben hatten. Bestimmte Vortragsveranstaltungen des Volksbildungswerks waren ein totaler Reinfall mit durchschnittlich 17

133 In den Programmheften der darauffolgenden Jahre gab es keine Werbeseiten mehr. Die Besetzung des Beirats blieb bis 1944 im Wesentlichen unverändert, nennenswert ist lediglich die Berufung von Kreisamtsleiter Faust zum geschäftsführenden Leiter der Volksbildungsstätte (ab 1942). Der Reichsdeutsche Reinhold Faust war seit September 1941 Amtsbürgermeister des Kreisstädtchens Grevenmacher. Vgl. Volksbildungsstätte Luxemburg, Arbeitsplan Winterhalbjahr 1943-44, Luxemburg 1943.

134 Die Programmierung glich sehr dem Veranstaltungsangebot der Volksbildungsstätte Luxemburg, vgl. Volksbildungsstätte Esch, Arbeitsplan Winterhalbjahr 1941-42, Esch 1941.

135 Vgl. „Bildungsmöglichkeiten in reicher Vielfalt“, in: LW Nr. 317 (16.11.1943).

Teilnehmern im Monat August. In der schlechten Jahreszeit konnten interessante Lichtbildvorträge hingegen schon mal ganze Säle füllen, so im Januar-Februar 1943 mit durchschnittlich 245 Zuhörern. Misserfolge konnten die Funktionäre der Arbeitsfront indes nicht anerkennen, sodass man die Statistiken nach Gutdünken schönte. Die Teilnehmerzahlen an den Veranstaltungen des Volksbildungswerks rechnete man einfach hoch, bis sie den Erwartungen entsprachen.[136]

4.2. Das Berufserziehungswerk

Unter Berufserziehung verstand man im Dritten Reich die „Maßnahmen zur Weiterbildung der Menschen in ihrer beruflichen Tätigkeit, um die Leistungsfähigkeit zu erhalten und zu steigern".[137] Die Führerverordnung vom 24.10.1934 hatte der Arbeitsfront unter anderem die Aufgabe zugewiesen, „für die Berufsschulung Sorge zu tragen." Im Prinzip bezogen sich „Berufserziehung und -ertüchtigung" nur auf die Mitglieder der DAF; da aber die große Mehrheit der Arbeitenden der Organisation angehörten, war das zentrale „Amt für Berufserziehung und Betriebsführung" quasi für alle Arbeiter und Angestellten zuständig. Nach offiziellen Angaben verzeichnete das Berufserziehungswerk der Arbeitsfront (BEW) 1940 über drei Millionen, 1941 annähernd vier Millionen Teilnehmer.[138] Eine Hauptaufgabe des Berufserziehungswerks lag vor 1939, aber vor allem während des Krieges, darin, den Bedarf an dringend benötigten Fachkräften zu decken. Als im Laufe des Zweiten Weltkrieges immer mehr Männer eingezogen wurden, fehlte es vor allem in den Rüstungsbetrieben an Facharbeitern. Um diesen Mangel auszugleichen, übernahm das BEW die Aufsicht über rund 250.000 Lehrlinge, die in etwa 3.000 Lehrwerkstätten ausgebildet wurden. Es organisierte auch Umschulungen.[139]

---

136 Zahlen nach „Förderung der Spannkraft und Leistungsfähigkeit unserer Schaffenden", in: ETB Nr. 215 (14.9.1943). In einem Rückblick auf das Jahr 1942 hieß es, 5.000 Personen hätten an den Veranstaltungen des Volksbildungswerks teilgenommen, wobei unklar bleibt, ob die Zahlen sich auf ganz Luxemburg oder nur auf den Kreis Esch bezogen. Man könnte vielleicht auf die Zahl von 5.000 kommen, wenn man alle Teilnahmen (und nicht nur die Teilnehmer) addierte und nach oben aufrundete, vgl. „Die Aufbauarbeit der Deutschen Arbeitsfront im Kreise Esch", in: ETB Nr. 102 (4.5.1943).

137 Vgl. Der Volks-Brockhaus, 9. Auflage, 1941, S. 60. Siehe die Definition von „Beruf" als „Tätigkeit, durch die der Mensch in der Gemeinschaftsordnung dem Volksganzen dient", in: Der Sprach-Brockhaus, [4] 1940, S. 65. Zur Thematik der Nachwuchslenkung und -formung siehe: Schneider, In der Kriegsgesellschaft, S. 299–302.

138 Vgl. §8 der Verordnung des Führers über Wesen und Ziel der Deutschen Arbeitsfront vom 24.10.1934 sowie „Die Aufgaben der Deutschen Arbeitsfront", in: Organisationshandbuch der NSDAP, 5. Auflage, 1938, S. 187, 189/190, 202f. Zu den Teilnehmerzahlen (reichsweit) vgl. „Das vielseitige Wirken der Deutschen Arbeitsfront", in: LW Nr. 121/122/123 (1./2./3.5.1942).

139 „Arbeitsfrieden für alle Zeiten", in: ETB Nr. 55 (6.3.1941).

Geleitet wurde das DAF-Amt für Berufserziehung von Carl Arnhold, der im Mai 1942 zu Vorträgen nach Luxemburg eingeladen worden war.[140]

In Luxemburg sollte die DAF für bestimmte Berufe Werbung betreiben, um Männer und Frauen in Branchen beziehungsweise Tätigkeiten zu lenken, in denen kriegsbedingt Mangel herrschte.[141] Ungewohnt war der direkte Eingriff von Staat und Partei in die Berufswahl. Der Schulabgänger konnte sich nicht frei nach seinen Interessen oder Fähigkeiten für eine berufliche Tätigkeit entscheiden, sondern musste sich nach den Bedürfnissen des nationalsozialistischen Staates richten. Das Berufserziehungswerk sollte deshalb steuernd tätig werden, etwa unter dem Motto „Lenkung“ durch „Berufslaufbahnberatung“.[142] In der Hauptsache beschränkte sich die Tätigkeit des Erziehungswerks auf das Angebot von „Berufserziehungsmaßnahmen“ in Form von Fortbildungen für Arbeitnehmer. Diese konnten an kostengünstigen Schreibmaschinenlehrgängen, Deutschkursen für Berufstätige, Vorträgen über deutsches Arbeitsrecht oder aber Kursen in deutscher Kurzschrift teilnehmen. Innerbetriebliche Fortbildungen, die von der DAF organisiert wurden, waren ganz kostenlos. Dass sich die Arbeitsfront im Bereich der Aus- und Weiterbildung in gewohnter Manier benahm, zeigt sich im Bereich der Handwerkerausbildung, in dem ab April 1941 Lehrgänge für Meister und Gesellen von der DAF angeboten wurden, obwohl das eigentlich ihren Kompetenzbereich überschritt.[143] Wie das Angebot des Berufserziehungswerks im Lande aufgenommen wurde, lässt sich nur sehr schwer abschätzen. Zumindest einzelne Kurse scheinen aber relativ erfolgreich gewesen zu sein, wobei man wohl davon ausgehen muss, dass

---

140 Arnhold sprach im ARBED-Festsaal bei einer betriebsinternen Veranstaltung vor „Führern und Unterführern“ zum Thema „Arbeits- und Menschenführung im Betrieb“, vgl. LW Nr. 131 (11.5.1942) und LW Nr. 136/137 (16./17.5.1942). Generaldirektor Aloyse Meyer begrüßte den Parteigenossen Arnhold als „Arbeitsführer und Vorkämpfer der Berufserziehung.“ Bei einem arbeitspolitischen Seminar referierte Arnhold über das „Wesen des deutschen Betriebes.“ Zur Biografie Arnholds vgl. Marin Fiedler, Carl Arnhold (1884-1970), in: Wolfhard Weber (Hg.), Ingenieure im Ruhrgebiet, Münster 1999 (= Rheinisch-Westfälische Wirtschaftsbiographien, Bd. 17), S. 318–343.

141 Bericht des SD-Führers des Einsatzkommandos der Sipo und des SD in Luxemburg an das RSHA vom 15.7.1941, gedr. in: Brommer (Hg.), Die Partei hört mit, Bd. 2.1, S. 88.

142 „Das Berufserziehungswerk der DAF“, in: ETB Nr. 115 (19.5.1941). Zum Begriff der „Berufsberatung“ im Dritten Reich, vgl. Der Volks-Brockhaus, [9] 1941, S. 59f. „Berufsaufklärung“ und „Berufslenkung“ gehörten nach den Vorstellungen des NS-Staates zu den Aufgabenbereichen der HJ wie der DAF, vgl. „Kameradschaftliche Hilfe auch bei der Berufswahl“, in: LW Nr. 116 (25.4.1944).

143 Vgl. Werbeanzeigen der DAF: „Deutsche Kurzschrift“, in: LW Nr. 60/61 (1./2.3.1941) oder „Das Berufserziehungswerk der Deutschen Arbeitsfront gibt bekannt“, in: LW Nr. 95/96 (5./6.4.1941). Zum Bereich der Handwerkerausbildung, vgl. „Neuordnung des Handwerks in Luxemburg“, in: LW Nr. 115/116 (26./27.4.1941).

zahlreiche Arbeitgeber im Zuge der wirtschaftlichen Neuordnung ihre Angestellten dazu anhielten, sich auf die im Altreich üblichen Arbeitsweisen umzustellen. Im Bereich der beruflichen Aus- und Weiterbildung wollte sich die Arbeitsfront in Luxemburg als eine Art Volksdienstleister verkaufen, der für jeden etwas anbieten konnte, wie zum Beispiel das Angebot für Bäckerlehrlinge, die sich in vierwöchigen Lehrgängen auf die Meisterprüfung vorbereiten durften.[144] Zum Teil nahmen die Ambitionen der Arbeitsfront abstruse Ausmaße an. Im Juli 1941 beispielsweise wurden die jüngeren Luxemburger Kellner und Kellnerinnen von ihr per Zeitungsannonce zu Eignungsprüfungen einbestellt, ohne die sie ihren Beruf nicht weiter ausüben könnten.[145]

Keine der zahlreichen Initiativen kam in Luxemburg wirklich zum Tragen. Aber hinter allen Bildungsangeboten stand die Hoffnung, mehr Leistung aus den Menschen herauszuholen: „Mehr können, heißt mehr leisten", so lautete einer der „Richtsätze", die Anfang 1942 von Robert Ley proklamiert wurden.[146] Es ging der Arbeitsfront letztlich nur noch darum, ihren Beitrag im totalen Krieg zu leisten, was für die DAF-Funktionäre bedeutete, dass ständig neue Aufgaben auf sie zukamen. Die Berufswalter in den Betrieben mussten sich in der zweiten Hälfte der Besatzungszeit Gedanken machen, wie man die zahllosen ungelernten Arbeitskräfte in den Betrieben sinnvoll einsetzen könnte. Zwangsarbeiter und Kriegsgefangene waren „fremdnationale Arbeitskräfte" mit unzureichenden Qualifikationen und mussten selbst für einfache Tätigkeiten in der Schwerindustrie eingewiesen und angelernt werden. Die gleiche Herausforderung stellte sich, als zunehmend weibliche Arbeitskräfte in der Industrie beschäftigt wurden.[147] Rohstoff- und Arbeitskräftemangel verlangten im Totalen Krieg von den Unternehmen beträchtliche Rationalisierungsmaßnahmen, wollte man mit immer begrenzteren Ressourcen die vorgegebenen Produktionsziele erfüllen. Aus diesem Bemühen heraus wurde das Berufserziehungswerk 1943 in Leistungsertüchtigungswerk umbenannt.[148]

1943 präsentierte die DAF ein Leistungsbuch, das den besonderen Einsatz eines Arbeiters in seinem Betrieb dokumentieren sollte. Dem Träger eines Leistungsbuches stellte man eine innerbetriebliche Vorzugsbehandlung in Aussicht, etwa bei Beförderungen zu Unterführern. Im gleichen Jahr startete die Kampagne zum Vorschlagswesen als zusätzlicher Weg zu Rationalisierung und Leistungssteigerung. Die Mitarbeiter der Betriebe sollten dementsprechend bei ihren Vorgesetzten Verbesserungsvorschläge einreichen. Das „Höchste" müsse aus den Betrieben

144 „Lehrgänge für Bäckerschulung", in: LW Nr. 183 (4.7.1941).
145 Anzeige „Achtung! Kellner und Kellnerinnen!", in: ETB Nr. 131 (7./8.6.1941).
146 „Rationalisierung vom Betrieb aus", in: LW Nr. 42 (11.2.1942).
147 A.H., Berufserziehung steigert Leistungsstand, in: ETB Nr. 246 (10.10.1942).
148 „Nur die Leistung ist entscheidend", in: ETB Nr. 31 (6.2.1942). Smelser, Hitlers Mann an der „Arbeitsfront", S. 188f.

herausgeholt werden, „um die bolschewistische Gefahr abzuwenden“, hieß es.[149] Mit Geldprämien versuchten die deutschen Betriebsführer, die Mitarbeiter dazu zu motivieren, scheinbar mit einem gewissen Erfolg. Die finanziellen Anreize waren verlockend, denn der Direktor des ARBED-Werkes Belval beispielsweise konnte ein Jahr nach Beginn der Kampagne verkünden, dass über 300 Vorschläge eingereicht worden seien, von denen immerhin ein Drittel mit Geldpreisen belohnt wurde. Wie viel man von den Verbesserungsvorschlägen in die Tat umzusetzen vermochte oder was sie konkret erbrachten, ist nicht überliefert. Sie hatten auf jeden Fall keine kriegsentscheidende Bedeutung mehr.[150] Gegen Ende der Besatzungszeit, im Sommer 1944, war man in Luxemburg angesichts des Facharbeitermangels darum bemüht, durch „Begabtenauslese“ und „Begabtenförderung“ bislang ungelernte Arbeitskräfte zu Spezial- und Facharbeitern auszubilden und zu „betrieblichen Unterführern“ zu machen. Hastig wurden noch „Arbeitspläne“ und Ausbildungsprogramme aufgestellt, aber die weitere militärische Entwicklung ließ diese Pläne Makulatur werden.[151]

Sämtliche Initiativen der DAF-Führung blieben in den Ansätzen stecken. In Luxemburg fehlten häufig die personellen Mittel zur Umsetzung aktivistischer Vorhaben. Noch in den letzten Wochen der Besatzung eröffnete Gauobmann Dörner das Escher „Leistungsertüchtigungswerk“ und der deutsche ARBED-Direktor Franz Schmidt verkündete das Ziel des „Leistungserziehungswerks“, d.h. wie man „mit weniger Menschen, weniger Material u. geringerem Zeitaufwand größere Leistungen“ erreichen könne.[152] Die Akzeptanz war gering, wirkliche Erfolge waren letztlich nicht zu verzeichnen.[153]

149 „Ein Leistungsbuch für die Schaffenden“, in: ETB Nr. 248 (22.20.2943). „Das Vorschlagswesen als Mittel zur Leistungssteigerung“, in: LW Nr. 49 (18.2.1943) und „Gute Vorschläge, bessere Leistungen“, in: ETB Nr. 41 (19.2.1943).

150 „Bausteine zur Schaffung einer besseren und schöneren Zukunft“, in: ETB 41 (18.2.1944). Dr. Broglio und der Escher Kreisobmann Grohé waren nicht ganz zufrieden mit den Ergebnissen, mahnten sie doch anlässlich der Feierstunde im Escher ARBED-Kasino einen noch größeren Eifer und Intensivierung an.

151 „Jedem die Möglichkeit zum Aufstieg“, in: ETB Nr. 180 (3.8.1944).

152 „Jedem die Möglichkeit zum Aufstieg“, in: ETB Nr. 180 (3.8.1944) und „Eröffnung des Leistungsertüchtigungswerks der Zentralarbed“, in: LW Nr. 234 (21.8.1944).

153 Vgl. Bastian, L'usine ARBED-Esch et son personnel, S. 49. Bezüglich der Institutionen, die lediglich die Erhöhung des Arbeitspotenzials zum Ziel hatten, meinte Bastian: „Notre personnel les sabotait carrément.“

Kapitel IV.5. Verfallsprozess und Zusammenbruch

1. Autoritäts- und Glaubwürdigkeitsverlust der DAF

1940/41 war ein Teil der Arbeitnehmer wahrscheinlich davon überzeugt, dass die Deutsche Arbeitsfront im Vergleich zur Volksdeutschen Bewegung das kleinere Übel sei. Zwar verschwanden die Gewerkschaften, aber die DAF übernahm einen Teil der Funktionen der Berufsverbände. Die Organisation erntete durch ihr forsches Auftreten gegenüber den Unternehmern und Betriebsführern zweifellos Anerkennung und Bewunderung. Tatsächlich sah es so aus, als würden mit der Arbeitsfront nun tatsächlich Veränderungen eintreten. Sogar Kreisobmänner wie Ludwig Grohé setzten sich für die kleinen Leute ein, Orts- und Betriebsobmänner halfen luxemburgischen und deutschen Volksgenossen, die unverschuldet in Not gerieten. Wer Hilfe in Form finanzieller Zuschüsse, bei Behördengängen, Unterstützung bei der Arbeitssuche oder kostenlose Beratung brauchte, war nicht selten bei den Ortswaltungen und Betriebsstellen der DAF an der richtigen Adresse. Aktionen wie die der „Schönheit der Arbeit" brachten in der Anfangsphase sichtbare Ergebnisse. Gerade in kleineren Betrieben, deren Besitzer sich bislang wenig um menschliche Arbeitsbedingungen gekümmert hatten, erreichten die Arbeitsfrontfunktionäre reale Verbesserungen, dies vor allem im Bergbau[1] oder in Betrieben mit besonders harten Bedingungen. Dort, wo Verbesserungsmaßnahmen tatsächlich umgesetzt wurden, trugen sie zur Zufriedenheit und zur Produktivität bei, wie bei den Luxemburger Zementwerken in Esch, über die der Kreisobmann 1941 begeistert berichten konnte: „Alles in allem kann gesagt werden, dass ein grundsätzlicher Wandel in der Stimmung der Gefolgschaft eingetreten ist. Die Zufriedenheit der Leute macht sich auch in der Leistung bemerkbar. Nachweisbar ist diese, ohne jeglichen Druck, in sehr hohem Maße gestiegen."[2]

Trotz dieser partiellen Erfolge und abgesehen von propagandistischen Presseartikeln und Funktionärsreden blieben reale sozialpolitische Verbesserungen in den Betrieben meistens eine Illusion. Dies schon allein deshalb, weil die Unternehmen aus Handwerk und Kleinindustrie keine Möglichkeiten hatten, so zu investieren wie die Luxemburger Zementwerke. Die soziale Komponente in der NS-Besatzungspolitik trat schnell in den Schatten des Terrors und der Repression, die von den Partei- und Arbeitsfrontfunktionären ausgeübt wurden. Die Akzeptanz des Regimes und damit der Deutschen Arbeitsfront beziehungsweise die Bereitschaft

---

1 Vgl. Betriebsbesuch vom Juni 1941 in der Grube Renkert, in: Archives OGBL (Mappe „Grube 9. Differdingen").

2 Betriebsbericht von Kreisobmann Grohé: Auszeichnung der „Luxemburger Zementwerke A.G.", Abt. Esch, in Esch mit dem Gau-Diplom (o.D.), in: Archives OGBL (Mappe „Emile Jacoby").

zur Kooperation sanken rasch. Es dauerte nur wenige Monate, bis die Arbeitsfront einen flagranten Autoritäts- und Glaubwürdigkeitsverlust feststellen musste, von dem sie sich im Laufe der Besatzungszeit nie mehr erholen sollte. Im Mai 1942 informierte Kreisobmann Grohé den Escher Kreisleiter Diehl über einen allgemeinen „Stillstand" und einen fühlbaren „Rückgang" in den Ortswaltungen und den Betrieben.[3] Selbst wenn die Lohn- und Ernährungsfrage eine Rolle bei der schlechten Stimmung spielten, so lag die wahre Ursache für diese Probleme in der Ablehnung des Regimes. Mit dem Ausbleiben der deutschen Kriegserfolge wuchs die Ungeduld der Menschen. Der Widerstand gegen alles Deutsche und damit gegen die DAF nahm stetig zu und erreichte einen ersten Höhepunkt im Jahre 1942. Nach dem Streik, an dessen Niederschlagung die Obmänner der DAF aktiv beteiligt waren und zum Teil mit Schuld waren, befand sich die DAF im freien Fall.

2. Die DAF und der Streik von 1942

Der Streik im September des Jahres 1942 war das einschneidende Ereignis der Besatzungszeit, das sich tief in das Bewusstsein der Arbeitnehmer einprägte. Die Streikaktionen dauerten an sich relativ kurz und von einem flächendeckenden Generalstreik kann eigentlich nicht gesprochen werden. Darüber hinaus gab es kaum Auswirkungen auf die Produktion in der Schwerindustrie oder in den Erzgruben des Südens.[4] Dennoch stellt der Streik einen Wendepunkt in der Besatzungszeit dar. Die nationalsozialistische Besatzungspolitik zeigte sich von ihrer radikalsten Seite und für viele Luxemburger war 1942 in gewisser Weise ein Entscheidungsjahr, da man nun entscheiden musste, ob man für oder gegen die Deutschen war. Für die einen war der Streik ein Signal des Widerstandes gegen den Unterdrücker oder des Abrückens von der Besatzungsmacht, für andere hieß es, dass man sich nun auf Gedeih und Verderb der deutschen Sache verschrieb. Am Beispiel des Streiks lässt sich aber auch gut nachvollziehen, wie die Deutsche Arbeitsfront als eine gut organisierte Massenorganisation in diesen Tagen versagte und wie ihre Luxemburger Funktionäre das letzte Stückchen Autorität verloren.

Nach 1944 wurde der sogenannte „Generalstreik" von Gewerkschaftlern, Politikern und ehemaligen Resistenzlern zu einer Art kollektiven Aufbäumens gegen die Unrechtsmaßnahmen des Gauleiter-Regimes stilisiert.[5] In zahllosen

3 Schreiben des Escher Kreisobmanns Grohé vom 21.5.1942 an die NSDAP-Kreisleitung betr. Lage- und Stimmungsbericht für die Monate April und Mai, in: Archives OGBL (Mappe „Genehmigungen von Vorstandssitzungen").

4 Benoît Majerus, De Generalstreik. La grève générale, in: Kmec, e.a., Lieux de mémoire au Luxembourg, S. 153–158.

5 Vgl. stellvertretend die Publikation von Pierre Krier, Commémoration d'un grand fait historique. La grève glorieuse de 1942, Remich 1945 (= Conférence nationale du Travail Nr. 7).

Presseartikeln, lokalgeschichtlichen Abhandlungen und Vereinsbroschüren wurden die Streikaktionen nach 1945 als „spontane, gezielte und bravouröse Protestaktion“ interpretiert. Geht es um Ursachen, Verlauf und vor allem die Repression der Arbeitsniederlegungen, so wird die Einführung der Wehrpflicht durch die deutsche Zivilverwaltung als einer der Hauptauslöser für den Streik angesehen, der sich nur über einige Stunden erstreckte. Länger dauerte die Repressionsphase durch Zivilverwaltung, Polizei und Justiz. Die deutschen Behörden, so scheint es, wurden von den Ereignissen völlig überrascht und reagierten mit äußerster Brutalität. Mehr als zwanzig Streikende wurden 1942 zum Tode verurteilt und hingerichtet.[6]

Bislang unbeachtet geblieben sind zwei Aspekte der Streikaktionen. Tatsächlich muss man von einer längeren Unruhephase ausgehen, die bereits in den Wochen vor der Verkündung der Militärdienstpflicht vor allem in der Schwerindustrie begonnen hatte. Außerdem wird häufig übersehen, dass die Funktionäre der Deutschen Arbeitsfront eine wichtige Rolle während der Repressionsphase spielten. Das Handeln der Kreis- und Betriebsobmänner in den Monaten Juli bis September war ein entscheidender Faktor, der zur Diskreditierung einer Massenorganisation führte, die sich den Luxemburger Arbeitern seit 1940 als eine Art Statthalterin der Interessen der Arbeiterschaft präsentiert hatte.

Am 27. Juni 1942 wandte sich Nikolaus Simmer, der Leiter der CdZ-Wirtschaftsabteilung, an Gauleiter Gustav Simon, mit dem er persönlich ein gutes Verhältnis hatte. In dem Schreiben definierte er die Ziele der Wirtschaftspolitik des Chefs der Zivilverwaltung, die nach seiner Auffassung nur „in einer restlosen Mobilisierung der in Luxemburg vorhandenen wirtschaftlichen Kräfte in die deutsche Kriegsproduktion“ bestehen könne. Unter anderem sollte in Abstimmung mit dem Generalbeauftragten für die Eisenerzgewinnung und Verteilung im Luxemburger und Lothringer Bergbau die Arbeitszeit von acht auf neun Stunden täglich erhöht werden, so wie dies bereits im Altreich der Fall war. Die Erhöhung der Eisenerzförderung war unbedingt notwendig, um mehr Stahl für die Rüstung produzieren zu können. Hintergrund dieser Überlegungen war eine regelrechte „Stahlkrise“, die Anfang 1942 durch erhebliche Transportprobleme ausgelöst worden war.[7] Eine Steigerung der Fördermengen war aber nur möglich, wenn man die Produktion weiter rationalisierte oder mehr Arbeiter einsetzte. Da Ersteres technisch kaum zu realisieren war und mehr Arbeitskräfte nicht zur Verfügung standen, blieb als einzige Option eine Erhöhung der Arbeitszeit, die zum 1. Juli 1942 gleichzeitig in Luxemburg und Lothringen eingeführt wurde. Um den rund 4.000 Luxemburger Bergarbeitern diese schlechte Nachricht anzukündigen und ihnen die Notwendigkeit dieses Schrittes zu vermitteln, wurde die Deutsche Arbeitsfront eingeschaltet.[8]

---

6 Vgl. Jean Hansen, Streik auf der Schifflinger Schmelz, in: LW Nr. 199 (29./30.8.1992).

7 Zu den Problemen in der Stahlversorgung im Jahre 1942, vgl. Tooze, Ökonomie der Zerstörung, S. 652–661.

8 Schreiben des Leiters der Wirtschaftsabteilung Nikolaus Simmer vom 27.6.1942 an Gauleiter Simon betr. Erhöhte Einschaltung der luxemburgischen Wirtschaft in die deutsche Kriegsproduktion, in: ANLux CdZ A-3-4:503.

Eine weitere Mobilisierung der Luxemburger Werktätigen schien aber nur möglich, wenn es entsprechende sozialpolitische Maßnahmen geben würde.

Um die Arbeiterschaft in der Hüttenindustrie zu besänftigen, so erkannten die Verantwortlichen, waren Zugeständnisse notwendig. Im Juli 1942 sollte im Rahmen des Escher Kreistages u.a. auf ARBED-Belval ein Betriebsappell stattfinden, bei dem DAF-Gauobmann Dörner persönlich in der Werkhalle zu den Arbeitern sprechen sollte. In gewohnter Manier war die Propagandaveranstaltung mit der DAF-Kreiswaltung sorgfältig abgesprochen worden. Am Tag vor dem Betriebsappell erhielt Direktor Schock einen Telefonanruf aus der Zentralverwaltung, in dem ihm durchgegeben wurde, was er bei der Eröffnung des Appells zu den versammelten Arbeitern und Angestellten zu sagen habe. Der Inhalt der Ankündigung war im Vorfeld zwischen dem reichsdeutschen Direktor Franz Schmidt und dem DAF-Kreisobmann Ludwig Grohé vereinbart worden und wurde Schock schließlich noch in einem Schreiben von der Zentralverwaltung bestätigt. Darin hieß es, die Generaldirektion der ARBED würde den Lohnempfängern für das Jahr 1941 eine Gratifikation mit Familien- und Kinderzuschlag zahlen. Darüber hinaus sollte es künftig eine garantierte Mindestgratifikation geben, die auch in schlechten Geschäftsjahren zur Auszahlung kommen und in der Höhe dem Weihnachtsgeld entsprechen würde. Ab 1943, so die Zentralverwaltung, würden Angestellten- und Arbeitergratifikationen gleichzeitig ausgezahlt werden, eine Maßnahme, mit der man eine stärkere Gleichstellung zwischen den beiden Arbeitnehmergruppierungen signalisierte.[9] Der Moment dieser Ankündigungen war mit Bedacht gewählt, denn sie wurden rechtzeitig zum ersten großen Escher NSDAP-Kreistag des Jahres 1942 publik gemacht. Das Regime ging davon aus, dass materielle Vergünstigungen zu einer positiven Stimmung unter der Arbeiterschaft beitragen würden. Dass die Mitteilung an die Belegschaft zeitlich mit einem Besuch des Gauobmanns zusammenfiel, war noch aus einem anderen Grund kein Zufall. So erweckte man den Eindruck, dass die Luxemburger Arbeitnehmer diese sozialen Maßnahmen den Bemühungen des Regimes beziehungsweise dem Einsatz der Deutschen Arbeitsfront zu verdanken habe.

Da sich die Arbeitsmotivation aber dennoch in Grenzen hielt, rief die DAF in einem Rundschreiben Ende Juli zum Vorgehen gegen Blaumacher, sogenannte „verantwortungslose Elemente“, auf. In einzelnen Betrieben kam es daraufhin zu einer Verschärfung der Maßnahmen gegen Arbeiter, die unentschuldigt fehlten. Den „unverbesserliche[n] Blaumacher[n]“ drohte man mit Meldung bei der DAF und dem Reichstreuhänder der Arbeit, was im Extremfall zu Gefängnisstrafen führen konnte.[10]

---

9 Aktennotiz vom 10.7.1942 für Direktor Schock, in: ANLux ARBED Belval 14451 (Mappe „Betriebsappelle“). „Betriebsappell bei Arbed Belval“, in: ETB Nr. 161 (13.7.1942).

10 Schreiben des Kreisfachabteilungswalters Boenig vom 24.8.1942 an den Betriebsobmann der Grube Thillenberg und Rollesberg betr. zum Aushang gebrachte

Die Ereignisse des Monats August verdeutlichten aber, dass diese Taktik zur Beruhigung der Massen nicht wirklich greifen konnte. Bereits Anfang August 1942 war die Stimmung unter vielen Arbeitern auf dem Nullpunkt angekommen. Als bekannt wurde, dass die Arbeitszeiten auf Anordnung der Reichsvereinigung Eisen drastisch erhöht werden sollten, kam es Anfang August auf dem Schifflinger ARBED-Werk zu spontanen Fällen von Arbeitsverweigerungen.[11] Die Arbeiter waren zusätzlich verärgert, dass Züge und Straßenbahnen ihre Fahrpläne nicht an die geänderten Arbeitszeiten angepasst hatten, sodass man nicht rechtzeitig zur Arbeit beziehungsweise nach Hause fahren konnte. Deshalb arbeiteten sie weiter wie bisher nur acht Stunden. Direktor Koener und Betriebsobmann Konrad Olinger waren sich der Gefährlichkeit dieses Verhaltens bewusst und versuchten, die Lage zu beruhigen. Sie gingen von Arbeitsplatz zu Arbeitsplatz, um die „Arbeitskameraden auf ihr ungebührliches Benehmen aufmerksam zu machen", so Olinger in einem späteren Bericht.[12] Da diese Maßnahme nichts fruchtete, erschienen am zweiten Tag der Arbeitsverweigerungen die DAF-Funktionäre Grohé und Goergen von der Escher Kreiswaltung und machten einen letzten Versuch, die Arbeiter von der Notwendigkeit der längeren Arbeitszeiten zu überzeugen. Diesmal wurde nicht gut zugeredet, sondern Grohé, Goergen und Olinger machten – wohl mit entsprechendem Nachdruck – die unzufriedenen Arbeiter darauf aufmerksam, „dass ihre Handlungsweise zu Folgen führen müsste, die sich recht unangenehm auswirken könnten." Den Unruheherd verortete Kreisobmann Grohé im Schifflinger Walzwerk, weshalb die dortigen Arbeiter zu einer Versammlung zusammengerufen wurden, auf der das DAF-Trio die Walzwerkarbeiter über den Sinn der Arbeitsverlängerung aufklären wollte. Die murrenden Arbeiter hatten indes wenig Interesse an den Ausführungen des Kreisobmanns, sondern verließen aus Protest einfach den Arbeitsplatz. Als sich dann die Ofenleute unbemerkt davonstahlen, hatten die Walzer nichts mehr zu tun und gingen ebenfalls nach Hause. Die Lage verschärfte sich bis in den Abend hinein. Die Arbeiter der Nachtschicht erschienen mit zweistündiger Verspätung. Nun erst kamen Grohé und Olinger auf die Idee, die protestierenden Arbeiter nach dem Grund der Arbeitsverweigerung zu befragen. Diese gaben an, dass sie mehr Lohn und mehr Lebensmittelzusatzkarten wollten. Erst als den Arbeitern eine Revision der Löhne und eine Entgegennahme der Reklamationen durch die DAF und die Betriebsführung gleichermaßen

---

Bekanntmachung wegen Fehlen ohne Entschuldigung, in: Archives OGBL (Mappe „Occupation").

11 Bericht vom 7.8.1942 über Betriebsbesuch der DAF (Fachabteilung Eisen&Metall) am 5.8.1942 durch Kreisobmann Grohé und Kreisfachabteilungswalter Goergen in Schifflingen, in: ANLux ARBED Schifflingen 14827 („Kreisleitung an ARBED-Schifflingen").

12 Bericht vom 7.8.1942 über Betriebsbesuch der DAF (Fachabteilung Eisen&Metall) am 5.8.1942 durch Kreisobmann Grohé und Kreisfachabteilungswalter Goergen in Schifflingen, ebenda.

zugesichert wurde, entspannte sich der Arbeitskonflikt. In anderen Betrieben hatten die Arbeiter weniger offen ihren Unmut zum Ausdruck gebracht, sondern sie verlegten sich wohl auf absichtliches Verspäten und andere Formen des „Bummelns“, sodass Betriebsobmann und Betriebsführer eine gemeinsame Bekanntmachung verbreiten ließen, in der betont wurde, „das pünktliche Erscheinen sowie die vorgeschriebene Arbeitszeit [seien] als Pflicht für jedermann anzusehen“. Sie machten „dringend aufmerksam“, dass Zuwiderhandlungen strengstens geahndet würden. Erst am 8. August kamen alle Schifflinger Arbeiter wieder pünktlich zum Arbeitsbeginn ins Werk. Absentismus und Zuspätkommen blieben aber weiterhin ein Problem, dem die Direktion mit disziplinarischen Maßnahmen wie etwa Geldbußen zu begegnen versuchte.[13]

Drei Wochen später löste die Ankündigung des Gauleiters über die Zwangsrekrutierung überall im Lande Streikaktionen aus, die sich diesmal nicht auf einige Werke im Süden des Landes beschränkten, sondern ausgehend vom Öslinger Industriestädtchen Wiltz innerhalb weniger Stunden das ganze Land ergriffen. Behörden, Unternehmen und Polizei wurden von den Ereignissen überrumpelt und die Deutsche Arbeitsfront war völlig überfordert.

Offensichtlich waren die Deutschen bis zum Sommer 1942 davon überzeugt, dass man die Lage mehr oder weniger unter Kontrolle habe. Nach außen schienen die Luxemburger Arbeiter und Angestellten seit 1940 ihren Tätigkeiten nachzugehen, auch wenn die Mehrheit von ihnen nicht mit dem Regime einverstanden war. Die Auflösung der Gewerkschaften im Jahre 1941 war recht problemlos verlaufen und hatte nicht zu offenen Protesten geführt. Die offiziellen Mitgliederzahlen der DAF in den Großbetrieben beeindruckten, die Leistungsbereitschaft schien angesichts zufriedenstellender Produktionsziffern gesichert, sodass der Eindruck entstanden war, man habe die Arbeiter im Griff.

Offene Arbeitsverweigerungen oder gar Streiks waren während der deutschen Besatzungszeit in Luxemburg tatsächlich zunächst eher eine Ausnahmeerscheinung. So verzeichnete das Einsatzkommando der Sipo und des SD in Luxemburg für den Monat Oktober 1941 insgesamt 119 Fälle von Widerstand, von denen 104 als Fälle unter der Kategorie Opposition verzeichnet wurden, aber lediglich drei Fälle als Arbeitsniederlegungen (1 Deutscher und 2 Belgier). Im Vergleich dazu

13 Vgl. Bekanntmachung von Betriebsobmann Olinger und Betriebsführer Koener vom 4.8.1942 sowie Bekanntmachung der Direktion vom 10.8.1942, in: ANLux ARBED Schifflange 04-0019 („Innere Verwaltung 1939-1942“). Bericht vom 7.8.1942 über Betriebsbesuch der DAF (Fachabteilung Eisen&Metall) am 5.8.1942 durch Kreisobmann Grohé und Kreisfachabteilungswalter Goergen in Schifflingen, in: ANLux ARBED Schifflingen 14827 („Kreisleitung an ARBED-Schifflingen“). Augenzeugin Bastian schilderte die Ereignisse, die sich im August 1942 über vier Tage zugetragen haben, etwas anders: neben DAF-Funktionären seien auch Gestapo-Beamte im Werk aufgetaucht. Erst mit der Androhung von schärfsten Konsequenzen habe die Kreisleitung die Disziplin wiederherstellen können; vgl. Bastian, L'usine Arbed-Esch et son personnel, S. 25.

wurden im Bereich der Staatspolizeistelle Trier im gleichen Berichtszeitraum 23 Fälle registriert. Im Januar 1942 war die Zahl von Arbeitsniederlegungen beziehungsweise Arbeitsverweigerungen allerdings schon auf zwölf (darunter zehn Belgier, aber kein Deutscher) angestiegen. Im August 1942 erhöhte sich die Zahl der Arbeitsniederlegungen im Bereich Luxemburg noch einmal deutlich auf 30 Einzelfälle. Hierbei handelte es sich zur Hälfte um Ostarbeiter, während die übrigen Fälle auf das Konto anderer Nationalitäten gingen, Deutsche beziehungsweise Volksdeutsche waren keine darunter. Das Problem der Arbeitsniederlegungen scheint im Laufe des Krieges deutlich zugenommen zu haben. So sind für den Monat Juni 1943 insgesamt 62 Fälle (1 Deutscher, 3 Ostarbeiter, 16 Franzosen, 42 „Sonstige") überliefert.[14] Jedoch gemessen an der Zahl der Arbeiter, die allein zu Tausenden in den Großbetrieben tätig waren, stellten die Fälle von Arbeitsverweigerung – abgesehen von den Streiktagen 1942 – eher ein Randphänomen dar. Selbst wenn man von einer weitaus höheren Dunkelziffer ausgehen muss (d.h. Fälle, die überhaupt nicht der Polizei gemeldet, sondern betriebsintern geregelt wurden), so verstärkte dies den Eindruck bei vielen Deutschen, dass alles in Ordnung sei. Diese relative Naivität der Parteidienststellen wird durch Aussagen des ehemaligen Kreisleiters von Luxemburg Adolf Schreder bestätigt, der sich 1950 erinnerte: „Ich hatte im Gegenteil immer wieder nur feststellen können, dass höchste Beamte, Industrieführer und Arbeiter bestrebt gewesen sind, ihre Pflicht zu tun. Die Leistungen der Rüstungsindustrie lagen mit an der Spitze des Reiches; das Werk Schifflingen erreichte die Höchstleistung der Stahlproduktion im ganzen deutschen Raum. Der Krankenstand in den Betrieben war ganz minimal; Fehlziffern durch Unfall- und Krankenurlaub sowie Bummelschichten lagen unter dem Reichsdurchschnitt. Überstunden und Sonntagsarbeit wurden – besonders im Bergbau – freiwillig geleistet. Fälle von Sabotage und Arbeitsverweigerung sind so gut wie gar nicht vorgekommen."[15]

---

14 Vgl. Zusammenfassung der Tagesrapporte Oktober 1941, in: Heinz Boberach (Hg.), Regimekritik, Widerstand und Verfolgung in Deutschland und den besetzten Gebieten. Meldungen und Berichte aus dem Geheimen Staatspolizeiamt, dem SD-Hauptamt der SS und dem Reichssicherheitshauptamt 1933-1945, Microfiche-Edition, München 2003, Bl. 41 0811; Meldung Nr. 6 (16.1.1942): Bl. 42075; Zusammenfassung Tagesrapporte August 1942, Bl. 421055; Meldung Nr. 5 (30.7.1943): Zusammenfassung der von den Staatspolizei(leit)stellen im Monat Juni 1943 gemeldeten Festnahmen, Bl. 40454A. Bei der Analyse der fragmentarisch erhaltenen Zahlenangaben bleibt offen, ob die Zahl der Arbeitsverweigerungen/-niederlegungen tatsächlich zugenommen hat oder ob der Anstieg 1941-1943 auf eine strengere Anwendung geltender Strafbestimmungen oder eine niedrigere Toleranzschwelle bei Betriebsführern und DAF-Funktionären zurückzuführen ist.

15 Einlassung des Dr. Adolf Schreder vom 13.2.1950 vor dem Gericht für Kriegsverbrechen in Luxemburg, in: ANLux CdG 003 Wilhelm Diehl. Vgl. Differdange. 100 ans d'histoire(s), Differdingen 2007, S. 226.

Weder die lokalen DAF-Funktionäre noch die politischen Stellen auf Kreis- und Gauebene hatten im Ernst damit gerechnet, dass es 1942 landesweit zu solchen Unmutsäußerungen kommen könnte. Die Warnsignale aus dem Monat August hatte man offensichtlich nicht wahrgenommen. Entsprechend chaotisch verliefen die ersten Stunden des Streiks am 31. August 1942. Am Vormittag des ersten Streiktags selbst hatte der Escher Kreisleiter von Kreisobmann Grohé die ersten Informationen über „Streikangelegenheiten" bekommen, umgehend wurde der Gauleiter telefonisch benachrichtigt. Simon musste nach Koblenz und gab seine Anweisungen mündlich nach Esch weiter. Im Falle von Unruhen seien „ohne Anwendung irgendwelcher Härte nur mit Mitteln des gütlichen Zuredens die Arbeiter wieder zur Wiederaufnahme der Arbeit" zu bewegen. Gleichzeitig stellte Simon aber klar, dass man notfalls auf Gewalt zurückgreifen würde und ordnete vorsichtshalber die Festnahme von Geiseln an. „Allerdings seien die Arbeiter nicht darüber in Zweifel zu lassen, dass im Falle der Nichtbeendigung des Streikes geschossen würde."[16]

Inwieweit diese Anordnungen nur im inneren Kreis des CdZ-Regimes weitergegeben wurden, lässt sich nicht nachvollziehen, man kann aber davon ausgehen, dass die Betriebsführungen und die lokalen DAF-Funktionäre zu Beginn ohne klare Instruktionen blieben und dementsprechend hilflos und spontan agierten. Die Reaktionen der DAF-Funktionäre waren je nach Lage ganz unterschiedlich. Kreisobmann Grohé suchte die Betriebe auf, in denen es Probleme mit Streik oder anderen Formen der Arbeitsverweigerung gab. Mit Drohungen schaffte er es, die Arbeiter einzuschüchtern und so zur Aufgabe des Widerstands zu bewegen.[17]

Der Betriebsobmann der DIFFAG etwa informierte eigenmächtig die Polizei über die Arbeitseinstellungen in Differdingen, während der deutsche Direktor Max Paul Meier eher eine Deeskalationsstrategie verfolgte. Danach holte der Betriebsobmann streikende Arbeiter zu Hause ab und versuchte sie unter Androhung der Todesstrafe wieder ins Werk zu bewegen.[18] Auf der Grube Thillenberg, die zum DIFFAG-Unternehmen gehörte, meldete der Betriebsobmann, dass am 31. August 1942 die ganze Belegschaft angetreten war, aber nur, weil die Arbeiter „auf die Strafen hingewiesen wurde[n], im Fall wenn jemand im Krieg streiken würden."[19]

In Schifflingen, wo der Arbeiter Hans Adam mithilfe der Werkssirene das Signal zum Niederlegen der Arbeit ausgelöst hatte, befand sich eines der Streikzentren. Dem dortigen Betriebsobmann Konrad Olinger entglitt die Kontrolle relativ

---

16 So zumindest die Aussage des ehemaligen Kreisleiters Diehl, vgl. Ersterscheinungsprotokoll vom 10.12.1948, in: ANLux CdG 003 Wilhelm Diehl.

17 Aussagen von Arbeitern und Ingenieuren, in: Bericht der Gendarmerie Düdelingen vom 22.12.1948, in: ANLux II GM 76 („Grève 1942. Dudelange").

18 Aussage Alfred Mouget vom 20.4.1946, in: ANLux CdG 003 Wilhelm Diehl. Vgl. auch Differdange. 100 ans d'histoire(s), Differdingen 2007, S. 226.

19 Schreiben von Betriebsobmann Nikolaus Krommenacker vom 28.2.1943 an Kreisobmann Grohé betr. Verhalten von Amtswaltern und Gefolgschaftsmitgliedern am 31.8. und 1.9.1942, in: Archives OGBL (Mappe „Occupation").

schnell, sodass NSDAP-Kreisleiter Wilhelm Diehl persönlich kommen musste, um entsprechende Maßnahmen zur Niederschlagung der Unruhen in die Wege zu leiten. Der Direktor wurde festgesetzt und der Kreisleiter drohte mit Erschießungen, sollte sich die Lage nicht beruhigen. Olinger war insofern an der Repression beteiligt, als er auf Befehl Diehls die Personalkartei herbeischaffte, um eine Liste der anwesenden beziehungsweise abwesenden Arbeiter zu erstellen.[20]

Zufällig befanden sich drei DAF-Funktionäre im ARBED-Werk Düdelingen zu einer Besprechung mit Betriebsobmann Balsam und Vertretern der Werksdirektion, als die Meldung kam, dass im Gießereibetrieb Fälle von Arbeitsverweigerung aufgetreten seien. Innerhalb kürzester Zeit geriet die Situation außer Kontrolle, als überall im Werk sporadisch Arbeitsniederlegungen oder andere Formen der Arbeitsverweigerung aufflackerten. Weder die Vorgesetzten, noch die DAF-Obmänner wurden Herr der Lage, da sie eher durch gutes Zureden die streikenden Arbeiter zur Wiederaufnahme der Produktion bringen wollten. Erst als der deutsche DAF-Funktionär Boenig persönlich die Initiative übernahm, brach im allgemeinen der Widerstand zusammen: „Ich habe eingegriffen und den Gefolgschaftsmitgliedern die Schwere ihrer Handlungsweise vor Augen geführt, ihnen drastisch die Folgen derselben klargemacht und ihnen kurze Frist gestellt, ihren Arbeitsplatz einzunehmen." Im Blechwalzwerk machte Boenig einen SA-Mann als Anführer der dortigen Streikenden aus: „Ich nahm mir den Mann vor und frug ihn, ob er wüsste, was es für ihn als SA-Mann bedeute, die Arbeit niederzulegen und sich als Saboteur an der Kriegswirtschaft zu beteiligen." Auch hier gelang es Boenig, den Widerstand der Arbeiter binnen kürzester Zeit zu brechen.[21]

Auf ARBED-Belval verlief der Streik ähnlich. Der dortige Betriebsobmann Jean Parmentier stellte bei einem Rundgang „Unruhe" fest und bemerkte, dass die Männer „keine Lust zum Arbeiten" hatten. Nach Belehrungen über mögliche Konsequenzen schien sich die Lage zunächst zu beruhigen. Dann kam es in mehreren Abteilungen zu Arbeits- und Befehlsverweigerungen, schließlich verließen Arbeiter das Werk, um nach Hause zu gehen. Parmentier verlor Stunden später die Nerven, drohte streikenden Arbeitern mit Verhaftung und Erschießung, ging tätlich gegen Arbeiter vor und ließ die Gestapo herbeiholen, „um den Widerstand zu brechen".[22] Er war an der Verhaftung mehrerer Arbeiter beteiligt und zeigte 41 Lehrlinge von Belval an, die beim Morgenappell den Fahnengruß verweigerten.

20 Aussagen Marie Bastian vom 4.2.1950 und vom 13.2.1950, in: ANLux CdG 003 Wilhelm Diehl.

21 Protokoll des Betriebsbesuchs vom 31.8.1942, in: Archives OGBL (Mappe „Genehmigungen von Vorstandssitzungen").

22 Vgl. Schreiben von Betriebsobmann Palmer vom 11.9.1942 an Kreisleiter Diehl betr. Bericht über den Umfang und die Dauer des Streikes auf Werk Belval und Rothe Erde sowie Bericht von Betriebsobmann Palmer vom 10.9.1942 über passiven Widerstand in der Wagenreparatur auf Werk Belval, in: ANLux AP 35 Jean Parmentier (= Palmer) (Mappe „Pièces à charge").

Die Anwesenheit der Betriebsobmänner und anderer DAF-Amtswalter reichte aber nicht aus, um die empörten Arbeiter zu beruhigen und den Streik im Keim zu ersticken. So benötigte Parmentier die tatkräftige Unterstützung des Ortsgruppenleiters, um die Lage im Werk Rothe Erde wieder unter Kontrolle zu bekommen.[23]

Auch die Zellenobmänner waren der Lage nicht gewachsen. Der DAF-Zellenobmann Wilhelm Pfirrmann hielt 1942 in seinem Notizbuch fest, wie er die Unruhen auf Werk Belval erlebte. Am 3. September notierte er: „seit Montag Krankmeldungen Baubetrieb", „Propaganda!!", „Sämtl.[iche] Angestellten kein Abzeichen mehr". Die Lage beruhigte sich in den folgenden Tagen nicht, am 7. September hieß es: „Baubetrieb! Schreinerei – Meckern". Akkurat hielt Pfirrmann die Namen von Arbeitern und Angestellten fest, die ihm negativ aufgefallen waren. Dann schien sich die Lage in Zelle 6 wieder zu normalisieren, was auch an den einschüchternden Reaktionen der Amtswalter und Parteigenossen lag. Kurz darauf verabschiedete sich der Zellenobmann für eine Woche in Urlaub, womöglich war er den Sticheleien und offenen Provokationen der Mitarbeiter nicht gewachsen. Aber nach seiner Rückkehr gab es immer wieder Zwischenfälle, die seine Aufmerksamkeit erforderten.[24]

Woanders waren Betriebsobmänner direkt an Repressionsmaßnahmen gegen streikende Arbeiter beteiligt: Betriebsobmann Balsam etwa schickte mehrere Arbeiter und Hüttenpolizisten zur Escher Gestapo-Stelle, weil sie nach dem Streik aus Protest ihre VdB-Mitgliedskarten zurückgegeben hatten.[25] Betriebsobmann Olinger beteiligte sich am Erstellen von Listen, auf denen die Streikenden erfasst wurden und denunzierte in Berichten an den Kreisobmann beziehungsweise den Schifflinger Ortsgruppenleiter mehrere Personen, die wegen deutschfeindlicher Äußerungen und Beteiligung am Streik aufgefallen waren. Ein Arbeiter, der am Streik teilgenommen hatte und verhaftet worden war, ging später davon aus, dass auf der Schifflinger Liste vor allem die Namen „links eingestellter Arbeiter" standen: „Man wollte nämlich in diesen Kreisen die Urheber des Streiks ausfindig machen."[26] Diese Vermutung des Arbeiters, der vor 1940 ein aktives Gewerkschaftsmitglied gewesen war, illustriert, dass die DAF-Funktionäre nie verstanden hatten, dass die Arbeitsniederlegungen beziehungsweise Arbeitsverweigerungen

23 Vgl. Les Insoumis, Streik September 1942. D'Léierjongen vun ARBED-Belval, Luxemburg 1992, S. 13.

24 Notizbuch von Zellenobmann Wilhelm Pfirrmann, in: ANLux AP 75 Wilhelm Pfirrmann (Mappe „Instruction").

25 Bericht der Polizei Düdelingen vom 7.7.1947, in: ANLux CdG 003 Wilhelm Diehl.

26 Aussage Anton Erpelding, vgl. Bericht des Öffentlichen Sicherheitsdienstes vom 22.5.1945 an Untersuchungsrichter, in: ANLux AP 334-48 Konrad Olinger. Vgl. auch Bericht Olingers vom 9.9.1942 an Grohé betr. Arbeitsniederlegung vom 31.8.42, Schreiben Olingers vom 3.9.1941 an OGL von Schifflingen und Schreiben Olingers vom 14.9.1942 an Kreisobmann Grohé betr. pol. Verhalten des Johann Bach. Vgl. auch die Aussage von Jos. Donven aus Kayl, in: ANLux Documentation II GM 86 („Grève 1942. Témoignages").

nicht nur eine Sache ehemaliger Gewerkschaftler waren, sondern quer durch alle ideologischen Lager gingen.

Zivilverwaltung, Sicherheitskräfte, die politischen Stellen der NSDAP und der VdB, aber auch die Betriebsleitungen waren nach Ausbruch der Streikbewegungen fieberhaft um eine Lösung des Konflikts bemüht. Während man auf deutscher Seite in erster Linie auf Terrormaßnahmen setzte (Standgericht, Erschießungen), versuchte sich die ARBED-Direktion in einem anderen Krisenmanagement, um weiteres Blutvergießen beziehungsweise ein Ausbreiten des Streiks zu verhindern. Der Aufruf des ständigen Vertreters des Chefs der Zivilverwaltung, Heinrich Siekmeier, der am 2. September 1942 an alle Betriebsführer Luxemburgs ging, wurde von Generaldirektor Aloyse Meyer schon am 3. September persönlich in mehr als 60 Exemplaren an das leitende Personal in den einzelnen ARBED-Abteilungen mit der Bitte verschickt, alle beteiligten Personen über den Wortlaut des Aufrufs in Kenntnis zu setzen. Dies zeigt, dass Meyer sehr an einem raschen Ende der Streikbewegung interessiert war. Inwieweit seine Motive als Arbeitgeber, der keine sozialen Unruhen in seinem Betrieb aufkommen lassen will, überwogen oder aber die Erkenntnis, dass die deutschen Behörden rücksichtslos durchgreifen würden, lässt sich nicht mit letzter Sicherheit sagen.[27]

Die Terror- und Deeskalationsmaßnahmen trugen offensichtlich zu einer schnellen, aber oberflächlichen Beruhigung der Lage bei, aber es brodelte weiter unter den Arbeitern und Angestellten. Es gab Gerüchte über weitere Streikaktionen und auch Krankmeldungen nahmen sprunghaft zu. Der Schifflinger Betriebsobmann versuchte durch eine Bekanntmachung, seine Autorität und die der Partei innerhalb des Betriebes wiederherzustellen. Olinger forderte unter anderem das Tragen des VdB-Abzeichens, den regelmäßigen Besuch von Veranstaltungen der Partei und der DAF, den Beitritt zu NSV und entsprechendes Spenden bei den bevorstehenden WHW-Sammlungen. Vor allem den Vorgesetzten schärfte er ein, künftig auf „Arbeitsniederlegung, Fehlen ohne Erlaubnis, Sabotage, mangelnde Aufsicht der unterstellten Gefolgschaft, Ansammlungen ohne betriebliche Begründungen u.s.w." zu achten. Sollte es zu einer neuerlichen „Gefährdung des inneren Arbeitsfriedens" kommen, sei er umgehend zu benachrichtigen.[28] Die Wirkung solcher Appelle kann man anzweifeln. Am 16. September 1942 gab die Direktion von ARBED-Belval in einer Mitteilung bekannt, dass die Betriebsführung dazu verpflichtet sei, alle Krankmeldungen streng zu kontrollieren. Es habe Versuche gegeben, durch angebliche Krankmeldungen den Streik fortzusetzen oder sich vor der Arbeit zu drücken. Simulanten würden „ohne Weiteres der Staatspolizei" überstellt werden, so die Drohung.[29] Wie angespannt die Lage weiterhin blieb,

27 Schreiben von Aloyse Meyer vom 3.9.1942, in: ANLux ARBED Belval 14449 („Politische Haltung. VdB").

28 Bekanntmachung der Betriebsdienststelle der DAF, Werk Schifflingen vom 9.9.1942, in: ANLux ARBED Esch-Schifflange 04-0019 („Innere Verwaltung 1939-1942").

29 Mitteilung der Direktion vom 16.9.1942 betr. Streik-Krankmeldungen, in: ANLux ARBED Belval 14449 („Politische Haltung. VdB").

zeigt ein Schreiben des beigeordneten Generaldirektors Franz Schmidt, der noch Mitte Oktober anordnete, dass er bei allen sich in politischer Hinsicht ergebenden Schwierigkeiten umgehend, auch nachts, zu benachrichtigen sei.[30]

Der Schrecken saß beim Chef der Zivilverwaltung und bei der NSDAP-Gauleitung sehr tief. Nur wenige Tage nach der Niederschlagung der Streikbewegung rief Gauleiter Simon am 13. September die Führer der Volksdeutschen Bewegung zusammen und hielt eine Rede, in der er die vermeintlichen Drahtzieher des Streiks als Feindagenten, Anhänger Englands und des Bolschewismus geißelte.[31] Simon holte außerdem zu einem Rundumschlag gegen die Direktion des ARBED-Konzerns aus und übte heftige Kritik an der luxemburgischen Konzernführung:

> „In den Betrieben ist es so: wo der Betriebsführer in Ordnung war, hat auch die Gefolgschaft ihre Pflicht erfüllt und gar nicht daran gedacht, der Streikparole zu folgen. Daher ist im wesentlichen dort gestreikt worden, wo auch die Betriebsführer zu der Klasse der Reichsfeinde gerechnet werden müssen, und hauptsächlich sind hier die Betriebe der ARBED gefährdet. Ich spreche hier kein Geheimnis aus, wenn ich feststelle, dass die führende Schicht der ARBED in den letzten zwei Jahren das Sammelbecken der politischen Gegner gewesen ist. Infolgedessen habe ich auch die Zeit gekommen gesehen, diese Leute unschädlich zu machen. Die Zentralverwaltung bekommt neues Blut, neue politisch verantwortliche Führer, die ihre Betriebe auch in Ordnung halten werden."

In der Tat wurde unter anderem der beigeordnete Generaldirektor Félix Chomé entlassen. Interessanterweise wurden diese Passagen der Rede nie in der Presse veröffentlicht, sondern nur in einer vertraulichen Rednerinformation verbreitet. Ebenfalls unveröffentlicht blieben die radikalen Aussagen, die deutlich machten, dass Simon unbeirrt an seiner Politik und den getroffenen Entscheidungen festhalten würde:

> „Die Arbeiterschaft muss wissen, dass wir heute durch einen Massenstreik gar nicht mehr beeindruckt werden, denn man darf nicht vergessen, dass wir Millionen Kriegsgefangene und ausländische Arbeitskräfte in Deutschland beschäftigen, und dass sich ein Betrieb mit 4.000 Arbeitern restlos durch Ausländer ersetzen lässt. Jeder muss begreifen, dass Deutschland heute auf dem Gebiete der Produktion jede Maßnahme durchführen kann, die sich politisch oder kriegswirtschaftlich als notwendig erweist."

30 Schreiben von Franz Schmidt vom 18.10.1942 an Abt. Belval, in: ANLux ARBED Belval 14449 („Politische Haltung. VDB„).

31 Rede des Gauleiters beim Appell der Führerschaft der Volksdeutschen Bewegung in Luxemburg am 13.9.1942. Vertrauliche Rednerinformation, in: ANLux ARBED S.C. [carton 294]. Vgl. dazu den Bericht in der Presse „Appell der Führerschaft der Volksdeutschen Bewegung", in: LW Nr. 257 (14.9.1942). Im Wortlaut identisch berichtete auch das ETB Nr. 215 (14.9.1942).

Wie schon 1940 zeigte sich Simon wieder einmal von seiner populistischen Seite, als er schmeichelhaft das Wort an die Arbeiter richtete: „Aber ich bin der Überzeugung, dass der kleine Mann hier der politisch anständigste ist, dass er lediglich einer geordneten Führung bedarf. Geben wir dem Arbeiter diese Führung, nämlich vollkommen zuverlässige Werkmeister, Ingenieure, Werkleiter und Betriebsführer, dann wird er mit uns marschieren bis zum Sieg." Simon erwähnte die Deutsche Arbeitsfront mit keinem Wort, auch in der Presse wurden nur die Volksdeutsche Bewegung als „Sammlungsorganisation" und die NSDAP mit ihren Formationen als „Ausleseorganisation" genannt, aus deren Reihen diejenigen kamen, die sich in den vergangenen Wochen „restlos bewährt und sich als treu und zuverlässig erwiesen" hatten.

In Schifflingen wandte sich Kreisleiter Diehl an die Mitglieder des Vertrauensrates des dortigen ARBED-Werks und an den neuen Direktor Köhler, der die Stelle des Luxemburgers Koener übernommen hatte. Diehl rechtfertigte vor den Obmännern die Reaktion der Behörden und warnte vor möglichen Folgen neuer Streikaktionen: „Aber dieser Streik bedrohte nicht nur Ruhe und Ordnung im Innern Luxemburgs, sondern den Bestand des Regimes. Denn ohne unser Durchgreifen hätte dieser Streik um sich greifen und Nachahmer im Großdeutschen Reich finden könne; so wie ein Funke, den man achtlos fallen lässt, einen ganzen Wald verzehren kann."[32]

Für die DAF hatte der Streik des Jahres 1942 weitreichende Konsequenzen, da er deutlich gemacht hatte, dass die bislang verfolgte Politik im Großen und Ganzen gescheitert war. Weder Propaganda- und Überzeugungsarbeit noch das engmaschige Netz von DAF-Funktionären in den Großbetrieben hatten die Unruhen im Voraus absehen geschweige denn verhindern können. Das Besatzungsregime hatte daraufhin nur noch eine Option, nämlich mit Terror die Arbeiter und Angestellten wieder zurück in die Betriebe zu treiben und den Ton gegenüber der Arbeitnehmerschaft und den Kritikern, Wankelmütigen und Unentschlossenen zu verschärfen, wie die Rede des Kreisleiters von Grevenmacher vor Betriebsobmännern und Betriebsführern im September 1942 deutlich machte: „Seine Worte dienten den ewig Gestrigen und dienten denjenigen zur Warnung, die versuchen wollten, durch ihr Gerede, sei es aus Dummheit oder Bosheit, den Frieden der anständigen Volksgenossen zu stören."[33] Eine zweite Option gab es für die Gauleitung und Zivilverwaltung nicht.

32 Aussage der Direktionssekretärin von ARBED-Schifflingen Maria Bastian, in: Bericht des Öffentlichen Sicherheitsdienstes vom 15.12.1946 an den Untersuchungsrichter in Luxemburg in der Strafsache Diehl Wilhelm, in: ANLux CdG 003 Wilhelm Diehl.

33 „Die Pflichten von Betriebsführer und Gefolgschaft", in: LW Nr. 264 (21.9.1942). Der Volksschullehrer Roger (= Rüdiger) Cresto (1913-1943) hatte 1940 das „Heim ins Reich"-Manifest unterschrieben und war zunächst VdB-Distriktsleiter in Esch, dann wurde er als einziger Luxemburger 1941 zum Kreisleiter befördert. Später meldete er sich freiwillig zur Wehrmacht und starb 1943 an der Ostfront. Vgl. Dostert, Luxemburg zwischen Selbstbehauptung und nationaler Selbstaufgabe, S. 221.

Das Regime war in den zwei Jahren nach dem Streik bemüht, die Luxemburger Arbeiterschaft möglichst ruhig zu halten, ohne dass die DAF noch wirklich eine aktive Rolle übernehmen durfte. Vielmehr waren es Betriebsführer wie der deutsche Nino Broglio von ARBED-Belval, die die Initiative übernahmen. Er hatte erkannt, dass man vor allem in der Kriegs- und Rüstungsindustrie nicht um jeden Preis das Allerletzte aus den zur Verfügung stehenden Arbeitern herausholen konnte. Im Juni 1943 hatte Direktor Broglio eine Unterredung mit dem Escher Arbeitsamt und wies auf „die sich immer stärker drängende Notwendigkeit zur Rückführung der Arbeitszeit von zwölf auf acht bezw. neun Stunden" in einzelnen Betrieben seines Werkes hin. Obwohl Arbeitskräfte fehlten, sah sich Broglio zu dieser Maßnahme gezwungen, da auf Dauer Zwölfstundenschichten in den Walzwerken nicht mehr möglich waren.[34] Die Deutsche Arbeitsfront und ihre Funktionäre, so hat man den Eindruck, waren nur mehr Staffage.

Dies verdeutlicht ein zweites Beispiel aus dem Jahre 1943. Im Oktober 1943 kam es zu einer massiven Dienstverpflichtung. Insgesamt drei wenig rentable ARBED-Erzgruben wurden geschlossen und die dort beschäftigten Arbeiter (280 Mann) sollten am 18.10.1943 ins Ruhrgebiet verschickt werden, um im dortigen Bergbau für drei Monate zu arbeiten. Der Escher Kreisleiter teilte in einer dringend einberufenen Sitzung den betroffenen Unternehmen, der Grubenverwaltung, der Gestapo und den betroffenen Ortsgruppenleitern und Betriebsobmännern mit, dass es „trotz erheblichen Widerstandes der politischen Stellen" unvermeidbar gewesen sei, insgesamt 480 Luxemburger Arbeiter für kriegswichtige Zwecke ins Altreich abzustellen. Im Vorfeld hatte es ein zähes Ringen gegeben, da der Gauleiter sich überhaupt nicht mit dieser Maßnahme einverstanden erklären wollte. Doch weder Rüstungsminister Speer noch der Generalbeauftragte für den Arbeitseinsatz Sauckel ließen mit sich diskutieren und wischten Simons Argument, dass die Verlegung luxemburgischer Arbeiter „unerfreuliche politische Auswirkungen haben könnte", vom Tisch. Der reichsdeutsche ARBED-Direktor Röding protestierte erfolglos gegen die kurzfristige Schließung, die er „unerhört" fand, wohl weniger aus Sympathie für die ARBED-Grubenleute, als vielmehr aus Angst vor Produktionsausfällen. Wider Erwarten nahmen die meisten Arbeiter die Mitteilung über die Stilllegung ohne Murren hin, allerdings erschienen am Abfahrtstag etwa 10 Prozent der Bergleute nicht an den verabredeten Abfahrtsorten. Letzteres wurde von Röding mit einer gewissen Verblüffung in der Akte vermerkt, da er vermutlich mit einer viel höheren Zahl von Verweigern gerechnet hatte.[35] Es stellte sich im Nachhinein heraus, dass die von Berlin gemachten Zusagen über Unterbringung, Verpflegung und vor allem einen geschlossenen

34 Schreiben von ARBED-Belval vom 19.6.1943 an Arbeitsamt-Nebenstelle Esch betr. Arbeitszeiten, in: ANLux ARBED Belval 14429 (Mappe „Arbeitseinsatz. Verschiedenes").

35 Aktenvermerk von Direktor Röding vom 25.10.1943 betr. Abzug von Bergarbeitern an die Ruhr, in: ANLux ARBED Belval 14429 (Mappe „Arbeitseinsatz. Verschiedenes").

Einsatz aller Luxemburger bei weitem nicht eingehalten wurden, was unter den Arbeitern eine ausgesprochen „starke Depression“ auslöste. Dies veranlasste die ARBED-Direktion zu einem Schreiben an Gauleiter Gustav Simon, in dem sich über die Vorgehensweise beschwert wurde. Röding sah nicht nur die Produktion, sondern vor allem die Glaubwürdigkeit des Konzerns in Gefahr, ließ aber gleichzeitig durchblicken, dass die schlechte Stimmung unter den ARBED-Mitarbeitern einen Zustand geschaffen habe, „der bei der Eigenart der luxemburger Verhältnisse sicherlich auch von Ihnen als höchst unerwünscht gesehen werden wird“.[36] Der Widerstand von Gauleiter Simon, die Reaktionen der deutschen Stellen und nicht zuletzt der deutschen Direktoren in Luxemburg angesichts der von Reichsminister Speer von oben herab verfügten Dienstverpflichtung hunderter Arbeiter, zeigen, wie tief bei ihnen die Angst vor einer Wiederholung der Ereignisse des Jahres 1942 saß. Die DAF geriet bei allen Überlegungen zunehmend in den Hintergrund. Zwar wurde der Betriebsobmann der ARBED-Grubenabteilung noch im Oktober 1943 mit der Betreuung der dienstverpflichteten Arbeiter beauftragt, aber es war der ARBED-Direktor Röding, der mit dem Hauptbetriebsobmann im Schlepptau persönlich an die Ruhr reiste, um sich dort nach dem Befinden ihrer Arbeiter zu erkundigen. Im Gepäck hatten sie Wolldecken, Zigaretten und Schnaps, um die Situation nicht eskalieren zu lassen.[37] Die Arbeitsfront hatte nicht mehr als kleine, materielle Anreize anzubieten, politische Lösungen hatte sie 1943 schon längst keine mehr parat.

3. Der Niedergang der DAF am Beispiel des Bergbaus

Dem NS-Besatzungsregime standen neben Polizei und Geheimer Staatspolizei sowie den verschiedensten Parteiorganen auch staatliche Stellen und zivile Behörden zur Verfügung, um ihre Herrschaft durchzusetzen und zu stabilisieren. In diesem polykratischen System spielten die Deutsche Arbeitsfront, die Wirtschaftsbehörden und Unternehmen selbst im Bereich der Sozial- und Arbeitspolitik komplementäre Rollen, wie das Beispiel des Luxemburger Bergbaus zeigt.

Der Minette-Eisenerzbergbau im Süden des Landes hatte für die deutsche Kriegswirtschaft eine entscheidende Bedeutung, da mit der Besetzung Luxemburgs und Lothringens im Jahre 1940 dem Deutschen Reich riesige, qualitativ hochwertige Erzreserven und bedeutende Produktionskapazitäten in die Hände gefallen waren. Vor allem mit dem deutschen Ostfeldzug gegen die Sowjetunion erhielten Eisen- und Stahlproduktion eine „ganz besondere rüstungsökonomische

36 Entwurf eines Schreibens vom 26.10.1943 an den Reichsverteidigungskommissar für das Gebiet Moselland, Gauleiter und Staatsrat Gustav Simon betr. Abzug von Bergarbeitern der ARBED-Gruben, in: ANLux ARBED Zentralverwaltung 23-12a.

37 Vgl. Lageberichte von Martin Schmitz, in: ANLux ARBED Zentralverwaltung 23-12a (Mappe "Dienstverpflichtete ARBED-Grubenarbeiter nach der Ruhr und anderen Gauen. 1943-1944“).

Funktion" (Volkmann).[38] Für Gauleiter Simon stellte das Industriegebiet in politischer Hinsicht ein entscheidendes Faustpfand dar, da er damit nicht nur seine Bedeutung gegenüber konkurrierenden Gauleitern innerhalb des NS-Machtapparates, sondern das wirtschaftspolitische Gewicht seines Moselland-Gaues deutlich verbessern konnte.

Intensive, auf die Luxemburger Arbeiterschaft ausgerichtete Propaganda oder privilegierte Lohnbedingungen für die Luxemburger Bergarbeiter konnten nicht verhindern, dass sich die meisten Arbeiter abwartend beziehungsweise ablehnend verhielten. Motivation und Disziplin hielten sich von Anfang an in Grenzen und verschlechterten sich wie in anderen Bereichen der Schwerindustrie im Laufe der Besatzungszeit auf dramatische Weise. Bereits im Jahre 1941 wurde zunächst die Bergbauverwaltung auf das Problem der mangelnden Arbeitsdisziplin aufmerksam. Vor allem an Montagen und nach Zahltagen fehlten viele Bergleute, sodass mit einem ganzen Bußkatalog reagiert wurde (Geldstrafen von drei bis vier Reichsmark, in schwerwiegenden Fällen in Höhe eines ganzen Schichtlohnes). Wiederholungstäter sollten bei den deutschen Behörden und der Arbeitsfront gemeldet werden und mussten mit Gerichtsstrafen rechnen.[39] Der Vertreter des „Generalbeauftragten für die Eisenerzgewinnung und -verteilung" in Luxemburg nahm schließlich im Juni 1941 die Deutsche Arbeitsfront in die Verantwortung. Wegen „Pflichtvergessenheit", d.h. unentschuldigten Fehlens waren in Luxemburger Bergbaubetrieben erste Strafen verhängt worden. Auch wenn es keine Statistiken über die Form der Arbeitsverweigerung im Bergbau gibt, kann man davon ausgehen, dass es sich um ein weit verbreitetes Problem handelte. Dies belegt etwa ein Rundschreiben, das die Deutsche Arbeitsfront im Juni 1941 an alle Betriebsobmänner und Betriebsführer des Kreises Esch schickte. Auf die repressiven Maßnahmen reagierten die Arbeiter aber nicht mit einer besseren Arbeitsmoral. Die Arbeiter griffen nun zum Krankenschein, um straffrei fehlen zu können. Die DAF-Kreiswaltung schlug darauf eine Reihe von Maßnahmen vor, um dem Missstand zu begegnen, unter anderem sollten die Übeltäter von der sozialen Betreuung durch die DAF ausgeschlossen werden. Darüber hinaus sollten sich die Betriebsführer am Kampf gegen die „Blaumacher" beteiligen und gegebenenfalls die Feiertagsbezahlung streichen. Die DAF plante, die „gewissenlosen Elemente" innerhalb der Betriebsgemeinschaft zu erziehen und setzte auf sozialen Druck, um die arbeitsunlustigen Bergleute zu brandmarken. So sollten Blaumacher zu ihren Betriebsobmännern gerufen werden, um eine Abmahnung zu erhalten, außerdem sollten ihre Namen „unverzüglich" gemeldet werden: „In unserer Gemeinschaft ist kein

---

38 Vgl. Volkmann, Luxemburg im Zeichen des Hakenkreuzes, S. 379–393, Zitat S. 386.

39 Bekanntmachung des Beauftragten für die Eisenerzförderung Gruppe I (Luxemburg-Longwy) vom 13.3.1941 betr. unentschuldigtes Fernbleiben von der Arbeit, in: ANLux AP 1589 Marcel Schintgen (Mappe „20 Pièces à verser au dossier Schintgen").

Platz für diese Menschen", so die Äußerung des zuständigen Escher DAF-Funktionärs.[40] Der Maßnahmenkatalog, der auf Anordnungen des Reichstreuhänders der Arbeit zurückging, schien nicht zu greifen. Die „Blaumacher" waren entweder unbeeindruckt oder aber die zur Verfügung stehenden Sanktionsmöglichkeiten wurden nicht oder nur selten angewandt. Weder die Betriebsobmänner noch die Betriebsführer hatten wohl Lust, es sich durch eine allzu kleinliche Auslegung der Vorschriften deutscher Stellen mit den Arbeitern zu verderben.[41]

Die Macht- und Wirkungslosigkeit der Arbeitsfront wird durch das Beispiel der Luxemburger Grubenabteilung der belgischen S.A. Minière et Métallurgique Musson-Halanzy gut illustriert. Geführt wurde das Unternehmen von dem Luxemburger Marcel Schintgen (*1891).[42] Der Grubendirektor war vor dem Krieg Petinger Bürgermeister und dann Abgeordneter der katholischen Rechtspartei gewesen, blieb 1940 nach dem deutschen Einmarsch auf Wunsch der belgischen Eigner auf seinem Posten, was wahrscheinlich der Hauptgrund für seinen VdB-Beitritt war. Schintgen war offenbar ein pflichtbewusster Direktor, der die Bergarbeiter seiner Gruben zu hohen Leistungen anhielt. Sein Verhältnis zur Deutschen Arbeitsfront kann man bis 1941 als gut bezeichnen. In einem Schreiben an das VdB-Distriktsehrengericht bescheinigte Kreisobmann Grohé, dass Schintgen ein Betriebsführer sei, der „weit über dem Durchschnitt liegt und sehr wahrscheinlich als einer der ersten Betriebsführer des Kreises Esch von der DAF ausgezeichnet werden kann." Sein Verhalten gegenüber den Mitarbeitern sei „vorbildlich", die sozialen Einrichtungen entsprächen den Wünschen und Forderungen der DAF, die überall „zufriedene Gesichter" sah. Mit Genugtuung bemerkte man, der deutsche Gruß werde regelmäßig angewandt.[43] Außerhalb seines Betriebes legte Schintgen aber eine andere Haltung an den Tag. Er besuchte kaum politische Versammlungen, verzichtete auf den Hitler-Gruß, spendete den NS-Organisationen nur wenig und hielt sich mit deutschfeindlichen Elementen auf. Seine politische Vergangenheit, aber vor allem seine offensichtlich kritische Haltung gegenüber den Maßnahmen der Zivilverwaltung, brachten Schintgen schließlich ein Disziplinarverfahren bei der VdB ein.[44]

40 Rundschreiben Nr. 28/41 der DAF-Kreiswaltung Esch (Fachabteilung Bergbau) vom 5.6.1941 an alle Betriebsführer und Betriebsobmänner, in: ANLux AP 1589 Marcel Schintgen (Mappe „Pièces").

41 Vgl. Schreiben des Betriebsführers Marcel Schintgen vom 19.8.1941 an die Kreiswaltung der DAF (Fachabteilung Bergbau) in Esch-Alzig betr. entschuldigtes wie unentschuldigtes Fehlen, in: Archives OGBL (Mappe „Occupation").

42 „Aus der Rechtspartei: Vereinigung der rechtsstehenden Gemeinderäte des Bezirks Süd", in: LW Nr. 102 (11.4.1940).

43 Vgl. Abschrift des Schreibens von Kreisobmann Grohé vom 21.10.1941 an das Distriktsehrengericht der VdB betr. Marzellus Schintgen, Petingen, in: ANLux AP 1589 Marcel Schintgen (Mappe „Fehlschichtmeldungen").

44 Eröffnungsbeschluss des Distriktsehrengerichts der VdB vom 22.11.1941 gegen Marzellus Schintgen, in: ANLux AP 1589 (Mappe „20 pièces à verser au dossier Schintgen").

Schintgen beeinflusste in zweierlei Hinsicht die Motivation der Bergarbeiter. Einerseits war es der autoritäre Führungsstil, andererseits die unklare Haltung des Direktors gegenüber den Deutschen, die auf die Arbeitsmoral und damit auf die Produktivität des Betriebs drückten. Dies alarmierte schließlich die deutschen Kriegswirtschaftsbehörden. Im Juli 1942 wandte sich Gustav von Emerick, der Beauftragte für die Eisenerzgewinnung, an die Belegschaft einer Eisenerzgrube und hielt den Blaumachern familienschädigendes und „unkameradschaftliches" Verhalten vor. Er werde nun „schärfer als bisher" gegen den Übelstand vorgehen und drohte indirekt mit Entlassungen. Offensichtlich hielt sich von Emericks Vertrauen in das Durchsetzungsvermögen der Deutschen Arbeitsfront, die es innerhalb eines Jahres nicht geschafft hatte, zu seiner Zufriedenheit für Ordnung zu sorgen, in Grenzen. Das probateste Mittel, um gegen die Blaumacher vorzugehen, stand ihm nämlich nicht zur Verfügung. Die Entlassung unzuverlässiger Arbeiter war quasi unmöglich, da im vierten Kriegsjahr der Arbeitsmarkt kaum mehr Reserven anbot, vor allem waren qualifizierte und motivierte Ersatzarbeiter überall Mangelware. Als konkrete Maßnahme ordnete von Emerick im Juli 1942 an, die Betriebe sollten die Fehlschichten auf Vordrucken erfassen und ihm diese allmonatlich vorlegen.[45]

Der Effekt auf die Arbeitsmoral der Bergarbeiter war wohl quasi null. In einzelnen Grubenbetrieben war die Zahl der Arbeiter mit Fehlschichten so hoch, dass die Deutsche Arbeitsfront erneut zu Hilfe gerufen wurde. Die Blaumacher aus den Bergbaubetrieben wurden diesmal zur DAF-Dienststelle gerufen und dort nachdrücklich verwarnt. Neben den bereits üblichen Bußgeldzahlungen schlug die Escher Kreiswaltung vor, die Arbeiter von der Holzabgabe auszuschließen sowie die Weihnachtsgratifikation und andere betriebliche Zuschüsse zu streichen. Ob die Maßnahmen überhaupt umgesetzt wurden, darüber schweigen sich die Akten zumeist aus, was ein Hinweis darauf sein könnte, dass zwar mit drakonischen Strafen gedroht wurde, es dann aber bei Ermahnungen blieb.[46] Im Juli 1942 stöhnten die Arbeiter unter verlängerten Wochenarbeitszeiten, im Januar 1943 war durch die Zwangsrekrutierungen die Stimmung immer noch auf dem Nullpunkt. Hier

---

45 Schreiben des Beauftragten von Emerick vom 10.7.1942 an Grube Renkert betr. Blaumacher und Rundschreiben von Emericks vom 13.7.1942 an Grube Renkert in Differdingen, in: ANLux AP 1589 Marcel Schintgen (Mappe „Pièces").

46 In der Grube Renkert (Differdingen) waren 31 Arbeiter beschäftigt, von denen 13 unentschuldigt gefehlt hatten und entsprechend sanktioniert worden waren; vgl. Verzeichnis der Fehlschichten Grube Renkert (Differdingen), 1942, in: ANLux AP 1589 Marcel Schintgen (Mappe „Pièces"). Vgl. auch andere Listen mit Fehlschichten der Gruben Oberkorn und Halberg. Vgl. Rundschreiben Nr. 25/42 der Escher Kreiswaltung (Fachabteilung Bergbau) vom 31.7.1942 an alle Betriebsführer und Betriebsobmänner der luxemburger Bergbaubetriebe und Rundschreiben Nr. 2/43 der Kreiswaltung Esch (Fachabt. Bergbau) vom 27.1.1943 an alle Betriebsobmänner der luxemburger Bergbaubetriebe betr. willkürlich Feiernde, in: ANLux AP 1589 Marcel Schintgen (Mappe „20 pièces à verser au dossier Schintgen").

mag der Effekt deutscher Niederlagen auf die Stimmung unter der Arbeiterschaft mitgespielt haben. Die vernichtende deutsche Niederlage bei Stalingrad erhöhte die Hoffnungen auf ein baldiges Kriegsende und drückte so auf Disziplin und Arbeitsmoral. Ein konsequentes Umsetzen disziplinarischer Maßnahmen hätte womöglich zu noch größeren Problemen bei der Produktivität geführt.

Vor dem Hintergrund erhöhter Rüstungsanstrengungen des Deutschen Reiches spielten die Luxemburger Eisenerzgruben mit einer Jahresförderung von über 6,8 Millionen Tonnen (1941) eine strategische Rolle. Um das Produktionsniveau bei gleichzeitiger Verknappung des Personals zu steigern beziehungsweise halten zu können, wurden ab 1942 Rationalisierungsmaßnahmen geplant. Davon waren vor allem die kleineren Eisenerzgruben betroffen, die in Konkurrenz zu den konzerneigenen Gruben von ARBED, DIFFAG und RODAG standen. Anfang 1943 erfolgte schließlich der von der Zivilverwaltung betriebene Zwangszusammenschluss der kleinen Förderunternehmen zur „Gewerkschaft Lützelburg". Rationalisierungsmaßnahmen hatten bereits zu Schließungen von unrentablen Gruben geführt. Aus bergbaulichen, volkswirtschaftlichen und sozialpolitischen Erwägungen heraus schien es nicht mehr zeitgemäß, dass 3.800 Bergarbeiter auf 60 Gruben verteilt waren. Zwar erwirtschaftete die Gewerkschaft Lützelburg 1943/44 Gewinne, aber die erhofften Rationalisierungseffekte blieben aus. Die Förderung des Eisenerzes blieb jedenfalls hinter den Erwartungen zurück.[47] Die DAF hatte die Gründung der neuen Bergbaufirma unterstützt, wenn sie nicht sogar mit den Anstoß dazu gegeben hatte. Auf jeden Fall hatte die DAF die „unsozialen Verhältnisse" in den kleinen Betrieben angeprangert und einen staatlich erzwungenen Zusammenschluss befürwortet. Es waren aber wahrscheinlich weniger sozialpolitische als machtpolitische Überlegungen, die seitens der DAF geführt wurden. Die „Betreuung" war einfacher zu bewerkstelligen, wenn man nur einen Betrieb zu organisieren und zu betreuen hatte, als viele Zwergbetriebe, wo häufig nur 5 bis 20 Bergmänner arbeiteten. Im Juli 1943 berief die DAF schließlich einen Vertrauensrat für die neue Gewerkschaft.[48]

In den einzelnen Betrieben der Gewerkschaft erhöhte sich der Druck auf die Bergarbeiter. Im letzten Besatzungsjahr hingegen beschränkte man sich nicht nur auf die Ankündigung von Konsequenzen, sondern es kam zu exemplarischen Bestrafungen von Arbeitern. 1944 wurden 16 Arbeiter, die in den Differdinger Gruben der Gewerkschaft Lützelburg arbeiteten, ins Altreich dienstverpflichtet, da sie als Blaumacher galten. Das System funktionierte so, dass die Steiger die

---

47 Zur Gründung der „Gewerkschaft Lützelburg", vgl. Volkmann, Luxemburg im Zeichen des Hakenkreuzes, S. 385–390. Vgl. Niederschrift über die Versammlung der künftigen Gewerken der Gewerkschaft Lützelburg am 16.2.1942, in: ANLux CdZ A-3-12:008.

48 Vgl. Aussage des ehemaligen Leiters der CdZ-Wirtschaftsabteilung Nikolaus Simmer, in: Nachtrag vom 20.6.1947 zum Bericht des Öffentlichen Sicherheitsdienstes an den Untersuchungsrichter, in: ANLux CdG A27 Nikolaus Simmer. Zur Berufung des Vertrauensrates siehe „Kameradschaft und Vertrauen bilden die Grundlage", in: ETB Nr. 153 (3.7.1943).

Fehlschichten zunächst dem Betriebsführer meldeten. Dieser fertigte dann Tagesberichte an und schickte diese an das Zentralbüro der Gewerkschaft Lützelburg. Die Deutsche Arbeitsfront sollte im Prinzip die gemachten Angaben überprüfen und durfte deshalb die Schichtenbücher einsehen. Kleinere Strafen wie Geldbußen verhängte der Betriebsführer selbst, in Abstimmung mit dem Betriebsobmann der DAF, anschließend wurden – wie von der Kreiswaltung gewünscht – die Namen der Bestraften zur Abschreckung der Belegschaft per Aushang mitgeteilt.[49] Die Verantwortung für repressive Maßnahmen gegen unangepasste Arbeiter oder Leistungsverweigerer war mit diesem System immer geteilt und konnte letztlich von einem zum anderen geschoben werden. Bestrafungen und Dienstverpflichtungen kamen tatsächlich vor, aber es ist fraglich, ob die den Betrieben zur Verfügung stehenden Mittel wirklich flächendeckend ausgereizt wurden.

Der Luxemburger Marcel Schintgen, der für die Betriebsleitung in Differdingen verantwortlich war, musste sich 1943 von seinem Vorgesetzten den Vorwurf gefallen lassen, dass in den ihm unterstellten Gruben nicht oder nicht genug gegen Blaumacher vorgegangen werde: „Man gewinnt den Eindruck, dass das Blaumachen von der Betriebsleitung stillschweigend geduldet und somit nur begünstigt wird."[50] Gustav von Emerick drohte später mit dem Abzug von Arbeitskräften, sollten die Produktionsziffern nicht erreicht werden. Der Beauftragte für die Eisenerzförderung verfügte über ein erhebliches Machtpotenzial, denn mit einem möglichen Abzug von Arbeitskräften über eine Dienstverpflichtung in andere Luxemburger oder reichsdeutsche Betriebe stand das wirtschaftliche Überleben des Bergbaubetriebs auf dem Spiel. Betriebsleiter wie Marcel Schintgen standen in dieser Situation gehörig unter Druck. Er unterstand einem reichsdeutschen Vorgesetzten, musste gegenüber den Kriegswirtschaftsbehörden Rechenschaft ablegen und war auch noch verpflichtet, sich mit politischen Stellen (wie der DAF) zu arrangieren. Nicht zuletzt hatte Schintgen als Direktor des Grubenbetriebs Verantwortung für das wirtschaftliche Überleben des Unternehmens und damit für die ihm anvertrauten Arbeiter. Dieser Verantwortung kamen Betriebsführer nach, indem sie es unterließen, Arbeiter zu melden oder die vorgeschriebenen Sanktionsmöglichkeiten anzuwenden.[51] 1943 erhöhten von Emerick, der Reichstreuhänder, und nicht

---

49 Zeugenaussage von Johann Gengler vom 2.10.1944 sowie Beschuldigten-Verhör von Marcel Schintgen vom 11.7.1945, in: ANLux AP 1589 Marcel Schintgen.

50 Schreiben der Gewerkschaft Lützelburg vom 21.8.1943 an die Betriebsleitung Differdingen betr. Blaumacher, in: ANLux AP 1589 Marcel Schintgen (Mappe „20 pièces à verser au dossier Schintgen").

51 Rundschreiben der Gewerkschaft Lützelburg vom 11.11.1943 an die Betriebsleitungen in Rümelingen, Esch, Differdingen und Rollingen betr. Sonntagsschichten, siehe auch: Amtliche Mitteilungen des Reichstreuhänders der Arbeit für das Wirtschaftsgebiet Moselland Nr. 2 vom 20.8.1943 betr. Verhalten der Betriebsführer bei Arbeitsdisziplinvergehen, Schreiben der Gewerkschaft Lützelburg vom 25.9.1943 an die Betriebsleitungen in Rümelingen, Esch, Differdingen und Rollingen betr. Vorgehen gegen pflichtwidriges Fernbleiben von der Arbeit in: ANLux AP 1589 Marcel Schintgen (Mappe „Pièces").

zuletzt Kreisobmann Grohé den Druck auf die Betriebsführer. Letztere kämen ihrer „Überwachungspflicht" nicht ausreichend nach und ließen es auch an Unterstützung fehlen, was die Kooperation mit der Deutschen Arbeitsfront anbelangte, so der Vorwurf.[52] Marcel Schintgen meldete vielleicht nicht alle Fälle, aber dennoch wurden einzelne Arbeiter, die ihr Verhalten trotz Verwarnungen und Strafen nicht änderten, zur Rechenschaft gezogen.[53]

Ende 1943 setzte die Zivilverwaltung schließlich die Daumenschrauben an. Am 11. Dezember 1943 erließ der Gauleiter eine Verordnung, in der den Betriebsführern die fortlaufende Überwachung der Arbeitsdisziplin in Erinnerung gerufen und die Anwendung von Strafbestimmungen angeordnet wurde. Dabei waren Verwarnungen und Geldbußen möglich, die bislang in keinerlei Betriebsordnungen, Arbeitsverträgen oder geltenden gesetzlichen Vorschriften vorgesehen waren. Der Betriebsführer erhielt auf dem Papier eine sehr weitgehende Exekutivgewalt über seine Arbeiter und Angestellten. Die Deutsche Arbeitsfront hingegen spielte in dem Kalkül eine untergeordnete Rolle, da sie nur noch eingeschaltet werden sollte, wenn der Betriebsführer sich eine „wirksame Unterstützung" von dieser Seite wünschte. Prinzipiell durfte der Betriebsführer ohne Zutun des Betriebsobmanns Anzeigen beim Reichstreuhänder der Arbeit, dem zuständigen Arbeitsamt und – im Falle von Ostarbeitern – bei den zuständigen Polizeistellen erstatten. Das Regime schien ab 1942/43 gänzlich das Vertrauen in die Fähigkeiten der DAF-Paladine verloren zu haben. Zwei Jahre lang hatten die Escher Funktionäre Resultate versprochen und verkündet, dass der Einfluss der Funktionäre und die intensive (sozial)politische Betreuung zum Erfolg im Kampf gegen Berufsblaumacher und „verantwortungslose" Elemente führen würde. In Wahrheit aber war die Arbeitseinsatzpolitik der DAF aus politischer Sicht auf der ganzen Linie gescheitert.[54]

Es zeigte sich im weiteren Verlauf des Krieges, dass die Bergarbeiter immer wieder neue Entschuldigungen ersannen, um der Arbeit fernzubleiben. Ende 1943 fiel dem Beauftragten für die Eisenerzgewinnung bei einer Kontrolle der Statistiken auf, dass immer wieder eine Erkrankung der Ehefrau als Grund für Fehlschichten angegeben worden war, sodass die DAF-Kreiswaltung ab Januar 1944 die Annahme solcher Entschuldigungen grundsätzlich untersagte. Möglicherweise ging diese Anordnung auf eine Initiative von Emericks zurück. 1944 beschwerte sich von

52 Schreiben der Gewerkschaft Lützelburg vom 4.8.1943 an die Betriebsleitungen in Rümelingen, Esch, Differdingen und Rollingen betr. Überwachung der Arbeitsdisziplin sowie vom 22.11.1943 betr. Bummelantentum, in: ANLux AP 1589 Marcel Schintgen (Mappe „Pièces").

53 Vgl. Meldungen Schintgens an Gustav von Emerick (1943-1944), in: ANLux AP 1589 Marcel Schintgen (Mappe „Fehlschichtmeldungen").

54 Verordnung zur Sicherung der Ordnung in den Betrieben vom 11.12.1943, Abschrift in: ANLux AP 1589 Marcel Schintgen (Mappe „Pièces"). Die von Münzel unterzeichnete Verordnung wurde in der Presse nicht angekündigt. Vgl. auch Rundschreiben Nr. 25/42 und 2/43 der DAF-Kreiswaltung (Fachabt. Bergbau) vom 31.7.1942 bzw. vom 27.1.1943.

Emerick über die Arbeiter der Gewerkschaft Lützelburg, die von der Karenzzeit profitierten. Da die Vorlage eines ärztlichen Attestes erst ab dem vierten Tag vorgeschrieben war, fehlten die Arbeiter lieber direkt drei volle Tage anstelle eines einzigen Tages.[55] Geschickt nutzten die Arbeiter den Spielraum aus, den ihnen das an sich repressive System ließ.

Betrachtet man die Bekanntmachungen, Rundschreiben und Anordnungen, die allein im Bereich des Eisenbergbaus von der Zivilverwaltung, der Bergbauverwaltung, der DAF und anderen NS-Behörden herausgegeben wurden, so zeugt schon die Zahl dieser Schriftstücke von der Dimension des Problems der Blaumacher.

Disziplinlosigkeiten der Arbeiter, Machtlosigkeit der Deutschen Arbeitsfront und Attentismus der Betriebe – angesichts dieser Problemfülle hätte die Produktion in der Schwerindustrie merklich zurückgehen müssen. Die Maßnahmen, die von der Deutschen Arbeitsfront und dem Beauftragten für die Eisenerzgewinnung beziehungsweise der Gewerkschaft Lützelburg auf dem Gebiet des Arbeitseinsatzes getroffen wurden, schienen in produktionstechnischer Hinsicht ihren Zweck zu erfüllen. Die Fördermengen des Luxemburger Eisenerzbergbaus blieben während drei Jahren auf erstaunlich hohem Niveau. Nach dem Jahr 1941 war die jährliche Förderung von 6,9 Millionen Tonnen wohl merklich zurückgegangen, sie konnte sich dann aber bei einer Jahresproduktion von 5,1 beziehungsweise 5,2 Millionen Tonnen (1942 und 1943) relativ stabilisieren. Transportprobleme, eine gescheiterte Rationalisierungspolitik und Arbeitskräftemangel sind Faktoren, die die Produktion im Erzbergbau beeinflussten. Der Mangel an Motivation und Leistungszurückhaltung sind indes nicht zu unterschätzen. Sie haben möglicherweise mehr die Qualität als die Quantität der Produktion negativ beeinflusst, denn Fördermengen alleine sagen nichts über die Güte des gelieferten Eisenerzes aus. Im Jahre 1943 erhielt die Differdinger Betriebsleitung der Gewerkschaft Lützelburg von der Liefergemeinschaft der luxemburgischen Eisenerzgruben wegen der schlechten Qualität, die geliefert wurde, eine deutliche Abmahnung. Belgische und deutsche Kunden hatten sich über den niedrigen Eisengehalt beschwert. Betriebsleiter Schintgen müsse „gründlich Remedur" schaffen, so die Aufforderung der Liefergemeinschaft.[56] Der Druck, möglichst hohe Quantitäten zu liefern, ging eindeutig zu Lasten der Qualität. Ein zweiter Faktor kam noch hinzu: Die Arbeiter wurden nach Mindestfördermengen bezahlt und hatten wohl wenig Lust, sich für die deutsche Kriegsproduktion ins Zeug zu legen. Dies blieb nicht ganz verborgen und es kam der Verdacht auf, es handle sich um „bewusste Verfälschung". Der deutschen Halbergerhütte GmbH kam zu Ohren, dass ganze Wagenladungen minderwertigen

55 Schreiben der DAF-Kreiswaltung Esch (Abt. Bergbau) vom 17.1.1944 an Betriebsobmänner betr. Fehlschichten im Bergbau und Rundschreiben Nr. 87 der Gewerkschaft Lützelburg vom 8.8.1944 an alle Mitgliedsgruben betr. unberechtigtes kurzfristiges Krankfeiern, in: ANLux AP 1589 Marcel Schintgen (Mappe „20 pièces à verser au dossier Schintgen").

56 Schreiben der Liefergemeinschaft der luxemburgischen Eisenerz-Gruben vom 11.2.1943, in: ANLux AP 1589 Marcel Schintgen (Mappe „Pièces").

Erzes und Steines in die Erzwagen gekippt würden. Gustav von Emerick von der Gewerkschaft Lützelburg wies diese Sabotagevorwürfe vehement zurück, aber ein Grundverdacht blieb bestehen. 1944 sprach die Liefergemeinschaft gar von „Schwindel". Dementis und Drohungen verhinderten nicht, dass von mehreren Gruben weiterhin minderwertige Ware geliefert wurde. Reklamationen kamen aus Belgien, aber vor allem von wichtigen deutschen Kunden wie Mannesmann oder dem Hörder Bergwerks- und Hütten-Verein. Bis zum Ende der deutschen Besatzung bekamen die Verantwortlichen das Problem nicht in den Griff.[57] Pfusch und Mogelei waren allerdings nicht nur ein Kriegsphänomen – unter den Bergleuten war es eine gängige Praxis, es beim Beladen der Förderwagen beziehungsweise beim Wiegen nicht immer allzu genau zu nehmen. Bei den Vorgesetzten waren diese Ungenauigkeiten bekannt.[58]

Es gab eine Kontinuität der Bummelei und der Leistungsverweigerung von 1941 bis zum Ende der Besatzung. Wie man weiß, hatte der Streik von 1942 kaum Auswirkungen auf die Produktion gehabt. Dazu dauerten die Aktionen zu kurz und die blutige Repression tat ihr Übriges, die Arbeiter in der Schwerindustrie bei der Stange zu halten. Aber nach wenigen Wochen und Monaten veränderte sich die Stimmung unter den Belegschaften zusehends. Je länger der Krieg dauerte, desto

---

57 Schreiben der Halbergerhütte GmbH vom 10.4.1943 an Liefergemeinschaft der luxemburgischen Eisenerzgruben und Schreiben von Marcel Schintgen vom 4.10.1945 an den Staatsanwalt in Luxemburg, in: ANLux AP 1589 Marcel Schintgen (Mappe „Pièces"). Siehe die übrigen Schriftwechsel zwischen Schintgen und der Liefergemeinschaft bzw. der Gewerkschaft Lützelburg (1943-1944).

58 „Weißt du da oben, da wurde viel mit der Minett gepfuscht", in: Laure Caregari/ Luciano Pagliarini, Lieux de travail/ Orte der Arbeit. Gens au travail/ Menschen der Arbeit. Histoire(s) orale(s) dans bassin ferrifère lorrain-luxembourgeois, 1977-2013/ Oral History im Eisenerzbecken von Luxemburg und Lothringen, 1977-2013, Luxemburg 2014 (= Mutations. Mémoires et perspectives du Bassin minier 7), S. 59–60. Vgl. Alphonse Wagener, Rapport sur le but et l'activité du Syndicat de Vente des minerais de fer luxembourgeois pendant les années 1940 à 1944 (13.10.1944), in: ANLux ARBED Zentralverwaltung 28-20 („Liefergemeinschaft der Luxemburgischen Eisenerzgruben, Luxemburg", 1943-44). Der Luxemburger Wagener war ab 1940 Vorsitzender der Liefergemeinschaft. In seinem Rechenschaftsbericht wies er auf die Praxis hin, dass Erztransporte regelrecht frisiert wurden (d.h. die Arbeiter luden schlechtes Erz unten in die Wagen, gutes nach oben). Klagen über die schlechte Qualität hatte es schon vor 1940 gegeben, als sich deutsche Kunden über den „Mist" und „Dreck" aus dem Luxemburger Minettegebiet beschwerten. ARBED-Generaldirektor Meyer war während des Krieges über die Missstände in den Bergbaubetrieben informiert, wie er 1943 in einem Schreiben an die Liefergemeinschaft zu verstehen gab: „Es wäre der Eisenindustrie und damit der Kriegswirtschaft viel mehr gedient, wenn auf den Gruben ordentlich ausgeklaubt würde, auch wenn dadurch die Fördermengen etwas geringer wären." (Schreiben von Generaldirektor Aloyse Meyer vom 18.9.1943 an die Liefergemeinschaft der Luxemburgischen Eisenerz-Gruben betr. Minette von Holleschberg, ebenda).

unwilliger wurden die Arbeiter in der Schwerindustrie. In dem gleichen Maß sank aber auch die Toleranzschwelle des Regimes gegenüber den Arbeitern, die sich den Anstrengungen des totalen Krieges verweigerten. Der Differdinger Betriebsleiter Marcel Schintgen erinnerte nach dem Krieg daran, dass jedes Mal, wenn die Produktion zurückging, die Fehlschichten strenger kontrolliert wurden, unabhängig davon, ob die Produktionsausfälle auf Blaumacher oder aber schlichtweg auf Transportprobleme der deutschen Reichsbahn zurückzuführen waren.[59]

Nach der Befreiung wurde Schintgens Rolle während der NS-Besatzung von der Justiz untersucht. Sie kam zum Ergebnis, dass Schintgen zwar in keiner Weise pro-deutsch eingestellt war, aber als Grubendirektor den Arbeitern zu sehr zugesetzt habe. Deshalb erstaunt es kaum, dass der Unmut der Bergleute nach vier Jahren Unterdrückung und Entmündigung spontan ein Ventil suchte. Kurz nach der Befreiung kam es noch im September 1944 zu Protesten der Grubenarbeiter, die sich weigerten, weiter unter Schintgen zu arbeiten, mit der Begründung, er habe sie während der deutschen Besatzungszeit „übermäßig" zum Arbeiten aufgefordert. Der Fall Marcel Schintgen wurde 1950 endgültig ad acta gelegt, da es kein strafrechtlich relevantes Fehlverhalten gab.[60]

4. Der Zusammenbruch: Die Escher DAF in der Endphase der Besatzungszeit

Durch die Septemberereignisse des Jahres 1942 hatte sich das deutsche Regime in Luxemburg völlig diskreditiert. Dem Streik folgte eine „insurrection silencieuse" (Artuso), eine Art stiller Aufstand, der sich nicht nur gegen die Volksdeutsche Bewegung, sondern auch gegen die Deutsche Arbeitsfront richtete. Die Gegner des Besatzers sahen sich in ihrer Haltung bestätigt, viele Sympathisanten und Mitläufer mussten sich eingestehen, dass sie politisch und moralisch auf der falschen Seite gestanden hatten. Viele, die sich aus Opportunismus oder aus schierer Existenzangst mit den Nationalsozialisten arrangiert hatten, wagten im September 1942 den offenen Protest, etwa durch Fernbleiben von der Arbeitsstelle, die Weigerung des Tragens von NS-Abzeichen oder die spontane Rückgabe ihrer VdB-Mitgliedskarte.[61] Es mag erstaunlich sein, dass bislang keine Fälle bekannt wurden, in

59 Vgl. Schreiben von Marcel Schintgen vom 4.10.1945 an die Staatsanwaltschaft Luxemburg, in: ANLux AP 1589 Marcel Schintgen (Mappe „Pièces").

60 Schreiben des Substituts vom 3.4.1950 an den Staatsanwalt, ANLux AP 1589 Marcel Schintgen.

61 Siehe Beispiel der Angestellten der ARBED-Zentralverwaltung, die nach Rückgabe ihrer VdB-Karten umgesiedelt wurden. Laut der Nachkriegsaussage eines Kollaborateurs gaben zwischen 50 und 70 Prozent der Angestellten bei der ARBED-Columeta ihre Karten zurück, vgl. Stellungnahme Wagners vom 31.10.1944, in: ANLux AP 43 Paul Wagner (Mappe „Défense et plaintes"). Zur „insurrection silencieuse" und zur Bedeutung des Streiks von 1942 für die VdB, vgl. Artuso, La collaboration (2013), S. 233ff.

denen DAF-Mitglieder einen ähnlichen Schritt gemacht hätten. Dies mag auch an der einfachen Tatsache gelegen haben, dass die DAF-Mitgliedsbücher wohl meistens von den Arbeitgebern verwahrt wurden und deshalb eine Rückgabe materiell nur schwer möglich war.

Da ein Ausscheiden aus der Volksdeutschen Bewegung mit disziplinarischen Konsequenzen verbunden war und viele Verweigerer ihre Entscheidung, aus der VdB auszutreten, wieder zurücknehmen mussten, hielt sich die Zahl der effektiven Austritte eher in Grenzen. Aus diesem Grund blieb es wahrscheinlich auch bei den meisten DAF-Mitgliedschaften. Da die Rückgabe von Mitgliedskarten beziehungsweise Austrittserklärungen mit unangenehmen Folgen verbunden war, suchten die Arbeiter und Angestellten andere Möglichkeiten, um ihren Unmut zum Ausdruck zu bringen. Gerade die Arbeiter in den größeren Betrieben, so scheint es, nutzten die Gelegenheiten, die sich boten, um ihren Dissens gegenüber dem Regime zunehmend durch Bummelei oder falsche Krankmeldungen zu artikulieren. Im August 1944 verlangte Kreisobmann Grohé, dass der Düdelinger Ortsgruppenleiter dem Arbeitseinsatzleiter des Betriebes Werk Düdelingen zur Seite gestellt werde, „zum Teil zur Bekämpfung des Bummelantentums, ferner für pünktlichen Arbeitsanfang, Einhaltung der Arbeitszeit usw."[62]

Auf der anderen Seite rückten die überzeugten Kollaborateure enger zusammen und sahen ihr Heil in der Flucht nach vorne.[63] Sie setzten nun alles auf die deutsche Karte und blieben der Partei und der Volksdeutschen Bewegung bis zum Schluss treu. Das Regime forderte bis zuletzt von den Parteifunktionären – dazu zählten auch die Funktionäre und Amtswalter der Arbeitsfront – eine bedingungslose Treue, ein offenes Bekenntnis zum Nationalsozialismus und zur Anschlusspolitik. In seinem ersten Rundschreiben des Jahres 1944 an die Betriebsobmänner seines Kreises bat Kreisobmann Grohé um die Mitteilung, welche Obmänner schon in der NSDAP seien, mit der Absicht, etwaige Zauderer noch in die Partei zu bewegen.[64] Versammlungen und ähnliche Propagandaveranstaltungen waren seit Jahren von vielen nicht mehr ernst genommen worden. Dies merkten auch die Verantwortlichen der Arbeitsfront, deren Einladungen und Appelle ungehört verhallten. Nur hartgesottene Anhänger des Regimes ließen sich ab 1942/43 noch mobilisieren, während viele andere die Veranstaltungen regelrecht boykottierten. Gleichzeitig war Kreisobmann Grohé darum bemüht, die eigenen Reihen von politisch unzuverlässigen Personen zu reinigen, zumindest lässt ein Rundschreiben vom Juli 1944 diesen Schluss zu: Funktionsträger der Arbeitsfront, „die sich politisch schlecht betragen" würden oder in ihrer Familie Fahnenflüchtige hätten, sollten von den

62 Schreiben von Kreisobmann Grohé vom 7.8.1944 an NSDAP-Kreisleiter Diehl betr. Ortsgruppenleiter Pg. Schannes, Düdelingen, in: Archives OGBL (Mappe „Düdelingen").

63 Vgl. Artuso, La collaboration (2013), S. 242–246.

64 Rundschreiben Nr. 1/44 von Ludwig Grohé vom 4.1.1944 an alle Betriebsobmänner im Kreise Esch betr. Zugehörigkeit zur NSDAP, in: AMnR D-naz-of0507.

Betriebs- und Ortsobmännern gemeldet werden, damit man „von Fall zu Fall gegen die Betreffenden vorgehen“ könne.[65]

Der Boykott der DAF-Appelle nahm für die Organisation geradezu peinliche Ausmaße an. Zwar wurde durch eine minutiöse Planung dieser politischen Massenspektakel versucht, die Gefolgschaftsmitglieder zu mobilisieren, aber der Erfolg blieb aus. Zumindest ließ in den Augen des DAF-Kreisobmanns der „Besuch zu wünschen übrig“, so die Feststellung in einem Rundschreiben an die Ortsobmänner seines Kreises. Eine Propagandaaktion Anfang des Jahres 1944 wurde demzufolge zu einer von vielen kleinen Niederlagen der Arbeitsfront. Offensichtlich blieben die meisten Betriebe den Spektakeln fern.[66] Wirkliche Konsequenzen hatte die Verweigerungshaltung ohnehin nicht mehr, denn es fehlte an überzeugten Orts- und Betriebsobmännern, die im Jahre 1944 noch bereit gewesen wären, den Kopf hinzuhalten und die Anweisungen des Kreisobmanns auf lokaler Ebene durchzusetzen. Betriebe konnten auf die Prioritäten des totalen Krieges und auf den allgemeinen Personalmangel hinweisen, um Abwesenheiten zu entschuldigen. Nur dort, wo das Zusammenspiel zwischen DAF-Kreiswaltung und Betriebsführung bis zur letzten Stunde funktionierte, konnte die Presse noch gebetsmühlenartig Erfolge vermelden. Auf Belval-Rothe Erde trieb man aus Anlass des Escher Kreistages des Jahres 1944 ein letztes Mal 2.000 Teilnehmer in der Zentralwerkstätte zusammen. Hier hatte vier Jahre zuvor der erste große Betriebsappell der DAF stattgefunden. An den Glanz dieser Propagandaveranstaltung aus dem Jahre 1940 kam das Spektakel 1944 nicht mehr heran. Um eine Blamage zu verhindern, gab Kreisobmann Grohé genaueste Anweisungen für das Abhalten der Betriebsappelle heraus: „Ich halte es für dringend erforderlich, dass einige Amtswalter am Ausgang des Versammlungsraumes Platz nehmen, damit das frühzeitige Weglaufen unter allen Umständen vermieden wird.“[67]

Während die einen weiter drangsaliert wurden, hielt man die Gefolgsleute mit kleinen Vergünstigungen bei Laune. Bewährten DAF-Funktionären stellte die Kreiswaltung in Aussicht, „größere Bauernbetriebe“ zu übernehmen und sich so selbstständig zu machen. In der Tat waren im Rahmen der Umsiedlungsaktion bäuerliche Anwesen frei geworden, die man auf diese Weise am Leben halten wollte.[68] Wie stark der Autoritätsverlust selbst des DAF-Kreisobmanns vorangeschritten

---

65 Rundschreiben Nr. 19/44 von Ludwig Grohé vom 16.7.1944 (?) an alle Betriebs- und Ortsobmänner des Kreises Esch betr. Amtsenthebungen bezw. Beurlaubungen, in: AMnR D-naz-of0511.

66 Rundschreiben Nr. 6/1944 von Ludwig Grohé vom 11.3.1944 an alle Ortsobmänner des Kreises Esch betr. Propagandaaktion im Monat März, in: AMnR D-naz-of0508.

67 Rundschreiben Nr. 5/44 von Ludwig Grohé vom 12.6.1944 an alle Betriebsobmänner des Kreises Esch betr. Programmgestaltung für den Betriebsappell am 28. Juni, in: AMnR D-naz-of 4310 und Bericht in der Presse über „Eindrucksvolle Betriebsappelle im Kreise Esch am Ehrentag des Arbeiters“, vgl. „Wahre Kraft nur aus der Gemeinschaft“, in: ETB Nr. 150 (29.6.1944).

68 Rundschreiben Nr. 7/44 von Ludwig Grohé vom 15.3.1944 an alle Ortsobmänner der DAF des Kreises Esch betr. bewerte [sic] Amtswalter, in: AMnR D-naz-of4312.

war, zeigte eine Ortsobmännertagung in Rümelingen im Januar 1944. Grohé forderte hier, dass weiterhin Amtswalterschulungen und „Arbeitsbesprechungen unter allen Umständen durchgeführt werden" müssten. Seit 1941 hatte der Kreisobmann immer wieder mit Nachdruck aber ohne allzu großen Erfolg versucht, die geforderten monatlichen Besprechungen durchzusetzen, da es 1943 und 1944 immer wieder zum Thema in den Rundschreiben wurde. Bei der letzten Ortsobmännertagung in seinem Kreis stand Grohé vor halbleeren Rängen und weitere Ermahnungen der „dringenden Notwendigkeit" verhallten. Schulungsveranstaltungen für Amtswalter, so klagte Grohé in einem Rundschreiben im Februar 1944, würden schlecht besucht, viele blieben „ohne wichtige Entschuldigung" fern. Unbeirrt organisierte und plante Grohé mit anderen Funktionären weitere Tagungen und Schulungen, als ob nichts wäre.[69] Um sicherzustellen, dass alle Funktionäre der Arbeitsfront auch zu den einberufenen Sitzungen erschienen, wurde in den Einladungen die Teilnahme „zur unbedingten Pflicht" gemacht, so der Wortlaut einer Einladung für die Escher Betriebsfrauenwalterinnen; zur Kontrolle wurde die Anwesenheit „durch Namensaufruf festgestellt". In anderen Fällen wurden Funktionäre per Unterschrift zur Teilnahme verpflichtet.[70] In den letzten Besatzungsmonaten ging es bei solchen Arbeitstagungen immerhin um kriegswichtige Belange, wie die Einladung des Escher DAF-Kreispropagandawalters an die Betriebsfrauenwalterinnen zu einer Arbeitstagung belegt: Die Frauen sollten „über ihre Erfahrungen auf dem Gebiet des Arbeitseinsatzes und der Bummelschichten berichten", so der Wunsch des reichsdeutschen Parteigenossen.[71] Bis zum bitteren Ende funktionierte ein Spitzel- und Überwachungssystem – aber letztlich sollten der DAF die Möglichkeiten fehlen, in den Betrieben selbst aktiv zu werden oder noch irgendetwas in Bewegung setzen zu können. Im Januar 1944 wandte sich der Kreisobmann an die Betriebsobmänner von Esch und verlangte Vorschläge, wie man Eisenbahnwagen schneller be- und entladen könne. Die Räder rollten nicht reibungslos für den Sieg, da die von der Reichsbahn verlangten Ladefristen nicht eingehalten wurden. Appelle wie dieser verhallten weitgehend ungehört.[72] Seit 1942 hatten

69 Rundschreiben Nr. 4/1944 von Ludwig Grohé vom 7.2.1944 an alle Ortsobmänner der DAF betr. monatliche Arbeitsbesprechungen der Ortsobmänner mit ihren Mitarbeitern, in: AMnR D-naz-of 4308. Siehe auch Rundschreiben von Kreisschulungswalter Boenig Nr. 5/44 vom 15.2.1944 an alle Ortsobmänner der DAF betr. Amtswalterschulungen im Monat Februar, in: AMnR D-naz-of 4309.

70 Rundschreiben Nr. 8/44 von Kreisschulungswalter Boenig vom 16.3.1944 an alle Betriebsfrauenwalterinnen und sozialen Betriebsarbeiterinnen betr. Arbeitstagung am 22. März in Esch, in: AMnR D-naz-of 4315 und Rundschreiben Nr. 9/44 von Kreisschulungswalter Boenig vom 13.4.1944 an alle Ortsfrauenwalterinnen betr. Arbeitstagung der Ortsfrauenwalterinnen in Esch am 24. April, in: AMnR D-naz-of 4317.

71 Rundschreiben Nr. 11/44 von Kreisschulungswalter Boenig vom 10.5.1944 an alle Betriebsfrauenwalterinnen betr. Arbeitstagung am 16. Mai, in: AMnR D-naz-of 4322.

72 Rundschreiben von Ludwig Grohé vom 8.1.1944 (?) an alle Betriebsobmänner des Kreises Esch betr. schnelles Entladen von Eisenbahnwagen, in: AMnR D-naz-of 4124.

die Deutschen verzweifelt versucht, den Disziplinlosigkeiten der Luxemburger Arbeiter und Angestellten mit allerlei Maßnahmen zu begegnen. Kontrollen oder Strafen hielten die sogenannten Bummelanten dennoch nicht davon ab, zu spät im Betrieb zu erscheinen, krankzufeiern oder lust- und motivationslos für die deutsche Kriegsindustrie zu arbeiten. Schließlich hieß Grohé 1944 die Bekanntgabe von Verurteilungen wegen Straftaten in den Betrieben gut. Die Veröffentlichung, so hoffte er, sollte abschreckend wirken.[73] Die Drohungen schienen aber kaum mehr beachtet zu werden und gegen immer wieder neu ersonnene Vorschriften wurde offen verstoßen. Anders ist die beeindruckende Zahl von Rundschreiben der DAF-Kreiswaltung nicht zu erklären.

Die Regulierungswut des Kreisobmanns von Esch führte wohl auch dazu, dass die Massenorganisation an der Fülle administrativer Zusatzaufgaben scheiterte. Im Auftrage der Koblenzer Gauwaltung sammelte man im letzten Kriegsjahr Informationen, die für die Arbeit der Organisation für wichtig gehalten wurden. Ab April 1944 sollten die Betriebsobmänner monatlich statistische Berichte über das Personal ihres Betriebes an die Kreiswaltung weiterreichen. Begründet wurde diese Forderung Grohés nicht, aber wahrscheinlich misstraute das Regime den Angaben der Betriebe, was die Abwesenheitsziffern anbelangte.[74] Die Unternehmensleitungen waren jedoch kaum willens, betriebsinterne Angaben etwa über die Zahl der bei ihnen beschäftigten Zwangsarbeiter oder sogenannte Westarbeiter preiszugeben. DAF-Funktionäre wurden aber wohl immer wieder herangezogen, um in ihrem Amtsbereich Informationen über Betriebe in den Ortsgruppen oder über Kollegen in ihrer Betriebszelle zu liefern, sei es in Form von mündlichen oder schriftlichen Berichten. Dadurch verfügten quasi bis zum letzten Tag der Besatzung die Nationalsozialisten über Informanten, die sie zeitnah über die Stimmung an den Arbeitsplätzen auf dem Laufenden hielten.

Dazu kamen politische Aufgaben, die im Auftrag von DAF und Partei zu erfüllen waren. Im Sommer 1944 mussten die Betriebsobmänner im Rahmen der „Schattenaktion“ für das Propagandaamt ausschwärmen und Plakate kleben.[75] Die Ortsobmänner beauftragte Grohé im Juli 1944 mit der Organisation und Überwachung der Verteilung von Gemüse und Obst, da die staatlichen und kommunalen Stellen dies in der Endphase der Besatzungszeit nicht mehr gewährleisten konnten. Nun sollten DAF-Funktionäre in den einzelnen Ortsgruppen die Geschäfte bezeichnen,

---

73 Rundschreiben Nr. 9/44 von Ludwig Grohé vom 5.4.1944 an alle Betriebsobmänner des Kreises Esch betr. Bekanntgabe von Verurteilungen von Straftaten im Betriebe, in: AMnR D-naz-of 4316. In dem gleichen Rundschreiben teilte Grohé den Betriebsobleuten mit, dass Schwangere nach geltendem Arbeitsrecht die Möglichkeit hatten, das Dienstverhältnis aufzulösen. Gleichzeitig verwies der Kreisobmann auf eine interne Weisung an die Arbeitsämter, „auf die Schwangere dahingehend einzuwirken, dass sie freiwillig bleibt.“

74 Rundschreiben Nr. 7/44 von Ludwig Grohé vom 4.4.1944 an alle Betriebsobmänner des Kreises Esch betr. Gefolgschaftsstärke, in: AMnR D-naz-of 4314(2).

75 Rundschreiben Nr. 10/44 von Kreispropagandawalter Boenig vom 6.7.1944 an alle Betriebsobmänner des Kreises Esch betr. Schattenaktion, in: AMnR D-naz-of 4320.

die diese Lebensmittel verkaufen durften, dabei war es für Grohé selbstverständlich, dass „nur politisch Bestgesinnte berücksichtigt werden".[76] Anfang August teilte Grohé seinen Betriebsobleuten mit, dass der Gauleiter aus Anlass des vierten Jahrestages der „Einrichtung des CdZ in Luxemburg" den Schwerstarbeitern eine einmalige Sonderzuteilung von zwölf Zigaretten zugedacht hatte, mit deren Verteilung die Obmänner betraut werden sollten.[77]

Auf lokaler Ebene und auf Betriebsebene behielten die regimetreuen DAF-Funktionäre eine gewisse Machtfülle und Handlungsfreiheit, die es ihnen erlaubte, genehme Mitarbeiter zu begünstigen, lästige und widerspenstige Kollegen aber zu benachteiligen und zu schikanieren. Die hauptamtlichen Funktionäre wie Kreisobmann Grohé verbrachten indessen ihre Zeit mit parteiinternen Machtkämpfen. Ungeachtet dieser Probleme blieb die Deutsche Arbeitsfront mit ihren zahlreichen Mitarbeitern eine aktive Stütze des Regimes. Die DAF und ihre Orts- und Betriebsobmänner hatten zwar ihre Glaubwürdigkeit längst verspielt, aber bis in den Sommer des Jahres 1944 waren sie ein Faktor, der zur Stabilisierung der NS-Herrschaft beitrug. Bei allen offensichtlichen Problemen, denen die Arbeitsfront aber in ihrer alltäglichen Arbeit in den Ortsgruppen und den Betrieben begegnete, erstaunt allerdings eine Tatsache. Die letzten im Jahre 1944 abgehaltenen Reichsstraßensammlungen, an denen die DAF mit Sammlern beteiligt war, brachte für das letzte Kriegsjahr beeindruckende Sammelergebnisse. Im April kamen beispielsweise im Kreis Esch an zwei Tagen immerhin noch 69.028,20 Reichsmark zusammen.[78]

Die Funktionäre der DAF blieben zumindest in den Großbetrieben bis zum Abzug der deutschen Zivilverwaltung tätig. De facto endete die Arbeit der Deutschen Arbeitsfront somit zu Beginn des Monats September 1944. Die Kreisobmänner verließen wie fast alle Reichsdeutschen das Land in Richtung Altreich, begleitet von Tausenden Luxemburgern, die mit den Nationalsozialisten kollaboriert hatten und es vorzogen, sich vor dem Volkszorn in Sicherheit zu bringen. Unter ihnen dürfte sich auch die Mehrzahl der DAF-Mitarbeiter wie Betriebs-, Block- und Zellenobmänner befunden haben. Nur diejenigen, die sich keiner Schuld bewusst waren oder sich in den turbulenten Tagen vom 1. bis 10. September 1944 nicht oder zu spät zur Flucht nach Deutschland entschlossen hatten, blieben in Luxemburg. Sie wurden genauso zur Rechenschaft gezogen wie die Kollaborateure, die nach der deutschen Niederlage nach Luxemburg zurückkehrten oder zurückgebracht wurden.

---

76 Rundschreiben Nr. 18/44 vom 14.7.1944 an alle Ortsobmänner betr. Gemüse- und Obstverteilung, in: AMnR D-naz-of 4331.

77 Rundschreiben Nr. 20/44 von Ludwig Grohé vom 1.8.1944 an die Betriebsobmänner betr. Tabakbewirtschaftung – Sonderzuteilung an Schwerstarbeiter, in: AMnR D-naz-of 4332.

78 Rundschreiben Nr. 2/44 von Kreispropagandawalter Boenig vom 12.4.1944 an alle Ortsobmänner der DAF betr. Reichsstraßensammlung der DAF am 1. und 2. April 1944 und Rundschreiben Nr. 4/44 von Kreispropagandawalter Boenig vom 9.6.1944 an alle Ortsobmänner und Betriebsobmänner der DAF betr. 1. Reichsstraßensammlung für das Kriegshilfswerk für das Deutsche Rote Kreuz, in: AMnR D-naz-of 4122 und 4125.

Kapitel IV.6. Das Erbe der Deutschen Arbeitsfront

1. Strafverfolgung der Obmänner

Unmittelbar nach der Befreiung im September 1944 begann die Verfolgung der Kollaborateure und Mitläufer, zunächst in Form einer mehr oder weniger gewaltvollen „Épuration" (dt. Säuberung). In wilden Säuberungsaktionen waren Täter und Verdächtige in den ersten Tagen dem Volkszorn ausgesetzt. Es kam zu Verhaftungen und Internierungen. In den Betrieben wurden Parteimitglieder, aber auch ehemalige DAF-Obmänner vor Kommissionen gebracht, die Fehlverhalten mit Disziplinarstrafen bis hin zur Entlassung sanktionierten. In den meisten Unternehmen dürfte sich das Problem bereits im September 1944 erledigt haben, da zahlreiche Kollaborateure das Land in letzter Minute mit den Deutschen verlassen hatten. Die allermeisten Obmänner, die offen deutschfreundlich gewesen waren beziehungsweise noch andere Funktionen in der VdB und der NSDAP innegehabt hatten, befanden sich damit nicht mehr in den Betrieben. So der Obmann der Luxemburger AEG-Filiale oder der Betriebsobmann der Escher S.A. des Ciments Luxembourgeois. Mit der Flucht endete in der Regel ihr Arbeitsvertrag oder der Arbeitgeber sprach noch eine formelle Entlassung aus. Wer nicht geflohen war, wurde nach dem Einmarsch der Alliierten interniert oder kam in Untersuchungshaft, sodass sich die Frage nach einer Säuberung meistens nicht mehr wirklich stellte. Wo ein ehemaliger Obmann an seinen Arbeitsplatz zurückkehrte, wurde er im Falle einer politischen Belastung fristlos entlassen, wie dies bei der Banque Internationale (BIL) der Fall war, die dem Obmann sofort im September gekündigt hatte. Die Säuberungskommissionen, die später in den Unternehmen von Industrie, Handel und Handwerk eingerichtet wurden, hatten meistens nur noch Zweifelsfälle zu behandeln, so wie bei der Wasserbilliger Keramikfabrik Cerabati S.A., wo sich das Problem bis Mitte 1945 weitestgehend von alleine gelöst hatte und nur noch drei Fälle von einer paritätisch besetzten „Commission d'épuration" behandelt werden mussten. In der Wiltzer Lederfabrik Ideal S.A. hatte man nach der Befreiung nur das Personal übernommen, das politisch einwandfrei schien. Empfehlungen hatte hier der Vizepräsident der Arbeiterdelegation abgegeben, der in einer Widerstandsorganisation aktiv gewesen und deshalb über jeden Zweifel erhaben war. Andere Unternehmen gingen ähnlich vor.[1]

Es gab in den Ortswaltungen und den Betriebsorganisationen der Deutschen Arbeitsfront schätzungsweise mehrere Tausend Amtswalter (im Kreis Esch allein etwa 1.450, Stand 1942). Wie viele dieser kleinen Funktionäre sich letztlich vor einem Luxemburger Gericht verantworten mussten, ist nicht bekannt.

---

1 Vgl. ANLux EPU 193 („Entreprises. Epuration des entreprises industrielles et commerciales").

Nur während einer kurzen Zeit wurden von der Staatsanwaltschaft die Urteile in politischen Strafsachen bekannt gegeben, die über die Presse der Öffentlichkeit mitgeteilt wurden, dies mit Nennung der Namen, der Anklagepunkte sowie des ergangenen Urteils. Für diesen Untersuchungszeitraum, der sich auf die Monate zwischen April 1945 und November 1946 erstreckt, können fast 90 Personen ermittelt werden, die innerhalb der Deutschen Arbeitsfront einen mehr oder weniger bedeutenden Posten bekleidet hatten und wegen politischer Vergehen abgeurteilt wurden.[2] Es handelt sich bei den ermittelten Personen fast ausschließlich um männliche Personen, welche die Luxemburger Staatsangehörigkeit besaßen. Unter ihnen befanden sich viele Personen, die als deutschstämmig galten, obwohl sie seit ein oder zwei Generationen im Lande gelebt hatten. In der Regel waren die Verurteilten eher kleine Fische: Zellen- und Blockwalter stellten die Mehrheit, aber immerhin befanden sich unter den 75 auch sieben Betriebsobmänner und zehn Ortsobmänner, wobei es vorkam, dass eine Person beide Ämter in Personalunion ausgeübt hatte. Zur Rechenschaft gezogen wurden vor allem die unteren Chargen wie Einkassierer, Kassenwalter oder Fahnenträger wie DAF-Schulungsleiter, Organisationsleiter oder KdF-Warte. Unter den Verurteilten sind fast alle Berufsgruppen vertreten (Beamte, Angestellte, Landwirte), wobei die Zahl der Arbeiter deutlich überwiegt. Lediglich ein Freiberufler wurde wegen seiner Tätigkeit für die DAF verurteilt; der ehemalige Rechtsanwalt war Hilfsrechtsbeirat gewesen.[3] Lediglich ein Angeklagter hatte einen gewissen Prominentenstatus: Der Uhrmacher Paul Kratzenberg aus Luxemburg, der ab Juli 1941 hauptamtlich die DAF-Kreisstelle „Das deutsche Handwerk" geleitet hatte. Es handelte sich um einen Sohn des ehemaligen Landesleiters Damian Kratzenberg. Der Kreishandwerkermeister wurde 1948 zu acht Jahren Zwangsarbeit verurteilt.[4]

Bei der Verhängung des Strafmaßes spielte in den allermeisten Fällen die eigentliche Mitgliedschaft in der DAF nur eine untergeordnete Rolle; entscheidender war die Frage, ob man beispielsweise der NSDAP beigetreten und auf Hitler vereidigt worden war. Diese Verräter wurden häufig mit mehrjährigen Haftstrafen und nicht selten dem Entzug der Luxemburger Staatsangehörigkeit bestraft. Strafverschärfend waren auf jeden Fall Denunziationen, aber auch das verstärkte Werben von DAF-Funktionären für die Arbeitsfront oder das Hineinpressen der Arbeiter – durch Anwendung von Drohungen – in diese Organisation. Der Walzer

2 Ergebnisse nach Durchsicht der beiden Tageszeitungen „Escher Tageblatt" und „Luxemburger Wort" zwischen 23.4.1945 und 26.2.1946 sowie aus der Zeitung „Unio'n" zwischen 14.3. und 26.11.1946. In den darauffolgenden Monaten berichtete die Presse nur noch über spektakulärere Fälle wie den des Ortsobmanns Mathias Klein, bei dessen Verhaftung in Diekirch ein Zuschauer ums Leben kam. Klein, Vorarbeiter im Elektrizitätswerk, wurde von der aufgebrachten Menge beinahe gelyncht, vgl. ETB Nr. 281 (6.12.1947).

3 Vgl. „Johann Alfons Schon vor dem Spezialgericht", in: D'Unio'n Nr. 238 (17.10.1946).

4 Vgl. „Politische Prozesse", in: ETB Nr. 84 (12.4.1948).

Joseph Neys aus Monnerich beispielsweise war früh der VdB beigetreten, dann NSDAP-Anwärter. Er übte das Amt des Ortsobmanns aus, warb für die DAF und ließ sich unter anderem eine Denunziation zuschulden kommen. Neys wurde 1945 zu 15 Jahren Zwangsarbeit und zur Aberkennung der Staatsangehörigkeit verurteilt.[5] Kaum einer wurde belangt, nur weil er Funktionär der DAF war. In der Regel gehörten die Beschuldigten zu denjenigen, die deutschfreundlich eingestellt gewesen waren und an die Sache des Nationalsozialismus geglaubt hatten.[6]

Nicht alle Männer, die zu Betriebsobmännern berufen wurden, mussten sich nach dem Krieg verantworten. Es war vorgekommen, dass Arbeiter und Angestellte ohne ihr Zutun zu Obmännern berufen wurden. Andere blieben „politisch uninteressiert" – wie die NSDAP-Kreisleitung Diekirch im Falle eines Betriebsobmanns aus Lellingen feststellen musste; und einige zogen sich rechtzeitig von ihren Posten zurück, ohne sich etwas zuschulden kommen zu lassen. Dies mag erklären, dass nach dem Krieg zum Beispiel von 23 namentlich bekannten Betriebsobmännern aus dem ehemaligen Kreis Diekirch nur zwei von der Justiz belangt wurden.[7]

Die verantwortlichen Entscheidungsträger auf Kreis- und Gauebene, d.h. die Kreisobmänner oder Gauobmann Dörner waren ausnahmslos Reichsdeutsche. Keiner von ihnen wurde in Luxemburg vor Gericht gestellt. Bis auf eine Ausnahme existieren keine Ermittlungsakten über die führenden DAF-Funktionäre. Die Luxemburger Strafverfolgungsbehörden interessierten sich lediglich für den ehemaligen DAF-Kreisobmann Ludwig Grohé, der sich nach 1945 in Deutschland aufhielt und gegen den erfolglos ein Auslieferungsantrag bei den alliierten Besatzungsbehörden eingereicht wurde.[8] Dabei ging es weniger um seine langjährige Tätigkeit im Kreise Esch, sondern vor allem um die Rolle, die er während des Streiks von 1942 und bei den Intrigen gegen die Industriellenfamilie Massard gespielt hatte. Die übrigen deutschen DAF-Funktionäre, die 1940–1941 an der Liquidierung der Luxemburger Gewerkschaften beteiligt gewesen waren oder eine leitende Rolle gespielt hatten, waren nicht mehr am Leben, untergetaucht oder in den Augen der Luxemburger Behörden nicht wichtig genug. Umso größer war das öffentliche Interesse am Prozess gegen den ehemaligen Kreisleiter von Esch, in dem man versuchte, die Ereignisse des Streiks von 1942 und die Rolle des Kreisobmanns und der Betriebsobmänner zu rekonstruieren. So stellte sich heraus, dass an der Denunziation von Streikenden neben der Gestapo auch Kreisobmann Grohé und sein Untergebener Betriebsobmann Olinger von ARBED-Schifflingen

5 Vgl. „Politische Prozesse", in: ETB Nr. 166 (24.7.1945).

6 Siehe den Fall des Sparkassenbeamten Pierre Hurt, der Presse- und Propagandawalter der DAF in Diekirch und Betriebsobmann bei der Diekircher Sparkassenfiliale war; vgl. Jean-Paul Hurt, E Liewensulaf. Biographesch-Historesches 1937-1967, Esch-Sauer 2016, S. 13ff.

7 Schriftwechsel zwischen DAF-Kreiswaltung und NSDAP-Kreisleitung Diekirch (1942), in: ANLux CdZ D-4:012 (DAF-Kreiswaltung Diekirch).

8 ANLux CdG 160 Ludwig Grohé.

maßgeblich beteiligt waren.[9] Während Olinger 1948 zu zwanzig Jahren Zwangsarbeit verurteilt wurde, kam der Ex-Kreisobmann davon, da er nicht nach Luxemburg ausgeliefert wurde.

2. Vergangenheitsbewältigung und Rückkehr zum Gewerkschaftspluralismus

„Wann an der Lütt ge'nt d'Réaktio'n
eist Ländchen och ass klèng,
da wesse mir dach: Ons Aktio'n
mir fe'ren net elèng.
Den Nazi- an de Faschismus
de' sinn erlédegt ginn,
mé och de Kapitalismus
muss nach onschiédlech ginn."

Nic. Haupert, De Verbandsfuendel[10]

Nur wenige Wochen nach dem Rückzug der deutschen Zivilverwaltung begann eine allmähliche Normalisierung. Die Berufskammern und die Gewerkschaften, die vor dem Zweiten Weltkrieg die Interessen der Lohnempfänger vertreten hatten, nahmen ihre Tätigkeit verhältnismäßig rasch wieder auf.[11] Allerdings standen sie vor einem wahren Trümmerhaufen, da die Besatzer gründliche Arbeit geleistet hatten. Der Stillhaltekommissar für das Organisationswesen hatte sämtliche Berufsverbände, Gewerkschaften und Berufskammern liquidiert. Vermögen war beschlagnahmt worden und in den Konten der Zivilverwaltung versickert. Um die ersten finanziellen Engpässe zu überwinden, beschloss man, die DAF-Beiträge für die Monate August und September 1944 weiter von den Betrieben erheben und auf die Konten der Berufskammern überweisen zu lassen.[12] Diese Maßnahme, die Ende September von Arbeitsminister Krier angeordnet wurde, stieß aber auf Kritik. So verlangte der christliche Gewerkschaftsbund, die Einbehaltung der DAF-Beiträge solle unterbleiben, da die DAF ja „heim ins Reich" sei.[13] Was an DAF-Geldern übrig

---

9 Vgl. „Die ehemaligen Kreisleiter vor den Richtern", in: LW Nr. 20 (20.1.1950). Ex-Betriebsobmann Konrad Olinger sagte als Zeuge aus.

10 Vierte Strophe von Nic. Haupert, De Verbandsfuendel, in: Letzeburger Arbechter-Verband, 30 Joer Verband Dideleng. Fuendel-Aweihong den 15. Juni 1947, Düdelingen 1947, S. 5.

11 Über die freien Gewerkschaften in der Nachkriegszeit, vgl. Ben Fayot, Les syndicats libres dans l'immédiat après-guerre (1944-1951), in: OGBL, 100 Joer fräi Gewerkschaften, S. 135–152.

12 Vgl. „Mitteilung der Arbeiterkammer", in: ETB Nr. 34 (21.10.1944). Unklar ist, ob die Beiträge auch noch bis Ende 1944 erhoben wurden. Amtliche Mitteilung von Minister Pierre Krier (28.9.1944), in: ETB Nr. 15 (29.9.1944). „École supérieure du Travail", in: ETB Nr. 21 (26.1.1946).

13 „Letzeburger chreschtleche Gewerkschaftsbond", in: LW Nr. 39/40 (21./22.9.1944).

geblieben war, kam in einen gemeinsamen Fonds, der später für die Finanzierung der „École du Travail" genutzt werden sollte.[14]

Nach der Befreiung mussten sich die Gewerkschaften ihrer jüngsten Vergangenheit stellen. Die ersten freien Versammlungen im Jahre 1944 boten den Verbandsfunktionären Gelegenheit, ihr eigenes Verhalten während der Besatzungszeit zu erläutern beziehungsweise sich vor ihren Kollegen zu rechtfertigen. Da es keinen wirklich organisierten Widerstand der Gewerkschaften gegeben hatte, taten sich die Vertreter der unterschiedlichen Verbände schwer, die sogenannte „gewerkschaftliche Resistenz" an konkreten Aktionen festzumachen. Zwar hatte es viele kollegiale Hilfsaktionen sowie Unterstützungsinitiativen gegeben, die heimlich von Gewerkschaftlern organisiert worden waren. Der LBMIAV beispielsweise sprach von rund 500.000 Franken, die auf diese Weise zur Verteilung gekommen waren. Aber den Widerstand hatte es weder beim LBMIAV noch beim LCGB gegeben, was sicherlich erklärt, weshalb später in vielen Publikationen der Fokus auf die Streikereignisse gelegt wurde.[15] Gleichzeitig entbrannten unmittelbar nach Kriegsende Diskussionen um die Rolle, die Einzelpersonen aus dem Gewerkschaftsmilieu während der Kriegsjahre gespielt hatten. Mehr als 70 Jahre nach Kriegsende ist es sehr schwierig einzuschätzen, wie verbreitet die häufig erwähnten Sabotageakte und Maßnahmen zur Drosselung der Produktion waren. Das informelle, unorganisierte Widerstandsverhalten vieler Luxemburger Arbeiter und Angestellten, die zum Beispiel Parolen verbreiteten, Flüsterpropaganda betrieben oder Zwangsarbeiter unterstützten, kann nicht geleugnet werden, ist aber in verlässlichen Zahlen nicht auszudrücken.[16]

Spätestens zur Jahreswende 1944/45 schienen die Gewerkschaften mehr oder weniger bereit, zur gewerkschaftlichen Arbeit zurückzukehren und wieder an die Vorkriegsarbeit anzuknüpfen. Allerdings musste man Kollaborateure möglichst schnell aus den eigenen Reihen entfernen. Die Ortsgruppen des LCGB hatten schon Ende September/ Anfang Oktober 1944 wieder mit ihrer Arbeit beginnen können. Etwas länger schien es beim LBMIAV zu dauern, der im Dezember dazu aufrief, die Ortsgruppen sollten ihre Tätigkeit schnellstens wieder aufnehmen und „alle unsauberen Elemente" entfernen.[17] Ende des Jahres trafen sich Vertreter

14 Bei einer Sitzung der nationalen Arbeitskonferenz wurde diese Verwendung der DAF-Gelder kritisiert. Ein Teilnehmer schlug vor, das Geld für bedürftige Arbeiter zu verwenden, vgl. „Nationale Arbeitskonferenz", in: ETB Nr. 27 (2.2.1946).

15 Siehe z.B. B. Barbel im Vorwort zur Festschrift des Buchdruckervereins: „Und die luxemburger Buchdrucker, die luxemburger Arbeiterschaft, das luxemburger Volk übernahmen ihre Verantwortung vor der Geschichte und vor ihrer Zukunft und kämpften in ihrer übergroßen Mehrheit in stillem, verbissenem Widerstand, in mutigem offenem Aufruhr und Streik, in heldenhaftem Opfermut, in entsetzlichen Leidensjahren in Konzentrationslagern und Deportation für den Eigenbestand ihrer Heimat, für eine bessere Sozialgesetzgebung und ein Leben ohne Furcht und Not, in Freiheit und Frieden.", in: 90 Jahre Luxemburger Bucharbeiter-Verband, S. 6.

16 Vgl. „Aus der gewerkschaftlichen Resistenz", in: ETB Nr. 126 (6.6.1945).

17 „Gewerkschaftliches. Notwendige Aufklärung", in: ETB Nr. 80 (15.12.1944).

des alten Verbandes zu einer „Liquidationskonferenz". Der alte Berg-, Metall- und Industriearbeiter-Verband sollte aufgelöst werden und in einer neuen, großen Einheitsgewerkschaft aufgehen, dem LAV (Lëtzeburger Arbechter-Verband). Beim letzten Kongress des LBMIAV schilderten anwesende Gewerkschaftler, wie die Gewerkschaft 1940/41 von den Deutschen gezwungen wurde, die Verbandstätigkeit nach der Besetzung wiederaufzunehmen. Der Hauptvorstand habe 1940 unter der Leitung von Jean Fohrmann „einstimmig und in Präsenz der Nazimachthaber" beschlossen, niemals als Verband der DAF beizutreten.[18] Danach hätten die führenden Vertrauensmänner den Kontakt untereinander aufrechterhalten und konsequent Widerstand gegen die Maßnahmen des Terrorregimes geleistet. Fleißig zimmerten die Gewerkschaftsfunktionäre hier am Bild der „gewerkschaftlichen Resistenz". Nur der Widerstand der Vertrauensmänner habe die Einführung der DAF bereits im Jahre 1940 verhindert; die Einführung der Wehrpflicht im Jahre 1942 hätten die Gewerkschaften mit „sofortigem Auslösen des Generalstreiks beantwortet", so die Legende.[19] Vor allem der sozialistische Arbeitsminister Pierre Krier, der die Kriegsjahre im Exil verbracht hatte, trug in den ersten Nachkriegsjahren mit mehreren Publikationen zu diesem geschönten Geschichtsbild über die Haltung der Luxemburger während der NS-Zeit bei.[20] 1946 wurde die Broschüre „Der soziale Wiederaufbau im Großherzogtum Luxemburg" unter den „Gewerkschaftsführern" des Arbeiterverbandes verbreitet, mit der Anweisung, in „demnächstigen Versammlungen" die sozialpolitischen Ideen des Arbeitsministers zu verbreiten. Einleitend referierte Krier mit Blick auf die NS-Diktatur über die historische Mission der Arbeiter: „Nicht nur kann sie [= die Arbeiterschaft] – die niemals mit dem Faschismus paktiert hat – auf eine gradlinige und beispielgebende Haltung verweisen, die weder eine ‚Befriedungspolitik', noch eine 'Zusammenarbeit' mit dem Unterdrücker kannte, sondern nur den unerschrockenen und unentwegten Kampf für Freiheit und menschliche Würde."[21] Diese Interpretationsansätze zeigen, wie schnell eine große Distanz zwischen Nachkriegs- und Besatzungszeit entstand. Die Ereignisse des ersten Besatzungsjahres wurden von den Gewerkschaften und der Öffentlichkeit allmählich anders wahrgenommen und schließlich um- und neuinterpretiert.

Es gab aber Zeitgenossen, die gewisse Zweifel zum Ausdruck brachten, was die politische Haltung von prominenten Luxemburger Politikern und Gewerkschaftsfunktionären anbelangte. So wurde Jean Fohrmann vorgeworfen, er sei

18 Vgl. Darstellung „Aus der gewerkschaftlichen Resistenz", in: ETB Nr. 126 (6.6.1945).
19 „Gewerkschaftliches", in: ETB Nr. 1 (2.1.1945).
20 Vgl. Krier, Commémoration d'un grand fait historique. Beispiel zur Rezeption der Broschüre, vgl. „Ein Streik, der die Welt bewegte", in: OMZ Nr. 49 (29.8.1945).
21 Das Manuskript entstand 1942 im Londoner Exil; vgl. Pierre Krier, Der soziale Wiederaufbau im Großherzogtum Luxemburg, o.O, o.J. [1946], S. 4. (mit einem Vorwort von Barthélemy Barbel)

nach der französischen Niederlage nach Luxemburg zurückgekehrt und habe die Verbandstätigkeit wiederaufgenommen. Vorgehalten wurde Fohrmann auch das angeblich gute Verhältnis zu dem DAF-Funktionär und Parteigenossen Pütz. Da er aber anders als die Verbandssekretäre Comes und Peters 1941 nicht in die Dienste der Arbeitsfront eingetreten war, konnte er 1944 an die Spitze der Gewerkschaft zurückkehren.[22] Jean-Baptiste Rock und Barthélemy Barbel, die gleichfalls auf Distanz zum Regime geblieben waren, kehrten ebenfalls in ihre Führungspositionen zurück.

Personell und ideologisch knüpften die Luxemburger Gewerkschaften und Verbände 1944/45 weitgehend an die Vorkriegszeit an. Während Nicolas Biever nach der Befreiung Luxemburgs relativ schnell in seine Heimat zurückkehren und die Führung des LBMIAV übernehmen konnte, dauerte es bis Mai 1945 bis Jean-Baptiste Rock aus der Umsiedlung heimkehrte. Da war der Traum einer von politischen Parteien unabhängigen Einheitsgewerkschaft bereits ausgeträumt und die ideologischen Grabenkämpfe in der Luxemburger Gewerkschaftsszene wieder voll entbrannt. Gerade der christliche Gewerkschaftsbund sah sich angesichts der Erfolge der sozialistischen und der kommunistischen Konkurrenz in der Defensive. Dies war die Gelegenheit, die patriotische Karte auszuspielen und den Gegnern mehr oder weniger vorzuwerfen, sie hätten 1940/1941 versagt. Schon im März 1945 veröffentlichte der LCGB im verbandseigenen Organ „Sozialer Fortschritt" eine Art Rechenschaftsbericht über die Tätigkeit während der Besatzungsjahre, der im Wesentlichen aber nur die finanziellen Verluste resümierte, die durch die Enteignung entstanden waren. Besonders unterstrichen wurde das angeblich vorausschauende Verhalten der Gewerkschaftsspitze, der schon am 10. Mai 1940 klar gewesen sein soll, dass das Gewerkschaftsvermögen beschlagnahmt werden würde, und die deshalb lieber 400.000 Franken als Arbeitslosenunterstützung unter den Mitgliedern verteilte als es in die Hände der DAF fallen zu lassen. In weiser Voraussicht habe man auch bereits vorher einen Teil des Vermögens in Staatspapieren angelegt und vorsorglich vor der Besetzung bei einer belgischen Bank deponiert.[23] In der Tat konnte man dem LCGB-Vorstand nicht vorwerfen, besonders deutschfreundlich gewesen zu sein, aber die christlichen Gewerkschaften stellten die weise Voraussicht und das planvolle Vorgehen in den Vordergrund und übersahen dabei geflissentlich, dass man im Jahre 1940 von den Ereignissen regelrecht überrollt worden war. Die Auszahlung der Arbeitslosenunterstützungen im Jahre 1940 wurde nach der Befreiung als ein Akt des Widerstandes interpretiert.

---

22 Schreiben an Epurationsminister Als vom 11.6.1945, in: ANLux EPU 131 („Entreprises. Epuration des entreprises industrielles et commerciales. Dossier général"). Die Unterschrift wurde herausgeschnitten, sodass der Absender des Schreibens nicht mehr zu ermitteln ist. Der Brief war eine Reaktion auf öffentliche Äußerungen Fohrmanns in der Epurationsfrage.

23 „Rechenschaftsbericht des Luxembg. Christlichen Gewerkschaftsbundes", in: Sozialer Fortschritt, Nr. 1 (28.3.1945).

Tatsächlich hatten die Gewerkschaftsmitglieder seinerzeit das Recht auf eine gewerkschaftliche Arbeitslosenunterstützung, sodass diese Deutung im Rückblick überzogen scheint.

Für die Nachkriegszeit typisch sind rhetorische Ausfälle gegen das feindliche, linke Gewerkschaftslager. Anlässlich des außerordentlichen Kongresses des LCGB im Juli 1945 betonte Rock, dass die christlichen Gewerkschaften 1940 „nicht fahnenflüchtig gingen", vermutlich ein Seitenhieb auf Biever, der 1940 in Frankreich untergetaucht war. Die christlichen Verbände seien als einzige geblieben, „bis sie von der Gestapo hinausgeworfen wurden. Ihr Schild ist rein, ihre Fahne und ihr Name brauchen nicht geändert werden".[24] Der LCGB-Präsident suggerierte damit indirekt, dass der LAV nur deshalb gegründet worden sei, da sich der alte LBMIAV während der NS-Zeit hoffnungslos diskreditiert habe.

Die schmerzhaften Streitereien der Nachkriegsära dürfen aber nicht vergessen lassen, dass viele prominente Verbands- und Parteifunktionäre in ihrer politischen Einstellung vorbildlich gewesen waren. Der Bergarbeiter Nic. Bausch, der 1929 der KPL beigetreten war, hatte als „glühender Antifaschist" – so die kommunistische Volksstimme – den Beitritt zur DAF verweigert und wurde, so die Legende, als erster Luxemburger Arbeiter dafür gemaßregelt.[25] Einer der Streikführer des Jahres 1942, Ernest Toussaint, war weder in der VdB noch in der Arbeitsfront gewesen.[26] Der Vorsitzende der Druckergewerkschaft Barthélemy Barbel hatte jegliche Zusammenarbeit mit den Nationalsozialisten zurückgewiesen und den DAF-Funktionären unmissverständlich seinen Standpunkt deutlich gemacht. Als einziger Berufskammerpräsident hatte er sich 1940 geweigert, seinen Namen unter das berüchtigte „Heim ins Reich"-Manifest zu setzen.[27] Mit anderen Berufsgruppen gingen die Gewerkschaftler indes hart ins Gericht und schwärzten deren Versagen im Jahr 1940 an: „Wenn alle höheren Beamten und die Wirtschaftsmächtigen des Landes ebenso entschieden luxemburgisch gehandelt hätten gleich zu Beginn, dann wäre die VdB-Bewegung von Anfang an zur Farce verurteilt gewesen", meinte das Escher Tageblatt 1945.[28]

Über die Säuberungen in den Reihen der Verbände drang nur wenig nach außen. Mit keinem Wort wurde erwähnt, dass es gerade zwei Luxemburger waren

---

24 „Kongress des ‚Letzeburger chrëschtleche Gewerkschaftsbond'", in: LW Nr. 211 (30.7.1945).

25 Nic. Bausch baute den kommunistischen Widerstand auf, wurde 1941 verhaftet und kam 1943 im Konzentrationslager Oranienburg ums Leben, vgl. „Die, die wir rächen müssen!", in: VS Nr. 5 (20.10.1944).

26 Ernest Toussaint (1908-1942) war im Oktober 1940 Mitglied der KPL geworden. Er wurde als Streikführer bei der DIFFAG festgenommen, vom Standgericht zum Tode verurteilt und im SS-Sonderlager Hinzert erschossen, vgl. „Die, die wir rächen müssen!", in: VS Nr. 11 (7.12.1944).

27 „Zwanzig Jahre Präsident der Arbeiterkammer", in: ETB Nr. 182 (11.8.1947); Paul Feltes, Barthélemy Barbel (1880-1966), in: Scuto, Chambre de travail, S. 135–139.

28 „Aus der gewerkschaftlichen Resistenz", in: ETB Nr. 126 (6.6.1945).

(Johann Comes und Albert Peters), die der DAF bei der Liquidierung des LBMIAV Totengräberdienste erwiesen hatten. Offen war die Frage, was mit denjenigen passieren sollte, die der DAF (und anderen NS-Verbänden) freiwillig beigetreten waren und leitende Ämter übernommen hatten. Eine gewisse Klärung der Situation brachte die Rede des Epurationsministers, als dieser im Juni 1945 die Prinzipien darlegte, nach denen man das Verhalten der Mitarbeiter aus Verwaltungen, Berufskammern und anderen wichtigen Institutionen beurteilen müsse. Mitgliedschaften in der VdB, der NSV oder DAF seien grundsätzlich nicht zu beanstanden, falls sie unter Zwang zustande gekommen waren. Auch Amtsträger dieser Formationen seien zu entlasten, falls sie zur Übernahme eines Amtes gedrängt oder ohne ihre Zustimmung zu einem Amt bestellt worden waren. Selbst die kommunistische Volksstimme, die sonst unbarmherzig für die Verfolgung und Bestrafung der Kollaborateure eintrat, räumte ein, dass jeder gezwungen war, sich in die DAF einschreiben zu lassen und wer dies nicht getan hätte, sei einfach „d'office" eingeschrieben worden.[29] Dies kam einer Generalvergebung gleich, da sich die überwiegende Mehrheit der Betroffenen auf die Zwangslage berufen konnte. Nicolaus Boes, der ehemalige Betriebsobmann von ARBED-Dommeldingen, der seinerzeit auf Drängen seiner Kollegen und seines Direktors den Posten in der DAF-Betriebsorganisation übernommen hatte, war 1945 enttäuscht über seine Verhaftung. In einem verbitterten Brief an seinen Freund und Parteigenossen Bodson bat Boes um Unterstützung in seinem Fall: „Mein lieber Victor, ich habe mich 20 Jahre lang für unsere Ideen eingesetzt und jetzt stehe ich allein; ich bitte dich mir zu helfen."[30] Boes hatte das Gefühl, dass man an ihm ein Exempel statuiere, während die wahren Verantwortlichen davonkämen.

In den politischen Debatten der direkten Nachkriegszeit war die DAF-Vergangenheit eine beliebte Munition, um politische Gegner anzugreifen. Vor allem in den Wahlkämpfen des Jahres 1945 warfen sich die Parteien gegenseitig vor, ehemalige DAF-Funktionäre in ihren Reihen zu haben.[31] Das Escher Tageblatt hielt

---

29 „Klôr Begrëffer bei der Epuratio'n", in: LW Nr. 158 (7.6.1945). Siehe auch „Ein Beitrag zur Epurationsdebatte", in: VS Nr. 37 (9.6.1945). Die Veröffentlichung ist im Zusammenhang mit der von der VS geführten Kampagne gegen Aloyse Meyer zu sehen. Der ARBED-Generaldirektor war gerade erst aus Deutschland zurückgekehrt und musste wegen seiner Haltung während der Besatzungszeit herbe Kritik einstecken. U.a. hielt die VS Meyer vor, er sei der Leiter der Eisenindustrie von „Gauleiters Gnaden" gewesen und außerdem Träger einer Ehrenurkunde der DAF, vgl. „Fort mit den wirtschaftlichen Collaborateuren! Eine Blamage für Herrn Alois Meyer", in: VS Nr. 36 (2.6.1945).

30 Schreiben von Nicolas Boes vom 19.3.1945 an Justizminister Bodson, in: ANLux AP 6425a (Mappe „Résidu"). Siehe den Bericht von Boes über die innerbetrieblichen Ereignisse im Werk Dommeldingen, verfasst am 6.9.1944, in: ANLux AP 6425a (Mappe „Instruction").

31 Vgl. „Nur ganz kurz ...", in: LW Nr. 288 (15.10.1945) und „Vun hei a vun do", in: LW Nr. 295 (22.10.1945).

dem Christlichen Gewerkschaftsbund vor, er habe sich seinerzeit in Esch der DAF angeboten und die LCGB-Funktionäre hätten während vier Jahren mit der Arbeitsfront und VdB kollaboriert.[32] Noch 1946 musste sich Albert Bousser, Sekretär der Eisenbahnergewerkschaft FNCTTFEL, gegen Vorwürfe seiner Gegner zur Wehr setzen, er sei bei der Reichsbahn ein Vertrauensmann der Deutschen gewesen.[33] Die Kommunisten ihrerseits beschuldigten die sozialistischen Konkurrenten, sie hätten versagt und seien der DAF beigetreten. Die Volksstimme, Organ des kommunistischen Fräie Lëtzebuerger Aarbechterverbands (FLA), stellte die Frage nach den Verantwortlichen für das Debakel von 1941 und wunderte sich ironisch, wo die vielzitierte „gewerkschaftliche Resistenz" gewesen sei.[34] Die Zeitung der KP unterschlug dabei freilich die Tatsache, dass die Gewerkschaften 1940/41 von den Nationalsozialisten erst mundtot gemacht und dann systematisch zerschlagen worden waren.

Anders stand die Kommunistische Partei nach der Befreiung da. Sie war als einzige Partei 1940 in den Untergrund gegangen, von wo aus sie mit Flugblättern und illegalen Zeitungen eine wirksame Gegenpropaganda betrieben hatte. Mit der sozialistischen Konkurrenz rechnete die KP-Zeitung unbarmherzig ab. Man warf Krier vor, er habe sich 1940 nach Frankreich abgesetzt und den Krieg dann bequem in der Schweiz verbracht:

> „Und was taten seine Fiffis, die hier zu bleiben gezwungen waren? Sie übergaben den Verband an die Nazis und siedelten frisch und fröhlich mit in die DAF. Comes entwickelte sich zum Hurrapreussen und flüchtete zum Schluss 'Heim ins Reich'. Peters, vom Bezirk Luxemburg, legte die gelbe Uniform an. Andere, wie Herr Hochstrass aus Rodingen, wurden Kassierer der DAF. Wieder andere, das waren noch die Besten, taten gar nichts, machten alles mit und 'sparten sich auf' für den 'großen Tag'. So kam es, dass während des ganzen Krieges kein Mensch hierzulande von einer 'gewerkschaftlichen Resistenz" der Hochstrass, Lambert, Haupert usw. auch nicht das Geringste bemerkte. Nicht ein einziges Flugblättchen, nicht eine einzige Zeitung brachten sie heraus, von Sabotageakten schon nicht einmal zu reden."[35]

32 „Äntwert aus dem Minett", in: ETB Nr. 230 (20.10.1945)

33 Albert Bousser, „In Eisenbahnersachen", in: ETB Nr. 75 (1.4.1946). Bousser entgegnete, er sei Vertrauensmann der ihm unterstellten 130 Luxemburger gewesen und habe Betriebsappelle abgehalten, ohne den Hitler-Gruß zu machen. Vgl. 100 Joër sozialistësch Députéiert, S. 26–28.

34 Vgl. „Eine Antwort an den ‚Resistenzler' Herrn Anton Krier!", in: VS Nr. 24 (10.3.1945).

35 Vgl. „Eine Antwort an den ‚Resistenzler' Herrn Anton Krier!", in: VS Nr. 24 (10.3.1945), „Zwei Dokumente", in: VS Nr. 26 (24.3.1945) und „Wer hat den ‚Verband' den Nazis ausgeliefert?", in: De Freien Arbechter Nr. 4 (4.4.1945). Das Organ des FLA druckte das Rundschreiben ab, das Kassierer Peters am 12.3.1941 an alle organisierten Kollegen verteilt hatte. Darin wurden die Mitglieder aufgefordert, ihren Aufnahmeschein zur DAF zu unterschreiben, um die bisher erworbenen Rechte zu behalten. Wehenkel-Frisch, 1940-1944, S. 130.

Nach den schlechten Erfahrungen mit der DAF betrachteten viele Gewerkschaftler die Idee einer Einheitsgewerkschaft mit großer Skepsis. Vor allem der christliche Gewerkschaftsbund LCGB hatte Angst vor einem mächtigen LAV und warnte vor alten Fehlern, die zu einer neuen Diktatur unter dem Deckmantel des Einheitsverbandes führen würden. Zu frisch war noch die Erinnerung an die DAF, die ein „Einheitsverband" gewesen sei, in dem alle Werktätigen „gewollt oder ungewollt" zusammengeschlossen waren. In der ersten Nachkriegsnummer des Verbandsorgans „Sozialer Fortschritt" wies der LCGB Einheitsbestrebungen vehement zurück. Auf keinen Fall wolle man eine „veränderte Auflage der Deutschen Arbeitsfront" oder gar eine Rückkehr von Arbeitsdienst oder „nazistischer Arbeitspflicht".[36] Der LCGB lieferte sich über längere Zeit ideologische Grabenkämpfe mit der linken Konkurrenz und bemühte jahrelang nach dem Scheitern der Einheitsgewerkschaft immer noch das Schreckgespenst einer DAF. Die christlichen Arbeiter würden sich nicht „gleichschalten" lassen und man wolle keine neue DAF, so der Tenor bis ins Jahr 1947 hinein. Vor allem in Düdelingen wurde der Kampf zwischen LCGB und LAV mit harten Bandagen geführt. In einem offenen Brief griff der Vorstand des LCGB den sozialistischen Gewerkschaftsführer Biever an. Diesem fehlten die Erfahrung „von vier Jahren Knechtung der Luxemburger Arbeiter in der DAF, wo der Arbeiter auch gar nichts zu sagen hatte". Der Luxemburger liebe die Freiheit und sei deshalb „fanatisch (...) gegen neue DAF-Experimente."[37] Das gleiche Argument benutzten die sozialistischen Gewerkschaftsvertreter, um die Konkurrenz am linken Rand zu attackieren. In einem Tageblatt-Leitartikel verstieg sich Michel Rasquin zu der Behauptung, die KPL sei eine andere VdB, „der kommunistische Verband [gemeint war der Freie Luxemburger Arbeiterverband FLA] ist eine neue DAF und alle ihre Sammler sind WHW-Sammler."[38] Ähnliche antikommunistische Attacken kamen später auch aus dem Lager der ehemaligen Widerstandskämpfer.[39]

36 „Unser Beitrag zum Neuaufbau", in: Sozialer Fortschritt Nr. 1 (28.3.1945): „Wir wehren uns mit aller Energie dagegen, dass die Organisationsfreiheit zugunsten sogenannter Einheitsverbände durch irgend welchen Terror von irgend welcher Seite illusorisch gemacht und der Arbeiterschaft eine veränderte Auflage der Deutschen Arbeitsfront beschert werde. Von nazistischer Arbeitspflicht und Arbeitsdienst haben wir gerade genug; wir wollen keinen neuen Arbeitsdienst und keine Diktatur eines neu zurechtgestutzten Arbeitsamtes. (...) Staatliches Monopol für Berufsberatung und Arbeitsnachweis lehnen wir ab."

37 Vgl. „Kongress des ‚Lëtzeburger Chrëschtleche Gewerkschaftsbond'", in: LW Nr. 211 (30.7.1945), „Zu den Ausschuss-Wahlen", in: LW Nr. 29 (29.1.1946), „Bre'f aus dem Minett", in: LW Nr. 52 (21.2.1946). Auseinandersetzung in Düdelingen, vgl. „Düdelinger Brief", in: LW Nr. 96/97 (6./7.4.1946). Siehe auch „Bre'f aus dem Minett", in: LW Nr. 310 (6.11.1947).

38 Michel Rasquin, Komintern, in: ETB Nr. 232 (9.10.1947). Vgl. Artikel von A.W., Gewerkschaftseinheit auf Kommando, in: ETB Nr. 209 (12.9.1947).

39 „Hinein in den deutschen Turnverein", in: D'Unio'n Nr. 83 (23.3.1948).

Ende der 1940er Jahre verblasste allmählich die Erinnerung an die Deutsche Arbeitsfront und die Gewerkschaften fanden schnell ihren Platz in der Luxemburger Gesellschaft und in der Politik wieder. In den Jubiläumsbroschüren, die aus den unterschiedlichen Arbeitermilieus stammen, fokussierte sich das Narrativ auf die Streiktage des Jahres 1942 oder die „teutonische Barbarei", die das „mühsam Aufgebaute" im Jahre 1940 zerstört habe. Die Repräsentanten der DAF, d.h. die Obmänner, und das Schreckensregime der Nazis in den Betrieben wurden allmählich vergessen.[40]

3. Nachwirkung: Das luxemburgische Sozialstaatsmodell

Indirekt wirkten die Jahre der Diktatur auf einer anderen Ebene nach. Die Politik des Gauleiters und die Herrschaft der Deutschen Arbeitsfront hinterließen in mehrfacher Hinsicht Spuren in den Gewerkschaften. Materiell, personell, ideell und programmatisch konnte man nicht einfach an den 9. Mai 1940 anknüpfen, sondern musste sich nach der Befreiung im September 1944 neu aufstellen. Für die Luxemburger Gewerkschaftsbewegungen waren das Ende der Besatzung und die Befreiung nämlich durchaus ambivalente Erfahrungen. DAF und Gauleitung hatten die Verbandsstrukturen ausgelöscht und nicht nur das Vermögen der Gewerkschaften, sondern auch einen Teil der Mitglieder und Funktionäre auf ihre Seite bekommen. Das lag an der nicht zu leugnenden Überzeugungskraft der NS-Propaganda und den sozialen Dienstleistungen, die das Regime ab 1940/41 offeriert hatte.

Dennoch kamen die Gewerkschaften offensichtlich mit einem größeren Selbstbewusstsein aus dem Krieg heraus. Im Herbst 1944 legten sowohl der neu gegründete Luxemburger Arbeiterverband (LAV) wie auch der christliche Gewerkschaftsbund (LCGB) der Regierung lange Forderungskataloge vor, in denen es nicht nur um akute Probleme, wie z.B. die Arbeitslosen- und Versorgungsfrage ging. Thematisiert wurden gerade wichtige Kernfragen, zu denen die Wiederherstellung gewerkschaftlicher Rechte in den Betrieben, die Wiedereinsetzung beziehungsweise Stärkung der Betriebsräte und die Verhandlung neuer Kollektivverträge zählten. Außerdem wurden die Einführung der 40-Stundenwoche, die Anhebung des gesetzlichen Jahresurlaubs und die Mitbestimmung in bestimmten Branchen eingefordert.[41]

Programmatisch entwickelten sich die Gewerkschaften in den 1940er Jahren in sozialpolitischen Fragen weiter. Vor allem prominente Gewerkschaftsführer, wie Pierre und Antoine Krier, die den Krieg im Exil verbracht hatten, waren hier

40 Siehe stellvertretend Camille Schwinninger/ Jos. Schmit, 60 Jahre LCGB-Sektion Echternach, in: LCGB Eechternoach, 60 Joer LCGB Eechternach, Echternach 1996, S. 29–50, hier S. 32.

41 Pierre Krier, La première étape de la reconstruction sociale, Luxemburg 1945 (= Conférence Nationale du Travail 2), S. 10f., 16.

federführend. Eine relativ starke Wirkung hatte der sogenannte Beveridge Report (auch bekannt unter dem Namen Beveridge-Plan) von 1942, der zunächst von Exilpolitikern und Exilgewerkschaftlern rezipiert worden war, dann aber in der Nachkriegszeit bekannt gemacht und weiter diskutiert wurde. Der britische Ökonom William H. Beveridge hatte das Modell eines umfassenden Sozialstaates skizziert, der mit einer Art Volksversicherung die Bürger gegen alle Risiken absichern würde. In der NS-Presse wurde der Beveridge-Plan schroff abgelehnt. Der DAF-Führer Ley bezeichnete das Modell als „Opium für die Massen“ und „schlechteste soziale Flickschusterei“. Beveridge wurde vorgeworfen, er habe nur eine „Anleihe beim nationalsozialistischen Parteiprogramm“ gemacht und sei ein „Kopist nationalsozialistischer Grundsätze“.[42] In England wurde der Plan verstanden als „Antwort (...) auf die oft von der autoritären Propaganda gestellte Frage, wofür sie eigentlich in den Krieg gezogen seien, doch nicht etwa um für ein Regime zu kämpfen, dessen soziale Rückständigkeit wenig zu dem Zukunftswunsche der Völker passe.“[43] 1943 legte der in die Schweiz geflohene Antoine Krier, Bruder von Arbeitsminister Pierre Krier, der Regierung die „Vorarbeiten eines luxemburgischen Beveridge-Planes“ vor. 1945 wurde das Dokument unter dem Titel „Ein neues Luxemburg in einer neuen Welt: Plan für soziale Sicherheit“ in Luxemburg veröffentlicht.[44] Die Ideen einer „allgemeinen Volksversicherung“ stießen auf Zustimmung bei Sozialisten wie Christsozialen und fanden schließlich einen starken Nachhall in der Weiterentwicklung des Luxemburger Sozialmodells nach 1945.[45]

In der Nachbesatzungszeit begannen die Gewerkschaften auch auf institutioneller Ebene eine wichtigere Rolle zu spielen. Die Regierung hatte nach der Rückkehr

42 „Dr. Ley rechnet mit Sir William Beveridge ab“, in: ETB Nr. 286 (5./6.12.1942) und „Dr. Ley zum englischen Sozialplan“, in: LW Nr. 339/340 (5./6.12.1942). Auch 1943 wurde der Beveridge-Plan immer wieder attackiert, vgl. „Der britische soziale Schwindel enthüllt“, in: ETB Nr. 34 (10.2.1943) und „Die Sozialversicherung im Kriege“, in: LW Nr. 330 (26.11.1943).

43 „Sir William Beveridge“, in: LW Nr. 34/35 (3./4.2.1945). Zum Beveridge-Plan, vgl. Thomas Scharf, Sozialpolitik in Großbritannien. Vom Armengesetz zum „Dritten Weg“, in: Katrin Kraus/ Thomas Geisen (Hgg.), Sozialstaat in Europa. Geschichte. Entwicklung. Perspektive, Wiesbaden 2001, S. 43–61. Zur Rezeption des Beveridge-Plans im Reichsarbeitsministerium und bei der ILO, vgl. Patel/ Kott, Sozialpolitik zwischen Auslandspropaganda und imperialen Ambitionen, S. 343ff.

44 Vgl. Schreiben von Antoine Krier vom 8.9.1943 an die großherzoglich-luxemburgische Regierung in London, abgedr. in: Krier, Vor und nach dem 10. Mai, S. 133f. und Antoine Krier, Ein neues Luxemburg in einer neuen Welt: Plan für soziale Sicherheit, o.O. 1945. Nicole Kerschen, Un Plan de Sécurité sociale pour le Luxembourg de l’après-guerre. À propos du rapport d’Antoine Krier „Un nouveau Luxembourg dans un Monde nouveau“ (1943), in: OGBL, 100 Joer fräi Gewerkschaften, S. 117–134.

45 Das Luxemburger Wort lobte das Konzept und hob hervor, Beveridge sei „kein Revolutionär“ und strebe keine „Neuverteilung des Eigentums“ an, vgl. „Sir William Beveridge“, in: LW Nr. 34/35 (3./4.2.1945).

aus dem Exil mit erheblichen innenpolitischen und wirtschaftlichen Problemen zu kämpfen und war bemüht, den Gewerkschaften beim sozialen Wiederaufbau entgegenzukommen beziehungsweise sie stärker in politische Entscheidungsprozesse einzubinden. Die alte Koalitionsregierung aus Konservativen und Sozialisten benötigte 1944/45 die Unterstützung der Gewerkschaftsverbände; andererseits wollte sie den Gewerkschaften nach den Besatzungsjahren eine größere Legitimation verschaffen. Außerdem sollte das vor 1940 etablierte Prinzip der paritätischen Repräsentation wieder hergestellt werden.

Bereits Ende 1944 wurde von Arbeitsminister Pierre Krier die Conférence nationale du travail (CNT) ins Leben gerufen, ein paritätisch besetztes Gremium mit Vertretern der Regierung, der Arbeitgeber und der Arbeitnehmer. Die CNT ging zurück auf Überlegungen, die Pierre Krier im Exil angestellt hatte. Krier war zur Überzeugung gelangt, dass nach der Befreiung für den Wiederaufbau die „Rekonstituierung der freien Gewerkschaften (und ebenso der Unternehmerorganisation) so rasch wie möglich“ erfolgen müsse. Die Lenkung der Wirtschaft solle weder dem Staat noch der Wirtschaft überlassen werden. Vielmehr sei „anzustreben, dass die Wirtschaft durch demokratische Körperschaften gelenkt“ würde und dass „Vertreter des Staates, der Produzenten, der Konsumenten, der Unternehmer und der Arbeiter auf solche Weise mitentscheiden“ müssten.[46] Krier war im Rückblick stolz auf die Errungenschaften der sozialen Gesetzgebung, wie sie vor der Invasion in Luxemburg realisiert worden waren. Aber mit Blick auf die nationalsozialistische Diktatur, war ihm für die Zeit nach der Befreiung auch die Weiterentwicklung des Luxemburger Gesellschaftsmodells wichtig. Der Wiederaufbau wäre nur denkbar, wenn es zu einer „demokratischen Kontrolle des wirtschaftlichen Lebens“ käme. Dazu betonte Krier die Wichtigkeit der „Rechte des Einzelnen“, des Gleichheitsprinzips und der frei gewählten repräsentativen Interessenvertretungen.[47] Mit Blick auf die Politik des Gauleiters und die Erfahrungen, die Luxemburgs Arbeitnehmer zwischen 1940 und 1944 mit nationalsozialistischer „Sozialpolitik“, „Arbeitseinsatz“ und Entmündigung gemacht hatten, liest sich im Rückblick Kriers Schrift wie ein Gegenentwurf zur NS-Ideologie der „Volksgemeinschaft“.

Angesichts der sozialen Probleme und der Krise auf dem Arbeitsmarkt sollte die CNT die Regierung bei der Lösung wirtschaftlicher, sozialpolitischer Fragen beraten und unterstützen. Entsprechend den Überlegungen Kriers würde die CNT mit den Berufskammern, Arbeitgeberverbänden und Gewerkschaften zusammenarbeiten. Nach einer mehr als vierjährigen Diktatur, so die Hoffnung, würde die CNT der Regierung bei der demokratischen Kontrolle des sozialen Lebens zur Seite stehen, wie in Artikel 2.f. besonders hervorgehoben wurde. Die Befugnisse der Arbeitskonferenz waren ungewöhnlich weit gefasst, da sie der Regierung und sogar dem Parlament Vorschläge zur Verbesserung der Sozialgesetzgebung

46 Krier, Der soziale Wiederaufbau, S. 12f.
47 Krier, Der soziale Wiederaufbau, S. 12–19.

machen durfte.[48] 1946 legte eine Sachverständigenkommission das Konzept eines luxemburgischen Beveridge-Plans vor, das Kinderzulagen für alle Familien, Kranken- und Altersversicherung für alle Luxemburger vorsah.[49]

Der Zweite Weltkrieg und die Besatzungserfahrungen beeinflussten nachhaltig die weitere Entwicklung der Gewerkschaften in Luxemburg. 1944/45 war es nicht nur zu einer simplen Restaurierung der Luxemburger Gewerkschaften und der staatlich verfassten Berufskammern gekommen. Legitimiert durch den Krieg standen die Gewerkschaften nun selbstbewusst auf Augenhöhe mit Staat und Wirtschaft. Nach der Katastrophe des Jahres 1940 und den schwierigen Nachkriegsjahren wurden die 1950er Jahre für die wiedererstarkte Luxemburger Gewerkschaftsbewegung eine Art „Goldenes Zeitalter" (Scuto).[50] Durch Verhandlungen und Streiks rangen die Gewerkschaften den Arbeitgebern bedeutende Lohnzugeständnisse und dem Gesetzgeber wichtige Reformen ab. Was in den Jahren der Diktatur nicht möglich gewesen war, nämlich das Erreichen substanzieller Verbesserungen der Arbeits- und Lohnbedingungen durch Aushandeln und Mitbestimmen, realisierten die Arbeitnehmerverbände nach 1945. Dazu nutzten sie all die Instrumente, die ihnen während vier Jahren verwehrt geblieben waren.

4. Zusammenfassung: Die DAF als Faktor der NS-Herrschaft

Propaganda und Indoktrination, Kontrolle und Repression und Rundumbetreuung durch den Volksdienstleister Deutsche Arbeitsfront prägten die Kriegserfahrungen der Luxemburger Arbeiter und Angestellten. In den einzelnen Ortswaltungen und

---

48 Arrêté grand-ducal du 10 novembre 1944, portant création d'une Conférence Nationale du Travail, d'une Commission Paritaire du Marché du Travail et d'une Commission Paritaire de Conciliation, in: Mémorial Nr. 13 (14.11.1944). Im März 1945 wurde eine Expertenkommission ins Leben gerufen, die sich mit der Reform der luxemburgischen Sozialversicherungen befassen sollte, vgl. Arrêté ministériel du 12 mars 1945 ayant pour objet l'institution d'une Commission d'experts pour l'étude de différents projets relatifs à la sécurité sociale, in: Mémorial Nr. 13 (21.3.1945). Fayot bezeichnet die CNT als eine Art „Parlement du travail", dessen Schaffung notwendig war, da das luxemburgische Parlament unmittelbar nach der Befreiung nicht funktionsfähig war, vgl. Ben Fayot, Les syndicats libres dans l'immédiat après-guerre (1944-1951), in: OGBL, 100 Joer fräi Gewerkschaften, S. 144. Ursprünglich als Übergangsmaßnahme geplant, wurde die CNT offiziell erst 1966 wieder abgeschafft.

49 Gust van Werveke, Luxemburgs Beveridge-Plan, in: ETB Nr. 217 (21.9.1946).

50 Denis Scuto, L'âge d'or du syndicalisme ouvrier. L'évolution du monde syndical et de la question sociale dans les années cinquante, in: Claude Wey (Hg.), Le Luxembourg des années 50. Une société de petite dimension entre tradition et modernité. Luxemburg in den 50er Jahren. Eine kleine Gesellschaft im Spannungsfeld von Tradition und Modernität, Luxemburg 1999 (= Publications scientifiques du Musée d'Histoire de la Ville de Luxembourg 3), S. 123–147.

Kreisen war die Deutsche Arbeitsfront mit den anderen NS-Massenorganisationen und Parteigliederungen ein wichtiger Bestandteil der nationalsozialistischen Propagandamaschinerie. Ging es in den ersten Monaten des Jahres 1941 in der Hauptsache darum, die Luxemburger Arbeitnehmer von der Arbeit der DAF zu überzeugen und sie so zum Beitritt in die Organisation zu motivieren, so wurden im weiteren Verlauf des Krieges Erziehung und Indoktrination die Kernaufgaben der Deutschen Arbeitsfront. Das machte die Arbeitsfront zu einem der wichtigsten Instrumente der Anschlusspolitik. Dann in der zweiten Hälfte der Besatzungszeit stellte sie sich in den Dienst des totalen Krieges. Sie übernahm nicht nur die Betreuung der zahlreichen Kriegsgefangenen und Zwangsarbeiter, die in den Werken arbeiteten, sondern wollte vor allem die „volksdeutschen" Luxemburger zu Höchstleistungen in der Kriegs- und Rüstungsproduktion antreiben. Da das Regime den Arbeitern und Angestellten kaum neue materielle Anreize zu bieten vermochte, blieben zur Verwirklichung dieser Zielsetzungen nur Propaganda, Repression und Kontrolle. Mit Durchhalteparolen, sich immer wiederholenden Appellen und martialischen Reden waren die deutschfeindlich eingestellten Werktätigen aus Luxemburg und anderen besetzten Ländern Europas freilich nicht zu ködern.

Betriebsappelle, Versammlungen, Kreisparteitage sowie kulturelle und sportliche Veranstaltungen waren die Mittel, die von der DAF während der vierjährigen Besatzungszeit eingesetzt wurden. Betriebsführer, Abteilungsleiter und andere Vorgesetzte konnten sich nur schwer den Forderungen der DAF-Kreiswaltungen und anderer Parteidienststellen verschließen. Sie mussten die DAF-Funktionäre in die Betriebe hineinlassen. Luxemburger Direktoren taten dies in der Regel mit weniger Begeisterung und versuchten eine Strategie aus Anpassung und Vermeidung, während deutsche beziehungsweise deutschfreundliche Unternehmensleiter weniger Probleme mit der Dauerpräsenz der DAF hatten und diese tendenziell sogar förderten. Die Arbeiter der großen Industriebetriebe in Esch, Schifflingen, Rodingen und Differdingen hatten am meisten unter der Wucht der Dauerpropaganda zu leiden, da die prominenten DAF-Führer wie Gauobmann Dörner oder der Gaupropagandawalter hier bei Massenveranstaltungen hunderte oder sogar tausende von Arbeitern gleichzeitig erreichten. Der nationalsozialistische Feierkalender (zum Beispiel Jahrestag der Machtergreifung, Tag der „nationalen Arbeit") bot immer wieder Gelegenheit, die Menschen in den Betrieben mit ausufernden Reden, antisemitischen Parolen und Beschimpfungen gegen die alliierten Kriegsgegner regelrecht zu drangsalieren. Die Deutsche Arbeitsfront war als Massenorganisation, die über einen riesigen Apparat von Ämtern und Unterorganisationen verfügte, die Hauptveranstalterin, um die „Massen der Arbeiter" zu mobilisieren und den Menschen unter Zuhilfenahme der NSG Kraft durch Freude mit kurzweiligen Darbietungen die Zeit zu vertreiben.

Die Deutsche Arbeitsfront war gleichzeitig ein wichtiger Bestandteil des nationalsozialistischen Kontroll- und Repressionsapparates in den Ortsgruppen, aber vor allem in den Betrieben. Typisch für die DAF war ihr schier grenzenloser Machtanspruch: Sämtliche berufstätige Volksgenossen sollten in allen Lebenslagen von ihr erfasst und betreut werden. Alle arbeitenden Menschen mit ihren Angehörigen waren - so der Anspruch - in einer Art Dauerbetreuung, in der Aus- und Weiterbildung, am Arbeitsplatz und zuletzt in der Freizeit, dies vor, während und nach der Arbeitszeit. Die sozialen, kulturellen und politischen Angebote der DAF endeten nicht am Werkstor, sondern wurden darüber hinaus in den Bereich des Familienlebens hineingetragen, wie etwa die Beispiele der Frauen- und Jugendbetreuung illustrieren. Mit den Ortswaltungen hatte die Arbeitsfront über die Betriebsorganisation im Prinzip weitreichende Möglichkeiten von Beeinflussung, Kontrolle und Repression.

Die sozialen Angebote, welche die Deutsche Arbeitsfront bereithielt, waren wie im Altreich allumfassend. Wer wollte, hatte die Möglichkeit einer Rundumbetreuung durch die DAF. Das fing an mit Vortragsreihen, die mehr oder weniger offen im Dienste des Regimes stattfanden, umfasste aber auch vordergründig harmlose Freizeitveranstaltungen für die ganze Familie. Gerade in diesem Bereich der organisierten Freizeit hatte die DAF in Luxemburg ihre größten Erfolge zu verzeichnen, aber nur, weil dieser auf den ersten Blick unpolitisch war und einen gewissen Hunger der Bevölkerung nach unverfänglich scheinender Abwechslung und Ablenkung vom Kriegs- und Besatzungsalltag zu stillen vermochte. In anderen Bereichen, wie der Volksbildung oder der Organisation von Urlaubsreisen stießen die Nationalsozialisten auf eine deutlich stärkere Ablehnung.

Viele modern oder fortschrittlich anmutende Züge der DAF – etwa in den Bereichen der Gesundheitsvorsorge, der Berufsaus- und -weiterbildung oder dem sozialen Wohnungsbau – dienten aber nicht wirklich der sozialen Absicherung der arbeitenden Bevölkerung, sondern der Stabilisierung des Regimes. Eine annexionistische Besatzungspolitik, welche von der Mehrheit der Luxemburger und Luxemburgerinnen abgelehnt wurde, aber vor allem die Unfähigkeit der NS-Funktionäre, alle Ansprüche, die das Regime an sich selbst stellte, zu erfüllen, erklären das Scheitern der Arbeitsfront.

Nach 1944/45 geriet die DAF in Luxemburg als Organisation sehr schnell in Vergessenheit. Dies unterscheidet sie vielleicht von der Volksdeutschen Bewegung, die mit dem luxemburgischen Landesleiter Damian Kratzenberg eine starke (negative) Identifikationsfigur hatte.[51] Bei der juristischen Aufarbeitung standen Personen im Mittelpunkt, wie die Nachkriegsprozesse gegen Kratzenberg (1946) und besonders prominente Ortsgruppenleiter (1947) und einige Jahre später gegen die ehemaligen Kreisleiter zeigen. Mit den Verbrechen von Organisationen gab sich die Luxemburger Justiz nicht ab und die deutschen NS-Funktionäre aus der DAF kamen alle ungeschoren davon. Von den wirtschaftlichen, politischen und sozialen Aktivitäten der größten Massenorganisation des Nationalsozialismus blieben nur ganz wenige sichtbare Spuren zurück. Niemand trauerte der Arbeitsfront nach und die Nationalsozialisten hatten schlussendlich die Arbeiterbewegung nicht wirklich in ihren Grundfesten erschüttern können. So schnell wie die DAF in der

51 Vgl. Cerf, De l'épuration au Grand-Duché de Luxembourg, S. 39–44.

Versenkung verschwand, tauchten die alten Gewerkschaften auf, die ihren alten Platz in Gesellschaft und Politik wieder einnahmen, den sie 1940 fast sang- und klanglos hatten verlassen müssen.

Eine gewisse Nachwirkung hatte die DAF dennoch. Alle politischen Lager setzten nach 1944/45 das Negativimage der Arbeitsfront als billige Wahlkampfmunition ein, aber diese verlor schnell ihre Wirkung. Die sozialen Angebote des Regimes blieben vermutlich manchen Zeitgenossen nach 1944 in gewisser Weise in positiver Erinnerung. Lebensmittelknappheit, Arbeitslosigkeit, Inflation und Kaufkraftverlust, Wohnungsnot und administratives Chaos bei den Sozialversicherungen prägten die ersten Monate nach dem Ende des Besatzungsregimes. Sie ähnelten den Krisenphänomenen des Jahres 1940, denen die Nationalsozialisten zum Teil ordnungspolitische Maßnahmen, zum Teil wohlfahrtsstaatliche Hilfeleistungen in Millionenhöhe entgegengesetzt hatten.[52] Im Vergleich dazu wirkte die Notstandspolitik der Regierung zunächst hilflos und chaotisch. Die Veröffentlichung von Pierre Kriers Memorandum aus dem Jahre 1942 – zunächst in französischer, dann in deutscher Sprache – war neben der Gründung der CNT eine Antwort der Regierung auf die herrschende Notlage. So mochte man vielleicht einer gewissen „Nostalgie" entgegensteuern, dass es vorher eine (vordergründig) effiziente deutsche Zivilverwaltung gab, der es nicht an Dynamismus gefehlt hatte, um für alle Problemlagen Lösungsansätze zu entwickeln. In diesem Sinne muss man einen im Escher Tageblatt veröffentlichten Leitartikel zum sozialen Wiederaufbau lesen, der Anfang Februar 1945 den Lesern den Unterschied zwischen Sozialismus und „National-Sozialismus" erläuterte:

> „Der National-Sozialismus, der vom Sozialismus nur den Namen und auch diesen Namen nur gestohlen hatte, glaubte immer hinweisen zu können auf seine sozialen Realisationen, Versicherungen, Betreuungen, Werkhygiene usw. Und es ist nicht zu leugnen, dass das Dritte Reich in dieser Hinsicht materiell nicht untätig geblieben ist. Wir sagen materiell. Denn die gebotenen materiellen Vorteile wurden von den Arbeitern erkauft um einen Preis, der das Unermessliche erreichte: den Verlust jeder menschlichen Freiheit, jedes individuellen Selbstbestimmungsrechtes. (...) Auch bei uns sollte mit Bauchpolitik die Freiheit niedergeschlagen werden. Mit der Befreiung wurde der andere Weg beschritten."[53]

---

52 Vgl. STATEC, Statistiques historiques, S. 453. Der Index der Verbraucherpreise stieg von 1.191 Punkten (1944) auf 1.491 Punkte (1945). 1940 hatte der Index im Jahresdurchschnitt noch bei 767 Punkten gelegen.

53 „Der soziale Wiederaufbau", in: ETB Nr. 32 (8.2.1945).

Kapitel V. Arbeiten im Krieg

Beschäftigt man sich in Luxemburg mit wirtschafts- und sozialgeschichtlichen Fragen des 20. Jahrhunderts, so sind diese eng mit der Geschichte der Schwerindustrie und des ARBED-Konzerns verbunden. Da die Firmenarchive dieses international renommierten Unternehmens umfangreiches Material aus der Kriegszeit bewahren, lassen sich die Aktivitäten der Deutschen Arbeitsfront sowie ihrer Funktionäre und Amtswalter in den einzelnen Abteilungen des Unternehmens gut rekonstruieren. Erhaltene Statistiken, interne Berichte einzelner Betriebsleitungen sowie Dokumente aus dem Umfeld ehemaliger DAF-Funktionäre geben einen guten Einblick in den Arbeitsalltag während des Krieges. Aber nicht allein die Quellenlage rechtfertigt eine historische Analyse. Das Unternehmen spielte eine wichtige Rolle im politischen Kalkül des Chefs der Zivilverwaltung, Gauleiter Gustav Simon, und für ihn war die ARBED der Schlüssel zur Eroberung der Wirtschaftseliten, aber noch viel mehr zur Vereinnahmung der arbeitenden Bevölkerung des ganzen Landes. Die ARBED war nicht nur „das wichtigste wirtschaftliche Unternehmen in Luxemburg, sondern stellt gleichzeitig ein politisches Problem von außerordentlicher Bedeutung dar. Es ist nicht zuviel gesagt, wenn man behauptet, dass von der politischen Einstellung der Verwaltung des ARBED-Konzerns die politische Auffassung weiter Kreise der luxemburgischen Bevölkerung abhängt", so die Einschätzung der deutschen Zivilverwaltung im Juni 1941. Gauleiter Simon benötigte zur Durchsetzung seiner gaupolitischen Interessen die Kontrolle über die ARBED, da ihn der Konzern mit seinen „vielfältigen Ausstrahlungen" in die Lage versetzen konnte, die von ihm „angestrebte Entwicklung günstig zu beeinflussen."[1] Mit der Berufung des Stillhaltekommissars Franz Schmidt zum beigeordneten Generaldirektor der ARBED wurden schließlich Zivilverwaltung und Gauleitung die Türen zur Konzernzentrale geöffnet.

1 Schreiben des CdZ in Luxemburg vom 7.6.1941 an den Reichskommissar für die Behandlung feindlichen Vermögens betr. Schreiben vom 30.5.1941, in: ANLux CdZ A-3-1:018 („ARBED"). Diese Auffassung wiederholte der Gauleiter in einem Schreiben an Reichsmarschall Göring: „Eine ‚Arbed', die Rücksicht nimmt auf eine solche gaupolitische Zielsetzung, ist mit ihren vielfältigen Ausstrahlungen in der Lage, die von mir angestrebte Entwicklung günstig zu beeinflussen." Simon hatte den Reichsmarschall sehr verärgert, da sich der Gauleiter im Streit um die ARBED im Mai in einem Brief direkt an Hitler gewandt hatte. Simon meinte, dass die Entscheidung über die künftige Gestaltung des Konzerns „die zukünftige wirtschaftliche Entwicklung des Gaues Moselland wesentlich" beeinflussen werde. Göring strebte für die Reichswerke den Erwerb einer Sperrminorität von ARBED-Aktien an, was die Selbstständigkeit des ARBED-Konzerns in Frage gestellt und ihn endgültig dem Einfluss des Gauleiters entzogen hätte; vgl. Schreiben des Chefs der Zivilverwaltung in Luxemburg vom 20.6.1941 an Reichsmarschall Göring, in: ANLux CdZ A-3-12:018 („ARBED").

Das ehrgeizige Ziel der Nationalsozialisten lag darin, aus den Groß- und Mittelbetrieben in Luxemburg nationalsozialistische Musterbetriebe zu machen. Auch wenn die ARBED-Werke nie die „Goldene Fahne der DAF" erhielten, mit der die NS-Musterbetriebe prämiert wurden, gingen die Bestrebungen der deutschen Werksleitungen sowie der DAF-Führung in Luxemburg dahin, die einzelnen Betriebe nach den Grundsätzen der nationalsozialistischen Betriebsverfassung auszurichten.[2] Der 1942 veröffentlichte Bildband „Stahl aus Luxemburg. Ein Bildbuch der 'ARBED'", der im Münchener Heinrich Hoffmann-Verlag erschien, illustriert, wie sich Gaupropagandisten zusammen mit der ARBED-Generaldirektion darum bemühten, den Konzern nach NS-Vorstellungen als vorbildlich darzustellen. Die sozialen Einrichtungen der ARBED wurden als „Fürsorge für die Gefolgschaft" und als Beweis für eine „schon früh gepflegte Werksgemeinschaft" dargestellt. Man unterschlug aber, dass werkseitige Familienzulagen, Ausbildungseinrichtungen und Vorsorgeprogramme auf die Gründerfigur des Konzerns zurückgingen und nichts mit nationalsozialistischer Sozialpolitik zu tun hatten.[3]

---

2 Anlässlich eines gemeinsamen Kameradschaftsabends der ARBED-Zentralverwaltung und der Columeta verkündete der stellvertretende Gauobmann Schneider, dass auch die ARBED ein Musterbetrieb werden sollte. Anwesend waren neben den Vertretern von Partei, VdB und DAF der Betriebsführer Félix Chomé sowie der Reichsbeauftragte Bernhuber; vgl. „Verpflichtende Gemeinschaft", in: ETB Nr. 84 (9.4.1941). Bei Betriebsappellen in anderen Luxemburger Unternehmen wurde von DAF-Funktionären regelmäßig das Ziel angekündigt, aus den Betrieben Musterbetriebe zu machen, z.B. bei Kreissparkasse Esch (vgl. ETB Nr. 122 vom 27.5.1941) oder beim Escher Tageblatt (vgl. ETB Nr. 245 vom 20.10.1941).

3 Friedrich Muth/ Lilo Muth/ Kurt Schraudenbach, Stahl aus Luxemburg. Ein Bildbuch der ‚ARBED', München 1942, S. 11–15. Der Band hatte aller Wahrscheinlichkeit nach die Funktion, das Image des Konzerns zu verbessern. Hinter dem Projekt stand der stellvertretende Generaldirektor Franz Schmidt, der 1943 meinte, „die Bedeutung der Eisen schaffenden Industrie Luxemburg [werde] im Altreich ihrer Größe entsprechend nicht immer voll gewürdigt". Als Herausgeber konnte Schmidt den „Bildberichterstatter des Führers" Heinrich Hoffmann gewinnen. Vgl. Schreiben von Franz Schmidt vom 11.9.1943 an Reichsoberrevisor Adolf Baum, in: ANLux CdZ Stiko B-11:693 („Korrespondenz Franz Schmidt M-Z"). Die ARBED galt wegen ihrer Besitzerstruktur bei reichsdeutschen Behörden sowie NS-Politikern als „internationales" bzw. als von französischen und belgischen Kapitalgebern beherrschtes Unternehmen, vgl. Fritz Pflug, Die internationale ARBED, in: Der deutsche Volkswirt Nr. 47 (23.8.1940). Da das Unternehmen schon früh auf soziale Einrichtungen zum Schutz des Arbeiters und seiner Familie gesetzt habe, sei der „Klassenkampf in seinen krassesten Formen (...) dort nicht zum Ausbruch" gekommen, meinten die Autoren. Sie lobten den „Geist der Werkgemeinschaft und Arbeitskameradschaft" und gaben zu verstehen, dass es eine harmonische Zusammenarbeit der Unternehmensführung mit den 1941 in Luxemburg eingeführten nationalsozialistischen Strukturen der DAF und der KdF gebe.

Für die Werksleitungen und die Belegschaften hatte „Arbeiten im Krieg“ unterschiedliche Dimensionen. Für die Luxemburger Direktoren bedeutete das Jahr 1940 eine Umstellung und es begann ein schwieriger Anpassungsprozess, denn es war eigentlich keine Frage, dass man mit den Deutschen kollaborieren müsste. Vielmehr stellte sich die Herausforderung des „Wie“. Wie sollte man mit den deutschen Behörden und Parteidienststellen beziehungsweise den Funktionären der NS-Massenorganisationen zusammenarbeiten? Welche Strategien entwickelten die Betriebsführer und Manager, um mit der neuen Lage umzugehen, vor allem nach der Machtergreifung des Gauleiters? Auf einer anderen Ebene erlebten die Arbeiter und Angestellten die Umwälzungsprozesse. Wie änderte sich ihr Arbeitsalltag in den Büros und den Produktionsbetrieben der Schwerindustrie? Widerstanden sie den Verlockungen, die das Regime in Form von sozialen Dienstleistungen für sie parat hielt?

In der Weltanschauung der Nationalsozialisten ging Arbeiten über reinen Broterwerb hinaus, da es vor allem als Pflichterfüllung für die „Volksgemeinschaft“ gesehen wurde und damit sogar rassistisch konnotiert war. In Luxemburg war für viele Beschäftigte hingegen Arbeit eng mit Druck, Terror und Repression verbunden, vor allem scheint dies in der Schwerindustrie der Fall gewesen zu sein, da es sich hierbei um kriegswichtige Rüstungsbetriebe handelte. „Arbeiten im Krieg“ hieß auch Arbeiten für das „Dritte Reich“. Arbeiten in einem von Deutschland besetzten Land wurde in der NS-Sprache als „Arbeitseinsatz“ bezeichnet und der Begriff meinte, wenn es um „deutsche“ Arbeiter ging, Lenkung und Kontrolle der Arbeitskraft. Arbeiten konnte von den deutschen Parteidienststellen und Behörden auch als Drohung oder Strafe eingesetzt werden. Demnach wurden von Kreisleitern vielfach „Dienstverpflichtungen“ als Sanktionen bei politischem Fehlverhalten ausgesprochen, wobei es noch graduelle Unterschiede zwischen „Dienstverpflichtung“ innerhalb Luxemburgs, nach dem Altreich beziehungsweise „nach dem Osten“ gab.[4] Bei ausländischen Arbeitern, nichtdeutschen Dienstverpflichteten und KZ-Häftlingen war der Ausdruck ein Euphemismus für Zwangsarbeit.[5] Wie reagierten die Menschen darauf? Wie gingen die Arbeiter mit denjenigen um, die während des „totalen Krieges“ unfreiwillig an ihre Seite gestellt wurden, sprich mit den Zwangsarbeitern? Was motivierte diejenigen, die sich zur Kollaboration mit dem Regime entschieden hatten und nun in Werkshallen, Werkstätten und Büros ihre ehemaligen Kollegen überwachten und denunzierten? Dazu werden die Verhaltensmuster einer ganz bestimmten Berufsgruppe, der des Werkschutzes, abschließend untersucht.

4 Siehe z.B. Sanktionen, die der Kreisleiter von Diekirch gegen 18 Mitglieder der Stadtkapelle aussprach; De' Dikrecher Stadmusek, S. 62–67.

5 Vgl. Begriffe „Arbeit“ und „Arbeitseinsatz“, in: Schmitz-Berning, Vokabular des Nationalsozialismus, S. 39f. und 45-48.

Kapitel V.1. Herrschaftspraxis in Luxemburger Industriebetrieben

1. Die ARBED-Generaldirektion und ihre Beziehungen zur Volksdeutschen Bewegung

Es stellte sich im Laufe des Monats Oktober 1940 heraus, dass es zunehmend schwieriger wurde, sich dem politischen Druck der Volksdeutschen Bewegung zu entziehen. Dies galt für die Beamten und Angestellten im Staatsdienst, denen im Weigerungsfalle die Entlassung beziehungsweise die Strafversetzung drohte. In der Privatindustrie wurde klar, dass man früher oder später den Beitrittsantrag ausfüllen müsste, um Problemen aus dem Weg zu gehen. Vor allem an der Konzernspitze der ARBED befasste man sich intensiv mit dem Für und Wider eines Beitritts. Im Oktober 1940 verfasste der Unternehmensjurist Léon Metzler ein juristisches Gutachten, das er am 7. Oktober Maximilian Bernhuber, dem Reichsbeauftragten für die ARBED, in Form eines Memorandums vorlegte, in dem er zu der kritischen Schlussfolgerung kam: „Die Luxemburger müssen sich loyal in die durch die Okkupation geschaffene, völkerrechtlich geregelte Rechtslage fügen. Nun hat aber die von der deutschen Volksbewegung in Luxemburg unternommene „Heim ins Reich“ Propaganda unleugbaren Unwillen im Lande hervorgerufen.“[1]

Vermutlich waren es schließlich Anfragen aus den einzelnen Abteilungen der ARBED, die nur wenige Wochen später den Anlass zum Direktions-Rundschreiben vom 25. Oktober 1940 gaben, das unter dem Titel „Rundschreiben an alle Gefolgschaftsmitglieder der ARBED. Einstellung zum Deutschen Reich und zur Volksdeutschen Bewegung“ in allen ARBED-Werken verbreitet wurde.[2] Das Rundschreiben war nicht von Aloyse Meyer persönlich unterzeichnet, sondern von der Generaldirektion und war somit nach außen als kollegialer Akt der Zentralverwaltung zu verstehen. Das Rundschreiben enthielt Richtlinien, wie sich künftig

---

1 Léon Metzler, Memorandum für Dr. Bernhuber, Beauftragter des Reichs für die Arbed. Auf dessen Wunsch überreicht, in: ANLux AP 4701 (Mappe B). Siehe Art. 45 der Internationalen Übereinkunft betreffend die Gesetze und Gebräuche des Landkriegs (1899), die auch von Luxemburg unterzeichnet worden war: „Es ist verboten, die Bevölkerung eines besetzten Gebietes zu zwingen, der feindlichen Macht den Treueid zu leisten.“ (http://www.legilux.public.lu/leg/a/archives/1901/0052/a052.pdf, Abruf: 24.5.2018). Der Jurist Léon Metzler (1877-1954) hatte in Heidelberg, Berlin und Paris studiert. Vor dem 1. Weltkrieg war er Abgeordneter der sozialistischen Partei. 1918 wurde er Direktor der ARBED-Rechtsabteilung. Ende Dezember 1941 musste Léon Metzler den Konzern verlassen.

2 Vgl. Abschrift in der Akte des ehemaligen COLUMETA-Direktors Jean-Baptiste Henckes: ANLux Jt 211.

jedes „Gefolgschaftsmitglied" der ARBED zu Deutschland und zur VdB verhalten sollte, ohne dass die Generaldirektion aber direkt vorschrieb, dass man der Organisation beitreten solle: „Wenn wir in folgendem einige Richtlinien dazu geben, so entbinden diese keinen von der Verantwortung, die jeder mündige Mensch selbst zu tragen hat. Uns kommt es vielmehr darauf an, lediglich die Gesamthaltung des Gefolgschaftsmitgliedes zu bestimmen, die es kraft seiner Zugehörigkeit zur ARBED einzunehmen hat." Wer die Ziele der VdB, nämlich den Anschluss an das Reich, „vorbehaltlos„ unterstützen wolle, könne dann aus eigenem Entschluss der VdB beitreten. Alle anderen, so die Bekanntmachung, hätten „zum allermindesten die Pflicht, sich absolut einwandfrei zu verhalten [...] und die gegebenen Anordnungen gewissenhaft zu erfüllen." Was das Verhältnis zur VdB anbelangte, so rief die Generaldirektion hier zu loyalem Verhalten auf: „Zur Loyalität gehört auch volle Respektierung der Bestrebungen der Volksdeutschen Bewegung, die die ausdrückliche Billigung des Chefs der Zivilverwaltung gefunden hat." Was das VdB-Abzeichen anbelangte, wurde den VdB-Mitgliedern das Tragen im Betrieb erlaubt, da ihnen dies vorgeschrieben war. Gleichzeitig wurden Äußerungen politischen Charakters, „die irgendwie als Stellungnahme gegen Deutschland gewertet werden können" formell untersagt, sowohl innerhalb wie außerhalb des Betriebs. Wer sich nicht an diese Friedenspflicht halten sollte, hatte mit Konsequenzen zu rechnen, wie das Rundschreiben allen Mitarbeitern deutlich einschärfte: „Abschließend machen wir darauf aufmerksam, dass irgendwelche im Dienst über Deutschland oder die Volksdeutsche Bewegung gemachte missliebige Äußerung, unbeschadet der Ahndung durch die deutschen Behörden gemäß den vom Chef der Zivilverwaltung erlassenen Vorschriften, entsprechende Maßregelung herbeiführen wird. Die Arbeit im Betriebe muss ausschließlich dazu dienen, die der ARBED gestellten großen Aufgaben zu erfüllen und nicht dazu, um dabei den Arbeitskameraden politisch gegen Deutschland zu verhetzen." Auch wenn sich der Inhalt des Rundschreibens formell gesehen mit betriebsinternen Angelegenheiten befasste, die nicht an die Öffentlichkeit gelangten, so muss die Signalwirkung gewaltig gewesen sein. Tausende Arbeiter erfuhren auf diese Weise, dass ihr Arbeitgeber, der größte des Landes, damit den Weg der wirtschaftlichen und politischen Kollaboration eingeschlagen hatte.[3]

---

3 Félix Chomé, Ma déposition au sujet de M. Meyer (27.6.1945), in: ANLux AP 4701 Aloyse Meyer (Mappe B). Stellt sich noch die wichtige Frage nach der Autorenschaft des Rundschreibens vom 25. Oktober 1940. Glaubt man der Aussage des beigeordneten Generaldirektors Félix Chomé, so war der Reichsbeauftragte Maximilian Bernhuber der Urheber. Bernhuber habe mehrere Fassungen des Rundschreibens vorgelegt, die aber alle von Meyer und Chomé abgelehnt wurden. Darauf ließ Bernhuber das Rundschreiben auf eigene Faust verteilen und in den Werken zum Aushang bringen. Siehe Rundschreiben an alle Gefolgschaftsmitglieder der ARBED betr. Einstellung zum Deutschen Reich und zur Volksdeutschen Bewegung, in: ANLux ARBED Schifflange 04-0014 („Innere Verwaltung 1939-42").

Durch das Rundschreiben vom 25. Oktober 1940 wurden den nationalsozialistischen Organisationen, allen voran der Volksdeutschen Bewegung und ihren Funktionären, die Werkstore der ARBED geöffnet.[4] Das Rundschreiben hatte eine verheerende Auswirkung auf die Moral der Belegschaft. Unnachgiebig kontrollierten in der Folge Betriebsobmänner und andere DAF-Funktionäre die Beachtung des Rundschreibens. Wer im Dienst das VdB-Abzeichen nicht trug, den Gebrauch der deutschen Sprache verweigerte oder den deutschen Gruß nicht erwiderte, wurde in einzelnen Abteilungen massiv unter Druck gesetzt und hatte mit Benachteiligungen aller Art zu rechnen. Trotzdem zeigten sich viele davon unbeeindruckt. Zwar wurde man Mitglied der Bewegung oder einer anderen Gliederung, aber dies ohne innere Überzeugung. Noch Jahre später erinnerten sich viele ARBED-Mitarbeiter an die Stellungnahme ihrer Generaldirektion; ein Arbeiter meinte 1945: „Sollen wir denn immer die Dummen dabei sein, die Dicken verschaffen sich hierdurch einen besseren Lohn sowie eine bessere Stellung und wir haben dann das Nachsehen, wenn wir nicht nachgeben. Hierdurch wurde unsere Resistenz vollständig in den Betrieben erstickt."[5] Außerhalb des Unternehmens verbreitete sich die Nachricht über das Umfallen der ARBED in Windeseile. In seinem Kriegstagebuch notierte empört der Luxemburger Arzt François Delvaux: „Die Tatsache, dass der Vorstand unsrer Eisenindustrie sich gleich von Anfang an den Deutschen anschloss und in corpore der volksdeutschen Bewegung beitrat, hat uns alle recht peinlich berührt

4 „Betriebsappell auf der Hütte ‚Hadir' in Differdingen", in: LW Nr. 297 (23.10.1940), „Der Mensch im Vordergrund allen Lebens", in: LW Nr. 321/322 (16./17.11.1940) und „Betriebsappell", in: LW Nr. 323 (18.11.1940). Der erste Betriebsappell der Zentralverwaltung fand erst im Februar 1941 statt, vgl. „Betriebsappell in der Arbed-Zentralverwaltung", in: LW Nr. 36 (12.2.1941). Wie bei den anderen ARBED-Abteilungen nahm auch hier der Betriebsführer an der Propagandaveranstaltung teil. In diesem Fall war es Generaldirektor Aloyse Meyer, der den Betriebsappell eröffnete. Meyer selbst wartete nach eigenen Angaben bis zum 4. November 1940, bevor auch er den Aufnahmeantrag für die VdB unterschrieb. Er tat dies erst, nachdem er sich mit Verwaltungsratsmitgliedern in Luxemburg, Brüssel und Paris abgesprochen hatte, die ihm einmütig rieten, der Aufforderung „dans l'intérêt de la Société et du pays" nachzukommen, so Direktor Hector Dieudonné, vgl. Hector Dieudonné, Témoignage au sujet de l'attitude de Mr. Aloyse Meyer pendant l'occupation (26.5.1945), in: ANLux AP 4701 Aloyse Meyer (Mappe B). Meyer schwankte, dachte über einen Rücktritt nach, ließ sich dann von seinen Mitarbeitern während einer Direktorenkonferenz dazu überreden, auf seinem Posten zu verbleiben. Alle waren der Auffassung, dass es dem Unternehmen nur dienlich sei, wenn Luxemburger an der Spitze des Konzerns verblieben. Patriotismus und Pflichtgefühl schlössen aus, dass man einen Leitungsposten aufgab. Deshalb traten die Direktionsmitglieder geschlossen der VdB bei, so zumindest die spätere Aussage von Félix Chomé. Félix Chomé, Ma déposition dans l'enquête au sujet de M. Meyer (27.6.1945), in: ANLux AP 4701 Aloyse Meyer (Mappe B). Vgl. Chomé, Un demi-siècle d'histoire industrielle, S. 352.

5 Aussage des Arbeiters Dominik Raum im Jahre 1945, in: ANLux AP 4701 Aloyse Meyer (Mappe A).

und hat manchen Luxemburger der VdB zugesteuert, der sich von oben herunter beeinflussen ließ, besonders da jede politische Führung bei uns fehlte. Wir hatten doch etwas mehr Rückgrat von diesen Herren erwartet."[6] Das Rundschreiben führte zu einem Vertrauensverlust in die Konzernführung, die nun in weiten Teilen der Belegschaft wie auch der Luxemburger Bevölkerung der Kumpanei mit dem Besatzer verdächtigt wurde.[7] Hinzu kam, dass sich später ARBED-Direktoren wie Nicolas Schock von der NS-Propaganda benutzen ließen.

1.1. Das Verhältnis zwischen ARBED-Werken und den Parteidienststellen

Auf allen Ebenen der Unternehmensstruktur ergaben sich mit der deutschen Besetzung und vor allem mit der Machtübernahme des Gauleiters eine Reihe praktischer Fragen. Wie sollte man als Unternehmer, Manager, Direktor oder Betriebschef mit den Einmischungsversuchen des Parteiapparates umgehen? Wie weit musste man sich mit den lokalen Parteibonzen einlassen, um das Unternehmen und dessen Mitarbeiter vor Eingriffen oder Schikanen zu schützen? Gab es Möglichkeiten, sich die Partei vom Halse zu halten?

Am Beispiel des ARBED-Unternehmens lässt sich die schwierige Gratwanderung zwischen Kollaboration und Verweigerung nachvollziehen. Die generelle Strategie des Unternehmens war es wohl, soweit wie möglich die Kontrolle über die innerbetrieblichen Vorgänge zu behalten und die Einmischungsversuche der Parteifunktionäre zu begrenzen. Die Vertreter der deutschen Zivilverwaltung und der verschiedensten nationalsozialistischen

---

6 Franz Delvaux, Luxemburg im zweiten Weltkrieg 1940-1944. Ein Kriegstagebuch, Luxemburg 1945, S. 41. Delvaux verweist auf das einzige Gegenbeispiel. Der Kayler Industrielle Henri Massard sei als einziger dem „Luxemburgertum treu geblieben" und deshalb ins Konzentrationslager gebracht worden. Massard war der Schwager von Delvaux. Eine ähnliche Anmerkung, in der den „meisten Herren vom obersten Gerichtshof" das gleiche Versagen vorgehalten wurde, findet sich auf S. 93. Delvaux, der die Bearbeitung seines Kriegstagebuchs unmittelbar nach der Befreiung abgeschlossen hatte, vermied es, Namen zu nennen und sprach vom Hinüberschwenken der „markantesten Leiter unserer Eisenindustrie", das die „ganze Bevölkerung" beeinflusst habe.

7 Siehe Aussage von Denis Netgen, der Generaldirektor Meyer vorwarf, seine Untergebenen nicht davon abgehalten zu haben, die Arbeiter in Massen in die DAF und in die VdB dirigiert zu haben: „Die allgemeine Tendenz der Arbeiterschaft war aber damals so, dass jeder Vorgesetzte darauf drängte, die Arbeiter zu veranlassen der Bewegung beizutreten. Die Situation war damals, dass die höchsten Vorgesetzten aller Verwaltungen, sowohl der Staats- als auch der Gemeindeverwaltungen, diesem Judasklub beigetreten waren", vgl. Bericht der Sûreté vom 16.8.1945 an die Staatsanwaltschaft in der Angelegenheit Meyer Aloys, Generaldirektor der Arbed, in: ANLux AP 4701 (Mappe A).

Organisationen waren es allerdings nicht gewohnt, dass sich jemand ihren politischen Wünschen entgegensetzte, und reagierten recht ungehalten, wenn sich die Betriebs- und Unternehmensleiter des ARBED-Konzerns ihnen nicht bedingungslos unterordneten. Für die Luxemburger waren die Einmischungstendenzen des NS-Regimes eine neue und unerfreuliche Erfahrung. Bis dato hatten die Luxemburger Regierungen zwar in sozialpolitischen Fragen regulierend eingegriffen, sich aber stets davor gehütet, die unternehmerische Autonomie der Großkonzerne anzutasten.

Ob der Umgang mit den deutschen Dienststellen des Chefs der Zivilverwaltung sowie der Partei das Ergebnis einer rationalen Entscheidung der Unternehmensführung beziehungsweise des Generaldirektors war, bleibt offen. Aber die Luxemburger Generaldirektion war in den ersten Monaten der Besetzung bemüht, in einer Art Pendeltaktik behutsam auf die Wünsche und Forderungen der Deutschen einzugehen, ohne die Entscheidungskompetenz komplett aus der Hand zu geben. Das Taktieren begann damit, dass die Zentralverwaltung in der Hauptstadt darauf bedacht war, genau über alle Vorgänge in den einzelnen ARBED-Werken informiert zu sein. Schon im Herbst 1940 legte die Zentrale fest, dass sämtliche Mitteilungen an deutsche Dienststellen in der Hauptstadt (dazu zählten in erster Linie die Abteilungen des CdZ, aber wohl auch militärische und andere zivile Dienststellen, die sich in Luxemburg niedergelassen hatten) über die Generaldirektion laufen müssten. Etwas anders wurden die Beziehungen der Werksleitungen zu den örtlichen Dienststellen geregelt. In diesen Fällen wünschte die Zentralverwaltung einen Bericht, bevor man mit Dienststellen „in Fühlung“ treten oder irgendwelche Anfragen beantworten durfte, außer in Angelegenheiten von absolut untergeordneter Priorität. Über sämtliche Vorgänge, die nicht rein innerbetrieblicher beziehungsweise technischer Art waren, musste das Direktionssekretariat unterrichtet werden, sodass Generaldirektor Meyer und dessen rechte Hand Félix Chomé theoretisch über alles auf dem Laufenden waren, zumindest in der Anfangszeit der Besetzung und bevor deutsche Direktoren in das ARBED-Verwaltungsgebäude einzogen.[8]

1.2. Die Rolle der Betriebe in der Rekrutierungsphase der Deutschen Arbeitsfront

In den vorherigen Kapiteln standen Genese und Dynamik, Struktur und Funktion der DAF im Fokus. Wie die DAF in den Betrieben vorging, illustriert das Beispiel des ARBED-Konzerns. Überall – ob in kleinen oder großen Unternehmen – war die DAF auf die Betriebsführer angewiesen, die mehr oder weniger bereitwillig kollaborierten oder zumindest die Aktivitäten der NS-Funktionäre tolerierten. Anfang

8 Rundschreiben von Direktor Schock betr. Briefverkehr mit den deutschen Dienststellen (15.10.1940), in: ANLux ARBED Belval 14449 (Mappe „Winterhilfswerk u. D.R.K.“).

1941 wurde die arbeits- und sozialrechtliche „Betreuung“ der Arbeiter – so die Sprachregelung der Deutschen – auf die Amtswalter der DAF übertragen. „Jegliche Tätigkeit der Verbände (mit Ausnahme der Beitragskassierung) ist damit stillgelegt“, so lautete etwa die Bekanntmachung im Schifflinger Werk, die von Betriebsobmann und Direktor unterzeichnet wurde.[9] Auch ähnliche, politisch gefärbte Mitteilungen trugen in der Regel zwei Unterschriften, womit die tatsächliche oder vermeintliche Zusammenarbeit zwischen Direktion und NS-Organisation eine von der Partei gewollte Publizität erhielt.

Die Rolle der ARBED-Direktionen bei der Einführung der Deutschen Arbeitsfront blieb diffus. Die „Werbeaktion“, so eine Aktennotiz der Direktion von ARBED-Belval, wurde zwar von Betriebsobmann Dedden durchgeführt, durch die Betriebsführung aber „lediglich unterstützt und kontrolliert.“ Immerhin stellte ARBED-Belval der DAF Anfang 1941 vier Angestellte und einen Arbeiter zur Verfügung, damit die Arbeitsfront den bürokratischen Aufwand bei der Erfassung der Aufnahmeanträge sowie der Einziehung der Gebühren überhaupt bewältigen konnte. Ob diese Beteiligung freiwillig oder auf Druck der Zivilverwaltung zustande kam, lässt sich nicht nachprüfen, aber den meisten Luxemburger Arbeitern und Angestellten mochte diese Kollaboration seltsam vorgekommen sein.[10] Ein beeindruckender Propagandaeinsatz, aber vor allem massiver Druck hatten die Arbeiter und Angestellten dazu gebracht, ihre Mitgliedschaft zu erklären. Vor der Aufnahmeaktion waren auf Rothe Erde lediglich 20 von 749 aufnahmefähigen Personen der DAF beigetreten, auf Belval 109 von 3.004. Die Auslandsorganisation der DAF hatte 133 Mitglieder in Luxemburg rekrutieren können, sodass man auf Belval-Rothe Erde etwas mehr als 250 „Freiwillige“ in der DAF hatte. Durch die Aufnahmeaktion stieg die Zahl der DAF-Mitglieder rasant an und bis April 1941 wurden fast 4.000 Personen aufgenommen (3.517 Arbeiter und 402 Angestellte). Die Zahl der Verweigerer, die partout nicht der DAF beitreten wollten, blieb erstaunlicherweise verschwindend gering. Auf Rothe Erde hatte kein einziger die Mitgliedschaft verweigert, auf Belval waren es nur um die 30, die zunächst keinen Aufnahmeantrag ausfüllen wollten. Im Juli 1941 waren bei einer Gesamtbelegschaft von 4.332 Personen alle 425 Angestellten in der DAF, lediglich bei den Arbeitern gab es einige wenige Verweigerer beziehungsweise Personen, die man nicht erfassen konnte oder durfte. 3.872 von 3.907 Arbeitern waren der DAF beigetreten, im August waren es bereits 3.895 von 3.911. Nichtmitglieder waren die Ausnahme. Im August 1942 waren dies 19 Personen, von denen sechs als polnische Staatsangehörige zur Mitgliedschaft gar nicht zugelassen waren.[11]

---

9 Bekanntmachung des Betriebsführers und des Betriebsobmanns vom 5.2.1941, in: ANLux ARBED Schifflange 14827 („Kreisleitung an ARBED-Schifflingen“).

10 Aktennotiz, vermutlich von Direktionssekretär Pierre Schleimer, von Februar oder März 1941, in: ANLux ARBED Belval 14433 („Deutsche Arbeitsfront (DAF). Mitgliedschaften“).

11 Aufstellung der Aufnahme-Erklärungen in die DAF (von Direktor Schock am 5.3.1941 an die ARBED-Zentralverwaltung übermittelt); Schreiben von Direktor Schock vom

Tab. 20: DAF-Mitglieder (Arbeiter und Angestellte) im Werk ARBED-Belval (1941–1943).

	Arbeiter	in der DAF	Angestellte	in der DAF
1941	3911	3895	428	425
1942	3874	3855	433	433
1943	4510	4493	491	491

Quelle: ANLux ARBED Belval 14433 (Mappe „DAF-Mitgliederbeiträge-Nachweis", 1941–1944)

Belval war kein Einzelfall, denn ähnliche Zahlen sind für das Werk von Schifflingen überliefert, auch wenn die Zahl der Verweigerer hier etwas höher lag. Anfang September 1941 stellte der Betriebsobmann fest, dass 56 Gefolgschaftsmitglieder die Unterschrift verweigerten, davon hätten 30 bei der Aufnahmeaktion ihr Desinteresse mitgeteilt, die übrigen 26 die Annahme der Mitgliedskarte zurückgewiesen.[12] Die gut organisierte systematische Erfassung durch die DAF-Funktionäre, die Mitarbeit des Lohnbüros und des Werksekretariats erklären diesen durchschlagenden Erfolg.

Für das Regime waren solche Zahlen wichtige Signale, da man gerade in Bezug auf die Beherrschung der ARBED unter einem gewissen Erfolgsdruck stand. Denn die ARBED war mehr als nur wichtigster Arbeitgeber im Industriegebiet; der Konzern war in sozialen Fragen ein vorbildlicher Betrieb, sodass das Unternehmen im Kalkül der DAF und der Gauleitung eine besondere Rolle spielte.[13]

Nach außen zumindest waren die Unternehmen an der Aufnahmeprozedur beteiligt und ließen sich bei der Erfassung der Verweigerer einspannen. So verzeichnete das Belvaler Lohnbüro im April 1941, dass von sämtlichen Mitarbeitern lediglich 31 ihre Mitgliedschaft in der DAF verweigert hatten. Die Strategie der DAF, die Personalabteilungen und Lohnbüros einzuspannen, hatte einen gewissen Erfolg, da man nahezu lückenlos sämtliche Arbeiter und Angestellten des Werks erfassen konnte. Nur bei sieben Personen, die wegen Krankheit fehlten, blieb die Frage der Mitgliedschaft offen. Akkurat stellte das Sekretariat eine Liste der

---

9.4.1941 an die Kreiswaltung der DAF betr. DAF-Aufnahmeaktion; Notiz des Lohnbüros (30.4.1941), in: ANLux ARBED Belval 14433.

12 Liste der der DAF noch nicht beigetretenen Gefolgschaftsmitglieder (2.9.1941), in: ANLux ARBED Schifflange 14827 („Kreisleitung an ARBED-Schifflingen").

13 Aussage von Gausozialwart Schneider: „Kaum aber haben es führende Persönlichkeiten der Wirtschaft Luxemburgs, die immerhin gewisse Erfolge aufwiesen, verstanden Sozialpolitik und Wirtschaftspolitik miteinander zu verbinden. Die ‚Arbed' nimmt vielleicht eine Sonderstellung ein. Und das ist es auch, was ihre bisherige Haltung auszeichnet." Vgl. Hanns Schneider, Eine grundsätzliche Aufklärung: Arbeiter und Angestellte gehören zusammen, in: NBL Nr. 46 (24.2.1941).

Arbeiter zusammen, die sich anlässlich der großen Werbungs-Aktion vom 28. Februar 1941 verweigert hatten, und suchte die Schichtzeiten heraus, damit die DAF-Funktionäre weiter auf die Widerspenstigen einwirken konnte. Im Mai verstärkte sich der Druck auf diese kleine Minderheit. In einem Rundschreiben wies die DAF-Kreiswaltung von Esch-Alzette Direktor Nicolas Schock auf dessen Verantwortung als Betriebsführer hin, da immer noch einige Mitarbeiter ihre Mitgliedschaft nicht beantragt hätten. Der drohende Ton war unmissverständlich:

> „Es wäre bedauerlich, wenn Sie als Betriebsführer sich wegen einzelner Querulanten die hieraus entstehenden Folgen zuzuschreiben hätten. Es geht nicht an und verstößt gegen den Gemeinschaftsgedanken, dass 99% bereit sind mitzuarbeiten und auf der andern Seite sich 1% dagegen stellen. Dies können wir schon gegenüber dem Großteil des schaffenden Volkes nicht zulassen. Alle haben, genau wie im Altreich schon einheitlich zu marschieren."[14]

Schock wurde ein Ultimatum gestellt. Bis Ende Mai 1941 habe er Zeit, dafür zu sorgen, dass 100 Prozent der Beschäftigten erfasst würden. Die Drohungen und die Angst des Direktors vor Konsequenzen zeigten einen gewissen Erfolg und bis Mitte Juni erklärten sich 19 Mitarbeiter nachträglich zur Mitgliedschaft bereit, während 14 erklärten, der DAF beitreten zu wollen, aber „sich jedoch z. Zt. noch nicht zum Beitritt zur VdB" entschließen konnten. Zwei Belval-Mitarbeiter konnte man nicht erreichen, darunter einen, der in Deutschland in Untersuchungshaft saß.[15] Direktor Schock handelte zwar unter Druck, aber keinesfalls eigenmächtig. Wie er es gewohnt war, informierte er seine Generaldirektion über jeden Schritt, der irgendwie mit politischen Fragen zusammenhängen könnte. Die Anweisungen seiner Vorgesetzten sind zwar nicht überliefert, aber zweifellos wurde seine Handlungsweise von der Generaldirektion gedeckt.

Das Beispiel der Eingliederung der Belvaler Belegschaft in die DAF zeigt auch, wie stark die NS-Organisationen beziehungsweise wie schwach die Position der Luxemburger Verantwortlichen waren. Nachdem sämtliche Gefolgschaftsmitglieder erfasst wurden, ging es darum, die Beiträge zur DAF einzutreiben. Hier teilte die Kreissachwaltung der DAF dem Sekretariat lapidar mit, dass die „sofortige Anlegung der Hebelisten für die Beitragsentrichtung zur DAF gewünscht wird". Direktionssekretär Schleimer notierte, dass ihm von der DAF der „Auftrag erteilt" wurde, die entsprechenden Schritte zu unternehmen.[16] Im weiteren Verlauf sollte

---

14 Schreiben (Rundschreiben) der Kreiswaltung Esch vom 17.5.1941 an ARBED-Belval betr. DAF-Mitgliedschaft Ihres gesamten Betriebes, in: ANLux ARBED Belval 14433.

15 Aktennotiz vom 16.6.1941 betr. Rundschreiben vom 17.5.1941, in: ANLux ARBED Belval 14433.

16 Aktennotiz Schleimers vom 9.5.1941, in: ANLux ARBED Belval 14433. In einem Rundschreiben vom 26.5.1941 stellte die DAF-Kreiswaltung Esch klar, dass alle Beschäftigten eines Betriebes Mitglied sein mussten. Sollte dies nicht der Fall sein, habe die Aufnahme „umgehend" stattzufinden.

sich herausstellen, dass es keinerlei Möglichkeit mehr gab, sich der DAF zu entziehen. Im Juni 1941 informierte die NS-Organisation in einem Merkblatt ihre Luxemburger Mitglieder, dass die Beitragspflicht für sämtliche Arbeitnehmer galt, auch für diejenigen, die überhaupt nicht in der DAF waren. So kassierte die Massenorganisation die Beiträge so ein, als ob hundert Prozent der Belegschaften beigetreten wären. In den Betrieben wie auch über die Presse wurden die Mitglieder der DAF aufgefordert, die Mitgliedsunterlagen der „früheren Luxemburger Verbände und Gewerkschaften“ abzugeben, Voraussetzung um die neuen DAF-Mitgliedsbücher zu erhalten und vor allem um keine erworbenen Ansprüche zu verlieren. Die DAF machte Druck auf die ehemaligen Gewerkschaftsmitglieder, die Umschreibung möglichst schnell vorzunehmen.[17] Am 1. Dezember 1941 begann man, die alten Mitgliedsbücher einzuziehen beziehungsweise die neuen roten DAF-Mitgliedsbücher auszustellen. Es zeigte sich aber, dass es zahlreiche Arbeiter und Angestellte gab, die ihren alten Verbänden treu blieben. Sie verweigerten nämlich die Herausgabe ihrer alten Mitgliedsbücher.[18]

Die Betriebsleitungen fungierten gewissermaßen als Transmissionsriemen. Die Betriebsführer mussten in Bekanntmachungen und Mitteilungen ihrem leitenden Personal beziehungsweise den Beschäftigten die Anweisungen der DAF mitteilen, obwohl es sich bei der DAF lediglich um eine parteieigene, d.h. nichtstaatliche Organisation handelte, die formal keinerlei Weisungsbefugnis gegenüber einem Privatbetrieb hatte. Im nationalsozialistischen Staat waren aber diese Grenzen zwischen Staat und Partei aufgehoben. Anfangs bemühte sich der Luxemburger Direktor des Werkes Belval Nicolas Schock in seinen Mitteilungen und Bekanntmachungen deutlich zu machen, dass die politischen Anordnungen von oben kamen. „Wir wurden gebeten, unserer Gefolgschaft zur Kenntnis zu bringen ...“ hieß es im Februar 1941 in einer Ankündigung an die Belvaler Belegschaft über die bevorstehenden Aufklärungsversammlungen der DAF. Gemeinsam mit DAF-Betriebsobmann Dedden musste Direktor Schock in seinem Werk sogar die „Aufklärungsversammlungen“ der DAF in den einzelnen Escher Ortsgruppen ankündigen und ausdrücklich die dort wohnenden Gefolgschaftsmitglieder zur Teilnahme

17 „An die Mitglieder der DAF“, in: LW Nr. 322 (20.11.1941). Auch die Mitglieder der Auslandsorganisation der DAF wurden erfasst.

18 Die Abgabefrist musste man später bis zum April 1942 verlängern. Vgl. Bekanntmachung von Direktor Schock betr. DAF-Mitgliedschaften (24.11.1941) und Bekanntmachung von Betriebsobmann Palmer (11.4.1942), in: ANLux ARBED Belval 14433. Nach dem Krieg konnten Gewerkschaftsmitglieder, die ihre Mitgliedsbücher abgegeben hatten, ihre alten Ansprüche nicht mehr geltend machen, z.B. in den Sterbekassen der Gewerkschaften. ARBED-Belval gab deshalb auf Anfrage die alten DAF-Mitgliedsbücher, die noch in den Archiven lagen, heraus; vgl. Schreiben Paquets vom 3.10.1947 an die Zentralverwaltung, in: ANLux ARBED Belval 14433 (Mappe „Deutsche Arbeitsfront. Mitgliedschaften“).

auffordern.[19] Die ARBED-Verwaltung musste sich ebenfalls an der Zerschlagung der Gewerkschaften beteiligen. Die Umschreibung der Unterlagen der ehemaligen Gewerkschaftsmitglieder auf die DAF wurde von der Werksverwaltung bekanntgegeben und durchgeführt. Ganz selbstverständlich wurden die DAF-Beiträge in Höhe von 0,60 Reichsmark monatlich vom Lohnbüro eingezogen. Waren ARBED-Mitarbeiter beim RAD oder in der Wehrmacht, zahlte der Betrieb die Beiträge weiter.[20]

Für die ARBED-Generaldirektion war die innerbetriebliche Organisation der einzelnen Abteilungen nach nationalsozialistischen Grundsätzen ungewohnt. Die politischen Mitgestaltungsmöglichkeiten der Direktion waren sehr beschränkt. Es war der Betriebsobmann der Luxemburger Zentralverwaltung, Otto Kanis, in dessen Händen die Betriebsorganisation lag und der diese straff führte. Bei einer der ersten Sitzungen der Amtswalter im Mai 1941 verkündete Kanis in Luxemburg-Stadt: „Wenn die ARBED schon früher tonangebend war, so ist sie jetzt noch mehr verpflichtet, vorbildlich vorzugehen." Kanis unterstand in der Betriebsorganisation zwar formell dem Betriebsführer Félix Chomé, verstand sich aber als eine Art Disziplinierungsinstanz. Er ermahnte die Mitarbeiter der Zentralverwaltung zur Pünktlichkeit; Toilettenräume dürften nicht zum Rauchen, Zeitungslesen oder für politische Diskussionen benutzt werden. Der Betriebsobmann setzte sich insbesondere für das Tragen des VdB-Abzeichens ein. Vor allem im Sommer 1940 hatte es einen Krieg der Abzeichen ("Spéngelskrich") gegeben. Hier standen auf der einen Seite die Träger des VdB-Abzeichens mit der Inschrift „Heim ins Reich", auf der anderen die Anhänger einer populären Gegenbewegung, die sich Abzeichen mit patriotischen Symbolen an die Kleidung hefteten, um so dem Protest gegen die Eindeutschungspolitik Ausdruck zu verleihen. 1941 wagte zwar keiner mehr, solche Abzeichen der Unabhängigkeit offen zu tragen, aber viele verweigerten das Tragen des VdB-Abzeichens. Diese Auseinandersetzung wurde bis in die Betriebe hineingetragen. Einige „Unentwegte und Unverbesserliche", so Betriebsobmann Kanis, unterließen es, das Abzeichen auf ihrer Arbeitsstelle zu tragen: „Die Blockwarte sollen diese Leute über das Ungebührliche dieser Haltung aufklären. Es muss einmal offen gesagt werden, dass die ARBED in politischer Beziehung, was die Gefolgschaft anbelangt, nicht den allerbesten Ruf genießt. Alle sollen mithelfen, diesen Makel aus der Welt zu schaffen."[21] Verschärfte Kontrollen und Ermahnungen brachten aber nur einen mäßigen Erfolg und Kanis musste bedauernd feststellen,

19 Bekanntmachung der Direktion betr. DAF (o.D.), in: ANLux ARBED Belval 09409. Bekanntmachung des Direktors und des Betriebsobmanns betr. DAF (20.2.1941), in: ANLux ARBED Belval 14433.

20 Bekanntmachung betr. DAF-Mitgliedschaften (24.11.1941), in: ANLux ARBED Belval 09409.

21 Sitzungsbericht der DAF (Betriebsorganisation Zentralarbed-Columeta) vom 14.5.1941, in: ANLux ARBED Zentralverwaltung (DAF 21). Zum „Spéngelskrich", vgl. Paul Dostert, La résistance luxembourgeoise, in: Ons Stad Nr. 71 (2002), S. 14–15.

dass die ARBED-Mitarbeiter das Abzeichen nur in ihrer Dienstzeit trugen und es abnahmen, sobald sie einen Fuß vor das Verwaltungsgebäude setzten.[22]

1.3. Spendenpraxis der Betriebsführer

Das Regime wollte alle Teile der Luxemburger Bevölkerung in die NS-Propagandamaschinerie einbinden. Die Parteidienststellen setzten gerade in der Anfangszeit der Besatzungsperiode auf wichtige Persönlichkeiten aus dem öffentlichen Leben. So erging im Oktober 1940 die Aufforderung an alle Betriebsführer, sich an den ersten Aktionen des Kriegswinterhilfswerks zu beteiligen. Sie wurden nicht eingeladen, sondern ziemlich barsch „beauftragt", sich zusammen mit den Präsidenten des Arbeiterausschusses beziehungsweise der Beamtendelegation „dem Kriegswinterhilfswerk als ehrenamtliche Sammler (...) zur Verfügung zu stellen." Ob alle ARBED-Direktoren oder ARBED-Personalvertreter tatsächlich an den propagandaträchtigen Veranstaltungen 1940 teilgenommen haben, ist nicht gesichert, auch wenn die Presse dies so in ihrer Berichterstattung suggerierte. Vermutlich hielten sich Prominente und wichtige Persönlichkeiten aus dem Wirtschaftsleben zunächst zurück oder schickten die Mitglieder der Arbeiter- und Angestelltenvertretung vor.[23] Im Januar 1941 kam eine erneute Aufforderung zur Teilnahme an den WHW-Straßensammlungen mit einer Bitte um Unterstützung der Aktion, deren Ton aber weitaus freundlicher war als noch im Oktober 1940. Möglicherweise gaben sich die Verantwortlichen der WHW-Sammlungen damit zufrieden, dass die Betriebsführer ihre Belegschaft in Dienstanweisungen, Rundschreiben und Bekanntmachungen auf die Sammlungen aufmerksam machten und aufforderten, ihren Verhältnissen entsprechend zu spenden. Mit dem Überweisen von größeren Spendenbeträgen versuchte die ARBED-Konzernleitung schon 1940/41, die vielen lästigen Einzelspendenanträge abzuwehren, ohne Erfolg, da sich trotzdem immer wieder eifrige Funktionäre bei den einzelnen Direktionsbüros einfanden. Um vor allem die Deutsche Arbeitsfront nicht zu verärgern, wurden weiterhin Spenden aus den Werkskassen bezahlt. Die Großzügigkeit der Betriebsführer hatte freilich noch eine andere Ursache. Zahlte man mehr oder weniger freiwillig, konnte man sich vom Einsatz als WHW-Sammler gewissermaßen „freikaufen" und vermied so peinliche öffentliche Auftritte.[24]

---

22 Sitzungsbericht der 3. Arbeitssitzung der Amtswalter vom 23.6.1941, in: ANLux ARBED Zentralverwaltung 21 (DAF).

23 NSDAP-Kreis Luxemburg-Land an alle Betriebsführer der Betriebe über 20 Mann Gefolgschaft betr. 2. Reichsstraßensammlung zu Gunsten des KWHW in Luxemburg am Samstag, dem 19. und Sonntag, dem 20. Oktober 1940, in: ANLux ARBED Belval 14449 (Mappe „Winterhilfswerk u. D.R.K."). Vgl. Bericht über „Die 2. Reichsstraßensammlung des Winterhilfswerkes in Luxemburg", in: LW Nr. 293/294 (19./20.10.1940).

24 Diese Interpretation ließ ein DAF-Rundschreiben 1941 durchblicken, als die Betriebsführer des Kreises Esch sich für zwei Stunden als Sammler zur Verfügung stellen sollten. Die Aufforderung war verbunden mit dem Hinweis auf eine Möglichkeit

In der Folge verstanden es die Unternehmen, sich die sammelwütigen Deutschen und ihre Luxemburger Helfershelfer vom Halse zu halten. Einer Spendenanfrage der Escher Polizei konnte der Direktor von Belval nach Rücksprache mit der ARBED-Zentralverwaltung einen abschlägigen Bescheid erteilen; da der ARBED-Konzern bereits eine namhafte Summe für alle Abteilungen und Werke gespendet habe, erübrigten sich weitere Einzelspenden, so die Anweisung aus Luxemburg-Stadt. Es war aber nicht möglich, sich den Anfragen komplett zu verschließen. Im März 1941 wandte sich die DAF-Kreiswaltung Esch mit der Bitte an die Betriebsführer des Kreises, sich für eine zweistündige Sammelaktion zur Verfügung zu stellen. Unter dem Hinweis, dass Betriebssammlungen nicht statthaft seien, bat die DAF-Stelle ersatzweise um eine besondere WHW-Spende. Direktor Schock gab daraufhin die Anweisung, der DAF 300 Reichsmark zu überweisen.[25] Warum ARBED-Generaldirektor Meyer dennoch im März 1941 öffentlich als Sammler auftrat, ist schleierhaft. Zum Abschluss des WHW 1940/41 führte die Deutsche Arbeitsfront am Wochenende des 29./30. März 1941 eine letzte Straßensammlung durch. Für den Samstagnachmittag hatte man Aloyse Meyer dazu überreden können, zusammen mit DAF-Gauobmann Hugo Dörner und mit ARBED-Hauptbetriebsobmann Otto Kanis an zentraler Stelle in Luxemburg-Stadt als WHW-Sammler aufzutreten. Der Auftritt des prominenten Meyer mit den DAF-Funktionären wurde in der Presse angekündigt. Montags veröffentlichte das Luxemburger Wort ein Foto, das Gauobmann Dörner und Generaldirektor Meyer mit der WHW-Sammelbüchse zeigte. Auch das gaueigene Nationalblatt berichtete über den „Geist sozialer Solidarität“, für den sich „Betriebsführer und Gefolgschaftsmitglieder“ würdig eingesetzt hätten.[26]

Die ständigen Spendenaufforderungen von NS-Parteiverbänden und sogar staatlichen Stellen nahmen schließlich ein solches Ausmaß an, dass sich die Generaldirektion zum Einschreiten veranlasst sah. Im September 1941 schrieb Generaldirektor Meyer in dieser Sache persönlich an Direktor Schock und machte den Belvaler Chef auf Rundschreiben aufmerksam, die Meyer von der Burbacher Abteilung zugeleitet worden waren. Die Wirtschaftsgruppe Eisenschaffende Industrie hatte darin ihre Mitglieder der Bezirksgruppe Südwest informiert, dass für Parteiorganisationen allgemein ein Sammel- und Vertriebsverbot in den Betrieben

einer besonderen Spende auf das WHW-Konto; vgl. Rundschreiben der DAF-Kreiswaltung Esch vom 26.3.1941 an die Herren Betriebsführer des Kreises Esch-Alzig betr. Sammlung für das WHW durch die DAF, in: ANLux ARBED Belval 14449 (Mappe „Winterhilfswerk u. D.R.K.“).

25 Schreiben Schocks vom 12.2.1941 an Polizeileutnant Schild betr. WHW-Spenden (Polizei-WHW-Sammlung) und Schreiben der DAF-Kreiswaltung Esch vom 26.3.1941 an die Herren Betriebsführer des Kreises Esch betr. Sammlung für das WHW durch die DAF, in: ANLux ARBED Belval 14449 (Mappe „Winterhilfswerk u. D.R.K.“).

26 Ankündigung im Escher Tageblatt Nr. 75 (29./30.3.1941) und „Huflattich und Walderdbeere im Knopfloch“, in: LW Nr. 90 (31.3.1941).

galt. Druck oder Zwang zur Abnahme von Zeitschriften, Büchern und anderen Parteipublikationen durften ausdrücklich nicht angewendet werden. Eine ähnliche Anweisung hatte ebenfalls die Wirtschaftskammer der Westmark herausgegeben. Hiermit waren in den Betrieben Spendensammlungen verboten, ebenso Spendenaufforderungen an Einzelpersonen oder Betriebe. Lediglich vor den Betrieben waren Sammlungen erlaubt, sogenannte „Firmenopfer", und dies nur auf freiwilliger Basis. Für das besetzte Luxemburg gab es noch keine verbindlichen Richtlinien, aber Generaldirektor Meyer empfahl Direktor Schock nach den Richtlinien der Wirtschaftsgruppe und der Wirtschaftskammer im annektierten Lothringen zu handeln. Die Bezirksgruppe Luxemburg der Wirtschaftsgruppe bestätigte im März 1942 diese Praxis.[27] Dennoch fanden sich immer wieder Personen ein, die mit mehr oder weniger Nachdruck für die Organisationen der NSDAP Geld sammelten. Aus politischen Gründen musste man letztlich doch immer wieder kleinere Beträge abtreten, um die Bittsteller loszuwerden, ohne sich das Wohlwollen der lokalen Parteidienststellen und Funktionäre zu verscherzen. Im Februar 1942 fanden sich am „Tag der Polizei" Beamte der Escher Sicherheitspolizei in den Belvaler Büros ein, um für das WHW zu sammeln. Direktor Schock spendete 150 Reichsmark aus der Werkskasse, womit sich der Polizeileutnant aber nicht zufriedengeben wollte, bis Schock noch 300 Reichsmark zusätzlich übergab. Dabei hatte Belval erst anlässlich der Reichsstraßensammlung im November die gleiche Summe an den Betriebsobmann gezahlt.

Die Dreistigkeit, mit der die Sammler auftraten, verärgerte die ARBED-Zentralverwaltung zunehmend. Die Finanzabteilung informierte die Abteilung Belval im März 1942, dass das WHW für das Jahr 1941/42 einen „Globalbetrag" als „Abschlussspende" erhalten habe, die auf die Kreise verteilt werden solle und damit weitere Spendenanfragen an die einzelnen Luxemburger Abteilungen hinfällig mache. Aber das Werk Belval kam nicht umhin, an der Spendenpraxis festzuhalten.[28] Ab Dezember 1942 mussten sämtliche Spendenanträge bei der Zentralverwaltung eingereicht werden, da Kreisleitungen und andere amtliche Stellen vor allem in den Wintermonaten zunehmend vorsprachen, um Zuwendungen für soziale Zwecke zu erhalten. Die Auszahlung sollte nun zentral von Luxemburg aus

---

27 Schreiben von Aloyse Meyer vom 4.9.1941 an Dir. Schock betr. Vertriebswesen/ Sammelverbote zu Gunsten der Adolf-Hitler-Spende/ WHW-Spenden; Schreiben der Bezirksgruppe Südwest der WESI vom 2.7.1941 an die Mitglieder betr. Sammelverbote zu Gunsten der Adolf-Hitler-Spende und Abschrift des Sonderrundschreibens der Industrieabteilung der Wirtschaftskammer Westmark vom 30.8.1941. Schreiben der Bezirksgruppe Luxemburg der WESI vom 2.3.1942 an ARBED, DIFFAG und RODAG, in: ANLux ARBED Belval 14449. Vgl. Hermann Weiß, Adolf-Hitler-Spende der deutschen Wirtschaft, in: Enzyklopädie des Nationalsozialismus, S. 351.

28 Notiz von Sekretär Schleimer vom 13.2.1942 betr. WHW-Sammlung/ Tag der Polizei; Schreiben Finarbed vom 25.3.1942 an Werk Belval, in: ANLux ARBED Belval 14449.

vorgenommen werden.[29] Dennoch wurden mit Wissen der Zentralverwaltung von den einzelnen ARBED-Abteilungen immer wieder Spenden geleistet. Bald wurde es üblich, dass Belval zweimal im Monat zwischen 250 und 300 Reichsmark an das Winterhilfswerk oder an das DRK, gelegentlich auch NS-Organisationen wie DAF oder HJ überweisen ließ. Ab Mai 1943 gab Generaldirektor Franz Schmidt die Anweisung, dass die freiwilligen Beiträge von 250 auf 300 Reichsmark anzuheben seien, 1944 wurden sie sogar auf 500 Reichsmark erhöht. Je länger der Krieg dauerte, desto mehr sahen sich die Unternehmen offensichtlich genötigt, ihr sozialpolitisches Engagement gegenüber Partei und Staat unter Beweis zu stellen. Zwar ging der Hauptteil der Zahlungen an karitative Organisationen wie WHW und DRK, sie wurden aber von der DAF einkassiert, welche die Sammlungen vor Ort durchführte.[30]

Nach der Absetzung von Direktor Schock tat sich der neue Betriebsführer Nino Broglio als besonders eifriger Spender hervor. War der Luxemburger deutlich zurückhaltender gewesen, was die Zuwendungen für die NS-Organisationen anbelangte, so bemühte sich Broglio als überzeugter Nationalsozialist stets, seinen Mitarbeitern ein Vorbild zu sein und nicht bei den Machthabern anzuecken. So spendete Broglio persönlich 150 Reichsmark anlässlich der Einführung des neuen HJ-Bannführers oder leistete eine Sonderspende von 200 Reichsmark an das WHW. Seine Mitarbeiter sahen sich wohl oder übel genötigt, ebenfalls zu spenden, um nicht negativ aufzufallen. Im Oktober 1942 erfasste die Werksleitung Belval sämtliche Angestellte in einer Liste der „Sonderspenden zum Kriegswinterhilfswerk", aus der genau hervorging, wer wieviel gespendet hatte. Insgesamt ergab die Sammelaktion unter den Belval-Angestellten 3.691 Reichsmark, was einer durchschnittlichen Spende von 8,91 Reichsmark pro Person entsprach. Am üppigsten spendeten der Betriebsführer (200 Reichsmark) und gezwungenermaßen die leitenden Ingenieure und Angestellten, während die Masse der Beiträge zwischen 2 und 10 Reichsmark lag; höhere Spenden blieben unter den normalen Angestellten deutlich die Ausnahme. Chefingenieur Paquet etwa gab 100 Reichsmark, während Direktionssekretär Schleimer seinem niedrigeren Einkommen entsprechend 25 Reichsmark zahlte.[31]

Galten die Zuwendungen vordergründig karitativen Zwecken, so lässt sich nicht abstreiten, dass damit auch Politik gemacht wurde und sei es nur mit dem Ziel, sich mit den Parteileuten und den deutschen Dienststellen gutzustellen. Es

29 Schreiben des beigeordneten Generaldirektors vom 16.12.1942 an Direktor Broglio betr. Spenden, in: ANLux ARBED Belval 14449.

30 Schreiben des beigeordneten Generaldirektors Schmidt vom 9.5.1943 an Abteilung Belval und Aktennotiz von Sekretär Schleimer vom 19.6.1944 an Direktor Broglio betr. DRK-Sammlungen, in: ANLux ARBED Belval 14449 (Mappe „Winterhilfswerk u. D.R.K.").

31 Liste der Sonderspenden zur KWHW 1942/43 (10.10.1943), in: ANLux ARBED Belval 14449 (Mappe „Winterhilfswerk u. D.R.K.").

gehörte in dieser Zeit zum guten Ton, regelmäßig und großzügig zu spenden, wobei die Werksdirektoren und das leitende Personal in den Augen der Nationalsozialisten eine Vorbildfunktion hatten. Während ein Luxemburger Direktor wie Nicolas Schock sich auf diese Weise mit den braunen Machthabern und Lokalsatrapen arrangierte, war ein überzeugter Nationalsozialist wie Nino Broglio mehr als bereit, den Geldbeutel zu öffnen und so diese Erwartungen zu erfüllen. Mit Firmenspenden beziehungsweise persönlichen Spenden konnte man sich in gewissem Maße politischen Druck ersparen, der von der DAF und anderen Parteistellen ausgeübt wurde. Es scheint auch so gewesen zu sein, dass die Werksspenden unter Umgehung der Luxemburger Direktoren zwischen DAF-Betriebsobmann und den deutschen Direktionsmitgliedern in der Luxemburger ARBED-Zentralverwaltung abgemacht wurden. Dies könnte ein Hinweis darauf sein, dass in manchen Fragen die Reichsdeutschen Entscheidungen unter sich trafen, ohne dass Luxemburger in die Entscheidungsprozesse eingebunden waren.[32]

Die genaue Höhe der Spenden, die der Gesamtkonzern aufwandte, ist schwer zu ermitteln. In den Archiven der Abteilung ARBED-Belval sind die Akten zu den Spenden nur lückenhaft erhalten. So spendete Belval zwischen Oktober 1942 und April 1943 insgesamt 3.900 Reichsmark, was einem monatlichen Spendenaufkommen von 650 Reichsmark entspricht. Wenn die anderen Luxemburger Abteilungen der ARBED ähnliche Beträge ableisteten, kann man davon ausgehen, dass im Monat mehrere tausend Reichsmark aufgewandt wurden, um die Partei und ihre Unterorganisationen ruhig zu stellen. Darin wären nicht die Summen enthalten, die vom Gesamtkonzern im Rahmen der Adolf-Hitler-Spende oder anderer Zuwendungen gezahlt wurden.[33] Es ist offensichtlich, dass die Regelmäßigkeit und die Höhe der Spenden zunahm, je stärker der deutsche Einfluss in der Konzernleitung beziehungsweise in den Werksleitungen wurde.

Immer wieder klopften NSV, WHW oder DRK bei den ARBED-Werken an, damit die Direktoren bei ihren Belegschaften für die Anliegen der Organisationen warben. In anderen Fällen wandten sich die Funktionäre an die Unternehmen, um durch Geld- oder Sachspenden unterstützt zu werden. In der Regel versuchte man seitens der ARBED, den Wünschen entgegenzukommen. So überließ ARBED-Belval dem WHW ein leerstehendes Gebäude als Kinderkrippe. Die HJ erhielt Sperrholzabfälle, aus denen Spielzeug zugunsten des WHW hergestellt werden sollte. Im Rahmen einer Sammelaktion für Wollwaren, die dringend von der Wehrmacht benötigt wurden, gab die Abteilung Belval im Winter 1941 Wollsocken und Wollstrümpfe aus eigenen Vorräten ab. Im Januar 1942 wandte sich der Volksbund für das Deutschtum im Ausland an die ARBED-Werke und bat um Sachspenden oder

32 Schreiben Paquets vom 22.9.1942 an Hauptbetriebsobmann Kanis betr. WHW-Werksspenden und Antwortschreiben Kanis vom 29.9.1942, in: ANLux ARBED Belval 14449 (Mappe „Winterhilfswerk u. D.R.K.“).

33 Belege und Aufstellungen der von Belval aufgewandten Spenden, vgl. ANLux ARBED Belval 14449 (Mappe „Winterhilfswerk u. D.R.K.“).

Werkzeug für die Volksdeutschen im Gau Wartheland, für den der Gau Moselland die Patenschaft übernommen hatte. Werk Rothe Erde stellte unter anderem 38 Schraubenschlüssel zur Verfügung, nachdem der reichsdeutsche Direktor Hoffmann sich für die Spendenaktion stark gemacht hatte. Direktor Broglio gab, was man entbehren konnte, ohne aber übertrieben großzügig zu sein. Er stellte dem NSV-Kindergarten zwar Eisenmaterial zur Umzäunung des Geländes zur Verfügung, aber weitere Wünsche wehrte er unter Hinweis auf den inzwischen chronischen Materialmangel und strenge Bewirtschaftungsvorschriften ab.[34] Mögen die Beiträge der einzelnen Werke bescheiden wirken, bei Partei und Zivilverwaltung kamen die materiellen Spenden auf jeden Fall gut an, wie Generaldirektor Schmidt im Dezember 1942 mit Genugtuung feststellen konnte. ARBED-Belval hatte über 6.000 Spielzeuge gespendet, die in den Werkstätten hergestellt worden waren. Besonders hervorgehoben wurde die Tatsache, dass sich die Lehrwerkstätten an der Aktion beteiligt hatten. Insgesamt produzierten die ARBED-Werke für das Weihnachtsfest 1942 die beeindruckende Menge von 11.000 Spielzeugen, die karitativen Zwecken dienen sollten. „Dieser Erfolg wird von allen politischen und staatlichen Stellen als eine besondere Leistung anerkannt“, so Schmidt in einem Schreiben an Broglio.[35] Vor allem nach der Streikbewegung vom September 1942 war man in der Konzernleitung darauf bedacht, einen guten Eindruck bei den Machthabern zu hinterlassen. Für Gauleiter Simon war die ARBED und in erster Linie ihr leitendes Personal durch die Septemberereignisse eine Zeit lang in Ungnade gefallen und einzelne Abteilungen (wie etwa die Lehrwerkstätten) waren ihm wegen Aufmüpfigkeit und Widerstandsaktionen in negativer Erinnerung. Deshalb waren gerade werkseitige Spenden beziehungsweise „freiwillige“ Gaben der Belegschaft eine gute Publicity. Dies erklärt den Nachdruck, mit dem die Direktion von Belval besonders gute Ergebnisse erzielen wollte.

Aus politischen Gründen sahen sich die Unternehmen nicht nur zu Geld- und Sachspenden gezwungen, sondern sie mussten auch die Sammelaktionen der Parteiorganisationen personalmäßig unterstützen. So kam im Oktober 1941 die Anfrage des Ortsgruppenamtsleiters des WHW Esch-Grenze an die Belvaler Direktion, für die kommende Reichsstraßensammlung 120 Mann zur Verfügung zu stellen. Diese sollten aus den Reihen der DAF-Funktionäre sowie der abkömmlichen

34 Schreiben Schocks vom 17.5.1941 an Chomé betr. Kantine Wolter; Schreiben Schocks vom 25.11.1941 an Kreisleiter Diehl; Sonderrundschreiben der DAF vom 29.12.1941 an alle Betriebsführer und Betriebsobmänner des Kreises Esch betr. Betriebsappelle am 30.12.1941; VDA-Gauverband Moselland am 16.1.1942 an Generaldirektor Hoffmann betr. Patenschaft Gau Moselland für Gau Wartheland; Schreiben Broglios vom 7.1.1943 an NSDAP-Kreisamtsleiter Knau, in: ANLux ARBED Belval 14449 (Mappe „Winterhilfswerk u. D.R.K.“).

35 Schreiben von Generaldirektor Schmidt vom 14.12.1942 an Direktor Broglio betr. Spielzeugaktion, in: ANLux ARBED Belval 14449 (Mappe „Winterhilfswerk u. D.R.K.“).

Betriebsangestellten bestimmt werden. Direktor Schock wurde aufgefordert, eine namentliche Liste einzuschicken und die Betroffenen über den bevorstehenden Einsatz in Kenntnis zu setzen. Folgsam übermittelte der Luxemburger Direktor eine Liste mit den Namen sämtlicher Angestellten (133 Namen) sowie eine Liste der Personen, die im Bezirk Esch wohnten, insgesamt 91 Namen. Schock leistete den Anordnungen eines subalternen Parteifunktionärs Folge, aber seine Kooperationsbereitschaft hatte Grenzen. Ganz offensichtlich unterließ es der Direktor mit Absicht, die Personen zu bestimmen beziehungsweise zu benachrichtigen, da er dies nicht zu seinen Tätigkeitsbereichen rechnen wollte.[36]

Insgesamt betrachtet waren die Summe der Geldspenden und der Wert der Sachspenden, die beispielsweise von der Abteilung Belval im Laufe des Krieges an die NS-Organisationen gingen, angesichts der Konzernumsätze jedoch relativ bescheiden. Die regelmäßig gezahlten Spenden der Abteilung Belval beliefen sich zum Beispiel zwischen April und Dezember 1942 auf insgesamt 4.150 Reichsmark, zwischen März und November 1943 zahlte die Werkskasse 4.200 Reichsmark an Winterhilfswerk und Rotes Kreuz. Deutlicher schlug hingegen der personelle Aufwand zu Buche: Direktor Schock meldete seiner Zentralverwaltung, dass „als Folge des angeordneten Einsatzes" bei der Wollwarensammlung 1941/1942 insgesamt 11.600 Arbeitsstunden aufgewandt werden mussten. Die Abteilung hatte den Sammlern bezahlten Sonderurlaub gewährt, sodass die Kosten der Sammelaktion letztlich vom ARBED-Unternehmen getragen wurden. Der Aufwand für die Sammelaktionen im Dienste der Partei war aus Sicht des Unternehmens beträchtlich.[37]

Die ständige Inanspruchnahme der ARBED-Werke für politische Veranstaltungen nahm letztlich selbst in den Augen überzeugter Nationalsozialisten wie Direktor Nino Broglio überhand. Im April 1943 traf er mit dem Escher Kreispropagandaleiter eine mündliche Absprache, laut der bei wichtigen politischen Veranstaltungen das Werk eine jeweils zu vereinbarende Zahl von Eintrittskarten übernehmen würde „mit der Verpflichtung, die übernommenen Plätze zu besetzen." Nur nach vorheriger Vereinbarung könnte die werkseigene Kasse teilweise die Kosten für diese Eintrittskarten übernehmen. Broglio notierte, dass dieses strikte Vorgehen notwendig geworden sei, um „bisher festgestellte Missstände, die untragbarer Weise die Arbeitskräfte und auch die Geldmittel unserer Abteilung belasten, abzustellen."[38]

---

36 Schreiben des Ortsgruppenamtsleiters des WHW Esch-Grenze am 28.10.1941 an Betriebsleitung Rothe Erde und Antwortschreiben Schocks vom 31.10. sowie vom 6.11.1941, in: ANLux ARBED Belval 14449 (Mappe „Winterhilfswerk u. D.R.K.").

37 Summe auf Grundlage der Akten von ARBED-Belval errechnet. Zum Arbeitsstundenaufwand vgl. Schreiben von Belval-Direktor Schock vom 21.1.1942 an die ARBED-Zentralverwaltung betr. Arbeitsversäumnisse Pelz- und Wollsammlung, in: ANLux ARBED Belval 14449 (Mappe „Winterhilfswerk u. DRK").

38 Aktennotiz Broglios vom 1.4.1943, in: ANLux ARBED Belval 14451 (Mappe „KdF-Allgemeine Anweisungen"). Ausgenommen blieben kulturelle Veranstaltungen der KdF, für die das Werk weiterhin Eintrittskarten erwarb und gratis verteilte.

Auffällig ist die Bevorzugung des Deutschen Roten Kreuzes (DRK) als Spendenempfänger. Das DRK hatte in der NS-Diktatur eine Sonderstellung und behielt unter der Aufsicht des Reichsinnenministeriums eine Halbautonomie. Vielen galt das Rote Kreuz deshalb als ideologisch unverdächtig, weil die Organisation in Luxemburg ein hohes Ansehen besaß. Vielen Luxemburgern war die Tätigkeit des Luxemburgischen Roten Kreuzes im Rahmen der Evakuation im Jahre 1940 in guter Erinnerung geblieben. Ein weiterer Grund dürfte die Tatsache gewesen sein, dass Generaldirektor Aloyse Meyer vor 1940 *ex officio* als Vorsitzender der Chambre de commerce im Verwaltungsrat des Luxemburger Roten Kreuzes saß, in dem auch seine Ehefrau engagiert war.[39] Dennoch waren sich die Zeitgenossen im Klaren darüber, dass das DRK in der Hauptsache für die Betreuung und Versorgung von Wehrmachtsangehörigen sowie Verwundeten zum Einsatz kam, d.h. der deutschen Truppe diente. Das Rote Kreuz hatte noch kaum etwas mit der zivilen Wohlfahrtspflege zu tun wie dies noch vor 1940 der Fall gewesen war. Diese war nun auf die parteieigenen NS-Organisationen übergegangen, die in direkter Konkurrenz zum Roten Kreuz standen. Die Aufrufe für die Haussammlungen zu Gunsten des DRK kamen im besetzten Luxemburg nicht direkt vom Roten Kreuz, sondern von der Partei.[40]

Nicht in allen Fällen lässt sich genau nachvollziehen, inwieweit die Direktoren der einzelnen ARBED-Werke und Führungspersönlichkeiten aus der Generaldirektion aus persönlicher Initiative heraus um ein gutes Verhältnis zu den Parteidienststellen bemüht waren. Zweifellos war mit den Aufforderungen der NS-Wohlfahrtsorganisationen immer ein gewisser Druck verbunden, dem man sich nur schwer entziehen konnte. Was auch immer die Entscheidungsträger motivierte, für die Deutschen bedeutete jedes noch so bescheidene Zugeständnis seitens der Direktionen einen propagandistischen Erfolg. Als etwa 1942 bei Gelegenheit des Escher Kreistages der Park des ARBED-eigenen Bervart-Schlosses

---

39 Im Verwaltungsrat des LRK befand sich Meyers Stellvertreter, Félix Chomé. Den Vorsitz führte die Witwe des ARBED-Gründers, Aline Mayrisch; vgl. Annuaire officiel 31 (1940), Luxemburg 1939. Zur Geschichte des DRK im Nationalsozialismus vgl. Holle Ausmeyer, Deutsches Rotes Kreuz, in: Enzyklopädie des Nationalsozialismus, S. 428. Siehe auch: Birgitt Morgenbrod/ Stephanie Merkenich, Das Deutsche Rote Kreuz unter der NS-Diktatur, o.D., in: http://www.drk.de/fileadmin/Ueber_uns/Historische_Kommunikation/Dokumente/LiebnerP-Microsoft_Word_-_DRK-Vortrag_aktuell_online-Fassung.doc-94.PDF (Abruf: 24.5.2018). Zur Geschichte des Luxemburgischen Roten Kreuzes während des Zweiten Weltkrieges, vgl. Charles Barthel, Au service de l'humanité. Histoire de la Croix-Rouge luxembourgeoise 1870-1914-2014, Luxembourg 2014, S. 207–257.

40 Vgl. „Aufruf zur 2. Haussammlung" von Kreisleiter Diehl, in: ETB Nr. 114 (17./18.5.1941). Über die „Erlebnisse eines Escher Sammlers" anlässlich der 1. Haussammlung berichtete das ETB in seiner gleichen Ausgabe. Hier wurde hervorgehoben, dass die einfachen Arbeiter eher zu Spenden bereit gewesen seien als die Bewohner der großen Villen.

für die Öffentlichkeit freigeben wurde, verkündete das Escher Tageblatt zufrieden, dass es sich um ein „Geschenk der ARBED“ an den NSDAP-Kreisleiter Diehl handele. Man kann sich denken, wie die Information, die ARBED-Generaldirektion habe der Freigabe zugestimmt, auf die Luxemburger Leser wirkte.[41]

2. Die Verhaltensmuster der Betriebsführer am Beispiel von ARBED-Belval

„Wer als Wirtschafter mitten im Kriege aus kleinlicher Geldgier egoistisch handelt, während die Allgemeinheit der Wirtschaft sich willig den übergeordneten, volkswirtschaftlichen Interessen fügt, hat seinen Besitz verwirkt und darf auch fürderhin nicht Betriebsführer sein.“

Gauleiter Josef Wagner (1941)[42]

Die Machtübernahme der nationalsozialistischen Zivilverwaltung bedeutete nicht nur für die kleinen Arbeiter und einfachen Angestellten einen drastischen Einschnitt. Auch die Unternehmer, Betriebsführer und andere leitende Angestellte wurden in politischer Hinsicht an die Kandare genommen. Der unternehmerische Spielraum war durch die kriegswirtschaftlichen Reglementierungen stark eingeschränkt worden. Die einzelnen Wirtschaftsgruppen koordinierten in Eigenverantwortung die Produktion und die Zuteilung von Rohstoffen. Daneben gab es noch staatliche und militärische Organe, die für die Rüstungsindustrie zuständig waren wie etwa das Rüstungskommando. Das Arbeitsamt, das Gewerbeaufsichtsamt und der Reichstreuhänder der Arbeit wachten streng über den Arbeitseinsatz und die allgemeine Lohngestaltung. Schlussendlich gab es noch unzählige Kommissare und „Beauftragte“, sodass es ein scheinbar chaotisches Wirrwarr von Zuständigkeiten und Befehlsgewalten gab.[43]

Die Haltung der Unternehmer, Geschäftsführer, Direktoren von Klein-, Mittel- und Großunternehmen muss ab 1941 vor dem Hintergrund der Verordnung

41 „Der Schlosspark der Öffentlichkeit zugänglich“, in: ETB Nr. 162 (14.7.1942).

42 „Kriegsgewinn muss abgeführt werden“, in: ETB Nr. 66 (19.3.1941). Zur Institution und Durchsetzungskraft des so genannten Preiskommissars vor 1940, vgl. André Steiner, Der Reichskommissar für die Preisbildung – ‚eine Art wirtschaftlicher Reichskanzler‘?, in: Rüdiger Hachtmann, Winfried Süß (Hgg.), Hitlers Kommissare. Sondergewalten in der nationalsozialistischen Diktatur, Göttingen 2006 (= Beiträge zur Geschichte des Nationalsozialismus 22), S. 93–114.

43 Die Organisationen der Kriegswirtschaft und ihre Rolle im besetzten Luxemburg hat Volkmann als „wirtschaftsadministrative Eingliederungsmaßnahmen“ interpretiert, vgl. Volkmann, Luxemburg im Zeichen des Hakenkreuzes, S. 191–219. Siehe Weber, Histoire de l’économie luxembourgeoise, S. 324–330.

vom 19. Februar 1941 über Maßnahmen auf dem Gebiet des Wirtschaftslebens und deren Anwendung gegen politisch missliebige Personen bewertet werden. Mit drakonischen Maßnahmen, die von Dienstenthebung, über Verhaftung bis zur Lagerhaft reichten, stellte das Gauleiterregime in Luxemburg klar, dass derjenige, der sich der neuen Zeit nicht anpasste oder sich der Neuordnung in den Weg stellte, mit unnachgiebiger Härte rechnen müsste. Dies kam bei den überzeugten Anhängern des Nationalsozialismus gut an, da sie von antikapitalistischen, unternehmerfeindlichen Parolen angetan waren und zufrieden feststellen konnten, dass der Gauleiter eben gegen die „besseren" Kreise vorging. Die Fälle Henckes, Laval und Massard wirkten dann disziplinierend auf andere Unternehmensbesitzer oder Manager der Industrie wie etwa Aloyse Meyer, den Generaldirektor der ARBED.[44]

Andererseits kann nicht bestritten werden, dass die Luxemburger Wirtschaftsführer nach der Besetzung im Jahre 1940 auf einen kollaborationistischen Kurs einschwenkten. Die ARBED-Führung beispielsweise war zu einer loyalen Zusammenarbeit mit den deutschen Behörden bereit. Das Verhalten von bekannten Persönlichkeiten, wie ARBED-Generaldirektor Aloyse Meyer, wurde von der Öffentlichkeit registriert. Er beeinflusste damit in einem gewissen Maße auch die Art und Weise, wie andere Personen aus dem hohen und mittleren Management seines Unternehmens künftig mit den Vertretern aus Zivilverwaltung und Volksdeutscher Bewegung umgingen. Nicht zuletzt hatten Meyer und seine Führungsmannschaft auch eine nicht zu leugnende Vorbildfunktion auf viele einfache Arbeiter und Angestellten, die ihre eigene Einstellung zur politischen Lage danach ausrichteten.[45]

2.1. Der Luxemburger Direktor Nicolas Schock

Das Werk Belval wurde 1940 von dem Ingenieur Nicolas Schock (*1883) geführt. Wie die meisten seiner Vorgesetzten und Direktorenkollegen schlug er nach dem deutschen Einmarsch den Weg einer vorsichtigen Zusammenarbeit mit dem Besatzer ein und handelte gewissenhaft im Namen der ARBED-Generaldirektion. Wie Matthias Koener (Werk Schifflingen), Leopold Biver (Werk Dommeldingen) oder Aloyse Meyer (Generaldirektion) nahm Schock an den ersten Betriebsappellen

44 Der erfolgreiche Unternehmer Léon Laval (1880-1957) war Gründer der Handelsgesellschaft SOGECO und war überdies an der Akkumulatorenfabrik Tudor beteiligt. Laval gehörte vor dem Zweiten Weltkrieg zu den Eliten des Landes und verfügte über einen beträchtlichen Einfluss. Laval, der bis 1940 der Alliance française vorstand, wurde im Mai 1941 verhaftet. Hintergrund war der Versuch eines reichsdeutschen Konkurrenten, die Kontrolle über Lavals Unternehmen zu erlangen. Zum Fall Laval vgl. Wehenkel, Entre chien et loup, S. 149–160. Zu Massard vgl. Kapitel IV.3 über die Eisenwerke in Kayl und zu Henckes Kapitel I.8 „Das Ende der Luxemburger Sozialordnung".

45 Zum Verhalten der Luxemburger Eliten im Jahre 1940, vgl. Artuso, La collaboration (2013), S. 94–97.

teil, die ab Herbst 1940 zu Propagandazwecken von den Nationalsozialisten in den Luxemburger Unternehmen organisiert wurden. So eröffnete der Belval-Direktor im November 1940 den ersten Betriebsappell auf der Hütte Belval, zu dem 3.000 Arbeiter antreten mussten, mit einer kurzen Rede, in der er sich vorsichtig für eine Zusammenarbeit mit dem Besatzungsregime und eine Umstellung auf die „neuen Verhältnisse“ aussprach.[46] Die gleichgeschaltete Presse berichtete ausführlich über das Ereignis und zitierte aus Schocks Ansprache: „Es geht darum nicht an, dass ein kleines Volk allein lebt. Es muss dem großen Ganzen dienen. Erst in der Gemeinschaft ist es groß und stark. (...) Es wird nicht verlangt, dass wir uns mit einem Ruck umstellen. Aber Pflicht eines jeden ist es, sich belehren zu lassen, sich in die neuen Verhältnisse einzuleben und einzugewöhnen. Wenn die Denkart der neuen Zeit uns erfasst haben wird, werden wir sehen, dass das Neue richtiger ist.“ Wie authentisch dieser Wortlaut ist und inwiefern die Rede vom Propagandaamt vorgeschrieben wurde, ist nicht mehr zu rekonstruieren. Möglich ist aber, dass der Direktor einen mehr oder weniger vorformulierten Text vorlesen musste, der inhaltlich auf der Linie von VdB und DAF lag. Was freilich niemand wusste, war die Tatsache, dass Schock 1940 nach dem Gauleiterbesuch in Esch eine unangenehme Unterredung mit Kreisleiter Diehl gehabt hatte. Diehl hatte sich darüber beschwert, dass ARBED-Belval im Vorfeld der Gauleiterkundgebung keinen Vorschuss ausgezahlt hatte, um die Arbeiter für die Rede Simons „empfänglicher“ zu machen. Als Schock sich gegen diesen Vorwurf zur Wehr setzen wollte, entgegnete Diehl drohend: „Wenn man einen Kopf braucht, braucht man ihn bloß rollen zu lassen. Er macht dann mittlerweile Dummheiten, bis er einen Stein im Weg findet.“[47] Bei vielen Gelegenheiten zeigte sich, dass sich Direktor Schock und das übrige leitende Personal folgsam zu verordneten DAF-Veranstaltungen meldeten.[48]

---

46 „Der Mensch im Vordergrund allen Lebens“, in: LW Nr. 321/322 (16./17.11.1940) und „Eindrucksvoller Betriebsappell auf Hütte Belval“, in: NBL Nr. 273 (16.11.1940). In der Luxemburger Zeitung (LZ) und im Nationalblatt (NBL) wurde ebenfalls über den Betriebsappell berichtet. Direktor Schock wurde in der LZ leicht anders zitiert: „Wir erkennen nach und nach, dass die Begriffe von Unabhängigkeit und Freiheit nun einmal überholt sind, dass wir gestern nur eine Scheinunabhängigkeit und Scheinfreiheit hatten und dass es Pflicht eines jeden ist, sich dem Ganzen unterzuordnen und sich in das Neue hineinzuleben.“ Vgl. „Im nationalsozialistischen Deutschland steht der Mensch im Vordergrund allen Lebens“, in: LZ Nr. 293 (16.11.1940). Vergleicht man die Berichte in LW, LZ und NBL miteinander, so fällt auf, dass sich die Zusammenfassungen von Schocks Begrüßungsansprache inhaltlich voneinander unterscheiden, so dass sich kaum mehr rekonstruieren lässt, was Schock tatsächlich gesagt hat und was die NS-Propagandisten und Pressezensoren frei hinzugedichtet haben.

47 Aussage von Nicolas Schock im Prozess gegen Diehl, vgl. „Der Kreisleiter-Prozess“, in: ETB Nr. 12 (14.1.1950).

48 Mappe „DAF. Berufserziehung und Betriebsführung“ (1941-1944), in: ANLux ARBED Belval 14433. Vgl. Schreiben Dir. Schock an Dir. Nickels (Zentralverwaltung) vom 20.5.1941 betr. DAF Berufserziehung und Betriebsführung.

Später setzte Schock in seinem Betrieb die Verordnung über den Gebrauch der deutschen Sprache in Luxemburg durch, indem er etwa in einer Mitteilung seine leitenden Angestellten vor Verstößen gegen die Sprachenverordnung warnte und damit drohte, Angestellte „persönlich zur Rechenschaft" zu ziehen. Inwieweit er lediglich die Anordnungen von oben wortwörtlich weitergab beziehungsweise unterschrieb oder noch eigene Initiativen entwickeln konnte, ist nur schwer einzuschätzen. Das bereits erwähnte Rundschreiben der Generaldirektion vom 25. Oktober 1940 brachte er seiner Belegschaft zur Kenntnis und er erinnerte im Mai 1941 seine Mitarbeiter noch einmal nachdrücklich an die „absolute Loyalität gegenüber Deutschland und volle Respektierung der Bestrebungen der Volksdeutschen Bewegung." Es gab offensichtlich werksintern größere Schwierigkeiten zwischen luxemburgisch eingestellten Mitarbeitern und Kollaborateuren, die sich aus Überzeugung der VdB und der DAF angeschlossen hatten. Schock machte seine Belegschaft auf die „schweren Folgen" aufmerksam, „die missliebige Äußerungen über Deutschland, die Volksdeutsche Bewegung oder die politischen Betriebsamtsleiter" mit sich ziehen könnten. Er gab außerdem seiner Hoffnung Ausdruck, dass zukünftig Vorfälle zwischen DAF-Funktionären und Gefolgschaftsmitgliedern „vollständig ausgeschlossen" blieben. Es besteht kaum Zweifel daran, dass der vorsichtige Schock diese Rundschreiben in einer Zwangslage verfasst und unterschrieben hat, denn Abschriften des Rundschreibens gingen direkt an den DAF-Hauptbetriebsobmann sowie die Obmänner im Betrieb.[49]

In anderen Fällen war Schock gezwungen, die Beschwerden örtlicher Parteiinstanzen entgegenzunehmen und entsprechend zu handeln. So wandte sich die VdB-Ortsgruppe von Alt-Esch an Schock und kündigte eine Propagandaversammlung an. Zugleich erging die Bitte, die Direktion möge doch die Gefolgschaftsmitglieder von Belval zur Teilnahme an dieser Kundgebung bewegen. Die Werksleitung kam der Aufforderung umgehend nach. Aber selbst ein Großteil der VdB-Mitglieder unter der Belval-Belegschaft zeigte nur ein geringes Interesse an der NS-Propaganda, sodass der stellvertretende Ortsgruppenleiter von Alt-Esch in einem Schreiben an Schock feststellen musste, dass die Arbeiter und Angestellten von Belval-Rothe Erde „nur zu einem verschwindend kleinen Teil" die Versammlung besucht hätten. Für die nächste Veranstaltung wurde mit Nachdruck die Anwesenheit von Betriebsleitern und Belegschaftsangehörigen eingefordert, die zur Ortsgruppe zählten, aber nur zum Schein der VdB beigetreten waren. Da diese Appelle nichts fruchteten, bestimmten die Ortsgruppen einfach, dass es sich für VdB-Mitglieder um Pflichtversammlungen handele. In allen überlieferten Fällen kamen Schock oder der Direktionssekretär den Bitten der VdB nach und brachten die Einladungen entsprechend zum Aushang.[50] Handelte es sich hier um Probleme,

49 Bekanntmachung oder Rundschreiben Schocks (6.5.1941), in: ANLux ARBED Belval 14449 (Mappe „Politische Haltung. VdB").

50 Schreiben der VdB-Ortsgruppe Alt-Esch an ARBED-Belval (12.4.1941); Schreiben der VdB-Ortsgruppe Alt-Esch an ARBED-Belval (24.5.1941) und entsprechende Bekanntmachung des Direktors (26.5.1941), Schreiben der VdB-Ortsgruppe Esch

die eigentlich mit der Betriebsführung direkt nichts zu tun hatten, so war dies im Falle der VdB-Abzeichen anders. Im August 1941 wandte sich ein Escher Ortsgruppenleiter mit der Feststellung an Schock, dass verschiedene Angestellte als VdB-Mitglieder das regelmäßige Tragen des „Heim-ins-Reich"-Abzeichens unterließen. Der Ortsgruppenleiter erinnerte daran, dass das Tragen inner- und außerhalb des Betriebes obligatorisch sei und forderte, dass die Angestellten über einen möglichen Ausschluss aus der VdB in Kenntnis gesetzt würden. Die Bekanntmachung, die Schock zwei Wochen später unterzeichnete, erinnerte die Angestellten daran, „dass mit dem Eintritt in die VdB das Tragen des VdB-Abzeichens obligatorisch ist. Sämtliche Angestellte sind gebeten, sich hieran zu halten." Viele andere Rundschreiben und Bekanntmachungen wurden von Schock beziehungsweise dessen Direktionssekretär ähnlich formuliert und zeigen, dass diese Luxemburger im Grunde nicht gerade hinter dem neuen Regime standen. Der Aufforderung, in den Büros und Betrieben von ARBED-Belval eine große Propagandaversammlung der VdB anzukündigen, kam man gezwungenermaßen nach und die Formulierung der entsprechenden Bekanntmachung ("Wunschgemäß weisen wir auf ... hin") ließ ausreichend Interpretationsmöglichkeiten zu.[51]

Wie eng der Spielraum der Unternehmen war, zeigt ein anderes Beispiel. Im Juni 1941 wurden Lichtbildausweise für alle Mitarbeiter der ARBED-Werke eingeführt. Damit konnte man die Zugangsberechtigungen zu den Rüstungsbetrieben kontrollieren. Hintergrund dieser Maßnahme waren zunächst Sicherheitsüberlegungen, denn Unbefugte sollten auf keinen Fall an technische Details oder Produktionsziffern der kriegswichtigen Betriebe gelangen. Gleichzeitig hoffte die ARBED-Leitung damit, bestimmten Personen fortan den Zutritt ganz verbieten oder aber zumindest erschweren zu können. Ausnahmen, so die dienstliche Anweisung, seien Angehörige von Polizei, Gendarmerie und Gewerbeinspektion, die ohne Werksausweis Zugang zu sämtlichen Betriebsstätten hätten. War in Kriegszeiten der Besuch von staatlichen und militärischen Behörden noch eher als normaler Vorgang zu sehen, so war es für Luxemburgs Unternehmer eine ganz neue Erfahrung, dass aber auch politische Stellen und selbst lokale Parteifunktionäre sich mehr oder weniger ungestört in den Werken aufhalten durften. Trotz der Einführung von Werksausweisen behielten die DAF-Funktionäre aus Gau-, Kreis- und Ortswaltungen sowie NSDAP-Kreisleiter das Recht, unter Vorlage eines Dienstausweises in die Betriebe zu kommen. Dem Gauleiter und dessen Stellvertreter

„Auf der Acht" an Direktionssekretär Schleimer (18.6.1941) sowie Bekanntmachung des Direktors (19.6.1941), in: ANLux ARBED Belval 14449 (Mappe „Politische Haltung. VdB").

51 Mitteilung der Betriebsführung betr. Angestellte. VdB (25.8.1941) sowie entsprechende Bekanntmachung (9.9.1941). Schreiben der VdB-Ortsgruppe „Auf der Acht" an Direktionssekretär Schleimer betr. große Propagandaversammlung (25.9.1941) sowie entsprechende Bekanntmachung (25.9.1941), in: ANLux ARBED Belval 14449 (Mappe „Politische Haltung. VdB").

musste man sogar ein unbeschränktes Zutrittsrecht zu den Industriebetrieben einräumen. Damit waren die Unternehmer nicht mehr „Herr im Hause".[52]

Der pflichtbewusste Schock war bemüht, unter den gegebenen Umständen seinen Betrieb so geordnet wie nur möglich weiterzuführen. In einer Bekanntmachung vom 27. September 1941 erinnerte der Direktor daran, dass Aushänge der Direktion den uneingeschränkten Schutz der Werksleitung besäßen und dass böswillige Beschädigung oder Entfernung „unnachsichtlich", gegebenenfalls sogar mit fristloser Entlassung bestraft würden. Was auf den ersten Blick sehr rigoros erscheint, entsprang dem Wunsch Schocks, die politische Agitation in den Betrieben seines Werks unter Kontrolle zu halten. In der gleichen Bekanntmachung hieß es nämlich, dass Plakate, Bekanntmachungen oder Aufrufe nur nach vorheriger Genehmigung der Direktion zum Aushang gebracht werden dürften. Damit setzte Schock der politischen Propaganda von VdB und NSDAP engere Grenzen.[53] Dem Bemühen, in politischen Angelegenheiten anfallende Probleme so weit wie möglich betriebsintern zu lösen, dürfte auch die Anweisung an den Werkschutz von September 1941 gedient haben. „Inschriften, Zettel, Embleme usw., die den Interessen und dem Ansehen des Werkes zuwiderlaufen", seien zu entfernen und der Tatbestand der Direktion zu melden. Einerseits kam diese Anordnung den Erwartungen von Partei und DAF entgegen, dass antideutsche Gegenpropaganda zu unterdrücken sei; andererseits stellte man klar, dass Informationen nur über die Direktion zu laufen hatten. Ob diese Regelung auf Schocks Initiative so formuliert wurde oder er auf Anweisung der Zentralverwaltung handelte, lässt sich nicht genau sagen, aber er hatte auf diese Weise generell die Möglichkeit, Informationen über besondere politische Vorkommnisse im Werksinnern zu filtern, bevor sie an Parteidienststellen oder Polizeibehörden gingen. Das Problem deutschfeindlicher Propaganda sollte die Direktion in der Folge nie in den Griff bekommen und die Aktivitäten in den Reihen der Belegschaft gegen die Germanisierungs- und Nazifizierungspolitik nahmen eher zu als ab.[54]

Wenn sich Direktor Schock auf den ersten Blick willfährig zum Erfüllungsgehilfen der VdB zu machen schien, handelte der Luxemburger in zahlreichen anderen Fällen in den Augen der Deutschen nur sehr halbherzig. Offensichtlich nahm Schock seine Mitarbeiter auch vor den Nachstellungen der VdB in Schutz. Im Juni 1941 beschwerte sich der berüchtigte Ortsgruppenleiter Jean Koetz bei Schock, dass verschiedene Belvaler Betriebsleiter den deutschen Gruß nicht erwiderten, und drohte im Wiederholungsfalle mit strengsten Maßnahmen. Der Direktor

52 Vertrauliche Anweisungen betr. Durchführung der Werkskontrolle (13.6.1941) und Vertrauliche Mitteilung des Direktors betr. Werkskontrolle (30.7.1941), in: ANLux ARBED Belval 09409.

53 Bekanntmachung des Direktors betr. Aushang von Bekanntmachungen im Werksinnern (27.9.1941), in: ANLux ARBED Belval 14449 (Mappe „Politische Haltung. VDB").

54 Mitteilung der Direktion an Herrn Reiners betr. Werkschutz (29.9.1941), in: ANLux ARBED Belval 14449 (Mappe „Politische Haltung. VDB").

legte die Angelegenheit zu den Akten und ließ die Sache im Sande verlaufen. Ein weiterer Vorfall, eigentlich eine von den lokalen Parteivertretern aufgebauschte Lappalie, ließ sich gütlich regeln. Anfang 1942 hatte ein Ortsgruppenleiter im Werk Belval angerufen, wo der Telefonist den deutschen Gruß mit einem lapidaren luxemburgischen „Moien" beantwortet hatte. Hier schalteten sich darauf der stellvertretende Kreisleiter sowie ein DAF-Vertreter ein und verlangten eine Untersuchung der Angelegenheit. Diese ergab, dass es am besagten Tag angeblich technische Probleme in der Telefonzentrale gegeben hatte, sodass sich die Kreisleitung zufrieden geben musste.[55] Für größeres Aufsehen sorgte der Fall eines ehemaligen Gewerkschaftlers. Dieser hatte sich im Sommer 1942 über die Einführung des Neunstundentages aufgeregt und gedroht, den Verantwortlichen dafür mit einem Beil den Kopf abzuschlagen. Im Laufe der Untersuchung wurde tatsächlich im Spind des Arbeiters ein Beil aufgefunden, außerdem schien der Gewerkschaftler der Wortführer mehrerer Gegner des Deutschtums gewesen zu sein. Schock bemühte sich, den Fall betriebsintern mit dem Hauptbetriebsobmann zu erledigen. Er rief die Unruhestifter zu sich, die zu Protokoll gaben, nicht böswillig gehandelt zu haben, nahm ihnen das Versprechen ab, sich künftig anständig zu benehmen, womit der Fall für Schock erledigt war. Nicht so für die Kreisleitung, die noch einmal nachhakte und die Beschuldigten ins Gebet nahm, bevor der Fall endgültig abgeschlossen war.[56]

Ein anderes Beispiel belegt, dass Nicolas Schock mit Bedacht handelte und alle Schritte, die politische Fragen berührten, nicht nur mit der Generaldirektion abstimmte, sondern nach Möglichkeit auch mit seinen Direktorenkollegen aus anderen Werken. Als Ende 1940 die ersten Betriebsappelle in der Industrie stattfinden sollten, befand sich Schock in einer Zwangslage. Vom Escher DAF-Kreisobmann Grohé erhielt der Luxemburger die Anweisung, den Betriebsappell für Belval und Rothe Erde zu eröffnen. Nach eigenen Aussagen hatte er „eine reiflich überdachte Rede zu Papier gebracht (...) unter vielem Zögern und großer Mühe." Im Vorfeld wandte sich Schock an seinen Schifflinger Kollegen Matthias Koener, bevor er seine eigene Bekanntmachung an die Belegschaft von Belval-Rothe Erde in Umlauf brachte. Für den Betriebsappell selbst hatte sich Schock schließlich eine beschwichtigende Haltung überlegt: „Es schien mir notwendig, den Arbeitern eine gewisse Vorsicht und Zurückhaltung ans Herz zu legen. Es sollte der deutsche Redner gleichfalls vor Übereile und zuvielem Fordern zurück gehalten werden", so Schocks rückblickende Aussage im Jahre 1947. Es war schließlich seine erste und letzte Rede bei einem Betriebsappell und in der Folge beschränkte sich Schock

55 Aktennotiz für Direktor Schock (24.6.1941). Politischer Kommissar für den Kreis Esch an Direktor Schock (26.1.1942), in: ANLux ARBED Belval 14449 (Mappe „Politische Haltung. VDB").

56 Schreiben von Hauptbetriebsobmann Kanis an Direktor Schock (8.6.1942) und Antwortschreiben Schocks (16.6.1942), in: ANLux ARBED Belval 14449 (Mappe „Politische Haltung. VDB").

jeweils darauf, den obligaten deutschen Gruß zu machen und das Wort an den Propagandaredner zu übergeben.[57] Anlässlich eines Betriebsappells für jugendliche Arbeiter und Lehrlinge im Frühjahr 1941 erhielt Schock von seinem direkten Vorgesetzten, dem beigeordneten Generaldirektor Félix Chomé, klare Instruktionen, wie er sich in dieser Situation zu verhalten habe. Was Schocks persönliche Teilnahme an der Propagandaveranstaltung anbelangte, so ließ Chomé einigen Handlungsspielraum zu, indem er meinte: „Sollten Sie selbst frei sein, so wäre es empfehlenswert, wenn Sie ebenfalls an der Veranstaltung teilnehmen würden."[58]

Für Nicolas Schock war nicht nur der Umgang mit den Parteifunktionären und den CdZ-Vertretern eine Herausforderung. Die politische Tätigkeit von Kollaborateuren, die bei der ARBED beschäftigt waren, bereitete dem Luxemburger Direktor zusätzliche Sorgen. Der Schmelzer J.P. Gaspar war als einer der Ersten der NSDAP in Luxemburg beigetreten und erstellte nun zusammen mit Ortsgruppenleiter Koetz politische Beurteilungen, vor allem über Angehörige der Escher ARBED-Werke. Angeblich hatte der Luxemburger Gaspar 1941 bereits über 1.700 Beurteilungen abgegeben. Unter anderem waren in dieser Sache leitende Ingenieure wie Walzwerkchef Chomé, Hochofenchef Paquet sowie der Vorsteher des technischen Büros Welter befragt worden. Das Benehmen des Kollaborateurs, der nach Einschätzung seines Direktors aus innerer Überzeugung handelte, führte schließlich zum Konflikt mit Schock. Der Arbeiter Gaspar drohte seinem Direktor, er würde demnächst ein schlechtes Gutachten erhalten, wenn Schock sich nicht schleunigst „zu einem aktiveren und überzeugteren Arbeiten im Sinne des Nationalsozialismus emporheben" könnte.[59] Auf Dauer erschwerten solche Zwischenfälle und Eigenmächtigkeiten von machtbesessenen Parteileuten den normalen Arbeitsablauf; im Interesse des Unternehmens bemühten sich Werksleitung und Zentralverwaltung um Schadensbegrenzung. So waren am 23. Januar 1942, dem Luxemburger Nationalfeiertag, auf den Werken Belval und Schifflingen patriotische Zettel und Luxemburger Fähnchen entdeckt worden. In einem Schreiben der Zentralverwaltung monierte Heinrich Diehl von der ARBED-Personalabteilung die Tatsache, dass man in Luxemburg erst von der Gestapo über den Zwischenfall informiert worden war. Für die Unternehmensleitung war dies ein unmöglicher Zustand, von außen über solche Vorkommnisse zu erfahren, die „immerhin einen gewissen

57 ANLux ARBED Belval 14451 (Mappe „Betriebsappelle"). Zeugenvernehmung Nikolaus Schock vom 24.4.1947, in: ANLux AP 35 Jean Parmentier.

58 Schreiben von Chomé vom 27.3.1941 an Direktor Schock betr. Betriebsappell, in: ANLux ARBED Belval 14451 (Mappe „Betriebsappelle"). Ob Schock an der Kundgebung teilnahm, ist nicht überliefert. Vgl. „Erste Jungarbeiterkundgebung in Esch", in: ETB Nr. 76 (31.3.1941).

59 Nik. Schock informierte in einem vertraulichen Schreiben seinen Vorgesetzten in der Zentralverwaltung, den Reichsdeutschen Carlheinz Hoffmann. Vgl. Schreiben von Dir. Schock an beigeordneten Generaldirektor Hoffmann betr. Bewertung des Oberpersonals der Gesellschaft (18.19.1941), in: ANLux ARBED Belval 14449 (Mappe „Politische Haltung. VDB").

politischen Beigeschmack haben“, so der Reichsdeutsche Diehl genervt. Fälle wie dieser seien fortan umgehend der Zentrale zu melden: „Es wird dann vermieden, dass unkontrolliert die Dinge zuerst an die politischen Stellen gelangen. Jede einzelne Begebenheit kann dann von hier aus entsprechend ihrer Bedeutung bewertet und weitergemeldet werden.“ Nach Möglichkeit wollte die Zentralverwaltung also politische Fälle lieber intern geregelt sehen. Davon abgesehen wollten die Herren aus der Zentralverwaltung in Luxemburg immer genau wissen, was in den einzelnen Werken vorging. Selbst der Nationalsozialist Franz Schmidt, der mit Zustimmung der Zivilverwaltung seit 1941 als stellvertretender Generaldirektor beim ARBED-Konzern war, lag auf dieser Linie, denn er war es, der die Betriebsobmänner der DAF in dieser Frage entsprechend instruierte.[60] Im Juli 1942 war es zu einem erneuten politischen Zwischenfall gekommen, als ein Werkschutzmann gegen seine Vorgesetzten intrigierte. „Ich kriege sie alle, auch den Chomé und wenn es sein muss, auch den Schock. Den huren Schleimer, diesen huren Pfaffensack werde ich auch bekommen. Die Judenkirche haben wir ausgerottet, Schleimers Kirche komme auch noch weg.“ Hauptbetriebsobmann Kanis schritt ein und empfahl allen Beteiligten Zurückhaltung, damit sich der SD nicht mit so etwas befassen müsse.[61] Man schien offensichtlich auf Seiten der Direktion darum bemüht, kleinere politische Vorfälle lieber intern zu regeln, bevor man staatliche Stellen wie etwa die Geheime Staatspolizei heranzog.

Allerdings bekamen renitente Mitarbeiter, die sich partout verweigerten, die ganze Härte des Systems zu spüren. Ein Angestellter von Belval wies hartnäckig die Anordnung zurück, seine Werkswohnung zu beflaggen und da er „für das Deutschtum im Betrieb ein Hindernis“ darstellte, wurde er aus der VdB ausgeschlossen. Als „Unterführer“, d.h. als leitender Angestellter sei diese Person nun nicht mehr tragbar, meinte der Betriebsobmann von Belval-Rothe Erde und bat den Hauptbetriebsobmann, die „gebührenden Maßnahmen“ zu ergreifen beziehungsweise exemplarische Strafen zu verhängen.[62] Andere kleinere Streitigkeiten versuchte Schock intern beizulegen. Im Juni 1941 konnte der Luxemburger Direktor in einem Streitfall zwischen einem Arbeiter und einem deutschfreundlichen Ingenieur zunächst vermitteln und arrangierte sich mit dem Betriebsobmann: „Machen wir hier aus der Mücke keinen Elephanten. Überlassen Sie mir die Sache, ich werde die Leute kommen lassen und ihnen gehörig den Kopf waschen und dabei lassen wir dann die Sache bewenden.“ Palmer war mit der Regelung einverstanden, nur der Ingenieur wollte es nicht dabei belassen. Sogar die Escher DAF-Kreiswaltung

60 Schreiben der Gefolgschaftsabteilung (Zentralverwaltung) an Abteilung Belval (24.1.1942), ANLux ARBED Belval 14449 (Mappe „Politische Haltung. VDB“).

61 Notiz von Direktionssekretär Schleimer an Direktor Schock (18.6.1942), Notiz von Betriebsobmann Kanis an Generaldirektor Schmidt (21.7.1942), in: ANLux ARBED Belval 14449 (Mappe „Politische Haltung. VDB“).

62 Schreiben des Betriebsobmanns von Belval-Rothe Erde an Hauptbetriebsobmann Kanis (17.7.1942), in: ANLux ARBED Belval 14449 (Mappe „Politische Haltung. VDB“).

war mehr als ungehalten über die Affäre; der zuständige Kreisorganisationswalter Goergen wiegelte verärgert die Beschwerden ab: „Kommt nicht für jede Dummheit auf die Kreisleitung, macht Euren Scheissdreck unter Euch auf dem Werke aus."[63]

Insgesamt gesehen hatte der Luxemburger Direktor aber nur wenig Durchsetzungskraft, vor allem gegenüber einem linientreuen DAF-Betriebsobmann, der sich immer wieder in Personalfragen einmischte und über einen gewissen Einfluss verfügte. Für Schocks Ansehen unter der Arbeiterschaft waren öffentliche Anschläge, die von Betriebsobmann Palmer und ihm gemeinsam unterschrieben wurden und in den einzelnen Abteilungen von Belval zum Aushang kamen, wenig zuträglich. Im Februar 1942 wurde beispielsweise die Absetzung eines Oberrangierers mitgeteilt, der sich politisch nicht konform verhalten hatte. Die von Schock mitunterzeichnete offizielle Begründung lautete: „Es geht nicht an, dass Leute, die sich gegen das Deutschtum aussprechen, mit der Führung deutscher Menschen betraut sind."[64] Für viele Arbeiter war dies ein eindeutiger Beweis für die Kollaboration zwischen Direktion und Partei.

Während des Streiks von 1942 tat Schock alles, um die Lage zu entspannen und ein Blutvergießen zu verhindern.[65] Unter anderem wirkte er beruhigend auf den Betriebsobmann Palmer ein, der offensichtlich am Streiktag die Nerven verlor. Schock hoffte, die Unruhen auf seinem Werk wie gewohnt gütlich beilegen zu können. Unter anderem hatten die Lehrlinge aus Protest gegen die Unrechtsmaßnahmen der Deutschen in Anwesenheit ihrer Vorgesetzten den vorgeschriebenen Fahnengruß verweigert. Mit einem Telefonanruf beim Kreisleiter sollte die Sache aus der Welt geschafft werden, aber Schock konnte schließlich nicht die Verhaftung der Lehrlinge verhindern.[66] In einer letzten Mitteilung an das leitende Personal erinnerte Schock nochmals an das Schreiben der Zentralverwaltung vom 3. September, dass zwischen 18.00 und 6.00 Uhr ein leitender Ingenieur „als Vertreter des Betriebsführers die volle Verantwortung für den Betrieb" übernehmen müsse, eine Maßnahme, die zur Beruhigung der Lage beitragen und vor allem die Polizei oder Vertreter der Partei aus dem Werk halten sollte. Die „erforderlichen

---

63 Schreiben von Nicolas Schock vom 30.4.1947 an Substitut Zeimes, in: ANLux AP K108 Emile Kalmes (Mappe „Instruction Schock").

64 Mitteilung des Betriebsobmanns Palmer und des Betriebsführers Schock vom 17.2.1942, in: ANLux AP 35 Jean Parmentier (Mappe „Pièces à charge").

65 In seiner Verteidigungsschrift äußerte sich Schock wie folgt: „Die einzige Pflicht des Betriebsführers konnte demnach nur sein, für das Leben der ihm unterstellten Leute zu sorgen, sie zur Klugheit und Vorsicht zu mahnen. Ich habe hierin, wie auch viele andere Beamten, mein Bestes getan." Vgl. Schreiben von Nicolas Schock vom 30.4.1947 an Substitut Zeimes, in: ANLux AP K108 Emile Kalmes (Mappe „Instruction Schock").

66 Aussage des Ingenieurs Vic. Hostert, in: Bericht von Oberwachtmeister Koch vom 4.4.1947 an die Staatsanwaltschaft betr. Emil Kalmes, in: ANLux AP 35 Jean Parmentier (Mappe „Copies extraites des dossiers Kalmes (AP 2928), Koetz et Pfirrmann (AP 2702)").

Schritte" würde man werksintern einleiten. Seine Absetzung am 12. September konnte Schock dadurch nicht mehr verhindern.[67]

In den Augen der Öffentlichkeit und der Arbeiterschaft hatte sich Nicolas Schock durch sein Benehmen kompromittiert. So symbolisierte er für viele das Versagen der Luxemburger Eliten, die sich nach außen zu kompromissbereit zeigten. Neben dem Vorwurf, die Lage falsch eingeschätzt und vor allem die DAF und die Partei in ihrer Radikalität unterschätzt zu haben, muss man aber feststellen, dass die nationalsozialistischen Funktionäre im Hintergrund gegen Schock intrigierten und darauf hinarbeiteten, ihn früher oder später durch einen linientreuen, politisch gefestigten Parteigenossen zu ersetzen. Gerade in den Augen der DAF galt Direktor Schock als unsicherer Mitstreiter, was Denunziationsschreiben belegen. Der Betriebsobmann beschwerte sich im Juli 1941 bei Kreisobmann Grohé, dass Schock den deutschen Gruß unterließ. Schon bei einer anderen Gelegenheit hatte sich Schock ostentativ von den DAF-Amtswaltern seines Betriebes mit den Worten „Bonjour dir Hären" verabschiedet, statt in das obligate „Sieg Heil" einzustimmen. Da sich Schock bewusst von allen NS-Veranstaltungen fernhielt und vor allem auf die Angestellten seines Betriebes einen in den Augen der Nationalsozialisten schlechten Einfluss hatte, intrigierte der Betriebsobmann Dedden hinter dem Rücken seines Chefs, wohl in der Hoffnung, dass Schock abgesetzt würde.[68]

Nach dem Krieg verteidigte Schock seine, wie er sich ausdrückte, „elastische Haltung, verbunden mit allerlei Verstellungskunst und Camouflage, und Ablenkungsmanövern", damit, dass er vor allem die beiden DAF-Betriebsobmänner Dedden und Parmentier im Zaum habe halten wollen. Mit „Diplomatie" habe er versucht, seine Stellung zu behaupten und die Berufung eines „Nazibetriebsführers" zu verhindern. Schock gab aber zu, dass es sich nicht vermeiden ließ, Grenzen zu überschreiten, ein Verhalten, das von den patriotisch gesinnten Luxemburgern falsch

---

67 Vgl. Mitteilung des Direktors (9.9.1942), in: ANLux ARBED Belval 09410.

68 Schreiben von Betriebsobmann Dedden vom 2.7.1941 an Kreisobmann Grohé betr. Betriebsführer Schock, in: AP K108 Emile Kalmes (Mappe „Pièces à décharge Schock"). Siehe auch das Schreiben vom 7.7.1941: „Herr Betriebsführer Schock ist natürlich unabkömmlich gewesen und konnte nicht erscheinen, wie das bereits immer der Fall gewesen war, wie z.B. am 20. April zum Führergeburtstag, Betriebsappell in Burg-Brohl. Absage da gesundheitlich verhindert. Am 1. Mai nach Augsburg, gesundheitlich verhindert. Schulung Bad Neuenahr, wegen Arbeit unabkömmlich. Kameradschaftsabend in Differdingen der Schulungsteilnehmer Abt. Betriebssport, Absage mit Begründung - Verhindert -. Wie Sie aus diesen Beispielen ersehen können, weist Betriebsführer Schock in jeder Hinsicht den Gemeinschaftsgedanken ab, sodass eine leichte und verständliche Zusammenarbeit unmöglich ist. Ich bin zu der Überzeugung gekommen, dass die ganzen Angestellten sich mit aller Kraft auf die Gesinnung des Betriebsführers stützen und sich diesbezüglich alles erlauben, was natürlich nicht handgreiflich ist. Ich bitte Sie, mich in jeder Beziehung unterstützen zu wollen." (Hervorhebungen im Original).

verstanden wurde.[69] Ähnlich interpretierte ein Mitarbeiter Schocks, der Direktionssekretär Pierre Schleimer, die Haltung seines Vorgesetzten: „Dem Direktor Schock sind hinsichtlich seiner politischen Haltung bestimmt keine Vorwürfe zu machen. Er hat zwar in mancher Hinsicht den Deutschen Zugeständnisse gemacht, dabei aber durchdrungen von dem Gedanken, Zeit gewonnen, alles gewonnen."[70]

Bei den Arbeitern kam die Politik ihres Direktors denkbar schlecht an: „Der Direktor Schock hat während seiner Amtstätigkeit nicht die Entschlusskraft aufgebracht, den politischen Geist der Nazis im Werk einzudämmen. Er hat stillschweigend alle Maßnahmen des Feindes nicht nur geduldet, sondern er hat als leuchtendes Beispiel mitgemacht. Die ersten WHW.-Sammlungen hat er mit seinem höheren Betriebschef durchgeführt. Erst als nach den Streiktagen die Köpfe der Arbeiter gerollt sind, ist es zwischen Direktor und Betriebsobmann zu einem Bruch gekommen", so rückblickend der Vorsitzende des Belvaler Arbeiterausschusses nach dem Krieg.[71] Nach 1944 wurde gegen Schock ermittelt, aber sein Fall wurde 1948 ad acta gelegt. Aus Sicht der Justizbehörden hatte sich Schock strafrechtlich gesehen nichts zuschulden kommen lassen. Er hatte nicht anders gehandelt als sein Generaldirektor oder andere Direktorenkollegen, die nach der Besetzung das weiterhin taten, was sie schon vor dem Krieg gemacht hatten, nämlich Eisen und Stahl produzieren. Für ihn sprach letztlich, dass er 1942 von den Nazis abgesetzt worden war und somit als Opfer des Regimes dastand.

Das Beispiel der Betriebsführung der ARBED-Abteilung von Esch-Belval illustriert die Verhaltensmuster, die viele Unternehmensführer, Manager, Direktoren wie auch leitende Ingenieure nach 1940 an den Tag legten.[72] Der Luxemburger Nicolas Schock kam gezwungenermaßen in Kontakt mit den neuen Herren von der Deutschen Arbeitsfront, mit denen er sich nach außen hin schnell zu arrangieren

69 Herablassend sprach Schock von „geistigem Unvermögen" der patriotischen Luxemburger und Machenschaften hinter den Kulissen, von denen der „gewöhnliche Mann" während der Besatzungszeit nichts mitbekommen habe. Vgl. Schreiben von Nicolas Schock vom 30.4.1947 an Substitut Zeimes, in: ANLux AP K108 Emile Kalmes (Mappe „Instruction Schock"). Es handelt sich um eine 12seitige Verteidigungsschrift, die Schock nach seinem Verhör durch die Justiz verfasst hatte.

70 Aussage Pierre Schleimer, in: Bericht von Oberwachtmeister Koch vom 4.4.1947 an die Staatsanwaltschaft, in: ANLux AP 35 Parmentier (Mappe „Copies extraites des dossiers Kalmes (AP 2928), Koetz et Pfirrmann (AP 2702)").

71 Aussage Pierre Majerus (Präsident des Arbeiterausschusses der Hütte Belval), in: Bericht von Oberwachtmeister Koch vom 4.4.1947 an die Staatsanwaltschaft, in: ANLux AP 35 Parmentier (Mappe „Copies extraites des dossiers Kalmes (AP 2928), Koetz et Pfirrmann (AP 2702)").

72 Vergleichbar mit Schock wäre der Direktor der Paul Würth-Werke, Charles Würth, der in seinem Betrieb ein ähnliches Verhalten wie Schock an den Tag legte. Siehe dazu auch das Beispiel des ARBED-Ingenieurs Jules Schaack, der im Gegensatz zu Schock eine aktive Rolle als Ortsgruppenleiter der VdB einnahm. Zu Schaack, vgl. Wehenkel, Entre chien et loup, S. 280–285.

schien. Anpassungsfähigkeit und Kollaborationsbereitschaft zeichneten deshalb seine Haltung in den ersten Monaten aus. Später zeigten sich aber in seinem Verhalten die Grenzen seiner Kooperationspolitik mit dem Besatzer. Der Fall von Belval illustriert aber auch, wie sehr sich die Amtszeit des Luxemburger Direktors von der seines deutschen Nachfolgers unterschied.

2.2. Der deutsche Betriebsführer Nino Broglio

Mit dem unfreiwilligen Abgang Schocks sollte sich das Betriebsklima auf Werk Belval nachhaltig verändern. Nach dem Streik von 1942 übernahm der reichsdeutsche Ingenieur Nino Broglio die Leitung des Werks, die er bis zur Befreiung im Jahre 1944 innehatte. Der 1896 in Italien geborene Sohn eines Hüttendirektors studierte nach dem Abitur an der Technischen Hochschule Aachen. Er promovierte in Ingenieurswissenschaften und Bergbauwissenschaften und ließ sich später gerne mit „Dr. Dr." titulieren. An der TH war Broglio einige Zeit als Assistent tätig.[73] In den 1930er Jahren hatte Broglio mehrere kleine Schriften im Bereich der Stahlherstellung veröffentlicht und arbeitete in einem eisenverarbeitenden Betrieb im Bergischen Land.[74] Er hatte von 1914–1918 als Soldat gedient und eine Gasverletzung erlitten. Nach dem Ersten Weltkrieg hatte Broglio, Träger des Eisernen Kreuzes 1. und 2. Klasse, in den Freikorps gekämpft. 1931 trat er unter der Nr. 544614 in die NSDAP ein und bekleidete das Amt eines Kreiswirtschaftsberaters. Ab 1931 war Broglio Mitglied der SA und trug seit 1936 die Uniform eines Sturmbannführers (1942 Beförderung zum Obersturmbannführer).

Nino Broglio kam wahrscheinlich im Oktober 1942 nach Luxemburg und zog nach Esch-Alzette, wo er unweit der Werke Belval und Schifflingen in der Luxemburger Straße in Haus Nr. 68 wohnte. Broglio war politisch recht aktiv; so übernahm er die Führung des Escher SA-Sturmbannes, bis er diese im Dezember 1943 wegen Arbeitsüberlastung wieder abgab. Als Obersturmbannführer organisierte er mit einer gewissen Begeisterung 1943 „SA-Schießwettkämpfe" und im Juni 1944 „Wehrsportwettkämpfe". In seinen zwei Escher Jahren nahm er regelmäßig an Parteiveranstaltungen teil, so etwa an der NS-Gedenkfeier anlässlich des 30. Januar 1943 und trat als Redner bei Kreistagen sowie anderen NSDAP- und VdB-Versammlungen auf. Im März 1944 war er im Süden des Landes aktiv an der propagandistischen Vortragsreihe „Luxemburgs Zukunft – Deutschlands Sieg" beteiligt. Beim letzten NSDAP-Kreistag in Esch hielt Broglio in seiner Rolle als SA-Führer Eröffnungsappelle und Versammlungen ab, so etwa am „Tag der Wehrkraft", trat als Betriebsführer bei den Betriebsappellen und Kameradschaftsabenden

---

73 Vgl. Personalakte Nino Broglio, in: BA PK B0085. Ulrich Kalkmann, Die Technische Hochschule Aachen im Dritten Reich (1933-1945), Aachen 2003, S. 82.

74 Vgl. Nino Broglio, Erfahrungen mit Hochfrequenzöfen, Düsseldorf 1937.

seines Betriebes auf Belval auf.[75] Er war ein überzeugter Nationalsozialist, der bei öffentlichen Auftritten durch einen unerschütterlichen Glauben an den deutschen Endsieg auffiel. Broglio beherrschte die NS-Rhetorik bis ins Detail, besaß aber auch die Gabe, die Augen vor der Wirklichkeit zu verschließen. Im Januar 1943 lobte der Betriebsführer während einer Arbeitstagung die „politisch aufgeschlossene Gemeinschaft" des Betriebes von Belval und versprach im Namen der Belegschaft, dass Belval „nach Kräften dazu beitragen werde, das Ziel zu erreichen, das sich der Führer gesteckt habe, nämlich Deutschland den Platz einnehmen zu lassen, der ihm gebühre." Freilich befanden sich im Saal lediglich die Mitglieder des „Führer- und Unterführerkorps sowie der Amtswalter" seines Betriebes, also hauptsächlich NS-Funktionäre aus den Reihen der Deutschen Arbeitsfront.[76] Im Umgang mit den Arbeitern konnte er ungewöhnlich jovial sein, als er zum Beispiel bei einer Betriebsversammlung die Lehrlinge von Belval als „seine Jungs" bezeichnete. Bei der Eröffnung des Escher Freiluftbads der ARBED-Betriebe Belval und Rothe Erde schwamm er gar mit den anwesenden Gästen eine Ehrenrunde, wie die Presse 1943 notierte, dies um die „enge Verbundenheit zwischen Betriebsführung und Gefolgschaft" zu verdeutlichen.[77]

Seine Leutseligkeit täuschte aber nicht darüber hinweg, dass er als „Wehrwirtschaftsführer", wie er stets in der NS-Presse huldvoll tituliert wurde, ein treuer Erfüllungsgehilfe des Regimes war und dies bis in die letzten Besatzungswochen hinein. Er ließ keine Gelegenheit aus, in pompös inszenierten Betriebsappellen für das Regime Propaganda zu betreiben und bis ins letzte Besatzungsjahr hinein bei düsteren Heldengedenkfeiern die Belegschaft auf den „Kampf um die Zukunft" einzuschwören.[78] Anders als sein Vorgänger Schock nahm er an allen Betriebsversammlungen und politischen Appellen teil, in denen er seinen unerschütterlichen Glauben an den Endsieg und den „Führer" zum Ausdruck brachte.[79] Er regierte das Werk Belval mit fester Hand, versuchte mit allen Mitteln, die Arbeiter zu Höchstleistungen anzutreiben und führte ein rigoroses Strafsystem ein, das renitente Arbeiter, Bummelanten, undisziplinierte Zwangsarbeiter und arbeitsunwillige

75 Vgl. ETB Nr. 26 (1.2.1943), Nr. 172 (26.7.1943), Nr. 295 (16.12.1943), Nr. 63 (15.3.1944) und Nr. 148 (27.6.1944). Siehe Programmheft „Kreistag Esch 1944", in: ANLux EPU 094 (Akte Paul Ludwig Courrier).

76 „Die Betriebsführer sind Treuhänder der Nation", in: ETB Nr. 8 (11.1.1943).

77 „Freie Bahn dem Tüchtigen", in: ETB Nr. 89 (5.4.1943) und „Das Escher Freiluftbad in Betrieb", in: ETB Nr. 114 (18.5.1943).

78 Betriebsversammlung auf Arbed-Belval, bei der Gaupropagandaleiter Albert Urmes eine fanatische Rede hielt, sogenannten „Volksschädlingen" drohte und Deutschlands „schwere Rückschläge" erklärte, die angeblich die Arbeiter nur noch mehr zu Anstrengungen in der Rüstungsproduktion motivierten, vgl. „Eine schönere Zukunft des Luxemburger Arbeiters nur beim Siege Deutschlands", in: ETB Nr. 76 (30.3.1944).

79 Vgl. Zeitungsbericht über den vermutlich letzten Betriebsappell auf Belval-Rothe Erde im Juni 1944, anlässlich des „Ehrentags des Arbeiters": „Auszeichnung verdienter Gefolgschaftsmitglieder", in: LW Nr. 181 (29.6.1944).

Dienstverpflichtete disziplinieren sollte. Broglio stand hinter allen propagandaträchtigen Aktionen, die das NS-Regime in den letzten Kriegsmonaten noch ins Leben rief, um die Arbeiter weiter zu motivieren. Anfang 1944 prämierte Broglio zusammen mit dem DAF-Funktionär Ludwig Grohé verdienstvolle ARBED-Mitarbeiter und forderte von seinen Arbeitern „eine bessere Ausnützung der Produktionsmittel und der Arbeitswerkzeuge“ zur Steigerung von Leistung und Produktion.[80] Bis zuletzt schreckte er nicht davor zurück, mit Beschwörungen, Drohungen und großartigen Versprechungen seine Belegschaft unter Druck zu setzen. Zusammen mit Gauobmann Dörner und Kreisobmann Grohé eröffnete Broglio im Juni 1944 das „Deutsche Leistungsertüchtigungswerk“ und fantasierte von einer „besseren und schöneren Zukunft des Großdeutschen Reiches“.[81]

Direktor Broglio war stets um ein gutes Verhältnis zu Behörden und Parteidienststellen bemüht, was sich nicht zuletzt an den regelmäßigen Spenden messen lässt, die er allen möglichen Organisationen zukommen ließ. Auf jeden Fall konnten großzügige Geldzuwendungen den Beziehungen zu wichtigen Personen und staatlichen Organen nur förderlich sein. So ließ Broglio anlässlich des „Jul-Festes“, der NS-Variante des christlichen Weihnachtsfestes, der Escher Polizeibehörde eine Spende von 300 Reichsmark überweisen. Der Direktor bewilligte regelmäßig Werksspenden auch an andere NS-Organisationen wie das WHW.[82]

War Broglios Autorität auf Werksebene unbestritten, so weiß man wenig über seinen Einfluss in der ARBED-Zentralverwaltung. Sehr wahrscheinlich war der umtriebige Broglio aber nach dem Geschmack der übrigen Parteigenossen, die im Laufe der Jahre wichtige Posten im Verwaltungsgebäude in der Hauptstadt übernommen hatten. In den Augen der Zivilverwaltung dürfte Broglio die perfekte Besetzung für Belval gewesen sein, da er nicht nur als Fachmann für Eisen und Stahl, sondern auch in politischer Hinsicht als äußerst zuverlässig gelten konnte.

In den Werken, in denen ab 1942 ein Wechsel an der Spitze stattfand, änderte sich der politische Wind. Der Luxemburger Nicolas Schock hatte während zwei Jahren nach dem Vorbild seiner Generaldirektion mit den Deutschen kollaboriert, aber auch immer eine Distanz zum Regime verdeutlichen können. Mit dem reichsdeutschen Parteigenossen Nino Broglio hielt nun der Typus des nationalsozialistischen Betriebsführers auf Belval Einzug. Broglio vollendete die Transformation des Werkes von Belval in eine Art NS-Musterbetrieb. Davon profitierte in erster Linie die DAF-Betriebsorganisation, die sich nun mehr Durchsetzungskraft gegenüber einer mehrheitlich ablehnenden Belegschaft erhoffte. In der Tat bildeten Betriebsführer wie Nino Broglio im Werk von Belval oder Karl Koehler im

80 „Bausteine zur Schaffung einer besseren und schöneren Zukunft“, in: ETB Nr. 41 (18.2.1944).

81 „Jedem Arbeiter die Möglichkeit zum Aufstieg“, in: ETB Nr. 150 (29.6.1944).

82 Spendenbewilligung Broglios vom 14.12.1942 an örtliche Polizeibehörden und WHW-Spende über 250 RM vom 17.3.1943, in: ANLux ARBED Belval 14449.

Schifflinger Werk zusammen mit den Betriebsobmännern eine stärkere Einheit. Ab Herbst 1942 nahm der Druck auf die Belegschaften in jeder Hinsicht zu.

Hinter dem oft kollegial wirkenden Auftreten Broglios verbarg sich ein alter Parteigenosse, der die Arbeiter und Angestellten seines Werks von der NS-Ideologie überzeugen wollte. Dies resultierte in einer engen Zusammenarbeit mit dem Betriebsobmann, mit dem er die offiziellen Bekanntmachungen an die Gesamtbelegschaft seines Werkes in vielen Fällen zusammen unterschrieb, sodass es zumindest vordergründig so aussah, als ob die Deutsche Arbeitsfront und die Betriebsführung von Belval mustergültig zusammenarbeiteten. Ganz offensichtlich zielten Broglios Bemühungen darauf ab, aus Belval einen „NS-Musterbetrieb“ zu machen, ein Unterfangen, das unter der Leitung des Luxemburgers Schock nie recht gelingen wollte. Für seine Leistungen als Betriebsführer erhielt Broglio das „Wehrwirtschaftsführerabzeichen“ in Gold.[83] Im September 1944 verließ Nino Broglio mit den anderen deutschen ARBED-Direktoren Luxemburg. Über seinen weiteren Werdegang nach 1945 ist nur wenig bekannt. Die Luxemburger Behörden hatten kein Interesse an seiner Person, zumindest stand er auf keiner Fahndungsliste der Kriegsverbrecher, denen man im Großherzogtum den Prozess machen wollte. Da Broglio erst nach dem Streik von 1942 nach Luxemburg gekommen war, schien er möglicherweise im Vergleich zu anderen weniger belastet zu sein.

3. Gelebte „Volksgemeinschaft“

Ab 1941 veränderte sich das Klima in Luxemburgs Betrieben, vor allem in der Schwerindustrie. Mit der Installierung der DAF-Betriebsorganisationen in den Großunternehmen wurde das Primat des Politischen überall spürbar. Die Funktionäre der Partei und der Deutschen Arbeitsfront schufen im Alltag eine Atmosphäre, die kaum noch dem entsprach, was man in Luxemburg aus Friedenszeiten gewohnt war. Nationalsozialistische Politik und Ideologie bestimmten nun den Alltag auf der Arbeit. Im Folgenden soll an ausgewählten Bereichen dargelegt werden, wie sich das Regime bemühte, in den Betrieben eine Art „Volksgemeinschaft“ zu schaffen. Unermüdlich riefen die Parteiorganisationen dazu auf, durch Spenden die Solidarität mit dem Regime unter Beweis zu stellen. Die auf ARBED-Belval sorgfältig in Szene gesetzten Betriebsappelle und Kameradschaftsabende waren nach den Vorstellungen der Nationalsozialisten wichtige Gemeinschaftserlebnisse, die auf die einen eine gewisse Faszination ausübten, auf andere aber befremdlich wirkten.[84]

83 Zur Bedeutung der Auszeichnung, vgl. Willi Dreßen, Wehrwirtschaftsführer, in: Enzyklopädie des Nationalsozialismus, S. 800.

84 Zu Propaganda und Realität der „Betriebsgemeinschaft“, vgl. Schneider, In der Kriegsgesellschaft, S. 621–629.

3.1. Spendenaktionen

Die Spendenaktionen der NS-Organisationen prägten seit 1940 einen Teil des öffentlichen Lebens im besetzten Luxemburg. Davon wurden auch die Industriebetriebe erfasst. Es gehörte gewissermaßen zum guten Ton, dass die Betriebe und Belegschaften regelmäßig Geldbeträge für soziale Zwecke spendeten. Nicht nur die Unternehmer und Direktoren spendeten, auch die Arbeitnehmer wurden in die Pflicht genommen. Luxemburger Abteilungsleiter und die einfachen Angestellten taten dies, aber mit deutlich geringeren Beiträgen, wie das Beispiel von Belval zeigt. Angesichts der hohen Beteiligung an der Sonderspendenaktion (414 von 420 Angestellten leisteten einen mehr oder weniger großen Beitrag), muss man davon ausgehen, dass eine Mehrheit aus Angst handelte oder entsprechend unter Druck gesetzt worden war. Tatsächlich stand die Belegschaft Anfang Oktober 1942 noch unter dem Eindruck der Streikereignisse; zudem wollte wohl kaum einer negativ bei dem reichsdeutschen Chef auffallen, der nach der Absetzung Schocks die Betriebsführung übernommen hatte.[85]

Immer wieder appellierte man in den Betrieben an den „Opferwillen“ der Mitarbeiter, die ihren materiellen und politischen Beitrag zur „Volksgemeinschaft“ leisten sollten. So gab es Haussammlungen für das WHW, Reichsstraßensammlungen, Sammlungen anlässlich des „Opfersonntags“[86] oder Haus-zu-Haus-Sammlungen zugunsten des DRK, nach dem Beginn des Russlandkrieges Sammlungen von Wintersachen für die Ostfront oder wieder eine Gaustraßensammlung. Etwa alle 14 Tage forderte die Direktion die Mitarbeiter auf, ihren Beitrag zu leisten. Der Erfolg hielt sich zunächst nachweislich in Grenzen. Anlässlich der „Sonderspendenaktion 1941/1942“ erhielt Direktor Schock Anfang Februar 1942 eine schriftliche Rüge vom Kriegswinterhilfswerk. Der Escher Kreisbeauftragte wies darauf hin, dass von 427 angeschriebenen Angestellten von Belval lediglich 180 eine Spende geleistet hätten und dies trotz mehrfacher Aufforderung: „Gerade die Angestellten der Eisenhüttenwerke – außer Rodingen – sind mit der Sonderspende im Rückstand.“ Da die Partei auf jeden Fall einen Erfolg verbuchen wollte, sollte nun die Belvaler Betriebsführung die Verweigerer zu Spenden veranlassen, dies durch entsprechende Anschläge beziehungsweise entsprechende Hinweise der Direktion. Außerdem schlug der WHW-Beauftragte vor, der Vertrauensrat und andere geeignete Mitarbeiter mögen durch „persönliche Bearbeitung“ die Unwilligen überzeugen. Die Aktion trug schließlich ihre Früchte und Direktor Schock konnte eine Liste mit den Namen der Mitarbeiter übermitteln, die sich doch noch zu einer

85 Vgl. Liste der Sonderspenden zum KWHW 1942/43 (10.10.1942), in: ANLux ARBED Belval 14449 (Mappe „Winterhilfswerk u. D.R.K.“).

86 Es handelt sich bei diesem Begriff um eine NS-Neubildung. Im Krieg wurde der seit 1933 gebräuchliche Begriff „Eintopfsonntag“ verboten und durch „Opfersonntag“ ersetzt. Was die „Volksgenossen“ beim Essen sparten, sollte dem WHW gespendet werden, vgl. „Eintopfsonntag“, in: Schmitz-Berning, Vokabular des Nationalsozialismus, S. 173f.

Spende entschlossen hatten. Schock schrieb an den Kreisbeauftragten: „Sie werden aus dieser Aufstellung ersehen, dass nunmehr die überwältigende Anzahl unserer Angestelltenschaft Ihrer Aufforderung zur Sonderspende Folge geleistet hat.“[87]

Unter dem deutschen Direktor Broglio verbesserte sich die Bereitschaft der Belegschaft zu Spenden nur unwesentlich. So beschwerte Broglio sich im Dezember 1942 darüber, dass das Spendenaufkommen im Kreis Esch nur etwa der Hälfte dessen entsprach, was im Gaudurchschnitt gespendet worden war. Forsch bestimmte Broglio, dass mehr Werbung in seinem ARBED-Betrieb gemacht werde, und legte eine Minimalspende für Angestellte fest, die sich allem Anschein nach bis dato an den Sammelbüchsen vorbeigedrückt hatten. Es hieß, dass die Direktion falsche Rückschlüsse auf die „allgemeine Haltung“ der Angestellten vermeiden wollte, denn Direktor Broglio wollte bei der Kreisleitung auf keinen Fall den Anschein erwecken, gerade seine Angestellten seien aus politischen Gründen generell bei Spenden zurückhaltend. Dies hätte vor seinen Genossen aus Partei und DAF ein schlechtes Licht auf seine Führungsqualitäten werfen können.[88] Im Vorfeld des 4. „Opfersonntags“ vom 6. Dezember 1942 war Broglio bereits vom WHW-Kreisbeauftragten auf die enttäuschenden Ergebnisse der vorherigen Sammlungen hingewiesen worden. Der Kreisbeauftragte schickte vorsorglich vertrauliche Listen der Gefolgschaftsmitglieder des Betriebes mit, in denen die Höhe der Einzelspenden verzeichnet war. Broglio wurde aufgefordert, die Mitarbeiter auf die Pflicht höherer Spenden aufmerksam zu machen und diese nach eigenem Ermessen zurechtzuweisen.[89] Die unermüdlichen Aufrufe, aber wohl noch mehr die Angst der Bevölkerung führten dazu, dass die Spendensummen kurzfristig anstiegen. So gab die Direktion nur zwei Wochen später zufrieden bekannt, dass anlässlich der 4. Reichsstraßensammlung im Kreis Esch durchschnittlich 19,7 Reichspfennige pro Einwohner gespendet worden waren, was aber immer noch deutlich unter dem Gaudurchschnitt von 24,9 Reichspfennigen lag. In der NS-Propaganda wurden erwartungsgemäß die Ergebnisse geschönt dargestellt und man sprach von einem „Rekordergebnis“, das sogar das höchste im ganzen Gau Moselland gewesen sei und 20 Prozent über dem Reichsdurchschnitt gelegen habe.[90]

---

87 Schreiben des KWHW-Kreisbeauftragten Esch-Alzig vom 2.2.1942 an Direktor Schock betr. Sonderspendenaktion 1941/1942 sowie Antwortschreiben Schocks vom 1.4.1942, in: ANLux ARBED Belval 14449 (Mappe „Winterhilfswerk u. D.R.K“).

88 Mitteilung der Direktion betr. WHW-Spenden (4.12.1942), in: ANLux ARBED Belval 14449 (Mappe „Winterhilfswerk u. D.R.K.“).

89 Schreiben des WHW-Kreisbeauftragten an Direktor Broglio betr. 4. Opfersonntag (30.11.1942), in: ANLux ARBED Belval 14449 (Mappe „Winterhilfswerk u. D.R.K.“).

90 Mitteilung der Direktion betr. WHW/4. Reichsstraßensammlung (18.12.1942), ebenda. Vgl. „Der Arbeiterkreis Esch an der Spitze“, in: ETB Nr. 24 (30./31.1.1943). Es ist nur schwer möglich nachzuvollziehen, wie bereitwillig die Luxemburger für das WHW spendeten. Eine Statistik verzeichnete für den 3. Opfersonntag 1942 für den Kreis Esch ein Ergebnis von 25.500 RM, was einem Durchschnitt von etwa 0,89 RM pro Haushalt entsprach. An der Spitze lag die Ortsgruppe Alt-Esch mit 1,16 RM,

3.2. Betriebsappelle – Inszenierungen der NS-Politik

Die von der Deutschen Arbeitsfront organisierten Betriebsversammlungen waren in den 1930er Jahren im Dritten Reich Teil des Arbeitsalltags und dienten der Propaganda und der politischen Indoktrination der Versammlungsteilnehmer.[91] Für die Luxemburger Arbeiter waren Betriebsappelle eine ungewohnte Neuerung. Die ersten Betriebsappelle in den industriellen Großbetrieben Luxemburgs fanden im Oktober 1940 statt, zunächst in Differdingen und bei den Paul Würth-Werken, dann im ARBED-Werk Belval.[92] Sie dienten anfangs dazu, die Mitarbeiter auf das neue Regime einzuschwören, wobei auf das Arbeiterpublikum zugeschnittene soziale Themen im Vordergrund standen. Die eigentlichen Betriebsversammlungen fanden bis zu viermal im Jahr statt und begleiteten in einem gewissen Sinne die politischen Maßnahmen der Gauleitung. So gab es die ersten großen Betriebsappelle schon im Herbst des Jahres 1940, die zweite Welle folgte Anfang 1941 mit der Einführung der Deutschen Arbeitsfront. Die übrigen Appelle standen häufig in Zusammenhang mit aktuellen politischen oder militärischen Geschehnissen, wurden aber meist anlässlich von politischen Großereignissen, wie den Kreistagen in Esch zusammengerufen.[93] In Einzelfällen versammelte man die „Gefolgschaft“, d.h. die Werksangehörigen, um ihnen wichtige Informationen zu geben oder die Menschen im nationalsozialistischen Sinn aufzuklären. Dies war etwa der Fall im Winter 1941/42, als die Produktion auf einen Tiefpunkt gesunken war und sich die Menschen Sorgen um ihre Zukunft machten. Der Düdelinger Direktor Egide Bosseler nutzte die Gelegenheit, um die Situation zu erklären und die etwa 800 anwesenden Arbeiter zu beruhigen. Eine Schließung von ARBED-Produktionsanlagen, die zweifellos eine Zeit lang als Gerücht die Runde machte, hätte womöglich bedeutet, dass man die Arbeiter ins Reichsgebiet dienstverpflichtet hätte. In der Presse wurde die Erklärung eines deutschen Parteigenossen verbreitet, die „Betriebsstockung“ sei lediglich saisonbedingt. Auch in den anderen ARBED-Werken von Belval, Rothe Erde und Schifflingen fanden ähnliche Veranstaltungen

---

Schlusslicht bildete Koerich mit lediglich 0,52 RM pro Haushalt. Im Schnitt war das Kreisergebnis um 8,6 Pfennige besser als noch 1941, vgl. WHW des DRK: Statistik vom 3. Opfersonntag vom 8.11.1942, in: ANLux ARBED Belval 14449 (Mappe „Winterhilfswerk u. D.R.K.“).

91 Vgl. Begriff „Betriebsappell“, in: Der Volks-Brockhaus, Leipzig ^{9}1941, S. 61.

92 „Betriebsappell auf der Hütte ‚Hadir‘ in Differdingen“ und „Betriebsappell in den P. Würth-Werken“, in: LW Nr. 297 (23.10.1940). Der Betriebsappell auf Belval fand erst im November statt: „Der Mensch im Vordergrund allen Lebens“, in: LW Nr. 3321/322 (16./17.11.1940). Beispiel für einen großen Betriebsappell bei der RODAG, siehe „Betriebsappell auf Hütte Rodingen“, in: ETB Nr. 70 (24.3.1941), mit Attacken gegen die „früheren Gewerkschaftsführer“. Zum Begriff „Betriebsappell“, vgl. Schmitz-Berning, Vokabular des Nationalsozialismus, S. 94f.

93 Z.B. „Der Kreistag im Bereich des Kreises Esch“, in: ETB Nr. 172 (26.7.1943).

statt, über die in der NS-Presse unter dem Schlagwort „Gesicherte Zukunft für alle Schaffenden" berichtet wurde.[94]

Im Laufe der Jahre verstärkte sich die Kriegspropaganda, vor allem nachdem deutsche Direktoren in vielen Werken die Luxemburger ersetzt hatten. Nach der deutschen Niederlage bei Stalingrad waren die Betriebsappelle von Durchhalteparolen und düsterer Kriegsrhetorik geprägt. Meist fanden die Kundgebungen in etwa zeitgleich in mehreren ARBED-Werken statt. Die gleichgeschaltete Luxemburger Presse berichtete in der Regel mehr oder weniger ausführlich in Text und Bild über die Betriebsappelle und andere politische Kundgebungen in den Werkshallen, wobei das Augenmerk auf den großen Industriebetrieben des Südens sowie der Hauptstadt lag. Das Escher Tageblatt als Arbeiterzeitung berichtete bevorzugt über Betriebsappelle der Arbeiter, während das Luxemburger Wort sich eher mit Veranstaltungen befasste, die in Luxemburg-Stadt stattfanden. Die Redakteure legten stets Wert darauf, die Namen der teilnehmenden luxemburgischen und deutschen Direktoren zu erwähnen, die bei den Propaganda-Appellen zugegen waren. Die Unternehmens- und Werksleiter wurden auf diese Weise in die NS-Propaganda mit einbezogen. So erhofften sich die Nationalsozialisten, dass die Unternehmens- und Werksleiter in politischer Hinsicht als Vorbilder gesehen würden.

Die Appelle waren minutiös in Szene gesetzt und liefen alle nach einem ähnlichen Schema ab. Eine Musikkapelle sorgte für die passende musikalische Einleitung, dann musste der Betriebsführer das Wort ergreifen, um die anwesenden Massen sowie die aus dem Reichs- oder Gaugebiet angereiste Parteiprominenz zu begrüßen. Bei wichtigen Kundgebungen waren Vertreter der Generaldirektion präsent. Der Hauptredner, häufig ein hochrangiger DAF-Funktionär oder eine andere hochkarätige Persönlichkeit aus der Zivilverwaltung, klärte in einer mit antimarxistischen und antisemitischen Parolen gespickten Hetzrede die in einer großen Werkshalle angetretene Belegschaft über die Vorzüge des neuen Regimes auf. Neben der üblichen Propaganda für den Anschluss Luxemburgs an das Deutsche Reich war der „Sozialismus Adolf Hitlers" eines der Hauptthemen. Bei dieser Gelegenheit wurden die sozialen Errungenschaften des Regimes gepriesen sowie den Luxemburger Arbeitern zahlreiche Sofortmaßnahmen vorgestellt oder in Aussicht gestellt. Ein „Sieg-Heil auf den Führer" sowie das „Absingen der Lieder der Nation" beendeten den Betriebsappell, der normalerweise bei Schichtwechsel stattfand, damit möglichst viele Arbeiter und Angestellte daran teilnehmen konnten.[95]

---

94 „Betriebsappell auf Werk Arbed Düdelingen", in: LW Nr. 38/39 (7./8.2.1942); „Gesicherte Zukunft für alle Schaffenden", in: ETB Nr. 30 (5.2.1942).

95 Vgl. Betriebsappell auf Werk Schifflingen, bei dem Direktor Bosseler die Vertreter von Generaldirektion und Partei begrüßte: „Um das Wohlergehen der Gefolgschaft", in: ETB Nr. 295 (16.12.1941). Teilweise beherrschten gesellschaftspolitische Themen die Betriebsappelle, wie z.B. der 3. Betriebsappell (mit beigeordnetem Generaldirektor Chomé und Hauptbetriebsobmann Kanis), dessen Hauptthema dem „Aufbau einer neuen Gesellschaftsordnung" gewidmet war: „Kameradschaft und Opfer sichern den Sieg", in: ETB Nr. 154 (4.7.1941).

Von einer freiwilligen Teilnahme konnte jedoch keine Rede sein; von Anfang an regelten Dienstanweisungen, wer an den Betriebsappellen teilzunehmen hatte und wer aus betrieblichen Gründen davon entbunden werden konnte: „Sämtliche Gefolgschaftsmitglieder (Angestellte u. Arbeiter) sind gehalten, dem Betriebsappell beizuwohnen“, so eine von Direktor Schock unterzeichnete Bekanntmachung vom 7. Juli 1941 für die Werke Belval und Rothe Erde. Im Oktober desselben Jahres verfügte die Direktion, dass fortan alle Lehrjungen, politischen Leiter, Mitglieder des NSKK, der SA und anderer Formationen in Uniform teilzunehmen hätten. Außerdem, so die Mitteilung des Direktors an das leitende Personal, hätten alle abkömmlichen Mitarbeiter anwesend zu sein.[96] Im Jahre 1941 installierte man in den Werkshallen eine Rundfunk- und Lautsprecheranlage, die für den sogenannten Gemeinschaftsempfang und die unzähligen Betriebsappelle benötigt wurde. So konnte man wichtige politische Ereignisse wie etwa Reden Hitlers und anderer Parteiführer live in die Werkshallen hinein übertragen und die Arbeiter und Angestellten direkt an den Inszenierungen der Macht teilhaben lassen.[97]

Die Pflichtteilnahme bedeutete für viele Arbeiter, dass sie nach Schichtende ihre Züge verpassen würden, sodass sich die Appelle schon aus praktischen Gründen keiner großer Begeisterung erfreuten. Tatsächlich störten die zahlreichen Propagandaveranstaltungen den Betriebsablauf auf erhebliche Weise, aber in den ersten beiden Jahren hatten sie dennoch den Vorrang, betriebstechnische Erwägungen zählten kaum. Später kamen die Verantwortlichen allerdings nicht herum, Teile der Belegschaft von der Teilnahme zu entbinden, da die Kriegsproduktion nicht gestört werden durfte.[98] Die Werksleitung bemühte sich ihrerseits, den Ablauf der lästigen Betriebsappelle nach den Vorstellungen der deutschen Dienststellen aus Partei und Verwaltung zu gestalten. Was Datum, Uhrzeit und Programm der Kundgebungen

96 Bekanntmachung des Direktors betr. Betriebsappell für Werk Belval-Rothe Erde (4.10.1941) und Mitteilung des Direktors betr. Betriebsappell (4.10.1941), in: ANLux ARBED Belval 09409.

97 Vgl. Cornelia Schmitz-Berning, Vokabular des Nationalsozialismus, S. 262. Beispiel der Übertragung einer Führerrede im Werk Düdelingen, vgl. „Betriebsappell auf dem Arbed-Werk Düdelingen“, in: LW Nr. 348 (16.12.1941). Schreiben von Werk Belval vom 13.1.1941 an Arbed-Zentralverwaltung betr. Kreditanträge für Anschaffung einer Rundfunk- und Lautsprecheranlage für Gemeinschaftsempfang und Betriebsappelle für Werk Belval-Rothe Erde, in: ANLux ARBED Belval 14451 (Mappe „Betriebsappelle“). Siehe Schreiben der DAF vom 27.4.1943 betr. Gemeinschaftsempfang am 3.5.1943 auf Veranlassung des Reichspropagandaministeriums (anlässlich des 10. Jahrestages der DAF-Gründung). Die Sendung wurde in die Lager der Fremdarbeiter übertragen, wobei Polen, Ostarbeiter und Juden ausgeschlossen waren, so die Anweisung, die sogar festlegte, wie die Räume geschmückt werden mussten, in: ANLux ARBED Belval 14451 (Mappe „Betriebsappelle“).

98 Bekanntmachung des Direktors betr. Betriebsappell (7.7.1941) und Mitteilung des Direktors betr. Betriebsappell Belval am 11.7.1941 (11.7.1941), in: ANLux ARBED-Belval 09409.

anbelangte, so wurden diese zusammen mit dem Betriebsobmann der Deutschen Arbeitsfront organisiert, während die Initiative immer von lokalen Dienststellen der NSDAP oder der Kreiswaltung beziehungsweise der Gauwaltung der DAF ausging. Über alle Schritte wurden die direkten Vorgesetzten in der Zentralverwaltung schriftlich informiert. Direktor Schock ordnete auf Belval an, dass der Werkschutz „zur Aufrechterhaltung der Ordnung auf dem Versammlungsplatz" eingesetzt werde; die Werkschutzmänner sollten die Teilnehmer „geschlossen" zusammenhalten. Bei wichtigeren Appellen, wie etwa der öffentlichen Verpflichtung des Vertrauensrats, wurde der Ablauf akribisch geplant und dafür Sorge getragen, dass es nicht zu peinlichen Vorfällen oder zu leeren Stuhlreihen kam. Allen Teilnehmern wurden feste Plätze zugewiesen, die Arbeitszeiten der DAF-Funktionsträger wurden so gelegt, dass sie alle anwesend sein konnten.[99] Anlässlich des Escher Kreistages von 1942 wurde die Arbeitszeit der Angestellten kurzerhand verlängert, damit sie nach Dienstschluss nicht einfach nach Hause gehen konnten und zur Teilnahme an dem verordneten Betriebsappell mit anschließender Kameradschaftsfeier gezwungen waren. Der stellvertretende Generaldirektor Chomé persönlich gab per Telefon durch, was Schock der Gefolgschaft mitteilen sollte. Der Text war zwischen dem reichsdeutschen Direktor Franz Schmidt und DAF-Kreisobmann Ludwig Grohé abgesprochen worden. Das Beispiel zeigt, dass es kaum Freiheiten für die einzelnen Werksdirektoren gab, die der Zentralverwaltung gegenüber direkt verantwortlich waren. Dort war der Einfluss der deutschen Direktoren wie auch der Parteidienststellen inzwischen so stark geworden, dass sich die Luxemburger Direktion kaum noch Eigenmächtigkeiten hätte erlauben können, die in irgendeinem offenen Widerspruch zur offiziellen Parteilinie standen. Dies erklärt, dass sich die Luxemburger ARBED-Direktoren ab 1941/42 nach Möglichkeit von den politischen Veranstaltungen in ihren Betrieben fernhielten, zumindest wurden sie in der NS-Presse nicht mehr erwähnt. Einzelne Direktoren schützten Krankheiten vor, um nicht teilnehmen zu müssen.[100]

Wurden die Betriebsappelle unter dem Luxemburger Direktor Schock ziemlich lax gehandhabt, so nahm der Versammlungseifer ab 1942/43 unter dessen Nachfolger Nino Broglio deutlich zu. Die Betriebsführung kannte nun keine Skrupel, um den politisch motivierten Appellen das notwendige Publikum zu verschaffen,

99 Mitteilung von Direktor Schock vom 4.10.1941 betr. Betriebsappell am 8.10.1941. Beispiel Betriebsappell vom 3.2.1942 in der Zentralwerkstätte des Stahl- und Walzwerks: Schreiben der DAF-Kreiswaltung Esch vom 21.1.1942 an Betriebsführer Schock, Mitteilung Schocks vom 24.1.1942 an die Arbed-Zentralverwaltung, Bekanntmachung des Direktors vom 2.2.1942 betr. Betriebsappell vom 3.2.1942 und Mitteilung Schocks vom 2.2.1942 an die Betriebschefs, in: ANLux ARBED Belval 14451 (Mappe „Betriebsappelle").

100 In Schifflingen ließ sich der Luxemburger Direktor durch den Betriebsobmann vertreten, vgl. „Gesicherte Zukunft für alle Schaffenden. Betriebsversammlungen im Kreise Esch-Alzig", in: ETB Nr. 30 (5.2.1942).

während die Luxemburger Belegschaft immer weniger Interesse daran zeigte und die Veranstaltungen von Partei und DAF schlichtweg boykottierte. Im Juli 1943 durften die Beschäftigten das Werk nur noch dann verlassen, wenn sie einen besonderen Nachweis hatten, der ihnen bescheinigte, dass es keine Züge mehr für die Heimfahrt gab, wenn sie am Appell teilnehmen würden. Die übrigen Angestellten und Arbeiter hätten, so der Wunsch von Direktor Broglio, geschlossen in die Halle einzumarschieren. Der Werkschutz, inzwischen ein gefürchtetes Kontroll- und Repressionsinstrument der Betriebsführung, sollte die Werkstore bis zum Ende des Betriebsappells schließen, sodass sich niemand unbefugt davonstehlen konnte.[101] Diese Beflissenheit, möglichst viele Beschäftigte zu den Betriebsversammlungen zu verpflichten, stand in krassem Gegensatz zu den immer wiederkehrenden Aufrufen zu mehr Leistung oder den Entscheidungen der Verantwortlichen, die Arbeiter Sonderschichten fahren zu lassen beziehungsweise die Arbeitszeit zu erhöhen. Zu allem Überdruss verordnete Direktor Broglio seiner Belegschaft die Teilnahme an Parteiveranstaltungen, die außerhalb des Betriebes stattfanden. Im November 1942 lud der Escher Kreisleiter die Gefolgschaft von Belval zur Feier für die Gefallenen der Bewegung ein. Broglio persönlich wollte mit seinen Untergebenen in geschlossener Formation in die Festhalle einmarschieren und ließ eine entsprechende Werbeaktion starten, die wohl nur wenig Widerhall fand. Broglio legte daraufhin fest, dass mindestens 600 Arbeiter und Angestellte teilnehmen müssten und welche Abteilung von Belval wie viele Teilnehmer zu stellen habe.[102]

Angesichts der Dauer des Krieges und des zunehmenden Arbeitskräftemangels wurden die Betriebsappelle schließlich auf Weisung von Robert Ley reichsweit eingeschränkt. Trotz der Bedeutung, welche die „politisch-weltanschauliche Erziehung" durch Betriebsappelle und ähnliche Veranstaltungen habe, müssten diese Veranstaltungen prinzipiell außerhalb der Dienstzeit stattfinden, damit die Produktionsleistung im „totalen Krieg" nicht eingeschränkt werde.[103]

Die Reden, die bei Gelegenheit der Betriebsappelle vor den Belegschaften der ARBED gehalten wurden, spiegeln die Entwicklung und die Radikalisierung des Krieges. Im November 1943 zum Beispiel sprach Gaupropagandaleiter Albert Urmes in einer Betriebsversammlung vor Angestellten und Direktoren der ARBED-Zentralverwaltung und der Columeta. Albert Urmes, der in Luxemburg die CdZ-Abteilung „Volksaufklärung und Propaganda" leitete, gehörte zum engeren Führungskreis um Gauleiter Simon.[104] Unverhohlen geißelte Urmes die „Kurzsichtigkeit jener wenigen Bürgerlichen Luxemburgs" und warnte eindringlich vor

101 Mitteilung der Direktion betr. Betriebsappell (27.7.1943), in: ANLux ARBED Belval 09410.

102 Bekanntmachung des Betriebsführers und des Betriebsobmanns (5.11.1942) und Mitteilung der Direktion (5.11.1942), in: ANLux ARBED Belval 09410.

103 Vertrauliche Mitteilung von Vorstandsmitglied Franz Schmidt vom 8.11.1943 an Direktor Broglio betr. betriebliche Veranstaltungen, in: ANLux ARBED Belval 14451.

104 Maier, Biographisches Organisationshandbuch, S. 475f.

einer möglichen Niederlage des Reiches. Wie der Krieg gegen die Sowjetunion gezeigt habe, ließe man „keine kriegswichtige Einrichtung unzerstört in die Hände unserer Feinde fallen". Mögliche Verräter, so Urmes, bekämen „unnachsichtig die Faust des Reiches" zu spüren.[105] Viel deutlicher konnten die Drohungen des Regimes an die Adresse der Luxemburger Unternehmen beziehungsweise ihrer Angestellten nicht ausfallen; in der Tat würde das Regime im Jahre 1944 sogenannte „Lähmungsmaßnahmen" planen, damit die kriegswichtige Schwerindustrie Luxemburgs den heranrückenden Alliierten nicht so ohne Weiteres in die Hände fallen sollte. Dass man mit „Verrätern" nicht gerade zimperlich umging, das hatte bereits die gewaltvolle Repression des Streiks und anderer Widerstandsäußerungen in aller Deutlichkeit gezeigt. Vor den Arbeitern hütete sich Urmes allerdings, in das gleiche Horn zu stoßen. Bei einer Betriebsversammlung auf ARBED-Belval, zu der Arbeiter und Angestellte in die Halle der Zentralwerkstätte zusammengetrommelt worden waren, appellierte Urmes an den „fanatischen" Durchhaltewillen, zog aber gleichzeitig die sozialpolitischen und sozialreformerischen Register der NS-Propaganda. Während in England und Amerika die Arbeiter „darben" müssten, garantiere das Regime eine gerechte Lebensmittelverteilung sowie Schwer- und Schwerstzulagen für Arbeiter. Klassenunterschiede wie vor dem Krieg und noch „in allen Feindländern" gebe es im Nationalsozialismus nicht mehr.[106]

Die Kundgebungen dienten nicht nur der politischen Propaganda, sondern sie sollten dazu führen, die Mitarbeiter eines Werks zu einer Betriebsgemeinschaft[107] zusammenzuschweißen. Die ideale Betriebsgemeinschaft aus Arbeitern, Angestellten, Vorarbeitern und Direktoren sollte gewissermaßen die „Volksgemeinschaft" im Kleinen darstellen. Auch wenn in großen Betrieben wie den ARBED-Werken eine notwendige Hierarchie bestand, die sich aus Unternehmensleitern, Betriebsleitern und Vorarbeitern zusammensetzte, so wurde den Mitarbeitern in den Betriebsappellen ein egalitäres Bild vorgegaukelt: „Neben dem Ingenieur saß der Arbeiter im schlichten Arbeitskleid, neben dem Abteilungsleiter die schaffende Arbeitskameradin im blauen Kittel, ein Bild der Zusammengehörigkeit aller Schaffenden der Stirn und der Faust"[108], schwelgte die NS-Presse im März 1944 anlässlich einer der

105 „Entscheidend sind der Wille und der unbändige Fanatismus zum Sieg", in: ETB Nr. 260 (5.11.1943). Von der Generaldirektion nahmen die beigeordneten Generaldirektoren Franz Schmidt und Carlheinz Hoffmann teil. Die Presse erwähnte den Namen des Generaldirektors Aloyse Meyer nicht, sodass er wahrscheinlich nicht anwesend war.

106 „Heute steht der Sohn des Generaldirektors neben dem Sohn des Arbeiters im Reichsarbeitsdienst. Sie schaffen und marschieren gemeinsam, und der Hochschulstudent schaut nicht mehr verächtlich auf seinen Kameraden hinter dem Schraubstock.", in: „Eine schönere Zukunft des Luxemburger Arbeiters nur beim Siege Deutschlands", in: ETB Nr. 76 (30.3.1944).

107 Vgl. Schmitz-Berning, Vokabular des Nationalsozialismus, S. 96f.

108 „Eine schönere Zukunft des Luxemburger Arbeiters nur beim Siege Deutschlands", in: ETB Nr. 76 (30.3.1944).

letzten Belvaler Betriebsversammlungen. Dabei spiegelte der Alltag in den Industriebetrieben in dieser letzten Phase des Krieges mit grausamer Deutlichkeit das genaue Gegenteil wider. Ostarbeiter und Kriegsgefangene waren in den Augen der NS-Ideologen nämlich alles andere als „Arbeitskameraden“, sondern Arbeitskräfte, die auf einer der untersten Stufe der nationalsozialistischen Gesellschaftsordnung standen.

3.3. Kameradschaftsabende

Von oben herab diktierte Kameradschaftsabende gehörten neben Appellen und Versammlungen zum Alltag der nationalsozialistischen Betriebsgemeinschaft. Die Kameradschaftsabende waren eine deutsche Erfindung und liefen nach einem vorgegebenen Schema ab. Sie hatten einen eindeutigen politischen Charakter. Die Teilnahme dürfte wohl kaum wirklich freiwillig gewesen sein, durch die Anwesenheit der Vorgesetzten bekam das Ganze einen dienstlichen Anstrich, die Präsenz von Vertretern der NSDAP (z.B. DAF-Kreisobmann, Kreisleitung) hob die politische Bedeutung der Veranstaltung hervor. Anders als bei den Betriebsversammlungen (“Betriebsappelle“ genannt) überwog bei den Kameradschaftsabenden der Freizeitcharakter.[109]

Einer der ersten Kameradschaftsabende der DAF-Walter aller ARBED-Werke fand Anfang März 1941 statt, nur wenige Wochen nach der Zwangseinführung der Deutschen Arbeitsfront. Die Einladung kam offiziell von der ARBED-Generaldirektion, zur Teilnahme wurden außerdem alle Direktoren, Betriebschefs und Prokuristen der einzelnen Werke ausgesucht. Insgesamt 350 Einladungen wurden verschickt, darunter an den Escher Landrat Porath, Kreisleiter Diehl, Kreisobmann Grohé, den VdB-Distriktsleiter Cresto sowie die örtlichen Wehrmachtskommandeure. Den Teilnehmern bot man Zauberkunststücke, Akrobatiknummern und leichte musikalische Stücke zur Unterhaltung. Für die Bewirtung der Gäste wandte die ARBED etwa 900 Reichsmark auf.[110] Am Abend des 1. März 1941 trafen die Teilnehmer zum „gemütlichen Kameradschaftsabend“ in Esch zusammen. Die gesamte ARBED-Generaldirektion war bei dem Schauspiel anwesend, angeführt von Generaldirektor Aloyse Meyer, der den Abend mit einer kleinen Ansprache eröffnete.

109 Zum Begriff „Kameradschaft“ vgl. Schmitz-Berning, Vokabular des Nationalsozialismus, S. 343–345. Kameradschaft meinte „die seelische Verbundenheit einer kämpferischen Gemeinschaft; sie ist in der soldatischen Haltung begründet und entsteht im gemeinsamen Einsatz für ein gemeinsames Ziel. Das Kameradschaftserlebnis schweißt die Kameraden als Schicksalsgemeinschaft zusammen, jeder einzelne empfindet das opferwillige Eintreten für den andern als selbstverständlich (...) Für den Nationalsozialismus ist die K.[ameradschaft] eng mit dem Führergrundsatz verbunden, Grundlage der neuen Gemeinschaftsform und Volksordnung, sie überwindet Klassen- und Standesgegensätze.“, so die zeitgenössische Definition, vgl. Der Volks-Brockhaus, 9. Auflage, 1941, S. 335.

110 Vgl. ANLux ARBED Belval 14451 (Mappe „Kameradschaftsabende“).

Die anwesenden Reichsdeutschen waren sichtlich zufrieden mit dem Verlauf des Abends, vor allem als beim Servieren von Würstchen mit Kartoffeln die „Stimmung im Saale rapid“ anstieg, wie die Presse vermerkte. DAF-Kreisobmann Grohé brachte schließlich alle geladenen Persönlichkeiten aus der Direktion, Partei und Zivilverwaltung dazu, unter den „Kameraden“ der DAF Platz zu nehmen. Der Reichsbeauftragte für die ARBED, Maximilian Bernhuber, unter dessen Kontrolle die ARBED-Unternehmensleitung seit Sommer 1940 arbeiten musste, verkündete nicht ohne Stolz, dass inzwischen 98 bis 99 Prozent der ARBED-Mitarbeiter ihre Mitgliedschaft in der DAF beantragt hätten, in der Luxemburger Zentralverwaltung seien es gar 100 Prozent.[111] Im April inszenierte man eine ähnliche Veranstaltung für die Mitarbeiter der ARBED-Zentralverwaltung und der Columeta, an der Meyers Vize, Félix Chomé, teilnehmen musste. In ihren Ansprachen wiesen der Vertreter des CdZ und der Reichsbeauftragte auf die Vorbildfunktion der ARBED hin. In der ARBED-Zentralverwaltung arbeiteten „weltaufgeschlossenere Menschen“, von denen man mehr verlangen könne. In der „politischen Haltung sollen die ARBED-Leute vorbildlich sein“, so Pg. Schneider von der Zivilverwaltung. Bernhuber unterstrich die „Verpflichtung“ der ARBED-Gefolgschaft. Das Luxemburger Unternehmen genieße im Altreich ein sehr gutes Ansehen, was erkläre, dass die ARBED ein unabhängiges Unternehmen bleibe.[112] Nicht viele dürften diese Anspielung in ihrer ganzen Bedeutung verstanden haben. Nur wenige Wochen vorher war der Streit großer deutscher Unternehmen um die Einflussnahme beim Weltkonzern der ARBED beendet worden und auf allerhöchster Reichsebene die Entscheidung gefallen, den Konzern vorerst als solchen bestehen zu lassen, wenn auch unter einer Art Aufsichtsverwaltung. Umso wichtiger war die gute Zusammenarbeit zwischen Management und den deutschen Behörden beziehungsweise den Parteidienststellen, die sich nun in Luxemburg breitgemacht hatten. Veranstaltungen wie der Kameradschaftsabend im Jahre 1941 waren ein sichtbares Zeichen der Kollaborationsbereitschaft.

Der fast inflationäre Gebrauch des Schlagwortes Kameradschaft führte unweigerlich dazu, dass es von den Arbeitern und Angestellten nur noch als Phrasendrescherei verstanden wurde, wenn NS-Funktionäre oder andere Parteigenossen sich des Ausdrucks bedienten. Kaum jemand dürfte die hohlen Sprüche des reichsdeutschen Belval-Direktors Broglio ernstgenommen haben, wenn dieser beispielsweise in seinen Weihnachtsgrüßen von „meinen Arbeitskameraden“ sprach und Betriebsgemeinschaft, Zusammenarbeit, kameradschaftliche Haltung und straffste Selbstdisziplin beschwor.[113] Als nach der Einführung der Wehrpflicht in Luxemburg Ostarbeiter und sowjetische Kriegsgefangene als Zwangsarbeiter ins Reichsgebiet deportiert wurden und auf diese Weise nach Luxemburg gelangten, um dort

111 „Kameradschaftsabend der DAF-Walter“, in: ETB Nr. 53 (4.3.1941).

112 „Verpflichtende Gemeinschaft“, ETB Nr. 84 (9.4.1941).

113 Bekanntmachung des Betriebsführers vom 24.12.1942, in: ANLux ARBED Belval 14451 (Mappe „Kameradschaftsabende“).

die entstandenen Personallücken zu füllen, wurde augenscheinlich, dass längst nicht alle Arbeiter „Kameraden" waren.[114]

4. Die soziale Betriebsarbeit der Deutschen Arbeitsfront

An zahlreichen Beispielen wird ersichtlich, wie sich ab 1940 der Alltag in den Betrieben der Großindustrie fundamental verändert hatte. Die Partei und ihre Organisationen waren in den Werkshallen und den Büros allgegenwärtig. Kontrolle und Propaganda prägten die Arbeitswoche und die Einflussnahme der Nationalsozialisten reichte bis in die Freizeit hinein. Dies zeigt sich beispielhaft an der Bedeutung, die dem nationalsozialistischen Winterhilfswerk beziehungsweise der NS-Volkswohlfahrt (NSV) von den Betriebsführungen in der Schwerindustrie beigemessen wurde. Stärker noch als zentral gesteuerte Spendenaktionen, theatralisch inszenierte Auftritte von Parteigenossen bei Betriebsappellen oder Kameradschaftsabende der Obmänner wirkte die Betreuungsarbeit des Regimes. Die NS-Gemeinschaft „Kraft durch Freude" mit ihren Freizeitangeboten, die zusammen mit den Betrieben organisiert und finanziert wurden, beeinflusste deutlich den Alltag der Menschen, vor allem außerhalb der Arbeitszeiten.

4.1. Kraft durch Freude: „Stimmung, Fröhlichkeit und gute Laune"

Die Unternehmen beteiligten sich zunächst gerne an harmlosen, vermeintlich unpolitischen Revueprogrammen, die sich mit Tanz-, Gesang- und Akrobatikeinlagen wohltuend von den politischen Zwangsveranstaltungen, wie den Betriebsappellen und Schulungsversammlungen, unterschieden. Die ARBED-Generaldirektion war ihrerseits gegenüber den kulturellen Veranstaltungen der KdF prinzipiell aufgeschlossen. So fand im Dezember 1940 im Schifflinger ARBED-Werk eine sogenannte Werkliedstunde mit dem traditionsreichen Kölner Männergesangsverein statt, dies auf Initiative der Stadtverwaltung Luxemburg und des Senders Luxemburg. Das Ensemble war nicht unbekannt, da es bereits 1936 angeblich mit Unterstützung des Reichspropagandaministeriums in der Hauptstadt des Landes aufgetreten war und mit einem unverfänglichen Programm einen Riesenerfolg hatte feiern können.[115]

Im November 1940 kamen der Verwaltungskommissar der Stadt Luxemburg und Generaldirektor Meyer überein, neben dem Werkkonzert des Kölner Gesangvereins noch ein kurzes Konzert für die „bürgerliche Bevölkerung" zu organisieren. Der ARBED-Konzern war auch bereit, einen Teil der Kosten für die Kulturveranstaltung mitzutragen, und gab einen üppigen Zuschuss von 1.500 Reichsmark. Die

---

114 Vgl. Schreiben des beigeordneten Generaldirektors Schmidt vom 15.12.1942 an Direktor Broglio, in: ANLux ARBED Belval 14451 (Mappe „Kameradschaftsabende").

115 Am Konzert nahmen damals zahlreiche Persönlichkeiten, u.a. der deutsche Gesandte in Luxemburg teil, vgl. ETB Nr. 247 (20.10.1936).

konkrete Planung des Werkkonzertes wurde zwischen der ARBED-Zentralverwaltung, dem Reichsbeauftragten für die ARBED sowie dem NSDAP-Kreisleiter Diehl abgesprochen. Die Veranstaltung geriet schließlich zu einem Propagandaspektakel für die Deutschen. DAF-Kreisbeauftragter Thomas Pütz durfte die Eröffnungsrede halten, die von dem deutschen Sozialprogramm handelte. Der Schifflinger Direktor Koener zeigte sich in seiner Begrüßung erfreut über ein so „denkwürdiges Ereignis" in seiner Werkhalle: „Auch freuen wir uns ganz besonders, dass bei dieser Gelegenheit das tief im Leben eines jeden Deutschen verankerte Volkslied, dieser einfachste Ausdruck musikalischen Empfindens, uns heute in so vollendeter Form veranschaulicht wird." Koener, glaubt man einem offiziellen Pressetext, beendete seine Ansprache „mit einem Heil auf den Führer".[116]

Für die Deutschen war das Gastspiel des Kölner Männerchors eine willkommene Gelegenheit, deutsche Kulturpropaganda zu betreiben. Das Ensemble war von Hitler persönlich als vorbildlich gelobt worden und sollte auf seinen Wunsch hin im In- und Ausland für deutsche Kultur werben.[117] Die drei geplanten „Großkonzerte" des Jahres 1940, so der O-Ton der Werbung, wurden in der Presse mehrfach angekündigt. Die Mitglieder des Ensembles wurden vom deutschen Oberbürgermeister der Stadt Luxemburg empfangen, dies in Gegenwart von Altbürgermeister Diderich und dem Leiter der prodeutschen Gesellschaft für Literatur und Kunst. Oberbürgermeister Hengst unterstrich in einer Rede, dass der Besuch der über 150 Sänger einen wichtigen Beitrag zur „Vertiefung des freundschaftlichen und kameradschaftlichen Verhältnisses zwischen den Luxemburgern und den Deutschen aus dem Altreich" darstelle. In der Presse hieß es über die Veranstaltungsreihe unverblümt: „Sie bedeuten Werbung für das Deutschtum". Das Konzert im hauptstädtischen Cercle-Gebäude war ein großer Erfolg beim Publikum. Der deutsche Kulturpropagandist lobte euphorisch das „Festkonzert der Stimmen" und unterstrich nachdrücklich die kulturpolitische Bedeutung der Aufführung in der Hauptstadt.[118] Das einstündige Konzert in der Schifflinger Werkhalle wurde

116 Vgl. Fotos, Einladungslisten, Pressemitteilung und Briefwechsel zum Konzert: ANLux ARBED Zentralverwaltung 21 („Liedstunde des Kölner Männergesangvereins in den ARBED-Werken in Esch/Alz. am 9.12.1940").

117 „Reminiszenzen an den ersten Besuch des Kölner Männer-Gesangvereins", in: LZ Nr. 308 (4.12.1940).

118 Auf dem Programm standen Klassiker, deutsche Volkslieder, sowie Stücke eines ostmärkischen Komponisten aus Braunau. Dr. Emil Glass, Ein Festkonzert der Stimmen, in: LW Nr. 344 (9.12.1940) und „Der Kölner Männer-Gesangsverein in Luxemburg", ebenda. „Großkonzert des Kölner Männergesangvereins in Esch", in: LW Nr. 340 (5.12.1940). Das Escher Konzert wurde von der Gedelit geplant und sollte im Anschluss an das Werkskonzert stattfinden. Aus technischen Gründen musste es allerdings kurzfristig abgesagt werden. 1944 trat der Männergesangsverein auf Einladung des Kunstkreises Esch ein zweites Mal im besetzten Luxemburg auf.

aufgezeichnet und schließlich am 14. Dezember über den Sender Luxemburg ausgestrahlt.[119]

Die ARBED-Kulturpolitik beschränkte sich nicht allein darauf, den Veranstaltern die Hallen zur Verfügung zu stellen. Im Dezember 1940 informierte Generaldirektor Aloyse Meyer den Leiter der Luxemburger KdF-Dienststelle, dass die ARBED 10.000 Reichsmark bereitstelle, die für Varieté-Veranstaltungen für die Gefolgschaftsmitglieder in den Industrieortschaften des Südens vorgesehen seien. Die ARBED-Mitarbeiter sollten hier kostenlosen Zutritt bekommen. Für die Abteilung Düdelingen wurden 5.200, für Schifflingen 4.800 und für Belval 6.000 freie Eintrittskarten eingeplant. Gauobmann Dörner hatte aber offensichtlich Einwände gegen die Verwendung der ARBED-Spende. Das Geld solle man lieber für die Verbesserung der Unterkunftsräume und die Veranstaltung volksbildender Vorträge nutzen.[120] Dass der ARBED-Konzern die Kulturveranstaltungen so großzügig unterstützte, hatte mehrere Gründe. Einerseits war Generaldirektor Aloyse Meyer kulturell interessiert und hatte sich bereits vor dem Ersten Weltkrieg in der Luxemburger Volksbildungsbewegung engagiert.[121] Das Sponsoring von Konzerten und anderen kulturellen Projekten hatte außerdem einen gewissen Werbeeffekt nach außen, während es gleichzeitig dazu beitragen konnte, die soziale Bindung der Belegschaft an ihr Unternehmen zu intensivieren. Diese eher karitativen Maßnahmen, die schon vor der Besetzung das Image des ARBED-Konzerns geprägt hatten, waren seit den Zeiten des ARBED-Gründers Emile Mayrisch Teil der Unternehmenspolitik. Auf der anderen Seite war nach der Besetzung das kulturelle Engagement Meyers und seines Konzerns eine Geste des guten Willens gegenüber dem neuen Regime. Nach einer persönlichen Unterredung Félix Chomés mit dem DAF-Betriebsobmann Kanis und dem Kulturbeauftragten der Luxemburger Volksjugend, dem VdB-Ableger der HJ, erklärte sich die ARBED beispielsweise 1941 dazu bereit, dem Musikzug der konzerneigenen Schule neue Instrumente und Uniformen in Höhe von 5.700 Reichsmark zu spendieren.[122]

Im April 1942 bot die KdF ein sensationelles Groß-Programm an, das sonst nur in deutschen Großstädten zu sehen war, so die Werbung. Für die Escher ARBED-Betriebe wurde eine Sondervorstellung einer Revue mit dem Titel „Lachende Welle“ organisiert. Die Kritik lobte überschwänglich den Unterhaltungswert und

119 Sender Luxemburg, in: LW Nr. 348 (13.12.1940).

120 Schreiben von Aloyse Meyer vom 19.12.1940 an Rolf Binius, Leiter der NS-Gemeinschaft KdF (Dienststelle Luxemburg), in: ANLux ARBED Zentralverwaltung 21 („KdF-Feierabendgestaltung“).

121 Meyer hatte 1910 das Amt des Kassierers im „Allgemeinen Volksbildungsverein für das Großherzogtum Luxemburg“ übernommen, dessen Protagonisten politisch eher im linksliberalen Lager angesiedelt waren, vgl. Fayot, Die Volksbildungsvereine, S. 451–453.

122 Schreiben der LVJ vom 4.7.1941 an Generaldirektor Chomé betr. Musik- und Spielmannszug des Instituts Emil Metz, in: ANLux ARBED Zentralverwaltung 21 („KdF-Feierabendgestaltung“).

begrüßte die Neuerung, Schaffenden mit ihren Ehefrauen „Stunden der Entspannung“ anzubieten.[123] In Zusammenarbeit mit der DAF organisierte die ARBED eine Sondervorstellung der Oper „Zar und Zimmermann“, die im Rahmen einer geschlossenen Betriebsveranstaltung aufgeführt wurde. Der beigeordnete Generaldirektor Hoffmann und der Hauptbetriebsobmann Kanis wurden zu einer Radiosendung eingeladen, in der das Ereignis beworben wurde. Für Betriebsführung und DAF war dies eine willkommene Gelegenheit, die kulturellen Leistungen des Unternehmens entsprechend in den Vordergrund zu rücken.[124]

Es war aber schwierig, die ARBED-Mitarbeiter für die von der KdF organisierten Freizeitaktivitäten zu motivieren. Die „Werksingschar“, so die Bezeichnung für den Werkschor, zählte Ende 1941 lediglich fünf freiwillige Singer. Am ehesten fanden sich Interessierte in Bereichen, die auf den ersten Blick unpolitischer und unideologischer schienen wie bei kulturellen und sportlichen Veranstaltungen. Etwas besser sah es deshalb mit der „Werkbühne“ aus, die zur KdF-Abteilung „Feierabendgestaltung“ gehörte. Zwar hatten sich hier 16 Theaterinteressierte eingefunden, aber da es noch keine „erlaubten“ Spielbücher gab, konnte man zunächst keine Proben ansetzen. Die Initiative verlief schließlich im Sand, da sie bei den Luxemburger Arbeitern nur wenig Anklang fand. Der Versuch scheiterte, bei ARBED-Belval eine KdF-Laienspielgruppe auf die Beine zu stellen, die bei „Kameradschaftsabenden“ für Unterhaltung sorgen sollte. Zwar meldeten sich anfangs etwa 20 interessierte Männer und Frauen, aus der Werkskasse erwarb man ein Klavier (das vermutlich aus jüdischem Besitz stammte) und man traf sich regelmäßig zu Versammlungen. Rasch stellte sich aber heraus, dass in der Varietétruppe nur politisch einwandfreie Personen erwünscht waren. Im Tätigkeitsbericht von Dezember 1941 betonte der verantwortliche Leiter der Laienspielgruppe, dass die Mitgliederliste „von jenen Personen [zu] säubern [sei], die sich für den Endzweck nicht ganz einsetzen."[125] Keinen dauerhaften Erfolg verzeichnete die „Kdf-Werk-Singschar“, die von der Belvaler KdF-Abteilung „Feierabendgestaltung“ 1941 ins Leben gerufen wurde.[126]

Während eine aktive Teilnahme der Arbeiter schwierig zu erzielen war, bestand auf der anderen Seite ein großes Interesse an Theatervorstellungen, die man als DAF-Mitglied zu ermäßigten Preisen besuchen konnte. Recht erfolgreich schien eine Aufführung von Lessings „Emilia Galotti“ gewesen zu sein. Im Oktober 1941 unternahm das Koblenzer Landestheater eine Tournee durch die größeren Ortschaften des Landes und auch die Aufführung deutscher Klassiker wurde für deutschfreundliche Propaganda genutzt. So lobte man Lessings Stück, weil es seinerzeit mit dem „starken französischen Theatereinfluss“ gebrochen hatte. Die

123 „Der Saal wird zu klein sein“, in: ETB Nr. 97 (27.4.1942) und Wr., Kabarettistische Leckereien, in: ETB Nr. 100 (30.4.1942).

124 „Funkbericht“, in: LW Nr. 333 (1.12.1941).

125 ANLux ARBED Belval 14451 (Mappe „KdF-Laienspielgruppen“, 1941-1942).

126 ANLux ARBED Belval 14451 (Mappe „KdF-Werk-Singschar“, 1941).

Presse wurde nicht müde zu unterstreichen, dass die Mehrzahl der Besucher in den Industriestädten den „werktätigen Klassen“ angehört habe, denen dank verbilligter Eintrittspreise nun Kulturveranstaltungen zugänglich gemacht worden seien. Es war aber weniger das Interesse der Menschen, das den Absatz beförderte. Vielmehr sorgten die betrieblichen KdF-Stellen für volle Reihen. Die Veranstaltungen wurden in den Betrieben intensiv beworben und die DAF-Mitglieder hatten Anrecht auf einen Preisnachlass. Der Erfolg blieb nicht aus und für die Vorstellung im Escher Theater hatte die KdF-Gemeinschaft von ARBED-Belval immerhin 200 Eintrittskarten absetzen können.[127]

Problematisch für die DAF war die Finanzierung der zahlreichen Veranstaltungen, sodass sich bereits im Mai 1941 die KdF beim Werk ARBED-Belval meldete und um Unterstützung bat. Offensichtlich war die ARBED-Zentralverwaltung wenig gewillt, auch noch dafür Geld bereitzustellen. Auf Rückfrage beim Gauobmann Dörner gab dieser „kategorisch“ zu verstehen, wenn Amtsleiter oder Betriebswalter der DAF etwas organisierten, diese auch selber für die Finanzierung zu sorgen hätten. Per Telefon wies der stellvertretende Generaldirektor Chomé die Abteilungen an, derartige Anträge ohne Weiteres abzulehnen. Im September meldete sich die KdF-Kreisdienststelle wiederum bei Belval-Direktor Schock. Der Vorverkauf für eine KdF-Aufführung des Landestheaters Moselland in Esch hatte nicht den erwünschten Erfolg gehabt, sodass man die Werbung intensivierte. Ungefragt reservierte die DAF einfach eine bestimmte Anzahl Eintrittskarten für Belval. Die Direktion war nun in einer Zwickmühle. Laut Anordnung Chomés vom Mai wären solche Anliegen abschlägig zu bescheiden, andererseits wollte man das Anliegen des Kreisobmanns Grohé, der sich persönlich eingeschaltet hatte, nur ungern zurückweisen.[128] Ab 1942 mussten sich die Arbeiter und Angestellten dann an den Kosten der KdF beteiligen, indem bei der ARBED eine Betriebsgemeinschaftskasse eingerichtet wurde; monatlich wurde den Beschäftigten automatisch zwischen 0,10 und 0,50 Reichsmark direkt vom Lohn abgezogen, ob man das Angebot der KdF nutzte oder nicht.[129] So verfügte die KdF über regelmäßige Einnahmen

---

127 Tätigkeitsbericht der NSG KdF (Werk Belval-Rothe Erde) vom September/Oktober 1941; Tätigkeitsbericht der KdF-Abteilung „Feierabendgestaltung“ vom September 1941. Vgl. „Stadt Düdelingen. Theateraufführung“, in: ETB Nr. 231 (2.10.1941) und „Neues aus Petingen. Nunmehr auch kulturelle Güter für den Arbeiter“, in: ETB Nr. 235 (7.10.1941). Die Aufführung im Luxemburger Stadttheater schien etwas unglücklich verlaufen zu sein, da es im Publikum „albernes Lachen“ gab, welches die Stimmung des Abends beeinträchtigte. Vgl. Robert Thill, Emilia Galotti. Zur Aufführung im Luxemburger Stadttheater, in: ETB Nr. 234 (6.10.1941).

128 Aktennotiz von Direktionssekretär Schleimer vom 21.5.1941 betr. fernmündliche Anweisung Chomés, in: ANLux ARBED Belval 14451 (Mappe „KdF-Allgemeine Anweisungen“).

129 Bekanntmachung des Direktors vom 21.5.1942 betr. Erstellung einer Betriebsgemeinschaftskasse, in: ANLux 09410 (Mappe „Rundschreiben und Bekanntmachungen 1942“).

zur Finanzierung ihrer betrieblichen Kulturprogramme. Sie hoffte, wenn Arbeiter und Angestellte schon einzahlen mussten, sie dann eher bereit wären, das Freizeitangebot zu nutzen.

Vor allem die großen Industriebetriebe wie die ARBED waren in die Freizeitprogramme der KdF fest eingebunden. Die Gemeinschaftskassen waren durch Zwangsabgaben stets gefüllt und die Unternehmens- und Werkleitungen waren prinzipiell dazu bereit, die Freizeitprogramme der KdF zu unterstützen. Die genauen Motive der Unternehmen, mit der NSG Kraft durch Freude zu kollaborieren, bleiben unklar, aber sie lagen sicher zwischen dem Bestreben, das gute Verhältnis zur DAF nicht zu trüben, und dem Willen, eine Art betrieblicher Sozialpolitik weiterzuführen. In den Betrieben wurden nicht nur die KdF-Veranstaltungen angekündigt, sondern die Arbeiter und Angestellten von ihren Vorgesetzten und Betriebsleitern auf Betreiben der Direktion dazu ermuntert, das Angebot zu nutzen, wobei das Ziel im Vordergrund stand, die Theater- und Festsäle des Landes mit ausreichend Publikum zu füllen. Die KdF verstand es in den Kriegsjahren, für die vielen Arbeiter und Angestellten in Luxemburg eine willkommene Abwechslung im eher tristen Kriegsalltag aufzubieten.[130] Das Interesse der Arbeiter und Angestellten war unverkennbar und für bestimmte Veranstaltungen scheint es einen regelrechten Ansturm auf die verbilligten Eintrittskarten gegeben zu haben. Die KdF schien somit Opfer des eigenen Erfolgs zu werden. Die Escher Kreisdienststelle der KdF stellte im Oktober 1941 fest, dass es Probleme mit der Verteilung der von den Escher Betrieben erworbenen ermäßigten Karten gegeben hatte. Mancher hatte gleich mehrere Karten gekauft, während andere bei der Vergabe leer ausgegangen seien.[131] Wie wichtig den deutschen Direktoren die Kulturarbeit war, zeigen konkrete Absprachen zwischen Unternehmen und Partei. 1943 sprach sich der deutsche Direktor Broglio mit dem Escher Kreispropagandaleiter ab, dass die Werkskasse die Kosten für Eintrittskarten nur noch für wichtigere politische Veranstaltungen übernehmen würde. Diese Einschränkung sollte nicht für KdF-Veranstaltungen gelten, für die uneingeschränkt Eintrittskarten auf Werkkosten erworben und kostenlos verteilt wurden.[132]

Die Unternehmen investierten aber auch im Bildungsbereich. Im Oktober 1942 öffnete auf Belval eine eigene Werksbücherei, die mit etwa 4.000 Bänden ausgestattet wurde. Neben leichter Lektüre fand man hier die einschlägigen

130 Bericht über eine Großvarieté-Vorstellung im Juli 1942: „Es herrschte mehrere Stunden hindurch Stimmung, Fröhlichkeit und gute Laune. Immer wieder erdröhnten die Lachsalven, immer wieder aber auch rauschte der Beifall auf…", vgl. LW Nr. 195 (14.7.1942).

131 Schreiben der KdF-Kreisdienststelle Esch am 24.10.1941 an KdF-Betriebswart betr. Teilnahme an Veranstaltungen, in: ANLux ARBED Belval 14451 (Mappe „KdF-Allgemeine Anweisungen").

132 Aktennotiz Broglios vom 1.4.1943, in: ANLux ARBED Belval 14451 (Mappe „KdF-Allgemeine Anweisungen").

NS-Publikationen. Überhaupt legte die DAF mit Unterstützung der Werksleitungen großen Wert auf Bildung und Fortbildung ihrer Mitglieder. So lud man im November 1942 zum KdF-Vortrag „Deutschlands Chemiker helfen den Krieg gewinnen“ ein. Der Betriebsführer bestellte 200 Eintrittskarten für seine Mitarbeiter aus Belval. In einer dienstlichen Mitteilung hieß es dann, die Teilnahme an der Veranstaltung sei Teil des normalen Dienstes. Um den Arbeitern und Angestellten die Propagandaveranstaltung schmackhaft zu machen, gab es eine Stunde zusätzlich frei. Die einzelnen Betriebschefs sollten die teilnehmenden Männer bestimmen und für deren Anwesenheit sorgen.[133] Im Laufe der Besatzungszeit wurde es wohl zunehmend schwieriger, die Mitarbeiter für von oben verordnete Veranstaltungen zu mobilisieren. Um dennoch für ausreichend Publikum zu sorgen, wurden die Darbietungen subventioniert. So übernahm die Betriebsführung 1943 bei einem Fußballspiel, das in Esch gegen den Verein aus dem lothringischen Metz zugunsten des WHW organisiert wurde, die Hälfte des Eintrittspreises. Mit diesen und anderen ziemlich paternalistisch anmutenden sozialen Maßnahmen verstand es die deutsche Betriebsführung, sich sowohl bei der DAF wie bei der „Gefolgschaft“ ins rechte Licht zu stellen.[134]

4.2. Betriebssport: „Kräftigung und Stärkung an Leib und Seele“

Im Altreich gab es 1940 über 20.000 sogenannte Betriebssportgemeinschaften (BSG), die dem KdF-Sportamt der Deutschen Arbeitsfront unterstanden.[135] In über 7.600 betriebseigenen Übungsstätten nahmen im zweiten Kriegsjahr nach offiziellen Angaben 25 Millionen Gefolgschaftsmänner und Gefolgschaftsfrauen an den Übungszeiten teil. In den 1930er Jahren sollten die BSG den Einfluss der unabhängigen Sportvereine zu Gunsten parteinaher beziehungsweise parteieigener Sportorganisationen zurückdrängen, darüber hinaus der „Wehrertüchtigung und rassischen Vervollkommnung“ dienen. Der Betriebssport wurde somit ein Teil der nationalsozialistischen Disziplinierungs- und Kontrollmechanismen.[136] Wie alle Gliederungen der NSDAP und der ihr angeschlossenen Verbände war auch der

133 Mitteilung des Direktionssekretariats vom 12.11.1942 betr. KdF-Veranstaltungen. Vortrag Brinkmann, 13.11.1942, in: ANLux ARBED, in: ANLux Belval 09410 (Mappe „Rundschreiben und Bekanntmachungen 1942/I“).

134 Bekanntmachung des Betriebssportwarts vom 1.4.1943, in: ANLux Belval 09410 (Mappe „Rundschreiben und Bekanntmachungen 1943/I“).

135 Buchholz, Die nationalsozialistische Gemeinschaft „Kraft durch Freude“, S. 288–296. Buchholz bezeichnet die Sportveranstaltungen ironisch als „politische Leibesübungen“ (S. 125).

136 „6000 Betriebssportgemeinschaften im Kriege gegründet“, in: ETB Nr. 194 (20.8.1941). Vgl. Andreas Luh, Betriebssport zwischen Arbeitgeberinteressen und Arbeitnehmerbedürfnissen. Eine historische Analyse vom Kaiserreich bis zur Gegenwart, Aachen 1998, S. 429–441. Vgl. den Eintrag bei Wikipedia: https://de.wikipedia.org/wiki/Betriebssportgemeinschaft (Abruf: 24.5.2018).

Betriebssport nach dem Führerprinzip organisiert. In Berlin gab es ein eigenes Sportamt der KdF, welches den Betriebssport reichsweit organisierte und koordinierte. Schon vor 1940 gab es erste Ansätze des Betriebssports in Luxemburg, der sich aber fundamental von der nationalsozialistischen Konzeption unterschied wie die NS-Presse später bedauernd feststellte, da das „starke, weltanschauliche Rückgrat“ fehlte.[137]

Im Mai 1941 wurde von der DAF in den Luxemburger Unternehmen der Betriebssport eingeführt; die gleichgeschaltete Presse und Sportfunktionäre riefen die Mitarbeiter der größeren Betriebe zur regen Teilnahme auf. In den ARBED-Werken bildete man nun Betriebssportgemeinschaften. Den Mitgliedern, die freiwillig an den Sportstunden teilnehmen wollten, versprach der Kreissportwart Lahs „frischfröhliches Austoben“, das der „Kräftigung und Stärkung der gesamten Betriebsgefolgschaft, an Leib und Seele“ dienen sollte.[138] Mit dem Betriebssport schufen die Nationalsozialisten aber auch einen neuen bürokratischen Apparat aus ehrenamtlichen Funktionären. In jedem Kreis gab es Kreissportwarte, in den Betrieben waren Betriebssportwarte sowie Übungsleiter für die konkrete Umsetzung der ehrgeizigen Ziele zuständig. Im Sommer 1941 begann man mit der Ausbildung der Sportwarte und mit der Planung der ersten Propagandaveranstaltungen, die unter dem Motto „Große Aufgaben stehen bevor“ standen. DAF-Gauobmann Dörner rief Betriebsführer, Betriebsobmänner und Betriebssportwarte auf, sich bei dieser Gelegenheit voll einzusetzen, „damit der Sportappell auch im Gau Moselland eine gewaltige Kundgebung des Vertrauens“ darstelle. Im September 1941 fand der erste Betriebssport-Appell in Luxemburg statt, an dem 34 Betriebssportgemeinschaften mit insgesamt 270 Sportlern teilnahmen. Dieser Appell, so die NS-Propaganda, sei der „Wegbereiter deutscher Leistungsfähigkeit in den Betrieben“.[139]

Vordergründig gab sich die KdF-Bewegung unpolitisch und beim ersten Betriebssportappell, der bezeichnenderweise auf dem ARBED-Werk Schifflingen organisiert wurde, unterstrich man, dass der Sport als einzigen Zweck verfolge, „gesunde Körper heranzubilden“.[140] Da der Betriebssport unter die direkte Zuständigkeit der DAF fiel, diente er in Wahrheit den Zielen der deutschen Zivilverwaltung. Der Betriebssport wurde nämlich ins Leben gerufen, als das Regime dabei war, im ganzen Land die zahllosen Sportvereine gleichzuschalten.[141] Die KdF

---

137 „Festigung, Vertiefung, Veredlung der Schaffenden“, in: LW Nr. 280 (7.10.1943).

138 „Aufbau des Betriebssports in Esch“, in: ETB Nr. 108 (10.5.1941) und „Aus dem Escher Notizbuch: Der Betriebssport kommt“, in: LW Nr. 131 (12.5.1941).

139 Aufruf Dörners in „Zum Sportappell der Betriebe 1941“, in: ETB Nr. 121 (24.7.1941). A., Der erste Betriebssport-Appell in Luxemburg, in: LW Nr. 256 (15.9.1941). Am 2. Lehrgang im Herbst 1941 nahmen 90 Betriebssportwarte teil, vgl. Rümelinger Tageschronik, in: ETB Nr. 244 (17.10.1941). „Der große Sportappell der Betriebe“, in: ETB Nr. 212 (10.9.1941).

140 „Erster Betriebssport-Appell“, in: LW Nr. 142 (23.5.1941).

141 Vgl. Wolf-Dieter Mattausch, Sport, in: Enzyklopädie des Nationalsozialismus, S. 251–256. Der Generalbeauftragte des Stillhaltekommissars für sämtliche Sportvereine

veranstaltete in den größeren Betrieben des Landes Betriebssportappelle, in denen von Parteigenossen die Vorzüge des sportlichen Ausgleichs gepriesen wurden, welcher der „Gesunderhaltung des Körpers und auch des Geistes", aber in erster Linie „der Erhaltung der Arbeitskraft des arbeitenden Menschen" dienen sollte. Es ginge hier weniger um Leistungssport, als vielmehr um populären, informellen Massensport für die Werktätigen. Die KdF erwarb Tennisplätze und ein Schwimmbad, die den Betriebsangehörigen und ihren Familien kostenfrei oder kostengünstig zur Verfügung gestellt wurden.[142]

Die NS-Funktionäre bemühten sich beim Betriebssport, den Luxemburger Lohnempfängern das Idealbild einer nationalsozialistischen „Volksgemeinschaft" zu vermitteln, etwa dadurch, dass Sportarten, die bis dato eher den Eliten vorbehalten waren, den kleinen Arbeitern und Angestellten zugänglich gemacht wurden. Die Werbung für den Betriebssport wurde somit Teil der sozialreformerischen Propaganda, die im besetzten Luxemburg von den neuen Machthabern betrieben wurde: „Kein Arbeiter und kein kleiner Angestellter soll doch mehr glauben, dass es Sportarten gibt, wie z.B. Tennis, Schießen und Skilaufen, die bisher allein für besser gestellte Kreise bestanden."[143] In Rodingen versuchte die KdF, die Sympathien der Arbeiter zu gewinnen, indem sie öffentlich die „imperative Forderung auf ein Schwimmbad" verkündete, ein Projekt, das in der Vorkriegszeit den Luxemburger Parteien angeblich lediglich als Wahlkampfmunition gedient hätte und nun endlich verwirklicht würde.[144] Tatsächlich wurden im Laufe der Besatzungszeit im Industriegebiet mehrere prestigeträchtige Vorhaben durchgesetzt, die dem Betriebssport und damit den Arbeitern zugutekamen, wie etwa die Errichtung von Schwimmbädern und Sporthallen. So eröffnete mit der Unterstützung des Unternehmens 1943 ein Freiluftbad auf dem Werksgelände von Belval. Es richtete sich an die Mitglieder der DAF sowie deren Familienangehörige und hatte einen durchschlagenden Erfolg. Im ersten Jahr konnte man 180.000 Badegäste verbuchen. Auch die übrigen Freiluftbäder des Industriegebietes standen jeweils unter

---

Josef Neesen war für die Gleichschaltung der Vereine im besetzten Luxemburg zuständig und deren Eingliederung in den Nationalsozialistischen Reichsbund für Leibesübungen (NSRL). Am 1. September 1941 wurden die Luxemburger Sportvereine zwangsweise in den neu gegründeten „Sportgau Moselland" aufgenommen; vgl. Aufruf von Gauleiter Simon „Der Gauleiter zum Sportgau Moselland", in: ETB Nr. 204 (1.9.1941) und „Die Eingliederung in den NSRL", in: ETB Nr. 240 (13.10.1941). Vgl. Pierre Gricius, Als der Sport „heim ins Reich" geholt werden sollte, in: Ons Stad Nr. 83 (2006), S. 76–79 und Dostert, Luxemburg zwischen Selbstbehauptung und nationaler Selbstaufgabe, S. 88–91.

142 „Betriebssport bei der ‚Arbed'-Düdelingen", in: ETB Nr. 115 (19.5.1941).

143 Vgl. „Betriebssport auf Differdinger Hütte", in: ETB Nr. 138 (16.6.1941).

144 „Rodingens Schwimmbad vor der Vollendung. Das langatmige Gerede aus ‚parlamentarischer' Zeit wurde nun greifbare Wirklichkeit", in: ETB Nr. 178 (1.8.1941).

der Leitung der Betriebssportgemeinschaften und versprachen der Bevölkerung „frohe Erholung und Ertüchtigung".[145]

Zu den von den Betriebssportgemeinschaften angebotenen Sportarten zählten klassische Mannschaftssportarten wie Fuß- und Handball, Leichtathletik und Turnen, aber auch Radfahren oder das unter Arbeitern populäre Boxen. Für ältere Arbeitnehmer bot man gemeinsame Wanderungen oder das in Luxemburg beliebte Kegeln an. Ungewohnt waren eher paramilitärisch angehauchte Veranstaltungen, bei denen Schießübungen mit dem Kleinkalibergewehr stattfanden, oder Wettkämpfe, bei denen Keulenwerfen, Medizinballstoßen oder Mannschaftslaufen im Mittelpunkt standen. Die Einschreibung in die BSG sowie Teilnahme an den Übungsstunden waren freiwillig, der Mitgliederkreis dürfte sich generell auf Reichsdeutsche, Sympathisanten des deutschen Regimes sowie einige Sportbegeisterte beschränkt haben.

Dennoch erfreuten sich die von Betriebssportwarten betreuten Veranstaltungen in der ersten Zeit eines gewissen Interesses. Im ARBED-Werk Dommeldingen etwa waren zum Appell im Juni 1941 immerhin 60 Mitarbeiter erschienen, vermutlich zum größten Teil Jugendliche, die schon vor der Besetzung in der ARBED-eigenen Berufsschule des Institut Emile Metz Sportunterricht gehabt hatten. Mit der Eröffnung des Appells durch den Luxemburger Direktor Biver erhielt die Propagandaveranstaltung eine entsprechende Aufwertung.[146] Ähnlich verlief die Einführung des Betriebssports auf Werk Schifflingen, wo zu diesem Zweck im September 1941 ein Sommersporttag organisiert wurde. In seiner Ansprache sagte der Luxemburger Betriebsführer Koener, der sich gemeinsam mit seinen Abteilungsleitern eingefunden hatte, den Betriebssportlern „seine volle Unterstützung" zu. Im Werk Düdelingen fanden sich 80 Sportinteressierte zum Sporttag ein. Die Teilnahme lokaler NS-Größen wie Ortsgruppenleiter und Amtsbürgermeister machte deutlich, dass es sich in erster Linie um eine politische Veranstaltung handelte, auch wenn die Nationalsozialisten gerne das Gegenteil behaupteten. Die Teilnehmerzahlen blieben insgesamt gesehen recht bescheiden. Zählte Werk Schifflingen zu der Zeit etwa 80 bis 100 Aktive, so hatten im Frühjahr 1941 in den Werken Belval und Rothe Erde nur 197 Belegschaftsmitglieder freiwillig einen Aufnahmeantrag ausgefüllt, was etwa 5 Prozent der Gesamtbelegschaft ausmachte.[147]

Der Aufbau der innerbetrieblichen Sportgemeinschaften gestaltete sich schwierig. Die NS-Presse berichtete vom erstaunlichen „Interesse der großen Masse am

---

145 Zur Eröffnung einer Sporthalle bei den Differdinger Stahlwerken, vgl. „Entspannung und Stählung durch Betriebssport", in: ETB Nr. 152 (2.7.1942) und „Neues Schwimmbad in Esch", in: LW Nr. 135/136 (15./16.5.1943); „KdF-Betriebssport auf dem Vormarsch", in: ETB Nr. 153 (3.7.1943).

146 „Betriebssport bei der ‚Arbed'-Dommeldingen", in: ETB Nr. 150 (30.6.1941).

147 Vgl. „Sommersporttag der Arbed Schifflingen", in: ETB Nr. 218 (17.9.1941) und „Sommersporttag der Arbed – Werk Düdelingen", in: ETB Nr. 214 (12.9.1941). Im Werk Düdelingen begrüßte Direktor Bosseler 80 ARBED-Mitarbeiter.

KdF-Sport" und behauptete, dass die BSG Mitgliederzahlen hätten, die noch von keinem Sportverein erreicht worden seien.[148] Die Teilnehmerzahlen blieben in Wahrheit aber weit hinter den Erwartungen zurück, auf Belval beteiligten sich in den Anfangsmonaten lediglich 130 ARBED-Mitarbeiter an den verschiedenen Sportarten. Viele wollten wohl ihren alten Sportvereinen treu bleiben, außerdem fehlte es noch an allen Ecken und Enden an Sportkleidung, Geräten und an geeigneten Sportstätten.[149] Es scheint, dass die ARBED-Mitarbeiter noch 1941 Betriebsfahrten und Wanderungen organisierten, ohne bei der zuständigen Kreisdienststelle der KdF die notwendigen Anträge eingereicht zu haben. Die Dienststelle in Luxemburg sah sich sogar genötigt, die Betriebsobmänner und Betriebssportwarte daran zu erinnern, dass man die Angebote der KdF-Gemeinschaft nutzen solle.[150] So klagte der zuständige Betriebssportwart von Belval-Rothe Erde, dass sich die Mitarbeiter zwar einschrieben, aber nicht zu den Übungsstunden erschienen, sodass beispielsweise in Fußball, Handball und Turnen überhaupt keine Veranstaltungen stattfinden konnten.

Werbewirksame Sonderveranstaltungen wie der „Sommersporttag der Betriebe" oder „ARBED Kampfspiele" unter der Schirmherrschaft des deutschen Direktors Hoffmann, ließen die Zahl der Betriebssportler nur unwesentlich ansteigen. Im Oktober 1941 belief sich die Zahl der auf Belval-Rothe Erde eingeschriebenen Mitarbeiter auf 208 (bei einer Gesamtbelegschaft von 4.310 Personen). Im Laufe des Krieges nahm die Zahl der Einschreibungen zwar zu. Im Mai 1942 verzeichnete der Monatsbericht 315 Mitglieder in der Betriebssportgemeinschaft Belval, was aber zum größten Teil daran lag, dass nun auch die Familienangehörigen mitgezählt wurden. Außerdem eröffneten in Esch ein Schwimmbad und ein Tennisfeld, die den Mitgliedern und deren Angehörigen zu ermäßigten Eintrittspreisen zur Verfügung standen. In der Schönwetterperiode stieg die Zahl der Mitglieder deshalb deutlich an und der Betriebssportwart konnte 1942 stolz 505 Sportler vermelden. Das Freiluftbad hatte 1943 mit etwa 1.200 Besuchern täglich einen Riesenerfolg, vor allem bei den Jugendlichen, während am Fußballtraining nur 30–36 Personen teilnahmen. Mit Beginn der Schlechtwetterperiode, aber womöglich auch bedingt durch die Streikbewegung vom September 1942, nahm das Interesse der ARBED-Mitarbeiter an den Betriebssportveranstaltungen wieder ab. Später wurden dienstverpflichtete Belgier in die BSG aufgenommen, was dazu führte, dass man wieder höhere Mitgliederzahlen vermelden konnte. Größtes Interesse hatten die Mitglieder für Leibesübungen (etwa 90 regelmäßige Teilnehmer), Leichtathletik (50 bis

148 „KdF-Sport in Luxemburg. Körperliche Ertüchtigung des schaffenden Menschen", in: LW Nr. 340 (8.12.1941).

149 Bericht von Betriebsobmann Dedden vom 18.8.1941 an Generaldirektor Chomé, in: ANLux ARBED Belval 14451.

150 Schreiben der KdF-Kreisdienststelle Luxemburg vom 25.8.1941 an alle Betriebsobmänner und Betriebssportwarte betr. Betriebsfahrten und Wanderungen, in: ANLux ARBED Belval 14451.

55 Teilnehmer) oder für Tennis (44 bis 54 Spieler). Für eindeutig politisch gefärbte oder paramilitärische Veranstaltungen wie die Teilnahme an den SA-Wehrkampfspielen oder den SA-Schießwettkämpfen im Jahre 1943, blieb das Interesse hingegen verschwindend gering.[151]

Während man die älteren Mitarbeiter oder Familienväter nach einem anstrengenden Tag kaum zur sportlichen Betätigung zwingen konnte, galt für Jugendliche unter 18 Jahren (junge Männer) beziehungsweise 21 Jahren (junge Frauen) die Betriebssportpflicht. 1941 wurden 162 Jugendliche auf Belval-Rothe Erde zur Teilnahme an den Sportveranstaltungen verpflichtet, die zwei Wochenstunden umfassten und jeweils am Schichtende stattfanden. Um soziale Härten zu vermeiden, erklärte sich der stellvertretende Generaldirektor Chomé dazu bereit, die notwendige Sportkleidung vom Unternehmen zur Verfügung zu stellen. Im November 1942 begannen die „Pflichtsportübungen", allerdings ließ der Besuch „sehr zu wünschen übrig", wie die Belvaler Direktion in einer Mitteilung bedauerte. Dem Anschein nach erschienen nur zwei Drittel der Jugendlichen zu den Sportübungen. Fortan sollten die Vorgesetzten dafür Sorge tragen, dass diese regelmäßig und pünktlich erschienen.[152] Der Appell des Direktors schien nur wenig zu fruchten. Unter Schocks Nachfolger Broglio verschärfte sich der Ton, vor allem als kriegsbedingt die Pflichtsportstunden außerhalb der eigentlichen Arbeitszeit stattfanden. Die Jugendlichen empfanden den Sport somit eher als lästige Überstunden. 1943 drohte Direktor Nino Broglio mit disziplinarischen Maßnahmen, sollten jugendliche Männer und Frauen unentschuldigt fehlen.[153]

Die Reaktion der ARBED-Generaldirektion auf die Betriebsamkeit der KdF war bezeichnend für den Umgang mit den nationalsozialistischen Organisationen im besetzten Land. Man konnte die Aktivitäten der neuen Betriebssportgemeinschaften nicht verhindern, da sie von parteinahen beziehungsweise parteieigenen Organisationen hinter den Werkstoren betrieben wurden. Da es sich vordergründig um Maßnahmen im Interesse der ARBED-Mitarbeiter handelte, wollten sich die Konzernverantwortlichen diesen „sozialen" Neuerungen nicht in den Weg stellen. Die Generaldirektion unterstützte folglich den Betriebssport als Teil der betrieblichen Sozialpolitik, etwa indem das Geld, das für die Sportausstattung benötigt wurde, von der ARBED-Kasse vorgestreckt wurde.[154] Die Unternehmensleitung

151 Vgl. Monatsberichte des Betriebssportwarts (1941-1943) und Jahresbericht des Betriebssportwartes 1943, in: ANLux ARBED Belval 14451.

152 „Jugendbetriebssport auf Werk Belval und Rote Erde", in: LW Nr. 328 (26.11.1941). Schreiben des Betriebssportwarts vom 17.11.1941 an Direktor Schock und Mitteilung des Direktors vom 24.11.1941 betr. Betriebssport, in: ANLux ARBED Belval 14451.

153 Bekanntmachung des Betriebsobmanns und des Betriebsführers vom 13.11.1943 betr. Jugendpflichtsport und Mitteilung des Betriebsobmanns und des Betriebsführers vom 21.2.1944 betr. Pflichtbetriebssport für weibliche Gefolgschaftsmitglieder, in: ANLux ARBED Belval 14451.

154 Mitteilung der Direktion vom 5.9.1941, in: ANLux ARBED Belval 14451.

versuchte andererseits hier so weit wie möglich die Kontrolle darüber zu behalten, was innerhalb der einzelnen ARBED-Betriebe ablief. Die Generaldirektion richtete in Luxemburg eine „Zentralstelle für Betriebssportgemeinschaften" ein, um wenigstens einen gewissen Überblick zu bewahren. Die einzelnen Betriebssportgemeinschaften mussten der Zentralverwaltung monatlich Informationen über Mitgliederzahl, Veranstaltungen und die Teilnehmer abliefern. In einem Schreiben an die Direktion des Werks Belval unterstrich Chomé die Wichtigkeit der Berichterstattung, denn die Betriebssportgemeinschaften seien „selbstverständlich der Aufsicht des Betriebsführers und des Betriebsobmannes unterstellt. Diese müssen von allem Kenntnis haben."[155]

Für Sportbegeisterte bot der Betriebssport eine willkommene Abwechslung zum eher tristen Kriegsalltag oder die Möglichkeit, nach langen und anstrengenden Arbeitstagen zu entspannen. Manchmal dürfte das Regime unter dem Mantel harmlos anmutender Veranstaltungen von einer naiven Sportbegeisterung profitiert haben.[156] Der überwiegende Teil der Luxemburger Arbeiter und Angestellten boykottierte jedoch die Veranstaltungen der Betriebssportgemeinschaften. Wer vor dem Krieg in einem Sportverein aktiv war, sah keinen Sinn darin, nun einer Konkurrenzorganisation beizutreten, die darüber hinaus in aller Offenheit den Zielen des Regimes diente. Ältere und unsportliche Mitarbeiter ließen sich trotz intensiver Werbung ohnehin nur schwer mobilisieren.

Den Funktionären von DAF und KdF ging es bei allen Freizeitangeboten, ob kultureller oder sportlicher Art, darum, eine totale Kontrolle auszuüben: „Ihre Aufgabe ist nicht nur frohe und belehrende Feierabendgestaltung. Den ganzen Menschen will sie erfassen, durchbilden und höher heben", so hieß es in einem Zeitungsartikel von 1943.[157] Die Freizeitprogramme richteten sich bewusst an die Arbeitenden und ihre Familienangehörigen, denn so konnte man über den Arbeitsplatz hinaus eine soziale Kontrolle ausüben. Der Gedanke der Betriebsgemeinschaft wurde über die Grenzen der Werkstätten und Büros auf die Ehepartner und Kinder der Arbeiter und Angestellten ausgedehnt. Alle zusammen wären somit in eine große Gemeinschaft integriert worden. Die anhaltenden Schwierigkeiten bei der Umsetzung dieser Gemeinschaftsidee und die Ablehnung, auf die Freizeit- und Kulturangebote stießen, offenbarten aber die Grenzen dieser Politik.

---

155 Schreiben Chomés vom 8.7.1941 an Direktion Belval betr. Betriebssportgemeinschaften, in: ANLux ARBED Belval 14451 (Mappe „Betriebssport, Betriebsappelle, Kdf usw.").

156 „Betriebssport", in: LW Nr. 126 (6.5.1942); „Sportappell der Betriebe", in: ETB Nr. 233 (5.10.1942).

157 „Festigung, Vertiefung, Veredlung der Schaffenden", in: LW Nr. 280 (7.10.1943).

4.3. Materielle Vergünstigungen: „Rassische Wertsteigerung der Volkskraft“

Die NS-Organisationen betrieben unermüdlich Propaganda für das Regime und ließen sich vor allem in den ersten Besatzungsjahren werbeträchtige Aktionen einfallen, um die Belegschaft von den Vorzügen des Systems zu überzeugen. Im November 1941 begann eine „Vitamin-Propaganda-Aktion“, bei der kostenlos Vitamindrops an die Arbeiter verteilt wurden. Viele soziale Aktionen sind nur über die Propaganda, etwa in der Tagespresse, dokumentiert und es ist schwierig, die Akzeptanz unter der Arbeiterschaft zu bewerten. Einen etwas unverfälschteren Blick liefern dagegen die SD-Berichte. 1943 verteilte man auf Werk Belval sogenannte „Führerpakete“ in Form von Zusatzmarken, mit denen man Butter, Mehl, Nährmittel und Brot kaufen konnte. Damit wollte das Regime in erster Linie die Arbeiter belohnen und motivieren, die beim Escher ARBED-Werk an Rüstungsaufträgen arbeiteten. Die anvisierten Ziele konnten aber nicht verwirklicht werden. Zwar waren die Arbeiter zufrieden, denen man die lohnunabhängigen Vergünstigungen hatte zukommen lassen, aber die Aktion sorgte bei den übrigen Kollegen für Unzufriedenheit und Missstimmung. Die Walzwerkarbeiter, die – so der SD – die körperlich anstrengendste Arbeit verrichten mussten, hatten nämlich keine „Führerpakete“ erhalten. Aufschlussreich ist auch, wem die Arbeiter die Verantwortung gaben. Man schob vor allem dem unbeliebten Betriebsobmann Palmer und dem Luxemburger Direktionssekretär Schleimer die Schuld zu. Die Frustration fokussierte sich auf Palmer als oberste DAF-Instanz im Betrieb und eine Art Symbolfigur des ungeliebten politischen Regimes, aber auch auf den Vertreter des Betriebsführers als Repräsentanten des Konzerns.[158]

Andere Maßnahmen wurden von der Belegschaft ohne größeres Murren hingenommen, da sie keine direkte Auswirkung auf die Bezahlung oder andere materielle Vergünstigungen hatte. Im Interesse der „Volksgesundheit“ wurden Röntgenreihenuntersuchungen geplant. 1943 wurde die Aktion groß angekündigt. In mobilen Röntgenwagen sollen Tausende Werktätige aus dem Kreis Esch untersucht worden sein. Im Oktober teilte die NS-Presse mit, dass sich die Ausweitung der Aktion auf andere Kreise „infolge anderweitiger übermäßiger Beanspruchung“ verzögere. Bis Ende Oktober hätte man im Kreis Esch insgesamt 25.000 Werktätige untersucht, so lautete eine offizielle Mitteilung. Damit hätte man in etwa die gesamte Arbeiterschaft der Schwerindustrie erfasst. Witterungsbedingt wurde die Aktion im Winter 1943/44 eingestellt, in übrigen Kreisen wurden die Reihenuntersuchungen nicht mehr durchgeführt. Bis dahin wurden allein in den Werken Belval und Rothe Erde etwa 5.400 Mitarbeiter durchgeschleust. Was aber den Arbeitern und Angestellten wie fortschrittliche oder sozialpolitisch sinnvolle Prävention vorkommen musste, war in Wahrheit nichts anderes als eine Form der nationalsozialistischen Gesundheitsfürsorge, die dem Regime diente. „Leistungserhaltung“

---

158 Meldungen aus Luxemburg vom 4.6.1943, abgedr. in: Rappel 11-12 (1983), S. 428.

beziehungsweise „Leistungssteigerung“ im Rüstungsbetrieb einerseits, die „rassische Wertsteigerung der Volkskraft“ andererseits waren die wahren Hintergründe der von der DAF verantworteten Untersuchungen.[159]

Schwierigkeiten in der Umsetzung hatte ebenfalls das DAF-Erholungswerk, das 1940 ins Leben gerufen worden war. Dies stand im Prinzip erholungsbedürftigen DAF-Mitgliedern zur Verfügung. Arbeiter sollten die Möglichkeit erhalten, auf Kosten der DAF in Erholungsheimen Urlaub zu machen. Das Interesse der Luxemburger hielt sich aber in Grenzen, nicht zuletzt, weil das Konzept nicht den sozialpolitischen Vorstellungen der Konzernleitungen entsprach. Die ARBED-Zentralverwaltung lehnte im Februar 1941 deshalb das Angebot, Arbeiter für die Erholungsurlaube vorzuschlagen, höflich ab. Da die Arbeiter wegen des Produktionsmangels nicht überbeansprucht seien, bat die Personalabteilung, von der Durchführung der Aktion in den Hüttenwerken abzusehen. Man wolle Reichsdeutschen im Altreich keine Plätze wegnehmen und lediglich Grubenarbeiter verschicken.[160] Die Sorge der ARBED-Personalabteilung war unbegründet, da man während des weiteren Kriegsverlaufs insgesamt nur wenige Arbeiter in Erholungsurlaube schicken konnte. Ohnehin sollte sich herausstellen, dass die Erholungen in der Regel für NS-Funktionäre und andere Parteigenossen reserviert waren.[161] Ähnlich war es bei den Erholungskuren, die von der NSV angeboten wurden. Die Begeisterung des Unternehmens war hier begrenzt, vor allem dürfte die Art und Weise, wie die Vertreter der NS-Organisation auftraten, unangenehm aufgefallen sein. Die NSV hatte sich beispielsweise direkt an die Werksleitung gewandt statt an die ARBED-Zentralverwaltung. Diese genehmigte zwar die Kuren, betonte aber, dass sich die NSV-Dienststelle künftig an die Zentralverwaltung wenden möge. 22 Arbeiter durften Anfang 1942 unter Anrechnung der ihnen zustehenden Urlaubstage in die Erholungskuren. Der DAF-Betriebsobmann stellte die Namensliste zusammen, so war dafür gesorgt, dass im Prinzip nur getreue Mitarbeiter zum Zuge kamen.[162]

Um die Stimmung unter der Belegschaft zu verbessern, ließen sich die Verantwortlichen an der Unternehmensspitze und der Partei allerlei Vergünstigungen

---

159 Mappe „Volksschutz und Gesundheitsführung“, in: ANLux ARBED Belval 14433. Zum Begriff „Gesundheitsführung“, vgl. Schmitz-Berning, Vokabular des Nationalsozialismus, S. 272f. Vgl. „Röntgen-Reihenuntersuchungen“, in: LW Nr. 289/290 (16./17.10.1943) und „Röntgen-Reihenuntersuchung im Kreise Esch-Alzig abgeschlossen“, in: LW Nr. 303/304 (30./31.10.1943).

160 Schreiben der ARBED-Gefolgschaftsabteilung vom 14.2.1941 an Belval betr. Erholungswerk der DAF, in: ANLux ARBED Belval 14433 (Mappe „DAF-Erholungsverschickungen“).

161 Mappe „DAF Erholungsverschickungen“ (1941-1944), in: ANLux ARBED Belval 14433.

162 Schreiben von Direktor Schock vom 24.12.1941 an die Gefolgschaftsabteilung betr. Erholungskuren für Jugendliche, in: ANLux ARBED Belval 14449 (Mappe „Winterhilfswerk u. D.R.K.“).

einfallen. So richtete man auf Belval Werksküchen ein, die den Schichtarbeitern in Zeiten strenger Lebensmittelrationierung mindestens eine warme Mahlzeit am Tag sichern sollten. 1943 gab man auf Belval täglich 1.200 warme Essen aus. Damit stieß man an die Kapazitätsgrenzen und die übrigen Arbeiter gingen leer aus. Die Gefolgschaft der ARBED-Werke kam daneben in den Genuss zusätzlicher Seifenzuteilungen, die über den Betrieb direkt abgegeben wurden. Zu diesem Zweck sollten Vorschlagslisten erstellt werden, was natürlich Parteifunktionären die Möglichkeit eröffnete, linientreue Kollegen zu begünstigen. Ein probates Mittel, um sich das Wohlwollen der Volksdeutschen zu sichern, war die Verteilung von Branntwein an die Arbeiter. Gerne wurde hervorgehoben, dass man die Sonderrationen dieser knappen Ware den Bemühungen der DAF und der NSDAP zu verdanken habe. Aber auch hier galten unterschiedliche Maßstäbe bei der Verteilung, denn Ausländer (dienstverpflichtete Belgier) und Gefolgschaftsmitglieder mit Bummelschichten wurden von den Zuteilungen ausgeschlossen. Hier zeigte sich, dass in den Betrieben eine strenge Hierarchie nach nationalsozialistischen Grundsätzen herrschte. Ganz unten standen Polen, Ostarbeiter sowie sowjetische Kriegsgefangene, die ähnlich wie die eigentlich unerwünschten Ausländer nicht zur deutschen „Volksgemeinschaft" gezählt wurden und deshalb grundsätzlich von besonderen Vergünstigungen ausgeschlossen blieben.[163] Gleichzeitig dienten die materiellen Vergünstigungen als zusätzliche innerbetriebliche Repressionsmaßnahmen gegen die normale Belegschaft. Lebensmittelzusatzkarten, wie sie etwa für Schwer- und Schwerstarbeiter ausgegeben wurden, konnten zur Disziplinierung eingezogen werden.[164]

5. Propaganda im Arbeitsalltag

Der Propagandaaufwand, den die Nationalsozialisten in den Unternehmen betrieben, war beträchtlich. Ohne allzu viel Widerstand zu leisten, ließen es die Werksleitungen zu, dass der Führerkult und die NS-Ideologie in die Betriebe hineingetragen wurden, selbst dort, wo noch Luxemburger Direktoren die Leitung innehatten. Im Mai 1941 wandte sich der Kreisobmann der Escher DAF, Ludwig Grohé, persönlich an Direktor Schock und schlug vor, einen Kunstdruck mit einer Abbildung des „Führers" in Lebensgröße anzuschaffen. Schock leitete dies an die ARBED-Zentralverwaltung mit der Bitte weiter, entsprechende Anweisungen zu

163 Mitteilung der Direktion (18.1.1943), Mitteilung der Direktion betr. zusätzliche Seifenlieferung an die Gefolgschaft (25.5.1943), Mitteilung der Direktion betr. Restbestand an Trinkbranntwein (1.6.1943) und Bekanntmachung des Betriebsobmanns und des Betriebsführers (8.6.1943), in: ANLux ARBED Belval 09410.

164 Bekanntmachung des Betriebsführers betr. Arbeit am Sonntag, den 27.6.1943 (26.6.1942), in: ANLux ARBED Belval 09410.

erteilen. Der stellvertretende Generaldirektor Félix Chomé stimmte der Anschaffung zum Preis von 600 Reichsmark zu.[165] Ein weiteres Beispiel zeigt, dass sich die Luxemburger Verantwortlichen auf einer ständigen Gratwanderung befanden. Man wollte es sich keinesfalls mit den neuen Herren verscherzen, auf der anderen Seite aber auch so viel Kontrolle wie möglich behalten. Die Zentralverwaltung hatte beispielsweise für die Werke Belval und Rothe Erde die Wandzeitung „Parole der Woche" abonniert, allerdings nur das absolute Minimum von zwei Stück. Der DAF-Betriebsobmann Palmer beschwerte sich daraufhin, da seine Koblenzer Propagandastelle wünschte, dass die „Parole der Woche" zahlreicher zum Aushang komme. Mit Einverständnis von Direktor Schock wurden darauf neun weitere Plakate bestellt. Die Veränderungen in den einzelnen Produktionsstätten wurden deutlich sichtbar. Ab November 1941 fanden täglich Flaggenhissungen für die Lehrlinge statt, bei deren Gelegenheit nationalsozialistische Flaggensprüche vorgelesen wurden. Im Dezember 1941 wurden insgesamt 60 gerahmte Hitler-Porträts auf die Werkshallen und Büros von Belval verteilt. Ein anderer Fall verdeutlicht einen gewissen vorauseilenden Gehorsam. Um die Nazifunktionäre zu beschwichtigen, kam die Anweisung Chomés im Juli 1941, 20 Gedenkmünzen „zur Schaffung des Großdeutschen Reiches" zu bestellen, die man an die Obmänner der DAF verteilte. In der Folge scheint es, dass Zentralverwaltung und Betriebsdirektion hier im Allgemeinen sämtliche Anfragen und Vorschläge der nationalsozialistischen Propagandastellen ohne großes Aufheben willig erfüllten, um damit möglichen Problemen aus dem Weg zu gehen. 1942 empfahl die DAF den Erwerb der Broschüre „Der Untermensch". Die Zentralverwaltung bestellte darauf 200 Exemplare dieses Machwerks, das vom SS-Schulungsamt herausgegeben worden war und an die DAF-Funktionäre der ARBED-Werke verteilt werden sollte. Auch andere Propagandaschriften wurden auf Vorschlag der DAF angeschafft und verteilt.[166]

Erst in der zweiten Hälfte des Krieges gaben die großen Unternehmen Werkzeitschriften heraus. Fabrikzeitungen, Werkzeitschriften oder Unternehmenszeitungen hatten sich in Europa nach dem Ersten Weltkrieg als Form der internen Kommunikation vor allem bei größeren Unternehmen etabliert, beispielsweise in Frankreich und Deutschland. 1939 gab es in Deutschland rund 500 Werkzeitungen, allein 160 in der Eisen- und Metallindustrie sowie im Bergbau. Die Mitarbeiterzeitungen wurden von den Geschäftsleitungen herausgegeben. Mehr als nur Informationsquelle für die Mitarbeiter, sollten sie eine Art Bindeglied zwischen Betriebsführung und Belegschaft sein. Nach 1933 nahm die Zahl der Werkzeitschriften im nationalsozialistischen Deutschland stark zu und sie wurden zu einem „innerbetrieblichen

165 Schreiben der Kreiswaltung Esch der DAF (Propaganda) vom 27.5.1941 an Direktor Schock betr. Werk „Wille und Tat des Führers", in: ANLux ARBED 14433 („Deutsche Arbeitsfront/ Propaganda").

166 Vgl. Mappe „Deutsche Arbeitsfront. Propaganda" (1941-1944), in: ANLux ARBED Belval 14433.

Propaganda-Organ im Dienst der nationalsozialistischen Weltanschauung."[167] Es lag folglich im Interesse der Deutschen Arbeitsfront, eine Kontrolle über Inhalte und Gestaltung zu erlangen. Neugründungen von Werkzeitungen bedurften deshalb der Zustimmung des Presseamts der DAF sowie einer Genehmigung der Reichspressekammer. Während des Krieges stieg die Zahl der Werkzeitungen auf 800 an (mit einer Gesamtauflage von 5 Millionen Exemplaren).[168]

Vor 1940 gab es in Luxemburger Großunternehmen offenbar keine Personalzeitungen. Während des Krieges erschienen in zwei Großunternehmen Werkzeitungen, die gemeinsam von Betriebsführung und Deutscher Arbeitsfront herausgegeben wurden. 1943 veröffentlichten die Differdinger Stahlwerke A.G. erstmalig die Zeitschrift „Die Schmelz" im Kleinformat. Als ein „Bindeglied" zwischen Betriebsführung und Gefolgschaft diente sie – so die offizielle Darstellung – der „Förderung der Werksgemeinschaft, des Werkfriedens, der Arbeitsfreude und damit der (...) notwendigen Produktionssteigerung." Die Unternehmenszeitung brachte es bis Kriegsende auf nur wenige Nummern.[169]

Ab Januar 1943 arbeitete die ARBED-Zentralverwaltung an der Herausgabe einer eigenen Werkzeitung. Allerdings kam es zu Verzögerungen, da neue Publikationen der vorherigen Genehmigung der Reichspressekammer, des Reichspropagandaamtes sowie des Chefs der Zivilverwaltung bedurften. Da es sich um eine Werkzeitung handelte, war das Unternehmen von der Zustimmung der DAF abhängig. Der Pressereferent des CdZ, Eduard Gerlach, der seit 1941 als Mitarbeiter des Reichspropagandaamtes in Luxemburg tätig war und sich als Herausgeber propagandistischen Schrifttums hervorgetan hatte, war von der Idee begeistert und wollte auch selbst die Schriftleitung übernehmen. Dies belegt, dass die Herausgabe von Werkzeitungen für Zivilverwaltung wie Arbeitsfront als ein wichtiges Vorzeigeprojekt gesehen wurde. Für die reichsdeutschen Direktoren, die seit 1942 in der ARBED-Zentralverwaltung tätig waren, hatte der Plan eine gewisse Bedeutung, da man auf diese Weise nach außen demonstrieren konnte, dass das ARBED-Unternehmen die Konzepte der nationalsozialistischen Betriebsgemeinschaft umzusetzen bereit war. Die Idee ging wohl zunächst auf den beigeordneten Generaldirektor Franz Schmidt zurück, dessen rechte Hand Curt Röding schließlich die Herausgabe der Zeitschrift weiter betrieb. Um die einzelnen Abteilungen

---

167 Vgl. Alexander Michel, Von der Fabrikzeitung zum Führungsmittel: Werkzeitschriften industrieller Großunternehmen von 1890-1945, Stuttgart 1997 (= Beiträge zur Unternehmensgeschichte 96/ Neue Folge Bd. 2), S. 20.

168 Karin Büchter/ Martin Kipp, Werkzeitungen als Erziehungsinstrumente in der Weimarer Republik und im Nationalsozialismus, in: Zeitschrift für Berufs- und Wirtschaftspädagogik 98 (2002), S. 225–244.

169 Die Zeitung „Die Schmelz", die 1943 laut Pressemitteilungen in vier Folgen erschien, ist in der Luxemburger Nationalbibliothek nicht vorhanden. Vgl. „Die Schmelz", in: LW Nr. 217 (5.8.1943) und „‚Die Schmelz', eine neue Werkzeitung", in: ETB Nr. 183 (7./8.8.1943).

des Konzerns zu überzeugen, warb Röding für die Werkzeitung, die angeblich keine Propagandapublikation sei: „Sinn und Zweck der Werkszeitung ist nicht so sehr die politische Aufklärung wie die Erziehung zur Betriebsgemeinschaft, die Belehrung in den sozialen Maßnahmen des Nationalsozialismus und darüber hinaus auch die Aufrechterhaltung der Verbindung zwischen dem Werk und seinen zur Wehrmacht einberufenen Gefolgschaftsmitgliedern."[170] Nicht nur umständliche Genehmigungsprozeduren und ein kriegsbedingter Papiermangel führten zu einer erheblichen Verzögerung des Vorzeigeprojekts. Es war Generaldirektor Aloyse Meyer, der über Monate seine notwendige Zustimmung hinauszögerte, sodass – sehr zum Leidwesen Schmidts – die Differdinger Konkurrenz die erste Werkzeitung herausbrachte und nicht die ARBED. Schließlich mahnte im September 1943 die Deutsche Arbeitsfront die Gründung der Zeitschrift dringend an. Man wünsche Werkzeitungen in allen größeren Betrieben der Rüstungsindustrie, auch um die „propagandistische Betreuung" der Arbeiter zu verbessern.[171] Aloyse Meyer hatte offensichtlich wenig Interesse daran, dass er oder sein Unternehmen bei den Mitarbeitern mehr als unbedingt nötig mit NS-Propaganda in Verbindung gebracht würden. Im November musste Schmidt nach Reklamationen wieder bei seinem Vorgesetzten nachhaken. Die Verzögerungstaktik führte dazu, dass die erste Nummer der „ARBED"-Werkzeitung erst im März 1944 erscheinen konnte. Das Geleitwort von Aloyse Meyer war bewusst unpolitisch gehalten.[172] Meyer erinnerte an den Aufstieg des Konzerns und unterstrich, dass seit jeher „das Wohlergehen der Arbeiter- und Beamtenschaft eine der Hauptsorgen der Leitung des Unternehmens" gewesen sei. Womöglich war dies zwischen den Zeilen ein Seitenhieb gegen

---

170 Schreiben von Röding vom 10.2.1943 an die ARBED-Abteilungen, in: ANLux ARBED Zentralverwaltung 43-26 („Werkszeitung").

171 Aktennotiz von Franz Schmidt vom 24.9.1943 für Generaldirektor Aloyse Meyer, in: ANLux ARBED 43-26 („Werkszeitung"). Schmidt hatte sich bereits 1942 für die Herausgabe des Bildbandes „Stahl aus Luxemburg" über den ARBED-Konzern eingesetzt.

172 Die Schriftleitung lag laut Impressum bei der jungen Reichsdeutschen Dr. Lilo Muth (*1914), die seit 1943 als Angestellte im „Kriegseinsatz" in der Zentralverwaltung arbeitete. Muth wurde zunächst mit der Leitung der Werksbüchereien beauftragt und kümmerte sich um die Herausgabe der ARBED-Sozialinformationen. Sie war die Ehefrau von Dr. Frid Muth (1912-1996), der 1940/41 in Personalunion als „Volkstumsreferent" und Presserefent beim Chef der Zivilverwaltung tätig gewesen war und ab November 1941 zur Wehrmacht eingezogen wurde. Muth war als Leiter des Verbands der deutschen Presse in Luxemburg verantwortlich für die Gleichschaltung der Zeitungsverlage gewesen. Lilo Muth hatte schon an dem Bildband „Stahl aus Luxemburg" und an der kulturpolitischen Monatsschrift „Moselland" mitgearbeitet. Zur Aussage Meyers nach dem Krieg, er habe sich geweigert, das Geleitwort mit dem obligaten Hitlergruß zu unterzeichnen, vgl. Zeugenvernehmung vom 6.7.1946, in: ANLux AP 4701 Aloyse Meyer (Mappe E).

die Propaganda der Deutschen Arbeitsfront, die nie müde wurde, die vermeintlichen sozialen Errungenschaften des NS-Regimes ins Schaufenster zu stellen.

Das Magazin wurde bei der Moselfränkischen Verlags- und Druckerei-GmbH in Luxemburg gedruckt und sollte eine Auflage von 23.000 Exemplaren haben, damit sämtliche Belegschaften in Luxemburg und dem Saarland erreicht werden könnten. „ARBED“ erschien bis zum Ende der Besatzungszeit nur noch ein weiteres Mal im Juni 1944, eine dritte Nummer wurde noch von Franz Schmidt geplant, als der Einmarsch der US-Truppen dem Propagandaunternehmen ein Ende bereitete. Für Kriegsverhältnisse war die Werkzeitung mit einem Umschlag im Farbdruck sowie zahlreichen Illustrationen und Fotos relativ aufwändig gedruckt, sodass die Werkzeitung eher wie eine Illustrierte wirkte. Die erste Ausgabe hatte 24 Seiten, die zweite – vermutlich aus Papiermangel – nur noch 16 Seiten im handlichen Oktavformat. Auf der Vorderseite wurden in ästhetisierender Weise ARBED-Industrieanlagen (Hochofen, Stahlwerk) abgebildet, während man sich bei der Rückseite für romantisch anmutende Ansichten der Stadt Esch beziehungsweise der Hauptstadt entschieden hatte. Damit wurde implizit die Betriebs- und Heimatverbundenheit des luxemburgischen ARBED-Arbeiters beschworen. Die schwarz-weißen Fotos im Heft-Inneren vermittelten Eindrücke von vorbildlichen sozialen Einrichtungen des Unternehmens (Lehrlingswerkstätten, Werksküchen, Essräume, betriebseigenes Freibad) oder der „Werkfamilie“ (Weihnachtsfeiern mit Kinderbescherung, Porträts der Soldatenkinder). Als mustergültiger deutscher Betrieb wollten die ARBED-Werke ihre soziale Verantwortung bei der Betreuung der Kriegsversehrten unter Beweis stellen, indem man den „Kriegsopfern“ großzügige Hilfen in Aussicht stellte.

Inhaltlich gesehen war die Werkzeitschrift eine Mischung aus Informations- und Propagandablatt, wobei die propagandistische Intention deutlich überwog. Einzelne Artikel waren offensichtlich ein Zugeständnis an die Deutsche Arbeitsfront. Heft 1 hob die Rolle der DAF bei der Gestaltung der Lehrlingswerkstätten in der ARBED-eigenen Handwerkerschule in Dommeldingen hervor, Heft 2 klärte die Gefolgschaft etwa über die „Aufgaben der sozialen Betriebsarbeiterinnen“ der Arbeitsfront auf. Andere Neuerungen wie die „Gemeinschaftsverpflegung“ (vgl. den Artikel „Sinn und Nutzen der Gemeinschaftsverpflegung“) oder die Einrichtung von „Werkbüchereien“ (vgl. den Artikel „Gute Bücher für den Feierabend“) gingen tatsächlich auf Initiativen oder Forderungen der DAF zurück. Auch durften Beiträge zum Betriebssport nicht fehlen (“Sportchronik“, „Sollen unsere weiblichen Gefolgschaftsmitglieder am Betriebssport teilnehmen?“), verbunden mit Meldungen über den sensationellen Zuspruch des ARBED-Freibades. Im Bereich des Sports und der Freizeit sahen die Deutschen die Realisierung der von der KdF verfolgten Zielsetzungen. Selbst die NS-typischen Vorstellungen von Rasse und Kampf fanden auf diskrete Weise ihren Eingang in die Werkzeitung. Man müsse die Jungen zu „ruhigen, zuverlässigen und selbstbewussten“, gesunden Menschen erziehen. "Ein kränklicher Mensch wird in den kritischen Stunden seines Daseins – selbst bei hervorragender Begabung – eher unterliegen, als ein körperlich gesunder Mann von normaler Veranlagung", so der Bericht über die Dommeldinger Lehrwerkstätten in Heft 1 (S. 11).

Viele Themen bezogen sich direkt oder indirekt auf das Kriegsgeschehen (Namen der gefallenen „Arbeitskameraden", Hinweise zum „Werkluftschutz"); nicht zuletzt sollte das Blatt die Verbindung zwischen Soldaten und Heimatfront aufrechterhalten. Deshalb wurden in der ersten Nummer begeisternde Feldpostbriefe mit aufregenden Fronterlebnissen abgedruckt, in der folgenden Ausgabe grüßten kleine Soldatenkinder ihre Väter an der fernen Kriegsfront. Damit wollten die Herausgeber offensichtlich die Kriegsbereitschaft aufrechterhalten. Die negativen Erscheinungen, die der Krieg mit sich brachte, wie verlängerte Arbeitszeiten und Lohnstopp, blieben in der Werkzeitung ausgeklammert. Ein schwärmerischer Beitrag über die „Gemeinschaftsverpflegung" – illustriert mit zufriedenen Arbeitern in einem „freundlichen Essraum" und fetten Schweinen, die auf dem unternehmenseigenen Bauernhof gehalten wurden – suggerierte den Lesern, dass es Arbeitern bei der ARBED an nichts fehle und man sich dort satt essen könne. Von den Schattenseiten des Krieges erfuhr man nichts, sieht man einmal von den veröffentlichten Namenslisten der „Im Kampf für Volk und Führer" gefallenen „Arbeitskameraden" ab. Probleme, die überall wahrgenommen wurden, thematisierte die „ARBED"-Werkzeitung eher auf indirekte Weise. Da es seit 1942 durch die Einführung der Arbeitsdienst- und Militärdienstpflicht zu empfindlichem Personalmangel gekommen war, appellierte man an Werte wie „Betriebstreue" und ehrte ganz besonders die Jubilare, die über 40 Jahre „treu im Dienste der Arbed" gestanden hatten. Entsprechend wichtig war den Herausgebern die Mitarbeiterpflege, aber auch die Heranbildung des Nachwuchses beziehungsweise die Ausbildung von Jugendlichen zu dringend benötigten Facharbeitern. In reich bebilderten Aufsätzen über die Dommeldinger Lehrwerkstätten beziehungsweise den „Kriegsberufswettkampf" ging es der Redaktion darum, langjährige Unternehmenstraditionen mit nationalsozialistischen Wertvorstellungen in Einklang zu bringen. Die Lehrlinge würden nicht nur eine gute theoretische und fachliche Ausbildung erhalten, sondern sie lernten „Kameradschaft", „Ordnung und Sauberkeit" (Heft 1, S. 11). Wie selektiv die Redaktion bei ihrer Darstellung vorging, belegt eine Notiz über die vom Werk errichteten „schmucken Barackenlager", in denen „Gastarbeiter" untergebracht und vorbildlich versorgt seien: „Die Arbed hat hier Lager und Verpflegungsanlagen aufgestellt, die unter der Verwaltung tüchtiger Lagerführer alle Hilfsmittel besitzen, die Arbeitsfähigkeit und den Kräftezustand der Gastarbeiter zu erhalten und zu festigen." (Heft 1, S. 20) Mit keinem Wort wurde erwähnt, dass in den einen Lagern dienstverpflichtete Luxemburger und Belgier logierten und dass die Zwangsarbeiter aus Osteuropa in anderen Lagern hausten.

Die „ARBED"-Werkzeitung verzichtete vordergründig auf plumpe NS-Propaganda, zum Beispiel fehlten NS-Symbole (bis auf das DAF-Rad mit dem Hakenkreuz) und zu offensichtlich politische Artikel (abgesehen von einem Zitat aus der Feder des DAF-Führers Ley neben dem Geleitwort des Generaldirektors). Der überzeugte Nationalsozialist Schmidt hatte aber dafür gesorgt, dass das Produkt dem politischen Zeitgeist entsprach, sodass „ARBED" nichts anderes als ein Instrument im Dienste des Regimes zur Indoktrinierung der Belegschaft war. Dies wurde beim Lesen des Geleitworts des DAF-Gau-Propagandawalters oder des einleitenden Beitrags aus der Feder Schmidts ersichtlich. Die Werkzeitung sollte einen Beitrag zum Arbeitsfrieden leisten, „die auftretenden Schwierigkeiten (...) beheben und in schweren Stunden den Arbeitskameraden Verständnis und Vertrauen“ einflößen. Implizit wurden die Arbeitnehmer dazu aufgefordert, ihre Individualinteressen für die Betriebsgemeinschaft zurückzustellen, denn diese sei das Fundament der „deutschen Volksgemeinschaft“, so Franz Schmidt.[173]

Die Zeitschrift gaukelte den Mitarbeitern eine ideale Betriebsgemeinschaft, eine „Werkfamilie“ vor, die in einem nach nationalsozialistischen Grundsätzen geführten Betrieb real nicht existierte. Tatsächlich war die Wirklichkeit in den einzelnen Betrieben eine andere: hier gab es fanatisierte Werkschutzleute, welche die Arbeitenden drangsalierten und kontrollierten, dort eifrige Betriebs- und Zellenobmänner, die mit der Überwachung der Arbeitsmoral und der politischen Einstellung ihrer Kollegen befasst waren. Darüber hinaus blieben von der Betriebsgemeinschaft Hunderte ausgeschlossen, denn Ostarbeiter, Kriegsgefangene und Dienstverpflichtete aus Luxemburg und den Grenzregionen zählten wahrlich nicht zu der großen Familie, die in der „ARBED“-Werkzeitung beschworen wurde. Selbst die seit 1941 immer wieder von der DAF versprochenen sozialen Verbesserungen waren größtenteils Makulatur geblieben.

Wie die „ARBED“-Werkzeitschrift rezipiert wurde, lässt sich aus den vorhandenen Quellen nicht erschließen. Die Mehrzahl der Leser dürfte das Blatt wohl kopfschüttelnd beiseite oder ins Altpapier gelegt haben. Für die Unternehmensleitung des Konzerns, in der überzeugte Nationalsozialisten wie Franz Schmidt federführend in der Personalpolitik waren, stellte die „ARBED“-Werkzeitung indes einen Beweis für die Loyalität des Unternehmens zum NS-Regime dar. Wie als Beleg der Zuverlässigkeit schickte Vorstandsmitglied Schmidt im Juni 1944 die beiden „ARBED“-Nummern an die zuständige Abteilung in der Zivilverwaltung.[174]

Neben der Werkzeitung, die sich an die gesamte Belegschaft des Konzerns richtete, gab die ARBED-Zentralverwaltung ab 1943 eine weitere Publikation heraus. Die „Arbed-Sozialinformationen“ richteten sich in erster Linie an die Unterführer, d.h. Abteilungsleiter, Meister und Vorarbeiter, damit diese über neue soziale Entscheidungen und arbeitseinsatzpolitische Maßnahmen informiert würden. Nummer 1 erschien im September 1943 zum Thema Betriebsführer. Der Titel der unternehmensinternen Publikation klang relativ harmlos, tatsächlich enthielt der „Sozialinformationsdienst“ auch Anweisungen und Tipps, wie man mit „Bummelanten“ und ausländischen Arbeitern umgehen solle. Auf Anweisung Schmidts musste die zuständige Redakteurin Lilo Muth in der ersten Nummer einen Artikel

173 Franz Schmidt, Betriebstreue – das Fundament der Arbed, in: ARBED. Werkzeitschrift der Betriebsgemeinschaft der ARBED Nr. 1 (1944), S. 5f.

174 Vgl. Schreiben des beigeordneten Generaldirektors Franz Schmidt vom 2.6.1944 an Oberregierungsrat Hofmann, in: ANLux CdZ A-1-30:342 (= A-3606).

über ausländische Arbeiter abschwächen, da er auf russische Arbeiter abzielte, während aber viel mehr belgische Arbeiter bei der ARBED tätig waren. Schmidt befand, dass Aussagen, man müsse „das Höchste für die Produktion herausholen", vor allem bei den deutschfreundlichen Belgiern Missverständnisse auslösen könnten. Schließlich wurde der betreffende Abschnitt gestrichen. Die letzte Nummer (Nr. 5) kam am 1.8.1944 in Umlauf und behandelte Themen wie Luftschutz, Frauenarbeit, Betriebssport, aber auch Fragen des Werkschutzes oder „Maßnahmen gegen Bummelei und versteckten Krankenstand".[175]

175 Vgl. Mitteilung von Franz Schmidt vom 9.8.1943 an Curt Röding und Hauptbetriebsobmann Otto Kanis; Mitteilung von Franz Schmidt vom 10.9.1943 an Dr. Lilo Muth betr. Sozialinformationsdienst der ARBED, in: ANLux ARBED Zentralverwaltung 43/28b („Sozialinformationsdienst der ARBED").

Kapitel V.2. „Arbeitseinsatz" und „Bummelei"

1. Der organisierte „Arbeitseinsatz" in der Schwerindustrie

Propaganda, Kulturveranstaltungen und soziale Dienstleistungen von Staat und Betrieb waren nur eine Seite im Alltagsleben der Arbeiter und Angestellten. Der Betriebsalltag hatte auch seine dunkleren Seiten: „Arbeitseinsatz" und Rationalisierung prägten das Leben der Menschen, die während der deutschen Besetzung in den großen Unternehmen der Luxemburger Schwerindustrie tätig waren. Zusätzlich veränderte sich die soziale Zusammensetzung der Belegschaften, da unter den Vorzeichen des „totalen Krieges" zusätzliche Arbeitskräfte mobilisiert wurden, zum Teil durch Propaganda und soziale Betreuungsangebote, zum größten Teil aber durch Zwang.

Unter dem nationalsozialistischen Begriff Arbeitseinsatz verstand man im Dritten Reich die „planmäßige Lenkung der Arbeitskräfte durch Arbeitsvermittlung, Beschränkung des Arbeitsplatzwechsels (...) sowie durch Berufsberatung". Gesichtspunkte waren „staatspolitische Notwendigkeiten" und die „übergeordneten Interessen des Gemeinwohls".[1] Die Beseitigung der Arbeitslosigkeit hatte 1940/41 zu den Prioritäten der deutschen Zivilverwaltung gehört. Aber schon weniger als ein Jahr nach dem Amtsantritt von Gustav Simon stellte sich das umgekehrte Problem. Mit dem Ende der Blitzsiege machte sich in bestimmten Wirtschaftszweigen ein spürbarer Arbeitskräftemangel bemerkbar. Im Juli 1941 herrschte in den zentralen Bereichen der Luxemburger Wirtschaft bereits eine starke Nachfrage nach Arbeitern. War sie im Bergbau vorerst noch gedeckt, fehlten bereits in den Hüttenbetrieben und im Metallgewerbe Fachkräfte, denn viele waren 1940 im Zuge der Arbeitsbeschaffungsmaßnahmen ins Altreich verschickt worden. Nun, da die Schwerindustrie die Produktion allmählich wieder steigern konnte, verlangte man die Rückführung der Gefolgschaftsmitglieder

---

1 Zur Bedeutung des Begriffs „Arbeitseinsatz" vgl. Der Volks-Brockhaus [9] 1941, S. 27 und Schmitz-Berning, Vokabular des Nationalsozialismus, S. 45–48. Siehe auch „Dienststelle für den Arbeitseinsatz", in: LW Nr. 239 (26.8.1940) und „Planmäßiger Einsatz der Arbeitskraft", in: LW Nr. 83 (24.3.1941). Die Verordnung vom 11.3.1941 über den Arbeitseinsatz, vgl. VOBL Nr. 21 (14.3.1941). Zum Arbeitseinsatz im besetzten Luxemburg, vgl. Volkmann, Luxemburg im Zeichen des Hakenkreuzes, S. 301–378. Zum Arbeitseinsatz in der Kriegswirtschaft, vgl. Schneider, In der Kriegsgesellschaft, S. 148–235. Karsten Linne befasst sich mit den Besonderheiten des Arbeitsmarktes in NS-Deutschland und der Bedeutung der Arbeitsverwaltung, vgl. Karsten Linne, Von der Arbeitsvermittlung zum „Arbeitseinsatz". Zum Wandel der Arbeitsverwaltung 1933-1945, in: Buggeln/ Wildt (Hgg.), Arbeit im Nationalsozialismus, S. 53–70.

aus Deutschland, die aber nur schleppend vorankam.[2] Auch in Luxemburg stieg die Nachfrage nach Arbeitskräften. Zur Steigerung der Produktion fehlten Facharbeiter sowie unqualifizierte Arbeiter und Arbeiterinnen. Ab 1942, als die Eisen- und Stahlproduktion deutlich anzog, machte sich der Mangel immer deutlicher bemerkbar. Fremdarbeiter aus den besetzten Nachbarländern waren prinzipiell unerwünscht oder nur schwer nach Luxemburg zu vermitteln.

Umso wichtiger wurde es, die zur Verfügung stehenden Arbeiter und Angestellten optimal einzusetzen und deren Arbeitskraft möglichst rational auszunutzen. In diesem Zusammenhang unternahm das Regime größere Anstrengungen zur Bekämpfung der Abwesenheitsziffern und der Krankenstände. Da soziale Anreize wie zum Beispiel Lohnerhöhungen oder Steigerungen des Lebensstandards kriegsbedingt unerwünscht beziehungsweise nicht realisierbar waren, setzte das Regime zur Steigerung der Produktivität auf erhöhten Druck auf die Beschäftigten. Zum Repressionssystem gehörten Bußgelder, die gegen Arbeiter verhängt wurden, denen man mangelnden Arbeitseinsatz oder unerlaubtes Fehlen vorwarf. Anfang August 1942 regelte die Zentralverwaltung von Luxemburg aus das Strafsystem, das in den einzelnen Fällen Anwendung finden sollte. Fehlte ein Arbeitnehmer ohne Erlaubnis, musste dieser mit Verwarnungen und Geldbußen rechnen. Die Bußen konnten sich im Wiederholungsfalle bis auf drei Reichsmark pro Fehltag erhöhen und schließlich zu disziplinarischen Maßnahmen führen. Ursprünglich sollte den Blaumachern das Kindergeld entzogen werden, aus sozialen Überlegungen wurde dies wieder zurückgenommen.[3] Überhaupt nahm der Kampf gegen das Bummelantentum immer mehr Zeit und administrativen Aufwand in Anspruch. Wer beispielsweise nicht zu den häufig angeordneten Zusatzschichten erschien, wurde von Trinkbranntweinzuteilungen und Weihnachtsgratifikationen ausgeschlossen oder musste mit dem Entzug der sehr begehrten Lebensmittelzusatzkarten rechnen.[4]

Da es während des Krieges keinen freien Arbeitsmarkt mehr gab beziehungsweise in allen kriegsführenden Staaten Arbeitskräfte fehlten, griff das NS-Regime auf Zwangsmaßnahmen zurück, um die Lücken zu schließen. Eine dieser Maßnahmen war die Dienstverpflichtung, worunter man die Zwangsmobilisierung von Arbeitskräften verstand. Dabei wurden im Interesse der Kriegswirtschaft Arbeiter und Angestellte von staatlichen Stellen den kriegswichtigen Betrieben zugewiesen. Die Dienstverpflichtung war Teil der Arbeitsmarktpolitik im NS-Staat, diente

---

2 Bericht des SD-Führers des Einsatzkommandos der Sipo und des SD in Luxemburg an das RSHA vom 15.7.1941, gedr. in: Brommer (Hg.), Die Partei hört mit. Bd. 2.1, S. 89f.

3 Bekanntmachung des Betriebsobmanns und des Betriebsführers betr. Bußgelder bei Fehlen ohne Erlaubnis (31.8.1942), in: ANLux ARBED Belval 09410.

4 Vgl. Bekanntmachung des Betriebsführers (26.6.1943), Mitteilung des Betriebsführers betr. Trinkbranntweinzuteilung (22.7.1943) und Streng vertrauliche Mitteilung des Direktors betr. Weihnachtsgratifikation (11.12.1943), in: ANLux ARBED Belval 09410.

sie doch der „Sicherstellung von Kräften zur Erfüllung von Aufgaben besonderer staatspolitischer Bedeutung“, so die zeitgenössische Darstellung im Luxemburger Wort. Daneben hatte die Dienstverpflichtung eine repressive Funktion, da sie der Zivilverwaltung erlaubte, missliebige Personen auf diese Weise durch Versetzung ins Reichsgebiet aus Luxemburg abzuschieben.[5] Die Praxis der Dienstverpflichtung bedeutete, dass weder der Arbeitgeber frei war, einen Arbeitnehmer zu beschäftigen oder zu entlassen, noch der Arbeitnehmer über eine freie Arbeitsplatzwahl verfügte. Die Einführung der Dienstverpflichtung war ein weiterer Schritt in Richtung eines staatlich regulierten Arbeitsmarktes, der weitgehend den Zwängen der Kriegswirtschaft unterworfen war.[6] Die politische Wichtigkeit der Beschäftigungsfrage für das NS-Regime wurde dadurch ersichtlich, dass der Generalbevollmächtigte für den Arbeitseinsatz (GBA) Fritz Sauckel im April 1942 die Gauleiter zu seinen Bevollmächtigten ernannte und ihnen weitreichende Befugnisse einräumte.[7] Nun war Gustav Simon in seinem Gau zuständig für die Koordinierung des Arbeitseinsatzes und hatte umfangreiche Steuerungsbefugnisse, etwa betreffend Dienstverpflichtungen, Frauen- und Jugendarbeit sowie die Beschäftigung von Zwangsarbeitern und Kriegsgefangenen. Simons „Leitsätze“ wurden

5 Vgl. Schmitz-Berning, Vokabular des Nationalsozialismus, S. 153f. Siehe Wolf Gruner, Arbeitseinsatz, in: Enzyklopädie des Nationalsozialismus, S. 369f. Die Dienstverpflichtung wurde in Luxemburg durch die Verordnung des CdZ über den Arbeitseinsatz (11.3.1941) eingeführt. Vgl. „Maßnahmen zum Arbeitseinsatz in Luxemburg“, in: ETB Nr. 72 (26.3.1941). Sämtliche arbeitsfähigen Personen im Machtbereich des CdZ – selbst Ausländer – konnten dienstverpflichtet werden. Siehe J.H., Die arbeitsrechtliche Praxis, in: LW Nr. 221 (11.8.1941). In dem Artikel hieß es: „Im Dienstverpflichtungsbescheid wird ohne eigene Mitwirkung der Parteien das Arbeitsverhältnis begründet. Die Verpflichtung bezw. die Entpflichtung erfolgt kraft staatlichen Hoheitsaktes. Als Gegenstück zur Dienstverpflichtung gilt die Beschränkung des Arbeitsplatzwechsels, die eine Folge kriegsbedingter Wirtschaftsmaßnahmen ist und seit dem 1.9.39 im Altreich in Kraft getreten ist. Da es nicht nur ein Recht, sondern vor allem eine Pflicht zur Arbeit gibt, kann die fristgemäße oder fristlose Auflösung des Dienstvertrages seitens eines der Vertragspartner nur mit der ausdrücklichen vorherigen Zustimmung des zuständigen Arbeitsamtes erfolgen.“

6 Die Maßnahmen zur Regulierung des Arbeitseinsatzes betraf nicht nur die Lohnempfänger in Industrie, Handel und Handwerk. Auch im öffentlichen Dienst trat 1944 mit der „Verordnung zur Überwachung der Arbeitsbedingungen und zur Verhinderung des Arbeitsvertragsbruchs in öffentlichen Verwaltungen und Betrieben“ eine Verschlechterung der Arbeitsbedingungen ein, so war die Auflösung von Arbeitsverträgen quasi unmöglich. Gleichzeitig drohten schwere Strafen bei Bummelei oder Arbeitsverweigerung u.ä. Vergehen, gegen die man schon in der Industrie anzukämpfen hatte; vgl. „Weitere Festigung der Betriebskameradschaft“, in: LW Nr. 49 (18.2.1944).

7 „Der Arbeitseinsatz beschleunigt den Sieg“, in: LW Nr. 119 (29.4.1942) und „Erhöhter Arbeitseinsatz“, in: LW Nr. 148 (28.5.1942). Vgl. zur Rolle der Gauleiter als Beauftragte des GBA: Fleischhauer, Der NS-Gau Thüringen, S. 46ff.

der Öffentlichkeit 1943 mitgeteilt und umfassten den verstärkten Fraueneinsatz in der Rüstungsindustrie. Durch „Stilllegungen“ von Geschäften und „Auskämmen“ sollten zusätzliche Arbeitskräfte in die kriegswichtigen Branchen von Industrie und Landwirtschaft gelenkt werden, wo akuter Mangel bestand. In den Leitsätzen wurde der Einsatz der Ostarbeiter und der sowjetischen Kriegsgefangenen absichtlich nicht erwähnt, obwohl er seit Ende des Jahres 1942 in Luxemburgs Industrie eine Realität war.[8]

Nach der deutschen Niederlage bei Stalingrad verstärkte sich in der Rüstungsindustrie der Druck auf die Belegschaften. In einem Rundschreiben verlangte Hermann Röchling, der Vorsitzende der Reichsvereinigung Eisen, die „restlose Ausschöpfung der gesamten Arbeitskraft des deutschen Volkes“. Frauen und Mädchen sollten nun ebenfalls in größerem Maße mobilisiert werden als bisher; bislang vom Wehrdienst freigestellte, sogenannte uk-gestellte Kräfte würden nun zum Fronteinsatz abberufen. Die Empfehlung Röchlings, eine möglichst große Anzahl von Frauen und Ostarbeitern im Schnellverfahren anzulernen beziehungsweise umzuschulen, konnte den akuten Arbeitskräftemangel auf jeden Fall nicht wesentlich beheben.[9] Die Zielvorgaben, die Röchling festsetzte, waren zum Teil sehr hoch und stießen zweifellos bei vielen Unternehmern auf Kopfschütteln, wie zum Beispiel die Anweisung, 15 Prozent aller Angestellten in die Produktionsbetriebe zu versetzen, oder der schwammige Befehl Röchlings, alle unnötigen, nicht kriegswichtigen Arbeiten zu unterlassen. Die ARBED-Unternehmensleitung ließ sich jedenfalls viel Zeit mit der Umsetzung der Vorgaben der Reichsvereinigung Eisen und wies erst Mitte April 1943 die einzelnen Abteilungen im Sinne der Röchlingschen Rundschreiben an.[10] Inwiefern hier luxemburgische und deutsche Direktoren absichtlich auf Zeit spielten, um das Chaos in ihren Werken in Grenzen zu halten, oder aber die Umsetzung aus technischen Gründen schlicht unmöglich war, lässt sich nicht mit Sicherheit sagen. Es zeigte sich in der Folge, dass martialisch klingende Forderungen und voluntaristische Erklärungen allein nicht ausreichten. Typisch für das NS-Wirtschaftssystem war das Schaffen neuer Funktionen, die zu einer Optimierung der Arbeitsabläufe beitragen sollten. Sogenannte Arbeitseinsatzingenieure,

---

8 Vgl. die „Leitsätze des Gauleiters“ für den Arbeitseinsatz, die 1943 in der Presse veröffentlicht wurden, in: „Auch die Heimat ist Kriegsgebiet geworden“, in: ETB Nr. 60 (12.3.1943). Zu den Stilllegungen, vgl. Volkmann, Luxemburg im Zeichen des Hakenkreuzes, S. 313–321.

9 Rundschreiben der Bezirksgruppe Südwest der Wirtschaftsgruppe Eisen schaffende Industrie (Geschäftsstelle Metz) vom 27.4.1943 an die südwestlichen Werke betr. Arbeitseinsatz. Vertreter der Luxemburger Werke bei der Ausschusssitzung der Bezirksgruppe war Hüttendirektor Hans Hahl (RODAG).

10 Rundschreiben des Vorsitzenden der RVE Röchling vom 26.2.1943 an alle Betriebsführer und Gefolgschaften der RVE und Rundschreiben Röchlings vom 26.2.1943 an die Direktionen der angeschlossenen Werke; Rundschreiben von Direktor Röding (ARBED-Zentralverwaltung) vom 13.4.1943 an sämtliche Abteilungen, in: ANLux ARBED Belval 14429 (Mappe „Arbeitseinsatz. Anlernung und Umschulungen“).

im Juni 1943 per Erlass durch Reichsminister Speer eingeführt, wurden für die einzelnen ARBED-Werke eingesetzt. Diese waren verpflichtet, nach Möglichkeit weitere Arbeitskräfte einzusparen, Maßnahmen zu ergreifen, sollte es zu Leistungsabfällen kommen, die Einhaltung der Arbeitszeiten penibel zu überwachen und soweit wie möglich Frauen einzusetzen.[11]

1.1. Die Bedeutung des „Arbeitseinsatzes“ in der Schwerindustrie

Bereits in den 1930er Jahren sah sich das NS-Regime in Deutschland nach Erreichen der Vollbeschäftigung um 1935/36 mit einem akuten Arbeitskräftemangel konfrontiert, der durch die Rüstungskonjunktur bedingt war. Mit restriktiven Maßnahmen, wie etwa der Einführung des Arbeitsbuches (1935) und der zunehmenden Kontrolle des Arbeitsmarktes, versuchte man dem Problem entgegenzusteuern. Nach Kriegsbeginn wurde der Arbeitsmarkt weiter reguliert: Dienstverpflichtungen, „Auskämmaktionen“ und Zwangsarbeit gehörten bis 1945 quasi zum Alltag in deutschen Betrieben. Mit allen Mitteln versuchte der NS-Staat, immer mehr Arbeitskräfte für den Arbeitseinsatz zu mobilisieren.[12]

Der Kriegsausbruch im September 1939 hatte die Luxemburger Schwerindustrie nur unwesentlich getroffen. Zwar ging die Zahl der Industriearbeiter insgesamt im Laufe des Jahres 1939 zurück, aber durch die Heimfahrt von Arbeitskräften, die in ihre Herkunftsländer zurückgekehrt waren, blieben die Luxemburger Arbeiter zunächst von Entlassungen verschont.[13] Da in der Folge jedoch die Kokslieferungen aus Deutschland zum größten Teil wegbrachen, hatte die Luxemburger Schwerindustrie mit einer dramatischen Brennstoffknappheit zu kämpfen. Das ARBED-Unternehmen verfügte deshalb wie die Konkurrenzunternehmen in Rodingen und Differdingen über zu viel Personal. Eine der besonders hart getroffenen Abteilungen war das Werk Belval. Das Unternehmen behalf sich mit der Versetzung von

11 Rundschreiben des Betriebsführers vom 30.7.1943, in: ANLux ARBED Belval 09410. Siehe Mappe „Bestellung des Arbeitseinsatzleiters“ (1943), in: ANLux ARBED Belval 14429. Vgl. Walter Naasner, Neue Machtzentren in der deutschen Kriegswirtschaft 1942-1945: die Wirtschaftsorganisation der SS, das Amt des Generalbevollmächtigten für den Arbeitseinsatz und das Reichsministerium für Bewaffnung und Munition. Reichsministerium für Rüstung und Kriegsproduktion im nationalsozialistischen Herrschaftssystem, Boppard 1994 (= Schriften des Bundesarchivs 45), S. 146. Auf Belval löste der Reichsdeutsche Dr. Franz Wilhelm bereits im Juli 1943 den Luxemburger Oberingenieur Nilles als „Arbeitseinsatzingenieur“ ab.

12 Marie-Luise Recker, Sozialpolitik, in: Enzyklopädie des Nationalsozialismus, S. 123–125. Gerhard Kratzsch, Das wirtschaftspolitische Gauamt: der Gauwirtschaftsberater, in: John/ Möller/ Schaarschmidt, Die NS-Gaue, S. 218–233.

13 Anfang 1940 befasste sich die zuständige Parlamentskommission mit dem Problem der wachsenden Arbeitslosigkeit, vgl. „Büdget 1940. Bericht der Zentralsektion“, in: LW Nr. 10 (10.1.1940).

Arbeitern in Schwesterwerke nach dem luxemburgischen Dommeldingen oder dem saarländischen Burbach. Dennoch musste man Kurzarbeit einführen und Ende 1940 sogar Arbeiter entlassen. Der stellvertretende Generaldirektor Chomé empfahl zusätzlich, dass Arbeiter über 65 in Rente gehen sollten. Eine weitere Maßnahme sah vor, dass jüngere, alleinstehende Männer von Belval nach Deutschland vermittelt werden sollten.[14] Die Arbeitsmarktsituation barg erheblichen sozialen Sprengstoff. Die Zivilverwaltung wollte um jeden Preis Entlassungen vermeiden.[15] Später gab das ARBED-Werk Belval an, dass man Ende 1940 insgesamt 400 Entlassungen geplant hatte, von denen aber letztlich nur 191 ausgesprochen werden mussten. Die entlassenen Arbeiter fanden allesamt Arbeit im Altreich. Nach und nach kehrten diese Arbeiter – sie hatten vom Unternehmen eine Arbeitsplatzgarantie bekommen – zur ARBED zurück, als dort wieder mehr Arbeit vorhanden war. Tatsächlich war die Lage 1940/41 äußerst dramatisch gewesen. Da die ARBED quasi von der Rohstoffversorgung abgeschnitten war, drohte Anfang 1941 sogar die völlige Stilllegung der Werke. Aus politischen Gründen konnte der Chef der Zivilverwaltung und Gauleiter Simon mit dieser Lösung auf keinen Fall einverstanden sein. Kurzarbeit oder Entlassungen waren also ausgeschlossen, die „vollständige Stilllegung der Hüttenwerke des Erzbeckens auf längere Zeit“ erschien „als Unmöglichkeit“, so 1943 ein Bericht des Arbeitsamtes. Auch rein praktische Erwägungen spielten in der Frage um die Zukunft der Luxemburger Eisenindustrie eine entscheidende Rolle, da die gesamte Stromversorgung des Landes von der Schwerindustrie gesichert wurde. Überlegungen, die Hochöfen nur dann noch zu betreiben, wenn Strom gebraucht würde, hatten sich schließlich als unpraktikabel erwiesen.[16]

Diese angespannte Situation änderte sich erst wieder 1941/1942, als die Produktion anzog und mehr Arbeitskräfte benötigt wurden. Die herrschende rechtliche Lage erlaubte es dem ARBED-Konzern nun nicht mehr, auf dem Arbeitsmarkt im In- und Ausland das notwendige Personal zu rekrutieren. Wie im Altreich üblich,

---

14 Bekanntmachung des Direktors vom 24.10.1940, in: ANLux ARBED Belval 09409. Schreiben Félix Chomés vom 29.10.1940 an Werk Belval betr. Entlassung von Angestellten und Arbeitern, in: ANLux ARBED Belval 14429 (Mappe „Arbeitseinsatz: Einstellungen und Entlassungen. Richtlinien“).

15 „Gauleiter Simon: Der soziale Ausgleich wird vollzogen“, in: LW Nr. 295 (21.10.1940). In einer Rede, die Gustav Simon im Oktober 1940 vor Arbeitern in Esch hielt, ging der Gauleiter auf die Arbeitsmarktlage ein und bemühte sich, die Massen zu beruhigen: „Sie verdanken Ihre Arbeit diesen Männern, die sich als wahre deutsche Betriebsführer fleißig bemüht haben, Euch Arbeiter in Luxemburg wieder an die alten Arbeitsstätten zurückzuführen.“ Zwar sei es nicht möglich gewesen, so räumte Simon ein, alle „in Arbeit und Brot zu bringen“, aber man habe sich bemüht, die Arbeitslosen im Reich beziehungsweise im Gau Koblenz-Trier zu beschäftigen.

16 „Hohlräume im Arbeitseinsatz“. Unterlage für einen Vortrag von Dr. Schroers, Arbeitsamt Luxemburg (19.8.1943), in: ANLux ARBED Belval 14429 (Mappe „Arbeitseinsatz. Verschiedenes“).

mussten die Luxemburger Betriebe ihren Bedarf bei den zuständigen Arbeitsämtern anmelden und darauf hoffen, bei einer Zuteilung von Arbeitskräften berücksichtigt zu werden. Ganz einfach war die Personalfrage demnach nicht zu lösen, da man häufig nicht über die Arbeiter mit den passenden Qualifikationen verfügte und unternehmensinterne Versetzungen sich recht schwierig gestalteten. Im Laufe des Krieges kam hinzu, dass man aus transporttechnischen Gründen die Anfahrtswege der Arbeiter möglichst kurzhalten musste, weil es an Personenzügen fehlte.[17] Außerdem durften die ARBED-Werke nicht mehr nach Gutdünken Personal einstellen, da in allen Fragen des Arbeitseinsatzes umständliche Rückfragen und Absprachen mit dem Arbeitsamt notwendig waren. Mit den Rückkehrern aus Deutschland verfügte das Unternehmen aber zunächst über eine stille Reserve, die man kurzfristig wieder einplanen konnte.[18]

Die Frage des Arbeitseinsatzes war für die Unternehmensleitung eine delikate Angelegenheit. Unter allen Umständen wollten Konzernspitze und politisch Verantwortliche soziale Unruhen unter der Arbeiterschaft verhindern. So reagierte man sensibel auf Kritiken aus den Reihen der Belegschaft und vermied tunlichst alles, was den Betriebsfrieden hätte stören oder gar die Aufmerksamkeit politischer Stellen hätte erregen können. Als Anfang 1942 die immer noch andauernde Produktionsflaute innerbetriebliche Versetzungen notwendig machte, legte eine neue Betriebsordnung ungeschickterweise fest, dass Arbeiter im Falle einer Versetzung den Lohn der neuen Arbeitsstelle erhalten würden. In den einzelnen ARBED-Werken sorgte diese Entscheidung für eine erhebliche Missstimmung, da dies zu Einkommenseinbußen hätte führen können. Die Generaldirektion hielt daraufhin Rücksprache mit den einzelnen Betriebschefs und den DAF-Obmännern, mit dem Resultat, dass man nach nur 24 Stunden die Betriebsordnung wieder zurückziehen musste. Arbeiter sollte man nach produktionstechnischen Gesichtspunkten zwar auf andere, minderbezahlte Posten versetzen können, aber unter Beibehaltung des alten Lohnes.[19] Das Beispiel zeigt, dass politische Erwägungen und die Sorge um den allgemeinen Betriebsfrieden in dieser Phase des Krieges noch einen höheren Stellenwert hatten als betriebswirtschaftliche Überlegungen.

Solange die Schwerindustrie im Süden Luxemburgs infolge der Brennstoffknappheit unter ihren Kapazitäten lief (d.h. bis Frühjahr/Sommer 1942), sahen die Deutschen in dem besetzten Gebiet ein gewisses Rekrutierungspotenzial. Arbeiter und Angestellte, die im Bereich des Chefs der Zivilverwaltung nicht ausreichend beschäftigt werden konnten, wollte man in reichsdeutsche Rüstungsbetriebe versetzen, in denen vor allem nach Beginn des Krieges gegen die Sowjetunion die

17 Vgl. Mappen „Überweisungen nach Dommeldingen“ (Februar/März 1941), „Überweisungen nach Burbach“ (Dezember 1941/März 1942), in: ANLux ARBED Belval 14435.

18 Mitteilung der Direktion vom 13.3.1941 betr. Arbeitergefolgschaft. Personalbedarf, in: ANLux ARBED Belval 09409.

19 Mitteilung der Direktion vom 6.2.1942 betr. Arbeitergefolgschaft. Versetzung von Gefolgschaftsmitgliedern, in: ANLux ARBED Belval 09410.

Arbeits- und Fachkräfte knapp wurden. So versuchte das Arbeitsamt Anfang 1942 bei ARBED-Belval und ARBED-Schifflingen Metallfacharbeiter abzuwerben, die im rheinischen Erkelenz beschäftigt werden sollten. Der Aufruf versprach zwar einen angemessenen Akkordlohn, aber auch eine Verpflichtung auf sechs Monate sowie eine Wochenarbeitszeit von 60 Stunden. Angesichts solcher Arbeitsbedingungen hielt sich bei den Luxemburger Arbeitern die Begeisterung in Grenzen.[20] Gab es nicht genug Freiwillige, die sich bereit erklärten, in anderen Abteilungen oder im Altreich zu arbeiten, so drohte eine Dienstverpflichtung.

Im April 1942 schärfte das Arbeitsamt ein, dass mit Rücksicht auf die durch die Erzeugungssteigerung hervorgerufene „Anspannung auf dem Arbeitsmarkt" die Freigabe von Arbeitskräften grundsätzlich zu verweigern sei.[21] Von der Zentralverwaltung der ARBED kam die Anweisung an die einzelnen Werke, dass man ab sofort keine Arbeitskräfte mehr freigeben dürfe. Überschüssige Arbeitskräfte seien aus dem Industriebezirk zur Reichsbahn und anderen Institutionen gekommen, die nun fehlten, umso mehr als man „jetzt vor der nach vielen Mühen erreichten Besserung der Versorgungslage der luxemburgischen Werke mit Koks" stehe, so die Feststellung in der Direktion. Wahrscheinlich hatte sich allgemein in Zivilverwaltung und Wirtschaft die Erkenntnis durchgesetzt, dass ein „Blitzsieg" weiter auf sich warten ließe und dass in nächster Zukunft mit einer weiteren Mobilisierung von wehrfähigen Männern im Bereich des CdZ Luxemburg gerechnet werden müsste. Erste Lücken waren bereits entstanden durch Reichsdeutsche, die zur Wehrmacht einberufen worden waren, und Luxemburger, die sich freiwillig gemeldet hatten. Ein weiterer Rückgang der Beschäftigten musste deshalb nach Möglichkeit verhindert werden.[22]

Die Produktionssteigerung des Jahres 1942, dann die Einführung der Arbeitsdienstpflicht und der Wehrpflicht veränderten die Situation grundlegend. Bis zur Befreiung im Jahre 1944 herrschte in der Schwerindustrie ein akuter

20 Bekanntmachung betr. Schreiben des Arbeitsamtes, Nebenstelle Esch-Alzig betr. Herausziehung von Arbeitskräften für bevorzugte Arbeitsvorhaben (o.D., vermutlich Januar 1942), in: ANLux ARBED Belval 09410. Sollten sich nicht genug „Freiwillige" melden, so würde man die entsprechenden Kräfte kurzerhand dienstverpflichten. Vgl. Mitteilung des Direktors vom 10.3.1942, in der Hilfs- und Facharbeiter für die Abteilung Burbach gesucht wurden.

21 Mitteilung der Direktion vom 28.5.1942 betr. Arbeitseinsatz. Freigabe von Arbeitskräften, in: ANLux ARBED Belval 09410.

22 Schreiben Dr. Diehls (Zentralverwaltung) vom 30.4.1942, in: ANLux ARBED Belval 14429 (Mappe „Arbeitseinsatz: Einstellungen und Entlassungen. Richtlinien"). Vgl. die NS-Propaganda in der Luxemburger Tagespresse um die freiwilligen „Lützelburger", z.B. „Luxemburgs Freiwillige sind Garde des Deutschtums", in: ETB Nr. 85 (13.4.1942), „Freiwillige sprechen zur Bevölkerung", in: ETB Nr. 102 (27.5.1942) oder „Über allem steht der Gedanke an Groß-Deutschland", in: LW Nr. 181 (30.6.1942). Die Zahl der Freiwilligen soll sich im April 1942 auf rund 1.000 belaufen haben, viele kamen aus dem bevölkerungsreichen Escher Industriebezirk.

Arbeitskräftemangel, der auch durch eine Vielzahl von Maßnahmen nie wirklich behoben werden konnte. Schließlich musste das Regime sogar zu unpopulären Maßnahmen greifen, um den Mangel an Arbeitern zu bekämpfen. So wurde im April/Mai 1942 auf Belval an verschiedenen Arbeitsplätzen der Neunstundentag eingeführt. Ende Mai beantragte die Zentralverwaltung Sonntagsarbeit, um das vorgeschriebene Produktionsprogramm erledigen zu können.[23] Im Juli kam es aus Sicht der Belegschaft von Belval zu einer weiteren Verschlechterung, als die Arbeitszeit generell für Angestellte auf 48 Wochenstunden und „den Erfordernissen der Produktion entsprechend" für Arbeiter auf neun Stunden pro Schicht angehoben wurde. Den meisten Beschäftigten dürften diese und ähnliche Bekanntmachungen betreffend den Arbeitseinsatz wie blanker Hohn vorgekommen sein, da die Direktion gleichzeitig von der DAF dazu aufgefordert wurde, sämtliche NSDAP- und VdB-Funktionäre für die Kreistage in Esch und Luxemburg freizustellen. Tatsächlich waren die Arbeitsbefreiungen mit den Betriebsnotwendigkeiten nicht mehr vereinbar und „dürfen in keinem Falle Anlass zu einer Störung im Betrieb oder zu einer Produktionsverminderung sein", so eine spätere Einigung zwischen dem Betriebsobmann von Belval und dem zuständigen DAF-Kreisobmann. Man verständigte sich darauf, dass Schichten verlegt oder getauscht werden müssten, Freistellungen aber nur noch in Ausnahmefällen möglich seien.[24]

Schon Monate vor der Goebbelschen Proklamation des „totalen Krieges" war eine komplette Mobilisierung aller Reserven und Kräfte für die Weiterführung des Krieges das Ziel der deutschen Politik. Dementsprechend erhöhte sich in den einzelnen Werken der Druck auf das Personal. Anfang August 1942 sollten auf Anordnung des Reichsministers für Bewaffnung und Munition sämtliche noch verfügbaren Eisenreserven erfasst und der Kriegsproduktion zugeführt werden. Die ARBED-Zentralverwaltung informierte daraufhin die Direktion von Belval, dass alle noch verfügbaren Eisenreserven mobilisiert werden sollten und appellierte an den Kampfgeist der Belegschaft: „Zur Deckung des Bedarfs der Schwerpunktprogramme erwartet der Führer in den nächsten Monaten eine bedeutende Steigerung der Eisenerzeugung." Die Reichsvereinigung Eisen verlangte, dass im Werk herumliegender Schrott und Eisen aus nicht mehr benötigten Anlagen der Produktion zugeführt werde. Die Ingenieure stellte die „Schrottaktion" vor ein Dilemma: Sollte man die Befehle ignorieren (und damit schwere Strafen riskieren)

23 Mitteilung der Direktion vom 21.5.1942 betr. Löhne. Urlaub und Mitteilung der Direktion betr. Sonntagsarbeit, in: ANLux ARBED Belval 09410.

24 Arbeitszeitregelung, vgl. Bekanntmachung des Direktors vom 31.7.1942 betr. Arbeitszeit für das Büroangestelltenpersonal und Bekanntmachung des Direktors vom 31.7.1942 betr. Arbeitszeit. Zur Verpflichtung von 1.000 Mann aus dem Kreis Esch für die Kreistage, vgl. Mitteilung der Direktion vom 31.7.1942 betr. bezahlte Arbeitszeitversäumnisse, in: ANLux ARBED Belval 09410. Den Funktionären aus Partei und DAF wurde der Lohnausfall auf Wunsch des DAF-Kreisobmanns erstattet bzw. die Gelegenheit gegeben, die verlorenen Stunden nachzuarbeiten.

oder die widersinnigen Befehle blind ausführen und damit längerfristig dem eigenen Betrieb schaden? Auf Belval stellte sich nämlich die Frage, ob man Walzen verschrotten sollte, die man während des Krieges nicht benötigte, die aber für eine Nachkriegsproduktion von großer Wichtigkeit sein konnten.[25]

Im September, nur wenige Wochen nach der Streikbewegung, wurde eine allgemeine Urlaubssperre verhängt, da Personalknappheit herrschte und die Erzeugung unbedingt gesteigert werden musste. Mehr und mehr mangelte es auch an notwendigem Material, vor allem die Transportlage war zeitweise katastrophal. So fehlten im Oktober 1942 Hüttenwagen, in denen Rohstoffe mittels der betriebseigenen Eisenbahn auf dem Werksgelände zur Weiterverarbeitung transportiert wurden. Die Wagen sollten deshalb „schleunigst be- und entladen werden, damit die Produktion auf Hochtouren laufen konnte“.[26] Die „Schrottaktion“ und die Antreiberei von 1942 zeugen gleichermaßen von der Naivität und vom Fanatismus der NS-Wirtschaftsfunktionäre und der ihnen ergebenen Betriebsleiter. Die glaubten daran, allein der Wunsch des „Führers“ würde ausreichen, um die Arbeiter anzufeuern und die Produktion immer weiter heraufzuschrauben. Für die menschlichen, wirtschaftlichen oder betriebstechnischen Realitäten hatten sie kein oder nur wenig Verständnis.

Unter dem Produktionsdruck und Personalmangel hatte die Arbeiterschaft besonders in den letzten beiden Besatzungsjahren zu leiden. Im Februar 1943 verkündete Direktor Broglio in einer Bekanntmachung an die Belegschaft, dass nun alle „in zwölfstündiger Schicht dem Führer und damit der Volksgemeinschaft an Erzeugung zur Verfügung stellen, was wir produktionsmäßig aus unseren Anlagen heraus bringen können und was wir benötigen, um den gigantischen Kampf siegreich zu bestehen.“[27] Die Kriegsumstände machten es immer wieder notwendig, über die normalen Zeiten hinaus, die Beschäftigten zu Arbeiten anzutreiben, die – so der übliche Tenor des deutschen Direktors – „unter allen Umständen“ durchgeführt werden müssten. Wer fehlte, wurde wegen Disziplinlosigkeit von Broglio persönlich bestraft.[28] Andere unpopuläre Maßnahmen kamen hinzu wie die Regelung der Feier- und Urlaubstage. Am 1. Mai 1943 sollte der Betrieb auf Belval ruhen, aber laut Anweisung der Reichsvereinigung Eisen sollte der Feiertag „durch entsprechende Produktionsarbeiten“ am 2. Mai wieder hereingeholt

25 Mitteilung der Direktion vom 1.8.1942 betr. Reichsvereinigung Eisen/ Schrottaktion, sowie Mitteilung der Direktion vom 6.11.1942 betr. Schrottaktion, in: ANLux ARBED Belval 09410.

26 Bekanntmachung des Betriebsobmanns und des Betriebsführers vom 26.9.1942 betr. Urlaubssperre und Mitteilung der Direktion vom 3.10.1942 betr. Hüttenwagen-Umlauf, in: ANLux ARBED Belval 09410.

27 Bekanntmachung des Betriebsführers (o.D., vermutlich Mitte Februar 1943), in: ANLux ARBED Belval 09410.

28 Bekanntmachung des Betriebsführers betr. Produktionsarbeiten am Sonntag, den 29.8.1943 (28.8.1943), in: ANLux ARBED Belval 09410.

werden. Der Pfingstmontag galt als normaler Werktag, lediglich in den Büros und in bestimmten Produktionsbetrieben durften die Betriebschefs die Arbeitszeit auf acht Stunden beschränken. Die im September 1942 verhängte „allgemeine Urlaubssperre“ behielt auch im darauffolgenden Jahre ihre Gültigkeit. Im Juli 1943 teilte die Direktion mit, dass die restlichen Urlaubstage von 1942 in bar abgegolten würden und dass die Zahl der Urlaubstage auf 14 Tage für jüngere Arbeitnehmer beziehungsweise auf 20 Tage für ältere Arbeitnehmer beschränkt würde.[29] Allgemein lässt sich feststellen, dass die Arbeiter unter ständiger Antreiberei und Mehrbelastung mehr zu leiden hatten als die Angestellten. Deren Arbeitszeit wurde nach sechs Monaten wieder auf die „normalen“ 48 Wochenstunden reduziert, da eine verlängerte Anwesenheit in den Büros kaum zur Produktionssteigerung beigetragen hatte.[30]

Doch selbst Direktor Broglio, der im Allgemeinen nur wenig Skrupel an den Tag legte, wenn es darum ging, die Stammbelegschaft und die Zwangsarbeiter zu Höchstleistungen anzutreiben, damit die kriegswichtige Produktion weiter auf Hochtouren laufen konnte, musste zugeben, dass seine Leute nicht unbegrenzt belastbar waren. Im Juni 1943 machte Broglio dem Escher Arbeitsamt unmissverständlich klar, dass man die Arbeitszeit wieder von zwölf auf neun bis acht Stunden pro Tag reduzieren müsse. Um dennoch keine Produktionseinbußen zu riskieren, schlug das Arbeitsamt zum Teil abstruse Lösungen vor. Die „Zuweisung von 40 kräftigen Frauen“ und die Erfassung der Geschäftsleute, deren Unternehmen kriegsbedingt stillgelegt wurden, könnten nach Vorstellungen der Arbeitsamtbürokraten die Lücken füllen. Man mobilisierte auch die Deutsche Arbeitsfront, die ihre Ortsgruppen durchkämmen sollten. Die Ortsobmänner sollten Listen mit noch freien Arbeitskräften zusammenstellen und Betriebe melden, die Personal an die kriegswichtige Industrie abgeben könnten.[31]

Der Überblick über die Belegschaft im August 1943 verdeutlicht, wie sich die Beschäftigungslage in der Eisenindustrie verkompliziert hatte. (vgl. Tabelle 21) Hatte Werk Belval Ende der 1930er Jahre noch rund 5.000 Mitarbeiter, so war die Stammbelegschaft im Laufe des Krieges auf knapp 3.600 Mann geschrumpft. Die entstandenen Personallücken konnten nur mühsam gestopft werden, indem man die Arbeit von Frauen förderte, aber vor allem auf Zwangsarbeiter zurückgriff.

---

29 Bekanntmachung des Betriebsführers betr. Arbeitsweise am 1./2. Mai 1943 (30.4.1943), Mitteilung der Direktion betr. Arbeitsweise am Pfingstmontag (11.6.1943), Mitteilung der Direktion betr. Urlaubsrückstände 1942. Urlaubsanspruch 1943 (28.7.1943), in: ANLux ARBED Belval 09410.

30 Mitteilung der Direktion betr. betriebsgeregelte Arbeitszeit in den Büros (7.8.1943), in: ANLux ARBED Belval 09410.

31 Schreiben Belval vom 19.6.1943 an die Arbeitsamt-Nebenstelle Esch betr. Arbeitszeiten und Schreiben der DAF-Ortswaltung Esch-Grenze vom 17.6.1943 an Betriebsobmann Palmer betr. totalen Arbeitseinsatz, in: ANLux ARBED Belval 14429 (Mappe „Arbeitseinsatz. Verschiedenes“).

Doch selbst mit den Frauen, Dienstverpflichteten, Ostarbeitern und Kriegsgefangenen – insgesamt rund 1.000 Personen – blieb die Personaldecke zu dünn, um die angestrebten Produktionsziffern zu erreichen. Nach deutschen Berechnungen fehlten auf Belval 600 Arbeitskräfte, um das Produktionsprogramm von 2.500 Tonnen täglich zu erfüllen. Dabei gab es auf Belval Reserven, die man ohne Weiteres hätte mobilisieren können. Man überlegte sogar, in Deutsch-Oth zwei Hochöfen in Betrieb zu setzen, die den Werken Belval und Schifflingen zusätzlich Roheisen hätten liefern können. Freilich übersahen die Deutschen, dass man für diese Inbetriebnahme noch einmal 250 bis 400 Arbeitskräfte mehr benötigt hätte. Woher diese kommen sollten, blieb unbeantwortet. Zudem war man mit den Leistungen der Zwangsarbeiter nicht zufrieden, die belgischen Dienstverpflichteten waren sehr unzuverlässig. Bei den Ostarbeitern sowie den Kriegsgefangenen stellte die Untersuchung fest, dass die meisten zufriedenstellend arbeiteten, die russischen Fachkräfte sogar die gleiche Leistung erbrachten wie deutsche Fachkräfte. Geflissentlich ließ man außer Acht, dass die Zahl der Fachkräfte unter den Ostarbeitern und Kriegsgefangenen sehr gering war. Der überwiegende Teil der Kräfte, die man im Laufe des Krieges anheuerte oder zur Zwangsarbeit in der Luxemburger Schwerindustrie verpflichtete, waren lediglich als Hilfsarbeiter im Einsatz, deren Leistungen unter denen der männlichen Vollarbeiter stagnierten.

Tab. 21: Zusammensetzung der Belegschaft von ARBED-Belval (August 1943).[33]

Stammbelegschaft	3589
Frauen	203
Dienstverpflichtete Belgier	375
Ostarbeiter	125
Kriegsgefangene	317
Belegschaft insgesamt	**4.609**

Quelle: ANLux ARBED Belval 14429

Das Arbeitskräfteproblem wurde in den Jahren 1943 bis 1944 immer akuter und die Lösungsansätze immer kurioser. Man überlegte im Frühjahr 1944, Arbeiter aus der Landwirtschaft für die Schwerindustrie zu verpflichten, wusste aber nicht, wie man deren Rückkehr in die Bauernbetriebe organisieren sollte. Dann wollte man einheimische Arbeiter gegen weitere Ostarbeiter tauschen. Doch längst war das Rekrutierungsreservoir im Osten erschöpft, sodass die versprochenen Zwangsarbeiter nie in Luxemburg eintrafen, aber die einheimischen Arbeiter inzwischen

33 „Hohlräume im Arbeitseinsatz“. Unterlage für einen Vortrag von Dr. Schroers, Arbeitsamt Luxemburg (19.8.1943), in: ANLux ARBED Belval 14429 (Mappe „Arbeitseinsatz. Verschiedenes“).

woanders im Werk verplant waren. Die ARBED verhandelte mit den unterschiedlichsten Stellen, mit dem Rüstungsamt, dem Generalbevollmächtigten für den Arbeitseinsatz und den einzelnen Arbeitsämtern. Dann musste man sich noch mit absurden Anforderungen befassen, wie zum Beispiel als der Bürgermeister von Esch im Juni 1944 um die Zuweisung von zehn Arbeitern ersuchte, damit man anlässlich des NSDAP-Kreistages die Stadt teilbeflaggen könne.[33] Immer wieder meldete sich die Bezirksgruppe Moselland mit neuen Anweisungen und Wünschen des Ministeriums Speer, etwa mit dem Erlass gegen die Praxis der Betriebe, mehr Arbeitskräfte anzufordern, als man eigentlich brauchte. Dies sei „Sabotage“, die Schuldigen würde man „unnachsichtlich“ zur Verantwortung ziehen. Dass die Unternehmen dazu übergingen, immer einen höheren als den tatsächlichen Bedarf anzugeben, war systembedingt, da nur selten die versprochenen Mengen an Arbeitern und Arbeiterinnen zur Verfügung gestellt wurden.[34] Eifersüchtig schauten die Unternehmen auch auf die Konkurrenz, die (vermeintlich oder tatsächlich) besser versorgt wurde. Bei einer Sitzung der Arbeitseinsatzingenieure der ARBED mit Vertretern der Generaldirektion, der DAF sowie dem Geschäftsführer der Bezirksgruppe Moselland kam heraus, dass die Zahl der Arbeitskräfte zwischen November 1943 und Mai 1944 von 12.994 auf 12.636 Beschäftigte gesunken war. Im gleichen Zeitraum hatte man über 1.200 vollwertige Arbeitskräfte verloren, die nur durch 869 Neuzugänge ausgeglichen wurden, in der Hauptsache durch Frauen, Jugendliche und Kriegsversehrte. Die ARBED-Werke hatten somit 2,76 Prozent der Gesamtbelegschaft einbüßen müssen, während die Konkurrenz in Differdingen und Rodingen die Zahl ihrer Arbeitskräfte um 1,35 bzw. 4,5 Prozent steigern konnte.

Da man nicht mit frischen Arbeitern rechnete, überlegte man, wie man noch mehr aus dem vorhandenen Personal herausholen könnte. Bei allen ARBED-Abteilungen wollte man einen Kontrollarzt einstellen, der wie in Belval und Dommeldingen die inflationäre Vergabe von Krankenscheinen in den Griff bekommen sollte. Aber selbst diese Maßnahme war unmöglich umzusetzen, da es keine Ärzte gab. Generaldirektor Schmidt versprach, sich beim Gauleiter direkt dafür einzusetzen, flämische Ärzte nach Luxemburg zu holen. Der Belvaler Arbeitseinsatzingenieur Wilhelm schlug vor, eine besondere „Kolonne für die Bummelanten“ zu bilden. Damit hätte man die „Bummelanten“ von den übrigen Arbeitern getrennt und unter besondere Aufsicht gestellt. Die Idee wurde wieder verworfen, da man mit der Bestrafung der Bummelanten doch sehr vorsichtig umgehen müsse, so das Argument. 1944 wollte keiner die Geduld der Arbeiterschaft noch mehr auf die Belastungsprobe stellen. Auch das Repressionssystem kam an seine Grenzen. Der

33 Vgl. Mappe „Arbeitseinsatz. Verschiedenes“ (1943/44), in: ANLux ARBED Belval 14429.

34 Schreiben der Bezirksgruppe Moselland vom 1.4.1944 betr. falscher Einsatz zugewiesener Arbeitskräfte, in: ANLux ARBED Belval 14429 (Mappe „Arbeitseinsatz. Verschiedenes“).

Obervertrauensarzt merkte an, dass die jungen Männer, die man aus politischen Gründen in ein Erziehungslager schicken wollte, fast ausgebildete, „hüttenfertige“ Arbeitskräfte seien, auf die man im Grunde nicht verzichten könne.[35]

Ein anderes Beispiel zeigt, dass die Unternehmen sich mit Händen und Füßen zu wehren versuchten, wenn auf höheren Befehl Arbeitskräfte verloren zu gehen drohten. Im April 1944 wandte sich die Reichsvereinigung Eisen an ARBED-Belval. Da es bei den Hermann-Göring-Werken zu Produktionsausfällen gekommen sei, sollten auf Anordnung von Reichsminister Speer deutsche Fachkräfte dorthin versetzt werden. Belval erhielt zwei Wochen Zeit, um Hochofenarbeiter zur Verfügung zu stellen, die als Vorarbeiter eingesetzt werden könnten. Die RVE schlug eine Art „Austauschverfahren“ vor: Für einen deutschen Facharbeiter würde Belval zwei ausländische Arbeiter bekommen, so das Versprechen. An den Rand des Schreibens vermerkte der deutsche Direktor Broglio lapidar „ablehnen“. Im Juni meldeten sich die Hermann-Göring-Werke mit der Feststellung, kaum eines der Werke, die man im April angeschrieben habe, sei der Aufforderung nachgekommen. Die meisten Luxemburger Unternehmen hatten nicht einmal geantwortet. In einer Besprechung, die darauf in Saarbrücken stattfand, feilschten die Göring-Werke um jeden Arbeiter. Nur mit Mühe konnte man das Ansinnen des Staatsbetriebes aus Watenstedt abwehren, mit dem Argument, es gebe in Luxemburg nur „volksdeutsche“, aber nur wenige „reichsdeutsche“ Arbeiter. Da sich keine Einigung erzielen ließ, erwog man die Bestellung eines Reichsbeauftragten, der kurzfristig nach Luxemburg kommen würde, um die reichsdeutschen Facharbeiter vor Ort zu übernehmen. Die Idee scheiterte schließlich am Widerstand von Unternehmen und Behörden aus Luxemburg.[36]

Die Luxemburger Unternehmer profitierten in der Arbeitseinsatzfrage letztlich von einem ausgeprägten Gaupartikularismus. Gauleiter Simon wachte in allen politischen und wirtschaftlichen Fragen eifersüchtig darüber, unabhängig von Reichsbehörden und anderen eigentlich übergeordneten Institutionen zu bleiben.[37] Die rastlosen Bemühungen der deutschen Direktoren um die Lösung des chronischen Personalmangels konnten letztlich nicht darüber hinwegtäuschen, dass die Gesamtlage desolat war. Im Juni 1944, also drei Monate vor der Befreiung, zog

---

35 Aktennotiz vom 20.6.1944 über die Arbeitseinsatzingenieur-Sitzung im Kasino in Esch, in: ANLux ARBED Belval 14429 (Mappe „Arbeitseinsatz. Verschiedenes“).

36 Schreiben der RVE vom 14.4.1944 an ARBED. Werk Belval betr. Umsetzung von Arbeitskräften zu den Reichswerken Hermann-Göring in Watenstedt und Linz, Aktenvermerk vom 11.6.1943 und Schreiben Emmendörfers von Juni 1944 an die Werke des Bezirks, in: ANLux ARBED Belval 14429 (Mappe „Arbeitseinsatz. Verschiedenes“). Das Amt des Präsidenten des Gauarbeitsamtes wurde kommissarisch von Dr. Hermann Unger (1905-1980) geleitet. Unger war NSDAP-Kreisleiter von Zell. 1940-1943 war er u.a. zuständig für Personalangelegenheiten beim CdZ in Luxemburg, vgl. Maier, Biographisches Organisationshandbuch, S. 474f.

37 Vgl. Jürgen John, Die Gaue im NS-System, in: John/ Möller/ Schaarschmidt (Hgg.), Die NS-Gaue, S. 41–45.

die Werksleitung für ARBED-Belval und „Rothe Erde“ eine ernüchternde Bilanz. Im Jahre 1943 war es durch Entlassungen, Neueinstellungen, Überweisungen und Umsetzungen zu insgesamt 6.278 Arbeitsplatzwechseln gekommen, dies bei einer mittleren Belegschaftsstärke von rund 5.000 Mann. „Mit diesen Methoden kann ein Betrieb nicht ordnungsgemäß geführt werden“, so die nüchterne Feststellung der Belvaler Direktion. Immer wieder würden Arbeiter, vor allem Fachkräfte und Ostarbeiter auf höheren Befehl zu anderen Zwecken abgezogen. So wurden russische Kriegsgefangene und italienische Militärinternierte zu Arbeiten nach Ehrang bei Trier abkommandiert, wo sie rücksichtslos ausgebeutet wurden. Nach einem 17-Stundentag seien diese total erschöpft zurückgekehrt, ohne Schuhe und mit mangelhafter Bekleidung. An einen Arbeitseinsatz in der Produktion war nicht mehr zu denken. Die Dienstverpflichtung von Luxemburgern und Belgiern war ein Fiasko, denn von 371 Luxemburger Dienstverpflichteten fehlten durchschnittlich 100 pro Tag (gleichbedeutend mit einer Anwesenheitsquote von 72,9 Prozent), bei den belgischen Dienstverpflichteten sei das „Ergebnis noch trostloser“, denn von 135 Eingeschriebenen fehlten ständig 45 Arbeiter. Gleichzeitig beklagte man das chronische Problem der „allgemeinen Disziplinlosigkeit“ unter dem Stammpersonal. Dieses wiederum protestierte dagegen, dass es in der „Rolle des dummen Jungen“ sei und die Folgen von bürokratischem Chaos und kriegsbedingter Mangelwirtschaft auszubügeln hätte. Verzweifelt beklagte sich Direktor Broglio bei Hermann Röchling persönlich und intervenierte bei der Saarbrücker Dienststelle des Reichsministers für Bewaffnung und Munition. Die weitere militärische Entwicklung machte aber weitere Eingaben Broglios bei den zuständigen Stellen hinfällig.[38]

Angesichts der Lage auf dem einheimischen beziehungsweise dem moselländischen Arbeitsmarkt verhandelte ab März 1943 die Bezirksgruppe „Moselland“ der Wirtschaftsgruppe Eisenschaffende Industrie in Brüssel, um in Flandern Arbeitskräfte für die Luxemburger Schwerindustrie anwerben zu dürfen. In den Augen der Nationalsozialisten war Flandern ein Gebiet, das auf absehbare Zeit hinaus dem großdeutschen Reich eingegliedert würde und dessen Bewohner als „germanische Menschen“ betrachtet wurden.[39] Damit waren die Flamen für das NS-Regime eher als Arbeitskräfte für Luxemburg geeignet als Wallonen oder Franzosen. Die Werbeaktion begann im März. In einem Merkblatt wurden die potenziellen Arbeitskräfte über die vorteilhaften Lohn- und Arbeitsbedingungen informiert, die Unterbringung in „sehr schönen Lagern“ gepriesen. Der Erfolg der Werbeaktion hielt sich aber in Grenzen, lediglich 14 Techniker, Absolventen eines Ostender Technikums, sollten den Weg nach Luxemburg finden. Sie trafen überdies erst 1944 in Luxemburg ein, wo sie nur punktuell eingesetzt werden konnten; sechs von

38 Aktennotiz betr. Abzug von Arbeitskräften (5.6.1944), in: ANLux ARBED Belval 14429 (Mappe „Arbeitseinsatz. Erzbrech- und Sinteranlage“.

39 Mazower, Hitlers Imperium, S. 194.

ihnen kamen ins ARBED-Werk Belval. Die Flamen erhielten im Vergleich zu den Wallonen auf Anordnung deutscher Stellen eine Vorzugsbehandlung.[40]

In einem anderen Fall wurde deutlich, wie sehr sich die einzelnen Unternehmen auf dem streng regulierten Arbeitsmarkt gegenseitig Konkurrenz machten. So beschwerte sich Belval im Juli 1943 bei der ARBED-Zentralverwaltung, dass die DIFFAG Arbeiter abgeworben habe, die bei anderen Werken tätig gewesen seien. Gleichzeitig beantragte Belval aber eine Erhöhung des Arbeiterkontingents, da die Arbeitsleistung der Ostarbeiter weit unter den Erwartungen liege. Der Mangel an Arbeitern würde mittel- und langfristig gesehen Folgen für die Produktion haben. So hatte sich auf ARBED-Belval die Errichtung einer neuen Erzbrech- und Sinteranlage seit 1943 erheblich verzögert, Mitte 1944 war sie erst zu 30 Prozent fertiggestellt. Im Herbst 1943 hatte man deshalb mehr Ostarbeiter angefordert, aber nie in ausreichender Zahl erhalten. Angesichts dieser Probleme rechnete Belval damit, dass die Anlage erst Ende 1945 in Betrieb genommen werden könnte. Die Inbetriebnahme der Sinteranlage hätte es erlaubt, die Hochofenproduktion weiter zu steigern.[41] Unterdessen ging die Jagd auf Arbeitskräfte weiter. 1944 schickte die ARBED im Alleingang einen Ingenieur nach Paris, damit dieser dort vor Ort französische Arbeiter werben könnte. Die Mission musste nach Beschwerden der Reichsvereinigung Eisen schließlich erfolglos abgebrochen werden, weitere Prospektions- oder Werbungsreisen mussten auf Anordnung der Reichsvereinigung fortan unterbleiben.[42]

1.2. Fraueneinsatz in der Schwerindustrie

1940 hatte die Zivilverwaltung Luxemburg familienpolitische Maßnahmen eingeführt, die Eheschließungen und Haushaltsgründungen favorisierten. Ehestandsdarlehen und Kinderbeihilfen standen in einem Widerspruch zu den Appellen, sich freiwillig zur Arbeit zu melden.[43] Ab 1941 versuchten die Deutschen im besetzten Luxemburg verstärkt mit Werbe- und Aufklärungsmaßnahmen, den Anteil der

40 Mappe „Arbeitseinsatz. Flamen“, in: ANLux ARBED Belval 14429.

41 Mappe „Arbeitseinsatz. Erzbrech- und Sinteranlage“, in: ANLux ARBED Belval 14429.

42 Mappe „Arbeitseinsatz. Firmenwerbung Frankreich“, in: ANLux ARBED Belval 14429.

43 Verordnung über die Gewährung von Ehestandsdarlehen vom 23.10.1940, in: LW Nr. 359/360 (24./25.12.1940) und „Luxemburg unter des Reiches Obhut. Ehestandsdarlehen, Kinderbeihilfen und Ausbildungsbeihilfen künden vom wahren Sozialismus“, in: ETB Nr. 90 (18.4.1941). Glaubt man der NS-Presse, nahmen in Luxemburg mehrere tausend Familien die Ehestandsdarlehen in Anspruch. Zur Situation der Frauen während der deutschen Besetzung in Luxemburg, vgl. Kremer, Die Rolle der Frau in Luxemburg, S. 99–118 und Schneider, In der Kriegsgesellschaft, S. 181–185. Über die Sonderstellung der weiblichen Arbeitskraft im Nationalsozialismus sowie die Frauenarbeit im Krieg, vgl. Nicole Kramer, Haushalt, Betrieb, Ehrenamt. Zu den verschiedenen Dimensionen der Frauenarbeit im Dritten Reich, in: Buggeln/ Wildt (Hgg.), Arbeit im Nationalsozialismus, S. 33–51.

berufstätigen Frauen zu steigern, der im Vergleich zur Vorkriegszeit zurückgegangen war. Umschulungen sollten die Frauen in Rüstungsbetriebe bringen, die von ihrer Ausbildung her nicht wirklich für die Fabrikarbeit geeignet schienen. Das Regime versprach im Gegenzug eine Kinderbetreuung durch Krippen, Horte und NSV-Betriebskindergärten, um die „werktätige Frau“ zu entlasten. Lange bewarb das Regime die Frauenarbeit mit einer gewissen Zurückhaltung. Dies hatte damit zu tun, dass die Schwerindustrie ohnehin unter ihren Maximalkapazitäten produzierte und man keine Konkurrenz zwischen Männern und Frauen wünschte. Letztlich gaben aber ideologische Gründe den Ausschlag, da die Partei im Grunde das Ideal der Ehefrau und Mutter propagierte.[44]

Durch die Zwangsrekrutierung mehrerer Jahrgänge machte sich der Personalmangel ab Herbst 1942 so stark bemerkbar, dass man größere Hoffnungen auf den Einsatz von Frauen setzte, um die Lücken zu schließen.[45] Im Oktober 1942 stellte ARBED-Belval den Antrag, 30 Frauen beschäftigen zu dürfen. Gleichzeitig überlegte man, ob man die Arbeitszeit für Frauen auf zwölf Stunden am Tag erhöhen sollte, um die Fehlziffern ausgleichen zu können. Diese Idee wurde aber mit dem Argument wieder verworfen, es gebe noch genug unbeschäftigte Frauen im Lande. Allerdings stellte sich heraus, dass die Frauen für die allermeisten Tätigkeiten am Hochofen, im Stahl- oder Walzwerk nicht geeignet waren. Die ARBED war scheinbar weniger an der Beschäftigung von Frauen interessiert als die Differdinger und Rodinger Konkurrenz, bei denen Frauen schon im Einsatz waren, bevor man auf Belval die ersten weiblichen Arbeitskräfte einstellte.[46]

Das Bemühen, Frauen für Tätigkeiten in der Industrie anzuwerben, war nur von geringem Erfolg gekrönt, sodass das NS-Regime den Druck erhöhen musste. Im Januar 1943 wurde fast zeitgleich mit dem Altreich in Luxemburg die Arbeitsmeldepflicht eingeführt, durch die alle bis dato unbeschäftigten Männer und Frauen für eine eventuelle Tätigkeit erfasst werden konnten. Gleichzeitig warb die NS-Propaganda gezielt für den Fraueneinsatz. Man stellte den Luxemburger Frauen „umfassende Maßnahmen“ zur Sozialbetreuung in Aussicht, um ihnen die Abneigung gegenüber der Arbeit in Industriebetrieben zu nehmen und die Annahme von Arbeitsstellen schmackhaft zu machen. Selbst der Sender Luxemburg berichtete über den Einsatz der Frau in der Rüstungsindustrie.[47] Da Kriegsgefangene und

---

44 „Vom Kriegseinsatz der deutschen Frau“, in: ETB Nr. 262 (7.11.1941). Vgl. auch Reihe von Lichtbildvorträgen im Süden Luxemburg: „Ortsgruppe Petingen“, in: ETB Nr. 272 (19.11.1941).

45 „Selbstverständliche Pflicht gegenüber der Front. Arbeitsmeldepflicht für Männer und Frauen“, in: ETB Nr. 24 (29.1.1943) und „Schutz der Frauen im Arbeitseinsatz“, in: LW Nr. 75 (16.3.1943).

46 Mitteilung der Direktion vom 3.10.1942 betr. Arbeitseinsatz/Beschäftigung weiblicher Arbeitskräfte, Mitteilung der Direktion vom 22.10.1942 betr. Fraueneinsatz, in: ANLux ARBED Belval 09410.

47 Vgl. LW Nr. 68 (9.3.1943).

Ostarbeiter nicht in dem erhofften Ausmaß die eingezogenen Arbeiter und Angestellten aus der Stammbelegschaft ersetzen konnten, versuchte die Direktion im Frühjahr 1943 erneut, die Zahl der auf Belval beschäftigten Frauen zu erhöhen. Auf Anweisung des Generalbevollmächtigten für den Arbeitseinsatz und des Reichswirtschaftsministeriums sollten die Betriebe zunehmend Halbtagesstellen einrichten und damit die Berufstätigkeit für Frauen und Mütter attraktiver gestalten. Die Bereitschaft der Direktion, Männer durch Frauen zu ersetzen, hielt sich aber deutlich in Grenzen, da die Belval-Direktion die Betriebschefs zwar anwies, mögliche Arbeitsplätze für Frauen zu ermitteln, aber gleichzeitig nach Begründungen zu suchen, wie man trotz Einwänden des Arbeitsamtes unbedingt an Männern festhalten könne.[48] Hier spielte der Gedanke eine Rolle, möglichst viele Facharbeiter im Betrieb zu halten und diese nicht an die Wehrmacht zu verlieren.

Andererseits bemühte sich der ARBED-Konzern, den Frauen an Männerarbeitsplätzen auch eine gerechte Entlohnung zu garantieren. Deshalb beantragte die Zentralverwaltung 1943 beim Reichstreuhänder der Arbeit, der im Dritten Reich für die Festsetzung der Löhne zuständig war, dass die Tariflöhne für Frauen auf mindestens 90 Prozent des Vollarbeiterlohnes erhöht werden dürften, da immer mehr Frauen eine gleichwertige Leistung wie die abgelösten Männer erbrachten. Der Antrag wurde zwar abgelehnt, aber der Reichstreuhänder war mit einer Lohnerhöhung auf 80 Prozent des Männerlohnes einverstanden, um unnötige Härten zu verhindern. Nur wenige Wochen später eröffnete ein Ausnahmeverfahren die Möglichkeit, Frauen, die auf einem typischen Männerposten tätig waren, auch entsprechend zu bezahlen, sodass Arbeiterinnen ihren männlichen Kollegen gleichgestellt waren.[49] Um die berufstätigen Frauen im Betrieb zu halten, organisierte das Werk später sogar auf dem Werksgelände den Verkauf von Gemüse durch einen Großhändler, da die werktätigen Frauen nicht mehr auf den Wochenmarkt gehen konnten.[50]

Wie erfolgreich die Anwerbungsversuche waren, ist schwer zu ermitteln, vor allem, weil es widersprüchliche Informationen über die beschäftigten Frauen gibt. Es scheint aber, dass der Frauenanteil innerhalb der Belegschaften der Hüttenwerke 1942/1943 zunahm und Ende September 1943 bei etwa 10 Prozent lag, was deutlich unter dem Höchstprozentsatz von 17 Prozent lag, den man am Ende des Ersten Weltkrieges in der Luxemburger Eisenindustrie erreicht hatte.[51] Den überwiegenden Anteil machten ausländische Frauen und Ostarbeiterinnen aus. Anfang

---

48 Mitteilung der Direktion vom 3.2.1943 betr. Arbeitseinsatz. Beschäftigung von weiblichen Arbeitskräften, in: ANLux ARBED Belval 09410.

49 Mitteilungen der Direktion vom 1.4. und vom 30.6.1943 betr. Fraueneinsatz. Entlohnung der weiblichen Gefolgschaftsmitglieder, in: ANLux ARBED Belval 09410.

50 Bekanntmachung des Betriebsobmanns und des Betriebsführers vom 7.9.1943, in: ANLux ARBED Belval 09410.

51 Vgl. zum Fraueneinsatz Volkmann, Luxemburg im Zeichen des Hakenkreuzes, S. 326–333.

Juli 1943 arbeiteten 449 Frauen bei den ARBED-Werken in Luxemburg, davon knapp die Hälfte auf Werk Belval. Von ihnen waren 416 Arbeiterinnen (darunter 130 Ostarbeiterinnen) und 33 Angestellte. Die Arbeitszeiten waren ähnlich belastend wie bei den männlichen Kollegen. Der überwiegende Teil der Frauen arbeitete deutlich mehr als acht Stunden am Tag, lediglich 57 arbeiteten halbtags beziehungsweise weniger als sechs Stunden.[52] In Luxemburg dürfte die Frauenerwerbsquote insgesamt gesehen aber – wie im Altreich übrigens auch – nur unwesentlich angestiegen sein. Das lag unter anderem daran, dass das Regime auf eine umfassende Dienstverpflichtung der Frauen verzichtete. Gauleiter Simon hatte bereits im September 1942 wissen lassen, dass er „mit dem Einsatz von Frauen in der Schwerindustrie (...) nur dann einverstanden wäre, wenn alle anderen Möglichkeiten einschließlich der Heranziehung von Kriegsgefangenen erschöpft“ seien. Es scheint so, dass Zivilverwaltung und Industrie selbst eher zurückhaltend waren, da die Frauenarbeit als ein „Fremdkörper in der Schwerindustrie“ gesehen wurde, so ein Aktenvermerk der CdZ-Wirtschaftsabteilung im Jahre 1943.[53]

Alles in allem blieb der Fraueneinsatz punktuell und zu einer richtigen Entlastung in der Arbeitseinsatzfrage konnte er nur sehr bedingt beitragen. Zudem traten zahlreiche Probleme auf. Abwesenheiten und „Bummelei“ waren auch bei den Frauen ein chronisches Phänomen, das sich in dramatischen Zahlen ausdrückte; so war 1943 ein Krankenstand von zwanzig Prozent unter den weiblichen Beschäftigten fast normal. Alles in allem benahmen sich die Frauen demnach nicht viel anders als ihre männlichen Luxemburger Kollegen, die nur eine geringe Arbeitsmotivation an den Tag legten: „Die Betriebsdisziplin lässt noch zu wünschen übrig: Verlassen der Arbeitsplätze während der Arbeitszeit, unentschuldigtes und unbegründetes Fernbleiben von der Arbeitsstelle. Die Einsetzung von betriebsregionalen weiblichen Aufsichtspersonen mit dem Zweck der Erziehung zur Betriebsdisziplin ist in Vorbereitung.“ Ein weiteres Problem war die fehlende berufliche Qualifikation der Frauen, die sich nur in Ausnahmefällen für die Schichtarbeit in der Schwerindustrie interessierten. Auf die Schnelle versuchte man, das weibliche Personal durch werksinterne Weiterbildungen zumindest in die Grundlagen ihrer Tätigkeit einzuweisen.[54]

In der Endphase der Besatzungszeit gab es noch letzte Versuche, die Zahl der Frauen in den Produktionsunternehmen zu erhöhen, da man festgestellt hatte, dass reichsweit erst 11 Prozent der Frauen im Arbeitseinsatz waren, während es im

52 Statistik Frauen (1.7.1943), in: ANLux ARBED Belval 14429 (Mappe „Frauen- und Jugendeinsatz“).

53 Ute Frevert, Frauen, in: Enzyklopädie des Nationalsozialismus, S. 220–234. Nachweis der Zitate bei Kremer, Die Rolle der Frau in Luxemburg, S. 103 und S. 112.

54 „Hohlräume im Arbeitseinsatz“. Unterlage für einen Vortrag von Dr. Schroers, Arbeitsamt Luxemburg (19.8.1943), in: ANLux ARBED Belval 14429 (Mappe „Arbeitseinsatz. Verschiedenes“).

Ersten Weltkrieg etwa 17 Prozent gewesen waren.[55] Der Aufruf der Bezirksgruppe Moselland der Wirtschaftsgruppe Eisen verhallte nahezu ungehört. Ende August 1944 meldete Werk Belval, man habe die Männer soweit wie möglich durch Frauen ersetzt, weitere Einsatzmöglichkeiten gebe es nicht. Da man aber auf keinen Fall den Vorwurf der Sabotage oder der Befehlsverweigerung riskieren wollte, räumte man ein, durch Umbesetzungen wäre die Schaffung von 63 neuen Frauenposten denkbar.[56] Der Zusammenbruch der Zivilverwaltung wenige Tage vor dem Einmarsch der amerikanischen Truppen und der deutsche Rückzug im September 1944 sollten nur kurze Zeit später der Mobilisierung weiterer Frauen und Jugendlicher auf Stellen in der Schwerindustrie ein Ende setzen.

2. Formen der Zwangsarbeit am Beispiel des ARBED-Werkes Belval

„Da im ganzen Reichsgebiet, und somit auch im annektierten Luxemburg, der Aufruf zum ‘totalen Kriegseinsatz’ erlassen worden war, arbeiteten auch Frauen bei uns an verschiedenen Drehbänken. Sie waren mit den notwendigsten Bedienungsanleitungen der Maschinen vertraut gemacht worden und überwachten nun den Arbeitsablauf derselben.
Ebenfalls waren seit einiger Zeit auf ARBED-Belval (und auch auf den anderen Werken) ‘Ostarbeiter’, d.h. ukrainische Zivildeportierte, Frauen und Männer, beschäftigt. Sie wurden zu den niedrigsten Arbeiten (Reinigungsarbeiten) angehalten. Es war der Luxemburger Arbeiterschaft strengstens verboten, freundschaftliche Kontakte mit diesen Ostarbeitern aufzunehmen und zu unterhalten. Und doch wurden im Geheimen kameradschaftliche Bande geknüpft und diesen armen Leuten materiell mit Esswaren oder mit Kleidungsstücken geholfen.“

(Raymond Feil, eh. Zwangsrekrutierter)[57]

55 Rundschreiben der Bezirksgruppe Moselland vom 10.8.1944 an die Luxemburger und Westerwälder Mitgliedswerke betr. Fraueneinsatz, in: ANLux ARBED 14429 (Mappe „Frauen und Jugendeinsatz“).

56 Schreiben Belvals vom 23.8.1944 an die ARBED-Zentralverwaltung, in: ANLux ARBED Belval 14429 (Mappe „Frauen- und Jugendeinsatz“).

57 Raymond Feil, Ich war der Exekutierte. Erlebnisbericht eines Luxemburger Zwangsrekrutierten, Luxemburg 1984, S. 35.

1984 erzählte der ehemalige Zwangsrekrutierte Raymond Feil, der 1943/44 als Hilfsschlosser auf ARBED-Belval dienstverpflichtet war, von seiner Begegnung mit den Frauen und Ostarbeitern, die sich in einer vergleichbaren Zwangslage befanden wie er. Es handelt sich um eines der wenigen direkten Zeugnisse, die über den Betriebsalltag in einem Kriegsbetrieb berichten und sich mit dem Thema der Zwangsarbeit befassen.[58]

Als „Ostarbeiter" bezeichneten die Nationalsozialisten jene Arbeitskräfte, die in von Deutschland besetzten Ostgebieten angeworben werden sollten, um in Industrie, Landwirtschaft und Privathaushalten zu arbeiten. Da die Werbeaktionen nicht erfolgreich genug waren, gingen die deutschen Behörden zu regelrechten Menschenjagden über, um die erforderlichen Arbeiter zwangsweise zu rekrutieren. Bei der Mehrzahl der Ostarbeiter handelte es sich somit um Zwangsarbeiter, die ab 1942 aus den besetzten Gebieten der UdSSR zum Arbeitseinsatz nach Deutschland deportiert wurden. Rund vier Millionen Ostarbeiter mussten unter schwierigsten Bedingungen hauptsächlich in der Rüstungsindustrie, aber auch in der Landwirtschaft Zwangsarbeit verrichten. Verantwortlich war der brutale Thüringer Gauleiter Fritz Sauckel, der per Führererlass zum Generalbevollmächtigten für den Arbeitseinsatz ernannt worden war.[59] Die Zahl der ausländischen Arbeiter

---

58 Erst Anfang der 2000er Jahre begann in Luxemburg die Aufarbeitung der Zwangsarbeiterfrage, vgl. Jérôme Netgen, „Windet endlich doch, ihr Mondesflossen, meine Treuer eimerweis hinauf". Das Schicksal der „Ostarbeiterinnen" im besetzten „Esch-Alzig" und danach, in: ETB (16./17.9.2000), dann: Aloyse Raths, Ostarbeiter in Luxemburg, in: Rappel 56 (2001) bis 59 (2004). Fernando Ricardo Baptista Barra, Les Ostarbeiter dans la sidérurgie luxembourgeoise (1942-1945), in: Charles Barthel/ Josée Kirps (Hgg.), Terres Rouges. Histoire de la sidérurgie luxembourgeoise, Bd. 1, Luxemburg 2009, S. 16–70; und Ders., Les "Ostarbeiter" dans la sidérurgie luxembourgeoise (1942-1945). Mémoire de maîtrise Université de Nancy II, Nancy 2004. Mit der Frage der Ostarbeiter in Luxemburg befassen sich Volkmann, Luxemburg im Zeichen des Hakenkreuzes, S. 344–378 und Knebeler/ Scuto, Belval, S. 162–167. Neuere Forschungen zur Frage der sowjetischen Zwangsarbeiter, vgl. Inna Ganschow, „Alles Mögliche". Der sowjetisch-luxemburgische Menschenaustausch nach Kriegsende, in: Forum für Politik, Gesellschaft und Kultur 376 (2017), S. 60–65. Zur Zwangsarbeit allgemein: Mazower, Hitlers Imperium, S. 278–299. Volkhard Knigge u.a. (Hgg.), Zwangsarbeit. Die Deutschen, die Zwangsarbeit und der Krieg. Begleitband zur Ausstellung im LWL-Industriemuseum Zeche Zollern, Essen 2012, S. 4. Schneider, In der Kriegsgesellschaft, S. 185–193. Siehe auch: Marc Buggeln, Unfreie Arbeit im Nationalsozialismus. Begrifflichkeiten und Vergleichsaspekte zu den Arbeitsbedingungen im Deutschen Reich und in den besetzten Gebieten, in: Buggeln/ Wildt (Hgg.), Arbeit im Nationalsozialismus, S. 231–252.

59 Mazower, Hitlers Imperium, S. 281–286. Vgl. Evans, Das Dritte Reich. Krieg, S. 438–470. Aus der Perspektive einer effizienten Zusammenarbeit zwischen Reichsarbeitsministerium und GBA, vgl. Swantje Greve, Der Generalbevollmächtigte für den Arbeitseinsatz und das Reichsarbeitsministerium, in: Nützenadel (Hg.), Das Reichsarbeitsministerium im Nationalsozialismus, S. 387–422.

in Deutschland stieg im Laufe des Zweiten Weltkrieges auf über sieben Millionen an. Zusätzlich schufteten noch KZ-Häftlinge als Arbeitssklaven zum größten Teil unter menschenunwürdigsten Bedingungen. Ohne das Heer der ausländischen Arbeitskräfte war aus Sicht der Machthaber der Krieg nicht zu gewinnen, da den Schlüsselindustrien wie Bergbau und Schwerindustrie, aber auch der Landwirtschaft die notwendigen Arbeitskräfte zunehmend fehlten, je länger der Krieg dauerte.[60]

Der Zwangsarbeitereinsatz hatte Auswirkungen auf die „deutsche“ Bevölkerung. Die Ostarbeiterinnen und Kriegsgefangenen mussten Tätigkeiten verrichten, die schmutzig, schlecht bezahlt und schlecht angesehen waren. Die besseren Tätigkeiten wurden von den „deutschen“ Arbeitern übernommen. Gleichzeitig wurden in den Betrieben, wo Zwangsarbeiter beschäftigt wurden, neue soziale, rassistische Hierarchien geschaffen. Am unteren Ende standen die sogenannten „Fremdvölkischen“, d.h. Männer und Frauen aus dem Osten, die von den Angehörigen des „Herrenvolkes“ kommandiert und terrorisiert werden durften.[61]

Vor allem in der Schwerindustrie, dem wichtigsten Arbeitgeber des Landes, machten sich die Einberufungen zum RAD (seit März 1942 durch Einberufung der Jahrgänge 1923 und 1924) und zur Wehrmacht bemerkbar. Gleichzeitig wurden die Produktionsprogramme für die Industrie im Sommer 1942 hochgeschraubt. Nachdem die Wehrpflicht, zunächst für die Jahrgänge 1920–1924, eingeführt worden war, verschärfte sich der Arbeitskräftemangel in Luxemburg. Mehrere tausend Zwangsarbeiter – vor allem aus den besetzten Gebieten der Sowjetunion – kamen schließlich nach Luxemburg, wo sie als „Subjekte der Ausbeutung“ (Volkmann) in erster Linie in der Schwerindustrie, aber auch bei der Reichsbahn, im Bauwesen und in der Landwirtschaft eingesetzt wurden. Neueren Schätzungen zufolge belief sich die Zahl der Ostarbeiter und Ostarbeiterinnen auf rund 3.400. Überwiegend handelte es sich bei den Zwangsarbeitern um junge Frauen.[62] Wie viele nichtdeutsche Männer und Frauen aus europäischen Ländern während des Krieges in Luxemburg gegen ihren Willen zum Einsatz kamen, lässt sich nach dem jetzigen Stand der Forschung nicht genau quantifizieren, ihre Zahl dürfte aber über die beiden letzten Besatzungsjahre betrachtet deutlich über 5.000 gelegen haben. Die Gesamtzahl der nichtdeutschen Arbeitskräfte, die im August 1944 im Gau Moselland beschäftigt waren, lag bei 52.978; nach dem Rückzug der Deutschen

---

60 Mazower, Hitlers Imperium, S. 278: „Das Regime versuchte die Deutschen zu beruhigen, indem es die Arbeiter zum Tragen von Abzeichen zwang, sie hinter Stacheldraht sperrte, jede ihrer Bewegungen kontrollierte und sie für jede Übertretung hart bestrafte.“ Siehe Abelshauser, Rüstungsschmiede der Nation?, S. 411f.

61 Vgl. Jens-Christian Wagner, Zwangsarbeit im Nationalsozialismus – Ein Überblick, in: Knigge/ Lüttgenau/ Wagner (Hgg.), Zwangsarbeit, S. 191f.

62 Volkmann, Luxemburg im Zeichen des Hakenkreuzes, S. 340ff. Schätzungen von Aloyse Raths, Ostarbeiter in Luxemburg, in: Rappel 56 (2001), S. 543–559. Zu den Zahlen der nach der Befreiung von Luxemburg aus repatriierten sowjetischen Bürger, siehe Ganschow, „Alles Mögliche“, S. 64.

aus Luxemburg betrug die Zahl nach Angaben der deutschen Arbeitseinsatzverwaltung nur noch 46.803 Personen. Dies ergäbe, dass sich im September 1944 über 6.000 ausländische Männer und Frauen in dem befreiten Luxemburg aufgehalten haben könnten.[63]

Nach ersten Unterredungen, die im August 1942 zwischen den Unternehmen und der Zivilverwaltung geführt wurden, stimmte nach einigem Zögern Gauleiter Simon im September 1942 dem Einsatz von 500 sowjetischen Kriegsgefangenen und 1.000 Ostarbeitern zu.[64] Manche Betriebsführer hatten wenig Skrupel, Ostarbeiter und Kriegsgefangene auszubeuten, um die geforderten Produktionsziele zu erreichen. Auch Luxemburger Verantwortliche verfielen – weniger aus ideologischen Gründen, als vielmehr aus einer betriebswirtschaftlichen Überlegung heraus – in eine ähnliche Produktionslogik und waren mit dem Zwangsarbeitereinsatz einverstanden.[65]

Einberufungen und Musterungen hatten eine direkte Auswirkung auf die Personalstärke von ARBED-Belval. In einem Schreiben an die ARBED-Zentralverwaltung stellte der Luxemburger Ingenieur Paquet – er war nach der Absetzung Schocks für kurze Zeit Übergangsdirektor – im September 1942 kurz nach Einführung der Wehrpflicht fest, dass auf Belval-Rothe Erde bereits 200 Mann fehlten. Weitere Rekrutierungen für RAD und Wehrmacht hätten diese Zahl auf über 350 erhöht. Daraufhin wurde im September 1942 eine Urlaubssperre verhängt und auf Vorschlag von Rüstungskommando und Arbeitsamt die Heranziehung von Ostarbeitern erwogen. Um die Lücken zu schließen, müssten ebenfalls Frauen eingestellt werden, so Paquet. In Besprechungen wurde dem Luxemburger eingeschärft, dass die Produktion unter keinen Umständen gedrosselt werden dürfe, UK-Stellungen – d.h. die Zurückstellung von Wehrpflichtigen, die für den Betrieb unabkömmlich waren – seien zukünftig nicht mehr zu erwarten. Man warnte Paquet, dass er als Betriebsführer persönlich für unnötige UK-Stellungen verantwortlich gemacht werde und bei Zuwiderhandlungen mit „schweren Strafmaßnahmen" zu rechnen habe. Von seinem Nachfolger Nino Broglio wurde dasselbe erwartet. Im Oktober beantragte Belval beim Gewerbeaufsichtsamt eine Lockerung der Jugendschutzverordnung, d.h. eine Verlängerung der Arbeitszeit auf neun Stunden täglich beziehungsweise auf 54 Wochenstunden. Ende 1942 erwog Broglio sogar eine Ausweitung der täglichen Arbeitszeit für Frauen und Jugendliche unter 18 Jahren auf 12 Stunden.[66]

---

63 Zahlen in: Der Arbeitseinsatz im Deutschen Reich Nr. 11/12 (30.12.1944).

64 Vgl. Volkmann, Luxemburg im Zeichen des Hakenkreuzes, S. 344–347.

65 Vgl. die Interpretation von Abelshauser zum Zwangsarbeitereinsatz bei Krupp: „Diese Entwicklung resultierte nicht aus bewussten unternehmerischen Entscheidungen des Leiters der Krupp-Werke oder seines Direktoriums. Sie war vielmehr das Ergebnis einer Reihe von Zwangslagen, auf die das Unternehmen reagieren musste, ohne die Folgen jeweils auf ihre betriebswirtschaftliche Ratio zu überprüfen"; vgl. Abelshauser, Rüstungsschmiede der Nation?, S. 413f.

66 Schreiben Paquets vom 30.9.1942 an ARBED-Zentralverwaltung betr. Einberufungen zur Wehrmacht; Notiz Schleimers vom 15.12.1943 für Direktor Broglio am 15.12.1943, in: ANLux ARBED Belval 14429 (Mappe „Frauen- und Jugendeinsatz", 1942/44).

Auf Werk Belval trafen Ende Oktober 1942 Ostarbeiterinnen als Ersatz für die eingezogenen Arbeiter ein, gefolgt von den ersten „Russen“, d.h. sowjetischen Kriegsgefangenen im Laufe des Monats November 1942. Für die Werksleitung stellten die Ankömmlinge ein großes Problem dar. Der verwaltungstechnische und organisatorische Aufwand war viel höher als bei der Stammbelegschaft, dazu kamen schon binnen kürzester Zeit politische Probleme, welche die Betriebsführung nie richtig in den Griff bekommen sollte. Nicht zuletzt war mit den „Fremdarbeitern“ eine soziale Frage verbunden, da diese Arbeiter in die Arbeitsmannschaften integriert, in Barackenlagern untergebracht und entsprechend versorgt werden mussten. Die meisten Ostarbeiter und Ostarbeiterinnen waren entweder überhaupt nicht qualifiziert oder kaum für die Arbeit in einem spezialisierten Eisen- und Stahlwerk geeignet. Erschwerend kam hinzu, dass sie kein Deutsch sprachen, was den Einsatz von Dolmetschern notwendig machte.

Zahlenmäßig stellten die Zwangsarbeiter bei den ARBED-Werken einen wichtigen Anteil der Arbeiterschaft dar und ohne ihren Einsatz hätten die Unternehmen der Schwerindustrie kaum das Produktionsniveau aufrechterhalten können. Ende 1943 waren mehrere hundert Zwangsarbeiter beschäftigt, die über mehrere Lager verteilt in der Nähe der Industrieanlagen untergebracht wurden. Das größte Lager befand sich in der Nähe von Belval, in dessen Lager Beles im Dezember 1943 insgesamt 284 Ostarbeiterinnen interniert waren.[67]

2.1. Die Ostarbeiter und Ostarbeiterinnen

„Un jour, à quatre heures du matin, ces étrangers arrivèrent à l'usine, après un long voyage. Ils avaient été comprimés dans des wagons à bestiaux, maltraités en cours de route. Affamés, les figures hagardes, portant quelques hardes sur le dos, ils étaient crispés dans une angoisse animale sans nom.“

Marie Bastian (1945)[68]

67 Zu den Lagern der Zwangsarbeitern, vgl. Barra, Les Ostarbeiter, S. 29–33. Im Gau Moselland waren im September 1944 insgesamt 46.803 ausländische Arbeiter im Einsatz (davon 22.508 Ostarbeiter). Die Zahlen für den Arbeitsamtbezirk Luxemburg fehlen in dieser Aufstellung, da das Land schon befreit war. Für das benachbarte Lothringen sind die Zahlen für Metz (6.466 Ostarbeiter) und Thionville (6.578 Ostarbeiter) überliefert, vgl. Mark Spoerer, NS-Zwangsarbeiter im Deutschen Reich. Eine Statistik vom 30. September 1944 nach Arbeitsamtbezirken, in: VfZ 49 (2001), S. 665–684, hier S. 679.

68 Bastian, L'usine ARBED-Esch et son personnel, S. 62. Vgl. auch den Bericht des Augenzeugen Jängy Haas über die Ankunft der Ostarbeiter auf ARBED-Schifflingen: Jängy Haas, No Lëtzebuerg déportéiert, in: Rappel 34 (1979), S. 110–112.

„Je les ai vu arriver dans un état lamentable, exténués, d'une maigreur effrayante, couverts de furoncles, de plaies suppurantes, atteints de bronchite, d'entérite, à bout de force. Ils supportaient leur malheur avec calme et résignation, avec une dignité qui a provoqué mon admiration et qui a fini par impressionner même leurs ennemis".

Emile Colling (1957)[69]

Am 26. Oktober 1942 trafen die ersten Ostarbeiter auf Werk Belval ein. Es handelte sich um Frauen, die „zur Arbeitsleistung" auf Belval und Rothe Erde eingesetzt werden sollten, wie Direktor Broglio zusammen mit seinem Betriebsobmann zwei Tage später bekanntgab. Der körperliche Zustand der Zwangsarbeiterinnen, die aus ihrer Heimat über mehrere tausend Kilometer bis nach Westen deportiert worden waren, war im Vergleich zu den recht gut genährten Luxemburger Arbeitern bemitleidenswert.[70] Was die Behandlung der Ostarbeiter anbelangte, so mussten sich die Unternehmen an staatliche Vorgaben halten. Diese wurden der

69 1957 wurde auf dem Friedhof Esch-Lallingen ein Denkmal zu Ehren der 52 in Luxemburg verstorbenen sowjetischen Kriegsgefangenen und Ostarbeitern eingeweiht. In seiner Rede erinnerte sich der Luxemburger Minister Emile Colling an die Besatzungsjahre, als er zum Lagerarzt für das Kriegsgefangenenlager Belval bestimmt worden war. Vor allem der schlechte körperliche Zustand der Gefangenen hatte sich ihm eingeprägt; vgl. seine Rede abgedr. in: Archives de l'État Luxembourg, Luxembourg-URSS (Russie). Pages de l'histoire 1867-1984, Luxemburg 1985, S. 116f.

70 Vgl. Hinweis zum Zustand der Kriegsgefangenen und Ostarbeiter bei ihrer Ankunft in Luxemburg in Nachkriegsbericht „Der Russen Dank an Luxemburg", in: LW Nr. 15 (27.9.1944). Schon im Jahre 1943 war in einer Luxemburger Untergrundzeitung ein Bericht über die Ankunft von 360 russischen Zivilarbeitern erschienen. Dieser Bericht gelangte über die Exilregierung an die sowjetischen Behörden. Da sich zahlreiche Zwangsrekrutierte in Kriegsgefangenenlagern in der UdSSR aufhielten, betonte die Regierung die guten Beziehungen zwischen Zwangsarbeitern und Luxemburgern vor und nach der Befreiung, vgl. Schreiben vom 5.11.1943 an den sowjetischen Geschäftsträger in London, in: Archives de l'État Luxembourg, Luxembourg-URSS, S. 80f., Verbalnote des luxemburgischen Geschäftsträgers in Moskau René Blum vom 27.10.1944 an das Volkskommissariat für auswärtige Angelegenheiten und Verbalnote von René Blum vom 22.11.1944, ebenda, S. 85–87. Aus der Sicht eines Opfers, siehe das Schicksal der Ostarbeiterin Ewdokija Karpowa, die in einem Luxemburger Zementwerk Zwangsarbeit verrichten musste; vgl. Olga Valizer, Nach Luxemburg ins Arbeitslager, online unter http://de.rbth.com/kultur/2015/05/12/nach_luxemburg_ins_arbeitslager_33653 (Abruf: 24.5.2018). Karpowa kam als 16-Jährige nach Luxemburg.

Luxemburger Belegschaft des ARBED-Werkes in fünf Punkten mitgeteilt, die den „Verkehr" der Ostarbeiter mit der „volksdeutschen Gefolgschaft" betrafen. Die Ostarbeiterinnen wurden „außerbetrieblich" in geschlossenen Lagern untergebracht, d.h. getrennt von den übrigen Arbeitern (Stammbelegschaft, Dienstverpflichtete). Sie unterlagen außerdem einer „enggezogenen allgemeinen polizeilichen Überwachung", was nichts Anderes bedeutete, als dass sie mehr oder weniger wie Gefangene behandelt wurden. Der ARBED-Werkschutz und sämtliche Volksdeutsche sollten im Betrieb an der Überwachung mitwirken und mögliche Vorkommnisse sofort melden. Diese Maßnahme entsprang sowohl sicherheitsrelevanten wie auch rassistischen Überlegungen. Einerseits befürchtete man Sabotageakte in einem kriegswichtigen Betrieb wie Belval oder Fluchtversuche der osteuropäischen Zwangsarbeiter. Die Werkskontrollen an den Ein- und Ausgängen mussten folglich verschärft werden.[71] Überwacht wurde auch die Post der Ostarbeiterinnen. Beamte des SD überprüften die Briefe, die von den Zwangsarbeiterinnen in die Heimat geschickt wurden. Fanden sich in den Schreiben Äußerungen, die in politischer Hinsicht als gefährlich eingestuft wurden oder Informationen, die nicht nach außen dringen sollten, wurden die Briefe zurückbehalten. Den Absendern drohten unter Umständen Konsequenzen, wie das Beispiel der Ostarbeiterin Galia Ladik aus dem Gemeinschaftslager Beles bei Esch zeigt. Sie hatte sich in den Augen der Zensoren zu positiv über Luxemburg geäußert: „... so lange wir noch in Luxemburg sind, da hat ein Mensch für den anderen Menschen ein Mitgefühl." Die Information, dass sie die Möglichkeit zu Kinobesuchen hatte und dass im Krankheitsfall eine ärztliche Versorgung vorgesehen war, sollte offensichtlich nicht weiter verbreitet werden. Der Fall wurde schließlich von der SD-Hauptaußenstelle Trier an das Einsatzkommando nach Luxemburg gemeldet.[72]

Andererseits wollten Nationalsozialisten wie Direktor Broglio unbedingt verhindern, dass es zur „Fühlungnahme mit volksdeutschen Arbeitskräften" kommt. Die Betriebsführung betonte, dass die Ostarbeiter nicht zur Betriebsgemeinschaft zählten und dass der Umgang mit ihnen auf „das durch die Arbeitsleistung erforderliche äußerste Mindestmaß zu beschränken" sei. Der Belegschaft wurde ausdrücklich verboten, den Ostarbeitern Lebensmittel, Kleidung oder Reinigungsmittel zu verabreichen, alles Waren, die seit der Besetzung auch in Luxemburg rationiert waren.[73] In einem weiteren Punkt untersagte der Direktor „jede ehr- und gesinnungslose Anbiederung" und verlangte von den Volksgenossen den „gebotenen Anstand". Verstöße gegen diese Regeln würden strengstens bestraft und „gegebenenfalls mit Ausschluss aus der Volksgemeinschaft geahndet." Letztere

71 Bekanntmachung des Betriebsführers und des Betriebsobmanns vom 28.10.1942 betr. Werkskontrolle durch Rahmenausweise, in: ANLux ARBED Belval 09410.

72 Bericht der SD-Hauptaußenstelle Trier an den SD-Abschnitt Koblenz (?) vom 27.11.1943, abgedr. in: Brommer (Hg.), Die Partei hört mit, Bd. 2.1, S. 402–407.

73 Dietrich Eichholtz, Rationierung, in: Enzyklopädie des Nationalsozialismus, S. 659f.

Anordnung brachte die Sorge zum Ausdruck, dass es zwischen Männern aus der Stammbelegschaft und den weiblichen Zwangsarbeitern zu Annäherungen kommen könnte. Ein letzter Punkt appellierte an alle, die Ostarbeiter „nach den Grundsätzen unbedingter Rechtlichkeit und folgerichtiger Gradlinigkeit“ zu behandeln. Diese Regelung verbot zwar formell gesehen willkürliche Misshandlungen der Zwangsarbeiter, konnte aber kaum darüber hinwegtäuschen, dass die Ostarbeiter und Ostarbeiterinnen lediglich Arbeiter dritter Klasse waren, auf die weitestgehend die damals üblichen sozial- und arbeitsrechtlichen Bestimmungen nicht anzuwenden waren. Wie üblich drohte man der Stammbelegschaft bei Zuwiderhandlungen oder Unterlassungen mit schwersten polizeilichen Strafmaßnahmen.[74]

Verglichen mit ihren volksdeutschen Arbeitskollegen waren die Ostarbeiter in Bezug auf das Arbeitsrecht und den Arbeitsschutz stark benachteiligt. Da sie als rassisch minderwertig galten, waren sie im Vergleich zu anderen nichtdeutschen Arbeitern (z.B. französischen Kriegsgefangenen) schlechter gestellt. Mit den Juden und Polen befanden sich die Ostarbeiter und die sowjetischen Kriegsgefangenen in den Betrieben der Rüstungsindustrie am untersten Ende der sozialen Skala.[75] Dies änderte sich auf dem Papier erst 1944, als die Ostarbeiter mit den übrigen ausländischen Arbeitskräften gleichgestellt wurden, aber nur in Bezug auf die Lohnbedingungen. Das Regime hatte erkannt, dass man von den Ostarbeitern nur dann eine hohe Leistungsbereitschaft erwarten konnte, wenn Bezahlung und Arbeitsbedingungen sich nicht zu sehr von denen anderer Arbeiter unterschieden. In Luxemburg dürften die Zwangsarbeiter von diesen Verbesserungen wohl kaum etwas mitbekommen haben, da die Regelung erst im späten Frühjahr 1944 zum Tragen kam. Diese leichte Verbesserung der Lohnbedingungen wurde gleich wieder aufgehoben, da die Ostarbeiter in die DAF aufgenommen wurden und damit beitragspflichtig waren.[76]

Die Diskriminierung und vor allem die Schlechterbehandlung dieser Arbeiter gingen allerdings nicht von der Werks- oder Unternehmensleitung aus, sondern von staatlichen Stellen beziehungsweise der Deutschen Arbeitsfront. So teilte die Belvaler Direktion im Januar 1942 mit, dass „Polen und sonstige Ausländer aus den Ostgebieten“ bei den Zuteilungen grundsätzlich keine Berechtigungsscheine für Arbeitsschuhe mit Ledersohlen erhalten dürften. Im Prinzip waren die begehrten Arbeitsschuhe für Volksdeutsche reserviert, während man den osteuropäischen Arbeitern lediglich leihweise Schuhe mit Holzsohlen für die Arbeit im

---

74 Bekanntmachung des Betriebsführers und des Betriebsobmanns vom 28.10.1942 betr. Arbeitseinsatz/ Ostarbeiter, in: ANLux ARBED Belval 09410.

75 Schmitz-Berning, Vokabular des Nationalsozialismus, S. 453f. Peter Widmann, Fremdarbeiter, in: Enzyklopädie des Nationalsozialismus, S. 470f. Vgl. auch: Abelshauser, Rüstungsschmiede der Nation?, S. 400–431.

76 Rundschreiben Nr. 2/44 der DAF-Kreiswaltung Esch (Abt. H) vom 6.6.1944 an alle Betriebe im Kreise Esch betr. beitragsmäßige Erfassung der Ostarbeiter, in: AMnR D-Naz-of-4121.

Werk zugestand.[77] Von den Weihnachtsgratifikationen blieben die Zwangsarbeiter ausgeschlossen.[78] Später führte die Zivilverwaltung die Kennzeichnungspflicht für Ostarbeiter ein. Ab Juli 1943 mussten die betroffenen Männer und Frauen auf der rechten Brustseite ein Stoffabzeichen mit dem Kennwort „Ost“ tragen. Vom Arbeitsamt wurden besondere „Arbeitskarten“ ausgestellt, die den Inhabern lediglich das Verlassen der Unterkunft „zum Zwecke der Arbeitsverrichtung“ gestatteten, ansonsten waren die Ostarbeiter an ihre Baracken gebunden.[79] Die Diskriminierung ging allerdings noch weiter, denn bei Luftangriffen durften Ostarbeiter und Volksdeutsche die Luftschutzräume nicht gemeinsam aufsuchen.[80]

Da die Ostarbeiter oft nicht mehr hatten, als das, was sie am Leibe trugen, musste man sie mit allem ausstatten, was man für die Tätigkeit in einem Betrieb der Schwerindustrie brauchte. Aus dem ARBED-Magazin wurde den Frauen Männerarbeitskleidung nebst Holzschuhen zur Verfügung gestellt, die anfallende Leihgebühr zog man den Zwangsarbeitern vom Lohn ab. Was die Ernährung anbelangte, so erhielten die sowjetischen Arbeiter und Arbeiterinnen zusätzliche Lebensmittelrationen (für Schwer-, Schwerst-, Lang- und Nachtarbeiter), die ihnen nicht aus Menschlichkeit, sondern aufgrund der „Richtlinien für den Einsatz von Ostarbeitern in gewerblichen Betrieben“ zugestanden werden mussten.[81]

Vergleicht man diese Wochenrationen mit den Mengen, die den Luxemburger „Volksgenossen“ zustanden, so gab es deutliche Unterschiede. In der Kategorie der Schwerstarbeiter erhielt ein volksdeutscher Arbeiter 4.825 Gramm Brot, ein Zwangsarbeiter der gleichen Zuteilungsgruppe aber lediglich 3.400 Gramm. Auf dem Papier schien die den Zwangsarbeitern zur Verfügung stehende Brotmenge ausreichend, wenn man mit den Rationen vergleicht, die in anderen besetzten Ländern zugeteilt wurden, etwa in Belgien.[82] Es fallen aber die Qualitätsunterschiede

---

77 Mitteilung der Direktion vom 28.1.1942 betr. Ausgabe von Ermächtigungsscheinen für Arbeitsschuhe an Polen und sonstige Ausländer aus den Ostgebieten, in: ANLux ARBED Belval 09410.

78 „Weihnachts- und Abschlussgratifikation 1942“, in: ETB Nr. 262 (7.11.1942).

79 Vgl. Spoerer, Zwangsarbeit unter dem Hakenkreuz, S. 94f. Sie wurde per Verordnung vom 8.7.1943 in Luxemburg eingeführt. Vgl. Arbeitskarte der Ukrainerin Helena Osliakow, abgedr. in: Les Insoumis (Hg.), Streik September 1942, S. 68–69.

80 Vgl. Rundschreiben des Betriebsführers vom 23.11.1943, in: ANLux ARBED Belval 09410.

81 Mitteilung der Direktion vom 28.10.1942 betr. Arbeitseinsatz/ Ostarbeiter/ Sachlieferungen und Mitteilung der Direktion vom 30.10.1942 betr. Ostarbeiter/ Zusätzliche Lebensmittelrationen, in: ANLux ARBED Belval 09410. Für die sowjetischen Kriegsgefangenen galten die gleichen Sätze; vgl. Anlage zu den Richtlinien vom 30.11.1942 für den Einsatz von sowjetischen Kriegsgefangenen in gewerblichen Betrieben, in: ANLux ARBED Belval 09410.

82 Auf die bessere Lebensmittelversorgung in Luxemburg hat Volkmann hingewiesen, vgl. Volkmann, Luxemburg im Zeichen des Hakenkreuzes, S. 508f. Zu den Rationen im besetzten Belgien, vgl. Paul Struye/ Guillaume Jacquemyns, La Belgique sous

Tab. 22: Verpflegungssätze für Ostarbeiter und sowjetische Kriegsgefangene (Oktober 1942)

(Rationen für eine Woche, Angaben in gr)

	Normal-arbeiter	**Lang-arbeiter**	**Schwer-arbeiter**	**Schwerst-arbeiter**
Brot (Roggenbrot)	2.600	2.600	3.400	3.400
Fleisch	250	300	400	500
Margarine	130	150	200	260
Nährmittel	150	150	150	150
Kaffee-Ersatz	14	14	14	14
Zucker	110	110	110	110
Kartoffeln	7.000	7.000	7.000	7.000

Quelle: ANLux ARBED Belval 09410

Tab. 23: Lebensmittelzuteilung für Reichs-/ Volksdeutsche in Luxemburg, Altersgruppe der über 20-Jährigen

(Rationen für eine Woche, Angaben in gr)

	1942, 47. Periode (März-April) (ohne Zuschläge)
Schwarzbrot/Weißbrot	2.250
Fleisch	350
Butter/Margarine	175
Käse	81,25
Teigwaren	62,5
Nährmittel	87,5
Kaffee-Ersatz	62,5
Zucker	225
Marmelade	175

Quelle: Volkmann, Luxemburg im Zeichen des Hakenkreuzes, S. 509

l'Occupation allemande (1940-1944). Édition préfacée et annotée par José Gotowitch, Bruxelles 2002 (= Histoires contemporaines), S. 311–314.

Tab. 24: Lebensmittelzuteilung für Reichs-/Volksdeutsche in Luxemburg, Gruppe der Schwerstarbeiter

(Rationen für eine Woche, Angaben in gr)

	1943, 55. Periode (Okt.-Nov.) (Schwerstarbeiterzuschläge einbegriffen)
Schwarzbrot/Weißbrot	4.825
Fleisch	850
Fett	537,5
Käse	81,25
Wurst	81,5
Nährmittel	87,5
Kaffee-Ersatz	62,5
Zucker	225
Marmelade	175
Kartoffeln	3.750
Eier (Stück)	2
Milch (Liter)	7

Quelle: Volkmann, Luxemburg im Zeichen des Hakenkreuzes, S. 510

auf, da die deutschen Arbeiter ein Anrecht auf höherwertigeres Brot hatten. Größer waren die Unterschiede bei der Fleischversorgung, bei der ein deutscher Arbeiter deutlich mehr erhielt als ein Zwangsarbeiter. Einem luxemburgischen Arbeiter standen 350 Gramm, einem Schwerstarbeiter 850 Gramm Fleisch pro Woche zu (1942), die Zwangsarbeiter erhielten deutlich weniger (250 bzw. 500 Gramm).[83] Von bestimmten Zuteilungen an die luxemburgische Zivilbevölkerung blieben die Zwangsarbeiter ganz ausgeschlossen. Kalorienhaltige Lebensmittel fehlten ganz auf dem Speiseplan oder wurden lediglich in ganz kleinen Mengen zugeteilt. Dies war der Fall bei Wurst, Zucker, Marmelade, Eier oder Milch. Inwieweit die minimalen Verpflegungssätze bei der Ostarbeiter- und Kriegsgefangenenversorgung tatsächlich eingehalten wurden und ob wirklich alles bei den Ostarbeitern und

83 „Veränderung der Lebensmittelzuteilung“, in: ETB Nr. 67 (20.3.1942). Zu den Lebensmittelrationen in Luxemburg, vgl. Volkmann, Luxemburg im Zeichen des Hakenkreuzes, S. 509f. Christoph Buchheim, Der Mythos vom „Wohlleben“. Der Lebensstandard der deutschen Zivilbevölkerung im Zweiten Weltkrieg, in: Vierteljahreshefte für Zeitgeschichte 58 (2010), S. 299–328. Vgl. Tabellen zu Rationen für deutsche Zivilbevölkerung und Arbeiterfamilien, S. 307, 317.

Kriegsgefangenen ankam, ist nicht überprüfbar. Die Rationen wurden nämlich nicht an die einzelnen Gefangenen ausgegeben, sondern in Lagerküchen verarbeitet. Vergleicht man diese Rationen von 1942 mit denen ukrainischer Zivilarbeiter in Nordfrankreich und der Arbeiter im Ruhrgebiet, so lagen diese dort deutlich höher als in Luxemburg, wo lediglich die Kartoffelzuteilung pro Arbeiter üppiger ausfiel als in den übrigen Gebieten.[84] Die offiziellen Wochenrationen sagen nichts aus über die Qualität, etwa des Fleisches oder der benutzten Mehlsorten und Ersatzstoffe. Sowjetische Arbeiter hatten darüber hinaus auch weniger Möglichkeiten, sich woanders zusätzliche Lebensmittel zu besorgen. Die luxemburgischen Stammarbeiter konnten sich auf dem Schwarzmarkt oder auf dem Land bei Familienangehörigen eindecken, die Ostarbeiter und Kriegsgefangenen waren auf kleine Tauschgeschäfte (zum Beispiel von gebasteltem Spielzeug) oder auf die Mildtätigkeit von Arbeitskollegen oder Zivilisten außerhalb der Werke und Lager angewiesen. Generell kann man davon ausgehend, dass im Vergleich zur Luxemburger Zivilbevölkerung die Ostarbeiter und Kriegsgefangenen deutlich unterversorgt waren.

Die Berichte über den körperlichen Zustand von Zwangsarbeitern in Luxemburg vermitteln zum Teil einen widersprüchlichen Eindruck. Vor allem in den ersten Monaten ihres Einsatzes schien es zunächst größere Probleme gegeben zu haben. Die für die Betreuung der Ostarbeiter zuständige Deutsche Arbeitsfront besichtigte im November 1942 das provisorische Ostarbeiterlager des ARBED-Werks Schifflingen. Kreisobmann Grohé besuchte zusammen mit dem zuständigen Gaureferenten der KdF-Abteilung „Schönheit der Arbeit“ die Anlage, in der rund 60 männliche und 160 weibliche Zwangsarbeiter untergebracht worden waren. Die Klagen über zu kleine Unterkünfte seien nicht berechtigt, befand die DAF, das Essen sei reichlich und die „Leute“ würden allgemein „gut“ aussehen. Die schlechte Stimmung unter den Frauen führte man auf Streitereien untereinander zurück. Die Einschätzung der DAF-Funktionäre entsprach nur zu einem geringen Teil der Realität. Die Arbeiterinnen waren in den besetzten sowjetischen Gebieten zwangsrekrutiert worden und befanden sich allgemein in einem erbärmlichen Zustand.[85] Ein Bericht verzeichnete Ende Dezember 38 Erkrankungen und das Koblenzer KdF-Amt „Schönheit der Arbeit“ schickte eine umfangreiche Mängelliste an den Escher Kreisobmann. Seife sei nicht in ausreichenden Mengen vorhanden, „besonders dann nicht, wenn Körper und Wäsche voll Ungeziffer [sic] wimmelt, wie es dort der Fall ist.“ Es fehlte an Kleidung und passender Arbeitsausstattung, Decken gab es nur unzureichend in den Baracken, Kopfkissen überhaupt nicht und die Betten waren teilweise verlaust. Das Essen sei nicht zufriedenstellend, auch sei

84 Vgl. Piquet, Charbon-Travail forcé-Collaboration, S. 284.

85 Bericht von Betriebsobmann Olinger über den Betriebsbesuch der DAF am 27.11.1942 sowie Monatsbericht des Lagerführers vom 30.12.1942 für November 1942 über die Belegung und Ausstattung von Gemeinschaftslagern, in: ANLux ARBED Schifflingen 14827.

das Dörrgemüse nicht anständig zubereitet. In der Frauenbaracke hatten die Bewohner auffallende Hautausschläge. Die Koblenzer DAF-Dienststelle hatte aber im Grunde nicht das Wohlbefinden der Zwangsarbeiter im Sinn, eher sah sie die Gefahr, dass die unzufriedenen Zwangsarbeiter „von Luxemburger Arbeitern noch mehr aufgeputscht werden.“ Die Verantwortung schob man dem Betriebsführer zu, der die ganze Problematik nicht einfach dem überforderten Betriebsobmann Olinger überlassen sollte, denn „schließlich ist der Betriebsobmann nicht nur der Besen des Betriebsführers.“ Grohé reagierte prompt auf den Rüffel aus Koblenz und gab die Mängelliste an Olinger weiter, mit dem menschenverachtenden Kommentar: „Diese Leute sind nicht nach hier gekommen, um wegen Erkältung oder Hautkrankheiten im Krankenhaus zu liegen, sondern um zu arbeiten.“ Bis Dezember wurden die schlimmsten Mängel schließlich beseitigt, wie Grohé bei einer Besichtigung des Ostarbeiterlagers zufrieden feststellte.[86] Größtes Problem blieben die Versorgung und Unterbringung der Zwangsarbeiter. Welche Bedeutung der Unterkunftsfrage von der Zivilverwaltung beigemessen wurde, ist am persönlichen Interesse des Gauleiters ersichtlich. Gustav Simon kritisierte 1943 die Unterbringung von Ostarbeitern in einem alten Schloss, das der ARBED gehörte, denn aus seiner Perspektive durften russische Arbeiter nicht so feudal untergebracht werden.[87]

Als 1943 die Produktion der Eisen- und Stahlwerke weiter gesteigert werden sollte, erhielten die Ostarbeiter eine leichte Lohnaufbesserung. Freilich konnte der Stundenlohn von den zuständigen Betriebschefs gekürzt werden, wenn die Leistung nicht dem festgelegten Minimum entsprach. Um allzu offensichtlichen Willkürmaßnahmen einen Riegel vorzuschieben, empfahl die Direktion: „Im Interesse der Leistungssteigerung, die allgemein von uns anzustreben ist, erscheint Engherzigkeit in der Bemessung der Vergleichsleistung nicht angebracht.“ Andererseits pochte die Direktion aber darauf, dass die Ostarbeiterinnen auf keinen Fall einen höheren Lohn als volksdeutsche Jugendliche beziehungsweise volksdeutsche Frauen erhielten.[88] Was die Arbeitszeiten anbelangte, war man mit den

---

86 Schreiben des Koblenzer KdF-Amtes „Schönheit der Arbeit“ vom 2.12.1942 an Kreisobmann Grohé betr. Ost-Arbeitseinsatz in Schifflingen, Schreiben von Kreisobmann Grohé vom 3.12.1942 an Betriebsobmann Olinger betr. Betreuung der Ostarbeiter und Notiz Grohés vom 16.12.1942, in: ANLux ARBED Schifflingen 14827.

87 Schreiben von Kreisobmann Grohé vom 15.1.1943 an Kreisleiter Diehl betr. Schloss im Werk Schifflingen, in: ANLux ARBED Schifflingen 14827. 1944 wurden Luxemburger Luftwaffenhelfer in den Lallinger Baracken untergebracht, die in den Erinnerungen eines Augenzeugen beschrieben wurden: „Es waren schmucklose, dunkelgrün gestrichene Holzhäuser mit kleinen Türen und Fenstern. Wie weitschichtig ausgekramte Baukastenklötze sahen sie sich an, und ihre Ärmlichkeit hatte so gar nichts gemein mit den bürgerlichen Häusern ringsum. Sie duckten sich genügsam in die Mulde hinein wie Menschen, die sich ihrer Dürftigkeit bewusst sind. Ein hässlicher Gürtel aus verrostetem Stacheldraht, durch den nicht einmal eine Schwalbe hätte hindurchfliegen können, umgab sie.“ Vgl. Staar, Waffenträger wider Willen, S. 39.

88 Mitteilung der Direktion vom 27.1.1943 betr. Entlohnung der Ostarbeiterinnen, in: ANLux ARBED Belval 09410.

Zwangsarbeiterinnen wenig zimperlich. Als man 1943 auf Belval zwölfstündige Schichten einführte, galt dies nicht für Frauen und Minderjährige. Jugendliche durften weiterhin nicht mehr als acht Stunden, Frauen höchstens neun bis zehn Stunden am Tag arbeiten. Für die Ostarbeiterinnen galten diese Regeln nicht.[89]

Wurden die in der Luxemburger Schwerindustrie eingesetzten Ostarbeiter insgesamt betrachtet korrekt untergebracht und versorgt, so darf man nicht aus den Augen verlieren, dass es sich um Zwangsarbeiter handelte, die gegen ihren Willen in den Westen verschleppt worden waren und dort nicht anders als die sowjetischen Kriegsgefangenen Arbeitskräfte dritter Klasse waren. Lieber hätten die deutschen Direktoren ihre Stammbelegschaft behalten; waren die Zwangsarbeiter erst einmal im Werk, dann wollte man auch mit einer gewissen Rücksichtslosigkeit möglichst viel Arbeitsleistung aus ihnen herausschinden.

Die Zahl der Menschen, die als Ostarbeiter nach Luxemburg verschleppt worden waren, lässt sich nicht mehr genau ermitteln. Neuere Forschungen gehen aber von etwa 1.500 Frauen und Männern aus, die in der Schwerindustrie Zwangsarbeit verrichten mussten. Davon kam schätzungsweise ein Drittel bei den ARBED-Werken zum Einsatz.[90]

2.2. Sowjetische Kriegsgefangene

Bei der zweiten Gruppe der Zwangsarbeiter, die in der Luxemburger Industrie eingesetzt wurden, handelt es sich um sowjetische Kriegsgefangene, die ebenfalls ab 1942 ins Land gebracht wurden, um den dringendsten Kräftebedarf in der Industrie zumindest teilweise zu decken.[91] Mitte November begannen im ARBED-Werk

89 Mitteilung der Direktion vom 18.2.1943 betr. Frauen- und Jugendschutz/12-stündige Arbeitszeit, in: ANLux ARBED Belval 09410.

90 Barra, Les Ostarbeiter dans la sidérurgie luxembourgeoise, S. 34ff. Im März 1944 waren in den Barackenlagern der ARBED 569 Ostarbeiter interniert (147 Männer, 371 Frauen und 51 Kinder).

91 Rolf Keller, Sowjetische Kriegsgefangene im Deutschen Reich 1941/42. Behandlung und Arbeitseinsatz zwischen Vernichtungspolitik und kriegswirtschaftlichen Erfordernissen, Göttingen 2011. Regionalstudie von Friedrich Stamp, Zwangsarbeit in der Metallindustrie 1939-1945. Das Beispiel Mecklenburg-Vorpommern. Eine Studie im Auftrag der Otto-Brenner-Stiftung, Berlin 2001. Die Geschichte der sowjetischen Kriegsgefangenen in Luxemburg ist bislang unerforscht geblieben; vgl. Interview mit der russischen Literaturwissenschaftlerin Inna Ganschow: „Russische Gefangene in Luxemburg. Viel Grausames". Neue Details zum Einsatz und Leben der russischen Gefangenen im besetzten Großherzogtum, in: LW online (14.6.2015), online unter http://www.wort.lu/de/lokales/russische-gefangene-in-luxemburg-viel-grausames-557b04070c88b46a8ce5b317 (Abruf: 24.5.2018). Nach der Befreiung wurden die ehemaligen Kriegsgefangenen und Ostarbeiter zurück in ihre Heimat gebracht. Die Tagespresse berichtete vereinzelt über die Männer und Frauen, die in Luxemburg als Zwangsarbeiter eingesetzt worden waren, wobei das gute Verhältnis zwischen „Russen" und Luxemburgern hervorgehoben wurde, während die Fälle von schlechter

Belval die Vorbereitungen für die Aufnahme der ersten hundert Russen. Mehrere Vertreter der Wehrmacht besuchten Belval, um die Umbauarbeiten in Augenschein zu nehmen, unter anderem den Bau einer getrennten „Russenküche“. Aus volks- und sicherheitspolitischen Erwägungen heraus wollten die Deutschen die Gefangenen von allen übrigen zivilen Arbeitern abgrenzen.[92] Die ersten Kriegsgefangenen wurden schließlich am 30. November 1942 nach Belval gebracht. Anders als die Ostarbeiter unterstanden diese Zwangsarbeiter formell der Wehrmacht. Sie blieb für die Bewachung der Gefangenen zuständig, auch wenn diese in einem Privatunternehmen eingesetzt waren. Disziplinarstrafen konnte dementsprechend nur die Wehrmacht verhängen. Ein Vertrag mit dem Stammlager (Stalag) legte die Bedingungen fest, zu denen die ARBED Kriegsgefangene beschäftigen durfte. Für die sowjetischen Gefangenen wie für die Ostarbeiter galten bis 1943 Sonderbedingungen (sie blieben beispielsweise von der Unfallversicherung ausgeschlossen). Die Gefangenen wurden den Betrieben auf unbestimmte Zeit zur Verfügung gestellt und konnten jederzeit zurückgefordert werden, was für jeden Unternehmer eine ungeheure Unwägbarkeit darstellte, da sich während des Krieges neben der mangelnden Rohstoffversorgung die überall fehlenden Arbeiter als ein schier unüberwindliches Problem erwiesen.[93] Die Kriegsgefangenen wurden wie die Ostarbeiter in geschlossenen Lagern untergebracht, für die das beschäftigende Unternehmen zu sorgen hatte, ebenso wie für die Verpflegung. Diese Kosten wurden dem Unternehmen vergütet (0,20 Reichsmark für Logis, je nach Schwere der Arbeit 0,80–1,20 Reichsmark für Kost pro Tag und Arbeiter), während das Unternehmen für die Arbeitsleistung den normalen Tariflohn zu zahlen hatte (ohne Zuschläge). Der Lohn wurde abzüglich Kost und Logis vom Unternehmen als Vergütung für den Arbeitseinsatz der Kriegsgefangenen an das Stammlager (Stalag) gezahlt. Die Behörde des Generalbevollmächtigten für den Arbeitseinsatz

---

Behandlung in der Regel ausgeblendet blieben. Im September 1944 zogen ehemalige sowjetische Zwangsarbeiter, die in der Tuchfabrik Schleifmühle eingesetzt worden waren („Russen von Schleifmühl“) in einem Umzug durch die Hauptstadt, um ihre Befreiung von den NS-Unterdrückern zu feiern. Der Autor des Artikels bemühte zahlreiche Superlative: In der Tuchfabrik hätten die Russen unter „unwürdigsten Umständen“ gelebt, sie hätten die „härtesten Arbeiten“ verrichten müssen. In „großer Hilfsbereitschaft“ hätten die Luxemburger sich „der Ärmsten“ erbarmt und ihnen Brot, Suppe, Zigaretten, Kleider und Schuhe zugesteckt; vgl. „Der Russen Dank an Luxemburg“, in: LW Nr. 15 (27.9.1944). Siehe den klischeehaften Bericht über ein Konzert anlässlich des sowjetischen Nationalfeiertags: „Sehnsucht der Volksseele im Lied“, in: LW Nr. 56 (7.11.1944).

92 Notiz betr. Russenlager Domäne Bel-Val. Besuch der HH. der STALAG vom 18. November (19.11.1942), in: ANLux ARBED Belval 14435.

93 Vertrag zwischen dem Deutschen Reich, vertreten durch den Kommandanten des Kriegsgefangenen-Mannschafts-Stammlagers XII D in Trier und der Firma ARBED, Abt. Belval-Rothe Erde, vertreten durch Betriebsführer Dr. Dr. Broglio (24.11.1942), in: ANLux ARBED Belval 14435.

legte aus ideologischen Gründen großen Wert darauf, dass die Kriegsgefangenen nicht mehr als die volksdeutschen Arbeiter verdienten, andererseits richtete sich die Entschädigung, die das Unternehmen dem Deutschen Reich für die Überlassung der Gefangenen zahlen musste, nach dem Lohn gleichwertiger deutscher Arbeiter. Damit wollte man verhindern, dass die Unternehmer billige ausländische Kräfte den teureren deutschen Arbeitern vorzögen.[94]

Für die Kriegsgefangenen selbst blieb lediglich ein „Taschengeld" von 20 Pfennigen pro Tag übrig, das bei guter Arbeitsleistung um eine Prämie in gleicher Höhe heraufgesetzt werden konnte. Das Oberkommando der Wehrmacht hatte 1942 angeordnet, dass Unternehmer besonders fleißige und zuverlässige sowjetische Kriegsgefangene mit einer freiwilligen Leistungszahlung von höchstens 20 Pfennigen belohnen durften, eine Regelung von der die ARBED-Zentralverwaltung umgehend Gebrauch machte.[95] Da sich das Regime zunehmend eingestehen musste, dass man, um den Krieg weiterführen zu können, nicht auf die Arbeitskraft der sowjetischen Arbeiter verzichten könne, sah man nur die Wahl zwischen Zuckerbrot und Peitsche. Kleine materielle Vergünstigungen wie die Zahlung lächerlicher Prämien oder die Verteilung von zwei Machorka-Zigaretten pro Tag (bei guter Arbeitsleistung) sollten die Arbeiter zu Höchstleistungen animieren, mit zweifelhafter Aussicht auf Erfolg.[96] Die deutschen Direktoren und Werksleiter wie Direktor Broglio glaubten an den Erfolg solcher Maßnahmen und handelten konsequent in dieser unmenschlichen Logik, um ihre Produktionsprogramme durchzuziehen. Im November 1943 wurden auf Anweisung des Generalbevollmächtigten für den Arbeitseinsatz die Lohnbedingungen für die Kriegsgefangenen angepasst. Kriegsgefangene erhielten nun bescheidene Zuschläge für geleistete Akkordarbeit (fünf Prozent des normalen Akkordzuschlags für sowjetische, zehn Prozent für alle anderen Kriegsgefangenen), bei schlechten Leistungen konnten die Löhne gekürzt werden. Trotz einiger Verbesserungen blieben die Kriegsgefangenen, vor allem die aus der Sowjetunion, am unteren Ende der Lohnskala. Erhielt ein Kriegsgefangener wie sein deutscher Kollege 200 Reichsmark als Monatslohn, so betrug der Stalag-Anteil offiziell 89 Reichsmark; nach Abzug aller Kosten für Kost und Logis erhielt der Gefangene 62 Reichsmark. Bei sowjetischen Kriegsgefangenen war die Ausbeutung noch flagranter, denn diese erhielten nach Abzug aller Kosten und

---

94 Vgl. Anweisung des Generalbevollmächtigten für den Arbeitseinsatz vom 8.9.1943 betr. Bezahlung der Kriegsgefangenenarbeit, in: ANLux ARBED Belval 14435.

95 Mitteilung der Zentralverwaltung (Gefolgschaftsabteilung) vom 17.11.1942 betr. freiwillige Leistungszulage an sowjetische Kriegsgefangene, in: ANLux ARBED Belval 14435. Die Anordnung des OKW wurde den Unternehmen über die Bezirksgruppe Luxemburg der WESI mitgeteilt. Vertrauliche Richtlinien vom 8.2.1943 für den Einsatz von sowjetischen Kriegsgefangenen in gewerblichen Betrieben, in: ANLux ARBED Belval 09410.

96 Vgl. Mazower, Hitlers Imperium, S. 280f. Vgl. Rundschreiben des Rüstungskommandos Düsseldorf (o.D.), in: ANLux ARBED Belval 14435.

Vergütungen nur 31 Reichsmark im Monat! Das große Geschäft machte in diesem Fall der Staat, der den Löwenanteil des Bruttolohns in Form von Vergütungen und Sonderabgaben einstrich.[97]

Die Gesamtzahl der nach Luxemburg verschleppten sowjetischen Kriegsgefangenen sowie ihre Verteilung auf die einzelnen Unternehmen sind nicht genau geklärt. Im Dezember 1942 befanden sich schätzungsweise 400 Gefangene auf Belval. Ihre Erfassung nach Berufsgruppen zeigt, dass die Mehrheit im Prinzip nicht für die Arbeit in der Schwerindustrie qualifiziert war. Unter den sowjetischen Kriegsgefangenen befanden sich lediglich 47 Schlosser, während die größte Gruppe einfache Landarbeiter waren. Die übrigen, darunter 22 Köche, fünf Buchhalter sowie ein Kunstmaler, eigneten sich auch nur wenig für Tätigkeiten am Hochofen, im Stahl- oder Walzwerk.[98] Sie konnten deshalb nur als Hilfsarbeiter beschäftigt werden oder mussten mühsam angelernt werden.

Als die sowjetischen Kriegsgefangenen in Luxemburg ankamen, befanden sie sich teilweise in einem jämmerlichen Zustand. Im Dezember 1942 wurden zwei Kriegsgefangene vom Werk Rothe Erde ins Stammlager zurückgeschickt, da der eine an einer ansteckenden Krankheit litt, während der andere derart geschwollene Füße hatte, dass er ebenfalls arbeitsunfähig war.[99] Darüber hinaus waren die sanitären Einrichtungen in den Lagern in der Anfangsphase noch sehr schlecht. Am 11. Dezember 1942 wandte sich Direktor Broglio an das Landeswirtschaftsamt, um Bezugsscheine für Handtücher zu erhalten: Eine „genügende Körperreinigung“ sei bei den 396 Kriegsgefangenen nicht möglich und es drohe eine Läuseplage. Im Januar 1943 traten massiv Kleiderläuse auf, da die Badeanlagen noch nicht fertiggestellt waren. Wegen Lieferschwierigkeiten fehlten die bestellten Entlausungsapparaturen, sodass provisorische Entlausungsanlagen eingerichtet wurden, um der Plage Herr zu werden.

Der schlechte Allgemeinzustand der Kriegsgefangenen führte bereits im Dezember 1942 zu ersten Todesfällen. Am 6. Dezember starb ein 47-Jähriger, vermutlich an den Folgen der erlittenen Entbehrungen. Bis Ende Januar 1943 wurden acht weitere Todesfälle gemeldet. Als der 35-jährige Stepan Fedotkin innerhalb kürzester Zeit an einer Pneumokokkeninfektion verstarb, wurde eine Autopsie angeordnet. Diese ergab, dass der rasante Krankheitsverlauf durch die „mangelnde

---

97 Anweisung des GBA vom 8.9.1943 betr. Bezahlung der Kriegsgefangenenarbeit sowie Richtlinien über den Einsatz von sowjetischen Kriegsgefangenen in gewerblichen Betrieben, in: ANLux ARBED Belval 14435. Die Richtlinien waren vertraulich und nur für den inneren Werksgebrauch bestimmt. Sie gründeten auf den Einsatzbedingungen, die vom Reichsarbeitsministerium verbindlich festgelegt worden waren und in den ARBED-Werken lediglich angewendet wurden.

98 Berufsgruppenmäßige Erfassung der russischen Kriegsgefangenen (o.D., vermutl. Dezember 1942), in: ANLux ARBED Belval 14435.

99 Schreiben des Werkleiters Rothe Erde vom 14.12.1942 an Lagerführer, in: ANLux ARBED Belval 14435.

Widerstandskraft des Körpers" und den „heruntergekommenen Allgemeinzustand" bedingt war. Weitere fünf Gefangene starben bis April 1943, vermutlich aus den gleichen Ursachen. Erst danach besserte sich die Lage deutlich. Insgesamt verstarben im Kriegsgefangenenlager Belval 16 sowjetische Staatsbürger. Die Todesfälle wurden bis Februar 1943 ordnungsgemäß bei der zuständigen Gemeindeverwaltung von Esch gemeldet, dann nur noch direkt an das Stalag XII D in Trier, das den Sterbefall an das Standesamt des OKW weiterleitete. Auf diese Weise konnte man die Todesfälle besser verschleiern. In diesem Sinne wurden die toten Kriegsgefangenen auf dem Gelände von Belval verscharrt und nicht auf dem städtischen Friedhof. Die Grabstellen wurden von den Werksverantwortlichen zusammen mit Beamten der Gestapo ausgesucht, da man keinen öffentlich zugänglichen Platz wünschte und „dadurch eventuelle heimliche politische Manifestationen ausgeschlossen sind", so die Begründung Broglios.[100]

Die Verpflegung der Kriegsgefangenen war auf dem Papier identisch mit den Rationen für Ostarbeiter. Verglichen mit den Zuständen in den Kriegsgefangenenlagern der Wehrmacht müssen den russischen Soldaten Verpflegung, ärztliche Betreuung und die Unterkünfte geradezu paradiesisch vorgekommen sein. Die relativ gute Versorgung erklärt, dass es ab Frühjahr 1943 bis ins Jahr 1944 hinein kaum noch Todesfälle mehr gab (1944 nur zwei Todesfälle). Die Rationen, die schließlich zur Verteilung kamen, dürften aber kaum ausgereicht haben, denn immer wieder wurden Diebstähle von Lebensmitteln gemeldet.[101] Werkschutzmeldungen über Kriegsgefangene, die schlafend angetroffen wurden, die erwartete Arbeitsleistung nicht erfüllen konnten oder beim Organisieren von Lebensmitteln erwischt wurden, waren deshalb keine Seltenheit.[102]

Im Vergleich zu den luxemburgischen Arbeitern waren die russischen Kriegsgefangenen wie die Ostarbeiter deutlich schlechter gestellt. So hatten die Gefangenen anders als die volksdeutschen Arbeiter kein Anrecht auf passende Arbeitsschuhe und Arbeitskleider. Die Kriegsgefangenen trugen Uniformen, die ihnen vom Stalag zur Verfügung gestellt wurden. Diese waren für Tätigkeiten am Hochofen oder in den Maschinenbetrieben nur wenig geeignet und erhöhten die Unfallgefahr. Ein Antrag beim Landeswirtschaftsamt in Luxemburg, Arbeitskleidung aus Werksbeständen an die Russen verteilen zu dürfen, wurde abschlägig beschieden. Für die

100 Abschließendes Gutachten vom 11.1.1943 betr. Sektion des Fedotkin Stepan; Liste mit Namen der verstorbenen Gefangenen (28.1.1943); Schreiben Broglios vom 3.2. und vom 16.2.1943 an den Amtsbürgermeister von Esch-Land. Als die ARBED 1954 den Ausbau der Werksanlagen auf Belval ins Auge fasste, wurden die Toten exhumiert und auf den Friedhof von Esch-Lallange umgebettet. Vgl. Aufstellung der im Kgf.-Lager Quelle Bel-Val verstorbenen sowjetischen Kriegsgefangenen (4.4.1945), in: ANLux ARBED Belval 14435.

101 Meldung des Werkschutzes (11.1.1943), in: ANLux ARBED Belval 14435.

102 Vgl. Meldungen in Mappe „Sowjet-russische Kriegsgefangene. Werkschutzmeldungen 1942/43", in: ANLux ARBED Belval 14435.

NS-Bürokratie war das hochwertige Material zu schade, um es an Kriegsgefangene auszugeben, die man dann auch nicht mehr von den normalen Zivilarbeitern unterscheiden könne.[103] Weitgehend rechtlos waren die Gefangenen in punkto Arbeitsschutz, Arbeitsrecht und Sicherheit. Die gesetzlichen Arbeitsschutzbestimmungen galten nicht für Kriegsgefangene, d.h. sie konnten dort für besonders gefährliche Arbeiten eingesetzt werden, wo der normale deutsche Arbeiter nicht tätig werden durfte. Die Kriegsgefangenen waren nicht sozialversichert, weshalb ihnen keine normale ärztliche Versorgung zustand (für dringende Fälle war ein Lagerarzt zuständig). Nach Möglichkeit versuchte man Facharbeiter zu erfassen, damit diese gezielt eingesetzt werden konnten. Im Normalfall sollten die Gefangenen unter der Leitung eines deutschen Vorarbeiters in geschlossenen Kolonnen arbeiten, die „bei geringstem Aufwand eine ausreichende Bewachung“ möglich machte. Sie sollten strikt getrennt von den „volksdeutschen“ oder ausländischen Zivilarbeitern (d.h. auch den Ostarbeitern) zum Einsatz kommen, wobei „die Arbeitskraft jedes Kriegsgefangenen (…) voll ausgenutzt“ werden musste. Wach- und Hilfsmannschaften wurden dazu angehalten, gegen Kriegsgefangene, die mit ihrer Arbeitskraft zurückhielten, einzuschreiten, bei mangelnder Sorgfalt in dieser Hinsicht drohten dem Wachpersonal Sanktionen.[104]

Zufällig fiel die Ankunft der Kriegsgefangenen mit der Eröffnung der Propaganda-Ausstellung „Das Sowjet-Paradies“ zusammen, die vom 5. Dezember 1942 bis zum 3. Januar 1943 in der Hauptstadt gezeigt wurde. Die Sowjetunion wurde hier als ein „Herd der Weltpest und des Untermenschentums“ dargestellt, wo der Arbeiter als ausgebeuteter Fronsklave ein elendes Hungerleben friste, während die luxemburgischen Arbeiter „sich glücklich schätzen in einer Welt zu leben, in der sie als Menschen zählen, in der ihre Leistungen anerkannt und entsprechend gewertet werden.“ Bis Mitte Dezember 1942 hatten angeblich 30.000 Menschen – darunter viele Schulklassen – die Ausstellung in Luxemburg besichtigt oder auf Anordnung der Partei besichtigen müssen. Die deutsche Betriebsführung von Belval organisierte auf Wunsch der Escher Kreisleitung Anfang Dezember Sonderführungen für die Belegschaft. Die Besichtigungen wurden als Betriebsausflüge durchgeführt, für die das ARBED-Unternehmen die Fahrtkosten sowie einen Teil der Verpflegung übernahm. Außerdem spendierte man noch einen Kinobesuch, um die Arbeiter und Angestellten zum Ausstellungsbesuch anzuspornen.[105] Wie

---

103 Schreiben von Direktor Broglio vom 8.2.1943 an das Landeswirtschaftsamt in Luxemburg betr. Arbeitskleidung, in: ANLux ARBED Belval 14435.

104 Vertrauliche Richtlinien vom 30.11.1942 für den Einsatz von sowjetischen Kriegsgefangenen in gewerblichen Betrieben, in: ANLux ARBED Belval 09410. Vermerk: „Nur für den innern Werkgebrauch bestimmt.“

105 Mitteilung der Direktion vom 3.12.1942 (gez. von Betriebsführer Broglio und Betriebsobmann Palmer) betr. Ausstellung „Das Sowjetparadies“, in: ANLux ARBED Belval 09410. Vgl. Presseartikel, die anlässlich der Ausstellungseröffnung in der Luxemburger Presse erschienen, z.B. „Herd der Weltpest und des Untermenschentums“, in: LW Nr. 332/333 (28./29.11.1942), „Eindrucksvoller Anschauungsunterricht“,

gewohnt hielt sich das Interesse in Grenzen. Broglio ordnete nun an, dass an jedem Sonntag 200 Gefolgschafter teilnehmen müssten und legte fest, wie viele Besucher die einzelnen Betriebe seines Werkes zu stellen hätten. Bis Januar 1943 nahmen 1.498 Arbeiter und Angestellte an den werkseitig organisierten Ausstellungsbesuchen teil, die meisten dürften von ihren Vorgesetzten dazu gezwungen worden sein.[106]

Direktor Nino Broglio selbst muss die Ausstellung besucht haben, denn eine Bekanntmachung, die er zusammen mit seinem Betriebsobmann am 3. Dezember 1942 herausgab, stand ganz offensichtlich unter dem Eindruck der NS-Gräuelpropaganda. Direktor Broglio erinnerte noch einmal an die Richtlinien, vor allem was den Umgang mit den Kriegsgefangenen und das Zustecken von Lebensmitteln, Kleidung, Gebrauchsartikeln und besonders Rauchwaren anbelangte. Es habe bereits einen Verstoß gegeben, der mit einer Geldstrafe von 10 Reichsmark belegt worden war. Im Wiederholungsfalle drohten Bußen bis zu 50 Reichsmark und darüber hinaus Meldung bei der Gestapo. „Wer glaubt, diese Untermenschen, deren Greueltaten gegen deutsche Soldaten genugsam bekannt sind, nicht meiden zu können, muss darauf gefasst sein, dass er selbst als Untermensch behandelt und aus der Volksgemeinschaft ausgestoßen wird."[107] Unbeeindruckt von solch massiven Drohungen gab es dennoch Arbeiter, die sich nicht an diese Richtlinien hielten.[108]

Probleme gab es auch mit den Kriegsgefangenen selbst, deren Arbeitseifer sich in Grenzen hielt. Es gab Fälle, in denen die Gefangenen Krankheiten simulierten, um nicht zur Arbeit erscheinen zu müssen. Vorarbeiter gingen dazu über, den Gefangenen besseres Essen in Aussicht zu stellen, um sie zu motivieren. Nach einer Beschwerde des zuständigen Wehrmacht-Lagerführers musste Broglio gegen diese Praxis einschreiten. Doch schon wenige Tage später war diese Mitteilung wieder hinfällig geworden, da man die Richtlinien für die Behandlung der Kriegsgefangenen wieder abändern musste. Gegen Jahresende führte man außerdem ein menschenunwürdiges Kennzeichnungssystem für die Zwangsarbeiter ein.

---

in: ETB Nr. 279 (27.11.1942) und „Grenzenlose Armut in ihrer ganzen Trostlosigkeit", in: LW Nr. 345 (11.12.1942).

106 Mitteilung der Direktion vom 9.12.1942 betr. Ausstellung „Das Sowjetparadies" in Luxemburg, in: ANLux ARBED Belval 09410. Vgl. Mappe „DAF. Propaganda" (1941-1944), in: ANLux ARBED Belval 14433. Die Ausstellung, die in Luxemburg gezeigt wurde, während sich in Stalingrad der Untergang der 6. Armee abzeichnete, bestärkte eher die Bewunderung für das russische Volk; vgl. Delvaux, Luxemburg im zweiten Weltkrieg, S. 128–134.

107 Bekanntmachung des Betriebsführers und des Betriebsobmanns vom 3.12.1942 betr. Einsatz von sowjetischen Kriegsgefangenen, in: ANLux ARBED Belval 09410.

108 Vgl. Fall der Arbeiter Johann Peter Kohn und J. Kirsch, in: Bekanntmachung des Direktors vom 4.12.1942 betr. russische Kriegsgefangene sowie Fall des Arbeiters Alfons Marquart, in: Bekanntmachung des Betriebsführers vom 4.12.1942 betr. sowjetische Kriegsgefangene, in: ANLux ARBED Belval 09410.

Diese mussten nun eine Blechmarke an der linken Brustseite tragen, in welche die Betriebsnummer des Kriegsgefangenen eingestanzt wurde. Die Kriegsgefangenen wurden entmenschlicht und waren nur noch Nummern. In einer dienstlichen Anweisung hieß es lapidar: „Es wird in Zukunft genügen, den Kgf. [= Kriegsgefangenen] mit der lfd. [= laufenden] Betriebsnummer zu bezeichnen.“[109]

Über die Behandlung der sowjetischen Kriegsgefangenen kann man nur spekulieren. Die wiederkehrenden Ermahnungen, sich von den Kriegsgefangenen fernzuhalten, lassen darauf schließen, dass sich die meisten zivilen Arbeiter korrekt verhielten, viele ihren russischen Kollegen halfen, indem sie ihnen Zigaretten oder Lebensmittel zusteckten. Andererseits gab es sicher Fälle von Antreiberei, Schinderei und selbst Misshandlungen kamen vor. Mitte Dezember 1942 – die gefangenen Rotarmisten waren gerade zwei Wochen in Luxemburg – beklagte der beigeordnete Generaldirektor Carlheinz Hoffmann, dass Kriegsgefangene von einigen Werkschutzmännern „in der übelsten Form durch Fußtritte und Schläge mit harten Gegenständen misshandelt“ worden waren. Ein Kriegsgefangener sei sogar arbeitsunfähig geschlagen worden. Hoffmann ordnete an, dass „jegliche Misshandlungen zu unterbinden seien.“ Sollten ähnliche Fälle sich wiederholen, würden die Täter aus dem Werkschutz entfernt.[110] Zivilwachmannschaften und Betriebsvorgesetzten schärfte man sogar nachdrücklich ein, dass es ihre „Pflicht“ sei, die Kriegsgefangenen „vor Misshandlungen zu schützen“. Bei Verstößen gegen diese Regel drohten Strafen bis hin zu sofortiger Entlassung.[111] Diese grundsätzliche Einstellung hat aber nur wenig mit einer humanen Einstellung der Betriebsführung den Zwangsarbeitern gegenüber zu tun. Vielmehr entsprach dies den Erlassen des Generalbevollmächtigten für den Arbeitseinsatz, Fritz Sauckel, der betonte, „dass jede Misshandlung der Russen zu unterbleiben hat; im Gegenteil alles vermieden werden müsse, was die Arbeitslust der Russen irgendwie beeinträchtigen könne.“[112] In die gleiche Richtung ging ein Aufruf des Vorsitzenden der Reichsvereinigung Eisen, der im Januar 1943 in den ARBED-Werken bekanntgegeben wurde. Röchling ging davon aus, dass die Menschen aus dem Osten noch „viele, viele Jahre“ in Deutschland bleiben würden und man „durch vernünftige Führung“ die Ausländer „zu willigen und vollwertigen Mitarbeitern“ heranziehen könnte. Allerdings hielt man an einer klaren Trennung zwischen deutschen

109 Mitteilung der Direktion vom 15.12.1942 betr. sowjetische Kriegsgefangene. Vgl. dazu anderslautende Mitteilung der Direktion vom 30.12.1942 betr. sowjetische Kriegsgefangene, in: ANLux ARBED Belval 09410.

110 Schreiben des beigeordneten Generaldirektors Hoffmann an Direktor Broglio betr. Behandlung russischer Kriegsgefangener (15.12.1942). Broglio hatte darauf am 17.12.1942 eine Rücksprache mit dem zuständigen Werkschutzleiter Gorgels.

111 Mitteilung der Direktion betr. sowjetische Kriegsgefangene (30.12.1942), in: ANLux ARBED Belval 09410.

112 Vgl. Abelshauser, Rüstungsschmiede der Nation?, S. 413.

und osteuropäischen Arbeitern fest: „Selbstverständlich muss auch dann noch der Abstand, besonders von den Ostländern bewahrt bleiben", so sein Aufruf 1943.[113]

Dass Ostarbeiter und sowjetische Kriegsgefangene lediglich als Menschen zweiter Klasse betrachtet wurden, verdeutlicht auch die Anweisung des beigeordneten Generaldirektors Franz Schmidt an Direktor Broglio betreffend Weihnachtsfeiern. Die DAF-Gauwaltung hatte in einem Rundschreiben die Organisation kleinerer Weihnachtsfeiern ausdrücklich empfohlen. Für fleißige Ostarbeiterinnen könne man Tannenbäume, gutes Essen und kleine Geschenke besorgen. Die DAF empfahl aber, dass an den Feiern nur der Betriebsführer und das Lagerpersonal teilnehmen dürften. Gemeinsame Feiern mit volksdeutschen Arbeitern waren verboten. Beim ARBED-Konzern wurden diese Anweisungen sogar noch restriktiver ausgelegt. Laut Anweisung des beigeordneten Generaldirektors Franz Schmidt waren Weihnachtsfeiern weder erwünscht noch zulässig. Sonderzuteilungen an Lebensmitteln seien von vorneherein ausgeschlossen, denn sie seien ein „Geschenk des Führers an das deutsche Volk" und nicht an die Ostarbeiter.[114]

2.3. Belgische Dienstverpflichtete

Neben Ostarbeitern und Kriegsgefangenen wurden im Laufe der Besatzungszeit noch andere Gruppen zum Arbeitseinsatz gezwungen. Da Werbeaktionen in Frankreich kaum Erfolg hatten, richtete sich der Blick nach Belgien. Das Land unterstand einer Militärverwaltung, sodass der Luxemburger Gauleiter Simon prinzipiell nicht in das Revier eines anderen CdZ beziehungsweise Gauleiters eindrang. Seit 1940 waren neben Franzosen viele Belgier, sei es als Kriegsgefangene oder als Zivilarbeiter, für die deutsche Kriegswirtschaft tätig. Circa 224.000 Belgier hatten sich bis 1942 für den „Reichseinsatz" werben lassen. Im April wurde eine Werbestelle in Arlon eingerichtet, die Arbeiter nach Luxemburg vermitteln sollte, wobei die Genehmigungsprozedur allerdings sehr umständlich war. Ein Antragsteller aus Luxemburg musste den Antrag zunächst beim Arbeitsamt abgeben, das die Papiere dann nach Deutschland zur Überprüfung weiterleitete, bevor von dort aus die Stellen in Belgien bemüht wurden.[115] Am 6. Oktober 1942 wurde schließlich der „Service de travail obligatoire" zum Arbeitseinsatz im Reichsgebiet eingeführt. Trotz Protesten wurden ganze Jahrgänge von den Deutschen zwangsrekrutiert. Diese Zwangsrekrutierung von Arbeitskräften schuf in Belgien eine ganze Reihe

---

113 Aufruf Röchlings an die Führer und Gefolgschaften der Betriebe der Eisen schaffenden Industrie (1.1.1943). Der Aufruf kam von der Bezirksgruppe Luxemburg der WESI. Schreiben Emmendörfers vom 28.12.1942 an die ARBED-Betriebsführer, in: ANLux ARBED Belval 09410.

114 Schreiben des beigeordneten Generaldirektors Schmidt vom 15.12.1942 an Direktor Broglio und Rundschreiben der DAF vom 15.12.1942 an alle Betriebsführer und Lagerführer der Ostarbeiterlager betr. Weihnachtsfeiern für Ostarbeiter, in: ANLux ARBED Belval 14451 (Mappe „Kameradschaftsabende").

115 „Anwerbung von Arbeitern", in: LW Nr. 105 (15.4.1942).

unlösbarer Probleme, die gewissermaßen nach Luxemburg exportiert wurden, als man hunderte von Belgiern in die Schwerindustrie dienstverpflichtete.[116]

Der Einsatz von Ostarbeitern sowie sowjetischen Kriegsgefangenen hatte nicht zu der erwarteten Entlastung geführt. Im Gegenteil, er hatte größere Probleme in den ARBED-Werken mit sich gebracht, die man trotz schwerer Sanktionen nicht in den Griff bekam. Die Zwangsarbeiter waren zudem schlecht ausgebildet, vielfach in einem desolaten körperlichen Zustand und nur wenig motiviert, für die deutsche Rüstungsindustrie zu arbeiten. Man setzte somit größere Hoffnungen in die Rekrutierung in den Nachbarländern, vor allem in Belgien. Werbeaktionen im besetzten Frankreich schienen wenig opportun. Gauleiter Simon hatte wohl aus Rivalitätsgründen wenig Interesse, bei seinem Konkurrenten Gauleiter Joseph Bürckel, dem Chef der Zivilverwaltung in Lothringen, um Arbeitskräfte für seinen Industriebezirk zu bitten. Die Bestrebungen der „Volkstumspolitik“ Simons gingen seit 1941 dahin, Luxemburg „völkisch“ zu bereinigen, etwa durch die Begrenzung der Zahl der „fremdvölkischen“ Ausländer. Diese Politik erklärt, dass bis 1943 insgesamt gesehen nur wenige Ausländer auf Belval arbeiteten. Neben 204 Italienern, die bis zum Sturz Mussolinis als Verbündete galten, stellten die Belgier mit 33 und die Franzosen mit 21 Arbeitern das Gros der Nichtluxemburger.[117] Um die Lücken zu füllen, betrieb die Zivilverwaltung ab 1942 die Anwerbung von Belgiern aus dem Grenzgebiet um Arlon und Athus, wobei man große Hoffnungen in die deutschsprachigen Bewohner setzte.[118]

Der Arbeitskräftebedarf kannte keine Grenzen und der Luxemburger Direktionssekretär Pierre Schleimer, der nicht als deutschfreundlich galt, notierte im März 1943, dass man noch weitere Arbeitskräfte aufnehmen könne, zum Teil sogar aus dem Reichsgebiet. Dort waren durch die schweren Fliegerangriffe mehrere tausend ausländische Arbeiter bei Krupp in Essen arbeitslos geworden. Das Arbeitsamt stellte die Frage, ob man diese nun in Luxemburg beschäftigen, verpflegen und unterbringen könne. Schleimer hielt in seiner Aktennotiz lapidar fest: „Beschäftigung ist in Belval-Rothe Erde genügend vorhanden, auch für einen kurzfristigen Aufenthalt einer großen Anzahl dieser Kräfte.“ ARBED und Differdingen, so das Ergebnis einer Besprechung, könnten problemlos insgesamt 1.380 Mann aufnehmen. Noch am selben Tag stellte ARBED-Belval den schriftlichen Antrag auf die

116 Vgl. Piquet, Charbon – Travail forcé – collaboration, S. 213ff. Zum Einsatz der belgischen Dienstverpflichteten in Luxemburg, siehe Volkmann, Luxemburg im Zeichen des Hakenkreuzes, S. 340–344. Zur deutschen Arbeitskräftepolitik in Belgien, vgl. Harvey, Arbeitsverwaltung und Arbeitskräfteregulierung im besetzten Europa, S. 371–383.

117 Antrag ARBED-Belval-Rothe Erde vom 2.4.1943 an den GBA, in: ANLux ARBED Belval 14429 (Mappe „Belgische Dienstverpflichtete“).

118 Zur „Volkstumspolitik“ von Gauleiter Simon in Luxemburg und zur Rivalität Bürckel-Simon, vgl. Dostert, Luxemburg zwischen Selbstbehauptung und nationaler Selbstaufgabe, S. 152–158. Siehe „Die Neuordnung im Areler Gebiet“, in: ETB Nr. 187 (12.8.1942).

Zuteilung von 420 belgischen Arbeitern für „kriegswichtige Fertigungen", so die Begründung. Die ersten 113 Belgier trafen schließlich am 18. März 1943 ein und sollten im Werk Düdelingen eingesetzt werden. Um die Zuweisung der Arbeitskräfte zwischen den einzelnen Unternehmen zu koordinieren, trafen sich Vertreter der ARBED, der RODAG und der DIFFAG zu einer Besprechung in den Räumen der Wirtschaftsgruppe Eisenschaffende Industrie. Hier wurden weitere 600 Belgier in Aussicht gestellt, die auf die einzelnen Unternehmen aufgeteilt wurden, wobei die meisten, etwa 420 Mann, für Belval und Schifflingen vorgesehen waren, während sich Differdingen und Rodingen den Rest aufteilen sollten. Für die Unterbringung der Belgier standen schon 280 Plätze im Lager Belval bereit, die nach einer Besichtigung von DAF, Arbeitsamt und Werksdirektion für gut befunden wurden. Ende April wurde ein neuer Antrag gestellt, in dem 1.000 Arbeiter angefordert wurden.[119] Dabei war es mehr als unwahrscheinlich, dass allen Wünschen der Schwerindustrie Rechnung getragen würde, da die Arbeitsmarktlage in Belgien nicht gerade vielversprechend war.

Die Belgier wurden im Gegensatz zu den Kriegsgefangenen und den Ostarbeitern besser bezahlt und zwar nach den offiziellen Tarifordnungen, d.h. wie die Luxemburger Stammarbeiter. Sie erhielten außerdem verschiedene Zulagen, da sie von ihren Familien getrennt waren. Die Direktion von Belval schärfte den Betriebsleitern ein, dass die Belgier „als freie Arbeitskräfte zu betrachten und zu behandeln sind."[120] Am 1. April 1943 kamen die ersten 145 belgischen Arbeiter auf Belval an, deren Gesundheitszustand offensichtlich alles andere als gut war, denn schon am darauffolgenden Tag lag der Krankenstand bei 23 Prozent. Vielfach dürften sich die Dienstverpflichteten auch krankgemeldet haben, um einfach wieder in ihre Heimat zurückkehren zu können. Dieser Praxis gebot die Zentralverwaltung ab Mai Einhalt, indem die Heimkehr von Kranken schlicht untersagt wurde. Nur wenig später befasste sich Gauleiter Gustav Simon persönlich mit dem Problem und erteilte dem CdZ-Kommissar für die Luxemburger Sozialversicherungen den „Sonderauftrag", dem Krankenstand der Belgier ein besonderes Augenmerk zuzuwenden.[121] Simon bestimmte, dass man Belgiern die Passierscheine abnehmen solle, damit sie die Grenze nicht mehr passieren könnten. Die Aktion wurde vom CdZ mit der Deutschen Arbeitsfront und dem Einsatzkommando der Sipo und des SD abgestimmt. Der DAF-Kreisobmann Grohé schlug seinerseits verschärfte Grenzkontrollen vor. Die Lage besserte sich indes nur sehr langsam. Ende Mai beschäftigte Belval 360 dienstverpflichtete belgische Staatsbürger, von denen aber

119 Aktennotiz Schleimer (13.3.1943); Anträge vom 13.3. und vom 30.4.1943, in: ANLux ARBED Belval 14429 (Mappe „Belgische Dienstverpflichtete").

120 Mitteilung der Direktion vom 1.4.1943 betr. Einsatz von dienstverpflichteten Belgiern, in: ANLux ARBED Belval 09410.

121 Schreiben des Kommissars für das Sozialversicherungswesen vom 19.5.1943 an Generaldirektor Max P. Meier (DIFFAG) betr. Krankenstände in den Lagern für Belgier, in: ANLux CdZ A-1-30:561 (= A-3825).

nur 68,2 Prozent arbeiteten, während 22 Prozent krankgemeldet waren. Über 6 von Hundert fehlten unentschuldigt. Der Luxemburger Ingenieur Paquet beklagte sich in seinem Schreiben an den CdZ über den allgemein schlechten Gesundheitszustand der Dienstverpflichteten sowie über deren mangelnde Qualifikation für die Arbeit in der Schwerindustrie. Paquet wies darauf hin, dass man im November und Dezember 1942 die gleichen Probleme mit den Ostarbeitern und den sowjetischen Kriegsgefangenen gehabt habe. Nach einer Eingewöhnungsphase, so Paquet, würde sich die Lage schon bessern. Er räumte aber ein: „Dies wird uns jedoch nicht verhindern, in unnachsichtlicher Weise diejenigen Maßnahmen zu ergreifen, die uns zur Erzielung eines beschleunigten und verbesserten Arbeitseinsatzes geeignet scheinen.“[122] Diese Aussage des Luxemburger Ingenieurs, der eigentlich nicht zu den regimetreuen Kollaborateuren zählte, wirft Fragen auf. Vertrat er gegenüber der deutschen Zivilverwaltung offiziell einen harten Kurs, um vorauseilend von dort zu erwartende Vorwürfe zu entkräften? Oder handelte er als Vorgesetzter, der für sein Unternehmen rücksichtslos und um jeden Preis die angeordneten Produktionsziele erreichen wollte? Tatsache ist, dass Drohungen und Repressionen das Problem des massiven Absentismus nicht lösen konnten. Zudem waren die dienstverpflichteten Belgier nur wenig motiviert, zwangsweise in Luxemburg für den Feind arbeiten zu müssen.

Die Direktion bemühte sich daraufhin, den Belgiern mit Vergünstigungen entgegenzukommen, so durften sie ihre Lohnersparnisse in die Heimat überweisen, obwohl Belgien devisenrechtlich als Ausland galt.[123] Zwar verbesserten sich die Abwesenheitsziffern der belgischen Arbeiter, aber im Juni 1943 fehlten von 482 Belgiern immerhin 157 unentschuldigt. Zudem kamen nach dem Pfingstfeiertag viele erst verspätet zur Arbeit, sodass es zu Produktionsausfällen im Stahlwerk kam. Resigniert meldete Paquet im Juni der ARBED-Zentralverwaltung: „Wir können uns der unentschuldigten Abwesenheiten unserer belgischen Dienstverpflichteten kaum mehr erwehren.“ Entnervt ordnete Direktor Broglio an, dass die Belgier keinerlei Bevorzugung oder Entgegenkommen seitens der ARBED zu erwarten hätten, da ihre Anwesenheit so unregelmäßig sei.

Schließlich kamen die Missstände dem SD zu Ohren, der sich im Juni 1943 mit den Schwierigkeiten des Arbeitseinsatzes der Belgier befasste und genau

122 Aktennotiz (1.4.1943), Schreiben der ARBED-Zentralverwaltung (Sozialabteilung) vom 21.5.1943 an Belval betr. Krankenstände in den Lagern für Belgier, Schreiben Belval vom 31.5.1943 an CdZ-Kommissar für das Sozialversicherungswesen betr. dienstverpflichtete Belgier; in: ANLux ARBED Belval 14429 (Mappe „Belgische Dienstverpflichtete“).

123 Mitteilung der Direktion vom 6.4.1943 betr. Einsatz von dienstverpflichteten Belgiern, in ANLux ARBED Belval 09410. Die Überweisungen in einer maximalen Höhe von 200 RM für Arbeiter und 300 RM für Angestellte konnten ausschließlich über die Deutsche Bank getätigt werden; vgl. Bekanntmachung vom 10.6.1943 betr. Lohnersparnisüberweisungen nach Belgien, ebenda.

beobachtete, wie die ARBED-Direktion reagierte, um „diesen Zuständen Herr werden zu können." Illegale Grenzübertritte, Simulieren von Krankheiten und Schmuggel konnten nur mit Mühe oder überhaupt nicht unterbunden werden. Polizei und Gestapo waren sichtlich nicht mehr in der Lage, das Ganze abzustellen. In einem Lagebericht vermutete der SD, dass viele belgische Arbeiter kommunistisch seien und verdächtigte sie außerdem der Sabotage. Richtige Lösungen hatte der SD nicht parat und empfahl lediglich, die Fremdarbeiter „mit größter Vorsicht und Misstrauen zu behandeln".[124]

Die Fehlzahlen waren bei der luxemburgischen Stammbelegschaft zwar bei einer Präsenz von 80 Prozent niedriger, aber nach Dafürhalten der Direktion, der DAF und der Zivilverwaltung immer noch viel zu hoch. Bei den Belgiern schwankte die Präsenz im gleichen Zeitraum zwischen April und August 1943 zwischen 68 und 38 Prozent. Die Statistiken waren für die ARBED-Leitung ernüchternd: Anfang September 1943 waren offiziell 502 Belgier auf Belval dienstverpflichtet. Davon galten 175 als kontraktbrüchig, d.h. das Beschäftigungsverhältnis war praktisch aufgelöst, da die Belgier einfach nicht mehr zur Arbeit erschienen waren. Insgesamt 311 hatten sich krankgemeldet (laut ARBED-Berechnungen entsprach dies 9.959 Arbeitsschichten), 313 hatten Sonderurlaub beantragt (= 2.227 Schichten), 349 Arbeiter hatten unerlaubt gefehlt (= 7.183 Schichten). Um die Produktion auf Belval überhaupt aufrecht erhalten zu können, verhängte die Werksleitung Anfang September 1943 gar eine totale Urlaubssperre.[125]

Im Mai 1943 mussten Betriebsführer und Betriebsobmann also feststellen, dass die dienstverpflichteten Belgier, die von der Werbestelle Arlon ins Luxemburger Minettegebiet geschickt wurden, häufig ohne Erlaubnis ihre Arbeitsstellen verließen oder früher nach Hause fuhren und nicht selten erst mit einigen Tagen Verspätung zurückkehrten. Angedrohte Strafen, wie etwa das Verbot, zwei Monate nicht auf Heimurlaub fahren zu dürfen, halfen nur wenig, um die Motivation der Belgier aufrechtzuerhalten. Das Problem der Abwesenheiten sollte die ARBED-Direktion nie wirklich in den Griff bekommen.[126] Die Methode von „Zuckerbrot und

---

124 Meldungen aus Luxemburg vom 18.6.1943, abgedr. in: Aloyse Raths, SD-Berichte über Luxemburg, in: Rappel 39 (1984), S. 41f.

125 Schreiben Paquets vom 19.6.1943 an die Zentralverwaltung betr. belgische Dienstverpflichtete, Schreiben Broglios vom 6.9.1943 an das Arbeitsamt (Nebenstelle Esch) betr. belgische Dienstverpflichtete, Schreiben des Abwehrbeauftragten Wessel vom 3.9.1943 an Belvaler Direktion betr. belgische Arbeiter, in: ANLux ARBED Belval 14429 (Mappe „Belgische Dienstverpflichtete"). Ähnlich war die Situation auf Werk Schifflingen; vgl. Marie Bastian, L'usine ARBED-Esch et son personnel pendant l'occupation allemande, S. 66.

126 Avis à nos ouvriers belges (29.5.1943), gez. von Betriebsobmann Palmer und Betriebsführer Broglio, in: ANLux ARBED Belval 09410. In der deutschsprachigen Fassung der Bekanntmachung hieß es: „Wir erwarten von der Einsicht unserer belgischen Dienstverpflichteten, dass die gerügten Missstände sich in der Zukunft nicht mehr wiederholen und uns dementsprechend die Anwendung unangenehmer

Peitsche“ hatte auch bei den Belgiern keinen durchschlagenden Erfolg, wie die von Belval erstellten Statistiken ergaben. Im August 1943 nahmen die Abwesenheiten der belgischen Dienstverpflichteten sprunghaft zu. So waren 376 Belgier abwesend, von denen 84 krankgemeldet waren (der Großteil unentschuldigt) und 89 einfach ohne irgendeine Erklärung fehlten. Bis Dezember hatte sich die Lage etwas verbessert, aber bis August 1944 blieb der Prozentsatz der Fehlzeiten sehr hoch.[127] Das ARBED-Werk Belval war kein Einzelfall. Bei der Krupp Stahlbau A.G. in Steinfort lag die Abwesenheitsziffer 1944 zwischen 15 und 17 Prozent.[128]

Aber nicht überall war die Situation so problematisch. Im Dommeldinger ARBED-Werk, in dem Sturmkanonenrohre hergestellt wurden, schien alles gut zu laufen.[129] Die deutschen Glyco-Metallwerke, die in Diekirch und Wiltz Teile für die Panzerfertigung produzierten, schienen ohne größere Probleme zu funktionieren und dies knapp einen Monat nach der Landung der Alliierten in der Normandie, wo die Motivation der Arbeiter auf einem Tiefpunkt angekommen war, so zumindest der Eindruck des SD, der meinte, Schwierigkeiten „in der Beschaffung von Arbeitskräften [seien] nicht aufgetreten.“[130] Möglicherweise spielte es eine Rolle, dass hier die Betriebsführung und die DAF bis zum Schluss die Fäden fester in der Hand hielten als bei anderen Unternehmen. Auch die Persönlichkeit des Betriebsführers spielte eine Rolle. Während sich auf Belval ein Nino Broglio wie ein rabiater Nazi gebärdete, befand sich in Dommeldingen mit Direktor Wilhelm Schüll zwar ein Reichsdeutscher an der Spitze der ARBED-Abteilung, aber er galt als „ausgesprochener Fachmann“ und hielt sich aus der Politik heraus.[131]

Zwangsmaßnahmen erspart bleibt.“ Der beigeordnete Generaldirektor Schmidt wurde ab Juli 1943 in Wochenberichten über die Abwesenheiten der belgischen Dienstverpflichteten informiert, vgl. Mitteilung der Direktion betr. Abwesenheiten der Belgier (27.7.1943), ibid.

127 Mappe „Abwesenheiten der belgischen Dienstverpflichteten“, in: ANLux ARBED Belval 14429.

128 Besorgt stellte der SD fest, dass es durch die Grenzlage der Firma „besondere Schwierigkeiten“ gebe: „Die Belegschaft des Werkes setzt sich zum großen Teil aus fremdvölkischen Arbeitern, insbesondere aus Belgiern, zusammen, deren Bereitschaft zur Arbeit nicht besonders groß ist.“ Außerdem wechselten ständig die Arbeitskräfte, da „laufend dienstverpflichtete Belgier aus dem Betrieb ausscheiden, indem sie einfach der Arbeit fernbleiben“, so der Bericht.

129 Bericht des SD-Abschnitts Koblenz an das RSHA vom 12.7.1944, in: Brommer (Hg.), Die Partei hört mit, Bd. 2.2, S. 761ff. Der SD-Bericht bezeichnete die ARBED-Werke „mit als die besten Lieferanten des Reiches“.

130 Bericht des SD-Abschnitts Koblenz an das RSHA vom 12.7.1944, in: Brommer (Hg.), Die Partei hört mit, Bd. 2.2, S. 763.

131 Schüll stellte die Produktion über alles. So gab es 11 Mitarbeiter, deren Söhne fahnenflüchtig waren und deren Familien eigentlich hätten umgesiedelt werden müssen. Da es sich bei den Mitarbeitern aber um „Schlüsselkräfte“ handelte, auf die man nicht verzichten konnte, vertrat Schüll die Meinung „dass die Panzerfertigung vordringlicher sei und aus diesem Grunde auch die geplanten staatspolizeilichen

2.4. Bilanz des Zwangsarbeitereinsatzes

Der Einsatz von Fremdarbeitern, Dienstverpflichteten, Ostarbeitern und sowjetischen Kriegsgefangenen war für den ARBED-Konzern nicht wirklich gewinnbringend, sieht man davon ab, dass diese Arbeitskräfte natürlich halfen, die Produktion aufrecht zu erhalten beziehungsweise zu steigern. Die Lohnkosten für diese Kategorie von Arbeitern und Arbeiterinnen waren auf den ersten Blick zwar niedriger als für Stammarbeiter. Diese kamen in den Genuss zahlreicher Prämien und Zuschläge, während die „Fremdvölkischen" meist leer ausgingen. Für diese musste der Betrieb aber Verpflegung und Unterkunft mit einrechnen, die mit 1,50 Reichsmark zu Buche schlugen. Da man für einheimische und „fremde freie Arbeitskräfte" je nach Schwere der Arbeit für die gleichen Leistungen zwischen 1,50 und 1,75 Reichsmark veranschlagte, kann man davon ausgehen, dass in dieser Hinsicht die Ostarbeiter doch recht gut versorgt wurden.[132] Dies mag erklären, dass die Beschäftigung von Fremdarbeitern für Großunternehmen wie die ARBED insgesamt kaum profitabel war. Eine betriebsinterne Untersuchung bei Krupp hatte beispielsweise 1942 ergeben, dass die Kosten für ausländische Arbeiter deutlich höher waren als für vergleichbare deutsche Arbeiter. Dabei lagen die Leistungen der ausländischen Arbeiter deutlich niedriger, vor allem bei den Ostarbeitern, deren Leistungsfähigkeit bei 40 bis 60 Prozent der Stammbelegschaft lag. Erhebliche Mehrkosten mussten für die Unterbringung, Verpflegung, Bewachung der Ostarbeiter und Kriegsgefangenen aufgebracht werden, sodass der Konzern bis zu 190 Prozent mehr für ausländische Arbeiter aufbringen musste als für Deutsche.[133] Aus Unternehmensperspektive kam erschwerend hinzu, dass es sich bei der Mehrzahl der Ausländer und Zwangsarbeiter um Hilfsarbeiter beziehungsweise Angelernte handelte, während der Anteil der dringend benötigten Facharbeiter sehr niedrig blieb.[134] Im Prinzip wollten die Unternehmen folglich eher ihr qualifiziertes und erfahrenes Stammpersonal behalten, als es durch Zwangsarbeiter ersetzen, die zunächst Mehrkosten und verwaltungstechnischen Aufwand darstellten.

Vor allem in der ersten Phase des Zwangsarbeitereinsatzes in Luxemburg herrschte ein recht großes Durcheinander, denn man musste nicht nur

---

Maßnahmen zurückstehen müssten." Vgl. Bericht des SD-Abschnitts Koblenz an das RSHA vom 12.7.1944, in: Brommer (Hg.), Die Partei hört mit, Bd. 2.2, S. 763. Félix Chomé bewertet die Rolle des Reichsdeutschen, der im November 1942 den Luxemburger Léopold Biver in Dommeldingen ersetzte, verhalten positiv; vgl. Chomé, Un demi-siècle d'histoire industrielle, S. 359.

132 Bekanntmachung des Betriebsführers und des Betriebsobmanns vom 1.11.1943 betr. Verpflegungs- und Übernachtungssätze in unsern Gemeinschaftslagern, in: ANLux ARBED Belval 09410.

133 Abelshauser, Rüstungsschmiede der Nation?, S. 414f.

134 In der Gussstahlfabrik von Krupp waren etwa 2000 von über 14.000 ausländischen Arbeitskräften Facharbeiter; vgl. Abelshauser, Rüstungsschmiede der Nation?, S. 423.

Unterbringung und Verpflegung organisieren, sondern auch die Kompetenzen der Werksleitung und die der Lagerführung mussten aufeinander abgestimmt, die Betriebschefs und das übrige leitende Personal entsprechend angewiesen werden. Der bürokratische Aufwand für den Einsatz der Kriegsgefangenen in den einzelnen Betrieben des Werks war enorm. Auf ARBED-Belval wirkte sich das Chaos „in unwirtschaftlicher & unangenehmer Weise auf die Arbeitszuteilung & die Arbeitsleistung“ aus, so die ernüchterte Feststellung des deutschen Direktors Ende 1942.[135] Vorschriften wie etwa das Verbot, Kriegsgefangene zusammen mit anderen ausländischen Zivilarbeitern zu beschäftigen, zwangen die Betriebe dazu, immer wieder Personal zu versetzen, zum Beispiel 1943, als auf Anweisung des Abwehrbeauftragten die Ostarbeiterinnen von Belval nach Schifflingen verlegt werden mussten. Belgische Dienstverpflichtete sollten nun die Frauen ersetzen, auf der Schlackenmühle sollten die Ostarbeiterinnen weiterhin beschäftigt bleiben.[136] Vorfälle wie diese führten dazu, dass aus unternehmerischer Sicht die Produktivität der Zwangsarbeiter eher abnahm und die erhofften Leistungssteigerungen nicht wirklich erreicht wurden.

Die Leistungen der Kriegsgefangenen blieben immer unter denen der deutschen Arbeiter, was das Ministerium Speer Ende 1943 dazu veranlasste, die Richtlinien wieder einmal anzupassen. Um ihre Motivation zu erhöhen, sollten die Kriegsgefangenen die Möglichkeit erhalten, mit ihrem Lohn in den Werkskantinen einzukaufen. Das Ministerium empfahl außerdem, den Gefangenen Schulungen und Deutschunterricht anzubieten, die ärztliche Versorgung zu verbessern sowie weitere Lohnzuschläge bei guter Arbeit auszuzahlen. Gleichzeitig wurden vom Reichsministerium für Rüstung und Kriegsproduktion die Disziplinierungsmaßnahmen nochmals deutlich verschärft. Bei schlechter Arbeit solle man den betreffenden Kriegsgefangenen mit Lohnkürzungen um bis zu 50 Prozent bestrafen. Sollten Gefangene Widerstand gegen Anordnungen des Betriebsführers oder anderer Vorgesetzter leisten, so durften die Wachmannschaften von der Waffe Gebrauch machen, um die Autorität von Staat und Unternehmen zu wahren. Schlechtes Essen bei schlechter Arbeit, Tabakentzug, besonders schwere Arbeit oder zusätzliche Nachtarbeit sollten – so die etwas naive, aber nicht weniger rücksichtslose Vorstellung des Ministeriums – erzieherisch wirken und die Leistung steigern helfen.[137]

135 Mitteilung der Direktion vom 8.12.1942 betr. Arbeitseinsatz sowjetischer Kriegsgefangener, in: ANLux ARBED Belval 14435.

136 Mitteilung der Direktion vom 27.4.1943 betr. Einsatz der Ostarbeiterinnen, in: ANLux ARBED Belval 09410.

137 Vertrauliches Rundschreiben des Reichsministers für Rüstung und Kriegsproduktion vom 23.12.1943 an die deutschen Betriebsführer betr. Steigerung der Leistung der Kriegsgefangenen, in: ANLux ARBED Belval 14435. Das Rundschreiben wurde über das Rüstungskommando Koblenz an die ARBED-Direktion (Direktor Köhler) geschickt, die es an Belval weiterleitete.

In den Betrieben wurde es unterdessen immer schwieriger, die Theorien der Rüstungsverwaltungen umzusetzen und die Motivation der Arbeiter zu erhalten. Je mehr sich die Kriegsentwicklung zu Ungunsten Deutschlands entwickelte, desto weniger Respekt zeigten die Zwangsarbeiter vor den Obmännern der DAF und den Wachleuten des ARBED-Werkschutzes. Der Werkschutz musste resignierend feststellen, „dass die russischen Kgf. [= Kriegsgefangenen] anmaßend und frech werden."[138]

Trotz aller Probleme hielten die Industriebetriebe an der Beschäftigung von Zwangsarbeitern fest. Im Juni 1943 erfuhr Direktor Broglio, dass 138 Kriegsgefangene von ARBED-Belval und von DIFFAG Differdingen abgezogen werden sollten. Als Ersatz stellte man 98 Ostarbeiter in Aussicht. Der drohende Abzug wichtiger Arbeitskräfte löste große Besorgnis aus. Bei Belval-Rothe Erde stellten die Kriegsgefangenen 7,4 Prozent der Gesamtbelegschaft dar (beim Konkurrenzunternehmen lediglich 4,7 Prozent), rechnete Broglio vor. Die ARBED nahm umgehend Kontakt mit der zuständigen Wirtschaftsgruppe der Eisenschaffenden Industrie auf; dort wurde geraten, „keinen Kgf. [= Kriegsgefangenen] herzugeben, bevor der angezeigte Ersatz gestellt ist." Da die Kriegsgefangenen formell nicht als Werksangehörige geführt wurden, sondern der Wehrmacht unterstellt waren (und in Wehrmachtslagern wohnten), hatte Direktor Broglio keinerlei Handhabe. Im Juli musste er der Zentralverwaltung mitteilen, dass 22 Gefangene abtransportiert worden waren, während einer flüchtig war.[139] Das Arbeitsamt informierte den ARBED-Konzern im August, dass 147 Kriegsgefangene für den Ruhr-Bergbau vorgesehen waren. Infolge der Kriegsentwicklung gab es dort einen dringenderen Arbeitskräftebedarf und ohne ausreichende Kohlelieferungen – so das Argument – sei die Eisenproduktion in Frage gestellt. Die ARBED-Direktion, vor allem der beigeordnete Generaldirektor Hoffmann, dachte in erster Linie an die eigenen Produktionsvorgaben, die zu erfüllen waren und versuchte, den Abtransport zu verhindern. Belval-Direktor Broglio beklagte sich bitterlich bei seinem Vorgesetzten, die Arbeitseinsatzlage auf Belval sei „katastrophal" und die ständigen Personalwechsel erschwerten die Situation. Um die Produktion im Juni überhaupt aufrecht erhalten zu können, müssten dringende Unterhalts- und Instandsetzungsarbeiten zurückgestellt werden. Reserven seien keine vorhanden, da man erst die Zwölfstunden-Arbeitszeit abbauen müsse. Der akute Arbeitskräftemangel verhinderte, dass die angestrebte Tagesproduktion von 2.400 Tonnen erreicht wurde. Im Juli verhandelte man mit einer Prüfungskommission des Reichsministers für Bewaffnung und Munition, die im Prinzip den Bedarf anerkannte; allein, es standen keine Kräfte zur Verfügung. Ein regelrechter Feilschhandel entstand zwischen

138 Werkschutz-Meldung Nr. 114 vom 5.4.1944 an Direktor Broglio betr. Kriegsgefangenen Nr. 285 und Werkschutz-Meldung Nr. 115 an Direktor Broglio betr. Kriegsgefangenen Nr. 132, in: ANLux ARBED Belval 14435.

139 Aktennotiz (26.6.1943), Schreiben Broglios vom 23.7.1943 an ARBED-Zentralverwaltung sowie Mitteilung Broglios (6.8.1943), in: ANLux ARBED Belval 14435.

ARBED und den zuständigen Ämtern. Beim zuständigen Arbeitsamt forderte man 593 Arbeiter (Männer und Frauen) als Ersatz für die Kriegsgefangenen an. Quasi als „Entschädigung“ wurden Belval darauf 199 Ostarbeiterinnen als Ersatz für die Kriegsgefangenen zugewiesen. Broglio informierte die Zentralverwaltung in Luxemburg-Stadt über die Lage und unterstrich, dass Frauen kein vollwertiger Ersatz für Stahlarbeiter seien. Außerdem befänden sich unter den Ostarbeitern 25 Jugendliche, die zum guten Teil erst zwischen 12 und 14 Jahre alt waren.[140] Nun schaltete sich die Konzernführung persönlich ein. Generaldirektor Aloyse Meyer, der beigeordnete Generaldirektor Franz Schmidt, Direktor Curt Röding aus der Generaldirektion sowie Belval-Direktor Nino Broglio trafen sich am 3. August zu einer Unterredung mit dem Leiter des Arbeitsamtes. Die ARBED-Leitung beschwerte sich darüber, vor vollendete Tatsachen gestellt zu werden und versuchte vor allem, Zeit zu gewinnen, um den Abtransport weiterer Kriegsgefangener zu verhindern. Man wies darauf hin, dass mit dem Verlust von nun insgesamt 170 Gefangenen ein Dreischicht-Betrieb nicht mehr möglich und die Stahlproduktion von Juli auf August schon von 2.000 auf 1.700 Tonnen gefallen sei. Zwar sicherte Broglio Generaldirektor Meyer fernmündlich zu, dass man sich bemühen werde, den Stahlwerksbetrieb noch für einige Zeit auf drei Schichten aufrecht zu erhalten, aber die Rohstahlproduktion werde nicht über 1.800 Tonnen steigen.[141]

Das Tauziehen endete schließlich mit einem Teilerfolg für den ARBED-Konzern. Man intervenierte in Trier bei der zuständigen Wehrmachtsstelle und erhielt die Zusicherung, dass ein Teil der Gefangenen nach Belval zurückkehren würde. Damit gab man sich nicht zufrieden und wandte sich an das zuständige Landesarbeitsamt Moselland. Hier erreichte die Direktion, dass sämtliche sowjetischen Kriegsgefangenen den Luxemburger Hüttenwerken erhalten blieben. Selbst ein Teil der neu zugeteilten Ostarbeiterinnen konnte bleiben, während 200 dem Arbeitsamt wieder zur Verfügung gestellt werden mussten. Diese fehlten nun bei der Walzstraße VII, die wegen Arbeitskräftemangels für fünf Tage stillgelegt werden musste. Der Produktionsverlust belief sich auf 900 Tonnen.[142]

Dieser Streitfall um die Kriegsgefangenen illustriert die Ineffizienz einer NS-Wirtschaft, deren polykratische Strukturen letztlich kontraproduktiv wirkten. Gleichzeitig schärft dieses Beispiel den Blick für ein unmenschliches Ausbeutungssystem, in dem Männer, Frauen und Kinder nicht mehr waren als namenlose

---

140 Schreiben Broglios vom 2.8.1943 an Zentralverwaltung betr. Arbeitseinsatz, in: ANLux ARBED Belval 14435.

141 Schreiben Broglios vom 4.8.1943 an Zentralverwaltung betr. Abzug von Kriegsgefangenen, in: ANLux ARBED Belval 14435. Dies lag nicht nur an den fehlenden Arbeitskräften, sondern auch an Schäden an zwei Hochöfen. Hochofen II musste außer Betrieb gesetzt und repariert werden, während Hochofen VI neu gebaut werden musste.

142 Mitteilung Broglios (6.8.1943); Schreiben Broglios vom 11.8.1943 an ARBED-Zentralverwaltung betr. Arbeitseinsatz, in: ANLux ARBED Belval 14435.

Nummern im Dienste der NS-Kriegswirtschaft und eine Verschiebemasse zwischen Unternehmen und staatlichen Stellen. Direktoren und Betriebsleiter überlegten und agierten allzu oft in einer Logik, bei der das Unternehmen und die Produktion an erster Stelle standen, bevor man sich Gedanken über das Schicksal ausländischer Zwangsarbeiter machte. Als im September 1943 mehrere Kriegsgefangene zur „Heilung" zum Stalag nach Trier überführt wurden und einfach nicht mehr in Luxemburg auftauchten, schrieb Hochofenchef Paquet, ein Luxemburger, an die ARBED-Zentralverwaltung: „Wir sind der Ansicht, dass es in unserm Interesse liegt, beim Stalag über deren Verbleib Nachforschungen anstellen zu lassen."[143]

In politischer Hinsicht war der Einsatz der Zwangsarbeiter ein Desaster. Niemand ahnte, dass sich zahlreiche Luxemburger Arbeiter auf alle erdenklichen Weisen mit ihren sowjetischen Kollegen solidarisieren würden. Drohungen und Propaganda hielten letztlich viele nicht davon ab, den Kriegsgefangenen und Ostarbeitern, wo und wann es ging, zu helfen, sei es auch nur mit kleinen Gesten der Menschlichkeit. Riskantere Hilfsmaßnahmen, wie die Beihilfe zur Flucht, das Organisieren eines Verstecks oder illegaler Grenzübertritte, blieben vermutlich die Ausnahme. Strenge Sicherheitsauflagen, die Unterbringung der Gefangenen und Zwangsarbeiter in geschlossenen und bewachten Barackenlagern, aber vor allem die Angst vor Gestapo und schweren Sanktionen schreckten in der Regel sowohl Internierte wie auch potenzielle Helfer ab.[144]

3. Formen des Widerstandes in den Betrieben

Nach 1945 stand der Generalstreik des Jahres 1942 als Reaktion der Luxemburger Bevölkerung auf die Einführung der Wehrpflicht im Mittelpunkt des öffentlichen Interesses. Dabei verlor man aus dem Blick, dass der Widerstand gegen das nationalsozialistische System viel früher begonnen und auch andere, weniger spektakuläre Formen angenommen hatte. Schon im Jahre 1941 musste die Werksleitung von Belval Disziplinarmaßnahmen androhen, da sich Diebstähle unverhältnismäßig gehäuft hatten. Dies hatte einerseits mit der Mangelwirtschaft während des Krieges zu tun, gleichzeitig schadete das Entwenden auch noch so unbedeutender Mengen von Material oder Rohstoffen der deutschen Kriegsproduktion.

---

143 Schreiben Paquets vom 25.9.1943 an ARBED-Zentralverwaltung betr. sowjetische Kriegsgefangene, in: ANLux ARBED Belval 14435. Der Lagerführer des Lagers Nr. 941 in Beles hatte am 26.8.1943 vertraulich mitgeteilt, dass 17 Kriegsgefangene ins Stalag geschickt worden waren. Seit Bestehen des Kriegsgefangenenlagers, so Paquet, seien 46 kranke Kriegsgefangene abtransportiert worden und bis dato noch nicht zurückgekehrt. Er empfahl der Belvaler Direktion diskret Nachforschungen anzustellen. Über den weiteren Verbleib dieser Kriegsgefangenen ist nichts bekannt.

144 „Zum Umgang mit Kriegsgefangenen und Ostarbeitern", in: ETB Nr. 45 (23.2.1943). Der Artikel erinnerte auch an die CdZ-Verordnung vom 30.5.1941, die in Fällen von Beihilfe zur Flucht schwere Gefängnis- und Zuchthausstrafen androhte.

Propagandaveranstaltungen wollte man sich tunlichst entziehen. Als etwa die für Jungen und Mädchen freien Nachmittage für den Dienst in HJ und BdM eingeführt wurden, versuchten etliche Lehrlinge dies zu umgehen, indem sie ihre Arbeitszeiten verlegten.[145]

Die Deutschen mussten feststellen, dass Widerstandsorganisationen in den ARBED-Werken aktiv wurden, dies obwohl Herstellung, Verbreitung und Besitz von „reichsfeindlichen Flugschriften“ unter schwerste Strafen gestellt worden waren.[146] Regelmäßig tauchten patriotische Flugblätter und Inschriften auf. Am 23. Januar 1943 wurden beispielsweise in Belval und Schifflingen „Hetzzettel“ und „farbige Fähnchen“ aufgefunden. Dies sorgte für große Aufregung, weil die Gestapo davon noch vor der Zentralverwaltung in Luxemburg erfahren hatte.[147] In einem Waschraum tauchten mit Kreide geschriebene Inschriften wie „Vive Charlotte!“ oder „Auch Luxemburger Preussen verrecken“, „Vive Luxemburg“, „Hitler verreckt“ auf. Da es nahezu unmöglich schien, die Täter ausfindig zu machen, beschränkte sich der Werkschutz darauf, die Inschriften zu fotografieren, schriftlich zu melden und anschließend zu übermalen.[148]

Vereinzelt kam es wohl zu Sabotageakten; spektakuläre Aktionen scheinen aber die Ausnahme gewesen zu, zumindest ist in den erhaltenen Werksunterlagen kaum die Rede davon. Kleinere Sabotagemaßnahmen dürften vorgekommen sein und wurden wohl auch von den Luxemburger Vorgesetzten „übersehen“; die Androhung drakonischer Strafen dürfte dafür gesorgt haben, dass sich potenzielle Saboteure sehr vorsichtig verhielten.[149] Viel häufiger kam es vor, dass sich Arbeiter aber verbotenerweise mit sowjetischen Kriegsgefangenen aufhielten, kleinere

---

145 Bekanntmachung des Direktors betr. Disziplinarmaßnahmen (30.5.1941), Bekanntmachung des Direktors betr. Aushang von Bekanntmachungen im Werksinnern (27.9.1941), in: ANLux ARBED Belval 09409. Bekanntmachung des Betriebsführers betr. Holzdiebstähle (27.7.1943), in: ANLux ARBED Belval 09410.

146 Vgl. Verordnung vom 9.4.1942 gegen reichsfeindliche Propaganda, veröffentlicht in: ETB Nr. 88 (14.4.1942). Die Herstellung und Verbreitung von reichsfeindlichen Flugschriften, bildlichen Darstellungen und Gegenständen wurde mit Zuchthaus, in schweren Fällen mit dem Tode bestraft, der Besitz mit Gefängnisstrafen.

147 Mitteilung der Direktion betr. Hetzzettel (28.1.1942), in: ANLux ARBED Belval 09410.

148 Meldung des Zentralen Werkschutzes an Broglio betr. deutschfeindliche Inschriften auf Werk Belval (26.1.1943), in: ANLux ARBED Belval 14435 („Occupation allemande“).

149 In den Mitteilungen und Bekanntmachungen der Betriebsführung Belval ist nur ausnahmsweise die Rede von Sabotage bzw. Sabotageversuchen. Im Juli 1943 setzte die Direktion 1.000 RM Belohnung für die Aufklärung eines Sabotageaktes an einer Richtmaschine aus; vgl. Bekanntmachung des Betriebsführers (3.7.1943), in: ANLux ARBED Belval 09410. 1943 meldete der SD einen Fall aus Werk Düdelingen, wo Unbekannte ein Walzenlager mit Sand und Schottersteinen unbrauchbar gemacht hatten. Die Täter konnten nicht ermittelt werden, vgl. Meldung Nr. 5 (30.4.1943), in: Boberach (Hg.), Regimekritik, Widerstand und Verfolgung, Fiche 43 0269.

Tauschgeschäfte mit den Gefangenen machten, was zu scharfen Reaktionen seitens der deutschen Betriebsführung führte.[150]

Anhand unterschiedlicher Verhaltensweisen lässt sich nachweisen, dass die Arbeiter auf Belval dem Regime gegenüber mehrheitlich ablehnend eingestellt waren und sich von der NS-Propaganda nur wenig beeindruckt zeigten. Ein Beispiel illustriert das grundsätzliche Misstrauen, das weite Teile der Belegschaft gegenüber den Vertretern des Regimes hegten, aber auch das Klima, das in den Großbetrieben herrschte. Im Januar 1943 ließ sich die Partei etwas Besonderes einfallen, um den Luxemburgern die Errungenschaften des „deutschen Sozialismus" vor Augen zu führen. Während ein bis zwei Wochen kamen NS-Funktionäre, unter ihnen der Kreisleiter Wilhelm Diehl und der Escher Ortsgruppenleiter Jean Koetz nach Belval und übernahmen die Arbeit von kranken oder erholungsbedürftigen Arbeitern. In den Augen der Veranstalter war die Aktion der „Werkplatzablöse" ein propagandistischer Erfolg. Viele Arbeiter schienen beeindruckt, dass die führenden Funktionäre nicht nur Männer des Wortes sondern auch der Tat waren. Anfänglich habe es zwar ein gewisses Misstrauen gegeben, da man fürchtete, dass die Parteigenossen aus der Kreisleitung nur zum Ausspionieren kämen, aber durch die „Werkplatzablöse" sei nun ein „Bindeglied (...) zwischen Betriebsgemeinschaft und Volksgemeinschaft" geschaffen worden. Direktor Broglio schrieb einen enthusiastischen Bericht an die ARBED-Zentralverwaltung, den er seinem Duzfreund Kreisleiter Diehl zukommen ließ.[151] Man war sich einig, dass die Aktion dazu beigetragen habe, die Gefolgschaft weiter vom Nationalsozialismus zu überzeugen. Die Wirklichkeit in den Belvaler Betrieben sah freilich anders aus. Der Kreisbeauftragte der VdB für die Parteiversammlungen war in seiner Einschätzung wesentlich realistischer: Die Propagandaaktion habe nur bei den Arbeitern einen günstigen Eindruck hinterlassen, die ohnehin prodeutsch eingestellt waren. Die anderen waren deutlich weniger beeindruckt und fanden es unpassend, dass die Parteigenossen trotz Brennstoffmangels mit dem Auto zur Arbeit gekommen waren. Die meisten seien misstrauisch und äußerten sich vorsichtshalber überhaupt nicht. Mehr Gerede gab es über die aktuelle militärische Lage und im Werk tauchten Graffiti auf, welche die deutschen Niederlagen in Nordafrika und im Osten kommentierten: „So zieren alle beschreibbaren Stellen dahingehende Bemerkungen, außerdem macht man hinter die V jetzt vielfach ein 1918."[152]

---

150 Bekanntmachung des Betriebsobmanns und des Betriebsführers betr. verbotenen Verkehr mit Kriegsgefangenen (1.12.1943), in: ANLux ARBED Belval 09410.

151 Vgl. ANLux ARBED Belval 14429 (Mappe „Werkplatz-Ablöse").

152 Schreiben von Vertrauensmann Leo Kaiser vom 26.1.1943 an Betriebsführer Broglio, Bericht des Ingenieurs W. Thiel vom 25.1.1943 an Broglio, Bericht des Kreisbeauftragten der VdB für die Sammlungen der Partei vom 26.1.1943, in: ANLux ARBED Belval 14429 (Mappe „Werkplatz-Ablöse"). Der Buchstabe „V" (= Viktoria) wurde von der NS-Propaganda als Siegeszeichen benutzt.

Offene Demonstrationen oder flächendeckende Sabotageakte waren in der Industrie Ausnahmeerscheinungen, auch Herstellen und Verbreiten antideutscher Propaganda blieben wegen der Gefährlichkeit solchen Tuns eher Randphänomene. Der Widerstand gegen das Regime fand aber im Laufe des Krieges noch andere Ausdrucksformen. Dazu gehören Bummelei und absichtliche Krankmeldungen, die in der zweiten Besatzungshälfte stark zunahmen. Mit allerlei Maßnahmen versuchten Gauleitung, Dienststellen der Zivilverwaltung, Deutsche Arbeitsfront und die Betriebsführungen, diesen Problemen beizukommen, da aus ihrer Perspektive nicht nur die Sicherung der Produktion, sondern auch die Autorität des Regimes auf dem Spiel standen.

3.1. Haltung der Luxemburger Arbeiter von Belval gegenüber Zwangsarbeitern

„Russische Mädchen werden von einem SA-Mann und einem Hüttenpolizisten zu ihrem Arbeitsplatz geführt: schmutzig u. elend, hungernd wie das anders nicht sein durfte. Ein Luxemburger Arbeiter reicht einem Mädel ein Paket. Der SA-Mann greift ein, schlägt drauf los, wie es sich gehört. Nachher gibt der Hüttenpolizist dem armen Ding das Paket zurück.“

„Der Dank der Ostarbeiterinnen“, in: ETB Nr. 31 (18.10.1944)

So berichtete knapp fünf Wochen nach der Befreiung das Escher Tageblatt über den Inhalt einer bescheidenen Theateraufführung, die im Oktober 1944 von ehemaligen Zwangsarbeiterinnen in Esch bei einer Wohltätigkeitsveranstaltung dargeboten wurde. Die „Szenenbilder aus dem Leben der Ostarbeiterinnen“ zeigten anscheinend Alltagssituationen der Zwangsarbeiterinnen. Ihre Lage war während der Besatzungszeit – so zumindest suggerierte es die szenische Darstellung – von unterschiedlichen Erfahrungen geprägt: Einerseits Unterdrückung und Gewalt, symbolisiert durch den brutalen „SA-Mann“, andererseits Solidarität und Widerstand, personifiziert im hilfsbereiten „Luxemburger Arbeiter“ und dem im Grunde weitherzigen Hüttenpolizisten.[153] Tatsächlich war die Behandlung der Zwangsarbeiterinnen aus den besetzten sowjetischen Gebieten und der sowjetischen

153 „Der Dank der Ostarbeiterinnen“, in: ETB Nr. 31 (18.10.1944). Der Artikel brachte nicht nur die Begeisterung zum Ausdruck, die in den ersten Wochen nach dem Ende der NS-Zivilverwaltung in Luxemburg herrschte, sondern ist auch ein frühes Beispiel selektiver Erinnerung, in der Erfahrungen von Solidarität und Widerstand in den Vordergrund rückten, die schmerzhaften und wenig ruhmreichen Tatsachen in der allgemeinen Feierstimmung quasi untergingen: „Man spürt die unendliche Dankbarkeit gegen die Menschen heraus, die ihnen mit kleinen Dienstleistungen und geringen Gaben über die schwere Zeit hinweggeholfen haben“ und „Der russische Arbeiter fühlt sich dem Arbeiter aus dem Land der Roten Erde verwandt, und

Kriegsgefangenen von zahllosen Zwangsmaßnahmen, aber auch von Hilfeleistungen geprägt. Es gab fanatisierte Anhänger des Regimes wie den Escher Parteifunktionär Jean Koetz. Der VdB-Ortsgruppenleiter fiel unter anderem auf, weil er brutal gegen Ostarbeiter vorging und nicht zuließ, dass jemand den Ausgehungerten Butterbrote zusteckte.[154] In den Industriebetrieben gab es ähnliche Verhaltensmuster: Das repressive, zum Teil brutale Vorgehen gegen arbeitsunwillige oder aufmüpfige Zwangsarbeiter, aber auch gegen Arbeiter, die sich mit ihren sowjetischen Kollegen solidarisch zeigten, gehört zu den Aspekten des Arbeitsalltags, die schlecht beziehungsweise gar nicht erforscht sind.[155]

Schon wenige Tage nach der Ankunft der ersten gefangenen Sowjetsoldaten zeigte sich, dass Teile der Luxemburger Stammbelegschaft die Rotarmisten eher als Alliierte im Kampf gegen Nazideutschland, denn als Feinde des Dritten Reichs begrüßten. Die Solidarisierung der Luxemburger Arbeiter mit den Kriegsgefangenen, die selber in ihrer Mehrheit einfache Arbeiter waren, nahm solche Ausmaße an, dass die Direktion von Belval, die Kreisleitung und die NS-Behörden dagegen einschreiten mussten. Mit dem Escher Kreisleiter Diehl vereinbarte Direktor Broglio am 4. Dezember 1942, die Meldungen des ARBED-Werkschutzes direkt an die Kreisleitung zu schicken. Broglio bat Diehl, „sofort in dieser Sache einschreiten zu lassen, da sonst der Arbeitseinsatz russischer Kriegsgefangener in unseren Werken gefährdet“ sei.[156]

Da die Kriegsgefangenen auch außerhalb des eigentlichen Werksgeländes eingesetzt beziehungsweise auf dem Weg zur Arbeit durch die Arbeiterviertel der Industriestädte geführt wurden, kamen die Gefangenen in Kontakt mit der Zivilbevölkerung, die sich spontan solidarisierte und den Gefangenen Hilfe zukommen ließ. So hatte Direktor Broglio am 3. Dezember bereits vom ARBED-Werkschutz die Meldung über Vorfälle in der Nähe des Werks erhalten. Dort hatte ein Luxemburger Straßenbahnbeamter in Uniform zwei russischen Kriegsgefangenen Zigaretten angeboten, zwei Frauen aus dem Arbeiterort Beles hatten den Gefangenen Äpfel zugeworfen, während eine andere Frau ihnen ein Paket zugesteckt hatte. Die Werkschutzmänner gaben die Vorfälle umgehend an die zuständige Sicherheitspolizei weiter.[157] Die von den Behörden angedrohten Geld- und Freiheitsstrafen

---

dieser war auf ihrem Leidensweg nach dem Westen der erste, der ihm wieder das Bewusstsein seiner Menschenwürde wiedergab.“

154 Vgl. „Johann Koetz vor dem Spezialgericht“, in: D'Unio'n Nr. 330 (26.11.1947) und „Ortsgruppenleiter Johann Koetz aus Esch vor seinen Richtern“, in: ETB Nr. 271 (25.11.1947).

155 Siehe dazu das Kapitel zur Rolle des Werkschutzes bei der ARBED. Nach dem Krieg wurden ehemalige Hüttenpolizisten bzw. Mitglieder des Werkschutzes wegen ihrer prodeutschen Haltung zur Rechenschaft gezogen.

156 Schreiben von Direktor Broglio vom 4.12.1942 an den Kreisleiter der NSDAP in Esch betr. Einsatz russischer Kriegsgefangener, in: ANLux ARBED Belval 14435.

157 Meldung des Werkschutzes vom 3.12.1942 an Direktor Broglio, in: ANLux ARBED Belval 14435.

hielten die Luxemburger Arbeiter nicht davon ab, sich mit den Neuankömmlingen zu solidarisieren. Bereits im November 1942 erinnerte die Direktion eindringlich an die Bekanntmachung vom 28. Oktober 1942, da „des öftern grobe Verstöße gegen diese Richtlinien“ festgestellt worden seien. Bis dahin habe man diese Vorfälle betriebsintern regeln können, aber dies sei in Zukunft nicht mehr möglich. Im ARBED-Werk Schifflingen hatte es deswegen bereits eine Verhaftung gegeben. Die Belegschaft möge sich künftig streng an die Richtlinien halten, so Broglio, und besonders das „Zustecken von Lebensmitteln und Kleidungsstücken“ sei zu unterlassen, neuerliche Verstöße würde er der Polizei zur Anzeige bringen.[158] Trotz aller Drohungen wurden die Vorschriften von Oktober und November 1942 immer noch nicht von allen eingehalten, vor allem was den „Verkehr“ mit den Ostarbeiterinnen anbelangte. Der Arbeiter Jean Zimmer, der im Hochofen-Maschinenbetrieb tätig war, wurde wegen Verstoßes gegen die geltenden Richtlinien mit dem einmonatigen Entzug der Lebensmittel-Zusatzkarte bestraft, zwei weitere Arbeiter erhielten Verwarnungen, weil sie die Bestimmungen angeblich nicht kannten. Allem Anschein nach wurden die Bekanntmachungen der Betriebsführung entweder nicht zur Kenntnis genommen beziehungsweise von den Vorgesetzten wie den Untergebenen schlichtweg ignoriert.[159]

Zahlreiche Fälle wurden direkt der Gestapo berichtet. So meldete der DAF-Blockobmann Graff den Vorarbeiter Marcel Gillen, da dieser im Walzwerk die russischen Kriegsgefangenen „mit Handschlag begrüßte.“ Gillen wurde umgehend von Gestapo-Beamten festgenommen und abgeführt. Von seinem Arbeitsplatz aus warf der Kranführer Schwartz den Gefangenen Zigaretten zu, auch hier wurde die Geheime Staatspolizei eingeschaltet.[160] Diese und ähnliche Fälle häuften sich ab Dezember 1942. Andere Fälle regelte der Betriebsführer Broglio intern. Ende Januar 1943 verhängte er eine Geldstrafe von 20 Reichsmark gegen einen Arbeiter, der auf der Toilette einem Kriegsgefangenen zwei Zigaretten und ein Butterbrot gegeben hatte. Ein anderer wurde scharf verwarnt und mit dem Entzug der Zulagen bestraft, da er einem Russen ein Butterbrot zugesteckt hatte, „das noch mit Käse belegt war“, so die Werkschutzmeldung vom 28. Januar 1943. Die Werkschutzleute kannten kaum Grenzen in ihrem Eifer, renitente Arbeiter oder arbeitsunwillige Gefangene zu denunzieren. Ihre Meldungen gaben die einzelnen Werkschutzmänner an den deutschen Hauptwerkschutzmann weiter, der seine Vorgesetzten über alle Vorfälle schriftlich informierte. Unklar ist, wer genau die

158 Bekanntmachung des Betriebsführers und des Betriebsobmanns vom 16.11.1942 betr. Arbeitseinsatz/ Ostarbeiter, in: ANLux ARBED Belval 09410. „Wer sich nicht fügen will, wird in Zukunft die Folgen seiner Haltung selbst zu tragen haben“, so die Drohung Broglios.

159 Bekanntmachung des Betriebsführers und des Betriebsobmanns vom 27.11.1942 betr. Ostarbeiterinnen, in: ANLux ARBED Belval 09410.

160 Vgl. Bericht der Lokalpolizei Esch vom 14.4.1946 betr. politisches Verhalten und Treiben von Schaack Julius-Heinrich, in: ANLux AP 2403 Jules Schaack.

Sicherheitspolizei oder die Gestapo benachrichtigte, wahrscheinlich handelte es sich aber in diesen Fällen um Eigenmächtigkeiten des übereifrigen Werkschutzleiters. Allzu gerne sah man dies bei der ARBED nicht. Über alle Fälle setzte Direktor Broglio seinen direkten Vorgesetzten, Generaldirektor Franz Schmidt, in Kenntnis. Den Direktoren aus der Zentralverwaltung war es nicht genehm, wenn diese oder ähnliche Vorfälle nach draußen drangen. Die Unternehmenszentrale wollte über alle wichtigen politischen Vorgänge auf dem Laufenden sein und auf keinen Fall bei der politischen Führung oder der Zivilverwaltung in Misskredit geraten.[161]

Überwachung, Kontrollen, Strafen und Verhaftungen zeigten nur eine eingeschränkte Wirkung. Vor allem außerhalb des Belval-Werks hatten die Werkschutzleute nur wenig Autorität, zumindest ließen sich Werksfremde nur wenig einschüchtern, wie ein städtischer Müllwagenfahrer, der einem Russen ein Päckchen Zigaretten gab, oder eine Frau, die einem Kriegsgefangenen ein Butterbrot, Zigaretten und Streichhölzer schenkte. Die Häufung der Disziplinlosigkeiten und symbolischen Widerstandsaktionen nahm vor allem im Winter 1942/1943 zu, als sich eine deutsche Niederlage vor Stalingrad immer deutlicher abzeichnete. Der SD musste im Dezember 1943 feststellen, dass im Kreis Esch deutschbewusste Luxemburger darüber klagten, dass Ostarbeiterinnen vor Geschäften Schlange standen, um dort verknappte Waren zu erwerben. Die dafür benötigten Lebensmittelmarken hatten die Zwangsarbeiterinnen erbettelt oder Luxemburger hatten die Marken in den Geschäften zu diesem Zweck hinterlegt. Besonders couragierte Luxemburgerinnen luden die Ostarbeiterinnen auch schon mal zum Kaffee ein oder versuchten, Kriegsgefangenen Päckchen zuzustecken.[162] Außerhalb der großen Betriebe wurden Vorschriften missachtet, wie ein Aufruf des Escher Landrats zeigt, der daran erinnerte, dass man keinen Alkohol an ausländische Zivilarbeiter oder Kriegsgefangene abgeben durfte.[163]

Es zeigte sich, dass der durchschnittliche Luxemburger Arbeiter für die rassistische NS-Propaganda wenig Verständnis aufbrachte. An den Arbeitsplätzen ließ sich beispielsweise die Trennung zwischen „Volksdeutschen" und Nichtdeutschen nicht flächendeckend durchsetzen. So schrieb der Zentrale Werkschutz, dass Belvaler Arbeiter immer noch die Aufenthaltsräume mit russischen Kriegsgefangenen teilen und sogar mit ihnen an einem Tisch essen würden. Dieser „Übelstand" müsse umgehend abgestellt werden, so der Werkschutzleiter in seiner Meldung an Broglio. Dieser versprach, umgehend und persönlich einzugreifen.[164]

---

161 Meldung des Werkschutzes vom 5.12.1942 an Direktor Broglio, in: ANLux ARBED Belval 14435.

162 Lagebericht der SD-Hauptaußenstelle Luxemburg vom 10.12.1943 an den SD-Abschnitt Koblenz (?), gedr. in: Brommer (Hg.), Die Partei hört mit, Bd. 21, S. 409f.

163 „Der Landrat des Kreises Esch/Alzig gibt bekannt", in: ETB Nr. 201 (28.8.1943).

164 Meldung des Leiters des Zentralen Werkschutzes vom 4.1.1943 an Direktor Broglio betr. Kriegsgefangene, in: ANLux ARBED Belval 14435.

Da zahlreiche Luxemburger Arbeiter die Ostarbeiter und russischen Kriegsgefangenen eher als Kollegen betrachteten denn als rassisch minderwertige Feinde, sahen sich die Nationalsozialisten zu Klarstellungen in der Tagespresse genötigt. Im Escher Tageblatt, der Tageszeitung für das Industriegebiet, wurde im Februar 1943 propagandistisch auf die Gefahren des Bolschewismus hingewiesen: „Der gefangene Feind ist und bleibt Feind, der gefangene Bolschewik ist und bleibt Bolschewik, d.h. einer aus der Armee der Roboter-Millionen, die unter allen Umständen und mit allen Mitteln Europa unter das bolschewistische Joch beugen und seine Kultur vernichten wollen." Die Kriegsgefangenen und Ostarbeiter in Luxemburg versuchten, sich Sympathien zu erschleichen und so „Zersetzungs- und Zermürbungsarbeit" zu beginnen. Deshalb warnte das Tageblatt die Bevölkerung vor den Fremden: „Sie sind uns fremd durch Rasse und Sprache, durch Volkstum und Bildung, ihre Lebensauffassung steht der unsrigen in allem nach. (...) Wir sind es unserm deutschen und europäischen Bewußtsein schuldig, daß wir uns nicht auf die Stufe dieser Menschen begeben oder versuchen, sie zu uns herauf zu ziehen." Andererseits machten der Arbeitskräftemangel und die Kriegsumstände die Heranziehung von Ausländern und Kriegsgefangenen notwendig, allerdings sollte deren Arbeitskraft im Interesse der Produktivität geschont werden: „Kriegsgefangene sind stets so zu behandeln, daß ihre volle Leistungsfähigkeit der Industrie und Wirtschaft erhalten bleibt; wir sollen ihnen stets korrekt gegenüberstehen, dürfen aber nie vergessen, dass jedes weitere Entgegenkommen dem Feind die Spionage- und Sabotagemöglichkeit erleichtert, im engeren Gebiete Luxemburgs noch viel eher als im übrigen Reich, denn allzu leicht ist man noch hierzulande geneigt, den Ansichten eines ‚unglücklichen und schuldlos Gefangenen' Gehör zu schenken ohne dabei zu bedenken, dass man, durch diese Tarnung getäuscht, selbst vielleicht den eigenen Sohn oder Bruder an der Front in verräterischer Weise dem Feinde zur Vernichtung ausliefert."[165] Wer sich nicht an die Bestimmungen hielt, dem drohten „strenge staatspolizeiliche Maßnahmen", vor allem wenn Frauen zu Zwangsarbeitern in Beziehung treten sollten. Allzu empfänglich waren die Luxemburger Arbeiter für diese menschenverachtende, rassistische Ideologie nicht. Selbst strenge Strafandrohungen schreckten die Arbeiter nur teilweise ab, den Gefangenen Hilfe zukommen zu lassen. Andererseits scheint das solidarische Verhalten Luxemburger Arbeiter mit den Kriegsgefangenen und Ostarbeiterinnen nur in den seltensten Fällen zu einem Gerichtsprozess geführt zu haben. Meist schien man die Fälle lieber betriebsintern durch Maßregelungen oder kleinere Disziplinarstrafen zu regeln. Dies lag ganz im Sinne der Betriebsleitung, da man nur schwer auf qualifizierte Arbeiter und Angestellte verzichten konnte. Kam es dennoch zu einer offiziellen Meldung bei der Polizei oder bei

---

165 „Zum Umgang mit Kriegsgefangenen und Ostarbeitern", in: ETB Nr. 45 (23.2.1943).

der Gestapo, kam es in der Regel zu einer mündlichen Verwarnung, schwerere Strafen sollten abschreckend wirken.[166]

Wie weit die offizielle Propaganda und der Pragmatismus der NS-Führung auseinanderklaffen konnten, zeigte sich nur wenige Monate später. Der Generalbevollmächtigte für den Arbeitseinsatz Sauckel wies darauf hin, dass sich die meisten Kriegsgefangenen aus den „Ostvölkern" für die deutsche Sache aufgeschlossen zeigten. Deshalb appellierte er an die verantwortlichen Betriebsführer und Betriebsobmänner, Sinn und Zweck des Arbeitseinsatzes der Kriegsgefangenen sei es, von ihnen „wirkliche Leistungen zu erhalten" und dass die Gefangenen die Gewissheit erhielten, dass „jede willige Leistung eine gerechte Anerkennung findet." So sollten alle Behandlungsmethoden unterbunden werden, „die geeignet sind, diese Kriegsgefangenen sinnlos zu verbittern und sie zu Trotz und Ablehnung zu veranlassen." Keinen Zweifel ließ Sauckel daran, dass die Kriegsgefangenen in erster Linie als billige Arbeitskräfte dienten: „Oberster Grundsatz bleibt, aus den Kriegsgefangenen der Ostvölker so viel an Arbeitsleistung herauszuholen, als nur irgend möglich ist. Entscheidend werden immer die zur Anwendung kommenden Methoden sein. Der primitive Angehörige der Ostvölker hat ein ausgesprochenes Gefühl für Gerechtigkeit. Behandeln wir ihn nach den oben angeführten Grundsätzen, so werden wir ganz automatisch seine Leistung steigern und damit erreichen, was wir wollen: wertvolle Arbeitskräfte für die Erringung des Sieges."[167] Das Merkblatt verdeutlicht, dass das Regime aus pragmatischen Gründen in der Frage der Ausbeutung der billigen Arbeitskraft von Kriegsgefangenen gewisse Konzessionen zu machen bereit war; wer das reichsweit verschickte Dokument aber genau las, erhielt auch einen Eindruck von der menschenverachtenden Brutalität des Generalbevollmächtigten, der unumwunden zu verstehen gab, dass fanatische „Helfer des Bolschewismus (...) zum weitaus größten Teil bereits ausgesondert" worden und nicht zum Arbeitseinsatz gekommen seien. Tatsächlich waren nach dem deutschen Überfall auf die Sowjetunion bis März 1942 über drei Millionen Rotarmisten in deutsche Gefangenschaft geraten. In den deutschen Kriegsgefangenenlagern herrschten unglaubliche Zustände und die Mortalitätsrate war extrem

---

166 Am 31. August 1943 verurteilte das deutsche Sondergericht den Maschinisten Nicolas Schwindal aus Petingen wegen fortgesetzten verbotenen Umgangs mit russischen Kriegsgefangenen zu einer Zuchthausstrafe von einem Jahr, vgl. Henri Koch-Kent, Das Sondergericht, in: Henri Koch-Kent. Der parteilose Einzelgänger, Luxemburg 1990, S. 413.

167 Der Generalbevollmächtigte für den Arbeitseinsatz: Merkblatt für Betriebsführer, Betriebsobmänner und Unterführer in den Betrieben betr. Einstellung zu den Kriegsgefangenen aus den Ostvölkern. Das undatierte Merkblatt aus dem Jahre 1943 wurde im Juni vom Arbeitsamt Esch an die Betriebe geschickt mit der Bitte um Weitergabe an die betr. Personen, in: ANLux ARBED Belval 14435.

hoch, sodass schätzungsweise nur fünf Prozent der Gefangenen tatsächlich zur Arbeit herangezogen werden konnten.[168]

3.2. „Bummelei“ und Absentismus

Bis 1941 arbeiteten die Werke der ARBED, der DIFFAG und der RODAG unter ihren eigentlichen Vorkriegskapazitäten und erst im Laufe des Jahres 1942 (im Frühjahr/Sommer) zog die Rohstahlproduktion im Industriegebiet wieder deutlich an. Gerade im September 1942, dem Monat des Streiks, überschritt der ARBED-Konzern in Luxemburg die Marke von 100.000 Tonnen Monatsproduktion. Im Jahr 1943 wurden gar die Produktionszahlen des letzten Vorkriegsjahres 1939 deutlich übertroffen. Bis März 1944 arbeiteten sämtliche Luxemburger Stahlkocher weiter auf Hochtouren, bis sich durch die militärische Entwicklung zu Ungunsten der Deutschen ein Produktionsrückgang andeutete.[169] Die Produktionssteigerung ging letztlich zu Lasten der Arbeiter, die von ihren Vorgesetzten zu immer mehr Leistung angetrieben wurden. Ein Vergleich verdeutlicht den Produktionsdruck: Von 1940 bis 1943 stieg die Rohstahlproduktion des Belvaler Werks von 233.000 Tonnen auf 631.000 Tonnen im Jahr (ein Plus von etwa 170 Prozent), während die Arbeiterschaft auf Belval nur von 3.790 auf 5.585 anstieg (etwa +40 Prozent). Berücksichtigt man außerdem, dass die Zahl der älteren und kranken sowie der dienstverpflichteten Mitarbeiter nach Einführung der Wehrpflicht zunahm, so versteht man, dass die Arbeiter im Laufe des Krieges immer weniger Lust hatten, für Hitlers Krieg zu arbeiten. Auch bestand ein Teil der Arbeiterschaft aus Zwangsarbeitern, die als Ostarbeiter oder sowjetische Kriegsgefangene nach Luxemburg verfrachtet worden waren. Diese Faktoren erklären, dass die deutsche Werksleitung immer größere Schwierigkeiten hatte, eine Belegschaft, die nicht für den Besatzer arbeiten wollte, zu motivieren. Vor allem nach der deutschen Niederlage bei Stalingrad sank die Arbeitsmoral in Luxemburg rapide. Die Obmänner der Deutschen Arbeitsfront, aber auch die Betriebsführer wurden deshalb zunehmend in die Verantwortung genommen und gemeinsam sollten sie für die Aufrechterhaltung der Ordnung im Betrieb sorgen.[170]

---

168 Evans, Das Dritte Reich. Krieg, S. 442. Vgl. Ulrich Herbert, Fremdarbeiter. Politik und Praxis des „Ausländer-Einsatzes“ in der Kriegswirtschaft des Dritten Reiches, Berlin/ Bonn 1999, S. 177f. Mark Spoerer, Zwangsarbeit unterm Hakenkreuz. Ausländische Zivilarbeiter, Kriegsgefangene und Häftlinge im Deutschen Reich und im besetzten Europa 1939-1945, Stuttgart 2001, S. 35–88.

169 Produktionsziffern der ARBED-Werke sowie der DIFFAG und der RODAG, siehe Hans-Erich Volkmann, Luxemburg im Zeichen des Hakenkreuzes, S. 425–433.

170 „Verantwortung für Haltung und Leistung. Die Kriegsaufgaben des Betriebsobmanns“, in: ETB Nr. 161 (13.7.1943): „Der Betriebsobmann hat auch auf die Bummelanten und auf jene, die gegen die Betriebsordnung verstoßen, Einfluss zu nehmen und positiv auf sie einzuwirken.“

Unzählige Dienstanweisungen belegen, dass ab 1943 die Betriebsführung unter Direktor Broglio einen verzweifelten Kampf gegen das sogenannte „Bummelantentum“ führte. Tatsächlich häuften sich die „Bummelschichten“ der Belegschaft, d.h. die Schichtstunden, in denen Arbeiter ohne ersichtlichen Grund oder ohne Krankmeldung der Arbeit fernblieben. In den Statistiken, die von den Werksleitungen, der deutschen Zivilverwaltung und der Deutschen Arbeitsfront geführt wurden, waren dies Stunden, in denen weniger produziert werden konnte, sodass man energisch dagegen vorging. Die Maßnahmen reichten von öffentlichen Rügen, Drohungen, dem listenmäßigen Erfassen der Blaumacher und Bummelanten bis hin zu Geldstrafen oder dem Entzug von Zusatzleistungen. Dass die Belvaler Werksleitung und die von Deutschen kontrollierte Zentralverwaltung nicht rigoroser eingriff, um das Problem in den Griff zu bekommen, mag auf den ersten Blick erstaunen. Da die Produktion um jeden Preis aufrechterhalten werden musste, die Produktivität der Dienstverpflichteten und der Zwangsarbeiter aber viel niedriger war als die der Stammbelegschaft, konnte man im Prinzip auf keinen Arbeiter verzichten, sodass die Konsequenzen für Bummelei und Blaumachen im Regelfall nicht zu drakonisch ausfielen. Weiter dürfte mitgespielt haben, dass die Deutschen einen großen Teil der Luxemburger Arbeiterschaft für unberechenbar hielten. Man fürchtete nichts mehr als neuerliche Streikbewegungen, die das Regime des Gauleiters hätten destabilisieren können. Als im April 1943 angekündigt wurde, dass auf Befehl des „Führers“ der Ostermontag kein Feiertag mehr, sondern ein normaler Arbeitstag sei, muss dies erhebliche Unruhen unter der Belvaler Belegschaft ausgelöst haben. Prompt wandte sich Direktor Broglio in einer Mitteilung an seine Arbeiter, in der er die „Laxheit“ und die „Nachlässigkeit“ anprangerte, die „zu äußerst empfindlichen Bestrafungen“ führen könnten, sollte es zu einer „bewusste[n] Behinderung der Erzeugung“ kommen. Damit machte er deutlich, dass jede Form der Arbeitsniederlegung oder -verweigerung mit Sabotage gleichgesetzt würde. Seit August 1940 drohten in Luxemburg für Arbeitseinstellungen und ähnliche Vergehen „entgegen deutscher Interessen“ Geld-, Zuchthaus- oder Todesstrafe. Seit dem Streik von September 1942, der mit einem Blutbad geendet hatte und den Luxemburgern noch gut in Erinnerung war, genügten solche Andeutungen, um die Arbeiterschaft in Schach zu halten.[171]

171 Bekanntmachung des Betriebsführers (23.4.1943), in: ANLux ARBED Belval 09410. Im Luxemburger Wort erschien in dem Zusammenhang eine „Klarstellung“ zum Thema Feiertagszahlung; vgl. „Die Lohnzahlung an Feiertagen“, in: LW Nr. 112/113 (22./23.4.1943). Todesstrafe in Fällen von Streik und Sabotage drohte seit 1940 mit Einführung der deutschen Strafrechtspflege und wurde 1942 gegen Streikende verhängt und vollzogen; vgl. „Deutsche Strafrechtspflege in Luxemburg“, in: LW Nr. 234 (21.8.1940) sowie „Wer sabotiert stirbt! Sofort vollstrecktes Todesurteil des Sondergerichts“, in: LW Nr. 254 (11.9.1942). Es handelte sich hier um das Todesurteil gegen den deutschen Arbeiter Heinrich Adam, der im ARBED-Werk Schifflingen den Streik ausgelöst hatte: „Der Angeklagte hat durch diese Tat entgegen

Bei den deutschen Dienststellen stand Broglio gehörig unter Druck, wie eine Beschwerde der DAF im Februar 1943 zeigt, nach der es falsche Urlaubsgenehmigungen gegeben habe. Die DAF verlangte Namen und Adressen der Bummelanten, um direkt gegen diese vorgehen zu können. Entsprechend erteilte Broglio die Anweisung, die Abwesenden in Tages- und Wochenberichten persönlich bei ihm zu melden. Schließlich bestimmte die Verwaltung einen besonderen Sachbearbeiter, der die „Bummelantenlisten" erstellen, kontrollieren, gegebenenfalls ergänzen und schließlich beim Direktionssekretariat abliefern musste.[172] Dieses System führte allerdings nur zu einem bescheidenen Erfolg. Zwar hatte die Zahl der unentschuldigten Abwesenheiten unter der Luxemburger Stammbelegschaft „in erfreulichem Maße" abgenommen, dafür war unter den luxemburgischen und belgischen Dienstverpflichteten das Problem unvermindert groß. Da immer mehr Belgier ins Minettegebiet dienstverpflichtet wurden, wurde die zentrale Verwaltung der „Bummelantenlisten" für das Direktionssekretariat „zu einer unerträglichen Last". Broglio entschied, die Überwachung des „Bummelantenwesens" seinen Betriebschefs zu übertragen und dabei „rücksichtslos alle Mittel auszuschöpfen".[173] Allem Anschein nach war der Erfolg der Maßnahme nur von kurzer Dauer, denn Ende August 1943 beklagte eine Bekanntmachung, dass bei der Belegschaft und den Stammarbeitern die „Arbeitsanwesenheit in unverantwortlicher Weise durch Bummelschichten zurückgegangen ist." Broglio reagierte mit einer allgemeinen Urlaubssperre im Interesse der „Aufrechterhaltung unserer Produktion" und hoffte durch diese „Gemeinschaftserziehung" (d.h. Kollektivstrafe) auf die verantwortungslosen Gefolgschaftsmitglieder einwirken zu können. Die Bekanntmachung, die in französischer Sprache für die belgischen Dienstverpflichteten ausgehängt wurde, erschien am 31. August 1943. Broglio war offensichtlich nicht bewusst, dass sich die Streikbewegung von 1942 jährte und die Arbeiter wahrscheinlich ihren neuerlichen Protest gegen die Einführung der Wehrpflicht durch Bummelei und Blaumachen zum Ausdruck brachten.

Gleichzeitig verlor die Volksdeutsche Bewegung in den ARBED-Betrieben mehr und mehr an Boden. Am 1. September 1943 schimpften Betriebsführer Broglio und Betriebsobmann Schackmann auf VdB-Mitglieder, die es nicht mehr für nötig hielten, das VdB-Abzeichen anzulegen und den Hitlergruß anzuwenden. Recht naiv klang die Hoffnung Broglios, dass „diese äußerliche Erscheinung [keine] tiefere politische Gründe" habe. Auf „ausdrücklichen Wunsch des Kreisleiters" gab der

---

den deutschen Interessen zur Arbeitssabotage aufgefordert. Wer aber die Arbeit in einem kriegswichtigen Betriebe sabotiert, fällt der kämpfenden Truppe in den Rücken."

172 Mitteilung der Direktion betr. Bummelantenwesen (3.2.1943) und Schreiben des Direktionssekretariats an die Sachbearbeiter der Bummelanten-Listen (o.D.), in: ANLux ARBED Belval 09410.

173 Mitteilung der Direktion betr. Bummelantenwesen (11.6.1943), in: ANLux ARBED Belval 09410.

Betriebsführer daraufhin bekannt, dass noch genügend VdB-Abzeichen erhältlich seien, sollten diese auf unerklärliche Weise abhandengekommen sein.[174] Die Urlaubssperre wurde nach 14 Tagen wieder aufgehoben, da sich die Situation angeblich gebessert hatte. Dies war beileibe nicht der Fall, da es den Belvaler Beschäftigten weiterhin erheblich an Arbeitsdisziplin mangelte und sie in der Regel bereits eine halbe Stunde vor Schichtschluss die Arbeit zu beenden pflegten wie Broglio frustriert feststellen musste. Auch in diesem Fall wies der Direktor den Werkschutz an, streng zu kontrollieren und ihm persönlich Missetäter zu melden.[175] Probates Mittel war und blieb der Entzug von Lebensmittelzulagekarten, der im Falle von Fehlzeiten oder „pflichtwidrigem Zurückhalten mit der Arbeitsleistung" rücksichtslos angewandt wurde. Solche rigorosen Maßnahmen erhöhten die Unzufriedenheit unter der Belegschaft, ohne den gewünschten Erfolg zu bringen, sodass die Werksleitung auf Anweisung der Zentralverwaltung den Entzug der Zulagekarten schon Ende des Jahres 1943 wieder teilweise zurücknehmen musste.[176]

Aber es gab nicht nur in den besetzten Gebieten spürbare Probleme mit der Arbeitsdisziplin. Selbst im Altreich ließ der Arbeitseifer stark zu wünschen übrig. Im Bereich der Gestapo Trier fielen zwischen September 1939 und März 1942 mehr als ein Drittel aller Festnahmen in die Kategorie der Arbeitsvergehen. Während des Krieges wurde die „Erhaltung der Arbeitsdisziplin bei deutschen und ausländischen Arbeitern" zum Hauptaufgabengebiet der Trierer Gestapostelle.[177] Dies scheint auch in anderen Teilen des Reiches ähnlich gewesen zu sein, denn der GBA sah sich Anfang November 1943 dazu veranlasst, die „Anordnung Nr. 13 zur Sicherung der Ordnung in den Betrieben" herauszugeben. Diese Anordnung kam auch in Luxemburg zur Anwendung und sollte mit empfindlichen Geldstrafen Verstöße gegen die Arbeitsdisziplin ahnden.[178] Wie das Beispiel der ARBED-Werke zeigt,

---

174 Bekanntmachung des Betriebsobmanns und des Betriebsführers (31.8.1943) und Bekanntmachung des Betriebsobmanns und des Betriebsführers (1.9.1943 und 9.9.1943), in: ANLux ARBED Belval 09410.

175 Bekanntmachung des Betriebsobmanns und des Betriebsführers betr. Arbeitsdisziplin (17.9.1943), in: ANLux ARBED Belval 09410.

176 Bekanntmachung des Betriebsobmanns und des Betriebsführers betr. Lebensmittelzulagekarten (14.10.1943), Mitteilung der Direktion betr. Entzug der Lebensmittelzulagekarten bei Bummelschichten (20.12.1943), in: ANLux ARBED Belval 09410.

177 Martin Spira, Einblicke in die Verfolgungstätigkeit der Staatspolizeistelle Trier. Die Tagesrapporte 1939 bis 1942, in: Thomas Grotum (Hg.), Die Gestapo Trier. Beiträge zur Geschichte einer regionalen Verfolgungsbehörde, Köln/ Weimar/ Wien 2018 (= Gestapo – Herrschaft – Terror. Studien zum nationalsozialistischen Sicherheitsapparat Bd. 1), S. 138–144.

178 Vgl. Anordnung des Generalbevollmächtigten für den Arbeitseinsatz, Fritz Sauckel, zur Sicherung der Ordnung in den Betrieben vom 1.11.1943, abgedr. in: Mommsen/ Willems (Hgg.), Herrschaftsalltag im Dritten Reich, S. 198f. Vorgesehen waren bei leichten Verstößen (z.B. Unpünktlichkeit) mündliche oder schriftliche Verwarnungen, bei schweren Verstößen („unentschuldigtes oder grundloses Fehlen,

hatte man ab 1942/43 in den Schwerindustriebetrieben ein System von Kontrolle und Repression etabliert, das die Arbeiter zu Höchstleistungen antreiben sollte und gleichzeitig dem Betriebsführer die Handhabe gab, gegen renitente Arbeitsverweigerer vorzugehen. Zu den äußersten Mitteln, nämlich Anzeige bei den zuständigen Arbeitsämtern beziehungsweise bei den Polizeistellen, griff man aber nur zurück, wenn alle anderen Möglichkeiten erschöpft waren. Der Produktionsdruck, der auf den verantwortlichen Betriebsführern lastete, war so groß, dass sie auf keine einzige Arbeitskraft verzichten konnten und wollten. Demzufolge sind Fälle von Einweisungen in die 1941 eingerichteten Arbeitserziehungslager zumindest in Luxemburg kaum bekannt. Dies dürfte daran gelegen haben, dass es kein solches Lager im CdZ-Gebiet gab. Anders wurde freilich mit Arbeitern verfahren, die auch politisch auffielen; hier konnte die Gestapo die Verdächtigen ohne viel Federlesens zum Verhör in die örtlichen Gestapo-Dienststellen, ins Luxemburger Gefängnis oder ins SS-Sonderlager nach Hinzert überstellen lassen.[179]

---

wiederholte Unpünktlichkeit oder eigenmächtiges oder vorzeitiges Verlassen der Arbeitsstelle“) Geldbußen bis zu einem Tagesverdienst sowie bei erheblichen Verstößen (hier kamen „bewusste Widerspenstigkeiten gegen Anordnungen des Betriebsführers“ hinzu) Geldbußen bis zur Höhe eines durchschnittlichen Wochenverdienstes. Der Betriebsführer sollte laut §3 auch auf die Unterstützung der DAF zurückgreifen können. Waren diese Maßnahmen erschöpft, konnte der Betriebsführer bei Reichsdeutschen beim Arbeitsamt (als Beauftragten des Reichstreuhänders der Arbeit) Anzeige erstatten, bei Ausländern und Ostarbeitern direkt bei der zuständigen Polizeistelle. Zur Umsetzung in den ARBED-Werken vgl. Mitteilung der Direktion betr. Bekämpfung des Bummelantentums (29.12.1943), in: ANLux ARBED Belval 09410.

179 Vgl. Erlass des Reichsführers SS und Chef der Deutschen Polizei, Heinrich Himmler, zur Einrichtung von Arbeitserziehungslagern durch die Gestapo vom 28.5.1941 (Auszug), abgedr. in: Mommsen/ Willems (Hgg.), Herrschaftsalltag im Dritten Reich, S. 196. Zu Hinzert, vgl. Bader/ Welter, Das SS-Sonderlager/ KZ Hinzert, S. 25f. Siehe auch: Gabriele Lofti, SS-Sonderlager im nationalsozialistischen Terrorsystem. Die Entstehung von Hinzert, Stutthof und Soldau, in: Norbert Frei/ Sybille Steinbacher/ Bernd C. Wagner (Hgg.), Ausbeutung, Vernichtung, Öffentlichkeit. Neue Studien zur Nationalsozialistischen Lagerpolitik, München 2000, S. 209–229, hier: S. 224ff.; Welter, Das SS-Sonderlager/KZ Hinzert und die Zwangsarbeit. Wie hoch die Zahl der Hinzerter Häftlinge war, die wegen Arbeitsverweigerung und anderer Verstöße gegen die Verordnungen zur „Ordnung der Arbeit“ zeitweise in das „Arbeitserziehungslager“ gebracht wurden, ist unbekannt. Die Grenzziehung zwischen Häftlingen, die wegen „Deutschfeindlichkeit“ oder „Arbeitsverweigerung“ und „Bummelei“ in das Lager im Hunsrück kamen, ist nur schwer zu ziehen; vgl. Marcel Engel/ André Hohengarten, Hinzert. Das SS-Sonderlager im Hunsrück: 1939-1945, Luxemburg 1983, S. 333f. und S. 505f. Die Baugeschichte des „SS-Sonderlagers“ begann 1938, als die DAF ein Barackenlager für Arbeiter des Westwalls errichtete. Es sind Fälle belgischer Arbeiter belegt, die wegen Bummelei nach Hinzert kamen.

Bis zum Ende der deutschen Besatzungszeit hatten „Maßnahmen gegen Bummelei und verstärkten Krankenstand" eine hohe Priorität. Ziel war die Senkung der Abwesenheitsziffern. Deshalb gingen die Arbeitgeber in der Schwerindustrie restriktiver bei der Genehmigung von Urlaubstagen vor. Die bislang unbezahlten Urlaubstage, die man üblicherweise in den Sommermonaten genehmigte, damit Arbeiter ihren Familien bei der Ernte helfen könnten, reduzierte man auf ein Mindestmaß. Ein totales Verbot von unbezahlten Urlaubstagen versuchte man aber zu vermeiden, da die Arbeiter sich dann einfach krankgemeldet hätten. Das hätte die Statistik der Krankmeldungen negativ beeinflusst, was die Werksleitungen aber unbedingt verhindern wollten, um bei den Behörden keinen schlechten Eindruck zu hinterlassen. Wirklich motiviert waren letztlich nur noch die Kollaborateure des Regimes. Aber auch deren Erfolgsmeldungen klingen so unwahrscheinlich, dass man den Wahrheitsgehalt anzweifeln oder zumindest nach anderen Erklärungen suchen muss. 1943 berichtete der Schifflinger Betriebsobmann positiv über die Haltung der Gefolgschaft. Die Motivation sei „sehr zufriedenstellend" und die Bereitschaft groß gewesen, „Höchstleistungen" zu erbringen. Für eine sogenannte „Panzerschicht" hätten sich 150 Arbeiter freiwillig gemeldet, für eine „Stalingradschicht" nochmals 100 Mann. Bei diesen Sonderschichten, die mit großem Propagandaaufwand beworben wurden, sollten Berg- und Rüstungsarbeiter freiwillige Sonderschichten leisten, deren Bezahlung dann dem Reich für die Aufstellung einer neuen 6. Armee zur Verfügung gestellt wurde.[180] Bei einer Gesamtbelegschaft von rund 3.000 Arbeitern und Angestellten lag der Anteil der Freiwilligen somit deutlich unter zehn Prozent. Man kann davon ausgehen, dass es sich hier um DAF-Amtswalter beziehungsweise überzeugte Anhänger des Regimes handelte, die Arbeitskraft und Lohn für den „totalen Krieg" zu geben bereit waren.[181]

Die Schwierigkeiten traten dennoch so offen zutage, dass man sie schließlich kaum mehr kaschieren konnte oder wollte. In der unternehmenseigenen Zeitschrift „ARBED Sozialinformationen" kündigte man im August 1944 weitere Schritte an, so wollte man zur Aufdeckung des „versteckten Krankenstandes" und zur Eindämmung der „Flucht in die Krankheit" Betriebskontrollärzte einstellen. Da Geldstrafen und Lohnkürzungen nur noch wenig Wirkung zeigten, sollten „Sonderkolonnen unter Aufsicht" gebildet werden, in die man notorische Bummelanten zur Abschreckung stecken könnte. Wer dann immer noch nicht parieren und die erwartete Arbeitsleistung erbringen würde, müsste mit noch schärferen Sanktionen rechnen: „Weiterhin wird für die Zukunft jeder bösartige Bummelant dem

180 Vgl. Schneider, In der Kriegsgesellschaft, S. 572f. Schneider geht davon aus, dass der Erfolg der Aktion im Altreich eher gering einzuschätzen sei. In Luxemburg wurde nur mäßig für diese Form der freiwilligen Sonderschichten geworben, vgl. „Opferbereitschaft des gesamten Erfolges", in: LW Nr. 70 (11.3.1943).

181 Tätigkeitsbericht der DAF-Werkgruppe ARBED-Schifflingen von April 1943.

Arbeitsamt namhaft gemacht, damit ihm seine Disziplinlosigkeit in irgendeinem Lager abgewöhnt wird.“[182]

Neben der „Bummelei“ gab es ab 1942 größere Probleme mit den immer häufiger auftretenden Krankmeldungen und anderen Fehlzeiten. Diese waren teilweise auf die Überarbeitung der Belegschaft zurückzuführen, die in Neunstundenschichten arbeiten musste. 1943 wurden kriegsbedingt die täglichen Arbeitszeiten sogar periodisch in einzelnen ARBED-Abteilungen auf 12 Stunden ausgedehnt. Ausgenommen blieben lediglich Minderjährige (die nicht mehr als acht Stunden arbeiten durften) und Frauen (deren tägliche Arbeitszeit bei neun oder zehn Stunden blieb). Weniger zimperlich ging man mit den Ostarbeiterinnen um, in deren Fall man lediglich mahnte, die schwere Arbeit nicht „auf ein Maß auszudehnen, dass die volle Leistungsfähigkeit beeinträchtigt“ würde.[183]

War der Krankenstand in der Tat durch Überarbeitung und Mangelernährung zu erklären, so gab es aber eine hohe Dunkelziffer an falschen Krankmeldungen. Krankfeiern war ein beliebtes Mittel, um den ständigen Kontrollen der Vorgesetzten beziehungsweise der Zwangsteilnahme an Appellen oder anderen Propagandaveranstaltungen zu entgehen.[184] Die wiederholten Appelle und die Androhung drastischer Strafen lassen auf einen wachsenden Unmut bei den Arbeitern schließen, die letztlich am meisten unter dem enormen Produktionsdruck zu leiden hatten.

In der Schwerindustrie unterlagen die effektiven Arbeitszeiten häufigen Schwankungen, die in den 1930er Jahren konjunktureller und saisonaler Art waren (bei geringer Nachfrage wurde die Produktion zurückgefahren), so variierte die Monatsarbeitszeit im Jahre 1939 zwischen 191 und 136 Stunden. Ab 1939 erklären sich Schwankungen in der Arbeitszeit durch Probleme mit der Koksversorgung oder auch durch Transportschwierigkeiten. In den Besatzungsjahren bestanden diese fort, wenn Kokslieferungen ausblieben oder kriegsbedingt unter dem Bedarf blieben. Gleichfalls führten Personalmangel, technische Probleme, Reparaturarbeiten, aber auch Fliegeralarm zu starken monatlichen Fluktuationen, die sich auf die Jahresarbeitszeit auswirkten.

Die Überbelastung der Arbeiter hatte negative Auswirkungen auf die Produktivität. Die Zahl der Arbeitsausfälle durch Krankheit oder Unfälle nahm ab 1941/42 stetig zu. Kamen auf Belval auf einen Arbeiter statistisch gesehen pro Monat etwa sechs Stunden zusammen, in denen er fehlte, so stiegen die Krankenziffern zunächst langsam (1942: 8,9 Stunden/Monat), dann ab 1943 rasant an (1943: 14,2

182 ARBED-Sozialinformationen Nr. 5 (1.8.1944), S. 8, in: ANLux CdZ D-4:002 (DAF-Kreiswaltung Luxemburg).

183 Mitteilung der Direktion betr. Frauen- und Jugendschutz/12-stündige Arbeitszeit (18.2.1943), in: ANLux ARBED Belval 09410.

184 Mitteilung der Direktion betr. Krankheitsabwesenheiten (5.3.1943), Mitteilung des Betriebsführers betr. besondere Maßnahmen zur Senkung des Krankenstandes (20.5.1943). Vgl. Volkmann, Luxemburg im Zeichen des Hakenkreuzes, S. 480–484.

und 1944: 15,1 Stunden). Ganz ähnlich verlief die Kurve auf dem Schwesterwerk Rothe Erde. Die Arbeiter entwickelten geschickt Strategien, die sie dem Leistungsdruck und den steigenden Arbeitszeiten entgegensetzten. In dem Maße, wie der Arbeitgeber das Ableisten von Mehrarbeit und Überstunden einforderte, stiegen die verschiedensten Formen des Absentismus. 1943 verzeichnete die Anwesenheitsstatistik von ARBED-Belval im Schnitt über 26 Abwesenheitsstunden pro Arbeiter und Monat. Davon waren über 14 Stunden auf Krankmeldungen oder Arbeitsunfälle zurückzuführen, wobei es eine hohe Dunkelziffer von Blaumachern gab. 5,8 Stunden waren ausgefallen, weil die Arbeiter in beträchtlichem Umfange Zusatzurlaub nahmen. Wenn der Vorgesetzte diesen unbezahlten Zusatzurlaub nicht gewährte, nahmen sich viele einfach ungefragt frei und fehlten ohne Entschuldigung. Vor dem Krieg und in den ersten Kriegsjahren war diese Form des Absentismus praktisch nicht existent, ab 1941 verdoppelte sie sich zunächst von 0,1 auf 0,2 Stunden pro Arbeiter und Monat, ab 1943 wurde das Fehlen ohne Erlaubnis zu einem Massenphänomen, zum Beispiel verzeichneten die Statistiken auf Belval 3,2 Stunden im Monat, in denen ein Arbeiter der Arbeit ohne Erlaubnis einfach fernblieb. In den anderen ARBED-Werken lassen sich identische Verhaltensweisen beobachten. Die Arbeiter in Düdelingen führten 1944 die Abwesenheitsstatistik mit 25,63 Stunden pro Arbeiter und Monat an. Im Vergleich zur Vorkriegszeit hatten sich die Fehlzeiten von 7,20 Stunden monatlich (1938) zunächst deutlich auf 11 Stunden (1942) erhöht, dann dramatisch auf mehr als 22,62 Stunden (1943) verdreifacht.[185] (siehe Tabellen 26-28)

Hohe Krankenstände, zahlreiche „Bummelschichten" und viele Betriebsunfälle waren deutliche Alarmzeichen. Im Werk Schifflingen stieg Mitte des Jahres 1943 die Zahl der Bummelschichten merklich an. Würde man die Bummelschichten der belgischen Dienstverpflichteten dazu rechnen, so wäre die Zahl noch höher. Im Mai fielen bei den Belgiern 325, im Juni sogar 579 solcher Fehlzeiten an, die sich auf etwa 100 belgische Arbeiter verteilten. In einem Arbeitsmonat fehlte damit ein belgischer Arbeiter im Schnitt über eine ganze Woche. Setzt man die Summe der monatlichen Bummelschichten in Relation zu einer Gesamtbelegschaft von fast 3.000 Arbeitern und Angestellten auf Werk Schifflingen, mag es sich um ein Randphänomen handeln. Aber in Zeiten, in denen es überall an Arbeitskräften fehlte, waren Fehlzeiten in wichtigen Betriebsabteilungen wie den Hochöfen, in Stahl- und Walzwerken, gut spürbar. Dies waren die Abteilungen, in denen die schwersten Arbeitsbedingungen herrschten und die Arbeiter sich regelmäßig über einen zu geringen Verdienst oder unzureichende materielle Vergünstigungen beschwerten. Es ist letztlich schwer zu entscheiden, ob sich die „Arbeitsbummelei" wirklich in den Produktionsergebnissen niederschlug. Zur Stimmungsverbesserung trugen diese Phänomene nicht bei, da letztlich die anwesenden Kollegen die Arbeit der „Bummelanten" mitmachen mussten. Die Probleme von Schifflingen wurden auch von den Betrieben im Altreich festgestellt. Bummelschichten

185 Vgl. ANLux ARBED AC-CI-55 („Statistiques").

und Krankfeiern waren nicht nur Resultat von Ermüdungserscheinungen, sondern dienten letztlich der „Druckentlastung“.[186]

Offiziell verheimlichte das Regime diese massiven Probleme mit der Arbeitsdisziplin. Immerhin sah sich Gauleiter Simon am 1. August 1943 bei einer Großkundgebung zu einem Quasi-Dementi veranlasst: „An die Spitze stelle ich den tätigen Fleiß der Lützelburger Arbeiterschaft in den Gruben und Hütten, die bei einer Arbeitszeit von täglich zehn und mehr Stunden genau so fleißig sind wie unsere deutschen Arbeiter, die genau so wenig krankfeiern wie drüben im Reich krankgefeiert wird. Sie haben infolgedessen ein erhebliches Verdienst daran, dass die deutsche Rüstungswirtschaft heute auf vollen Touren laufen kann.“[187] Angesichts der stark angestiegenen Fehlzeiten muss diese Behauptung des Gauleiters in den Ohren der DAF und der deutschen Betriebsführer wie ein schlechter Witz geklungen haben. Tatsächlich ging das Regime ab 1944 mit schärferen Kontrollen und Sanktionen gegen das Phänomen vor, was dazu führte, dass zwar die Zahl der unentschuldigten Fehlstunden zurückging, aber im Gegenzug die Fehlzeiten mit Entschuldigung deutlich zunahmen.

4. Der Werkschutz als Herrschafts- und Unterdrückungsinstrument

Die privaten Hüttenwachdienste der drei großen Unternehmen ARBED, der Differdinger und der Rodinger Stahlwerke wurden nach der Machtübernahme des Chefs der Zivilverwaltung relativ schnell zu einem sogenannten Werkschutz umgestaltet, der sich grundsätzlich von dem unterschied, was die Luxemburger Arbeiter vor 1940 unter einer „Hüttenpolizei“ verstanden hatten. Die entscheidenden Initiativen dürften in der Regel von reichsdeutschen Direktoren ausgegangen sein, die

186 Während seines Kriegsverbrecherprozesses behauptete Ex-Kreisleiter Adolf Schreder zu seiner Verteidigung, in Luxemburg hätte es keine Bummelschichten gegeben und Überstunden seien freiwillig geleistet worden. Schreder vertrat die These, die Luxemburger hätten den nationalsozialistischen „Volks- und Gemeinschaftsgedanken“ angenommen; vgl. „Der Kreisleiter-Prozess“, in: ETB Nr. 37 (14.2.1950). Zur Lage im Altreich, siehe Klaus Tenfelde, Proletarische Provinz. Radikalisierung und Widerstand in Penzberg/ Oberbayern, München 1982, S. 367–369. In Deutschland wurde aber die Politik des Regimes nicht grundsätzlich in Frage gestellt: Blaumachen, Bummeln, Krankfeiern hätten nicht die Qualität politischen Widerstands erreicht. Sie hätten aber den Funktionären der DAF erlaubt, ihre „Organisation als wirkliche ‚Gewerkschaft‘ zu profilieren, den Unmut aufzunehmen und ihm damit die Spitze zu nehmen“, vgl. Andreas Ruppert/ Hansjörg Riechert, Herrschaft und Akzeptanz. Der Nationalsozialismus in Lippe während der Kriegsjahre. Analyse und Dokumentation, Wiesbaden 1998, S. 160. Siehe auch: Schneider, In der Kriegsgesellschaft, S. 578–604.

187 „Luxemburgs Herzen und Hände für den deutschen Sieg“, in: ETB Nr. 179 (3.8.1943).

bemüht waren, die Luxemburger Werke (und damit den Wach- und Sicherheitsdienst) nach nationalsozialistischem Muster zu reorganisieren.

Generell gilt der Werkschutz – zusammen mit Feuerwehr und anderen polizeilichen Einheiten – als Teil des Kontroll- und Repressionsapparates, der sich vor allem im Zusammenhang mit der Be- und Überwachung der Zwangsarbeiter im Laufe des Zweiten Weltkrieges in Deutschland und in den besetzten Gebieten zu einem Terrororgan entwickelte. In Luxemburg wurden die Mitglieder des Werkschutzes über reine Wachdienstaufgaben hinaus gegen widerspenstige und deutschfeindliche Arbeiter eingesetzt und trugen dazu bei, dass die Rüstungs- und Kriegsproduktion in den Unternehmen der Schwerindustrie mehr oder weniger ungestört weiterlaufen konnte, vor allem in der zweiten Hälfte der Besatzungszeit.[188]

Personalpolitisch brachte die Umgestaltung der Hüttenpolizei zum Werkschutz eine Kehrtwende mit sich. Wer vor dem Krieg als ehemaliger Luxemburger Soldat, luxemburgischer Veteran des Ersten Weltkrieges oder pensionierter Polizeibeamter zur Hüttenpolizei gewechselt war, galt nun eher als unzuverlässig, vor allem wenn er sich politisch nicht in der VdB, der NSDAP und der SA engagierte. So wechselte man nach und nach missliebige Werkschutzleute gegen politisch zuverlässige Personen aus oder berücksichtigte bei Neueinstellungen Kollaborateure beziehungsweise Reichsdeutsche, denen man bei der Überwachung der Werksanlagen und der Arbeiterschaft eher vertraute. In Schulungen wurden die Werkschutzleute auf ihre Tätigkeit vorbereitet oder in Fortbildungen mit den neuen Vorschriften vertraut gemacht, die im Laufe des Krieges in den Betrieben eingeführt wurden. Nicht zuletzt wurden sie in den Gebrauch der Dienstwaffen eingewiesen. So wurde aus dem Werkschutz, den die Luxemburger noch als lästige, aber im Grunde harmlose Hüttenpolizei in Erinnerung hatten, eine Art paramilitärische Einheit, die man im Ernstfall gegen demonstrierende Arbeiter oder randalierende Kriegsgefangene hätte einsetzen können.

In den Zuständigkeitsbereich des Werkschutzes fielen zwar immer noch die bekannten Wach- und Kontrollaufgaben, aber es kamen umfassende neue Aufgaben hinzu, kriegsbedingte wie der Luftschutz, aber vor allem auch politische.

---

188 Erstmals befasste sich Vincent Artuso mit der Zusammensetzung und den Funktionen des Werkschutzes in der Schwerindustrie sowie dem Kollaborationsverhalten der Luxemburger Werkschutzleute, in: Artuso, La collaboration (2013), S. 284ff. Siehe auch Marc Schoentgen, Von der „Hüttenpolizei" zum nationalsozialistischen „Werkschutz", in: Charles Barthel/ Josée Kirps (Hgg.), Terres rouges. Histoire de la sidérurgie luxembourgeoise, Bd. 5, Luxemburg 2018, S. 84–133. Zum Werkschutz im Nationalsozialismus, vgl. Klaus Drobisch, Der Werkschutz – betriebliches Terrororgan im faschistischen Deutschland, in: Jahrbuch für Wirtschaftsgeschichte 6 (1965), S. 217–247; Herbert, Fremdarbeiter, S. 213–218; Christian Kretschmer, Kriegsgefangene im Visier von Werkschutz, Kriminalpolizei und Landwacht: Bewachung, Fluchtprävention und Kriegsfahndung, in: Beiträge zur Geschichte der nationalsozialistischen Verfolgung in Norddeutschland 15 (2013), S. 147–155.

Gerade in den Rüstungsbetrieben ging es darum, Sabotageakte oder Industriespionage zu verhindern. Es scheint so, dass ab Spätsommer 1942 die Effektive des Werkschutzes erhöht wurden. Nach den Unruhen vom September fürchteten die Deutschen nichts mehr als eine Wiederholung der Streikaktionen, spontane Arbeitsniederlegungen oder gar eine Ausweitung zum Generalstreik, die mit den im CdZ-Gebiet auf die Schnelle zur Verfügung stehenden polizeilichen und militärischen Mitteln nicht zu kontrollieren wären. Ein Zusammenbruch der Erzförderung oder der Eisenproduktion hätte fatale wirtschaftliche Folgen, ganz zu schweigen von den politischen Konsequenzen. So hatten die Verantwortlichen aus Zivilverwaltung und Gauleitung, aber mehr noch die deutschen Betriebsführer ein vitales Interesse daran, die Arbeiter in ihren Schranken zu halten. Derjenige Betriebsführer, der aus mangelnder Härte nicht in der Lage war, seine Belegschaft zu disziplinieren und für einen geordneten Produktionsfortgang zu sorgen, riskierte in der Zeit des „totalen Krieges“ kurzerhand seine Position oder hätte sich selber dem Verdacht der Sabotage ausgesetzt. Als ab Herbst 1942 Zwangsarbeiter nach Luxemburg gebracht wurden, wurde der Werkschutz verstärkt zur Überwachung der Ostarbeiterinnen und russischen Kriegsgefangenen eingesetzt.

Die einheimischen Werkschutzleute waren Luxemburger im besten Alter, hatten einen geringen Bildungsgrad (meist nur Volksschule) und viele konnten eine lange Betriebszugehörigkeit bei ihrem Arbeitgeber aufweisen. Allermeist waren sie vor dem Krieg politisch uninteressiert, nur ausnahmsweise in einer politischen Partei gewesen. Sie lebten bis zur deutschen Besetzung in recht bescheidenen Verhältnissen. Meist handelte es sich um einfache Arbeiter mit relativ geringem Verdienst und nun bot sich ihnen im Werkschutz die Gelegenheit des sozialen Aufstiegs, damit verbunden ein deutlicher Mehrverdienst und ein Posten, der die Jüngeren durch die UK-Stellung vor einem möglichen Dienst an der Front bewahrte. Diensteifer, eine gewisse Portion Skrupellosigkeit, die Bereitschaft, im Notfall auch Gewalt einzusetzen, hartes Auftreten gegenüber den Zwangsarbeitern machten manche Werkschutzleute zu gefürchteten Männern, die gegen ehemalige Arbeitskollegen vorzugehen bereit waren. Ausgestattet mit einer gewissen Macht über auf Gedeih und Verderb unangepasste Arbeiter und Angestellte, blieben großspuriges Auftreten in Uniform und Willkürakte nicht aus.

Längst nicht alle Mitglieder der Hüttenpolizei ließen sich vom Regime korrumpieren. Ein Hüttenpolizist, der den Beitritt in politische Formationen verweigerte, wurde zwar nicht entlassen, aber von seiner Funktion abgelöst.[189] Ein anderer Arbeiter lehnte den Wechsel in den Werkschutz ab, obwohl man ihm ein verlockendes Lohnangebot machte. Diese Fälle zeigen, dass man sehr wohl die Zusammenarbeit mit dem Werkschutz zurückweisen konnte, ohne dass man entlassen wurde; allerdings ging man wichtiger Privilegien verlustig.

---

189 Vgl. Fall Albert Molitor, in: Bericht Polizei Esch vom 12.11.1945 an die Staatsanwaltschaft, in: ANLux AP 1525.

Der Werkschutz war nie in der Lage, eine flächendeckende Kontrolle rund um die Uhr zu gewährleisten, denn dafür war die Personaldecke des Wachdienstes trotz Aufstockungen einfach zu dünn; allem Anschein nach waren Qualifikation und Motivation der meisten Werkschutzleute viel zu dürftig. Die Werksgelände von Riesenbetrieben wie ARBED-Belval mit einer Fläche von rund 120 Hektar mit unzähligen Werkstätten und gewaltigen Betriebsanlagen waren schlicht nicht zu überwachen. Deshalb musste sich der Werkschutz auf neuralgische Punkte wie die Werkstore oder bestimmte Betriebe konzentrieren beziehungsweise zu bestimmten Zeitpunkten Präsenz markieren, etwa, wenn politisch wichtige Ereignisse anstanden. Die Ankunft der Kriegsgefangenen und der Ostarbeiterinnen verkomplizierte die Tätigkeit der Wachleute: Es gelang nie, die männlichen Kriegsgefangenen von den Ostarbeiterinnen fernzuhalten oder die Fraternisierung von „volksdeutschen" Luxemburger Arbeitern mit den Zwangsarbeitern aus einem alliierten Staat zu verhindern. Eine totale Kontrolle wurde zwar angestrebt, konnte aber nie durchgesetzt werden, sodass die Machtlosigkeit möglicherweise größer war als die Effizienz des internen Wach- und Sicherheitsdienstes.

Man darf die Indienstnahme der Hüttenpolizei und deren Umwandlung in ein nationalsozialistisches Kontroll- und Repressionsinstrument aber nicht nur aus dem Blickwinkel der Täter und Mitläufer bewerten. Natürlich war der Werkschutz ein Herrschaftsinstrument in Händen von Unternehmern, Partei und Staat, aber letztlich zeigt der fast fanatische Kampf, den deutsche Betriebsführer, Behörden, NS-Organisationen und Werkschutz gegen Disziplinlosigkeiten führten, wie sich während des Krieges die Einstellung zur Arbeit veränderte. Ein wesentlicher Teil der Tätigkeit des nationalsozialistischen Werkschutzes richtete sich nämlich während der Besatzungszeit ganz besonders gegen die unterschiedlichsten Formen der Arbeitsverweigerung. Die Ausprägungen kollektiven Arbeiterwiderstandes, wie Krankmeldungen, Bummelei, Zuspätkommen, frühzeitiges Beenden der Arbeit, langsames Arbeiten, Nichteinhalten von Vorschriften oder Verschleppen dienstlicher Anweisungen wurden als „Sabotage" interpretiert. Diese offenen Formen der Sabotage machten den Betrieben im Arbeitsalltag offenbar mehr zu schaffen als die Zerstörung von Maschinen oder das absichtliche Produzieren schlechter Qualität. Die Betriebsführer und ihre Werkschutzleute hatten diesen Sabotage- und Widerstandsformen kaum etwas entgegenzusetzen.

Die Tätigkeit der Werkschutzleute in der Schwerindustrie ist auch aus anderer Perspektive von Bedeutung, da sie verschiedene Handlungsmuster der Arbeiter aufdeckt. Aus welcher Motivation die Luxemburger handelten, die den Zwangsarbeitern Hilfe zukommen ließen, ist in den allermeisten Fällen vom Werkschutz nicht festgehalten worden. Politische Beweggründe haben zweifellos eine Rolle gespielt, aber es gab wohl in den allermeisten Fällen noch eine andere Motivation und viele Arbeiter handelten aus Mitleid oder Solidarität mit den ausländischen Kameraden. Letztlich ist es zwischen vielen Arbeitern auf diese Weise zu einer ungeplanten, unorganisierten Solidarisierung gekommen: Wer seine Arbeit gar nicht oder nur halbherzig erledigte, leistete auf seine Art einen Beitrag im Krieg gegen Deutschland, gleich welcher Nationalität er war.

5. Zusammenfassung

Der Arbeitsalltag in Luxemburgs Großbetrieben war nicht nur von Propaganda, Arbeitsdruck und Auseinandersetzungen mit Betriebsobmann beziehungsweise Betriebsführung geprägt. Die Arbeiter und Angestellten lebten mit der Furcht, eines Tages ihre angestammten Arbeitsplätze zu verlieren. Dies unterschied sie von den belgischen Dienstverpflichteten, die die Arbeit verweigerten, um möglichst schnell wieder nach Hause zu können und von den sowjetischen Zwangsarbeitern, die sich anstrengten, um nicht zu verhungern. Der Luxemburger Arbeiter und Angestellte kam in der Regel täglich ins Werk, um seinen Arbeitsplatz bei der ARBED zu behalten. Man wusste, dass Fehlverhalten oder Arbeitsverweigerung vom Regime streng geahndet wurden und niemand hatte Lust auf repressive Maßnahmen, wie Versetzung, Dienstverpflichtung oder gar die Einlieferung in ein Arbeits- oder Konzentrationslager. Den Jüngeren drohte zudem die Zwangsrekrutierung in den Reichsarbeitsdienst und die Wehrmacht, falls ihr Betrieb keine UK-Stellung erreichte.

Die Luxemburger Arbeiter befanden sich in der zweiten Kriegshälfte in einem regelrechten Zwiespalt. Die Motivation war aus vielerlei Gründen niedrig und auf keinen Fall wollte man zu viel arbeiten oder Übereifer an den Tag legen. Denn prinzipiell war die Mehrheit der Beschäftigten gegen das ungeliebte NS-Regime eingestellt. Auf der anderen Seite aber musste man das Mindestsoll erfüllen. Davon hing nicht nur das Einkommen ab, sondern auch die Zukunft des Industriestandortes. Nicht erfüllte Förder- und Produktionspläne hätten mittelfristig die Luxemburger Arbeitsplätze gefährdet, dessen waren sich die Arbeiter und Angestellten wohl durchaus bewusst.

Die Belastbarkeit der Arbeiter und Arbeiterinnen hatte aber schon 1942 ihre Grenzen erreicht. Dies hatten nicht nur die Unmutsäußerungen im Juli-August 1942 und die Streiktage von August-September 1942 deutlich bewiesen. Mit nationalsozialistischer Propaganda und Versprechungen waren die Arbeitnehmer genauso wenig zu motivieren, wie mit den neuen betrieblichen Sozialmaßnahmen, die angesichts dessen, was die Luxemburger Unternehmen ihren Mitarbeitern bereits vor 1940 angeboten hatten, wie Krümel wirkten. Die ARBED-Privatbeamten, die Grubenarbeiter und die Arbeiter in den Hütten- und Stahlwerken waren mit Zigaretten, Taschengeldern und Schnapszuteilungen nicht wirklich zu locken.

Bis in die letzten Tage der Besatzung hinein war der „Arbeitseinsatz“ ein beherrschendes Thema in der Schwerindustrie. Da die Zahl der Ostarbeiter und Kriegsgefangenen, die ursprünglich als Ersatz für die zu RAD und Wehrmacht eingezogenen Arbeiter gedacht waren, nie die erwartete Höhe erreichte, versuchten die Luxemburger Unternehmen, in anderen Regionen Arbeitskräfte zu finden. Es begann ein regelrechter Kampf um Arbeitskräfte, wobei die einzelnen Konzerne ARBED, DIFFAG und RODAG einmal Verbündete, ein anderes Mal Konkurrenten waren.

Der Wirrwarr von Behörden, Institutionen, Parteistellen, Unternehmen, die für die Fragen des Arbeitseinsatzes zuständig waren, trug in den letzten Monaten dazu bei, die Lage mehr und mehr zu verschärfen. Leidtragend waren die Menschen, die man rücksichtslos hin- und herschob. Man wundert sich, wie unter diesen Umständen die Produktion auf einem so hohen Niveau bleiben konnte. Hätte die deutsche Besatzung aber länger als bis September 1944 gedauert, die Produktion der Luxemburger Schwerindustrie, die anders als im Ruhrgebiet, von alliierten Bombenangriffen weitgehend verschont blieb, wäre vermutlich kurze Zeit später drastisch gesunken, um dann Ende des Jahres komplett zusammenzubrechen. Die rücksichtslose Ausbeutung aller Produktionskapazitäten fand schließlich nicht nur auf Kosten der Menschen statt, sondern ging letztlich zu Lasten der Produktionsanlagen, die nur noch unregelmäßig gewartet werden konnten. Reparaturarbeiten fanden nur dann statt, wenn die Produktion dies unbedingt erforderte, anders wäre es nicht möglich gewesen, die Produktion bis zum Schluss zu halten.

Der „Leistungskampf", der die „höchste Produktionssteigerung der deutschen Volkswirtschaft unter günstigster Ausnützung aller betrieblichen Faktoren" zum Ziel hatte, war nicht zu gewinnen. Den Rationalisierungstendenzen zur Steigerung der Produktivität waren in den Betrieben durch den permanenten Arbeitskräftemangel und die rücksichtslose Ausbeutung der Menschen Grenzen gesetzt, die man auch mit Aktionismus nicht mehr überwinden konnte.[190] Das Primat der Arbeitsproduktivität war ganz besonders ausgeprägt in der Behandlung der Zwangsarbeiter. Diese befanden sich in den Betrieben an der untersten sozialen Stufe, lebten getrennt von den übrigen Arbeitern, die aus Luxemburg oder Belgien stammten. Die Lebensbedingungen in den Baracken und Gemeinschaftsunterkünften waren in der Luxemburger Industrie erträglich, aber weniger aus menschlichen Erwägungen heraus, sondern häufig nur, weil die Menschen als wichtiges Produktionsmittel gesehen wurden, deren Arbeitskraft man für den Krieg erhalten müsse.[191]

Was die Formen des Widerstandes der Luxemburger Arbeiter und Angestellten angeht, so ergibt sich kein deutliches Bild. Zwar haben viele Arbeiter eine gewisse, spontane Solidarität im Umgang mit den Zwangsarbeitern an den Tag gelegt, aber es lässt sich nicht erheben, in welchem Ausmaß die Menschen tatsächlich den Ostarbeitern und Kriegsgefangenen materielle und psychologische Hilfe zukommen ließen. Vermutlich unterschieden sich die luxemburgischen Arbeiter im Grunde nur wenig von ihren deutschen Kollegen, die sich mehrheitlich den Zwangsarbeitern gegenüber indifferent verhielten, während nur eine Minderheit etwas „im Positiven wie im Negativen" tat. Stille Hilfe und solidarische Unterstützung

---

190 Vgl. Schmitz-Berning, Vokabular des Nationalsozialismus, S. 387. Mitteilung der Direktion betr. Leistungskampf der deutschen Betriebe (21.10.1942), in: ANLux ARBED Belval 09410. Zur betrieblichen Rationalisierung und Leistungssteigerung, vgl. Siegel, Rationalisierung statt Klassenkampf, S. 113–129.

191 Vgl. Dietmar Süß, „Herrenmenschen" und „Arbeitsvölker": Zwangsarbeit und deutsche Gesellschaft, in: Knigge/ Lüttgenau/ Wagner (Hgg.), Zwangsarbeit, S. 225–229.

waren genauso eine Realität wie Schikanen und Misshandlungen, die von einzelnen Funktionären begangen wurden.[192] Studien warnen allerdings vor einer Überbewertung des Krankenstandes oder anderer Formen der Leistungszurückhaltung. Nicht jeder Bummelant oder Blaumacher war automatisch ein politischer Widerstandskämpfer. Das tatsächliche Ausmaß der Arbeitsverweigerungen und anderer Verfehlungen sowie die unterschiedlichen Beweggründe werden vermutlich im Dunkeln bleiben.[193]

Vergleicht man abschließend die „Arbeitseinsatz“-Politik in Luxemburg mit anderen von Deutschland besetzten und annektierten Gebieten, so fällt auf, dass die luxemburgischen Arbeiter gemessen an den Gewaltpraktiken in anderen Teilen Europas eindeutig eine privilegierte Stellung einnahmen. Die „divergierende volkstumspolitische Taxierung sorgte für unterschiedliche Besatzungs- und Ausbeutungsverläufe“.[194] Die Arbeits- und Lebensbedingungen für Beschäftigte, die als „Volksdeutsche“ galten oder als „Reichsdeutsche“ betrachtet wurden, differierten in allen CdZ-Gebieten grundlegend von den Arbeitskräften, die als Zwangsarbeiter eingesetzt wurden. Neuere Forschungen haben zudem herausgearbeitet, dass die Reaktionen der Arbeiter auf die deutsche Neuordnungsmaßnahmen dort wie in Luxemburg von sozialpolitischen Maßnahmen beeinflusst wurden. Ebenfalls ein wichtiger Faktor war die Haltung der lokalen Werksleitungen. Dort, wo die Betriebsführung eher von einem traditionellen Führungsstil geprägt war und in Fällen, in denen Spannungen zwischen Werksleitung und Besatzungsverwaltung bestanden, verliefen Produktion und Arbeitsalltag offensichtlich relativ reibungslos.[195] In Luxemburgs schwerindustriellen Unternehmen war es grundsätzlich nicht anders: Das Verhalten der Arbeiter und Angestellten hing in einem starken Maße von der Persönlichkeit eines Direktors ab, der sich für seine Belegschaft einsetzte, sich nicht zu sehr von Besatzungsverwaltung reinreden ließ und auch schon einmal Konflikte mit den Behörden nicht scheute.

Was das Widerstandsverhalten anbelangt, so unterschieden sich die Luxemburger Arbeiter und Arbeiterinnen nicht wesentlich von ihren europäischen Kollegen: In der Masse blieben sie unpolitisch und sahen in einem sicheren Beschäftigungsverhältnis einen Schutz vor Umsiedlung und Zwangsrekrutierung; dies galt vor allem in den kriegswichtigen Branchen, wie dem Bergbau und der Schwerindustrie. Allerdings beeinflussten äußere Faktoren das Verhalten der Menschen, wie die allgemeine Kriegsentwicklung zu Ungunsten des Deutschen Reichs. Auch spielten flagrante Unrechtsmaßnahmen des Besatzers eine Rolle, wie Untersuchungen zu den besetzten Niederlanden,

192 Vgl. Schneider, In der Kriegsgesellschaft, S. 624–626, Zitat S. 626. Siehe auch vgl. Süß, „Herrenmenschen“ und „Arbeitsvölker“, S. 227.

193 Vgl. Schneider, In der Kriegsgesellschaft, S. 595–597.

194 Rutar, Lokale Dimensionen des Arbeitseinsatzes, S. 2.

195 Rutar, Lokale Dimensionen des Arbeitseinsatzes, S. 5ff. und Vlossak, Regimenting Unfree Labour, S. 6f.

Belgien oder auch den CdZ-Gebieten in Frankreich bestätigen: Gewalt und Zwangsmaßnahmen diskreditierten erheblich die Besatzungsmacht und hatten den deutschen Interessen zuwiderlaufende Effekte auf Arbeitsmoral und Produktivität.[196]

Der Werkschutz war ein politisches Überwachungs- und Disziplinierungsorgan, das im Laufe der Besatzungszeit die Arbeiter und Arbeiterinnen gleich welcher Herkunft terrorisierte. Er ging gegen ganz normale Arbeiter in der Produktion vor, die sich nicht an die strikten Betriebsordnungen hielten, aber ebenfalls gegen diejenigen Arbeitenden, die sich politisch zu passiv verhielten, politisch nicht konform waren oder auf die eine oder andere Weise ihren Widerstand gegen die Betriebsführung beziehungsweise das Regime manifestierten. Die Männer des Werkschutzes waren mindestens genauso unbeliebt wie die Obmänner der Deutschen Arbeitsfront. Vermutlich hatten die Arbeiter sogar mehr Angst vor den Wachleuten, die „wegen ihrer unkameradschaftlichen Handlungen gegen die Arbeiter“ einen sehr schlechten Ruf hatten, wie ein Augenzeuge nach dem Krieg aussagte.[197] Durch unfaires Verhalten, Willkürmaßnahmen oder Unmenschlichkeiten gegenüber hilflosen Zwangsarbeitern manövrierten sich viele Werkschutzleute ins gesellschaftliche Abseits. Außerdem verfügte der Wachmann über eine Machtfülle, die *ex officio* verdächtig war: Verstöße gegen die Betriebsordnung oder dienstliche Anweisungen des Betriebsführers wurden vom Werkschutz schriftlich festgehalten und umgehend in Form von Meldungen an den Vorgesetzten weitergeleitet. Dieser entschied dann über mögliche Konsequenzen, die vom Verweis bis hin zur Verhaftung durch die Gestapo reichten. Damit hatte der Werkschutz – mit einem direkten Zugang zum Direktor – eine viel größere Machtfülle als ein Block- oder Zellenobmann der DAF, der in erster Linie dem DAF-Betriebsobmann untergeordnet war und sich zumindest in der Theorie für das Wohlergehen der Gefolgschaftsmänner einzusetzen hatte. Das war bei den Werkschutzmännern nicht der Fall, weil sie allein die Interessen des Unternehmens zu vertreten hatten. Gemeinsam war den Werkschutzmännern und den DAF-Obmännern, dass sie zwar Angestellte und Arbeiter eines privaten Arbeitgebers waren, ihre Tätigkeiten aber im weitesten Sinne im Dienste des Regimes standen, dessen Politik sie vertraten und in einem gewissen Sinn personifizierten. Die meisten Luxemburger Betriebsführer folgten dem Primat der Ökonomie. Sie verhielten sich abwartend, schlugen bald den Weg der wirtschaftlichen Kollaboration ein und arrangierten sich mit den neuen Machthabern. Mit einer solchen Haltung unterstützten Betriebs- und Werksleiter die Zerstörung der Gewerkschaften und bereiteten den NS-Organisationen den Weg in die Betriebe.

---

196 Vgl. Futselaar, From Mild Pressure to Brute Force, S. 3–8; Harvey, Arbeitsverwaltung und Arbeitskräfterekrutierung, S. 381ff.

197 Zeugenaussage Genson im Bericht der Lokalpolizei Echternach vom 16.5.1947 an die Staatsanwaltschaft, in: ANLux AP 2064 Mathias Schäfer.

6. Anhang

Tab. 25: Arbeiter und Angestellte an den einzelnen Produktionsstandorten der ARBED in Luxemburg (1942–1943)

Luxemburger Abteilungen: Belval-Rothe Erde, Dommeldingen, Düdelingen, Schifflingen

Luxemburger Abteilungen	**1.1.1942**	**1.1.1943**	**1.7.1943**
Vollarbeiter	10.691	10.594	10.299
Arbeiterinnen Produktion	-	85	491
Arbeiterinnen in Nebenbetrieben	127	133	299
Invalide (Schwer- und Minderbeschädigte)	-	139	257
Anlernlinge	-	16	36
Lehrlinge (männl. + weibl.)	395	436	375
Jugendliche (männl. + weibl.)	-	103	156
Dienstverpflichtete aus Belgien	-	-	896
Ostarbeiter	-	58	64
Ostarbeiterinnen	-	168	170
Kriegsgefangene	-	389	353
SUMME	**11.213 davon 127 Frauen**	**12.121 davon 389 Frauen**	**13.396 davon 342 Frauen**
Angestellte			
männl. Angestellte	1.459	1.447	1.481
weibl. Angestellte	65	101	191
Schwerbeschädigte	-	-	1
käufm. Lehrlinge	12	39	32
Anlernlinge	-	20	29
SUMME	**1.536 davon 65 Frauen**	**1.607 davon 121 Frauen**	**1.734 davon 220 Frauen**

Quelle: ANLux ARBED AC-CI-253 (Mappe „Effectif ouvrier“)

Tab. 26: Effektive Arbeitszeiten und Fehlzeiten pro Arbeiter und Arbeitsmonat auf ARBED-Werk Rothe Erde (1938–1944)

(Angaben in Stunden)

Arbeits- und Fehlzeiten Werk Rothe Erde	**1938**	**1939**	**1940 Ø Jan.-März**	**1940 Ø Sept.-Dez.**	**1940 Ø Jan.-Dez.**	**1941**	**1942**	**1943**	**1944 Ø Jan.-Aug.**
Normale Arbeitsstunden	179,1	174,6	170,8	189,3	181,4	195,1	192,08	183,5	181,3
Überstunden	0,1	-	-	0,3	0,2	0,1	5,06	17,7	8,3
Feiertagsstunden	14,5	15,4	13,2	15,7	14,6	16,5	20,64	22,7	21
Monatliche Arbeitszeit:	**193,7**	**190**	**184**	**205,3**	**196,2**	**211,7**	**217,78**	**223,5**	**210,6**
Betriebsbedingte Fehlstunden	19,3	20,3	23,6	8,1	14,7	0,4	-	-	-
Krankheit oder Unfall	3,9	6,3	6,5	3,2	4,6	6,2	9,16	14,3	15,1
Entschuldigte Fehlstunden	1,8	1,9	1,3	1,3	1,3	2,4	3,2	4,8	6,8
Unentschuldigte Fehlstunden	0,2	0,2	0,3	-	0,1	0,3	0,22	2,7	1,8
Ruhezeiten	25,1	24,6	26,8	26,1	26,4	22	13,29	3,1	9,7
Monatliche Fehlstunden:	**50,3**	**53,3**	**58,7**	**38,7**	**47,2**	**31,6**	**25,87**	**24,9**	**33,4**

Quelle: ANLux ARBED AC-CI-55 ("Statistiques")

Tab. 27: Effektive Arbeitszeiten und Fehlzeiten pro Arbeiter und Arbeitsmonat auf ARBED-Werk Belval (1938–1944)

(Angaben in Stunden)

Arbeits- und Fehlzeiten Werk Belval	**1938**	**1939**	**1940 Ø Jan.-März**	**1940 Ø Sept.-Dez.**	**1940 Ø Jan.-Dez.**	**1941**	**1942**	**1943**	**1944 Ø Jan.-Aug.**
Normale Arbeitsstunden	**173,6**	**170,7**	**166,4**	**174,1**	**170,8**	**194,9**	**192,4**	**182,1**	**181,6**
Überstunden	0,1	0,1	-	0,3	0,2	0,1	7	27,4	7,95
Feiertagsstunden	4,7	5,3	5,3	6,9	6,2	10,4	16,3	20,3	18,21
Monatliche Arbeitszeit:	**178,4**	**176,1**	**171,1**	**181,3**	**177,2**	**205,4**	**215,7**	**229,9**	**207,76**
Betriebsbedingte Fehlstunden	24,7	25	27	20,4	23,2	0,9	-	-	-
Krankheit oder Unfall	4,5	6,2	7,2	5,4	6,1	6	8,9	14,2	15,1
Entschuldigte Fehlstunden	1,4	1,3	1	1,6	1,4	2	3	5,8	6,2
Unentschuldigte Fehlstunden	0,2	0,1	0,1	-	-	0,1	0,2	3,2	2,05
Ruhezeiten	35,2	34,6	34,7	34,9	34,8	28,2	16,3	3,5	12,9
Monatliche Fehlstunden:	**66**	**67,2**	**71**	**62,7**	**66,2**	**37,9**	**28,4**	**26,5**	**36,25**

Quelle: ANLux ARBED AC-CI-55 (“Statistiques“)

Tab. 28: Effektive Arbeitszeiten und Fehlzeiten pro Arbeiter und Arbeitsmonat auf ARBED-Werk Düdelingen (1938-1944)

(Angaben in Stunden)

Arbeits- und Fehlzeiten Werk Düdelingen	**1938**	**1939**	**1940 Ø Jan.- März**	**1940 Ø Sept.- Dez.**	**1940 Ø Jan.- Dez.**	**1941**	**1942**	**1943**	**1944 Ø Jan.- Aug.**
Normale Arbeitsstunden	**173,48**	**169,47**	**166**	**175**	**171**	**193,97**	**193,31**	**182,50**	**179,30**
Überstunden	0,15	0,17	-	1	1	0,12	6,85	13,69	12,48
Feiertagsstunden	3,92	4,70	4	6	5	7,16	12,14	18,63	17,86
Monatliche Arbeitszeit:	**177,55**	**174,33**	**170**	**182**	**177**	**201,25**	**212,30**	**214,82**	**209,64**
Betriebsbedingte Fehlstunden	23,62	25,28	27	21	23	1,30	0,31	-	-
Krankheit oder Unfall bzw. entschuldigte/ unentschuldigte Fehlstunden	7,20	8,31	9	5	7	8,29	11	22,62	25,63
Ruhezeiten	35,81	35,07	35	35	35	1,30	0,09	0,22	0,07
Monatliche Fehlstunden:	**66,89**	**69**	**72**	**63**	**67**	**10,70**	**11,40**	**22,84**	**25,70**

Quelle: ANLux ARBED AC-CI-55 (“Statistiques“)

Zusammenfassung, Schlussfolgerungen und Perspektiven

1. Thematischer und chronologischer Überblick

Die vorliegende Studie untersuchte das Thema „Arbeiten unter Hitler. NS-Sozialpolitik, Deutsche Arbeitsfront und Herrschaftspraxis im besetzten Luxemburg" für den Zeitraum von 1940 bis 1944, also zwischen dem deutschen Einmarsch am 10. Mai 1940 und der Befreiung des Landes durch die amerikanische Armee. Der Schwerpunkt lag auf der Branche der Schwerindustrie, was mit sich brachte, dass das Forschungsfeld sich geografisch auf das Industriegebiet und soziologisch auf die Luxemburger Industriearbeiterschaft konzentrierte.

Die Darstellung folgte mehreren Perspektiven. Sie befasste sich in den einleitenden Kapiteln 1 und 2 mit eher ordnungspolitischen Aspekten der nationalsozialistischen Gauleitung, in Kapitel 3 aber auch mit regionalen Besonderheiten der Besatzungs- und Anschlusspolitik. Es macht den Übergang zum zentralen 4. Kapitel, das in mehreren Teilkapiteln auf die Entstehung und Entwicklungsgeschichte sowie die Funktionen der Deutschen Arbeitsfront zwischen Anspruch und Wirklichkeit einging. Wie sich in einer Kriegsgesellschaft durch die Politik der Gauleitung und die Aktionen der Deutschen Arbeitsfront der Alltag in den Betrieben veränderte, was dies für die arbeitende luxemburgische und nichtluxemburgische Bevölkerung bedeutete, war Thema des 5. und abschließenden Kapitels.

Die thematische Darstellung verhindert nicht, dass sich in Bezug auf die Okkupationszeit, also die Jahre 1940 bis 1944, zeitliche Entwicklungslinien herauskristallisieren. Das Jahr 1940 war von Krisenphänomenen (Besetzung, Evakuation, Arbeitslosigkeit und Inflation) geprägt. Dies führte im Oktober mit der Einführung neuer Lohntarife zu einer sozialpolitischen Neuordnung, mit der u.a. die Beseitigung des Einflusses der Gewerkschaften einherging. Die Arbeitspolitik hatte Auswirkungen nicht nur auf die Arbeitsbeziehungen, sondern auch auf die Arbeitslosenzahlen des besetzten und annektierten Landes. Es folgte eine allgemeine Stabilisierung der Wirtschaft und des Arbeitsmarktes. Die ersten Monate der Zivilverwaltung in Luxemburg kann man als eine Art Experimentierphase interpretieren: Gauleitung und Besatzungsadministration probierten aus, was sich mit den in den 1930er Jahren in Deutschland mit Erfolg erprobten Maßnahmen auch in den vier neuen Landkreisen des Gaues durchführen ließ. Propaganda und materielle bzw. wohlfahrtsstaatliche Angebote kennzeichnen die Strategie der neuen politischen Führung. Unterschiedliche Formen angedrohter oder tatsächlicher Gewalt gehörten von Anfang an zur Politik des Regimes in Luxemburg, in erster Linie dann, wenn sich Dissens und Widerstand manifestierten.

Was eine Periodisierung erschwert, ist die Gleichzeitigkeit verschiedener Entwicklungen, wie sich gerade am Schicksal der Berufsverbände 1940/41 zeigt. Während manche Gewerkschaftsfunktionäre noch die Perspektive der Zusammenarbeit mit den Deutschen vor Augen hatten, brachte sich die Deutsche Arbeitsfront schon 1940 in eine strategische Position, von der aus man das ganze Land sozialpolitisch besetzen konnte. Zeitgleich hatte der Stillhaltekommissar für das Organisationswesen schon mit der Erfassung der Gewerkschaften und Genossenschaften begonnen, die planvoll und konsequent zur Liquidierung der Gewerkschaften und anderer Organe der Interessensvertretung führte. Dieser Prozess setzte sich im Jahre 1941 fort und wurde im Laufe des Jahres weitestgehend abgeschlossen. Zu Beginn des Jahres 1941 begann die Deutsche Arbeitsfront mit dem Aufbau ihrer Strukturen und rekrutierte massiv Mitglieder. Innerhalb weniger Monate wuchs die DAF durch Zwangsmitgliedschaften zu einer Massenorganisation heran, die im Bereich der kulturellen Offerten und der sozialen Dienstleistungen eine äußerst große Dynamik entwickelte. Aber sie konnte weder Versprechen einhalten, noch alle Erwartungen erfüllen. In der Interessenvertretung erwies sie sich als machtlos, da die nationalsozialistische Sozialpolitik nicht von ihr, sondern vom Gauleiter bestimmt wurde. Dennoch kann man sagen, dass die DAF nach einer rasanten Aufbauphase (1941) eine Phase relativer Stabilität hatte, zumindest was ihre Organisation in Form von horizontal und vertikal angelegten Orts- und Betriebsgruppen anbelangte. Parallel zur DAF entstanden weitere NS-Organisationen, hier ist insbesondere die 1942 offiziell gegründete NS-Volkswohlfahrt zu nennen, die noch einmal zur Mobilisierung der Luxemburger Männer und Frauen beitragen sollte. 1942 ist in anderer Hinsicht definitiv das Wendejahr für alle. Es ist das Jahr der Zwangsrekrutierungen in RAD und Wehrmacht, während gleichzeitig die Rüstungsproduktion auf Hochtouren lief. 1942 ist das Jahr des blutigen Streiks, es ist aber auch das Jahr, in dem die ersten Zwangsarbeiter nach Luxemburg kamen. Gleichzeitig nahmen Resistenzphänomene deutlich zu, während die überzeugten NS-Funktionäre enger zusammenrückten. Und so wie sich der Niedergang der VdB ab 1942 beschleunigte, ging es ähnlich schnell mit der DAF bergab. Die zweite Hälfte der Besatzungszeit war in Luxemburg vom „totalen Krieg" geprägt, der in Form von erhöhtem Produktionsdruck in der Eisenindustrie und schärferen Maßnahmen gegen oppositionelle und unangepasste Arbeitnehmer zum Ausdruck kam. Der nationalsozialistische Terrorapparat und die Zivilverwaltung funktionierten aber mit großer Effizienz weiter und garantierten, dass trotz aller Probleme mit Ungehorsam und „Bummelei" die Produktion bis August 1944 quasi ungestört weiterlaufen, ja sogar phasenweise gesteigert werden konnte. Das ungeliebte NS-Regime selbst blieb relativ stabil bis Ende August 1944. Erst der bevorstehende Einmarsch der US-Truppen führte zu einem unerwartet schnellen Zusammenbruch der deutschen Zivilverwaltung und des Terrorapparates von Partei und Gestapo. Die politische Entwicklung und andere sozialpolitische Phänomene, wie die Arbeitskräftepolitik des Regimes (Arbeitsbeschaffung, Steuerung des „Arbeitseinsatzes", Mobilisierung der Arbeitskraft, Ausbeutung) oder die Volkstumspolitik des Regimes passen ebenfalls in das hier skizzierte chronologische Raster hinein.

Die Okkupationszeit kann man nicht als „Zwischenzeit" beschreiben. Die Zeit von militärischer Besetzung und vor allem die Zeit der Diktatur kann man nur erfassen, wenn man die 1930er und 1940er Jahre als eine zusammenhängende Epoche der Luxemburger Geschichte des 20. Jahrhunderts versteht. Die frühen dreißiger Jahre, die direkte Vorkriegszeit, Einmarsch und Zivilverwaltung und die Nachkriegsära waren zwei spannungsgeladene Jahrzehnte, in denen nicht nur sozialpolitische, sondern auch gesellschaftliche Modelle im Widerstreit standen.

2. Zusammenfassung der einzelnen Kapitel

Die NS-Sozialpolitik in Luxemburg. Überall in Europa, ob in militärisch besetzten Ländern wie Frankreich oder Belgien, ob in Staaten, die wie die Niederlande unter einem besonderen Besatzungsstatut standen, oder in faktisch annektierten CdZ-Gebieten in West- und Osteuropa, stand der „Arbeitseinsatz" im Mittelpunkt der deutschen Politik. Es ging darum, Ressourcen für den Krieg zu sichern, Produktionskräfte zu mobilisieren und die Menschen von der „Neuordnung" Europas zu überzeugen. In den CdZ-Gebieten mit einer „volksdeutschen" Bevölkerung wurden „Heim-ins-Reich"-Propaganda und Germanisierungspolitik von sozial- und wohlfahrtsstaatlichen Maßnahmen flankiert.

In Luxemburg war die NS-Sozialpolitik ein wichtiger Teil der Ordnungspolitik und bildete ein Fundament der Annexions- und Nazifizierungspolitik der Gauleitung. Sie sollte das Regime stabilisieren und die persönliche Machtstellung des Gauleiters absichern. Allerdings gingen die Nationalsozialisten, allen voran Gauleiter Gustav Simon und die Gauführung der Deutschen Arbeitsfront, von falschen Voraussetzungen aus. Weder ging es den meisten Menschen in Luxemburg materiell so schlecht, wie es die Propaganda suggerieren wollte, noch hatte es vor dem Krieg einen wirklichen „Klassenkampf" gegeben. Real waren aber die Herausforderungen im Bereich der Arbeitslosigkeit, deren Beseitigung 1940 zu den Prioritäten der Zivilverwaltung gehörte. Zwar konnte dieses kriegsbedingte Arbeitslosigkeitsproblem relativ rasch aus der Welt geschafft werden, aber die Frage nach ausreichender Beschäftigung vor allem für die Industriearbeiterschaft blieb bis 1942 eines der brennenden Themen. Nach Einführung der Wehrpflicht im Jahre 1942 war die Beschäftigungsfrage unter anderen Vorzeichen eine Herausforderung geworden, da man nun mit weniger Arbeitern immer mehr produzieren wollte. Nun sollte der „Arbeitseinsatz" freier Arbeiter, von dienstverpflichteten Luxemburgern und Ausländern sowie von Zwangsarbeitern und Kriegsgefangenen die Rüstungsproduktion im „totalen" Krieg sichern und steigern. Tatsächlich schaffte es das Regime durch die Mobilisierung der Arbeitskräfte, dass im besetzten Luxemburg die Produktion in den kriegswichtigen Bereichen bis in die letzten Tage der Besetzung hinein mehr oder weniger weiterlaufen konnte. Erfolgreich wehrte sich Gauleiter Simon bis zuletzt gegen Versuche aus dem Altreich, Rohstoffkapazitäten und vor allem Arbeitskräfte zum Nachteil des Standortes Luxemburg abzuziehen.

Der Schwerpunkt der Sozialpolitik lag 1940/41 auf der Lohn- und Tarifpolitik, die der Gauleiter in seiner Funktion als Chef der Zivilverwaltung erheblich mitsteuern konnte. Die Einführung neuer Lohntabellen in der Schwerindustrie und die Verkündung von Mindestlohnregelungen in anderen Branchen erwiesen sich 1940 als problematisch. Die Rechnung des Gauleiters, die Arbeiter und Angestellten Luxemburgs durch Lohnerhöhungen auf seine Seite und in die VdB zu bringen, ging nicht auf. Punktuelle Verbesserungen der Lohn- und Lebenssituation lassen sich nicht von der Hand weisen, wurden letztlich aber durch die Unzufriedenheit mit der Anschlusspolitik überlagert. Materielle Wohltaten trugen in einem schwer abzuschätzenden Ausmaß zur Stabilisierung der NS-Herrschaft bei. Wie groß die Zustimmung unter der Arbeiterschaft war, lässt sich nicht mit letzter Sicherheit sagen, aber schon die Tatsache, dass sich die SD-Berichte, die „offizielle" NS-Presse, Betriebsappelle und interne Betriebsberichte mit einer gewissen Regelmäßigkeit mit der Lohnfrage befassten, sind ein Beleg dafür, dass zumindest für die Arbeiter in Bergbau- und Hüttenindustrie diese Frage nie zufriedenstellend gelöst wurde. Die sozialen „Dienstleistungen" der Deutschen Arbeitsfront sind als komplementär zu den pekuniären Leistungen gesehen worden, sie vermochten allerdings nicht wirklich zu greifen oder erreichten selbst in den Großbetrieben nicht alle berufstätigen Menschen. Dies schon allein deshalb, da die nationalsozialistische Sozialpolitik auf ihre Weise sehr selektiv war.

Die Sozialpolitik hatte zweifellos einen Einfluss auf die allgemeine Politik der Gauleitung und auf die weitere Entwicklung der NS-Organisationen. So ließ Gauleiter Simon von seiner plebiszitären „stratégie de référendum par adhésion au mouvement" (Artuso) ab und ging zu radikaleren Maßnahmen über. Nicht mehr durch Überzeugungsarbeit, sondern durch Zwang wollte er nun die VdB zu einer NS-Massenorganisation machen. In der Führungsriege um Gustav Simon erkannte man aber, dass die VdB eigentlich schon im Jahre 1940 gescheitert war. Folglich setzte man auf eine andere Taktik, indem man ab Dezember die Einführung der NSDAP forcierte. Tatsächlich wurde die NSDAP Luxemburg als „Ausleseorganisation" (Dostert) erst im September 1941 gegründet. Die Einführung der Deutschen Arbeitsfront im Januar 1941 markiert deshalb eine Art Übergang vom Scheitern der VdB bis zur NSDAP-Gründung. Auch hier setzte der Gauleiter ein weiteres Mal auf das Konzept einer nationalsozialistischen Massenbewegung, in die sich Arbeiter und Angestellte einreihen sollten. In der gleichen Logik erfolgte später die Gründung der Nationalsozialistischen Volkswohlfahrt NSV. Das tatsächliche Zustimmungs- und Mobilisierungspotenzial hielt sich mehr oder weniger in Grenzen, vor allem nach den Erfahrungen, die die Menschen bereits mit der DAF gemacht hatten.

Für die arbeitende Bevölkerung stellten die ideologisierte Lohn- und Tarifpolitik sowie die Einführung reichsdeutscher Verordnungen und Gesetze schwer nachvollziehbare Einschnitte dar. Die 1940 verfügte Lohnverordnung für die Schwerindustrie beruhte auf nationalsozialistischen Vorstellungen und forcierte die weitere Segmentierung der Arbeiterschaft, die ihre kollektiven Interessen nicht mehr selbst artikulieren konnte und dem Wohlwollen der DAF-Funktionäre oder der Parteigenossen ausgeliefert war. Das Verbot der Gewerkschaften, aber auch die Liquidierung der Berufskammern, die Umstrukturierung der Arbeitsinspektion, das Abschaffen der luxemburgischen Sozialgesetzgebung oder die Ummodelung der Arbeitszeit- und Urlaubsregelungen bedeuteten das Ende der Luxemburger Sozialverfassung. Womöglich bemerkte der durchschnittliche Luxemburger gerade an den nationalsozialistischen Maßnahmen im Bereich der Sozialverfassung mehr als mit der Abschaffung der staatlichen Institutionen, dass eine „neue" Zeit beginnen sollte. Insbesondere beim Arbeitsrecht und auf einem staatlich regulierten Arbeitsmarkt spürten die arbeitenden Menschen – ob Lohn- oder Gehaltsempfänger – dies in aller Deutlichkeit: Individuelle Freiheitsrechte wurden ausgehebelt, die Beziehungen zwischen Arbeitnehmern und Arbeitgebern wurden von Staat und Partei kontrolliert. Die Sozialversicherungen, einst nach deutschem Vorbild gegründet, wurden prinzipiell neu ausgerichtet. Alters- und Krankenversicherungen dienten nicht mehr primär dem Wohl oder dem Schutz des einzelnen Versicherungsnehmers, sondern sollten die Arbeitskraft im Sinne der „Volksgemeinschaft" lenken. Sie waren schließlich Instrumente der „volksgemeinschaftlichen" Exklusion gegen Juden und andere ethnische Minderheiten. Im Laufe des Krieges wurden die Versicherungsanstalten immer mehr zu Mitteln der Repression gegen Arbeitsunwillige, Kranke und Schwache.

Der Zerstörung einer über Jahrzehnte gewachsenen, von einer Mehrheit akzeptierten und im Grunde gut funktionierenden Sozialordnung folgte der Versuch, dem Land nationalsozialistische Modelle aufzuzwingen. In Ansätzen gelang es den Nationalsozialisten, die politischen und gesellschaftlichen Strukturen zu zerstören, von einer allgemeinen Begeisterung oder einer breiten Akzeptanz konnte allerdings nie die Rede sein. Manches am Nationalsozialismus mag Zeitgenossen in den dreißiger Jahren „modern" vorgekommen sein (seien es die organisierten Urlaubsfahrten für die „Volksgenossen" oder sei es die scheinbare Wertschätzung des Arbeiters), anderen mag das Regime als nationale und sozialistische Alternative zu Liberalismus oder Marxismus erschienen sein, aber 1940 währte die Zeit des vermeintlichen Aufbruchs und der „Neu"-Ordnung nur kurz. Tatsache ist, dass die „völkische Wohlstandsdiktatur" kriegsbedingt in Luxemburg nur schwer Fuß fassen konnte. Die Diktatur im besetzten Luxemburg dauerte nicht lange genug, damit die nationalsozialistischen Sozialtechniken eine nachhaltige Wirkung bei der Bevölkerung hätten entfalten können. Von tatsächlichen Fortschritten war insgesamt betrachtet nach vier Jahren Gauleiter-Herrschaft nur wenig zu sehen oder zu spüren. Im Bereich des sozialen Wohnungsbaus, der Sozialversicherungen oder im Freizeitbereich mussten sich die Menschen in Luxemburg wie im Altreich mit Versprechungen zufriedengeben. Prestigeprojekte, wie der KdF-"Volkswagen" oder Kreuzfahrten mit KdF-Dampfern blieben in weiter Entfernung von den Luxemburger „Volksgenossen". Das Vertrösten auf die Zeit "nach dem Krieg" reichte demnach kaum aus, die Glaubwürdigkeit des Regimes zu erhöhen.

Die Zerschlagung der Luxemburger Gewerkschaftsbewegung. Die Geschichte der Luxemburger Gewerkschaften und Berufsverbände in den Jahren 1940 bis 1944 nimmt in der vorliegenden Arbeit einen wichtigen Platz ein. Die Arbeiterbewegung war sich angesichts der Erfolge faschistischer und nationalsozialistischer Organisationen wie dem italienischen Dopolavoro oder dem deutschen „Kraft durch Freude"-Gedanken durchaus bereits vor der Besetzung der Gefahren bewusst, die vom faschistischen und vom nationalsozialistischen Regime ausgingen. Die Gegenpropaganda eines Escher Tageblatts trug dazu bei, das NS-Regime als arbeiterfeindliche Diktatur zu entlarven. Auch andere ideologische Milieus blieben distant zum „Dritten Reich". Dezidiert nahmen Gewerkschaftsführer Position gegen die Deutsche Arbeitsfront ein, die ab 1933 als Totengräber der deutschen Arbeiterbewegung galt. Die Luxemburger Gewerkschaften konnten indes nicht verhindern, dass sich bereits in den zwanziger und dreißiger Jahren unter den Mitgliedern der deutschen und der italienischen Gemeinden solche Organisationen breitmachten und etablierten, die eine totale Kontrolle über die Menschen anstrebten. In der Luxemburger Arbeiterschaft fanden DAF und Dopolavoro nur wenige Anhänger. Bis zum Mai 1940 vertraten die Gewerkschaften des Landes Gesellschafts- und Freizeitmodelle, die denen Italiens und Deutschlands diametral gegenüberstanden. Dennoch ist nicht zu übersehen, dass die Propaganda des nationalsozialistischen Regimes bei manchen Zeitgenossen auf fruchtbaren Boden fiel. Im „Dritten Reich" schienen die Klassengegensätze überwunden zu sein, das Regime sorgte mit modern anmutenden Programmen angeblich vorbildlich für seine Arbeiter, während in Luxemburg die Regierungen und Gewerkschaften sich nur mit Mühe gegen die kapitalistischen Großkonzerne wie die ARBED oder die HADIR durchsetzen konnten.

Die Arbeiterbewegung, die nach jahrelangem Kampf gegen den bürgerlich-konservativen Staat in den 1930er Jahren ihren Platz im sozialpolitischen Gefüge des Großherzogtums gefunden hatte, wurde nach der Machtübernahme der Zivilverwaltung auf ihre bisher größte Probe gestellt. Für die prominenten Führer und die zahllosen kleinen Funktionäre der Gewerkschaften gab es Handlungsoptionen, die von politischer Kollaboration über persönlichen Rückzug ins Private bis zum aktiven Widerstand reichten. Das Jahr 1940 stellte somit einen Einschnitt in der Geschichte der Luxemburger Gewerkschaften dar. Überrumpelt von den Kriegsereignissen, unvorbereitet auf die brutale Vorgehensweise der Deutschen Arbeitsfront verloren die großen Gewerkschaftsverbände sowie die kleineren Berufsorganisationen den Großteil ihrer Handlungsmöglichkeiten. Innerhalb weniger Wochen wurden ein LBMIAV und ein LCGB kaltgestellt und die aus dem Altgau stammenden Funktionäre der Arbeitsfront bereiteten konsequent die Machtübernahme vor. Versuche einzelner Verbände, sich den neuen politischen Gegebenheiten anzupassen oder mit den neuen Herren zu kollaborieren, führten schnell ins Leere, da die DAF im Grunde nicht daran interessiert war, die Vertretungsorgane der Arbeiter und Angestellten länger als unbedingt notwendig am Leben zu lassen. Von einem geschlossenen Widerstand der Gewerkschaften kann folglich ab 1940/1941 kaum die Rede sein, auch wenn sich Gewerkschaftsführer, wie zum Beispiel Barbel, Netgen und Rock im weiteren Verlaufe des Krieges persönlich vorbildlich verhielten.

Die Deutsche Arbeitsfront war ab 1941 ein neuartiger Organisationstypus, der im CdZ-Gebiet ein Konkurrenzmodell zum alten Gewerkschaftsmodell der Vorkriegszeit zu werden drohte. Wenige Monate reichten den deutschen Besatzern aus, um die Gewerkschaften handstreichartig zu entmachten und schließlich zu liquidieren. Der Besuch des DAF-Führers Robert Ley im Jahre 1941 schloss diesen

Zerstörungsprozess propagandistisch ab. Auch wenn die Gewerkschaften und die zahlreichen ständisch anmutenden Berufsverbände für mehrere Jahre komplett von der Bildfläche verschwanden, so gelang es den Nationalsozialisten nicht, die Gewerkschaftsidee zu zerstören. Die überwiegende Mehrheit der Arbeiter und Angestellten blieb innerlich ihren Verbänden verbunden. Dies erklärt, weshalb unmittelbar nach der Befreiung im Grunde die gleichen Gewerkschaften und Organisationen wieder aus ihrer Versenkung auftauchten und sie personell, ideologisch und organisatorisch mehr oder weniger nahtlos an die Vorkriegszeit anknüpfen konnten. 1944 war demnach keine Stunde Null. Auffällig ist aber die Glorifizierung und rasche Historisierung der Besatzungsjahre, die in Narrative einer Widerstand leistenden Arbeitnehmerschaft mündeten.

Das Luxemburger Industriegebiet. Da sich der demografische und wirtschaftliche Schwerpunkt des Landes in dieser Region Luxemburgs befand, war es die logische Konsequenz, dass die Unternehmen, aber vor allem die Menschen in Esch, Düdelingen, Differdingen oder Rodingen in den Fokus der NS-Politik rückten. Die Nationalsozialisten entwickelten eine regelrechte Ideologie um das Minettegebiet, die auch ganz gezielt an den Stolz und das Selbstbewusstsein der Menschen aus dem Industrierevier appellierte. Das Land der „Roten Erde" wurde als heroische Landschaft gefeiert, die dort lebenden Menschen am südwestlichen Rande des Gaues Moselland als besonderer Menschenschlag betrachtet, der im tagtäglichen Produktionskampf seine Arbeitskraft für das Regime und den Krieg einsetzte. Der Kreis Esch-Alzig, wie man das Gebiet um das Industriezentrum von Esch-sur-Alzette nun bezeichnete, erhielt neben der Hauptstadt Luxemburg eine ganz besondere Aufmerksamkeit von Gauleitung und Zivilverwaltung. Über die Sozialpolitik hinaus intendierten die Nationalsozialisten für den „Industriekreis Esch" eine weitreichende Kultur- und Strukturpolitik. Allerdings ließ sie sich nur in Ansätzen verwirklichen. Kriegsbedingt wurden viele Projekte nie umgesetzt, wie etwa die angekündigten Wohnungsbauprogramme. Letztlich muss man sich fragen, für wen die neuen öffentlichen Einrichtungen vom Kindergarten bis zur „Volksbildungsstätte" und die zahlreichen kulturellen Veranstaltungen eigentlich gedacht waren. Richteten sie sich an alle „Volksgenossen" (unter Ausschluss der Juden und der „Fremdvölkischen") oder waren sie doch nur als Geschenke für die eigenen Anhänger geplant?

Am Beispiel der deutschen Politik im Kreis Esch zeigte sich deutlich, dass es dem Regime nicht nur um eine territoriale Eingliederung des Großherzogtums Luxemburg ging, sondern dass man nach „völkischen" Gesichtspunkten eine Integration der Bevölkerung in den „germanischen" Kultur- und Sprachraum anstrebte. Gauleiter Simon, der als „Freund der Arbeiter" die Nähe zur schaffenden Bevölkerung suchte, setzte offensichtlich seine ganze Hoffnung in die Menschen, die in den Betrieben der Luxemburger Schwerindustrie tätig waren. Die NS-Propaganda bemühte sich in diesem Sinne im Bereich der darstellenden Kunst und in der Fotografie, den Luxemburger Arbeiter zu heroisieren und zu einem „Soldaten" im Kampf an der Front der Arbeit zu stilisieren. Dass es sich bei der Überhöhung des "deutschen Arbeiters" nur um eine Schönfärberei handelte, durchblickten die

Menschen schnell, denn wer sich nicht fügte beziehungsweise aus politischen oder rassistischen Gründen nicht in das Bild passte, musste mit der ganzen Härte des Systems rechnen. Die sogenannte "Volksgemeinschaft" war in Wirklichkeit alles andere als egalitär. Auf der einen Seite standen die einfachen Arbeiter und Angestellten, auf der anderen Seite die Funktionäre von NSDAP, DAF und VdB in schönen Uniformen. Wer vom "deutschen Sozialismus" eine Veränderung der bestehenden Hierarchien erwartet hatte, wurde enttäuscht. Gerade in den großen Betrieben stellte sich heraus, dass sich im Grunde nur wenig am Verhältnis zwischen Direktoren und Untergebenen geändert hatte. Die "Volksgemeinschaft" gab es ebenso wenig wie es eine "Betriebsgemeinschaft" gab.

Das Beispiel des Industriebezirks von Esch illustriert, dass man die deutsche Besatzungspolitik nicht isoliert von nationalsozialistischen Raumvorstellungen betrachten kann. Um die Dimension der Besatzungs- und Neuordnungspolitik in Luxemburg zu verstehen, darf nicht übersehen werden, dass die Machthaber in einem bis dahin ungesehenen Ausmaß den öffentlichen Raum „besetzten" und für sich in Anspruch nahmen. Das galt für Aufmärsche und bis dato in dieser Dimension ungewohnte Massenveranstaltungen. Die Nationalsozialisten erfanden neue Feiertage oder eigneten sich alte Festtage an, wie den 1. Mai, der bis 1940 der Tag der linken Arbeiterbewegung gewesen war. Die Inanspruchnahme durch die Propaganda bezog nicht nur die Straßen und Plätze ein, sondern auch den Raum der Arbeit, die Fabrikhalle oder andere Versammlungsräume. Während VdB, NSDAP und deren Massenorganisationen das öffentliche Bild der Hauptstadt sowie der Industriezentren bestimmten, war es weitestgehend der DAF vorbehalten, die Menschen im Betrieb bei der Arbeit, aber auch außerhalb im Privat- und Familienleben zu beeinflussen.

Die Bedeutung, die Gauleiter Gustav Simon dem Luxemburger Industriegebiet beimaß, hing also mit einer gewissen „Standortpolitik" zusammen, bei der es nicht allein um ideologische Zielsetzungen ging. Mehrfach stand die Existenz des Industriegebietes auf dem Spiel und mit einem gewissen Erfolg konnte Simon politischen Einmischungsversuchen oder Tendenzen zur wirtschaftspolitischen Einflussnahme einen Riegel vorschieben. Daraus entstand eine Zweckallianz zwischen Luxemburger Industriellen und Gauleitung-Zivilverwaltung, wobei die Zielsetzungen nicht deckungsgleich waren.

Der industrielle Süden war noch in anderer Hinsicht für Gauleiter Simon von eminenter Bedeutung. Das Industriegebiet um die an der Grenze liegenden Städte Esch, Düdelingen, Differdingen und Rodingen war das Sprungbrett expansiver Bestrebungen in Richtung Lothringen und Südostbelgien. Wirtschaftliche, territoriale und vor allem volkspolitische Motive bewegten den Gauleiter, der die im Grenzgebiet befindlichen Fabriken mit ihren Arbeitern unter seine Kontrolle bringen wollte.

Die Deutsche Arbeitsfront. Die Deutsche Arbeitsfront war die größte NS-Massenorganisation des Dritten Reiches, sie beeindruckte durch die Vielfalt der Funktionen, die sie im nationalsozialistischen Staat ausfüllte. Für Tilla Siegel war die DAF „von der Entscheidungs- und Verhandlungsbefugnis über Löhne und

Arbeitsbedingungen konsequent ausgeschlossen, zu einem Gebilde geworden, das man als eine Mischung aus Polizei, Sozialamt, Gewerbeaufsichtsamt, Volkshochschule und Wohnungsbaugesellschaft beschreiben könnte."[1] Diese Besonderheit der Arbeitsfront-Organisation erklärt, dass alle fünf Kapitel dieser Forschungsarbeit immer die Geschichte der DAF und ihrer Funktionsträger berühren.

Die Geschichte der Deutschen Arbeitsfront in Luxemburg, die sich 1941 in einem Zeitraum von nur wenigen Wochen zur zweitgrößten NS-Massenorganisation im Lande entwickelte, nimmt in „Arbeiten unter Hitler" den größten Platz ein, weil es darum ging, das ausufernde Wesen wie auch die Grenzen dieses Verbandes aufzuzeigen, der seinem „Totalitätsanspruch" (Hachtmann) nie gerecht wurde.[2] Dies begann schon in der Aufbauphase 1940/41. Freiwillige Beitritte waren die Ausnahme und in der Regel wurden Arbeiter und Angestellte ganzer Betriebe oder Abteilungen zwangsrekrutiert, wobei die DAF in der Schwerindustrie auf die administrative Unterstützung der Arbeitgeber zurückgreifen konnte. Mitglieder der Gewerkschaften wurden in die Arbeitsfront übergeleitet, regelrechte Verweigerungen oder Austritte waren hingegen die Ausnahme. Statistische Erfolgsmeldungen kaschierten der Öffentlichkeit, dass die qualitativen Mängel in der DAF-Arbeit von Anfang an überwogen. Bei der Auswahl der Funktionäre auf Orts- und Betriebsebene fuhr die Arbeitsfront eine Doppelstrategie, indem sie gleichzeitig ehemalige Gewerkschaftsleute in die Stellung von Obmännern drängte und überzeugte Anhänger der Volksdeutschen Bewegung rekrutierte.

Die im Herbst 1940 geschaffene Parteidienststelle des „Stillhaltekommissars für das Organisationswesen in Luxemburg" hatte einen entscheidenden Anteil am Aufstieg der DAF, dies durch ihre zentrale Rolle bei der Zerstörung der Arbeiterbewegung und ihrer Vereine. Der „Stillhaltekommissar" war von der Münchener Zentrale der NSDAP nach Luxemburg entsandt worden, um dort die Gleichschaltung sämtlicher Vereine und ähnlicher Assoziationen vorzunehmen. Im Endeffekt bestand die Tätigkeit des Stiko darin, die meisten Vereine aufzulösen und deren Vermögen zugunsten der NSDAP einzuziehen. Hier zeigte sich eine zerstörerische Allianz zwischen dem Stiko und der DAF. Nach Möglichkeit wurde bei der Verteilung von Vereins- und Gewerkschaftsvermögen die Arbeitsfront bevorzugt. Der Stillhaltekommissar wurde auf diese Weise 1940/41 zum Totengräber der Luxemburger Gewerkschaften und Berufsverbände sowie der gesetzlich verankerten Berufskammern. Die Verbände der „kleinen Leute" wurden vom Stillhaltekommissar weitestgehend zerstört und in der Regel durch nationalsozialistische Strukturen ersetzt. Aber selbst ohne Vereins- oder Verbandsstrukturen hielt die Mehrzahl der Gewerkschafts-, Verbands- und Vereinsmitglieder ihren Organisationen innerlich die Treue.

---

1 Siegel, Rationalisierung statt Klassenkampf, S. 138.
2 Hachtmann, Das Wirtschaftsimperium der Deutschen Arbeitsfront, S. 19.

Während Presseartikel in den gleichgeschalteten Tageszeitungen und NS-Publikationen in der Regel ein harmonisches Bild der DAF-Aktivitäten zeichneten und immer nur Erfolge verkündeten, sprechen nicht-offiziöse Quellen eine andere Sprache. So erhält man einen anderen, nüchternen Einblick in das Innenleben der Massenorganisation. Da die Quellenlage gerade auf Ebene der Luxemburger Kreise und der ihr nachgeordneten Ortswaltungen sehr lückenhaft ist, musste die vorliegende Analyse häufig lokal und zeitlich stark begrenzt bleiben. Man darf davon ausgehen, dass die Vorgehensweise der DAF-Funktionäre in allen Kreisen des Landes identisch war. Die Probleme, denen sie beim Aufbau ihrer Organisation begegneten, dürften vergleichbar sein, ob nun in der Hauptstadt Luxemburg oder in anderen Ortschaften des Landes.

Geschickte Rekrutierung, Propaganda und Drohungen sind nicht die einzigen Erklärungen für den Erfolg bei der Mitgliederrekrutierung. Anders als die Mitgliedschaft in der VdB, die offen einen Annexionskurs verfolgte, mag vielen Zeitgenossen die Mitgliedschaft in der DAF, die in der Propaganda als Verband mit sozialpolitischen Zielen dargestellt wurde, auf den ersten Blick unverfänglicher oder als Alternative zur VdB vorgekommen sein. Sicherlich spielte zusätzlich die Angst vor dem Verlust des Arbeitsplatzes eine große Rolle. Bei den Rekrutierungsaktionen waren weder Verweigerung noch offene Ablehnung wirklich vorgesehen; sie kamen tatsächlich auch kaum vor. Dem Druck der Betriebs-, Block- und Zellenobmänner, die im Betrieb die Belegschaft direkt beeinflussten, hatten die Arbeiter und Angestellten kaum etwas entgegenzusetzen, vor allem wenn sie sahen, dass ihre Vorgesetzten in die VdB und die DAF eintraten.

Innerhalb kürzester Zeit bauten die NS-Funktionäre nach dem Muster der VdB- beziehungsweise NSDAP-Ortsgruppen und Parteikreise ein flächendeckendes Netz von Kreis- und Ortswaltungen auf. Dies ermöglichte der DAF eine erstaunliche Präsenz in sämtlichen Ortschaften des Landes, vor allem aber in den Großbetrieben der Schwerindustrie. Durch ihre schiere Omnipräsenz in quasi allen Ortschaften und in nahezu allen Betrieben erreichte die DAF vermutlich weit mehr Menschen als die erklärt nationalsozialistische und annexionistische VdB. Die Schnelligkeit, mit der die DAF aufgebaut wurde, bedingte, dass die Aufbauphase vielerorts chaotisch und unkoordiniert wirkte. So dauerte es eine gewisse Zeit, bis die Arbeitsfront ihre Macht überall durchsetzen und konsolidieren konnte. Die DAF ermöglichte gerade im Zusammenspiel mit anderen NS-Organisationen die „kumulative Durchherrschung“[3] der Luxemburger Gesellschaft. Berichte aus den sogenannten Orts- und Betriebswaltungen illustrieren, wie die NS-Herrschaft funktionierte: Lage- und Stimmungsberichte wurden über die Kreisleitungen zu den Führungsetagen der Gauleitung weitergeleitet, die daraufhin direkt mit neuen Maßnahmen reagierte, an deren Umsetzung nicht allein die NS-Organisationen, sondern auch die Verwaltungsleiter und Betriebsführer direkt beteiligt wurden.

3 Vgl. Begriffsklärung bei Hachtmann, Elastisch, dynamisch und von katastrophaler Effizienz, in: Reichardt/ Seibel (Hgg.), Der prekäre Staat S. 47ff.

Hunderte von DAF-Amtsträgern wurden die „Augen und Ohren“ des Regimes in Luxemburg. Die hauptamtlichen DAF-Funktionäre waren möglicherweise über die wirkliche Lage und Stimmung im Land besser informiert als die Gestapo oder die politische Führung in Koblenz.

Um diesen riesenhaften Apparat am Leben zu halten, benötigte die DAF eine stattliche Anzahl von Mitarbeitern. Die Kaderposten blieben in der Regel reichsdeutschen Funktionären vorbehalten, die aus dem Altgau nach Luxemburg beordert worden waren, in der zweiten Reihe standen eine gewisse Anzahl von Freiwilligen bereit, die sich der deutschen Sache verschrieben hatten beziehungsweise von der Glaubwürdigkeit der sozialpolitischen Angebote der DAF überzeugt waren. In der Anfangsphase umwarben deutsche DAF-Funktionäre gezielt ehemalige Gewerkschaftsfunktionäre in der Hoffnung, diese zu einem freiwilligen Übertritt in die DAF bewegen zu können. Tatsächlich ließen sich wohl in vielen Betrieben Luxemburger Gewerkschaftsleute auf dieses Spiel ein, in der Hoffnung, einen bestimmten Einfluss wahren oder ihren Kollegen weiter zur Seite stehen zu können. Betrachtet man die Lebensgeschichten der Obmänner oder der Werkschutzleute, so zeigt sich, dass die Deutsche Arbeitsfront in Luxemburg die Organisation der „kleinen“ Leute war. In der DAF konnten Arbeiter und kleine Gewerkschaftsfunktionäre Machtpositionen behalten oder erhalten. Nicht zuletzt boten sich hier ungeahnte Möglichkeiten eines gesellschaftlichen Aufstiegs oder einer mehr oder weniger bedeutenden „Karriere“ innerhalb der NS-Hierarchie. Während Einzelne an Macht und Wichtigkeit gewannen, verlor die Masse der Arbeiter und Angestellten an Einfluss; dieser Prozess entsprach den Konzeptionen eines in den Betrieben gelebten „Führer“-Prinzips.

Dass die Deutsche Arbeitsfront im besetzten Luxemburg auch als wirtschaftlicher Akteur auftauchte, ist eine weitere vergessene Episode der Besatzungsgeschichte. Tatsächlich war die DAF eine Art GmbH, die im Laufe der 1930er Jahre riesige Dimensionen angenommen hatte. Im Zuge der deutschen Expansionspolitik dehnte die DAF ihre Geschäftsfelder auf ganz Europa aus. In Luxemburg interessierte sie sich mit mehr oder weniger großem Erfolg für die Erbmasse der Luxemburger Gewerkschaften und Genossenschaften, versuchte im Versicherungs- und im Finanzsektor Fuß zu fassen und trat recht aggressiv als Immobiliengesellschaft auf.

Die DAF als eine Art Dienstleistungsunternehmen war vor allem Veranstalter von Fortbildungen, Kultur- und Freizeitveranstaltungen oder Urlaubsreisen. Die Arbeitsfront wollte wie im Altreich auch in Luxemburg der „Volksdienstleister“ sein, der die Volksgenossen rund um die Uhr in allen Lebenslagen betreut hätte, am Arbeitsplatz, in der Freizeit und selbst beim Einkauf von Lebensmitteln. Soziale „Betreuung“ war stets mit sozialer Kontrolle und politischer Überwachung verbunden. Bei aller Ablehnung, die bei einer Mehrheit der Luxemburger und Luxemburgerinnen tief verwurzelt schien, bleibt der Erfolg, den die DAF in den Bereichen von Unterhaltung und Freizeitaktivitäten aufzuweisen hatte, bemerkenswert. Zwar sind die Zahlen, die von den Funktionären gesammelt und veröffentlicht wurden, mit Vorsicht zu bewerten, aber doch fanden erstaunlich viele Menschen den Weg in die Schwimmbäder, zu den Sportveranstaltungen und vor allem in die Theatersäle, wo leichte Kost dargeboten wurde. Der Erfolg der Programme der NS-Gemeinschaft „Kraft durch Freude" erklärt sich durch die offenkundige Harmlosigkeit und das vermeintlich Unpolitische von Varieté, Volksmusik und Komödien. Der Freizeitkonsum, den die Deutsche Arbeitsfront zu niedrigen Preisen den Massen ermöglichte, gibt noch einen anderen Blick frei auf den Alltag der Luxemburger. Die Freizeitangebote, die zu einem guten Teil an die Traditionen des heimischen Volkstheaters und der Revuen aus der ersten Hälfte des 20. Jahrhunderts anknüpften, erlaubten es den Menschen, für einige Stunden die triste Besatzungsrealität, den Krieg sowie Alltags- und Zukunftssorgen zu vergessen.[4] In einem gewissen Sinne forcierte die NS-Kulturpolitik auch unter der Arbeiterschaft den Rückzug ins Private und eine teilweise Entpolitisierung der Massen.

Die Einführung der DAF muss man schließlich noch im größeren Kontext der Besatzungs- und Kollaborationspolitik betrachten. Die Gründung der Arbeitsfront fällt in die Phase, in der Gauleiter Simon seine Macht in Luxemburg stabilisierte. Dies ging zwar nicht ohne Konflikte und Reibungen vonstatten, aber Anfang 1941 schien der Chef der Zivilverwaltung auf dem Höhepunkt seiner Macht und seines Prestiges. Die letzten Überreste des Luxemburger Staates sowie die nationalen Symbole waren bis Ende des Jahres 1940 von der Bildfläche verschwunden. Allerdings bestanden nach Auflösung von Abgeordnetenkammer, Staatsrat und Verwaltungskommission bei genauerer Betrachtungsweise noch Institutionen weiter, die zwar keine staatlichen Organe waren, aber dennoch das Vorkriegsregime symbolisierten. Die Gewerkschaften existierten über den Jahreswechsel 1940/41 hinaus auf dem Papier weiter und wurden erst in der zweiten Hälfte des Jahres 1941 liquidiert, ein Prozess, der bis Ende des Jahres 1941 dauerte. Dieser Liquidationsprozess fiel zeitlich mit anderen politischen Entwicklungen zusammen. Im Laufe des Jahres 1941 vergrößerte sich die Distanz vieler Luxemburger zum NS-Regime und der Widerstand verstärkte sich spürbar. In der Kollaborationsbewegung der VdB tauchten erste sichtbare Erosionsphänomene auf.[5] Davon betroffen war die Deutsche Arbeitsfront, die sich als Repressions- und Kontrollinstrument in der Hand des Regimes erwiesen hatte und im Gegensatz zu dem von der Propaganda verbreiteten Bild keine Organisation im Dienste der „Schaffenden" wurde.

Bei den vielen Aufgaben, die sich die DAF im Laufe ihrer Entwicklung im „Dritten Reich" angeeignet hatte, war sie eines nie, nämlich eine Gewerkschaft. Die „Massen"-Organisation mit ihren freiwilligen und unfreiwilligen Mitarbeitern war im Grunde ein Verband, der nach elitären Grundsätzen funktionierte. Es war letztlich eine kleine Elite von Amtstägern auf Kreis- und Gauebene, die die Fäden in der Hand behielt. Dies schloss andererseits aber nicht aus, dass die DAF vor allem in

4 Vgl. den Abschnitt „Oublier la guerre?" in der Alltagsgeschichte von Jean-Pierre Azéma/ Olivier Wieviorka, Vichy 1940-1944, Paris 1997, S. 240–242.

5 Vgl. Zusammenfassung der verschiedenen Phasen der deutschen Besatzung: Artuso, La collaboration (2013), S. 355–360.

ihrer Aufbauphase in Luxemburg dank der kleinen Funktionäre auf lokaler Ebene durchaus dynamisierend und mobilisierend wirkte. Darüber hinaus vertrat sie nie die Interessen der arbeitenden Bevölkerung. Im Gegenteil trug sie dazu bei, die Arbeiterbewegung und die Berufsverbände zu zerstören, vor allem die Arbeiterschaft zu fragmentieren und sie ihrer Artikulationsmöglichkeiten zu berauben. Lediglich in ihrem totalen Anspruch und der krakenhaften Ausdehnung in alle möglichen Arbeits- und Lebensbereiche der „Volksgenossen" war sie etwas Neues. Durch ihre Ruhelosigkeit und ihre permanenten Expansionsbestrebungen war die Arbeitsfront ein dynamischer Machtfaktor, weit mehr als andere NS-Verbände und die Partei selbst.

Arbeiten im Krieg. Arbeit im Krieg war ambivalent. Sie bedeutete nicht nur Verdienen des notwendigen Lebensunterhalts: Ein sicherer Arbeitsplatz in Luxemburg schützte vor Dienstverpflichtung in ein anderes Land, bis zu einem gewissen Grad auch vor einer Mobilmachung beziehungsweise Zwangsrekrutierung in einen militärischen Verband. Andererseits diente jede Arbeit direkt (beispielsweise im Rüstungsbetrieb oder bei der Eisenbahn) oder indirekt (beispielsweise in der Landwirtschaft oder einem Handwerksbetrieb) der Besatzungsmacht. „Arbeitseinsatz" war in der Regel in Luxemburg gleichzusetzen mit Arbeitspflicht. Diejenigen, die nicht zur „Volksgemeinschaft" gezählt wurden, erlebten Arbeit als Zwangsarbeit oder Sklavenarbeit.[6] In dem Sinne waren die Luxemburger und Luxemburgerinnen besser gestellt als die Menschen in anderen besetzten Gebieten Europas. Anders als in Frankreich oder Belgien, wurden die Luxemburger „Volksgenossen" nicht in eine Art „Service de travail obligatoire" gepresst und als Zivilarbeiter ins Altreich verfrachtet. Zwar gab es Zwangsrekrutierung in den deutschen Arbeitsdienst und in die Wehrmacht, aber diese sind nicht mit den ausbeuterischen und menschenverachtenden Formen der Zwangsarbeit zu vergleichen, wie sie in Polen und anderen besetzten Ostgebieten zum Alltag gehörten. Hier kam den Menschen im CdZ-Gebiet die Sonderstellung Luxemburgs als politisches „Aufbaugebiet" zugute.

Arbeiten hatte dennoch auch im CdZ-Gebiet eine rassistische Dimension. Dies fing an mit der Entlassung jüdischer Arbeitnehmer im Jahre 1940 und endete mit dem Einsatz von Ostarbeitern und Kriegsgefangenen, die in der Betriebshierarchie am unteren Ende der sozialen Skala standen. Sie versinnbildlichen die neuen Hierarchien, die sich in der NS-Herrschaft herausbildeten. Auf der anderen Seite wurde die Idee des „Wettkampfes" stark gefördert: Berufswettkämpfe und Betriebssport waren Ausleseinstrumente, um die wertvollen, gesunden und starken Arbeiter und Arbeiterinnen zu selektieren.

Die Realität in den Betrieben sorgte dafür, dass die DAF sich selbst innerhalb weniger Wochen nach ihrer Gründung als Zwangs-, Terror- und Repressionsinstrument

6 Vgl. Kategorisierung unterschiedlicher Formen der Zwangsarbeit: Marc Buggeln, Die Zwangsarbeit im Deutschen Reich 1939-1945 und die Entschädigung vormaliger Zwangsarbeiter nach dem Kriegsende: Eine weitgehend statistische Übersicht, in: Harvey/ Priemel (Hgg.), Working Papers of the Independent Commission of Historians, Working Paper Series A, Nr. 4, S. 8–10.

entlarvte. Zwar hatten sich motivierte Funktionäre begeistert engagiert, aber das Ansehen, das sie zumeist auf lokaler Ebene mühsam erarbeitet hatten, wurde durch die politischen Manöver der Gauleitung und der NS-Parteisoldaten schnell wieder zunichtegemacht. Andererseits fielen widersprüchliche Verhaltensweisen auf. Bei aller Distanz zum Regime lassen sich immer wieder Mitnahmeeffekte feststellen: Zwar lehnte die Mehrheit der Industriearbeiter alles Deutsche und den völkischen Nationalsozialismus ab, aber die kleinen Vergünstigungen nahmen viele ohne schlechtes Gewissen an. Am Beispiel der ARBED-Werke konnte außerdem nachgewiesen werden, wie sich der Arbeitsalltag während der nationalsozialistischen Besetzung und durch den Krieg veränderte, dies sowohl für die Betriebsführer wie auch für die ihnen untergeordneten Arbeiter und Arbeiterinnen. Der Krieg brachte den Industriearbeitern eine Zeit der Unsicherheit, was die Zukunft der Arbeitsplätze in der Eisen- und Stahlindustrie, aber genauso in anderen Branchen anbelangte. Die Rüstungskonjunktur wirkte sich immer wieder auf die Intensität der Produktionsprozesse aus und gerade in der Industrie erhöhte sich im Laufe des Krieges der Druck auf die Beschäftigten. Veränderungen bekamen die Luxemburger Direktoren auf einer anderen Ebene mit. Sie glaubten auf naive Weise, sich mit den Nationalsozialisten arrangieren zu können, um auf diese Weise ihre Autorität wahren und die Nazis draußen halten beziehungsweise die DAF-Obmänner zähmen zu können. Dies gelang ihnen mehr schlecht als recht, da die Arbeitsfront durch ihre Propagandatätigkeit, die „soziale" Betreuung und politische Kontrolle ihrer Mitglieder eine starke Präsenz in den Betrieben hatte. Gerade das Beispiel der von der DAF verfolgten sozialen Betriebsarbeit illustriert, wie sehr Arbeit und Freizeit von nationalsozialistischen Ideen bestimmt wurden. Andererseits muss man aber auch festhalten, dass bei betriebswirtschaftlichen und produktionstechnischen Fragen die Unternehmer grundsätzlich „Herren im Hause" blieben.

Wer die Idee der „Volksgemeinschaft" ablehnte, dem blieb nur der Rückzug ins Private. Den zivilen und militärischen Zwangsarbeitern aus Osteuropa blieben diese Nischen verwahrt. Wohl wurden sie in Luxemburg deutlich besser behandelt als in vielen anderen Teilen des deutschen Machtbereichs, aber insgesamt betrachtet wurden Zwangsarbeiter und Zwangsarbeiterinnen in aller Regel als „Untermenschen" schlechtergestellt, niedrig bezahlt, unterversorgt. Sie arbeiteten teilweise unter katastrophalen Bedingungen, insbesondere was die Schichtzeiten, die Arbeitssicherheit oder die Ausstattung mit entsprechender Arbeitskleidung betraf. Sie erlebten schließlich Freiheitsentzug und verschiedenste Formen psychischer und physischer Gewalt.

Was die Solidarisierung mit den Zwangsarbeitern sowie Absentismus und „Bummelei" anbelangt, so waren dies sicherlich Ausdrucksformen des stillen Protestes gegen eine ungeliebte Diktatur. Andere Widerstandsformen, wie Sabotage, waren nach heutigem Erkenntnisstand eher Randphänomene. Sie alle müssen aber vorsichtig bewertet werden, da nicht klar erwiesen ist, wie verbreitet diese Ausdrucksformen tatsächlich waren und welcher Motivation sie entsprangen. Leistungszurückhaltung und Krankfeiern waren nämlich keine neuartigen und schon gar keine typisch luxemburgischen Phänomene. Diese und ähnliche

Verhaltensweisen sind auch nicht automatisch mit politisch motiviertem Widerstand gleichzusetzen. Die gleiche Bemerkung gilt für diejenigen, die innerhalb der Betriebe mit dem Regime kollaborierten. Die wirklich vom Nationalsozialismus überzeugten Männer und Frauen stellten in den Betriebsorganisationen eine Minderheit dar, genauso wie nur wenige in der Uniform des Werkschutzes sich zu gewaltsamen Unterdrückungsmaßnahmen gegen Zwangsarbeiter hinreißen ließen.

3. Perspektiven für die weitere Forschung

Das Thema „Arbeiten unter Hitler“ hat weitere Perspektiven für die zukünftige historische Forschung aufgetan, etwa in den Bereichen Wirtschafts- und Sozialpolitik, Herrschaft und Arbeit im Nationalsozialismus. Dazu gehört die Notwendigkeit einer vertiefenden Untersuchung der Lohn- und Tarifpolitik sowie der übrigen sozialpolitischen Maßnahmen des Gauleiters. Eine abschließende Bewertung über die Auswirkungen der NS-Tarifpolitik auf die Realeinkommen und damit auf den Lebensstandard der Luxemburger Bevölkerung steht demnach noch aus. Die Arbeiter und Angestellten der drei großen Unternehmen ARBED, Differdingen und Rodingen zählten vor und nach der Besetzung zum Hochlohnsektor, während viele Tausende von Niedriglohnempfängern als Haushaltsgehilfinnen, landwirtschaftliche Arbeiter oder Handwerker tätig waren, deren Lebensumstände andere waren. Gerade deshalb muss man sich mit anderen Berufsgruppen befassen, damit die Gesellschaftsgeschichte des Zweiten Weltkrieges vervollständigt werden kann.

Während der Schwerpunkt in der vorliegenden Untersuchung eher auf den Besatzungs- und Kriegserfahrungen sowie den Verhaltensmustern der Arbeiter und Angestellten in der Industrie lag, müssten die verschiedensten Handlungsweisen des leitenden Personals von Industrieunternehmen weiter untersucht werden. Nimmt man das Beispiel des ARBED-Konzerns, so wären die Person von Generaldirektor Aloyse Meyer (dessen Biografie ungeschrieben ist) und seine Kollegen aus dem Unternehmensmanagement zu nennen, die bislang eher im Schatten des Generaldirektors geblieben sind (z.B. Félix Chomé). Weil es im Rahmen dieser Arbeit darum ging, die Unterschiede zwischen einer „luxemburgischen“ und einer „deutschen“ Direktion zu beleuchten, war eine eingehendere Beschäftigung mit dem mittleren Management nicht möglich. Die Untersuchung der Verhaltensmuster der Berufsgruppe der Ingenieure würde das Gesamtbild sinnvoll ergänzen, umso mehr als eine Reihe von Personen sich politisch verstrickten.[7]

War die Konzentration der Forschungsperspektive auf den ARBED-Konzern in dem vorliegenden Fall unvermeidlich, wären komparative Einzelstudien notwendig. Ein Vergleich zu anderen Firmen aus der Luxemburger Eisenindustrie, etwa

7 Siehe z.B. Fall Theves, vgl. Paul Cerf, De l’épuration au Grand-Duché de Luxembourg après la seconde guerre mondiale, Luxemburg 1980, S. 110–112.

dem Traditionsunternehmen der Paul Würth-Werke, bietet sich an. So ließe sich herausfinden, ob in kleineren Betrieben die Einwirkungen der Besatzungszeit auf Alltag und Arbeitsabläufe ähnlich waren oder ob es Arbeitsplätze in Büros und Werkhallen gab, die abseits der Politik einfache Rückzugsmöglichkeiten boten. Weiterhin ist es unerlässlich, die Perspektive auf weitere Branchen der Luxemburger Wirtschaft auszudehnen, denn andere Industrien spielten in den 1940er Jahren eine bedeutende wirtschaftliche Rolle (z.B. Keramik-, Leder- und Schieferindustrie). Da Unternehmen wie die Ideal-Lederfabrik, Villeroy&Boch oder die Cerabati-Fliesenfabrik zudem in anderen Gegenden des Landes angesiedelt waren, ließe sich feststellen, ob es eventuell regionale Unterschiede in den Verhaltensmustern von Direktoren, Obmännern und Belegschaften gab. Dasselbe gilt für das Handwerk, den Handel sowie den Finanz- und Versicherungssektor. Gerade der Dienstleistungssektor befand sich seit den 1930er Jahren in einer Art Aufbruchsphase. Er war vor dem Zweiten Weltkrieg stetig angewachsen und der Anteil der Angestellten an der arbeitenden Bevölkerung hatte in der Zwischenkriegszeit zugenommen. Dementsprechend hatten sich die Angestelltenorganisationen bereits vor 1940 Gedanken über ihre Lohn- und Arbeitsbedingungen gemacht. Wie die Arbeiter vor ihnen standen die sogenannten Privatbeamten vor der Frage, wie man am besten die eigenen Interessen vertreten und die sozialpolitischen Forderungen durchsetzen könnte.

Die Beschäftigung mit der Geschichte der Luxemburger Gewerkschaften hat gezeigt, dass die katholischen und sozialistischen Verbände sich intensiv mit nationalsozialistischen und faschistischen Konkurrenzmodellen auseinandersetzen mussten und dann in den vierziger Jahren auf eine schwere Probe gestellt wurden. Dies wurde vor allem am Beispiel einzelner Gewerkschaftsorganisationen dargelegt, die den Entmachtungs- und Ausplünderungsprozess ähnlich erlebten. Wichtig wären folglich Studien zu den verschiedenen Milieus, die es in der Luxemburger Arbeiterschaft gab. Wie erlebten die Anhänger der katholischen, sozialistischen und kommunistischen Organisationen den Aufstieg des Nationalsozialismus und die anschließende Kriegs- und Besatzungszeit? Welche identischen Handlungsmuster gab es im Umgang mit dem Unrechtsregime? Spielten Herkunft und Nationalität eine Rolle? Immerhin gab es neben den luxemburgischen Arbeitskräften viele Deutsche und Italiener, die in der Industrie tätig waren und möglicherweise für Nationalsozialismus und Faschismus anfälliger waren als andere. Wie stark war die Akzeptanz für das CdZ-Regime bei Industriearbeitern und Landarbeitern? Lehnten Arbeiter wie Arbeiterinnen in gleichem Maße die Diktatur ab oder existierten geschlechtsspezifische Unterschiede?

Ein zentrales Kapitel befasste sich mit der Geschichte und den Funktionen der Deutschen Arbeitsfront, mit ihrer dominanten Präsenz in vielen Bereichen und insbesondere mit ihrer Mitgliederschaft. Die Erforschung anderer NS-Organisationen, die nach Luxemburg expandierten, ist sicherlich angezeigt, da man nur so die Mobilisierungspotenziale und die Durchsetzungskraft des Gauleiterregimes besser verstehen kann. Als Beispiel wäre hier die NS-Volkswohlfahrt zu nennen, die anders als NSDAP, SA oder SS nicht zu den Eliteformationen zählte, sondern im Prinzip dem Normalbürger offenstand. Ebenso müsste das Thema „Arbeit" beziehungsweise „Arbeitseinsatz" unter weiteren Gesichtspunkten untersucht werden. Formen der Zwangsarbeit und Dienstverpflichtungen, etwa im Rahmen des sogenannten „Reichsarbeitsdienstes" oder bei Zwangsversetzungen von einer Arbeitsstelle zur anderen, sind für Luxemburg bislang ungenügend oder gar nicht beschrieben worden. Grundsätzlich wäre zur Frauenarbeit im Spannungsfeld zwischen Haus und Fabrik zu recherchieren und zwar in einer zeitlichen Dimension, die über die Besatzungsjahre hinausgeht. So ließe sich herausfinden, ob es längerfristige Auswirkungen auf das Selbstverständnis der Frauen beziehungsweise auf die gesellschaftliche Perzeption der Frauenarbeit gegeben hat.[8]

Die Frage nach den Dimensionen polykratischer NS-Herrschaft machte deutlich, dass es in Luxemburg an modernen Verwaltungsgeschichten fehlt. Dies gilt insbesondere für die Okkupationsperiode, die in Fest- und Jubiläumspublikationen häufig als ein Zeitabschnitt ausgeklammert wurde, in dem es nur noch deutsche Behörden mit deutschen Beamten gegeben habe, die in Luxemburg Reichsrecht umgesetzt hätten. Gerade die deutsche Zivilverwaltung und die dazu zählende Wirtschaftsabteilung des CdZ beschränkten sich nicht auf das „Verwalten", sondern übten in der Wirtschafts-, Sozial- und Arbeitspolitik einen großen Einfluss aus. So entwickelte der Leiter der Wirtschaftsabteilung Nikolaus Simmer, der ein langjähriger Weggefährte und Duzfreund des Gauleiters war, häufig eigene Initiativen, die den Gaupartikularismus weiter vorantrieben und die Machtbasis des Gauleiters ausbauten. Auch die Rolle der Exekutive ist genauer zu betrachten: Die der Zivilverwaltung nach- beziehungsweise untergeordneten Behörden, Ämter und Dienststellen, wie das staatliche Gesundheitsamt und das Arbeitsamt, hatten während des Krieges wichtige Herrschafts- und Lenkungsfunktionen im Bereich der Sozial-, Gesundheits- und Arbeitspolitik. Ein „Vertrauensärztlicher Dienst" der Landesversicherungsanstalt etwa entwickelte sich zu einem Repressionsinstrument, das gegen kranke und erschöpfte Arbeiter eingesetzt wurde. Auch dieser Dienst war mehr als ein Transmissionsriemen reichsrechtlicher Vorschriften. Gemeinsam war allen: Sie agierten meistens auf direkte Anweisung der politischen Führung oder zumindest in enger Abstimmung mit der Gauleitung. Letzteres galt auch für die neugeschaffenen kriegswirtschaftlichen Selbstverwaltungskörperschaften, die sich in erster Linie mit Rohstoff- und Produktionsfragen befassten, aber indirekt damit auch Einfluss auf den „Arbeitseinsatz" in der Industrie hatten, wie z.B. die Wirtschaftsgruppe „Eisenschaffende Industrie" oder die Bezirksgruppe „Minettebergbau".[9]

8 Vgl. Dissertation von Sophie Schram, Weibliche Lebenswelten und Erinnerungskulturen. Das Beispiel „Kleinitalien" – ein Einwandererviertel in Luxemburg, Leverkusen 2016.

9 Vgl. zur administrativen Organisation der gewerblichen Wirtschaft: Volkmann, Luxemburg im Zeichen des Hakenkreuzes, S. 201–219.

Der aus Rationalisierungsgründen erfolgte Zwangszusammenschluss Luxemburger Eisenerzgruben zur „Gewerkschaft Lützelburg“ hatte nicht nur wirtschaftliche Auswirkungen, sondern bedeutete auch eine Umstellung im Arbeitsalltag der dort arbeitenden Bergleute. Die Gründung der „Gewerkschaft Lützelburg“ war nur mit Zustimmung der CdZ möglich. Wirtschafts- und sozialpolitische Überlegungen gehörten zu den Motiven der Gauleitung, die sich darüber hinaus einen größeren Einfluss auf die Bergarbeiter ausrechnete. Somit standen alte und „neue“ Behörden bzw. privatrechtliche Zusammenschlüsse unter dem direkten Einfluss des Chefs der Zivilverwaltung und waren neben den NS-Verbänden weitere Faktoren der Durchherrschung im okkupierten Luxemburg. Das dynamische Zusammenwirken der verschiedensten Akteure (Verwaltungen, Verbände, Organisationen der Partei, Wirtschaft) kennzeichnet die Herrschaftspraxis im besetzten Luxemburg ebenso wie in anderen Teilen des „Dritten Reiches“.

Zuletzt sei auf den möglichen Mehrwert einer transnationalen Perspektive hingewiesen. Die „Gleichschaltung“ der Arbeitnehmerverbände, Zwangsarbeit und „Arbeitseinsatz“ und Diktatur erlebten die Menschen in den jeweiligen Grenzregionen und teilweise über die Grenzen hinweg. Welche Parallelen und Unterschiede gab es in den Kriegserfahrungen der arbeitenden Männer und Frauen im industriellen Ballungsraum Luxemburg-Lothringen-Saarland? Wie wirkten sich nationalsozialistische Sozialpolitik und Propaganda auf die Wertvorstellungen der Arbeiter aus? Gelang es dem Regime mittels der Deutschen Arbeitsfront die Arbeiterkultur und die Subkultur in den Arbeiterkreisen zu zerstören beziehungsweise nachhaltig zu beeinflussen? Die Erforschung von Arbeits-, Lohn- und Lebensbedingungen unter nationalsozialistischer Herrschaft, aber auch komparative Untersuchungen der Dynamiken der NS-Organisationen auf den unterschiedlichen politischen Handlungsebenen (CdZ-Gebiete, NS-Gaue, Gebiete unter Militärverwaltung) könnten schließlich dazu beitragen, die Regionalinstanzen im „Führerstaat“ und damit das Funktionieren des NS-Staates besser zu verstehen.

4. Allgemeine Schlussfolgerungen

„Arbeiten unter Hitler“ hat gezeigt, dass man die Jahre 1940 bis 1944 nicht als eine isolierte, in sich abgeschlossene Episode der Luxemburger Geschichte sehen darf und nicht nur aus der Perspektive einer Okkupationsgeschichte. Vielmehr sind die Kontinuitätslinien zwischen Vorkriegs-, Kriegs- und Nachkriegszeit klar ersichtlich. Das lässt sich an Biografien von Einzelpersonen und den Entwicklungslinien von Organisationen und Institutionen festmachen. Die vorliegende Arbeit soll über die Darstellung historischer Prozesse und ihrer Auswirkungen auf die Menschen hinaus den interpretatorischen Blick auf diese Zeit schärfen. Es geht nicht nur um eine Geschichte der Besatzung, sondern auch um eine Gesellschaftsgeschichte. Die NS-Herrschaft erschütterte die kleine Gemeinschaft von knapp 300.000 Einwohnern in ihren Grundfesten. Das Vorgehen der DAF beziehungsweise des Stillhaltekommissars gegen die Gewerkschaften und die übrigen

Vereine, die raumplanerischen Vorstellungen, die Ideologie rund um das Minette-Gebiet und seine Arbeiterbevölkerung und nicht zuletzt eine anti-individualistische „Volksgemeinschafts"-Politik sollten alte Loyalitäten zerstören. Wie weit die Nationalsozialisten in die Arbeiter- und Angestelltenmilieus eindringen konnten, lässt sich nicht genau ermessen. Eine nachhaltige Wirkung der NS-Herrschaft kann aber angezweifelt werden.

Erwiesenermaßen scheiterte das NS-Regime an seinem totalen Herrschaftsanspruch. Die deutschen und luxemburgischen Nationalsozialisten wollten ab 1940 dezidiert die Luxemburger Vorkriegsgesellschaft verändern und durch eine bellizistische, rassistische, nationalsozialistische „Volksgemeinschaft" ersetzen. Anders ausgedrückt: 1940 bis 1944 war weniger die Zeit einer Besatzungsverwaltung, als die einer Herrschaftspraxis, die nicht nur den Staat, die Institutionen und Organisationen zerstören wollte, sondern in erster Linie die Sozialordnung eines demokratischen Landes. Arbeit als „Arbeitseinsatz" hatte hierbei eine zentrale Funktion in der Disziplinierung der Menschen, genauso wie das für das NS-System typische „Nebeneinander von Lockung und Zwang".[10]

Eine breite Ablehnung, die sich auf verschiedenste Art und Weise manifestierte, aber vor allem der rasante Zusammenbruch des Regimes im September 1944 und dann die Wiedergeburt der Luxemburger Gewerkschaften und Verbände wie auch die Rückkehr zur Sozialordnung der Vorkriegszeit belegen, dass die nationalsozialistischen Parteifunktionäre und Betriebsführer nicht einmal ansatzweise ihr wichtigstes Ziel, nämlich die Integration der Luxemburger Arbeiter und Angestellten in die NS-"Volksgemeinschaft", erreicht hatten. Umgekehrt lassen sich weder die Arbeiterschaft im Allgemeinen noch die Industriearbeiterschaft im Besonderen als geschlossene soziale Gruppe beschreiben, die zwischen 1940 und 1944 kollektiv gegen das Unrechtsregime gehandelt habe. Die Formen, mit denen die Menschen in den Betrieben, in ihren Vereinen oder an ihren Wohnorten den Dissens gegen das Regime, gegen die VdB oder gegen einen einzelnen Parteifunktionär zum Ausdruck brachten, gleichen sich allerdings auf erstaunliche Weise. Das lag womöglich daran, dass Bummelei, Absentismus, Meckern und Ungehorsam seit dem 19. Jahrhundert übliche Protestformen im Arbeitermilieu waren.

Was das Selbstbewusstsein der Industriearbeiter betrifft, so haben die Besatzungsjahre in gewisser Weise zu dessen Stärkung beigetragen. In der Kriegs- und Rüstungsproduktion war den Menschen in kriegswichtigen Betrieben schon klar, dass sie mit ihrer Arbeitskraft die Maschinerie am Laufen hielten und dass die Nationalsozialisten auf diesen „Arbeitseinsatz" angewiesen waren. Möglicherweise stärkten die Konflikte, die in den Jahren 1941 bis 1944 mit Betriebsleitern und NS-Funktionären aufkamen, zusätzlich das Selbstbewusstsein der Arbeiter und trugen zu einem anderen Selbstverständnis der Industriearbeiter in der Nachkriegszeit bei. Typisch ist die Aussage eines Arbeiters, der in der Nachkriegszeit

10 Armin Nolzen, Der „Führer" und seine Partei, in: Dietmar Süß/ Winfried Süß (Hgg.), Das „Dritte Reich". Eine Einführung, München 2008, S. 63.

über seinen Generaldirektor befragt wurde und auf den tiefen Graben zwischen Belegschaft und Generaldirektion seines Unternehmens hinwies. „Wir Arbeiter", so meinte er, „mussten (...) selbst in den Betrieben zu der Resistenz schreiten", während Direktoren und Ingenieure versagt hätten.[11]

Die Erfahrung der Okkupation und der Inkorporierung in den Gau Moselland hatte im Endeffekt die Arbeiterbewegung eher gestärkt als geschwächt. Dies zeigen nicht allein die weiteren Entwicklungslinien der Gewerkschaftsbewegung nach 1944/45 und ihr gestiegenes Selbstbewusstsein, sondern auch die fortan unbestrittene Rolle als sozialpolitischer Akteur in der Luxemburger Politik. So trugen der Zweite Weltkrieg und die Okkupationserfahrungen wesentlich zur Inklusion der Arbeiter in die Gesamtgesellschaft bei.

Allerdings muss in diesem Kontext einschränkend angemerkt werden, dass die Luxemburger Arbeiterschaft nie eine geschlossene gesellschaftliche Gruppe darstellte, selbst die Herausbildung eines besonderen „Klassenbewusstseins" ist schwer messbar. Folglich ist es problematisch, von kollektiven Handlungsweisen zu sprechen. Die Unterschiede zwischen Arbeitern aus Industrie, Handwerk und Landwirtschaft gab es vor 1940, sie blieben während der NS-Zeit bestehen und wurden auch nicht in der Nachkriegszeit aufgehoben. Innerhalb der Industriearbeiterschaft schwelende Konflikte, zum Beispiel zwischen kommunistischen und sozialistischen Arbeitern, verschwanden nicht einfach durch den Krieg. Die ideologischen Auseinandersetzungen wurden schlussendlich durch die Besatzungs- und Diktaturerfahrung eher potenziert als abgeschwächt, wie der Streit zwischen den weltanschaulich orientierten Gewerkschaften nach 1945 veranschaulicht. Die deutsche Besatzungspolitik brachte neue Bruchstellen hervor, zwischen den Anhängern der Volksdeutschen Bewegung und denjenigen, die gegen die Anschlusspolitik der VdB waren und eine Distanz zur NS-Ideologie bewahrten. Die aufgeworfenen Gräben innerhalb der Gesellschaft konnten durch die Nachkriegsprozesse nur notdürftig überdeckt werden und bestanden über die 1950er Jahre hinfort.

Ohne dass es Anlass zu einer grundlegenden Neubewertung des deutschen Gauleiters gäbe, so schält sich doch ein komplementäres Bild Gustav Simons als Politiker heraus. Kein anderer personifizierte das nationalsozialistische Regime so sehr wie er, der als Chef der Zivilverwaltung in Luxemburg und regionaler Parteiführer administrative, politische wie wirtschaftliche Befugnisse in seiner Person vereinigte. Simon verfügte über eine große Machtfülle und hatte damit einen entscheidenden Einfluss in politischen Entwicklungsprozessen, die er meist selbst auslöste. Seine typisch nationalsozialistische Vorstellungswelt war von rassistischen und „völkischen" Denkmustern geprägt. Er ließ die Juden aus dem

11 Vgl. Aussage des Walzers Dominik Raum, enthalten im Bericht des Öffentlichen Sicherheitsdienstes vom 16.8.1945 an die Staatsanwaltschaft in der Angelegenheit MEYER Aloys, Generaldirektor der Arbed, vgl. ANLux AP 4701 Aloyse Meyer (Mappe A).

Arbeitsleben entfernen und favorisierte leistungsorientierte Lohntarife. Später war Simon prinzipiell gegen den Einsatz luxemburgischer Frauen in der Industrie und für die Schonung der „volksdeutschen" Luxemburger, dies auf Kosten von Ostarbeitern, Ostarbeiterinnen und Kriegsgefangenen. War es politisch opportun oder kam Kritik aus den Kreisen der Luxemburger Bevölkerung, konnte er durchaus flexibel reagieren. Das Wohl der Bevölkerung aber war ihm nie eine Herzensangelegenheit; es ging ihm letztlich darum, seine Herrschaft in Luxemburg zu legitimieren und vor allem seinem Führer nach Berlin, seiner Partei nach München und in die benachbarten Gaue hinein Signale des Erfolges zu senden. Sein primäres Ziel, nämlich das annektierte Gebiet vollständig politisch, administrativ und wirtschaftlich in seinen Gau einzugliedern und die Menschen in die deutsche „Volksgemeinschaft" zu integrieren, verlor Gustav Simon nie aus dem Blick. Als Simon im September 1941 die „Mosselland-Kulturtage" in Berlin eröffnete, nutzte er die Gelegenheit zur Selbstdarstellung vor der Presse der Reichshauptstadt. Simon prahlte mit den Erfolgen seiner Anschlusspolitik und betonte, dass im Vergleich mit dem Altreich die „Entwicklung der nationalsozialistischen Bewegung in Luxemburg unerhört rasch verlaufen sei."[12] In seiner Vorstellungswelt hatte er damit nicht unrecht. Für ihn waren Zivilverwaltung, Partei (Volksdeutsche Bewegung, NSDAP) und Massenorganisationen (wie DAF und NSV) Instrumente zur Erlangung und Sicherung seiner Macht. Das Beispiel der Arbeitsfront ist besonders signifikant, denn ihre Gründung war letztlich ein Mittel, um die von ihm geförderte Volksdeutsche Bewegung am Leben zu halten. In offiziellen VdB-Darstellungen wurde kein Hehl daraus gemacht, dass die Volksdeutsche Bewegung direkt aus der Machtstellung der Deutschen Arbeitsfront politisches Kapital schlagen wollte: „Die Tatsache, dass mit wenigen Ausnahmen sämtliche Betriebe, ob groß oder klein, mitsamt ihrer Gefolgschaft in der Deutschen Arbeitsfront und zugleich in der Volksdeutschen Bewegung stehen, war für letztere eine wesentliche Stärkung", so eine VdB-Schrift aus dem Jahre 1941.[13] Wie wichtig neben der VdB und der NSDAP gerade die DAF für das Herrschaftsverständnis des Gauleiters war, illustriert ein Interview, das Simon Ende 1942 dem Völkischen Beobachter gab, vermutlich um sein durch die Streikbewegung angekratztes Ansehen aufzupolieren, in dem er auf die Gründung der beiden Bewegungen einging.[14]

Gauleiter Simon war eine „dominierende Figur im Gaufunktionsgefüge" (Fleischhauer). Er schaffte es zwar nicht, die Mehrheit der Luxemburger Bevölkerung hinter sich zu bringen, aber brachte es sehr wohl fertig, in verschiedenen Aktionsräumen erfolgreich zu sein. Dies war vor allem der Fall in den Bereichen der inneren Administration, der Ernährungs- und Sozialpolitik sowie in der

12 „Eröffnung der Moselland-Kulturtage", in: LW Nr. 268/269 (27./28.9.1941).

13 Vgl. Volksdeutsche Bewegung, 1. Kreistag der Volksdeutschen Bewegung in Diekirch vom 20. bis 28. Juni 1942, Luxemburg 1942, o.S.

14 H. Höpfl, Luxemburg im Reich, in: Völkischer Beobachter (Norddt. Ausgabe) Nr. 353 (19.12.1942).

Mobilisierung der Arbeitskraft. Mithilfe einer Führungselite von Parteifunktionären wie Franz Schmidt und Managern wie Nino Broglio verstand es Simon, die Rüstungsproduktion im besetzten Luxemburg auf einem den Umständen entsprechenden hohen Niveau zu halten. Gleichzeitig sorgte er dafür, dass in der ersten Phase der Besatzungszeit die Löhne in bestimmten kriegswichtigen Branchen angepasst werden konnten. Erfolgreich verteidigte er den Industriestandort gegen Stilllegungstendenzen und sperrte sich aus volkspolitischen Motiven heraus prinzipiell gegen den Einsatz Luxemburger Arbeitskräfte außerhalb des CdZ-Gebiets. Vielleicht muss man das Bild eines ehrgeizigen, aber inkonsequenten, primitiven und erfolglosen Gauleiters dahingehend etwas revidieren, dass Gustav Simon es mit einigem Geschick verstand, auch im Krieg seine Machtbasis im Gau Moselland bis nach Luxemburg hinein auszubauen und zu festigen.[15] Gustav Simon war mit seinem kleinen Zivilverwaltungsgebiet nur auf den ersten Blick im Vergleich zu anderen CdZ-Kollegen, wie Bürckel oder Wagner, oder anderen Gauleitern, wie Sauckel als Generalbevollmächtigter für den Arbeitseinsatz, ein scheinbar unbedeutender Regionalfürst. Simon scheute von Anfang an keine Konflikte mit Reichsbehörden und legte sich auch mit höhergestellten NS-Prominenten an. Geschickt verhandelte er mit Sauckel und Speer, bei Bedarf spielte er seine Beziehungen zum Führerhauptquartier aus, berief sich auf unmittelbar von Hitler gefällte Entscheidungen und trug so relativ erfolgreich Auseinandersetzungen und Streitigkeiten aus. Dabei war er stets sehr anpassungsfähig und reagierte sensibel auf politische Veränderungen. Im Rückblick scheint das kleine Luxemburg für Gustav Simon eine Art Versuchsfeld gewesen zu sein, auf dem er als Gauleiter mit neuen Herrschaftsformen experimentieren konnte, die das Regime im Laufe seiner zwölfjährigen Geschichte hervorgebracht hatte. Er schöpfte die Möglichkeiten des „social engineering“ aus, nutzte alle Möglichkeiten der politischen Propaganda und umgab sich mit ehrgeizigen, hochmotivierten, ihm ergebenen Mitarbeitern, die untereinander gut vernetzt waren sowie über Beziehungen verfügten, die über die Gaugrenzen hinausreichten. Im Rückblick war die kurze Amtszeit also nicht nur von Scheitern und Versagen geprägt, sondern durchaus auch von extremer Dynamik und einer nicht zu leugnenden Effizienz.

Während Gauleiter Simon zweifellos eine zentrale Funktion im Gau- und CdZ-Gebiet hatte, so darf man die Rolle des nachgeordneten Parteipersonals nicht unterschätzen. Der Fall des Stillhaltekommissars Schmidt zeigt, welche Rolle Einzelpersonen in den Jahren 1940 bis 1944 spielen konnten, wenn es um Eroberung und Durchsetzung von Macht ging. Mehr oder weniger prominente Parteigenossen, wie Franz Schmidt, Nino Broglio oder Ludwig Grohé und Männer aus der dritten Reihe, wie die fanatisierten Obmänner der DAF, waren Teil einer ausgeklügelten NS-Hierarchie. Sie persönlich trugen bis in die letzten Besatzungstage hinein das nationalsozialistische Herrschaftssystem und sorgten immer wieder für

15 Vgl. Dostert, Luxemburg zwischen Selbstbehauptung und nationaler Selbstaufgabe, S. 75.

eine Herrschaftsdynamik, die sich in politischen Aktionen und in politisch motiviertem Handeln ausdrückte. Betriebsappelle, Kameradschaftsabende, Betriebsbesuche, Erteilen von Weisungen, z.B. betreffend den Umgang mit Zwangsarbeitern, Weiterleiten von Anordnungen, Durchsetzen von Maßnahmen gegen „Bummelei" und andere unerwünschte Handlungsweisen waren alltägliche Instrumentarien, die für die Menschen in den Betrieben deutlich sicht- und erfahrbar wurden.

Im Zusammenhang der NS-Herrschaft wurde vor einigen Jahren in der Forschung die Frage nach den Modernisierungseffekten kontrovers diskutiert. Sie lässt sich mit Bezug auf Luxemburg eindeutig mit Nein beantworten.[16] Die Sozialpolitik in Form von gewährten – nicht verhandelten – Lohnverbesserungen und punktuellen Geschenken blieb größtenteils ohne konkrete Realisierung oder stellte für die Luxemburger Arbeiter und Angestellten keine wirkliche Verbesserung im Vergleich zur Vorkriegszeit dar. Die Leistungen der Luxemburger Sozialversicherungen etwa lagen über denen der deutschen Sozialversicherungen, die im Rückblick „modern" anmutenden Wohnungsbauprogramme der Nationalsozialisten konnten nicht umgesetzt werden, das Programm „Schönheit der Arbeit" blieb oberflächlich. Außerdem war die Sozialpolitik durch völkische Prinzipien und rassistische Ausgrenzung geprägt. Auch aus gesellschaftspolitischer Hinsicht gab es keine positiven Veränderungen und eine Nivellierung zwischen Arbeitern und Angestellten fand nicht statt, dies zeigen schon die unterschiedlichen Tarifordnungen. Zwar verbesserten sich in einzelnen kriegswichtigen Berufen die theoretischen Aufstiegschancen, aber es blieb im Großen und Ganzen bei den üblichen Ausbildungswegen und Karrierewegen. Die Forcierung der Frauenarbeit führte nicht zu einer gesellschaftlichen Besserstellung der Frau und schon gar nicht zur Gleichberechtigung zwischen den Geschlechtern. Selbst im Kultur- und Freizeitbereich gab es keine Umwälzungen. Trotz Tendenzen zur Herausbildung einer „modernen" Massenkultur überwog die politische Instrumentalisierung der Medien und Freizeitaktivitäten. Dies gilt auch für die Sozialpolitik, wo es zu keinem Modernisierungsschub kam. Freizeitpolitik, betriebliche Sozialfürsorge, staatliche Sozialmaßnahmen und öffentliche Förderprogramme im Bereich des Wohnungsbaues etwa gab es in Luxemburg schon vor 1940. NS-Wohlfahrtsstaat und DAF waren in dem Sinne nicht wirklich innovativ gewesen. Die Luxemburger Sozialpolitik nach 1945 knüpfte an die 1930er Jahre an, in denen eine gewisse gesellschaftliche Modernisierung bereits stattgefunden hatte. Nach und nicht während der Okkupation erlebte sie eine Entwicklung in Richtung Wohlfahrtsstaat, die aber ohne die Kriegserfahrungen von Politikern und Gewerkschaftlern möglicherweise eine weniger dynamische gewesen wäre. Die Sozial- und

16 Michael Schneider: „Die nationalsozialistische Politik, auch die gegenüber der Arbeiterschaft, war nur insofern modern als sie die Mittel der Moderne, also technische Rationalität und organisatorische Effektivität, nutzte, um ihre Ziele, die sich jeder Einstufung als modern entziehen, zu erreichen." Schneider widerlegt überzeugend, dass es im Nationalsozialismus – abgesehen von technisch-organisatorischen Prozessen – eine gesellschaftliche Modernisierung gegeben habe; vgl. Schneider, In der Kriegsgesellschaft, S. 488–500, Zitat S. 500.

Arbeitspolitik des NS-Regimes hätte somit die spätere Entwicklung des luxemburgischen Sozialstaatsmodells beschleunigt.

Bleibt die Frage nach der Bedeutung der deutschen Besatzung für die Eliten der Luxemburger Gesellschaft. Die Volksdeutsche Bewegung hatte es nicht wirklich geschafft, die alten Hierarchien und den Einfluss der bestehenden Eliten zu brechen. Diese Feststellung gilt gerade für die Welt der Arbeit. Die allermeisten Betriebe behielten ihr Management, so zum Beispiel die Zentralverwaltung und die einzelnen Werke des ARBED-Konzerns, wo schon allein aus wirtschaftlichen und produktionstechnischen Ursachen nicht einfach aus politischen Gründen Personal ausgewechselt werden konnte. Selbst nach dem Streik von 1942 gab es eine erstaunliche Stabilität im Führungspersonal. Auch wenn ARBED-Direktoren wie Chomé (aus der Generaldirektion) oder Schock (aus einer Werksdirektion) entfernt wurden, blieben die personellen Veränderungen im mittleren Management überschaubar. Fachleute ließen sich eben nicht einfach austauschen. Luxemburgische Wirtschaftsführer oder Unternehmerpersönlichkeiten behielten ihre Kernkompetenzen unter der Voraussetzung, dass sie sich anpassten und kollaborierten. Beispiele sind Aloyse Meyer von der ARBED, Charles Würth von den Paul Würth-Werken oder die Unternehmerfamilie Massard. Diese Feststellung lässt sich auf die zahlreichen Besitzer und Betriebsleiter von mittleren und kleinen Unternehmen übertragen. Was für die Arbeitgeberseite gilt, stimmt ebenso für die Gewerkschaftseliten. Nach 1944/45 kehrten die Gewerkschaftsführer aus dem inneren oder äußeren Exil an die Führungspositionen zurück, die sie schon vor 1940 innehatten.

Der Bedarf an „Fachmännern“ in Verwaltung und Partei brachte während der Besatzungszeit indes andere Eliten nach Luxemburg und trug zur Bildung neuer Netzwerke bei. Dies waren deutsche NS-Funktionäre, die aus dem Gau kamen, um in der Zivilverwaltung (z.B. der Koblenzer Oberbürgermeister Nikolaus Simmer von der CdZ-Wirtschaftsabteilung) oder in einer Parteiorganisation (z.B. Ludwig Grohé von der DAF im Kreis Esch) wichtige Leitungsfunktionen zu übernehmen. Zur NS-Elite zählen schließlich auch Männer, die nicht aus der Entourage des Gauleiters beziehungsweise aus dem Gaugebiet kamen. Der Stillhaltekommissar und spätere ARBED-Direktor Franz Schmidt oder der SA-Führer und „Betriebsführer“ Nino Broglio sind hier die schillerndsten Beispiele. Linientreue, Ehrgeiz und Effizienz prägten die Tätigkeit all dieser Männer, die zumeist bis zum Ende des Regimes der NS-Gauführung und dem „Führer“ die Treue hielten. Ein weiteres Merkmal dieser Elite ist, dass sie von ihrer beruflichen Ausbildung her nicht für ihre Tätigkeiten prädestiniert war. Sie waren Aufsteiger, die in der Regel Doppelfunktionen in Partei und Staat oder Wirtschaft innehatten: Gustav Simon war Gauleiter der NSDAP, aber gleichzeitig auch Chef einer Zivilverwaltung und Reichsverteidigungskommissar; Hugo Dörner leitete die DAF im Gau Moselland und trug den Titel eines Kommissars für die luxemburgischen Arbeitnehmer- und Arbeitgeberorganisationen; Nikolaus Simmer war für die CdZ-Wirtschaftsabteilung verantwortlich und Kommissar für das Staatsbad Mondorf; der Ingenieur Nino Broglio vereinte die Funktion des Betriebsführers mit der eines SA-Führers. Am augenfälligsten ist das Beispiel Franz Schmidt, der als vom CdZ eingesetzter

Stillhaltekommissar, Parteifunktionär und ARBED-Personaldirektor die Verbindung zwischen Partei, Staat und Wirtschaft personifizierte.

In einem gewissen Sinn förderte die Besatzungszeit auf anderen Ebenen die Bildung neuer Eliten in Luxemburg. Dazu gehörten die Luxemburger VdB-/NSDAP-Funktionäre, die auf Ortsebene in den einzelnen Kreisen das NS-Regime verkörperten und dessen Maßnahmen durchzusetzen versuchten. In den Betrieben waren dies die Obmänner der Deutschen Arbeitsfront, die auf unterschiedlichen Führungsebenen Macht und Kontrolle über andere ausüben durften. Hierzu zählen insbesondere die Betriebsobmänner und die Werkschutzleute in der Schwerindustrie. Für viele stellte die Aufnahme in den Kreis der Obleute oder die Mitgliedschaft in den „Werkscharen" einen gesellschaftlichen, zumindest einen hierarchischen Aufstieg dar, der nicht selten mit konkreten Vorteilen verbunden war. Sie gehören im Rückblick zu den Verlierern, weil viele von ihnen nach dem Krieg von der Justiz bestraft und auf Jahre von der Gesellschaft geächtet wurden.

War die Bevölkerung in Luxemburg nun besonders anfällig für das Verführungspotenzial des „deutschen Sozialismus" oder ausgesprochen resistent? Die große Mehrheit hatte mit Sicherheit keine oder nur wenige Sympathien für das Regime. Somit lehnte sie auch das politische und gesellschaftliche Modell des Nationalsozialismus ab. Bei Zweiflern und Enttäuschten fand es aber durchaus offene Ohren. Bei ihnen und vielen Mitläufern schlugen anfängliches Interesse und Begeisterung in Enttäuschung um, weil die Brutalität des Regimes sie abstieß und letztlich zu einem Umdenken führte. Diese Phänomene finden sich in allen gesellschaftlichen Schichten und Berufsgruppen. Eine wichtigere Rolle spielte womöglich das soziale Umfeld oder das politische Umfeld darüber, ob man nun anfällig oder resistent war.

Im Luxemburger Industriegebiet fanden die Deutsche Arbeitsfront und andere NS-Organisationen eine relativ große Anhängerschaft aus dem Arbeitermilieu. Das war zweifellos auf die intensive Propaganda und die besondere Fokussierung des Regimes auf die Arbeiter in der Schwerindustrie zurückzuführen. Die Luxemburger Arbeitnehmerschaft war aber keine Hauptstütze des NS-Regimes und auch nicht das einzige Zentrum des Widerstandes. Grundsätzlich benahmen sich die Arbeiter nicht wirklich anders als die übrigen Luxemburger und Luxemburgerinnen: Es gab Indifferenz und innere Ablehnung, Phänomene also, die nicht sichtbar oder nur schwer messbar sind. Es gab Kollaboration mit dem Regime in Form von Mitgliedschaften in einer Organisation beziehungsweise aktives Mitmachen. Offener Widerstand oder Solidarisierung traten im Laufe des Krieges immer wieder in Erscheinung und lassen sich deshalb in den Zeugenaussagen und zeitgenössischen Berichten wiederfinden. Einen wirklichen Gegensatz zwischen Arbeiterklasse und NS-Regime kann man nur schwer erkennen, manche sagen, es sei nur eine „linke Hoffnung" gewesen.[17]

17 Ulrich Herbert, Arbeiterklasse und Gemeinschaftsfremde. Die Gesellschaft des NS-Staates in den Arbeiten Detlev Peukerts, in: Hachtmann/ Reichardt (Hgg.), Detlev Peukert und die NS-Forschung, S. 41.

Der Mythos eines kleinen Volkes, das kollektiv über die sozialen Grenzen hinweg dem Regime die Stirn geboten habe, war nach 1945 ein bequemes Narrativ. Er war aber mehr als die Spiegelung eines national-patriotischen Diskurses in der Tradition des Jahres 1939: Die Erzählung von einem gemeinsamen Widerstand und einem „General"-Streik erlaubte eine relative Kontinuität zwischen Vor- und Nachkriegszeit und bezog die Arbeiter und die „kleinen" Leute mit ein. Viele Verhaltensweisen der Luxemburger Arbeiter ähnelten erstaunlicherweise denen ihrer deutschen Kollegen im Saarland oder dem Ruhrgebiet. Nonkonformes Verhalten und innerer Rückzug, mehr oder weniger verhalten geäußerte Unzufriedenheit mit als ungerecht empfundenen Lohnbedingungen, Meckern über die Arbeitsbedingungen, Bummelei und Absentismus waren Phänomene, über die sich Betriebsführer, Obmänner und NS-Funktionäre auch im Deutschen Reich beklagten. Je länger der Krieg dauerte und je mehr den Arbeitern in der Kriegs- und Rüstungsproduktion abverlangt wurde, desto stärker trat überall das in Erscheinung, was Alf Lüdtke als „Eigen-Sinn" der Arbeiter definierte. Wirklich offener Widerstand oder aktive Sabotage blieben die Ausnahme. Der Streik von 1942 mit seinen tragischen Konsequenzen blieb in dieser Hinsicht ein singuläres Widerstands-Ereignis.

Ist die Okkupationsgeschichte des Großherzogtums nun ein Sonderfall oder ein Paradigma nationalsozialistischer Herrschaft? Tatsächlich unterscheidet sich das Land in mehrfacher Hinsicht von anderen von Deutschland beherrschten Gebieten. Dazu zählen die Überschaubarkeit des Territoriums, die Kleinheit der Bevölkerung und ihre soziale Zusammensetzung, ein relativer Wohlstand vor dem Krieg, der Beginn einer positiven Integration der Arbeiter in die Gesamtgesellschaft und nicht zuletzt ein ausgeprägtes Nationalbewusstsein. Noch in anderer Hinsicht ist Luxemburg ein Sonderfall: Nirgendwo sonst in Europa versuchten die Besatzer während des Krieges einen ganzen Staat, der seine Unabhängigkeit behalten wollte, in das „Dritte Reich" zu integrieren. Auf der anderen Seite entsprechen die Strukturen und die Praxis dem Paradigma nationalsozialistischer Herrschaft im „Dritten Reich". Das polykratische Nebeneinander verschiedener Machtzentren (Gauleitung, Zivilverwaltung, Deutsche Arbeitsfront, Stillhaltekommissar, Wirtschaftsverbände) sind typische Ausprägungen der „neuen Staatlichkeit". Im Laufe der vierjährigen Besatzungszeit bildeten sich neue Herrschaftsstrukturen, die durch ihr Neben- und Miteinander eine große Dynamik und Effizienz aufwiesen. Die Formen „neuer Staatlichkeit" trugen wesentlich zur Stabilisierung des Regimes bei, das sich trotz Ablehnung und Widerstand so lange halten konnte.

Quellenverzeichnis

1. Archive

1.1. Archives Nationales Luxembourg (ANLux)

1.1.1. Bestand *Aciéries Réunies Burbach-Eich-Dudelange* (ARBED)

ARBED Zentralverwaltung

- ANLux ARBED Administration centrale AC-CI-55
- ANLux ARBED Administration centrale AC-CI 251
- ANLux ARBED Administration centrale AC-CI 253
- ANLux ARBED Zentralverwaltung 21
- ANLux ARBED Zentralverwaltung 23-12a
- ANLux ARBED Zentralverwaltung 28-20
- ANLux ARBED Zentralverwaltung 43-26
- ANLux ARBED Zentralverwaltung 43/28b

ARBED Abteilung Belval

- ANLux ARBED Belval 09409
- ANLux ARBED Belval 09410
- ANLux ARBED Belval 14429
- ANLux ARBED Belval 14433
- ANLux ARBED Belval 14435
- ANLux ARBED Belval 14449
- ANLux ARBED Belval 14451
- ANLux ARBED Belval 14454

ARBED Abteilung Schifflingen

- ANLux ARBED Schifflange 04-0019
- ANLux ARBED Schifflange 14827
- ANLux ARBED Schifflange AES-U1-104

ARBED Verschiedenes

- ANLux ARBED o.S. [carton 294]

1.1.2. Bestand *Chef der Zivilverwaltung* (CdZ)

- ANLux CdZ A-1498
- ANLux CdZ A-2593-04
- ANLux CdZ A-4759
- ANLux CdZ A-6527-04
- ANLux CdZ A-1-30:291
- ANLux CdZ A-1-30:310 (= A-3574)
- ANLux CdZ A-1-30:342 (= A-3606)
- ANLux CdZ A-1-30:561 (= A-3825)
- ANLux CdZ A-1-30:835 (= A-4101)
- ANLux CdZ A-1-30:841
- ANLux CdZ A-1-30:843 (= A-4109-01/02)
- ANLux CdZ A-1-30:857 (= A-4126)
- ANLux CdZ A-1-30:861 (= A-4130)
- ANLux CdZ A-3-1:018
- ANLux CdZ A-3-1:128
- ANLux CdZ A-3-4:001
- ANLux CdZ A-3-4:503
- ANLux CdZ A-3-12:002
- ANLux CdZ A-3-12:008
- ANLux CdZ A-3-12:012
- ANLux CdZ A-3-12:017
- ANLux CdZ A-3-12:018
- ANLux CdZ A-3-12:020
- ANLux CdZ A-3-12:021
- ANLux CdZ A-4-1:020
- ANLux CdZ A-4-1:506
- ANLux CdZ A-4-1:046
- ANLux CdZ A-5-1:508

- ANLux CdZ D-4:001 (DAF-Kreiswaltung Grevenmacher)
- ANLux CdZ D-4:002 (DAF-Kreiswaltung Luxemburg)
- ANLux CdZ D-4:003 (DAF-Kreiswaltung Luxemburg)
- ANLux CdZ D-4:004 (DAF-Kreiswaltung Luxemburg/ Ortswaltung Merl)
- ANLux CdZ D-4:005 (DAF-Kreiswaltung Luxemburg/ Ortswaltung Merl)

- ANLux CdZ D-4:006 (DAF-Kreiswaltung Luxemburg/ Ortswaltung Merl)
- ANLux CdZ D-4:008 (DAF-Kreiswaltung Luxemburg/ Ortswaltung Merl)
- ANLux CdZ D-4:009 (DAF-Kreiswaltung Luxemburg/ Ortswaltung Merl)
- ANLux CdZ D-4:010 (DAF-Kreiswaltung Luxemburg/ Ortswaltung Merl)
- ANLux CdZ D-4:012 (DAF-Kreiswaltung Diekirch)
- ANLux CdZ D-4:013 (DAF-Kreiswaltung Diekirch)

- ANLux CdZ F-6:519 (NSV)

- ANLux CdZ g-1:538 ("Kreisleitung Diekirch: DAF-Mannschaftsführung")

1.1.3. Bestand *SD-Berichte* (SD)

- ANLux SD 021
- ANLux SD 024
- ANLux SD 026
- ANLux SD 027
- ANLux SD 028
- ANLux SD 030
- ANLux SD 032
- ANLux SD 033

1.1.4. Bestand *Stillhaltekommissar* (Stiko)

- ANLux CdZ Stiko B-11:515
- ANLux CdZ Stiko B-11:521
- ANLux CdZ Stiko B-11:523
- ANLux CdZ Stiko B-11:526
- ANLux CdZ Stiko B-11:531
- ANLux CdZ Stiko B-11:534
- ANLux CdZ Stiko B-11:552
- ANLux CdZ Stiko B-11:553
- ANLux CdZ Stiko B-11:579
- ANLux CdZ Stiko B-11:581
- ANLux CdZ Stiko B-11:590
- ANLux CdZ Stiko B-11:669
- ANLux CdZ Stiko B-11:681

- ANLux CdZ Stiko B-11:693
- ANLux CdZ Stiko B-11:764
- ANLux CdZ Stiko B-11:765

1.1.5. Bestand *Affaires politiques* (AP)

- ANLux AP 6425a Nicolas Boes
- ANLux AP 1376 Willy Colbert
- ANLux AP 1784 Jean Comes
- ANLux AP 6324 Charles Marie Joseph Dedden
- ANLux AP Jean-Pierre Dichter
- ANLux AP 910 Jean Marius Armand Didesch
- ANLux AP K108 Emile Kalmes
- ANLux AP 3878 Othon Kanis
- ANLux AP 4984 Adolphe Klepper
- ANLux AP 820 Félix Henri Lecuit
- ANLux AP 3014 Alfred Metz
- ANLux AP 4701 Aloyse Meyer
- ANLux AP 334-48 Konrad Olinger
- ANLux AP 35 Jean Parmentier (= Palmer)
- ANLux AP 75 Guillaume Pfirrmann
- ANLux AP 668 (R45) Jean-Pierre Reuter
- ANLux AP 5425 Jean-Pierre Reuter
- ANLux AP 2780 Chrétien Rob
- ANLux AP 4846 Jean-Pierre Robert
- ANLux AP 2403 Jules Schaack
- ANLux AP 14 (S-244) Nicolas Schackmann
- ANLux AP 2064 Mathias Schäfer
- ANLux AP 1525 Jacques Joseph Schintgen
- ANLux AP 1589 Marcel Schintgen
- ANLux AP 468 Pierre Schockmel
- ANLux AP 546 Aloyse Schumacher
- ANLux AP Lux. V-14 Marcel van Divoet (= Vandivoet).
- ANLux AP 9338 Léon-Pierre Wagner
- ANLux AP 43 Paul Wagner
- ANLux AP 7844 (W87) Paul Weinstein

1.1.6. Bestand *Criminels de guerre* (CdG)

- ANLux CdG 002 (Josef Ackermann, Wilhelm Brauckmann, Ernst Neugebauer)
- ANLux CdG 003 (Wilhelm Diehl)
- ANLux CdG 99 (Franz Georg Schmidt)
- ANLux CdG 160 (Ludwig Grohé)
- ANLux CdG 163 (Franz Georg Schmidt)
- ANLux CdG A27 (Nikolaus Simmer)

1.1.7. Andere Bestände

- ANLux Ministère des Finances FI 781
- ANLux Instruction publique IP 0017
- ANLux Ministère des Affaires étrangères AE 2940
- ANLux Office des Séquestres OdS 131
- ANLux Office des Séquestres OdS 321
- ANLux Office des Séquestres OdS 807
- ANLux Épuration EPU 094
- ANLux Épuration EPU 131
- ANLux Épuration EPU 193
- ANLux Justice Jt 022
- ANLux Justice Jt 211
- ANLux Justice Jt 226
- ANLux Documentation II GM 86 (Grève 1942. Témoignage Jos Donven)

1.2. Archives de la Ville de Luxembourg (AVL)

- AVL LU 22.1-1403
- AVL LU 60.1.1.403
- AVL LU 11 NS 187
- AVL LU 11 NS 221
- AVL LU 11 NS 227
- AVL LU 11 NS 228
- AVL LU 11 NS 229
- AVL LU 11 NS 269
- AVL LU 11 NS 273

1.3. Archive des *Onofhängege Gewerkschaftsbond Lëtzebuerg* (OGBL)

- Archives OGBL o.S. (Mappe „Düdelingen“)
- Archives OGBL o.S. (Mappe „Emile Jacoby“)
- Archives OGBL o.S. (Mappe „Genehmigungen von Vorstandssitzungen“)
- Archives OGBL o.S. (Mappe „Geschäftsführung 52/16 Kopstal“).
- Archives OGBL o.S. (Mappe „Occupation“)
- Archives OGBL o.S. (Mappe „Grube 9. Differdingen“)
- Archives OGBL o.S. (Mappe „Steinbruch Peter Flammang, Koerich“)

1.4. Archives Musée national de la Résistance (AMnR)

Bildersammlung AMnR:

- AMnR D-naz-of 0010
- AMnR D-naz-of 0507
- AMnR D-naz-of 0508
- AMnR D-naz-of 0511
- AMnR D-naz-of 4124
- AMnR D-naz-of 4121
- AMnR D-naz-of 4122
- AMnR D-naz-of 4125
- AMnR D-naz-of 4212
- AMnR D-naz-of 4308
- AMnR D-naz-of 4309
- AMnR D-naz-of 4310
- AMnR D-naz-of 4311
- AMnR D-naz-of 4312
- AMnR D-naz-of 4314(2)
- AMnR D-naz-of 4315
- AMnR D-naz-of 4316
- AMnR D-naz-of 4317
- AMnR D-naz-of 4320
- AMnR D-naz-of 4321
- AMnR D-naz-of 4322
- AMnR D-naz-of 4331

- AMnR D-naz-of 4332
- AMnR D-naz-of 4333
- AMnR D-naz-of 5008

1.5. Archives eh. Centre de documentation et de recherche sur la Résistance (CDRR)

- Archives CDRR Bildersammlung Collection Fey

1.6. Archives communales de Sanem

- AC Sanem 825/1944

1.7. Bundesarchiv Berlin (BA)

- BA NS 5-VI/26551
- BA NS 5-VI/26552
- BA NS 5-VI/26561

2. Zeitungen und Periodika

2.1. Luxemburger Vorkriegs- bzw. Nachkriegszeitungen

- Escher Tageblatt (bis Mai 1940, ab September 1944 bis heute)
- Luxemburger Wort (bis Mai 1940, ab September 1944 bis heute)
- Luxemburger Zeitung (bis Mai 1940)
- Obermosel-Zeitung (bis Mai 1940, ab Juli 1945 bis 1948)
- D'Unio'n (ab Oktober 1944 bis 1948)
- Volksstimme (bis Februar 1940, 1944 bis 1946)

2.2. NS-Tageszeitungen

- Escher Tageblatt (1941-1944)
- Luxemburger Wort (1940-1944)
- Luxemburger Zeitung (1940-1941, dann eingestellt)
- Nationalblatt, Ausgabe Trier (1930-1945)
- Nationalblatt, Ausgabe Luxemburg (1940-1944)
- Obermosel-Zeitung (1940-1941, dann eingestellt bis 1945)

2.3. Andere Periodika

- ARBED. Werkzeitschrift der Betriebsgemeinschaft der ARBED (1944)
- ARBED Sozialinformationsdienst der ARBED (1943-1944)
- De Mitock: E Wocheblad fir Jux an Zodi (bis 1940)
- Fédération des industriels luxembourgeois (FEDIL): Écho de l'Industrie (bis 1940, dann eingestellt bis 1944)
- Mitteilungen des Luxemburger Buchdruckervereins (bis 1941, dann eingestellt bis 1944)
- Moselland. Kulturpolitische Blätter (1941-1944)
- Sozialer Fortschritt. Organ des allgemeinen Luxemburger christlichen Arbeitsbundes (bis 1940, dann eingestellt bis 1944)

2.4. Amtliche und halbamtliche Periodika

- Annuaire officiel du Grand-Duché de Luxembourg 31 (1940), Luxemburg 1939
- Chef der Zivilverwaltung in Luxemburg, Verordnungsblatt für Luxemburg (1940-1944)
- Mémorial du Grand-Duché du Luxembourg (Amtsblatt des Großherzogtums Luxemburg, erscheint bis 1940, dann in Luxemburg eingestellt bis 1944)
- Stillhaltekommissar für das Organisationswesen, Mitteilungsblatt (1941-1942)

3. Quellensammlungen und gedruckte Quellen

Boberach, Heinz (Hg.), Regimekritik, Widerstand und Verfolgung in Deutschland und den besetzten Gebieten. Meldungen und Berichte aus dem Geheimen Staatspolizeiamt, dem SD-Hauptamt der SS und dem Reichssicherheitshauptamt 1933-1945, Microfiche-Edition, München 2003.

Brommer, Peter (Hg.), Die Partei hört mit. Bd. 2: Lageberichte und andere Meldungen des Sicherheitsdienstes der SS, der Gestapo und sonstiger Parteidienststellen im Gau Moselland 1941-1945. Teil 1: 1941-1943 und Teil 2: 1944-1945, Koblenz 1992 (= Veröffentlichungen der Landesarchivverwaltung Rheinland-Pfalz 58,1-2).

Krantz, Robert, Luxemburgs Kinder unter dem Nazi-Regime 1940-1944. Ein Dokumentarbericht. Bd. 1: Der Versuch einer ideologischen Erziehung, Luxemburg 1997.

Ders., Luxemburgs Kinder unter dem Nazi-Regime 1940-1944. Ein Dokumentarbericht. Bd. 2: Erziehung zum Krieg, Luxemburg 2001.

Ders., Luxemburgs Kinder unter dem Nazi-Regime 1940-1944. Ein Dokumentarbericht. Bd. 3: „Auslese“ für ein tausendjähriges Reich, Luxemburg 2002.

Moll, Martin (Hg.), „Führer-Erlasse“ 1939-1945. Edition sämtlicher überlieferter, nicht im Reichsgesetzblatt abgedruckter, von Hitler während des Zweiten Weltkrieges schriftlich erteilter Direktiven aus den Bereichen Staat, Partei, Wirtschaft, Besatzungspolitik und Militärverwaltung, Stuttgart 1997.

Raths, Aloyse, SD-Berichte über Luxemburg: Meldungen aus Luxemburg vom 18.6.1943, abgedr. in: Rappel 39 (1984), S. 41f.

Service central de la statistique et des études économiques (STATEC), Statistiques historiques 1839-1989, Luxemburg 1990.

Spang, Paul, Von der Zauberflöte zum Standgericht. Naziplakate in Luxemburg 1940-1944, Luxemburg, 2. Auflage 1992.

Struye, Paul/Jacquemyns, Guillaume, La Belgique sous l'Occupation allemande (1940-1944). Édition préfacée et annotée par José Gotowitch, Bruxelles 2002 (= Histoires contemporaines).

4. Zeitgenössische Publikationen

4.1. Publikationen aus und über Luxemburg (bis Mai 1940)

Arbeiterkammer Luxemburg, Die Kollektiv-Verträge im Großherzogtum Luxemburg, Remich 1938.

Becker, Lily, Die Ausnutzung der Freiheit, Esch 1930 (= Bibliothek der Gemuso VIII).

Deuxième Grand Prix Opera Nazionale Dopolavoro, Esch-sur-Alzette 1935.

Genossenschaft für Arbeiterbildung und Sozialpolitik (GEMUSO), I. Der Nationalrat der Arbeit II. Die ersten Lohnabkommen III. Kollektiv-Verträge im Bergbau IV. Kollektiv-Vertrag für die Hüttenindustrie, Esch 1936 (= Bibliothek der Gemuso 10).

Genossenschaft für Arbeiterbildung und Sozialpolitik (GEMUSO), I. Der gewerkschaftliche Kampf. II. Die Pflicht zur Demokratie. III. Der Faschismus vernichtet die Gewerkschaften. IV. Gewerkschaften u. Demokratie. V. Unsere Richtlinien, Esch-Alzette 1937 (= Bibliothek der GEMUSO 13).

Ders., Luxemburger Wirtschaftspolitik 1937. Separatdruck aus der „Luxemburger Zeitung“ 1937/38, Luxemburg 1938.

Ders., Luxemburger Wirtschaftspolitik 1938. Separatdruck aus der „Luxemburger Zeitung“, Luxemburg 1939.

Ders., Luxemburger Wirtschaftspolitik 1939. Separatdruck aus der „Luxemburger Zeitung“ 1939/40, Luxemburg 1940.

Kayser, Armand, La politique sociale en Luxembourg, in: Akademiker-Verein (Hg.), Luxemburgum. Numéro spécial d'Academia. Revue de l'Association Catholique des Étudiants luxembourgeois, édité à l'occasion du XIIIe Congrès de Pax Romana à Luxembourg, Luxemburg 1933, S. 82–88.

Lukas, J., Le mouvement syndical luxembourgeois, in: Revue syndicale suisse: organe de l'Union syndicale suisse 26 (1934), S. 21–25.

Volksbildungsverein Esch/ Association d'Éducation Populaire Esch-Alzette. Jahrbuch 1937. Annuaire 1937, Esch-Alzette 1937.

Werveke, Gust. van, Unsere Sozial-Politik 1930-1939, o.O. 1939.

Zentralausschuss der Krankenkassen, Die Sozial-Versicherung im Großherzogtum Luxemburg. Die hauptsächlichsten Bestimmungen der Krankenversicherung, Esch-Alzette 1939.

4.2. NS-Publikationen aus und über Luxemburg

Aufbau- und Verwaltungsbericht der Allgemeinen Ortskrankenkassen Luxemburgs, Luxemburg 1942. [hekt. Exemplar in der Bibliothèque nationale Luxembourg BNL LA 521]

Der Aufbau der nationalsozialistischen Volkswohlfahrt. Leistungsbericht zur Zehnjahresfeier des Gaues Moselland: zehn Jahre NSDAP. Gau Moselland, 1941.

Deutsche Arbeitsfront Gauwaltung Moselland: Merkblatt vom 16.6.1941 an alle Luxemburger DAF-Mitglieder, o.O. 1941. [Exemplar in der Bibliothèque nationale Luxembourg BNL LA 5974].

Deutsche Arbeitsfront, Die Aufgaben des Betriebsobmanns der DAF. Nur für den Dienstgebrauch. Bearbeitet und zusammengestellt von Pg. August Christian, Luxemburg [1941].

Gauß, Paul (Hg.): Das Buch vom deutschen Volkstum. Wesen – Lebensraum – Schicksal, Leipzig 1935.

Muth, Frid/ Ahrens, Herbert, Moselland. Ein Bildbericht. Mit einem Geleitwort von Gauleiter Gustav Simon, München 1942.

Muth, Friedrich/ Muth, Lilo /Schraudenbach, Kurt, Stahl aus Luxemburg. Ein Bildbuch der 'ARBED', München 1942.

Muth, Lilo (Hg.), Kreuzweg nach Frankreich. Luxemburger berichten über ihre Erlebnisse auf Landstraßen und in Gefängnissen, Luxemburg 1941.

Oberkommando der Wehrmacht (Hg.), Der Westen. Sonderlehrgang. 1. Teil. Soldatenbriefe zur Berufsförderung, Breslau 1941.

Ortsgruppe der NSDAP Ettelbrück, Gebietliche und vertikale Organisation der Ortsgruppe Ettelbrück, Ettelbrück 1942.

Pflug, Fritz, Die internationale ARBED, in: Der deutsche Volkswirt Nr. 47 (23.8.1940).

Reichert, Jakob-Wilhelm, Die Bedeutung der lothringisch-luxemburgischen Erzbecken. Vertraulicher Bericht der Wirtschaftsgruppe Eisen schaffende Industrie, Berlin 1940.

Rundschreiben DAF Gauwaltung Moselland am 16. Juni 1941 an alle Betriebe Luxemburgs, o.O., 1941. [Exemplar in der Bibliothèque nationale Luxembourg BNL LA 6433].

Ruth, Paul Hermann, Luxemburg, Breslau 1942.

Schmithüsen, Josef, Der Gau Moselland, in: Geographischer Anzeiger 42 (1941), S. 431–432.

Ders., Das Luxemburger Land. Landesnatur, Volkstum und bäuerliche Wirtschaft, Leipzig 1940 (= Forschungen zur deutschen Landeskunde 34).

Schönheit des Wohnens: ein Bildwerk über deutsche Wohnmöbel, hg. in Zusammenarbeit mit d. Reichsheimstättenamt der Deutschen Arbeitsfront, Freiburg 1941.

Simon, Otto, Luxemburgs Schicksal und Heimkehr, in: Spatz, Otto H. (Hg.), Wiedergewonnenes deutsches Land in Danzig-Westpreußen/ Ostpreußen/ Wartheland/ Oberschlesien/ Elsass/ Lothringen/ Luxemburg/ Eupen-Malmedy, München/ Berlin 1941, S. 217–230.

Taschen-Weltatlas der Luftwaffe, Leipzig 1942.

Unterlagen zu einem Bericht über die Entwicklung der Parteipresse im Gau Moselland in dem Jahrzehnt 1933-1943, o.O., o.J.

Volksbildungsstätte Luxemburg, Arbeitsplan Winter 1941-42, Luxemburg 1941.

Volksbildungsstätte Luxemburg, Arbeitsplan Winterhalbjahr 1943-44, Luxemburg 1943.

Volksdeutsche Bewegung, 1. Kreistag der Volksdeutschen Bewegung in Diekirch vom 20. bis 28. Juni 1942, Luxemburg 1942.

Volz, Hans (Bearb.), Der Kampf gegen den Westen 1940. Teil 2, Berlin 1943 (= Dokumente der deutschen Politik. Reihe: Das Reich Adolf Hitlers Bd. 8.2).

4.3. Nachkriegspublikationen

Hemmer, Carlo, L'économie du Grand-Duché de Luxembourg. 1re partie: Les conditions naturelles et sociales. La production primaire, Luxemburg 1948.

Krier, Antoine, Ein neues Luxemburg in einer neuen Welt: Plan für soziale Sicherheit, o.O. 1945.

Krier, Pierre, Commémoration d'un grand fait historique. La grève glorieuse de 1942, Remich 1945 (= Conférence nationale du Travail Nr. 7).

Ders., Der soziale Wiederaufbau im Großherzogtum Luxemburg, o.O, o.J. [1946].

Ders., La première étape de la reconstruction sociale, Luxemburg 1945 (= Conférence nationale du travail Nr. 2).

Ders., La reconstruction sociale du Grand-Duché de Luxembourg, Luxemburg 1945 (= Conférence nationale du travail Nr. 1).

Ders., La situation sociale au Luxembourg fin janvier 1945, Luxemburg 1945 (= Conférence nationale du travail Nr. 3).

4.4. Verschiedenes

Broglio, Nino, Erfahrungen mit Hochfrequenzöfen, Düsseldorf 1937.

Illustrierter Führer durch das Großherzogtum Luxemburg, Leipzig, 3. Auflage, 1934 (= Woerl's Reisehandbücher).

Naval Intelligence Division, Luxembourg, o.O. 1944 (= Geographical Handbook Series).

Verordnung vom 1. Oktober 1942 zur Regelung der Arbeitsbedingungen der im Baugewerbe beschäftigten gewerblichen Gefolgschaftsmitglieder. Sonderdruck aus dem Verordnungsblatt für Luxemburg Nr. 67 vom 21. November 1942, Esch-Alzette 1942.

5. Unveröffentlichte Quellen

Notizbuch von Michel Wolmering aus Lintgen (Privatbesitz der Familie).

Literaturverzeichnis

1. Vereinspublikationen, Festschriften

Aciéries réunies Burbach Eich Dudelange (ARBED), Dudelange. L'usine centenaire, Luxemburg 1982.

Archives de l'État Luxembourg, Luxembourg-URSS (Russie). Pages de l'histoire 1867-1984, Luxemburg 1985.

Castegnaro, John, Représentation des travailleurs, dialogue social et paix sociale, in: Le Conseil d'État face à l'évolution de la société luxembourgeoise, Luxemburg 2006, S. 187–193.

Chomé, Félix, ARBED. Un demi-siècle d'histoire industrielle 1911-1964, Luxemburg 1972.

Le Conseil d'État, gardien de la Constitution et des Droits et Libertés fondamentaux, Luxemburg 2006.

De' Dikrecher Stadmusek. Am Streit mat der SA an NSDAP, Esch-sur-Alzette [1945].

Differdange. 100 ans d'histoire(s), Differdingen 2007.

Fédération luxembourgeoise des Travailleurs du Livre, 90 Jahre Luxemburger Bucharbeiterverband, Remich 1954.

Fédération nationale de la mutualité luxembourgeoise, 1927-1974, Luxemburg 1974.

Fédération nationale des cheminots, travailleurs du transport, fonctionnaires et employés luxembourgeois, 1909-1984. 75 Joer Landesverband, Luxemburg 1984.

Klein, Arthur/ Stoffel, Marc, Chronik des Sterbekassenvereins der Lokomotivführer und Heizer Petingen 1904-2004, Petingen 2004.

Les Insoumis, Streik September 1942. D'Léierjongen vun ARBED-Belval, Luxemburg 1992.

Lëtzeburger Arbechter-Verband (LAV), 30 Joer Verband Dideleng. Fuendel-Aweihong den 15. Juni 1947, Düdelingen 1947.

Lëtzeburger Arbechter-Verband (LAV), 50 Jahre Verband 1916-1966, Esch 1966.

Lëtzebuerger Chrëschtleche Gewerkschafts-Bond (LCGB), 1920-1970. Christliche Gewerkschaften Sektion Esch, Esch 1970.

Lëtzebuerger Chrëschtleche Gewerkschafts-Bond (LCGB), 50 Joer LCGB. Brochure du cinquentenaire, Luxemburg 1971.

Lëtzebuerger Chrëschtleche Gewerkschafts-Bond (LCGB), 75 Joër chrëschtlech Gewerkschaftsbewegung, Luxemburg 1999.

Office d'Information, d'Grève vun 1942, Luxemburg 1945.

Schwinninger, Camille/ Schmit, Jos., 60 Jahre LCGB-Sektion Echternach, in: LCGB Eechternoach, 60 Joer LCGB Eechternach, Echternach 1996, S. 29–50.

Spang, Paul, Un siècle de hauts-fourneaux à Rodange 1872-1972, Rodingen 1972.

Wagner, Léon, Die Gründung der christlichen Gewerkschaften, in: 75 Joër chrëschtlech Gewerkschaftsbewegung, S. 59–79.

Weber, Jean, Das Mutualitätswesen nach dem Kriege, in: Fédération nationale de la mutualité luxembourgeoise, 1927-1974, Luxemburg 1974, S. 52ff.

Weber, Jean, Die Mutualität in den Kriegsjahren, in: Fédération nationale de la mutualité luxembourgeoise, 1927-1974, Luxemburg 1974, S. 48f.

Zehn Jahre Konsumgenossenschaft „Le Syndicaliste" Düdelingen 1919-1929, Esch 1930.

2. Erinnerungsliteratur und Oral History

Arbeiterkammer Luxemburg. Tätigkeitsbericht für die Periode von 1939 bis 1948, Remich 1949.

Bastian, Marie, L'usine Arbed-Esch et son personnel sous l'occupation allemande. Mémoire dédié à nos martyrs et héros, o.O., o.J. [1947].

Beckius, Léon, Vergessen? Verzeihen? Schicksalswege von Refraktären und Flüchtlingen 1940-1945, Luxemburg 2011.

Caregari, Laure/Pagliarini, Luciano, Lieux de travail/ Orte der Arbeit. Gens au travail/ Menschen der Arbeit. Histoire(s) orale(s) dans bassin ferrifère lorrain-luxembourgeois, 1977-2013/ Oral History im Eisenerzbecken von Luxemburg und Lothringen, 1977-2013, Luxemburg 2014 (= Mutations. Mémoires et perspectives du Bassin minier 7).

Delvaux, Franz, Luxemburg im zweiten Weltkrieg 1940-1944. Ein Kriegstagebuch, Luxemburg 1945.

Dolibois, John E., Patterns of Circles. An Ambassador's Story, Kent 1989.

Emmendörfer, Heinrich, Das Buch Trotzdem. Bilanz aus „1000" Jahren, Regensburg 1971.

Even, Georges, Frauen erleben den Krieg, Luxemburg 2007.

Feil, Raymond, Ich war der Exekutierte. Erlebnisbericht eines Luxemburger Zwangsrekrutierten, Luxemburg 1984.

Forman, Eugène, D'Ro't Schnappech. Krichs- a Friddens-Geschichtercher, Luxemburg 1946.

Franzen, Mathias, Erënnerungen aus mengem Liewen, in: Deemols am Minett. Dräi Familljegeschichten, Itzig 2008 (= Erlieft a verzielt 4), S. 17–67.

Haas, Jängy, No Lëtzebuerg déportéiert, in: Rappel 34(1979), S. 110–112.

Hansen, Jean, Streik auf der Schifflinger Schmelz, in: LW Nr. 199 (29./30.8.1992).

Heiderscheid, André, Zwangsrekrutiert. Das deutsche Verbrechen an der Luxemburger Jugend. Ein Buch wider das Vergessen, Luxemburg 2000.

Hurt, Jean-Paul, E Liewensulaf. Biographesch-Historesches 1937-1967, Esch-Sauer 2016.

In memoriam Pierre Krier, Esch-Alzette 1947.

Kerschen, Nicolas, Die Sparkassen vor und während des zweiten Weltkrieges, Luxemburg 1950 (= Separatabdruck des „Letzeburger Journal").

Koch-Kent, Henri, Der parteilose Einzelgänger, Luxemburg 1990.

Kohl, Nicolas, in: Deemols am Minett. Dräi Familljegeschichten, Itzig 2008 (= Erlieft a verzielt 4), S. 91–207.

Krier, Antoine, Vor und nach dem 10. Mai 1940. Ein Syndikalist berichtet, Esch-Alzette 1975.

Krier, Tony, Luxembourg-Martyr 1940-1945. Tome I, Luxemburg 1945.

Muller, Georges Erasme, Faut-il réviser l'histoire de la dernière guerre?, in: Lëtzebuerger Land Nr. 12 (24.3.2006).

Müller, Paul, Die 200 Tage. Geschichte einer Evakuierung. Illustrationen von Albert Kaiser, Esch 1945.

Nilles, Léon N. (1922-2006), Unser Gruß ist Heil Hitler! in: Léon N. Nilles, Die von Seite 3, Luxemburg 1985, S. 210–211.

Raths, Aloyse, Ostarbeiter in Luxemburg, in: Rappel 56 (2001), S. 543–559.

Ders., Ostarbeiter in Luxemburg, in: Rappel 57 (2002), S. 31–36, 177–185, 301–309, 507–509.

Ders., Ostarbeiter in Luxemburg, in: Rappel 58 (2003), S. 77–91, 419–430.

Ders., Ostarbeiter in Luxemburg, in: Rappel 59 (2004), S. 77–78.

Schlechter, Pe'l, De Pol muss an de Krich. Erënnerongen an Niewesaachen, Luxemburg 2012.

Staar, Marcel, Waffenträger wider Willen, Luxemburg 1987.

Théato, Fernand, Erinnerungen an den zweiten Weltkrieg: Die Uniform- und Mützenfabrik „ALMI" in Pfaffenthal, in: 135 Joër Sang a Klang Pafendall, Luxemburg 1992, S. 249–252.

Weber, Paul, Geschichte Luxemburgs im Zweiten Weltkrieg, Luxemburg 1946.

3. Lexika, Nachschlagewerke, Forschungsberichte und andere Hilfsmittel

Alary, Éric/Vergez-Chaignon, Bénédicte, Dictionnaire de la France sous l'Occupation, Paris 2011.

Artuso, Vincent, La Collaboration dans l'historiographie luxembourgeoise, in: Hémecht 69 (2017), S. 335–346.

Benz, Wolfgang/ Graml, Hermann/ Weiß, Hermann, Enzyklopädie des Nationalsozialismus, München 1997.

Bodry, Alex/Fayot, Ben, 120 Jor sozialistesch Deputéiert an der Lëtzebuerger Chamber (1896-2016). Dictionnaire biographique des députés socialistes à la Chambre des Députés, Luxemburg 2016.

Fayot, Ben u.a., 100 Joër sozialistesch Deputéiert an der lëtzebuerger Châmber. Dictionnaire biographique des députés socialistes à la Chambres des députés, Luxemburg 1997.

Hilgert, Romain, Zeitungen in Luxemburg 1704-2004, Luxemburg 2004.

Klee, Ernst, Das Personenlexikon zum Dritten Reich. Wer war was vor und nach 1945, Frankfurt 2003.

Lemmes, Fabian, „Ausländereinsatz“ und Zwangsarbeit im Ersten und Zweiten Weltkrieg: neuere Forschungen und Ansätze, in: Archiv für Sozialgeschichte 50 (2010), S. 395–444.

Ligue luxembourgeoise des prisonniers et déportés politiques (LPPD), Livre d'or des camps. KZ an Ëmsiidlong, Luxemburg 1990, zugleich: Rappel 45 (1990), Nr. 5/6.

Maier, Franz, Biographisches Organisationshandbuch der NSDAP und ihrer Gliederungen im Gebiet des heutigen Landes Rheinland-Pfalz, Mainz 2009 (= Veröffentlichungen der Kommission des Landtages für die Geschichte des Landes Rheinland-Pfalz 28).

Rademacher, Michael, Handbuch der NSDAP-Gaue 1928-1945. Die Amtsträger der NSDAP und ihrer Organisationen auf Gau- und Kreisebene in Deutschland und Österreich sowie in den Reichsgauen Danzig-Westpreußen, Sudetenland und Wartheland, Vechta 2000.

Regener, Gilles, Le fonds ARBED déposé aux Archives nationales, in: Hémecht. Zeitschrift für Luxemburger Geschichte 64 (2012), S. 57–62.

Der Reichsorganisationsleiter der NSDAP, Organisationshandbuch der NSDAP, München, 5. Auflage, 1938.

Schlag nach! Wissenswerte Tatsachen aus allen Gebieten, Leipzig, 2. Auflage, 1939.

Schmitz-Berning, Cornelia, Vokabular des Nationalsozialismus, 2. durchgesehene und überarbeitete Auflage, Berlin/ New York 2007.

Thomas, Adrien, Une mosaïque incomplète. La littérature sur le syndicalisme et les relations professionnelles au Luxembourg, in: Laure Caregari u.a. (Hgg.), Histoire industrielle – Bilan & Perspectives. Actes des 4e Assises de l'historiographie luxembourgeoise, Sonderheft Hémecht. Zeitschrift für Luxemburger Geschichte 64 (2012), S. 133–153.

Der Volks-Brockhaus. Deutsches Sach- und Sprachwörterbuch für Schule und Haus, Leipzig, 9. Auflage, 1941.

Weiß, Hermann (Hg.), Biographisches Lexikon zum Dritten Reich, Frankfurt 1998.

4. Forschungsliteratur

Abelshauser, Werner, Rüstungsschmiede der Nation? Der Kruppkonzern im Dritten Reich und in der Nachkriegszeit 1933–1951, in: Gall, Lothar (Hg.): Krupp im 20. Jahrhundert. Die Geschichte des Unternehmens vom Ersten Weltkrieg bis zur Gründung der Stiftung, Berlin 2002, S. 267–472.

Adam, Ferdy, Paul Zahlen, Relations sociales, droit du travail et salaires: intérêts économiques et paix sociale, in: Weides, Robert (Hg.), L'économie luxembourgeoise au 20e siècle, S. 152–167.

Archives Nationales de Luxembourg, Collaboration, nazification? Le cas du Luxembourg à la lumière des situations française, belge et néerlandaise: Actes du colloque international, Luxemburg 2008.

Archives Nationales de Luxembourg, Feierrout. Le dernier siècle de la sidérurgie luxembourgeoise, Luxemburg 2011.

Artuso, Vincent, La collaboration au Luxembourg: un cas unique en son genre, in: Forum für Politik, Gesellschaft und Kultur 278 (2008), S. 52–54.

Ders., La collaboration au Luxembourg durant la Seconde Guerre mondiale (1940-1945): accommodation, adaptation, assimilation, Frankfurt 2013 (= Luxemburg Studien 4).

Ders., Dépasser le tabou de la Résistance, in: Forum für Politik, Gesellschaft und Kultur 373 (2017), S. 50–52.

Ders., Double jeu, in: Forum für Politik, Gesellschaft und Kultur 304 (2011), S. 26–28.

Ders., Un journal antifasciste au service du nazisme, in: Scuto, Denis/ Steichen, Yves/ Lesch, Paul (Hgg.), Radioscopie d'un journal, S. 163–172.

Azéma, Jean-Pierre/Wieviorka, Olivier, Vichy 1940-1944, Paris 1997.

Bader, Uwe/ Welter, Beate, Das SS-Sonderlager/ KZ Hinzert, in: Benz, Wolfgang/ Distel, Barbara (Hgg.), Der Ort des Terrors. Geschichte der nationalsozialistischen Konzentrationslager. Bd. 5: Hinzert, Auschwitz, Neuengamme, München 2007, S. 17–42.

Barra, Fernando Ricardo Baptista, Les "Ostarbeiter" dans la sidérurgie luxembourgeoise (1942-1945). Mémoire de maîtrise Université de Nancy II, Nancy 2004.

Ders., Les „Ostarbeiter" dans la sidérurgie luxembourgeoise (1942-1945), in: Charles Barthel/ Josée Kirps (Hgg.), Terres Rouges. Histoire de la sidérurgie luxembourgeoise, Bd. 1, Luxemburg 2009, S. 16–70.

Barthel, Charles, Au service de l'humanité. Histoire de la Croix-Rouge luxembourgeoise 1870-1914-2014, Luxembourg 2014.

Ders., Rezension zu Hans-Erich Volkmann, Luxemburg im Zeichen des Hakenkreuzes, in: Hémecht. Zeitschrift für Luxemburger Geschichte 63 (2011), S. 137–141.

Becker, Martin, Die Betriebs- und die Volksgemeinschaft als Grundlage des „neuen" NS-Arbeitsrechts. Arbeitsrechtsideologien im NS-Rechtssystem, in: Buggeln/ Wildt (Hgg.), Arbeit im Nationalsozialismus, S. 107–121.

Becker, Stephanie/ Studt, Christoph (Hgg.), „Und sie werden nicht mehr frei sein ihr ganzes Leben". Funktion und Stellenwert der NSDAP, ihrer Gliederungen und angeschlossenen Verbände im „Dritten Reich", Berlin 2012 (= Schriftenreihe der Forschungsgemeinschaft 20. Juli 1944 e.V. 16).

Best, Jürgen, Totalitärer Pluralismus: zu Franz L. Neumanns Analysen der politischen und rechtlichen Strukturen der NS-Herrschaft, Tübingen 1999 (= Beiträge zur Rechtsgeschichte des 20. Jahrhunderts 22).

Birchen, Marc, Die Firmenbeteiligungen der ARBED im Osteuropa der Nachkriegszeit: Luxemburger Wirtschaftsdiplomatie im Kalten Krieg, Frankfurt 2015 (= Luxemburg-Studien 7).

Blau, Lucien, Histoire de l'extrême-droite au Grand-Duché de Luxembourg au XXe siècle, Esch-sur-Alzette 1998.

Böhle, Ingo, Private Krankenversicherung (PKV) im Nationalsozialismus. Unternehmens- und sozialgeschichtliche Studie unter besonderer Berücksichtigung der Deutschen Krankenversicherung A.G. (DKV), Frankfurt 2003.

Ders., Die Volksfürsorge Lebensversicherungs AG – ein Unternehmen der Deutschen Arbeitsfront (DAF) im "Dritten Reich", in: Zeitschrift für Unternehmensgeschichte (ZUG), 1 (2000), S. 49–78.

Brechtken, Magnus, Die nationalsozialistische Herrschaft 1933-1939, Darmstadt, 2. Auflage, 2012.

Brüchert, Hedwig/ Matheus, Michael (Hgg.), Zwangsarbeit in Rheinland-Pfalz während des Zweiten Weltkriegs. Mainzer Kolloquium 2002, Stuttgart 2004 (= Geschichtliche Landeskunde 57).

Buchheim, Christoph, Der Mythos vom „Wohlleben". Der Lebensstandard der deutschen Zivilbevölkerung im Zweiten Weltkrieg, in: Vierteljahreshefte für Zeitgeschichte 58 (2010), S. 299–328.

Buchholz, Wolfhard, Die nationalsozialistische Gemeinschaft Kraft durch Freude. Freizeitgestaltung und Arbeiterschaft im Dritten Reich, München 1976.

Büchter, Karin/ Kipp, Martin, Werkzeitungen als Erziehungsinstrumente in der Weimarer Republik und im Nationalsozialismus, in: Zeitschrift für Berufs- und Wirtschaftspädagogik 98 (2002), S. 225–244.

Budderus, Michael, Totale Erziehung für den totalen Krieg: Hitlerjugend und nationalsozialistische Jugendpolitik, München 2003.

Buggeln, Marc/Wildt, Michael (Hgg.), Arbeit im Nationalsozialismus, München 2014.

Buggeln, Marc, Unfreie Arbeit im Nationalsozialismus. Begrifflichkeiten und Vergleichsaspekte zu den Arbeitsbedingungen im Deutschen Reich und in den besetzten Gebieten, in: Buggeln/ Wildt (Hgg.), Arbeit im Nationalsozialismus, S. 231–252.

Buschmann, Arno, Nationalsozialistische Weltanschauung und Gesetzgebung 1933-1945. Bd. II: Dokumentation einer Entwicklung, Wien/ New York 2000.

Cerf, Paul, De l'épuration au Grand-Duché de Luxembourg après la seconde guerre mondiale, Luxemburg 1980.

Ders., L'étoile juive au Luxembourg. Préface de Serge Klarsfeld, Luxemburg 1986.

Dahm, Volker, Kulturpolitischer Zentralismus und landschaftlich-lokale Kulturpflege im Dritten Reich, in: Möller, Horst/ Wirsching, Andreas/ Ziegler, Walter (Hgg.), Nationalsozialismus in der Region. Beiträge zur regionalen und lokalen Forschung und zum internationalen Vergleich, München 1996 (= Sondernummer der Schriftenreihe der Vierteljahreshefte für Zeitgeschichte), S. 123–138.

Dams, Carsten/ Stolle, Michael, Die Gestapo. Herrschaft und Terror im Dritten Reich, München 2008.

Dollar, Jacques, L'exode des Luxembourgeois sur les routes de France en mai 40, Luxemburg 1990.

Dostert, Paul, L'évacuation des populations luxembourgeoises en mai 1940 en France, in: Martens, Stefan/Prauser, Steffen (Hgg.), La guerre de 1940. Se battre, subir, se souvenir, Villeneuve d'Ascq 2014 (= Histoire et civilisations), S. 111–118.

Ders., Luxemburg: Widerstand während der deutschen Besatzungsherrschaft 1940-45, in: Überschär, Gerd R. (Hg.), Handbuch zum Widerstand gegen Nationalsozialismus und Faschismus in Europa 1933/39 bis 1945, Berlin/ New York 2011, S. 137–144.

Ders., Reichsarbeitsdienstlager in Luxemburg: Bettemburg, Hesperingen, Schüttringen, Mutfort, Rosport und Hollenfels, in: Von Chorsängern, Eisenbahnen und Kirchenglocken: Festschrift zum 150jährigen Bestehen der Chorale Schuttrange – Schëtter Gesank, o.O., 2013, S. 77–81.

Ders., WHW. Winterhilfswerk des Deutschen Volkes, in: Ons Stad Nr. 56 (1996), S. 20–21.

Ders., Zwischen Selbstbehauptung und nationaler Selbstaufgabe. Die deutsche Besatzungspolitik und die Volksdeutsche Bewegung, Luxemburg 1985.

Drobisch, Klaus, Der Werkschutz – betriebliches Terrororgan im faschistischen Deutschland, in: Jahrbuch für Wirtschaftsgeschichte 6 (1965), S. 217–247.

Eden, Sören, Arbeitsrecht im NS-Staat, Die Treuhänder der Arbeit und die Kriminalisierung der Arbeitsvertragsbrüche, in: Nützenadel (Hg.), Das Reichsarbeitsministerium im Nationalsozialismus, S. 246–281.

Engel, Marcel/ Hohengarten, André, Hinzert. Das SS-Sonderlager im Hunsrück: 1939-1945, Luxemburg 1983.

Evans, Richard J., Das Dritte Reich. Band 3: Krieg, Frankfurt 2009.

Fayot, Ben, Fragmente zur Geschichte der Volksbildungsvereine in Luxemburg, in: Galerie. Revue culturelle 1 (1982), S. 146–159.

Ders., Die Resistenz der Arbeiterbewegung, in: TB Nr. 108 (10.5.1990).

Ders., Sozialismus in Luxemburg, Bd. 1: Von den Anfängen bis 1940, Esch-Alzette 1979.

Ders., Sozialismus in Luxemburg, Bd. 2: Von 1940 bis zu Beginn der achtziger Jahre, Esch-Alzette 1989.

Ders., Die Volksbildungsvereine, in: Martin Gerges (Hg.), Mémorial 1989. La société luxembourgeoise de 1839-1989, Luxemburg 1989 (= Les publications mosellanes 28), S. 451–453.

Ders., Les syndicats libres dans l'immédiat après-guerre (1944-1951), in: OGBL, 100 Joer fräi Gewerkschaften, S. 135–152.

Ders., Toute la vie pour apprendre. Histoire de l'éducation des adultes au Luxembourg, Luxembourg 2016.

Feltes, Paul, Barthélemy Barbel (1880-1966), in: Scuto, Denis, Chambre de travail Luxembourg. 75e anniversaire 1924-1999, Luxemburg 1999, S. 135–139.

Ders., L'industrie lourde luxembourgeoise dans les années trente (1929-1939): radioscopie d'une crise économique, in: Charles Barthel/ Josée Kirps (Hgg.), Terres rouges. Histoire de la sidérurgie luxembourgeoise, Bd. 3, Luxemburg 2012, S. 8–103.

Fiedler, Marin, Carl Arnhold (1884-1970), in: Weber, Wolfhard (Hg.), Ingenieure im Ruhrgebiet, Münster 1999 (= Rheinisch-Westfälische Wirtschaftsbiographien, Bd. 17), S. 318–343.

Fleischhauer, Markus, Der NS-Gau Thüringen 1939-1945. Eine Struktur- und Funktionsgeschichte, Köln/ Weimar/ Wien 2010 (= Veröffentlichungen der Historischen Kommission für Thüringen, Kleine Reihe 28).

Franz, Norbert/ Lehners, Jean-Paul, Die Auseinandersetzung um Nationsbildung und gesellschaftliche Partizipation von der Französischen Revolution bis zum Beginn des Zweiten Weltkriegs: Luxemburg im europäischen Kontext – eine Einleitung, in: Franz, Norbert/ Lehners, Jean-Paul (Hgg.), Nationenbildung und Demokratie S. 11–29.

Franz, Norbert/ Lehners, Jean-Paul (Hgg.), Nationenbildung und Demokratie. Europäische Entwicklungen gesellschaftlicher Partizipation, Frankfurt 2013 (= Luxemburg Studien 2).

Frei, Norbert, Die Wirtschaft des „Dritten Reiches". Überlegungen zu einem Perspektivenwechsel, in: Frei, Norbert/Schanetzky, Tim (Hgg.), Unternehmen im Nationalsozialismus. Zur Historisierung einer Forschungskonjunktur, Göttingen 2010, S. 9–24.

Freckmann, Klaus, Luxemburg – ein Teil des deutschen Reiches? Zur Kontinuität der landes- und volkskundlichen Kulturraumforschung und ihr Verhältnis zur kulturellen Identität Luxemburgs im 20. Jahrhundert, in: Dietz, Burkhard/ Gabel, Helmut/ Tiedau, Ulrich (Hgg.), Griff nach dem Westen. Die „Westforschung“ der völkisch-nationalen Wissenschaften zum nordwesteuropäischen Raum (1919-1960), Münster/ New York/ München/ Berlin 2003 (= Studien zur Geschichte und Kultur Nordwesteuropas 6), S. 473–492.

Frese, Matthias, Betriebspolitik im „Dritten Reich“. Deutsche Arbeitsfront, Unternehmer und Staatsbürokratie in der westdeutschen Großindustrie 1933-1939, Paderborn 1991.

Ders., Nationalsozialistische Vertrauensräte. Zur Betriebspolitik im „Dritten Reich“, in: Gewerkschaftliche Monatshefte 43 (1992), S. 281–297.

Freund, Wolfgang, Volk, Reich und Westgrenze. Deutschtumswissenschaften und Politik in der Pfalz, im Saarland und im annektierten Lothringen 1925-1945 (= Veröffentlichungen der Kommission für Saarländische Landesgeschichte und Volksforschung 39).

Führer, Karl Christian: Wohnungsbaupolitische Konzepte des Reichsarbeitsministerium, in: Nützenadel (Hg.), Das Reichsarbeitsministerium im Nationalsozialismus, S. 177–213.

Gallo, Benito, Les Italiens au Grand-Duché de Luxembourg. Un siècle d’histoire et de chroniques sur l’immigration italienne, Luxemburg 1987.

Ganschow, Inna, „Alles Mögliche“. Der sowjetisch-luxemburgische Menschenaustausch nach Kriegsende, in: Forum für Politik, Gesellschaft und Kultur 376 (2017), S. 60–65.

Gotto, Bernard, Polykratische Selbststabilisierung. Mittel- und Unterinstanzen in der NS-Diktatur, in: Hachtmann/ Süß (Hgg.), Hitlers Kommissare, S. 28–50.

Greve, Swantje, Der Generalbevollmächtigte für den Arbeitseinsatz und das Reichsarbeitsministerium, in: Nützenadel (Hg.), Das Reichsarbeitsministerium im Nationalsozialismus, S. 387–422.

Gricius, Pierre, Als der Sport „heim ins Reich“ geholt werden sollte, in: Ons Stad Nr. 83 (2006), S. 76–79.

Hachtmann, Rüdiger, Arbeit und Arbeitsfront: Ideologie und Praxis, in: Buggeln/ Wildt (Hgg.), Arbeit im Nationalsozialismus, S. 87–106.

Ders. (Hg.), Ein Koloß auf tönernen Füßen. Das Gutachten des Wirtschaftsprüfers Karl Eicke über die Deutsche Arbeitsfront vom 31. Juli 1936, München 2006.

Ders., Elastisch, dynamisch und von katastrophaler Effizienz – zur Struktur der Neuen Staatlichkeit des Nationalsozialismus, in: Reichardt, Sven/ Seibel, Wolfgang (Hgg.), Der prekäre Staat, S. 29–73.

Ders., Industriearbeit im „Dritten Reich“. Untersuchungen zu den Lohn- und Arbeitsbedingungen in Deutschland 1933-1945, Göttingen 1989 (= Kritische Studien zur Geschichtswissenschaft 82).

Ders., „Neue Staatlichkeit“ – Überlegungen zu einer systematischen Theorie des NS-Herrschaftssystems und ihrer Anwendung auf die mittlere Ebene der Gaue, in: John, Jürgen/ Möller, Horst/ Schaarschmidt, Thomas (Hgg.), Die NS-Gaue. Regionale Mittelinstanzen im zentralistischen „Führerstaat“, München 2007, S. 56–79.

Ders., Reichsarbeitsministerium und Deutsche Arbeitsfront. Dauerkonflikt und informelle Kooperation, in: Nützenadel (Hg.), Das Reichsarbeitsministerium im Nationalsozialismus, S. 137–173.

Ders., Das Wirtschaftsimperium der Deutschen Arbeitsfront 1933-1945, Göttingen 2012 (= Geschichte der Gegenwart 3).

Ders./ Reichardt, Sven (Hgg.), Detlev Peukert und die NS-Forschung, Göttingen 2015 (= Beiträge zur Geschichte des Nationalsozialismus Bd. 31).

Ders./ Süß, Winfried, Kommissare im NS-Herrschaftssystem. Probleme und Perspektiven der Forschung, in: Hachtmann, Rüdiger/ Süß, Winfried (Hgg.), Hitlers Kommissare. Sondergewalten in der nationalsozialistischen Diktatur, Göttingen 2006 (= Beiträge zur Geschichte des Nationalsozialismus 22), S. 9–27.

Hadwiger, Daniel, „To show the world that we are not barbarians but Germans“: The Role of the *Nationalsozialistische Volkswohlfahrt* in France and annexed Alsace (1940-1944), in: Prager wirtschafts- und sozialhistorische Mitteilungen 23 (2016), S. 42–53.

Haerendel, Ulrike, Wohnungspolitik im Nationalsozialismus, in: Zeitschrift für Sozialreform 45 (1999), S. 843–879.

Haler, Christophe, Arbeiterbewegung und Annexion 1918-1919, in: Forum für Politik, Gesellschaft und Kultur Nr. 299 (2010), S. 19–22.

Harvey, Elizabeth, Arbeitsverwaltung und Arbeitskräfterekrutierung im besetzten Europa. Belgien und das Generalgouvernement, in: Nützenadel (Hg.), Das Reicharbeitsministerium im besetzten Europa, S. 348–386.

Herbert, Ulrich, Arbeiterklasse und Gemeinschaftsfremde. Die Gesellschaft des NS-Staates in den Arbeiten Detlev Peukerts, in: Hachtmann/ Reichardt (Hgg.), Detlev Peukert und die NS-Forschung, S. 39–48.

Ders., Fremdarbeiter. Politik und Praxis des „Ausländer-Einsatzes“ in der Kriegswirtschaft des Dritten Reiches, Berlin/ Bonn 1999.

Herbst, Ludolf, Der Totale Krieg und die Ordnung der Wirtschaft. Die Kriegswirtschaft im Spannungsfeld von Politik, Ideologie und Propaganda 1939-1945, Stuttgart 1982.

Hoffmann, Elisabeth, La médiation de l’histoire de la „Résistance“ au Luxembourg: une lente émancipation (de 1945 à nos jours), in: Hémecht 69 (2017), S. 347–358.

Hoffmann, Henri, Der 1. Mai – 126 Jahre Gewerkschaftsgeschichte, in: OGBL, 100 Joer fräi Gewerkschaften, S. 253–270.

Iler, Thomas, Imaginierter Westen: das Konzept des „deutschen Westraums“ im völkischen Diskurs zwischen Politischer Romantik und Nationalsozialismus, Bielefeld 2009.

Klimo, Alexander, Rentenversicherungspolitik zwischen Arbeitseinsatz und Diskriminierung, in: Nützenadel (Hg.), Das Reichsarbeitsministerium im Nationalsozialismus, S. 214–245.

Klos, Eva Maria, Die Zwangsrekrutierung in Westeuropa: Deutungskämpfe in der Geschichtsschreibung von 1944 bis heute, in: Hémecht 69 (2017), S. 359–371.

Korf, Jan-Frederik, Von der Konsumgenossenschaftsbewegung zum Gemeinschaftswerk der Deutschen Arbeitsfront. Zwischen Gleichschaltung, Widerstand und Anpassung an die Diktatur, Norderstedt 2008.

Kovacs, Stéphanie, Les relations entre maîtres de forges, autorités communales et instances gouvernementales luxembourgeoises à l'époque de l'industrialisation: une étude de cas – Dudelange et Differdange (1880-1914), in: Charles Barthel/ Josée Kirps (Hgg.), Terres rouges. Histoire de la sidérurgie luxembourgeoise, Bd. 4, Luxemburg 2014, S. 76–177.

Kretschmer, Christian, Kriegsgefangene im Visier von Werkschutz, Kriminalpolizei und Landwacht: Bewachung, Fluchtprävention und Kriegsfahndung, in: Beiträge zur Geschichte der nationalsozialistischen Verfolgung in Norddeutschland 15 (2013), S. 147–155.

Leboutte, René/Puissant, Jean/Scuto, Denis, Un siècle d'histoire industrielle (1873-1973). Belgique, Luxembourg, Pays-Bas. Industrialisation et sociétés, Paris 1998 (= Regards sur l'Histoire Bd. 128).

Lofti, Gabriele, SS-Sonderlager im nationalsozialistischen Terrorsystem. Die Entstehung von Hinzert, Stutthof und Soldau, in: Frei, Norbert/ Steinbacher, Sybille/ Wagner, Bernd C. (Hgg.), Ausbeutung, Vernichtung, Öffentlichkeit. Neue Studien zur Nationialsozialistischen Lagerpolitik, München 2000, S. 209–229.

John, Jürgen, Die Gaue im NS-System, in: John/ Möller/ Schaarschmidt (Hgg.), Die NS-Gaue, S. 41–45.

Ders./ Möller, Horst/ Schaarschmidt, Thomas (Hgg.), Die NS-Gaue. Regionale Mittelinstanzen im zentralistischen „Führerstaat“, München 2007.

Jungblut, Marie-Paule, Nationalsozialistische Geschlechterpolitik in Luxemburg: Anspruch und Wirklichkeit, in: Goetzinger, Germaine/ Lorang, Antoinette/ Wagener, Renée (Hgg.), „Wenn nun wir Frauen auch das Wort ergreifen...” 1880-1950. Frauen in Luxemburg – Femmes au Luxembourg, Luxemburg 1997, S. 309–318.

Kalkmann, Ulrich, Die Technische Hochschule Aachen im Dritten Reich (1933-1945), Aachen 2003.

Keller, Rolf, Sowjetische Kriegsgefangene im Deutschen Reich 1941/42. Behandlung und Arbeitseinsatz zwischen Vernichtungspolitik und kriegswirtschaftlichen Erfordernissen, Göttingen 2011.

Kerschen, Nicole, Des Assurances sociales à la Sécurité sociale. Influences des modèles étrangers et européanisation, in: Hémecht 69 (2017), S. 411–417.

Kerschenmeyer, Roland, L'échelle mobile des salaires: un instrument essentiel de la formation des salaires, in: Weides (Hg.), L'économie luxembourgeoise au 20e siècle, S. 92–101.

Kieffer, Monique, Luxembourg, in: Campbell, Joan (Hg.), European Labor Unions, Westport 1992, S. 271–290.

Klein, Marcel, Nationale Minnemuséium zou Rëmëléng, Rümelingen 1985.

Kmec, Sonja, e.a. (Hgg.), Lieux de mémoire au Luxembourg/ Erinnerungsorte in Luxemburg. Usages du passé et construction nationale/ Umgang mit der Vergangenheit und Konstruktion der Nation, Luxemburg 2007.

Knebeler, Christophe/ Scuto, Denis (Hgg.), Belval. Passé, présent et avenir d'un site luxembourgeois exceptionnel (1911-2011), Esch-Alzette 2010.

Knigge, Volkhard/ Lüttgenau, Rikola-Gunnar/ Wagner, Jens-Christian (Hgg.), Zwangsarbeit. Die Deutschen, die Zwangsarbeit und der Krieg. Begleitband zur Ausstellung im LWL-Industriemuseum Zeche Zollern, Essen 2012.

Koch, Hans-Jörg, Das Wunschkonzert im NS-Rundfunk, Köln/ Weimar/ Wien 2003 (= Medien in Geschichte und Gegenwart 20).

Koch, Henri, Die Luxemburger Arbeiterklasse und ihre Gewerkschaften. 2. Teil, in: Hémecht. Zeitschrift für Luxemburger Geschichte 30 (1978), S. 303–342.

Konitzer, Werner/ Palme, David (Hgg.), „Arbeit", „Volk", „Gemeinschaft". Ethik und Ethiken im Nationalsozialismus, Frankfurt/ New York 2016 (= Jahrbuch 2016 zur Geschichte und Wirkung des Holocaust).

Kramer, Nicole, Haushalt, Betrieb, Ehrenamt. Zu den verschiedenen Dimensionen der Frauenarbeit im Dritten Reich, in: Buggeln/ Wildt (Hgg.), Arbeit im Nationalsozialismus, S. 33–51.

Kranig, Andreas, Lockung und Zwang. Zur Arbeitsverfassung im Dritten Reich, Stuttgart 1983 (= Schriftenreihe der Vierteljahreshefte für Zeitgeschichte 47).

Krantz, Robert, Die politische Satire gegen das Naziregime. Witz, Spott, Humor und Karikatur in Luxemburg, Esch-sur-Alzette 2010.

Kratzsch, Gerhard, Das wirtschaftspolitische Gauamt: der Gauwirtschaftsberater, in: John, Jürgen/ Möller, Horst/ Schaarschmidt, Thomas, Die NS-Gaue, S. 218–233.

Kremer, Nathalie, Die Rolle der Frau in Luxemburg während der nationalsozialistischen Besatzungszeit: Anspruch und Realität, Wiltz 2002.

Kreutzmüller, Christoph/Loose, Ingo, Die Bank der Deutschen Arbeit 1933-1945 – eine nationalsozialistische „Superbank"?, in: Bankhistorisches Archiv. Zeitschrift zur Banken- und Finanzgeschichte 31 (2005), S. 1–32.

Krier, Emile, Die deutsche Volkstumspolitik in Luxemburg und ihre sozialen Folgen, in: Wacław Długoborski (Hg.), Zweiter Weltkrieg und sozialer Wandel.

Achsenmächte und sozialer Wandel, Göttingen 1981 (= Kritische Studien zur Geschichtswissenschaft 47), S. 224–241.

Ders., Gustav Simon (1900-1945), in: Franz-Josef Heyen (Hg.), Rheinische Lebensbilder, Köln 1997 (= Rheinische Lebensbilder 16), S. 255–285.

Ders., Die Luxemburger Wirtschaft im Zweiten Weltkrieg, in: Hémecht. Zeitschrift für Luxemburger Geschichte 39 (1987), S. 393–409.

Ders., Die luxemburgische Schwerindustrie unter der deutschen Besatzung 1940-1944, in: Studia historiae oeconomicae 14(1979), S. 77–85.

Ders., La sidérurgie au Luxembourg pendant la seconde guerre mondiale, in: Les cahiers lorrains 1(1989), S. 59–68.

Leboutte, René/ Puissant, Jean/ Scuto, Denis, Un siècle d'histoire industrielle (1873-1973). Belgique, Luxembourg, Pays-Bas: industrialisation et sociétés, Paris 1998 (= Regards sur l'histoire 128).

Lentz, Marc/ Pauly, Michel, Die Arbeiterbewegung im Aufbruch: Der sozialpolitische Kontext des „Maulkorb"-Gesetzes, in: Forum für Politik, Gesellschaft und Kultur 97 (1987), S. 37–41.

Lesch, Paul, Albert Simon, caricaturiste du Escher Tageblatt. Un regard humoristique, insolent et politique sur les années 1930, Esch-Alzette 2013.

Ders., D'Stater Kinoen. Eine Kinogeschichte der Stadt Luxemburg, Luxemburg 2013.

Liebscher, Daniela, Faschismus als Modell. Die faschistische Opera Nazionale Dopolavoro und die NS-Gemeinschaft „Kraft durch Freude" in der Zwischenkriegszeit, in: Reichardt, Sven/ Nolzen, Armin, Faschismus in Italien und Deutschland. Studien zu Transfer und Vergleich, Göttingen 2005 (= Beiträge zur Geschichte des Nationalsozialismus 21), S. 94–118.

Dies., Freude und Arbeit. Zur internationalen Freizeit- und Sozialpolitik des faschistischen Italien und des NS-Regimes, Köln 2009 (= Italien in der Moderne 16).

Limpach, Marc/ Kayser, Marc, Wir glauben an die Demokratie. Albert Wingert, Resistenzler, Luxemburg 2004.

Linne, Karsten, Die Deutsche Arbeitsfront und die internationale Freizeit- und Sozialpolitik 1935-1945, in: 1999. Zeitschrift für Sozialgeschichte des 20. und 21. Jahrhunderts 10 (1995), S. 65–81.

Ders., Von der Arbeitsvermittlung zum „Arbeitseinsatz". Zum Wandel der Arbeitsverwaltung 1933-1945, in: Buggeln/ Wildt (Hgg.), Arbeit im Nationalsozialismus, S. 53–70.

Lhotová, Markéta/ Hamáčkovà, Vlastimila, Die Liquidation der jüdischen Organisationen in den annektierten Grenzgebieten im Lichte der Materialien des Stiko Reichenberg, in: Judaica Boehmiae 49 (2014), S. 45–72.

Lorang, Fernand, Im Vorfeld der Maginot-Linie 1939-1940, Esch-Alzette 1994.

Lorent, Catherine, Die nationalsozialistische Kunst- und Kulturpolitik im Großherzogtum Luxemburg 1934-1944, Trier 2012.

Luh, Andreas, Betriebssport zwischen Arbeitgeberinteressen und Arbeitnehmerbedürfnissen. Eine historische Analyse vom Kaiserreich bis zur Gegenwart, Aachen 1998.

Lüdtke, Alf, Eigen-Sinn. Fabrikalltag, Arbeitererfahrungen und Politik vom Kaiserreich bis in den Faschismus, Münster 2015. (Neuauflage der Ausgabe von 1993)

Maas, Jacques, Le groupe sidérurgique ARBED face à l'hégémonie nazie – collaboration ou résistance? Essai d'interprétation, in: Archives Nationales de Luxembourg, Collaboration, nazification? S. 340–373.

Majerus, Benoît, De Generalstreik. La grève générale, in: Kmec, e.a. (Hgg.), Lieux de mémoire au Luxembourg, S. 153–158.

Ders., Les Ortsgruppenleiter au Luxembourg. Essai d'une analyse socio-économique, in: Hémecht. Zeitschrift für Luxemburger Geschichte 52 (2000), S. 101–122.

Majerus, Jean-Marie, Die Partei und die christlichen Gewerkschaften, in: Trausch, (Hg.), CSV. Spiegelbild eines Landes und seiner Politik? S. 675–714.

Marx, Henry, Arbeitsverwaltung und Organisation der Kriegswirtschaft, in: Nützenadel (Hg.), Das Reichsarbeitsministerium im Nationalsozialismus, S. 282–312.

Mazower, Mark, Hitlers Imperium. Europa unter der Herrschaft des Nationalsozialismus, München 2008.

Mason, Timothy W., Sozialpolitik im Dritten Reich: Arbeiterklasse und Volksgemeinschaft, Opladen, 2. Auflage, 1978.

Mersch, Carole, Le national-socialisme et la presse luxembourgeoise de 1930 à 1940, Luxemburg 1977.

Mersch, Ernest J., Die Wehrmacht kommt zur Frühschicht. Düdelingen, 10. Mai 1940, Esch-Alzette 1983.

Meyer, Romain, Die Luxemburger Eisenbahner im II. Weltkrieg, in: 1909-1984. 75 Joer Landesverband, Luxemburg 1984, S. 59–83.

Michel, Alexander, Von der Fabrikzeitung zum Führungsmittel: Werkzeitschriften industrieller Großunternehmen von 1890-1945, Stuttgart 1997 (= Beiträge zur Unternehmensgeschichte 96/ Neue Folge Bd. 2)

Miquel, Marc von, Ortskrankenkassen im Dritten Reich, in: Mitteilungsblatt des Instituts für soziale Bewegungen 38 (2008), S. 61–74.

Mollin, Gerhard Thomas, Montankonzerne und „Drittes Reich": Der Gegensatz zwischen Monopolindustrie und Befehlswirtschaft in der deutschen Rüstung und Expansion 1936 – 1944, Göttingen 1988 (= Kritische Studien zur Geschichtswissenschaft 78).

Mommsen, Hans/ Willems, Susanne (Hgg.), Herrschaftsalltag im Dritten Reich. Studien und Texte, Düsseldorf 1988.

Muskalla, Dieter, NS-Politik an der Saar unter Josef Bürckel. Gleichschaltung-Neuordnung-Verwaltung, Saarbrücken 1995 (= Veröffentlichungen der Kommission für Saarländische Landesgeschichte und Volksforschung 25).

Naasner, Walter, Neue Machtzentren in der deutschen Kriegswirtschaft 1942-1945: die Wirtschaftsorganisation der SS, das Amt des Generalbevollmächtigten für den Arbeitseinsatz und das Reichsministerium für Bewaffnung und Munition. Reichsministerium für Rüstung und Kriegsproduktion im nationalsozialistischen Herrschaftssystem, Boppard 1994 (= Schriften des Bundesarchivs 45).

Netgen, Jérôme, „Windet endlich doch, ihr Mondesflossen, meine Treuer eimerweis hinauf". Das Schicksal der „Ostarbeiterinnen" im besetzten „Esch-Alzig" und danach, in: TB (16./17.9.2000).

Nolzen, Armin, Der „Führer" und seine Partei, in: Süß, Dietmar/Süß, Winfried (Hgg.), Das „Dritte Reich", S. 55–76.

Nützenadel, Alexander (Hg.), Das Reichsarbeitsministerium im Nationalsozialismus. Verwaltung – Politik – Verbrechen, Göttingen 2017.

OGBL, 100 Joer fräi Gewerkschaften 1916–2016. Contributions à l'histoire du mouvement syndical luxembourgeois, Esch-sur-Alzette 2016.

Patel, Kiran Klaus, Arbeit als Ehre. Der Arbeitsdienst im „Dritten Reich", in: Einsicht. Bulletin des Fritz Bauer Instituts 12 (2014), S. 34–41.

Ders./Kott, Sandrine, Sozialpolitik zwischen Auslandspropaganda und imperialen Ambitionen, in: Nützenadel (Hg.), Das Reichsarbeitsministerium im Nationalsozialismus, S. 317–347.

Ders./Reichardt, Sven, The Dark Side of Transnationalism. Social Engineering and Nazism, 1930s-40s, in: Journal of Contemporary History 51 (2016), S. 3–21.

Paul, Gerhard, Josef Bürckel – Der rote Gauleiter, in: Ronald Smelser u.a. (Hgg.), Die Braune Elite II. 21 weitere biographische Skizzen, Darmstadt 1993, S. 51–65.

Pawlowsky, Verena/Leisch-Prost, Edith/ Klösch, Christian, Vereine im Nationalsozialismus: Vermögensentzug durch den Stillhaltekommissar für Vereine, Organisationen und Verbände. Aspekte der Restitution in Österreich nach 1945, Wien/ München 2004 (= Veröffentlichungen der Österreichischen Historikerkommission 21).

Paxton, Robert O., La France de Vichy 1940-1944, Paris 1997.

Pettrick, Fritz, Die DAF und die Gewerkschaften in den von Deutschland besetzten Ländern, in: Bulletin der Gesellschaft für Faschismus und Weltkriegsforschung 4 (1995), S. 1–33.

Piquet, Nathalie, Charbon – Travail forcé – Collaboration. Der nordfranzösische und belgische Bergbau unter deutscher Besatzung, 1940-1944, Essen 2008 (= Veröffentlichungen des Instituts für soziale Bewegungen 6).

Putz, Jean-Luc, Aux origines du droit du travail. Éléments de réflexion sur la genèse et sur l'état actuel du droit du travail luxembourgeois, Bd. 1: La loi, les libertés et les acteurs, Windhof 2014.

Recker, Marie-Luise, Nationalsozialistische Sozialpolitik im Zweiten Weltkrieg, München 1985 (= Studien zur Zeitgeschichte 29).

Dies., „Stark machen zum Einsatz von Gut und Blut für Volk und Vaterland“ – die Nationalsozialistische Volkswohlfahrt (NSV), in: Becker/ Studt (Hgg.), „Und sie werden nicht mehr frei sein ihr ganzes Leben“, S. 269–279.

Reichardt, Sven/ Seibel, Wolfgang (Hgg.), Der prekäre Staat. Herrschen und Verwalten im Nationalsozialismus, Frankfurt/ New York 2011.

Dies., (Hgg.), Radikalität und Stabilität: Herrschen und Verwaltung im Nationalsozialismus, in: Reichardt/ Seibel (Hgg.), Der prekäre Staat, S. 7–27.

Roemen, Rob, Aus Liebe zur Freiheit. 150 Jahre Liberalismus in Luxemburg. Von liberalen Akzenten und liberalen Akteuren, Luxemburg 1995.

Romeyk, Horst, Der Gau Moselland und seine Beziehungen zu Luxemburg, in: Hémecht. Zeitschrift für Luxemburger Geschichte 39 (1987), S. 411–427.

Ruckert, Ali, Geschichte der Kommunistischen Partei Luxemburgs. Bd. 1: 1921-1946, Luxemburg 2006.

Ruppert, Andreas/ Riechert, Hansjörg, Herrschaft und Akzeptanz. Der Nationalsozialismus in Lippe während der Kriegsjahre. Analyse und Dokumentation, Wiesbaden 1998.

Rutar, Sabine, „Unsere abgebrochene Südostecke...” Bergbau im nördlichen Jugoslawien (Slowenien) unter deutscher Besatzung, in: Buggeln/ Wildt (Hgg.), Arbeit im Nationalsozialismus, S. 273–292.

Sachße, Christoph/ Tennstedt, Florian, Der Wohlfahrtsstaat im Nationalsozialismus, in: Zeitschrift für Sozialreform 38 (1992), S. 129–148.

Scharf, Thomas, Sozialpolitik in Großbritannien. Vom Armengesetz zum „Dritten Weg“, in: Kraus, Katrin/Geisen, Thomas (Hgg.), Sozialstaat in Europa. Geschichte. Entwicklung. Perspektive, Wiesbaden 2001, S. 43–61.

Schirmann, Sylvain, Annexion et nazification en Europe. Actes du colloque du CRHCEO de l'Université de Metz et de l'AMAM du 7 et 8 octobre 2003.

Schmid, Johannes, Comment gérer l'occupation de la Belgique? La propagande allemande en 1940, in: Stefan Martens/ Steffen Prauser (Hgg.), La guerre de 1940, S. 165–177.

Schmitt-Kölzer, Wolfgang, Bau der „Reichsautobahn“ in der Eifel (1939-1941/42): eine Regionalstudie zur Zwangsarbeit, Berlin 2016.

Schneider, Michael, In der Kriegsgesellschaft. Arbeiter und Arbeiterbewegung 1939 bis 1945, Bonn 2014 (= Geschichte der Arbeiter und der Arbeiterbewegung in Deutschland seit dem Ende des 18. Jahrhunderts 13).

Ders., „Organisation aller schaffenden Deutschen der Stirn und der Faust“. Die Deutsche Arbeitsfront (DAF), in: Becker/ Studt (Hgg.), „Und sie werden nicht mehr frei sein ihr ganzes Leben“, S. 159–178.

Schoentgen, Marc, De 1940 à 1944: les banques et l'industrie du Luxembourg tiraillées entre les intérêts allemands et belges. La Banque Générale du Luxembourg et la Deutsche Bank, in: Gilbert Trausch (Hg.), Belgique-Luxembourg. Les relations belgo-luxembourgeoises et la Banque Générale du Luxembourg 1919-1994, Luxembourg 1995, S. 320–375.

Ders., Die Wirtschaft Luxemburgs unter der deutschen Besatzung, Tübingen 1994. (unveröffentlichte Staatsexamensarbeit)

Ders., „Heim ins Reich"? Die ARBED-Konzernleitung während der deutschen Besatzung 1940-1944: zwischen Kollaboration und Widerstand, in: Forum für Politik, Gesellschaft und Kultur Nr. 304 (2011), S. 29–35.

Ders., Die Deutsche Arbeitsfront und Liquidierung der Luxemburger Gewerkschaften (1940-1941). Die Deutsche Arbeitsfront als Faktor der NS-Neuordnungspolitik in Luxemburg, in: OGBL, 100 Joer fräi Gewerkschaften, S. 99–115.

Ders., Von der „Hüttenpolizei" zum nationalsozialistischen „Werkschutz", in: Barthel, Charles/ Kirps, Josée (Hgg.), Terres rouges. Histoire de la sidérurgie luxembourgeoise, Bd. 5, Luxemburg 2018, S. 84–133.

Schram, Sophie, Weibliche Lebenswelten und Erinnerungskulturen. Das Beispiel „Kleinitalien" – ein Einwandererviertel in Luxemburg, Leverkusen 2016.

Schulz, Ulrike, Das Reichsarbeitsministerium 1919-1945, in: Nützenadel (Hg.), Das Reichsarbeitsministerium im Nationalsozialismus, S. 33–102.

Scuto, Denis, L'âge d'or du syndicalisme ouvrier. L'évolution du monde syndical et de la question sociale dans les années cinquante, in: Claude Wey (Hg.), Le Luxembourg des années 50. Une société de petite dimension entre tradition et modernité. Luxemburg in den 50er Jahren. Eine kleine Gesellschaft im Spannungsfeld von Tradition und Modernität, Luxemburg 1999 (= Publications scientifiques du Musée d'Histoire de la Ville de Luxembourg 3), S. 123–147.

Ders., Chambre de travail Luxembourg 75e anniversaire. 1924-1999, Luxemburg 1999.

Ders., Chroniques sur l'an 40: Les autorités luxembourgeoises et le sort des juifs persécutés, Luxemburg 2016.

Ders., De la grande grève de mars 1921 à l'intégration dans la nation. Les syndicats libres dans l'entre-deux-guerres, in: OGBL, 100 Joer fräi Gewerkschaften, S. 47–81.

Ders., Les années 1930 du Escher Tageblatt. Entre mémoire et histoire, in: Scuto, Denis/Steichen, Yves/Lesch, Paul (Hgg.), Radioscopie d'un journal, S. 74–88.

Ders./ Steichen, Yves/Lesch, Paul (Hgg.), Radioscopie d'un journal. Tageblatt (1913-2013), Esch-Alzette 2013.

Ders., 75 ans au service du monde ouvrier et du progrès social: La Chambre de travail (1924-1999), in: Chambre de Travail. 75e anniversaire, Luxemburg 1999, S. 28–41.

Siegel, Tilla, Rationalisierung statt Klassenkampf: zur Rolle der Deutschen Arbeitsfront in der nationalsozialistischen Ordnung der Arbeit, in: Mommsen, Hans/ Willems, Susanne (Hgg.), Herrschaftsalltag im Dritten Reich, S. 97–224.

Smelser, Ronald, Robert Ley – Hitlers Mann an der „Arbeitsfront". Eine Biographie, Paderborn/ München/ Wien/ Zürich 1989.

Ders., Robert Ley – Der braune Kollektivist, in: Smelser, Ronald/ Zitelmann, Rainer, Die braune Elite. 22 biographische Skizzen, Darmstadt 1989, S. 173–187.

Spira, Martin, Einblicke in die Verfolgungstätigkeit der Staatspolizeistelle Trier. Die Tagesrapporte 1939 bis 1942, in: Grotum, Thomas (Hg.), Die Gestapo Trier. Beiträge zur Geschichte einer regionalen Verfolgungsbehörde, Köln/ Weimar/ Wien 2018 (= Gestapo – Herrschaft – Terror. Studien zum nationalsozialistischen Sicherheitsapparat Bd. 1), S. 129–145.

Spoerer, Mark, NS-Zwangsarbeiter im Deutschen Reich. Eine Statistik vom 30. September 1944 nach Arbeitsamtsbezirken, in: VfZ 49 (2001), S. 665–684.

Ders., Zwangsarbeit unterm Hakenkreuz. Ausländische Zivilarbeiter, Kriegsgefangene und Häftlinge im Deutschen Reich und im besetzten Europa 1939-1945, Stuttgart 2001.

Stamp, Friedrich, Zwangsarbeit in der Metallindustrie 1939-1945. Das Beispiel Mecklenburg-Vorpommern. Eine Studie im Auftrag der Otto-Brenner-Stiftung, Berlin 2001.

Stapelfeld, Gerhard, Gesellschaft und Geschichte. Die Konstruktion kollektiver Identität von der Aufklärung bis zur Gegenaufklärung, in: Franz/ Lehners (Hgg.), Nationenbildung und Demokratie, S. 107–128.

Stargardt, Nicholas, Der deutsche Krieg. Zwischen Angst, Zweifel und Durchhaltewillen – wie die Menschen den Zweiten Weltkrieg erlebten, Frankfurt/ Main 2015.

Steiner, André, Der Reichskommissar für die Preisbildung – 'eine Art wirtschaftlicher Reichskanzler'?, in: Hachtmann, Rüdiger/ Süß, Winfried (Hgg.), Hitlers Kommissare. Sondergewalten in der nationalsozialistischen Diktatur, Göttingen 2006 (= Beiträge zur Geschichte des Nationalsozialismus 22), S. 93–114.

Sunnen, Myriam, De Minett, in: Kmec, e.a. (Hgg.), Lieux de mémoire au Luxembourg, S. 247–252.

Süß, Dietmar/ Süß, Winfried (Hgg.), Das „Dritte Reich". Eine Einführung, München 2008.

Süß, Dietmar, „Herrenmenschen" und „Arbeitsvölker": Zwangsarbeit und deutsche Gesellschaft, in: Knigge/ Lüttgenau/ Wagner (Hgg.), Zwangsarbeit, S. 224–233.

Teichler, Joachim, Die faschistische Epoche des IOC, in: Historical Social Research 32 (2007), S. 24–42.

Terhoeven, Petra, „Nicht spenden, opfern". Spendenkampagnen im faschistischen Italien und im nationalsozialistischen Deutschland als Disziplinierungs- und

Integrationsinstrument, in: Reichardt, Sven/ Nolzen, Armin, Faschismus in Italien und Deutschland. Studien zu Transfer und Vergleich, Göttingen 2005 (= Beiträge zur Geschichte des Nationalsozialismus 21), S. 59–93.

Thomas, Bernard, Le Luxembourg dans la ligne de mire de la „Westforschung" 1931-1940, Luxemburg 2011 (= Collection Fondation Robert Krieps).

Tooze, Adam, Ökonomie der Zerstörung. Die Geschichte der Wirtschaft im Nationalsozialismus, München 2008.

Trausch, Gérard, La société luxembourgeoise depuis le milieu du 19e siècle dans une perspective économique et sociale, Luxemburg 2009 (= Cahiers économiques 108).

Ders., Les mutations économiques et sociales de la société luxembourgeoise depuis la révolution française, Luxembourg 2012 (= Cahiers économiques 113).

Trausch, Gilbert, Aux origines du mouvement mutualiste. Les mutations de la société luxembourgeoise, in: Conseil supérieur de la mutualité, Livre du centenaire de la promulgation de la première loi sur la mutualité du Grand-Duché de Luxembourg, Luxemburg 1992, S. 213–220.

Ders., Die Partei in der „longue durée", in: Trausch, Gilbert (Hg.), CSV. Spiegelbild eines Landes und seiner Politik? Geschichte der Christlich-Sozialen Volkspartei Luxemburgs im 20. Jahrhundert, Luxemburg 2008., S. 47–58.

Ders., Histoire du Luxembourg, Paris 1992 (= Nations d'Europe).

Ders., La grève du 31 août 1942, une grande date dans l'histoire de notre peuple, in: Gilbert Trausch, Un passé resté vivant: mélanges d'histoire luxembourgeoise, Luxemburg 1995, S. 267–287.

Uhl, Karsten, Humane Rationalisierung? Die Raumordnung der Fabrik im fordistischen Jahrhundert, Bielefeld 2014.

Volkmann, Hans-Erich, Luxemburg im Zeichen des Hakenkreuzes. Eine politische Wirtschaftsgeschichte 1933 bis 1944, Paderborn 2010.

Wagner, Jens-Christian, Zwangsarbeit im Nationalsozialismus – Ein Überblick, in: Knigge/ Lüttgenau/ Wagner (Hgg.), Zwangsarbeit, S. 191f.

Weber, Paul, Histoire de l'économie luxembourgeoise, Luxemburg 1950.

Wallerang, Mathias, Luxemburg unter nationalsozialistischer Besatzung. Luxemburger berichten, Mainz 1997 (= Studien zur Volkskultur in Rheinland-Pfalz 22).

Wehenkel, Henri, Der antifaschistische Widerstand in Luxemburg. Dokumente und Materialien, Luxemburg 1985.

Ders., La collaboration impossible, in: Archives Nationales de Luxembourg, Collaboration, nazification? 2008, S. 250–271.

Ders., Entre chien et loup, Luxemburg 2017.

Ders., Jean Fohrmann. Lebensweg eines Zeitungsdirektors (1904-1973), in: Scuto, /Steichen, /Lesch, (Hgg.), Radioscopie d'un journal, S. 204–212.

Wehenkel-Frisch, Janine, 1940-1944. Für die soziale und nationale Befreiung des Luxemburger Landes, in: Centre Jean Kill, 1921-1981. Beiträge zur Geschichte der Kommunistischen Partei Luxemburgs, Luxemburg 1981, S. 125–156.

Weides, Robert (Hg.), L'économie luxembourgeoise au 20e siècle, Esch-Alzette 1999.

Weiss, Petra, Die Stadtverwaltung Koblenz im Nationalsozialismus, Hagen 2011 (Diss. FU Hagen).

Welter, Beate, Das SS-Sonderlager/KZ Hinzert und die Zwangsarbeit, in: Brüchert, Hedwig/ Matheus, Michael (Hgg.), Zwangsarbeit in Rheinland-Pfalz, S. 21–30.

Wey, Claude. La société luxembourgeoise 1930-1937, in: Forum für Politik, Gesellschaft und Kultur 97 (1987), S. 13–16.

Wildt, Michael, Die Volksgemeinschaft nach Detlev Peukert, in: Hachtmann/ Reichardt (Hgg.), Detlev Peukert und die NS-Forschung, S. 49–68.

Wolfanger, Dieter, Josef Bürckel und Gustav Simon: Zwei Gauleiter der NSDAP und ihr Streit um die Westmark, in: Haubrichs, Wolfgang/Laufer, Wolfgang/ Schneider, Reinhard (Hgg.), Zwischen Saar und Mosel, Festschrift für Hans-Walter Hermann zum 65. Geburtstag, Saarbrücken 1995 (= Veröffentlichungen der Kommission für Saarländische Landesgeschichte 24), S. 397–409.

Ders., Die nationalsozialistische Politik in Lothringen (1940-1945), Saarbrücken 1977.

5. Online-Publikationen

Buggeln, Marc, Die Zwangsarbeit im Deutschen Reich 1939-1945 und die Entschädigung vormaliger Zwangsarbeiter nach dem Kriegsende: Eine weitgehend statistische Übersicht, in: Harvey, Elizabeth/Priemel, Kim Christian (Hgg.), Working Papers of the Independent Commission of Historians Investigating the History of the Reich Ministry of Labour (Reichsarbeitsministerium) in the National Socialist Period, Working Paper Series A, Nr. 4; online unter https://www.historikerkommission-reichsarbeitsministerium.de/Publikationen/Working-Papers (Abruf: 22.7.2018).

Commission spéciale pour l'étude des spoliations des biens juifs au Luxembourg pendant les années de guerre 1940-1945, La spoliation des biens juifs au Luxembourg 1940-1945. Rapport final, Luxemburg 2009, online unter https://www.gouvernement.lu/844196/06-biens-juifs?context=971270# (Abruf: 24.5.2018).

Frank, Harald, (1994 [2010]) Regionale Entwicklungsdisparitäten im deutschen Industrialisierungsprozess 1849-1939. GESIS Köln, Deutschland ZA8417 Datenfile Version 1.0.0, online unter http://www.gesis.org/histat/table/details/40D066A78D482E6B0EEC19D817C2E024/03_000000000000000000000000000 (Abruf: 24.5.2018).

Futselaar, Ralf, From Mild Pressure to Brute Force. Forced, Coerced, and Voluntary Labour of Dutch Citizens for the Third Reich, 1937-1945, in: Harvey/ Priemel

(Hgg.), Working Papers of the Independent Commission of Historians, Working Paper Series A, Nr. Nr. 15; online unter (Abruf: 22.7.2018).

Hachtmann, Rüdiger, Polykratie – Ein Schlüssel zur Analyse der NS-Herrschaftsstruktur?, Version: 1.0, in: Docupedia-Zeitgeschichte, 1.6.2018, URL: http://docupedia.de/zg/Hachtmann_polykratie_v1_de_2018?oldid=130017 (Abruf: 25.7.2018).

Hilgert, Romain, Streiks in Luxemburg. Hans Adam, online unter http://www.land.lu/2012/08/24/hans-adam (Abruf: 24.5.2018).

Internationale Übereinkunft betreffend die Gesetze und Gebräuche des Landkriegs (1899), online unter http://www.legilux.public.lu/leg/a/archives/1901/0052/a052.pdf (Abruf: 24.5.2018).

Internationaler Studientag „Zwangsrekrutierung in den annektierten Gebieten des III. Reichs"; online unter: https://www.stsg.de/cms/sites/default/files/Studientag%20Zwangsrekrutierung_Programm.pdf (Abruf: 22.7.2018).

Linne, Karsten, Rezension zu: Hachtmann, Rüdiger (Hrsg.): Ein Koloß auf tönernen Füßen. Das Gutachten des Wirtschaftsprüfers Karl Eicke über die Deutsche Arbeitsfront vom 31. Juli 1936. München 2006, in: H-Soz-Kult, 20.06.2007, www.hsozkult.de/publicationreview/id/rezbuecher-9543 (Abruf: 1.7.2018).

Luxemburger Autorenlexikon, online unter http://www.autorenlexikon.lu.

Marson, Pierre, Eugen Ewert, in: Luxemburger Autorenlexikon online, online unter http://www.autorenlexikon.lu/page/author/531/5312/DEU/index.html (Abruf: 24.5.2018)

Morgenbrod, Birgitt/ Merkenich, Stephanie, Das Deutsche Rote Kreuz unter der NS-Diktatur, o.D., online unter http://www.drk.de/fileadmin/Ueber_uns/Historische_Kommunikation/Dokumente/LiebnerP-Microsoft_Word_-_DRK-Vortrag_aktuell_online-Fassung.doc-94.PDF (Abruf: 24.5.2018).

Müller, Wolfgang, Schmithüsen, Gerhard Franz Josef, in: Neue Deutsche Biographie 23 (2007), S. 232–233 [Onlinefassung]; online unter http://www.deutsche-biographie.de/pnd118609211.html (Abruf: 24.5.2018).

Nolzen, Armin, Gau Koblenz-Trier, seit 24.1.1941 Gau Moselland, online unter http://www.rheinische-geschichte.lvr.de/orte/ab1815/Nationalsozialistische%20Gaue/Seiten/GauKoblenz-Trier.aspx (Abruf: 24.5.2018).

Domeier, Norman, Rezension zu: Stargardt, Nicholas: The German War. A Nation Under Arms, 1939-45. London 2015, in: H-Soz-Kult, 14.06.2016, http://www.hsozkult.de/publicationreview/id/rezbuecher-26339 (Abruf: 25.5.2018)

Rheinland-Pfälzische Personendatenbank: http://www.rlb.de/cgi-bin/wwwalleg/goorppd.pl?s1=-pkc0112- (Abruf: 24.5.2018).

Robert, Camille, Robert Grzonka 1903-1944, Esch-Alzette 2014 (Amis de l'Histoire de la Ville d'Esch-Alzette), online unter https://ulhp.wordpress.com/2014/02/24/robert-gronzka/ (Abruf: 24.5.2018).

Russische Gefangene in Luxemburg. Viel Grausames. Neue Details zum Einsatz und Leben der russischen Gefangenen im besetzten Großherzogtum, Interview mit der russischen Literaturwissenschaftlerin Inna Ganschow in: LW online (14.6.2015), online unter http://www.wort.lu/de/lokales/russische-gefangene-in-luxemburg-viel-grausames-557b04070c88b46a8ce5b317 (Abruf: 24.5.2018).

Rutar, Sabine, Lokale Dimensionen des Arbeitseinsatzes. Bergbau in den CdZ-Gebieten Untersteiermark, Kärnten und Krain (Slowenien), in: Harvey/ Priemel (Hgg.), Working Papers of the Independent Commission of Historians, Series A, Nr. 8; online unter https://www.historikerkommission-reichsarbeitsministerium.de/Publikationen/Working-Papers (Abruf: 22.7.2018).

Schanetzky, Tim, Rezension zu: Adam Tooze: Ökonomie der Zerstörung. Die Geschichte der Wirtschaft im Nationalsozialismus. Aus dem Englischen von Yvonne Badal, München: Siedler 2007, in: sehepunkte 7 (2007), Nr. 10 [15.10.2007], http://www.sehepunkte.de/2007/10/12876.html (Abruf: 1.7.2018).

Schmit, Sandra, Emile Boeres, in: Luxemburger Autorenlexikon online, online unter http://www.autorenlexikon.lu/page/author/043/43/DEU/index.html (Abruf: 24.5.2018).

Sensch, Jürgen, (1925-2008 [2008]) histat-Datenkompilation online: Einzelhandelspreise in Deutschland: Deutsches Reich 1925 bis 1944 und Bundesrepublik Deutschland 1948 bis 2001. GESIS Köln, Deutschland ZA8291 Datenfile Version 1.0.0, online unter www.gesis.org/histat/de/table/details/BE315B28E743937B386A5046C73A1785#tabelle (Abruf: 24.5.2018).

Seite „Betriebssportgemeinschaft“: in: Wikipedia, Die freie Enzyklopädie. Bearbeitungsstand: 8.4.2018, online unter https://de.wikipedia.org/wiki/Betriebssportgemeinschaft (Abruf: 24.5.2018).

Seite „Sozialpolitik“: in Handwörterbuch des politischen Systems der Bundesrepublik Deutschland, online unter http://www.bpb.de/nachschlagen/lexika/politiklexikon/18242/sozialpolitik (Abruf: 24.5.2018).

Seite „Werner Daitz“, in: Wikipedia, Die freie Enzyklopädie. Bearbeitungsstand: 23.4.2018, online unter https://de.wikipedia.org/wiki/Werner_Daitz (Abruf: 24.5.2018)

Valizer, Olga, Nach Luxemburg ins Arbeitslager, online unter http://de.rbth.com/kultur/2015/05/12/nach_luxemburg_ins_arbeitslager_33653 (Abruf: 24.5.2018).

Vlossak, Elizabeth, Regimenting Unfree Labor: Alsace and Moselle, in: Harvey/ Priemel (Hgg.), Working Papers of the Independent Commission of Historians, Series A, Nr. 9; online unter: https://www.historikerkommission-reichsarbeitsministerium.de/Publikationen/Working-Papers (Abruf: 22.7.2018).

Wildt, Michael, „Volksgemeinschaft“, in: Docupedia-Zeitgeschichte, 03.06.2014, online unter http://docupedia.de/zg/Volksgemeinschaft (Abruf: 24.5.2018).

Anhang

1. Die wichtigsten Unternehmen der Luxemburger Eisenindustrie

ARBED (gegründet 1911)

- 17 Hochöfen, Stahl- und Walzwerke, Jahreskapazität: 1.850.000 Tonnen Stahl
- Belegschaft: 10.000 Arbeiter, 1.500 Angestellte (Stand: 10.5.1940)

Bezeichnung bis 1940	Bezeichnung ab 1940	Direktor	ersetzt durch
Administration centrale	Zentralverwaltung	Aloyse Meyer, Generaldirektor	blieb im Amt
Dommeldange	Dommeldingen	Léopold Biver	Wilhelm Schüll (D) (1.11.1942–10.9.1944)
Dudelange	Düdelingen	Camille Beissel	Egide Bosseler (L) (30.11.1940)
Esch Belval-Terre Rouge	Belval-Rothe Erde	Nicolas Schock	Nino Broglio (D) (6.10.1942–10.9.1944)
Esch-Schifflange	Schifflingen	Mathias Koener	Karl Koehler (D) (13.10.1942–10.9.1944
ARBED-Mines	ARBED-Gruben	Robert Schroeder	blieb im Amt

HADIR (gegründet 1920)

- 10 Hochöfen, Stahl- und Walzwerk, Jahreskapazität: 550.000 Tonnen Stahl
- Belegschaft: 3.000 Arbeiter (Stand: 10.5.1940)

Bezeichnung bis 1940	Bezeichnung ab 1940	Treuhänder (1941–1944)
Hauts-Fourneaux et Aciéries de Differdange, St. Ingbert, Rumelange (HADIR)	Differdinger Stahlwerke A.G. (DIFFAG)	Max Paul Meier (D), Vereinigte Stahlwerke

MMR (gegründet 1872 unter dem Namen S.A. des Hauts-Fourneaux de Rodange)

- 5 Hochöfen, Stahl- und Walzwerk, Jahreskapazität: 250.000 Tonnen Stahl
- Belegschaft: 2.000 Arbeiter (Stand: 10.5.1940)

Bezeichnung bis 1940	**Bezeichnung ab 1940**	**Treuhänder (1941–1944)**
S.A. Minière et Métallurgique de Rodange	Rodinger Hochofen- und Stahlwerke A.G. (RODAG)/ Eisenhüttenwerke Rodingen G.m.b.H.	Erich Faust (D)/ Hans Hahl (D), beide Flick-Konzern

Angaben zusammengestellt nach:

- Chomé, Un demi-siècle d'histoire industrielle, S. 346–363.
- Hugo Klein, Die Hüttenwerke im Minettegebiet, in Belgien und Nordfrankreich (Juli 1942).[1]
- Rolf Bühlmann, Wirtschaftliche Entwicklung und Bedeutung der Gruben- und Eisenindustrie im Großherzogtum Luxemburg, Luxemburg 1949, S. 111–148.
- ANLux ARBED AC-CI 253 (Mappe „Effectif ouvrier").

1 ANLux CdZ A-3-12: 009 Kommission Klein (1942).

2. Der exemplarische Aufbau der DAF mit Amtsbezeichnungen

1939 gab es im Deutschen Reich 41 Gauwaltungen und etwa 800 Kreiswaltungen. Die gebietliche Struktur der Kreis- und Ortswaltungen entsprach theoretisch der von der Volksdeutschen Bewegung/ NSDAP vorgenommenen Einteilung.

Die *Verbindungsstelle der Gauwaltung Moselland der DAF Koblenz* hatte ihre Büros in Luxemburg (Metzerplatz 2, dann Petrussring 138).

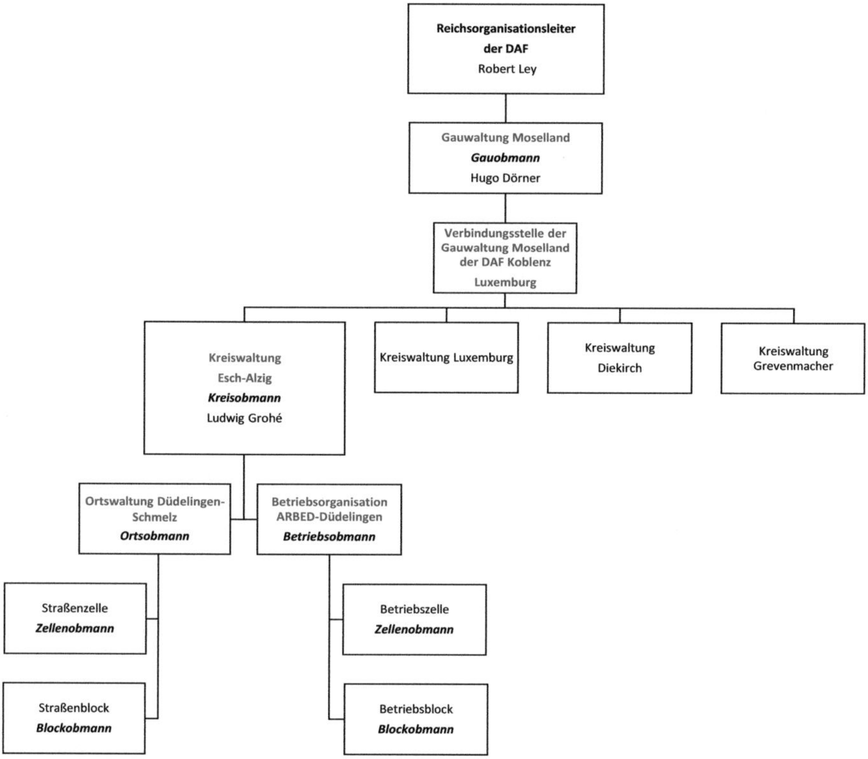

Abb. 3: Die Gliederung der DAF im Gau Moselland am Beispiel der Kreiswaltung Esch-Alzig.

Quelle: Schlag nach! Wissenswert Tatsachen aus allen Gebieten, Leipzig 2. Auflage, 1939, S. 218; Organisationshandbuch der NSDAP, München 5 1938 und eigene Recherchen.

Abbildungsverzeichnis

Abb. 1: Die Entwicklung der durchschnittlichen Monatslöhne in ausgewählten ARBED-Werken (1938-1944). 118
Abb. 2: Mitgliederzahlen der NS-Organisationen in Luxemburg (Stand: September 1941). 247
Abb. 3: Die Gliederung der DAF im Gau Moselland am Beispiel der Kreiswaltung Esch-Alzig. 681

Tabellenverzeichnis

Tab. 1: Ausgewählte Bruttostundenlöhne bei der ARBED (1938–1942), Beispiel Düdelingen. 116
Tab. 2: Durchschnittliche Effektivlöhne in ausgewählten ARBED-Werken (1938–1943). Quelle: ANLux ARBED AC-CI-55 ("Statistiques") 117
Tab. 3: Effektive Arbeitszeiten und Effektivlöhne auf ARBED-Werk Rothe Erde (1938–1944). 118
Tab. 4: Effektive Arbeitszeiten und Effektivlöhne auf ARBED-Werk Belval (1938–1944). 119
Tab. 5: Effektive Arbeitszeiten und Effektivlöhne auf ARBED-Werk Düdelingen (1938–1944). 119
Tab. 6: Durchschnittliche Verbraucherpreise im Deutschen Reich und in Luxemburg 150
Tab. 7: Durchschnittliche Verbraucherpreise in Luxemburg 1939–1940 150
Tab. 8: Mindestlöhne für den Erzbergbau Luxemburgs (in Franken). 152
Tab. 9: Mindestlöhne für die Arbeiter der Hütten- und Eisenindustrie (in Franken). 152
Tab. 10: Mindestlöhne der Ideal-Lederfabrik, Wiltz (in Franken). 152
Tab. 11: Arbeitszeiten und Zuschläge für Mehrarbeit (1940–1944). 153
Tab. 12: Urlaubsregelungen (1940–1944). 154
Tab. 13: Lohnbedingungen im Eisenerzbergbau ab 1.10.1940 155
Tab. 14: Lohnbedingungen im Eisenerzbergbau 1941–1944 156
Tab. 15: Beispiel von Monatseinkommen im Bergbau (1943) 157
Tab. 16: Lohnbedingungen in der Eisen-, Metall- und Elektroindustrie 1940–1944 157
Tab. 17: Die Mitgliederzahlen der Luxemburger Gewerkschaftsverbände (1940, nach Schätzungen aus dem Jahr 1944). 179
Tab. 18: Besetzung der DAF-Planstellen in Kreis Luxemburg (1942). 265
Tab. 19: Teilnehmer an KdF-Veranstaltungen im Kreis Esch (Januar-August 1943) 388
Tab. 20: DAF-Mitglieder (Arbeiter und Angestellte) im Werk ARBED-Belval (1941–1943). 477
Tab. 21: Zusammensetzung der Belegschaft von ARBED-Belval (1943). 550
Tab. 22: Verpflegungssätze für Ostarbeiter und sowjetische Kriegsgefangene (Oktober 1942) 567
Tab. 23: Lebensmittelzuteilung für Reichs-/ Volksdeutsche in Luxemburg, Altersgruppe der über 20-Jährigen 567
Tab. 24: Lebensmittelzuteilung für Reichs-/Volksdeutsche in Luxemburg, Gruppe der Schwerstarbeiter 568

Tab. 25: Arbeiter und Angestellte an den einzelnen Produktionsstandorten der ARBED in Luxemburg (1942–1943) 614
Tab. 26: Effektive Arbeitszeiten und Fehlzeiten pro Arbeiter und Arbeitsmonat auf ARBED-Werk Rothe Erde (1938–1944) 615
Tab. 27: Effektive Arbeitszeiten und Fehlzeiten pro Arbeiter und Arbeitsmonat auf ARBED-Werk Belval (1938–1944) 616
Tab. 28: Effektive Arbeitszeiten und Fehlzeiten pro Arbeiter und Arbeitsmonat auf ARBED-Werk Düdelingen (1938–1944) 617

Luxemburg-Studien
Études luxembourgeoises

Herausgegeben von Peter Gilles, Markus Hesse, Michel Pauly und Christian Schulz

Band 1 Christian Wille: Grenzgänger und Räume der Grenze. Raumkonstruktionen in der Großregion SaarLorLux. 2012.

Band 2 Norbert Franz / Jean-Paul Lehners (Hrsg.): Nationenbildung und Demokratie. Europäische Entwicklungen gesellschaftlicher Partizipation. 2013.

Band 3 Monika Sonntag: Grenzen überwinden durch Kultur? Identitätskonstruktionen von Kulturakteuren in europäischen Grenzräumen. 2013.

Band 4 Vincent Artuso: La collaboration au Luxembourg durant la Seconde Guerre mondiale (1940-1945). Accomodation, Adaption, Assimilation. 2013.

Band 5 Tobias Chilla: Punkt, Linie, Fläche – territorialisierte Europäisierung. 2013.

Band 6 Peter Gilles / Cristian Kollmann / Claire Muller (Hrsg.): Familiennamen zwischen Maas und Rhein. 2014.

Band 7 Marc Birchen: Die Firmenbeteiligung der ARBED im Osteuropa der Nachkriegszeit. Luxemburger Wirtschaftsdiplomatie im Kalten Krieg. 2015.

Band 8 Magali Lehners: Bildungseinrichtungen im sozialen und räumlichen Kontext. Zur Integrationsfunktion von schulischen und außerschulischen Institutionen in ausgewählten Vierteln der Stadt Luxemburg. 2015.

Band 9 Gérald Arboit: Les réseaux du fer. Information, renseignement économique et sidérurgie luxembourgeoise entre France, Belgique et Allemagne 1911-1940. 2016.

Band 10 Fabian Faller: Energetisches Regionalisieren. Transformationspraktiken der Energiewende am Beispiel der Biogaserzeugung. 2016.

Band 11 Eva Wiegmann (Hrsg.): Interkulturelles Labor. Luxemburg im Spannungsfeld von Integration und Diversifikation. 2016.

Band 12 Norbert Franz / Thorsten Fuchshuber / Sonja Kmec / Jean-Paul Lehners / Renée Wagener (Hrsg.): Identitätsbildung und Partizipation im 19. und 20. Jahrhundert. Luxemburg im europäischen Kontext. 2016.

Band 13 Michel Dormal: Politische Repräsentation und vorgestellte Gemeinschaft. Demokratisierung und Nationsbildung in Luxemburg (1789-1940). 2017.

Band 14 François Conrad: Variation durch Sprachkontakt. Lautliche Dubletten im Luxemburgischen. 2017.

Band 15 Andreas Fickers / Norbert Franz / Stephan Laux (Hrsg.): Repression, Reform und Neuordnung im Zeitalter der Revolutionen. Die Folgen des Wiener Kongresses für Westeuropa. 2019.

Band 16 Marc Schoentgen: Arbeiten unter Hitler. NS-Sozialpolitik, Deutsche Arbeitsfront und Herrschaftspraxis im besetzten Luxemburg am Beispiel der Schwerindustrie 1940-1944. 2021.

www.peterlang.com